教育部人文社会科学青年基金项目（09YJC740040）
"湖南洞绥片赣方言与湘方言的接触及与江西赣方言的比较研究"成果

致远学术文丛

湖南洞绥片赣方言语音调查研究

An Investigation and Study
on the Phonetics
of Gan Dialect in Dongsui Area
of Hunan Province

李军 著

社会科学文献出版社
SOCIAL SCIENCES ACADEMIC PRESS (CHINA)

目　录

第一章

湖南洞绥片赣方言的分布与研究概况

第一节　湖南洞绥片赣方言的分布与形成的历史背景

一　湖南洞绥片赣方言的分布

湖南洞绥片赣方言是指分布于湖南邵阳中西部洞口大部分区域、绥宁北部、隆回北部等地区的方言。这一区域沿雪峰山脉东南麓，形成一个横约 150 千米、纵约 50 千米的狭长方言岛。地理上东北、东、南三面与属于湘语"娄邵片"的新化、隆回_{南部}、武冈、城步接壤，西面及西北面与属于湘语"长益片"的溆浦、黔阳、洪江、会同县交界。[①]地形上，西北雪峰山脉高山阻断，东南地势趋缓，与隆回、武冈等丘陵地带连为一体，政区同属邵阳市。因此在方言接触上，洞绥片赣方言与娄邵片湘方言接触密切，而由于高山阻隔，与长益片湘方言接触程度不高。

洞绥片赣方言的具体分布情况如下。

（一）隆回县。主要分布在荷香桥、荷田、六都寨、七江、司门前、大水田、羊古坳、小沙江、虎形山、麻塘山、金石桥、鸭田、高坪、罗洪、七江、西洋江、横板桥、南岳庙等 18 个乡镇（总人口约 70 万。[②]全县共有 26 个乡镇，其中虎形山、麻塘山两乡居住着部分讲瑶语与赣方言的瑶族，其他 8 个

---

①　以上方言分区据鲍厚星、颜森《湖南方言的分区》,《方言》1986 年第 4 期，第 273~276 页。

②　隆回县各乡镇网站所公布的 2010 年全国人口普查数据。

乡镇属于湘语娄邵片）。

（二）洞口县。主要分布在石江、高沙、城关、竹市、山门、桐山、江口、黄桥（资水河以北）、花园、花古、长塘、毓兰、古楼、月溪、岩山、石柱、醪田、水东、大屋、渣坪、菲溪等 21 个乡镇（总人口约 77.1 万。[①] 全县共有 22 个乡镇，以资水河为界，除资水河以南的黄桥镇部分村庄以及杨林全乡属于湘语娄邵片外，全境通行赣方言。其中长塘、大屋、菲溪为三个瑶族乡，除瑶语外，主要通行赣方言。且瑶语的使用人口越来越少，仅少数老年人能熟练交流使用）。

（三）绥宁县。主要分布在金屋塘、梅坪、黄土矿、唐家坊、瓦屋塘、水口、红岩等 7 个乡镇（总人口约 10.5 万。[②] 全县共有 25 个乡镇，赣方言区均为毗邻洞口的北部乡镇）。

从总体来看，洞绥片赣方言的使用人数有 160 万人左右（不含各机关单位与企事业单位人员）。

此外，据初步调查，新邵县的迎光、温塘两个乡镇与相邻的隆回高坪话语音特征一致，而与同县其他乡镇语言特征差别较大，也当属于洞绥片赣方言的范围。

二 "洞绥片"赣方言形成的历史背景

洞绥片赣方言的形成与元明以来的移民关系密切。从地理位置来看，洞绥片赣方言通行的主要地区——洞口与隆回地处资水河流域上游；绥宁北部为蓼水（资江主要支流之一，至洞口县高沙镇双江口与资水合流）发源地，其他地区则处于巫水流域上游。从历史沿革来看，洞口与隆回汉代分属都梁与昭陵县，宋代同属宝庆府，明清时期洞口属宝庆府所辖武冈州，隆回大部分地区属宝庆府所辖邵阳县（现隆回资水河以南山界、三阁司等乡镇 20 世纪 50 年代前属于武冈州）。

绥宁县是少数民族聚居地，其行政称谓与隶属关系比较复杂。春秋时期属楚国黔中郡地，秦时为象郡（析黔中郡地置）地。西汉时期为武陵郡（改秦

[①] 据洞口县人民政府网站洞口县村（居）委会人口、面积一览表。

[②] 据全国第五次人口普查数据。

黔中郡置）镡成县地。唐贞观十一年（637）始名徽州，大和年间（827~835）改为羁縻州，至北宋熙宁九年（1076）废羁縻徽州。元丰四年（1081）在原徽州地置莳竹县，隶荆湖南路的邵州；崇宁二年（1103）易名为绥宁县（寓"绥之以宁"之意），隶邵州，五年改隶荆湖南路的武冈军。元朝至元十四年（1277），隶湖广行省武冈路。明洪武三年（1370）改隶靖州。清代隶属未变。①

历史上资水上游流域，尤其是沅水、巫水流域一直是南方少数民族侗族、瑶族、苗族的主要聚居地之一。随着汉族的进入，这一地区不断得以开发，外来移民不断涌入。少数民族不断被汉化。现在只有少数侗族、瑶族、苗族仍聚居在这些流域的边远山区。

据谭其骧《湖南人由来考》研究，湖南的开发，属于南方开发的第二期，"肇端于五代之纷乱，两宋元明继之"（谭其骧，1987：319）。根据《湖南人由来考》所引道光《宝庆府志》、光绪《邵阳乡土志》、光绪《武冈州乡土志》氏族志记载，宝庆府土生土长的氏族不过6族，外来移民知其籍贯者278族，外来移民而不知其籍贯者58族。《武冈州乡土志》中另列的外来移民知其籍贯者45族，外来移民而不知其籍贯者3族（谭其骧，1987：307表一）。

移民的进入，自然也带来通行语言属性的改变。秦汉以前，这里通行的是各少数民族语言。汉族人口进入以后，带来了中原汉语与楚地方言，并进一步融合发展。而现代这一地区通行赣方言，则与五代以来江西移民的不断进入关系密切。从移民数据来看，五代以来，湖南外来移民尤以江西人居多。宝庆府外来移民"知其籍贯者278族"中，来自江西的有168族，其中分布于邵阳与武冈的有102族（邵阳71族，武冈31族）②，占61%。《武冈州乡土志》中另列的外来移民"知其籍贯者45族"中，32族来自江西，占71%（谭其骧，1987：309表二）。

从移民的具体来源看，进入洞绥片赣方言区的江西人又以来自吉安府的

---

① 参见绥宁县政府网"绥宁简史"。

② 隆回与洞口历史上分属宝庆府邵阳与武冈(州、路、军)，因此这里主要考察邵阳与武冈的移民情况。绥宁赣方言区居民实际上主要是近代从洞口迁入。据绥宁金屋塘镇人民政府网站"金屋塘镇简介"之"人文历史"介绍，"全镇以刘姓和肖姓为主，肖姓主要从洞口县迁入"，故暂不讨论其移民情况。

泰和、庐陵等地居多。其中，邵阳县来自泰和、庐陵的分别有 23 族、17 族，其他吉安府的 13 族，泰和、庐陵移民占江西移民的 75%。武冈单列来自江西的 32 族中，泰和移民有 20 族，其他吉安府的 2 族，占江西移民的 69%（谭其骧，1987：310 表三甲）。

从移民时代看，江西人迁移至洞绥片赣方言区以元明时期为盛，尤以明代最盛。元明时期迁入邵阳的江西人共计 45 族（其中元代 15 族，明代 30 族），占历史上江西移民的 63%；迁入武冈的江西人共计 28 族（其中元代 4 族，明代 24 族），占历史上江西移民的 90%。武冈单列的 45 族，有 1 族自元代迁入，30 族自明代迁入，占历史上江西移民的 67%。清代以后，迁移至这些地区的外来人口极少，整个邵阳县仅 4 族，其中 2 族来自江西；武冈未见（谭其骧，1987：339 表七）。

因此，近代移民情况完全可以反映这样一种历史背景：洞绥片赣方言的形成与元明以来江西移民大举迁徙至该地区有着密切关系。元明以降，江西移民沿雪峰山东南麓聚族而居、繁衍生息。雪峰山脉的高山阻隔为其远离方言源出地，独立发展为处于湘方言包围中的方言岛提供了有利条件。

洞绥片赣方言形成的历史背景，决定了其重要的研究价值。研究洞绥片赣方言不仅有助于我们了解这一方言岛的语音面貌、方言特征，更有利于我们探讨这一区域赣方言独立发展的规律，与周边方言的接触现状以及与源出方言（现代江西赣方言）的共同特征、语音差异、各自不同的发展轨迹。

第二节　洞绥片赣方言的研究概况

洞绥片赣方言作为地处湖南中西部地区，四面被湘方言包围的方言岛，长期以来很少受到学术界的关注，对其研究也相对较晚。1935 年，赵元任、董同龢、丁声树、杨时逢等专家学者对江西、湖南、湖北三省方言进行了调查，其中湖南调查了 75 个县，1974 年由杨时逢整理出版了《湖南方言调查报告》（"中央研究院"历史语言研究所专刊之六十六）。其中并没有对洞绥片赣方言进行调查，自然没有对这一地区独特的语音特征给予重视。1960 年长沙石印本《湖南省汉语方言普查总结报告》对洞口方言进行了记录，但没有对其语音特征进行系统介绍，也没有对其归属问题进行讨论。直到 1986 年，鲍厚星、颜森在《方言》杂志发表了《湖南方言的分区》，始将分布于洞口大部、隆回北部、绥宁东北角三县的方言划归赣方言"洞绥片"。1987 年中国社会科学院、澳大利亚人文科学院合编的《中国语言地图集》B11 图"江西省和湖南省的汉语方言"采纳了这一方言分区意见。此后，这一处于湘方言包围、远离江西赣方言区的赣方言岛及其语音特征逐渐受到学者们的关注。不过，学术界对其语音特征，除所具备的赣方言标志性特征"全浊声母清化，读塞音塞擦音者平仄皆送气"，以及"古透定母字今白读 [h] 声母"[①]有初步的认识外，这一区域赣方言的语音面貌、其他方言特征还鲜为人知。

近年来，学术界对其调查研究逐步展开，尤其以硕、博士学位论文居多。博士学位论文主要有：李冬香《湖南赣语语音研究》（暨南大学博士学位论文，2005 年），龙海燕《洞口赣方言语音研究》（中央民族大学博士学位论文，2006 年）；硕士学位论文主要有：胡萍《绥宁曾家湾话音韵考察——兼论湘语、赣语过渡地带的语音特征》（湖南师范大学硕士学位论文，2002 年），刘道锋《隆回高坪话和新化白溪话的比较研究》（湖南师范大学硕士学位论文，2003 年），尹喜清《湖南洞口赣语音韵研究》（华南师范大学硕士学位论文，2005 年），张蓓蓓《隆回桃洪镇话和六都寨话语音比较研究》（湖南师范大学硕士学位论文，2005 年），胡茜《湖南洞口方言语音研究》（湖南师范大学硕士学位论文，2007 年），周依萱《湖南洞口县石江话语音研究》（中南大学硕士学位论文，2007 年）等。

以上调查研究，以共时语音调查描写居多，并且对洞绥片赣方言的调查研究范围相对不平衡。其中洞口赣方言的调查范围最广，如龙海燕（2006）对洞口县内 10 个方言点进行了调查，而对隆回、绥宁境内的赣方言点调查相对薄弱。另外，以上研究虽然有的注重了方言的比较，如刘道锋（2003）、张蓓蓓（2005），有的还注重了对方言接触区域的语音研究，如胡萍（2002），但这些方面的研究还有待进一步深入，需要加强对两种方言接触、融合的方式，演变的规律的探讨。因此，洞绥片赣方言的整体面貌、语音特征的调查研究还有待深入展开，尤其是洞绥片赣方言与湘方言的接触问题，洞绥片赣

---

① 见鲍厚星、颜森《湖南方言的分区》（1986:274）以及中国社会科学院、澳大利亚人文科学院合编的《中国语言地图集》B11 图"江西省和湖南省的汉语方言"说明。

方言与现代江西赣方言以及江西历史方言的比较研究，更是一个具有重要研究价值、有待深入探讨的课题。

第三节 研究的目的与任务

洞绥片赣方言所处地理环境独特，在几百年的发展过程中，既脱离江西赣方言独立发展，又与湘方言互相接触、互相影响。全面调查研究洞绥片赣方言的语音特征，可以为学术界了解这一地区的方言提供更多更直接的信息。通过比较洞绥片赣方言与江西赣方言的源出性共有语音特征[①]，对了解赣方言内部发展规律、判断赣方言语音的历史层次意义重大。比较研究洞绥片赣方言与湘方言的接触、融合、演变的方式、规律，也可以为了解赣方言与湘方言的演变趋势提供可靠的材料，对于认识汉语的共时面貌和发展历史，对于整个汉语的方言接触研究，具有重要的语料价值和类型学上的理论意义。

本书的研究目标主要有以下几方面。

一 主要研究目标

对洞绥片赣方言语音进行比较系统的调查，揭示其语音面貌，归纳其语音特征，对其内部语音特征进行比较，并根据其语音特征差异对其内部分片进行讨论。

二 相关研究目标

（1）对洞绥片赣方言与周边湘方言代表点的语音特征进行对比，归纳洞绥片赣方言与周边湘方言的区别性特征。

---

① "源出性共有语音特征"与"接触性共有语音特征"参考了胡松柏 2008 年《赣东北方言调查研究》所提出的"同源性方言共有成分"与"接触性方言共有成分"的观点。"同源性方言共有成分"指方言之间具有共同来源的方言共有成分（本书改称为"源出性共有语音特征"，以避免"同源"一词所产生的歧义）；"接触性方言共有成分"指方言之间无共同来源，只是因方言接触而形成的方言共有成分（本书改称为"接触性共有语音特征"）。

（2）比较洞绥片赣方言的区别性特征与现代江西赣方言以及江西历史赣方言特征的异同，确定洞绥片赣方言与江西赣方言的源出性共有语音特征。

（3）对洞绥片赣方言以及湘方言代表点的区别性特征进行比较，确定洞绥片赣方言与周边湘方言的接触性共有语音特征。

（4）在综合分析洞绥片赣方言与湘方言接触性方言共有语音特征，以及洞绥片赣方言、江西赣方言源出性共有语音特征的基础上，考察洞绥片赣方言所反映的语音历史层次，发展演变趋势；考察洞绥片赣方言与湘方言因方言接触而发生语音演变的情况，归纳方言接触的方式和表现的类型，互相融合、发展的规律，方言融合演变对两种方言发展演变趋势的影响、影响的程度，从而对洞绥片赣方言与湘方言接触发展的趋势进行展望。

通过对洞绥片赣方言与湘方言接触的研究，为汉语方言接触研究提供语料，同时，也为汉语方言接触研究提供可资借鉴的理论思考。

第四节　调查的方言点与发音合作人简介

一　方言点选取原则与调查方法

这次调查方言点的选择大致以撤区并乡前的老区为单位，因为同一老区的方言内部一般差异不大。内部有差异的，根据实际调查情况，以及当地发音合作人反映的情况再进一步选取代表点。其中学术界对隆回赣方言调查相对薄弱，选点适当倾斜；洞口赣方言调查学术界比较关注，布点次之；绥宁仅东北角分布赣方言，因此选点最少。不过，最后调查发现，部分乡镇之间的方言差异其实只是词汇差异，语音基本相同或差异不大，如洞口城关和长塘，竹市和石江，桐山和山门等。因此本次重点调查了其中 22 个方言点。

调查以语音为主，辅之以词汇调查。语音调查材料以中国科学院语言研究所《方言调查字表》为主，词汇调查采用的是我们自己编排的分类词汇表，词汇的采用以农村生活中最常见、接触最密切、使用最频繁为原则。

二 各方言调查点以及发音合作人情况

各方言调查点及发音合作人基本情况见表1-1。

表1-1 各方言调查点及发音合作人基本情况

	调查点	姓名	性别	年龄	住址	文化程度	职业	本地口音
隆回	荷香桥	范某元	男	74	荷香桥镇五四村	初中	退休干部	荷香桥话
	六都寨	欧阳某凡	男	67	荷香桥镇石湾	中专	退休干部	六都寨丁山话
		阳某池	男	43	六都寨镇	本科	教师	六都寨话
	七江	王某存	男	69	七江乡鸟树下村	中专	教师	七江话
	司门前	刘某朋	男	80	司门前镇中山村	本科	退休教师	司门前话
		孙某生	男	55	司门前镇吉山村	大专	教师	司门前话
	金石桥	张某良	男	66	金石桥金南村	初中	退休教师	金石桥话
	小沙江	肖某峰	男	37	肖家凼	中师	农民	小沙江话
	西洋江	宁某生	男	70	西洋江远山村	中专	医生	苏河话
	横板桥	廖某安	男	72	横板桥干山二组	高小	退休职工	横板桥话
	岩口	罗某英	男	47	岩口镇育观村	本科	教师	岩口话
	罗洪	吴某花	女	36	罗洪乡罗洪村	初中	农民	上罗洪话
	高坪	聂某谋	男	47	高坪镇大水村	本科	教师	高坪话
洞口	石江	王某山	男	50	江沅村	大专	工人	石江话
	江口	肖某学	男	46	江口村	初中	农民	江口话
	长塘	李某祥	男	61	山龙村	中师	教师	长塘话
	山门	张某群	男	74	山门镇清水村	中师	农民	山门话
	高沙	蒋某德	男	47	桐塘村	高中	个体户	高沙话
	花园	卢某森	男	55	清溪村	初中	司机	花园话
绥宁	金屋塘	刘某华	男	37	金屋村四组	大专	个体户	金屋塘话
	梅坪	黄某华	女	32	庙湾村四组	初中	个体户	梅坪话
	黄土矿	袁某海	男	43	袁家村三组	中师	教师	黄土矿话
	唐家坊	袁某科	男	75	唐家坊镇联兴村	高中	教师	唐家坊话
	瓦屋塘	游某一	男	48	瓦屋塘乡抱方村	中专	保安	瓦屋塘话

第二章

洞绥片赣方言代表点音系概况

第一节　洞绥片赣方言代表点音系

说明：

各代表点以县为别，首先列出各代表点声韵调系统，然后对其语音特征进行简单说明。音系代表字下加"="者，为白读音。

一　隆回县荷香桥（东方村）方言音系

1. 声母

p 补波冰笔	pʰ 普袍病薄	m 毛名远木	f 分翻奉福
t 到德丁当	tʰ 拖提稻读	l 难栏罗乐	
k 歌各高<u>进</u>	kʰ 可<u>敲</u>跪克		x <u>逃道喊</u>喝
ts 左曾进集	tsʰ 草苍窗静		s 嫂桑心息
tɕ 章姜狗菊	tɕʰ 长强口直		ɕ 声形吸食
ø 衣烟叶易			

2. 韵母

ɿ 字次纸师	i 李知吉食	u 补堵突读	y 书如出术
		ui 鬼为位惠	
e 在鸭二北	ie 姐借接泄	ue 对雷会回	
a 代该海鞋	ua 怪坏怀国		

A 麻遮达择　　　iA 亚夜也滴　　　uA 瓜寡画划

ɐ 早爪交敲　　　iɐ 照调头口

o 多果阔各　　　iu 久臭酒曲

ĩ 见尖远聂　　　　　　　　　　　　　　　　　　yĩ 全宣船县

ẽ 恩顿层谜　　　iẽ 因银引应　　　uẽ 顿尊昆问　　　yẽ 准军允训

ã 兰男减间

ɔ̃ 木兄东送　　　iɔ̃ 浓容牛泳

ɒ̃ 短暖当生　　　iɒ̃ 央洋养精　　　uɒ̃ 宽关肝慌

ŋ̩ 你宜议蚁

3. 声调

阴平：33 东丁息喝　　　　　　阳平：13 同停婆兰

上声：312 懂倒柱荡

去声一：45 冻住血疾　　　　　去声二：55 洞住醋问

4. 音系特征说明

（1）iu 韵母主元音介于 u 与 o 之间。

（2）古全浊声母清化，读塞音、塞擦音者平仄皆送气。

（3）透定母大多数读 tʰ，少数读擦音 x。

（4）n、l 不分。

（5）区分尖团音。

（6）疑、日、影、喻母合口三、四等多读鼻音声母 m。

（7）见系开口二等有文白两读，文读为舌面音，白读为舌根音。

（8）舌面音 tɕ、tɕʰ、ɕ 来自见系细音、知三章组，可拼开口呼、齐齿呼与撮口呼。其中与齐齿呼相拼较少，且在与齐齿呼相拼的音节中，i 介音的有无不具有区别特征；与开口呼相拼时声母发音与舌叶音比较接近（一般来说，主元音为前元音与央元音时，介音不明显；主元音为央低、后元音时，介音较明显）。此外，流摄一等见系声母亦腭化，读舌面音。

（9）古阳声韵都读鼻化韵。

（10）蟹摄、山摄、咸摄一、二等主元音不对立。

（11）端组合口洪音多读相应的开口呼。

（12）蟹摄合口一等与止、蟹摄合口三、四等不混。

（13）梗摄字大都有文白两读。

（14）古止摄开口三等知组字韵母多读 i，与精庄章组字韵母读舌尖前元音有别。

（15）麻、遮多不具备分韵特征，主元音同为 A。

（16）A 实际读音舌位稍微靠后，ɐ 的实际读音舌位介于 ə 和 ɐ 之间，下文同。

（17）大部分全浊声母上声归去声，少数仍读上声；去声不分阴阳，去声二字数较少，多为今读送气声母字，部分有去声一两读；入声大致以声母清浊为条件分别与阴平、去声一合流。

二　隆回六都寨（镇）方言音系

1. 声母

p 波包宾北	pʰ 婆病批步	m 母美文月	f 分芳费奉
t 多德等丁		l 男栏能临	
k 过奸家光	kʰ 客开敲坑		x 拖头虎铺
ts 尖精将嚼	tsʰ 秋贱参愁		s 细心三锡
tɕ 居猪真金	tɕʰ 轻昌丈吃		ɕ 系孝型胁
w 鱼元韵闰	ø 一然而吴		

2. 韵母

ɿ 子资制纸	i 衣鸡易戚	u 古铺屋忽	
		ui 翠岁桂为	y 猪鱼出术
e 二开客滴		ue 菜外摧灰	ye 瑞国
ɛ 者车月没	iɛ 些借节噎		yɛ 越缺骨雪
a 该介代胎		ua 怪歪快坏	
ɐ 高敲刀茅	iɐ 条笑斗口		
A 马家杂擦	iA 夜爷甲瞎	uA 瓜寡刳滑	
o 多歌脱作	iu 秋臭赎约		
	ĩ 尖签软元		yĩ 全宣砖浅
ẽ 跟金灵眉	iẽ 音淫饮忍	uẽ 魂春温棍	yẽ 群勋熏唇
ɑ̃ 含岸减晏			
õ 木兄翁东	iõ 允容庸泳		

ɔ̃ 半旁党硬　　　iɔ̃ 娘抢星阳　　　uɔ̃ 官关肝汪

n̩ 义宁宜蚁

3. 声调

阴平：33 贪三多谷　　　　　　阳平：13 谈亭题流

上声：312 等瓦倒柱

去声一：55 重但墨赎　　　　　去声二：45 国极嗅虫（极少）

4. 音系特征说明

（1）iu 韵母主元音介于 u 与 o 之间。

（2）古全浊声母清化，读塞音、塞擦音者平仄皆送气。

（3）透定母读擦音 x。

（4）n、l 不分，f、x 不混。

（5）区分尖团音，精组三、四等读舌尖前音（少数有读舌面细音的现象，如山摄合口三等），见系三、四等读舌面音。

（6）见系开口二等有文白两读，文读为舌面音，白读为舌根音。

（7）舌面音 tɕ、tɕʰ、ɕ 来自见系细音、知三章组，可拼开口呼、齐齿呼与撮口呼。其中与齐齿呼相拼较少，且在与齐齿呼相拼的音节中，i 介音的有无不具有区别特征；与开口呼相拼时声母发音与舌叶音比较接近。

（8）古滂母、并母字及少数透母在韵母为 u 的音节中，声母读舌根擦音，但送气特征明显。

（9）疑、日、影、喻母合口三、四等字部分读零声母撮口呼，部分读双唇鼻音 m 声母齐齿呼。

（10）日母开口，疑影母开口与合口一、二等，喻母开口三等合流为零声母。

（11）蟹摄开口一、二等部分保留主元音对立，山、咸摄一、二等主元音对立消失。

（12）蟹摄合口一等与止、蟹摄合口三、四等大多不混。

（13）梗摄字大都有文白两读。

（14）大部分全浊声母上声归去声，少数仍读上声；清声母入声与阴平合流，读中平 33 调，浊声母入声与去声一合流，读高平 55 调；但少数浊声母入声、清声母入声，以及清声母去声字读去声二 45 调。

三 隆回县七江方言音系

1. 声母

p 波比冰笔	pʰ 婆第病薄	m 磨木院月	f 非附奉福
t 多刀丁德		l 难栏临能	
k 古高艰国	kʰ 可跪肯客		x 河曷徒读
ts 左赞焦精	tsʰ 千情参静		s 桑三修肖
tɕ 鸡知经真	tɕʰ 欠缠其侄		ɕ 虚书商惜
∅ 因言一页			

2. 韵母

ɿ 紫指四使	i 李知集湿	u 古猪突读	y 句树出律
		ui 脆岁嘴亏	
e 来二舌越	iɛ 姐写客叶	ue 菜对回绝	ye 越缺骨雪
a 带阶鞋拆		ua 怪歪枴坏	
ɐ 刀交薄觉	iɐ 飘笑偷嚼		
ʌ 马家尺择	iʌ 夜爷也惹	uʌ 花瓦滑刷	
o 多可喝浊	iu 婆臭赎约		
ĩ 添田院业			yĩ 全宣砖浅
ẽ 恩零眉润	iẽ 音银引认	uẽ 嫩尊孙春	yẽ 匀允云运
ɔ̃ 工东翁木	iɔ̃ 用庸浓勇		
ɑ̃ 马间参伞	uɑ̃ 官关肝看		
ɔ̃ 盘旁床硬	iɔ̃ 量墙星阳	uɔ̃ 端短关广	
ũ 黄荒			

3. 声调

阴平：33 多东剥桌　　　　　　阳平：13 徒同桥前

上声：312 多土倒柱

去声一：55 动洞浊墨　　　　　去声二：45 确族席虫

4. 音系特征说明

（1）古全浊声母清化，读塞音、塞擦音者平仄皆送气。

（2）透定母多读擦音 x。

（3）n、l 不分，f、x 不混。

（4）区分尖团音，精组三、四等读舌尖前音，见系三、四等读舌面音。

（5）见系开口二等有文白两读，文读为舌面音，白读为舌根音。

（6）舌面音 tɕ、tɕʰ、ɕ 来自见系细音、知三章组，可拼开口呼、齐齿呼与撮口呼。与齐齿呼相拼较少，且在与齐齿呼相拼的音节中，除流摄三等外，i 介音的有无不具有区别特征；与开口呼相拼时声母发音与舌叶音比较接近。

（7）古滂母、並母在韵母为 u 的音节中与同韵透定母读音相同，声母读擦音，但送气特征明显。

（8）疑、日、影、喻母合口三等多读双唇鼻音 m 声母，少数读零声母撮口呼。

（9）日母开口三等，疑影母开口与合口一、二等，喻母开口三等合流为零声母。

（10）iu 韵母的主元音介于 u 与 o 之间。

（11）蟹摄、山摄、咸摄一、二等主元音对立消失。

（12）蟹摄合口一等与止、蟹摄合口三、四等大多不混。

（13）梗摄字大都有文白两读。

（14）开口三等知庄章组见系字多与同摄一、二等字韵母相同。

（15）古止摄开口三等知组字多数读舌面音 i，与精庄章组字读音有别。

（16）麻、遮多不分韵（精组字除外）。

（17）臻、深、曾、梗摄开口一、二、三、四等同韵，曾摄开口一等入声多读齐齿呼。

（18）大部分全浊声母仍读上声，少数归去声；去声不分阴阳。清声母入声与阴平合流，读中平 33 调，浊声母入声与去声合流，读高平 55 调；但少数浊声母入声、清声母入声独成一调读阳去二 45 调，少数清声母去声以及全浊声母字"虫"亦归入此调。

四　隆回司门前镇（东方村）方言音系

1. *声母*

　　p 兵本比逼　　　　pʰ 批皮鼻薄　　　　m 米木<u>院月</u>　　　　f 非附冯福

t 刀多丁登　　　　　　　　　　　　　　l 难栏临能

k 高艰跟国　　　kʰ 看康客跪　　　　　　　　　　　x 河好曷徒

ts 焦精早赞　　　tsʰ 情千参仓　　　　　　　　　　s 修肖桑三

tɕ 鸡知经真　　　tɕʰ 欠缠其池　　　　　　　　　　ɕ 虚书商香

ø 因言云允

2. 韵母

ɿ 子纸丝使　　　i 低知集十　　　u 土猪突速

　　　　　　　　　　　　　　　　　　ui 脆岁嘴亏

e 来妹二舌　　　ue 栽鳃堆雪

iɛ 姐写刻叶　　　　　　　　　　　　　　　　　　yɛ 越缺骨雪

a 台阶买鞋　　　ua 怪歪楞坏

ʌ 怕家尺择　　　iʌ 夜爷也惹　　　uʌ 花瓦滑刷

ɤ 高交刀觉　　　iɤ 飘笑偷嚼

o 拖可脱浊　　　iu 絮臭赎约

ĩ 添田院业　　　　　　　　　　　ũ 黄荒　　　ỹ 全宣砖贱

ẽ 恩今零眉　　　iẽ 音银引认　　　uẽ 嫩尊孙春　　　yẽ 润云熏唇

ɑ̃ 马间参伞　　　uɑ̃ 官关干旱

ɔ̃ 木兄翁东　　　iɔ̃ 浓容庸泳

ɔ̃ 盘旁床硬　　　iɔ̃ 量墙星阳　　　uɔ̃ 端短关广

ŋ̍ 你泥宜蚁

3. 声调

阴平：33 东边剥桌　　　　　　阳平：13 同烦人文

上声：312 等董倒柱

去声一：55 动洞浊墨　　　　　去声二：45 确族席虫

4. 音系特征说明

（1）古全浊声母清化，读塞音、塞擦音者平仄皆送气。

（2）透定母多读擦音 x。

（3）n、l 不分，f、x 不混。

（4）区分尖团音，精组三、四等读舌尖前音（少数有读舌面细音的现象，如山摄合口三等），见系三、四等读舌面音。

15

（5）见系开口二等有文白两读，文读为舌面音，白读为舌根音。

（6）舌面音 tɕ、tɕʰ、ɕ 来自见系细音、知三章组，可拼开口呼、齐齿呼与撮口呼。其中与齐齿呼相拼较少，且在与齐齿呼相拼的音节中，除流摄三等外，i 介音的有无不具有区别特征；与开口呼相拼时声母发音与舌叶音比较接近。

（7）古滂母、並母字及少数透母在韵母为 u 的音节中，声母读双唇擦音，但送气特征明显。

（8）疑、日、影、喻母合口三、四等字部分读零声母撮口呼，部分读双唇鼻音 m 声母齐齿呼。

（9）日母开口，疑影母开口与合口一、二等，喻母开口三等合流为零声母。

（10）蟹摄、山摄、咸摄一、二等主元音不对立。

（11）蟹摄合口一等与止、蟹摄合口三、四等大多不混。

（12）梗摄字大都有文白两读。

（13）开口三等知庄章组见系字多与同摄一、二等字韵母相同。

（14）古止摄开口三等知组字多数读舌面音 i，与精庄章组字读音有别。

（15）麻、遮多不分韵（精组字除外）。

（16）大部分全浊声母上声归去声，少数仍读上声；清声母入声与阴平合流，读中平 33 调，浊声母入声与去声一合流，读高平 55 调；但少数浊声母入声、清声母入声，以及清声母去声字读去声二 45 调。

五　隆回县金石桥方言音系

1. 声母

p 波包饼百	pʰ 披皮病薄	m 毛米猛莫	f 分奉芳福
t 当多等得	tʰ 涛突特读	l 闹老龄能	
ts 左曾皱庄	tsʰ 曾床截从	s 三双心息	
k 高哥家讲	kʰ 可敲掐确		x 和咸套天
tɕ 张寄菊酱	tɕʰ 强长阵豏		ɕ 喜升涩泄
ø 余牛一肉			

2. 韵母

ɿ 此子指世	i 皮知集十	u 都路突速	y 猪除出律

e 来背二北		ue 堆鳃堆雪	
ɛ 者车猎接	iɛ 姐烟叶锡		yɛ 浅砖越缺
a 芽该感咸		ua 怪坏拐看	
ɐ 老交刀觉	iɐ 表捎偷雀		
ʌ 那马达尺	iʌ 亚夜爷也	uʌ 瓜瓦滑划	
o 罗左合错	iu 蛆臭酒赎		
ẽ 恩心零米	iẽ 音银引应	uẽ 顿尊昆春	yẽ 训永熏唇
ɔ̃ 木兄同东	iɔ̃ 浓容牛泳		
ɔ̃ 盘半床旁	iɔ̃ 两枪精阳	uɔ̃ 端短关广	
ŋ̍ 你宜议蚁			

3. 声调

阴平：33 多他东丁　　　　阳平：13 同停人文

上声：312 顶董倒柱

去声：55 动洞浊粟

入声：45 确族席虫

4. 音系特征说明

（1）古全浊声母清化，读塞音、塞擦音者平仄皆送气。

（2）透定母多读擦音 x，少数有 tʰ、x 两读，入声中尤为明显。

（3）n、l 不分，f、x 不混。

（4）区分尖团音，精组三、四等读舌尖前音（有少数读舌面细音的现象，如山摄合口三等；少数书面语中常出现的词），见系三、四等读舌面音。

（5）见系开口二等有文白两读，文读为舌面音，白读为舌根音。

（6）舌面音 tɕ、tɕʰ、ɕ 来自见系细音、知三章组，可拼开口呼、齐齿呼与撮口呼。其中与齐齿呼相拼较少，且在与齐齿呼相拼的音节中，除流摄、效摄三等外，i 介音的有无不具有区别特征；与开口呼相拼时声母发音与舌叶音比较接近（一般来说，主元音为前元音与央元音时，介音不明显；主元音为央低、后元音时，介音较明显）。

（7）古滂母、并母字及少数透母在韵母为 u 的音节中，声母读双唇擦音 ɸ，但送气特征明显。

（8）部分匣母合口洪音与日母读零声母。疑、日、影、喻母合口三、四等字均读零声母撮口呼，与其他方言不同，此类音没有读双唇鼻音 m 声母的现象。

（9）iu 韵母的主元音介于 u 与 o 之间。

（10）山摄阳声韵鼻韵尾丢失，多读相应的阴声韵。

（11）蟹摄、山摄、咸摄一、二等主元音不对立。

（12）蟹摄合口一等与止、蟹摄合口三、四等相混。

（13）梗摄字大都有文白两读。

（14）古止摄开口三等知组字韵母多读 i，与精庄章组字韵母读舌尖前元音有别。

（15）麻、遮具有分韵特征。

（16）大部分全浊声母上声归去声，少数仍读上声；去声不分阴阳；入声字单念时，多自成一调，读 45 调；词组中多读同阴平调，少数入声字单念（以浊入为主）亦读同阴平调。少数阳平字及浊声母去声字也读 45 调。

六　隆回县小沙江方言音系

1. *声母*

p 帮冰逼朴	pʰ 拼披薄鼻	m 磨米蜜木	f 翻分蜂飞
t 刀灯丁德	tʰ 拖提道叠		l 南能罗乐
ts 早装曾则	tsʰ 操皂层昨		s 锁桑三塞
k 哥高家讲	kʰ 可敲黑活		x 和犯看楷
tɕ 张将寄菊	tɕʰ 强长阵黢		ɕ 喜升涩泄
ø 余牛一肉			

2. *韵母*

ɿ 紫此四事	i 理知吉实	u 苏古突速	y 猪除出律
e 菜泄二北		ue 贵亏会	
ɛ 占颤缠闪	iɛ 烟燕研脸微		yɛ 穿船砖远
a 芽该感咸		ua 怪坏官关	
ɐ 刀老交敲	iɐ 调捎头确		
ʌ 疤马八石	iʌ 亚夜壁滴	uʌ 瓜瓦滑划	

o 多左合学　　　iu 蛆臭酒赎

ɔ 盘短床旁　　　iɔ 两枪精阳

ẽ 恩心林谜　　　iẽ 音银引应　　　ueˉ 顿尊昆问　　　yẽ 准唇熏训

ɤ̃ 木兄东送　　　iɤ̃ 浓容牛泳

ŋ 你宜议蚁

3.声调

阴平：33 多他血七　　　　　　　阳平：13 同停笔疾

上声：312 顶东倒柱　　　　　　　去声：55 动洞落薄

4.音系特征说明

（1）古全浊声母清化，读塞音、塞擦音者平仄皆送气。

（2）透定母读 tʰ，不读擦音 x。

（3）n、1不分。

（4）少数情况下古非组声母读 x，相应的韵母读合口呼。

（5）不区分尖团音，精组三、四等与见系三、四等同读舌面音。

（6）见系开口二等有文白两读，文读为舌面音，白读为舌根音。

（7）舌面音 tɕ、tɕʰ、ɕ 来自精组细音、见系细音、知三章组，可拼开口呼、齐齿呼与撮口呼。其中与齐齿呼相拼较少，且在与齐齿呼相拼的音节中，除流摄、效摄、宕摄三等外，i 介音的有无不具有区别特征；与开口呼相拼时声母发音与舌叶音比较接近（一般来说，主元音为前元音与央元音时，介音不明显；主元音为央低、后元音时，介音较明显）。

（8）古庄组三等字大多数情况下读舌面音，与同摄精见知章组三等字读音相同。

（9）溪母合口洪音多读擦音 x，相应的晓匣母合口洪音多读送气音 kʰ。

（10）iu 韵母的主元音介于 u 与 o 之间。

（11）山摄、宕江摄阳声韵鼻韵尾丢失，多读相应的阴声韵。

（12）蟹摄、山摄、咸摄一、二等主元音不对立。

（13）端精组来母合口洪音多读相应的开口呼。

（14）蟹摄合口一等与止、蟹摄合口三、四等相混。

（15）梗摄字大都有文白两读。

（16）古止摄开口三等知组字韵母多读 i，与精庄章组字韵母读舌尖前元音有别。

（17）麻、遮多不具有分韵特征，主元音同为 A。

（18）大部分全浊声母上声归去声，少数仍读上声；去声不分阴阳；入声分别于阴平、阳平、去声合流。读去声者多为浊声母字。少数阳平字及浊声母去声字有读 45 调的现象。

七　隆回县西洋江（远山村）方言音系

1. 声母

p 包兵本帮	pʰ 披跑病雹	ɸ 铺菩部步	m 明茅云软
		f 风分非福	
t 端多德东			l 男兰林乐
k 公干歌革	kʰ 空考跪课	x 同红谈衔	
ts 精增节焦	tsʰ 清曹嚼杰	s 森肖生修	
tɕ 见张照主	tɕʰ 劝及旋昌	ɕ 休县学书	
ø 约吴然延			

2. 韵母

ɿ 子资词四	i 衣踢鸡去	u 故赌哭鹿	
ʅ 知书除雨		ui 桂贵亏为	
e 来盖妹二		ue 内碎外灰	
iɛ 姐色辣百			yɛ 靴国缺骨
a 介戴代胎	ua 怪歪楞坏		
A 家爬遮架	iA 野蛇惹亚	uA 瓜花话画	
ɐ 刀宝老茅	iɐ 条烧斗口		
o 歌河割郭	iu 秋臭赎约		
	ĩ 连见战占		
ẽ 跟金灵云	iẽ 音淫饮忍	uẽ 魂横温棍	yẽ 群勋熏唇
ã 胆三间含	iã 圆缠蝉善	uã 干官关宽	yã 权船卷浅
ɔ̃ 木红翁东	iɔ̃ 勇容庸泳		
õ 短酸党硬	iõ 江抢星良	uõ 光广黄汪	

ŋ̩ 你日疑蚁

3. 声调

阴平：55 东饭洞哭　　　　　　　阳平：13 同烦人文

上声：312 野演稳柱　　　　　　　去声：45 动范冻浊

4. 音系特征说明

（1）ʅ韵母与普通话舌尖后音有区别，除零声母外，与舌面音 tɕ、tɕʰ、ɕ 相拼时，发音时舌叶两侧与上腭牙齿接触，唇同时带有向前伸展的动作，本书称为舌叶元音。

（2）iu 韵母的主元音介于 u 与 o 之间。

（3）假摄字主元音 A 实际读音舌位稍微靠后，效摄字主元音 ɐ 实际读音舌位介于 ɐ 与 ə 之间。

（4）果摄字及相关字韵母或韵母主元音 o 实际发音舌位稍高。

（5）撮口呼 y 介音比较短促，语流中读同相应的开口呼。

（6）古全浊声母清化，读塞音、塞擦音者，除少数字外，平仄皆送气。

（7）透定母读擦音 x。

（8）n、l 不分，f、x 不混。

（9）区分尖团音，精组三、四等读舌尖前音，见系三、四等读舌面音。

（10）见系开口二等有文白两读，文读为舌面音，白读为舌根音。

（11）舌面音 tɕ、tɕʰ、ɕ 来自见系细音、知三章组，可拼开口呼、齐齿呼与撮口呼，与开口呼相拼时发音与舌叶音比较接近。

（12）部分疑、日、影、喻母合口三、四等字声母读双唇鼻音 m。

（13）除读双唇鼻音 m 外，日母、疑母、影母、喻母合流为零声母。

（14）蟹摄开口一、二等部分保留主元音对立，山摄合口一、二等比较完整地保留主元音的对立。

（15）梗摄字大都有文白两读。

（16）大部分全浊声母上声不归去声，仍读上声；浊声母去声（包括大部分次浊去声）、清声母入声（含大部分次浊声母入声）及少数全浊声母上声与阴平合流；全浊声母入声、大多数次浊声母入声读阴平。

（17）清声母去声字单读 45 调，但在词语中第二字一般读 55 调。

八 隆回县横板桥（干山村）话音系

1. 声母

p 波冰帮伯　　　pʰ 婆伴病白　　　ɸ 铺菩部步　　　m 明米云软
f 斧坟飞福
t 多刀丁德　　　　　　　　　　　　　　　　　　　　l 难兰临诺
k 高哥家教　　　kʰ 考可跪藠　　　x 逃好谈衔
ts 进增姐接　　　tsʰ 尽清静杰　　　s 心星涩席
tɕ 章姜举主　　　tɕʰ 权穿气及　　　ɕ 休收绍学
ø 约吴然延

2. 韵母

ɿ 紫次指事　　　i 医技去力　　　u 古土鹿速
ʅ 知除树雨　　　　　　　　　　　ui 鬼贵亏为
e 来二浙揭　　　　　　　　　　　ue 催罪外灰
ɛ 者车　　　　　iɛ 姐色灭北　　　　　　　　　　yɛ 靴国缺骨
a 戴代街介　　　　　　　　　　　ua 怪歪枴坏
ɐ 宝到藠少　　　iɐ 条料斗口
ᴀ 假沙遮架　　　iᴀ 野蛇惹亚　　　uᴀ 挂瓜花画
o 歌河割郭　　　iu 修丑赎粟
　　　　　　　　脸兼颤占
ẽ 根今灵云　　　iẽ 因引淫影　　　uẽ 魂婚温棍　　　yẽ 军勋熏准
ã 单谈奸含　　　iã 圆缠蝉善　　　uã 干官关换　　　yã 全船卷浅
ɤ̃ 东洞翁木　　　iɤ̃ 浓容庸泳
ɔ̃ 端算党硬　　　iɔ̃ 将抢星明　　　uɔ̃ 光广黄横

3. 声调

阴平：55 东饭洞哭　　　　　　　　阳平：13 同烦人文
上声：312 野演柱动　　　　　　　　去声：45 办范冻浊

4. 音系特征说明

（1）古全浊声母清化，读塞音、塞擦音者平仄皆送气。

（2）透定母读擦音 x。

（3）n、1 不分，f、x 不混。

（4）区分尖团音，精组三、四等读舌尖前音，见系三、四等读舌面音。

（5）见系开口二等有文白两读，文读为舌面音，白读为舌根音。

（6）舌面音 tɕ、tɕʰ、ɕ 来自见系细音、知三章组，可拼开口呼、齐齿呼与撮口呼，与开口呼相拼时发音与舌叶音比较接近。

（7）疑、日、喻母合口三等字声母读双唇鼻音 m。

（8）日母开口三等，疑母开口与合口一、三、四等，影母，喻母开口三等合流为零声母。

（9）ʅ 韵母与普通话舌尖后音有区别，一般与舌面音 tɕ、tɕʰ、ɕ 相拼，发音时舌叶与牙接触，唇同时带有向前伸展的动作，可称为舌叶元音。

（10）iu 韵母的主元音介于 u 与 o 之间。

（11）蟹摄开口一、二等部分保留主元音对立，山摄合口一、二等比较完整地保留主元音的对立（见系字除外）。

（11）撮口呼 y 介音比较短促，语流中读同相应的开口呼。

（12）假摄字主元音 ʌ 实际读音舌位稍微靠后，效摄字主元音 ɐ 实际读音舌位介于 ɐ 与 ə 之间。

（13）果摄字及相关字韵母或韵母主元音 o 实际发音舌位稍高。

（14）梗摄字大都有文白两读。

（15）大部分全浊声母上声不归去声，仍读上声；浊声母去声（包括大部分次浊去声）、清声母入声（含大部分次浊声母入声）及少数全浊声母上声与阴平合流；全浊声母入声、大多数次浊声母入声读去声。

（16）清声母去声字单独读 45 调，但在词语中第二个字一般读 55 调。

九　隆回岩口（大观）方言音系

1. *声母*

p 波比兵北	pʰ 坡败品别	m 毛润秒密	f 飞翻芳福
			ɸ 普步菩仆
t 戴雕冬德	tʰ 梯退听秃	l 拿卵能粒	

k 该教干格　　　　kʰ 亏敲肯哭　　　　　　　　x 火听婚嚇
ts 左焦钻缉　　　　tsʰ 草就寸族　　　　　　　　s 思想三戍
tɕ 见珍京织　　　　tɕʰ 除谦侄曲　　　　　　　　ɕ 书效训学
ø 二浓逸岳

2. 韵母

ɿ 子此指试　　　i 皮易戚质　　　u 布初毒忽　　　y 书水橘玉
　　　　　　　　　　　　　　　　　ui 亏为规愧

e 儿德陪色　　　ie 乙叶灭热　　　ue 腮灰堆回
a 该街鞋矮　　　ua 乖快怀歪
ɐ 高敲罩孝　　　iɐ 表狗雀略
ʌ 麻哑白八　　　iʌ 爷姐贼滴　　　uʌ 瓦花袜刮
o 哥锅桌割　　　iu 秋臭绿学
iĩ 仙尖根灯　　　　　　　　　　　　　　　　　　　yĩ 圈元犬县
ã 贪减看山　　　　　　　　　　　　uã 漫团官关
ɔ̃ 棚东总中　　　iɔ̃ 心灵珍尊　　　uɔ̃ 困稳春问　　　yɔ̃ 顺旬云熏
ɔ̃ 盘生忙江　　　iɔ̃ 两想让明　　　uɔ̃ 王况矿网
ŋ̍ 日人蚁你

3. 声调
阴平：33 歌刀干哭　　　　　　　　阳平：13 同文族滑
上声：312 比桶动讲　　　　　　　　去声：55 冻洞认浊

4. 音系特征说明
（1）古全浊声母清化，读塞音、塞擦音者平仄皆送气。
（2）透定母大多数读擦音 x，少数读 tʰ。
（3）n、l 不分。
（4）保留尖团音区别。
（5）见系开口二等有文白两读，文读为舌面音，白读为舌根音。
（6）知三章组与见系细音声母多读舌面音 tɕ、tɕʰ、ɕ，可拼开口呼、齐齿呼与撮口呼。其中与齐齿呼相拼较少，且在与齐齿呼相拼的音节中，i 介音的有无不具有区别特征。但韵母今读合口呼或撮口呼时，声母部分读 k、kʰ 或

t、tʰ。如麻韵三等章母字"遮"韵母读uA，声母读t。而效摄三等知章组字韵母读齐齿呼，声母部分读t、tʰ。

（7）影、喻母合口三四等部分读m。

（8）古阳声韵都读鼻化韵。

（9）山咸摄三、四等及臻、曾梗摄一、二等主元音混同，韵母读鼻化韵ĩ或iĩ，主元音实际读音介于i、e之间。

（10）臻、深、曾、梗摄三、四等韵母读音混同，韵母读央元音的鼻化韵ə̃或iə̃，韵母主元音舌位稍前。

（11）山咸摄三、四等入声主元音e实际读音舌位较高，介于i与e之间。

（12）蟹摄、山摄、咸摄一、二等主元音对立消失。

（13）蟹摄合口一等与止、蟹摄合口三、四等相混。

（14）梗摄字大都有文白两读。

（15）麻、遮多不具有分韵特征，主元音同为A。

（16）大部分全浊声母上声归去声，少数仍读上声。

（17）去声不分阴阳，读高平调带有略降的趋势，实际调值当为54。

（18）入声大多读阴平或去声调，少数读阳平或上声，分化条件不明显，全浊大部分独成一调，但部分亦与去声合流。

（19）少数字读45调，如"鼎""饼""虫"等，属于特殊音变的字调，故未单列为一个声调。

十　隆回县罗洪（上罗洪）方言音系

1. 声母

p 波包博笔　　　pʰ 坡袍病白　　　m 磨猫民木　　　f 分翻欢画

t 多低丁德　　　tʰ 提梯停迪　　　l 拿兰男另

k 歌高各讲　　　kʰ 跨垮慨夸　　　　　　　　　　x 喊道可看

ts 左早则作　　　tsʰ 草粗苍测　　　　　　　　　　s 所桑嫂塞

tɕ 张将姜菊　　　tɕʰ 长强枪及　　　　　　　　　　ɕ 声形息食

ø 衣烟叶易

2. 韵母

ɿ 字次纸师　　　i 礼李七吉　　　u 布初突读　　　y 猪书出玉

e 菜堆二北　　　ie 热憋接泄　　　ue 催罪会回

a 该海鞋拆　　　　　　　　　　ua 快怪坏怀

ɐ 高好交敲　　　iɐ 超聊头口

ᴀ 马家达择　　　iᴀ 夜姐轧睛　　　uᴀ 瓦寡滑挖

o 波哥阔桌　　　iu 醉臭酒烛

iɛ̃ 见尖烟盐　　　　　　　　　　　　　　　　yɛ̃ 远宣船县

ã 耽单减间　　　　　　　　　　uã 官关玩弯

ɔ̃ 根顿东谜　　　iɔ̃ 因淫应牛　　　uɔ̃ 村孙昆中　　yɔ̃ 准军润用

ɔ̃ 短酸当生　　　iɔ̃ 阳洋养精　　　uɔ̃ 逛矿慌王

ŋ̍ 你

3. 声调

阴平：33 多哥中竹　　　　　　阳平：13 驼停同男

上声：312 躲等低荡　　　　　　去声：55 冻度定麦

入声：45 乏及别舌

4. 音系特征说明

（1）古全浊声母清化，读塞音、塞擦音者平仄皆送气。

（2）透定母读 tʰ，少数读擦音 x（多出现在齐齿呼韵母前）。

（3）n、l 不分。

（4）尖团合流。

（5）见系开口二等有文白两读，文读为舌面音，白读为舌根音。

（6）古溪母在洪音前多读擦音 x。

（7）舌面音 tɕ、tɕʰ、ɕ 来自精组、见系细音，知三章组，可拼开口呼、齐齿呼与撮口呼。其中与齐齿呼相拼较少，且在与齐齿呼相拼的音节中，i 介音的有无不具有区别特征；其中声母为精组细音时，介音较明显，声母为古知章组时介音多不明显。

（8）古庄组二、三等声母部分腭化。

（9）iu 韵母的主元音介于 u 与 o 之间。

（10）阳声韵都读鼻化韵。

（11）蟹摄、山摄、咸摄一、二等主元音对立消失。

（12）端组合口洪音多读相应的开口呼。

（13）蟹摄合口一等与止、蟹摄合口三、四等相混。

（14）梗摄字大都有文白两读。

（15）臻、曾、梗摄阳声韵与通摄阳声韵读音合流。

（16）麻、遮多不具有分韵特征，主元音同为 A。

（17）大部分全浊声母上声归去声，少数仍读上声；去声不分阴阳；入声大致以声母清浊为条件分调，其中清声母多与阴平合流，次浊多与去声合流，全浊大部分独成一调，但部分亦与去声合流。

十一　隆回高坪方言音系

1. *声母*

p 兵杯包北	pʰ 坡病步薄	m 麻米营墨	f 粉肥分费
t 低丁耽督	tʰ 拖体条踢	l 老刘难六	
k 歌高冈各	kʰ 可跪空哭		x 河韩发福
ts 做醉责杂	tsʰ 翠巢赚浊		s 四三杀色
tɕ 姐鸡韭粥	tɕʰ 启就出戚		ɕ 西香烧室
ø 鱼烟业逸			

2. *韵母*

ɿ 制丝是士	i 祭比治习	u 布秃窟谷	y 女书水出
e 袋配贼对	ie 些叶鳖帖	ue 灰回鬼毁	ye 社舍月缺
a 该揩赛买		ua 乖怪坏歪	
ɤ 高包罩敲	iɤ 苗召头口		
A 马沙八客	iA 夜靴甲瞎	uA 瓦瓜刷挖	
o 歌活作学	iu 吕手约粟		
iẽ 盐扇年灯			yẽ 全串绢元
ã 耽监干间		uã 完顽关反	
ɔ̃ 均春崩总	iɔ̃ 林灵尊程	uɔ̃ 困魂蚊稳	yɔ̃ 熏训云君
ɔ̃ 判团帮巷	iɔ̃ 亮江央赢	uɔ̃ 棺宽荒方	

ɳ 银蚁你

3. 声调

阴平：33 多刀中客　　　　　　阳平：13 桃狼乙橘

上声：312 斗里胆等　　　　　　去声：55 共月

4. 音系特征说明

（1）古全浊声母清化，读塞音、塞擦音者平仄皆送气。

（2）透定母多数读 tʰ，少数读擦音 x（多出现在齐齿呼韵母前）。

（3）n、l 不分。

（4）尖团合流。

（5）见系开口二等有文白两读，文读为舌面音，白读为舌根音。

（6）古溪母在洪音前部分读擦音 x。

（7）部分流摄一等匣母字声母读 tʰ。古开口三等知章组字与精见组三、四等字声母读音合流。韵母主元音为低后元音时，韵母多读开口呼，为前高元音时多读齐齿呼。

（8）iu 韵母的主元音介于 u 与 o 之间。

（9）麻韵三等知章组字韵母读合口呼 uA 或撮口呼 ye。

（10）遇摄三等精组字韵母多读 i，少数读 y。

（11）蟹摄合口一等端、精组、来母字多读开口呼 e。蟹摄合口三等精组字多读 i。

（12）阳声韵都读鼻化韵。

（13）山摄开口三等知章组字多读撮口呼 yẽ/ye，山摄合口一等端精组声母字韵母读开口呼 ɔ̃。山摄合口三等精组日母字部分读齐齿呼 iẽ/ie。

（14）蟹摄、咸摄一、二等主元音对立消失，山摄合口一、二等见组字韵母保留区别（uɔ̃：uã）。

（15）流摄、曾摄开口一等读齐齿呼。

（16）蟹摄合口一等与止、蟹摄合口三四等相混。

（17）梗摄字大都有文白两读。

（18）麻、遮多不具有分韵特征，主元音同为 A。

（19）大部分全浊声母上声归去声，少数仍读上声；去声不分阴阳；入声归入阴平、阳平与去声，读上声的少，分化规律不明显。另有少数字，如

"鼎、虫、镊、麦"等读 45 调，因字数少，不单独立为一个声调。

十二　洞口县石江镇方言音系

1. 声母

p 波标兵帮	pʰ 坡瓶病白	ɸ 铺菩部簿	m 明茅源营
		f 非奉费福	
t 多戴东德			l 老闹能林
k 歌公间革	kʰ 可跪课坑	x 同红谈衔	
ts 左早增则	tsʰ 操曹赠贼	s 所生森色	
tɕ 精见张主	tɕʰ 清及旋昌	ɕ 肖休县书	
ø 约吴然延			

2. 韵母

ɿ 子资词四	i 衣踢鸡亿	u 堵赌哭鹿	
ʅ 知书除雨		ui 桂愧辉为	
e 背配堆回	ue 魁桅内煨		
ɛ 者车色哲	iɛ 鸭叶碟鳖		yɛ 国靴缺骨
a 介戴代胎		ua 怪歪枥坏	
ə 二而耳尔			
ɐ 刀宝老茅	iɐ 小烧斗巧		
ʌ 家爬遮架	iʌ 野蛇惹亚	uʌ 瓜花话画	
o 歌河割郭	iu 久秋臭赎		
ẽ 跟金灵云	iẽ 音淫饮忍	uẽ 棍昆温问	yẽ 群勋熏唇
iɛ̃ 见兼战占			yɛ̃ 权船卷浅
ã 胆三间含		uã 官关弯栓	
ɔ̃ 短党枪硬	iɔ̃ 央养明良	uɔ̃ 矿狂王旺	
õ 木红翁东	iõ 勇容庸泳		
ũ 光广荒黄			
ŋ̍ 你疑聂宜			

3. 声调

阴平：55 东饭洞哭　　　　　　　阳平：13 同烦人文

上声：312 野演稳柱　　　　　　　去声：24 到冻正浊

4. 音系特征说明

（1）古全浊声母清化，读塞音、塞擦音者平仄皆送气。

（2）透定母读擦音 x。

（3）n、l 不分；f、x 相混，古晓匣母在合口洪音前读擦音 f。

（4）尖团合流，精组、见系在细音前读舌面音。

（5）见系开口二等有文白两读，文读为舌面音，白读为舌根音。

（6）舌面音 tɕ、tɕʰ、ɕ 来自精组见系细音、知三章组，可拼开口呼、齐齿呼与撮口呼。与齐齿呼相拼的情况少，其中知三章组不拼细音；与开口呼相拼时发音与舌叶音比较接近。

（7）疑、日、喻母合口三等字声母读双唇鼻音 m。

（8）日母开口三等，疑母开口与合口一、三、四等，影母、喻母开口三等合流为零声母。

（9）ʅ 韵母与普通话舌尖后音有区别，除零声母外，只与舌面音 tɕ、tɕʰ、ɕ 相拼，发音时舌叶与牙接触，唇同时带有向前伸展的动作，可称为舌叶元音。

（10）iu 韵母的主元音介于 u 与 o 之间。

（11）山摄、蟹摄、效摄开口一、二等主元音不对立，山摄合口一、二等舌齿音比较完整地保留主元音的对立。

（12）假摄字主元音 ᴀ 实际读音舌位稍微靠后，效摄字主元音 ɐ 实际读音舌位介于 ɐ 与 ə 之间。

（13）果摄字及其他字韵母或主元音 o，实际发音舌位稍高。

（14）梗摄字大都有文白两读。

（15）大部分端、精组合口一等字读开口呼。

（16）大部分全浊声母上声不归去声，仍读上声；浊声母去声（包括大部分次浊去声）、清声母入声（含大部分次浊声母入声）及少数全浊声母上声与阴平合流；全浊声母入声、大多数次浊声母入声与浊声母去声同调，读 24 调。

（17）少数字单独读45调，如虫、蚕。

十三 洞口县江口镇方言音系

1.声母

p 波包斌憋	pʰ 坡平病白	m 磨毛免麦	f 非饭胡福
t 多丁当德	tʰ 同待动迪	l 闹刘林立	
k 哥高江革	kʰ 可苦跪刻	ŋ 挨熬暗岸	x 红汗衔合
ts 左早增则	tsʰ 草曹坐贼		s 所生森色
tɕ 叫焦张职	tɕʰ 前及昌直		ɕ 小晓书席
ø 约吴延雨			

2.韵母

ɿ 纸指自四	i 依一有赎	u 姑苦突屋	
ʅ 猪语几局		ui 辉为鬼贵	
ɛ 者哲十摄	iɛ 铁贴碟鳖		yɛ 靴雪国骨
E 背配腿退		uE 魁桅灰回	
a 戴台袋爱	ua 乖怪快坏		
A 摘嫁爬骂	iA 耶爷野亚	uA 花瓜话画	
ɐ 刀讨稻老	iɐ 摇口巧斗		
o 歌河果过			
ẽ 庚肯领林	iẽ 坚签检颤	uẽ 昆魂温横	yẽ 君群允训
			yɛ̃ 穿全卷县
æ̃ 耽感堪含	uæ̃ 官宽管灌		
ã 丹谈间衔	uã 关惯弯栓		
õ 公翁东空	iõ 浓容庸泳		
ɔ̃ 端酸当硬	iɔ̃ 央养良明	uɔ̃ 荒黄狂王	
ŋ̍ 你疑聂宜			

3.声调

阴平：55 彬病洞哭	阳平：13 瓶人情和
上声：312 眼胆舅柱	去声：24 带对套浊

4. 音系特征说明

（1）古全浊声母清化，读塞音、塞擦音者平仄皆送气。

（2）透定母多读 tʰ，少数情况下或语流中读擦音 x。

（3）n、l 不分；f、x 部分相混，古非组声母在遇摄、通摄合口三等前读擦音 f。

（4）尖团合流，精组、见系在细音前读舌面音。

（5）见系开口二等有文白两读，文读为舌面音，白读为舌根音。

（6）舌面音 tɕ、tɕʰ、ɕ 来自精组见系细音、知三章组，可拼开口呼、齐齿呼与撮口呼。与齐齿呼相拼的情况少，其中知三章组不拼细音，与开口呼相拼时发音与舌叶音比较接近。

（7）疑母与影母在开口洪音前部分保留舌根鼻音的读音。

（8）日母开口三等、影疑母合口与开口三、四等多读 l，影母、喻母开口三等合流为零声母。

（9）ɿ 韵母与普通话舌尖后音有区别，除零声母外，只与舌面音 tɕ、tɕʰ、ɕ 相拼，发音时舌叶与牙接触，唇同时带有向前伸展的动作，可称为舌叶元音。

（10）存在少部分支（指止摄三等）鱼（遇摄三等）同韵现象，流摄三等（除庄组字外）、通摄入声三等主元音与止蟹摄开口三、四等（除精庄章日母字）主元音相同。

（11）蟹摄、山摄、效摄开口一、二等主元音无别，蟹摄合口一、二等，蟹摄合口一等与止蟹摄合口三、四等，咸摄开口一、二等，山摄合口一、二等，宕摄合口一、三等主元音均保留区别。

（12）假摄字主元音 ᴀ 实际读音舌位稍高，效摄字主元音 ɐ 实际读音舌位稍后。

（13）果摄字及其他相关字韵母或韵母主元音 o 实际发音舌位稍高。

（14）梗摄字大都有文白两读。

（15）大部分端、精组合口一等字读开口呼。

（16）大部分全浊声母上声不归去声，仍读上声；浊声母去声（包括少部分次浊去声）、清声母入声（含大部分次浊声母入声）及少数全浊声母上声与阴平合流；全浊声母入声、大多数次浊声母入声与浊声母去声同调，读

24调。

（17）少数字单独读45调，如虫、蚕。（未单列）

十四　洞口县长塘方言音系

1. 声母

p 包帮兵憋	pʰ 婆非病白	ɸ 铺菩部簿	m 毛免名卖
		f 翻烦奉福	
t 刀担东德	tʰ 提调挺迪		l 老牛能林
k 古高家革	kʰ 苦跪课客	x 同红谈衔	ŋ 挨熬暗岸
ts 早增脏则	tsʰ 草曹赠贼	s 所生森色	
tɕ 焦见张主	tɕʰ 瞧及旋昌	ɕ 肖休县书	
ø 约吴然延			

2. 韵母

ɿ 紫指此四	i 依一臭赎	u 古呼突屋	
ʅ 书雨鸡局		ui 桂鬼辉为	
ɛ 背配堆腿	uɛ 魁桅灰回		
ɛ 者哲十摄	iɛ 客刻碟鳖		yɛ 国靴缺骨
a 戴界二而		ua 怪快歪坏	
ɐ 讨稻老敲	iɐ 小摇斗口		
ʌ 骂爬摘家	iʌ 野蛇惹亚	uʌ 瓜花话画	
o 歌河割郭（iu）			
ẽ 庚根灵林	iẽ 今近音淫	uẽ 昆魂温横	yẽ 军群允熏
iɛ̃ 尖前占颤			yɛ̃ 全权船县
ã 丹谈间含		uã 关惯弯栓	
ɔ̃ 公翁东空	iɔ̃ 浓容庸泳		
ɔ̃ 端酸当硬	iɔ̃ 央养良明	uɔ̃ 官宽狂王	
ũ 光广荒黄			
ŋ̍ 你疑聂宜			

3. *声调*

阴平：55 兵病洞哭　　　　　　阳平：13 婆瓶人情

上声：312 引演稳柱　　　　　　去声：24 冻照套浊

4. *音系特征说明*

（1）古全浊声母清化，读塞音、塞擦音者平仄皆送气。

（2）透定母与洪音相拼多读擦音 x，与细音相拼读 tʰ。

（3）n、l 不分；f、x 部分相混，古非组声母在遇摄、通摄合口三等前读擦音 f。

（4）部分非组声母保留重唇音的读音，主要出现在止摄与蟹摄中。

（5）尖团合流，精组、见系在细音前读舌面音。

（6）见系开口二等有文白两读，文读为舌面音，白读为舌根音。

（7）舌面音 tɕ、tɕʰ、ɕ 来自精组见系细音、知三章组，可拼开口呼、齐齿呼与撮口呼。与齐齿呼相拼的情况少，其中知三章组不拼细音，与开口呼相拼时发音与舌叶音比较接近。

（8）疑母与影母在开口洪音前部分保留舌根鼻音的读音。

（9）日母开口三等，影疑母合口与开口三、四等，影母、喻母开口三等合流为零声母。

（10）ʅ 韵母与普通话舌尖后音有区别，除零声母外，只与舌面音 tɕ、tɕʰ、ɕ 相拼，发音时舌叶与牙接触，唇同时带有向前伸展的动作，可称为舌叶元音。

（11）存在少部分支（指止摄三等）鱼（遇摄三等）同韵现象，流摄三等（除庄组字外）、通摄入声三等主元音与止蟹摄开口三、四等（除止摄开口三等精庄章组字外）主元音相同。

（12）蟹摄、山摄、效摄开口一、二等主元音无别，蟹摄合口一、二等，蟹摄合口一等与止蟹摄合口三、四等，山摄合口一、二等，宕摄合口一、三等主元音均保留区别。

（13）iu 韵母的主元音介于 u 与 o 之间。

（14）假摄字主元音 ᴀ 实际读音舌位稍微靠后，效摄字主元音 ɐ 实际读音舌位介于 ɐ 与 ə 之间。

（15）果摄字及其他相关字韵母或韵母主元音 o 实际发音舌位稍高。

（16）梗摄字大都有文白两读。

（17）大部分端、精组合口一等字读开口呼。

（18）大部分全浊声母上声不归去声，仍读上声；浊声母去声（包括大部分次浊去声）、清声母入声（含大部分次浊声母入声）及少数全浊声母上声与阴平合流；全浊声母入声、大多数次浊声母入声与浊声母去声同调，读24调。

（19）少数字单独读45调，如虫、蚕。

十五　洞口县山门镇（清水村）方言音系

1. 声母

p 杯宝扁兵	ɸ 皮薄推仆	m 梅某明木	f 非分奉反
t 等戴丁德		l 男郎能诺	
k 果根干隔	kʰ 可苦坑客		x 拖头虎洪
ts 祭津将节	tsʰ 参贱嚼戚		s 三肖屑锡
tɕ 举煮珍真	tɕʰ 朝桥沉琴		ɕ 喜晓嫌协
w 软渊铅圆	∅ 一言热吕		

2. 韵母

ɿ 子制时思	i 低里亿锯	u 布姑突屋
ʅ 吕祖猪疫	ui 桂贵归	
e 开细耳对	ue 外催灰回	
ε 者摺直拍	iε 谢接立德	yε 靴国骨或
a 胎芥鞋矮	ua 乖快块歪	
ɜ 藕偶		
ɐ 毛咬炒照	iɐ 条尿头口	
ʌ 怕蛇拆炙	iʌ 夜也亚爷	uʌ 瓦化袜划
o 多和桌确	iu 酒丑粥药	
	ĩ 颠点展艳	
ẽ 庚巾金近	iẽ 音认印银	uẽ 盾嫩遵问	yẽ 群准军训
ã 看含简减	iã 圆缠铅院	uã 肝换贯玩	yã 圈卷浅癣

ɔ 木工穷风　　　iɔ 荣茸用勇

ɔ̃ 团昂江生　　　iɔ̃ 江像平枪　　　uɔ̃ 光网汪晃

ŋ̍ 毅宜议疑

3. 声调

阴平：55 多外邓谷　　　　　　阳平：13 禾平桃唐

上声：312 等瓦倒胆　　　　　　去声：45 怪重冻赎

4. 音系特征说明

（1）ʮ 韵母与普通话舌尖后音有区别，除零声母外，可与舌面音 tɕ、tɕʰ、ɕ 相拼，发音时舌叶与牙接触，唇同时带有向前伸展的动作。

（2）iu 韵母的主元音介于 u 与 o 之间。

（3）假摄字主元音 ʌ 实际读音舌位稍微靠后，效摄字主元音 ɐ 实际读音舌位与 ə 比较接近。

（4）果摄字及其他相关字韵母或韵母主元音 o 实际发音舌位稍高。

（5）撮口呼 y 介音比较短促，语流中读同相应的开口呼。

（6）古全浊声母清化，读塞音、塞擦音者平仄皆送气。

（7）透定母读擦音 x。

（8）n、l 不分，f、x 不混。

（9）区分尖团音，精组三、四等读舌尖前音（少数有读舌面细音的现象，如山摄合口三等），见系三、四等读舌面音。

（10）见系开口二等有文白两读，文读为舌面音，白读为舌根音。

（11）舌面音 tɕ、tɕʰ、ɕ 来自见系细音、知三章组，可拼开口呼、齐齿呼与撮口呼，与开口呼相拼时发音与舌叶音比较接近。

（12）古滂母、并母字及少数透母字读双唇擦音，但送气特征明显。

（13）疑、影、日、喻母合口三、四等字声母读双唇无擦通音 w，只有个别字如"营"声母读双唇鼻音 m。

（14）日母开口，疑影母开口与合口一、二等，喻母开口三等合流为零声母，部分来母字也读零声母，如"吕"。

（15）蟹摄开口一、二等部分保留主元音对立，山摄合口一、二等比较完整地保留主元音的对立。

（16）蟹摄合口一等与止、蟹摄合口三、四等大多不混。

（17）梗摄字大都有文白两读。

（18）大部分全浊声母上声不归去声，仍读上声；少部分与浊声母去声合流；全浊声母去声（包括大部分次浊去声）、清声母入声（含大部分次浊声母入声）及少数全浊声母上声与阴平合流；全浊声母入声、大部分次浊声母入声与清声母去声合流读去声。

（19）清声母去声字单独读45调，但在词语中第二个字一般读55调。

十六　洞口县高沙镇方言音系

1. 声母

p 比包斌博	pʰ 皮抱病白	m 磨马闷密	f 壶福法佛
t 当单邓德	tʰ 汤道读特	l 老牛能念	
k 高古江郭	kʰ 考苦跪客	ŋ 熬暗岸硬	x 饭凤和喝
ts 左遭则桌	tsʰ 坐错择贼		s 骚苏森涩
tɕ 焦叫张职	tɕʰ 前舅昌直		ɕ 晓手线书
ø 音央一亿			

2. 韵母

ɿ 支紫时四	i 祭厉鼻习	u 姑古忽屋	
ʮ 雨主鸡欲			
e 辈堆后客	ue 灰回桂国		
ɛ 者涉哲折	iɛ 姐接业孽		yɛ 靴缺骨越
a 代鞋菜卖		ua 乖拐歪坏	
ɐ 高道劳敲	iɐ 小摇巧桥		
ʌ 马遮嫁择	iʌ 姐写夜滴	uʌ 瓜花卦画	
o 歌河割郭	iu 取醉牛优		
	ĩ 兵斌邻林		yĩ 军匀允熏
ẽ 庚恩钝嫩		uẽ 滚棍温横	
ã 单耽谈咸	iɛ̃ 前签烟盐	uã 关惯患饭	yɛ̃ 专权远愿
ɔ 工空崩翁	iɔ 浓容庸泳		
õ 团当酸硬	iõ 将相良明		

37

ũ 官宽光广

ņ 你疑宁宜

3. 声调

阴平：55 通洞库哭　　　　　阳平：13 皮瓶人情

上声：312 紧演稳柱　　　　　去声：35 痛照套浊

4. 音系特征说明

（1）古全浊声母清化，读塞音、塞擦音者平仄皆送气。

（2）透定母多读 tʰ，只有在少数情况下或语流中读 x。

（3）n、l 不分；f、x 部分相混，其中晓匣母与 u 相拼时读 f，而非组声母在多数情况下读 x，相应的韵母读合口洪音。

（4）区分尖团音。

（5）见系开口二等有文白两读，文读为舌面音，白读为舌根音。

（6）舌面音 tɕ、tɕʰ、ɕ 来自见系细音、知三章组，可拼开口呼、齐齿呼与撮口呼。与齐齿呼相拼的情况少，其中知三章组不拼细音，与开口呼相拼时发音与舌叶音比较接近。

（7）疑母与影母在开口洪音前多读塞音 k，少部分读舌根鼻音 ŋ。

（8）日母、疑母细音前多读 l，影母合口、喻母开口三等合流为零声母。

（9）ʅ 韵母与普通话舌尖后音有区别，除零声母外，只与舌面音 tɕ、tɕʰ、ɕ 相拼，发音时舌叶与牙接触，唇同时带有向前伸展的动作，可称为舌叶元音。

（10）存在少部分支（指止摄三等）鱼（遇摄三等）同韵现象，主要表现在止摄合口三等精组与遇摄合口三等精组同韵母，与流摄三等读音相混。

（11）蟹摄、山摄、效摄开口一、二等，蟹摄合口一等与止蟹摄合口三、四等主元音无差别，蟹摄合口一、二等，山摄合口一、二等主元音均保留区别。

（12）iu 韵母的主元音介于 u 与 o 之间。

（13）假摄字主元音 ɑ 实际读音舌位稍微靠后，效摄字主元音 ɐ 实际读音舌位介于 ɐ 与 ə 之间。

（14）梗摄字大都有文白两读。

（15）大部分端、精组合口一等字读开口呼。

（16）大部分全浊声母上声不归去声，仍读上声；浊声母去声（包括大部分次浊去声）、清声母入声（含大部分次浊声母入声）及少数全浊声母上声与阴平合流；全浊声母入声、大多数次浊声母入声与浊声母去声同调，读35调。

（17）少数字单独读45调，如虫、蚕。

十七　洞口县花园镇方言音系

1. 声母

p 波帮兵憋	pʰ 婆旁部白	m 魔马米墨	f 胡福法佛
t 多刀担德	tʰ 拖道逃迪	l 老牛能念	
k 哥我家隔	kʰ 课苦跪刻	ŋ 熬暗岸硬	x 凡红欢喝
ts 左焦则集	tsʰ 楚清赠贼		s 苏小森色
tɕ 叫建章职	tɕʰ 桥舅昌直		ɕ 晓手县书
ø 约吴一亿			

2. 韵母

ɿ 纸此时四	i 祭厉鼻习	u 古呼突屋	
ʅ 猪雨鸡欲		ui 桂鬼辉为	
e 背堆头刻		uE 灰飞回为	
ε 社涉舌吉	iε 碟接业		yε 国靴缺骨
a 戴界在卖	ua 怪快歪坏		
ɐ 刀稻老敲	iɐ 小摇叫要		
A 麻答摘家	iA 姐写野蛇	uA 瓜花话画	
o 歌河割郭	iu 取醉牛优		
	ĩ 签颤灵林		yĩ 专权军匀
ẽ 根恩庚孙		uẽ 困混温横	
ã 丹耽谈咸		uã 关惯患饭	
ɔ̃ 工空东翁	iɔ̃ 浓容庸泳		
ɔ̃ 团酸党硬	iɔ̃ 将相良明		
ũ 官宽荒黄			

　　ŋ̍ 你疑宁宜

3. *声调*

　　阴平：55 通端命哭　　　　　　阳平：13 皮瓶人情

　　上声：312 紧演稳柱　　　　　　去声：24 痛洞套浊

4. *音系特征说明*

（1）古全浊声母清化，读塞音、塞擦音者平仄多送气，少部分不送气。

（2）透定母多读 tʰ，只在少数情况下或语流中读 x。

（3）n、l 不分；f、x 部分相混，其中晓匣母与 u 相拼时读 f，而非组声母在多数情况下读 x，相应的韵母读合口洪音。

（4）不区分尖团音。

（5）见系开口二等有文白两读，文读为舌面音，白读为舌根音。

（6）舌面音 tɕ、tɕʰ、ɕ 来自见系细音、知三章组，可拼开口呼、齐齿呼与撮口呼。与齐齿呼相拼的情况少，其中知三章组不拼细音。与开口呼相拼时发音与舌叶音比较接近。

（7）疑母与影母在开口洪音前多读舌根鼻音 ŋ，少数情况下读塞音 k。

（8）日母、疑母细音前多读 l；影母合口，开口三、四等，喻母开口三等合流为零声母。

（9）ʅ 韵母与普通话舌尖后音有区别，除零声母外，只与舌面音 tɕ、tɕʰ、ɕ 相拼，发音时舌叶与牙接触，唇同时带有向前伸展的动作，可称为舌叶元音。

（10）蟹摄、山摄、效摄开口一、二等，蟹摄合口一等与止蟹摄合口三、四等主元音无差别，蟹摄合口一、二等，山摄合口一、二等主元音均保留区别。

（11）iu 韵母的主元音介于 u 与 o 之间。

（12）假摄字主元音 A 实际读音舌位稍高，效摄字主元音 ɐ 实际读音舌位介于 ɐ 与 ə 之间。

（13）梗摄字大都有文白两读。

（14）大部分端、精组合口一、二等字读开口呼。

（15）大部分全浊声母上声不归去声，仍读上声；清声母入声（含大部分次浊声母入声）及少数全浊声母上声与阴平合流；全浊声母入声、大多数次浊声母入声与去声同调，读 35 调。去声除少数浊声母读 55 调，与阴平合流外，多数情况下均读 24 调。

（16）少数字单独读 45 调，如虫、蚕。

十八　绥宁县金屋塘镇方言音系

1. 声母

p 宝表布百	pʰ 瓶病薄白	m 莫面忙密	f 非费风福
t 刀当东德	tʰ 舵土腿特	l 老路林立	
k 歌庚街革	kʰ 课看跪客	ŋ 挨熬暗岸	x 胡饭衔合
ts 做焦怎绩	tsʰ 曹尽暂贼		s 生心涩席
tɕ 叫鸡张职	tɕʰ 欠技昌直		ɕ 晓书系食
ø 约吴延雨			

2. 韵母

ɿ 支子池四	i 依久有赎	u 都姑突屋	
ʅ 主句几局		ui 鬼贵辉为	
e 背配腿退		ue 魁桅灰回	
ɛ 者哲十摄	iɛ 铁贴碟鳖		yɛ 拙缺国骨
a 该海袋爱		ua 乖拐怀坏	
ʌ 打马嫁摘	iʌ 耶爷姐亚	uʌ 瓜夸花话	
ɤ 高讨早老	iɤ 摇照巧斗		
o 哥可和郭			
ĩ 坚签颤全			
ẽ 跟肯领林		uẽ 坤婚温横	yẽ 均熏允训
ã 单感间衔		uã 官宽关惯	yã 专圈卷县
ɔ̃ 冬同空翁	iɔ̃ 庸泳浓容		
ɔ̃ 短酸当硬	iɔ̃ 将养良明	uɔ̃ 黄网往王	
ũ 光广方荒			
ŋ̍ 你疑议蚁			

3. *声调*

阴平：55 通洞哭浊   阳平：13 平人情和

上声：312 眼胆舅柱   去声：24 带对套物

4. *音系特征说明*

（1）古全浊声母清化，读塞音、塞擦音者平仄皆送气。

（2）透定母多读 x，少数读 t^h。

（3）n、l 不分；f、x 部分相混，古非组声母多擦音 x，韵母读合口洪音。

（4）区分尖团音。

（5）见系开口二等有文白两读，文读为舌面音，白读为舌根音。

（6）舌面音 tɕ、tɕ^h、ɕ 来自见系细音、知三章组，可拼开口呼、齐齿呼与撮口呼。与齐齿呼相拼的情况少，其中知三章组不拼细音。与开口呼相拼时发音与舌叶音比较接近。

（7）疑母与影母在开口洪音前部分保留舌根鼻音的读音。

（8）日母开口三等，疑母合口与开口三、四等，影母三、四等，喻母合流为零声母。

（9）ɿ 韵母与普通话舌尖后音有区别，除零声母外，只与舌面音 tɕ、tɕ^h、ɕ 相拼，发音时舌叶与牙接触，唇同时带有向前伸展的动作，可称为舌叶元音。

（10）存在少部分支（指止摄三等）鱼（遇摄三等）同韵现象，流摄三等（除庄组字外）、通摄入声三等与止蟹摄开口三、四等（除精庄章足日母字外）韵母相同。

（11）蟹摄、山摄、效摄开口一、二等主元音无差别，蟹摄合口一、二等，蟹摄合口一等与止蟹摄合口三、四等均保留区别。

（12）假摄字主元音 A 实际读音舌位稍高，效摄字主元音 ɐ 实际读音舌位稍后。

（13）果摄字及其他字韵母或韵母主元音 o 实际发音舌位稍高。

（14）梗摄字大都有文白两读。

（15）大部分端、精组合口一等字读开口呼。

（16）大部分全浊声母上声不归去声，仍读上声；浊声母去声（包括大部分次浊去声）及少数全浊声母上声与阴平合流；入声多读 55 调，少数现代汉语中读去声的，在方言中读 24 调。

十九　绥宁县梅坪方言音系

该乡方言音系与金屋塘一致，见"十八　绥宁县金屋塘镇方言音系"。

二十　绥宁县黄土矿方言音系

1. 声母

ҏ 包帮兵北	pʰ 坡抱病白	m 毛忙名蜜	f 房魂水福
t 刀单当德	tʰ 逃淡荡读	l 男老怒里	
k 高干古隔	kʰ 看跪苦哭	ŋ 我坳案额	x 好汉凤喝
ts 左早赞则	tsʰ 蚕坐庄择		s 嫂三僧色
tɕ 精景正急	tɕʰ 其七静郑		ɕ 新心声十

2. 韵母

ʅ 自翅四是	i 椅七湿十	u 姑胡酷窟	y 猪语鸡局
		ui 桂贵归为	
e 背退革格	ie 业页贴碟	ue 魁官国骨	
ø 端乱月阅			
a 改界鞋三		ua 怪快关弯	
ɔ 斗楼走皱	iɔ 劣靴绝雪		
ɤ 稿倒草照	iɤ 焦巧小晓		
ʌ 麻沙择嫁	iʌ 姐写野踢	uʌ 瓜夸跨瓦	
ɚ 二而耳尔			
o 歌多喝脱	iu 九丑刘尤		
	ĩ 精真村顺		
ẽ 耽跟干庚	iẽ 演院兼签	uẽ 昆困问横	
ɔ̃ 公翁东空	iɔ̃ 浓容庸泳		
ɒ̃ 帮当江硬	iɒ̃ 央养良明	uɒ̃ 广黄狂王	
ŋ̍ 你疑蚁宜			

3. 声调

阴平：33 东通洞共　　　　　　阳平：55 同龙从屋

上声：312 董桶动垄　　　　　　去声：35 冻痛赎玉

4. 音系特征说明

（1）古全浊声母清化，读塞音、塞擦音者平仄皆送气。

（2）透定母读 tʰ，不读擦音 x。

（3）n、l 不分；f、x 相混，古晓匣母合口一、二等读擦音 f，韵母读开口呼（除韵母 u 之外）。

（4）尖团合流。

（5）见系开口二等多有文白两读，文读为舌面音，白读为舌根音。

（6）舌面音 tɕ、tɕʰ、ɕ 来自精组见系细音、知三章组，可拼开口呼、齐齿呼与撮口呼。与齐齿呼相拼的情况少，其中知三章组不拼细音。与开口呼相拼时发音与舌叶音比较接近。

（7）疑母与影母在开口洪音前部分保留舌根鼻音的读音。

（8）日母开口三等，影疑母合口与开口三、四等，影母喻母开口三等合流为零声母。

（9）y 韵母发音部位稍低。

（10）蟹摄、山摄、效摄开口一、二等，主元音无差别；蟹摄合口一等，止蟹摄合口三、四等，山摄合口一、二等，咸摄开口一、二等，部分保留主元音对立（见组字韵母无差别）。

（11）假摄字主元音 ᴀ 实际读音舌位稍高，效摄字主元音 ɐ 实际读音舌位稍后。与洞口、隆回不同，该方言效摄与流摄一等主元音有别。

（12）果摄字及其他相关字韵母或韵母主元音 o 实际发音舌位稍高。

（13）梗摄字大都有文白两读。

（14）大部分端、精组来母合口韵字读开口呼或齐齿呼，因此本方言撮口呼字较少。

（15）大部分全浊声母上声不归去声，仍读上声；浊声母去声（包括少部分次浊去声）、清声母入声（含大部分次浊声母入声）及少数全浊声母上声与阴平合流；全浊声母入声、大多数次浊声母入声与阳平同调，读 55 调。

二十一　绥宁县唐家坊方言音系

该镇方言音系与瓦屋塘基本一致，见"二十二　绥宁县瓦屋塘方言音系"

二十二　绥宁县瓦屋塘方言音系

1. 声母

p 波包帮伯	pʰ 普病白壁	m 毛魔面麦	f 非烦魂胡
t 刀单当德	tʰ 台同动迪	l 老能林牛	
k 歌干教革	kʰ 开看跪刻	ŋ 我熬硬额	x 红汗凤合
ts 早焦增则	tsʰ 操晴座贼		s 锁生小色
tɕ 叫姜张职	tɕʰ 牵轻昌直		ɕ 晓兴书席
ø 约吴延雨			

2. 韵母

ɿ 字此指事	i 依一湿十	u 古胡突哭	y 猪语举局
e 悲腿刻隔	ie 铁贴碟鳖	ue 魁贵国骨	
ø 酸鸾暖闩			
a 该爱街鞋		ua 怪快怀坏	
ə 头楼揍皱	iə 劣绝雪靴		yə 拙阅月缺
ɐ 高老照少	iɐ 摇巧笑晓		
A 马达择嫁	iA 姐爷野踢	uA 瓜花滑画	
ɤ 二而耳尔			
o 哥多渴夺	iu 久求刘尤		
	ĩ 林灵真正		
ẽ 耽庚团船	iẽ 演院兼签	uẽ 昆横官宽	
ã 栈删攀慢		uã 关完弯栓	
ɔ̃ 公翁东空	iɔ̃ 浓容庸泳		
ɔ̃ 帮当江硬	iɔ̃ 央养良明	uɔ̃ 广黄狂王	
ņ 你疑蚁宜			

3. 声调

阴平：33 东通洞屋　　　　　　阳平：13 同龙从容

上声：312 董桶动垄　　　　　　去声：24 冻痛赎玉

4. 音系特征说明

（1）古全浊声母清化，读塞音、塞擦音者平仄皆送气。

（2）透定母读 tʰ，不读擦音 x。

（3）n、l 不分；f、x 部分相混，古晓匣母合口一、二等读擦音 f，韵母读开口呼（除韵母 u 之外）。

（4）区分尖团音，只在少数韵摄中有尖团合流现象。

（5）见系开口二等多有文白两读，文读为舌面音，白读为舌根音。

（6）舌面音 tɕ、tɕʰ、ɕ 来自见系细音（少数精组细音）、知三章组，可拼开口呼、齐齿呼与撮口呼。与齐齿呼相拼的情况少，其中知三章组不拼细音，与开口呼相拼时发音与舌叶音比较接近。

（7）疑母与影母在开口洪音前部分保留舌根鼻音的读音。

（8）日母开口三等，影疑母合口与开口三、四等，影喻母开口三等合流为零声母。

（9）y 韵母发音时合口特征不是非常明显。

（10）存在少部分支（指止摄三等）鱼（遇摄三等）同韵现象，流摄三等（除庄组字外）、通摄入声三等主元音与止蟹摄开口三、四等（除精庄章组日母字）主元音相同。

（11）蟹摄、山摄、效摄开口一、二等，蟹摄合口一等与止蟹摄合口三、四等，山摄合口一、二等，宕摄合口一、三等主元音无差别。咸摄开口一、二等，部分保留主元音对立（见组字韵母无差别）。

（12）假摄字主元音 ᴀ 实际读音舌位稍高，效摄字主元音 ɐ 实际读音舌位稍后。与洞口、隆回不同，该方言效摄与流摄一等主元音有别。

（13）果摄字及其他相关字韵母或韵母主元音 o 实际发音舌位稍高。

（14）梗摄字大都有文白两读。

（15）大部分端、精组来母合口韵字读开口呼或齐齿呼，因此本方言撮口呼字较少。

（16）大部分全浊声母上声不归去声，仍读上声；浊声母去声（包括少部分次浊去声）、清声母入声（含大部分次浊声母入声）及少数全浊声母上声与阴平合流；全浊声母入声、大多数次浊声母入声与浊声母去声同调，读35调。

第二节　洞绥片赣方言声母代表字读音比较

表 2-1 列出了各方言点声母代表字的声母读音，代表字的选取原则以反映方言特征为目的，首行注明了各代表字的中古声母，次行列代表字。代表字有文白两读的，以"/"为别，左为文读声母读音，右为白读声母读音。

表 2-1　洞绥片赣方言声母代表字比较

		帮	並			滂	明	微		非	晓
		布	步	别	盘	怕	门	蚊	网	飞	灰
隆回	荷香桥	p	x	pʰ	pʰ	pʰ	m	∅/m	∅/m	f	x
	六都寨	p	x	pʰ	pʰ	pʰ	m	∅/m	∅/m	f	x
	七江	p	x	pʰ	pʰ	pʰ	m	∅/m	∅/m	f	x
	司门前	p	x	pʰ	pʰ	pʰ	m	∅/m	∅/m	f	x
	金石桥	p	x	pʰ	pʰ	pʰ	m	∅/m	∅/m	f	x
	小沙江	p	pʰ	pʰ	xɔ¹³	pʰ	m	∅uẽ¹³	∅	f	x
	西洋江	p	x	x	pʰ	pʰ	m	∅/m	∅/m	f	x
	横板桥	p	x	x	pʰ	pʰ	m	∅/m	∅/m	f	x
	岩口	p	p	pʰ	pʰ	pʰ	m	∅	∅	f	x
	罗洪	p	x	pʰ	pʰ	pʰ	m	∅/m	∅/m	f	f
	高坪	p	p	pʰ	pʰ	pʰ	m	∅/m	∅/m	f	x
洞口	石江	p	x	pʰ	pʰ	pʰ	m	∅/m	∅/m	f	f
	江口	p	pʰ	pʰ	pʰ	pʰ	m	∅/m	∅	f	x
	长塘	p	f	pʰ	pʰ	pʰ	m	∅/m	∅/m	pʰ	f
	山门	p	ɸ	ɸ	ɸ	ɸ	m	∅/m	∅/m	f	x
	高沙	p	pʰ	p/pʰ	pʰ	pʰ	m	∅/m	∅/m	f	x
	花园	p	pʰ	pʰ	pʰ	pʰ	m	∅/m	∅/m	x	x

续表

		帮	并			滂	明	微		非	晓
		布	步	别	盘	怕	门	蚊	网	飞	灰
绥宁	金屋塘	p	pʰ	pʰ	pʰ	pʰ	m	∅/m	∅	f	x
	梅坪	p	pʰ	pʰ	pʰ	pʰ	m	∅/m	∅	f	x
	黄土矿	p	pʰ	pʰ	pʰ	pʰ	m	∅/m	∅	f	f
	唐家坊	p	pʰ	pʰ	pʰ	pʰ	m	∅/m	∅	f	f
	瓦屋塘	p	pʰ	pʰ	pʰ	pʰ	m	∅/m	∅	f	f

		奉		匣		端	定			透	泥洪	
		缝	扶	红	胡	到	道	夺	同	太	难	怒
隆回	荷香桥	fɔ̃/pʰɔ^{13}	fu^{13}	xɔ̃^{13}	xu^{13}/u^{45}	te^{45}	xɐ^{55}	to^{13}	xɔ̃^{13}	xa^{55}	lã^{13}	lɔ̃^{55}
	六都寨	fɔ̃^{13}	fu^{13}	xɔ̃^{13}	xu^{13}	te^{55}	xɐ^{55}	to^{13}	xɔ̃^{13}	xa^{55}	lã^{13}	lɔ̃^{55}
	七江	fɔ̃^{13}	fu^{13}	xɔ̃^{13}	xu^{13}/u^{45}	te^{55}	xɐ^{55}	to^{13}	xɔ̃^{13}	xa^{55}	lã^{13}	lɔ̃^{55}
	司门前	fɔ̃^{13}	fu^{13}	xɔ̃^{13}	xu^{13}/u^{45}	te^{55}	xɐ^{55}	to^{13}	xɔ̃^{13}	xa^{55}	lã^{13}	lɔ̃^{55}
	金石桥	pʰɔ̃^{13}	fu^{13}	xɔ̃^{13}	xu^{13}/u^{45}	te^{55}	xɐ^{55}	to^{33}	xɔ̃^{13}	xa^{55}	la^{13}	lɔ̃^{55}
	小沙江	fɔ̃^{13}	fu^{13}	xɔ̃^{13}	xu^{13}	te^{55}	tʰɐ^{55}	to^{13}	xɔ̃^{13}	xa^{55}	la^{13}	lu^{55}
	西洋江	fɔ̃^{13}	fu^{13}	xɔ̃^{13}	xu^{13}	te^{45}	xɐ^{55}	to^{13}	xɔ̃^{13}	xa^{45}	lã^{13}	lu^{24}
	横板桥	fɔ̃^{13}	fu^{13}	xɔ̃^{13}	xu^{13}/u^{45}	te^{45}	xɐ^{55}	to^{13}	xɔ̃^{13}	xa^{45}	lã^{13}	lu^{45}
	岩口	fɔ̃^{13}	fu^{13}	xɔ̃^{13}	xu^{13}	te^{55}	xɐ^{55}	to^{13}	xɔ̃^{13}	xa^{55}	lã^{13}	lu^{55}
	罗洪	fɔ̃^{13}	fu^{13}	xɔ̃^{13}	fu^{13}/u^{45}	te^{55}	tɐ^{55}	to^{45}	xɔ̃^{13}	xa^{55}	lã^{13}	lu^{55}
	高坪	fɔ̃^{13}	xu^{13}	xɔ̃^{13}	xu	te^{55}	tɐ^{55}	to^{13}	tɔ̃^{13}	xa^{55}	lã^{13}	lu^{55}
洞口	石江	fɔ̃^{13}	fu^{13}	xɔ̃^{13}	fu^{13}	te^{24}	xɐ^{55}	to^{24}	xɔ̃^{13}	xa^{24}	lã^{13}	lu^{24}
	江口	fɔ̃^{13}	fu^{13}	xɔ̃^{13}	fu^{13}	te^{24}	tʰɐ^{55}	to^{24}	tʰɔ̃^{13}	tʰa^{24}	lã^{13}	lu^{24}
	长塘	pʰɔ̃^{13}	fu^{13}	xɔ̃^{13}	fu^{13}/u^{45}	te^{24}	xɐ^{55}	to^{24}	xɔ̃^{13}	xa^{24}	lã^{13}	lu^{24}
	山门	fɔ̃^{13}	fu^{13}	xɔ̃^{13}	fu^{13}	te^{35}	xɐ^{55}	to^{13}	xɔ̃^{13}	xa^{45}	lã^{13}	lɔ̃^{45}
	高沙	pʰɔ̃^{13}	fu^{13}	xɔ̃^{13}	fu^{13}/u^{45}	te^{24}	dɐ^{55}	to^{24}	tʰɔ̃^{13}	tʰa^{24}	lã^{13}	lu^{24}
	花园	xɔ̃^{13}	fu^{13}	xɔ̃^{13}	xu^{13}	te^{35}	xɐ^{55}	to^{13}	tʰɔ̃^{13}	tʰa^{35}	lã^{13}	lɔ̃^{35}
绥宁	金屋塘	fɔ̃^{13}	fu^{13}	xɔ̃^{13}	fu^{13}	te^{24}	xɐ^{55}	to^{24}	xɔ̃^{13}	xa^{24}	lã^{13}	lu^{24}
	梅坪	fɔ̃^{13}	fu^{13}	xɔ̃^{13}	fu^{13}	te^{24}	xɐ^{55}	to^{24}	xɔ̃^{13}	xa^{24}	lã^{13}	lu^{24}
	黄土矿	xɔ̃^{35}	fu^{13}	xɔ̃^{55}	fu^{55}	te^{35}	tʰɐ^{33}	to^{13}	tʰɔ̃^{55}	tʰa^{33}	la^{55}	lu^{33}
	唐家坊	xɔ̃^{13}	fu^{13}	xɔ̃^{13}	xu^{13}	te^{35}	tʰɐ^{33}	to^{35}	tʰɔ̃^{13}	tʰa^{35}	lã^{13}	lu^{33}
	瓦屋塘	xɔ̃^{13}	fu^{13}	xɔ̃^{13}	xu^{13}	te^{35}	tʰɐ^{33}	to^{35}	tʰɔ̃^{13}	tʰa^{35}	lã^{13}	lu^{33}

续表

		泥细		疑洪	疑细	来洪		来细		见	群			溪
		女	年	眼	聶	蓝	路	吕	连	贵	跪	及	裙	开
隆回	荷香桥	y³¹²	ĩ¹³	ã³¹²	ĩ⁴⁵	lã¹³	lu⁵⁵	lu³¹²	lĩ¹³	kui⁵⁵	kʰui⁵⁵	tɕi⁴⁵	tɕʰuē¹³	kʰe³³
	六都寨	lĩ³¹²	ĩ¹³	ɑ̃³¹²	ĩ⁵⁵	lɑ̃¹³	lu⁵⁵	lu³¹²	lĩ¹³	kui⁵⁵	kʰui⁵⁵	tɕi⁵⁵	tɕʰuē¹³	kʰe³³
	七江	yĩ³¹²	ĩ¹³	ɑ̃³¹²	ĩ⁵⁵	lɑ̃¹³	lu⁵⁵	lu³¹²	lĩ¹³	kui⁵⁵	kʰui³¹²	tɕi⁵⁵	kʰuē¹³	kʰe³³
	司门前	yĩ³¹²	ĩ¹³	ɑ̃³¹²	ĩ⁵⁵	lɑ̃¹³	lu⁵⁵	lu³¹²	lĩ¹³	kui⁵⁵	kʰui³¹²	tɕi⁵⁵	tɕʰuē¹³	kʰe³³
	金石桥	y³¹²	ie¹³	a³¹²	ie⁵⁵	la¹³	lu⁵⁵	lu³¹²	lie¹³	kue⁵⁵	kʰue⁵⁵	tɕi⁴⁵	tɕē¹³	kʰe³³
	小沙江	y³¹²	ie¹³	a³¹²	ie⁵⁵	la¹³	lu⁵⁵	ly³¹²	lie¹³	kue⁵⁵	kʰue³¹²	tɕi⁴⁵	kʰuē¹³	xa³³
	西洋江	ɿ³¹²	ĩ¹³	ã³¹²	ie⁴⁵	lã¹³	lu⁵⁵	lio³¹²	lie¹³	kui⁴⁵	kʰui⁴⁵	tɕe⁴⁵	tɕʰye¹³	kʰe³³
	横板桥	ɿ³¹²	ĩ¹³	ã³¹²	ie⁴⁵	lã¹³	lu⁵⁵	ɿ³¹²	lie¹³	kui⁴⁵	kʰui⁵⁵	tɕe⁴⁵	tɕʰē¹³	kʰe⁵⁵
	岩口	y³¹²	iĩ¹³	ã³¹²	lĩ⁵⁵	lã¹³	lu⁵⁵	ly³¹²	lĩ¹³	kui⁵⁵	kʰui¹³	tɕi¹³	kʰuə̃¹³	kʰə³³
	罗洪	y³¹²	iē¹³	ã³¹²	iē⁵⁵	lã¹³	lu⁵⁵	ly³¹²	lie¹³	kue⁵⁵	kue³¹²	tɕi⁴⁵	tɕʰyə̃¹³	xe³³
	高坪	y³¹²	iē¹³	ã³¹²	ie⁴⁵	lã¹³	lu⁵⁵	liu³¹²	lie¹³	kue⁵⁵	kʰue⁵⁵	tɕi⁵⁵	kʰuə̃¹³	xa³³
洞口	石江	y³¹²	iē¹³	ã³¹²	iē⁵⁵	lã¹³	lu⁵⁵	ɿ³¹²	lie¹³	kui²⁴	kʰui²⁴	tɕi²⁴	tɕʰye¹³	xa⁵⁵
	江口	ɿ³¹²	liē¹³	ã³¹²	lie⁵⁵	lã¹³	lu⁵⁵	ɿ³¹²	lie¹³	kui²⁴	kʰui²⁴	tɕʰɿ	tɕʰye¹³	kʰa⁵⁵
	长塘	y³¹²	iē¹³	ã³¹²	nie⁵⁵	lã¹³	lu⁵⁵	ɿ³¹²	lie¹³	kui²⁴	kʰui²⁴	tɕɿ²⁴	tɕʰye¹³	kʰa⁵⁵
	山门	ɿ³¹²	ĩ¹³	ã³¹²	ĩ⁵⁵	lã¹³	lu⁵⁵	ɿ³¹²	lĩ¹³	kui⁴⁵	kʰui⁴⁵	tɕʰe⁴⁵	tɕʰye¹³	kʰe⁵⁵
	高沙	ɿ³¹²	liē¹³	ã³¹²	lie⁵⁵	lã¹³	lu⁵⁵	li³¹²	lie¹³	kue²⁴	kʰue⁵⁵	tɕʰɿ²⁴	tɕʰyĩ¹³	kʰa⁵⁵
	花园	ɿ³¹²	lĩ¹³	ã³¹²	lie⁵⁵	lã¹³	liu⁵⁵	ɿ³¹²	lĩ¹³	kue³⁵	kʰue³⁵	tɕʰɿ²⁴	tɕʰye¹³	kʰa⁵⁵
绥宁	金屋塘	ɿ³¹²	liē¹³	ŋã³¹²	ie⁵⁵	lã¹³	lu⁵⁵	li³¹²	lie¹³	kui²⁴	kʰui²⁴	tɕʰɿ⁵⁵	tɕʰye¹³	kʰa⁵⁵
	梅坪	ɿ³¹²	liē¹³	ŋã³¹²	ie⁵⁵	lã¹³	lu⁵⁵	li³¹²	lie¹³	kui²⁴	kʰui²⁴	tɕʰɿ⁵⁵	tɕʰye¹³	kʰa⁵⁵
	黄土矿	ņ³¹²	lie⁵⁵	ŋã³¹²	liē⁵⁵	la⁵⁵	lu³³	ly³¹²	lie⁵⁵	kue³⁵	kʰue³⁵	tɕi³³	tɕʰĩ⁵⁵	xa³³
	唐家坊	ņ³¹²	ie¹³	iA³¹²	liē¹³	lã¹³	lu³³	ly³¹²	lie¹³	kue³⁵	kʰue³⁵	tɕʰi³⁵	tɕʰĩ¹³	kʰa³³
	瓦屋塘	ņ³¹²	ie¹³	iA³¹²	liē¹³	lã¹³	lu³³	ly³¹²	lie¹³	kue³⁵	kʰue³³	tɕʰi³⁵	tɕʰĩ¹³	kʰa³³

		疑洪			疑细			晓洪		匣洪	
		我	剐	瓦	疑	鱼	月	化	喊	号	换
隆回	荷香桥	o³¹²	a¹³	uA³¹²	n̩¹³	y¹³	me⁴⁵	xuA⁵⁵	xã³¹²	xɤ⁵⁵	uã⁵⁵
	六都寨	ũ³¹²	a¹³	uA³¹²	i¹³	ŋ/u¹³①	mĩ⁵⁵	xuA⁵⁵	xɑ̃³¹²	xɤ⁵⁵	uɑ̃⁵⁵
	七江	ũ³¹²	a¹³	uA³¹²	ŋ̩¹³	ŋ/u¹³	mĩ⁵⁵	xuA⁵⁵	xã³¹²	xɤ⁵⁵	uɑ̃⁵⁵
	司门前	o³¹²	a¹³	uA³¹²	ņ¹³	u¹³	mĩ⁵⁵	xuA⁵⁵	xɑ̃³¹²	xɤ⁵⁵	uɑ̃⁵⁵
	金石桥	o⁴⁵	a¹³	uA³¹²	n̩¹³	y¹³	yE⁵⁵	xuA⁵⁵	xa³¹²	xɤ⁵⁵	ua⁵⁵

---

①　此类标音表示前一音与后一音调值一致，后同。

		疑洪			疑细			晓洪		匣洪	
		我	剐	瓦	疑	鱼	月	化	喊	号	换
隆回	小沙江	o^{312}	a^{13}	uA^{312}	ņ^{13}	y^{13}	liE^{55}	xuA^{55}	xa^{312}	xɐ^{55}	ua^{55}
	西洋江	o^{312}	a^{13}	uA^{312}	ņ^{13}	ʅ^{13}	me^{45}	xuA^{45}	xã^{312}	xɐ^{55}	xuã^{45}
	横板桥	o^{312}	a^{13}	uA^{312}	ņ^{13}	ʅ^{13}	me^{45}	xuA^{45}	xã^{312}	xɐ^{55}	ua^{55}
	岩口	ũ^{33}	a^{13}	uA^{312}	i^{13}	y^{13}	miĩ^{45}	xuA^{55}	xã^{312}	xɐ^{55}	ua^{55}
	罗洪	o^{312}	a^{13}	uA^{312}	i^{13}	y^{13}	ye^{45}	xuA^{55}	xã^{312}	xɐ^{55}	uɔ̃^{55}
	高坪	o^{312}	a^{13}	uA^{312}	ie^{13}	y^{13}	me^{55}	xuA^{55}	xã^{312}	xɐ^{55}	xuã^{55}
洞口	石江	o^{312}	a^{13}	uA^{312}	ņ^{13}	ʅ^{13}	ye^{24}	fA^{24}	xã^{312}	xɐ^{55}	xuã^{24}/uã^{55}
	江口	ŋu^{312}	a^{13}	uA^{312}	ņ^{13}	ʅ^{13}	ye^{24}	xuA^{24}	xã^{312}	xɐ^{55}	uæ^{55}
	长塘	o^{312}	a^{13}	uA^{312}	ņ^{13}	ʅ^{13}	ye^{24}	fA^{24}	xã^{312}	xɐ^{55}	xuã^{24}/uɔ̃^{55}
	山门	o^{312}	a^{13}	uA^{312}	ņ^{13}	ʅ^{13}	ye^{45}	xuA^{45}	xã^{312}	xɐ^{55}	xuã^{45}
	高沙	ko^{312}	ŋa^{13}	uA^{312}	ņ^{13}	ʅ^{13}	ye^{24}	xuA^{24}	xã^{312}	xɐ^{24}	ũ^{55}
	花园	ko^{312}	ŋa^{13}	uA^{312}	ņ^{13}	ʅ^{13}	ye^{35}	xuA^{45}	xã^{312}	xɐ^{55}	ũ^{55}
绥宁	金屋塘	o^{312}	a^{13}	uA^{312}	ņ^{13}	ʅ^{13}	ye^{24}	xuA^{24}	xã^{312}	xɐ^{55}	xuã/uɔ̃^{55}
	梅坪	o^{312}	a^{13}	uA^{312}	ņ^{13}	ʅ^{13}	ye^{24}	xuA^{24}	xã^{312}	xɐ^{55}	xuã/uɔ̃^{55}
	黄土矿	o^{312}	a^{55}	uA^{312}	ņ^{55}	y^{55}	ly^{33}	fA^{33}	xa^{312}	xɐ^{33}	fẽ^{33}
	唐家坊	o^{312}	a^{13}	uA^{312}	ņ^{13}	y^{13}	ye^{13}	fA^{35}	xã^{312}	xɐ^{33}	fẽ^{33}
	瓦屋塘	o^{312}	a^{13}	uA^{312}	ņ^{13}	y^{13}	ye^{13}	fA^{35}	xa^{312}	xɐ^{33}	fẽ^{33}

		精	见	精	见	从	群	从	群	清	溪	清	溪
		精	经	节	结	齐	旗	全	权	取	去	秋	丘
隆回	荷香桥	tsẽ/tsiɔ̃^{33}	tɕe^{33}	tsie^{45}	ke^{33}	tsʰi^{13}	tɕʰi^{13}	tsʰyʅ^{13}	tɕʰyʅ^{13}	tsʰy^{312}	tɕʰi^{55}	tsʰiu^{33}	tɕʰiu^{33}
	六都寨	tsẽ/tsiɔ̃^{33}	tɕe^{33}	tsie^{45}	tɕe^{45}	tsʰi^{13}	tɕʰi^{13}	tsʰʅ^{13}	tɕʰyʅ^{13}	tɕʰy^{312}	tɕʰi^{55}	tsʰiu^{33}	tɕʰiu^{33}
	七江	tsẽ/tsiɔ̃^{33}	tɕe^{33}	tse^{45}	kie^{45}	tsʰi^{13}	tɕʰi^{13}	tsʰʅ^{13}	tɕʰyʅ^{13}	tsʰy^{312}	tɕʰi^{55}	tsʰiu^{33}	tɕʰiu^{33}
	司门前	tsẽ/tsiɔ̃^{33}	tɕe^{33}	tsi^{45}	tɕe^{45}	tsʰi^{13}	tɕʰi^{13}	tsʰʅ^{13}	tɕʰyʅ^{13}	tsʰui^{312}	tɕʰi^{55}	tsʰiu^{33}	tɕʰiu^{33}
	金石桥	tsẽ/tsiɔ̃^{33}	tɕe^{33}	tse^{55}	tɕe^{45}/ke^{55}	tsʰi^{13}	tɕʰi^{13}	tsʰyE^{13}	tɕʰyE^{13}	tsʰui^{312}	tɕʰi^{55}	tsʰiu^{33}	tɕʰiu^{33}
	小沙江	tɕe/tɕiɔ̃^{33}	tɕe^{33}	tɕe^{55}	tɕe^{45}/ke^{55}	tɕʰi^{13}	tɕʰi^{13}	tɕʰyE^{13}	tɕʰyE^{13}	tɕʰy^{312}	tɕʰi^{55}	tɕʰiu^{33}	tɕʰiu^{33}
	西洋江	tsẽ/tsiɔ̃^{55}	tɕe^{55}	tsie^{45}	tɕe^{55}	tsʰi^{13}	tɕʰi^{13}	tsʰyã^{13}	tɕʰyã^{13}	tɕʰʅ^{21}	tɕʰʅ^{45}/tɕʰi^{45}	tsʰiu^{55}	tɕʰiu^{55}
	横板桥	tsẽ/tsiɔ̃^{55}	tɕe^{55}	tsie^{55}	tɕe^{55}	tsʰi^{13}	tɕʰi^{13}	tsʰyã^{13}	tɕʰyã^{13}	tsʰʅ^{21}	tɕʰy^{45}/tɕʰi^{45}	tsʰiu^{55}	tɕʰiu^{55}
	岩口	tɕiɔ̃/tɕiɔ̃^{33}	tɕiɔ̃^{55}	tsie^{13}	tɕe^{33}	tsʰi^{13}	tsʰi^{13}	tsʰyE^{13}	tɕʰyE^{13}	tsʰy^{312}	tɕʰy^{55}/tɕʰi^{55}	tɕʰiu^{33}	tɕʰiu^{33}
	罗洪	tɕiɔ̃/tɕiɔ̃^{33}	tɕe^{55}	tɕie^{55}	tɕie^{55}	tɕʰi^{13}	tɕʰi^{13}	tɕʰyE^{13}	tɕʰyE^{13}	tɕʰy^{312}	tɕʰy^{55}/tɕʰi^{55}	tɕʰiu^{55}	tɕʰiu^{55}
	高坪	tɕiɔ̃/tɕiɔ̃^{33}	tɕiɔ̃^{55}	tɕie^{13}	tɕie^{13}	tɕʰi^{13}	tɕʰi^{13}	tɕʰye^{13}	tɕʰyi^{13}	tɕʰi^{312}	tɕʰy^{55}/tɕʰi^{55}	tɕʰiu^{33}	tɕʰiu^{33}

续表

		精	见	精	见	从	群	从	群	清	溪	清	溪
		精	经	节	结	齐	旗	全	权	取	去	秋	丘
洞口	石江	tsə̃/tɕi̯ɔ̃⁵⁵	tɕe⁵⁵	tɕɛ⁵⁵	tɕɛ⁵⁵	tɕʰi¹³	tɕʰi¹³	tɕʰye¹³	tɕʰye¹³	tɕʰl̩³¹²	tɕl̩²⁴	tɕʰiu⁵⁵	tɕʰiu⁵⁵
	江口	tɕe/tɕi̯ɔ̃⁵⁵	tɕe⁵⁵	tɕie⁵⁵	tɕie⁵⁵	tɕʰi̯¹³	tɕʰi̯¹³	tɕʰye¹³	tɕʰye¹³	tɕʰi³¹²	tɕi²⁴	tɕʰi⁵⁵	tɕʰi⁵⁵
	长塘	tsə̃/tɕi̯ɔ̃⁵⁵	tɕe⁵⁵	tɕɛ⁵⁵	kie⁵⁵	tɕʰi¹³	tɕʰi¹³	tɕʰye⁵⁵	tɕʰye¹³	tɕʰl̩³¹²	tɕl̩²⁴	tɕʰl̩⁵⁵	tɕʰl̩⁵⁵
	山门	tsə̃/tsi̯ɔ̃⁵⁵	tɕe⁵⁵	tsie⁴⁵	tɕe⁵⁵	tsʰi¹³	tɕʰi¹³	tɕʰya¹³	tɕʰya¹³	tɕʰi²¹³	tɕʰl̩/tɕʰl̩⁴⁵	tsʰi⁵⁵	tɕʰiu⁵⁵
	高沙	tɕi̯/tsi̯ɔ̃⁵⁵	tɕi̯⁵⁵	tɕie⁵⁵	tɕie⁵⁵	tɕʰi/tsʰi¹³	tɕʰl̩¹³	tɕʰye¹³	tɕʰye¹³	tɕʰl̩³¹²	tɕl̩³⁵	tɕʰiu⁵⁵	tɕʰiu⁵⁵
	花园	tsi̯/tsi̯ɔ̃⁵⁵	tɕe⁵⁵	tsi⁵⁵	tɕie⁵⁵	tsʰi¹³	tɕʰi¹³	tsʰi̯¹³	tɕʰyi¹³	tɕʰi²¹³	tɕʰl̩³⁵	tsʰi⁵⁵	tɕʰi⁵⁵
绥宁	金屋塘	tsə̃/tɕi̯ɔ̃⁵⁵	tɕe⁵⁵	tsie⁵⁵	tɕie⁵⁵	tsʰi¹³	tɕʰi¹³	tɕʰya¹³	tɕʰya³	tɕʰi³	tɕl̩³	tsʰi⁵⁵	tɕʰi⁵⁵
	梅坪	tsə̃/tɕi̯ɔ̃⁵⁵	tɕe⁵⁵	tsie⁵⁵	tɕie⁵⁵	tsʰi¹³	tɕʰi¹³	tɕʰya¹³	tɕʰya³	tɕʰi³¹²	tɕl̩³	tsʰi⁵⁵	tɕʰi⁵⁵
	黄土矿	tɕi̯³³/tsi̯ɔ̃⁵⁵	tɕi̯²³	tɕie³³	tɕie³³	tɕʰi⁵⁵	tɕʰi⁵⁵	tɕʰe⁵⁵	tɕʰẽ⁵⁵	tɕʰy³¹²	tɕʰy³⁵	tɕʰiu³³	tɕʰi̯u³³
	唐家坊	tsi̯³³/tsi̯ɔ̃⁵⁵	tɕi̯²³	tsie³³	tɕie³³	tsʰi¹³	tɕʰi¹³	tɕʰe³	tɕʰẽ³	tɕʰy³¹²	tɕʰe³⁵	tsʰiu³³	tɕʰi̯u³³
	瓦屋塘	tsi̯³³/tsi̯ɔ̃⁵⁵	tɕi̯²³	tsie³³	tɕie³³	tsʰi¹³	tɕʰi¹³	tɕʰẽ³	tɕʰẽ³	tɕʰy³¹²	tɕʰe³⁵	tsʰiu³³	tɕʰi̯u³³

		心	晓	邪	匣	精	章	精	清	昌	清
		修	休	旋	县	糟	招	焦	仓	昌	枪
隆回	荷香桥	siu³³	ɕiu³³	ɕyĩ¹³/tɕʰyĩ⁵⁵	ɕyĩ⁵⁵	tsɛ³³	tɕie³³	tsie³³	tsʰɔ̃³³	tɕʰɔ̃³³	tsʰiɔ̃³³
	六都寨	siu³³	ɕiu³³	ɕyĩ¹³	ɕyĩ⁵⁵	tsɛ³³	tɕiɐ³³	tsie³³	tsʰɔ̃³³	tɕʰɔ̃³³	tsʰiɔ̃³³
	七江	siu³³	ɕiu³³	ɕyĩ¹³/tɕʰyĩ⁵⁵	ɕyĩ⁵⁵	tsɛ³³	tɕiɐ³³	tsie³³	tsʰɔ̃³³	tɕʰɔ̃³³	tsʰiɔ̃³³
	司门前	siu³³	ɕiu³³	ɕyĩ¹³/tɕʰyĩ⁵⁵	ɕyĩ⁵⁵	tsɛ³³	tɕiɐ³³	tsie³³	tsʰɔ̃³³	tɕʰɔ̃³³	tsʰiɔ̃³³
	金石桥	siu³³	ɕiu³³	tɕʰyɛ⁵⁵	ɕyɛ⁵⁵	tsɛ³³	tɕiɐ³³	tsie³³	tsʰɔ̃³³	tɕʰɔ̃³³	tsʰiɔ̃³³
	小沙江	ɕiu³³	ɕiu³³	ɕyɛ⁵⁵	ɕyɛ⁵⁵	tsɛ³³	tɕiɐ³³	tɕie³³	tsʰɔ̃³³	tɕʰɔ̃³³	tɕʰiɔ³³
	西洋江	siu⁵⁵	ɕiu⁵⁵	ɕyã¹³/tɕʰyã⁵⁵	ɕyã⁵⁵	tsɛ⁵⁵	tɕɐ⁵⁵	tsie⁵⁵	tsʰɔ̃⁵⁵	tɕʰɔ̃⁵⁵	tsʰiɔ̃⁵⁵
	横板桥	siu⁵⁵	ɕiu⁵⁵	ɕyã¹³/tɕʰyã⁵⁵	ɕyã⁵⁵	tsɛ⁵⁵	tɕɐ⁵⁵	tsie⁵⁵	tsʰɔ̃⁵⁵	tɕʰɔ̃⁵⁵	tsʰiɔ̃⁵⁵
	岩口	siu³³	ɕiu³³	syĩ¹³/tɕʰyĩ³³	ɕyĩ⁵⁵	tsɛ³³	tɕiɐ³³	tsie³³	tsʰɔ̃³³	tɕʰɔ̃³³	tsʰiɔ̃³³
	罗洪	ɕiu³³	ɕiu³³	ɕyɛ̃/tɕʰyɛ̃³³	ɕyɛ̃⁵⁵	tsɛ³³	tɕiɐ³³	tɕie³³	tsʰɔ̃³³	tɕʰɔ̃³³	tɕʰiɔ³³
	高坪	ɕiu³³	ɕiu³³	ɕyɛ̃¹³/tɕʰyɛ̃³³	ɕyɛ̃⁵⁵	tsɛ³³	tɕiɐ³³	tɕie³³	tsʰɔ̃³³	tɕʰɔ̃³³	tɕʰiɔ³³
洞口	石江	ɕiu⁵⁵	ɕiu⁵⁵	ɕyĩ¹³/tɕʰỹ⁵⁵	ɕyɛ̃⁵⁵	tsɛ⁵⁵	tsɛ⁵⁵	tɕɐ⁵⁵	tsʰɔ̃⁵⁵	tɕʰɔ̃⁵⁵	tsʰiɔ̃⁵⁵
	江口	ɕi⁵⁵	ɕi⁵⁵	ɕyɛ¹³/tɕʰyɛ̃⁵⁵	ɕyɛ̃⁵⁵	tsɛ⁵⁵	tsɛ⁵⁵	tɕie⁵⁵	tsʰɔ̃⁵⁵	tɕʰɔ̃⁵⁵	tsʰiɔ̃⁵⁵
	长塘	ɕi⁵⁵	ɕi⁵⁵	ɕyɛ¹³/tɕʰyɛ̃⁵⁵	ɕyɛ̃⁵⁵	tsɛ⁵⁵	tsɛ⁵⁵	tɕiɐ⁵⁵	tsʰɔ̃⁵⁵	tɕʰɔ̃⁵⁵	tɕʰɔ̃⁵⁵
	山门	siu⁵⁵	ɕiu⁵⁵	ɕyã¹³/tɕʰyã⁵⁵	ɕyã⁵⁵	tsɛ⁵⁵	tsɛ⁵⁵	tsie⁵⁵	tsʰɔ̃⁵⁵	tɕʰɔ̃⁵⁵	tsʰiɔ̃⁵⁵
	高沙	ɕiu⁵⁵	ɕiu⁵⁵	ɕyɛ̃¹³/tɕʰyɛ̃⁵⁵	ɕyɛ̃⁵⁵	tsɛ⁵⁵	tsɛ⁵⁵	tɕɐ⁵⁵	tsʰɔ̃⁵⁵	tɕʰɔ̃⁵⁵	tɕʰiɔ̃⁵⁵
	花园	si⁵⁵	ɕi⁵⁵	tɕʰyĩ⁵⁵	ɕyĩ⁵⁵	tsɛ⁵⁵	tsɛ⁵⁵	tsie⁵⁵	tsʰɔ̃⁵⁵	tɕʰɔ̃⁵⁵	tsʰiɔ̃⁵⁵

		心	晓	邪	匣	精	章	精	清	昌	清
		修	休	旋	县	糟	招	焦	仓	昌	枪
绥宁	金屋塘	si⁵⁵	çi⁵⁵	çyĩ¹³/tçʰyã⁵⁵	çyã⁵⁵	tsɐ⁵⁵	tçɐ⁵⁵	tsiɐ⁵⁵	tsʰɔ⁵⁵	tçʰɔ⁵⁵	tsʰiɔ⁵⁵
	梅坪	si⁵⁵	çi⁵⁵	çyĩ¹³/tçʰyã⁵⁵	çyã⁵⁵	tsɐ⁵⁵	tçɐ⁵⁵	tsiɐ⁵⁵	tsʰɔ⁵⁵	tçʰɔ⁵⁵	tsʰiɔ⁵⁵
	黄土矿	çiu³³	çiu³³	tçø⁵⁵	çɐ³³	tsɐ³³	tçɐ³³	tçɐ³³	tsʰɔ³³	tçʰɔ³³	tsʰiɔ³³
	唐家坊	siu³³	çiu³³	sɐ̃³³	çɐ³³	tsɐ³³	tçɐ³³	tsiɐ³³	tsʰɔ³³	tçʰɔ³³	tsʰiɔ³³
	瓦屋塘	siu³³	çiu³³	sɐ̃³³	çɐ³³	tsɐ³³	tçɐ³³	tsiɐ³³	tsʰɔ³³	tçʰɔ³³	tsʰiɔ³³

		从	崇	澄	从	心	书	心	精	章	见
		曹	愁	潮	樵	散	扇	线	祖	主	举
隆回	荷香桥	tsʰɐ¹³	tsʰiɐ¹³	tçʰiɐ¹³	tsʰiɐ¹³	sã³¹²	çĩ⁴⁵	sĩ⁴⁵	tsu³¹²	tçy³¹²	tçy³¹²
	六都寨	tsʰɐ¹³	tsʰiɐ¹³	tçʰiɐ¹³	tsʰiɐ¹³	sɑ³¹²	çĩ⁵⁵	sĩ⁵⁵	tsu³¹²	tçy³¹²	tçy³¹²
	七江	tsʰɐ¹³	tsʰiɐ¹³	tçʰiɐ¹³	tsʰiɐ¹³	sã³¹²	çĩ⁵⁵	sĩ⁵⁵	tsu³¹²	tçy³¹²	tçy³¹²
	司门前	tsʰɐ¹³	tsʰiɐ¹³	tçʰiɐ¹³	tsʰiɐ¹³	sɑ³¹²	çĩ⁵⁵	sĩ⁵⁵	tsu³¹²	tçu³¹²	tçu³¹²
	金石桥	tsʰɐ¹³	tsʰiɐ¹³	tçʰiɐ¹³	tsʰiɐ¹³	sa³¹²	çiE⁵⁵	siE⁵⁵	tsu³¹²	tçy³¹²	tçy³¹²
	小沙江	tsʰɐ¹³	tsʰiɐ¹³	tçʰiɐ¹³	tçʰiɐ¹³	sa³¹²	çiE5⁵	çiE⁵⁵	tsu³¹²	tçy³¹²	tçy³¹²
	西洋江	tsʰɐ¹³	tsʰiɐ¹³	tçʰɐ¹³	tsʰiɐ¹³	sã³¹	çia⁴⁵	sĩ⁴⁵	tsu³¹²	tçʅ³¹²	tçʅ³¹²
	横板桥	tsʰɐ¹³	tsʰiɐ¹³	tçʰɐ¹³	tsʰiɐ¹³	sã³¹	çia⁴⁵	sĩ⁴⁵	tsu³¹²	tçʅ³¹²	tçʅ³¹²
	岩口	tsʰɐ¹³	tsʰiɐ¹³	kʰiɐ¹³	tsʰiɐ¹³	sã³¹²	çiĩ⁵⁵	siĩ⁵⁵	tsu³¹²	tçy³¹²	tçy³¹²
	罗洪	tsʰɐ¹³	tçʰiɐ¹³	tçʰiɐ¹³	tçʰiɐ¹³	sã³¹²	çiE⁵⁵	çiE⁵⁵	tsu³¹²	tçy³¹²	tçy³¹²
	高坪	tsʰɐ¹³	tçʰiɐ¹³	tçʰiɐ¹³	tsʰiɐ¹³	sã³¹²	çyE⁵⁵	çiE⁴⁵	tsu³¹²	tçy³¹²	tçy³¹²
洞口	石江	tsʰɐ¹³	tçʰɐ¹³	tçʰɐ¹³	tçʰɐ¹³	sã³¹	çiẽ²⁴	çiẽ²⁴	tsu³¹²	tçy³¹²	tçy³¹²
	江口	tsʰɐ¹³	tçʰiɐ¹³	tçʰɐ¹³	tçʰiɐ¹³	sã³¹	çiẽ⁴⁵	çiẽ²⁴	tsu³¹²	tçʅ³¹²	tçʅ³¹²
	长塘	tsʰɐ¹³	tçʰiɐ¹³	tçʰɐ¹³	tçʰiɐ¹³	sã³¹	çiẽ⁴⁵	çiẽ²⁴	tsu³¹²	tçʅ³¹²	tçʅ³¹²
	山门	tsʰɐ¹³	tsʰiɐ¹³	tçʰɐ¹³	tsʰiɐ¹³	sã³¹	çia⁴⁵	sĩ⁴⁵	tçu³¹²	tçʅ³¹²	tçʅ³¹²
	高沙	tsʰɐ¹³	tsʰɐ¹³	tçʰɐ¹³	tçʰiɐ¹³	sã³¹²	çiẽ²⁴	çiẽ²⁴	tsu³¹²	tçʅ³¹²	tçʅ³¹²
	花园	tsʰɐ¹³	tsʰɐ¹³	tçʰɐ¹³	tsʰiɐ¹³	sã³¹²	çĩ⁴⁵	sĩ²⁴	tsu³¹²	tçʅ³¹²	tçʅ³¹²
绥宁	金屋塘	tsʰɐ¹³	tçʰiɐ¹³	tçʰɐ¹³	tçʰiɐ¹³	sã³¹	çĩ²⁴	sĩ²⁴	tsu³¹²	tçʅ³¹²	tçʅ³¹²
	梅坪	tsʰɐ¹³	tçʰiɐ¹³	tçʰɐ¹³	tçʰiɐ¹³	sã³¹	çĩ²⁴	sĩ²⁴	tsu³¹²	tçʅ³¹²	tçʅ³¹²
	黄土矿	tsʰɐ⁵⁵	tsʰɐ⁵⁵	tçʰɐ⁵⁵	tçʰɐ⁵⁵	sa³¹²	çiẽ³⁵	çiẽ³⁵	tsu³¹²	tçy³¹²	tçy³¹²
	唐家坊	tsʰɐ¹³	tsʰə¹³	tçʰɐ¹³	tsʰiɐ¹³	sa³¹²	çiẽ³⁵	siẽ³⁵	tsu³¹²	tçy³¹²	tçy³¹²
	瓦屋塘	tsʰɐ¹³	tsʰə¹³	tçʰɐ¹³	tsʰiɐ¹³	sa³¹²	çiẽ³⁵	siẽ³⁵	tsu³¹²	tçy³¹²	tçy³¹²

		清	昌	溪	从	澄	群	心	书	晓	见	溪	匣
		醋	处	去	从	虫	穷	苏	书	虚	教	敲	学
隆回	荷香桥	tsʰu⁵⁵	tɕʰy³¹²	tɕʰi⁵⁵	tsʰɔ̃¹³	tɕʰɔ̃⁴⁵	tɕʰɔ̃¹³	su³³	ɕy³³	ɕy³³	tɕɐ/kɐ⁴⁵	kʰɐ³³	ɕio/ho⁴⁵
	六都寨	tsʰu⁵⁵	tɕʰy³¹²	tɕʰi⁵⁵	tsʰɔ̃¹³	tɕʰɔ̃⁴⁵	tɕʰɔ̃¹³	su³³	ɕy³³	ɕy³³	tɕɐ/kɐ⁴⁵	kʰɐ³³	ɕio/ho⁴⁵
	七江	tsʰu⁵⁵	tɕʰy³¹²	tɕʰi⁵⁵	tsʰɔ̃¹³	tɕʰɔ̃⁴⁵	tɕʰɔ̃¹³	su³³	ɕiu³³	ɕiu³³	tɕiɐ/kɐ⁵⁵	kʰɐ³³	ɕiu⁴⁵/ho⁴⁵
	司门前	tsʰu⁵⁵	tɕʰu³¹²	tɕʰi⁵⁵	tsʰɔ̃¹³	tɕʰɔ̃⁴⁵	tɕʰɔ̃¹³	su³³	ɕu³³	ɕu³³	tɕiɐ/kɐ⁵⁵	kʰɐ³³	ɕio/ho⁴⁵
	金石桥	tsʰu⁵⁵	tɕʰy³¹²	tɕʰi⁵⁵	tsʰɔ̃¹³	tɕʰɔ̃⁴⁵	tɕʰɔ̃¹³	su³³	ɕy³³	ɕy³³	tɕiɐ/kɐ⁵⁵	kʰɐ³³	ɕio/ho⁴⁵
	小沙江	tsʰu⁵⁵	tɕʰy⁵⁵	tɕʰi⁵⁵	tsʰɔ̃¹³	tɕʰɔ̃⁴⁵	tɕʰɔ̃¹³	su³³	ɕy³³	ɕy³³	tɕiɐ/kɐ⁵⁵	xɐ³³	ɕio/ho⁴⁵
	西洋江	tsʰu⁴⁵	tɕʰʅ³¹²	tɕʰʅ⁴⁵/tɕʰi⁴⁵	tsʰɔ̃¹³	tɕʰɔ̃⁴⁵	tɕʰɔ̃¹³	su⁵⁵	ɕʅ⁵⁵	ɕʅ⁵⁵	tɕɐ/kɐ⁴⁵	kʰɐ⁵⁵	ɕo⁴⁵/ho⁴⁵
	横板桥	tsʰu⁴⁵	tɕʰʅ³¹²	tɕʰʅ⁴⁵/tɕʰi⁴⁵	tsʰɔ̃¹³	tɕʰɔ̃⁴⁵	tɕʰɔ̃¹³	su⁵⁵	ɕʅ⁵⁵	ɕʅ⁵⁵	tɕɐ/kɐ⁴⁵	kʰɐ⁵⁵	ɕo⁴⁵/ho⁴⁵
	岩口	tsʰu⁵⁵	tɕʰy⁵⁵	tɕʰy/tɕʰi⁵⁵	tsʰɔ̃¹³	tɕʰɔ̃⁴⁵	tɕʰɔ̃¹³	su³³	ɕy³³	ɕy³³	tɕɐ/kɐ⁵⁵	kʰɐ³³	ɕiu⁵⁵/xo⁵⁵
	罗洪	tsʰu⁵⁵	tɕʰy³¹²	tɕʰi⁵⁵	tsʰɔ̃¹³	tɕʰuɔ̃⁴⁵	tɕʰɔ̃¹³	su³³	ɕy³³	ɕy³³	tɕiɐ/kɐ⁵⁵	xɐ³³	ɕiu⁴⁵/xo⁴⁵
	高坪	tsʰu⁵⁵	tɕʰy³¹²	tɕʰy/tɕʰi⁵⁵	tsʰɔ̃¹³	tɕʰuɔ̃⁴⁵	tɕʰɔ̃¹³	su³³	ɕy³³	ɕy³³	tɕiɐ/kɐ⁵⁵	xɐ³³	ɕiu⁵⁵/xo⁵⁵
洞口	石江	tsʰu²⁴	tɕʰʅ³¹²	tɕʰʅ²⁴	tsʰɔ̃¹³	tɕʰɔ̃²⁴	tɕʰɔ̃¹³	su⁵⁵	ɕʅ⁵⁵	ɕʅ⁵⁵	tɕɐ²⁴/kɐ⁴⁵	kʰɐ⁵⁵	ɕo²⁴/ho²⁴
	江口	tsʰu²⁴	tɕʰʅ³¹²	tɕʰʅ²⁴	tsʰɔ̃¹³	tɕʰɔ̃⁴⁵	tɕʰɔ̃¹³	su⁵⁵	ɕʅ⁵⁵	ɕʅ⁵⁵	tɕiɐ²⁴/kɐ³⁵	kʰɐ⁵⁵	ɕio/ho³⁵
	长塘	tsʰu²⁴	tɕʰʅ³¹²	tɕʰʅ²⁴	tsʰɔ̃¹³	tɕʰɔ̃⁴⁵	tɕʰɔ̃¹³	su⁵⁵	ɕʅ⁵⁵	ɕʅ⁵⁵	tɕiɐ²⁴/kɐ³⁵	kʰɐ⁵⁵	ɕio³⁵/ho³⁵
	山门	tsʰu⁴⁵	tɕʰʅ³¹²	tɕʰʅ³⁵	tsʰɔ̃¹³	tɕʰɔ̃⁴⁵	tɕʰɔ̃¹³	su⁵⁵	ɕʅ⁵⁵	ɕʅ⁵⁵	tɕɐ/kɐ⁴⁵	kʰɐ⁵⁵	ɕo/ho
	高沙	tsʰu²⁴	tɕʰʅ³¹²	tɕʰʅ²⁴	tsʰɔ̃¹³	tɕʰɔ̃⁴⁵	tɕʰɔ̃¹³	su⁵⁵	ɕʅ⁵⁵	ɕʅ⁵⁵	tɕɐ/kɐ²⁴	kʰɐ⁵⁵	ɕɐ/ɕo/ho²⁴
	花园	tsʰu³⁵	tɕʰʅ³¹²	tɕʰʅ³⁵	tsʰɔ̃¹³	tɕʰɔ̃³⁵	tɕʰɔ̃¹³	su⁵⁵	ɕʅ⁵⁵	ɕʅ⁵⁵	tɕɐ/kɐ⁵⁵	kʰɐ⁵⁵	ɕo/ho⁵⁵
绥宁	金屋塘	tsʰu²⁴	tɕʰʅ³¹²	tɕʰʅ²⁴	tsʰɔ̃¹³	tɕʰɔ̃¹³	tɕʰɔ̃¹³	su⁵⁵	ɕʅ⁵⁵	ɕʅ⁵⁵	tɕiɐ²⁴/kɐ³⁵	kʰɐ⁵⁵	ɕio²⁴/ho³⁵
	梅坪	tsʰu²⁴	tɕʰʅ³¹²	tɕʰʅ²⁴	tsʰɔ̃¹³	tɕʰɔ̃¹³	tɕʰɔ̃¹³	su⁵⁵	ɕʅ⁵⁵	ɕʅ⁵⁵	tɕiɐ²⁴/kɐ³⁵	kʰɐ⁵⁵	ɕio²⁴/ho³⁵
	黄土矿	tsʰu³⁵	tɕʰy³¹²	tɕʰy³⁵	tsʰɔ̃⁵⁵	tɕʰɔ̃⁵⁵	tɕʰɔ̃⁵⁵	su³³	ɕy³³	ɕy³³	tɕɐ³⁵	kʰɐ³³	ɕo⁵⁵
	唐家坊	tsʰu³⁵	tɕʰy³¹²	tɕʰe³⁵	tsʰɔ̃¹³	tɕʰɔ̃¹³	tɕʰɔ̃¹³	su³³	ɕy³³	ɕy³³	tɕiɐ/kɐ³⁵	kʰɐ³³	ɕo¹³
	瓦屋塘	tsʰu³⁵	tɕʰy³¹²	tɕʰe³⁵	tsʰɔ̃¹³	tɕʰɔ̃¹³	tɕʰɔ̃¹³	su³³	ɕy³³	ɕy³³	tɕɐ/kɐ³⁵	kʰɐ³³	ɕo¹³

		精	庄	章	清	初	崇	澄	心	生	书
		增	争	蒸	粗	初	锄	除	僧	生	声
隆回	荷香桥	tsuẽ³³	tsuẽ/tsɔ̃³³	tɕẽ³³	tsʰu³³	tsʰu³³	tsʰu¹³	tɕʰy¹³	suẽ³³	suẽ/sɔ̃³³	ɕẽ/ɕɔ̃³³
	六都寨	tsẽ³³	tsẽ³³	tɕẽ³³	tsʰu³³	tsʰu³³	tsʰu¹³	tɕʰy¹³	sẽ³³	sẽ/suẽ³³	ɕẽ/ɕɔ̃³³
	七江	tsẽ³³	tsẽ/tsɔ̃³³	tɕẽ³³	tsʰu³³	tsʰu³³	tsʰu¹³	tɕʰy¹³	sẽ³³	sẽ/so³³	ɕẽ/ɕɔ̃³³
	司门前	tsẽ³³	tsẽ³³	tɕẽ³³	tsʰu³³	tsʰu³³	tsʰu¹³	tɕʰu¹³	tsẽ³³	sẽ/sɔ̃³³	ɕẽ/ɕɔ̃³³
	金石桥	tsẽ³³	tsẽ/tsɔ̃³³	tɕẽ³³	tsʰu³³	tsʰu³³	tsʰu¹³	tɕʰy¹³	tsẽ³³	sẽ/sɔ̃³³	ɕẽ/ɕɔ̃³³
	小沙江	tsẽ³³	tsẽ/tsɔ̃³³	tɕẽ³³	tsʰu³³	tsʰu³³	tsʰu¹³	tɕʰy¹³	sẽ³³	sẽ/sɔ̃³³	ɕẽ/ɕɔ̃³³
	西洋江	tsẽ⁵⁵	tsẽ⁵⁵	tɕẽ⁵⁵	tsʰu⁵⁵	tsʰu⁵⁵	tsʰu¹³	tɕʰʅ¹³	sẽ⁵⁵	sẽ/sɔ̃⁵⁵	ɕẽ/ɕɔ̃⁵⁵

53

续表

		精	庄	章	清	初	崇	澄	心	生	书
		增	争	蒸	粗	初	锄	除	僧	生	声
隆回	横板桥	tsẽ⁵⁵	tsẽ⁵⁵	tɕẽ⁵⁵	tsʰu⁵⁵	tsʰu⁵⁵	tsʰu¹³	tɕʰʅ¹³	sẽ⁵⁵	sẽ/sɔ̃⁵⁵	ɕẽ/ɕɔ̃⁵⁵
	岩口	tsĩ³³	tsɔ̃³³	tɕɔ̃³³	tsʰu³³	tsʰu³³	tsʰu³³	tɕʰy¹³	siĩ³³	siĩ/sɔ̃³³	ɕiɔ̃/ɕiɔ̃³³
	罗洪	tsɔ̃³³	tɕiɔ̃/tsɔ̃³³	tɕɔ̃³³	tsʰu³³	tsʰu³³	tsʰu¹³	tɕʰy¹³	sɔ̃³³	sɔ̃/sɔ̃³³	ɕɔ̃/ɕiɔ̃³³
	高坪	tɕie³³	tsɔ̃³³	tɕiɔ̃³³	tsʰu³³	tsʰu³³	tsʰu³³	tɕʰy¹³	ɕie³³	sɔ̃/sɔ̃³³	ɕiɔ̃/ɕiɔ̃³³
洞口	石江	tsẽ⁵⁵	tsẽ/tsɔ̃⁵⁵	tɕẽ⁵⁵	tsʰu⁵⁵	tsʰu⁵⁵	tsʰu¹³	tɕʰʅ¹³	sẽ⁵⁵	sẽ/sɔ̃⁵⁵	ɕẽ/ɕɔ̃⁵⁵
	江口	tsẽ⁵⁵	tsẽ/tsɔ̃⁵⁵	tɕẽ⁵⁵	tsʰu⁵⁵	tsʰu⁵⁵	tsʰu¹³	tɕʰʅ¹³	sẽ⁵⁵	sẽ/sɔ̃⁵⁵	ɕẽ/ɕɔ̃⁵⁵
	长塘	tsẽ⁵⁵	tsẽ/tsɔ̃⁵⁵	tɕẽ⁵⁵	tsʰu⁵⁵	tsʰu⁵⁵	tsʰu¹³	tɕʰʅ¹³	sẽ⁵⁵	sẽ/sɔ̃⁵⁵	ɕẽ/ɕɔ̃⁵⁵
	山门	tsẽ⁵⁵	tsẽ⁵⁵	tɕẽ⁵⁵	tsʰu⁵⁵	tsʰu⁵⁵	tsʰu¹³	tɕʰʅ¹³	sẽ⁵⁵	sẽ/sɔ̃⁵⁵	ɕẽ/ɕɔ̃⁵⁵
	高沙	tsẽ⁵⁵	tsẽ/tsɔ̃⁵⁵	tɕʅ⁵⁵	tsʰu⁵⁵	tsʰu⁵⁵	tsʰu¹³	tɕʰʅ¹³	sẽ⁵⁵	sẽ/sɔ̃⁵⁵	ɕʅ/ɕɔ̃⁵⁵
	花园	tsẽ⁵⁵	tsẽ/tsɔ̃⁵⁵	tɕʅ⁵⁵	tsʰu⁵⁵	tsʰu⁵⁵	tsʰu¹³	tɕʰʅ¹³	sẽ⁵⁵	sẽ/sɔ̃⁵⁵	ɕʅ/ɕɔ̃⁵⁵
绥宁	金屋塘	tsẽ⁵⁵	tsẽ/tsɔ̃⁵⁵	tɕẽ⁵⁵	tsʰu⁵⁵	tsʰu⁵⁵	tsʰu¹³	tɕʰʅ¹³	sẽ⁵⁵	sẽ/sɔ̃⁵⁵	ɕẽ/ɕɔ̃⁵⁵
	梅坪	tsẽ⁵⁵	tsẽ/tsɔ̃⁵⁵	tɕẽ⁵⁵	tsʰu⁵⁵	tsʰu⁵⁵	tsʰu¹³	tɕʰʅ¹³	sẽ⁵⁵	sẽ/sɔ̃⁵⁵	ɕẽ/ɕɔ̃⁵⁵
	黄土矿	tsẽ³³	tsẽ/tsɔ̃³³	tɕʅ³³	tsʰu³³	tsʰu³³	tɕʰy⁵⁵	tɕʰy⁵⁵	sẽ³³	sẽ/sɔ̃³³	ɕʅ/ɕɔ̃³³
	唐家坊	tsẽ³³	tsẽ/tsɔ̃³³	tɕʅ³³	tsʰu³³	tsʰu³³	tsʰu¹³	tɕʰy¹³	sẽ³³	sẽ/sɔ̃³³	ɕʅ/ɕɔ̃³³
	瓦屋塘	tsẽ³³	tsẽ/tsɔ̃³³	tɕʅ³³	tsʰu³³	tsʰu³³	tsʰu¹³	tɕʰy¹³	sẽ³³	sẽ/sɔ̃³³	ɕʅ/ɕɔ̃³³

		心	生	书	日	疑	日	泥	疑	日	影
		丝	师	诗	认	硬	鱼	奴	吴	若	约
隆回	荷香桥	sʅ³³	sʅ³³	sʅ³³	ie⁵⁵	ẽ/ɔ̃⁵⁵	y¹³	lu¹³	u¹³	io¹³	io¹³
	六都寨	sʅ³³	sʅ³³	sʅ³³	ie⁵⁵	ẽ⁵⁵	y¹³	lu¹³	u¹³	io⁴⁵	io⁴⁵
	七江	sʅ³³	sʅ³³	sʅ³³	ie⁵⁵	e/ɔ̃⁵⁵	u¹³	lu¹³	u¹³	iɔ̃⁴⁵	iu⁴⁵
	司门前	sʅ³³	sʅ³³	sʅ³³	ie⁵⁵	ẽ⁵⁵	u¹³	lu¹³	u¹³	io⁴⁵	io⁴⁵⁻⁵⁵
	金石桥	sʅ³³	sʅ³³	sʅ³³	ie⁵⁵	ẽ/ɔ̃⁵⁵	y¹³	lu¹³	u¹³	io⁴⁵	io⁴⁵⁻⁵⁵
	小沙江	sʅ³³	sʅ³³	sʅ³³	ie⁵⁵	ẽ/ɔ̃⁵⁵	y¹³	lu¹³	u¹³	io¹³	io¹³
	西洋江	sʅ⁵⁵	sʅ⁵⁵	sʅ⁵⁵	ie⁴⁵	ẽ/ɔ̃⁵⁵	ʯ¹³	lu¹³	u¹³	iu⁵⁵	iu⁴⁵
	横板桥	sʅ⁵⁵	sʅ⁵⁵	sʅ⁵⁵	ie⁵⁵	ẽ/ɔ̃⁵⁵	ʯ¹³	lu¹³	u¹³	iu⁵⁵	iu⁵⁵
	岩口	sʅ³³	sʅ³³	sʅ³³	iɔ⁵⁵	ɔ⁵⁵	y¹³	lu¹³	u¹³	iu⁵⁵	iu⁵⁵
	罗洪	sʅ³³	sʅ³³	sʅ³³	ie⁵⁵	ɔ̃/ɔ̃⁵⁵	y¹³	lu¹³	u¹³	iu⁵⁵	iu⁵⁵
	高坪	sʅ³³	sʅ³³	sʅ³³	iɔ⁵⁵	ẽ/ɔ̃⁵⁵	y¹³	lu¹³	u¹³	iu⁵⁵	iu⁵⁵
洞口	石江	sʅ⁵⁵	sʅ⁵⁵	sʅ⁵⁵	ie⁵⁵	ẽ/ɔ̃⁵⁵	ʯ¹³	lu¹³	u¹³	iu⁵⁵	iu⁵⁵
	江口	sʅ⁵⁵	sʅ⁵⁵	sʅ⁵⁵	ie⁵⁵	ẽ/ɔ̃⁵⁵	ʯ¹³	lu¹³	siĩ¹³	iu⁵⁵	iu⁵⁵
	长塘	sʅ⁵⁵	sʅ⁵⁵	sʅ⁵⁵	ie⁵⁵	ẽ/ɔ̃⁵⁵	ʯ¹³	lu¹³	u¹³	iu⁵⁵	iu⁵⁵

续表

		心	生	书	日	疑	日	泥	疑	日	影
		丝	师	诗	认	硬	鱼	奴	吴	若	约
洞口	山门	sʅ⁵⁵	sʅ⁵⁵	sʅ⁵⁵	ie⁵⁵	ẽ/ɔ̃⁵⁵	ʅ¹³	lu¹³	u¹³	iu⁵⁵	iu⁵⁵
	高沙	sʅ⁵⁵	sʅ⁵⁵	sʅ⁵⁵	ĩ⁵⁵	ẽ/ɔ̃⁵⁵	ʅ¹³	lu¹³	u¹³	iu⁵⁵	iu⁵⁵
	花园	sʅ⁵⁵	sʅ⁵⁵	sʅ⁵⁵	ĩ⁵⁵	ẽ/ɔ̃⁵⁵	ʅ¹³	lu¹³	u¹³	iu⁵⁵	iu⁵⁵
绥宁	金屋塘	sʅ⁵⁵	sʅ⁵⁵	sʅ⁵⁵	ie⁵⁵	ẽ/ɔ̃⁵⁵	ʅ¹³	lu¹³	u¹³	iu²⁴	iu⁵⁵
	梅坪	sʅ⁵⁵	sʅ⁵⁵	sʅ⁵⁵	ie⁵⁵	ẽ/ɔ̃⁵⁵	ʅ¹³	lu¹³	u¹³	iu²⁴	iu⁵⁵
	黄土矿	sʅ³³	sʅ³³	sʅ³³	ĩ³³	iẽ/ɔ̃³³	y⁵⁵	lu⁵⁵	u⁵⁵	iu³⁵	iɛ³³
	唐家坊	sʅ³³	sʅ³³	sʅ³³	ĩ³³	iẽ/ɔ̃³³	y¹³	lu¹³	u¹³	iu³⁵	iu³³
	瓦屋塘	sʅ³³	sʅ³³	sʅ³³	ĩ³³	iẽ/ɔ̃³³	y¹³	lu¹³	u¹³	iu³⁵	iu³³

		日	于	日	日	以	疑	日	以	疑	日	于
		闰	运	而	日	延	言	然	缘	元	软	远
隆回	荷香桥	yẽ⁵⁵	yẽ⁵⁵	e¹³	ĩ¹³/ṇ³³	ĩ¹³	ĩ¹³	ĩ¹³	mĩ¹³	mĩ¹³	mĩ³¹²	mĩ³¹²
	六都寨	yᵘẽ⁵⁵	yᵘẽ⁵⁵	e¹³	ṇ⁵⁵	ĩ¹³	ĩ¹³	ĩ¹³	mĩ¹³	yĩ¹³	mĩ³¹²	mĩ³¹²
	七江	yẽ⁵⁵	yẽ⁵⁵	e¹³	ĩ¹³/ṇ⁵⁵	ĩ¹³	ĩ¹³	ĩ¹³	mĩ¹³	mĩ¹³	mĩ³¹²	mĩ³¹²
	司门前	yẽ⁵⁵	yẽ⁵⁵	e¹³	i/ṇ⁵⁵	ĩ¹³	ĩ¹³	ĩ¹³	mĩ¹³	mĩ¹³	mĩ³¹²	mĩ³¹²
	金石桥	yẽ⁵⁵	yẽ⁵⁵	e¹³	i/ṇ⁵⁵	iE¹³	iE¹³	iE¹³	yE¹³	yE¹³	yE³¹²	yE³¹²
	小沙江	yẽ⁵⁵	yẽ⁵⁵	e¹³	i/ṇ⁵⁵	iE¹³	iE¹³	iE¹³	yE¹³	yE¹³	yE³¹²	yE³¹²
	西洋江	mẽ⁵⁵	mẽ⁴⁵	ie¹³	ɣ/ṇ⁵⁵	ĩ¹³	ĩ¹³	ĩ¹³	miã¹³	miã¹³	miã³¹²	miã³¹²
	横板桥	mẽ⁵⁵	mẽ⁴⁵	ie¹³	ɣ/ṇ⁵⁵	ĩ¹³	ĩ¹³	ĩ¹³	miã¹³	miã¹³	miã³¹²	miã³¹²
	岩口	miə̃⁵⁵	miə̃⁵⁵	e³¹²	i/ṇ⁵⁵	iĩ¹³	iĩ¹³	iĩ¹³	miĩ¹³	yĩ¹³	yĩ³¹²	miĩ³¹²
	罗洪	yɔ̃⁵⁵	yɔ̃⁵⁵	e³¹²	i⁴⁵/ṇ⁵⁵	iE¹³	iE¹³	iE¹³	yE¹³	yE¹³	yE³¹²	yE³¹²
	高坪	miə̃⁵⁵	miə̃⁵⁵	e³¹²	i¹³/ṇ⁵⁵	ie¹³	ie¹³	ie¹³	mie¹³	mie¹³	ie³¹²	mie³¹²
洞口	石江	mẽ⁵⁵	mẽ⁵⁵	e¹³	ɣ/ṇ⁵⁵	iẽ¹³	iẽ¹³	iẽ¹³	mie¹³	mie¹³	ie³¹²	mie³¹²
	江口	yẽ⁵⁵	yẽ⁵⁵	a¹³	ie/ṇ⁵⁵	iẽ¹³	liẽ¹³	iẽ¹³	yẽ¹³	yẽ¹³	yẽ³¹²	yẽ³¹²
	长塘	yẽ⁵⁵	yẽ⁵⁵	a¹³	ie/ṇ⁵⁵	iẽ¹³	liẽ¹³	iẽ¹³	yẽ¹³	yẽ¹³	yẽ³¹²	yẽ³¹²
	山门	wẽ⁵⁵	wẽ⁵⁵/wẽ⁴⁵	e¹³	ie/ṇ⁵⁵	ĩ¹³	ĩ¹³	ĩ¹³	wiã¹³	wiã¹³	wiã³¹²	wiã³¹²
	高沙	yĩ⁵⁵	yĩ⁵⁵	e¹³	ʅ³⁵/ṇ⁵⁵	iẽ¹³	iẽ¹³	iẽ¹³	yẽ¹³	yẽ¹³	yẽ³¹²	yẽ³¹²
	花园	yĩ⁵⁵	yĩ⁵⁵	ə³¹²	ʅ³⁵/ṇ⁵⁵	ĩ¹³	ĩ¹³	ĩ¹³	yẽ¹³	yẽ¹³	yẽ³¹²	yẽ³¹²
绥宁	金屋塘	yẽ⁵⁵	ye²⁴	a¹³	ʅ²⁴/ṇ⁵⁵	ĩ¹³	ĩ¹³	ĩ¹³	yã¹³	yã¹³	yã³¹²	yã³¹²
	梅坪	yẽ⁵⁵	ye²⁴	a¹³	ʅ²⁴/ṇ⁵⁵	ĩ¹³	ĩ¹³	ĩ¹³	yã¹³	yã¹³	yã³¹²	yã³¹²
	黄土矿	ĩ³³	ĩ³³	ɣ¹³	ṇ³³	ie⁵⁵	ie⁵⁵	ie⁵⁵	ie⁵⁵	ie⁵⁵	lɵ³¹²	ɵ³¹²

		日	于	日	日	以	疑	日	以	疑	日	于
		闰	运	而	日	延	言	然	缘	元	软	远
绥宁	唐家坊	yĩ³³	yĩ³³	ɤ¹³	ŋ̍³³	ie¹³	ie¹³	ie¹³	ie¹³	ie¹³	iẽ/iɤ̃³¹²	iẽ/iɤ³¹²
	瓦屋塘	yĩ³³	yĩ³³	ɤ¹³	ŋ̍³³	ie¹³	ie¹³	ie¹³	ie¹³	ie¹³	iẽ/iɤ̃³¹²	iẽ/iɤ³¹²

第三节　洞绥片赣方言韵母代表字读音比较

表2-2列出了各方言点韵母代表字的读音，代表字的选取以反映不同中古来源的字的读音为原则，首行列代表字，次行列代表字的中古声韵调地位。代表字有文白两读的，以"/"为别，左为文读音，右为白读音。

表2-2　洞绥片赣方言韵母代表字比较

		资	支	知	耳	第	地	以	雨	野	蛇
		止开三 平脂精	止开三 平章章	止开三 平支知	止开三 上止日	蟹开四 上荠定	止开三 去至定	止开三 上止以	鱼合三 上麌于	假开三 上马以	假开三 平麻船
隆回	荷香桥	tsʅ³³	tsʅ³³	tɕi³³	e³¹²	xi⁵⁵	xi⁵⁵	i³¹²	y³¹²	iʌ³¹²	ɕʌ¹³
	六都寨	tsʅ³³	tsʅ³³	tɕi³³	e³¹²	xi⁵⁵	xi⁵⁵	i³¹²	y³¹²	iʌ³¹²	ɕʌ¹³
	七江	tsʅ³³	tsʅ³³	tɕi³³	e³¹²	xi⁵⁵	xi⁵⁵	i³¹²	u³¹²	iʌ³¹²	ɕʌ¹³
	司门前	tsʅ³³	tsʅ³³	tɕi³³	e³¹²	xi⁵⁵	xi⁵⁵	i³¹²	u³¹²	iʌ³¹²	ɕʌ¹³
	金石桥	tsʅ³³	tsʅ³³	tɕi³³	e³¹²	xi⁵⁵	xi⁵⁵	i³¹²	y³¹²	iʌ³¹²	ɕʌ¹³
	小沙江	tsʅ³³	tsʅ³³	tsʅ³³	e³¹²	tʰi⁵⁵	tʰi⁵⁵	i³¹²	y³¹²	iʌ³¹²	ɕʌ¹³
	西洋江	tsʅ⁴⁵	tsʅ⁴⁵	tɕ̡⁵⁵	ie³¹²	xi³¹²	xi⁵⁵	i³¹²	ʯ³¹²	iʌ³¹²	ɕʌ¹³
	横板桥	tsʅ⁴⁵	tsʅ⁴⁵	tɕ̡⁵⁵	e³¹²	xi³¹²	xi⁵⁵	i³¹²	ʯ³¹²	iʌ³¹²	ɕʌ¹³
	岩口	tsʅ³³	tsʅ³³	tɕi³³	e³¹²	tʰi⁵⁵	tʰi⁵⁵	i³¹²	y³¹²	iʌ³¹²	suʌ¹³
	罗洪	tsʅ³³	tsʅ³³	tɕi³³	e³¹²	tʰi⁵⁵	xʰi⁵⁵	i³¹²	y³¹²	iʌ³¹²	ɕʌ¹³
	高坪	tsʅ³³	tsʅ³³	tɕi³³	e³¹²	tʰi⁵⁵	tʰi⁵⁵	i³¹²	y³¹²	iʌ³¹²	ɕuʌ¹³
洞口	石江	tsʅ⁵⁵	tsʅ⁵⁵	tɕ̡⁵⁵	e³¹²	xi⁵⁵	xi⁵⁵	i³¹²	ʯ³¹²	iʌ³¹²	ɕʌ¹³
	江口	tsʅ⁵⁵	tsʅ⁵⁵	tɕ̡⁵⁵	a³¹²	tʰi²⁴	tʰi⁵⁵	i³¹²	ʯ³¹²	iʌ³¹²	ɕʌ¹³
	长塘	tsʅ⁵⁵	tsʅ⁵⁵	tɕ̡⁵⁵	a³¹²	xi²⁴	xi⁵⁵	i³¹²	ʯ³¹²	iʌ³¹²	ɕʌ¹³
	山门	tsʅ⁴⁵	tsʅ⁴⁵	tɕe⁵⁵	e³¹²	xi³¹²	xi⁵⁵	i³¹²	ʯ³¹²	iʌ³¹²	ɕʌ¹³
	高沙	tsʅ⁵⁵	tsʅ⁵⁵	tɕ̡⁵⁵	e³¹²	tʰi²⁴	tʰi²⁴	ʯ³¹²	ʯ³¹²	iʌ³¹²	ɕʌ¹³
	花园	tsʅ³⁵	tsʅ⁵⁵	tɕ̡⁵⁵	e³¹²	xi³⁵	xi⁵⁵	ʯ³¹²	ʯ³¹²	iʌ³¹²	ɕʌ¹³

		资	支	知	耳	第	地	以	雨	野	蛇
		止开三 平脂精	止开三 平支章	止开三 平支知	止开三 上止日	蟹开四 上荠定	止开三 去至定	止开三 上止以	鱼合三 上虞于	假开三 上马以	假开三 平麻船
绥宁	金屋塘	tsɿ²⁴	tsɿ⁵⁵	tɕʅ⁵⁵	ie³¹²	xi⁵⁵	xi⁵⁵	i³¹²	ʅ³¹²	ia³¹²	ɕA¹³
	梅坪	tsɿ²⁴	tsɿ⁵⁵	tɕʅ⁵⁵	ie³¹²	xi⁵⁵	xi⁵⁵	i³¹²	ʅ³¹²	ia³¹²	ɕA¹³
	黄土矿	tsɿ³⁵	tsɿ³³	tɕi³³	ɤ³¹²	tʰi³³	tʰi³³	i³¹²	y³¹²	ia³¹²	ɕA⁵⁵
	唐家坊	tsɿ³⁵	tsɿ³³	tɕi³³	ɤ³¹²	tʰi³¹²	tʰi³¹²	i³¹²	y³¹²	ia³¹²	ɕA¹³
	瓦屋塘	tsɿ³⁵	tsɿ³³	tɕi³³	ɤ³¹²	tʰi³¹²	tʰi³³	i³¹²	y³¹²	ia³¹²	ɕA¹³

		姐	爬	花	架	靴	河	色	虚	故	直
		假开三 上马精	假开三 平麻並	假合二 平麻晓	假开二 去祃见	果合三 平戈晓	果开一 平歌匣	曾开三 入职生	遇开三 平鱼晓	遇合一 去暮见	曾开三 入职澄
隆回	荷香桥	tsie³¹²	pʰA¹³	xua³³	tɕA/kA⁴⁵	ɕiA³³	xo¹³	se³³/¹³	ɕy³³	ku⁴⁵	tɕʰi⁴⁵
	六都寨	tsie³¹²	pʰA¹³	xua³³	tɕA/kA⁵⁵	ɕiɛ³³	xo¹³	siɛ⁴⁵	ɕy³³	ku⁵⁵	tɕʰi⁵⁵
	七江	tsie³¹²	pʰA¹³	xua³³	tɕA/kA⁵⁵	ɕiA³³	xo¹³	siɛ⁴⁵	ɕiu³³	ku⁴⁵	tɕʰi⁵⁵
	司门前	tsie³¹²	pʰA¹³	xua³³	tɕA/kA⁵⁵	ɕiɛ³³	xo¹³	siɛ⁴⁵	ɕu³³	ku⁵⁵	tɕʰi⁵⁵
	金石桥	tsie³¹²	luA¹³	xua³³	tɕA/kA⁵⁵	ɕiɛ³³	xo¹³	se⁴⁵	ɕy³³	ku⁵⁵	tɕʰi⁵⁵
	小沙江	tɕA³¹²	pʰA¹³	xua³³	tɕA/kA⁵⁵	ɕe³³	xo¹³	se¹³	ɕy³³	ku⁵⁵	tɕʰi⁵⁵
	西洋江	tsie³¹²	pʰA³⁵	xua⁵⁵	tɕA/kA⁴⁵	ɕye⁵⁵	xo¹³	siɛ⁵⁵	ɕʅ⁵⁵	ku⁴⁵	tɕʰʅ
	横板桥	tsie³¹²	pʰA³⁵	xua⁵⁵	tɕA/kA⁴⁵	ɕye⁵⁵	xo¹³	siɛ⁵⁵	ɕʅ⁵⁵	ku⁴⁵	tɕʰʅ
	岩口	tsiA³¹²	pʰA¹³	xua³³	tɕiA/kA⁵⁵	ɕiA³³	xo¹³	se¹³	ɕy³³	ku⁵⁵	tɕʰi⁵⁵
	罗洪	tɕiA³¹²	pʰA¹³/A³³	xua³³	tɕiA/kA⁵⁵	ɕiʌ/ɕye³³	xo¹³	se³³	ɕy³³	ku⁵⁵	tsʰi¹³
	高坪	tɕiA³¹²	pʰA¹³	xua³³	tɕiA/kA⁵⁵	ɕiA³³	xo¹³	se¹³	ɕy³³	ku⁵⁵	tɕʰi⁵⁵
洞口	石江	tɕɛ/tɕA³¹²	pʰA¹³	fA⁵⁵	tɕA/kA²⁴	ɕe⁵⁵	xo¹³	ɕe⁵⁵	ɕʅ³³	ku²⁴	tɕʰ²⁴
	江口	tɕɛ/tɕA²⁴	pʰA¹³	xuA⁵⁵	tɕA/kA²⁴	ɕA⁵⁵	xo¹³	se²⁴	ɕʅ³³	ku²⁴	tɕʰe²⁴
	长塘	tɕɛ/tɕA²⁴	pʰA¹³	xuA⁵⁵	tɕA/kA²⁴	ɕA⁵⁵	xo¹³	se²⁴	ɕʅ³³	ku²⁴	tɕʰʅ
	山门	tsie³¹²	lA³⁵	xuA⁵⁵	tɕA/kA⁴⁵	ɕye⁵⁵	xo¹³	se⁵⁵	ɕʅ³³	ku⁴⁵	tɕʰɛ⁴⁵
	高沙	tɕie³¹³/tɕiA²⁴	pʰA¹³	fA⁵⁵	tɕA/kA²⁴	ɕye⁵⁵	xo¹³	se⁵⁵	ɕʅ³³	ku²⁴	tɕʰʅ
	花园	tsie/tsiA²⁴	pʰA¹³	xuA⁵⁵	tɕA/kA²⁴	ɕye⁵⁵	xo¹³	se³⁵	ɕy³³	ku³⁵	tɕʰi³⁵
绥宁	金屋塘	tɕɛ/tɕA²⁴	pʰA¹³	xuA²⁴	tɕA/kA⁴⁵	ɕie³³	xo¹³	se⁵⁵	ɕʅ³³	ku²⁴	tɕʰe²⁴
	梅坪	tɕɛ/tɕA²⁴	pʰA¹³	xuA⁵⁵	tɕA/kA²⁴	ɕie³³	xo¹³	se⁵⁵	ɕʅ³³	ku²⁴	tɕʰe⁵⁵
	黄土矿	tɕiA³⁵	pʰA⁵⁵	fA³³	tɕA/kA³⁵	ɕye³³	xo⁵⁵	se³³	ɕy³³	ku³⁵	tɕʰi³³
	唐家坊	tsie/tsiA³⁵	pʰA¹³	fA³³	tɕA/kA³⁵	ɕye³³	xo¹³	se³³	ɕy³³	ia³⁵	tɕʰi³³
	瓦屋塘	tsie/tsiA³⁵	pʰA¹³	fA³³	tɕA/kA³⁵	ɕye³³	xo¹³	se³³	ɕy³³	ku³⁵	tɕʰi³³

续表

		日	辣	舌	北	百	割	接	夹	铁	踢
		臻开三入质日	山开一入曷来	山开三入薛船	曾开一入德帮	梗开二入陌帮	山开一入曷见	咸开三入叶精	咸开二入洽见	山开四入屑透	梗开四入锡透
隆回	荷香桥	ȵ^{55}	lie^{45}	ɕɛ^{45}	pe^{33}	pe^{33}	ko^{33}	tsie^{33}	kʌ^{33}	xe^{33}	xe^{33}
	六都寨	ȵ^{55}	lie^{55}	ɕɛ^{55}	pie^{33}	pie^{33}	ki^{33}	tsie^{33}	kie^{33}	xie^{33}	xie^{33}
	七江	i^{45}/ȵ^{55}	lie^{55}	ɕɛ^{55}	pie^{33}	pie^{33}	ko^{33}	tsie^{33}	kʌ^{33}	xi^{33}	xie^{33}
	司门前	i/ȵ^{55}	lie^{55}	ɕɛ^{55}	pie^{33}	pie^{33}	ko^{33}	tse/tsi^{33}	kie^{33}	xi^{33}	xie^{33}
	金石桥	i/ȵ^{55}	lʌ^{55}	ɕɛ^{55}	pe^{45}	pe^{45}	kuʌ^{45}	tsE^{45}	kʌ^{45}	xe^{45}	xE^{45}
	小沙江	i/ȵ^{33}	lʌ^{55}	ɕɛ^{55}	pe^{13}	pe^{13}	kuʌ^{33}	tɕE^{33}	kʌ^{33}	tʰE^{33}	tʰiʌ^{33}
	西洋江	ɣ/ȵ^{55}	lie^{45}	ɕɛ^{45}	pie^{55}	pie^{55}	ko^{55}	tsie^{55}	kie^{55}	xie^{55}	xi^{55}
	横板桥	ɣ/ȵ^{55}	lie^{45}	ɕɛ^{55}	pie^{55}	pie^{55}	ko^{55}	tsie^{55}	kie^{55}	xie^{55}	xi/pʰie^{55}
	岩口	i/ȵ^{55}	lʌ^{55}	ɕie^{55}	pe^{13}	pe^{13}	ko^{33}	tsie^{33}	kiʌ^{33}	xe^{33}	tʰia^{33}
	罗洪	i^{45}/ȵ^{55}	lʌ^{55}	ɕɛ^{55}	pe^{33}	pe^{33}	ko^{33}	tɕie^{33}	kiE/kʌ^{33}	xe^{33}	tʰia^{33}
	高坪	i^{13}/ȵ^{55}	lʌ^{55}	ɕye^{55}	pe^{33}	pe^{13}	ko^{33}	tɕie^{33}	kʌ^{33}	tʰe^{33}	tʰia^{33}
洞口	石江	ɣ/ȵ^{55}	lʌ^{24}	ɕɛ^{24}	pie^{55}	pie^{55}	ko^{55}	tɕE^{55}	kie^{55}	xe^{55}	pʰie^{55}
	江口	iɛ/ȵ^{55}	lʌ/lie^{24}	ɕɛ^{24}	pie^{55}	pie^{55}	ko^{55}	tɕE^{55}	kiɛ/kæ^{55}	tʰie^{55}	tʰiæ^{55}
	长塘	iɛ/ȵ^{55}	lʌ^{24}	ɕɛ^{24}	pie^{55}	pie^{55}	ko^{55}	tɕE^{55}	kiɛ/kʌ^{55}	xe^{55}	tʰiʌ^{55}
	山门	iɛ/ȵ^{55}	lie^{45}	ɕɛ^{45}	pie^{55}	pie^{55}	ko^{55}	tsie^{55}	kie/kʌ^{55}	xie^{55}	xie^{55}
	高沙	ɿ^{24}/ȵ^{55}	lʌ^{24}	ɕi^{24}	pe^{55}	pe^{55}	ko^{55}	tɕie^{55}	kie/kʌ^{55}	tʰi^{55}	tʰi^{55}
	花园	iɛ/ȵ^{55}	lʌ^{24}	ɕi^{24}	pe^{55}	pe^{55}	ko^{55}	tɕi^{55}	kie/kʌ^{55}	tʰie^{55}	tʰiʌ^{55}
绥宁	金屋塘	ȵ^{55}	lʌ^{24}	ɕɛ^{55}	pie^{55}	pie^{55}	ko^{55}	tsie^{55}	kʌ^{55}	xie^{55}	xiʌ^{55}
	梅坪	ȵ^{55}	lʌ^{24}	ɕɛ^{55}	pie^{55}	pie^{55}	ko^{55}	tsie^{55}	kʌ^{55}	xie^{55}	xiʌ^{55}
	黄土矿	ȵ^{33}	lʌ^{33}	ɕɛ^{55}	pe^{33}	pe^{33}	ko^{33}	tɕie^{33}	tɕiʌ/kʌ^{33}	tʰie^{33}	tʰiʌ^{33}
	唐家坊	ȵ^{33}	lʌ^{33}	ɕɛ^{35}	pe^{33}	pe^{33}	ko^{33}	tɕE^{33}	tɕiʌ/kʌ^{33}	tʰie^{33}	tʰiʌ^{33}
	瓦屋塘	ȵ^{33}	lʌ^{33}	ɕɛ^{35}	pe^{33}	pe^{33}	ko^{33}	tɕE^{33}	tɕiʌ/kʌ^{33}	tʰie^{33}	tʰiʌ^{33}
		国	确	缺	月	合	活	各	郭	落	绿
		曾合一入德见	江开二入觉溪	山合四入屑溪	山合三入月疑	咸开一入合匣	山合一入末匣	宕开一入铎见	宕合一入铎见	宕开一入铎来	通合三入烛来
隆回	荷香桥	kue^{13}	tɕʰo^{13}	tɕʰye^{33}	me^{45}	xo^{33}	xo^{33}	ko^{33}	ko^{33}	lo^{45}	liu^{45}
	六都寨	kye^{45}	kʰyɛ/tɕʰo^{45}	tɕʰyɛ^{45}	mĩ^{55}	xo^{45}	xo^{45}	ko^{33}	ko^{33}	lo^{55}	liu^{55}
	七江	kye^{45}	tɕʰyɛ/kʰo^{45}	tɕʰyɛ^{33}	mĩ^{55}	xo^{45}	xo^{45}	ko^{33}	ko^{33}	lo^{55}	liu^{55}
	司门前	kye^{45}	tɕʰo^{45}	tɕʰyɛ^{33}	mĩ^{55}	xo^{45}	xo^{55}	ko^{33}	ko^{33}	lo^{55}	liu^{55}

续表

		国	确	缺	月	合	活	各	郭	落	绿
		曾合一入德见	江开二入觉溪	山合四入屑溪	山合三入月疑	咸开一入合匣	山合一入末匣	宕开一入铎见	宕合一入铎见	宕开一入铎来	通合三入烛来
隆回	金石桥	kue⁴⁵	tɕʰo/kʰo⁴⁵	tɕʰyɛ⁴⁵	yɛ⁵⁵	xo⁴⁵	xo⁴⁵	ko⁴⁵	ko⁴⁵	lo⁵⁵	liu⁵⁵
	小沙江	kua¹³	tɕʰo/kʰo¹³	tɕʰyɛ¹³	liɛ⁵⁵	xo¹³	xo¹³	ko³³	ko³³	lo⁵⁵	liu³³
	西洋江	kyɛ⁵⁵	kʰo⁴⁵	tɕʰyɛ⁵⁵	me⁴⁵	xo⁴⁵	xo⁴⁵	ko⁵⁵	ko⁵⁵	lo⁴⁵	lu⁴⁵/liu⁵⁵
	横板桥	kyɛ⁵⁵	tɕʰo/kʰo⁴⁵	tɕʰyɛ⁵⁵	me⁴⁵	xo⁴⁵	xo⁴⁵	ko⁵⁵	ko⁵⁵	lo⁴⁵	liu⁵⁵
	岩口	kue¹³	tɕʰo⁴⁵	tɕʰye³³	miĩ⁴⁵	xo¹³	xo¹³	ko⁵⁵	ko³³	lo⁵⁵	liu³³
	罗洪	kye⁴⁵	kʰo³³	tɕʰye³³	ye⁴⁵	xo⁴⁵	xo⁴⁵	ko³³	ko³³	lo⁵⁵	liu⁵⁵/lu⁴⁵
	高坪	kue¹³	tɕʰo¹³	tɕʰye³³	me⁴⁵	xo¹³	xo¹³	kɤ¹³	ko¹³	lo⁵⁵	liu⁵⁵
洞口	石江	kyɛ⁵⁵	tɕʰo/kʰo²⁴	tɕʰyɛ⁵⁵	me²⁴	xo²⁴	xo²⁴	ko⁵⁵	ko⁵⁵	lo²⁴	lu/liu⁵⁵
	江口	kyɛ⁵⁵	tɕʰo/kʰo²⁴	tɕʰyɛ⁵⁵	ye²⁴	xo²⁴	xo²⁴	ko⁵⁵	ko⁵⁵	lo²⁴	li⁵⁵
	长塘	kyɛ⁵⁵	tɕʰo/kʰo⁵⁵	tɕʰyɛ⁵⁵	ye⁴⁵	xo²⁴	xo²⁴	ko⁵⁵	ko⁵⁵	lo²⁴	li⁵⁵
	山门	kyɛ⁵⁵	tɕʰo⁴⁵/kʰo⁵⁵	tɕʰyɛ⁵⁵	wɛ⁴⁵	xo⁴⁵	xo⁴⁵	ko⁵⁵	ko⁵⁵	lo⁴⁵	liu⁵⁵
	高沙	kue⁵⁵	tɕʰo/kʰo²⁴	tɕʰyɛ⁵⁵	ie²⁴	xo²⁴	xo²⁴	ko⁵⁵	ko⁵⁵	lo²⁴	lu⁵⁵
	花园	kyɛ⁵⁵	tɕʰo³⁵/kʰo⁵⁵	tɕʰyɛ⁵⁵	ie³⁵	xo³⁵	xo³⁵	ko⁵⁵	ko⁵⁵	lo³⁵	liu⁵⁵
绥宁	金屋塘	kyɛ⁵⁵	tɕʰo/kʰo⁵⁵	tɕʰyɛ⁵⁵	ye⁵⁵	xo²⁴	xo²⁴	ko⁵⁵	ko⁵⁵	lo⁵⁵	li⁵⁵
	梅坪	kyɛ⁵⁵	tɕʰo/kʰo⁵⁵	tɕʰyɛ⁵⁵	ye⁵⁵	xo²⁴	xo²⁴	ko⁵⁵	ko⁵⁵	lo⁵⁵	li⁵⁵
	黄土矿	kue³³	tɕʰo/kʰo³⁵	tɕʰø³³	ø⁵⁵	xo⁵⁵	xo⁵⁵	ko⁵⁵	ko⁵⁵	lo⁵⁵	lu⁵⁵
	唐家坊	kue³³	tɕʰo/kʰo³⁵	tɕʰye³³	ye³⁵	xo³⁵	xo³⁵	ko³⁵	ko³⁵	lo³³	lu³⁵
	瓦屋塘	kue³³	tɕʰo/kʰo³⁵	tɕʰye³³	ye³⁵	xo³⁵	xo³⁵	ko³⁵	ko³⁵	lo³³	lu³⁵

		欲	药	鹿	出	木	介	怪	盖	倍	妹
		通合三入烛以	宕开三入药以	通合一入屋来	臻合三入术昌	通合一入屋明	蟹开二去怪见	蟹合二去怪见	蟹开一去泰见	蟹合一上贿并	蟹合一去队明
隆回	荷香桥	y⁴⁵	io⁴⁵	lu³³	tɕʰy³³	mə⁴⁵	ka⁴⁵	kua⁴⁵	ke⁴⁵	pʰe⁵⁵	me⁵⁵
	六都寨	y⁵⁵	io⁵⁵	lu⁵⁵	tɕʰy³³	mə⁵⁵	ka⁵⁵	kua⁵⁵	ke⁵⁵	pʰe⁵⁵	me⁵⁵
	七江	ŋ⁵⁵	iu⁵⁵	lu⁵⁵	tɕʰy³³	mə⁵⁵	ka⁵⁵	kua⁵⁵	ke⁵⁵	pʰe⁵⁵	me⁵⁵
	司门前	u⁵⁵	io⁵⁵	lu⁵⁵	tɕʰu³³	mə⁵⁵	ka⁵⁵	kua⁵⁵	ke⁵⁵	pʰe⁵⁵	me⁵⁵
	金石桥	y⁴⁵	io⁴⁵	lu⁴⁵	tɕʰy⁴⁵	mə⁴⁵	ka⁵⁵	kua⁵⁵	ke⁵⁵	pʰe⁵⁵	me⁵⁵
	小沙江	y⁵⁵	io⁵⁵	lu⁵⁵	tɕʰy³³	mə³³	ka⁵⁵	kua⁵⁵	ka⁵⁵	pʰe⁵⁵	me⁵⁵
	西洋江	ɻ⁴⁵	iu⁴⁵	lu⁴⁵	tɕʰɻ⁵⁵	mə⁵⁵	ka⁴⁵	kua⁴⁵	ke⁴⁵	pʰe⁵⁵	me⁴⁵
	横板桥	ɻ⁴⁵	iu⁴⁵	lu⁵⁵	tɕʰɻ⁵⁵	mə⁵⁵	ka⁴⁵	kua⁴⁵	ke⁴⁵	pʰe⁵⁵	me⁵⁵

续表

		欲	药	鹿	出	木	介	怪	盖	倍	妹
		通合三入烛以	宕开三入药以	通合一入屋来	臻合三入术昌	通合一入屋明	蟹开二去怪见	蟹合二去怪见	蟹开一去泰见	蟹合一上贿並	蟹合一去队明
隆回	岩口	y⁵⁵	iu⁵⁵	lu⁵⁵	tɕʰy³³	mə̃³³	ka⁵⁵	kua⁵⁵	ke⁵⁵	pʰe⁵⁵	me⁵⁵
	罗洪	y⁵⁵	iu⁵⁵	lu⁵⁵	tɕʰy³³	mə̃⁵⁵	ka⁴⁵	kua⁵⁵	ke⁵⁵	pʰe⁵⁵	me⁵⁵
	高坪	iu¹³	iu⁵⁵	lu⁵⁵	tɕʰy³³	mə̃⁵⁵	ka⁵⁵	kua⁵⁵	ke⁵⁵	pʰe⁵⁵	me⁵⁵
洞口	石江	ʅ²⁴	iu²⁴	lu²⁴	tɕʰʅ⁵⁵	mə̃⁵⁵	ka²⁴	kua²⁴	ka²⁴	pʰa²⁴	ma²⁴
	江口	ʅ²⁴	iu²⁴	lu⁵⁵	tɕʰʅ⁵⁵	mə̃⁵⁵	ka²⁴	kua²⁴	ka²⁴	pʰe²⁴	me²⁴
	长塘	iu⁵⁵	iu²⁴	lu²⁴	tɕʰʅ⁵⁵	mə̃⁵⁵	ka²⁴	kua²⁴	ka²⁴	pʰa²⁴	ma²⁴
	山门	ʅ⁵⁵	iu⁴⁵	lu⁴⁵/⁵⁵	tɕʰʅ⁵⁵	mə̃⁵⁵	ka⁴⁵	kua⁴⁵	ke⁴⁵	ɸe⁴⁵	me⁴⁵
	高沙	ʅ²⁴	iu²⁴	lu⁵⁵	tɕʰʅ⁵⁵	mə̃⁵⁵	ka²⁴	kua²⁴	ka²⁴	pʰe⁵⁵	me²⁴
	花园	ʅ³⁵	iu³⁵	lu⁵⁵	tɕʰʅ⁵⁵	mə̃⁵⁵	ka³⁵	kua³⁵	ka³⁵	pʰe³⁵	me³⁵
绥宁	金屋塘	ʅ²⁴	iu²⁴	lu²⁴	tɕʰʅ⁵⁵	mə̃⁵⁵	ka²⁴	kua²⁴	ke²⁴	pʰe⁵⁵	me²⁴
	梅坪	ʅ²⁴	iu²⁴	lu²⁴	tɕʰʅ⁵⁵	mə̃⁵⁵	ka²⁴	kua²⁴	ke²⁴	pʰe⁵⁵	me²⁴
	黄土矿	y⁵⁵	iu³³	lu³³	tɕʰy³³	mo³³	ka³⁵	kua³⁵	ka³⁵	pʰe³³	me³³
	唐家坊	y³⁵	iu³³	lu³³	tɕʰy³³	mo³³	ka³⁵	kua³⁵	ka³⁵	pʰe³³	me³³
	瓦屋塘	y³⁵	iu³³	lu³³	tɕʰy³³	mo³³	ka³⁵	kua³⁵	ka³⁵	pʰe³³	me³³
		桂	贵	条	烧	斗	丑	收	流	赌	饱
		蟹合四去霁见	止合三去未见	效开四平萧定	效开三平宵书	流开一上厚端	流开三上有彻	流开三平尤书	流开三平尤来	遇合一上姥端	效开二上巧帮
隆回	荷香桥	kui⁴⁵	kui⁴⁵	xiɐ¹³	ɕiɐ⁵⁵	tiɐ³¹²	tɕʰiu³¹²	ɕiu³³	liu¹³	tu³¹²	pɐ³¹²
	六都寨	kui⁵⁵	kui⁵⁵	xiɐ¹³	ɕiɐ⁵⁵	tiɐ³¹²	tɕʰiu³¹²	ɕiu³³	liu¹³	tu³¹²	pɐ³¹²
	七江	kui⁵⁵	kui⁵⁵	xiɐ¹³	ɕiɐ⁵⁵	tiɐ³¹²	tɕʰiu³¹²	ɕiu³³	liu¹³	tu³¹²	pɐ³¹²
	司门前	kui⁵⁵	kui⁵⁵	xiɐ¹³	ɕiɐ⁵⁵	tiɐ³¹²	tɕʰiu³¹²	ɕiu³³	liu¹³	tu³¹²	pɐ³¹²
	金石桥	kue⁵⁵	kue⁵⁵	xiɐ¹³	ɕiɐ³³	tiɐ³¹²	tɕʰiu³¹²	ɕiu³³	liu¹³	tu³¹²	pɐ³¹²
	小沙江	kue⁵⁵	kue⁵⁵	tʰiɐ¹³	ɕiɐ³³	tiɐ³¹²	tɕʰiu³¹²	ɕiu³³	liu¹³	tu³¹²	pɐ³¹²
	西洋江	kui⁴⁵	kui⁴⁵	xiɐ¹³	ɕɐ⁵⁵	tiɐ³¹²	tɕʰiu³¹²	ɕiu⁵⁵	liu¹³	tu³¹²	pɐ³¹²
	横板桥	kui⁴⁵	kui⁴⁵	xiɐ¹³	ɕɐ⁵⁵	tiɐ³¹²	tɕʰiu³¹²	ɕiu³³	liu¹³	tu³¹²	pɐ³¹²
	岩口	kui⁵⁵	kui⁵⁵	xiɐ¹³	ɕiɐ³³	tiɐ³¹²	tɕʰiu³¹²	ɕiu³³	liu¹³	tu³¹²	pɐ³¹²
	罗洪	kue⁵⁵	kue⁵⁵	ɕiɐ¹³	ɕiɐ³³	tiɐ³¹²	tɕʰiu³¹²	ɕiu³³	liu¹³	tu³¹²	pɐ³¹²
	高坪	kue⁵⁵	kue⁵⁵	tʰiɐ¹³	ɕiɐ³³	tiɐ³¹²	tɕʰiu³¹²	ɕiu³³	liu¹³	tu³¹²	pɐ³¹²

续表

		桂	贵	条	烧	斗	丑	收	流	赌	饱
		蟹合四去霁见	止合三去未见	效开四平萧定	效开三平宵书	流开一上厚端	流开三上有彻	流开三平尤书	流开三平尤来	遇合一上姥端	效开二上巧帮
洞口	石江	kui^{45}	kui^{45}	xiɐ^{13}	ɕɐ^{55}	tiɐ^{312}	tɕʰiu^{312}	ɕiu^{55}	liu^{13}	tu^{312}	pɐ^{312}
	江口	kui^{24}	kui^{24}	tʰiɐ^{13}	ɕɐ^{55}	tiɐ^{312}	tɕʰi^{312}	ɕi^{55}	li^{13}	tu^{312}	pɐ^{312}
	长塘	kui^{24}	kui^{24}	xiɐ^{13}	ɕɐ^{55}	tiɐ^{312}	tɕʰi^{312}	ɕi^{55}	li^{13}	tu^{312}	pɐ^{312}
	山门	kui^{45}	kui^{45}	xiɐ^{13}	ɕɐ^{55}	tiɐ^{312}	tɕʰiu^{312}	ɕiu^{55}	liu^{13}	tu^{312}	pɐ^{312}
	高沙	kue^{35}	kue^{35}	tʰiɐ^{13}	ɕɐ^{55}	te^{312}	tɕʰiu^{312}	ɕiu^{55}	liu^{13}	tu^{312}	pɐ^{312}
	花园	kue^{35}	kue^{35}	xiɐ^{13}	ɕɐ^{55}	te^{312}	tɕʰiu^{312}	ɕiu^{55}	liu^{13}	tu^{312}	pɐ^{312}
绥宁	金屋塘	kui^{24}	kui^{24}	xiɐ^{13}	ɕɐ^{55}	tiɐ^{312}	tɕʰi^{312}	ɕi^{55}	li^{13}	tu^{312}	pɐ^{312}
	梅坪	kui^{24}	kui^{24}	xiɐ^{13}	ɕɐ^{55}	tiɐ^{312}	tɕʰi^{312}	ɕi^{55}	li^{13}	tu^{312}	pɐ^{312}
	黄土矿	kui^{35}	kue^{35}	tʰiɐ^{55}	ɕɐ^{55}	te^{312}	tɕʰiu^{312}	ɕiu^{33}	liu^{55}	tu^{312}	pɐ^{312}
	唐家坊	kue^{35}	kue^{35}	tʰiɐ^{13}	ɕɐ^{33}	te^{312}	tɕʰiu^{312}	ɕiu^{33}	liu^{13}	tu^{312}	pɐ^{312}
	瓦屋塘	kue^{35}	kue^{35}	tʰiɐ^{13}	ɕɐ^{33}	te^{312}	tɕʰiu^{312}	ɕiu^{33}	liu^{13}	tu^{312}	pɐ^{312}

		短	胆	党	讲	酸	三	桑	肝	间	含
		山合一上缓端	山开一上旱端	宕开一上荡端	江开二上讲见	山合一平桓心	山开一平寒心	宕开一平唐心	山开一平寒见	山开二平山见	咸开一平覃匣
隆回	荷香桥	tɔ^{312}	tã^{312}	tɔ^{312}	tɕɔ/kɔ^{312}	sɔ^{33}	sã^{33}	sɔ^{33}	kuɔ^{33}	kã^{33}	xɑ̃^{13}
	六都寨	tuɔ^{312}	tã^{312}	tɔ^{312}	tɕɔ/kɔ^{312}	suɔ^{33}	sã^{33}	sɔ^{33}	kuɔ^{33}	kã^{33}	xɑ̃^{13}
	七江	tuɔ^{312}	tã^{312}	tɔ^{312}	tɕɔ/kɔ^{312}	suɔ^{33}	sã^{33}	sɔ^{33}	kuɔ^{33}	kã^{33}	xɑ̃^{13}
	司门前	tuɔ^{312}	tã^{312}	tɔ^{312}	tɕɔ/kɔ^{312}	suɔ^{33}	sã^{33}	sɔ^{33}	kuɔ^{33}	kã^{33}	xɑ̃^{13}
	金石桥	tɔ^{312}	ta^{312}	tɔ^{312}	tɕɔ/kɔ^{312}	suɔ^{33}	sa^{33}	sɔ^{33}	kuɔ^{33}	ka^{33}	xa^{13}
	小沙江	tɔ^{312}	ta^{312}	tɔ^{312}	tɕɔ/kɔ^{312}	sɔ^{33}	sa^{33}	sɔ^{33}	ka^{33}	ka^{33}	xa^{13}
	西洋江	tɔ^{312}	tã^{312}	tɔ^{312}	tɕɔ/kɔ^{312}	sɔ^{55}	sã^{55}	sɔ^{55}	kã/kuã^{55}	kã^{45}	xɑ̃^{13}
	横板桥	tɔ^{312}	tã^{312}	tɔ^{312}	tɕɔ/kɔ^{312}	sɔ^{55}	sã^{55}	sɔ^{55}	kã/kuã^{55}	kã^{45}	xɑ̃^{13}
	岩口	tɔ^{312}	tã^{312}	tɔ^{312}	tɕiɔ/kɔ^{312}	suã^{33}	sã^{33}	sɔ^{33}	kã^{33}	kã^{33}	xɑ̃^{13}
	罗洪	tɔ^{312}	tã^{312}	tɔ^{312}	tɕ/kɔ^{312}	sɔ^{33}	sã^{33}	sɔ^{33}	kã^{33}	kã^{33}	xɑ̃^{13}
	高坪	tɔ^{312}	tã^{312}	tɔ^{312}	tɕiɔ/kɔ^{312}	sɔ^{33}	sã^{33}	sɔ^{33}	kã^{33}	kã^{33}	xɑ̃^{13}
洞口	石江	tɔ^{312}	tã^{312}	tɔ^{312}	tɕɔ/kɔ^{312}	sɔ^{55}	sã^{55}	sɔ^{55}	kã/kuã^{55}	kã^{24}	xɑ̃^{13}
	江口	tɔ^{312}	tã^{312}	tɔ^{312}	tɕɔ/kɔ^{312}	sɔ^{55}	sã^{55}	sɔ^{55}	kã/kuã^{55}	kã^{13}	xɑ̃^{13}
	长塘	tɔ^{312}	tã^{312}	tɔ^{312}	tɕɔ/kɔ^{312}	sɔ^{55}	sã^{55}	sɔ^{55}	kã/kuã^{55}	kã^{24}	xɑ̃^{13}
	山门	tɔ^{312}	tã^{312}	tɔ^{312}	tɕɔ/kɔ^{312}	sɔ^{55}	sã^{55}	sɔ^{55}	kã^{55}	kã^{45}	xɑ̃^{13}

		短	胆	党	讲	酸	三	桑	肝	间	含
		山合一上缓端	山开一上旱端	宕开一上荡端	江开二上讲见	山合一平桓心	山开一平寒心	宕开一平唐心	山开一平寒见	山开二平山见	咸开一平覃匣
洞口	高沙	tɔ̃³¹²	tã³¹²	tɔ̃³¹²	tɕɔ̃/kɔ̃³¹²	sɔ̃⁵⁵	sã⁵⁵	sɔ̃⁵⁵	kã⁵⁵	kã²⁴	xã¹³
	花园	tɔ̃³¹²	tã³¹²	tɔ̃³¹²	tɕɔ̃/kɔ̃³¹²	sɔ̃⁵⁵	sã⁵⁵	sɔ̃⁵⁵	kã⁵⁵	kã³⁵	xã¹³
绥宁	金屋塘	tɔ̃³¹²	tã³¹²	tɔ̃³¹²	tɕɔ̃/kɔ̃³¹²	sɔ̃⁵⁵	sã⁵⁵	sɔ̃⁵⁵	kã⁵⁵	kã²⁴	xã¹³
	梅坪	tɔ̃³¹²	tã³¹²	tɔ̃³¹²	tɕɔ̃/kɔ̃³¹²	sɔ̃⁵⁵	sã⁵⁵	sɔ̃⁵⁵	kã⁵⁵	kã²⁴	xã¹³
	黄土矿	tø³¹²	ta³¹²	tɔ̃³¹²	tɕɔ̃/kɔ̃³¹²	sø³³	sa³³	sɔ̃³³	kẽ³³	tɕẽ/kẽ³³	xa⁵⁵
	唐家坊	tø³¹²	tã³¹²	tɔ̃³¹²	tɕɔ̃/kɔ̃³¹²	sø³³	sã³³	sɔ̃³³	kẽ³³	kẽ³³	xã¹³
	瓦屋塘	tø³¹²	tã³¹²	tɔ̃³¹²	tɕɔ̃/kɔ̃³¹²	sø³³	sã³³	sɔ̃³³	kẽ³³	kẽ³³	xã¹³

		衔	根	庚	减	检	紧	连	林	邻	灵
		咸开二平衔匣	臻开一平痕见	梗开二平庚见	咸开二上赚见	咸开三上琰见	臻开三上轸见	山开三平仙来	深开三平侵来	臻开三平真来	梗开四平青来
隆回	荷香桥	xã¹³	kẽ³³	kẽ³³	kã³¹²	tɕĩ³¹²	tɕẽ³¹²	lĩ¹³	lẽ¹³	lẽ¹³	lẽ¹³
	六都寨	xã¹³	kẽ³³	kẽ³³	kɑ³¹²	tɕĩ³¹²	tɕẽ³¹²	lĩ¹³	lẽ¹³	lẽ¹³	lẽ¹³
	七江	xã¹³	kẽ³³	kẽ³³	kã³¹²	tɕĩ³¹²	tɕẽ³¹²	lĩ¹³	lẽ¹³	lẽ¹³	lẽ¹³
	司门前	xã¹³	kẽ³³	kẽ³³	kɑ³¹²	tɕĩ³¹²	tɕẽ³¹²	lĩ¹³	lẽ¹³	lẽ¹³	lẽ¹³
	金石桥	xa¹³	kẽ³³	kẽ³³	ka³¹²	tɕɛ³¹²	tɕẽ³¹²	liɛ¹³	lẽ¹³	lẽ¹³	lẽ¹³
	小沙江	xa¹³	kẽ³³	kẽ³³	ka³¹²	tɕɛ³¹²	tɕẽ³¹²	liɛ¹³	lẽ¹³	lẽ¹³	lẽ¹³
	西洋江	xã¹³	kẽ⁵⁵	kẽ⁵⁵	ka³¹²	tɕĩ³¹²	tɕẽ³¹²	lĩ¹³	lẽ¹³	lẽ¹³	lẽ¹³
	横板桥	xã¹³	kẽ⁵⁵	kẽ⁵⁵	ka³¹²	tɕĩ³¹²	tɕẽ³¹²	lĩ¹³	lẽ¹³	lẽ¹³	lẽ¹³
	岩口	xã¹³	kiĩ³³	kiĩ³³	ka³¹²	tɕiĩ³¹²	tɕiə³¹²	liĩ¹³	liə¹³	liə¹³	liə¹³
	罗洪	xã¹³	kɔ̃³³	kɔ̃³³	ka³¹²	tɕiɛ³¹²	tɕiə³¹²	liɛ¹³	liə¹³	liə¹³	liə¹³
	高坪	xã¹³	kẽ³³	kẽ³³	ka³¹²	tɕiẽ³¹²	tɕiə³¹²	liẽ¹³	liə¹³	liə¹³	liə¹³
洞口	石江	xã¹³	kẽ⁵⁵	kẽ⁵⁵	ka³¹²	tɕi³¹²	tɕẽ³¹²	liɛ¹³	lẽ¹³	lẽ¹³	lẽ¹³
	江口	xã¹³	kẽ⁵⁵	kẽ⁵⁵	ka³¹²	tɕiẽ³¹²	tɕẽ³¹²	liɛ¹³	lẽ¹³	lẽ¹³	lẽ¹³
	长塘	xã¹³	kẽ⁵⁵	kẽ⁵⁵	ka³¹²	tɕiẽ³¹²	tɕẽ³¹²	liɛ¹³	lẽ¹³	lẽ¹³	lẽ¹³
	山门	xã¹³	kẽ⁵⁵	kẽ⁵⁵	ka³¹²	tɕẽ³¹²	tɕẽ³¹²	lĩ¹³	lẽ¹³	lẽ¹³	lẽ¹³
	高沙	xã¹³	kẽ⁵⁵	kẽ⁵⁵	ka³¹²	tɕiẽ³¹²	tɕĩ³¹²	liẽ¹³	lĩ¹³	lĩ¹³	lĩ¹³
	花园	xã¹³	ke³³	kẽ³³	ka³¹²	tɕĩ³¹²	tɕĩ³¹²	lĩ¹³	lĩ¹³	lĩ¹³	lĩ¹³
绥宁	金屋塘	xã¹³	kẽ⁵⁵	kẽ⁵⁵	ka³¹²	tɕĩ³¹²	tɕẽ³¹²	liɛ¹³	kẽ¹³	lẽ¹³	lẽ¹³
	梅坪	xã¹³	kẽ⁵⁵	kẽ⁵⁵	ka³¹²	tɕĩ³¹²	tɕẽ³¹²	liɛ¹³	lẽ¹³	lẽ¹³	lẽ¹³

续表

		衔	根	庚	减	检	紧	连	林	邻	灵
		咸开二平衔匣	臻开一平痕见	梗开二平庚见	咸开二上豏见	咸开二上琰见	臻开三上轸见	山开三平仙来	深开三平侵来	臻开三平真来	梗开四平青来
绥宁	黄土矿	xa^{55}	ke^{55}	ke^{55}	tɕe^{55}/ke^{312}	tɕe^{312}	tɕĩ^{312}	lĩ^{55}	ŋ̍^{55}	ŋ̍^{55}	ŋ̍^{55}
	宁	xã^{13}	ke^{55}	ke^{55}	ke^{312}	tɕe^{312}	tɕĩ^{312}	lie^{13}	lĩ^{13}	lĩ^{13}	lĩ^{13}
	瓦屋塘	xã^{13}	ke^{55}	ke^{55}	ke^{312}	tɕe^{312}	tɕĩ^{312}	lie^{13}	lĩ^{13}	lĩ^{13}	lĩ^{13}

		心	新	星	光	官	关	良	廉	魂	横
		深开三平侵心	臻开三平真心	梗开四平青心	宕合一平唐见	山合一平桓见	山合二平删见	宕开三平阳来	咸开三平盐来	臻合一平魂匣	梗合二平庚匣
隆回	荷香桥	se^{33}	se^{33}	se/siɔ^{33}	kɔ^{33}	kuɔ^{33}	kuɔ^{33}	liɔ^{13}	lĩ^{13}	xue^{13}	uɔ^{45}
	六都寨	se^{33}	se^{33}	se/siɔ^{33}	kuɔ^{33}	kuɔ^{33}	kuɔ^{33}	liɔ^{13}	lĩ^{13}	xue^{13}	uɔ^{45}
	七江	se^{33}	se^{33}	se/siɔ^{33}	kuɔ^{33}	kuɔ^{33}	kuɔ^{33}	liɔ^{13}	lĩ^{13}	xue^{13}	uɔ^{45}
	司门前	se^{33}	se^{33}	se/siɔ^{33}	kuɔ^{33}	kuɔ^{33}	kuɔ^{33}	liɔ^{13}	lĩ^{13}	xue^{13}	xuẽ/uɔ^{45}
	金石桥	se^{33}	se^{33}	se/ɕiɔ^{33}	kɔ^{33}	kuɔ^{33}	kua^{33}	liɔ^{13}	liɛ^{13}	xue^{13}	xue^{45}
	小沙江	ɕe^{33}	ɕe^{33}	ɕe/ɕiɔ^{33}	kɔ^{33}	kua^{33}	kua^{33}	liɔ^{13}	liɛ^{13}	xue^{13}	xue^{45}
	西洋江	se^{55}	se^{55}	se/siɔ^{55}	kuɔ^{55}	kuã^{55}	kuã^{55}	liɔ^{13}	lĩ^{13}	xue^{13}	xue^{13}
	横板桥	se^{55}	se^{55}	se/siɔ^{55}	kuɔ^{55}	kuã^{55}	kuã^{55}	liɔ^{13}	lĩ^{13}	xue^{13}	uɔ^{45}
	岩口	siɔ^{33}	siɔ^{33}	siɔ/ɕiɔ^{33}	kuɔ^{33}	kuã^{33}	kuã^{33}	liɔ^{13}	liĩ^{13}	xuɔ^{13}	xuɔ^{13}
	罗洪	ɕiɔ^{33}	ɕiɔ^{33}	ɕiɔ/ɕiɔ^{33}	kuɔ^{33}	kuɔ^{33}	kuã^{33}	liɔ^{13}	liɛ^{13}	fɔ^{13}	xɔ^{13}/uɔ^{45}
	高坪	ɕiɔ^{33}	ɕiɔ^{33}	ɕiɔ/ɕiɔ^{33}	kɔ^{55}	kuɔ^{33}	kuã^{33}	liɔ^{13}	liɛ^{13}	xuɔ^{13}	xuɔ^{13}
洞口	石江	se^{55}	se^{55}	se/siɔ^{55}	kuɔ^{55}	kuã^{55}	kuã^{55}	liɔ^{13}	liɛ^{13}	fe^{13}	fe^{13}
	江口	se^{55}	se^{55}	se/ɕiɔ^{55}	kuæ^{55}	kuæ^{55}	kuæ^{55}	liɔ^{13}	liɛ^{13}	fe^{13}	fe^{13}
	长塘	se^{55}	se^{55}	se/siɔ^{55}	kuɔ^{55}	kuɔ^{55}	kuã^{55}	liɔ^{13}	liɛ^{13}	xue^{13}	xue^{13}
	山门	se^{55}	se^{55}	se/siɔ^{55}	kuɔ^{55}	kuã^{55}	kuã^{55}	liɔ^{13}	lĩ^{13}	xue^{13}	xue^{13}
	高沙	ɕĩ^{55}	ɕĩ^{55}	ɕĩ/ɕiɔ^{55}	kũ^{55}	kũ^{55}	kuã^{55}	liɔ^{13}	liɛ^{13}	fe^{13}	fe^{13}
	花园	sĩ^{55}	sĩ^{55}	sĩ/siɔ^{55}	kũ^{55}	kũ^{55}	kuã^{55}	liɔ^{13}	lĩ^{13}	xue^{13}	xue^{13}
绥宁	金屋塘	se^{55}	se^{55}	se/siɔ^{55}	kũ^{55}	kua^{55}	kuã^{55}	liɔ^{13}	lĩ^{13}	xue^{13}	xue^{13}
	梅坪	se^{55}	se^{55}	se/siɔ^{55}	kũ^{55}	kua^{55}	kuã^{55}	liɔ^{13}	lĩ^{13}	xue^{13}	xue^{13}
	黄土矿	ɕĩ^{33}	ɕĩ^{33}	ɕĩ/ɕiɔ^{33}	kɔ^{33}	kue^{33}	kua^{33}	liɔ^{55}	liɛ^{55}	fe^{55}	xẽ/uɔ^{55}
	唐家坊	sĩ^{33}	sĩ^{3}	sĩ/siɔ^{33}	kuɔ^{33}	kue^{33}	kua^{33}	liɔ^{3}	liɛ^{13}	fe^{13}	uɔ^{13}
	瓦屋塘	sĩ^{33}	sĩ^{3}	sĩ/siɔ^{33}	kuɔ^{33}	kue^{33}	kua^{33}	liɔ^{13}	liɛ^{13}	fe^{13}	uɔ^{13}

		红	温	翁	东	权	船	床	圆	云	营
		通合一 平东匣	臻合一 平魂影	通合一 平东影	通合一 平东端	山合三 平仙群	山合三 平仙船	宕开三 平阳崇	山合三 平仙于	臻合三 平文于	梗合三 平清以
隆回	荷香桥	xɔ̃¹³	ueĩ³³	ɔ̃³³	tɔ̃³³	tɕʰyĩ¹³	tɕʰyĩ¹³	tshɔ̃¹³	miã¹³	yẽ¹³	yẽ¹³
	六都寨	xɔ̃¹³	ueĩ³³	ɔ̃³³	tɔ̃³³	tɕʰyĩ¹³	tɕʰyĩ¹³	tshɔ̃¹³	miã¹³	yᵘẽ¹³	yᵘẽ¹³
	七江	xɔ̃¹³	ueĩ³³	ɔ̃³³	tɔ̃³³	tɕʰyĩ¹³	tɕʰyĩ¹³	tshɔ̃¹³	mĩ¹³	yẽ¹³	yẽ¹³
	司门前	xɔ̃¹³	ueĩ³³	ɔ̃³³	tɔ̃³³	tɕʰyĩ¹³	tɕʰyĩ¹³	tshɔ̃¹³	mĩ¹³	yẽ¹³	yẽ¹³
	金石桥	xɔ̃¹³	ueĩ³³	ɔ̃³³	tɔ̃³³	tɕʰyE¹³	tɕʰyE¹³	tshɔ̃¹³	yE¹³	yẽ¹³	yẽ¹³
	小沙江	xɔ̃¹³	ueĩ³³	ɔ̃³³	tɔ̃³³	tɕʰyE¹³	tɕʰyE¹³	tshɔ̃¹³	yE/lɔ¹³	yẽ¹³	yẽ¹³
	西洋江	xɔ̃¹³	ueĩ⁵⁵	ɔ̃⁴⁵	tɔ̃⁵⁵	tɕʰyã¹³	tɕʰyã¹³	tshɔ̃¹³	miã¹³	mẽ¹³	mẽ¹³
	横板桥	xɔ̃¹³	ueĩ⁵⁵	ɔ̃⁴⁵	tɔ̃⁵⁵	tɕʰyã¹³	tɕʰyã¹³	tshɔ̃¹³	miã¹³	mẽ¹³	mẽ¹³
	岩口	xɔ̃¹³	uɔ̃³³	ɔ̃³³	tɔ̃³³	tɕʰyĩ¹³	tɕʰyĩ¹³	tshɔ̃¹³	yĩ¹³	yɔ̃¹³	miɔ̃¹³
	罗洪	xɔ̃¹³	uɔ̃³³	uɔ̃³³	tɔ̃³³	tɕʰyE¹³	tɕʰyE¹³	tɕʰɔ̃¹³	yE¹³	yɔ̃¹³	yɔ̃¹³
	高坪	xɔ̃¹³	uɔ̃³³	uɔ̃³³	tɔ̃³³	tɕʰyẽ¹³	tɕʰyẽ¹³	tshɔ̃¹³	yẽ¹³	miɔ̃¹³	miɔ̃¹³
洞口	石江	xɔ̃¹³	ueĩ⁵⁵	ɔ̃⁵⁵	tɔ̃⁵⁵	tɕʰyẽ¹³	tɕʰyẽ¹³	tshɔ̃¹³	miẽ¹³	mẽ¹³	mẽ¹³
	江口	xɔ̃¹³	ueĩ⁵⁵	ɔ̃⁵⁵	tɔ̃⁵⁵	tɕʰyẽ¹³	tɕʰyẽ¹³	tshɔ̃¹³	yẽ¹³	yẽ¹³	yẽ¹³
	长塘	xɔ̃¹³	ueĩ⁵⁵	ɔ̃⁵⁵	tɔ̃⁵⁵	tɕʰyẽ¹³	tɕʰyẽ¹³	tshɔ̃¹³	yẽ¹³	yẽ¹³	yẽ¹³
	山门	xɔ̃¹³	ueĩ⁵⁵	ɔ̃⁴⁵	tɔ̃⁵⁵	tɕʰyã¹³	tɕʰyã¹³	tshɔ̃¹³	wiã¹³	wẽ¹³	mẽ¹³
	高沙	xɔ̃¹³	ueĩ⁵⁵	ɔ̃⁵⁵	tɔ̃⁵⁵	tɕʰyẽ¹³	tɕʰyẽ¹³	tshɔ̃¹³	yĩ¹³	yĩ¹³	yĩ¹³
	花园	xɔ̃¹³	ueĩ⁵⁵	ɔ̃⁵⁵	tɔ̃⁵⁵	tɕʰyĩ¹³	tɕʰyĩ¹³	tshɔ̃¹³	yĩ¹³	yĩ¹³	yĩ¹³
绥宁	金屋塘	xɔ̃¹³	ueĩ⁵⁵	ɔ̃⁵⁵	tɔ̃⁵⁵	tɕʰyã¹³	tɕʰyã¹³	tshɔ̃¹³	yã¹³	yẽ¹³	iɔ̃¹³
	梅坪	xɔ̃¹³	ueĩ⁵⁵	ɔ̃⁵⁵	tɔ̃⁵⁵	tɕʰyã¹³	tɕʰyã¹³	tshɔ̃¹³	yã¹³	yẽ¹³	iɔ̃¹³
	黄土矿	xɔ̃⁵⁵	ueĩ³³	ɔ̃³³	tɔ̃³³	tɕʰẽ⁵⁵	tɕʰẽ⁵⁵	tɕʰɔ̃⁵⁵	iẽ⁵⁵	ĩ⁵⁵	iɔ̃⁵⁵
	唐家坊	xɔ̃¹³	ueĩ³³	ɔ̃³³	tɔ̃³³	tɕʰẽ¹³	tɕʰẽ¹³	tshɔ̃¹³	iẽ¹³	ĩ¹³	ĩ¹³
	瓦屋塘	xɔ̃¹³	ueĩ³³	ɔ̃³³	tɔ̃³³	tɕʰẽ¹³	tɕʰẽ¹³	tshɔ̃¹³	iẽ¹³	ĩ¹³	ĩ¹³

		群	琼	穷	勋	胸
		臻合三 平文群	梗和三 平清群	通合三 平东群	臻合三 平文晓	通合三 平钟晓
隆回	荷香桥	tɕʰyẽ¹³	tshyẽ¹³	tɕʰɔ̃¹³	ɕyẽ³³	ɕɔ̃³³
	六都寨	tɕʰyẽ¹³	tshuẽ¹³	tɕʰɔ̃¹³	ɕyẽ³³	ɕɔ̃³³
	七江	tɕʰyẽ¹³	tshuẽ¹³	tɕʰɔ̃¹³	ɕyẽ³³	ɕɔ̃³³
	司门前	tɕʰyẽ¹³	tshʰyẽ¹³	tɕʰɔ̃¹³	ɕyẽ³³	ɕɔ̃³³

		群	琼	穷	勋	胸
		臻合三 平文群	梗和三 平清群	通合三 平东群	臻合三 平文晓	通合三 平钟晓
隆回	金石桥	tɕʰye¹³	tɕʰẽ¹³	tɕʰə̃¹³	ɕye³³	ɕə̃³³
	小沙江	tɕʰye¹³	tɕʰẽ¹³	tɕʰə̃¹³	ɕye³³	ɕə̃³³
	西洋江	tɕʰẽ¹³	tɕʰẽ¹³	tɕʰə̃¹³	ɕẽ⁵⁵	ɕə̃⁵⁵
	横板桥	tɕʰẽ¹³	tɕʰẽ¹³	tɕʰə̃¹³	ɕẽ⁵⁵	ɕə̃⁵⁵
	岩口	tɕʰyə̃¹³	tɕʰiə̃¹³	tɕʰə̃¹³	ɕyə̃³³	ɕə̃³³
	罗洪	tɕʰyə̃¹³	tɕʰyə̃¹³	tɕʰyə̃¹³	ɕyə̃³³	ɕuə̃³³
	高坪	tɕʰə̃¹³	tɕʰyə̃¹³	tɕʰə̃¹³	ɕyə̃³³	ɕyə̃³³
洞口	石江	tɕʰye¹³	tɕʰye¹³	tɕʰə̃¹³	ɕye⁵⁵	ɕə̃⁵⁵
	江口	tɕʰye¹³	tɕʰye¹³	tɕʰə̃¹³	ɕye⁵⁵	ɕə̃⁵⁵
	长塘	tɕʰye¹³	tɕʰẽ¹³	tɕʰə̃¹³	ɕye⁵⁵	ɕə̃⁵⁵
	山门	tɕʰye¹³	tɕʰye¹³	tɕʰə̃¹³	ɕye⁵⁵	ɕə̃⁵⁵
	高沙	tɕʰyĩ¹³	tɕʰyĩ¹³	tɕʰə̃¹³	ɕyĩ⁵⁵	ɕə̃⁵⁵
	花园	tɕʰye¹³	tɕʰye¹³	tɕʰə̃¹³	ɕye⁵⁵	ɕə̃⁵⁵
绥宁	金屋塘	tɕʰye¹³	tɕʰye¹³	tɕʰə̃¹³	ɕye⁵⁵	ɕə̃⁵⁵
	梅坪	tɕʰye¹³	tɕʰye¹³	tɕʰə̃¹³	ɕye⁵⁵	ɕə̃⁵⁵
	黄土矿	tɕʰɿ̃⁵⁵	tɕʰɿ⁵⁵	tɕʰə̃⁵⁵	ɕɿ̃⁵⁵	ɕə̃⁵⁵
	唐家坊	tɕʰɿ̃¹³	tɕʰɿ¹³	tɕʰə̃¹³	ɕɿ⁵⁵	ɕə̃⁵⁵
	瓦屋塘	tɕʰɿ̃¹³	tɕʰɿ¹³	tɕʰə̃¹³	ɕɿ̃⁵⁵	ɕə̃⁵⁵

第四节　洞绥片赣方言声调代表字读音比较

表 2-3 为各方言点声调代表字的读音的比较，以平上去入为序，各声调则根据声母清浊不同选择代表字。首行列代表字，次行列各代表字的中古声韵调地位。代表字有文白两读的，以"/"为别，左为文读音，右为白读音。

表 2-3 洞绥片赣方言声调比较

		东	猪	边	通	初	偏	翻	烟	同	锄
		通合一平东端	遇合三平鱼知	山开四平先帮	通合一平东透	遇合三平鱼初	山开三平仙滂	山合三平元敷	山开四平先影	通合一平东定	遇合三平鱼崇
隆回	荷香桥	tɔ̃^{33}	tɕy^{33}	pĩ^{33}	xɔ̃^{33}	tsʰu^{33}	pʰĩ^{33}	fã^{33}	ĩ^{33}	xɔ̃^{13}	tsʰu^{13}
	六都寨	tɔ̃^{33}	tɕy^{33}	pĩ^{33}	xɔ̃^{33}	tsʰu^{33}	pʰĩ^{33}	fɑ̃^{33}	ĩ^{33}	xɔ̃^{13}	tsʰu^{13}
	七江	tɔ̃^{33}	tɕiu^{33}	pĩ^{33}	xɔ̃^{33}	tsʰu^{33}	pʰĩ^{33}	fɑ̃^{13}	ĩ^{33}	xɔ̃^{13}	tsʰu^{13}
	司门前	tɔ̃^{33}	tɕu^{33}	pĩ^{33}	xɔ̃^{33}	tsʰu^{33}	pʰĩ^{33}	fã^{33}	ĩ^{33}	xɔ̃^{13}	tsʰu^{13}
	金石桥	tɔ̃^{33}	tɕy^{33}	piE^{33}	xɔ̃^{33}	tsʰu^{33}	pʰiE^{33}	fã^{33}	iE^{33}	xɔ̃^{13}	tsʰu^{13}
	小沙江	tɔ̃^{33}	tɕy^{33}	piE^{33}	xɔ̃^{33}	tsʰu^{33}	pʰiE^{33}	fã^{33}	iE^{33}	tʰɔ̃^{13}	tsʰu^{13}
	西洋江	tɔ̃^{55}	tɕʅ^{55}	pĩ^{55}	xɔ̃^{55}	tsʰu^{55}	pʰĩ^{55}	fã^{55}	ĩ^{55}	xɔ̃^{13}	tsʰu^{13}
	横板桥	tɔ̃^{55}	tɕʅ^{55}	pĩ^{55}	xɔ̃^{55}	tsʰu^{55}	pʰĩ^{55}	fã^{55}	ĩ^{55}	xɔ̃^{13}	tsʰu^{13}
	岩口	tɔ̃^{33}	tɕy^{33}	piĩ^{33}	xɔ̃^{33}	tsʰu^{33}	pʰiĩ^{33}	fã^{33}	iĩ^{33}	xɔ̃^{13}	tsʰu^{13}
	罗洪	tɔ̃^{33}	tɕy^{33}	piE^{33}	xɔ̃^{33}	tsʰu^{33}	pʰiE^{33}	fã^{33}	iE^{33}	xɔ̃^{13}	tsʰu^{13}
	高坪	tɔ̃^{33}	tɕy^{33}	piE^{33}	tʰɔ̃^{33}	tsʰu^{33}	pʰiE^{33}	fã^{33}	iE^{33}	tʰɔ̃^{13}	tsʰu^{13}
洞口	石江	tɔ̃^{55}	tɕʅ^{55}	piẼ^{55}	xɔ̃^{55}	tsʰu^{55}	pʰiẼ^{55}	fã^{55}	iẼ^{55}	xɔ̃^{13}	tsʰu^{13}
	江口	tɔ̃^{55}	tɕʅ^{55}	piẼ^{55}	tʰɔ̃^{55}	tsʰu^{55}	pʰiẼ^{55}	fæ^{55}	iẼ^{55}	tʰɔ̃^{13}	tsʰ u^{13}
	长塘	tɔ̃^{55}	tɕʅ^{55}	piẼ^{55}	xɔ̃^{55}	tsʰu^{55}	pʰiẼ^{55}	fã^{55}	iẼ^{55}	xɔ̃^{13}	tsʰ u^{13}
	山门	tɔ̃^{55}	tɕʅ^{55}	pĩ^{55}	xɔ̃^{55}	tsʰu^{55}	ɸiẼ^{55}	fã^{55}	iẼ^{55}	xɔ̃^{13}	tsʰu^{13}
	高沙	tɔ̃^{55}	tɕʅ^{55}	piẼ^{55}	xɔ̃^{55}	tsʰu^{55}	pʰiẼ^{55}	fã^{55}	iẼ^{55}	tʰɔ̃^{13}	tsʰu^{13}
	花园	tɔ̃^{55}	tɕʅ^{55}	piE^{33}	tʰɔ̃^{33}	tsʰu^{33}	pʰiẼ^{33}	xuã^{55}	ĩ^{55}	tʰɔ̃^{13}	tsʰu^{13}
绥宁	金屋塘	tɔ̃^{55}	tɕʅ^{55}	pĩ^{55}	tʰɔ̃^{55}	tsʰu^{55}	pʰĩ^{55}	fã^{55}	ĩ^{55}	tʰɔ̃^{13}	tsʰ u^{13}
	梅坪	tɔ̃^{55}	tɕʅ^{55}	pĩ^{55}	tʰɔ̃^{55}	tsʰu^{55}	pʰĩ^{55}	fã^{55}	ĩ^{55}	tʰɔ̃^{13}	tsʰ u^{13}
	黄土矿	tɔ̃^{33}	tɕy^{33}	pĩ^{33}	tʰɔ̃^{33}	tsʰu^{33}	pʰiẼ^{33}	fã^{33}	iẼ^{33}	tʰɔ̃^{55}	tɕʰy^{55}
	唐家坊	tɔ̃^{33}	tɕy^{33}	pĩ^{33}	tʰɔ̃^{33}	tsʰu^{33}	pʰiẼ^{33}	fã^{33}	iẼ^{33}	tʰɔ̃^{13}	tsʰu^{13}
	瓦屋塘	tɔ̃^{33}	tɕy^{33}	pĩ^{33}	tʰɔ̃^{33}	tsʰu^{33}	pʰiẼ^{33}	fã^{33}	iẼ^{33}	tʰɔ̃^{13}	tsʰu^{13}

		便(宜)	烦	盐	人	文	懂	煮	扁	桶	楚
		山开三平仙帮	山合三平元奉	咸开三平盐以	臻开三平真日	臻合三平文微	通合一上董端	遇合三上语章	山开四上铣帮	通合一上董透	遇合三上语初
隆回	荷香桥	pʰĩ^{13}	fã^{13}	ĩ^{13}	ŋ^{13}	uẼ^{13}	tɔ̃^{312}	tɕy^{312}	pĩ^{45}	xɔ̃^{312}	tsʰu^{312}
	六都寨	pʰĩ^{13}	fã^{13}	ĩ^{13}	ŋ^{13}	uẼ^{13}	tɔ̃^{312}	tɕy^{312}	pĩ^{45}	xɔ̃^{312}	tsʰu^{312}
	七江	pʰĩ^{13}	fã^{13}	ĩ^{13}	ŋ^{13}	uẼ^{13}	tɔ̃^{312}	tɕy^{312}	pĩ^{45}	xɔ̃^{312}	tsʰu^{312}
	司门前	pʰĩ^{13}	fã^{13}	ĩ^{13}	iẼ/ŋ^{13}	uẼ^{13}	tɔ̃^{312}	tɕu^{312}	pĩ^{312}	xɔ̃^{312}	tsʰu^{312}
	金石桥	pʰiE^{13}	fã^{13}	iE^{13}	iẼ/ŋ^{13}	uẼ^{13}	tɔ̃^{312}	tɕy^{312}	piE^{312}	xɔ̃^{312}	tsʰu^{312}

		便~宜	烦	盐	人	文	懂	煮	扁	桶	楚
		山开三	山合三	咸开三	臻开三	臻合三	通合一	遇合三	山开四	通合一	遇合三
		平仙帮	平元奉	平盐以	平真日	平文微	上董端	上语章	上铣帮	上董透	上语初
隆回	小沙江	pʰiᴇ^{13}	fa^{13}	iᴇ^{13}	iẽ/n̩^{13}	uẽ^{13}	tɔ^{312}	tɕy^{312}	piᴇ^{312}	xɔ^{312}	tsʰu^{312}
	西洋江	pʰɿ̃^{13}	fa^{13}	ɿ̃^{13}	iẽ^{13}	uẽ^{13}	tɔ^{312}	tɕʅ^{312}	pɿ̃^{312}	xɔ^{312}	tsʰu^{312}
	横板桥	pʰɿ̃^{13}	fa^{13}	ɿ̃^{13}	ie/ñ^{13}	uẽ^{13}	tɔ^{312}	tɕʅ^{312}	pɿ̃^{312}	xɔ^{312}	tsʰu^{312}
	岩口	pʰiĩ^{13}	fa^{13}	iĩ^{13}	iɔ̃/n̩^{13}	uɔ̃^{13}	tɔ^{312}	tɕy^{312}	piĩ^{312}	xɔ^{312}	tsʰu^{312}
	罗洪	pʰiẽ^{13}	fa^{13}	iᴇ^{13}	iɔ̃/n̩^{13}	uɔ̃^{13}	tɔ^{312}	tɕy^{312}	piᴇ^{312}	xɔ^{312}	tsʰu^{312}
	高坪	pʰiẽ^{13}	fa^{13}	iᴇ^{13}	iɔ̃/n̩^{13}	uɔ̃^{13}	tɔ^{312}	tɕy^{312}	piᴇ^{312}	tʰɔ^{312}	tsʰu^{312}
洞口	石江	pʰiẽ^{13}	fa^{13}	iᴇ^{13}	iẽ^{13}	uẽ^{13}	tɔ^{312}	tɕʅ^{312}	piᴇ^{312}	tʰɔ^{312}	tsʰu^{312}
	江口	pʰiẽ^{13}	fæ^{13}	iᴇ^{13}	iẽ/n̩^{13}	uẽ^{13}	tɔ^{312}	tɕʅ^{312}	piᴇ^{312}	tʰɔ^{312}	tsʰ u^{312}
	长塘	pʰiẽ^{13}	fa^{13}	iᴇ^{13}	iẽ/n̩^{13}	uẽ^{13}	tɔ^{312}	tɕʅ^{312}	piᴇ^{312}	xɔ^{312}	tsʰu^{312}
	山门	pʰiᴇ^{13}	fa^{13}	iᴇ^{13}	iẽ^{13}	uẽ^{13}	tɔ^{312}	tɕʅ^{312}	piᴇ^{312}	xɔ^{312}	tsʰu^{312}
	高沙	pʰiᴇ^{13}	fa^{13}	iᴇ^{13}	iẽ^{13}	uẽ^{13}	tɔ^{312}	tɕʅ^{312}	piᴇ^{312}	tʰɔ^{312}	tsʰu^{312}
	花园	pʰɿ̃^{3}	xua^{13}	ɿ̃^{3}	n̩^{13}	uẽ^{13}	tɔ^{312}	tɕʅ^{312}	pɿ̃^{312}	tʰɔ^{312}	tsʰu^{312}
绥宁	金屋塘	pʰɿ̃^{13}	fa^{13}	ɿ̃^{13}	n̩^{13}	uẽ^{13}	tɔ^{312}	tɕʅ^{312}	pɿ̃^{312}	tʰɔ^{312}	tsʰ u^{312}
	梅坪	pʰɿ̃^{13}	fa^{13}	ɿ̃^{13}	n̩^{13}	uẽ^{13}	tɔ^{312}	tɕʅ^{312}	pɿ̃^{312}	tʰɔ^{312}	tsʰ u^{312}
	黄土矿	pʰiᴇ^{55}	fa^{55}	iᴇ^{55}	n̩^{55}	uẽ^{55}	tɔ^{312}	tɕy^{312}	piᴇ^{312}	tʰɔ^{312}	tɕʰy^{312}
	唐家坊	pʰiᴇ^{13}	fa^{13}	iᴇ^{3}	n̩^{13}	uẽ^{13}	tɔ^{312}	tɕy^{312}	piᴇ^{312}	tʰɔ^{312}	tsʰu^{312}
	瓦屋塘	pʰiᴇ^{13}	fa^{13}	iᴇ^{3}	n̩^{13}	uẽ^{13}	tɔ^{312}	tɕy^{312}	piᴇ^{312}	tʰɔ^{312}	tsʰu^{312}

		反	掩	动	柱	辨	范	演	忍	稳
		山合三	咸开三	通合一	遇合三	山开三	咸合三	山开三	臻开三	臻合一
		上阮非	上琰影	上董定	上麌澄	上狝并	上范奉	上狝以	上轸日	上混影
隆回	荷香桥	fã^{312}	ɿ̃^{312}	xɔ^{55}	tɕʰy^{312}	pʰɿ̃^{55}	fa^{55}	ɿ̃^{312}	iẽ^{312}	uẽ^{312}
	六都寨	fã^{312}	ɿ̃^{312}	xɔ^{55}	tɕʰy^{312}	pʰɿ̃^{55}	fa^{55}	ɿ̃^{312}	iẽ^{312}	uẽ^{312}
	七江	fã^{312}	ɿ̃^{312}	xɔ^{312}	tɕʰy^{312}	pʰɿ̃^{55}	fa^{55}	ɿ̃^{312}	iẽ^{312}	uẽ^{312}
	司门前	fã^{312}	ɿ̃^{312}	xɔ^{55}	tɕʰu^{312}	pʰɿ̃^{55}	fa^{55}	ɿ̃^{312}	iẽ^{312}	uẽ^{312}
	金石桥	fa^{312}	iᴇ^{312}	xɔ^{55}	tɕʰy^{312}	pʰiᴇ^{55}	fa^{55}	iᴇ^{312}	iẽ^{312}	uẽ^{312}
	小沙江	fa^{312}	iᴇ^{312}	tʰɔ^{55}	tɕʰy^{312}	pʰiᴇ^{55}	fa^{55}	iᴇ^{312}	iẽ^{312}	uẽ^{312}
	西洋江	fã^{312}	ɿ̃^{312}	xɔ^{45}	tɕʰʅ^{312}	pʰɿ̃^{55}	fa^{45}	ɿ̃^{312}	iẽ^{312}	uẽ^{312}
	横板桥	fã^{312}	ɿ̃^{312}	xɔ^{312}	tɕʰʅ^{312}	pʰɿ̃^{55}	fa^{45}	ɿ̃^{312}	iẽ^{312}	uẽ^{312}
	岩口	fã^{312}	iĩ^{312}	xɔ^{312}	ɕy^{33}	pʰiĩ^{55}	fa^{55}	iĩ^{312}	iĩ^{312}	uɔ^{312}

续表

		反	掩	动	柱	辨	范	演	忍	稳
		山合三上阮非	咸开三上琰影	通合一上董定	遇合三上麌澄	山开三上狝並	咸合三上范奉	山开三上狝以	臻开三上臻日	臻合一上混影
隆回	罗洪	fã³¹²	iɛ³¹²	xə⁵⁵	tɕʰy³¹²	pʰiɛ⁵⁵	fã⁵⁵	iɛ³¹²	iə³¹²	uə³¹²
	高坪	fã³¹²	iɛ³¹²	tʰə³¹²	ɕy³¹²	pʰiɛ⁵⁵	fã⁵⁵	iɛ³¹²	iɛ³¹²	uə³¹²
洞口	石江	fã³¹²	iɛ³¹²	xə²⁴	tɕʰɿ³¹²	pʰiɛ⁵⁵	fã²⁴	iɛ³¹²	iɛ³¹²	uɛ³¹²
	江口	fæ³¹²	iɛ³¹²	tʰə³¹²	tɕʰɿ³¹²	pʰiɛ⁵⁵	fæ²⁴	iɛ³¹²	iɛ³¹²	uɛ³¹²
	长塘	fã³¹²	iɛ³¹²	xə²⁴	tɕʰɿ³¹²	pʰiɛ⁵⁵	fã²⁴	iɛ³¹²	iɛ³¹²	uɛ³¹²
	山门	fã³¹²	iɛ³¹²	xə³¹²	tɕʰɿ³¹²	pʰiɛ⁵⁵	fã⁴⁵	iɛ³¹²	iɛ³¹²	uɛ³¹²
	高沙	fã³¹²	iɛ³¹²	xə²⁴	tɕʰɿ³¹²	pʰiɛ⁵⁵	fã²⁴	iɛ³¹²	ĩ³¹²	uɛ³¹²
	花园	xuã³¹²	ĩ³¹²	tʰə³⁵	tɕʰɿ³¹²	pʰĩ⁵⁵	xuã³⁵	ĩ³¹²	ĩ³¹²	uɛ³¹²
绥宁	金屋塘	fã³¹²	ĩ³¹²	tʰə³¹²	tɕʰɿ³¹²	pʰĩ⁵⁵	fã²⁴	ĩ³¹²	iɛ³¹²	uɛ³¹²
	梅坪	fã³¹²	ĩ³¹²	tʰə³¹²	tɕʰɿ³¹²	pʰĩ⁵⁵	fã²⁴	ĩ³¹²	iɛ³¹²	uɛ³¹²
	黄土矿	fã³¹²	iɛ³¹²	tʰə³³	tɕʰy³¹²	pʰiɛ³⁵	fã³³	iɛ³¹²	ĩ³¹²	uɛ³¹²
	唐家坊	fã³¹²	iɛ³¹²	tʰə³³	tɕʰy³¹²	pʰiɛ³⁵	fã³³	iɛ³¹²	ĩ³¹²	uɛ³¹²
	瓦屋塘	fã³¹²	iɛ³¹²	tʰə³³	tɕʰy³¹²	pʰiɛ³⁵	fã³³	iɛ³¹²	ĩ³¹²	uɛ³¹²

		冻	注	变	痛	醋	片	贩	燕	洞	住
		通合一去送端	遇合三去遇章	山开三去线帮	通合一去送透	遇合一去暮清	山开四去霰滂	山合三去愿非	山开四去霰影	通合一去送定	遇合三去遇澄
隆回	荷香桥	tə⁴⁵	tɕɿ⁴⁵	pĩ⁴⁵	xə⁵⁵	tsʰu⁵⁵	pʰĩ⁵⁵	fã⁵⁵	ĩ⁵⁵	xə⁵⁵	tɕʰy⁵⁵
	六都寨	tə⁵⁵	tɕɿ⁵⁵	pĩ⁵⁵	xə⁵⁵	tsʰu⁵⁵	pʰĩ⁵⁵	fɑ̃⁵⁵	ĩ⁵⁵	xə⁵⁵	tɕʰy⁵⁵
	七江	tə⁵⁵	tɕy⁵⁵	pĩ⁵⁵	xə⁵⁵	tsʰu⁵⁵	pʰĩ⁵⁵	fɑ̃⁵⁵	ĩ⁵⁵	xə⁵⁵	tɕʰy⁵⁵
	司门前	tə⁵⁵	tɕu⁵⁵	pĩ⁵⁵	xə⁵⁵	tsʰu⁵⁵	pʰĩ⁵⁵	fã⁵⁵	ĩ⁵⁵	xə⁵⁵	tɕʰu⁵⁵
	金石桥	tə⁵⁵	tɕy⁵⁵	piɛ⁵⁵	xə⁵⁵	tsʰu⁵⁵	pʰiɛ⁵⁵	fã⁵⁵	iɛ⁵⁵	xə⁵⁵	tɕʰy⁵⁵
	小沙江	tə⁵⁵	tɕy⁵⁵	piɛ⁵⁵	xə⁵⁵	tsʰu⁵⁵	pʰiɛ⁵⁵	fã⁵⁵	iɛ⁵⁵	tʰə⁵⁵	tɕʰy⁵⁵
	西洋江	tə⁴⁵	tɕɿ⁴⁵	pĩ⁴⁵	xə⁴⁵	tsʰu⁴⁵	pʰĩ⁴⁵	fã⁴⁵	ĩ⁴⁵	xə⁵⁵	tɕɿ⁴⁵
	横板桥	tə⁴⁵	tɕɿ⁴⁵	pĩ⁴⁵	xə⁴⁵	tsʰu⁴⁵	pʰĩ⁴⁵	fã⁴⁵	ĩ⁴⁵	xə⁵⁵	tɕɿ⁴⁵
	岩口	tə⁵⁵	tɕy⁵⁵	piĩ⁵⁵	xə⁵⁵	tsʰu⁵⁵	pʰiĩ⁵⁵	fã⁵⁵	iĩ⁵⁵	xə⁵⁵	tɕy⁵⁵
	罗洪	tə⁵⁵	tɕy⁵⁵	piɛ⁵⁵	xə⁵⁵	tsʰu⁵⁵	pʰiɛ⁵⁵	fã⁵⁵	iɛ⁵⁵	xə⁵⁵	tɕʰy⁵⁵
	高坪	tə⁵⁵	tɕy⁵⁵	piɛ⁵⁵	tʰə⁵⁵	tsʰu⁵⁵	pʰiɛ⁵⁵	fã⁵⁵	iɛ⁵⁵	tʰə⁵⁵	tɕʰy⁵⁵
洞口	石江	tə²⁴	tɕɿ²⁴	piɛ²⁴	xə²⁴	tsʰu²⁴	pʰiɛ²⁴	fã²⁴	iɛ²⁴	xə⁵⁵	tɕʰy⁴⁵/⁵⁵
	江口	tə²⁴	tɕɿ²⁴	piɛ²⁴	tʰə²⁴	tsʰu²⁴	pʰiɛ²⁴	fæ²⁴	iɛ²⁴	tʰə⁵⁵	tɕɿ⁵⁵

		冻	注	变	痛	醋	片	贩	燕	洞	住
		通合一去送端	遇合三去遇章	山开三去线帮	通合一去送透	遇合一去暮清	山开四去霰清	山合三去愿非	山开四去霰影	通合一去送定	遇合三去遇澄
洞口	长塘	tɔ²⁴	tɕʅ²⁴	piɛ²⁴	xɔ²⁴	tsʰu²⁴	pʰiɛ²⁴	fa²⁴	iɛ²⁴	xɔ⁵⁵	tɕʅ⁵⁵
	山门	tɔ⁴⁵	tɕʅ⁴⁵	pĩ⁴⁵	xɔ⁴⁵	tsʰu⁴⁵	ɸiɛ⁴⁵	fa⁴⁵	iɛ⁴⁵	xɔ⁵⁵	tɕʅ⁴⁵
	高沙	tɔ²⁴	tɕʅ²⁴	piɛ²⁴	tʰɔ²⁴	tsʰu²⁴	pʰiɛ²⁴	fa²⁴	iɛ²⁴	tɔ⁵⁵	tɕʅ⁴⁵/⁵⁵
	花园	tɔ³⁵	tɕʅ³⁵	piɛ³⁵	tʰɔ³⁵	tsʰu³⁵	pʰĩ³⁵	xuã³⁵	ĩ³⁵	tʰɔ⁵⁵	tɕʅ³⁵
绥宁	金屋塘	tɔ²⁴	tɕʅ²⁴	pĩ²⁴	tʰɔ²⁴	tsʰʅ²⁴	pʰĩ²⁴	fa²⁴	ĩ²⁴	tʰɔ̃⁵⁵	tɕʅ⁵⁵
	梅坪	tɔ²⁴	tɕʅ²⁴	pĩ²⁴	tʰɔ²⁴	tsʰʅ²⁴	pʰĩ²⁴	fa²⁴	ĩ²⁴	tʰɔ̃⁵⁵	tɕʅ⁵⁵
	黄土矿	tɔ³⁵	tɕy³⁵	piɛ³⁵	tʰɔ³⁵	tsʰu³⁵	pʰie³⁵	fa³⁵	iɛ³⁵	tʰɔ³³	tɕy³⁵
	唐家坊	tɔ³⁵	tɕy³⁵	piɛ³⁵	tʰɔ³⁵	tsʰu³⁵	pʰie³⁵	fa³⁵	iɛ³⁵	tʰɔ³³	tɕy³⁵
	瓦屋塘	tɔ³⁵	tɕy³⁵	piɛ³⁵	tʰɔ³⁵	tsʰu³⁵	pʰie³⁵	fa³⁵	iɛ³⁵	tʰɔ³³	tɕy³⁵

		便	饭	艳	认	问	剥	桌	角	泼	戳
		山开三去线并	山合三去愿奉	咸开三去艳以	臻开三去震日	臻合三去问微	江开二入觉帮	江开二入觉知	江开二入觉见	山合一入末滂	江开二入觉彻
隆回	荷香桥	pʰĩ⁵⁵	fã⁵⁵	ĩ⁵⁵	iẽ⁵⁵	uẽ⁵⁵	po¹³	tso³³	ko³³/tɕiu⁴⁵	pʰo³³	tsʰo⁴⁵
	六都寨	pʰĩ⁵⁵	fã⁵⁵	ĩ⁵⁵	iẽ⁵⁵	uẽ⁵⁵	po³³	tso³³	ko³³/tɕiu⁴⁵	pʰo³³	tsʰo³³
	七江	pʰĩ⁵⁵	fã⁵⁵	ĩ⁵⁵	iẽ⁵⁵	uẽ⁵⁵	po³³	tso³³	ko³³/tɕiu⁴⁵	pʰo³³	tsʰo³³
	司门前	pʰĩ⁵⁵	fã⁵⁵	ĩ⁵⁵	iẽ⁵⁵	uẽ⁵⁵	po³³	tso³³	ko³³/⁴⁵	po⁴⁵	tsʰo³³
	金石桥	pʰiɛ⁵⁵	f⁶⁵	iɛ⁵⁵	iẽ⁵⁵	uẽ⁵⁵	po⁴⁵	tso⁴⁵	ko⁴⁵	pʰo⁴⁵	tsʰo³³
	小沙江	pʰiɛ⁵⁵	f⁶⁵	iɛ⁵⁵	iẽ⁵⁵	uẽ⁵⁵	po³³	tso³³	ko³³	po³³	tsʰo³³
	西洋江	pʰĩ⁵⁵	fã⁵⁵	ĩ⁴⁵	iẽ⁴⁵	uẽ⁵⁵	po⁵⁵	tso⁵⁵	ko/tɕiu⁵⁵	po⁵⁵	tsʰo⁴⁵
	横板桥	pʰĩ⁵⁵	fã⁵⁵	ĩ⁵⁵	iẽ⁵⁵	uẽ⁵⁵	po³³	tso³³	ko/tɕiu⁵⁵	po⁵⁵	tsʰo⁴⁵
	岩口	pʰiĩ⁵⁵	fã⁵⁵	iĩ⁵⁵	iɔ⁵⁵	uɔ⁵⁵	po³³	tso³³	ko³³/tɕiu⁵⁵	pʰo³³	tsʰo³³
	罗洪	pʰiẽ⁵⁵	fã⁵⁵	iẽ⁵⁵	iɔ⁵⁵	uɔ⁵⁵	po³³	tso³³	ko³³/tɕiu⁴⁵	pʰo³³	tsʰo³³
	高坪	pʰiẽ⁵⁵	fã⁵⁵	iẽ⁵⁵	iɔ⁵⁵	uɔ⁵⁵	po³³	tso³³	ko³³/tɕiu⁴⁵	pʰo³³	tsʰo³³
洞口	石江	pʰiɛ̃⁵⁵	fã⁵⁵	iɛ̃⁵⁵	iẽ⁵⁵	uẽ⁵⁵	po⁵⁵	tso⁵⁵	ko/tɕiu⁵⁵	po⁵⁵	tsʰo⁵⁵
	江口	pʰiɛ̃⁵⁵	fæ̃⁵⁵	iɛ̃⁵⁵	iẽ⁵⁵	uẽ⁵⁵	po⁵⁵	tso⁵⁵	ko/tɕiu⁵⁵	po⁵⁵	tsʰo⁵⁵
	长塘	pʰiɛ̃⁵⁵	fã⁵⁵	iɛ̃⁵⁵	iẽ⁵⁵	uẽ⁵⁵	po⁵⁵	tso⁵⁵	ko/tɕiu⁵⁵	po⁵⁵	tsʰo⁵⁵
	山门	pʰiɛ̃⁵⁵	fã⁵⁵	iɛ̃⁵⁵	iẽ⁵⁵	uẽ⁵⁵	po⁵⁵	tso⁵⁵	ko/tɕiu⁵⁵	po⁵⁵	tsʰo⁵⁵
	高沙	piɛ̃²⁴	fã²⁴	iɛ̃⁵⁵	ĩ⁵⁵	uẽ⁵⁵	po⁵⁵	tso⁵⁵	ko/tɕiu⁵⁵	pʰo⁵⁵	tsʰo⁵⁵
	花园	pʰĩ⁵⁵	xuã⁵⁵	ĩ⁵⁵	ĩ⁵⁵	uẽ⁵⁵	po⁵⁵	tso⁵⁵	ko/tɕiu⁵⁵	xo⁵⁵	tsʰo³⁵

续表

		便	饭	艳	认	问	剥	桌	角	泼	戳
		山开三去线并	山合三去愿奉	咸开三去艳以	臻开三去震日	臻合三去问微	江开二入觉帮	江开二入觉知	江开二入觉见	山合一入末滂	江开二入觉彻
绥宁	金屋塘	pʰĩ⁵⁵	fã⁵⁵	ĩ⁵⁵	iẽ⁵⁵	uẽ⁵⁵	po⁵⁵	tso⁵⁵	ko⁵⁵	po⁵⁵	tsʰo⁵⁵
	梅坪	pʰĩ⁵⁵	fã⁵⁵	ĩ⁵⁵	iẽ⁵⁵	uẽ⁵⁵	po⁵⁵	tso⁵⁵	ko⁵⁵	po⁵⁵	tsʰo⁵⁵
	黄土矿	pʰiẽ³³	fã³³	iẽ³³	ĩ³³	uẽ³³	po³³	tso³³	tɕo/ko³³	pʰo³³	tsʰo⁵⁵
	唐家坊	pʰiẽ³³	fã³³	iẽ³³	ĩ³³	uẽ³³	po³³	tso³³	ko³³	pʰo³³	tɕʰe³³
	瓦屋塘	pʰiẽ³³	fã³³	iẽ³³	ĩ³³	uẽ³³	po³³	tso³³	ko³³	pʰo³³	tɕʰe³³

		确	哭	熄	恶	薄	浊	族	墨	席	药
		江开二入觉溪	通合一入屋溪	曾开三入职心	宕开一入铎影	宕开一入铎帮	江开二入觉澄	通合一入屋从	曾开一入德明	梗开三入昔邪	宕开三入药以
隆回	荷香桥	kʰo¹³	kʰu³³	si³³	o³³	pʰo⁴⁵	tsʰo⁴⁵	tsʰu⁴⁵	me⁴⁵	si⁴⁵	iu⁴⁵
	六都寨	tɕʰio¹³	kʰu³³	si³³	o³³	pʰo⁵⁵	tsʰo⁵⁵	tsʰu⁵⁵	mẽ⁵⁵	si¹³	iu⁵⁵
	七江	xo¹³	kʰu³³	si³³	o⁴⁵	pʰo⁵⁵	tsʰo⁵⁵	tsʰu⁵⁵	miã⁵⁵	si⁵⁵	iu⁵⁵
	司门前	kʰo⁴⁵	kʰu³³	si³³	o⁴⁵	pʰo⁵⁵	tsʰo⁵⁵	tsʰu⁵⁵	miẽ⁵⁵	si⁴⁵	iu⁵⁵
	金石桥	kʰo⁴⁵	kʰu³³	si³³	o⁴⁵	pʰo⁵⁵	tsʰo⁴⁵	tsʰu⁴⁵	mẽ⁵⁵	si⁴⁵	iu⁴⁵
	小沙江	kʰo⁴⁵	kʰu³³	si¹³	o¹³	pʰo⁵⁵	tsʰo¹³	tsʰu¹³	mɛ⁵⁵	si¹³	iu⁵⁵
	西洋江	kʰo⁴⁵	kʰu⁵⁵	si⁵⁵	o⁵⁵	po⁴⁵	tsʰo⁴⁵	tsʰu⁴⁵	me⁴⁵	si⁴⁵	iu⁴⁵
	横板桥	kʰo⁴⁵/tɕʰo¹³	kʰu⁵⁵	si⁵⁵	o⁵⁵	pʰɐ⁴⁵	tsʰo⁵⁵	tsʰu⁵⁵	me⁴⁵	si⁴⁵	iu⁴⁵
	岩口	tɕʰo⁴⁵	kʰu³³	si³³	o⁴⁵	pʰo⁵⁵	tsʰo⁵⁵	tsʰu¹³	me¹³	si¹³	iu⁵⁵
	罗洪	kʰo³³	xu³³	ɕi³³	o³³	pʰo⁵⁵	tsʰo⁴⁵	tsʰu⁴⁵	me⁵⁵	ɕi⁴⁵	iu⁵⁵
	高坪	tɕʰo¹³	kʰu³³	ɕi³³	o³³	pʰo⁵⁵	tsʰo¹³	tsʰu¹³	me¹³	ɕi¹³	iu⁵⁵
洞口	石江	kʰo⁵⁵	xu⁵⁵	ɕi⁵⁵	o⁵⁵	pʰo²⁴	tsʰo²⁴	tsʰu²⁴	mie²⁴	ɕi²⁴	iu²⁴
	江口	kʰo²⁴	xu⁵⁵	ɕi⁵⁵	o⁵⁵	pʰa²⁴	tsʰo²⁴	tsʰu²⁴	mie²⁴	ɕi²⁴	iu²⁴
	长塘	kʰo²⁴	xu⁵⁵	si⁵⁵	o⁵⁵	pʰa²⁴	tsʰo²⁴	tsʰu²⁴	mie²⁴	ɕi²⁴	iu²⁴
	山门	kʰo⁴⁵	kʰu⁵⁵	si⁵⁵	o⁵⁵	ɸɐ⁴⁵	tsʰo⁴⁵	tsʰu⁴⁵	me⁴⁵	si⁴⁵	iu⁴⁵
	高沙	tɕʰo/kʰo²⁴	kʰu⁵⁵	ɕi⁵⁵	o⁵⁵	po/pʰɐ⁵⁵	tsʰo²⁴	tsʰu²⁴	me²⁴	ɕi²⁴	iu²⁴
	花园	tɕʰo³⁵	kʰu³³	si³⁵	o⁵⁵	pʰo³⁵	tsʰo³⁵	tsʰu³⁵	me³³	si³³	iu³³
绥宁	金屋塘	kʰo²⁴	xu⁵⁵	si⁵⁵	o⁵⁵	pʰɐ⁵⁵	tsʰo⁵⁵	tsʰu⁵⁵	miʌ²⁴	si²⁴	io²⁴
	梅坪	kʰo²⁴	xu⁵⁵	si⁵⁵	o⁵⁵	pʰɐ⁵⁵	tsʰo⁵⁵	tsʰu⁵⁵	miʌ²⁴	si²⁴	io²⁴
	黄土矿	tɕʰo³³	kʰu³³	ɕi³³	o³³	pʰɐ³³	tsʰo⁵⁵	tsʰu³³	me⁵⁵	ɕi⁵⁵	iu⁵⁵
	唐家坊	tɕʰo³⁵	kʰu³³	si³³	o⁵⁵	pʰo³⁵	tsʰo³⁵	tsʰu³³	me³⁵	si³⁵	iu³⁵
	瓦屋塘	tɕʰo³⁵	kʰu³³	si³³	o⁵⁵	pʰo³⁵	tsʰo³⁵	tsʰu³³	me³⁵	si³⁵	iu³⁵

第三章

洞绥片赣方言单字音表

下文将所调查的洞绥片 22 个代表点共计 2068 字读音列表如 3-1 所示。依次以所在县域为别，分别为隆回县 11 个代表点，洞口县 6 个代表点，绥宁县 5 个代表点。有文白两读的以"/"表示，左为文读音，右为白读音。各代表字调值标注于右上角。

洞绥片赣方言各代表点单字音比较见表 3-1。

表 3-1 洞绥片赣方言各代表点单字音比较

		多	拖	驼	舵	大	哪	那	笋	左	搓
		果开一	果开一	果开一	果开一	果开一	果开一	果开一	果开一	果开一	果开一
		平歌端	平歌透	平歌定	上哿定	去箇定	上哿泥	去箇泥	平歌来	上哿精	平歌清
隆回	荷香桥	to^{33}	xo^{33}	$xo13$	xo^{55}	xa^{55}	lA^{312}	lA^{55}	lo^{13}	tso^{312}	$tsʰo^{33}$
	六都寨	to^{33}	xo^{33}	xo^{13}	xo^{55}	xa^{55}	$lã^{312}$	lA^{45}	lo^{13}	tso^{312}	$tsʰo^{33}$
	七江	to^{33}	xo^{33}	xo^{13}	xo^{55}	xa^{55}	$lã^{312}$	lA^{45}	lo^{13}	tso^{312}	$tsʰo^{33}$
	司门前	to^{33}	xo^{33}	xo^{13}	xo^{13}	xa^{55}	lA^{312}	lA^{55}	lo^{13}	tso^{312}	$tsʰo^{33}$
	金石桥	to^{33}	xo^{33}	xo^{13}	xo^{13}	xa^{55}	lA^{312}	lA^{55}	lo^{13}	tso^{312}	$tsʰo^{33}$
	小沙江	to^{33}	$tʰo^{33}$	$tʰo^{13}$	$tʰo^{13}$	$tʰa^{55}$	lA^{312}	lA^{55}	lo^{45}	tso^{312}	$tsʰo^{33}$
	西洋江	to^{55}	xo^{55}	xo^{13}	xo^{45}	xa^{55}	lA^{312}	lA^{45}	lo^{13}	tso^{312}	$tsʰA^{55}$
	横板桥	to^{55}	xo^{55}	xo^{13}	xo^{55}	xa^{55}	lA^{312}	lA^{45}	lo^{13}	tso^{312}	$tsʰo^{55}$
	岩口	to^{33}	xo^{33}	xo^{13}	to^{55}	xa^{55}	lA^{312}	lA^{45}	lo^{13}	tso^{312}	$tsʰo^{33}$
	罗洪	to^{33}	xo^{33}	xo^{13}	xo^{312}	xa^{55}	lA^{312}	lA^{45}	lo^{13}	tso^{312}	$tsʰo^{33}$
	高坪	to^{33}	$tʰo^{33}$	$tʰo^{13}$	$tʰo^{312}$	$tʰa^{55}$	lA^{312}	lA^{55}	lo^{13}	tso^{312}	$tsʰo^{33}$
洞口	石江	to^{55}	xo^{55}	xo^{13}	xo^{55}	xa^{55}	lA^{312}	lA^{55}	lo^{13}	tso^{312}	$tsʰo^{55}$
	江口	to^{55}	$tʰo^{55}$	$tʰo^{13}$	$tʰo^{55}$	xa^{55}	lA^{312}	lA^{55}	lo^{13}	tso^{24}	$tsʰo^{55}$

续表

		多	拖	驼	舵	大	哪	那	箩	左	搓
		果开一平歌端	果开一平歌透	果开一平歌定	果开一上哿定	果开一去箇定	果开一上哿泥	果开一去箇泥	果开一平歌来	果开一上哿精	果开一平歌清
洞口	长塘	to^{55}	xo^{55}	xo^{13}	xo^{55}	xa^{55}	lA^{312}	lA^{55}	lo^{13}	tso^{24}	ts^ho^{55}
	山门	to^{55}	xo^{55}	xo^{13}	xo^{45}	xa^{55}	lA^{312}	lA^{45}	lo^{13}	tso^{45}	ts^ho^{55}
	高沙	to^{55}	t^ho^{55}	t^ho^{13}	t^ho^{24}	t^ha^{24}	lA^{312}	lA^{35}	lo^{13}	tso^{312}	ts^ho^{55}
	花园	to^{55}	t^ho^{55}	t^ho^{13}	t^ho^{35}	xa^{55}	lA^{312}	lA^{35}	lo^{13}	tso^{312}	ts^ho^{55}
绥宁	金屋塘	to^{55}	t^ho^{55}	t^ho^{13}	t^ho^{55}	xa^{55}	lA^{312}	lA^{55}	lo^{13}	tso^{24}	ts^ho^{55}
	梅坪	to^{55}	t^ho^{55}	t^ho^{13}	t^ho^{55}	xa^{55}	lA^{312}	lA^{55}	lo^{13}	tso^{24}	ts^ho^{55}
	黄土矿	to^{33}	t^ho^{33}	t^ho^{55}	t^ho^{55}	t^ha^{33}	la^{312}	la^{33}	lo^{55}	tso^{312}	ts^ho^{33}
	唐家坊	to^{33}	t^ho^{33}	t^ho^{13}	t^ho^{55}	xa^{55}	lA^{312}	lA^{55}	lo^{13}	tso^{31}	ts^ho^{33}
	瓦屋塘	to^{33}	t^ho^{33}	t^ho^{13}	t^ho^{13}	xa^{33}	lA^{312}	lA^{33}	lo^{13}	tso^{35}	ts^ho^{33}

		歌	个	可	鹅	我	饿	荷	河	贺	阿
		果开一平歌见	果开一去箇见	果开一上哿溪	果开一平歌疑	果开一上哿疑	果开一去箇疑	果开一去箇匣	果开一平歌匣	果开一去箇匣	果开一平歌影
隆回	荷香桥	ko^{33}	ko^{45}	k^ho^{312}	o^{13}	o^{312}	o^{55}	xo^{13}	xo^{13}	xo^{55}	o^{33}
	六都寨	ko^{33}	ke^{55}	k^ho^{312}	o^{13}	$ũ^{312}$	o^{55}	xo^{13}	xo^{13}	xo^{55}	o^{33}
	七江	ko^{33}	ko^{55}	xo^{312}	o^{13}	$õ^{312}$	o^{55}	xo^{13}	xo^{13}	xo^{55}	o^{33}
	司门前	ko^{33}	ke^{55}	k^ho^{312}	o^{13}	o^{312}	o^{55}	xo^{13}	xo^{13}	xo^{55}	o^{33}
	金石桥	ko^{33}	ke^{55}	k^ho^{312}	o^{13}	o^{45}	o^{55}	xo^{13}	xo^{13}	xo^{55}	o^{33}
	小沙江	ko^{33}	ko^{55}	xo^{312}	o^{13}	o^{45}	o^{55}	xo^{13}	xo^{13}	xo^{55}	o^{33}
	西洋江	ko^{55}	ko^{45}	k^ho^{312}	o^{13}	o^{312}	o^{55}	xo^{13}	xo^{13}	xo^{55}	o^{55}
	横板桥	ko^{55}	ko^{45}	k^ho^{312}	o^{13}	o^{312}	o^{55}	xo^{13}	xo^{13}	xo^{55}	o^{55}
	岩口	ko^{33}	ko^{55}	k^ho^{312}	o^{13}	$ũ^{33}$	o^{55}	xo^{13}	xo^{13}	xo^{55}	o^{33}
	罗洪	ko^{33}	ko^{45}	xo^{312}	o^{13}	o^{312}	o^{55}	xo^{13}	xo^{13}	xo^{55}	o^{33}
	高坪	ko^{33}	ko^{55}	xo^{312}	o^{13}	o^{312}	o^{55}	xo^{13}	xo^{13}	xo^{55}	A^{33}
洞口	石江	ko^{55}	ko^{24}	k^ho^{312}	o^{13}	o^{312}	o^{55}	xo^{13}	xo^{13}	xo^{55}	o^{55}
	江口	ko^{55}	ko^{24}	k^ho^{312}	o^{13}	o^{312}	o^{55}	xo^{13}	xo^{13}	xo^{55}	o^{55}
	长塘	ko^{55}	ko^{24}	k^ho^{312}	o^{13}	o^{312}	o^{55}	xo^{13}	xo^{13}	xo^{55}	o^{55}
	山门	ko^{55}	ke^{45}	k^ho^{312}	o^{13}	o^{312}	o^{55}	xo^{13}	xo^{13}	xo^{55}	o^{55}
	高沙	ko^{55}	ko^{24}	k^ho^{312}	ko^{13}	ko^{312}	ko^{55}	xo^{13}	xo^{13}	xo^{55}	o^{55}
	花园	ko^{55}	ke^{35}	k^ho^{312}	ko^{13}	ko^{312}	ko^{55}	xo^{13}	xo^{13}	xo^{24}	o^{55}

续表

		歌	个	可	鹅	我	饿	荷	河	贺	阿
		果开一	果开一	果开一	果开一	果开一	果开一	果开一	果开一	果开一	果开一
		平歌见	去箇见	上哿溪	平歌疑	上哿疑	去箇疑	平歌匣	平歌匣	去箇匣	平歌影
绥宁	金屋塘	ko⁵⁵	ko²⁴	kʰo³¹²	ŋo¹³	ŋo³¹²	ŋo⁵⁵	xo¹³	xo¹³	xo⁵⁵	ʌ⁵⁵
	梅坪	ko⁵⁵	ko²⁴	kʰo³¹²	ŋo¹³	ŋo³¹²	ŋo⁵⁵	xo¹³	xo¹³	xo⁵⁵	ʌ⁵⁵
	黄土矿	ko³³	ko³⁵	kʰo³¹²	ŋo⁵⁵	ŋo³¹²	ŋo³³	xo³⁵	xo⁵⁵	xo³³	ʌ/o³³
	唐家坊	ko³³	ko⁵⁵	kʰo³¹²	ŋo¹³	ŋo³¹²	ŋo⁵⁵	xo¹³	xo¹³	xo⁵⁵	o³³
	瓦屋塘	ko³³	ko³⁵	kʰo³¹²	ŋo¹³	ŋo³¹²	ŋo³³	xo³⁵	xo³⁵	xo³³	o³³

		菠	跛	簸	坡	破	婆	薄	磨动	磨名	朵
		果合一	果合一	果合一	果合一	果合一	果合一	果合一	果合一	果合一	果合一
		平戈帮	上果帮	去过帮	平戈滂	去过滂	平戈并	去过并	平戈明	去过明	上果端
隆回	荷香桥	po³³	pa³³	pʰu⁴⁵	pʰo³³	pʰo⁵⁵	pʰo¹³	pʰo⁵⁵	mo¹³	mo⁵⁵	to³¹²
	六都寨	po³³	pa³³	pʰo⁵⁵	pʰo³³	pʰo⁵⁵	pʰo¹³	pʰo⁵⁵	mo¹³	mo⁵⁵	to³¹²
	七江	po³³	pa³³	po⁵⁵	pʰo³³	pʰo⁵⁵	pʰo¹³	pʰo⁵⁵	mo¹³	mo⁵⁵	to³¹²
	司门前	po³³	pa³³	po⁵⁵	pʰo³³	pʰo⁵⁵	pʰo¹³	pʰo⁵⁵	mo¹³	mo⁵⁵	to³¹²
	金石桥	po³³	pa³³	po⁵⁵	pʰo³³	pʰo⁵⁵	pʰo¹³	pʰo⁵⁵	mo¹³	mo⁵⁵	to³¹²
	小沙江	po³³	pa³³	po⁵⁵	pʰo³³	pʰo⁵⁵	pʰo¹³	pʰo⁵⁵	mo¹³	mo⁵⁵	to³¹²
	西洋江	po⁵⁵	pa⁵⁵	po⁴⁵	pʰo⁵⁵	pʰo⁴⁵	pʰo¹³	pʰo⁴⁵	mo¹³	mo⁵⁵	to³¹²
	横板桥	po⁵⁵	pa⁵⁵	po⁴⁵	pʰo⁵⁵	pʰo⁴⁵	pʰo¹³	pʰo⁴⁵	mo¹³	mo⁵⁵	to³¹²
	岩口	po³³	pa³³	pʰo⁵⁵	pʰo³³	pʰo⁵⁵	pʰo¹³	pʰo⁵⁵	mo¹³	mo⁵⁵	to³¹²
	罗洪	po³³	pa³³	pʰo⁴⁵	pʰo³³	pʰo⁵⁵	pʰo¹³	pʰo⁵⁵	mo¹³	mo⁵⁵	to³¹²
	高坪	po³³	pa³³	pʰo⁵⁵	pʰo³³	pʰo⁵⁵	pʰo¹³	pʰo⁵⁵	mo¹³	mo⁵⁵	to³¹²
洞口	石江	po⁵⁵	pa⁵⁵	po²⁴	pʰo⁵⁵	pʰo²⁴	pʰo¹³	pʰo⁵⁵	mo¹³	mo⁵⁵	to³¹²
	江口	po⁵⁵	pa⁵⁵	po²⁴	pʰo⁵⁵	pʰo²⁴	pʰo¹³	pʰo⁵⁵	mo¹³	mo⁵⁵	to³¹²
	长塘	po⁵⁵	pa⁵⁵	po²⁴	pʰo⁵⁵	pʰo²⁴	pʰo¹³	pʰo⁵⁵	mo¹³	mo⁵⁵	to³¹²
	山门	po⁵⁵	la⁵⁵	po⁴⁵	ɸo⁵⁵	ɸo⁴⁵	ɸo¹³	ɸɐ⁴⁵	mo¹³	mo⁵⁵	to³¹²
	高沙	po⁵⁵	po³¹²	po²⁴	pʰo⁵⁵	pʰo²⁴	pʰo¹³	pʰo²⁴	mo¹³	mo⁵⁵	to³¹²
	花园	po⁵⁵	pa⁵⁵	po³⁵	pʰo⁵⁵	pʰo³⁵	pʰo¹³	pʰo³⁵	mo¹³	mo⁵⁵	to³¹²
绥宁	金屋塘	po⁵⁵	pa⁵⁵	po²⁴	pʰo⁵⁵	pʰo²⁴	pʰo¹³	pʰɐ⁵⁵	mo¹³	mo⁵⁵	to³¹²
	梅坪	po⁵⁵	pa⁵⁵	po²⁴	pʰo⁵⁵	pʰo²⁴	pʰo¹³	pʰɐ⁵⁵	mo¹³	mo⁵⁵	to³¹²
	黄土矿	po³³	pa³³	po³⁵	pʰo³³	pʰo³³	pʰo¹³	pʰo³³	mo¹³	mo³³	to³¹²
	唐家坊	po³³	pa³³	po³⁵	pʰo³³	pʰo⁵⁵	pʰo¹³	pʰo⁵⁵	mo¹³	mo³³	to³¹²
	瓦屋塘	po³³	pa³³	po³⁵	pʰo³³	pʰo³⁵	pʰo¹³	pʰo³⁵	mo¹³	mo³³	to³¹²

续表

		剁	椭	唾	糯	胴	裸	摞	锉	矬
		果合一	果合一	果合一	果合一	果合一	果合一	果合一	果合一	果合一
		去过端	上果透	去过透	去过泥	平戈来	上果来	去过来	去过清	平戈从
隆回	荷香桥	to^{45}	t^ho^{312}	t^ho^{45}	lo^{55}	lo^{13}	lo^{312}	lo^{55}	ts^ho^{45}	ts^ho^{13}
	六都寨	to^{55}	xo^{312}	xo^{45}	$lũ^{55}$	lo^{13}	lo^{312}	lo^{55}	ts^ho^{55}	ts^ho^{13}
	七江	to^{55}	xo^{312}	xo^{45}	$lõ^{55}$	lo^{13}	lo^{312}	lo^{55}	ts^ho^{55}	ts^ho^{13}
	司门前	to^{55}	t^ho^{312}	t^ho^{45}	lo^{55}	lo^{13}	lo^{312}	lo^{55}	ts^ho^{55}	ts^ho^{13}
	金石桥	to^{55}	t^ho^{312}	t^ho^{45}	lo^{55}	lo^{13}	lo^{312}	lo^{55}	ts^ho^{55}	ts^ho^{13}
	小沙江	to^{55}	t^ho^{312}	t^ho^{45}	lo^{55}	lo^{13}	lo^{312}	lo^{55}	ts^ho^{55}	ts^ho^{13}
	西洋江	to^{45}	xo^{312}	xo^{45}	lo^{55}	lo^{13}	lo^{312}	lo^{45}	ts^ho^{45}	ts^ho^{13}
	横板桥	to^{45}	xo^{312}	xo^{45}	lo^{55}	lo^{13}	lo^{312}	lo^{45}	ts^ho^{45}	ts^ho^{13}
	岩口	to^{55}	xo^{312}	t^ho^{55}	$lũ^{55}$	lo^{13}	lo^{312}	lo^{55}	ts^ho^{55}	ts^ho^{13}
	罗洪	to^{45}	xo^{312}	xo^{55}	lo^{55}	lo^{13}	lo^{312}	lo^{55}	ts^ho^{55}	ts^ho^{13}
	高坪	to^{45}	t^ho^{312}	t^ho^{55}	lo^{55}	lo^{13}	lo^{312}	lo^{55}	ts^ho^{55}	ts^ho^{13}
洞口	石江	to^{24}	xo^{312}	xo^{24}	lo^{55}	lo^{13}	lo^{312}	lo^{55}	ts^ho^{24}	ts^ho^{13}
	江口	to^{24}	t^ho^{312}	t^ho^{24}	lo^{55}	lo^{13}	lo^{312}	lo^{55}	ts^ho^{24}	ts^ho^{13}
	长塘	to^{24}	xo^{312}	xo^{24}	lo^{55}	lo^{13}	lo^{312}	lo^{55}	ts^ho^{24}	ts^ho^{13}
	山门	to^{45}	xo^{312}	xo^{45}	lo^{55}	lo^{13}	lo^{312}	lo^{45}	ts^ho^{45}	ts^ho^{13}
	高沙	to^{24}	t^ho^{312}	t^ho^{24}	lo^{55}	lo^{13}	lo^{312}	lo^{24}	ts^ho^{24}	ts^ho^{13}
	花园	to^{35}	t^ho^{312}	t^ho^{35}	lo^{33}	lo^{13}	lo^{312}	lo^{35}	ts^ho^{35}	ts^ho^{35}
绥宁	金屋塘	to^{24}	t^ho^{312}	t^ho^{24}	lo^{55}	lo^{13}	lo^{312}	lo^{55}	ts^ho^{24}	ts^ho^{13}
	梅坪	to^{24}	t^ho^{312}	t^ho^{24}	lo^{55}	lo^{13}	lo^{312}	lo^{55}	ts^ho^{24}	ts^ho^{13}
	黄土矿	to^{35}	t^ho^{312}	t^ho^{33}	$lõ^{55}$	lo^{55}	lo^{312}	lo^{35}	ts^ho^{33}	ts^ho^{35}
	唐家坊	to^{55}	t^ho^{312}	t^ho^{55}	lo^{55}	lo^{13}	lo^{312}	lo^{55}	ts^ho^{55}	ts^ho^{13}
	瓦屋塘	to^{35}	t^ho^{312}	t^ho^{35}	lo^{55}	lo^{13}	lo^{312}	lo^{35}	ts^ho^{35}	ts^ho^{13}

		坐	座	蓑	琐	锅	果	过	窠	颗	课
		果合一	果合一	果合一	果合一	果合一	果合一	果合一	果合一	果合一	果合一
		上果从	去过从	平戈心	上果心	平戈见	上果见	去过见	平戈溪	上果溪	去过溪
隆回	荷香桥	ts^ho^{312}	ts^ho^{55}	so^{33}	so^{312}	o^{45}	ko^{312}	ko^{45}	k^ho^{33}	k^ho^{312}	k^ho^{45}
	六都寨	ts^ho^{312}	ts^ho^{55}	so^{33}	so^{312}	o^{33}	ko^{312}	ko^{55}	k^ho^{33}	k^ho^{312}	k^ho^{55}
	七江	ts^ho^{312}	ts^ho^{55}	so^{33}	so^{312}	o^{33}	ko^{312}	ko^{55}	k^ho^{33}	k^ho^{312}	k^ho^{45}
	司门前	ts^ho^{312}	ts^ho^{55}	so^{33}	so^{312}	o^{33}	ko^{312}	ko^{55}	k^ho^{33}	k^ho^{312}	$k^ho^{55/45}$

		坐	座	甊	琐	锅	果	过	窠	颗	课
		果合一上果从	果合一去过从	果合一平戈心	果合一上果心	果合一平戈见	果合一上果见	果合一去过见	果合一平戈溪	果合一上果溪	果合一去过溪
隆回	金石桥	tsʰo³¹²	tsʰo⁵⁵	so³³	so³¹²	o³³	ko³¹²	ko⁵⁵	kʰo³³	kʰo³¹²	kʰo⁵⁵/⁴⁵
	小沙江	tsʰo³¹²	tsʰo⁵⁵	so³³	so³¹²	o³³	ko³¹²	ko⁵⁵	kʰo³³	kʰo³¹²	kʰo¹³
	西洋江	tsʰo³¹²	tsʰo⁴⁵	so⁵⁵	so³¹²	o⁵⁵	ko³¹²	ko⁴⁵	kʰo⁵⁵	kʰo³¹²	kʰo⁴⁵
	横板桥	tsʰo³¹²	tsʰo⁴⁵	so⁵⁵	so³¹²	o⁴⁵	ko³¹²	ko⁴⁵	kʰo⁵⁵	kʰo³¹²	kʰo⁴⁵
	岩口	tsʰo³³	tsʰo⁵⁵	so³³	so³¹²	o⁵⁵	ko³¹²	ku⁵⁵	kʰo³³	kʰo³³	kʰo⁵⁵
	罗洪	tsʰo³¹²	tsʰo⁵⁵	so³³	so³¹²	o⁵⁵	ko³¹²	ko⁴⁵	xo³³	xo³¹²	xo⁵⁵
	高坪	tsʰo⁵⁵	tsʰo⁵⁵	so³³	so³¹²	o⁵⁵	ko³¹²	ko⁵⁵	kʰo³³	kʰo³¹²	kʰo⁵⁵
洞口	石江	tsʰo³¹²	tsʰo⁵⁵	so⁵⁵	so³¹²	o⁵⁵	ko³¹²	ko²⁴	kʰo⁵⁵	kʰo³¹²	kʰo²⁴
	江口	tsʰo³¹²	tsʰo⁵⁵	so⁵⁵	so³¹²	o⁵⁵	ko³¹²	ko²⁴	kʰo⁵⁵	kʰo³¹²	kʰo²⁴
	长塘	tsʰo³¹²	tsʰo⁵⁵	so⁵⁵	so³¹²	o⁵⁵	ko³¹²	ko²⁴	kʰo⁵⁵	kʰo³¹²	kʰo²⁴
	山门	tsʰo³¹²	tsʰo⁴⁵	so⁵⁵	so³¹²	ko/o⁵⁵	ko³¹²	ku⁴⁵	kʰo⁵⁵	kʰo³¹²	kʰo⁴⁵
	高沙	tsʰo³¹²	tsʰo²⁴	so⁵⁵	so³¹²	ko/o⁵⁵	ko³¹²	ko²⁴	kʰo⁵⁵	kʰo³¹²	kʰo²⁴
	花园	tsʰo³¹²	tsʰo³⁵	so⁵⁵	so³¹²	ko/o⁵⁵	ko³¹²	ko³⁵	kʰo⁵⁵	kʰo³¹²	kʰo⁵⁵
绥宁	金屋塘	tsʰo³¹²	tsʰo⁵⁵	so⁵⁵	so³¹²	ko⁵⁵	ko³¹²	ko²⁴	kʰo⁵⁵	kʰo³¹²	kʰo²⁴
	梅坪	tsʰo³¹²	tsʰo⁵⁵	so⁵⁵	so³¹²	ko⁵⁵	ko³¹²	ko²⁴	kʰo⁵⁵	kʰo³¹²	kʰo²⁴
	黄土矿	tsʰo³¹²	tsʰo³³	so³³	so³¹²	ko³³	ko³¹²	ko³³	kʰo³³	kʰo³¹²	kʰo³³
	唐家坊	tsʰo⁵⁵	tsʰo⁵⁵	so³³	so³¹²	ko³³	ko³¹²	ko⁵⁵	kʰo⁵⁵	kʰo³¹²	kʰo⁵⁵
	瓦屋塘	tsʰo³¹²	tsʰo⁵⁵	so³³	so³¹²	ko³³	ko³¹²	ko⁵⁵	kʰo³³	kʰo³¹²	kʰo⁵⁵

		卧	火	货	禾	祸	和	茄	靴	疤
		果合一去过疑	果合一上果晓	果合一去过晓	果合一平戈匣	果合一上果匣	果合一去过匣	果开三平戈群	果合三平戈晓	假开二平麻帮
隆回	荷香桥	o⁵⁵	xo³¹²	xo⁵⁵	u¹³	xo⁵⁵	xo¹³	tɕʰA¹³	ɕiʌ/ɕye³³	pA³³
	六都寨	o⁵⁵	xo³¹²	xo⁵⁵	o¹³	xo⁵⁵	xo¹³	tɕʰA¹³	ɕie³³	pA³³
	七江	o⁴⁵	xo³¹²	xo⁵⁵	o¹³	xo⁵⁵	xo¹³	tɕʰA¹³	ɕie³³	pA³³
	司门前	o⁵⁵	xo³¹²	xo⁵⁵	o¹³	xo⁵⁵	xo¹³	tɕʰA¹³	ɕie³³	pA³³
	金石桥	o⁵⁵	xo³¹²	xo⁵⁵	o¹³	xo⁵⁵	xo¹³	tɕʰA¹³	ɕE³³	pA³³
	小沙江	o⁵⁵	xo³¹²	xo⁵⁵	o¹³	xo⁵⁵	xo¹³	tɕʰA¹³	ɕA³³	pA³³
	西洋江	o⁴⁵	xo³¹²	xo⁴⁵	o¹³	xo⁴⁵	xo¹³	tɕʰA⁴⁵	ɕye⁵⁵	pA⁵⁵
	横板桥	o⁴⁵	xo³¹²	xo⁴⁵	o¹³	xo⁵⁵	xo¹³	tɕʰA⁴⁵	ɕye⁵⁵	pA⁵⁵
	岩口	o⁵⁵	xo³¹²	xo⁵⁵	o¹³	xo⁵⁵	xo¹³	tɕʰA¹³	ɕiʌ³³	pA³³

		卧	火	货	禾	祸	和	茄	靴	疤
		果合一 去过疑	果合一 上果晓	果合一 去过晓	果合一 平戈匣	果合一 上果匣	果合一 去过匣	果开三 平戈群	果合三 平戈晓	假开二 平麻帮
隆回	罗洪	o⁵⁵	xo³¹²	xo⁵⁵	u¹³	xo⁵⁵	xo¹³	tɕʰA¹³	ɕiA/ɕyɛ³³	pA³³
	高坪	o⁵⁵	xo³¹²	xo⁵⁵	o¹³	xo⁵⁵	xo¹³	tɕʰiA¹³	ɕiA³³	pA³³
洞口	石江	o⁵⁵	xo³¹²	xo²⁴	o¹³	xo⁵⁵	xo¹³	tɕʰA²⁴	ɕyɛ⁵⁵	pA⁵⁵
	江口	o⁵⁵	xo³¹²	xo²⁴	o¹³	xo⁵⁵	xo¹³	tɕʰA²⁴	ɕA⁵⁵	pA⁵⁵
	长塘	o⁵⁵	xo³¹²	xo²⁴	o¹³	xo⁵⁵	xo¹³	tɕʰA²⁴	ɕA⁵⁵	pA⁵⁵
	山门	o⁴⁵	xo³¹²	xo⁴⁵	o¹³	xo⁴⁵	xo¹³	tɕʰiA⁵⁵	ɕyɛ⁵⁵	pA⁵⁵
	高沙	o²⁴	xo³¹²	xo²⁴	o¹³	xo²⁴	xo¹³	tɕʰA¹³	ɕyɛ⁵⁵	pA⁵⁵
	花园	o³⁵	xo³¹²	xo³⁵	o¹³	xo³⁵	xo¹³	tɕʰA¹³	ɕyɛ⁵⁵	pA⁵⁵
绥宁	金屋塘	o⁵⁵	xo³¹²	xo²⁴	o¹³	xo⁵⁵	xo¹³	tɕʰA²⁴	ɕA⁵⁵	pA⁵⁵
	梅坪	o⁵⁵	xo³¹²	xo²⁴	o¹³	xo⁵⁵	xo¹³	tɕʰA²⁴	ɕA⁵⁵	pA⁵⁵
	黄土矿	o⁵⁵	xo³¹²	xo³⁵	o/u⁵⁵	xo³¹²	xo¹³	tɕʰA⁵⁵	ɕyə³³	pA³³
	唐家坊	o⁵⁵	xo³¹²	xo⁵⁵	o/u¹³	xo⁵⁵	xo¹³	tɕʰA¹³	ɕyɛ⁵⁵	pA³³
	瓦屋塘	o³⁵	xo³¹²	xo³⁵	o/u¹³	xo³³	xo¹³	tɕʰA¹³	ɕyə³³	pA³³

		把	攞	怕	爬	耙	麻	马	骂	拿
		假开二 上马帮	假开二 去祃帮	假开二 去祃滂	假开二 平麻並	假开二 去祃並	假开二 平麻明	假开二 上马明	假开二 去祃明	假开二 平麻娘
隆回	荷香桥	pA³¹²	pA⁴⁵	pʰA⁵⁵	pʰA/lA¹³	pʰA¹³	mɔ̃¹³	mɔ̃³¹²	mɔ̃⁵⁵	lA¹³
	六都寨	pA³¹²	pA⁵⁵	pʰA⁵⁵	pʰA/lA¹³	pʰA¹³	mA¹³	mA³¹²	mA⁵⁵	lA¹³
	七江	pA³¹²	pA⁵⁵	pʰA⁵⁵	pʰA/lA¹³	pʰA¹³	mã¹³	mã³¹²	mã⁵⁵	lA¹³
	司门前	pA³¹²	pA⁵⁵	pʰA⁵⁵	pʰA/lA¹³	pʰA¹³	mã¹³	mã³¹²	mã⁵⁵	lA¹³
	金石桥	pA³¹²	pA⁵⁵	pʰA⁵⁵	pʰA/lA¹³	pʰA¹³	mA¹³	mA³¹²	mA⁵⁵	lA¹³
	小沙江	pA³¹²	pA⁵⁵	pʰA⁵⁵	pʰA/lA¹³	pʰA¹³	mA¹³	mA³¹²	mA⁵⁵	lA¹³
	西洋江	pA³¹²	pA⁴⁵	pʰA⁴⁵	pʰA/lA¹³	pʰA¹³	mA¹³	mA³¹²	mA⁵⁵	lA¹³
	横板桥	pA³¹²	pA⁴⁵	pʰA⁴⁵	pʰA/lA¹³	pʰA¹³	mA¹³	mA³¹²	mA⁵⁵	lA¹³
	岩口	pA³¹²	pA⁵⁵	pʰA⁵⁵	pʰA¹³	pʰA¹³	mA¹³	mÃ³¹²	mA⁵⁵	lA¹³
	罗洪	pA³¹²	pA⁴⁵	pʰA⁵⁵	pʰA/lA¹³	pʰA¹³	mA¹³	mÃ³¹²	mA⁵⁵	lA¹³
	高坪	pA³¹²	pA⁵⁵	pʰA⁵⁵	pʰA¹³	pʰA¹³	mA¹³	mÃ³¹²	mA⁵⁵	lA¹³
洞口	石江	pA³¹²	pA²⁴	pʰA²⁴	pʰA/lA¹³	pʰA¹³	mA¹³	mA³¹²	mA⁵⁵	lA¹³
	江口	pA³¹²	pA²⁴	pʰA²⁴	pʰA/lA¹³	pʰA¹³	mA¹³	mA³¹²	mA⁵⁵	lA¹³

续表

		把	欛	怕	爬	耙	麻	马	骂	拿
		假开二上马帮	假开二去祃帮	假开二去祃滂	假开二平麻並	假开二去祃並	假开二平麻明	假开二上马明	假开二去祃明	假开二平麻娘
洞口	长塘	pA^{312}	pA^{24}	pʰA^{24}	pʰA/lA^{13}	pʰA^{13}	mA^{13}	mA^{312}	mA^{55}	lA^{13}
	山门	pA^{312}	pA^{45}	ɸA^{45}	lA^{13}	ɸA^{13}	mA^{13}	mA^{312}	mA^{55}	lA^{13}
	高沙	pA^{312}	pA^{24}	pʰA^{24}	pʰ/lA^{13}	pʰA^{13}	mA^{13}	mA^{312}	mA^{55}	lA^{13}
	花园	pA^{312}	pA^{35}	pʰA^{35}	pʰ/lA^{13}	pʰA^{13}	mA^{13}	mA^{312}	mA^{55}	lA^{13}
绥宁	金屋塘	pA^{312}	pA^{24}	pʰA^{24}	pʰA/lA^{13}	pʰA^{13}	mA^{13}	mA^{312}	mA^{55}	lA^{13}
	梅坪	pA^{312}	pA^{24}	pʰA^{24}	pʰA/lA^{13}	pʰA^{13}	mA^{13}	mA^{312}	mA^{55}	lA^{13}
	黄土矿	pA^{312}	pA^{35}	pʰA^{53}	pʰ/lA^{55}	pʰA^{55}	mA^{55}	mA^{312}	mA^{33}	lA^{55}
	唐家坊	pA^{312}	pA^{55}	pʰA^{55}	pʰ/lA^{13}	pʰA^{13}	mA^{13}	mA^{312}	mA^{55}	lA^{13}
	瓦屋塘	pA^{312}	pA^{35}	pʰA^{35}	pʰ/lA^{13}	pʰA^{13}	mA^{13}	mA^{312}	mA^{33}	lA^{13}

		茶	渣	榨	权	岔	查	沙	洒	厦	家
		假开二平麻澄	假开二平麻庄	假开二去祃庄	假开二平麻初	假开二去祃初	假开二平麻崇	假开二平麻生	假开二上马生	假开二去祃生	假开二平麻见
隆回	荷香桥	tsʰA^{13}	tsA^{33}	tsA^{45}	tsʰA^{33}	tsʰA^{45}	tsʰA^{13}	sA^{33}	sA^{312}	ɕA^{45}	tɕA/kA^{33}
	六都寨	tsʰA^{13}	tsA^{33}	tsA^{55}	tsʰA^{33}	tsʰA^{55}	tsʰA^{13}	sA^{33}	sA^{312}	ɕA^{55}	tɕA/kA^{33}
	七江	tsʰA^{13}	tsA^{33}	tsA^{55}	tsʰA^{33}	tsʰA^{55}	tsʰA^{13}	sA^{33}	sA^{312}	ɕA^{13}	tɕA/kA^{33}
	司门前	tsʰA^{13}	tsA^{33}	tsA^{55}	tsʰA^{33}	tsʰA^{45}	tsʰA^{13}	sA^{33}	sA^{312}	ɕA^{55}	tɕA/kA^{33}
	金石桥	tsʰA^{13}	tsA^{33}	tsA^{55}	tsʰA^{33}	tsʰA^{45}	tsʰA^{13}	sA^{33}	sA^{312}	ɕA^{55}	tɕA/kA^{33}
	小沙江	tsʰA^{13}	tsA^{33}	tsA^{55}	tsʰA^{33}	tsʰA^{55}	tsʰA^{13}	sA^{33}	sA^{312}	ɕA^{55}	tɕA/kA^{33}
	西洋江	tsʰA^{13}	tsA^{55}	tsA^{45}	tsʰA^{55}	tsʰA^{55}	tsʰA^{13}	sA^{55}	sA^{312}	ɕA^{55}	tɕA/kA^{55}
	横板桥	tsʰA^{13}	tsA^{55}	tsA^{45}	tsʰA^{55}	tsʰA^{45}	tsʰA^{13}	sA^{55}	sA^{312}	ɕA^{55}	tɕA/kA^{55}
	岩口	tsʰA^{13}	tsA^{33}	tsA^{55}	tsʰA^{33}	tsʰA^{55}	tsʰA^{13}	sA^{33}	sA^{312}	ɕA^{55}	tɕA/kA^{33}
	罗洪	tsʰA^{13}	tsA^{33}	tsA^{45}	tsʰA^{33}	tsʰA^{45}	tsʰA^{13}	sA^{33}	sA^{312}	ɕA^{55}	tɕA/kA^{33}
	高坪	tsʰA^{13}	tsA^{33}	tsA^{55}	tsʰA^{33}	tsʰA^{55}	tsʰA^{13}	sA^{33}	sA^{33}	ɕiA^{55}	tɕiA/kA^{33}
洞口	石江	tsʰA^{13}	tsA^{55}	tsA^{24}	tsʰA^{55}	tsʰA^{24}	tsʰA^{13}	sA^{55}	sA^{312}	ɕA^{55}	tɕA/kA^{55}
	江口	tsʰA^{13}	tsA^{55}	tsA^{24}	tsʰA^{55}	tsʰA^{24}	tsʰA^{13}	sA^{55}	sA^{312}	ɕA^{55}	tɕA/kA^{55}
	长塘	tsʰA^{13}	tsA^{55}	tsA^{24}	tsʰA^{55}	tsʰA^{24}	tsʰA^{13}	sA^{55}	sA^{312}	ɕA^{55}	tɕA/kA^{55}
	山门	tsʰA^{13}	tsA^{55}	tsA^{45}	tsʰA^{55}	tsʰA^{45}	tsʰA^{13}	sA^{55}	sA^{312}	ɕA^{55}	tɕA/kA^{55}
	高沙	tsʰA^{13}	tsA^{55}	tsA^{24}	tsʰA^{55}	tsʰA^{24}	tsʰA^{13}	sA^{55}	sA^{312}	ɕA^{24}	tɕA/kA^{55}
	花园	tsʰA^{13}	tsA^{55}	tsA^{35}	tsʰA^{55}	tsʰA^{35}	tsʰA^{13}	sA^{55}	sA^{312}	ɕA^{35}	tɕA/kA^{55}

续表

		茶	渣	榨	权	岔	查	沙	洒	厦	家
		假开二平麻澄	假开二平麻庄	假开二去祃庄	假开二平麻初	假开二去祃初	假开二平麻崇	假开二平麻生	假开二上马生	假开二去祃生	假开二平麻见
绥宁	金屋塘	tshA13	tsA55	tsA24	tshA55	tshA24	tshA13	sA55	sa312	ɕA55	tɕA/kA55
	梅坪	tshA13	tsA55	tsA24	tshA55	tshA24	tshA13	sA55	sa312	ɕA55	tɕA/kA55
	黄土矿	tshA55	tsA33	tsA35	tshA33	tshA33	tshA55	sA33	sa312	ɕA35	tɕA/kA33
	唐家坊	tshA13	tsA33	tsA55	tshA33	tshA55	tshA13	sA33	sa312	ɕA55	tɕA/kiA33
	瓦屋塘	tshA13	tsA33	tsA35	tshA33	tshA35	tshA13	sA33	sa312	ɕA35	tɕA/kA33

		假	嫁	搭	芽	研	虾	嚇	蝦	下	夏
		假开二上马见	假开二去祃见	假开二去祃溪	假开二平麻疑	假开二去祃疑	假开二平麻晓	假开二去祃晓	假开二平麻匣	假开二上马匣	假开二去祃匣
隆回	荷香桥	tɕA312	tɕA/kA45	khA55	ɔ̃13	ɔ̃55	xA33	xA55	xA13	ɕA55/xA312	ɕA55
	六都寨	tɕA312	tɕA/kA55	khA55	ã13	ã55	xA33	xA55	xA13	ɕA/xA312	ɕA55
	七江	tɕA312	tɕA/kA55	khA55	ã13	ã55	xA33	xA55	xA13	ɕA/xA312	ɕA55
	司门前	tɕA312	tɕA/kA55	khA55	ã13	ã55	xA33	xA55	xA13	ɕA/xA312	ɕA55
	金石桥	tɕA312	tɕA/kA55	khA55	a13	a55	xA33	xã55	xA13	ɕA/xA312	ɕA55
	小沙江	tɕA312	tɕA/kA55	khA55	A13	A55	xA33	xA55	xA13	ɕA/xA312	ɕA55
	西洋江	tɕA312	tɕA/kA45	khA55	iA13	A45	xA55	xA55	xA13	ɕA45/xA312	ɕA55
	横板桥	tɕA312	tɕA/kA45	khA55	ŋA13	ŋA45	xA55	xA55	xA13	ɕA45/xA312	ɕA55
	岩口	tɕA312	tɕA/kA55	khA55	ŋÃ13	ŋÃ55	xA33	xA55	xA13	ɕA/xA312	ɕA55
	罗洪	tɕA312	tɕA/kA45	xA55	A13	A55	xA33	xA55	xA13	ɕA55/xA312	ɕA55
	高坪	tɕiA312	tɕiA/kA45	xiA55	ŋÃ13	ŋÃ55	xA33	xA55	xA13	ɕiA55/xA312	ɕiA55
洞口	石江	tɕA312	tɕA/kA24	khA55	A13	A55	xA55	xA55	xA13	ɕA45/xA312	ɕA55
	江口	tɕA312	tɕA/kA24	khA55	ŋA13	ŋA55	xA55	xA55	xA13	ɕA55/xA312	ɕA55
	长塘	tɕA312	tɕA/kA24	khA55	ŋA13	ŋA55	xA55	xA55	xA13	ɕA55/xA312	ɕA55
	山门	tɕiA312	tɕiA/kA45	khA55	A13	A55	xA55	xA55		xA312	ɕiA55
	高沙	tɕA312	tɕA/kA24	khA55	kA13	kA24	xA55	xA55		xA312	ɕA55
	花园	tɕiA312	tɕiA/kA35	khA55	kA13	kA35	xA55	xA55		xA312	ɕiA55
绥宁	金屋塘	tɕA312	tɕA/kA24	khA55	ŋA13	ŋA55	xA33	xA55	xA13	ɕA55/xA312	ɕA55
	梅坪	tɕA312	tɕA/kA24	khA55	ŋA13	ŋA55	xA33	xA55	xA13	ɕA55/xA312	ɕA55
	黄土矿	tɕiA312	tɕiA/kA35	khA33	ŋA13	ŋA55	xA33	xA55	xA13	xA312	ɕiA33
	唐家坊	tɕiA312	tɕiA/kiA55	khiA33	ŋiA13	ŋiA33	xiA33	xiA33	xiA13	xiA55	ɕiA55
	瓦屋塘	tɕiA312	tɕiA/kA35	khA33	ŋA13	ŋA35	xA33	xA55	xA13	xA312	ɕiA33

		椏	哑	亚	姐	借	些	写	泻	斜
		假开二平麻影	假开二上马影	假开二去祃影	假开三上马精	假开三去祃精	假开三平麻心	假开三上马心	假开三去祃心	假开三平麻邪
隆回	荷香桥	A³³	A³¹²	iA⁵⁵	tsie³¹²	tsie⁴⁵	sie³³	sie³¹²	sie⁴⁵	tsʰie¹³
	六都寨	A³³	A³¹²	iA⁵⁵	tsie³¹²	tsie⁵⁵	sie³³	sie³¹²	sie⁵⁵	tsʰie¹³
	七江	A³³	A³¹²	iA⁵⁵	tsie³¹²	tsie⁵⁵	se³³	sie³¹²	sie⁵⁵	tsʰie¹³
	司门前	A³³	A³¹²	iA⁵⁵	tsie³¹²	tsie⁵⁵	se³³	sie³¹²	sie⁵⁵	tsʰie¹³
	金石桥	A³³	A³¹²	iA⁵⁵	tsie³¹²	tsie⁵⁵	se³³	siɛ³¹²	siɛ⁵⁵	tsʰiɛ¹³
	小沙江	A³³	iA³¹²	iA⁵⁵	tɕA³¹²	tɕA⁵⁵	ɕe³³	ɕA³¹²	ɕe⁵⁵	tɕʰA¹³
	西洋江	A⁵⁵	A³¹²	iA⁴⁵	tsie³¹²	tsie⁴⁵	si⁵⁵	sie³¹²	sie⁴⁵	tsʰie¹³
	横板桥	ŋA⁵⁵	ŋA³¹²	iA⁴⁵	tsie³¹²	tsie⁵⁵	si⁵⁵	sie³¹²	sie⁴⁵	tsʰie¹³
	岩口	A³³	A³¹²	iA⁵⁵	tsiA³¹²	tsiA⁵⁵	se³³	siA³¹²	siA⁵⁵	tsʰiA¹³
	罗洪	A³³	A³¹²	iA⁵⁵	tɕiA³¹²	tɕiA⁵⁵	ɕie³³	ɕiA³¹²	ɕie⁴⁵	tɕʰiA¹³
	高坪	A³³	A³¹²	iA⁵⁵	tɕiA³¹²	tɕiA⁵⁵	ɕie³³	ɕiA³¹²	ɕiA⁵⁵	tɕʰiA¹³
洞口	石江	A⁵⁵	A³¹²	iA²⁴	tɕie/tɕiA³¹²	tɕie²⁴	ɕie⁵⁵	ɕie/ɕiA³¹²	ɕie²⁴	tɕʰie¹³
	江口	ŋA⁵⁵	ŋA³¹²	iA²⁴	tɕiA³¹²	tɕiA²⁴	ɕie⁵⁵	ɕiA³¹²	ɕiA²⁴	tɕʰiA¹³
	长塘	A⁵⁵	A³¹²	iA²⁴	tɕiA³¹²	tɕiA²⁴	ɕie⁵⁵	ɕiA³¹²	ɕiA²⁴	ɕiA¹³
	山门	A⁵⁵	A³¹²	iA⁵⁵	tsie³¹²	tsie⁴⁵	si⁵⁵	sie³¹²	sie⁴⁵	tsʰie¹³
	高沙	A⁵⁵	kA³¹²	iA⁵⁵	tɕiɛ/tɕiA²⁴	tɕiA²⁴	ɕie⁵⁵	ɕiA³¹²	ɕiA²⁴	tɕʰiA¹³
	花园	A⁵⁵	A³¹²	iA⁵⁵	tsie/tsiA³¹²	tsiA⁵⁵	si⁵⁵	siA³¹²	siA³⁵	tsʰiA¹³
绥宁	金屋塘	ŋA⁵⁵	ŋA³¹²	iA²⁴	tsiA³¹²	tsiA²⁴	sie⁵⁵	siA³¹²	siA²⁴	tsʰiA¹³
	梅坪	ŋA⁵⁵	ŋA³¹²	iA²⁴	tsiA³¹²	tsiA²⁴	sie⁵⁵	siA³¹²	siA²⁴	tsʰiA¹³
	黄土矿	ŋA³³	ŋA³¹²	iA³⁵	tɕiA³⁵	tɕiA³⁵	ɕiɛ⁵⁵	ɕiA³¹²	ɕiA³⁵	tɕʰiA¹³
	唐家坊	ŋiA³³	ŋiA³¹²	iA⁵⁵	tsiA³¹²	tsiA⁵⁵	siɐ³³	siA³¹²	siA⁵⁵	tsʰiA¹³
	瓦屋塘	ŋA³³	ŋA³¹²	iA³³	tsiA³⁵	tsiA³⁵	siɐ⁵⁵	siA³¹²	siA³⁵	tsʰiA¹³
		谢	爹	遮	者	蔗	车	扯	蛇	射	赊
		假开三去祃邪	假开三平麻知	假开三平麻章	假开三上马章	假开三去祃章	假开三平麻昌	假开三上马昌	假开三平麻船	假开三去祃船	假开三平麻书
隆回	荷香桥	sie⁵⁵	tie³³	tɕA³³	tɕe³¹²	tɕA⁴⁵	tɕʰe/tɕʰA³³	tɕʰA³³	ɕA¹³	ɕe/ɕA⁵⁵	ɕA³³
	六都寨	si⁵⁵	tie⁵⁵	tɕA³³	tɕe³¹²	tɕA⁵⁵	tɕʰɛ/tɕʰA³³	tɕʰA³¹²	ɕA¹³	ɕe/ɕA⁵⁵	ɕA³³
	七江	se/si⁵⁵	tie⁵⁵	tɕA³³	tɕe³¹²	tɕA⁵⁵	tɕʰe/tɕʰA³³	tɕʰA³¹²	ɕA¹³	ɕe/ɕA⁵⁵	ɕA³³
	司门前	se⁵⁵	tie⁵⁵	tɕA³³	tɕe³¹²	tɕA⁵⁵	tɕʰe/tɕʰA³³	tɕʰA³¹²	ɕA¹³	ɕe/ɕA⁵⁵	ɕA³³

续表

		谢	爹	遮	者	蔗	车	扯	蛇	射	赊
		假开三去祃邪	假开三平麻知	假开三平麻章	假开三上马章	假开三去祃章	假开三平麻昌	假开三上马昌	假开三平麻船	假开三去祃船	假开三平麻书
隆回	金石桥	tsʰiɛ⁵⁵	tiE⁵⁵	tɕA³³	tɕe³¹²	tɕA³³	tɕʰE/tɕʰA³³	tɕʰA³¹²	ɕA¹³	ɕE/ɕA⁵⁵	ɕA³³
	小沙江	ɕA⁵⁵	tiA⁵⁵	tɕA³³	tɕe³¹²	tɕA⁵⁵	tɕʰE/tɕʰA³³	tɕʰA³¹²	ɕA¹³	ɕA⁵⁵	ɕA³³
	西洋江	sie⁴⁵/⁵⁵	ti⁵⁵	tɕA⁵⁵	tɕe³¹²	tɕA⁵⁵	tɕʰɛ/tɕʰA⁵⁵	tɕʰA³¹²	ɕA¹³	ɕe⁴⁵/ɕA⁵⁵	ɕA⁵⁵
	横板桥	sie⁴⁵/⁵⁵	ti⁵⁵	tɕA⁵⁵	tɕe³¹²	tɕA⁵⁵	tɕʰe/tɕʰA⁵⁵	tɕʰA³¹²	ɕA¹³	ɕe⁴⁵/ɕA⁵⁵	ɕA⁵⁵
	岩口	se⁵⁵	tiA⁵⁵	tuA³³	tse³¹²	tsi⁵⁵	kʰe	tʰuA³¹²	suA¹³	suA⁵⁵	suA³³
	罗洪	ɕiA⁵⁵	tiA³³	tɕA³³	tɕe³¹²	tɕA⁴⁵	tɕʰe/tɕʰA³³	tɕʰA³¹²	ɕA¹³	ɕe/ɕA³³	ɕA³³
	高坪	ɕie⁵⁵	tiA³³	tɕA³³	tɕe³¹²	tɕi⁵⁵	tɕʰye³³	tɕʰuA³¹²	ɕuA¹³	ɕuA⁵⁵	ɕuA³³
洞口	石江	ɕie⁵⁵	tie⁵⁵	tɕA⁵⁵	tɕe³¹²	tɕA⁵⁵	tɕʰe⁵⁵	tɕʰA³¹²	ɕA¹³	ɕe⁴⁵/ɕA⁵⁵	ɕA⁵⁵
	江口	ɕiA⁵⁵	tiA⁵⁵	tɕA⁵⁵	tɕe³¹²	tɕA²⁴	tɕʰA⁵⁵	tɕʰA³¹²	ɕA¹³	ɕe⁴⁵/ɕA⁵⁵	ɕA⁵⁵
	长塘	ɕiA⁵⁵	tiA⁵⁵	tɕA⁵⁵	tɕe³¹²	tɕA²⁴	tɕʰA⁵⁵	tɕʰA³¹²	ɕA¹³	ɕe⁴⁵/ɕA⁵⁵	ɕA⁵⁵
	山门	sie/tsʰie⁴⁵/⁵⁵	ti⁵⁵	tɕA⁵⁵	tɕe³¹²	tɕA⁵⁵	tɕʰe/tɕʰA⁵⁵	tɕʰA³¹²	ɕA¹³	ɕA⁵⁵	
	高沙	ɕiA/tɕʰiA²⁴	tiA⁵⁵	tɕA⁵⁵	tɕe³¹²	tɕA⁵⁵	tɕʰɛ/tɕʰA⁵⁵	tɕʰA³¹²	ɕA¹³	ɕA²⁴	
	花园	siA/tsʰiA³⁵	tiA⁵⁵	tɕA⁵⁵	tɕe³¹²	tɕA⁵⁵	tɕʰe/tɕʰA⁵⁵	tɕʰA³¹²	ɕA¹³	ɕA³⁵	ɕA⁵⁵
绥宁	金屋塘	siA⁵⁵	tiA⁵⁵	tɕA⁵⁵	tɕe³¹²	tɕA²⁴	tɕʰA⁵⁵	tɕʰA³¹²	ɕA¹³	ɕe⁴⁵/ɕA⁵⁵	ɕA⁵⁵
	梅坪	siA⁵⁵	tiA⁵⁵	tɕA⁵⁵	tɕe³¹²	tɕA²⁴	tɕʰA⁵⁵	tɕʰA³¹²	ɕA¹³	ɕe⁴⁵/ɕA⁵⁵	ɕA⁵⁵
	黄土矿	ɕie³³	ti³³	tɕA³³	tɕe³¹²	tɕA³³	tɕʰe/tɕʰA³³	tɕʰA³¹²	ɕA⁵⁵	ɕA³³	ɕA³³
	唐家坊	sie⁵⁵	tiA³³	tɕA³³	tɕe³¹²	tɕA³³	tɕʰe/tɕʰA³³	tɕʰA³¹²	ɕA¹³	ɕA⁵⁵	ɕA³³
	瓦屋塘	sie³⁵	tiA³³	tɕA³³	tɕe³¹²	tɕA⁵⁵	tɕʰe/tɕʰA³³	tɕʰA³¹²	ɕA¹³	ɕA³⁵	ɕA³³

		捡	社	惹	爷	也	夜	傻	瓜	刷
		假开三上马书	假开三三年马禅	假开三上马日	假开三平麻以	假开三上马以	假开三去祃以	假合二上马生	假合二平麻见	假合二上马见
隆回	荷香桥	ɕA³¹²	ɕe⁵⁵	iA³¹²	iA¹³	e/iA³¹²	iA⁵⁵	XA³¹²	kuA³³	kuA³¹²
	六都寨	ɕA³¹²	ɕe⁵⁵	iõ³¹²	iA¹³	A³¹²	iA⁵⁵	XA³¹²	kuA³³	kuA³¹²
	七江	ɕA³¹²	ɕe/ɕA⁵⁵	iõ³¹²	iA¹³	iA³¹²	iA⁵⁵	XA³¹²	kuA³³	kuA³¹²
	司门前	ɕA³¹²	ɕA³¹²	iõ³¹²	iA¹³	iA³¹²	iA⁵⁵	XA³¹²	kuA³³	kuA³¹²
	金石桥	ɕA³¹²	ɕA⁵⁵	iA³¹²	iA¹³	iA³¹²	iA⁵⁵	XA³¹²	kuA³³	kuA³¹²
	小沙江	ɕA³¹²	ɕe⁵⁵	iA³¹²	iA¹³	iA³¹²	iA⁵⁵	XA³¹²	kuA³³	kuA³¹²
	西洋江	tsʰA³¹²	ɕe⁴⁵	iA³¹²	ie¹³	iA³¹²	iA⁵⁵	XA³¹²	kuA⁵⁵	kuA³¹²
	横板桥	ɕA³¹²	ɕɛ⁴⁵	iA³¹²	ie¹³	iA³¹²	iA⁵⁵	XA³¹²	kuA⁵⁵	kuA³¹²

续表

		捨	社	惹	爷	也	夜	傻	瓜	剐
		假开三 上马书	假开三 三年马禅	假开三 上马日	假开三 平麻以	假开三 上马以	假开三 去祃以	假合二 上马生	假合二 平麻见	假合二 上马见
隆回	岩口	suA³¹²	se⁵⁵	iA³¹²	iA¹³	iA³¹²	iA⁵⁵	xA³¹²	kuA³³	kuA³¹²
	罗洪	çA³¹²	çe⁵⁵	iA³¹²	iA¹³	e/iA³¹²	iA⁵⁵	xA³¹²	kuA³³	kuA³¹²
	高坪	çye³¹²	çye⁵⁵	iA³¹²	iA¹³	e/iA³¹²	iA⁵⁵	xA³¹²	kuA³³	kuA³¹²
洞口	石江	çA³¹²	çɛ³¹²	iA³¹²	iA¹³	iA³¹²	iA⁵⁵	xA³¹²	kuA⁵⁵	kuA³¹²
	江口	çA³¹²	çɛ³¹²	lA³¹²	iA¹³	iA³¹²	iA⁵⁵	xA³¹²	kuA⁵⁵	kuA³¹²
	长塘	çA³¹²	çɛ³¹²	iA³¹²	iA¹³	iA³¹²	iA⁵⁵	xA³¹²	kuA⁵⁵	kuA³¹²
	山门	çA³¹²	çɛ/çA⁴⁵	e³¹²	iA¹³	iA³¹²	iA⁵⁵	xA³¹²	kuA⁵⁵	kuA³¹²
	高沙	çA³¹²	çɛ²⁴	iɛ³¹²	iA¹³	iA³¹²	iA⁵⁵	xA³¹²	kuA⁵⁵	kuA³¹²
	花园	çA³¹²	çɛ3⁵	iɛ³¹²	iA¹³	iA³¹²	iA⁵⁵	xA³¹²	kuA⁵⁵	kuA³¹²
绥宁	金屋塘	çA³¹²	çe³¹²	lA³¹²	iA¹³	iA³¹²	iA⁵⁵	xA³¹²	kuA⁵⁵	kuA³¹²
	梅坪	çA³¹²	çe³¹²	lA³¹²	iA¹³	iA³¹²	iA⁵⁵	xA³¹²	kuA⁵⁵	kuA³¹²
	黄土矿	çA³¹²	çe³¹²	iA/io³¹²	iA⁵⁵	iA³¹²	iA³³	xA³¹²	kuA³³	kuA³¹²
	唐家坊	çA³¹²	çe³¹²	iA³¹²	iA¹³	iA³¹²	iA⁵⁵	xA³¹²	kuA³³	kuA³¹²
	瓦屋塘	çA³¹²	çe³¹²	iA³¹²	iA¹³	iA³¹²	iA³³	xA³¹²	kuA³³	kuA³¹²

		垮	跨	瓦	花	化	划	桦	洼	补	布
		假合二 上马溪	假合二 去祃溪	假合二 上马疑	假合二 平麻晓	假合二 去祃晓	假合二 平麻匣	假合二 去祃匣	假合二 平麻影	遇合一 上姥帮	遇合一 去暮帮
隆回	荷香桥	kʰuA³¹²	kʰuA⁴⁵	uA³¹²	xuA³³	xuA⁴⁵	xuA⁵⁵	xuA¹³	uA³³	pu³¹²	pu⁴⁵
	六都寨	kʰuA³¹²	kʰuA⁵⁵	uA³¹²	xuA³³	xuA⁵⁵	xuA⁵⁵	xuA¹³	uA³³	pu³¹²	pu⁵⁵
	七江	kʰuA³¹²	kʰuA⁵⁵	uA³¹²	xuA³³	xuA⁵⁵	xuA⁵⁵	xuA¹³	uA³³	pu³¹²	pu⁵⁵
	司门前	kʰuA³¹²	kʰuA⁵⁵	uA³¹²	xuA³³	xuA⁵⁵	xuA⁵⁵	xuA¹³	uA³³	pu³¹²	pu⁵⁵
	金石桥	kʰuA³¹²	kʰuA⁵⁵	uA³¹²	xuA³³	xuA⁵⁵	xuA⁵⁵	xuA¹³	uA³³	pu³¹²	pu⁵⁵
	小沙江	kʰuA³¹²	kʰuA⁵⁵	uA³¹²	xuA³³	xuA⁵⁵	xuA⁵⁵	xuA¹³	uA³³	pu³¹²	pu⁵⁵
	西洋江	kʰuA³¹²	kʰuA⁵⁵	uA³¹²	xuA⁴⁵	xuA⁴⁵/⁵⁵	xuA⁵⁵	xuA¹³	uA⁵⁵	pu³¹²	pu⁴⁵
	横板桥	kʰuA³¹²	kʰuA⁵⁵	uA³¹²	xuA⁵⁵	xuA⁴⁵	xuA⁴⁵/⁵⁵	xuA¹³	uA³³	pu³¹²	pu⁴⁵
	岩口	kʰuA³¹²	tʰA⁵⁵	uA³¹²	xuA⁵⁵	xuA⁴⁵	xuA¹³	xuA¹³	uA³³	pu³¹²	pu⁵⁵
	罗洪	kʰuA³¹²	kʰuA⁵⁵	iA³¹²	xuA³³	xuA⁵⁵	xuA⁴⁵	xuA¹³	uA³³	pu³¹²	pu⁴⁵
	高坪	kʰuA³¹²	kʰuA/tɕiA⁵⁵	uA³¹²	xuA³³	xuA⁵⁵	xuA⁵⁵	xuA¹³	uA³³	pu³¹²	pu⁵⁵

续表

		垮	跨	瓦	花	化	划	桦	洼	补	布
		假合二上马溪	假合二去祃溪	假合二上马疑	假合二平麻晓	假合二去祃晓	假合二平麻匣	假合二去祃匣	假合二平麻影	遇合一上姥帮	遇合一去暮帮
洞口	石江	kʰuA^{312}	kʰuA^{55}	uA^{312}	fA^{55}	fA^{45}	fA^{55}	fA^{13}	uA^{55}	pu^{312}	pu^{45}
	江口	kʰuA^{312}	kʰuA^{55}	uA^{312}	xuA^{55}	xuA^{45}	xuA^{55}	xuA^{13}	uA^{55}	pu^{312}	pu^{45}
	长塘	kʰuA^{312}	kʰuA^{55}	uA^{312}	xuA^{55}	xuA^{45}	xuA^{55}	xuA^{13}	uA^{55}	pu^{312}	pu^{45}
	山门	kʰuA^{312}	kʰuA^{55}	uA^{312}	fA^{55}	fA^{24}	fA^{55}	fA^{13}	uA^{55}	pu^{312}	pu^{45}
	高沙	kʰuA^{312}	kʰuA^{55}	uA^{312}	xuA^{55}	xuA^{24}	xuA^{24}	xuA^{13}	uA^{55}	pu^{312}	pu^{24}
	花园	kʰuA^{312}	kʰuA^{55}	uA^{312}	xuA^{55}	xuA^{35}	xuA^{55}	xuA^{13}	uo^{55}	pu^{312}	pu^{35}
绥宁	金屋塘	kʰuA^{312}	kʰuA^{55}	uA^{312}	xuA^{55}	xuA^{35}	xuA^{55}	xuA^{13}	uA^{55}	pu^{312}	pu^{45}
	梅坪	kʰuA^{312}	kʰuA^{55}	uA^{312}	xuA^{55}	xuA^{35}	xuA^{55}	xuA^{13}	uA^{55}	pu^{312}	pu^{45}
	黄土矿	kʰuA^{312}	kʰuA^{33}	uA^{312}	fA^{33}	fA^{35}	fA^{33}	fA^{33}	uA^{33}	pu^{312}	pu^{35}
	唐家坊	kʰuA^{312}	kʰuA^{55}	uA^{312}	xuA^{33}	xuA^{35}	xuA^{13}	xuA^{13}	uA^{55}	pu^{312}	pu^{55}
	瓦屋塘	kʰuA^{312}	kʰuA^{35}	uA^{312}	xuA^{33}	fA^{35}	fA^{33}	fA^{13}	uA^{55}	pu^{312}	pu^{35}

		布	铺动	普	铺名	菩	簿	步	模	墓	都
		遇合一去暮帮	遇合一平模滂	遇合一上姥滂	遇合一去暮滂	遇合一平模并	遇合一上姥并	遇合一去暮并	遇合一平模明	遇合一去暮明	遇合一平模端
隆回	荷香桥	pu^{45}	ɸu^{33}	ɸu^{312}	ɸu^{45}	ɸu^{13}	ɸu^{312}	ɸu^{55}	mo^{13}	mo^{55}	tu^{33}
	六都寨	pu^{55}	ɸu^{33}	ɸu^{312}	ɸu^{55}	ɸu^{13}	ɸu^{55}	ɸu^{55}	mo^{13}	mɔ̃^{55}	tu^{33}
	七江	pu^{55}	xu^{33}	xu^{312}	xu^{55}	xu^{13}	xu^{312}	xu^{55}	mo^{13}	mo^{55}	tu^{33}
	司门前	pu^{55}	ɸu^{33}	ɸu^{312}	ɸu^{55}	ɸu^{13}	ɸu^{312}	ɸu^{55}	mo^{13}	mo^{55}	tu^{33}
	金石桥	pu^{55}	ɸu^{33}	ɸu^{312}	ɸu^{55}	ɸu^{13}	ɸu^{312}	ɸu^{55}	mo^{13}	mo^{55}	tu^{312}
	小沙江	pu^{55}	pʰu^{33}	pʰu^{312}	pʰu^{55}	pʰu^{13}	pʰu^{312}	pʰu^{55}	mɔ̃^{13}	mo^{55}	tu^{312}
	西洋江	pu^{45}	ɸu^{55}	ɸu^{312}	ɸu^{55}	ɸu^{13}	ɸu^{312}	ɸu^{55}	mo^{13}	mo^{55}	tu^{55}
	横板桥	pu^{55}	ɸu^{55}	ɸu^{312}	ɸu^{45}	ɸu^{13}	ɸu^{312}	ɸu^{55}	mɔ̃^{55}		tu^{55}
	岩口	pu^{55}	ɸu^{33}	pʰu^{312}	ɸu^{55}	pʰu^{13}	ɸu^{55}	ɸu^{55}	mo^{13}	mo^{55}	tu^{33}
	罗洪	pu^{55}	pʰu^{33}	pʰu^{312}	pʰu^{55}	pʰu^{13}	pʰu^{312}	pʰu^{55}	mo^{13}	mo^{55}	tu^{33}
	高坪	pu^{55}	pʰu^{33}	pʰu^{312}	ɸu^{55}	pʰu^{13}	pʰu^{312}	pʰu^{55}	mo^{13}	mo^{55}	tu^{33}
洞口	石江	pu^{24}	ɸu^{55}	ɸu^{312}	ɸu^{45}	ɸu^{13}	ɸu^{312}	ɸu^{55}	mo^{13}	mo^{55}	tu^{55}
	江口	pu^{24}	pʰu^{55}	pʰu^{312}	pʰu^{24}	pʰu^{13}	pʰu^{312}	pʰu^{55}	mo^{13}	mo^{55}	tu^{55}
	长塘	pu^{24}	ɸu^{55}	ɸu^{312}	ɸu^{24}	ɸu^{13}	ɸu^{312}	ɸu^{55}	mo^{13}	mo^{55}	tu^{55}
	山门	pu^{55}	ɸu^{55}	ɸu^{312}	ɸu^{55}	ɸu^{13}	ɸu^{312}	ɸu^{55}	mo^{13}	mo^{45}	tu^{55}

		布	铺动	普	铺名	菩	簿	步	模	墓	都
		遇合一去暮帮	遇合一平模滂	遇合一上姥滂	遇合一去暮滂	遇合一平模並	遇合一上姥並	遇合一去暮並	遇合一平模明	遇合一去暮明	遇合一平模端
洞口	高沙	pu^{24}	p^hu^{33}	p^hu^{312}	p^hu^{24}	p^hu^{13}	p^hu^{312}	pu^{24}	mo^{13}	$m\tilde{ɔ}^{24}$	tu^{55}
	花园	pu^{35}	p^hu^{55}	p^hu^{312}	p^hu^{55}	p^hu^{13}	p^hu^{312}	p^hu^{55}	mo^{13}	$m\tilde{ɔ}^{35}$	tu^{55}
绥宁	金屋塘	pu^{24}	p^hu^{55}	p^hu^{312}	p^hu^{24}	fu^{13}	p^hu^{312}	p^hu^{55}	mo^{13}	mo^{55}	tu^{55}
	梅坪	pu^{24}	p^hu^{55}	p^hu^{312}	p^hu^{24}	fu^{13}	p^hu^{312}	p^hu^{55}	mo^{13}	mo^{55}	tu^{55}
	黄土矿	pu^{35}	p^hu^{33}	p^hu^{312}	p^hu^{33}	p^hu^{55}	p^hu^{312}	p^hu^{33}	mo^{13}	mo^{35}	tu^{33}
	唐家坊	pu^{55}	p^hu^{33}	p^hu^{312}	p^hu^{55}	p^hu^{13}	p^hu^{312}	p^hu^{55}	mo^{13}	mo^{55}	tu^{33}
	瓦屋塘	pu^{35}	p^hu^{33}	p^hu^{312}	p^hu^{33}	p^hu^{13}	p^hu^{312}	p^hu^{33}	mo^{13}	$mo\tilde{3}^{5}$	tu^{33}

		肚猪-	妒	土	兔	屠	肚	度	租	祖	做
		遇合一上姥端	遇合一去暮端	遇合一上姥透	遇合一去暮透	遇合一平模定	遇合一上姥定	遇合一去暮定	遇合一平模精	遇合一上姥精	遇合一去暮精
隆回	荷香桥	tu^{312}	tu^{45}	xu^{312}	xu^{55}	xu^{13}	tu^{312}	xu^{55}	tsu^{33}	tsu^{33}	$tso/ts\textrm{ɿ}^{45}$
	六都寨	tu^{312}	tu^{55}	xu^{312}	xu^{55}	xu^{13}	tu^{312}	xu^{55}	tsu^{33}	tsu^{312}	tso^{45}
	七江	tu^{312}	tu^{55}	xu^{312}	xu^{55}	xu^{13}	tu^{312}	xu^{55}	tsu^{33}	tsu^{312}	tso^{45}
	司门前	tu^{312}	tu^{55}	xu^{312}	xu^{55}	xu^{13}	tu^{312}	xu^{55}	tsu^{33}	tsu^{312}	$ts\textrm{ɿ}^{45}$
	金石桥	tu^{312}	tu^{55}	t^hu^{312}	t^hu^{55}	t^hu^{13}	tu^{312}	t^hu^{55}	tsu^{33}	tsu^{312}	$ts\textrm{ɿ}^{45}$
	小沙江	tu^{312}	tu^{55}	t^hu^{312}	t^hu^{55}	t^hu^{13}	tu^{312}	t^hu^{55}	tsu^{33}	tsu^{312}	tso^{45}
	西洋江	tu^{312}	tu^{55}	xu^{312}	xu^{45}	xu^{13}	tu^{312}	xu^{55}	tsu^{55}	tsu^{312}	tso^{45}
	横板桥	tu^{312}	tu^{55}	xu^{312}	xu^{45}	xu^{13}	tu^{312}	xu^{55}	tsu^{55}	tsu^{312}	tso^{45}
	岩口	tu^{312}	tu^{55}	xu^{312}	xu^{55}	xu^{13}	tu^{312}	xu^{55}	tsu^{33}	tsu^{312}	$ts\textrm{ɿ}^{55}$
	罗洪	xu^{312}	tu^{45}	xu^{312}	xu^{55}	xu^{13}	xu^{312}	xu^{55}	tsu^{33}	tsu^{312}	tsu^{45}
	高坪	tu^{312}	tu^{55}	t^hu^{312}	t^hu^{55}	t^hu^{13}	tu^{312}	t^hu^{55}	tsu^{33}	tsu^{312}	tso^{55}
洞口	石江	tu^{312}	tu^{55}	xu^{312}	xu^{24}	xu^{13}	tu^{312}	xu^{55}	tsu^{33}	tsu^{312}	tso^{24}
	江口	tu^{312}	tu^{55}	t^hu^{312}	t^hu^{24}	t^hu^{13}	tu^{312}	t^hu^{55}	tsu^{55}	tsu^{312}	$ts\textrm{ɿ}^{24}$
	长塘	tu^{312}	tu^{55}	xu^{312}	xu^{24}	xu^{13}	tu^{312}	xu^{55}	tsu^{55}	tsu^{312}	tso^{24}
	山门	tu^{312}	tu^{55}	xu^{312}	xu^{45}	xu^{13}	tu^{312}	xu^{55}	$t\textrm{ɕy}^{55}$	$t\textrm{ɕy}^{312}$	tso^{45}
	高沙	tu^{312}	tu^{55}	t^hu^{312}	t^hu^{24}	t^hu^{13}	tu^{312}	t^hu^{55}	tsu^{33}	tsu^{312}	$tso/ts\textrm{ɿ}^{24}$
	花园	tu^{312}	tu^{55}	t^hu^{312}	t^hu^{35}	t^hu^{13}	tu^{312}	xu^{55}	$t\textrm{ɕy}^{55}$	$t\textrm{ɕy}^{312}$	tsu^{35}
绥宁	金屋塘	pu^{312}	tu^{55}	p^hu^{312}	p^hu^{24}	p^hu^{13}	tu^{312}	p^hu^{55}	tsu^{55}	tsu^{312}	$ts\textrm{ɿ}^{24}$
	梅坪	tu^{312}	tu^{55}	t^hu^{312}	t^hu^{24}	t^hu^{13}	tu^{312}	t^hu^{55}	tsu^{55}	tsu^{312}	$ts\textrm{ɿ}^{24}$

续表

		肚猪~	妒	土	兔	屠	肚	度	租	祖	做
		遇合一上姥端	遇合一去暮端	遇合一上姥透	遇合一去暮透	遇合一平模定	遇合一上姥定	遇合一去暮定	遇合一平模精	遇合一上姥精	遇合一去暮精
绥宁	黄土矿	tu^{312}	tu^{35}	t^{h}u^{312}	t^{h}u^{33}	t^{h}u^{55}	tu^{312}	t^{h}u^{33}	tsu^{33}	tsu^{312}	tso^{35}
	唐家坊	tu^{312}	tu^{55}	t^{h}u^{312}	t^{h}u^{55}	t^{h}u^{13}	tu^{312}	t^{h}u^{55}	tsu^{33}	tsu^{312}	tso^{55}
	瓦屋塘	tu^{312}	tu^{33}	t^{h}u^{312}	t^{h}u^{35}	t^{h}u^{13}	tu^{312}	t^{h}u^{33}	tsu^{33}	tsu^{312}	tso^{35}

		粗	醋	酥	嗉	箍	牯	故	枯	苦	裤
		遇合一平模清	遇合一去暮清	遇合一平模心	遇合一去暮心	遇合一平模见	遇合一上姥见	遇合一去暮见	遇合一平模溪	遇合一上姥溪	遇合一去暮溪
隆回	荷香桥	ts^{h}u^{33}	ts^{h}u^{55}	su^{33}	su^{55}	ku^{33}	ku^{312}	ku^{45}	k^{h}u^{33}	k^{h}u^{312}	k^{h}u^{55}
	六都寨	ts^{h}u^{33}	ts^{h}u^{55}	su^{33}	siu^{55}	ku^{33}	ku^{312}	ku^{45}	k^{h}u^{33}	k^{h}u^{312}	k^{h}u^{55}
	七江	ts^{h}u^{33}	ts^{h}u^{55}	su^{33}	su^{55}	ku^{33}	ku^{312}	ku^{45}	k^{h}u^{33}	k^{h}u^{312}	k^{h}u^{55}
	司门前	ts^{h}u^{33}	ts^{h}u^{55}	su^{33}	siu^{55}	ku^{33}	ku^{312}	ku^{45}	k^{h}u^{33}	k^{h}u^{312}	k^{h}u^{55}
	金石桥	ts^{h}u^{33}	ts^{h}u^{55}	su^{33}	su^{55}	ku^{33}	ku^{312}	ku^{55}	k^{h}u^{33}	k^{h}u^{312}	k^{h}u^{55}
	小沙江	ts^{h}u^{33}	ts^{h}u^{55}	su^{33}	siu^{55}	ku^{33}	ku^{312}	ku^{55}	k^{h}u^{33}	k^{h}u^{312}	k^{h}u^{55}
	西洋江	ts^{h}u^{55}	ts^{h}u^{45}	su^{55}	ɕʐ^{45}	ku^{55}	ku^{312}	ku^{45}	k^{h}u^{55}	k^{h}u^{312}	k^{h}u^{45}
	横板桥	ts^{h}u^{55}	ts^{h}u^{45}	su^{55}	ɕʐ^{45}	ku^{55}	ku^{312}	ku^{45}	k^{h}u^{55}	k^{h}u^{312}	k^{h}u^{45}
	岩口	ts^{h}u^{33}	ts^{h}u^{55}	su^{33}	sy^{55}	ku^{33}	ku^{312}	ku^{45}	k^{h}u^{33}	k^{h}u^{312}	k^{h}u^{55}
	罗洪	ts^{h}u^{33}	ts^{h}u^{55}	su^{33}	ɕiu^{45}	ku^{33}	ku^{312}	ku^{45}	xu^{33}	xu^{312}	xu^{55}
	高坪	ts^{h}u^{33}	ts^{h}u^{55}	su^{33}	ɕy^{55}	ku^{33}	ku^{312}	ku^{55}	k^{h}u^{33}	k^{h}u^{312}	k^{h}u^{55}
洞口	石江	ts^{h}u^{55}	ts^{h}u^{24}	su^{55}	ɕʐ^{24}	ku^{55}	ku^{312}	ku^{24}	fu^{55}	fu^{312}	fu^{24}
	江口	ts^{h}u^{55}	ts^{h}u^{24}	su^{55}	ɕi^{24}	ku^{55}	ku^{312}	ku^{24}	k^{h}u^{55}	k^{h}u^{312}	k^{h}u^{24}
	长塘	ts^{h}u^{55}	ts^{h}u^{24}	su^{55}	ɕi^{24}	ku^{55}	ku^{312}	ku^{24}	fu^{55}	fu^{312}	fu^{24}
	山门	ts^{h}u^{55}	ts^{h}u^{45}	su^{55}	su^{45}	ku^{55}	ku^{312}	ku^{45}	k^{h}u^{55}	k^{h}u^{312}	k^{h}u^{45}
	高沙	ts^{h}u^{55}	ts^{h}u^{55}	su^{55}	su^{24}	ku^{55}	ku^{312}	ku^{24}	k^{h}u^{55}	k^{h}u^{312}	k^{h}u^{24}
	花园	ts^{h}u^{55}	ts^{h}u^{35}	su^{55}	si^{45}	ku^{55}	ku^{312}	ku^{35}	k^{h}u^{55}	k^{h}u^{312}	k^{h}u^{35}
绥宁	金屋塘	ts^{h}u^{55}	ts^{h}u^{24}	su^{55}	si^{24}	ku^{55}	ku^{312}	ku^{24}	k^{h}u^{55}	k^{h}u^{312}	k^{h}u^{24}
	梅坪	ts^{h}u^{55}	ts^{h}u^{24}	su^{55}	si^{24}	ku^{55}	ku^{312}	ku^{24}	k^{h}u^{55}	k^{h}u^{312}	k^{h}u^{24}
	黄土矿	ts^{h}u^{33}	ts^{h}u^{33}	su^{33}	ɕy^{35}	ku^{33}	ku^{312}	ku^{33}	k^{h}u^{33}	k^{h}u^{312}	k^{h}u^{33}
	唐家坊	ts^{h}u^{33}	ts^{h}u^{55}	su^{33}	sy^{55}	ku^{33}	ku^{312}	ku^{55}	k^{h}u^{33}	k^{h}u^{312}	k^{h}u^{55}
	瓦屋塘	ts^{h}u^{33}	ts^{h}u^{35}	su^{33}	sy^{35}	ku^{33}	ku^{312}	ku^{35}	k^{h}u^{33}	k^{h}u^{312}	k^{h}u^{35}

		吴	五	悟	呼	虎	壶	户	互	乌	恶
		遇合一平模疑	遇合一上姥疑	遇合一去暮疑	遇合一平模晓	遇合一上姥晓	遇合一平模匣	遇合一上姥匣	遇合一去暮匣	遇合一平模影	遇合一去暮影
隆回	荷香桥	u¹³	u³¹²	u⁵⁵	xu³³	xu³¹²	xu¹³	xu⁵⁵	xu⁵⁵	u³³	o⁵⁵
	六都寨	u¹³	u³¹²	u⁵⁵	xu³³	xu³¹²	xu¹³	xu⁵⁵	xu⁵⁵	u³³	o⁵⁵
	七江	u¹³	u³¹²	u⁵⁵	xu³³	xu³¹²	xu¹³	xu⁵⁵	xu⁵⁵	u³³	u⁵⁵
	司门前	u¹³	u³¹²	u⁵⁵	xu³³	xu³¹²	xu¹³	xu⁵⁵	xu⁵⁵	u³³	o⁵⁵
	金石桥	u¹³	u³¹²	u⁵⁵	xu³³	xu³¹²	xu⁴⁵	xu⁵⁵	xu⁵⁵	u³³	o⁴⁵
	小沙江	u¹³	u³¹²	u⁵⁵	xu³³	xu³¹²	xu⁴⁵	xu⁵⁵	xu⁵⁵	u³³	o⁴⁵
	西洋江	u¹³	u³¹²	u⁵⁵	xu⁵⁵	xu³¹²	xu¹³	xu⁵⁵	xu⁵⁵	u⁵⁵	o⁵⁵
	横板桥	u¹³	u³¹²	u⁵⁵	xu⁵⁵	xu³¹²	xu¹³	xu⁵⁵	xu⁵⁵	u⁵⁵	o⁵⁵
	岩口	u¹³	u³¹²	u⁵⁵	xu³³	xu³¹²	xu¹³	xu⁵⁵	xu⁵⁵	u³³	u⁵⁵
	罗洪	u¹³	u³¹²	u⁵⁵	fu³³	fu³¹²	fu¹³	fu⁵⁵	fu⁵⁵	u³³	o⁵⁵
	高坪	u¹³	u³¹²	u⁵⁵	xu³³	xu³¹²	xu¹³	xu⁵⁵	xu⁵⁵	u³³	o⁵⁵
洞口	石江	u¹³	u³¹²	u⁵⁵	fu⁵⁵	fu³¹²	fu¹³	fu⁵⁵	fu⁵⁵	u⁵⁵	o²⁴
	江口	u¹³	u³¹²	u²⁴	fu⁵⁵	fu³¹²	fu¹³	fu⁵⁵	fu⁵⁵	u⁵⁵	o⁵⁵
	长塘	u¹³	u³¹²	u⁵⁵	fu⁵⁵	fu³¹²	fu¹³	fu⁵⁵	fu⁵⁵	u⁵⁵	o⁵⁵
	山门	u¹³	u³¹²	u⁵⁵	fu⁵⁵	fu³¹²	fu¹³	fu⁵⁵	fu⁵⁵	u⁵⁵	o⁵⁵
	高沙	u¹³	u³¹²	u⁵⁵	xu⁵⁵	xu³¹²	xu¹³	xu²⁴	xu²⁴	u⁵⁵	o⁵⁵
	花园	u¹³	u³¹²	u⁵⁵	fu⁵⁵	fu³¹²	fu¹³	fu⁵⁵	fu⁵⁵	u⁵⁵	o⁵⁵
绥宁	金屋塘	u¹³	u³¹²	u²⁴	fu⁵⁵	fu³¹²	fu¹³	fu⁵⁵	fu⁵⁵	u⁵⁵	o⁵⁵
	梅坪	u¹³	u³¹²	u²⁴	fu⁵⁵	fu³¹²	fu¹³	fu⁵⁵	fu⁵⁵	u⁵⁵	o⁵⁵
	黄土矿	u⁵⁵	u³¹²	u³⁵	fu³³	fu³¹²	fu¹³	fu³³	fu³³	u³³	u⁵⁵
	唐家坊	u¹³	u³¹²	u⁵⁵	fu³³	fu³¹²	fu¹³	fu⁵⁵	fu⁵⁵	u³³	u⁵⁵
	瓦屋塘	u¹³	u³¹²	u³⁵	fu³³	fu³¹²	fu¹³	fu³³	fu³³	u³³	u⁵⁵

		女	驴	吕	滤	咀	蛆	絮	徐	序	猪
		遇合三上语娘	遇合三平鱼来	遇合三上语来	遇合三去御来	遇合三上语精	遇合三平鱼清	遇合三去御心	遇合三平鱼邪	遇合三上语邪	遇合三平鱼知
隆回	荷香桥	y³¹²	lu¹³	lu³¹²	ly⁵⁵	tsy³¹²	tsʰy³³	ɕy⁴⁵	ɕy¹³	tɕʰy⁵⁵	tɕy³³
	六都寨	yẽ³¹²	lu¹³	lu³¹²	liu⁵⁵	tsy³¹²	tsʰiu⁵⁵	ɕy⁵⁵	ɕy¹³	ɕy⁵⁵	tɕy³³
	七江	yĩ³¹²	lu¹³	lu³¹²	lu⁵⁵	tsu³¹²	tsʰiu⁵⁵	siu⁵⁵	tsʰy¹³	tsʰiu⁵⁵	tɕu³³
	司门前	yĩ³¹²	lu¹³	lu³¹²	lu⁵⁵	tsu³¹²	tsʰiu⁵⁵	siu⁵⁵	tsʰy¹³	tsʰiu⁵⁵	tɕu³³

续表

		女	驴	吕	滤	咀	蛆	絮	徐	序	猪
		遇合三 上语娘	遇合三 平鱼来	遇合三 上语来	遇合三 去御来	遇合三 上语精	遇合三 平鱼清	遇合三 去御心	遇合三 平鱼邪	遇合三 上语邪	遇合三 平鱼知
隆回	金石桥	y³¹²	lu¹³	liu³¹²	ly⁵⁵	tsu³¹²	tsʰiu⁵⁵	siu⁵⁵	tsʰy¹³	siu⁵⁵	tɕy³³
	小沙江	y³¹²	lu¹³	ly³¹²	ly⁵⁵	tɕiu³¹²	tɕʰiu⁵⁵	ɕiu⁵⁵	ɕy¹³	ɕy⁵⁵	tɕy³³
	西洋江	ʅ³¹²	lu¹³	ʅ³¹²	ʅ⁵⁵	tɕʅ³¹²	tɕʰʅ⁵⁵	ɕʅ⁵⁵	tɕʰʅ¹³	tɕʰʅ⁴⁵	tɕʅ⁵⁵
	横板桥	ʅ³¹²	lu¹³	ʅ³¹²	ʅ⁵⁵	tɕʅ³¹²	tɕʰʅ⁵⁵	ɕʅ⁵⁵	tɕʰʅ¹³	tɕʰʅ⁴⁵	tɕʅ⁵⁵
	岩口	y³¹²	lu¹³	ly³¹²	liu⁵⁵	tsy³¹²	tsʰy⁵⁵	sy⁵⁵	tsʰy¹³	sy⁵⁵	tɕy³³
	罗洪	y³¹²	lu¹³	ly³¹²	ly⁵⁵	tɕy³¹²	tɕʰy³³	ɕyu⁴⁵	tɕʰy¹³	tɕʰy⁵⁵	tɕy³³
	高坪	y³¹²	lu¹³	liu³¹²	liu⁵⁵	tɕi³¹²	tɕʰi³³	ɕi⁵⁵	tɕʰy¹³	tɕʰi⁵⁵	tɕy³³
洞口	石江	ʅ³¹²	lu¹³	ʅ³¹²	ʅ⁵⁵	tɕʅ³¹²	tɕʰʅ⁵⁵	ɕʅ²⁴	tɕʰʅ¹³	tɕʰʅ²⁴	tɕʅ⁵⁵
	江口	ʅ³¹²	lu¹³	li³¹²	li⁵⁵	tɕi³¹²	tɕʰi⁵⁵	ɕi²⁴	ɕʅ¹³	ɕʅ²⁴	tɕʅ⁵⁵
	长塘	ʅ³¹²	lu¹³	ʅ³¹²	ʅ⁵⁵	tɕʅ³¹²	tɕʰi⁵⁵	ɕi²⁴	tɕʰʅ¹³	tɕʰi²⁴	tɕʅ⁵⁵
	山门	ʅ³¹²	lu¹³	ʅ³¹²	ʅ⁵⁵	tɕʅ³¹²	tɕʰʅ⁵⁵	ɕʅ⁵⁵	tɕʰʅ¹³	tɕʰʅ⁵⁵	tɕʅ⁵⁵
	高沙	ʅ³¹²	lu¹³	liu³¹²	liu⁵⁵	tɕiu³¹²	tsʰu⁵⁵	ɕiu²⁴	tɕʰiu¹³	tɕʰiu²⁴	tɕʅ⁵⁵
	花园	ʅ³¹²	lu¹³	liu³¹²	liu⁵⁵	tsiu³¹²	tsʰu⁵⁵	siu³⁵	tɕʰʅ¹³	tɕʰʅ³⁵⁵	tɕʅ⁵⁵
绥宁	金屋塘	ʅ³¹²	lu¹³	li³¹²	li⁵⁵	tsi³¹²	tsʰi⁵⁵	si²⁴	tsʰi¹³	si⁵⁵	tɕʅ⁵⁵
	梅坪	ʅ³¹²	lu¹³	li³¹²	li⁵⁵	tsi³¹²	tsʰi⁵⁵	si²⁴	tsʰi¹³	si⁵⁵	tɕʅ⁵⁵
	黄土矿	ŋ̍³¹²	lu⁵⁵	ly³¹²	ly³³	tɕy³¹²	tɕʰy³³	ɕy³⁵	tɕʰy⁵⁵	ɕy³³	tɕy³³
	唐家坊	ŋ̍³¹²	lu¹³	ly³¹²	ly³³	tsy³¹²	tsʰy³³	sy⁵⁵	tsʰy¹³	sy⁵⁵	tɕy³³
	瓦屋塘	ŋ̍³¹²	lu¹³	ly³¹²	ly³³	tsy³¹²	tsʰy³³	sy3⁵	tɕʰy¹³	ɕy³³	tɕy³³

		著	除	苧	箸	阻	初	楚	锄	助	梳
		遇合三 去御知	遇合三 平鱼澄	遇合三 上语澄	遇合三 去御澄	遇合三 上语庄	遇合三 平鱼初	遇合三 上语初	遇合三 平鱼崇	遇合三 去御崇	遇合三 平鱼生
隆回	荷香桥	tɕy⁴⁵	tɕʰy¹³	tɕʰy³¹²	tɕy⁵⁵	tsu³¹²	tsʰu³³	tsʰu³¹²	tsʰu¹³	tsʰu⁵⁵	su³³
	六都寨	tɕy⁵⁵	tɕʰy¹³	tɕʰy³¹²	tɕy⁵⁵	tsu³¹²	tsʰu³³	tsʰu³¹²	tsʰu¹³	tsʰu⁵⁵	su³³
	七江	tɕy⁵⁵	tɕʰy¹³	tɕʰy³¹²	tɕy⁵⁵	tsu³¹²	tsʰu³³	tsʰu³¹²	tsʰu¹³	tsʰu⁵⁵	su³³
	司门前	tɕu⁵⁵	tɕʰu¹³	tɕʰu³¹²	tɕu⁵⁵	tsu³¹²	tsʰu³³	tsʰu³¹²	tsʰu¹³	tsʰu⁵⁵	su³³
	金石桥	tɕy⁵⁵	tɕʰy¹³	tɕʰy³¹²	tɕy⁵⁵	tsu³¹²	tsʰu³³	tsʰu³¹²	tsʰu¹³	tsʰu⁵⁵	su³³
	小沙江	tɕy⁵⁵	tɕʰy¹³	tɕʰy³¹²	tɕy⁵⁵	tsu³¹²	tsʰu³³	tsʰu³¹²	tsʰu¹³	tsʰu⁵⁵	su³³
	西洋江	tɕʅ⁴⁵	tɕʰʅ¹³	tɕʰʅ³¹²	tɕʅ⁴⁵	tsu³¹²	tsʰu³¹²	tsʰu³¹²	tsʰu¹³	tsʰu⁵⁵	su⁵⁵
	横板桥	tɕʅ⁴⁵	tɕʰʅ¹³	tɕʰʅ³¹²	tɕʅ⁴⁵	tsu³¹²	tsʰu³¹²	tsʰu³¹²	tsʰu¹³	tsʰu⁵⁵	su⁵⁵
	岩口	tɕy⁵⁵	tɕʰy¹³	tɕʰy³¹²	tɕy⁵⁵	tsu³¹²	tsʰu³³	tsʰu³¹²	tsʰu¹³	tsʰu⁵⁵	su³³

续表

		著	除	苎	箸	阻	初	楚	锄	助	梳
		遇合三	遇合三	遇合三	遇合三	遇合三	遇合三	遇合三	遇合三	遇合三	遇合三
		去御知	平鱼澄	上语澄	去御澄	上语庄	平鱼初	上语初	平鱼崇	去御崇	平鱼生
隆回	罗洪	tɕy⁴⁵	tɕʰy¹³	tɕʰy³¹²	tɕy⁵⁵	tsu³¹²	tsʰu³³	tsʰu³¹²	tsʰu¹³	tsʰu⁵⁵	su³³
	高坪	tɕy⁵⁵	tɕʰy¹³	tɕʰy³¹²	tɕy⁵⁵	tsu³¹²	tsʰu³³	tsʰu³¹²	tsʰu¹³	tsʰu⁵⁵	su³³
洞口	石江	tɕʅ²⁴	tɕʰʅ¹³	tɕʰʅ³¹²	tɕʅ⁵⁵	tsu³¹²	tsʰu⁵⁵	tsʰu³¹²	tsʰu¹³	tsʰu⁵⁵	su⁵⁵
	江口	tɕʅ²⁴	tɕʰʅ¹³	tɕʰʅ³¹²	tɕʅ⁵⁵	tsu³¹²	tsʰu⁵⁵	tsʰu³¹²	tsʰu¹³	tsʰu⁵⁵	su⁵⁵
	长塘	tɕʅ²⁴	tɕʰʅ¹³	tɕʰʅ³¹²	tɕʅ⁵⁵	tsu³¹²	tsʰu⁵⁵	tsʰu³¹²	tsʰu¹³	tsʰu⁵⁵	su⁵⁵
	山门	tɕʅ⁴⁵	tɕʰʅ¹³	tɕʰʅ³¹²	tɕʅ⁴⁵	tɕʅ³¹²	tsʰu⁵⁵	tsʰu³¹²	tɕʰʅ¹³	tsʰu⁵⁵	ʂʅ⁵⁵
	高沙	tɕʅ²⁴	tɕʰʅ¹³	tɕʰʅ³¹²	tɕʅ²⁴	tsu³¹²	tsʰu⁵⁵	tsʰu³¹²	tsʰu¹³	tsʰu²⁴	su⁵⁵
	花园	tɕʅ³⁵	tɕʰʅ¹³	tɕʰʅ³¹²	tɕʅ³⁵	tsu³¹²	tsʰu⁵⁵	tsʰu³¹²	tsʰu¹³	tsʰu⁵⁵	su⁵⁵
绥宁	金屋塘	tɕʅ²⁴	tɕʰʅ¹³	tɕʰʅ³¹²	tɕʅ⁵⁵	tsu³¹²	tsʰu⁵⁵	tsʰu³¹²	tsʰu¹³	tsʰu⁵⁵	su⁵⁵
	梅坪	tɕʅ²⁴	tɕʰʅ¹³	tɕʰʅ³¹²	tɕʅ⁵⁵	tsu³¹²	tsʰu⁵⁵	tsʰu³¹²	tsʰu¹³	tsʰu⁵⁵	su⁵⁵
	黄土矿	tɕy³⁵	tɕʰy⁵⁵	tɕʰy³¹²	tɕy³⁵	tsu³¹²	tsʰu³³	tsʰu³¹²	tɕʰy⁵⁵	tsʰu³³	su³³
	唐家坊	tɕy⁵⁵	tɕʰy¹³	tɕʰy³¹²	tɕy⁵⁵	tsu³¹²	tsʰu³³	tsʰu³¹²	tsʰu¹³	tsʰu⁵⁵	su³³
	瓦屋塘	tɕy³⁵	tɕʰy¹³	tɕʰy³¹²	tɕy³⁵	tsu³¹²	tsʰu³³	tsʰu³¹²	tsʰu¹³	tsʰu³³	su³³

		所	疏	煮	处	书	鼠	墅	薯	如	车
		遇合三	遇合三	遇合三	遇合三	遇合三	遇合三	遇合三	遇合三	遇合三	遇合三
		上语生	去御生	上语章	上语昌	平鱼书	上语书	上语禅	去御禅	平鱼日	平鱼见
隆回	荷香桥	so³¹²	su³³	tɕy³¹²	tɕʰy³¹²	ɕy³³	ɕy³¹²	ɕy⁵⁵	ɕy¹³	y¹³	tɕy³³
	六都寨	so³¹²	su³³	tɕy³¹²	tɕʰy⁵⁵	ɕy³³	ɕy³¹²	ɕy⁵⁵	ɕy¹³	y¹³	tɕy³³
	七江	so³¹²	su³³	tɕy³¹²	tɕʰy⁵⁵	ɕy³³	ɕy⁵⁵	ɕy⁵⁵	ɕy¹³	u¹³	tɕy³³
	司门前	so³¹²	su³³	tɕu³¹²	tɕʰu⁵⁵	ɕu³³	ɕu³¹²	ɕu⁵⁵	ɕu¹³	u¹³	tɕu³³
	金石桥	so³¹²	su³³	tɕy³¹²	tɕʰy⁵⁵	ɕy³³	ɕy³¹²	ɕy⁵⁵	ɕy⁵⁵	y¹³	tɕy³³
	小沙江	so³¹²	su³³	tɕy³¹²	tɕʰy⁵⁵	ɕy³³	ɕy³¹²	ɕy⁵⁵	ɕy¹³	y¹³	tɕy³³
	西洋江	so³¹²	su⁵⁵	tɕʅ³¹²	tɕʰʅ³¹²	ɕʅ⁵⁵	ɕʅ³¹²	ɕʅ⁴⁵	ɕʅ¹³	ʅ¹³	tɕʅ⁵⁵
	横板桥	so³¹²	su⁵⁵	tɕʅ³¹²	tɕʰʅ³¹²	ɕʅ⁵⁵	ɕʅ³¹²	ɕʅ⁴⁵	ɕʅ⁵⁵	ʅ¹³	tɕʅ⁵⁵
	岩口	so³¹²	su³³	tɕy³¹²	tɕʰy⁵⁵	ɕy³³	ɕy⁵⁵	ɕy⁵⁵	ɕy¹³	y¹³	tɕy³³
	罗洪	so³¹²	su³³	tɕy³¹²	tɕʰy⁵⁵	ɕy³³	ɕy⁵⁵	ɕy⁵⁵	ɕy¹³	y¹³	tɕy³³
	高坪	so³¹²	su³³	tɕy³¹²	tɕʰy⁵⁵	ɕy³³	ɕy⁵⁵	ɕy⁵⁵	ɕy¹³	y¹³	tɕy³³
洞口	石江	so³¹²	su⁵⁵	tɕʅ³¹²	tɕʰʅ³¹²	ɕʅ⁵⁵	ɕʅ³¹²	ɕʅ⁵⁵	ɕʅ¹³	ʅ¹³	tɕʅ⁵⁵
	江口	so³¹²	su⁵⁵	tɕʅ³¹²	tɕʰʅ³¹²	ɕʅ⁵⁵	ɕʅ³¹²	ɕʅ⁵⁵	ɕʅ¹³	ʅ¹³	tɕʅ⁵⁵

续表

		所	疏	煮	处	书	鼠	墅	薯	如	车
		遇合三上语生	遇合三去御生	遇合三上语章	遇合三上语昌	遇合三平鱼书	遇合三上语书	遇合三上语禅	遇合三去御禅	遇合三平鱼日	遇合三平鱼见
洞口	长塘	so^{312}	su^{55}	tɕʅ^{312}	tɕʰʅ^{312}	ɕʅ^{55}	ɕʅ^{312}	ɕʅ^{55}	ɕʅ^{13}	ʅ^{13}	tɕʅ^{55}
	山门	so^{312}	ɕʅ^{55}	tɕʅ^{312}	tɕʰʅ^{312}	ɕʅ^{55}	ɕʅ^{312}	ɕʅ^{45}	ɕʅ^{13}	ʅ^{13}	tɕʅ^{55}
	高沙	so^{312}	su^{55}	tɕʅ^{312}	tɕʰʅ^{312}	ɕʅ^{55}	ɕʅ^{312}	ɕʅ^{24}	ɕʅ^{13}	ʅ^{13}	tɕʅ^{55}
	花园	so^{312}	su^{55}	tɕʅ^{312}	tɕʰʅ^{312}	ɕʅ^{55}	ɕʅ^{312}	ɕʅ^{55}	ɕʅ^{13}	ʅ^{13}	tɕʅ^{55}
绥宁	金屋塘	so^{312}	su^{55}	tɕʅ^{312}	tɕʰʅ^{312}	ɕʅ^{55}	ɕʅ^{312}	ɕʅ^{55}	ɕʅ^{13}	ʅ^{13}	tɕʅ^{55}
	梅坪	so^{312}	su^{55}	tɕʅ^{312}	tɕʰʅ^{312}	ɕʅ^{55}	ɕʅ^{312}	ɕʅ^{55}	ɕʅ^{13}	ʅ^{13}	tɕʅ^{55}
	黄土矿	so^{312}	su^{33}	tɕy^{312}	tɕʰy^{312}	fy^{33}	fu^{312}	ɕy^{33}	fy^{33}	y^{55}	tɕy^{33}
	唐家坊	so^{312}	su^{33}	tɕy^{312}	tɕʰy^{312}	ɕy^{33}	ɕy^{312}	ɕy^{55}	ɕy^{13}	y^{13}	tɕy^{33}
	瓦屋塘	so^{312}	su^{33}	tɕy^{312}	tɕʰy^{312}	ɕy^{33}	ɕy^{312}	ɕy^{55}	ɕy^{13}	y^{13}	tɕy^{33}

		举	锯	墟	去	渠	拒	鱼	语	虚	许
		遇合三上语见	遇合三去御见	遇合三上语溪	遇合三去御溪	遇合三平鱼群	遇合三上语群	遇合三平鱼疑	遇合三上语疑	遇合三平鱼晓	遇合三上语晓
隆回	荷香桥	tɕy^{312}	ka^{45}	ɕy^{55}	tɕʰy/tɕʰi^{45}	tɕʰy^{13}	tɕʰy^{55}	y^{13}	y^{312}	ɕy^{33}	ɕy^{312}
	六都寨	tɕy^{312}	ki^{55}	ɕy^{55}	tɕʰy/tɕʰi^{55}	tɕʰy^{13}	tɕʰy^{55}	y^{13}	y^{312}	ɕy^{33}	ɕy^{312}
	七江	tɕy^{312}	ki^{55}	ɕy^{55}	tɕʰy/tɕʰi^{55}	tɕʰy^{13}	tɕy^{55}	u^{13}	u^{312}	ɕy^{33}	ɕy^{312}
	司门前	tɕu^{312}	ki^{55}	ɕu^{55}	tɕʰu/tɕʰi^{55}	tɕʰu^{13}	tɕʰu^{55}	u^{13}	u^{312}	ɕu^{33}	ɕu^{312}
	金石桥	tɕy^{312}	ke^{55}	ɕy^{55}	tɕʰy/tɕʰi^{55}	tɕʰy^{13}	tɕʰy^{55}	y^{13}	y^{312}	ɕy^{33}	ɕy^{312}
	小沙江	tɕy^{312}	ke^{55}	ɕy^{55}	tɕʰy/tɕʰi^{55}	tɕʰy^{13}	tɕy^{55}	y^{13}	y^{312}	ɕy^{33}	ɕy^{312}
	西洋江	tɕʅ^{312}	tɕʅ/ki^{45}	ɕʅ^{55}	tɕʰʅ/tɕʰi^{45}	tɕʰʅ^{13}	tɕʰʅ^{55}	ʅ^{13}	ʅ^{312}	ɕʅ^{55}	ɕʅ^{312}
	横板桥	tɕʅ^{312}	tɕʅ/ki^{45}	ɕʅ^{55}	tɕʰʅ/tɕʰi^{45}	tɕʰʅ^{13}	tɕʰʅ^{55}	ʅ^{13}	ʅ^{312}	ɕʅ^{55}	ɕʅ^{312}
	岩口	tɕy^{312}	ka^{55}	ɕy^{55}	tɕʰy/tɕʰi^{55}	tɕʰy^{13}	tɕy^{55}	y^{13}	y^{312}	ɕy^{33}	ɕy^{312}
	罗洪	tɕy^{312}	ke^{45}	ɕy^{55}	tɕʰy/tɕʰi^{55}	tɕʰy^{13}	tɕʰy^{55}	y^{13}	y^{312}	ɕy^{33}	ɕy^{312}
	高坪	tɕy^{312}	tɕi^{55}	ɕy^{55}	tɕʰy/tɕʰi^{55}	tɕʰy^{13}	tɕy^{55}	y^{13}	y^{312}	ɕy^{33}	ɕy^{312}
洞口	石江	tɕʅ^{312}	tɕʅ/ki^{24}	ɕʅ^{55}	tɕʰʅ^{24}	tɕʰʅ^{13}	tɕʰʅ^{55}	ʅ^{13}	ʅ^{312}	ɕʅ^{55}	ɕʅ^{312}
	江口	tɕʅ^{312}	tɕʅ/ki^{24}	ɕʅ^{55}	tɕʰʅ^{24}	tɕʰʅ^{13}	tɕʰʅ^{55}	ʅ^{13}	ʅ^{312}	ɕʅ^{55}	ɕʅ^{312}
	长塘	tɕʅ^{312}	tɕʅ/ki^{24}	ɕʅ^{55}	tɕʰʅ^{24}	tɕʰʅ^{13}	tɕʰʅ^{55}	ʅ^{13}	ʅ^{312}	ɕʅ^{55}	ɕʅ^{312}
	山门	tɕʅ^{312}	ka/ki^{45}	ɕʅ^{55}	tɕʰi^{45}	tɕʰʅ^{13}	tɕʰʅ^{55}	ʅ^{13}	ʅ^{312}	ɕʅ^{55}	ɕʅ^{312}
	高沙	tɕʅ^{312}	ka/tɕʅ^{24}	ɕʅ^{55}	tɕʰʅ^{24}	tɕʰʅ^{13}	tɕʰʅ^{55}	ʅ^{13}	ʅ^{312}	ɕʅ^{55}	ɕʅ^{312}
	花园	tɕʅ^{312}	ka/ki^{35}	ɕʅ^{55}	tɕʰʅ^{35}	tɕʰʅ^{13}	tɕʰʅ^{55}	ʅ^{13}	ʅ^{312}	ɕʅ^{55}	ɕʅ^{312}

		举	锯	墟	去	渠	拒	鱼	语	虚	许
		遇合三 上语见	遇合三 去御见	遇合三 上语溪	遇合三 去御溪	遇合三 平鱼群	遇合三 上语群	遇合三 平鱼疑	遇合三 上语疑	遇合三 平鱼晓	遇合三 上语晓
绥宁	金屋塘	tɕʅ³¹²	tɕʅ/ki²⁴	ɕʅ⁵⁵	tɕʰʅ²⁴	tɕʰʅ¹³	tɕʰʅ⁵⁵	ʅ¹³	ʅ³¹²	ɕʅ⁵⁵	ɕʅ³¹²
	梅坪	tɕʅ³¹²	tɕʅ/ki²⁴	ɕʅ⁵⁵	tɕʰʅ²⁴	tɕʰʅ¹³	tɕʰʅ⁵⁵	ʅ¹³	ʅ³¹²	ɕʅ⁵⁵	ɕʅ³¹²
	黄土矿	tɕy³¹²	tɕy/ka³⁵	fy³³	tɕʰe³³	tɕʰy⁵⁵	tɕy³⁵	y⁵⁵	y³¹²	fy³³	fy³¹²
	唐家坊	tɕy³¹²	tɕy/ke⁵⁵	ɕy³³	tɕʰy⁵⁵	tɕʰy¹³	tɕy⁵⁵	y¹³	y³¹²	ɕy³³	ɕy³¹²
	瓦屋塘	tɕy³¹²	tɕy/ke³⁵	ɕy³³	tɕʰe³⁵	tɕʰy⁵⁵	tɕy³⁵	y¹³	y³¹²	ɕy³³	ɕy³¹²

		淤	余	誉	夫	斧	傅	麸	符	腐	附
		遇合三 平鱼影	遇合三 平鱼以	遇合三 去御以	遇合三 平虞非	遇合三 上麌非	遇合三 去遇非	遇合三 平虞敷	遇合三 平虞奉	遇合三 上麌奉	遇合三 去遇奉
隆回	荷香桥	y³³	y¹³	y⁵⁵	fu³³	fu³¹²	fu⁵⁵	fu³³	fu¹³	fu³¹²	fu⁵⁵
	六都寨	y³³	y¹³	y⁵⁵	fu³³	fu³¹²	fu⁵⁵	fu³³	fu¹³	fu³¹²	fu⁵⁵
	七江	u³³	u¹³	u⁵⁵	fu³³	fu³¹²	fu⁵⁵	fu³³	fu¹³	fu³¹²	fu⁵⁵
	司门前	u³³	u¹³	u⁵⁵	fu³³	fu³¹²	fu⁵⁵	fu³³	fu¹³	fu³¹²	fu⁵⁵
	金石桥	y³³	y¹³	y⁵⁵	fu³³	fu³¹²	fu⁵⁵	fu³³	fu¹³	fu³¹²	fu⁵⁵
	小沙江	y³³	y¹³	y⁵⁵	fu³³	fu³¹²	fu⁵⁵	fu³³	fu¹³	fu³¹²	fu⁵⁵
	西洋江	ʅ⁵⁵	ʅ¹³	ʅ⁴⁵	fu⁵⁵	fu³¹²	fu⁴⁵	fu⁵⁵	fu¹³	fu³¹²	fu³¹²
	横板桥	ʅ⁵⁵	ʅ¹³	ʅ⁵⁵	fu⁵⁵	fu³¹²	fu⁴⁵	fu⁵⁵	fu¹³	fu³¹²	fu³¹²
	岩口	y³³	y¹³	y⁵⁵	fu³³	fu³¹²	fu⁵⁵	fu³³	fu¹³	fu³¹²	fu⁵⁵
	罗洪	y³³	y¹³	y⁵⁵	fu³³	fu³¹²	fu⁵⁵	fu³³	fu¹³	fu³¹²	fu⁵⁵
	高坪	y³³	y¹³	y⁵⁵	xu³³	xu³¹²	xu⁵⁵	xu³³	xu¹³	xu³¹²	xu⁵⁵
洞口	石江	ʅ⁵⁵	ʅ¹³	ʅ⁵⁵	fu⁵⁵	fu³¹²	fu²⁴	fu⁵⁵	fu¹³	fu³¹²	fu²⁴
	江口	ʅ⁵⁵	ʅ¹³	ʅ²⁴	fu⁵⁵	fu³¹²	fu²⁴	fu⁵⁵	fu¹³	fu³¹²	fu²⁴
	长塘	ʅ⁵⁵	ʅ¹³	ʅ⁵⁵	fu⁵⁵	fu³¹²	fu²⁴	fu⁵⁵	fu¹³	fu³¹²	fu²⁴
	山门	ʅ⁵⁵	ʅ¹³	ʅ⁵⁵	fu⁵⁵	fu³¹²	fu⁴⁵	fu⁵⁵	fu¹³	fu³¹²	fu³¹²
	高沙	ʅ⁵⁵	ʅ¹³	ʅ⁵⁵	fu⁵⁵	fu³¹²	fu²⁴	fu⁵⁵	fu¹³	fu³¹²	fu²⁴
	花园	ʅ⁵⁵	ʅ¹³	ʅ⁵⁵	fu⁵⁵	fu³¹²	fu³⁵	fu⁵⁵	fu¹³	fu³¹²	fu⁵⁵
绥宁	金屋塘	ʅ⁵⁵	ʅ¹³	ʅ²⁴	fu⁵⁵	fu³¹²	fu²⁴	fu⁵⁵	fu¹³	fu³¹²	fu²⁴
	梅坪	ʅ⁵⁵	ʅ¹³	ʅ²⁴	fu⁵⁵	fu³¹²	fu²⁴	fu⁵⁵	fu¹³	fu³¹²	fu²⁴
	黄土矿	y³³	y¹³	y³³	fu³³	fu³¹²	fu³⁵	fu³³	fu⁵⁵	fu³³	fu³³
	唐家坊	y³³	y¹³	y⁵⁵	fu³³	fu³¹²	fu⁵⁵	fu³³	fu¹³	fu³¹²	fu⁵⁵
	瓦屋塘	y³³	y¹³	y³³	fu³³	fu³¹²	fu³⁵	fu³³	fu¹³	fu³¹²	fu³³

		诬	武	雾	缕	屡	趋	娶	趣	须	株
		遇合三	遇合三	遇合三	遇合三	遇合三	遇合三	遇合三	遇合三	遇合三	遇合三
		平虞微	上虞微	去遇微	上虞来	去遇来	平虞清	上虞清	去遇清	平虞心	平虞知
隆回	荷香桥	u^{33}	u^{312}	u^{55}	liɛ^{312}	lui^{312}	tɕʰy^{33}	tɕʰy^{312}	tɕʰy^{45}	ɕy^{33}	tɕy^{33}
	六都寨	u^{33}	u^{312}	u^{55}	liu^{312}	liu^{312}	tɕʰy^{33}	tɕʰy^{312}	tɕʰy^{55}	ɕy^{33}	tɕy^{33}
	七江	u^{33}	u^{312}	u^{55}	liu^{312}	lui^{312}	tsʰiu^{33}	tsʰiu^{312}	tsʰiu^{55}	siu^{33}	tɕy^{33}
	司门前	u^{33}	u^{312}	u^{55}	liɛ^{312}	lue^{312}	tsʰiu^{33}	tsʰiu^{312}	tsʰiu^{55}	siu^{33}	tɕu^{33}
	金石桥	xu^{312}	u^{312}	u^{55}	liɛ^{312}	liɛ^{312}	tɕʰy^{33}	tsʰui^{312}	tɕʰy^{55}	ɕue^{33}	tɕy^{33}
	小沙江	xu^{312}	u^{312}	u^{55}	liɛ^{312}	liɛ^{312}	tɕʰy^{33}	tɕʰy^{312}	tɕʰy^{55}	ɕy^{33}	tɕy^{33}
	西洋江	u^{55}	u^{312}	u^{55}	liɛ^{312}	le^{312}	tɕʰʅ^{55}	tɕʰʅ^{312}	tɕʰʅ^{45}	ɕʅ^{55}	tɕʅ^{55}
	横板桥	u^{55}	u^{312}	u^{55}	liɛ^{312}	le^{312}	tɕʰʅ^{55}	tɕʰʅ	tɕʰʅ^{45}	ɕʅ^{55}	tɕʅ^{55}
	岩口	u^{33}	u^{312}	u^{55}	ly^{312}	liɛ^{312}	tsʰy^{33}	tsʰy^{312}	tsʰy^{55}	sy^{33}	tɕy^{33}
	罗洪	u^{33}	u^{312}	u^{55}	liɛ^{312}	lui^{312}	tɕʰy^{33}	tɕʰy^{312}	tɕʰy^{55}	ɕiu^{33}	tɕy^{33}
	高坪	u^{33}	u^{312}	u^{55}	liɛ^{312}	liɛ^{312}	tɕʰy^{33}	tɕʰi^{312}	tɕʰy^{55}	ɕi^{33}	tɕy^{33}
洞口	石江	u^{55}	u^{312}	u^{55}	liɛ^{312}	liɛ^{312}	tɕʰʅ^{55}	tɕʰʅ^{312}	tɕʰʅ^{24}	ɕʅ^{55}	tɕʅ^{55}
	江口	u^{55}	u^{312}	u^{24}	li^{312}	le^{312}	tɕʰi^{55}	tɕʰi^{312}	tɕʰi^{24}	ɕi^{55}	tɕʅ^{55}
	长塘	u^{55}	u^{312}	u^{55}	liɛ^{312}	liɛ^{312}	tɕʰi^{55}	tɕʰi^{312}	tɕʰi^{24}	ɕi^{55}	tɕʅ^{55}
	山门	u^{55}	u^{312}	u^{55}	liɛ^{312}	liɛ^{312}	tɕʰi^{45}	tɕʰi^{312}	tɕʰi^{45}	ɕi^{55}	tɕʅ^{55}
	高沙	u^{55}	u^{312}	u^{24}	liɛ^{312}	le^{312}	tɕʰʅ^{55}	tɕʰiu^{312}	tɕʰiu^{24}	siu^{55}	tɕʅ^{55}
	花园	u^{55}	u^{312}	u^{35}	liɛ^{312}	le^{312}	tsʰʅ^{35}	tsʰiu^{312}	tsʰiu^{35}	siu^{55}	tɕʅ^{55}
绥宁	金屋塘	u^{55}	u^{312}	u^{24}	li^{312}	le^{312}	tsʰi^{55}	tsʰi^{312}	tsʰi^{24}	si^{55}	tɕʅ^{55}
	梅坪	u^{55}	u^{312}	u^{24}	li^{312}	le^{312}	tsʰi^{55}	tsʰi^{312}	tsʰi^{24}	si^{55}	tɕʅ^{55}
	黄土矿	u^{33}	u^{312}	u^{55}	le^{312}	liɛ^{312}	tɕʰy^{33}	tɕʰy^{312}	tɕʰy^{33}	ɕy^{33}	tɕy^{33}
	唐家坊	u^{33}	u^{312}	u^{55}	le^{312}	le^{312}	tsʰy^{33}	tsʰy^{312}	tsʰy^{55}	sy^{33}	tɕy^{33}
	瓦屋塘	u^{33}	u^{312}	u^{35}	le^{312}	le^{312}	tsʰy^{33}	tsʰy^{312}	tsʰy^{35}	sy^{33}	tɕy^{33}
		拄	厨	柱	住	数动	数名	朱	主	蛀	输
		遇合三	遇合三	遇合三	遇合三	遇合三	遇合三	遇合三	遇合三	遇合三	遇合三
		上虞知	平虞澄	上虞澄	去遇澄	上虞生	去遇生	平虞章	上虞章	去遇章	平虞书
隆回	荷香桥	tɕy^{312}	tɕʰy^{13}	tɕʰy^{312}	tɕy^{55}	su^{312}	su^{45}	tɕy^{33}	tɕy^{312}	tɕy^{45}	ɕy^{33}
	六都寨	tɕy^{312}	tɕʰy^{13}	tɕʰy^{312}	tɕy^{55}	su^{312}	su^{55}	tɕy^{33}	tɕy^{312}	tɕy^{55}	ɕy^{33}
	七江	tɕy^{312}	tɕʰy^{13}	tɕʰy^{312}	tɕy^{55}	su^{312}	su^{55}	tɕy^{33}	tɕy^{312}	tɕy^{55}	ɕy^{33}
	司门前	tɕu^{312}	tɕʰu^{13}	tɕʰu^{312}	tɕu^{55}	su^{312}	su^{55}	tɕu^{33}	tɕu^{312}	tɕu^{55}	ɕu^{33}

续表

		拄	厨	柱	住	数动	数名	朱	主	蛀	输
		遇合三上虞知	遇合三平虞澄	遇合三上虞澄	遇合三去遇澄	遇合三上虞生	遇合三去遇生	遇合三平虞章	遇合三上虞章	遇合三去遇章	遇合三平虞书
隆回	金石桥	tɕy³¹²	tɕʰy¹³	tɕʰy³¹²	tɕʰy⁵⁵	su³¹²	su⁵⁵	tɕy³³	tɕy³¹²	tɕy⁵⁵	ɕy³³
	小沙江	tɕy³¹²	tɕʰy¹³	tɕʰy³¹²	tɕʰy⁵⁵	su³¹²	su⁵⁵	tɕy³³	tɕy³¹²	tɕy⁵⁵	ɕy³³
	西洋江	tɕʅ³¹²	tɕʰʅ¹³	tɕʰʅ³¹²	tɕʅ⁴⁵	su³¹²	su⁴⁵	tɕʅ⁵⁵	tɕʅ³¹²	tɕʅ⁴⁵	ɕʅ⁵⁵
	横板桥	tɕʅ³¹²	tɕʰʅ¹³	tɕʰʅ³¹²	tɕʅ⁴⁵	su³¹²	su⁴⁵	tɕʅ⁵⁵	tɕʅ³¹²	tɕʅ⁴⁵	ɕʅ⁵⁵
	岩口	tɕy³¹²	tɕʰy¹³	ɕy³³	tɕy⁵⁵	su³¹²	su⁵⁵	tɕy³³	tɕy³¹²	tɕy⁵⁵	ɕy³³
	罗洪	tɕy³¹²	tɕʰy¹³	tɕʰy³¹²	tɕʰy⁵⁵	su³¹²	su⁴⁵	tɕy³³	tɕy³¹²	tɕy⁴⁵	ɕy³³
	高坪	tɕy³¹²	tɕʰy¹³	ɕy³¹²	tɕʰy⁵⁵	su³¹²	su⁵⁵	tɕy³³	tɕy³¹²	tɕy⁵⁵	ɕy³³
洞口	石江	tɕʅ³¹²	tɕʰʅ¹³	tɕʰʅ³¹²	tɕʅ⁵⁵	su³¹²	su²⁴	tɕʅ⁵⁵	tɕʅ³¹²	tɕʅ²⁴	ɕʅ⁵⁵
	江口	tɕʅ³¹²	tɕʰʅ¹³	tɕʰʅ³¹²	tɕʅ⁵⁵	su³¹²	su²⁴	tɕʅ⁵⁵	tɕʅ³¹²	tɕʅ²⁴	ɕʅ⁵⁵
	长塘	tɕʅ³¹²	tɕʰʅ¹³	tɕʰʅ³¹²	tɕʅ⁵⁵	su³¹²	su²⁴	tɕʅ⁵⁵	tɕʅ³¹²	tɕʅ²⁴	ɕʅ⁵⁵
	山门	tɕʅ³¹²	tɕʰʅ¹³	tɕʰʅ¹³	tɕʅ⁴⁵	su³¹²	su⁴⁵	tɕʅ⁵⁵	tɕʅ³¹²	tɕʅ⁴⁵	ɕʅ⁵⁵
	高沙	tɕʅ³¹²	tɕʰʅ¹³	tɕʰʅ³¹²	tɕʅ²⁴	su³¹²	su²⁴	tɕʅ⁵⁵	tɕʅ³¹²	tɕʅ²⁴	ɕʅ⁵⁵
	花园	tɕʅ³¹²	tɕʰʅ¹³	tɕʰʅ³¹²	tɕʅ³⁵	su³¹²	su³⁵	tɕʅ⁵⁵	tɕʅ³¹²	tɕʅ³⁵	ɕʅ⁵⁵
绥宁	金屋塘	tɕʅ³¹²	tɕʰʅ¹³	tɕʰʅ³¹²	tɕʅ³⁵	su³¹²	su²⁴	tɕʅ⁵⁵	tɕʅ³¹²	tɕʅ²⁴	ɕʅ⁵⁵
	梅坪	tɕʅ³¹²	tɕʰʅ¹³	tɕʰʅ³¹²	tɕʅ³⁵	su³¹²	su²⁴	tɕʅ⁵⁵	tɕʅ³¹²	tɕʅ²⁴	ɕʅ⁵⁵
	黄土矿	tɕy³¹²	tɕʰy⁵⁵	tɕʰy³¹²	tɕy³³	su³¹²	su³⁵	tɕy³³	tɕy³¹²	tɕy³⁵	ɕy³³
	唐家坊	tɕy³¹²	tɕʰy¹³	tɕʰy³¹²	tɕy⁵⁵	su³¹²	su⁵⁵	tɕy³³	tɕy³¹²	tɕy⁵⁵	ɕy³³
	瓦屋塘	tɕy³¹²	tɕʰy¹³	tɕʰy³¹²	tɕy³⁵	su³¹²	su³⁵	tɕy³³	tɕy³¹²	tɕy³⁵	ɕy³³

		殊	竖	树	乳	拘	矩	句	区	具	娱
		遇合三平虞禅	遇合三上虞禅	遇合三去遇禅	遇合三上虞日	遇合三平虞见	遇合三上虞见	遇合三去遇见	遇合三平虞溪	遇合三去遇群	遇合三平虞群
隆回	荷香桥	ɕy¹³	tɕʰy/ɕy⁵⁵	ɕy⁵⁵	y³¹²	tɕy³³	tɕy³¹²	tɕy⁵⁵	tɕʰy³³	tɕʰy⁵⁵	u¹³
	六都寨	ɕy¹³	tɕʰy/ɕy⁵⁵	ɕy⁵⁵	y³¹²	tɕy³³	tɕy³¹²	tɕy⁵⁵	tɕʰy³³	tɕʰy⁵⁵	u¹³
	七江	ɕy¹³	ɕy³¹²	ɕy⁵⁵	y³¹²	tɕy³³	tɕy³¹²	tɕy⁵⁵	tɕʰy³³	tɕʰy⁵⁵	u¹³
	司门前	ɕu¹³	ɕu⁵⁵	ɕu⁵⁵	u³¹²	tɕu³³	tɕu³¹²	tɕu⁵⁵	tɕʰu³³	tɕʰu⁵⁵	u¹³
	金石桥	ɕy¹³	tɕʰy/ɕy⁴⁵	ɕy⁵⁵	y³¹²	tɕy³³	tɕy³¹²	tɕy⁵⁵	tɕʰy³³	tɕʰy⁵⁵	u¹³
	小沙江	ɕy¹³	tɕʰy/ɕy⁴⁵	ɕy⁵⁵	y³¹²	tɕy³³	tɕy³¹²	tɕy⁵⁵	tɕʰy³³	tɕʰy⁵⁵	u¹³
	西洋江	ɕʅ¹³	tɕʰʅ/ɕʅ³¹²	ɕʅ⁵⁵	ʅ³¹²	tɕʅ¹³	tɕʅ³¹²	tɕʅ⁴⁵	tɕʰʅ⁵⁵	tɕʰʅ⁵⁵	u⁵⁵
	横板桥	ɕʅ¹³	tɕʰʅ/ɕʅ³¹²	ɕʅ⁵⁵	ʅ³¹²	tɕʅ¹³	tɕʅ³¹²	tɕʅ⁴⁵	tɕʰʅ⁵⁵	tɕʰʅ⁵⁵	u⁵⁵
	岩口	ɕy³³	ɕy⁵⁵	ɕy⁵⁵	y³¹²	tɕy³³	tɕy³¹²	tɕy⁵⁵	tɕʰy³³	tɕʰy⁵⁵	y¹³

		殊	竖	树	乳	拘	矩	句	区	具	娱
		遇合三平虞禅	遇合三上虞禅	遇合三去遇禅	遇合三上虞日	遇合三平虞见	遇合三上虞见	遇合三去遇见	遇合三平虞溪	遇合三去遇群	遇合三平虞群
隆回	罗洪	ɕy^{13}	tɕʰy/ɕy^{312}	ɕy^{55}	y^{312}	tɕy^{33}	tɕy^{312}	tɕy^{45}	tɕʰy^{33}	tɕʰy^{55}	y^{13}
	高坪	ɕy^{13}	ɕy^{55}	ɕy^{55}	y^{312}	tɕy^{33}	tɕy^{312}	tɕy^{55}	tɕʰy^{33}	tɕʰy^{55}	y^{13}
洞口	石江	ɕʅ^{13}	tɕʰʅ/ɕʅ^{312}	ɕʅ^{55}	ʅ^{312}	tɕʅ^{13}	tɕʅ^{312}	tɕʅ^{24}	tɕʰʅ^{55}	tɕʰʅ^{55}	u^{55}
	江口	ɕʅ^{13}	tɕʰʅ/ɕʅ^{312}	ɕʅ^{55}	ʅ^{312}	tɕʅ^{13}	tɕʅ^{312}	tɕʅ^{24}	tɕʰʅ^{55}	tɕʰʅ^{55}	u^{55}
	长塘	ɕʅ^{13}	tɕʰʅ/ɕʅ^{312}	ɕʅ^{55}	ʅ^{312}	tɕʅ^{13}	tɕʅ^{312}	tɕʅ^{24}	tɕʰʅ^{55}	tɕʰʅ^{55}	u^{55}
	山门	ɕʅ^{13}	ɕʅ^{312}	ɕʅ^{55}	ʅ^{312}	tɕʅ^{13}	tɕʅ^{312}	tɕʅ^{45}	tɕʰʅ^{55}	tɕʰʅ^{55}	u^{55}
	高沙	ɕʅ^{312}	ɕʅ^{312}	ɕʅ^{24}	ʅ^{312}	tɕʅ^{13}	tɕʅ^{312}	tɕʅ^{24}	tɕʰʅ^{55}	tɕʰʅ^{24}	ʅ^{13}
	花园	ɕʅ^{13}	ɕʅ^{312}	ɕʅ^{24}	ʅ^{312}	tɕʅ^{13}	tɕʅ^{312}	tɕʅ^{35}	tɕʰʅ^{55}	tɕʰʅ^{55}	ʅ^{13}
绥宁	金屋塘	ɕʅ^{13}	tɕʰʅ/ɕʅ^{312}	ɕʅ^{55}	ʅ^{312}	tɕʅ^{35}	tɕʅ^{312}	tɕʅ^{24}	tɕʰʅ^{55}	tɕʰʅ^{55}	u^{35}
	梅坪	ɕʅ^{13}	tɕʰʅ/ɕʅ^{312}	ɕʅ^{55}	ʅ^{312}	tɕʅ^{35}	tɕʅ^{312}	tɕʅ^{24}	tɕʰʅ^{55}	tɕʰʅ^{55}	u^{35}
	黄土矿	ɕy^{55}	ɕy^{35}	ɕy^{33}	y^{312}	tɕy^{55}	tɕy^{312}	tɕy^{35}	tɕʰy^{33}	tɕy^{35}	u^{55}
	唐家坊	ɕy^{13}	ɕy^{55}	ɕy^{55}	y^{312}	tɕy^{13}	tɕy^{312}	tɕy^{55}	tɕʰy^{33}	tɕy^{55}	u^{13}
	瓦屋塘	ɕy^{13}	ɕy^{35}	ɕy^{33}	y^{312}	tɕy^{13}	tɕy^{312}	tɕy^{35}	tɕʰy^{33}	tɕy^{33}	u^{13}

		遇	孟	雨	芋	愉	裕	戴	胎	奋	贷
		遇合三去遇疑	遇合三平虞云	遇合三上虞云	遇合三去遇云	遇合三平虞以	遇合三去遇以	蟹开一去代端	蟹开一平咍透	蟹开一上海透	蟹开一去代透
隆回	荷香桥	y^{55}	y^{13}	y^{312}	y^{55}	y^{13}	y^{55}	ta^{45}	xa^{33}	xa^{312}	xa^{55}
	六都寨	y^{55}	y^{13}	y^{312}	y^{55}	y^{13}	y^{55}	ta^{55}	xa^{33}	xa^{312}	xa^{55}
	七江	u^{55}	u^{13}	u^{312}	u^{55}	u^{13}	u^{55}	ta^{55}	xa^{33}	xa^{312}	xa^{55}
	司门前	u^{55}	u^{13}	u^{312}	u^{55}	u^{13}	u^{55}	ta^{55}	xa^{33}	xue^{312}	xa^{55}
	金石桥	y^{55}	y^{13}	y^{312}	y^{55}	y^{13}	y^{55}	ta^{55}	xa^{33}	xa^{312}	xa^{55}
	小沙江	y^{55}	y^{13}	y^{312}	y^{55}	y^{13}	y^{55}	ta^{55}	tʰa^{33}	tʰa^{312}	tʰa^{55}
	西洋江	ɣ/u^{45}	ʅ^{13}	ʅ^{312}	ʅ^{55}	ʅ^{13}	ʅ^{55}	ta^{45}	xa^{55}	xa^{312}	xa^{45}
	横板桥	ɣ/u^{45}	ʅ^{13}	ʅ^{312}	ʅ^{55}	ʅ^{13}	ʅ^{55}	ta^{45}	xa^{55}	xa^{312}	xa^{45}
	岩口	y^{55}	y^{13}	y^{312}	y^{55}	y^{13}	y^{55}	ta^{55}	xa^{33}	xa^{312}	xa^{55}
	罗洪	y^{55}	y^{13}	y^{312}	y^{55}	y^{13}	y^{55}	ta^{45}	xa^{33}	xa^{312}	xa^{55}
	高坪	y^{55}	y^{13}	y^{312}	y^{55}	y^{13}	y^{55}	ta^{55}	tʰa^{33}	xa^{312}	xa^{55}
洞口	石江	ʅ^{55}	ʅ^{13}	ʅ^{312}	ʅ^{55}	ʅ^{13}	ʅ^{55}	ta^{24}	xa^{55}	xa^{312}	xa^{24}
	江口	ʅ^{24}	ʅ^{13}	ʅ^{312}	ʅ^{55}	ʅ^{13}	ʅ^{55}	ta^{24}	tʰa^{55}	tʰa^{312}	tʰa^{24}

		遇	盂	雨	芋	愉	裕	戴	胎	奋	贷
		遇合三去遇疑	遇合三平虞云	遇合三上虞云	遇合三去遇云	遇合三平虞以	遇合三去遇以	蟹开一去代端	蟹开一平哈透	蟹开一上海透	蟹开一去代透
洞口	长塘	ʮ^{55}	ʮ^{13}	ʮ^{312}	ʮ^{55}	ʮ^{13}	ʮ^{55}	ta^{24}	xa^{55}	xa^{312}	xa^{24}
	山门	ʮ^{45}	ʮ^{13}	ʮ^{312}	ʮ^{55}	ʮ^{13}	ʮ^{55}	ta^{45}	xa^{55}	xa^{312}	xa^{45}
	高沙	ʮ^{24}	ʮ^{13}	ʮ^{312}	ʮ^{55}	ʮ^{13}	ʮ^{24}	ta^{24}	tʰa^{55}	tʰa^{312}	tʰa^{24}
	花园	ʮ^{55}	ʮ^{13}	ʮ^{312}	ʮ^{55}	ʮ^{13}	ʮ^{55}	ta^{35}	tʰa^{55}	tʰa^{312}	tʰa^{35}
绥宁	金屋塘	ʮ^{24}	ʮ^{13}	ʮ^{312}	ʮ^{55}	ʮ^{13}	ʮ^{55}	ta^{24}	tʰa^{55}	tʰa^{312}	xa^{24}
	梅坪	ʮ^{24}	ʮ^{13}	ʮ^{312}	ʮ^{55}	ʮ^{13}	ʮ^{55}	ta^{24}	tʰa^{55}	tʰa^{312}	xa^{24}
	黄土矿	y^{35}	y^{55}	y^{312}	y^{33}	y^{55}	y^{33}	ta^{35}	tʰa^{33}	tʰa^{312}	tʰa^{33}
	唐家坊	y^{55}	y^{13}	y^{312}	y^{55}	y^{13}	y^{55}	ta^{55}	tʰa^{55}	tʰa^{312}	tʰa^{55}
	瓦屋塘	y^{35}	y^{13}	y^{312}	y^{33}	y^{13}	y^{33}	ta^{35}	tʰa^{33}	tʰa^{312}	tʰa^{35}

		抬	待	袋	耐	来	栽	宰	再	猜	采
		蟹开一平哈定	蟹开一上海定	蟹开一去代定	蟹开一去代泥	蟹开一平哈来	蟹开一平哈精	蟹开一上海精	蟹开一去代精	蟹开一平哈清	蟹开一上海清
隆回	荷香桥	xa^{13}	xa^{55}	xa^{312}	la^{55}	le^{13}	tsa^{33}	tsa^{312}	tsa^{45}	tsʰa^{33}	tsʰa^{312}
	六都寨	xa^{13}	xa^{55}	xa/xe^{312}	la^{55}	le^{13}	tsue^{33}	tsa^{312}	tsa^{55}	tsʰa^{33}	tsʰa^{312}
	七江	xa^{13}	xa^{55}	xa/xue^{312}	la^{55}	le^{13}	tsue^{33}	tsa^{312}	tsue^{55}	tsʰa^{33}	tsʰa^{312}
	司门前	xa^{13}	xa^{55}	xa/xue^{312}	la^{55}	le^{13}	tsue^{33}	tse^{312}	tsa^{55}	tsʰa^{33}	tsʰa^{312}
	金石桥	xa^{13}	xa^{55}	xa/xe^{312}	la^{55}	le^{13}	tsue^{33}	tsa^{312}	tsa^{55}	tsʰa^{33}	tsʰa^{312}
	小沙江	tʰa^{13}	tʰa^{55}	tʰa^{55}	la^{55}	le^{13}	tse^{33}	tsa^{312}	tsa^{45}	tsʰa^{33}	tsʰa^{312}
	西洋江	xa^{13}	xa^{55}	xa^{312}	la^{45}	le^{13}	tsa^{55}	tsa^{312}	tsa^{45}	tsʰa^{55}	tsʰa^{312}
	横板桥	xa^{13}	xa^{55}	xa^{312}	la^{45}	le^{13}	tsa^{55}	tsa^{312}	tsa^{45}	tsʰa^{55}	tsʰa^{312}
	岩口	xa^{13}	xa^{55}	xa^{55}	la^{55}	le^{13}	tsa^{33}	tsa^{312}	tsa^{55}	tsʰa^{33}	tsʰa^{312}
	罗洪	xa^{13}	xa^{55}	xe^{312}	la^{55}	le^{13}	tse^{33}	tsa^{312}	tsa^{55}	tsʰa^{33}	tsʰa^{312}
	高坪	tʰa^{13}	tʰa^{55}	tʰe^{312}	la^{55}	le^{13}	tsa^{33}	tsa^{312}	tsa^{55}	tsʰa^{33}	tsʰa^{312}
洞口	石江	xa^{13}	xa^{55}	xa^{312}	la^{55}	la^{13}	tsa^{55}	tsa^{312}	tsa^{24}	tsʰa^{55}	tsʰa^{312}
	江口	tʰa^{13}	tʰa^{55}	tʰa^{312}	la^{55}	le^{13}	tsa^{55}	tsa^{312}	tsa^{24}	tsʰa^{55}	tsʰa^{312}
	长塘	xa^{13}	xa^{55}	xa^{312}	la^{55}	le^{13}	tsa^{55}	tsa^{312}	tsa^{24}	tsʰa^{55}	tsʰa^{312}
	山门	xa^{13}	xa^{55}	xa^{312}	na^{45}	le^{13}	tsa^{55}	tsa^{312}	tsa^{45}	tsʰa^{55}	tsʰa^{312}
	高沙	tʰa^{13}	tʰa^{24}	tʰa^{312}	na^{45}	le^{13}	tsa^{55}	tsa^{312}	tsa^{24}	tsʰa^{55}	tsʰa^{312}
	花园	tʰa^{13}	tʰa^{55}	tʰa^{312}	na^{55}	le^{13}	tsa^{55}	tsa^{312}	tsa^{35}	tsʰa^{55}	tsʰa^{312}

		抬	待	袋	耐	来	栽	宰	再	猜	采
		蟹开一平咍定	蟹开一上海定	蟹开一去代定	蟹开一去代泥	蟹开一平咍来	蟹开一平咍精	蟹开一平咍精	蟹开一去代精	蟹开一平咍清	蟹开一上海清
绥宁	金屋塘	xa¹³	tʰa⁵⁵	xa³¹²	la⁵⁵	le¹³	tse⁵⁵	tsa³¹²	tsa²⁴	tsʰa⁵⁵	tsʰa³¹²
	梅坪	xa¹³	tʰa⁵⁵	xa³¹²	la⁵⁵	le¹³	tse⁵⁵	tsa³¹²	tsa²⁴	tsʰa⁵⁵	tsʰa³¹²
	黄土矿	tʰa⁵⁵	tʰa³³	tʰa³¹²	na³³	le⁵⁵	tsa³³	tsa³¹²	tsa³⁵	tsʰa³³	tsʰa³¹²
	唐家坊	tʰa¹³	tʰa⁵⁵	tʰa⁵⁵	na⁵⁵	le¹³	tsa³³	tsa³¹²	tsa⁵⁵	tsʰa³³	tsʰa³¹²
	瓦屋塘	tʰa¹³	tʰa³³	tʰa³³	na³³	le¹³	tsa³³	tsa³¹²	tsa³⁵	tsʰa³³	tsʰa³¹²

		菜	栽	在	载	鳃	赛	该	改	概	开
		蟹开一去代清	蟹开一平咍从	蟹开一上海从	蟹开一去代从	蟹开一平咍心	蟹开一去代心	蟹开一平咍见	蟹开一上海见	蟹开一去代见	蟹开一平咍溪
隆回	荷香桥	tsʰa⁵⁵	tsʰa¹³	tsʰe³¹²	tsa⁵⁵	sue³³	sa⁴⁵	ka³³	ka³¹²	kʰa⁴⁵	kʰe³³
	六都寨	tsʰue⁵⁵	tsʰa¹³	tsʰe³¹²	tsa⁵⁵	sa³³	sa⁵⁵	ka³³	ka³¹²	kʰa⁵⁵	kʰe³³
	七江	tsʰue⁵⁵	tsʰhue¹³	tsʰe³¹²	tsa⁵⁵	sue³³	sa⁵⁵	ka³³	ka³¹²	kʰa⁵⁵	kʰe³³
	司门前	tsʰue⁵⁵	tsʰue¹³	tsʰe³¹²	tsa⁵⁵	sue³³	sa⁵⁵	ka³³	ka³¹²	kʰa⁵⁵	kʰe³³
	金石桥	tsʰue⁵⁵	tsʰue¹³	tsʰe³¹²	tsa⁵⁵	sue³³	sa⁵⁵	ka³³	ka³¹²	kʰa⁵⁵	kʰa³³
	小沙江	tsʰe⁵⁵	tsʰa¹³	tsʰa³¹²	tsa⁵⁵	se³³	sa⁵⁵	ka³³	ka³¹²	xa⁵⁵	xe³³
	西洋江	tsʰa⁴⁵	tsʰa¹³	tsʰe³¹²	tsa⁴⁵	se⁵⁵	sa⁴⁵	ka⁵⁵	ka³¹²	kʰa⁵⁵	kʰe⁵⁵
	横板桥	tsʰa⁴⁵	tsʰa¹³	tsʰe³¹²	tsa⁴⁵	se⁵⁵	sa⁵⁵	ka⁵⁵	ka³¹²	kʰa⁵⁵	kʰe⁵⁵
	岩口	tsʰa⁵⁵	tsʰa¹³	tsʰe⁵⁵	tsa⁵⁵	sue³³	sa⁵⁵	ka⁵⁵	ka³¹²	kʰa⁵⁵	kʰe³³
	罗洪	tsʰe⁵⁵	tsʰa¹³	tsʰe³¹²	tsa⁵⁵	se³³	sa⁵⁵	ka³³	ka³¹²	xa⁵⁵	xe³³
	高坪	tsʰe⁵⁵	tsʰa¹³	tsʰa³¹²	tsa⁵⁵	se³³	sa⁵⁵	ka³³	ka³¹²	xa⁵⁵	xa³³
洞口	石江	tsʰa²⁴	tsʰa¹³	tsʰa³¹²	tsa²⁴	sa⁵⁵	sa²⁴	ka⁵⁵	ka³¹²	xa⁵⁵	xa⁵⁵
	江口	tsʰa²⁴	tsʰa¹³	tsʰe³¹²/tsʰa⁵⁵	tsa²⁴	sa⁵⁵	sa⁵⁵	ka⁵⁵	ka³¹²	kʰa⁵⁵	kʰa⁵⁵
	长塘	tsʰa²⁴	tsʰa¹³	tsʰa⁵⁵	tsa²⁴	sa⁵⁵	sa⁵⁵	ka⁵⁵	ka³¹²	xa⁵⁵	xa⁵⁵
	山门	tsʰa⁴⁵	tsʰa¹³	tsʰa⁴⁵	tsa⁴⁵	sa⁵⁵	sa⁴⁵	ka⁵⁵	ka³¹²	kʰa⁴⁵	kʰa⁵⁵
	高沙	tsʰa²⁴	tsʰa¹³	tsʰa²⁴	tsa²⁴	sa/sue⁵⁵	sa²⁴	ka⁵⁵	ka³¹²	kʰa²⁴	kʰa⁵⁵
	花园	tsʰa³⁵	tsʰa¹³	tsʰa³⁵	tsa³⁵	sa⁵⁵	sa³⁵	ka⁵⁵	ka³¹²	kʰa³⁵	kʰa⁵⁵
绥宁	金屋塘	tsʰa²⁴	tsʰa¹³	tsʰe³¹²/tsʰa⁵⁵	tsa²⁴	sa⁵⁵	sa⁵⁵	ka⁵⁵	ka³¹²	kʰa⁵⁵	kʰa⁵⁵
	梅坪	tsʰa²⁴	tsʰa¹³	tsʰe³¹²/tsʰa⁵⁵	tsa²⁴	sa⁵⁵	sa⁵⁵	ka⁵⁵	ka³¹²	kʰa⁵⁵	kʰa⁵⁵

续表

		菜	裁	在	载	鳃	赛	该	改	概	开
		蟹开一 去代清	蟹开一 平哈从	蟹开一 上海从	蟹开一 去代从	蟹开一 平哈心	蟹开一 去代心	蟹开一 平哈见	蟹开一 上海见	蟹开一 去代见	蟹开一 平哈溪
绥宁	黄土矿	tsʰa³³	tsʰa⁵⁵	tsʰe³¹²	tsa³⁵	sa³³	sa³⁵	ka³³	ka³¹²	kʰa³³	kʰa³³
	唐家坊	tsʰa⁵⁵	tsʰa¹³	tsʰa⁵⁵	tsa⁵⁵	sa³³	sa⁵⁵	ka³³	ka³¹²	kʰa⁵⁵	kʰa³³
	瓦屋塘	tsʰa³⁵	tsʰa¹³	tsʰa³¹²	tsa³⁵	sa³³	sa³⁵	ka³³	ka³¹²	kʰa³³	kʰa³³

		慨	砲	碍	海	孩	亥	爱	贝	沛	带
		蟹开一 去代溪	蟹开一 平哈疑	蟹开一 去代疑	蟹开一 上海晓	蟹开一 平哈匣	蟹开一 上海匣	蟹开一 去代疑	蟹开一 去泰帮	蟹开一 去泰滂	蟹开一 去泰端
隆回	荷香桥	kʰa⁴⁵	a¹³	a⁵⁵	xa³¹²	xa¹³	xa⁵⁵	a⁵⁵	pe⁴⁵	pʰe⁴⁵	ta⁴⁵
	六都寨	kʰa⁵⁵	a¹³	a⁵⁵	xa³¹²	xa¹³	xa⁵⁵	a⁵⁵	pe⁵⁵	pʰe⁵⁵	ta⁵⁵
	七江	kʰa⁵⁵	a¹³	a⁵⁵	xa³¹²	xa¹³	xa⁵⁵	e⁵⁵	pe⁵⁵	pʰe⁵⁵	ta⁵⁵
	司门前	kʰa⁵⁵	a¹³	a⁵⁵	xa³¹²	xa¹³	xa⁵⁵	a⁵⁵	pe⁵⁵	pʰe⁵⁵	ta⁵⁵
	金石桥	kʰa⁵⁵	a¹³	a⁵⁵	xa³¹²	xa¹³	xa⁵⁵	a⁵⁵	pe⁵⁵	pʰe⁵⁵	ta⁵⁵
	小沙江	xa⁵⁵	a¹³	a⁵⁵	xa³¹²	xa¹³	xa⁵⁵	a⁵⁵	pe⁵⁵	pʰe⁵⁵	ta⁵⁵
	西洋江	kʰa⁴⁵	a¹³	a⁵⁵	xa³¹²	xa¹³	xa⁴⁵	a⁴⁵	pe⁴⁵	pʰe⁴⁵	ta⁴⁵
	横板桥	kʰa⁴⁵	a¹³	a⁵⁵	xa³¹²	xa¹³	xa⁴⁵	a⁴⁵	pe⁴⁵	pʰe⁴⁵	ta⁴⁵
	岩口	kʰa⁵⁵	a¹³	a⁵⁵	xa³¹²	xa¹³	xa⁵⁵	a⁵⁵	pe⁵⁵	ɸe⁵⁵	ta⁵⁵
	罗洪	kʰa⁵⁵	a¹³	a⁵⁵	xa³¹²	xa¹³	xa⁵⁵	a⁵⁵	pe⁵⁵	pʰe⁵⁵	ta⁵⁵
	高坪	xa⁵⁵	a¹³	a⁵⁵	xa³¹²	xa¹³	xa⁴⁵	tʰa⁵⁵	a⁵⁵	pe⁵⁵	pʰe⁵⁵	ta⁵⁵
洞口	石江	xa⁵⁵	a¹³	a⁵⁵	xa³¹²	xa¹³	xa⁵⁵	a⁵⁵	pa²⁴	pʰa²⁴	ta²⁴
	江口	kʰa⁵⁵	ŋa¹³	ŋa⁵⁵	xa³¹²	xa¹³	xa⁵⁵	ŋa⁵⁵	pa²⁴	pʰa²⁴	ta²⁴
	长塘	kʰa⁵⁵	a¹³	a⁵⁵	xa³¹²	xa¹³	xa⁵⁵	ŋa⁵⁵	pa²⁴	pʰa²⁴	ta²⁴
	山门	kʰa⁴⁵	a¹³	a⁵⁵	xa³¹²	xa¹³	xa⁴⁵	a⁴⁵	pe⁴⁵	ɸe⁴⁵	ta⁴⁵
	高沙	kʰa²⁴	ka¹³	ka⁵⁵	xa³¹²	xa¹³	xa²⁴	ŋa²⁴	pe²⁴	pʰe⁵⁵	ta²⁴
	花园	kʰa³⁵	ka¹³	ka⁵⁵	xa³¹²	xa¹³	xa³⁵	ka³⁵	pe⁵⁵	pʰe³⁵	ta³⁵
绥宁	金屋塘	kʰa⁵⁵	ŋa¹³	ŋa⁵⁵	xa³¹²	xa¹³	xa⁵⁵	ŋa⁵⁵	pe²⁴	pʰe²⁴	ta²⁴
	梅坪	kʰa⁵⁵	ŋa¹³	ŋa⁵⁵	xa³¹²	xa¹³	xa⁵⁵	ŋa⁵⁵	pe²⁴	pʰe²⁴	ta²⁴
	黄土矿	kʰa³³	ŋa⁵⁵	ŋa³³	xa³¹²	xa⁵⁵	xa³³	ŋa³⁵	pe³⁵	pʰe³³	ta³⁵
	唐家坊	kʰa⁵⁵	ŋa¹³	ŋa⁵⁵	xa³¹²	xa¹³	xa⁵⁵	ŋa⁵⁵	pe⁵⁵	pʰe⁵⁵	ta⁵⁵
	瓦屋塘	kʰa³³	ŋa¹³	ŋa³³	xa³¹²	xa¹³	xa³⁵	ŋa³⁵	pe³³	pʰe³⁵	ta³⁵

95

续表

		太	大~夫	奈	癞	蔡	盖	艾	害	蔼	拜
		蟹开一去泰透	蟹开一去泰定	蟹开一去泰泥	蟹开一去泰来	蟹开一去泰清	蟹开一去泰见	蟹开一去泰疑	蟹开一去泰匣	蟹开一去泰影	蟹开二去怪帮
隆回	荷香桥	xa⁵⁵	xa⁵⁵	la⁵⁵	la⁵⁵	tsʰa⁴⁵	ke⁴⁵	a⁴⁵	xa⁴⁵	a³¹²	pa⁴⁵
	六都寨	xa⁵⁵	xa⁵⁵	la⁵⁵	la⁵⁵	tsʰa⁵⁵	ke⁵⁵	a⁵⁵	xa⁵⁵	a³¹²	pa⁵⁵
	七江	xa⁵⁵	xa⁵⁵	la⁵⁵	la⁵⁵	tsʰa⁵⁵	ke⁵⁵	a⁵⁵	xa⁵⁵	a³¹²	pa⁵⁵
	司门前	xa⁵⁵	xa⁵⁵	la⁵⁵	la⁵⁵	tsʰa⁵⁵	ka⁵⁵	a⁵⁵	xa⁵⁵	a³¹²	pa⁵⁵
	金石桥	xa⁵⁵	xa⁵⁵	la⁵⁵	la⁵⁵	tsʰa⁵⁵	ke⁵⁵	a⁵⁵	xa⁵⁵	a³¹²	pa⁵⁵
	小沙江	tʰa⁵⁵	tʰa⁵⁵	la⁵⁵	la⁵⁵	tsʰa⁵⁵	ka⁵⁵	a⁵⁵	xa⁵⁵	a³¹²	pa⁵⁵
	西洋江	xa⁴⁵	xa⁵⁵	la⁵⁵	la⁴⁵	tsʰa⁴⁵	ke⁴⁵	a⁴⁵	xa⁵⁵	a⁴⁵	pa⁴⁵
	横板桥	xa⁴⁵	xa⁵⁵	la⁵⁵	la⁴⁵	tsʰa⁴⁵	ke⁴⁵	a⁴⁵	xa⁵⁵	a⁴⁵	pa⁴⁵
	岩口	xa⁵⁵	xa⁵⁵	la⁵⁵	la⁵⁵	tsʰa⁵⁵	ke⁵⁵	a⁵⁵	xa⁵⁵	a³¹²	pa⁵⁵
	罗洪	xa⁵⁵	xa⁵⁵	la⁵⁵	la⁵⁵	tsʰa⁵⁵	ke⁵⁵	a⁵⁵	xa⁵⁵	a³¹²	pa⁵⁵
	高坪	xa⁵⁵	xa⁵⁵	la⁵⁵	la⁵⁵	tsʰa⁵⁵	ke⁵⁵	a⁵⁵	xa⁵⁵	a³¹²	pa⁵⁵
洞口	石江	xa²⁴	xa⁵⁵	la⁵⁵	la⁵⁵	tsʰa²⁴	ka²⁴	a⁵⁵	xa⁵⁵	a³¹²	pa²⁴
	江口	xa²⁴	xa⁵⁵	la⁵⁵	la²⁴	tsʰa²⁴	ka²⁴	ŋa²⁴	xa⁵⁵	ŋa³¹²	pa²⁴
	长塘	xa²⁴	xa⁵⁵	la²⁴	la²⁴	tsʰa²⁴	ka²⁴	a⁵⁵	xa⁵⁵	a³¹²	pa²⁴
	山门	xa⁴⁵	xa⁵⁵	la⁵⁵	la⁴⁵	tsʰa⁴⁵	ke⁴⁵	a⁵⁵	xa⁵⁵	a⁴⁵	pa⁴⁵
	高沙	tʰa²⁴	ta²⁴	la⁵⁵	la²⁴	tsʰa²⁴	ka²⁴	ŋa²⁴	xa²⁴	ŋa²⁴	pa²⁴
	花园	tʰa³⁵	tʰa⁵⁵	la⁵⁵	la³⁵	tsʰa³⁵	ka³⁵	a⁵⁵	xa⁵⁵	a³⁵	pa³⁵
绥宁	金屋塘	xa²⁴	xa⁵⁵	la⁵⁵	la⁵⁵	tsʰa²⁴	ka²⁴	ŋa²⁴	xa⁵⁵	ŋa³¹²	pa²⁴
	梅坪	xa²⁴	xa⁵⁵	la⁵⁵	la⁵⁵	tsʰa²⁴	ka²⁴	ŋa²⁴	xa⁵⁵	ŋa³¹²	pa²⁴
	黄土矿	tʰa³⁵	tʰa³³	la³³	la³³	tsʰa³⁵	ka³⁵	ŋa³³	xa³³	ŋa³³	pa³⁵
	唐家坊	tʰa⁵⁵	tʰa⁵⁵	la⁵⁵	la⁵⁵	tsʰa⁵⁵	ka⁵⁵	ŋa⁵⁵	xa⁵⁵	ŋa⁵⁵	pa⁵⁵
	瓦屋塘	tʰa³⁵	tʰa³³	la³³	la³⁵	tsʰa³⁵	ka³⁵	ŋa³³	xa³³	ŋa³⁵	pa³⁵

		排	埋	斋	豺	阶	芥	揩	楷	谐	骇
		蟹开二平皆并	蟹开二平皆明	蟹开二平皆庄	蟹开二平皆崇	蟹开二平皆见	蟹开二去怪见	蟹开二平皆溪	蟹开二上骇溪	蟹开二平皆匣	蟹开二上骇匣
隆回	荷香桥	pʰa¹³	ma¹³	tsa³³	tsʰa¹³	ka³³	ka⁴⁵	kʰa³³	kʰa³¹²	çe¹³	xa⁵⁵
	六都寨	pʰa¹³	ma¹³	tsa³³	tsʰa¹³	ka³³	ka⁵⁵	kʰa³³	kʰa³¹²	çɛ¹³	xa⁵⁵
	七江	pʰa¹³	ma¹³	tsa³³	tsʰa¹³	ka³³	ka⁵⁵	kʰa³³	kʰa³¹²	xa¹³	xa⁵⁵
	司门前	pʰa¹³	ma¹³	tsa³³	tsʰa¹³	ka³³	ka⁵⁵	kʰa³³	kʰa³¹²	xa¹³	xa⁵⁵

续表

		排	埋	斋	豺	阶	芥	揩	楷	谐	骇
		蟹开二平皆並	蟹开二平皆明	蟹开二平皆庄	蟹开二平皆崇	蟹开二平皆见	蟹开二去怪见	蟹开二平皆溪	蟹开二上骇见	蟹开二平皆匣	蟹开二上骇匣
隆回	金石桥	pʰa¹³	ma¹³	tsa³³	tsʰa¹³	ka³³	ka⁵⁵	kʰa³³	kʰa³¹²	xa¹³	xa⁵⁵
	小沙江	pʰa¹³	ma¹³	tsa³³	tsʰa¹³	ka³³	ka⁵⁵	xa³³	xa³¹²	xa¹³	xa⁵⁵
	西洋江	pʰa¹³	ma¹³	tsa⁵⁵	tsʰa¹³	ka⁵⁵	ka⁴⁵	kʰa⁵⁵	kʰa⁵⁵	çɛ¹³/kʰa⁵⁵	xa⁵⁵
	横板桥	pʰa¹³	ma¹³	tsa⁵⁵	tsʰa¹³	ka⁵⁵	ka⁴⁵	kʰa⁵⁵	kʰa⁵⁵	çɛ¹³/kʰa⁵⁵	xa⁵⁵
	岩口	pʰa¹³	mã¹³	tsa³³	tsʰa¹³	ka³³	ka⁵⁵	kʰa³³	kʰa³¹²	çe¹³	xa⁵⁵
	罗洪	pʰa¹³	ma¹³	tsa³³	tsʰa¹³	ka³³	ka⁵⁵	xa³³	xa³¹²	çe¹³	
	高坪	pʰa¹³	ma¹³	tsa³³	tsʰa¹³	ka³³	ka⁵⁵	xa³³	kʰa³¹²	çie¹³	xa⁵⁵
洞口	石江	pʰa¹³	ma¹³	tsa⁵⁵	tsʰa¹³	ka⁵⁵	ka²⁴	xa⁵⁵	xa⁵⁵	çɛ¹³/kʰa⁵⁵	xa⁵⁵
	江口	pʰa¹³	ma¹³	tsa⁵⁵	tsʰa¹³	ka⁵⁵	ka²⁴	kʰa⁵⁵	kʰa³¹²	çɛ¹³	xa⁵⁵
	长塘	pʰa¹³	ma¹³	tsa⁵⁵	tsʰa¹³	ka⁵⁵	ka²⁴	kʰa⁵⁵	kʰa⁵⁵	çɛ⁵⁵	xa⁵⁵
	山门	φa¹³	ma¹³	tsa⁵⁵	tsʰa¹³	ka³³	ka⁴⁵	kʰa⁵⁵	kʰa³¹²	kʰa¹³	xa⁴⁵
	高沙	pʰa¹³	ma¹³	tsa⁵⁵	tsʰa¹³	ka⁵⁵	ka²⁴	kʰa⁵⁵	kʰa³¹²	çɛ⁵⁵	xa²⁴
	花园	pʰa¹³	ma¹³	tsa⁵⁵	tsʰa¹³	ka⁵⁵	ka³⁵	kʰa⁵⁵	kʰa⁵⁵	çɛ⁵⁵	xa⁵⁵
绥宁	金屋塘	pʰa¹³	ma¹³	tsa⁵⁵	tsʰa¹³	ka⁵⁵	ka²⁴	kʰa⁵⁵	kʰa³¹²	çɛ⁵⁵	xa⁵⁵
	梅坪	pʰa¹³	ma¹³	tsa⁵⁵	tsʰa¹³	ka⁵⁵	ka²⁴	kʰa⁵⁵	kʰa³¹²	çɛ⁵⁵	xa⁵⁵
	黄土矿	pʰa⁵⁵	ma⁵⁵	tsa³³	tsʰa⁵⁵	ka³³	ka³⁵	kʰa³³	kʰa³⁵	çɛ⁵⁵	xa³³
	唐家坊	pʰa¹³	ma¹³	tsa³³	tsʰa¹³	ka³³	ka⁵⁵	kʰa³³	kʰa³¹²	çe¹³	xa⁵⁵
	瓦屋塘	pʰa¹³	ma¹³	tsa³³	tsʰa¹³	ka³³	ka³⁵	kʰa³³	kʰa³⁵	çe¹³	xa³³
		械	挨	摆	派	牌	罢	稗	买	卖	奶
		蟹开二去怪匣	蟹开二平皆影	蟹开二上蟹帮	蟹开二去卦滂	蟹开二平佳並	蟹开二上蟹並	蟹开二去卦並	蟹开二上蟹明	蟹开二去卦明	蟹开二上蟹泥
隆回	荷香桥	ka⁵⁵	a¹³	pa³¹²	pʰa⁴⁵	pʰa¹³	pʰa⁵⁵	pʰa³¹²	ma³¹²	ma⁵⁵	la³¹²
	六都寨	ka⁵⁵	a¹³	pa³¹²	pʰa⁵⁵	pʰa¹³	pʰa⁵⁵	pʰa³¹²	ma³¹²	ma⁵⁵	la⁴⁵
	七江	ka⁵⁵	a¹³	pa³¹²	pʰa⁵⁵	pʰa¹³	pʰa⁵⁵	pʰa³¹²	ma³¹²	ma⁵⁵	la⁴⁵
	司门前	ka⁵⁵	a³³	pa³¹²	pʰa⁵⁵	pʰa¹³	pʰa⁵⁵	pʰa³¹²	ma³¹²	ma⁵⁵	la⁴⁵
	金石桥	ka⁵⁵	a³³	pa³¹²	pʰa⁵⁵	pʰa¹³	pʰʌ⁵⁵	pʰa³¹²	ma³¹²	ma⁵⁵	la⁴⁵
	小沙江	ka⁵⁵	a³³	pa³¹²	pʰa⁵⁵	pʰa¹³	pʰʌ⁵⁵	pʰa³¹²	ma³¹²	ma⁵⁵	la⁴⁵
	西洋江	ka⁵⁵	a¹³	pa³¹²	pʰa⁴⁵	pʰa¹³	pa⁴⁵	pʰa³¹²	ma³¹²	ma⁵⁵	la³¹²
	横板桥	ka⁵⁵	a¹³	tsa³¹²	pʰa⁴⁵	pʰa¹³	pa⁴⁵	pʰa³¹²	ma³¹²	ma⁵⁵	la³¹²
	岩口	ka⁵⁵	a⁵⁵	pa³¹²	pʰa⁵⁵	pʰa¹³	pʌ⁵⁵	pʰa³³	mã³¹²	mã⁵⁵	la³¹²

97

续表

		械	挨	摆	派	牌	罢	秤	买	卖	奶
		蟹开二 去怪匣	蟹开二 平皆影	蟹开二 上蟹帮	蟹开二 去卦滂	蟹开二 平佳並	蟹开二 上蟹並	蟹开二 去卦並	蟹开二 上蟹明	蟹开二 去卦明	蟹开二 上蟹泥
隆回	罗洪	ka⁵⁵	a¹³	pa³¹²	pʰa⁵⁵	pʰa¹³	pʰa⁵⁵	pʰa³¹²	ma³¹²	ma⁵⁵	la³¹²
	高坪	ka⁵⁵	a¹³	pa³¹²	pʰa⁵⁵	pʰa¹³	pʰA⁵⁵	pʰa³¹²	ma³¹²	ma⁵⁵	la⁴⁵
洞口	石江	ka⁵⁵	a¹³	pa³¹²	pʰa²⁴	pʰa¹³	pʰa⁵⁵	pʰa³¹²	ma³¹²	ma⁵⁵	la³¹²
	江口	ka⁵⁵	ŋa¹³	pa³¹²	pʰa²⁴	pʰa¹³	pʰa⁵⁵	pʰa³¹²	ma³¹²	ma⁵⁵	la³¹²
	长塘	ka⁵⁵	ŋa¹³	pa³¹²	pʰa²⁴	pʰa¹³	pʰa⁵⁵	pʰa³¹²	ma³¹²	ma⁵⁵	la²⁴
	山门	ka⁵⁵	a¹³	pa³¹²	ɸa⁴⁵	ɸa¹³	pa⁴⁵	ɸa³¹²	ma³¹²	ma⁵⁵	la³¹²
	高沙	ka²⁴	ŋa¹³	pa³¹²	pʰa²⁴	pʰa¹³	pʰa⁵⁵	pʰa³¹²	ma³¹²	ma⁵⁵	la³¹²
	花园	ka⁵⁵	ka¹³	pa³¹²	pʰa³⁵	pʰa¹³	pa³⁵	pʰa³¹²	ma³¹²	ma⁵⁵	la³¹²
绥宁	金屋塘	ka⁵⁵	ŋa⁵⁵	pa³¹²	pʰa²⁴	pʰa¹³	pʰa⁵⁵	pʰa³¹²	ma³¹²	ma⁵⁵	la³¹²
	梅坪	ka⁵⁵	ŋa⁵⁵	pa³¹²	pʰa²⁴	pʰa¹³	pʰa⁵⁵	pʰa³¹²	ma³¹²	ma⁵⁵	la³¹²
	黄土矿	ka³³	ŋa¹³	pa³¹²	pʰa³³	pʰa⁵⁵	pʰa³³	pʰa³¹²	ma³¹²	ma³³	la³⁵
	唐家坊	ka⁵⁵	ŋa³³	pa³¹²	pʰa⁵⁵	pʰa¹³	pa⁵⁵	pʰa³¹²	ma³¹²	ma⁵⁵	la³¹²
	瓦屋塘	ka³³	ŋa¹³	pa³¹²	pʰa³⁵	pʰa¹³	pa³³	pʰa³¹²	ma³¹²	ma³³	la³¹²

		债	钗	柴	筛	洒	晒	街	解	捱~打	鞋
		蟹开二 去怪庄	蟹开二 平佳初	蟹开二 平佳崇	蟹开二 平佳生	蟹开二 上蟹生	蟹开二 去卦生	蟹开二 平佳见	蟹开二 上蟹见	蟹开二 平佳疑	蟹开二 平佳匣
隆回	荷香桥	tsa⁴⁵	tsʰA³³	tsʰa¹³	sa³³	sa³¹²	sa⁴⁵	ka³³	ka³¹²	a¹³	xa¹³
	六都寨	tsa⁵⁵	tsʰA³³	tsʰa¹³	sa³³	sa³¹²	sa⁵⁵	ka³³	ka³¹²	a¹³	xa¹³
	七江	tsa⁵⁵	tsʰA³³	tsʰa¹³	sa³³	sa³¹²	sa⁵⁵	ka³³	ka³¹²	a¹³	xa¹³
	司门前	tsa⁴⁵	tsʰA³³	tsʰa¹³	sa³³	sa³¹²	sa⁵⁵	ka³³	ka³¹²	a¹³	xa¹³
	金石桥	tsia⁴⁵	tsʰA³³	tsʰa¹³	sa³³	sa³¹²	sa⁵⁵	ka³³	ka³¹²	a¹³	xa¹³
	小沙江	tsa⁵⁵	tsʰA³³	tsʰa¹³	sa³³	sa³¹²	sa⁵⁵	ka³³	ka³¹²	a¹³	xa¹³
	西洋江	tsie⁴⁵	tsʰA⁵⁵	tsʰa¹³	sa⁵⁵	sa⁵⁵	sa⁴⁵	ka³³	ka³¹²	a¹³	xa¹³
	横板桥	tsie⁴⁵	tsʰA⁵⁵	tsʰa¹³	sa⁵⁵	sa⁵⁵	sa⁴⁵	ka³³	ka³¹²	a¹³	xa¹³
	岩口	tsa⁵⁵	tsʰA³³	tsʰa¹³	sa³³	sa³¹²	sa⁵⁵	ka³³	ka³¹²	a¹³	xa¹³
	罗洪	tsa⁴⁵	tsʰA³³	tsʰa¹³	sa³³	sA³¹²	sa⁴⁵	ka³³	ka³¹²	a¹³	xa¹³
	高坪	tsa⁵⁵	tsʰA³³	tsʰa¹³	sa³³	sA³¹²	sa⁵⁵	ka³³	ka³¹²	a¹³	xa¹³
洞口	石江	tsa⁴⁵	tsʰA⁵⁵	tsʰa¹³	sa⁵⁵	sa³¹²	sa²⁴	ka³³	ka³¹²	a¹³	xa¹³
	江口	tsa²⁴	tsʰA⁵⁵	tsʰa¹³	sa⁵⁵	sa³¹²	sa²⁴	ka⁵⁵	ka³¹²	ŋa¹³	xa¹³
	长塘	tsa²⁴	tsʰA⁵⁵	tsʰa¹³	sa⁵⁵	sa³¹²	sa²⁴	ka⁵⁵	ka³¹²	ŋa¹³	xa¹³

		债	钗	柴	筛	洒	晒	街	解	捱~打	鞋
		蟹开二 去怪庄	蟹开二 平佳初	蟹开二 平佳崇	蟹开二 平佳生	蟹开二 上蟹生	蟹开二 去卦生	蟹开二 平佳见	蟹开二 上蟹见	蟹开二 平佳疑	蟹开二 平佳匣
洞口	山门	tsa⁴⁵	tsʰA⁵⁵	tsʰa¹³	sa⁵⁵	sA³¹²	sa⁴⁵	ka⁵⁵	ka³¹²	a¹³	xa¹³
	桐山	tsa⁴⁵	tsʰA⁵⁵	tsʰa¹³	sa⁵⁵	sA³¹²	sa⁴⁵	ka⁵⁵	ka³¹²	a¹³	xa¹³
	高沙	tse²⁴	tsʰA⁵⁵	tsʰa¹³	sa⁵⁵	sA³¹²	sa²⁴	ka⁵⁵	ka³¹²	ŋa¹³	xa¹³
	花园	tsa³⁵	tsʰA⁵⁵	tsʰa¹³	sa⁵⁵	sA³¹²	sa³⁵	ka⁵⁵	ka³¹²	ka¹³	xa¹³
绥宁	金屋塘	tsa²⁴	tsʰA⁵⁵	tsʰa¹³	sa⁵⁵	sa³¹²	sa²⁴	ka⁵⁵	ka³¹²	ŋa¹³	xa¹³
	梅坪	tsa²⁴	tsʰA⁵⁵	tsʰa¹³	sa⁵⁵	sa³¹²	sa²⁴	ka⁵⁵	ka³¹²	ŋa¹³	xa¹³
	黄土矿	tsa³⁵	tsʰA³³	tsʰa⁵⁵	sa³³	sA³¹²	sa³⁵	ka³³	ka³¹²	ŋa⁵⁵	xa⁵⁵
	唐家坊	tsa⁵⁵	tsʰA³³	tsʰa¹³	sa³³	sA³¹²	sa⁵⁵	ka³³	ka³¹²	ŋa¹³	xa¹³
	瓦屋塘	tsa³⁵	tsʰA³³	tsʰa¹³	sa³³	sA³¹²	sa³⁵	ka³³	ka³¹²	ŋa¹³	xa¹³

		蟹	矮	败	迈	寨	蔽	弊	厉	祭	制
		蟹开二 上蟹匣	蟹开二 上蟹影	蟹开二 去夬并	蟹开二 去夬明	蟹开二 去夬崇	蟹开三 去祭帮	蟹开三 去祭并	蟹开三 去祭来	蟹开三 去祭精	蟹开三 去祭章
隆回	荷香桥	xe⁵⁵	a³¹²	pʰa⁵⁵	ma⁵⁵	tsʰa⁵⁵	pʰi⁴⁵	pi⁴⁵	li⁵⁵	tsi⁴⁵	tsɿ⁴⁵
	六都寨	xa⁵⁵	a³¹²	pʰa⁵⁵	ma⁴⁵	tsʰa⁵⁵	pʰi⁵⁵	pi⁴⁵	li⁵⁵	tsi⁵⁵	tsɿ⁵⁵
	七江	xa⁵⁵	a³¹²	pʰa⁵⁵	ma⁴⁵	tsʰa⁵⁵	pʰi⁵⁵	pi⁵⁵	li⁵⁵	tsi⁵⁵	tsɿ⁵⁵
	司门前	çɛ⁵⁵	a³¹²	pʰa⁵⁵	ma⁴⁵	tsʰa⁵⁵	pʰi⁵⁵	pi⁵⁵	li⁵⁵	tsi⁵⁵	tsɿ⁵⁵
	金石桥	çɛ⁵⁵	a³¹²	pʰa⁵⁵	ma⁵⁵	tsʰa⁵⁵	pi⁵⁵	pi⁵⁵	li⁵⁵	tsi⁵⁵	tsɿ⁵⁵
	小沙江	ɕe⁵⁵	ɑ³¹²	pʰa⁵⁵	ma⁵⁵	tsʰa⁵⁵	pi⁵⁵	pi⁵⁵	li⁵⁵	tɕi⁵⁵	tsɿ⁵⁵
	西洋江	xa⁴⁵	a³¹²	pʰa⁵⁵	ma⁴⁵	tsʰa⁵⁵	pi⁴⁵	pi⁴⁵	li⁵⁵	tsi⁴⁵	tsɿ⁴⁵
	横板桥	xa⁴⁵	a³¹²	pʰa⁵⁵	ma⁴⁵	tsʰa⁵⁵	pi⁴⁵	pi⁴⁵	li⁵⁵	tsi⁴⁵	tsɿ⁴⁵
	岩口	çe⁵⁵	a³¹²	pʰa⁵⁵	ma⁴⁵	tsʰa⁵⁵	pi⁵⁵	pi⁵⁵	li⁵⁵	tsi⁵⁵	tsɿ⁵⁵
	罗洪	a⁵⁵	a³¹²	pʰa⁵⁵	ma⁴⁵	tsʰa⁵⁵	pʰi⁵⁵	pi⁵⁵	li⁵⁵	tɕi⁵⁵	tsɿ⁵⁵
	高坪	xa⁵⁵	a³¹²	pʰa⁵⁵	ma⁴⁵	tsʰa⁵⁵	pi⁵⁵	pi⁵⁵	li⁵⁵	tɕi⁵⁵	tsɿ⁵⁵
洞口	石江	xa⁵⁵	a³¹²	pʰa⁵⁵	ma⁵⁵	tsʰa⁵⁵	pi²⁴	pi²⁴	li⁵⁵	tɕi²⁴	tsɿ²⁴
	江口	xa⁵⁵	ŋa³¹²	pʰa⁵⁵	ma⁵⁵	tsʰa⁵⁵	pi²⁴	pi²⁴	li⁵⁵	tɕʅ²⁴	tsɿ²⁴
	长塘	xa⁵⁵	a³¹²	pʰa⁵⁵	ma⁵⁵	tsʰa⁵⁵	pi²⁴	pi²⁴	li⁵⁵	tɕi²⁴	tsɿ²⁴
	山门	a³¹²	a³¹²	ɸa⁵⁵	ma⁴⁵	tsʰa⁵⁵	pi⁴⁵	pi⁴⁵	li⁵⁵	tsi⁴⁵	tsɿ⁴⁵
	高沙	xiA²⁴	ŋa³¹²	pʰa²⁴	ma²⁴	tsʰa²⁴	pi²⁴	pi²⁴	li⁵⁵	tɕi²⁴	tsɿ²⁴
	花园	ka³¹²	ka³¹²	ɸa⁵⁵	ma³⁵	tsʰa⁵⁵	pi³⁵	pi³⁵	li⁵⁵	tsi³⁵	tsɿ³⁵

		蟹	矮	败	迈	寨	蔽	弊	厉	祭	制
		蟹开二上蟹匣	蟹开二上蟹影	蟹开二去夬并	蟹开二去夬明	蟹开二去夬崇	蟹开三去祭帮	蟹开三去祭并	蟹开三去祭来	蟹开三去祭精	蟹开三去祭章
绥宁	金屋塘	xa⁵⁵	ŋa³¹²	pʰa⁵⁵	ma⁵⁵	tsʰa⁵⁵	pi²⁴	pi²⁴	li⁵⁵	tsi²⁴	tsɿ²⁴
	梅坪	xa⁵⁵	ŋa³¹²	pʰa⁵⁵	ma⁵⁵	tsʰa⁵⁵	pi²⁴	pi²⁴	li⁵⁵	tsi²⁴	tsɿ²⁴
	黄土矿	ŋa³³	a³¹²	pʰa³³	ma³³	tsʰa³³	pi³⁵	pi³³	li³³	tɕi³⁵	tsɿ³⁵
	唐家坊	ŋa⁵⁵	a³¹²	pʰa⁵⁵	ma⁵⁵	tsʰa⁵⁵	pi⁵⁵	pi⁵⁵	li⁵⁵	tsi⁵⁵	tsɿ⁵⁵
	瓦屋塘	ŋa³¹²	a³¹²	pʰa³³	ma³⁵	tsʰa³³	pi³⁵	pi³⁵	li³⁵	tsi³⁵	tsɿ³⁵

		世	誓	艺	芘	闭	批	鎞	迷	米	谜
		蟹开三去祭书	蟹开三去祭禅	蟹开三去祭疑	蟹开四平齐帮	蟹开四去霁帮	蟹开四平齐滂	蟹开四去霁并	蟹开四平齐明	蟹开四上荠明	蟹开四去霁明
隆回	荷香桥	sɿ⁴⁵	sɿ⁵⁵	n̩⁴⁵	pi⁵⁵	pi⁴⁵	pʰi³³	pʰi⁵⁵	mẽ³¹²	mẽ³¹²	mẽ⁴⁵
	六都寨	sɿ⁵⁵	sɿ⁵⁵	i⁴⁵	pĩ⁵⁵	pi⁵⁵	pʰi³³	pʰi⁵⁵	mi³¹²	mẽ³¹²	mẽ⁴⁵
	七江	sɿ⁵⁵	sɿ⁵⁵	n̩⁴⁵	pĩ⁵⁵	pi⁵⁵	pʰi³³	pʰi⁵⁵	mẽ³¹²	mẽ³¹²	mẽ⁵⁵
	司门前	sɿ⁵⁵	sɿ⁵⁵	n̩⁴⁵	pi⁵⁵	pi⁵⁵	pʰi³³	pʰi⁵⁵	mẽ³¹²	mẽ³¹²	mẽ⁵⁵
	金石桥	sɿ⁵⁵	sɿ⁵⁵	n̩⁴⁵/i⁵⁵	pi⁵⁵	pi⁵⁵	pʰi³³	pʰi⁵⁵	mẽ⁴⁵	mẽ³¹²	mẽ⁵⁵
	小沙江	sɿ⁵⁵	sɿ⁵⁵	i⁵⁵	pi⁵⁵	pi⁵⁵	pʰi³³	pʰi⁵⁵	mẽ¹³	mẽ³¹²	mẽ¹³
	西洋江	sɿ⁴⁵	sɿ⁵⁵	n⁴⁵	pi⁵⁵	pi⁴⁵	pʰi⁵⁵	pʰi⁵⁵	mẽ³¹²	mẽ³¹²	mẽ⁴⁵
	横板桥	sɿ⁴⁵	sɿ⁵⁵	n⁴⁵	pi⁵⁵	pi⁴⁵	pʰi⁵⁵	pʰi⁵⁵	mẽ³¹²	mẽ³¹²	mẽ⁴⁵
	岩口	sɿ⁵⁵	sɿ⁵⁵	i⁵⁵	ui¹³	pi⁵⁵	pʰi³³	pʰi⁵⁵	mi³¹²	miə³¹²	miə⁵⁵
	罗洪	sɿ⁵⁵	sɿ⁵⁵	i⁵⁵	pʰi⁵⁵	pi⁵⁵	pʰi³³	pʰi⁵⁵	mẽ³¹²	mẽ³¹²	mẽ⁴⁵
	高坪	sɿ⁵⁵	sɿ⁵⁵	i̩⁵⁵	pi⁵⁵	pi⁵⁵	pʰi³³	pʰi⁵⁵	mi¹³	miə³¹²	miə⁵⁵
洞口	石江	sɿ²⁴	sɿ⁵⁵	n̩⁵⁵	pi⁵⁵	pi²⁴	pʰi⁵⁵	pʰi⁵⁵	mẽ³¹²	mẽ³¹²	mẽ⁵⁵
	江口	sɿ²⁴	sɿ⁵⁵	n̩²⁴	pi⁵⁵	pi²⁴	pʰi⁵⁵	pʰi⁵⁵	mẽ³¹²	mẽ³¹²	mẽ⁵⁵
	长塘	sɿ²⁴	sɿ⁵⁵	n̩²⁴	pi⁵⁵	pi²⁴	pʰi⁵⁵	pʰi⁵⁵	mẽ³¹²	mẽ³¹²	mẽ⁵⁵
	山门	sɿ⁴⁵	sɿ⁵⁵	ŋ⁴⁵	ɸi⁵⁵	pi⁴⁵	ɸi⁵⁵	ɸi⁵⁵	mẽ³¹²	mẽ³¹²	mẽ³¹²
	高沙	sɿ³⁵	sɿ⁵⁵	n̩³⁵	pi⁵⁵	pi⁵⁵	pʰi⁵⁵	pi⁵⁵	mĩ³¹²	mĩ³¹²	mĩ³¹²
	花园	sɿ³⁵	sɿ⁵⁵	n̩³⁵	pi⁵⁵	pi³⁵	pʰi⁵⁵	pi⁵⁵	mĩ³¹²	mĩ³¹²	mĩ³¹²
绥宁	金屋塘	sɿ²⁴	sɿ⁵⁵	i/n̩²⁴	pi⁵⁵	pi²⁴	pʰi⁵⁵	pʰi⁵⁵	mẽ³¹²	mẽ³¹²	mẽ⁵⁵
	梅坪	sɿ²⁴	sɿ⁵⁵	i/n̩²⁴	pi⁵⁵	pi²⁴	pʰi⁵⁵	pʰi⁵⁵	mẽ³¹²	mẽ³¹²	mẽ⁵⁵
	黄土矿	sɿ³⁵	sɿ³³	i/n̩³³	pi³³	pi³⁵	pʰi³³	pi³³	mĩ⁵⁵	mĩ³¹²	mĩ³⁵
	唐家坊	sɿ⁵⁵	sɿ⁵⁵	n̩¹⁵	pi⁵⁵	pi⁵⁵	pʰi³³	pi⁵⁵	mĩ³¹²	mĩ³¹²	mĩ³¹²
	瓦屋塘	sɿ³⁵	sɿ³³	n̩³⁵	pi³³	pi³⁵	pʰi³³	pi³³	mĩ³¹²	mĩ³¹²	mĩ³¹²

续表

		低	底	帝	梯	体	替	提	弟	第	泥
		蟹开四平齐端	蟹开四上荠端	蟹开四去霁端	蟹开四平齐透	蟹开四上荠透	蟹开四去霁透	蟹开四平齐定	蟹开四上荠定	蟹开四去霁定	蟹开四平齐泥
隆回	荷香桥	ti³³	ti³¹²	ti⁴⁵	xi³³	xi³¹²	xi⁵⁵	xe¹³	xi⁵⁵	xi⁵⁵	ŋ̩¹³/le¹³
	六都寨	ti³³	ti³¹²	ti⁵⁵	xi³³	xi³¹²	xi⁵⁵	xi¹³	xi⁵⁵	xi⁵⁵	ŋ̩¹³/le¹³
	七江	ti³³	ti³¹²	ti⁵⁵	xi³³	xi³¹²	xi⁵⁵	xi¹³	xi⁵⁵	xi⁵⁵	ŋ̩¹³/le¹³
	司门前	ti³³	ti³¹²/⁴⁵	ti⁵⁵	xi³³	xi³¹²	xi⁵⁵	xie¹³	xi⁵⁵/³¹	xi⁵⁵	le¹³
	金石桥	ti³³	ti⁴⁵	ti⁵⁵	xi³³	xi³¹²	xi⁵⁵	xiA¹³	xi⁵⁵/³¹	xi⁵⁵	le¹³
	小沙江	ti³³	ti⁴⁵	ti⁵⁵	tʰi³³	tʰi³¹²	tʰi⁵⁵	tʰiA¹³	tʰi⁵⁵	tʰi⁵⁵	le¹³
	西洋江	ti⁵⁵	ti³¹²	ti⁴⁵	xi⁵⁵	xi³¹²	xi⁴⁵	xi¹³	xi⁵⁵	xi⁵⁵	ŋ/le¹³
	横板桥	ti³³	ti³¹²	ti⁴⁵	xi⁵⁵	xi³¹²	xi⁴⁵	xi¹³	xi⁵⁵	xi⁵⁵	ŋ/le¹³
	岩口	ti³³	ti³¹²	ti⁵⁵	tʰi³³	tʰi³¹²	tʰi⁵⁵	tʰi¹³	tʰi⁵⁵	tʰi⁵⁵	ŋ/liə¹³
	罗洪	ti³³	ti³¹²	ti⁵⁵	tʰi³³	tʰi³¹²	tʰi⁵⁵	tʰiA¹³	tʰi⁵⁵	tʰi⁵⁵	ŋ/lẽ¹³
	高坪	ti³³	ti³¹²	ti⁵⁵	tʰi³³	tʰi³¹²	tʰi⁵⁵	tʰiA¹³	tʰi⁵⁵	tʰi⁵⁵	liə̃¹³
洞口	石江	ti⁵⁵	ti³¹²	ti²⁴	xi⁵⁵	xi³¹²	xi²⁴	xi¹³	xə³¹²	xi⁵⁵	n/le¹³
	江口	ti⁵⁵	ti³¹²	ti²⁴	tʰi⁵⁵	tʰi³¹²	tʰi²⁴	tʰia¹³	tʰi³¹²	tʰi⁵⁵	n/le¹³
	长塘	ti⁵⁵	tia³¹²	ti²⁴	tʰi⁵⁵	tʰi³¹²	tʰi²⁴	tʰia¹³	tʰi³¹²	tʰi⁵⁵	n/le¹³
	山门	ti⁵⁵	tie³¹²	ti⁴⁵	xie⁵⁵/xie³¹	xi³¹²	xi⁴⁵	xi/xe¹³	xi⁵⁵		ŋ/le¹³
	高沙	ti⁵⁵	ti³¹²	ti²⁴	tʰi¹³	tʰi³¹²	tʰi²⁴	tʰi/tʰiA¹³	tʰi²⁴	tʰi²⁴	ŋ/le¹³
	花园	ti⁵⁵	ti³¹²	ti³⁵	tʰi⁵⁵	tʰi³¹²	tʰi³⁵	tʰi/tʰie¹³	tʰi⁵⁵	tʰi⁵⁵	n/le¹³
绥宁	金屋塘	ti⁵⁵	ti³¹²	ti²⁴	tʰi⁵⁵	tʰi³¹²	tʰi²⁴	tʰia¹³	tʰi³¹²	tʰi⁵⁵	n/le¹³
	梅坪	ti⁵⁵	ti³¹²	ti²⁴	tʰi⁵⁵	tʰi³¹²	tʰi²⁴	tʰia¹³	tʰi³¹²	tʰi⁵⁵	n/le¹³
	黄土矿	ti³³	ta³¹²	ti³⁵	tʰə³¹²	tʰi³¹²	tʰi³³	tʰi/tʰiA⁵⁵	tʰe³³	tʰi³³	ŋ/lẽ⁵⁵
	唐家坊	ti³³	ti³¹²	ti⁵⁵	tʰi³³	tʰi³¹²	tʰi⁵⁵	tʰi/tʰiA¹³	tʰe⁵⁵	tʰi⁵⁵	n/lẽ¹³
	瓦屋塘	ti³³	ti³¹²	ti³⁵	tʰi³³	tʰi³¹²	tʰi³³	tʰi/tʰiA¹³	tʰe³³	tʰi³³	n/lẽ¹³

		犁	礼	隶	挤	妻	砌	齐	荠	剂	西
		蟹开四平齐来	蟹开四上荠来	蟹开四去霁来	蟹开四上荠精	蟹开四平齐清	蟹开四上霁清	蟹开四平齐从	蟹开四上荠从	蟹开四去霁从	蟹开四平齐心
隆回	荷香桥	le¹³	li³¹²	xi⁵⁵	tsi³¹²	tsʰi³³	tsʰe⁴⁵	tsʰi¹³	tsʰi¹³	tsi⁴⁵	si³³
	六都寨	li¹³	li³¹²	xi⁵⁵	tsi³¹²	tsʰi³³	tsʰi⁵⁵	tsʰi¹³	tsʰi¹³	tsi⁴⁵	si³³
	七江	li¹³	li³¹²	xi⁵⁵	tsi³¹²	tsʰi³³	tsʰi⁵⁵	tsʰi¹³	tsʰi¹³	tsi⁵⁵	si³³
	司门前	li¹³	li³¹²	xi⁵⁵	tsi³¹²	tsʰi³³	tsʰi⁵⁵	tsʰi¹³	tsʰi¹³	tsi⁴⁵	si³³

		犁	礼	隶	挤	妻	砌	齐	荠	剂	西
		蟹开四平齐来	蟹开四上荠来	蟹开四去霁来	蟹开四上荠精	蟹开四平齐清	蟹开四上霁清	蟹开四平齐从	蟹开四上荠从	蟹开四去霁从	蟹开四平齐心
隆回	金石桥	li^{13}	li^{312}	xi^{55}	tsi^{312}	ts^{h}i^{33}	ts^{h}i^{45}	ts^{h}i^{13}	ts^{h}i^{13}	tsi^{45}	si^{33}
	小沙江	li^{13}	li^{312}	li^{55}	tɕi^{312}	tɕ^{h}i^{33}	tɕ^{h}i^{45}	tɕ^{h}i^{13}	tɕ^{h}i^{13}	tɕi^{45}	ɕi^{33}
	西洋江	li^{13}	li^{312}	t^{h}i^{45}	tsi^{312}	ts^{h}i^{55}	ts^{h}ie^{45}	ts^{h}i^{13}	ts^{h}i^{13}	tsi^{45}	si^{55}
	横板桥	li^{13}	li^{312}	xi^{45}	tsi^{312}	ts^{h}i^{55}	ts^{h}ie^{45}	ts^{h}i^{13}	ts^{h}i^{13}	tsi^{45}	si^{55}
	岩口	li^{13}	li^{312}	t^{h}i^{55}	tsi^{312}	ts^{h}i^{33}	ts^{h}i^{55}	ts^{h}i^{13}	ts^{h}i^{13}	tsi^{55}	si^{33}
	罗洪	li^{13}	li^{312}	xi^{55}	tɕi^{312}	tɕ^{h}i^{33}	tɕ^{h}i^{55}	tɕ^{h}i^{13}	tɕ^{h}i^{13}	tɕi^{55}	ɕʅ^{33}
	高坪	li^{13}	li^{312}	t^{h}i^{55}	tɕi^{312}	tɕ^{h}i^{33}	tɕ^{h}i^{55}	tɕ^{h}i^{13}	tɕ^{h}i^{13}	tɕi^{55}	ɕi^{55}
洞口	石江	li^{13}	li^{312}	xi^{55}	tsi^{312}	ts^{h}i^{55}	ts^{h}ɛ^{24}	ts^{h}i^{13}	ts^{h}i^{13}	tsi^{55}	ɕi^{55}
	江口	li^{13}	li^{312}	t^{h}i^{55}	tɕi^{312}	tɕ^{h}ʅ^{55}	tɕ^{h}ɛ^{24}	tɕ^{h}ʅ^{13}	tɕ^{h}ʅ^{13}	tɕi^{55}	ɕʅ^{55}
	长塘	li^{13}	li^{312}	t^{h}i^{55}	tɕi^{312}	tɕ^{h}i^{55}	tɕ^{h}ɛ^{24}	tɕ^{h}i^{13}	tɕ^{h}i^{13}	tɕi^{55}	ɕi^{55}
	山门	li^{13}	li^{312}	t^{h}i^{55}	tsi^{312}	ts^{h}i^{55}	ts^{h}i^{45}	ts^{h}i^{13}	ts^{h}i^{13}	tsi^{45}	si^{55}
	高沙	li/le^{13}	li^{312}	t^{h}i^{55}	tɕi^{312}	tɕ^{h}i^{55}	tɕ^{h}ie^{24}	tɕ^{h}i^{13}	tɕ^{h}i^{13}	tɕi^{312}	ɕi^{55}
	花园	li^{13}	li^{312}	li^{55}	tsi^{312}	ts^{h}i^{55}	ts^{h}i^{35}	ts^{h}i^{13}	ts^{h}i^{13}	tsi^{35}	si^{55}
绥宁	金屋塘	li^{13}	li^{312}	lii^{55}	tsi^{312}	ts^{h}i^{55}	ts^{h}i^{24}	ts^{h}i^{13}	ts^{h}i^{13}	tsi^{35}	si^{55}
	梅坪	li^{13}	li^{312}	lii^{55}	tsi^{312}	ts^{h}i^{55}	ts^{h}i^{24}	ts^{h}i^{13}	ts^{h}i^{13}	tsi^{35}	si^{55}
	黄土矿	li^{55}	li^{312}	t^{h}i^{33}	tɕy^{312}	tɕ^{h}i^{33}	tɕ^{h}i^{33}	tɕ^{h}y^{55}	tɕ^{h}i^{55}	ty^{33}	ɕi^{33}
	唐家坊	li^{13}	li^{312}	t^{h}i^{55}	tsi^{312}	ts^{h}i^{55}	ts^{h}i^{55}	ts^{h}i^{13}	ts^{h}i^{55}	tsi^{55}	si^{33}
	瓦屋塘	li^{13}	li^{312}	t^{h}i^{55}	tsi^{312}	ts^{h}i^{33}	ts^{h}i^{35}	ts^{h}i^{13}	ts^{h}i^{13}	tsi^{35}	si^{33}

		洗	细	鸡	系	溪	启	契	係	杯	辈
		蟹开四上荠心	蟹开四去霁心	蟹开四平齐见	蟹开四去霁见	蟹开四平齐溪	蟹开四上荠溪	蟹开四去霁溪	蟹开四去霁匣	蟹合一平灰帮	蟹合一去队帮
隆回	荷香桥	se^{312}	si/se^{45}	tɕi^{33}	ki^{45}	tɕ^{h}i^{33}	tɕ^{h}i^{312}	tɕ^{h}i^{45}	ɕi^{45}	pe^{33}	pe^{45}
	六都寨	si^{312}	si/se^{55}	tɕi^{33}	ki^{55}	tɕ^{h}i^{33}	tɕ^{h}i^{312}	tɕ^{h}i^{55}	ɕi^{55}	pe^{33}	pe^{55}
	七江	si^{312}	si/se^{55}	tɕi^{33}	ki^{55}	tɕ^{h}i^{33}	tɕ^{h}i^{312}	tɕ^{h}i^{55}	ɕi^{55}	pe^{33}	pe^{55}
	司门前	si^{312}	si^{55}	tɕi^{33}	ki^{55}	tɕ^{h}i^{33}	tɕ^{h}i^{312}	tɕ^{h}i^{55}	ɕi^{55}	pe^{33}	pe^{55}
	金石桥	si^{312}	se^{55}	tɕi^{33}	ɕi^{55}	tɕ^{h}i^{33}	tɕ^{h}i^{312}	tɕ^{h}i^{55}	ɕi^{55}	pe^{33}	pe^{55}
	小沙江	ɕi^{312}	se^{55}	tɕi^{33}	tɕi^{55}	tɕ^{h}i^{33}	tɕ^{h}i^{312}	tɕ^{h}e^{55}	ɕi^{55}	pe^{33}	pe^{55}
	西洋江	se^{312}	si/se^{45}	tɕi^{55}	tɕi^{45}	tɕ^{h}i^{55}	tɕ^{h}i^{312}	tɕ^{h}i^{55}	ɕi^{45}	pe^{55}	pe^{45}
	横板桥	se^{312}	si/se^{45}	tɕi^{55}	tɕi^{45}	tɕ^{h}i^{55}	tɕ^{h}i^{312}	tɕ^{h}i^{55}	ɕi^{45}	pe^{55}	pe^{45}
	岩口	si^{312}	si^{55}	tɕi^{33}	tɕi^{55}	ɕi^{33}	tɕ^{h}i^{55}	tɕ^{h}i^{55}	ɕi^{55}	pe^{33}	pe^{55}

		洗	细	鸡	系	溪	启	契	係	杯	辈
		蟹开四 上荠心	蟹开四 去霁心	蟹开四 平齐见	蟹开四 去霁见	蟹开四 平齐溪	蟹开四 上荠溪	蟹开四 去霁溪	蟹开四 去霁匣	蟹合一 平灰帮	蟹合一 去队帮
隆回	罗洪	ɕʅ³¹²	ɕʅ⁵⁵	tɕi³³	ɕʅ⁵⁵	tɕʰi³³	tɕʰi³¹²	tɕʰi⁵⁵	ɕʅ⁵⁵	pe³³	pe⁵⁵
	高坪	ɕi³¹²	ɕi⁵⁵	tɕi³³	ɕʅ⁵⁵	tɕʰi³³	tɕʰi³¹²	tɕʰi⁵⁵	ɕʅ⁵⁵	pe³³	pe⁵⁵
洞口	石江	se³¹²	ɕi/se²⁴	tɕʅ⁵⁵	tɕi²⁴	tɕʰʅ⁵⁵	tɕʰʅ³¹²	tɕʰʅ⁵⁵	ɕi⁵⁵	pe⁵⁵	pe²⁴
	江口	sE³¹²	ɕi/sE²⁴	tɕʅ⁵⁵	tɕʅ²⁴	tɕʰʅ⁵⁵	tɕʰʅ³¹²	tɕʰʅ⁵⁵	ɕʅ⁵⁵	pE⁵⁵	pE²⁴
	长塘	sE³¹²	ɕi/sE²⁴	tɕʅ⁵⁵	tɕʅ²⁴	tɕʰʅ⁵⁵	tɕʰʅ³¹²	tɕʰʅ⁵⁵	ɕʅ⁵⁵	pE⁵⁵	pE²⁴
	山门	se³¹²	si/se⁴⁵	tɕʅ⁵⁵	tɕi⁴⁵	tɕʰi⁵⁵	tɕʰi³¹²	tɕʰʅ⁵⁵	ɕʅ⁴⁵	pe⁵⁵	pe⁴⁵
	高沙	ɕi/se³¹²	ɕi/se³⁵	tɕʅ⁵⁵	tɕʅ²⁴	tɕʰʅ⁵⁵	tɕʰʅ³¹²	tɕʰʅ⁵⁵	ɕʅ²⁴	pe⁵⁵	pe²⁴
	花园	se³¹²	si/se³⁵	tɕʅ⁵⁵	tɕʅ⁵⁵	tɕʰʅ⁵⁵	tɕʰʅ¹²	tɕʰʅ⁵⁵	ɕʅ⁵⁵	pe⁵⁵	pe³⁵
绥宁	金屋塘	se³¹²	si/se²⁴	tɕʅ⁵⁵	tɕʅ⁵⁵	tɕʰʅ⁵⁵	tɕʰʅ³¹²	tɕʰʅ⁵⁵	ɕʅ²⁴	pe⁵⁵	pe²⁴
	梅坪	se³¹²	si/se²⁴	tɕʅ⁵⁵	tɕʅ⁵⁵	tɕʰʅ⁵⁵	tɕʰʅ³¹²	tɕʰʅ⁵⁵	ɕʅ⁵⁵	pe⁵⁵	pe²⁴
	黄土矿	se³¹²	ɕi/se³⁵	tɕy³³	tɕi³⁵	tɕʰi³³	tɕʰy³¹²	tɕʰi³³	ɕi³³	pe³³	pe³⁵
	唐家坊	se³¹²	si/se⁵⁵	tɕi³³	tɕi³³	tɕʰi³³	tɕʰi³¹²	tɕʰi⁵⁵	ɕi⁵⁵	pe³³	pe⁵⁵
	瓦屋塘	se³¹²	si/se³⁵	tɕi³³	tɕi³⁵	tɕʰi³³	tɕʰi³¹²	tɕʰi³⁵	ɕi³⁵	pe³³	pe³⁵

		坏	配	陪	倍	背	媒	每	妹	堆	对
		蟹合一 平灰滂	蟹合一 去队滂	蟹合一 平灰并	蟹合一 上贿并	蟹合一 去队并	蟹合一 平灰明	蟹合一 上贿明	蟹合一 去队明	蟹合一 平灰端	蟹合一 去队端
隆回	荷香桥	pʰe³³	pʰe⁴⁵	pʰe¹³	pʰe⁵⁵	pʰe³¹²	me¹³	me³¹²	me⁵⁵	tue³³	tue⁴⁵
	六都寨	pʰe³³	pʰe⁵⁵	pʰe¹³	pʰe⁵⁵	pʰe³¹²	me¹³	me³¹²	me⁵⁵	tue³³	tue⁵⁵
	七江	pʰe³³	pʰe⁵⁵	pʰe¹³	pʰe⁵⁵	pʰe³¹²	me¹³	me³¹²	me⁵⁵	tue³³	tue⁵⁵
	司门前	pʰe³³	pʰe⁵⁵	pʰe¹³	pʰe⁵⁵	pʰe³¹²	me¹³	me³¹²	me⁵⁵	tue³³	tue⁵⁵
	金石桥	pʰe³³	pʰe⁵⁵	pʰe¹³	pʰe⁵⁵	pʰe³¹²	me¹³	me³¹²	me⁵⁵	tue³³	tue⁵⁵
	小沙江	pʰe³³	pʰe⁵⁵	pʰe¹³	pʰe⁵⁵	pʰe³¹²	me¹³	me³¹²	me⁵⁵	te³³	te⁵⁵
	西洋江	pʰe⁵⁵	pʰe⁴⁵	pʰe¹³	pʰe⁵⁵	pʰe³¹²	me¹³	me³¹²	me⁴⁵	te⁵⁵	te⁴⁵
	横板桥	pʰe⁵⁵	pʰe⁴⁵	pʰe¹³	pʰe⁵⁵	pʰe³¹²	me¹³	me³¹²	me⁴⁵	te⁵⁵	te⁴⁵
	岩口	pʰe³³	pʰe⁵⁵	pʰe¹³	pʰe⁵⁵	pʰe³³	me¹³	me³¹²	me⁵⁵	tue³³	tue³³
	罗洪	pʰe³³	pʰe⁵⁵	pʰe¹³	pʰe⁵⁵	pʰe³¹²	me¹³	me³¹²	me⁵⁵	te³³	te⁵⁵
	高坪	pʰe³³	pʰe⁵⁵	pʰe¹³	pʰe⁵⁵	pʰe³¹²	me¹³	me³¹²	me⁵⁵	te³³	te⁵⁵
洞口	石江	pʰe⁵⁵	pʰe²⁴	pʰe¹³	pʰe⁵⁵	pʰe³¹²	me¹³	me³¹²	me⁵⁵	te⁵⁵	te²⁴
	江口	pʰE⁵⁵	pʰE²⁴	pʰE¹³	pʰE⁵⁵	pʰE³¹²	mE¹³	mE³¹²	mE²⁴	tE⁵⁵	tE²⁴

		坏	配	陪	倍	背	媒	每	妹	堆	对
		蟹合一平灰滂	蟹合一去队滂	蟹合一平灰並	蟹合一上贿並	蟹合一去队並	蟹合一平灰明	蟹合一上贿明	蟹合一去队明	蟹合一平灰端	蟹合一去队端
洞口	长塘	p^hE^{55}	p^hE^{24}	p^hE^{13}	p^hE^{55}	p^hE^{312}	mE^{13}	mE^{312}	mE^{55}	tE^{55}	tE^{24}
	山门	ϕe^{55}	ϕe^{45}	ϕe^{13}	ϕe^{55}	ϕe^{312}	me^{13}	me^{312}	me^{45}	te^{55}	te^{45}
	高沙	p^he^{55}	p^he^{24}	p^he^{13}	p^he^{24}	p^he^{312}	me^{13}	me^{312}	me^{24}	te^{55}	te^{24}
	花园	p^he^{55}	p^he^{35}	p^he^{13}	p^he^{55}	p^he^{312}	me^{13}	me^{312}	me^{55}	te^{55}	te^{35}
绥宁	金屋塘	p^he^{55}	p^he^{24}	p^he^{13}	p^he^{55}	p^he^{312}	me^{13}	me^{312}	me^{55}	te^{55}	te^{24}
	梅坪	p^he^{55}	p^he^{24}	p^he^{13}	p^he^{55}	p^he^{312}	me^{13}	me^{312}	me^{55}	te^{55}	te^{24}
	黄土矿	p^he^{33}	p^he^{33}	p^he^{55}	p^he^{33}	p^he^{312}	me^{55}	me^{312}	me^{33}	te^{33}	te^{35}
	唐家坊	p^he^{33}	p^he^{55}	p^he^{13}	p^he^{55}	p^he^{312}	me^{13}	me^{312}	me^{55}	te^{33}	te^{35}
	瓦屋塘	p^he^{33}	p^he^{35}	p^he^{13}	p^he^{33}	p^he^{312}	me^{13}	me^{312}	me^{33}	te^{33}	te^{35}

		推	腿	退	队	内	雷	累	催	罪	碎
		蟹合一平灰透	蟹合一上贿透	蟹合一去队透	蟹合一去队定	蟹合一去队泥	蟹合一平灰来	蟹合一去队来	蟹合一平灰清	蟹合一上贿定	蟹合一去队心
隆回	荷香桥	ts^hue^{33}	p^he^{312}	xue^{55}	tue^{55}	lue^{55}	lue^{13}	lue^{55}	ts^hue^{33}	ts^hue^{55}	sue^{55}
	六都寨	ϕue^{33}	ϕue^{312}	ϕue^{55}	tue^{55}	le^{55}	lue^{13}	lue^{55}	ts^hue^{33}	ts^hue^{55}	sue^{55}
	七江	xue^{33}	xue^{312}	xue^{55}	tue^{55}	le^{55}	lue^{13}	lue^{55}	ts^hue^{33}	ts^hue^{55}	sue^{55}
	司门前	ϕue^{33}	ϕue^{312}	ϕue^{55}	tue^{55}	le^{55}	lue^{13}	lue^{55}	ts^hue^{33}	ts^hue^{55}	sue^{55}
	金石桥	t^hue^{33}	t^hue^{312}	t^hue^{55}	tue^{55}	le^{55}	lue^{13}	lue^{55}	ts^hue^{33}	ts^hue^{55}	sue^{55}
	小沙江	t^he^{33}	t^he^{312}	t^he^{55}	te^{55}	le^{55}	le^{13}	le^{55}	ts^he^{33}	ts^he^{55}	se^{55}
	西洋江	ts^hue^{55}	p^he^{312}	p^he^{45}	tue^{55}	lue^{55}	lue^{13}	lue^{55}	ts^hue^{55}	ts^hue^{55}	sue^{45}
	横板桥	p^hue^{55}	p^he^{312}	p^he^{45}	te^{55}	le^{55}	le^{13}	le^{55}	ts^hue^{55}	ts^hue^{55}	sue^{45}
	岩口	t^hue^{33}	t^hue^{312}	t^hue^{55}	tue^{55}	le^{55}	lue^{13}	lue^{55}	ts^hue^{33}	ts^hue^{55}	sue^{55}
	罗洪	xe^{33}	xe^{312}	xe^{55}	te^{55}	le^{55}	le^{13}	le^{55}	ts^hue^{33}	ts^hue^{55}	sue^{55}
	高坪	t^he^{33}	t^he^{312}	t^he^{55}	t^he^{55}	le^{55}	le^{13}	le^{55}	ts^he^{33}	ts^he^{55}	se^{55}
洞口	石江	xe^{55}	p^he^{312}	p^he^{24}	te^{55}	le^{55}	le^{13}	le^{55}	ts^he^{55}	ts^he^{55}	se^{24}
	江口	t^hE^{55}	t^hE^{312}	t^hE^{24}	tE^{55}	lE^{55}	lE^{13}	lE^{55}	ts^hE^{55}	ts^hE^{55}	sE^{24}
	长塘	t^hE^{55}	p^hE^{312}	p^hE^{24}	tE^{55}	lE^{55}	lE^{13}	lE^{55}	ts^hE^{55}	ts^hE^{55}	sE^{24}
	山门	ϕe^{55}	ϕe^{312}	ϕe^{45}	te^{55}	le^{55}	le^{13}	le^{55}	ts^hue^{55}	ts^hue^{55}	sue^{45}
	高沙	t^he^{55}	t^he^{312}	t^he^{24}	te^{55}	le^{55}	le^{13}	le^{55}	ts^he^{55}	tse^{24}	se^{24}
	花园	te^{55}	p^he^{312}	t^he^{35}	te^{55}	le^{55}	le^{13}	le^{55}	ts^he^{55}	ts^he^{55}	se^{35}

		推	腿	退	队	内	雷	累	催	罪	碎
		蟹合一平灰透	蟹合一上贿透	蟹合一去队透	蟹合一去队定	蟹合一去队泥	蟹合一平灰来	蟹合一去队来	蟹合一平灰清	蟹合一上贿定	蟹合一去队心
绥宁	金屋塘	tʰe⁵⁵	tʰe³¹²	tʰe²⁴	te⁵⁵	le⁵⁵	le¹³	le⁵⁵	tsʰe⁵⁵	tsʰe⁵⁵	se²⁴
	梅坪	tʰe⁵⁵	tʰe³¹²	tʰe²⁴	te⁵⁵	le⁵⁵	le¹³	le⁵⁵	tsʰe⁵⁵	tsʰe⁵⁵	se²⁴
	黄土矿	te³³	tʰe³¹²	tʰe³³	te³⁵	le³³	le⁵⁵	le³³	tsʰe³³	tsʰe³¹²	se³⁵
	唐家坊	te³³	tʰe³¹²	tʰe⁵⁵	te⁵⁵	le⁵⁵	le¹³	le⁵⁵	tsʰe³³	tsʰe³³	se⁵⁵
	瓦屋塘	te³³	tʰe³¹²	tʰe³⁵	te³⁵	le³³	le¹³	le³³	tsʰe³³	tsʰe³³	se³⁵

		魁	傀	块	桅	灰	悔	晦	回	汇	煨
		蟹合一平灰溪	蟹合一上贿溪	蟹合一去队溪	蟹合一平灰疑	蟹合一平灰晓	蟹合一上贿晓	蟹合一去队晓	蟹合一平灰匣	蟹合一上贿匣	蟹合一平灰影
隆回	荷香桥	kʰui³³	kʰua³¹²	kʰua⁴⁵	ui¹³	xue³³	xue³¹²	xue⁴⁵	ue¹³	xue⁵⁵	ue⁵⁵
	六都寨	kʰui³³	kʰui³¹²	kʰua⁵⁵	ui¹³	xue³³	xue³¹²	xue⁵⁵	ue¹³	xue⁵⁵	ue⁵⁵
	七江	kʰui³³	kʰui³¹²	kʰua²⁴	ui¹³	xue³³	xue³¹²	xue⁵⁵	ue¹³	xue⁵⁵	ue⁵⁵
	司门前	kʰui³³	kʰui³¹²	kʰua⁵⁵	ue¹³	xue³³	xue³¹²	xue⁵⁵	ue¹³	xue⁵⁵	ue⁵⁵
	金石桥	kʰue³³	kʰue³¹²	kʰua⁵⁵	ue¹³	xue³³	xue³¹²	xue⁵⁵	ue¹³	xue⁵⁵	ue⁵⁵
	小沙江	kʰue³³	kʰue³¹²	kʰua³¹²	ue¹³	xue³³	xue³¹²	xue⁵⁵	xue¹³	xue⁵⁵	ue⁵⁵
	西洋江	kʰue⁵⁵	kʰua³¹²	kʰua³¹²	ui¹³	xue⁵⁵	xue³¹²	xue⁴⁵	xue¹³	xue⁴⁵	ue⁵⁵
	横板桥	kʰue⁵⁵	kʰua³¹²	kʰua³¹²	ui¹³	xue⁵⁵	xue³¹²	xue⁴⁵	xue¹³	xue⁴⁵	ue⁵⁵
	岩口	kʰui¹³	kʰua³¹²	kʰua⁵⁵	ui³³	xue³³	xue³¹²	xue⁵⁵	ue¹³	xue⁵⁵	ue⁵⁵
	罗洪	kʰui³³	kʰua³¹²	kʰua⁵⁵	ue¹³	fe³³	fe³¹²	fe⁵⁵	ue¹³	fe⁵⁵	ue⁵⁵
	高坪	kʰue³³	kʰua³¹²	kʰua⁵⁵	ue¹³	xue³³	xue³¹²	xue⁵⁵	xue¹³	xue⁵⁵	ue⁵⁵
洞口	石江	kʰue⁵⁵	kʰua³¹²	kʰua³¹²	ui⁵⁵	fe⁵⁵	fe³¹²	fe²⁴	fe¹³	fe⁵⁵	ue⁵⁵
	江口	kʰuE⁵⁵	kʰua³¹²	kʰua³¹²	uE⁵⁵	xuE⁵⁵	xuE³¹²	xuE²⁴	uE¹³	xuE⁵⁵	uE⁵⁵
	长塘	kʰuE⁵⁵	kʰua³¹²	kʰua³¹²	uE⁵⁵	xuE⁵⁵	xuE³¹²	xuE²⁴	uE¹³	xuE⁵⁵	uE⁵⁵
	山门	kʰue⁵⁵	kʰua³¹²	kʰua⁴⁵	ue¹³	xue⁵⁵	xue⁴⁵	xue⁴⁵	xue¹³	xue/ue⁴⁵	ue⁵⁵
	高沙	kʰue⁵⁵	kʰua³¹²	kʰua²⁴	ue¹³	fe⁵⁵	fe²⁴	fe²⁴	ue¹³	fe²⁴	ue⁵⁵
	花园	kʰue⁵⁵	kʰue³¹²	kʰua³⁵	ue¹³	xue⁵⁵	xue³⁵	xue⁵⁵	ue¹³	xue³⁵	ue⁵⁵
绥宁	金屋塘	kʰue⁵⁵	kʰue³¹²	kʰua³⁵	ue¹³	xue⁵⁵	xue³¹²	xue⁵⁵	ue¹³	xue³⁵	ue⁵⁵
	梅坪	kʰue⁵⁵	kʰue³¹²	kʰua³⁵	ue¹³	xue⁵⁵	xue³¹²	xue⁵⁵	ue¹³	xue³⁵	ue⁵⁵
	黄土矿	kʰue³³	kʰue³¹²	kʰua³⁵	ue⁵⁵	fe³³	fe³⁵	fe³⁵	fe⁵⁵	fe³³	ue³³
	唐家坊	kʰue⁵⁵	kʰue³¹²	kʰua⁵⁵	te¹³	fe³³	fe³¹²	fe⁵⁵	ue¹³	fe⁵⁵	ue³³
	瓦屋塘	kʰue³⁵	kʰue³¹²	kʰua³³	ue¹³	fe³³	fe³¹²	fe³⁵	ue⁵⁵	fe³³	ue³³

续表

		兑	最	会	外	会	乖	怪	块	怀
		蟹合一去泰定	蟹合一去泰精	蟹合一去泰见	蟹合一去泰疑	蟹合一泰匣	蟹合二平皆见	蟹合二去怪见	蟹合二去怪溪	蟹合二平皆匣
隆回	荷香桥	tue⁵⁵	tsue⁴⁵	xue⁵⁵	ue⁵⁵	xue⁵⁵	kua³³	kua⁵⁵	kʰua³¹²	xua¹³
	六都寨	tue⁵⁵	tsue⁵⁵	xue⁵⁵	ue⁵⁵	xue⁵⁵	kua³³	kua⁵⁵	kʰua³¹²	xua¹³
	七江	tue⁵⁵	tsue⁵⁵	xue⁵⁵	ue⁵⁵	xue⁵⁵	kua³³	kua⁵⁵	kʰua³¹²	xua¹³
	司门前	tue⁵⁵	tsue⁵⁵	xue⁵⁵	ue⁵⁵	xue⁵⁵	kua³³	kua⁵⁵	kʰua³¹²	xua¹³
	金石桥	tue⁵⁵	tsue⁵⁵	xue⁵⁵	ue⁵⁵	xue⁵⁵	kua³³	kua⁵⁵	kʰua³¹²	xua¹³
	小沙江	te⁵⁵	tɕi⁵⁵	xue⁵⁵	ua⁵⁵	xue⁵⁵	kua³³	kua⁵⁵	kʰua³¹²	xua¹³
	西洋江	te⁴⁵	tsue⁴⁵	xue⁵⁵	ue⁵⁵	xue⁵⁵	kua³³	kua⁴⁵	kʰua³¹²	xua¹³
	横板桥	te⁴⁵	tsue⁴⁵	xue⁵⁵	ue⁵⁵	xue⁵⁵	kua³³	kua⁴⁵	kʰua³¹²	xua¹³
	岩口	tue⁵⁵	tsue⁵⁵	kʰua⁵⁵	ue⁵⁵	xue⁵⁵	kua³³	kua⁵⁵	kʰua³¹²	xua¹³
	罗洪	te⁵⁵	tsue⁵⁵	kʰua⁵⁵	ue⁵⁵	fe⁵⁵	kua³³	kua⁵⁵	kʰua³¹²	fa¹³
	高坪	te⁵⁵	tse⁵⁵	kʰua⁵⁵	ue⁵⁵	xue⁵⁵	kua³³	kua⁵⁵	kʰua³¹²	ua¹³
洞口	石江	te⁵⁵	tsue²⁴	kʰua²⁴	ua⁵⁵	fa⁵⁵	kua³³	kua²⁴	kʰua³¹²	fa¹³
	江口	tɛ⁵⁵	tsɛ²⁴	kʰua²⁴	ua⁵⁵	fa⁵⁵	kua³³	kua²⁴	kʰua³¹²	xua¹³
	长塘	tɛ⁵⁵	tsɛ²⁴	kʰua²⁴	ua⁵⁵	fa⁵⁵	kua³³	kua²⁴	kʰua³¹²	xua¹³
	山门	te⁴⁵	tsue⁴⁵	xue⁵⁵	ue⁵⁵		kua³³	kua⁴⁵	kʰua⁴⁵	xua¹³
	高沙	te²⁴	tse²⁴	kʰua²⁴	ue⁵⁵	xue²⁴	kua³³	kua²⁴	kʰua²⁴	xua¹³
	花园	te³⁵	tsue³⁵	kʰua³⁵	ue⁵⁵	xue⁵⁵	kua³⁵	kua³⁵	kʰua³⁵	xua¹³
绥宁	金屋塘	te³⁵	tse³⁵	kʰua³⁵	ue⁵⁵	xue⁵⁵	kua³⁵	kua³⁵	kʰua³⁵	xua¹³
	梅坪	te³⁵	tse³⁵	kʰua³⁵	ue⁵⁵	xue⁵⁵	kua³⁵	kua³⁵	kʰua³⁵	xua¹³
	黄土矿	tʰe³³	tse³⁵	kʰua³⁵	ua³³	fe³³	kua³³	kua³⁵	kʰua³⁵	fa⁵⁵
	唐家坊	te³⁵	tse⁵⁵	kʰua³⁵	ua⁵⁵	fe⁵⁵	kua⁵⁵	kua⁵⁵	kʰua⁵⁵	fa¹³
	瓦屋塘	te³⁵	tse³⁵	kʰua³⁵	ua³³	fe³³	kua⁵⁵	kua⁵⁵	kʰua³⁵	fa¹³

		坏	枴	卦	歪	画	蛙	快	话	脆	岁
		蟹合二去怪匣	蟹合二上蟹见	蟹合二去卦见	蟹合二平佳晓	蟹合二去卦匣	蟹合二平佳影	蟹合二去夬溪	蟹合二去夬匣	蟹合三去祭清	蟹合三去祭心
隆回	荷香桥	xua⁵⁵	kua³¹²	kuA⁴⁵	ua³³	xuA⁵⁵	uA³³	kʰua⁴⁵	uA⁵⁵	tsʰui⁴⁵	sui⁴⁵
	六都寨	xua⁵⁵	kua³¹²	kuA⁵⁵	ua³³	xuA⁵⁵	uA³³	kʰua⁵⁵	uA⁵⁵	tsʰui⁵⁵	sui⁵⁵
	七江	xua⁵⁵	kua³¹²	kuA⁵⁵	ua³³	xuA⁵⁵	uA³³	kʰua⁵⁵	uA⁵⁵	tsʰui⁵⁵	sui⁵⁵
	司门前	xua⁵⁵	kua³¹²	kuA⁵⁵	ua³³	xuA⁵⁵	uA³³	kʰua⁵⁵	uA⁵⁵	tsʰui⁵⁵	sui⁵⁵

		坏	枴	卦	歪	画	蛙	快	话	脆	岁
		蟹合二 去怪匣	蟹合二 上蟹见	蟹合二 去卦见	蟹合二 平佳晓	蟹合二 去卦匣	蟹合二 平佳影	蟹合二 去夬溪	蟹合二 去夬匣	蟹合三 去祭清	蟹合三 去祭心
隆回	金石桥	xua^{55}	kua^{312}	kuA^{55}	ua^{33}	xuA^{55}	uA^{33}	k^{h}ua^{55}	uA^{55}	ts^{h}ue^{55}	sue^{55}
	小沙江	xua^{55}	kua^{312}	kuA^{55}	ua^{33}	xuA^{55}	uA^{33}	k^{h}ua^{55}	uA^{55}	ts^{h}ui^{55}	çiu^{55}
	西洋江	xua^{55}	kua^{312}	kuA^{45}	ua^{55}	xuA^{45}	uA^{55}	k^{h}ua^{45}	uA^{55}	ts^{h}ʅ^{45}	sʅ^{45}
	横板桥	xua^{55}	kua^{312}	kuA^{45}	ua^{55}	xuA^{45}	uA^{55}	k^{h}ua^{45}	uA^{55}	ts^{h}ʅ^{45}	sʅ^{45}
	岩口	xua^{55}	kua^{312}	kuA^{55}	ua^{33}	xuA^{55}	uA^{33}	k^{h}ua^{55}	uA^{55}	ts^{h}y^{55}	sy^{55}
	罗洪	fa^{55}	kua^{312}	kuA^{55}	ua^{33}	fA^{55}	uA^{33}	k^{h}ua^{55}	uA^{55}	ts^{h}ui^{55}	çiu^{55}
	高坪	xua^{55}	kua^{312}	kuA^{55}	ua^{33}	xuA^{55}	uA^{33}	k^{h}ua^{55}	uA^{55}	ts^{h}i^{55}	si^{55}
洞口	石江	fa^{55}	kua^{312}	kuA^{24}	ua^{55}	fA^{55}	uA^{55}	k^{h}ua^{24}	uA^{55}	ts^{h}ui^{24}	çʅ^{24}
	江口	xua^{55}	kua^{312}	kuA^{24}	ua^{24}	xuA^{24}	uA^{55}	k^{h}ua^{24}	uA^{55}	ts^{h}ui^{24}	çi^{24}
	长塘	xua^{55}	kua^{312}	kuA^{24}	ua^{55}	xuA^{24}	uA^{55}	k^{h}ua^{24}	uA^{55}	ts^{h}ui^{24}	çi^{24}
	山门	xua^{55}	kua^{312}	kuA^{45}	ua^{55}	xuA^{45}	uA^{33}	k^{h}ua^{45}	uA^{55}	ts^{h}ʅ^{45}	sʅ^{45}
	高沙	xua$^{55/24}$	kua^{312}	kuA^{24}	ua^{55}	xuA^{24}	uA^{24}	k^{h}ua^{24}	uA^{55}	tse^{h}e^{24}	se^{24}
	花园	xua^{55}	kua^{312}	kuA^{35}	ua^{55}	xuA^{55}	uA^{55}	k^{h}ua^{35}	uA^{55}	tç^{h}i^{55}	çʅ^{35}
绥宁	金屋塘	xua^{55}	kua^{312}	kuA^{24}	ua^{24}	xuA^{24}	uA^{55}	k^{h}ua^{24}	uA^{55}	ts^{h}i^{24}	si^{24}
	梅坪	xua^{55}	kua^{312}	kuA^{24}	ua^{55}	xuA^{24}	uA^{55}	k^{h}ua^{24}	uA^{55}	ts^{h}i^{24}	si^{24}
	黄土矿	fa^{33}	kua^{312}	kuA^{35}	ua^{55}	xuA^{33}	uA^{33}	k^{h}ua^{35}	uA^{33}	ts^{h}e^{35}	çy^{35}
	唐家坊	fa^{55}	kua^{312}	kuA^{55}	ua^{33}	xuA^{55}	uA^{55}	k^{h}ua^{55}	uA^{55}	ts^{h}y^{55}	çy^{55}
	瓦屋塘	fa^{33}	kua^{312}	kuA^{35}	ua^{33}	xuA^{33}	uA^{33}	k^{h}ua^{35}	uA^{33}	ts^{h}e^{35}	çy^{35}

		赘	税	鳜	卫	废	肺	秽	闺	桂
		蟹合三 去祭章	蟹合三 去祭书	蟹合三 去祭见	蟹合三 去祭云	蟹合三 去废非	蟹合三 去废敷	蟹合三 去祭影	蟹合四 平齐见	蟹合四 去霁见
隆回	荷香桥	tsui^{45}	sui^{45}	kue^{55}	ui^{45}	fi^{45}	fi^{45}	y^{45}	kui^{33}	kui^{45}
	六都寨	tsui^{55}	sui^{55}	kue^{55}	ui^{55}	fi^{55}	fi^{55}	y^{55}	kui^{33}	kui^{55}
	七江	tsui^{55}	sui^{55}	kue^{55}	ui^{55}	fi^{55}	fi^{55}	u^{55}	kui^{33}	kui^{55}
	司门前	tsui^{55}	sui^{55}	kue^{55}	mi^{55}	fi^{55}	fi^{55}	u^{55}	kui^{33}	kui^{55}
	金石桥	tsue^{55}	sue^{55}	kue^{55}	ue^{55}	fi^{55}	fi^{55}	y^{55}	kue^{33}	kue^{55}
	小沙江	tse^{55}	çi^{55}	kue^{55}	ue^{55}	fi^{55}	fi^{55}	y^{55}	kue^{33}	kue^{55}
	西洋江	tse^{55}	çʅ^{45}	kue^{55}	mi^{45}	fi^{45}	fi^{45}	çʅ^{45}	kui^{55}	kui^{45}
	横板桥	tse^{55}	çʅ^{45}	kue^{55}	mi^{45}	fi^{45}	fi^{45}	çʅ^{45}	kui^{55}	kui^{45}
	岩口	tsui^{55}	sy^{55}	kui^{55}	ue^{55}	fi^{55}	fi^{55}	y^{55}	kui^{33}	kui^{55}

		赘	税	鳜	卫	废	肺	秽	闺	桂
		蟹合三去祭章	蟹合三去祭书	蟹合三去祭见	蟹合三去祭云	蟹合三去废非	蟹合三去废敷	蟹合三去祭影	蟹合四平齐见	蟹合四去霁见
隆回	罗洪	tɕiu⁵⁵	ɕy⁵⁵	kue⁵⁵	ue⁵⁵	fe⁵⁵	fe⁵⁵	y⁵⁵	kue³³	kue⁵⁵
	高坪	tse³³	ɕy⁵⁵	kue⁵⁵	ue⁵⁵	xe⁵⁵	xe⁵⁵	y⁵⁵	kue³³	kue⁵⁵
洞口	石江	tsui²⁴	ɕʅ²⁴	kui²⁴	mi⁵⁵	fi²⁴	fi²⁴	ʅ²⁴	kui⁵⁵	kui²⁴
	江口	tsui²⁴	ɕʅ²⁴	kui²⁴	ui⁵⁵	fi²⁴	fi²⁴	ʅ²⁴	kui⁵⁵	kui²⁴
	长塘	tsui²⁴	ɕʅ²⁴	kui²⁴	ui⁵⁵	fi²⁴	fi²⁴	ʅ²⁴	kui⁵⁵	kui²⁴
	山门	tsue⁵⁵	ɕʅ⁴⁵	kue⁵⁵	mi⁴⁵	fi⁴⁵	fi⁴⁵	ʅ⁴⁵	kui⁵⁵	kui⁴⁵
	高沙	tse⁵⁵	ɕʅ²⁴	kue⁵⁵	ue²⁴	fe²⁴	fe²⁴	ʅ⁵⁵	kue⁵⁵	kue²⁴
	花园	tse⁵⁵	ɕʅ³⁵	kue⁵⁵	ue³⁵	xue³⁵	xue³⁵	ʅ⁵⁵	kue⁵⁵	kue³⁵
绥宁	金屋塘	tsi²⁴	ɕʅ²⁴	kui²⁴	ui⁵⁵	fi²⁴	fi²⁴	ʅ²⁴	kui⁵⁵	kui²⁴
	梅坪	tsi²⁴	ɕʅ²⁴	kui²⁴	ui⁵⁵	fi²⁴	fi²⁴	ʅ²⁴	kui⁵⁵	kui²⁴
	黄土矿	tse³³	ɕy³⁵	kue⁵⁵	ue³⁵	fe³⁵	fe³⁵	y³³	kue³³	kue³⁵
	唐家坊	tse⁵⁵	ɕy⁵⁵	kue⁵⁵	ui⁵⁵	fi⁵⁵	fi⁵⁵	y⁵⁵	kui³³	kui⁵⁵
	瓦屋塘	tse³³	ɕy³⁵	kue⁵⁵	ui³⁵	fi³⁵	fi³⁵	y³⁵	kui³³	kui³⁵

		惠	碑	彼	臂	披	譬	皮	被	避	离
		蟹合四去霁匣	止开三平支帮	止开三上纸帮	止开三去真帮	止开三平支滂	止开三去真滂	止开三平支並	止开三上纸並	止开三去真並	止开三平支来
隆回	荷香桥	xue⁵⁵	pe³³	pʰi³¹²	pi⁴⁵	pʰi³³	pʰi⁴⁵	pʰi¹³	pʰi³¹²	pʰi⁵⁵	li¹³
	六都寨	xue⁵⁵	pe³³	pʰi³¹²	pi⁵⁵	pʰi³³	pʰi⁵⁵	pʰi¹³	pʰi³¹²	pʰi⁵⁵	li¹³
	七江	xue⁵⁵	pe³³	pʰi³¹²	pi⁵⁵	pʰi³³	pʰi⁵⁵	pʰi¹³	pʰi³¹²	pʰi⁵⁵	li¹³
	司门前	xue⁵⁵	pe³³	pi³¹²	pʰi⁵⁵	pʰi³³	pʰi⁵⁵	pʰi¹³	pʰi³¹²	pʰi⁵⁵	li¹³
	金石桥	xue⁵⁵	pe³³	pi³¹²	pʰi⁵⁵	pʰi³³	pʰi⁵⁵	pʰi¹³	pʰi³¹²	pʰi⁵⁵	li¹³
	小沙江	xue⁵⁵	pe³³	pi³¹²	pi⁵⁵	pʰi³³	pʰi⁵⁵	pʰi¹³	pʰi³¹²	pʰi⁵⁵	li¹³
	西洋江	xue⁴⁵	pe⁵⁵	pi³¹²	pʰi⁴⁵	pʰi⁵⁵	pʰi⁵⁵	pʰi¹³	pʰi³¹²	pʰi⁵⁵	li¹³
	横板桥	xue⁴⁵	pe⁵⁵	pi³¹²	pʰi⁴⁵	pʰi⁵⁵	pʰi⁵⁵	pʰi¹³	pʰi³¹²	pʰi⁵⁵	li¹³
	岩口	xue⁵⁵	pe³³	pʰi³¹²	pi⁵⁵	pʰi³³	pʰi⁵⁵	pʰi¹³	pʰi³³	pʰi⁵⁵	li¹³
	罗洪	xue⁵⁵	pe³³	pʰi³¹²	pi⁵⁵	pʰi³³	pʰi⁵⁵	pʰi¹³	pʰi³¹²	pʰi⁵⁵	li¹³
	高坪	xue⁵⁵	pe³³	pi³¹²	pi⁵⁵	pʰi³³	pʰi⁵⁵	pʰi¹³	pʰi³¹²	pʰi⁵⁵	li¹³
洞口	石江	fe⁵⁵	pe⁵⁵	pi³¹²	pʰi²⁴	pʰi⁵⁵	pʰi⁵⁵	pʰi¹³	pʰi³¹²	pʰi⁵⁵	li¹³
	江口	xue⁵⁵	pe⁵⁵	pʰi³¹²	pi²⁴	pʰi⁵⁵	pʰi⁵⁵	pʰi¹³	pʰi³¹²	pʰi⁵⁵	li¹³

		惠	碑	彼	臂	披	譬	皮	被	避	离
		蟹合四去霁匣	止开三平支帮	止开三上纸帮	止开三去寘帮	止开三平支滂	止开三去寘滂	止开三平支並	止开三上纸並	止开三去寘並	止开三平支来
洞口	长塘	xue⁵⁵	pe⁵⁵	pi³¹²	pʰi²⁴	pʰi⁵⁵	pʰi⁵⁵	pʰi¹³	pʰi³¹²	pʰi⁵⁵	li¹³
	山门	xue⁴⁵	pe⁵⁵	ɸi³¹²	pi⁴⁵	ɸi⁵⁵	ɸi⁵⁵	ɸi¹³	ɸi³¹²	ɸi⁵⁵	li¹³
	高沙	fe²⁴	pe⁵⁵	pi³¹²	pʰi²⁴	pʰi⁵⁵	pʰi²⁴	pʰi¹³	pʰi³¹²	pʰi⁵⁵	li¹³
	花园	xue³⁵	pe⁵⁵	pi³¹²	pʰi³⁵	pʰi⁵⁵	pʰi³⁵	pʰi¹³	pʰi³¹²	pʰi⁵⁵	li¹³
绥宁	金屋塘	xue⁵⁵	pe⁵⁵	pʰi³¹²	pi²⁴	pʰi⁵⁵	pʰi⁵⁵	pʰi¹³	pʰi³¹²	pʰi⁵⁵	xue⁵⁵
	梅坪	xue⁵⁵	pe⁵⁵	pʰi³¹²	pi²⁴	pʰi⁵⁵	pʰi⁵⁵	pʰi¹³	pʰi³¹²	pʰi⁵⁵	xue⁵⁵
	黄土矿	fe³⁵	pe³³	pi³¹²	pʰi³¹²	pʰi³³	pʰi³³	pʰi⁵⁵	pʰi³¹²	pʰi³³	li⁵⁵
	唐家坊	fe⁵⁵	pe³³	pi³¹²	pʰi⁵⁵	pʰi³³	pʰi⁵⁵	pʰi¹³	pʰi³¹²	pʰi⁵⁵	li¹³
	瓦屋塘	fe³⁵	pe³³	pi³¹²	pʰi³⁵	pʰi³³	pʰi³⁵	pʰi¹³	pʰi³¹²	pʰi³³	li¹³

		雌	此	撕	赐	知	智	池	栀	纸	眵
		止开三平支清	止开三上纸清	止开三平支心	止开三去寘心	止开三平支知	止开三去寘知	止开三平支澄	止开三平支章	止开三上纸章	止开三平支昌
隆回	荷香桥	tsʰɿ³³	tsʰɿ³¹²	sɿ³³	tsʰɿ⁴⁵	tɕi³³	tɕi⁴⁵	tsʰi¹³	tsʰɿ	tsɿ³¹²	tsʰɿ³³
	六都寨	tsʰɿ³¹²	tsʰɿ³¹²	sɿ³³	sɿ⁵⁵	tɕi³³	tɕi⁴⁵	tɕʰi¹³	tɕi³³	tsɿ³¹²	tsʰɿ³³
	七江	tsʰɿ³¹²	tsʰɿ³¹²	sɿ³³	tsʰɿ⁵⁵	tɕi³³	tɕi⁴⁵	tɕʰi¹³	tɕi³³	tsɿ³¹²	tsʰɿ³³
	司门前	tsʰɿ⁵⁵	tsʰɿ³¹²	sɿ³³	tsʰɿ⁵⁵	tɕi³³	tɕi⁴⁵	tɕʰi¹³	tɕi³³	tsɿ³¹²	tsʰɿ³³
	金石桥	tsʰɿ⁵⁵	tsʰɿ³¹²	sɿ³³	tsʰɿ⁵⁵	tɕi³³	tɕi⁴⁵	tɕʰi¹³	tɕi³³	tsɿ³¹²	tsʰɿ³³
	小沙江	tsʰɿ⁵⁵	tsʰɿ³¹²	sɿ³³	tsʰɿ⁵⁵	tɕi³³	tɕi⁵⁵	tsʰɿ¹³	tɕi³³	tsɿ³¹²	tsʰɿ³³
	西洋江	tsʰʅ³¹²	tsʰʅ³¹²	sʅ⁵⁵	tsʰʅ⁴⁵	tɕʅ⁵⁵	tɕʅ⁴⁵	tɕʰʅ¹³	tɕʅ⁵⁵	tsʅ³¹²	tsʰʅ⁵⁵
	横板桥	tsʰʅ³¹²	tsʰʅ³¹²	sʅ⁵⁵	tsʰʅ⁴⁵	tɕʅ⁵⁵	tɕʅ⁴⁵	tɕʰʅ¹³	tɕʅ	tsʅ³¹²	tsʰʅ⁵⁵
	岩口	tsʰʅ³¹²	tsʰʅ³¹²	sʅ³³	tsʰʅ⁵⁵	tɕi³³	tɕi⁵⁵	tsʰʅ¹³	tsʅ	tsʅ³¹²	tsʰʅ³³
	罗洪	tsʰʅ¹³	tsʰʅ³¹²	sʅ³³	tsʰʅ⁵⁵	tsʅ	tsʅ	tsʰʅ	tsʅ	tsʅ³¹²	tsʰʅ
	高坪	tsʰʅ¹³	tsʰʅ³¹²	sʅ⁵⁵	tsʰʅ⁵⁵	tɕi³³	tɕi⁵⁵	tsʰʅ¹³	tsʅ	tsʅ³¹²	tsʰʅ³³
洞口	石江	tsʰʅ³¹²	tsʰʅ³¹²	sʅ⁵⁵	tsʰʅ²⁴	tɕʅ⁵⁵	tɕʅ²⁴	tɕʰʅ¹³	tɕʅ	tsʅ³¹²	tsʰʅ⁵⁵
	江口	tsʰʅ³¹²	tsʰʅ³¹²	sɿ⁵⁵	tsʰɿ²⁴	tɕʅ⁵⁵	tɕʅ²⁴	tɕʰʅ¹³	tɕʅ	tsʅ³¹²	tsʰʅ⁵⁵
	长塘	tsʰʅ³¹²	tsʰʅ³¹²	sɿ⁵⁵	tsʰʅ²⁴	tɕʅ⁵⁵	tɕʅ²⁴	tɕʰʅ¹³	tɕʅ⁵⁵	tsʅ³¹²	tsʰʅ⁵⁵
	山门	tsʰʅ³¹²	tsʰʅ³¹²	sɿ⁵⁵	tsʰʅ⁴⁵	tɕɛ⁵⁵	tɕɛ⁴⁵	tsʰʅ¹³	tɕi⁴⁵	tsʅ³¹²	tsʰʅ⁵⁵
	高沙	tsʰʅ⁵⁵	tsʰʅ³¹²	sɿ⁵⁵	tsʰʅ²⁴	tɕʅ⁵⁵	tɕʅ²⁴	tɕʰʅ¹³	tɕʅ	tsʅ³¹²	tsʰʅ⁵⁵
	花园	tsʰʅ³¹²	tsʰʅ³¹²	sɿ⁵⁵	tsʰʅ³⁵	tɕʅ⁵⁵	tɕʅ³⁵	tɕʰʅ¹³	tɕʅ	tsʅ³¹²	tsʰʅ⁵⁵

续表

		雌	此	撕	赐	知	智	池	栀	纸	眵
		止开三	止开三	止开三	止开三	止开三	止开三	止开三	止开三	止开三	止开三
		平支清	上纸清	平支心	去寘心	平支知	去寘知	平支澄	平支章	上纸章	平支昌
绥宁	金屋塘	tsʰʅ³¹²	tsʰʅ³¹²	sʅ⁵⁵	tsʰʅ²⁴	tɕʅ⁵⁵	tɕʅ²⁴	tsʰʅ¹³	tɕʅ⁵⁵	tsʅ³¹²	tsʰʅ⁵⁵
	梅坪	tsʰʅ³¹²	tsʰʅ³¹²	sʅ⁵⁵	tsʰʅ²⁴	tɕʅ⁵⁵	tɕʅ²⁴	tsʰʅ¹³	tɕʅ⁵⁵	tsʅ³¹²	tsʰʅ⁵⁵
	黄土矿	tsʰʅ³¹²	tsʰʅ³¹²	sʅ³³	tsʰʅ³⁵	tɕi³³	tsʅ³⁵	tsʰʅ⁵⁵	tɕi³³	tsʅ³¹²	tsʰʅ³³
	唐家坊	tsʰʅ³¹²	tsʰʅ³¹²	sʅ³³	tsʰʅ⁵⁵	tɕi³³	tɕi⁵⁵	tsʰʅ¹³	tsʅ³³	tsʅ³¹²	tsʰʅ³³
	瓦屋塘	tsʰʅ³¹²	tsʰʅ³¹²	sʅ³³	tsʰʅ³⁵	tɕi³³	tɕi³⁵	tsʰʅ¹³	tsʅ³³	tsʅ³¹²	tsʰʅ³³

		眵	施	翅	匙	是	氏	豉	儿	尔
		止开三	止开三	止开三	止开三	止开三	止开三	止开三	止开三	止开三
		上纸昌	平支书	去寘书	平支禅	上纸禅	上纸禅	去寘禅	平支日	上纸日
隆回	荷香桥	tsʰʅ³¹²	sʅ³³	sʅ⁴⁵	sʅ³³	tsʰe³¹²	sʅ⁵⁵	sʅ⁵⁵	e¹³	e³¹²
	六都寨	tsʰʅ³¹²	sʅ³³	tsʅ⁵⁵	sʅ³³	tsʰe³¹²	sʅ⁵⁵	sʅ⁵⁵	e¹³	e³¹²
	七江	tsʰʅ³¹²	sʅ³³	tsʅ⁵⁵	sʅ³³	tsʰe³¹²	sʅ⁵⁵	sʅ⁵⁵	e¹³	e³¹²
	司门前	tsʰʅ³¹²	sʅ³³	tsʅ⁵⁵	sʅ³³	tsʰe³¹²	sʅ⁵⁵	sʅ⁵⁵	e¹³	e³¹²
	金石桥	tsʰʅ³¹²	sʅ³³	tsʅ⁵⁵	sʅ³³	tsʰe³¹²	sʅ⁵⁵	sʅ⁵⁵	e¹³	e³¹²
	小沙江	tsʰʅ³¹²	sʅ³³	tsʅ⁵⁵	sʅ³³	sʅ⁵⁵	sʅ⁵⁵	sʅ⁵⁵	e¹³	e³¹²
	西洋江	tsʰʅ³¹²	sʅ⁵⁵	tsʅ⁴⁵	sʅ⁵⁵	sʅ³¹²	sʅ⁵⁵	sʅ⁵⁵	ie¹³	ie³¹²
	横板桥	tsʰʅ³¹²	sʅ⁵⁵	tsʅ⁴⁵	sʅ⁵⁵	sʅ³¹²	sʅ⁵⁵	sʅ⁵⁵	e¹³	e³¹²
	岩口	tsʰʅ³¹²	sʅ³³	tsʰʅ⁵⁵	sʅ⁵⁵	sʅ⁵⁵	sʅ⁵⁵	sʅ³³	e¹³	e³¹²
	罗洪	tsʰʅ³¹²	sʅ³³	sʅ⁵⁵	sʅ³³	sʅ³¹²	sʅ⁵⁵	sʅ⁵⁵	e¹³	e³¹²
	高坪	tsʰʅ³¹²	sʅ³³	tsʅ⁵⁵	sʅ¹³	sʅ⁵⁵	sʅ⁵⁵	sʅ⁵⁵	e¹³	e³¹²
洞口	石江	tsʰʅ³¹²	sʅ⁵⁵	tsʅ²⁴	sʅ⁵⁵	sʅ⁵⁵	sʅ⁵⁵	sʅ⁵⁵	e¹³	ə³¹²
	江口	tsʰʅ³¹²	sʅ⁵⁵	tsʅ²⁴	sʅ⁵⁵	sʅ⁵⁵	sʅ⁵⁵	sʅ⁵⁵	a¹³	a³¹²
	长塘	tsʰʅ³¹²	sʅ⁵⁵	tsʅ²⁴	sʅ⁵⁵	sʅ⁵⁵	sʅ⁵⁵	sʅ⁵⁵	a¹³	a³¹²
	山门	tsʰʅ³¹²	sʅ⁵⁵	tsʅ⁴⁵	sʅ⁵⁵	sʅ⁵⁵	sʅ⁵⁵	sʅ⁵⁵	e¹³	e³¹²
	高沙	tsʰʅ³¹²	sʅ⁵⁵	tsʅ²⁴	sʅ⁵⁵	sʅ⁵⁵	sʅ⁵⁵	sʅ⁵⁵	e¹³	e³¹²
	花园	tsʰʅ³¹²	sʅ⁵⁵	tsʅ³⁵	sʅ⁵⁵	tɕʰʅ³¹²	sʅ⁵⁵	sʅ⁵⁵	æ¹³	æ³¹²
绥宁	金屋塘	tsʰʅ³¹²	sʅ⁵⁵	tsʅ²⁴	sʅ⁵⁵	sʅ³¹²	sʅ⁵⁵	sʅ⁵⁵	a¹³	a³¹²
	梅坪	tsʰʅ³¹²	sʅ⁵⁵	tsʅ²⁴	sʅ⁵⁵	sʅ³¹²	sʅ⁵⁵	sʅ⁵⁵	a¹³	a³¹²
	黄土矿	tsʰʅ³¹²	sʅ³³	tsʅ³⁵	tsʅ³³	sʅ³¹²	sʅ³³	ɕi³³	ɤ⁵⁵	ɤ⁵⁵
	唐家坊	tsʰʅ³¹²	sʅ³³	tsʅ⁵⁵	sʅ³³	tsʰʅ³¹²	sʅ⁵⁵	sʅ⁵⁵	ø¹³	ø³¹²
	瓦屋塘	tsʰʅ³¹²	sʅ³³	tsʅ³⁵	sʅ³³	tsʰʅ³¹²	sʅ³³	sʅ³³	ɤ¹³	ɤ³¹²

续表

		寄	企	骑	倚	技	宜	蚁	议	牺	戏
		止开三 去寘见	止开三 上纸溪	止开三 平支群	止开三 上纸群	止开三 上纸群	止开三 平支疑	止开三 平纸疑	止开三 去寘疑	止开三 平支晓	止开三 去寘晓
隆回	荷香桥	tɕi^{45}	tɕʰi^{45}	tɕʰi^{13}	tɕʰi^{312}	tɕʰi^{55}	n̩^{13}	ŋ̍^{55}	n̩^{55}	ɕi^{33}	ɕi^{55}
	六都寨	tɕi^{55}	tɕʰi^{312}	tɕʰi^{13}	tɕʰi^{312}	tɕʰi^{55}	n̩^{13}	ŋ̍^{55}	n̩^{55}	ɕi^{33}	ɕi^{55}
	七江	tɕi^{55}	tɕʰi^{45}	tɕʰi^{13}	tɕʰi^{312}	tɕʰi^{55}	n̩^{13}	n̩^{55}	n̩^{55}	ɕi^{33}	ɕi^{55}
	司门前	tɕi^{55}	tɕʰi^{55}	tɕʰi^{13}	tɕʰi^{312}	tɕʰi^{55}	n̩^{13}	n̩^{55}	n̩^{55}	ɕi^{33}	ɕi^{55}
	金石桥	tɕi^{55}	tɕʰi^{55}	tɕʰi^{13}	tɕʰi^{312}	tɕʰi^{55}		n̩^{55}	n̩^{55}	ɕi^{33}	ɕi^{55}
	小沙江	tɕi^{55}	tɕʰi^{312}	tɕʰi^{13}	tɕʰi^{312}	tɕʰi^{55}	n̩^{13}	n̩^{55}	n̩^{55}	ɕi^{33}	ɕi^{55}
	西洋江	tɕi^{45}	tɕʰi^{45}	tɕʰi^{13}	tɕʰi^{312}	tɕʰi^{55}	n̩^{13}	n̩^{45}	n̩^{55}	ɕi^{55}	ɕi^{45}
	横板桥	tɕi^{45}	tɕʰi^{45}	tɕʰi^{13}	tɕʰi^{312}	tɕʰi^{55}	n̩^{13}	n̩^{45}	n̩^{55}	ɕi^{33}	ɕi^{45}
	岩口	tɕi^{55}	tɕʰi^{312}	tɕʰi^{13}	tɕʰi^{312}	tɕʰi^{55}	i^{33}	n̩^{55}	i^{55}	ɕi^{33}	ɕi^{55}
	罗洪	tɕi^{55}	tɕʰi^{13}	tɕʰi^{13}	tɕʰi^{312}	tɕʰi^{55}	i^{13}	i^{55}	i^{55}	ɕʅ^{33}	ɕʅ^{55}
	高坪	tɕi^{55}	tɕʰi^{45}	tɕʰi^{13}	tɕʰi^{312}	tɕʰi^{55}	ie^{13}	i^{55}	n̩^{55}	ɕi^{33}	ɕi^{55}
洞口	石江	tɕi^{24}	tɕʰi^{45}	tɕʰi^{13}	tɕʰi^{312}	tɕʰi^{55}	n̩^{13}	n̩^{55}	n̩^{55}	ɕi^{33}	ɕi^{24}
	江口	tɕʅ^{24}	tɕʰʅ^{45}	tɕʰʅ^{13}	tɕʰʅ^{312}	tɕʰʅ^{55}	n̩^{13}	n̩^{55}	n̩^{24}	ɕʅ^{55}	ɕʅ^{24}
	长塘	tɕʅ^{24}	tɕʰʅ^{45}	tɕʰʅ^{13}	tɕʰʅ^{312}	tɕʰʅ^{55}	n̩^{13}	n̩^{55}	n̩^{55}	ɕʅ^{55}	ɕʅ^{24}
	山门	tɕi^{45}	tɕʰi^{45}	tɕʰi^{13}	tɕʰi^{312}	tɕʰi^{55}	ŋ^{13}	ŋ^{45}	ŋ^{45}	ɕi^{55}	ɕi^{45}
	高沙	tɕʅ^{24}	tɕʰʅ^{312}	tɕʰʅ^{13}	tɕʰʅ^{312}	tɕʰʅ^{24}	n̩^{13}	n̩^{24}	n̩^{24}	ɕʅ^{55}	ɕʅ^{24}
	花园	tɕʅ^{35}	tɕʰʅ^{312}	tɕʰʅ^{13}	tɕʰʅ^{312}	tɕʰʅ^{55}	n̩^{13}	n̩^{35}	n̩^{55}	ɕʅ^{55}	ɕʅ^{35}
绥宁	金屋塘	tɕʅ^{24}	tɕʰʅ^{312}	tɕʰʅ^{13}	tɕʰʅ^{312}	tɕʰʅ^{55}	n̩^{13}	n̩^{55}	n̩^{24}	ɕʅ^{55}	ɕʅ^{24}
	梅坪	tɕʅ^{24}	tɕʰʅ^{312}	tɕʰʅ^{13}	tɕʰʅ^{312}	tɕʰʅ^{55}	n̩^{13}	n̩^{55}	n̩^{24}	ɕʅ^{55}	ɕʅ^{24}
	黄土矿	tɕy^{35}	tɕʰy^{312}	tɕʰy^{55}	tɕʰy^{312}	tɕʰy^{33}	n̩^{55}	n̩^{312}	n̩^{33}	ɕi^{33}	ɕi^{35}
	唐家坊	tɕi^{55}	tɕʰi^{312}	tɕʰi^{13}	tɕʰi^{312}	tɕʰi^{55}	n̩^{13}	n̩^{55}	n̩^{55}	ɕi^{33}	ɕi^{55}
	瓦屋塘	tɕi^{35}	tɕʰi^{312}	tɕʰi^{13}	tɕʰi^{312}	tɕʰi^{33}	n̩^{13}	n̩^{35}	n̩^{33}	ɕi^{33}	ɕi^{35}

		椅	移	易	悲	比	痹	屁	枇	鼻	眉
		止开三 上纸影	止开三 平支以	止开三 去寘以	止开三 平脂帮	止开三 上旨帮	止开三 去至帮	止开三 去至滂	止开三 平脂并	止开三 去至并	止开三 平脂明
隆回	荷香桥	i^{312}	i^{13}	i^{55}	pe^{33}	pi^{312}	pʰi^{55}	pʰi^{45}	pʰi^{13}	pʰi^{55}	mẽ^{13}
	六都寨	i^{312}	i^{13}	i^{55}	pe^{33}	pi^{312}	pʰi^{55}	pʰi^{55}	pʰi^{13}	pʰi^{55}	mẽ^{13}
	七江	i^{312}	i^{13}	i^{55}	pe^{33}	pi^{312}	pʰi^{55}	pʰi^{55}	pʰi^{13}	pʰi^{55}	mẽ^{13}
	司门前	i^{312}	i^{13}	i^{55}	pe^{33}	pi^{312}	pʰi^{55}	pʰi^{55}	pʰi^{13}	pʰi^{55}	mẽ^{13}

续表

		椅	移	易	悲	比	痹	屁	枇	鼻	眉
		止开三 上纸影	止开三 平支以	止开三 去寘以	止开三 平脂帮	止开三 上旨帮	止开三 去至帮	止开三 去至滂	止开三 平脂并	止开三 去至并	止开三 平脂明
隆回	金石桥	i^{312}	i^{13}	i^{55}	pe^{33}	pi^{312}	p^hi^{55}	p^hi^{55}	p^hi^{13}	p^hi^{55}	$m\tilde{e}^{13}$
	小沙江	i^{312}	i^{13}	i^{55}	pe^{33}	pi^{312}	pi^{55}	p^hi^{55}	p^hi^{13}	p^hi^{55}	$m\tilde{e}^{13}$
	西洋江	i^{312}	i^{13}	i^{55}	pe^{55}	pi^{312}	p^hi^{312}	p^hi^{45}	p^hi^{13}	p^hi^{55}	$m\tilde{e}^{13}$
	横板桥	i^{312}	i^{13}	i^{55}	pe^{55}	pi^{312}	p^hi^{312}	p^hi^{45}	p^hi^{13}	p^hi^{55}	$m\tilde{e}^{13}$
	岩口	i^{312}	i^{13}	i^{55}	pe^{33}	pi^{312}	p^hi^{55}	p^hi^{55}	p^hi^{13}	p^hi^{55}	me^{13}
	罗洪	i^{312}	i^{13}	i^{55}	pe^{33}	pi^{312}	p^hi^{55}	p^hi^{55}	p^hi^{13}	p^hi^{55}	$m\tilde{ə}^{13}$
	高坪	i^{312}	i^{13}	i^{55}	pe^{33}	pi^{312}	p^hi^{55}	p^hi^{55}	p^hi^{13}	p^hi^{55}	$mi\tilde{e}^{13}$
洞口	石江	i^{312}	i^{13}	i^{55}	pe^{55}	pi^{312}	p^hi^{312}	p^hi^{24}	p^hi^{13}	p^hi^{55}	$m\tilde{e}^{13}$
	江口	i^{312}	i^{13}	i^{55}	pE^{55}	pi^{312}	p^hi^{312}	p^hi^{24}	p^hi^{13}	p^hi^{55}	$m\tilde{e}^{13}$
	长塘	i^{312}	i^{13}	i^{55}	pE^{55}	pi^{312}	p^hi^{312}	p^hi^{24}	p^hi^{13}	p^hi^{55}	$m\tilde{e}^{13}$
	山门	i^{312}	i^{13}	i^{55}	pe^{55}	pi^{312}	ϕi^{45}	ϕi^{45}	ϕi^{13}	ϕi^{55}	me^{13}
	高沙	$ʅ^{312}$	$ʅ^{13}$	$ʅ^{24}$	pe^{24}	pi^{312}	p^hi^{24}	p^hi^{24}	p^hi^{13}	p^hi^{24}	mi^{13}
	花园	$ʅ^{312}$	$ʅ^{13}$	$ʅ^{55}$	pe^{55}	pi^{312}	p^hi^{35}	p^hi^{35}	p^hi^{13}	p^hi^{55}	mi^{13}
绥宁	金屋塘	i^{312}	i^{13}	i^{55}	pe^{55}	pi^{312}	p^hi^{312}	p^hi^{24}	p^hi^{13}	p^hi^{55}	$m\tilde{e}^{13}$
	梅坪	i^{312}	i^{13}	i^{55}	pe^{55}	pi^{312}	p^hi^{312}	p^hi^{24}	p^hi^{13}	p^hi^{55}	$m\tilde{e}^{13}$
	黄土矿	i^{312}	i^{55}	i^{55}	pe^{33}	pi^{312}	p^hi^{33}	p^hi^{35}	p^hi^{55}	p^hi^{33}	me^{55}
	唐家坊	i^{312}	i^{13}	i^{55}	pe^{33}	pi^{312}	p^hi^{55}	p^hi^{55}	p^hi^{13}	p^hi^{55}	mi^{13}
	瓦屋塘	i^{312}	i^{13}	i^{35}	pe^{33}	pi^{312}	p^hi^{35}	p^hi^{55}	p^hi^{13}	p^hi^{33}	mi^{13}

		美	地	尼	腻	梨	痢	资	姊	次	瓷
		止开三 上旨明	止开三 去至定	止开三 平脂娘	止开三 去至娘	止开三 平脂来	止开三 去至来	止开三 平脂精	止开三 上旨精	止开三 去至清	止开三 平脂从
隆回	荷香桥	me^{312}	xi^{55}	$n̩^{13}$	e^{55}	li^{13}	li^{55}	$tsɿ^{33}$	$tsɿ^{312}$	$ts^hɿ^{45}$	$ts^hɿ^{13}$
	六都寨	me^{312}	xi^{55}	$ŋ̍^{13}$	$ŋ̍^{55}$	li^{13}	li^{55}	$tsɿ^{33}$	$tsɿ^{312}$	$ts^hɿ^{55}$	$ts^hɿ^{13}$
	七江	me^{312}	xi^{55}	i^{13}	$iɔ^{55}$	li^{13}	li^{55}	$tsɿ^{33}$	$tsɿ^{312}$	$ts^hɿ^{55}$	$ts^hɿ^{13}$
	司门前	me^{312}	xi^{55}	i^{13}	li^{55}	li^{13}	li^{55}	$tsɿ^{33}$	$tsɿ^{312}$	$ts^hɿ^{55}$	$ts^hɿ^{13}$
	金石桥	me^{312}	xi^{55}	i^{13}	li^{55}	li^{13}	li^{55}	$tsɿ^{33}$	$tsɿ^{312}$	$ts^hɿ^{55}$	$ts^hɿ^{13}$
	小沙江	me^{312}	t^hi^{55}	i^{13}	li^{55}	li^{13}	li^{55}	$tsɿ^{33}$	$tsɿ^{312}$	$ts^hɿ^{55}$	$ts^hɿ^{13}$
	西洋江	me^{312}	xi^{55}	$ŋ̍^{13}$	ni^{45}	li^{13}	li^{55}	$tsɿ^{45}$	$tsɿ^{312}$	$ts^hɿ^{45}$	$ts^hɿ^{13}$
	横板桥	me^{312}	xi^{55}	i^{13}	ni^{45}	li^{13}	li^{55}	$tsɿ^{45}$	tsi^{312}	$ts^hɿ^{45}$	$ts^hɿ^{13}$
	岩口	me^{312}	t^hi^{55}	$liə^{13}$	$ŋ̍^{13}$	li^{13}	li^{55}	$tsɿ^{33}$	$tsɿ^{312}$	$ts^hɿ^{55}$	$ts^hɿ^{13}$

		美	地	尼	腻	梨	痢	资	姊	次	瓷
		止开三上旨明	止开三去至定	止开三平脂娘	止开三去至娘	止开三平脂来	止开三去至来	止开三平脂精	止开三上旨精	止开三去至清	止开三平脂从
隆回	罗洪	me³¹²	xi⁵⁵	i¹³	iɔ⁵⁵	li¹³	li⁵⁵	tsɿ³³	tsɿ³¹²	tsʰɿ⁵⁵	tsʰɿ¹³
	高坪	me³¹²	tʰi⁵⁵	li¹³	ie⁵⁵	li¹³	li⁵⁵	tsɿ³³	tsɿ³¹²	tsʰɿ⁵⁵	tsʰɿ¹³
洞口	石江	me³¹²	xi⁵⁵	ņ¹³	ni⁵⁵	li¹³	li⁵⁵	tsɿ⁵⁵	tsɿ³¹²	tsʰɿ²⁴	tsʰɿ¹³
	江口	mE³¹²	tʰi⁵⁵	ņ¹³	n²⁴	li¹³	li⁵⁵	tsɿ⁵⁵	tsɿ³¹²	tsʰɿ²⁴	tsʰɿ¹³
	长塘	mE³¹²	tʰi⁵⁵	ņ¹³	ni⁵⁵	li¹³	li⁵⁵	tsɿ⁵⁵	tsɿ³¹²	tsʰɿ²⁴	tsʰɿ¹³
	山门	me³¹²	xi⁵⁵	ņ¹³	ni⁴⁵	li¹³	li⁵⁵	tsɿ⁴⁵	tsi³¹²	tsʰɿ⁴⁵	tsʰɿ¹³
	高沙	me³¹²	tʰi²⁴	ņ¹³	li²⁴	li¹³	li⁵⁵	tsɿ⁵⁵	tsɿ³¹²	tsʰɿ²⁴	tsʰɿ¹³
	花园	me³¹²	tʰi⁵⁵	ņ¹³	li⁵⁵	li¹³	li⁵⁵	tsɿ⁵⁵	tsɿ³¹²	tsʰɿ³⁵	tsʰɿ¹³
绥宁	金屋塘	me³¹²	xi⁵⁵	lẽ¹³	li²⁴	li¹³	li⁵⁵	tsɿ⁵⁵	tsɿ³¹²	tsʰɿ²⁴	tsʰɿ¹³
	梅坪	me³¹²	xi⁵⁵	lẽ¹³	li²⁴	li¹³	li⁵⁵	tsɿ⁵⁵	tsɿ³¹²	tsʰɿ²⁴	tsʰɿ¹³
	黄土矿	me³¹²	tʰi³³	n⁵⁵	iu³⁵	li⁵⁵	li³³	tsɿ³³	tsɿ³¹²	tsʰɿ³³	tsʰɿ⁵⁵
	唐家坊	me³¹²	tʰi⁵⁵	ņ¹³	i⁵⁵	li¹³	li⁵⁵	tsɿ⁵⁵	tsɿ³¹²	tsʰɿ⁵⁵	tsʰɿ¹³
	瓦屋塘	me³¹²	tʰi³³	ņ¹³	i³⁵	li¹³	li³³	tsɿ³³	tsɿ³¹²	tsʰɿ³⁵	tsʰɿ¹³

		自	私	死	四	迟	师	脂	指	至	示
		止开三去至从	止开三平脂心	止开三上旨心	止开三去至心	止开三平脂澄	止开三平脂生	止开三平脂章	止开三上旨章	止开三去至章	止开三去至船
隆回	荷香桥	tsʰɿ⁵⁵	sɿ³³	sɿ³¹²	sɿ⁴⁵	tsʰɿ¹³	sɿ³³	tsɿ³¹²	tsɿ⁵⁵	tsɿ⁴⁵	sɿ⁵⁵
	六都寨	tsʰɿ⁵⁵	sɿ³³	sɿ³¹²	sɿ⁵⁵	tsʰɿ¹³	sɿ³³	tsɿ³¹²	tsɿ⁵⁵	tsɿ⁵⁵	sɿ⁵⁵
	七江	tsʰɿ⁵⁵	sɿ³³	sɿ³¹²	sɿ⁵⁵	tsʰɿ¹³	sɿ³³	tsɿ³¹²	tsɿ³¹²	tsɿ⁵⁵	sɿ⁵⁵
	司门前	tsʰɿ⁵⁵	sɿ³³	sɿ³¹²	sɿ⁵⁵	tsʰɿ¹³	sɿ³³	tsɿ³¹²	tsɿ⁴⁵/⁵⁵	tsɿ⁵⁵	sɿ⁵⁵
	金石桥	tsʰɿ⁵⁵	sɿ³³	sɿ³¹²	sɿ⁵⁵	tsʰɿ¹³	sɿ³³	tsɿ³¹²	tsɿ⁴⁵/⁵⁵	tsɿ⁵⁵	sɿ⁵⁵
	小沙江	tsʰɿ⁵⁵	sɿ³³	sɿ³¹²	sɿ⁵⁵	tsʰɿ¹³	sɿ³³	tsɿ³¹²	tsɿ⁵⁵	tsɿ⁵⁵	sɿ⁵⁵
	西洋江	tsʰɿ⁵⁵	sɿ⁵⁵	sɿ³¹²	sɿ⁴⁵	tsʰɿ¹³	sɿ⁵⁵	tsɿ³¹²	tsɿ⁵⁵	tsɿ⁴⁵	sɿ⁵⁵
	横板桥	tsʰɿ⁵⁵	sɿ⁵⁵	sɿ³¹²	sɿ⁴⁵	tsʰɿ¹³	sɿ⁵⁵	tsɿ³¹²	tsɿ⁵⁵	tsɿ⁴⁵	sɿ⁵⁵
	岩口	tsʰɿ⁵⁵	sɿ³³	sɿ³¹²	sɿ⁵⁵	tsʰɿ¹³	sɿ³³	tsɿ³¹²	tsɿ⁵⁵	tsɿ⁵⁵	sɿ⁵⁵
	罗洪	tsʰɿ⁵⁵	sɿ³³	sɿ³¹²	sɿ⁴⁵	tsʰɿ¹³	sɿ³³		tsɿ⁵⁵	tsɿ⁴⁵	sɿ⁵⁵
	高坪	tsʰɿ⁵⁵	sɿ³³	sɿ³¹²	sɿ⁵⁵	tsʰɿ¹³	sɿ³³		tsɿ⁵⁵	tsɿ⁵⁵	sɿ⁵⁵
洞口	石江	tsʰɿ⁵⁵	sɿ⁵⁵	sɿ³¹²	sɿ²⁴	tsʰɿ¹³	sɿ⁵⁵		tsɿ⁵⁵	tsɿ²⁴	sɿ⁵⁵
	江口	tsʰɿ⁵⁵	sɿ⁵⁵	sɿ³¹²	sẽ²⁴	tsʰɿ¹³	sɿ⁵⁵		tsɿ⁵⁵	tsɿ²⁴	sɿ⁵⁵

113

续表

		自	私	死	四	迟	师	脂	指	至	示
		止开三 去至从	止开三 平脂心	止开三 上旨心	止开三 去至心	止开三 平脂澄	止开三 平脂生	止开三 平脂章	止开三 上旨章	止开三 去至章	止开三 去至船
洞口	长塘	tsʰɿ55	sɿ55	sɿ312	sɿ24	tsʰɿ13	sɿ55	tsɿ312	tsɿ55	tsɿ24	sɿ55
	山门	tsʰɿ55	sɿ55	sɿ312	sɿ45	tsʰɿ13	sɿ55	tsɿ312	tsɿ312	tsɿ45	sɿ55
	高沙	tsʰɿ55	sɿ55	sɿ312	sɿ24	tsʰɿ13	sɿ55	tsɿ312	tsɿ312	tsɿ24	sɿ55
	花园	tsʰɿ55	sɿ55	sɿ312	sɿ35	tsʰɿ13	sɿ55	tsɿ312	tsɿ312	tsɿ35	sɿ55
绥宁	金屋塘	tsʰɿ55	sɿ55	sɿ312	sɿ24	tsʰɿ13	sɿ55	tsɿ312	tsɿ55	tsɿ24	sɿ55
	梅坪	tsʰɿ55	sɿ55	sɿ312	sɿ24	tsʰɿ13	sɿ55	tsɿ312	tsɿ55	tsɿ24	sɿ55
	黄土矿	tsʰɿ33	sɿ33	sɿ312	sɿ35	tsʰɿ13	sɿ33	tsɿ312	tsɿ312	tsɿ35	sɿ33
	唐家坊	tsʰɿ55	sɿ33	sɿ312	sɿ55	tsʰɿ13	sɿ33	tsɿ312	tsɿ312	tsɿ55	sɿ55
	瓦屋塘	tsʰɿ33	sɿ33	sɿ312	sɿ35	tsʰɿ55	sɿ33	tsɿ312	tsɿ312	tsɿ35	sɿ33

		尸	屎	视	二	肌	几	器	鳍	姨	你
		止开三 平脂书	止开三 上旨书	止开三 去至禅	止开三 去至日	止开三 平脂见	止开三 上旨见	止开三 去至溪	止开三 平脂群	止开三 平脂以	止开三 上止娘
隆回	荷香桥	sɿ33	si312	sɿ55	e55	tɕi33	tɕi312	tɕʰi45	tɕʰi13	i13	ŋ̍312
	六都寨	sɿ33	si312	sɿ55	e55	tɕi33	tɕi312	tɕʰi55	tɕʰi13	i13	ŋ̍312
	七江	sɿ33	si312	sɿ55	e55	tɕi33	tɕi312	tɕʰi55	tɕʰi13	i13	ŋ̍312
	司门前	sɿ33	sɿ312	sɿ55	e55	tɕi33	tɕi312	tɕʰi55	tɕʰi13	i13	ŋ̍312
	金石桥	sɿ33	sɿ312	sɿ55	e55	tɕi33	tɕi312	tɕʰi55	tɕʰi13	i13	ŋ̍312
	小沙江	sɿ33	sɿ312	sɿ55	e55	tɕi33	tɕi312	tɕʰi55	tɕʰi13	i13	ŋ̍312
	西洋江	sɿ55	si312	sɿ55	e55	tɕi55	tɕi312	tɕʰi45	tɕʰi13	i13	ŋ̍312
	横板桥	sɿ55	si312	sɿ55	e55	tɕi55	tɕi312	tɕʰi45	tɕʰi13	i13	ŋ̍312
	岩口	sɿ33	si312	sɿ55	e55	tɕi33	tɕi312	tɕʰi55	tɕʰi13	i13	ŋ̍312
	罗洪	sɿ33	si312	sɿ55	e55	tɕi33	tɕi312	tɕʰi55	tɕʰi13	i13	ŋ̍312
	高坪	sɿ33	si312	sɿ55	e55	tɕi33	tɕi312	tɕʰi55	tɕʰi13	i13	ŋ̍312
洞口	石江	sɿ55	sɿ312	sɿ55	ə55	tɕi55	tɕi312	ɕʰi24	ɕʰi13	i13	ŋ̍312
	江口	sɿ55	sɿ312	sɿ55	a55	tɕʅ55	tɕʅ312	tɕʰʅ24	tɕʰʅ13	i13	ŋ̍312
	长塘	sɿ55	sɿ312	sɿ55	a55	tɕʅ55	tɕʅ312	tɕʰʅ24	tɕʰʅ13	i13	ŋ̍312
	山门	sɿ55	si312	sɿ55	e55	tɕi55	tɕi312	tɕʰi45	tsɿ45	i13	ŋ̍312
	高沙	sɿ55	sɿ312	sɿ55	æ55	tɕʅ55	tɕʅ312	tɕʰʅ24	tsɿ13	ʅ13	ŋ̍312
	花园	sɿ55	sɿ312	sɿ55	æ55	tɕʅ55	tɕʅ312	tɕʰʅ35	tɕʰʅ13	ʅ13	ŋ̍312

		尸	屎	视	二	肌	几	器	鳍	姨	你
		止开三平脂书	止开三上旨书	止开三去至禅	止开三去至日	止开三平脂见	止开三上旨见	止开三去至溪	止开三平脂群	止开三平脂以	止开三上止娘
绥宁	金屋塘	sɿ⁵⁵	sɿ³¹²	sɿ⁵⁵	a⁵⁵	tɕʐ⁵⁵	tɕʐ³¹²	tɕʰʐ²⁴	tɕʰʐ¹³	i¹³	ŋ³¹²
	梅坪	sɿ⁵⁵	sɿ³¹²	sɿ⁵⁵	a⁵⁵	tɕʐ⁵⁵	tɕʐ³¹²	tɕʰʐ²⁴	tɕʰʐ¹³	i¹³	ŋ³¹²
	黄土矿	sɿ³³	sɿ³¹²	sɿ³³	ɣ³³	tɕy³³	tɕy³¹²	tɕʰi³⁵	tɕʰi¹³	i⁵⁵	ŋ³¹²
	唐家坊	sɿ³³	sɿ³¹²	sɿ⁵⁵	ø⁵⁵	tɕi³³	tɕi³¹²	tɕʰi⁵⁵	tɕʰi¹³	i¹³	ŋ³¹²
	瓦屋塘	sɿ³³	sɿ³¹²	sɿ³³	ɣ³³	tɕi³³	tɕi³¹²	tɕʰi³⁵	tɕʰi¹³	i¹³	ŋ³¹²

		鳌	里	子	磁	字	丝	伺	祠	巳	饲
		止开三平之来	止开三上止来	止开三上止精	止开三平之从	止开三去志从	止开三平之心	止开三去志心	止开三平之邪	止开三上止邪	止开三去志邪
隆回	荷香桥	li¹³	li³¹²	tsɿ³¹²	tsʰɿ¹³	tsʰɿ⁵⁵	sɿ³³	sɿ⁴⁵	tsʰɿ¹³	tsʰɿ⁵⁵	tsʰɿ¹³
	六都寨	li¹³	li³¹²	tsɿ³¹²	tsʰɿ¹³	tsʰɿ⁵⁵	sɿ³³	sɿ⁵⁵	tsʰɿ¹³	tsʰɿ⁵⁵	tsʰɿ¹³
	七江	li¹³	li³¹²	tsɿ³¹²	tsʰɿ¹³	tsʰɿ⁵⁵	sɿ³³	sɿ⁵⁵	tsʰɿ¹³	tsʰɿ⁵⁵	tsʰɿ¹³
	司门前	li¹³	li³¹²	tsɿ³¹²	tsʰɿ¹³	tsʰɿ⁵⁵	sɿ³³	sɿ⁵⁵	tsʰɿ¹³	tsʰɿ⁵⁵	tsʰɿ³³
	金石桥	li¹³	li³¹²	tsɿ³¹²	tsʰɿ¹³	tsʰɿ⁵⁵	sɿ³³	sɿ⁵⁵	tsʰɿ¹³	tsʰɿ⁵⁵	tsʰɿ¹³
	小沙江	li¹³	li³¹²	tsɿ³¹²	tsʰɿ¹³	tsʰɿ⁵⁵	sɿ³³	sɿ⁵⁵	tsʰɿ¹³	tsʰɿ⁵⁵	tsʰɿ³³
	西洋江	li¹³	li³¹²	tsɿ³¹²	tsʰɿ¹³	tsʰɿ⁵⁵	sɿ⁵⁵	sɿ⁵⁵	tsʰɿ¹³	tsʰɿ⁵⁵	tsʰɿ⁴⁵
	横板桥	li¹³	li³¹²	tsɿ³¹²	tsʰɿ¹³	tsʰɿ⁵⁵	sɿ⁵⁵	sɿ⁵⁵	tsʰɿ¹³	tsʰɿ⁵⁵	tsʰɿ⁴⁵
	岩口	li¹³	li³¹²	tsɿ³¹²	tsʰɿ¹³	tsʰɿ⁵⁵	sɿ³³	tsʰɿ⁵⁵	tsʰɿ¹³	sɿ⁵⁵	tsʰɿ¹³
	罗洪	li¹³	li³¹²	tsɿ³¹²	tsʰɿ¹³	tsʰɿ⁵⁵	sɿ³³	sɿ⁵⁵	tsʰɿ¹³	tsʰɿ⁵⁵	tsʰɿ⁵⁵
	高坪	li¹³	li³¹²	tsɿ³¹²	tsʰɿ¹³	tsʰɿ⁵⁵	sɿ³³	tsʰɿ⁵⁵	tsʰɿ¹³	tsʰɿ⁵⁵	tsʰɿ⁵⁵
洞口	石江	li¹³	li³¹²	tsɿ³¹²	tsʰɿ¹³	tsʰɿ⁵⁵	sɿ⁵⁵	sɿ⁵⁵	tsʰɿ¹³	tsʰɿ⁵⁵	tsʰɿ²⁴
	江口	li¹³	li³¹²	tsɿ³¹²	tsʰɿ¹³	tsʰɿ⁵⁵	sɿ⁵⁵	sɿ⁵⁵	tsʰɿ¹³	tsʰɿ⁵⁵	tsʰɿ²⁴
	长塘	li¹³	li³¹²	tsɿ³¹²	tsʰɿ¹³	tsʰɿ⁵⁵	sɿ⁵⁵	sɿ⁵⁵	tsʰɿ¹³	tsʰɿ⁵⁵	tsʰɿ²⁴
	山门	li¹³	li³¹²	tsɿ³¹²	tsʰɿ¹³	tsʰɿ⁵⁵	sɿ⁵⁵	sɿ⁵⁵	tsʰɿ¹³	tsʰɿ⁵⁵	tsʰɿ⁴⁵
	高沙	li¹³	li³¹²	tsɿ³¹²	tsʰɿ¹³	tsʰɿ⁵⁵	sɿ⁵⁵	sɿ²⁴	tsʰɿ¹³	tsʰɿ²⁴	tsʰɿ²⁴
	黄桥	li¹³	li³¹²	tsɿ³¹²	tsʰɿ¹³	tsʰɿ⁵⁵	sɿ⁵⁵	sɿ²⁴	tsʰɿ¹³	tsʰɿ²⁴	tsʰɿ²⁴
	花园	li¹³	li³¹²	tsɿ³¹²	tsʰɿ¹³	tsʰɿ⁵⁵	sɿ⁵⁵	sɿ⁵⁵	tsʰɿ¹³	tsʰɿ⁵⁵	tsʰɿ³⁵
绥宁	金屋塘	li¹³	li³¹²	tsɿ³¹²	tsʰɿ¹³	tsʰɿ⁵⁵	sɿ⁵⁵	sɿ⁵⁵	tsʰɿ¹³	tsʰɿ⁵⁵	tsʰɿ²⁴
	梅坪	li¹³	li³¹²	tsɿ³¹²	tsʰɿ¹³	tsʰɿ⁵⁵	sɿ⁵⁵	sɿ⁵⁵	tsʰɿ¹³	tsʰɿ⁵⁵	tsʰɿ²⁴
	黄土矿	li⁵⁵	li³¹²	tsɿ³¹²	tsʰɿ⁵⁵	tsʰɿ³³	sɿ³³	sɿ³³	tsʰɿ⁵⁵	tsʰɿ³³	tsʰɿ¹³
	唐家坊	li¹³	li³¹²	tsɿ³¹²	tsʰɿ¹³	tsʰɿ⁵⁵	sɿ³³	sɿ⁵⁵	tsʰɿ¹³	tsʰɿ⁵⁵	tsʰɿ⁵⁵
	瓦屋塘	li¹³	li³¹²	tsɿ³¹²	tsʰɿ¹³	tsʰɿ³³	sɿ³³	sɿ³³	tsʰɿ¹³	tsʰɿ³³	tsʰɿ³⁵

续表

		置	痴	耻	持	痔	治	滓	厕	柿	事
		止开三	止开三	止开三	止开三	止开三	止开三	止开三	止开三	止开三	止开三
		去志知	平之彻	上止彻	平之澄	上止澄	去志澄	上止庄	去志初	上止崇	去志崇
隆回	荷香桥	tsɿ⁴⁵	tsʰɿ³³	tsʰɿ³¹²	tɕʰi¹³	tsɿ⁴⁵	tɕʰi⁵⁵	tsɿ³¹²	tsʰe⁴⁵	sɿ⁵⁵	sɿ⁵⁵
	六都寨	tsɿ⁵⁵	tsʰɿ³³	tsʰɿ³¹²	tsʰɿ¹³	tsɿ⁵⁵	tsʰɿ⁵⁵	tsɿ³¹²	tsʰie⁴⁵	sɿ⁵⁵	sɿ⁵⁵
	七江	tsɿ⁵⁵	tsʰɿ³³	tsʰɿ³¹²	tɕʰi¹³	tsɿ⁵⁵	tɕʰi⁵⁵	tsɿ³¹²	tsʰie⁴⁵	sɿ⁵⁵	sɿ⁵⁵
	司门前	tsɿ⁵⁵	tsʰɿ³³	tsʰɿ³¹²	tɕʰi¹³	tsɿ⁵⁵	tɕʰi⁵⁵	tsɿ³¹²	tsʰie⁴⁵	sɿ⁵⁵	sɿ⁵⁵
	金石桥	tsɿ⁵⁵	tsʰɿ³³	tsʰɿ³¹²	tɕʰi¹³	tsʰɿ⁵⁵	tɕʰi⁵⁵	tsɿ³¹²	tsʰe⁴⁵	sɿ⁵⁵	sɿ⁵⁵
	小沙江	tsɿ⁵⁵	tsʰɿ³³	tsʰɿ³¹²	tsʰɿ¹³	tsɿ⁵⁵	tɕʰi⁵⁵	tsɿ³¹²	tsʰe⁴⁵	sɿ⁵⁵	sɿ⁵⁵
	西洋江	tsɿ⁴⁵	tɕʰɿ⁵⁵	tsʰɿ³¹²	tsʰɿ¹³	tsɿ⁴⁵	tɕʰi⁵⁵	tsɿ³¹²	tsʰie⁴⁵	sɿ⁵⁵	sɿ⁵⁵
	横板桥	tsɿ⁴⁵	tɕʰɿ⁵⁵	tsʰɿ³¹²	tsʰɿ¹³	tsɿ⁴⁵	tɕʰi⁵⁵	tsɿ³¹²	tsʰie⁴⁵	sɿ⁵⁵	sɿ⁵⁵
	岩口	tsɿ⁴⁵	tsʰɿ³³	tsʰɿ³¹²	tɕʰi¹³	tsɿ⁵⁵	tɕʰi⁵⁵	tsɿ³¹²	tsʰe⁵⁵	sɿ⁵⁵	sɿ⁵⁵
	罗洪	tsɿ⁴⁵	tsʰɿ³³	tsʰɿ³¹²	tɕʰi¹³	tsɿ⁵⁵	tsʰɿ⁵⁵	tsɿ³¹²	tsʰe⁴⁵	sɿ⁵⁵	sɿ⁵⁵
	高坪	tsɿ⁵⁵	tsʰɿ³³	tsʰɿ³¹²	tɕʰi¹³	tsɿ⁵⁵	tɕʰi⁵⁵	tsɿ³¹²	tsʰe⁵⁵	sɿ⁵⁵	sɿ⁵⁵
洞口	石江	tsɿ²⁴	tɕʰɿ⁵⁵	tsʰɿ³¹²	tsʰɿ¹³	tsɿ⁵⁵	tɕʰɿ⁵⁵	tsɿ³¹²	tsʰe²⁴	sɿ⁵⁵	sɿ⁵⁵
	江口	tsɿ²⁴	tɕʰɿ⁵⁵	tsʰɿ³¹²	tsʰɿ¹³	tsɿ⁵⁵	tsʰɿ⁵⁵	tsɿ³¹²	tsʰe²⁴	sɿ⁵⁵	sɿ⁵⁵
	长塘	tɕʑ²⁴	tɕʰʑ⁵⁵	tɕʰʑ³¹²	tɕʰi¹³	tɕʑ⁵⁵	tɕʰʑ⁵⁵	tsɿ³¹²	tsʰe²⁴	sɿ⁵⁵	sɿ⁵⁵
	山门	tsɿ⁴⁵	tɕʰɿ⁵⁵	tsʰɿ³¹²	tsʰɿ¹³	tsɿ⁴⁵	tɕʰɛ⁵⁵	tsɿ³¹²	tsʰie⁴⁵	sɿ⁵⁵	sɿ⁵⁵
	高沙	tsɿ²⁴	tɕʰɿ⁵⁵	tsʰɿ³¹²	tsʰɿ¹³	tsɿ⁵⁵	tɕʰɿ⁵⁵	tsɿ³¹²	tsʰe²⁴	sɿ⁵⁵	sɿ⁵⁵
	花园	tsɿ³⁵	tɕʰʑ⁵⁵	tsʰɿ³¹²	tsʰɿ¹³	tsɿ²⁴	tɕʰʑ³⁵	tsɿ³¹²	tsʰe³⁵	sɿ⁵⁵	sɿ⁵⁵
绥宁	金屋塘	tsɿ²⁴	tsʰɿ⁵⁵	tsʰɿ³¹²	tsʰɿ¹³	tsɿ²⁴	tsʰɿ⁵⁵	tsɿ³¹²	tsʰe²⁴	sɿ⁵⁵	sɿ⁵⁵
	梅坪	tsɿ²⁴	tsʰɿ⁵⁵	tsʰɿ³¹²	tsʰɿ¹³	tsɿ²⁴	tsʰɿ⁵⁵	tsɿ³¹²	tsʰe²⁴	sɿ⁵⁵	sɿ⁵⁵
	黄土矿	tsɿ³⁵	tsʰi³³	tsʰɿ³¹²	tsʰɿ⁵⁵	tsɿ²⁴	tsʰɿ³³	tsɿ³¹²	tsʰe³⁵	sɿ³³	sɿ³³
	唐家坊	tsɿ⁵⁵	tsʰi³³	tsʰɿ³¹²	tsʰɿ⁵⁵	tsɿ⁵⁵	tsʰɿ⁵⁵	tsɿ³¹²	tsʰe⁵⁵	sɿ⁵⁵	sɿ⁵⁵
	瓦屋塘	tsɿ³⁵	tsʰi³³	tsʰɿ³¹²	tsʰɿ¹³	tsɿ²⁴	tsʰɿ³³	tsɿ³¹²	tsʰe³⁵	sɿ³³	sɿ³³

		使	芝	趾	痣	齿	诗	始	试	时	市
		止开三	止开三	止开三	止开三	止开三	止开三	止开三	止开三	止开三	止开三
		上止生	平之章	上止章	去志章	上止昌	平之书	上止书	去志书	平之禅	上止禅
隆回	荷香桥	sɿ³¹²	tsɿ³³	tsɿ⁵⁵	tsɿ⁴⁵	tsʰɿ³¹²	sɿ³³	sɿ³¹²	sɿ⁵⁵	sɿ¹³	sɿ⁵⁵
	六都寨	sɿ³¹²	tsɿ³³	tsɿ⁵⁵	tsɿ⁴⁵	tsʰɿ³¹²	sɿ³³	sɿ³¹²	sɿ⁴⁵	sɿ¹³	sɿ⁵⁵
	七江	sɿ³¹²	tsɿ³³	tsɿ⁵⁵	tsɿ⁴⁵	tsʰɿ³¹²	sɿ³³	sɿ³¹²	sɿ⁵⁵	sɿ¹³	sɿ⁵⁵
	司门前	sɿ³¹²	tsɿ³³	tsɿ⁴⁵/⁵⁵	tsɿ⁵⁵	sɿ³¹²	sɿ³³	sɿ³¹²	sɿ⁵⁵	sɿ¹³	sɿ⁵⁵
	金石桥	sɿ³¹²	tsɿ³³	tsɿ⁵⁵	tsɿ⁵⁵	tsɿ³¹²	sɿ³³	sɿ³¹²	sɿ⁵⁵	sɿ¹³	sɿ⁵⁵

续表

		使	芝	趾	痣	齿	诗	始	试	时	市
		止开三上止生	止开三平之章	止开三上止章	止开三去志章	止开三上止昌	止开三平之书	止开三上止书	止开三去志书	止开三平之禅	止开三上止禅
隆回	小沙江	sʅ^{312}	tsʅ^{33}	tsʅ^{55}	tsʅ^{55}	tsʰʅ^{312}	sʅ^{33}	sʅ^{312}	sʅ^{55}	sʅ^{13}	sʅ^{55}
	西洋江	sʅ^{312}	tsʅ^{55}	tsʅ^{55}	tsʅ^{45}	tsʰʅ^{312}	sʅ^{55}	sʅ^{312}	sʅ^{55}	sʅ^{13}	sʅ^{55}
	横板桥	sʅ^{312}	tsʅ^{55}	tsʅ^{55}	tsʅ^{45}	tsʰʅ^{312}	sʅ^{55}	sʅ^{312}	sʅ^{55}	sʅ^{13}	sʅ^{55}
	岩口	sʅ^{312}	tsʅ^{33}	tsʅ^{312}	sʅ^{55}	tsʰʅ^{312}	sʅ^{33}	sʅ^{312}	sʅ^{55}	sʅ^{13}	sʅ^{55}
	罗洪	sʅ^{312}	tsʅ^{33}	tsʅ^{55}	sʅ^{55}	tsʰʅ^{312}	sʅ^{33}	sʅ^{312}	sʅ^{55}	sʅ^{13}	sʅ^{55}
	高坪	sʅ^{312}	tsʅ^{33}	tsʅ^{312}	sʅ^{55}	tsʰʅ^{312}	sʅ^{33}	sʅ^{312}	sʅ^{55}	sʅ^{13}	sʅ^{55}
洞口	石江	sʅ^{312}	tsʅ^{55}	tsʅ^{55}	tsʅ^{24}	tsʰʅ^{312}	sʅ^{55}	sʅ^{312}	sʅ^{24}	sʅ^{13}	sʅ^{55}
	江口	sʅ^{312}	tsʅ^{55}	tsʅ^{55}	tsʅ^{24}	tsʰʅ^{312}	sʅ^{55}	sʅ^{312}	sʅ^{24}	sʅ^{13}	sʅ^{55}
	长塘	sʅ^{312}	tsʅ^{55}	tsʅ^{55}	tsʅ^{24}	tsʰʅ^{312}	sʅ^{55}	sʅ^{312}	sʅ^{24}	sʅ^{13}	sʅ^{55}
	山门	sʅ^{312}	tsʅ^{55}	tsʅ^{55}	tsʅ^{45}	tsʰʅ^{312}	sʅ^{55}	sʅ^{312}	sʅ^{45}	sʅ^{13}	sʅ^{55}
	高沙	sʅ^{312}	tsʅ^{55}	tsʅ^{55}	tsʅ^{24}	tsʰʅ^{312}	sʅ^{55}	sʅ^{312}	sʅ^{24}	sʅ^{13}	sʅ^{55}
	花园	sʅ^{312}	tsʅ^{55}	tsʅ^{55}	tsʅ^{55}	tsʰʅ^{312}	sʅ^{55}	sʅ^{312}	sʅ^{35}	sʅ^{13}	sʅ^{55}
绥宁	金屋塘	sʅ^{312}	tsʅ^{55}	tsʅ^{55}	tsʅ^{24}	tsʰʅ^{312}	sʅ^{55}	sʅ^{312}	sʅ^{24}	sʅ^{13}	sʅ^{55}
	梅坪	sʅ^{312}	tsʅ^{55}	tsʅ^{55}	tsʅ^{24}	tsʰʅ^{312}	sʅ^{55}	sʅ^{312}	sʅ^{24}	sʅ^{13}	sʅ^{55}
	黄土矿	sʅ^{312}	tsʅ^{33}	tsʅ^{33}	tsʅ^{35}	tsʰʅ^{312}	sʅ^{33}	sʅ^{312}	sʅ^{35}	sʅ^{55}	sʅ^{33}
	唐家坊	sʅ^{312}	tsʅ^{33}	tsʅ^{55}	sʅ^{55}	tsʰʅ^{312}	sʅ^{33}	sʅ^{312}	sʅ^{55}	sʅ^{13}	sʅ^{55}
	瓦屋塘	sʅ^{312}	tsʅ^{33}	tsʅ^{33}	tsʅ^{35}	tsʰʅ^{312}	sʅ^{33}	sʅ^{312}	sʅ^{35}	sʅ^{13}	sʅ^{33}

		侍	耳	基	己	记	欺	起	棋	忌	疑
		止开三去志禅	止开三上止日	止开三平之见	止开三上止见	止开三去志见	止开三平之溪	止开三上止溪	止开三平之群	止开三去志群	止开三平之疑
隆回	荷香桥	sʅ^{55}	e^{312}	tɕi^{33}	tɕi^{312}	tɕi^{45}	tɕʰi^{33}	tɕʰi^{312}	tɕʰi^{13}	tɕʰi^{55}	ŋ^{13}
	六都寨	sʅ^{55}	e^{312}	tɕi^{33}	tɕi^{312}	tɕi^{55}	tɕʰi^{33}	tɕʰi^{312}	tɕʰi^{13}	tɕʰi^{55}	i^{13}
	七江	sʅ^{55}	e^{312}	tɕi^{33}	tɕi^{312}	tɕi^{55}	tɕʰi^{33}	tɕʰi^{312}	tɕʰi^{13}	tɕʰi^{55}	i/ŋ̍^{13}
	司门前	sʅ^{55}	e^{312}	tɕi^{33}	tɕi^{312}	tɕi^{55}	tɕʰi^{33}	tɕʰi^{312}	tɕʰi^{13}	tɕʰi^{55}	i/ŋ̍^{13}
	金石桥	sʅ^{55}	e^{312}	tɕi^{33}	tɕi^{312}	tɕi^{55}	tɕʰi^{33}	tɕʰi^{312}	tɕʰi^{13}	tɕʰi^{55}	i/ŋ̍^{13}
	小沙江	sʅ^{55}	e^{312}	tɕi^{33}	tɕi^{312}	tɕi^{55}	tɕʰi^{33}	tɕʰi^{312}	tɕʰi^{13}	tɕʰi^{55}	i/ŋ̍^{13}
	西洋江	sʅ^{55}	ie^{312}	tɕi^{33}	tɕi^{312}	tɕi^{45}	tɕʰi^{55}	tɕʰi^{312}	tɕʰi^{13}	tɕʰi^{55}	i/ŋ̍^{13}
	横板桥	sʅ^{55}	e^{312}	tɕi^{55}	tɕi^{312}	tɕi^{45}	tɕʰi^{55}	tɕʰi^{312}	tɕʰi^{13}	tɕʰi^{55}	i/ŋ̍^{13}
	岩口	sʅ^{55}	e^{312}	tɕi^{33}	tɕi^{312}	tɕi^{55}	tɕʰi^{33}	tɕʰi^{312}	tɕʰi^{13}	tɕi^{55}	i^{13}

续表

		侍	耳	基	己	记	欺	起	棋	忌	疑
		止开三 去志禅	止开三 上止日	止开三 平之见	止开三 上止见	止开三 去志见	止开三 平之溪	止开三 上止溪	止开三 平之群	止开三 去志群	止开三 平之疑
隆回	罗洪	sʅ⁵⁵	e³¹²	tɕi³³	tɕi³¹²	tɕi⁴⁵	tɕʰi³³	tɕʰi³¹²	tɕʰi¹³	tɕʰi⁵⁵	i¹³
	高坪	sʅ⁵⁵	e³¹²	tɕi³³	tɕi³¹²	tɕi⁵⁵	tɕʰi³³	tɕʰi³¹²	tɕʰi¹³	tɕʰi⁵⁵	iẽ¹³
洞口	石江	sʅ⁵⁵	ə³¹²	tɕi⁵⁵	tɕi³¹²	tɕi²⁴	ɕʰi⁵⁵	ɕʰi³¹²	ɕʰi¹³	ɕʰi⁵⁵	i/n̩¹³
	江口	sʅ⁵⁵	a³¹²	tɕʅ⁵⁵	tɕʅ³¹²	tɕʅ²⁴	tɕʰʅ⁵⁵	tɕʰʅ³¹²	tɕʰʅ¹³	tɕʰʅ⁵⁵	i/n̩¹³
	长塘	sʅ⁵⁵	a³¹²	tɕʅ⁵⁵	tɕʅ³¹²	tɕʅ²⁴	tɕʰʅ⁵⁵	tɕʰʅ³¹²	tɕʰʅ¹³	tɕʰʅ⁵⁵	i/n̩¹³
	山门	sʅ⁵⁵	e³¹²	tɕi⁵⁵	tɕi³¹²	tɕi⁴⁵	tɕʰi⁵⁵	tɕʰi³¹²	tɕʰi¹³	tɕʰi⁵⁵	ŋ¹³
	高沙	sʅ⁵⁵	e³¹²	tɕʅ⁵⁵	tɕʅ³¹²	tɕʅ²⁴	tɕʰʅ⁵⁵	tɕʰʅ³¹²	tɕʰʅ¹³	tɕʰʅ⁵⁵	i/n̩¹³
	花园	sʅ⁵⁵	æ³¹²	tɕʅ⁵⁵	tɕʅ³¹²	tɕʅ³⁵	tɕʰʅ⁵⁵	tɕʰʅ³¹²	tɕʰʅ¹³	tɕʰʅ⁵⁵	i/n̩¹³
绥宁	金屋塘	sʅ⁵⁵	a³¹²	tɕʅ⁵⁵	tɕʅ³¹²	tɕʅ²⁴	tɕʰʅ⁵⁵	tɕʰʅ³¹²	tɕʰʅ¹³	tɕʰʅ⁵⁵	i/n̩¹³
	梅坪	sʅ⁵⁵	a³¹²	tɕʅ⁵⁵	tɕʅ³¹²	tɕʅ²⁴	tɕʰʅ⁵⁵	tɕʰʅ³¹²	tɕʰʅ¹³	tɕʰʅ⁵⁵	i/n̩¹³
	黄土矿	sʅ³³	ɤ³¹²	tɕy³³	tɕy³¹²	tɕy³⁵	tɕʰy⁵⁵	tɕʰy³¹²	tɕʰy⁵⁵	tɕy³⁵	i/n̩⁵⁵
	唐家坊	sʅ⁵⁵	ø³¹²	tɕi³³	tɕi³¹²	tɕi⁵⁵	tɕʰi⁵⁵	tɕʰi³¹²	tɕʰi¹³	tɕi⁵⁵	i/n̩¹³
	瓦屋塘	sʅ³³	æ³¹²	tɕi³³	tɕi³¹²	tɕi³⁵	tɕʰi⁵⁵	tɕʰi³¹²	tɕʰi¹³	tɕi³⁵	i/n̩¹³

		拟	熙	喜	医	意	饴	已	饥	几	岂
		止开三 去志疑	止开三 平之晓	止开三 上止晓	止开三 平之影	止开三 去至影	止开三 平之以	止开三 上止以	止开三 平微见	止开三 上尾见	止开三 上尾溪
隆回	荷香桥	i¹³	ɕi³³	ɕi³¹²	i³³	i⁴⁵	i¹³	i³¹²	tɕi³³	tɕi³¹²	tɕʰi³¹²
	六都寨	i⁵⁵	ɕi³³	ɕi³¹²	i³³	i⁵⁵	i¹³	i³¹²	tɕi³³	tɕi³¹²	tɕʰi³¹²
	七江	i⁵⁵	ɕi³³	ɕi³¹²	i³³	i⁵⁵	i¹³	i³¹²	tɕi³³	tɕi³¹²	tɕʰi³¹²
	司门前	i⁵⁵	ɕi³³	ɕi³¹²	i³³	i⁵⁵	i¹³	i³¹²	tɕi³³	tɕi³¹²	tɕʰi³¹²
	金石桥	i⁵⁵	ɕi³³	ɕi³¹²	i³³	i⁵⁵	i¹³	i³¹²	tɕi³³	tɕi³¹²	tɕʰi³¹²
	小沙江	i⁵⁵	ɕi³³	ɕi³¹²	i³³	i⁵⁵	i¹³	i³¹²	tɕi³³	tɕi³¹²	tɕʰi³¹²
	西洋江	i⁴⁵	ɕi⁵⁵	ɕi³¹²	i⁴⁵	i⁴⁵	i¹³	i³¹²	tɕi⁵⁵	tɕi³¹²	tɕʰi³¹²
	横板桥	i⁴⁵	ɕi⁵⁵	ɕi³¹²	i⁴⁵	i⁴⁵	i¹³	i³¹²	tɕi⁵⁵	tɕi³¹²	tɕʰi³¹²
	岩口	li³¹²	ɕi³³	ɕi³¹²	i³³	i⁵⁵	i¹³	i³¹²	tɕi³³	tɕi³¹²	tɕʰi³¹²
	罗洪	i¹³	ɕi³³	ɕi³¹²	i³³	i⁵⁵	i¹³	i³¹²	tɕi³³	tɕi³¹²	tɕʰi³¹²
	高坪	i¹³	ɕi³³	ɕi³¹²	i³³	i⁵⁵	i¹³	i³¹²	tɕi³³	tɕi³¹²	tɕʰi³¹²
洞口	石江	i⁴⁵	ɕi⁵⁵	ɕi³¹²	i⁵⁵	i²⁴	i¹³	i³¹²	tɕi⁵⁵	tɕi³¹²	tɕʰi³¹²
	江口	n²⁴	ɕʅ⁵⁵	ɕʅ³¹²	i⁵⁵	i²⁴	i¹³	i³¹²	tɕʅ⁵⁵	tɕʅ³¹²	tɕʰʅ³¹²

		拟	熙	喜	医	意	饴	已	饥	几	岂
		止开三	止开三	止开三	止开三	止开三	止开三	止开三	止开三	止开三	止开三
		去志疑	平之晓	上止晓	平之影	去至影	平之以	上止以	平微见	上尾见	上尾溪
洞口	长塘	i²⁴	ɕʅ⁵⁵	ɕʅ³¹²	i⁵⁵	i²⁴	i¹³	i³¹²	tɕʅ⁵⁵	tɕʅ³¹²	tɕʰʅ³¹²
	山门	ŋ⁴⁵	ɕi⁵⁵	ɕi³¹²	i⁴⁵	i⁴⁵	i¹³	i³¹²	tɕi⁵⁵	tɕi³¹²	tɕʰi³¹²
	高沙	ʅ²⁴	ɕʅ⁵⁵	ɕʅ³¹²	ʅ²⁴	ʅ²⁴	ʅ¹³	ʅ³¹²	tɕʅ⁵⁵	tɕʅ³¹²	tɕʰʅ³¹²
	花园	ʅ³⁵	ɕʅ⁵⁵	ɕʅ³¹²	ʅ⁵⁵	ʅ³⁵	ʅ¹³	ʅ³¹²	tɕʅ⁵⁵	tɕʅ³¹²	tɕʰʅ³¹²
绥宁	金屋塘	n²⁴	ɕʅ⁵⁵	ɕʅ³¹²	i⁵⁵	i²⁴	i¹³	i³¹²	tɕʅ⁵⁵	tɕʅ³¹²	tɕʰʅ³¹²
	梅坪	n²⁴	ɕʅ⁵⁵	ɕʅ³¹²	i⁵⁵	i²⁴	i¹³	i³¹²	tɕʅ⁵⁵	tɕʅ³¹²	tɕʰʅ³¹²
	黄土矿	i/ŋ³⁵	ɕi³³	ɕi³¹²	i³³	i³⁵	i⁵⁵	i³¹²	tɕy³³	tɕy³¹²	tɕʰy³¹²
	唐家坊	ŋ⁵⁵	ɕi³³	ɕi³¹²	i³³	i⁵⁵	i¹³	i³¹²	tɕi³³	tɕi³¹²	tɕʰi³¹²
	瓦屋塘	ŋ³⁵	ɕi³³	ɕi³¹²	i³³	i³⁵	i¹³	i³¹²	tɕi³³	tɕi³¹²	tɕʰi³¹²

		气	祈	毅	稀	衣	累~计	累劳~	嘴	髓	随
		止开三	止开三	止开三	止开三	止开三	止合三	止合三	止合三	止合三	止合三
		去未溪	平微群	去未疑	平微晓	平微影	上纸来	去实来	上纸精	上纸心	平支邪
隆回	荷香桥	tɕʰi⁵⁵	tɕʰi¹³	n⁵⁵	ɕi³³	i³³	lue³¹²	lue⁵⁵	tɕy³¹²	sui³¹²	tsʰui¹³
	六都寨	tɕʰi⁵⁵	tɕʰi¹³	i⁵⁵	ɕi³³	i³³	lue³¹²	lue⁵⁵	tsui³¹²	sui³¹²	sui¹³
	七江	tɕʰi⁵⁵	tɕʰi¹³	i⁵⁵	ɕi³³	i³³	lue³¹²	lue⁵⁵	tsui³¹²	sui³¹²	sui¹³
	司门前	tɕʰi⁵⁵	tɕʰi¹³	i/ŋ⁴⁵	ɕi³³	i³³	lue³¹²	lue⁵⁵	tsui³¹²	tsʰui³¹²	tsʰui¹³
	金石桥	tɕʰi⁵⁵	tɕʰi¹³	i/ŋ⁵⁵	ɕi³³	i³³	lue³¹²	lue⁵⁵	tsue³¹²	sy³¹²	sy¹³
	小沙江	tɕʰi⁵⁵	tɕʰi¹³	i/ŋ⁵⁵	ɕi³³	i³³	le³¹²	le⁵⁵	tɕiu³¹²	se³¹²	se¹³
	西洋江	tɕʰi⁴⁵	tɕʰi¹³	ŋ⁴⁵	ɕi⁵⁵	i⁵⁵	lue³¹²	lue⁵⁵	tɕʅ³¹²	ɕʅ³¹²	tɕʰʅ¹³
	横板桥	tɕʰi⁴⁵	tɕʰi¹³	ŋ⁴⁵	ɕi⁵⁵	i⁵⁵	le³¹²	le⁵⁵	tɕʅ³¹²	ɕʅ³¹²	tɕʰʅ¹³
	岩口	tɕʰi⁵⁵	tɕʰi¹³	i⁵⁵	ɕi³³	i³³	lue³¹²	lue⁵⁵	tsy³¹²	sy³¹²	sy¹³
	罗洪	tɕʰi⁵⁵	tɕʰi¹³	i⁵⁵	ɕi³³	i³³	le³¹²	le⁵⁵	tɕiu³¹²	ɕue³¹²	ɕue¹³
	高坪	tɕʰi⁵⁵	tɕʰi¹³	i⁵⁵	ɕi³³	i³³	le³¹²	le⁵⁵	tɕiẽ³¹²	ɕiẽ³¹²	tɕʰi¹³
洞口	石江	tɕʰi²⁴	tɕʰi¹³	n⁴⁵	ɕi⁵⁵	i⁵⁵	le³¹²	le⁵⁵	tse³¹²	se³¹²	se¹³
	江口	tɕʰi²⁴	tɕʰi¹³	n²⁴	ɕʅ⁵⁵	i⁵⁵	le³¹²	le⁵⁵	tɕi³¹²	se³¹²	se¹³
	长塘	tɕʰʅ²⁴	tɕʰi¹³	n²⁴	ɕʅ⁵⁵	i⁵⁵	le³¹²	le⁵⁵	tɕi³¹²	ɕi³¹²	ɕi¹³
	山门	tɕʰi⁴⁵	tɕʰi¹³	ŋ⁴⁵	ɕʅ⁵⁵	i⁵⁵	le³¹²	le⁵⁵	tɕʅ³¹²	ɕʅ³¹²	tɕʰʅ¹³
	高沙	tɕʰʅ²⁴	tɕʰi¹³	n²⁴	ɕʅ⁵⁵	ʅ⁵⁵	le³¹²	le⁵⁵	tɕiu³¹²	ɕiu³¹²	tɕʰiu¹³
	花园	tɕʰʅ³⁵	tɕʰi¹³	n³⁵	ɕʅ⁵⁵	ʅ⁵⁵	le³¹²	le⁵⁵	tsiu³¹²	siu³¹²	tsʰiu¹³
绥宁	金屋塘	tɕʰʅ²⁴	tɕʰʅ¹³	n²⁴	ɕʅ⁵⁵	i⁵⁵	le³¹²	le⁵⁵	tsi³¹²	si³¹²	si¹³
	梅坪	tɕʰʅ²⁴	tɕʰʅ¹³	n²⁴	ɕʅ⁵⁵	i⁵⁵	le³¹²	le⁵⁵	tsi³¹²	si³¹²	si¹³

		气	祈	毅	稀	衣	累~计	累劳~	嘴	髓	随
		止开三去未溪	止开三平微群	止开三去未疑	止开三平微晓	止开三平微影	止合三上纸来	止合三去真来	止合三上纸精	止合三上纸心	止合三平支邪
绥宁	黄土矿	tɕy³⁵	tɕʰy¹³	i/ŋ³⁵	çi³³	i³³	le³¹²	le³³	tɕy³¹²	çy³³	çy⁵⁵
	唐家坊	tɕʰi⁵⁵	tɕʰi¹³	ŋ̍⁵⁵	çi³³	i³³	le³¹²	le⁵⁵	tsy³¹²	sy³¹²	sy¹³
	瓦屋塘	tɕʰi³⁵	tɕʰi¹³	ŋ̍³⁵	çi³³	i⁵⁵	le³¹²	le³³	tsy³¹²	sy³¹²	sy⁵⁵

		吹	垂	睡	瑞	蕊	规	诡	亏	跪	危
		止合三平支昌	止合三平支禅	止合三去真禅	止合三去真禅	止合三上纸日	止合三平支见	止合三上纸见	止合三平支溪	止合三上纸群	止合三平支疑
隆回	荷香桥	tsʰui³³	tsʰui¹³	sui⁵⁵	tsʰui⁵⁵	lui³¹²	kui³³	kui³¹²	kʰui³³	kʰui⁵⁵	ui³³
	六都寨	tɕʰy³³	tsʰue¹³	sue⁵⁵	ye⁵⁵	le³¹²	kui³³	kui³¹²	kʰui³³	kʰui³¹²	ui³³
	七江	tɕʰy³³	tsʰue¹³	sui⁵⁵	sui⁵⁵	y³¹²	kui³³	kui³¹²	kʰui³³	kʰui³¹²	ui³³
	司门前	tsʰu³³	tsʰui¹³	sui⁵⁵	sui⁵⁵	u³¹²	kui³³	kui³¹²	kʰui³³	kʰui³¹²	ui¹³
	金石桥	tsʰue³³	tsʰue¹³	sue⁵⁵	sue⁵⁵	y³¹²	kue³³	kue³¹²	kʰue³³	kʰue³¹²	ue¹³
	小沙江	tɕʰy³³	tɕʰy¹³	çy⁵⁵	çy⁵⁵	/	kue³³	kue³¹²	kʰue³³	kʰue³¹²	ue¹³
	西洋江	tɕʰʅ⁵⁵	tɕʰʅ¹³	çʅ⁴⁵	çʅ⁴⁵	le³¹²	kui⁵⁵	kui³¹²	kʰui⁵⁵	kʰui⁴⁵	ui¹³
	横板桥	tɕʰʅ⁵⁵	tɕʰʅ¹³	çʅ⁴⁵	çʅ⁴⁵	le³¹²	kui⁵⁵	kui³¹²	kʰui⁵⁵	kʰui⁴⁵	ui¹³
	岩口	tɕʰy³³	tɕʰy¹³	çy⁵⁵	ly⁵⁵	y³¹²	kui³³	kui³¹²	kʰui³³	kʰui³¹²	ui³³
	罗洪	tɕʰui³³	tɕʰui¹³	çui⁵⁵	tsʰui⁵⁵	lui³¹²	kue³³	kue³¹²	kʰue³³	kʰue³¹²	ue³³
	高坪	tɕʰy³³	tɕʰue¹³	çue⁵⁵	tsʰui⁵⁵	lue³¹²	kue³³	kue³¹²	kʰue³³	kʰue⁵⁵	ue³³
洞口	石江	tɕʰʅ⁵⁵	tsʰe¹³	çʅ⁵⁵	çʅ⁵⁵	le³¹²	kui⁵⁵	kui³¹²	kʰui⁵⁵	kʰui¹³	ui¹³
	江口	tɕʰʅ⁵⁵	tɕʰʅ¹³	çʅ⁵⁵	le²⁴	le³¹²	kui⁵⁵	kui³¹²	kʰui⁵⁵	kʰui³¹²	ui¹³
	长塘	tɕʰʅ⁵⁵	tɕʰʅ¹³	çʅ⁵⁵	çʅ⁵⁵	le³¹²	kui⁵⁵	kui³¹²	kʰui⁵⁵	kʰui³¹²	ui¹³
	山门	tɕʰʅ⁵⁵	tɕʰʅ¹³	çʅ⁴⁵	çʅ⁴⁵	le³¹²	kui⁵⁵	kui³¹²	kʰui⁵⁵	kʰui⁴⁵	ui¹³
	高沙	tɕʰʅ⁵⁵	tɕʰʅ¹³	çʅ²⁴	çʅ²⁴	le³¹²	kue⁵⁵	kue³¹²	kʰue⁵⁵	kʰue³¹²	ue¹³
	花园	tɕʰʅ⁵⁵	tɕʰʅ¹³	çʅ³⁵	çʅ³⁵	le³¹²	kue⁵⁵	kue³¹²	kʰue⁵⁵	kʰue⁵⁵	ue¹³
绥宁	金屋塘	tɕʰʅ⁵⁵	tsʰui¹³	çʅ⁵⁵	le²⁴	le³¹²	kui⁵⁵	kui³¹²	kʰui⁵⁵	kʰui⁵⁵	ui¹³
	梅坪	tɕʰʅ⁵⁵	tsʰui¹³	çʅ⁵⁵	le²⁴	le³¹²	kui⁵⁵	kui³¹²	kʰui⁵⁵	kʰui⁵⁵	ui¹³
	黄土矿	tɕʰyi³³	tɕʰy⁵⁵	çy³⁵	çy³⁵	le³¹²	kui³³	kui³¹²	kʰui³³	kʰui³⁵	ui⁵⁵
	唐家坊	tɕʰyi³³	tɕʰy¹³	çy³⁵	çy⁵⁵	le³¹²	kue³³	kue³¹²	kʰue³³	kʰue⁵⁵	ue¹³
	瓦屋塘	tɕʰyi³³	tɕʰy¹³	çy³⁵	çy³⁵	le³¹²	kue³³	kue³¹²	kʰue³³	kʰue³⁵	ue¹³

		毁	萎	委	为	垒	类	醉	翠	绥	追
		止合三	止合三	止合三	止合三	止合三	止合三	止合三	止合三	止合三	止合三
		上纸晓	平支影	上纸影	平支云	上旨来	去至来	去至精	去至清	平脂心	平脂知
隆回	荷香桥	xui³¹²	ui³¹²	ui³¹²	ui¹³	lue³¹²	lue⁵⁵	tsui⁵⁵	tsʰui⁴⁵	sy³³	tsui³³
	六都寨	xui³¹²	ui³¹²	ui³¹²	ui¹³	le³¹²	le⁵⁵	tsiu⁵⁵	tsʰui⁴⁵	siu³³	tsui³³
	七江	xui³¹²	ui³¹²	ui³¹²	ui¹³	lue³¹²	lue⁵⁵	tsiu⁵⁵	tsʰui⁴⁵	siu³³	tsui³³
	司门前	xui³¹²	ui³¹²	mi³¹²	ui¹³	lue³¹²	lue⁵⁵	tsui⁵⁵	tsʰui⁴⁵	sui³³	tsui³³
	金石桥	xue³¹²	ue³¹²	ue³¹²	ue¹³	lue³¹²	lue⁵⁵	tsue⁵⁵	tsʰue⁴⁵	sue³³	tsue³³
	小沙江	xue³¹²	ue³³	ue³¹²	ue¹³	le³¹²	le⁵⁵	tɕiu⁵⁵	tsʰue⁴⁵	ɕiu³³	tse³³
	西洋江	xui³¹²	ui³¹²	ui³¹²	ui⁵⁵	lue³¹²	lue⁵⁵	tɕʅ⁴⁵	tɕʰʅ⁴⁵	ɕʅ⁵⁵	tɕʅ⁵⁵
	横板桥	xui³¹²	ui³¹²	ui³¹²	ui⁵⁵	lue³¹²	le⁵⁵	tɕʅ⁴⁵	tɕʰʅ⁴⁵	ɕʅ⁵⁵	tɕʅ⁵⁵
	岩口	xue³¹²	ui³¹²	ui³¹²	ui¹³	lue³¹²	le⁵⁵	tsy⁵⁵	tsʰy⁵⁵	sy³³	tsy³³
	罗洪	fe³¹²	ue³¹²	ue³¹²	ue¹³	le³¹²	le⁵⁵	tɕiu⁵⁵	tsʰue⁴⁵	ɕy³³	tsue³³
	高坪	xue³¹²	ue³¹²	ue³¹²	ue¹³	le³¹²	li⁵⁵	tɕi⁵⁵	tsʰe⁵⁵	ɕi³³	tɕi³³
洞口	石江	xui³¹²	ui³¹²	ui³¹²	ui⁵⁵	le³¹²	le⁵⁵	tɕʅ²⁴	tsʰe²⁴	ɕʅ⁵⁵	tse⁵⁵
	江口	xui³¹²	ui³¹²	ui³¹²	ui⁵⁵	lᴇ³¹²	lᴇ⁵⁵	tɕi²⁴	tsʰa²⁴	ɕi⁵⁵	tɕi⁵⁵
	长塘	xui³¹²	ui³¹²	ui³¹²	ui⁵⁵	lᴇ³¹²	lᴇ⁵⁵	tɕi²⁴	tsʰi²⁴	ɕi⁵⁵	tɕi⁵⁵
	山门	xui³¹²	ui³¹²	ui³¹²	ui⁵⁵	le³¹²	le⁵⁵	tɕʅ⁴⁵	tɕʰʅ⁴⁵	ɕʅ⁵⁵	tse⁵⁵
	高沙	xue³¹²	ue³¹²	ue³¹²	ue¹³	le³¹²	le⁵⁵	tɕiu²⁴	tɕʰiu²⁴	ɕiu⁵⁵	tsue⁵⁵
	花园	xue³¹²	ue³¹²	ue³¹²	ue¹³	le³¹²	le⁵⁵	tsiu³⁵	tsʰiu³⁵	siu⁵⁵	tɕiu⁵⁵
绥宁	金屋塘	xui³¹²	ui³¹²	ui³¹²	ui⁵⁵	le³¹²	le⁵⁵	tsi²⁴	tsʰi²⁴	si⁵⁵	tɕi⁵⁵
	梅坪	xui³¹²	ui³¹²	ui³¹²	ui⁵⁵	le³¹²	le⁵⁵	tsi²⁴	tsʰi²⁴	si⁵⁵	tɕi⁵⁵
	黄土矿	fe³¹²	ui³¹²	ui³¹²	ui⁵⁵	le³¹²	ly³³	tɕy³⁵	tsʰe³⁵	ɕy³³	tsue³³
	唐家坊	fe³¹²	ue³¹²	ue³¹²	ue¹³	le³¹²	ly⁵⁵	tsy⁵⁵	tsʰe⁵⁵	sy³³	tɕy³³
	瓦屋塘	fe³¹²	ue³¹²	ue³¹²	ue¹³	le³¹²	le³³	tsy³⁵	tsʰe³⁵	sy³³	tɕy³³

		棰	捽	帅	锥	水	谁	龟	癸	愧	季
		止合三	止合三	止合三	止合三	止合三	止合三	止合三	止合三	止合三	止合三
		平脂澄	平脂生	去至生	平脂章	上旨书	平脂禅	平脂见	上旨见	去至见	去至见
隆回	荷香桥	tɕʰy¹³	sui³³	sui⁴⁵	tsui³³	ɕy³¹²	sui¹³	kui³³	kui⁴⁵	kʰui⁴⁵	tɕi⁵⁵
	六都寨	tsʰui¹³	ɕye¹³	sua⁵⁵	tsui³³	ɕy³¹²	sui¹³	kui³³	kui³¹²	kʰui⁵⁵	tɕi⁵⁵
	七江	tsʰui¹³	ɕyʅ¹³	sui⁵⁵	tsui³³	ɕy³¹²	sui¹³	kui³³	kui⁵⁵	kʰui⁵⁵	tɕi⁵⁵
	司门前	tsʰu¹³	ɕye¹³	sue⁵⁵	tsui³³	ɕu³¹²	sui¹³	kui³³	kui⁵⁵	kʰui⁵⁵	tɕi⁵⁵

		槌	摔	帅	锥	水	谁	龟	癸	愧	季
		止合三 平脂澄	止合三 平脂生	止合三 去至生	止合三 平脂章	止合三 上旨书	止合三 平脂禅	止合三 平脂见	止合三 上旨见	止合三 去至见	止合三 去至见
隆回	金石桥	tshue¹³	çyE¹³	sue⁵⁵	tsue³³	çy³¹²	sue¹³	kue³³	kue⁵⁵	khue⁵⁵	tçi⁵⁵
	小沙江	tçhy⁴⁵	çyE¹³	se⁵⁵	tse³³	çy³¹²	çe¹³	kue³³	kue³¹²	khue⁵⁵	tçi⁵⁵
	西洋江	tçhɿ¹³	çyE¹³	se⁵⁵	se¹³	çɿ³¹²	çɿ¹³	kui⁵⁵	kui⁴⁵	khui⁴⁵	tçi⁴⁵
	横板桥	tçɿ¹³	çyE¹³	se⁵⁵	se¹³	çɿ³¹²	çɿ¹³	kui⁵⁵	kui⁴⁵	khui⁴⁵	tçi⁴⁵
	岩口	tshy¹³	sua³³	sy⁵⁵	tse³³	sy³¹²	sui¹³	kui³³	kui⁵⁵	khui⁵⁵	tçi⁵⁵
	罗洪	tçhy¹³	suA³³	suA⁴⁵	tsue³³	çy³¹²	sue¹³	kue³³	kue⁴⁵	khue⁴⁵	tçi⁵⁵
	高坪	tçhi¹³	sua³³	se⁵⁵	tsue³³	çy³¹²	se¹³	kue³³	kue⁵⁵	khue⁴⁵	tçi⁵⁵
洞口	石江	tçhɿ¹³	suA⁵⁵	suA²⁴	tsui⁵⁵	çɿ³¹²	sue¹³	kui⁵⁵	kui²⁴	khui²⁴	tçi²⁴
	江口	tçhi¹³	sa³¹²	sa²⁴	tçi⁵⁵	çɿ³¹²	çɿ¹³	kui⁵⁵	kui²⁴	khui²⁴	tçɿ²⁴
	长塘	tçhi¹³	sa³¹²	sa²⁴	tçi⁵⁵	çɿ³¹²	çɿ¹³	kui⁵⁵	kui²⁴	khui²⁴	tçɿ²⁴
	山门	çɿ⁴⁵	sa³¹²	sue⁵⁵	tsue⁵⁵	çɿ³¹²	sue¹³	kui⁵⁵	khui⁴⁵	khui⁴⁵	tçi⁴⁵
	高沙	tçhɿ¹³	sua³¹²	sua²⁴	tse⁵⁵	çɿ³¹²	çɿ¹³	kue⁵⁵	kue³¹²	khue⁵⁵	tçɿ²⁴
	花园	tçhɿ¹³	se³¹²	sa³⁵	tsue⁵⁵	çɿ³¹²	çɿ¹³	kue⁵⁵	kue³¹²	khue	tçɿ³⁵
绥宁	金屋塘	tçhɿ¹³	sa³¹²	sa²⁴	tsui⁵⁵	çɿ³¹²	çɿ¹³	kui⁵⁵	kui²⁴	khui²⁴	tçɿ²⁴
	梅坪	tçhɿ¹³	sa³¹²	sa²⁴	tsui⁵⁵	çɿ³¹²	çɿ¹³	kui⁵⁵	kui²⁴	khui²⁴	tçɿ²⁴
	黄土矿	tçhy⁵⁵	sa³³	sa³⁵	tsue³³	fy³¹²	fy⁵⁵	kui³³	kui³¹²	khui³⁵	tçyi³⁵
	唐家坊	tçhy¹³	se³³	sa⁵⁵	tsue³³	çy³¹²	çy¹³	kue³³	kue³¹²	khue⁵⁵	tçi⁵⁵
	瓦屋塘	tçhy¹³	se³³	sa³⁵	tsue³³	çy³¹²	çy¹³	kue³³	kue³¹²	khue	tçi³⁵

		葵	柜	位	维	遗	飞	非	痱	费	肥
		止合三 平脂群	止合三 去至群	止合三 去至云	止合三 平脂以	止合三 平脂以	止合三 平微非	止合三 上尾非	止合三 去未非	止合三 去未敷	止合三 平微奉
隆回	荷香桥	khui¹³	khui⁵⁵	ui⁵⁵	ui¹³	i¹³	fi³³	fi³¹²	phi⁴⁵	fi⁴⁵	fi¹³
	六都寨	khui¹³	khui⁵⁵	ui⁵⁵	ui¹³	i¹³	fi³³	fi³¹²	phi⁵⁵	fi⁵⁵	fi¹³
	七江	khui¹³	khui⁵⁵	ui⁵⁵	ui¹³	i¹³	fi³³	fi³¹²	phi⁵⁵	fi⁵⁵	fi¹³
	司门前	khui¹³	khui⁵⁵	mi⁵⁵	ui¹³	i¹³	fi³³	fi³¹²	phi⁵⁵	fi⁵⁵	fi¹³
	金石桥	khue¹³	khue⁵⁵	ue⁵⁵	ue¹³	i¹³	fi³³	fi³¹²	pi⁵⁵	fi⁵⁵	fi¹³
	小沙江	khue¹³	khue⁵⁵	ue⁵⁵	ue¹³	i¹³	fi³³	fi³¹²	phi⁵⁵	fi⁵⁵	fi¹³
	西洋江	khui¹³	khui⁴⁵/⁵⁵	ui⁵⁵	ui¹³	i¹³	fi⁵⁵	fi³¹²	fi⁵⁵	fi⁴⁵	fi¹³
	横板桥	khui¹³	khui⁴⁵/⁵⁵	ui⁵⁵	ui¹³	i¹³	fi⁵⁵	fi³¹²	phi⁵⁵	fi⁴⁵	fi¹³

		葵	柜	位	维	遗	飞	鲱	痱	费	肥
		止合三平脂群	止合三去至群	止合三去至云	止合三平脂以	止合三平脂以	止合三平微非	止合三上尾非	止合三去未非	止合三去未敷	止合三平微奉
隆回	岩口	kʰui¹³	tɕʰy⁵⁵	ui⁵⁵	ui¹³	i¹³	fi³³	fi³¹²	ɸi⁵⁵	fi⁵⁵	fi¹³
	罗洪	kʰue¹³	kʰue⁵⁵	ue⁵⁵	ue⁵⁵	i¹³	fi³³	fi³¹²	pʰi⁵⁵	fi⁵⁵	fi¹³
	高坪	kʰue¹³	kue⁵⁵	ue⁵⁵	ue⁵⁵	i¹³	xue³³	xue³¹²	pʰi⁵⁵	fe⁵⁵	fe¹³
洞口	石江	kʰui¹³	kʰui⁵⁵	ui⁵⁵	ui⁵⁵	i¹³	fi⁵⁵	fi³¹²	fi⁵⁵	fi²⁴	fi¹³
	江口	kʰui¹³	kʰui⁵⁵	ui⁵⁵	ui¹³	i¹³	fi⁵⁵	fi³¹²	fi⁵⁵	fi²⁴	fi¹³
	长塘	kʰui¹³	kʰui⁵⁵	ui⁵⁵	ui¹³	i¹³	pʰi⁵⁵	pʰi³¹²	pʰi⁵⁵	pʰi²⁴	pʰi¹³
	山门	kʰui¹³	kʰui⁵⁵	ui⁵⁵	ui¹³	i¹³	fi⁵⁵	fi³¹²	fi⁵⁵	fi⁴⁵	fi¹³
	高沙	kʰue¹³	kʰue⁵⁵	ue⁵⁵	ue¹³	ʅ¹³	xue³³	xue³¹²	xue⁵⁵	xue²⁴	xue¹³
	花园	kʰue¹³	kʰue⁵⁵	ue⁵⁵	ue¹³	ʅ¹³	xue³³	xue³¹²	xue⁵⁵	xue³⁵	xue¹³
绥宁	金屋塘	kʰui¹³	kʰui⁵⁵	ui⁵⁵	ui¹³	i¹³	fi⁵⁵	fi³¹²	fi⁵⁵	fi²⁴	fi¹³
	梅坪	kʰui¹³	kʰui⁵⁵	ui⁵⁵	ui¹³	i¹³	fi⁵⁵	fi³¹²	fi⁵⁵	fi²⁴	fi¹³
	黄土矿	kʰui⁵⁵	kʰui³³	ui³³	ui⁵⁵	i⁵⁵	fi³³	fi³¹²	fe⁵⁵	fi³³	fi¹³
	唐家坊	kʰue¹³	kʰue⁵⁵	ue⁵⁵	ue¹³	i¹³	fe³³	fe³¹²	fe⁵⁵	fe⁵⁵	fe¹³
	瓦屋塘	kʰue¹³	kʰue⁵⁵	ue³³	ue¹³	y¹³	fe³³	fe³¹²	fe³³	fe³⁵	fe⁵⁵

		微	尾	味	归	鬼	贵	魏	挥	讳	威
		止合三平微微	止合三上尾微	止合三去未微	止合三平微见	止合三上尾见	止合三去未见	止合三去未疑	止合三去未晓	止合三平微晓	止合三平微影
隆回	荷香桥	ui³³	ui³¹²	ui⁵⁵	kui³³	kui³¹²	kui⁴⁵	ui⁵⁵	xui³³	xui⁴⁵	ui³³
	六都寨	ui³³	ui³¹²	ui⁵⁵	kui³³	kui³¹²	kui⁵⁵	ui⁵⁵	xui³³	xui⁵⁵	ui³³
	七江	ui¹³	ui/le³¹²	ui⁵⁵	kui³³	kui³¹²	kui⁵⁵	ui⁵⁵	xui³³	xui⁵⁵	ui³³
	司门前	mi³³	mi³¹²	mi⁵⁵	kui³³	kui³¹²	kui⁵⁵	ui⁵⁵	xue³³	xue⁵⁵	mi³³
	金石桥	ue³³	ue³¹²	ue⁵⁵	kue³³	kue³¹²	kue⁵⁵	ue⁵⁵	xue³³	xue⁵⁵	ue³³
	小沙江	ue³³	ue³¹²	ue⁵⁵	kue³³	kue³¹²	kue⁵⁵	ue⁵⁵	xue³³	xue⁵⁵	ue³³
	西洋江	ui¹³	e³¹²	mi⁵⁵	kui⁵⁵	kui³¹²	kui⁴⁵	ui⁴⁵	xui⁵⁵	xui⁵⁵	mi⁵⁵
	横板桥	ui¹³	e³¹²	mi⁵⁵	kui⁵⁵	kui³¹²	kui⁴⁵	ui⁴⁵	xui⁵⁵	xui⁵⁵	mi⁵⁵
	岩口	ui³³	ŋ³³	ui⁵⁵	kui³³	kui³¹²	kui⁵⁵	ui⁵⁵	xui³³	xui⁵⁵	ui³³
	罗洪	ue³³	ue³¹²	ue⁵⁵	kue³³	kue³¹²	kue⁵⁵	ue⁵⁵	fe³³	fe⁵⁵	ue³³
	高坪	ue¹³	ue³¹²	ue⁵⁵	kue³³	kue³¹²	kue⁵⁵	ue⁵⁵	xue³³	xue⁵⁵	ue³³
洞口	石江	ui¹³	ui³¹²	mi⁵⁵	kui⁵⁵	kui³¹²	kui²⁴	ui⁴⁵	fi⁵⁵	ui⁵⁵	ui⁵⁵
	江口	ui¹³	ui³¹²	ui⁵⁵	kui⁵⁵	kui³¹²	kui²⁴	ui⁴⁵	xui⁵⁵	xua⁵⁵	ui⁵⁵

		微	尾	味	归	鬼	贵	魏	挥	讳	威
		止合三平微微	止合三上尾微	止合三去未微	止合三平微见	止合三上尾见	止合三去未见	止合三去未疑	止合三平微晓	止合三去未晓	止合三平微影
洞口	长塘	ui^{13}	uɛ^{312}	mi^{55}	kui^{55}	kui^{312}	kui^{24}	ui^{45}	xui^{55}	xui^{55}	ui^{55}
	山门	ui^{13}	ɛ^{312}	ui^{55}	kui^{55}	kui^{312}	kui^{45}	ui^{45}	xui^{55}	xue^{45}	ui^{55}
	高沙	ue^{55}	ue^{312}	ue^{55}	kue^{33}	kue^{312}	kue^{24}	ue^{24}	xue^{33}	xue^{24}	ue^{55}
	花园	ue^{55}	ue^{312}	ue^{55}	kue^{55}	kue^{312}	kue^{35}	ue^{55}	xue^{33}	xue^{35}	ue^{55}
绥宁	金屋塘	ui^{13}	ui^{312}	ui^{55}	kui^{55}	kui^{312}	kui^{24}	ui^{55}	fe^{55}	fe^{55}	ui^{55}
	梅坪	ui^{13}	ui^{312}	ui^{55}	kui^{55}	kui^{312}	kui^{24}	ui^{55}	fe^{55}	fe^{55}	ui^{55}
	黄土矿	ui^{55}	ui^{312}	ui^{33}	kui^{33}	kui^{312}	kui^{35}	ui^{33}	fe^{33}	fe^{35}	ui^{33}
	唐家坊	ue^{13}	ue^{312}	ue^{55}	kue^{33}	kue^{312}	kue^{55}	ue^{33}	fe^{33}	fe^{55}	ue^{33}
	瓦屋塘	ue^{13}	ue^{312}	ue^{33}	kue^{33}	kue^{312}	kue^{35}	ue^{33}	fe^{33}	fe^{35}	ue^{33}
		慰	围	苇	胃	褒	宝	报	袍	抱	菢
		止合三去未影	止合三平微云	止合三上尾云	止合三去未云	效开一平豪帮	效开一上晧帮	效开一去号帮	效开一平豪并	效开一上晧并	效开一去号并
隆回	荷香桥	y^{45}	y^{13}	ui^{312}	ui^{55}	pe^{33}	pe^{312}	pe^{45}	pʰe^{13}	pʰe^{55}	pʰe^{55}
	六都寨	ui^{55}	ui^{13}	ui^{312}	ui^{55}	pe^{33}	pe^{312}	pe^{55}	pʰe^{13}	pʰe^{45}	pʰe^{55}
	七江	u^{55}	u^{13}	ui^{312}	mi^{55}	pe^{33}	pe^{312}	pe^{55}	pʰe^{13}	pʰe^{55}	pʰe^{55}
	司门前	u^{55}	ui^{13}	ui^{312}	mi^{55}	pe^{33}	pe^{312}	pe^{55}	pʰe^{13}	pʰe^{55}	pʰe^{55}
	金石桥	ue^{55}	ue^{13}	ue^{312}	ue^{55}	pe^{33}	pe^{312}	pe^{55}	pʰe^{13}	pʰe^{55}	pʰe^{55}
	小沙江	ue^{55}	ue^{13}	ue^{312}	ue^{55}	pe^{33}	pe^{312}	pe^{55}	pʰe^{13}	pʰe^{55}	pʰe^{55}
	西洋江	ɿ^{45}	ui^{13}	ui^{312}	ui^{45}	pe^{55}	pe^{312}	pe^{45}	pʰe^{55}	pʰe^{55}	pʰe^{55}
	横板桥	ɿ^{45}	ui^{13}	ui$^{312·}$	ui^{45}	pe^{55}	pe^{312}	pe^{45}	pʰe^{55}	pʰe^{55}	pʰe^{55}
	岩口	ui^{55}	ui^{13}	ui^{312}	ui^{55}	pe^{33}	pe^{312}	pe^{55}	pʰe^{13}	pʰe^{55}	pʰe^{55}
	罗洪	ue^{55}	ue^{13}	ue^{312}	ue^{55}	pe^{33}	pe^{312}	pe^{55}	pʰe^{13}	pʰe^{55}	pʰe^{55}
	高坪	ue^{55}	ue^{13}	ue^{312}	ue^{55}	pe^{33}	pe^{312}	pe^{55}	pʰe^{13}	pʰe^{55}	pʰe^{55}
洞口	石江	ɿ^{24}	ui^{13}	ui^{312}	ui^{55}	pe^{55}	pe^{312}	pe^{24}	pʰe^{13}	pʰe^{55}	pʰe^{55}
	江口	ui^{24}	ue^{13}	ui^{312}	ui^{55}	pe^{55}	pe^{312}	pe^{24}	pʰe^{13}	pʰe^{55}	pʰe^{55}
	长塘	ɿ^{24}	ɿ^{13}	ui^{312}	ui^{55}	pe^{55}	pe^{312}	pe^{24}	pʰe^{13}	pʰe^{55}	pʰe^{55}
	山门	ɿ^{45}	ui^{13}	ui^{312}	ui^{45}	pe^{55}	pe^{312}	pe^{45}	ɸe^{13}	ɸe^{55}	ɸe^{55}
	高沙	ue^{24}	ue/ɿ^{13}	ue^{312}	ue^{24}	pe^{55}	pe^{312}	pe^{55}	pʰe^{13}	pʰe^{55}	pe^{24}
	花园	ue^{35}	ue^{13}	ue^{312}	ue^{55}	pe^{55}	pe^{312}	pe^{35}	pʰe^{13}	pʰe^{55}	pʰe^{55}

续表

		慰	围	苇	胃	褒	宝	报	袍	抱	菢
		止合三 去未影	止合三 平微云	止合三 上尾云	止合三 去未云	效开一 平豪帮	效开一 上晧帮	效开一 去号帮	效开一 平豪并	效开一 上晧并	效开一 去号并
绥宁	金屋塘	ui24	ui13	ui312	ui55	pɐ55	pɐ312	pɐ24	phɐ13	phɐ55	phɐ55
	梅坪	ui24	ui13	ui312	ui55	pɐ55	pɐ312	pɐ24	phɐ13	phɐ55	phɐ55
	黄土矿	ui35	ui55	ui312	ui35	pɐ33	pɐ312	pɐ35	phɐ55	phɐ33	phɐ33
	唐家坊	ue55	ue13	ue312	ue55	pɐ33	pɐ312	pɐ55	phɐ13	phɐ55	phɐ55
	瓦屋塘	ue35	ue13	ue312	ue35	pɐ33	pɐ312	pɐ35	phɐ13	phɐ33	phɐ33

		毛	帽	刀	倒	到	掏	讨	套	桃	道	稻
		效开一 平豪明	效开一 去号明	效开一 平豪端	效开一 上晧端	效开一 去号端	效开一 平豪透	效开一 上晧透	效开一 去号透	效开一 平豪定	效开一 上晧定	效开一 上晧定
隆回	荷香桥	mɐ13	mɐ55	tɐ33	tɐ312	tɐ45	xɐ33	xɐ312	xɐ45	xɐ13	xɐ55	xɐ55
	六都寨	mɐ13	mɐ55	tɐ33	tɐ312	tɐ55	xiɐ33	xɐ312	xɐ55	xɐ13	xɐ55	xɐ55
	七江	mɐ13	mɐ55	tɐ33	tɐ312	tɐ55	xɐ33	xɐ312	xɐ55	xɐ13	xɐ55	xɐ55
	司门前	mɐ13	mɐ55	tɐ33	tɐ312	tɐ55	xɐ33	xɐ312	xɐ55	xɐ13	xɐ55	xɐ55
	金石桥	mɐ13	mɐ55	tɐ33	tɐ312	tɐ55	xɐ33	xɐ312	xɐ55	xɐ13	xɐ55	xɐ55
	小沙江	mɐ13	mɐ55	tɐ33	tɐ312	tɐ55	thɐ33	thɐ312	thɐ55	thɐ13	thɐ55	thɐ55
	西洋江	mɐ13	mɐ55	tɐ55	tɐ312	tɐ45	xɐ55	xɐ312	xɐ45	xɐ13	xɐ55	xɐ55
	横板桥	mɐ13	mɐ55	tɐ55	tɐ312	tɐ45	xɐ55	xɐ312	xɐ45	xɐ13	xɐ55	xɐ55
	岩口	mɐ13	mɐ55	tɐ33	tɐ312	tɐ55	xɐ312	xɐ312	xɐ55	xɐ13	xɐ55	xɐ55
	罗洪	mɐ13	mɐ55	tɐ33	tɐ312	tɐ55	xɐ33	xɐ312	xɐ55	xɐ13	xɐ55	xɐ55
	高坪	mɐ13	mɐ55	tɐ33	tɐ312	tɐ55	thɐ33	xɐ312	thɐ55	thɐ13	thɐ55	thɐ55
洞口	石江	mɐ13	mɐ55	tɐ55	tɐ24	tɐ24	xɐ55	xɐ312	xɐ24	xɐ13	xɐ55	xɐ55
	江口	mɐ13	mɐ55	tɐ55	tɐ24	tɐ24	thɐ55	thɐ312	thɐ24	thɐ24	thɐ55	thɐ55
	长塘	mɐ13	mɐ55	tɐ55	tɐ24	tɐ24	xɐ55	xɐ312	xɐ24	xɐ13	xɐ55	xɐ55
	山门	mɐ13	mɐ55	tɐ55	tɐ312	tɐ45	xɐ55	xɐ312	xɐ45	xɐ13	xɐ55	xɐ55
	高沙	mɐ13	mɐ55	tɐ55	tɐ24	tɐ24	thɐ55	thɐ312	thɐ24	thɐ13	tɐ24	thɐ24
	花园	mɐ13	mɐ55	tɐ55	tɐ35	tɐ35	thɐ55	thɐ312	thɐ55	thɐ13	thɐ55	thɐ55
绥宁	金屋塘	mɐ13	mɐ55	tɐ55	tɐ24	tɐ24	xɐ55	xɐ312	xɐ24	xɐ24	xɐ55	xɐ55
	梅坪	mɐ13	mɐ55	tɐ55	tɐ24	tɐ24	xɐ55	xɐ312	xɐ24	xɐ24	xɐ55	xɐ55
	黄土矿	mɐ55	mɐ33	tɐ33	tɐ35	tɐ35	thɐ55	thɐ312	thɐ35	thɐ55	thɐ33	thɐ33
	唐家坊	mɐ13	mɐ55	tɐ33	tɐ55	tɐ55	thɐ33	thɐ312	thɐ55	thɐ13	phɐ55	phɐ55
	瓦屋塘	mɐ13	mɐ33	tɐ33	tɐ35	tɐ35	thɐ33	thɐ312	thɐ35	thɐ13	thɐ33	thɐ33

		盗	脑	牢	老	涝	遭	早	灶	操	草	糙
		效开一去号定	效开一上晧泥	效开一平豪来	效开一上晧来	效开一去号来	效开一平豪精	效开一上晧精	效开一去号精	效开一平豪清	效开一上晧清	效开一去号清
隆回	荷香桥	xɐ⁵⁵	lɐ³¹²	lɐ¹³	lɐ³¹²	lɐ⁵⁵	tsɐ³³	tsɐ³¹²	tsɐ⁴⁵	tsʰɐ³³	tsʰɐ³¹²	tsʰɐ⁴⁵
	六都寨	xɐ⁵⁵	lɐ³¹²	lɐ¹³	lɐ³¹²	lɐ⁵⁵	tsɐ³³	tsɐ³¹²	tsɐ⁵⁵	tsʰɐ³³	tsʰɐ³¹²	tsʰɐ⁵⁵
	七江	xɐ⁵⁵	lɐ³¹²	lɐ¹³	lɐ³¹²	lɐ⁵⁵	tsɐ³³	tsɐ³¹²	tsɐ⁵⁵	tsʰɐ³³	tsʰɐ³¹²	tsʰɐ⁵⁵
	司门前	xɐ⁵⁵	lɐ³¹²	lɐ¹³	lɐ³¹²	lɐ⁵⁵	tsɐ³³	tsɐ³¹²	tsɐ⁵⁵	tsʰɐ³³	tsʰɐ³¹²	tsʰɐ⁵⁵
	金石桥	xɐ⁵⁵	lɐ³¹²	lɐ¹³	lɐ³¹²	lɐ⁵⁵	tsɐ³³	tsɐ³¹²	tsɐ⁵⁵	tsʰɐ³³	tsʰɐ³¹²	tsʰɐ⁵⁵
	小沙江	tʰɐ⁵⁵	lɐ³¹²	lɐ¹³	lɐ³¹²	lɐ⁵⁵	tsɐ³³	tsɐ³¹²	tsɐ⁵⁵	tsʰɐ³³	tsʰɐ³¹²	tsʰɐ⁵⁵
	西洋江	xɐ⁴⁵	lɐ³¹²	lɐ¹³	lɐ³¹²	lɐ⁴⁵	tsɐ⁵⁵	tsɐ³¹²	tsɐ⁴⁵	tsʰɐ⁵⁵	tsʰɐ³¹²	tsʰɐ⁵⁵
	横板桥	xɐ⁴⁵	lɐ³¹²	lɐ¹³	lɐ³¹²	lɐ⁴⁵	tsɐ⁵⁵	tsɐ³¹²	tsɐ⁴⁵	tsʰɐ⁵⁵	tsʰɐ³¹²	tsʰɐ⁵⁵
	岩口	xɐ⁵⁵	lɐ³¹²	lɐ¹³	lɐ³¹²	lɐ⁵⁵	tsɐ³³	tsɐ³¹²	tsɐ⁵⁵	tsʰɐ³³	tsʰɐ³¹²	tsʰɐ⁵⁵
	罗洪	xɐ⁵⁵	lɐ³¹²	lɐ¹³	lɐ³¹²	lɐ⁵⁵	tsɐ³³	tsɐ³¹²	tsɐ⁵⁵	tsʰɐ³³	tsʰɐ³¹²	tsʰɐ⁵⁵
	高坪	xɐ⁵⁵	lɐ³¹²	lɐ¹³	lɐ³¹²	lɐ⁵⁵	tsɐ³³	tsɐ³¹²	tsɐ⁵⁵	tsʰɐ³³	tsʰɐ³¹²	tsʰɐ⁵⁵
洞口	石江	xɐ⁵⁵	lɐ³¹²	lɐ¹³	lɐ³¹²	lɐ⁵⁵	tsɐ⁵⁵	tsɐ³¹²	tsɐ²⁴	tsʰɐ⁵⁵	tsʰɐ³¹²	tsʰɐ⁵⁵
	江口	xɐ⁵⁵	lɐ³¹²	lɐ¹³	lɐ³¹²	lɐ⁵⁵	tsɐ⁵⁵	tsɐ³¹²	tsɐ²⁴	tsʰɐ⁵⁵	tsʰɐ³¹²	tsʰɐ⁵⁵
	长塘	xɐ⁵⁵	lɐ³¹²	lɐ¹³	lɐ³¹²	lɐ⁵⁵	tsɐ⁵⁵	tsɐ³¹²	tsɐ²⁴	tsʰɐ³¹²	tsʰɐ³¹²	tsʰɐ⁵⁵
	山门	xɐ⁴⁵	lɐ³¹²	lɐ¹³	lɐ³¹²	lɐ⁵⁵	tsɐ⁵⁵	tsɐ³¹²	tsɐ⁴⁵	tsʰɐ⁵⁵	tsʰɐ³¹²	tsʰɐ⁵⁵
	高沙	tʰɐ⁵⁵	lɐ³¹²	lɐ¹³	lɐ³¹²	lɐ²⁴	tsɐ⁵⁵	tsɐ³¹²	tsɐ²⁴	tsʰɐ⁵⁵	tsʰɐ³¹²	tsʰɐ⁵⁵
	花园	tʰɐ⁵⁵	lɐ³¹²	lɐ¹³	lɐ³¹²	lɐ³⁵	tsɐ⁵⁵	tsɐ³¹²	tsɐ³⁵	tsʰɐ⁵⁵	tsʰɐ³¹²	tsʰɐ⁵⁵
绥宁	金屋塘	xɐ⁵⁵	lɐ³¹²	lɐ¹³	lɐ³¹²	lɐ⁵⁵	tsɐ⁵⁵	tsɐ³¹²	tsɐ²⁴	tsʰɐ⁵⁵	tsʰɐ³¹²	tsʰɐ⁵⁵
	梅坪	xɐ⁵⁵	lɐ³¹²	lɐ¹³	lɐ³¹²	lɐ⁵⁵	tsɐ⁵⁵	tsɐ³¹²	tsɐ²⁴	tsʰɐ⁵⁵	tsʰɐ³¹²	tsʰɐ⁵⁵
	黄土矿	tʰɐ³³	lɐ³¹²	lɐ¹³	lɐ³¹²	lɐ⁵⁵	tsɐ³³	tsɐ³¹²	tsɐ³⁵	tsʰɐ⁵⁵	tsʰɐ³¹²	tsʰɐ³³
	唐家坊	tʰɐ⁵⁵	lɐ³¹²	lɐ¹³	lɐ³¹²	lɐ⁵⁵	tsɐ⁵⁵	tsɐ³¹²	tsɐ⁵⁵	tsʰɐ³³	tsʰɐ³¹²	tsʰɐ⁵⁵
	瓦屋塘	tʰɐ³³	lɐ³¹²	lɐ¹³	lɐ³¹²	lɐ³⁵	tsɐ³³	tsɐ³¹²	tsɐ³⁵	tsʰɐ³³	tsʰɐ³¹²	tsʰɐ³³

		槽	造	皂	骚	嫂	扫	高	稿	告	烤
		效开一平豪从	效开一上晧从	效开一上晧从	效开一平豪心	效开一上晧心	效开一去号心	效开一平豪见	效开一上晧见	效开一去号见	效开一上晧溪
隆回	荷香桥	tsʰɐ¹³	tsʰɐ⁵⁵	tsʰɐ⁵⁵	sɐ³³	sɐ³¹²	sɐ⁴⁵	kɐ³³	kɐ³¹²	kɐ⁴⁵	kʰɐ³¹²
	六都寨	tsʰɐ¹³	tsʰɐ⁵⁵	tsʰɐ⁵⁵	sɐ³³	sɐ³¹²	sɐ⁵⁵	kɐ³³	kɐ³¹²	kɐ⁵⁵	kʰɐ³¹²
	七江	tsʰɐ¹³	tsʰɐ⁵⁵	tsʰɐ⁵⁵	sɐ³³	sɐ³¹²	sɐ⁵⁵	kɐ³³	kɐ³¹²	kɐ⁵⁵	kʰɐ³¹²
	司门前	tsʰɐ¹³	tsʰɐ⁵⁵	tsʰɐ⁵⁵	sɐ³³	sɐ³¹²	sɐ⁵⁵	kɐ³³	kɐ³¹²	kɐ⁵⁵	kʰɐ³¹²

		槽	造	皂	骚	嫂	扫	高	稿	告	烤
		效开一平豪从	效开一上皓从	效开一上皓从	效开一平豪心	效开一上皓心	效开一去号心	效开一平豪见	效开一上皓见	效开一去号见	效开一上皓溪
隆回	金石桥	tsʰɐ¹³	tsʰɐ⁵⁵	tsʰɐ⁵⁵	sɐ³³	sɐ³¹²	sɐ⁵⁵	kɐ³³	kɐ³¹²	kɐ⁵⁵	kʰɐ³¹²
	小沙江	tsʰɐ¹³	tsʰɐ⁵⁵	tsʰɐ⁵⁵	sɐ³³	sɐ³¹²	sɐ⁵⁵	kɐ³³	kɐ³¹²	kɐ⁵⁵	xɐ³¹²
	西洋江	tsʰɐ¹³	tsʰɐ⁵⁵	tsʰɐ⁵⁵	sɐ⁵⁵	sɐ³¹²	sɐ³¹²	kɐ⁵⁵	kɐ³¹²	kɐ⁴⁵	kʰɐ³¹²
	横板桥	tsʰɐ¹³	tsʰɐ⁵⁵	tsʰɐ⁵⁵	sɐ⁵⁵	sɐ³¹²	sɐ³¹²	kɐ⁵⁵	kɐ³¹²	kɐ⁴⁵	kʰɐ³¹²
	岩口	tsʰɐ¹³	tsʰɐ⁵⁵	tsʰɐ⁵⁵	sɐ³³	sɐ³¹²	sɐ³¹²	kɐ³³	kɐ³¹²	kɐ⁵⁵	kʰɐ³¹²
	罗洪	tsʰɐ¹³	tsʰɐ⁵⁵	tsʰɐ⁵⁵	sɐ³³	sɐ³¹²	sɐ⁵⁵	kɐ³³	kɐ³¹²	kɐ⁵⁵	xɐ³¹²
	高坪	tsʰɐ¹³	tsʰɐ⁵⁵	tsʰɐ⁵⁵	sɐ³³	sɐ³¹²	sɐ⁵⁵	kɐ³³	kɐ³¹²	kɐ⁵⁵	xɐ³¹²
洞口	石江	tsʰɐ¹³	tsʰɐ⁵⁵	tsʰɐ⁵⁵	sɐ⁵⁵	sɐ³¹²	sɐ³¹²	kɐ⁵⁵	kɐ³¹²	kɐ²⁴	kʰɐ³¹²
	江口	tsʰɐ¹³	tsʰɐ⁵⁵	tsʰɐ⁵⁵	sɐ³³	sɐ³¹²	sɐ³¹²	kɐ⁵⁵	kɐ³¹²	kɐ²⁴	kʰɐ³¹²
	长塘	tsʰɐ¹³	tsʰɐ⁵⁵	tsʰɐ⁵⁵	sɐ⁵⁵	sɐ³¹²	sɐ³¹²	kɐ⁵⁵	kɐ³¹²	kɐ²⁴	kʰɐ³¹²
	山门	tsʰɐ¹³	tsʰɐ⁴⁵	tsʰɐ⁵⁵	sɐ⁵⁵	sɐ³¹²	sɐ³¹²	kɐ⁵⁵	kɐ³¹²	kɐ⁴⁵	kʰɐ³¹²
	高沙	tsʰɐ¹³	tsʰɐ²⁴	tsʰɐ⁵⁵	sɐ⁵⁵	sɐ³¹²	sɐ³¹²	kɐ⁵⁵	kɐ³¹²	kɐ²⁴	kʰɐ³¹²
	花园	tsʰɐ¹³	tsʰɐ³⁵	tsʰɐ⁵⁵	sɐ⁵⁵	sɐ³¹²	sɐ³¹²	kɐ⁵⁵	kɐ³¹²	kɐ³⁵	kʰɐ³¹²
绥宁	金屋塘	tsʰɐ¹³	tsʰɐ⁵⁵	tsʰɐ³¹²	sɐ⁵⁵	sɐ³¹²	sɐ³¹²	kɐ⁵⁵	kɐ³¹²	kɐ²⁴	kʰɐ³¹²
	梅坪	tsʰɐ¹³	tsʰɐ⁵⁵	tsʰɐ³¹²	sɐ⁵⁵	sɐ³¹²	sɐ³¹²	kɐ⁵⁵	kɐ³¹²	kɐ²⁴	kʰɐ³¹²
	黄土矿	tsʰɐ⁵⁵	tsʰɐ³³	tsʰɐ³¹²	sɐ³³	sɐ³¹²	sɐ³⁵	kɐ⁵⁵	kɐ³¹²	kɐ³⁵	kʰɐ³¹²
	唐家坊	tsʰɐ¹³	tsʰɐ⁵⁵	tsʰɐ³¹²	sɐ³³	sɐ³¹²	sɐ⁵⁵	kɐ³³	kɐ³¹²	kɐ⁵⁵	kʰɐ³¹²
	瓦屋塘	tsʰɐ¹³	tsʰɐ³³	tsʰɐ³¹²	sɐ³³	sɐ³¹²	sɐ³⁵	kɐ³³	kɐ³¹²	kɐ³⁵	kʰɐ³¹²

		靠	熬	傲	薅	好	耗	毫	皓	号	袄
		效开一去号溪	效开一平豪疑	效开一去号疑	效开一平豪晓	效开一上皓晓	效开一去号晓	效开一平豪匣	效开一上皓匣	效开一去号匣	效开一上皓影
隆回	荷香桥	kʰɐ⁴⁵	ɐ¹³	ɐ⁵⁵	xɐ³³	xɐ³¹²	xɐ⁴⁵	xɐ¹³	xɐ³¹²	xɐ⁵⁵	ɐ³¹²
	六都寨	kʰɐ⁵⁵	ɐ¹³	ɐ⁵⁵	xɐ³³	xɐ³¹²	xɐ⁵⁵	xɐ¹³	xɐ⁵⁵	xɐ⁵⁵	ɐ³¹²
	七江	kʰɐ⁵⁵	ɐ¹³	ɐ⁵⁵	xɐ³³	xɐ³¹²	xɐ⁵⁵	xɐ¹³	xɐ⁵⁵	xɐ⁵⁵	ɐ³¹²
	司门前	kʰɐ⁵⁵	ɐ¹³	ɐ⁵⁵	xɐ³³	xɐ³¹²	xɐ⁵⁵	xɐ¹³	xɐ⁵⁵	xɐ⁵⁵	ɐ³¹²
	金石桥	kʰɐ⁵⁵	ɐ¹³	ɐ⁵⁵	xɐ³³	xɐ³¹²	xɐ⁵⁵	xɐ¹³	xɐ⁵⁵	xɐ⁵⁵	ɐ³¹²
	小沙江	xɐ⁵⁵	ɐ¹³	ɐ⁵⁵	xɐ³³	xɐ³¹²	xɐ⁵⁵	xɐ¹³	xɐ⁵⁵	xɐ⁵⁵	ɐ³¹²
	西洋江	kʰɐ⁴⁵	ɐ¹³	ɐ⁴⁵/⁵⁵	xɐ⁵⁵	xɐ³¹²	xɐ⁴⁵	xɐ¹³	xɐ⁴⁵	xɐ⁵⁵	ɐ³¹²
	横板桥	kʰɐ⁴⁵	ɐ¹³	ɐ⁵⁵	xɐ⁵⁵	xɐ³¹²	xɐ⁵⁵	xɐ¹³	xɐ⁴⁵	xɐ⁵⁵	ɐ³¹²
	岩口	kʰɐ⁵⁵	ŋɐ¹³	ɐ⁵⁵	xɐ³³	xɐ³¹²	xɐ⁵⁵	xɐ¹³	xɐ⁵⁵	xɐ⁵⁵	ɐ³¹²

续表

		靠	熬	傲	蟆	好	耗	毫	皓	号	祆
		效开一去号溪	效开一平豪疑	效开一去号疑	效开一平豪晓	效开一上晧晓	效开一去号晓	效开一平豪匣	效开一上晧匣	效开一去号匣	效开一上晧影
隆回	罗洪	xɐ⁵⁵	ɐ¹³	ɐ⁵⁵	xɐ³³	xɐ³¹²	xɐ⁵⁵	xɐ¹³	xɐ⁵⁵	xɐ⁵⁵	ɐ³¹²
	高坪	xɐ⁵⁵	ɐ¹³	ɐ⁵⁵	xɐ³³	xɐ³¹²	xɐ⁵⁵	xɐ¹³	xɐ⁵⁵	xɐ⁵⁵	ɐ³¹²
洞口	石江	kʰɐ²⁴	ɐ¹³	ɐ⁵⁵	xɐ⁵⁵	xɐ³¹²	xɐ²⁴	xɐ¹³	xɐ⁵⁵	xɐ⁵⁵	ɐ³¹²
	江口	kʰɐ²⁴	ŋɐ¹³	ŋɐ⁵⁵	xɐ⁵⁵	xɐ³¹²	xɐ²⁴	xɐ¹³	xɐ⁵⁵	xɐ⁵⁵	ŋɐ³¹²
	长塘	kʰɐ²⁴	ɐ¹³	ŋɐ⁵⁵	xɐ⁵⁵	xɐ³¹²	xɐ²⁴	xɐ¹³	xɐ⁵⁵	xɐ⁵⁵	ŋɐ³¹²
	山门	kʰɐ⁴⁵	ɐ¹³	ɐ⁵⁵	xɐ⁵⁵	xɐ³¹²	xɐ⁴⁵	xɐ¹³	xɐ⁵⁵	xɐ⁵⁵	ŋɐ³¹²
	高沙	kʰɐ²⁴	kɐ¹³	ŋɐ²⁴	xɐ⁵⁵	xɐ³¹²	xɐ²⁴	xɐ¹³	xɐ²⁴	xɐ²⁴	ŋɐ³¹²
	花园	kʰɐ³⁵	kɐ¹³	kɐ⁵⁵	xɐ⁵⁵	xɐ³¹²	xɐ³⁵	xɐ¹³	xɐ⁵⁵	xɐ⁵⁵	kɐ³¹²
绥宁	金屋塘	kʰɐ²⁴	ŋɐ¹³	ŋɐ⁵⁵	xɐ⁵⁵	xɐ³¹²	xɐ²⁴	xɐ¹³	xɐ⁵⁵	xɐ⁵⁵	ŋɐ³¹²
	梅坪	kʰɐ²⁴	ŋɐ¹³	ŋɐ⁵⁵	xɐ⁵⁵	xɐ³¹²	xɐ²⁴	xɐ¹³	xɐ⁵⁵	xɐ⁵⁵	ŋɐ³¹²
	黄土矿	kʰɐ³⁵	ŋɐ⁵⁵	ŋɐ³³	xɐ³³	xɐ³¹²	xɐ³⁵	xɐ⁵⁵	xɐ³³	xɐ³³	ŋɐ³¹²
	唐家坊	kʰɐ¹³	ŋɐ¹³	ŋɐ⁵⁵	xɐ³³	xɐ³¹²	xɐ¹³	xɐ¹³	xɐ⁵⁵	xɐ⁵⁵	ŋɐ³¹²
	瓦屋塘	kʰɐ³⁵	ŋɐ¹³	ŋɐ³³	xɐ³³	xɐ³¹²	xɐ³⁵	xɐ¹³	xɐ³³	xɐ³³	ŋɐ³¹²

		奥	包	饱	豹	抛	泡	刨	鉋	茅	卯
		效开一去号影	效开二平肴帮	效开二上巧帮	效开二去效帮	效开二平肴滂	效开二去效滂	效开二平肴並	效开二去效並	效开二平肴明	效开二上巧明
隆回	荷香桥	ɐ⁴⁵	pɐ³³	pɐ³¹²	pɐ⁴⁵	pʰɐ³³	pʰɐ⁴⁵	pʰɐ¹³	pʰɐ⁵⁵	mɐ¹³	mɐ³¹²
	六都寨	ɐ⁵⁵	pɐ³³	pɐ³¹²	pɐ⁵⁵	pʰɐ³³	pʰɐ⁵⁵	pʰɐ¹³	pʰɐ⁵⁵	mɐ¹³	mɐ³¹²
	七江	ɐ⁵⁵	pɐ³³	pɐ³¹²	pɐ⁵⁵	pʰɐ³³	pʰɐ⁵⁵	pʰɐ¹³	pʰɐ¹³	mɐ¹³	mɐ³¹²
	司门前	ɐ⁵⁵	pɐ³³	pɐ³¹²	pɐ⁵⁵	pʰɐ³³	pʰɐ⁵⁵	pʰɐ¹³	pʰɐ⁵⁵	mɐ¹³	mɐ³¹²
	金石桥	ɐ⁵⁵	pɐ³³	pɐ³¹²	pɐ⁵⁵	pʰɐ³³	pʰɐ⁵⁵	pʰɐ¹³	pʰɐ⁵⁵	mɐ¹³	mɐ³¹²
	小沙江	ɐ⁵⁵	pɐ³³	pɐ³¹²	pɐ⁵⁵	pʰɐ³³	pʰɐ⁵⁵	pʰɐ¹³	pʰɐ⁵⁵	mɐ¹³	mɐ³¹²
	西洋江	ɐ⁴⁵	pɐ⁵⁵	pɐ³¹²	pɐ⁴⁵	pʰɐ⁵⁵	pʰɐ⁴⁵	pʰɐ¹³	pʰɐ⁵⁵	mɐ¹³	mɐ³¹²
	横板桥	ɐ⁴⁵	pɐ⁵⁵	pɐ³¹²	pɐ⁴⁵	pʰɐ⁵⁵	pʰɐ⁴⁵	pʰɐ¹³	pʰɐ⁵⁵	mɐ¹³	mɐ³¹²
	岩口	ɐ⁵⁵	pɐ³³	pɐ³¹²	pɐ⁵⁵	pʰɐ³³	pʰɐ⁵⁵	pʰɐ¹³	pʰɐ⁵⁵	mɐ¹³	mɐ³¹²
	罗洪	ɐ⁵⁵	pɐ³³	pɐ³¹²	pɐ⁵⁵	pʰɐ³³	pʰɐ⁵⁵	pʰɐ¹³	pʰɐ⁵⁵	mɐ¹³	mɐ³¹²
	高坪	ɐ⁵⁵	pɐ³³	pɐ³¹²	pɐ⁵⁵	pʰɐ³³	pʰɐ⁵⁵	pʰɐ¹³	pʰɐ⁵⁵	mɐ¹³	mɐ³¹²
洞口	石江	ɐ²⁴	pɐ⁵⁵	pɐ³¹²	pɐ²⁴	pʰɐ⁵⁵	pʰɐ²⁴	pʰɐ¹³	pʰɐ⁵⁵	mɐ¹³	mɐ³¹²
	江口	ŋɐ²⁴	pɐ⁵⁵	pɐ³¹²	pɐ²⁴	pʰɐ⁵⁵	pʰɐ²⁴	pʰɐ¹³	pʰɐ⁵⁵	mɐ¹³	mɐ³¹²

		奥	包	饱	豹	抛	泡	刨	铇	茅	卯
		效开一去号影	效开二平肴帮	效开二上巧帮	效开二去效帮	效开二平肴滂	效开二去效滂	效开二平肴並	效开二去效並	效开二平肴明	效开二上巧明
洞口	长塘	ŋɐ^{24}	pɐ^{55}	pɐ^{312}	pɐ^{24}	pʰɐ^{55}	pʰɐ^{24}	pʰɐ^{13}	pʰɐ^{55}	mɐ^{13}	mɐ^{312}
	山门	ɐ^{45}	pɐ^{55}	pɐ^{312}	pɐ^{45}	ɸɐ^{55}	ɸɐ^{55}	ɸɐ^{13}	ɸɐ^{55}	mɐ^{13}	mɐ^{312}
	高沙	ŋɐ^{24}	pɐ^{55}	pɐ^{312}	pɐ^{24}	pʰɐ^{55}	pʰɐ^{35}	pɐ^{13}	pɐ^{35}	mɐ^{13}	mɐ^{312}
	花园	ɐ^{35}	pɐ^{55}	pɐ^{312}	pɐ^{35}	pʰɐ^{55}	pʰɐ^{35}	pʰɐ^{13}	pʰɐ^{55}	mɐ^{13}	mɐ^{312}
绥宁	金屋塘	ŋɐ^{24}	pɐ^{55}	pɐ^{312}	pɐ^{24}	pʰɐ^{55}	pʰɐ^{24}	pʰɐ^{13}	pʰɐ^{55}	mɐ^{13}	mɐ^{312}
	梅坪	ŋɐ^{24}	pɐ^{55}	pɐ^{312}	pɐ^{24}	pʰɐ^{55}	pʰɐ^{24}	pʰɐ^{13}	pʰɐ^{55}	mɐ^{13}	mɐ^{312}
	黄土矿	ɐ^{35}	pɐ^{33}	pɐ^{312}	pɐ^{35}	pʰɐ^{33}	pʰɐ^{35}	pʰɐ^{55}	pʰɐ^{33}	mɐ^{55}	mɐ^{312}
	唐家坊	ɐ^{55}	pɐ^{33}	pɐ^{312}	pɐ^{55}	pʰɐ^{33}	pʰɐ^{55}	pʰɐ^{13}	pʰɐ^{55}	mɐ^{13}	mɐ^{312}
	瓦屋塘	ɐ^{35}	pɐ^{33}	pɐ^{312}	pɐ^{35}	pʰɐ^{33}	pʰɐ^{35}	pʰɐ^{55}	pʰɐ^{33}	mɐ^{13}	mɐ^{312}

		貌	挠	闹	罩	抓	爪	抄	炒	巢	捎
		效开二去效明	效开二平肴娘	效开二去效娘	效开二去效知	效开二平肴庄	效开二上巧庄	效开二平肴初	效开二上巧初	效开二平肴崇	效开二平肴生
隆回	荷香桥	mɐ^{55}	lɐ^{13}	lɐ^{45}	tsɐ^{45}	tsuA^{33}	tsɐ^{312}	tsʰɐ^{33}	tsʰɐ^{312}	tsʰɐ^{13}	siɐ^{33}
	六都寨	mɐ^{55}	lɐ^{13}	lɐ^{55}	tsɐ^{55}	tsuA^{33}	tsɐ^{45}	tsʰɐ^{33}	tsʰɐ^{312}	tsʰɐ^{13}	siɐ^{33}
	七江	mɐ^{55}	lɐ^{13}	lɐ^{55}	tsɐ^{55}	tsuA^{33}	tsɐ^{312}	tsʰɐ^{33}	tsʰɐ^{312}	tsʰɐ^{13}	sɐ^{33}
	司门前	mɐ^{55}	lɐ^{13}	lɐ^{55}	tsɐ^{55}	tsuA^{33}	tsɐ^{45}	tsʰɐ^{33}	tsʰɐ^{312}	tsʰɐ^{13}	siɐ^{33}
	金石桥	mɐ^{55}	lɐ^{13}	lɐ^{55}	tsɐ^{55}	tsuA^{33}	tsɐ^{312}	tsʰɐ^{33}	tsʰɐ^{312}	tsʰɐ^{13}	siɐ^{33}
	小沙江	mɐ^{55}	lɐ^{13}	lɐ^{55}	tsɐ^{55}	tsA^{33}	tsɐ^{312}	tsʰɐ^{33}	tsʰɐ^{312}	tɕʰie^{13}	ɕie^{33}
	西洋江	mɐ^{55}	lɐ^{13}	lɐ$^{45/55}$	tsɐ^{45}	tsA^{55}	tsɐ^{312}	tsʰɐ^{55}	tsʰɐ^{312}	tsʰɐ^{13}	sɐ^{55}
	横板桥	mɐ^{55}	lɐ^{13}	lɐ$^{45/55}$	tsɐ^{45}	tsA^{55}	tsɐ^{312}	tsʰɐ^{55}	tsʰɐ^{312}	tsʰɐ^{13}	sɐ^{55}
	岩口	mɐ^{55}	lɐ^{13}	lɐ^{55}	tsɐ^{55}	tsuA^{33}	tsɐ^{45}	tsʰɐ^{33}	tsʰɐ^{312}	tsʰɐ^{13}	siɐ^{33}
	罗洪	mɐ^{55}	lɐ^{13}	lɐ^{55}	tsɐ^{55}	tsA^{33}	tsɐ^{312}	tsʰɐ^{33}	tsʰɐ^{312}	tsʰɐ^{13}	ɕie^{33}
	高坪	mɐ^{55}	lɐ^{13}	lɐ^{55}	tsɐ^{55}	tsA^{33}	tsɐ^{312}	tsʰɐ^{33}	tsʰɐ^{312}	tsʰɐ^{13}	ɕie^{33}
洞口	石江	mɐ^{55}	lɐ^{13}	lɐ^{24}	tsɐ^{24}	tsA^{55}	tsɐ^{312}	tsʰɐ^{55}	tsʰɐ^{312}	tsʰɐ^{13}	sɐ^{55}
	江口	mɐ^{55}	lɐ^{13}	lɐ^{24}	tsɐ^{24}	tsA^{55}	tsɐ^{312}	tsʰɐ^{55}	tsʰɐ^{312}	tsʰɐ^{13}	ɕie^{55}
	长塘	mɐ^{55}	lɐ^{13}	lɐ^{24}	tsɐ^{24}	tsA^{55}	tsɐ^{312}	tsʰɐ^{55}	tsʰɐ^{312}	tsʰɐ^{13}	ɕie^{55}
	山门	mɐ^{45}	lɐ^{13}	lɐ^{45}	tsɐ^{45}	tsA^{312}	tsA^{312}	tsʰɐ^{312}	tsʰɐ^{312}	tsʰɐ^{13}	siɐ^{55}
	高沙	mɐ^{24}	iA^{312}	lɐ^{24}	tsɐ^{24}	tsA^{55}	tsA^{312}	tsʰɐ^{55}	tsʰɐ^{312}	tsʰɐ^{13}	sɐ^{55}
	花园	mɐ^{55}	iA^{312}	lɐ^{24}	tsɐ^{35}	tsA^{55}	tsA^{312}	tsʰɐ^{55}	tsʰɐ^{312}	tsʰɐ^{13}	siɐ^{55}

		貌	挠	闹	罩	抓	爪	抄	炒	巢	捎
		效开二去效明	效开二平肴娘	效开二去效娘	效开二去效知	效开二平肴庄	效开二上巧庄	效开二平肴初	效开二上巧初	效开二平肴崇	效开二平肴生
绥宁	金屋塘	me^{55}	lɐ^{13}	lɐ^{24}	tsɐ^{24}	tsɑ^{55}	tsɐ^{312}	tsʰɐ^{55}	tsʰɐ^{312}	tsʰɐ^{13}	ɕiɐ^{55}
	梅坪	me^{55}	lɐ^{13}	lɐ^{24}	tsɐ^{24}	tsɑ^{55}	tsɐ^{312}	tsʰɐ^{55}	tsʰɐ^{312}	tsʰɐ^{13}	ɕiɐ^{55}
	黄土矿	me^{33}	iɐ^{35}	lɐ^{33}	tsɐ^{35}	tsɑ^{33}	tsɐ^{312}	tsʰɐ^{33}	tsʰɐ^{312}	tsʰɐ^{55}	ɕiɐ^{33}
	唐家坊	me^{55}	iɐ^{312}	lɐ^{55}	tsɐ^{55}	tsɑ^{33}	tsɐ^{312}	tsʰɐ^{33}	tsʰɐ^{312}	tsʰɐ^{13}	siɐ^{33}
	瓦屋塘	me^{33}	iɐ^{312}	lɐ^{33}	tsɐ^{35}	tsɑ^{33}	tsɐ^{312}	tsʰɐ^{33}	tsʰɐ^{312}		siɐ^{33}

		涮	教	搅	窖	敲	巧	咬	孝	淆	效
		效开二去效生	效开二平肴见	效开二上巧见	效开二去效见	效开二平肴溪	效开二上巧溪	效开二上巧疑	效开二去效晓	效开二平肴匣	效开二去效匣
隆回	荷香桥	sɐ^{45}	tɕɐ/kɐ^{45}	tɕiɐ/kɐ^{312}	kɐ^{15}	kʰɐ^{33}	tɕʰiɐ^{312}	ɐ̃^{312}	ɕiɐ/xɐ^{45}	ɕiɐ^{312}	ɕiɐ^{45}
	六都寨	sɐ^{55}	tɕɐ/kɐ^{55}	tɕiɐ^{312}	kɐ^{55}	kʰɐ^{33}	tɕʰiɐ^{312}	ã^{312}	ɕiɐ^{55}	ɕiɐ^{312}	ɕiɐ^{55}
	七江	sɐ^{55}	tɕɐ/kɐ^{55}	tɕiɐ/kɐ^{312}	kɐ^{55}	kʰɐ^{33}	tɕʰiɐ^{312}	ɐ^{312}	ɕiɐ^{55}	ɕiɐ^{312}	ɕiɐ^{55}
	司门前	sɐ^{55}	tɕiɐ/kɐ^{55}	tɕiɐ/kɐ^{312}	kɐ^{55}	kʰɐ^{33}	tɕʰiɐ^{312}	ɐ^{312}	ɕiɐ^{55}	ɕiɐ^{312}	ɕiɐ^{55}
	金石桥	sɐ^{55}	tɕiɐ/kɐ^{55}	tɕiɐ/kɐ^{312}	kɐ^{55}	kʰɐ^{33}	tɕʰiɐ^{312}	ɐ^{312}	ɕiɐ/xɐ^{55}	ɕiɐ^{312}	ɕiɐ^{55}
	小沙江	sɐ^{55}	tɕiɐ/kɐ^{55}	tɕiɐ/kɐ^{312}	kɐ^{55}	xɐ^{33}	tɕʰiɐ^{312}	ɐ^{312}	ɕiɐ/xɐ^{55}	ɕiɐ^{312}	ɕiɐ^{55}
	西洋江	sɐ^{45}	tɕɐ/kɐ^{45}	kɐ^{312}	kɐ^{45}	kʰɐ^{55}	tɕʰɐ^{312}	ɐ^{312}	ɕɐ/xɐ^{45}	ɕɐ^{312}	ɕɐ^{45}
	横板桥	sɐ^{45}	tɕɐ/kɐ^{45}	kɐ^{312}	kɐ^{45}	kʰɐ^{55}	tɕʰɐ^{312}	ɐ^{312}	ɕɐ/xɐ^{45}	ɕɐ^{312}	ɕɐ^{45}
	岩口	sɐ^{55}	tɕɐ/kɐ^{55}	tɕiɐ^{312}	kɐ^{55}	kʰɐ^{33}	tɕʰiɐ^{312}	ŋã^{312}	xɐ^{55}	ɕiɐ^{312}	ɕiɐ^{55}
	罗洪	sɐ^{55}	tɕiɐ/kɐ^{55}	tɕiɐ/kɐ^{312}	kɐ^{55}	xɐ^{33}	tɕʰiɐ^{312}	ɐ^{312}	ɕiɐ/xɐ^{55}	ɕiɐ^{312}	ɕiɐ^{55}
	高坪	sɐ^{55}	tɕiɐ/kɐ^{55}	tɕiɐ/kɐ^{312}	kɐ^{55}	xɐ^{33}	tɕʰiɐ^{312}	ɐ^{312}	ɕiɐ/xɐ^{55}	ɕiɐ^{13}	ɕiɐ^{55}
洞口	石江	sɐ^{24}	tɕiɐ/kɐ^{24}	kɐ^{312}	kɐ^{24}	xɐ^{55}	tɕʰiɐ^{312}	ɐ^{312}	ɕiɐ/xɐ^{24}	ɕiɐ^{13}	ɕiɐ^{55}
	江口	sɐ^{24}	tɕiɐ/kɐ^{24}	kɐ^{312}	kɐ^{24}	xɐ^{55}	tɕʰiɐ^{312}	ŋɐ^{312}	ɕiɐ/xɐ^{24}	iɐ^{13}	ɕiɐ^{55}
	长塘	sɐ^{24}	tɕiɐ/kɐ^{24}	kɐ^{312}	kɐ^{24}	xɐ^{55}	tɕʰiɐ^{312}	ŋɐ^{312}	ɕiɐ/xɐ^{24}	iɐ^{13}	ɕiɐ^{55}
	山门	sɐ^{45}	kɐ^{45}	kɐ^{312}	kɐ^{45}	kʰɐ^{55}	tɕʰɐ^{312}	ɐ^{312}	ɕɐ/xɐ^{45}	ɕɐ^{312}	ɕɐ^{45}
	高沙	sɐ^{24}	kɐ^{24}	kɐ^{312}	kɐ^{24}	kʰɐ^{55}	tɕʰiɐ^{312}	ŋɐ^{312}	ɕiɐ/xɐ^{24}	iɐ^{312}	ɕiɐ^{24}
	花园	sɐ^{35}	kɐ^{35}	kɐ^{312}	kɐ^{35}	kʰɐ^{55}	tɕʰiɐ^{312}	kɐ^{312}	ɕiɐ/xɐ^{35}	ɕiɐ^{312}	ɕiɐ^{35}
绥宁	金屋塘	sɐ^{24}	tɕiɐ/kɐ^{24}	kɐ^{312}	kɐ^{24}	kʰɐ^{55}	tɕʰiɐ^{312}	ŋɐ^{312}	ɕiɐ/xɐ^{24}	iɐ^{13}	ɕiɐ^{55}
	梅坪	sɐ^{24}	tɕiɐ/kɐ^{24}	kɐ^{312}	kɐ^{24}	kʰɐ^{55}	tɕʰiɐ^{312}	ŋɐ^{312}	ɕiɐ/xɐ^{24}	iɐ^{13}	ɕiɐ^{55}
	黄土矿	sɐ^{35}	kɐ^{35}	kɐ^{312}	kɐ^{35}	kʰɐ^{33}	tɕʰiɐ^{312}	ŋɐ^{312}	ɕiɐ/xɐ^{35}	ɕiɐ^{312}	ɕiɐ^{33}
	唐家坊	sɐ^{55}	kiɐ^{55}	kiɐ^{312}	kiɐ^{55}	kʰiɐ^{33}	tɕʰiɐ^{312}	ŋiɐ^{312}	ɕiɐ/xiɐ^{55}	ɕiɐ^{312}	ɕiɐ^{55}
	瓦屋塘	sɐ^{35}	kɐ^{35}	kɐ^{312}	kɐ^{35}	kʰɐ^{33}	tɕʰiɐ^{312}	kɐ^{312}	ɕiɐ/xɐ^{35}	ɕiɐ^{312}	ɕiɐ^{33}

续表

		坳	膘	表	飘	漂	票	瓢	鳔	苗	秒
		效开二	效开三	效开三	效开三	效开三	效开三	效开三	效开三	效开三	效开三
		平肴影	平宵帮	上小帮	平宵滂	上小滂	去笑滂	平宵并	上小并	平宵明	上小明
隆回	荷香桥	ɐ^{55}	pie^{33}	pie^{312}	pʰie^{33}	pʰie^{312}	pʰie^{45}	pʰie^{13}	pʰie^{312}	mie^{13}	mie^{312}
	六都寨	ɐ^{55}	pie^{33}	pie^{312}	pʰie^{33}	pʰie^{55}	pʰie^{55}	pʰie^{13}	pʰɐ^{312}	mie^{13}	mie^{312}
	七江	lɐ^{45}	pie^{33}	pie^{312}	pʰie^{33}	pʰie^{55}	pʰie^{55}	pʰie^{13}	pʰɐ^{312}	mie^{13}	mie^{312}
	司门前	lɐ^{45}	pie^{33}	pie^{312}	pʰie^{33}	pʰie^{55}	pʰie^{55}	pʰie^{13}	pʰɐ^{312}	mie^{13}	mie^{312}
	金石桥	ɐ^{55}	pie^{33}	pie^{312}	pʰie^{33}	pʰie^{55}	pʰie^{55}	pʰie^{13}	pʰɐ^{312}	mie^{13}	mie^{312}
	小沙江	ɐ^{55}	pie^{33}	pie^{312}	pʰie^{33}	pʰie^{33}	pʰie^{55}	pʰie^{13}	pʰɐ^{312}	mie^{13}	mie^{312}
	西洋江	ɐ^{45}	pie^{55}	pie^{312}	pʰie^{55}	pʰie^{312}	pʰie^{45}	pʰie^{13}	pʰie^{55}	mie^{13}	mie^{312}
	横板桥	ɐ^{45}	pie^{55}	pie^{312}	pʰie^{55}	pʰie^{55}	pʰie^{45}	pʰie^{13}	pʰɐ^{312}	mie^{13}	mie^{312}
	岩口	ɐ^{55}	pie^{33}	pie^{312}	pʰie^{33}	pʰie^{55}	pʰie^{55}	pʰie^{13}	pʰɐ^{33}	ȵie^{13}	mie^{312}
	罗洪	ɐ^{55}	pie^{33}	pie^{312}	pʰie^{33}	pʰie^{312}	pʰie^{13}	pʰie^{13}	pʰɐ^{312}	mie^{13}	mie^{312}
	高坪	ɐ^{55}	pie^{33}	pie^{312}	pʰie^{33}	pʰie^{312}	pʰie^{55}	pʰie^{13}	pʰɐ^{312}	mie^{13}	mie^{312}
洞口	石江	ɐ^{45}	pie^{55}	pie^{312}	pʰie^{55}	pʰie^{312}	pʰie^{24}	pʰie^{13}	pʰɐ^{312}	mie^{13}	mie^{312}
	江口	ŋɐ^{24}	pie^{55}	pie^{312}	pʰie^{55}	pʰie^{312}	pʰie^{24}	pʰie^{13}	pʰɐ^{312}	mie^{13}	mie^{312}
	长塘	lɐ^{24}	pie^{55}	pie^{312}	pʰie^{55}	pʰie^{312}	pʰie^{24}	pʰie^{13}	pʰɐ^{312}	mie^{13}	mie^{312}
	山门	kɐ^{45}	pie^{55}	pie^{312}	pʰie^{55}	pʰie^{33}	pʰie^{45}	pʰie^{13}	pʰɐ^{312}	mie^{13}	mie^{312}
	高沙	ŋɐ^{24}	pie^{55}	pie^{312}	pʰie^{24}	pʰie^{312}	pʰie^{24}	pʰie^{13}	pʰɐ^{312}	mie^{13}	mie^{312}
	花园	kɐ^{35}	pie^{55}	pie^{312}	pʰie^{24}	pʰie^{312}	pʰie^{24}	pʰie^{13}	pʰɐ^{312}	mie^{13}	mie^{312}
绥宁	金屋塘	ŋɐ^{24}	pie^{55}	pie^{312}	pʰie^{55}	pʰie^{312}	pʰie^{24}	pʰie^{13}	pʰɐ^{312}	mie^{13}	mie^{312}
	梅坪	ŋɐ^{24}	pie^{55}	pie^{312}	pʰie^{33}	pʰie^{312}	pʰie^{24}	pʰie^{13}	pʰɐ^{312}	mie^{13}	mie^{312}
	黄土矿	ŋɐ^{35}	pie^{33}	pie^{312}	pʰie^{33}	pʰie^{312}	pʰie^{55}	pʰɐ^{33}		mie^{55}	mie^{312}
	唐家坊	ŋie^{13}	pie^{33}	pie^{312}	pʰie^{33}	pʰie^{312}	pʰie^{24}	pʰie^{13}	pʰɐ^{312}	mie^{13}	mie^{312}
	瓦屋塘	ŋɐ^{35}	pie^{33}	pie^{312}	pʰie^{33}	pʰie^{312}	pʰie^{24}	pʰie^{13}	pʰɐ^{312}	mie^{13}	mie^{312}

		庙	燎	疗	焦	醮	锹	悄	憔噍	硝	小
		效开三	效开三	效开三	效开三	效开三	效开三	效开三	效开三	效开三	效开三
		去笑明	平宵来	去笑来	平宵精	去笑精	平宵清	上小清	平宵从	平宵心	小心
隆回	荷香桥	mie^{55}	lie^{13}	lie^{13}	tsie^{33}	tsie^{45}	tɕʰie^{33}	tɕʰie^{33}	tsʰie^{13}	sie^{33}	sie^{312}
	六都寨	mie^{55}	lie^{13}	lie^{13}	tsie^{33}	tsie^{55}	tɕʰie^{33}	tɕʰie^{33}	tsʰie^{13}	sie^{33}	sie^{312}
	七江	mie^{55}	lie^{13}	lie^{13}	tsie^{33}	tsie^{55}	tɕʰie^{33}	tɕʰie^{33}	tsʰie^{13}	sie^{33}	sie^{312}
	司门前	mie^{55}	lie^{13}	lie^{13}	tsie^{33}	tsie^{55}	tɕʰie^{33}	tɕʰie^{33}	tsʰie^{13}	sie^{33}	sie^{312}

131

		庙	燎	疗	焦	醮	锹	悄	樵噍	硝	小
		效开三去笑明	效开三平宵来	效开三去笑来	效开三平宵精	效开三去笑精	效开三平宵清	效开三上小清	效开三平宵从	效开三平宵心	效开三小心
隆回	金石桥	mie⁵⁵	lie¹³	lie¹³	tsie³³	tsie⁵⁵	tɕʰie³³	tɕʰie³³	tsʰie¹³	sie³³	sie³¹²
	小沙江	mie⁵⁵	lie¹³	lie¹³	tɕie³³	tɕie⁵⁵	tɕʰie³³	tɕʰie³³	tɕʰie¹³	ɕie³³	ɕie³¹²
	西洋江	mie⁵⁵	lie¹³	lie¹³	tsie⁵⁵	tsie⁴⁵	tɕʰe⁵⁵	tɕʰe⁵⁵	tsʰie¹³	sie⁵⁵	sie³¹²
	横板桥	mie⁵⁵	lie¹³	lie¹³	tsie⁵⁵	tsie⁴⁵	tɕʰe⁵⁵	tɕʰe⁵⁵	tsʰie¹³	sie⁵⁵	sie³¹²
	岩口	mie⁵⁵	lie¹³	lie¹³	tsie³³	tsie⁵⁵	tɕʰiu³³	tɕʰie³³	tsʰie¹³	sie³³	sie³¹²/se⁵⁵
	罗洪	mie⁵⁵	lie¹³	lie¹³	tɕie³³	tɕie⁵⁵	tɕʰie³³	tɕʰie³³	tɕʰie¹³	ɕie³³	ɕie³¹²
	高坪	mie⁵⁵	lie¹³	lie¹³	tɕie³³	tɕie⁵⁵	tɕʰie³³	tɕʰie³³	tɕʰie¹³	ɕie³³	ɕie³¹²
洞口	石江	mie⁵⁵	lie¹³	lie¹³	tɕie⁵⁵	tɕie²⁴	tɕʰie⁵⁵	tɕʰie⁵⁵	tɕʰie¹³	ɕie⁵⁵	ɕie³¹²
	江口	mie⁵⁵	lie¹³	lie¹³	tɕie⁵⁵	tɕie²⁴	tɕʰie⁵⁵	tɕʰie⁵⁵	tɕʰie¹³	ɕie⁵⁵	ɕie³¹²
	长塘	mie⁵⁵	lie¹³	lie¹³	tɕie⁵⁵	tɕie²⁴	tɕʰie⁵⁵	tɕʰie⁵⁵	tɕʰie¹³	ɕie⁵⁵	ɕie³¹²
	山门	mie⁵⁵	lie¹³	lie¹³	tsie⁵⁵	tsie⁴⁵	tɕʰe⁵⁵	tɕʰe⁵⁵	tsʰie¹³	sie⁵⁵	sie³¹²
	高沙	mie⁵⁵	lie¹³	lie¹³	tɕie⁵⁵	tɕie²⁴	tɕʰie⁵⁵	tɕʰie⁵⁵	tɕʰie¹³	ɕie⁵⁵	ɕie³¹²
	花园	mie⁵⁵	lie¹³	lie¹³	tsie⁵⁵	tsie³⁵	tsʰie⁵⁵	tsʰie⁵⁵	tsʰie¹³	sie⁵⁵	sie³¹²
绥宁	金屋塘	mie⁵⁵	lie¹³	lie¹³	tsie⁵⁵	tsie³⁵	tsʰie⁵⁵	tsʰie⁵⁵	tsʰie¹³	sie⁵⁵	sie³¹²
	梅坪	mie⁵⁵	lie¹³	lie¹³	tsie⁵⁵	tsie³⁵	tsʰie⁵⁵	tsʰie⁵⁵	tsʰie¹³	sie⁵⁵	sie³¹²
	黄土矿	mie³³	lie⁵⁵	lie⁵⁵	tɕe³³	tɕe³⁵	tɕʰe³³	tɕʰie³³	tɕʰe⁵⁵	ɕie³³	ɕie³¹²
	唐家坊	mie⁵⁵	lie¹³	lie¹³	tsie³³	tsie⁵⁵	tsʰie³³	tsʰie³³	tsʰie¹³	sie³³	sie³¹²
	瓦屋塘	mie³³	lie¹³	lie¹³	tsie³³	tsie³⁵	tsʰie³³	tsʰie³³	tsʰie¹³	sie³³	sie³¹²

		笑	朝	超	潮	赵	召	招	沼	照	烧
		效开三去笑心	效开三平宵知	效开三平宵彻	效开三平宵澄	效开三上小澄	效开三去笑澄	效开三平宵章	效开三上小章	效开三去笑章	效开三平宵书
隆回	荷香桥	sie⁴⁵	tɕie³³	tɕʰie³³	tɕʰie¹³	tɕʰie⁵⁵	tɕʰie⁵⁵	tɕie³³	tɕie³¹²	tɕie⁴⁵	ɕie³³
	六都寨	sie⁵⁵	tɕie³³	tɕʰie³³	tɕʰie¹³	tɕʰie⁵⁵	tɕʰie⁵⁵	tɕie³³	tɕie³¹²	tɕie⁵⁵	ɕie³³
	七江	sie⁵⁵	tɕie³³	tɕʰie³³	tɕʰie¹³	tɕʰie⁵⁵	tɕʰie⁵⁵	tɕie³³	tɕie³¹²	tɕie⁵⁵	ɕie³³
	司门前	sie⁵⁵	tɕie³³	tɕʰie³³	tɕʰie¹³	tɕʰie⁵⁵	tɕʰie⁵⁵	tɕie³³	tɕie³¹²	tɕie⁵⁵	ɕie³³
	金石桥	sie⁵⁵	tɕie³³	tɕʰie³³	tɕʰie¹³	tɕʰie⁵⁵	tɕʰie⁵⁵	tɕie³³	tɕie³¹²	tɕie⁵⁵	ɕie³³
	小沙江	ɕie⁵⁵	tɕie³³	tɕʰie³³	tɕʰie¹³	tɕʰie⁵⁵	tɕʰie⁵⁵	tɕie³³	tɕie³¹²	tɕie⁵⁵	ɕie³³
	西洋江	sie⁴⁵	tɕe⁵⁵	tɕʰe⁵⁵	tɕʰe⁵⁵	tɕʰe⁵⁵	tɕʰe⁵⁵	tɕe⁵⁵	tɕe³¹²	tɕe⁴⁵	ɕe⁵⁵
	横板桥	sie⁴⁵	tɕe⁵⁵	tɕʰe⁵⁵	tɕʰe⁵⁵	tɕʰe⁵⁵	tɕʰe⁵⁵	tɕe⁵⁵	tɕe³¹²	tɕe⁴⁵	ɕe⁵⁵
	岩口	sie⁵⁵	tie³³/³¹	kʰie³³	kʰie¹³	kʰie⁵⁵	kʰie⁵⁵	tɕie³³	tɕie³¹²	kie⁵⁵	ɕie³³

		笑	朝	超	潮	赵	召	招	沼	照	烧
		效开三 去笑心	效开三 平宵知	效开三 平宵彻	效开三 平宵澄	效开三 上小澄	效开三 去笑澄	效开三 平宵章	效开三 上小章	效开三 去笑章	效开三 平宵书
隆回	罗洪	ɕie⁵⁵	tɕie³³	tɕʰie³³	tɕʰie¹³	tɕʰie⁵⁵	tɕʰie⁵⁵	tɕie³³	tɕie³¹²	tɕie⁵⁵	ɕie³³
	高坪	ɕie⁵⁵	tie³¹²	tɕʰie³³	tɕʰie¹³	tɕʰie⁵⁵	tɕʰie⁵⁵	tɕie³³	tɕie³¹²	tɕie⁵⁵	ɕie³³
洞口	石江	ɕie⁴⁵	tɕɐ⁵⁵	tɕʰɐ⁵⁵	tɕʰɐ¹³	tɕʰɐ⁵⁵	tɕʰɐ⁵⁵	tɕɐ⁵⁵	tɕɐ³¹²	tɕɐ²⁴	ɕɐ⁵⁵
	江口	ɕie²⁴	tɕɐ⁵⁵	tɕʰɐ⁵⁵	tɕʰɐ¹³	tɕʰɐ⁵⁵	tɕʰɐ⁵⁵	tɕɐ⁵⁵	tɕɐ³¹²	tɕɐ²⁴	ɕɐ⁵⁵
	长塘	ɕie²⁴	tɕɐ⁵⁵	tɕʰɐ⁵⁵	tɕʰɐ¹³	tɕʰɐ⁵⁵	tɕʰɐ⁵⁵	tɕɐ⁵⁵	tɕɐ³¹²	tɕɐ²⁴	ɕɐ⁵⁵
	山门	sie⁴⁵	tɕɐ⁵⁵	tɕʰɐ⁵⁵	tɕʰɐ¹³	tɕʰɐ⁵⁵	tɕɐ⁵⁵	tɕɐ⁵⁵	tɕɐ⁴⁵	tɕɐ⁴⁵	ɕɐ⁵⁵
	高沙	ɕie²⁴	tɕɐ¹³	tɕʰɐ⁵⁵	tɕʰɐ¹³	tɕʰɐ⁵⁵	tɕɐ²⁴	tɕɐ⁵⁵	tɕɐ³¹²	tɕɐ²⁴	ɕɐ⁵⁵
	花园	sie³⁵	tɕɐ⁵⁵	tɕʰɐ⁵⁵	tɕʰɐ¹³	tɕʰɐ⁵⁵	tɕʰɐ⁵⁵	tɕɐ⁵⁵	tɕɐ³¹²	tɕɐ³⁵	ɕɐ⁵⁵
绥宁	金屋塘	sie³⁵	tɕie⁵⁵	tɕʰie⁵⁵	tɕʰie¹³	tɕʰie⁵⁵	tɕʰie⁵⁵	tɕie⁵⁵	tɕie³¹²	tɕie²⁴	ɕie⁵⁵
	梅坪	sie³⁵	tɕie⁵⁵	tɕʰie⁵⁵	tɕʰie¹³	tɕʰie⁵⁵	tɕʰie⁵⁵	tɕie⁵⁵	tɕie³¹²	tɕie²⁴	ɕie⁵⁵
	黄土矿	ɕie³⁵	tɕɐ³³	tɕʰɐ³³	tɕʰɐ⁵⁵	tɕʰɐ³³	tɕʰɐ⁵⁵	tɕɐ³³	tɕɐ³¹²	tɕɐ³⁵	ɕɐ³³
	唐家坊	sie⁵⁵	tɕɐ³³	tɕʰɐ³³	tɕʰɐ¹³	tɕʰɐ⁵⁵	tɕʰɐ⁵⁵	tɕɐ⁵⁵	tɕɐ³¹²	tɕɐ⁵⁵	ɕɐ³³
	瓦屋塘	sie³⁵	tɕɐ³³	tɕʰɐ³³	tɕʰɐ¹³	tɕʰɐ³³	tɕʰɐ³³	tɕɐ³³	tɕɐ³¹²	tɕɐ³⁵	ɕɐ³³

		少	韶	绍	邵	绕	娇	桥	轿	腰	摇
		效开三 上小书	效开三 平宵禅	效开三 上小禅	效开三 去笑禅	效开三 上小日	效开三 平宵见	效开三 平宵群	效开三 去笑群	效开三 平宵影	效开三 平宵以
隆回	荷香桥	ɕie³¹²	ɕie¹³	ɕie⁵⁵	ɕie⁵⁵	ie³¹²	tɕie³³	tɕʰie¹³	tɕʰie⁵⁵	ie³³	ie¹³
	六都寨	ɕie³¹²	ɕie¹³	ɕie⁵⁵	ɕie⁵⁵	ie⁵⁵	tɕie³³	tɕʰie¹³	tɕʰie⁵⁵	ie³³	ie¹³
	七江	ɕie³¹²	ɕie/ie¹³	ɕie⁵⁵	ɕie⁵⁵	ie³¹²	tɕie³³	tɕʰie¹³	tɕʰie⁵⁵	ie³³	ie¹³
	司门前	ɕie³¹²	ɕie/ie¹³	ɕie⁵⁵	ɕie⁵⁵	ie⁵⁵	tɕie³³	tɕʰie¹³	tɕʰie⁵⁵	ie³³	ie¹³
	金石桥	ɕie³¹²	ɕie/ie¹³	ɕie⁵⁵	ɕie⁵⁵	ie³¹²	tɕie³³	tɕʰie¹³	tɕʰie⁵⁵	ie³³	ie¹³
	小沙江	ɕie³¹²	ɕie¹³	ɕie⁵⁵	ɕie⁵⁵	ie¹³	tɕie³³	tɕʰie¹³	tɕʰie⁵⁵	ie³³	ie¹³
	西洋江	ɕɐ³¹²	ɕɐ¹³	ɕɐ⁴⁵	ɕɐ⁴⁵	ɕɐ³¹²	tɕɐ⁵⁵	tɕʰɐ¹³	tɕʰɐ⁵⁵	ie⁵⁵	ie¹³
	横板桥	ɕɐ³¹²	ɕɐ¹³	ɕɐ⁴⁵	ɕɐ⁴⁵	ɕɐ³¹²	tɕɐ⁵⁵	tɕʰɐ¹³	tɕʰɐ⁵⁵	ie⁵⁵	ie¹³
	岩口	ɕie³¹²	ɕie¹³	ɕie⁵⁵	ɕie⁵⁵	ie⁵⁵	tɕie³³	kʰie¹³	kʰie⁵⁵	ie³³	ie¹³
	罗洪	ɕie³¹²	ɕie/ie¹³	ɕie⁵⁵	ɕie⁵⁵	ie³¹²	tɕie³³	tɕʰie¹³	tɕʰie⁵⁵	ie³³	ie¹³
	高坪	ɕie³¹²	ɕie/ie¹³	ɕie⁵⁵	ɕie⁵⁵	ie³¹²	tɕie³³	tɕʰie¹³	tɕʰie⁵⁵	ie³³	ie¹³
洞口	石江	ɕɐ³¹²	ɕɐ¹³	ɕɐ⁵⁵	ɕɐ⁵⁵	ɕie³¹²	tɕie⁵⁵	tɕʰie¹³	tɕʰie⁵⁵	ie⁵⁵	ie¹³
	江口	ɕɐ³¹²	ɕɐ¹³	ɕɐ⁵⁵	ɕɐ²⁴	ie³¹²	tɕie⁵⁵	tɕʰie¹³	tɕʰie⁵⁵	ie⁵⁵	ie¹³

续表

		少	韶	绍	邵	绕	娇	桥	轿	腰	摇
		效开三上小书	效开三平宵禅	效开三上小禅	效开三去笑禅	效开三上小日	效开三平宵见	效开三平宵群	效开三去笑群	效开三平宵影	效开三平宵以
洞口	长塘	çɐ³¹²	çɐ¹³	çɐ⁵⁵	çɐ⁵⁵	iɐ³¹²	tɕiɐ⁵⁵	tɕʰiɐ¹³	tɕʰiɐ⁵⁵	iɐ⁵⁵	iɐ¹³
	山门	çɐ³¹²	çɐ⁴⁵	çɐ⁴⁵	çɐ⁴⁵	iɐ⁵⁵	tɕɐ⁵⁵	tɕʰɐ¹³	tɕɐ⁵⁵	iɐ⁵⁵	iɐ¹³
	高沙	çɐ³¹²	çɐ¹³	çɐ²⁴	çɐ²⁴	iɐ⁵⁵	tɕɐ⁵⁵	tɕʰɐ¹³	tɕɐ²⁴	iɐ⁵⁵	iɐ¹³
	花园	çɐ³¹²	çɐ¹³	çɐ³⁵	çɐ³⁵	iɐ⁵⁵	tɕɐ⁵⁵	tɕʰɐ¹³	tɕʰɐ⁵⁵	iɐ⁵⁵	iɐ¹³
绥宁	金屋塘	çie³¹²	çie¹³	çie⁵⁵	çie²⁴	iɐ³¹²	tɕie⁵⁵	tɕʰie¹³	tɕʰie⁵⁵		iɐ¹³
	梅坪	çie³¹²	çie¹³	çie⁵⁵	çie²⁴	iɐ³¹²	tɕie⁵⁵	tɕʰie¹³	tɕʰie⁵⁵		iɐ¹³
	黄土矿	çɐ³¹²	çɐ⁵⁵	çɐ³³	çɐ³³	iɐ³³	tɕʰɐ³³	tɕʰɐ⁵⁵	tɕʰɐ³³	iɐ³³	iɐ⁵⁵
	唐家坊	çɐ³¹²	çɐ⁵⁵	çɐ⁵⁵	çɐ⁵⁵	iɐ³³	tɕɐ³³	tɕʰɐ⁵⁵	tɕʰɐ⁵⁵	iɐ³³	iɐ¹³
	瓦屋塘	çɐ³¹²	çɐ¹³	çɐ³⁵	çɐ³⁵	iɐ³³	tɕɐ³³	tɕʰɐ⁵⁵	tɕʰɐ³³	iɐ³³	iɐ¹³

		舀	鹞	雕	鸟	钓	挑	跳	条	调	尿
		效开三上小以	效开三去笑以	效开四平萧端	效开四上篠端	效开四去啸端	效开四平萧透	效开四去啸透	效开四平萧定	效开四去啸定	效开四去啸泥
隆回	荷香桥	ie³¹²	ie⁴⁵	tie³³	tie⁴⁵	tie⁴⁵	xie³³	xie⁴⁵	xie¹³	xie⁵⁵	ie⁴⁵
	六都寨	ie³¹²	ie⁵⁵	tie³³	tie⁴⁵	tie⁵⁵	xie³³	xie⁵⁵	xie¹³	xie⁵⁵	ie⁴⁵
	七江	ie³¹²	ie⁵⁵	tie³³	tie⁴⁵	tie⁵⁵	xie³³	xie⁴⁵	xie¹³	xie⁵⁵	ie⁵⁵
	司门前	ie³¹²	ie⁵⁵	tie³³	tie⁴⁵	tie⁵⁵	xie³³	xie⁵⁵	xie¹³	xie⁵⁵	ie⁴⁵
	金石桥	ie³¹²	ie⁵⁵	tie³³	tie⁴⁵	tie⁵⁵	xie³³	xie⁵⁵	xie¹³	xie⁵⁵	ie⁵⁵
	小沙江	ie³¹²	ie⁵⁵	tie³³	tie³¹²	tie⁵⁵	tʰie³³	tʰie⁵⁵	tʰie¹³	tʰie⁵⁵	ie⁵⁵
	西洋江	ie³¹²	ie⁵⁵	tie⁵⁵	tie³¹²	tie⁴⁵	xie³³	xie⁴⁵	xie¹³	xie⁵⁵	ie⁵⁵
	横板桥	ie³¹²	ie⁵⁵	tie⁵⁵	tie⁴⁵	tie⁴⁵	xie³³	xie⁴⁵	xie¹³	xie⁵⁵	ie⁵⁵
	岩口	ie³¹²	ie⁵⁵	tie³³	tie³¹²	tie⁴⁵	xie³³	xie⁵⁵	xie¹³	xie⁵⁵	ie⁵⁵
	罗洪	ie³¹²	ie⁵⁵	tie³³	tie⁴⁵	tie⁵⁵	xie³³	xie⁵⁵	xie¹³	xie⁵⁵	ie⁵⁵
	高坪	ie³¹²	ie⁵⁵	tie³³	tie³¹²	tie⁵⁵	tʰie³³	tʰie⁵⁵	tʰie¹³	tʰie⁵⁵	ie⁵⁵
洞口	石江	ie³¹²	ie⁵⁵	tie⁵⁵	tie³¹²	tie²⁴	xie⁵⁵	xie²⁴	xie¹³	xie⁵⁵	ie⁵⁵
	江口	ie³¹²	ie²⁴	tie⁵⁵	tie³¹²	tie³¹²	tʰie²⁴	tʰie²⁴	tʰie¹³	tʰie⁵⁵	ie⁵⁵
	长塘	ie³¹²	ie⁵⁵	tie⁵⁵	tie³¹²	tie²⁴	tʰie²⁴	tʰie²⁴	tʰie¹³	tʰie⁵⁵	ie⁵⁵
	山门	ie³¹²	ie¹³	tie⁵⁵	ie³¹²	tie⁴⁵	xie⁵⁵	xie⁴⁵	xie¹³	xie⁵⁵	ie⁵⁵
	高沙	ie³¹²	ie¹³	tie⁵⁵	tie³¹²	tie³¹²	tʰie²⁴	tʰie²⁴	tʰie¹³	tie²⁴	lie⁵⁵
	花园	ie³¹²	ie¹³	tie⁵⁵	tie³¹²	tie³⁵	tʰie³⁵	tʰie³⁵	tʰie¹³	tʰie⁵⁵	lie⁵⁵

续表

		舀	鹞	雕	鸟	钓	挑	跳	条	调	尿
		效开三 上小以	效开三 去笑以	效开四 平萧端	效开四 上篠端	效开四 去啸端	效开四 平萧透	效开四 去啸透	效开四 平萧定	效开四 去啸定	效开四 去啸泥
绥宁	金屋塘	ie^{312}	ie^{24}	tie^{55}	ie^{312}	tie^{24}	tʰie^{55}	tʰie^{24}	tʰie^{13}	tʰie^{55}	ie^{55}
	梅坪	ie^{312}	ie^{24}	tie^{55}	ie^{312}	tie^{24}	tʰie^{55}	tʰie^{24}	tʰie^{13}	tʰie^{55}	ie^{55}
	黄土矿	ie^{312}	ie^{55}	tie^{33}	tie^{312}	tie^{35}	tʰie^{33}	tʰie^{35}	tʰie^{55}	tʰie^{33}	ie^{33}
	唐家坊	ie^{312}	ie^{55}	tie^{33}	tie^{312}	tie^{55}	tʰie^{33}	tʰie^{55}	tʰie^{55}	tʰie^{33}	lie^{55}
	瓦屋塘	ie^{312}	ie^{13}	tie^{33}	tie^{312}	tie^{35}	tʰie^{33}	tʰie^{35}	tʰie^{13}	tʰie^{33}	lie^{33}

		聊	了	料	萧	浇	缴	叫	窍	晓	么
		效开四 平萧来	效开四 上篠来	效开四 去啸来	效开四 平萧心	效开四 平萧见	效开四 上篠见	效开四 去啸见	效开四 去啸溪	效开四 上篠晓	效开四 平萧影
隆回	荷香桥	lie^{13}	lie^{312}	lie^{55}	sie^{33}	tçie^{33}	tçie^{312}	tçie^{45}	tçʰie^{45}	çie^{312}	ie^{33}
	六都寨	lie^{13}	lie^{312}	lie^{55}	sie^{33}	tçie^{33}	tçie^{312}	tçie^{55}	tçʰie^{55}	çie^{312}	ie^{33}
	七江	lie^{13}	lie^{312}	lie^{55}	sie^{33}	tçie^{33}	tçie^{312}	tçie^{55}	tçʰie^{55}	çie^{312}	ie^{33}
	司门前	lie^{13}	lie^{312}	lie^{55}	sie^{33}	çie^{13}	tçie^{312}	tçie^{55}	tçʰie^{55}	çie^{312}	ie^{33}
	金石桥	lie^{13}	lie^{312}	lie^{55}	sie^{33}	tçie^{13}	tçie^{312}	tçie^{55}	tçʰie^{55}	çie^{312}	ie^{33}
	小沙江	lie^{13}	lie^{312}	lie^{55}	çie^{33}	ie^{312}	tçie^{312}	tçie^{55}	tçʰie^{55}	çie^{312}	ie^{33}
	西洋江	lie^{13}	lie^{312}	lie^{55}	sie^{55}	tçɐ^{55}	tçɐ^{312}	tçɐ^{45}	tçʰɐ^{45}	çɐ^{312}	ie^{55}
	横板桥	lie^{13}	lie^{312}	lie^{55}	sie^{55}	tçɐ^{55}	tçɐ^{312}	tçɐ^{45}	tçʰɐ^{45}	çɐ^{312}	ie^{55}
	罗洪	lie^{13}	lie^{312}	lie^{55}	çie^{33}	tçie^{13}	tçie^{312}	tçie^{55}	tçʰie^{13}	çie^{312}	ie^{33}
	岩口	lie^{13}	lie^{312}	lie^{55}	çie^{33}	tçie^{33}	tçie^{312}	tçie^{55}	tçʰie^{13}	çie^{312}	ie^{33}
	高坪	lie^{13}	lie^{312}	lie^{55}	çie^{33}	tçie^{33}	tçie^{312}	tçie^{55}	tçʰie^{55}	çie^{312}	ie^{33}
洞口	石江	lie^{13}	lie^{312}	lie^{55}	çie^{55}	tçie^{55}	tçie^{312}	tçie^{24}	tçʰie^{24}	çie^{312}	ie^{55}
	江口	lie^{13}	lie^{312}	lie^{55}	çie^{55}	tçɐ^{55}	tçɐ^{312}	tçɐ^{24}	tçʰɐ^{24}	çɐ^{312}	ie^{55}
	长塘	lie^{13}	lie^{312}	lie^{55}	çie^{55}	tçie^{55}	tçie^{312}	tçie^{24}	tçʰie^{24}	çie^{312}	ie^{55}
	山门	lie^{13}	lie^{312}	lie^{55}	sie^{55}	tçɐ^{55}	tçɐ^{312}	tçɐ^{45}	tçʰɐ^{45}	çɐ^{312}	ie^{55}
	高沙	lie^{13}	lie^{312}	lie^{55}	çie^{55}	tçɐ^{55}	tçɐ^{312}	tçɐ^{24}	tçʰɐ^{24}	çɐ^{312}	ie^{55}
	花园	lie^{13}	lie^{312}	lie^{55}	çie^{55}	tçɐ^{55}	tçɐ^{312}	tçɐ^{24}	tçʰɐ^{24}	çɐ^{312}	ie^{55}
绥宁	金屋塘	lie^{13}	lie^{312}	lie^{55}	sie^{55}	tçie^{55}	tçie^{312}	tçie^{24}	tçʰie^{24}	çie^{312}	ie^{55}
	梅坪	lie^{13}	lie^{312}	lie^{55}	sie^{55}	çie^{55}	tçie^{312}	tçie^{24}	tçʰie^{24}	çie^{312}	ie^{55}
	黄土矿	lie^{55}	lie^{312}	lie^{33}	çie^{33}	tçɐ^{33}	tçɐ^{312}	tçɐ^{35}	tçʰɐ^{35}	çɐ^{312}	ie^{33}
	唐家坊	lie^{13}	lie^{312}	lie^{55}	çie^{33}	tçɐ^{33}	tçɐ^{312}	tçɐ^{55}	tçʰɐ^{55}	çɐ^{312}	ie^{33}
	瓦屋塘	lie^{13}	lie^{312}	lie^{33}	çie^{33}	tçɐ^{33}	tçɐ^{312}	tçɐ^{35}	tçʰɐ^{35}	çɐ^{312}	ie^{33}

续表

		剖	亩	茂	兜	陡	斗	偷	透	头	豆
		流开一 上厚滂	流开一 上厚明	流开一 去候明	流开一 平侯端	流开一 上厚端	流开一 去候端	流开一 平侯透	流开一 去候透	流开一 平侯定	流开一 去候定
隆回	荷香桥	pʰiɛ³¹²	miɛ³¹²	miɛ⁴⁵	tiɛ³³	tiɛ³¹²	tiɛ³¹²	xiɛ³³	xiɛ⁴⁵	xiɛ¹³	xiɛ⁵⁵
	六都寨	pʰo³³	miɛ³¹²	miɛ⁵⁵	tiɛ³³	tiɛ³¹²	tiɛ³¹²	xiɛ³³	xiɛ⁵⁵	xiɛ¹³	xiɛ³¹²
	七江	pʰiɛ³³	miɛ³¹²	miɛ⁵⁵	tiɛ³³	tiɛ³¹²	tiɛ³¹²	xiɛ³³	xiɛ⁵⁵	xiɛ¹³	xiɛ³¹²
	司门前	pʰo³¹²	miɛ³¹²	miɛ⁵⁵	tiɛ³³	tiɛ³¹²	tiɛ³¹²	xiɛ³³	xiɛ⁵⁵	xiɛ¹³	xiɛ³¹²
	金石桥	pʰo³¹²	miɛ³¹²	miɛ⁵⁵	tiɛ³³	tiɛ³¹²	tiɛ³¹²	xiɛ³³	xiɛ⁵⁵	xiɛ¹³	xiɛ³¹²
	小沙江	pʰo⁵⁵	miɛ³¹²	mɛ⁵⁵	tiɛ³³	tiɛ³¹²	tiɛ³¹²	tʰiɛ³³	tʰiɛ⁵⁵	tʰiɛ¹³	tʰiɛ⁵⁵
	西洋江	pʰiɛ³¹²	miɛ³¹²	miɛ⁴⁵	tiɛ⁵⁵	tiɛ³¹²	tiɛ³¹²	xiɛ⁵⁵	xiɛ⁴⁵	xiɛ¹³	xiɛ³¹²
	横板桥	xo⁴⁵	miɛ³¹²	miɛ⁴⁵	tiɛ⁵⁵	tiɛ³¹²	tiɛ³¹²	xiɛ⁵⁵	xiɛ⁴⁵	xiɛ¹³	xiɛ³¹²
	岩口	pʰe³³	miɛ³¹²	mɛ⁵⁵	tiɛ³³	tiɛ³¹²	tiɛ³¹²	xiɛ³³	xiɛ⁵⁵	xiɛ¹³	xiɛ⁵⁵
	罗洪	pʰo⁵⁵	miɛ/mɔ³¹²	mɛ⁵⁵	tiɛ³³	tiɛ³¹²	tiɛ³¹²	tʰiɛ³³	xiɛ⁵⁵	tʰiɛ¹³	tʰiɛ⁵⁵
	高坪	pʰo⁵⁵	miɛ³¹²	miɛ⁵⁵	tiɛ³³	tiɛ³¹²	tiɛ³¹²	tʰiɛ³³	tʰe⁵⁵	tʰiɛ¹³	tʰiɛ⁵⁵
洞口	石江	pʰo²⁴	miɛ³¹²	miɛ⁵⁵	tiɛ⁵⁵	tiɛ³¹²	tiɛ³¹²	xiɛ⁵⁵	xiɛ²⁴	xiɛ¹³	xiɛ⁵⁵
	江口	pʰo²⁴	miɛ³¹²	miɛ⁵⁵	tiɛ⁵⁵	tiɛ³¹²	tiɛ³¹²	tʰiɛ⁵⁵	tʰiɛ²⁴	tʰiɛ¹³	tʰiɛ³¹²
	长塘	ɸo²⁴	miɛ³¹²	miɛ⁵⁵	tiɛ⁵⁵	tiɛ³¹²	tiɛ³¹²	tʰiɛ⁵⁵	tʰiɛ²⁴	tʰiɛ¹³	tʰiɛ⁵⁵
	山门	ɸo⁴⁵	miɛ³¹²	miɛ⁴⁵	tiɛ⁵⁵	tiɛ³¹²	tiɛ³¹²	xiɛ⁵⁵	xiɛ⁴⁵	xiɛ¹³	xiɛ³¹²
	高沙	pʰo²⁴	miɛ³¹²	miɛ⁵⁵	te⁵⁵	te³¹²	te³¹²	tʰe⁵⁵	tʰe²⁴	tʰe¹³	te²⁴
	花园	pʰo³⁵	miɛ³¹²	mɛ⁵⁵	te⁵⁵	te³¹²	te³¹²	tʰe⁵⁵	tʰe³⁵	tʰe¹³	tʰe⁵⁵
绥宁	金屋塘	pʰo²⁴	miɛ³¹²	miɛ⁵⁵	tiɛ⁵⁵	tiɛ³¹²	tiɛ³¹²	xiɛ⁵⁵	xiɛ²⁴	xiɛ¹³	xiɛ³¹²
	梅坪	pʰo²⁴	miɛ³¹²	mɛ⁵⁵	tiɛ⁵⁵	tiɛ³¹²	tiɛ³¹²	xiɛ⁵⁵	xiɛ²⁴	xiɛ¹³	xiɛ³¹²
	黄土矿	pʰo³⁵	miɛ³¹²	mɛ³³	tə³³	tə³¹²	tə³¹²	tʰə³³	tʰə³⁵	tʰə⁵⁵	tʰə³³
	唐家坊	pʰo⁵⁵	miɛ³¹²	mɛ⁵⁵	tø³³	tø³¹²	tø³¹²	tʰø³³	tʰø⁵⁵	tʰø¹³	tʰø⁵⁵
	瓦屋塘	pʰo³⁵	miɛ³¹²	mɛ³³	tə³³	tə³¹²	tə³¹²	tʰə³³	tʰə³⁵	tʰə¹³	tʰə⁵⁵

		楼	篓	漏	走	揍	凑	叟	嗽	沟	狗
		流开一 平侯来	流开一 上厚来	流开一 去候来	流开一 上厚精	流开一 去候精	流开一 去候清	流开一 上厚心	流开一 去候心	流开一 平侯见	流开一 上厚见
隆回	荷香桥	liɛ¹³	liɛ³¹²	liɛ⁵⁵	tsiɛ³¹²	tsiɛ⁴⁵	tsʰiɛ⁴⁵	siɛ³¹²	su⁴⁵	tɕiɛ³³	tɕiɛ³³
	六都寨	liɛ¹³	liɛ³¹²	liɛ⁵⁵	tsiɛ³¹²	tsiɛ⁵⁵	tsʰiɛ⁵⁵	siɛ³¹²	su⁵⁵	kiɛ³³	kiɛ³¹²
	七江	liɛ¹³	liɛ³¹²	liɛ⁵⁵	tsiɛ³¹²	tsiɛ⁵⁵	tsʰiɛ⁵⁵	siɛ³¹²	su⁵⁵	kiɛ³³	kiɛ³¹²
	司门前	liɛ¹³	liɛ³¹²	liɛ⁵⁵	tsiɛ³¹²	tsiɛ⁵⁵	tsʰiɛ⁵⁵	siɛ³¹²	su⁵⁵	kiɛ³³	kiɛ³¹²
	金石桥	liɛ¹³	liɛ³¹²	liɛ⁵⁵	tsiɛ³¹²	tsiɛ⁵⁵	tsʰiɛ⁵⁵	siɛ³¹²	su⁵⁵	kiɛ³³	kiɛ³¹²

		楼	篓	漏	走	揍	凑	叟	嗽	沟	狗
		流开一平侯来	流开一上厚来	流开一去候来	流开一上厚精	流开一去候精	流开一去候清	流开一上厚心	流开一去候心	流开一平侯见	流开一上厚见
隆回	小沙江	lie^{13}	lie^{312}	lie^{55}	tɕie^{312}	tɕie^{55}	tɕʰie^{55}	ɕie^{312}	su^{55}	kie^{33}	kie^{312}
	西洋江	lie^{13}	lie^{312}	lie^{55}	tsie^{312}	tsie^{55}	tsʰie^{45}	sie^{312}	sie^{45}	kie^{55}	kie^{312}
	横板桥	lie^{13}	lie^{312}	lie^{55}	tsie^{312}	tsie^{55}	tsʰie^{45}	sie^{312}	sie^{45}	tɕie^{55}	tɕie^{312}
	岩口	lie^{13}	lie^{312}	lie^{55}	tsie^{312}	tsie^{55}	tsʰie^{55}	sie^{312}	se^{55}	kie^{33}	kie^{312}
	罗洪	lie^{13}	lie^{312}	lie^{55}	tɕie^{312}	tɕie^{55}	tɕʰie^{55}	ɕie^{312}	su^{55}	kie^{33}	kie^{312}
	高坪	lie^{13}	lie^{312}	lie^{55}	tɕie^{312}	tɕie^{55}	tɕʰie^{55}	ɕie^{312}	su^{55}	kie^{33}	kie^{312}
洞口	石江	lie^{13}	lie^{312}	lie^{55}	tɕie^{312}	tɕie^{24}	tɕʰie^{24}	ɕie^{312}	su^{24}	kie^{55}	kie^{312}
	江口	lie^{13}	lie^{312}	lie^{55}	tɕie^{312}	tɕie^{24}	tɕʰie^{24}	ɕie^{312}	su^{24}	kie^{55}	kie^{312}
	长塘	lie^{13}	lie^{312}	lie^{55}	tɕie^{312}	tɕie^{24}	tɕʰie^{24}	ɕie^{312}	su^{24}	kie^{55}	kie^{312}
	山门	lie^{13}	lie^{312}	lie^{55}	tsie^{312}	/	tsʰie^{45}	sie^{312}	su^{45}	kie^{55}	tɕie^{312}
	高沙	le^{13}	le^{312}	le^{55}	tse^{312}	tse^{24}	tsʰe^{24}	se^{312}	su^{35}	kie^{55}	kie^{312}
	花园	le^{13}	le^{312}	le^{55}	tse^{312}	tsʰe^{35}	tsʰe^{35}	se^{312}	su^{35}	ke^{55}	ke^{312}
绥宁	金屋塘	lie^{13}	lie^{312}	lie^{55}	tɕie^{312}	tɕie^{24}	tɕʰie^{24}	ɕie^{312}	su^{24}	kie^{55}	kie^{312}
	梅坪	lie^{13}	lie^{312}	lie^{55}	tɕie^{312}	tɕie^{24}	tɕʰie^{24}	ɕie^{312}	su^{55}	kie^{55}	kie^{312}
	黄土矿	lə^{55}	lə^{312}	lə^{33}	tsə^{312}	tsə^{35}	tsʰə^{35}	sə^{312}	sə^{35}	tɕə^{33}	tɕiə^{312}
	唐家坊	lø^{13}	lø^{312}	lø^{33}	tsø^{312}	tsø^{55}	tsʰø^{55}	sø^{312}	sø^{55}	kiə^{33}	kiə^{312}
	瓦屋塘	lə^{13}	lə^{312}	lə^{33}	tsə^{312}	tsə^{35}	tsʰə^{35}	sə^{312}	sə^{35}	kiə^{33}	kiə^{312}

		够	抠	口	扣	藕	偶	吼	猴	后	候
		流开一去候见	流开一平侯溪	流开一上厚溪	流开一去候溪	流开一上厚疑	流开一去候疑	流开一上厚晓	流开一平侯匣	流开一上厚匣	流开一去候匣
隆回	荷香桥	tɕie^{45}	tɕʰie^{33}	tɕʰie^{312}	tɕʰie^{55}	ie^{312}	ie^{312}	xie^{312}	xie^{45}	xie^{55}	xie^{55}
	六都寨	kie^{55}	kʰie^{33}	kʰie^{312}	kʰie^{55}	ie^{312}	ie^{312}	xie^{312}	xie^{45}	xie^{55}	xie^{55}
	七江	kie^{55}	kʰie^{33}	kʰie^{312}	kʰie^{55}	ie^{312}	ie^{312}	xie^{312}	xie^{45}	xie^{55}	xie^{55}
	司门前	kie^{55}	kʰie^{33}	kʰie^{312}	kʰie^{55}	ie^{312}	ie^{312}	xie^{312}	xie^{45}	xie^{55}	xie^{55}
	金石桥	kie^{55}	kʰie^{33}	kʰie^{312}	kʰie^{55}	ie^{312}	ie^{312}	xie^{312}	xie^{45}	xie^{55}	xie^{55}
	小沙江	kie^{55}	kʰie^{33}	kʰie^{312}	kʰie^{55}	ie^{312}	ie^{312}	xie^{312}	xie^{45}	xie^{55}	xie^{55}
	西洋江	kie^{45}	kʰie^{55}	kʰie^{312}	kʰie^{45}	ie^{312}	ie^{312}	xie^{312}	xie^{45}	xie^{55}	xie^{55}
	横板桥	tɕie^{45}	tɕʰie^{55}	tɕʰie^{312}	tɕʰie^{45}	ɤ^{312}	ɤ^{312}	xie^{312}	xie^{45}	xie^{55}	xie^{55}
	岩口	kie^{55}	kʰie^{33}	kʰie^{312}	kʰie^{55}	ie^{312}	ie^{312}	xɤ^{312}	xie^{45}	xie^{55}	xie^{55}

		够	抠	口	扣	藕	偶	吼	猴	后	候
		流开一去候见	流开一平侯溪	流开一上厚溪	流开一去候溪	流开一上厚疑	流开一去候疑	流开一上厚晓	流开一平侯匣	流开一上厚匣	流开一去候匣
隆回	罗洪	kie^{55}	kʰie^{33}	kʰie^{312}	kʰie^{55}	ie^{312}	ie^{312}	xie^{312}	xie^{13}	xie^{55}	xie^{55}
	高坪	kie^{55}	kʰie^{33}	kʰie^{312}	kʰie^{55}	ie^{312}	ie^{312}	xie^{312}	tʰie^{13}	tʰie^{55}	xie^{55}
洞口	石江	kie^{24}	kʰie^{55}	kʰie^{312}	kʰie^{24}	ie^{312}	ie^{312}	xie^{312}	xie^{24}	xie^{55}	xie^{55}
	江口	kie^{24}	tɕʰie^{55}	kʰie^{312}	kʰie^{24}	ɐ^{312}	ɐ^{312}	xie^{312}	xie^{24}	xie^{55}	xie^{55}
	长塘	kie^{24}	tɕʰie^{55}	kʰie^{312}	kʰie^{24}	lie^{312}	lie^{312}	xie^{312}	xie^{24}	xie^{55}	xie^{55}
	山门	kie^{45}	kʰie^{55}	tɕʰie^{312}	kʰie^{45}	ʒ^{312}	ʒ^{312}	xie^{312}	xie^{45}	xie^{55}	xie^{55}
	高沙	kie^{24}	kʰie^{55}	kʰkie^{312}	kʰie^{24}	lie^{312}	ɐ^{312}	xie^{312}	xe^{24}	xe^{24}	x^{24}
	花园	ke^{35}	kʰe^{55}	kʰe^{312}	kʰe^{35}	lie^{312}	lie^{312}	xie^{312}	xe^{35}	xe^{55}	xe^{55}
绥宁	金屋塘	kie^{24}	kʰie^{55}	kʰie^{312}	kʰie^{24}	ɐ^{312}	ɐ^{312}	xie^{312}	xie^{24}	xie^{55}	xie^{55}
	梅坪	kie^{24}	kʰie^{55}	kʰie^{312}	kʰie^{24}	ɐ^{312}	ɐ^{312}	xie^{312}	xie^{24}	xie^{55}	xie^{55}
	黄土矿	kə^{35}	kʰiə^{33}	tɕʰə^{312}	tɕʰə^{35}	ŋə^{312}	ŋə^{312}	xə^{312}	xə^{35}	xə^{312}	xə^{33}
	唐家坊	kiə^{55}	kʰiə^{33}	kʰiə^{312}	kʰiə^{55}	ŋə^{312}	ŋə^{312}	xə^{312}	xə^{13}	xə^{55}	xə^{55}
	瓦屋塘	kiə^{35}	kʰiə^{33}	kʰiə^{312}	kʰiə^{35}	ŋə^{312}	ŋə^{312}	xə^{312}	xə^{35}	xə^{33}	xə^{33}

		欧	呕	沤	否	富	副	浮	妇	复	扭
		流开一平侯影	流开一上厚影	流开一去候影	流开三上有非	流开三去宥非	流开三去宥敷	流开三平尤奉	流开三上有奉	流开三去宥奉	流开三上有娘
隆回	荷香桥	ie^{33}	ie^{312}	ie^{45}	fiɐ^{312}	fu^{45}	fu^{45}	fiɐ/pʰiɐ^{13}	fu^{55}	fu^{55}	iu^{312}
	六都寨	ie^{33}	ie^{312}	ie^{55}	fiɐ^{312}	fu^{55}	fu^{55}	fiɐ/pʰiɐ^{13}	fu^{55}	fu^{55}	iə̃^{45}
	七江	ie^{33}	ie^{312}	ie^{55}	fiɐ^{312}	fu^{55}	fu^{55}	fiɐ/pʰiɐ^{13}	fu^{55}	fu^{55}	iu^{312}
	司门前	ie^{33}	ie^{312}	ie^{55}	fiɐ^{312}	fu^{55}	fu^{55}	fiɐ/pʰiɐ^{13}	fu^{55}	fu^{55}	iə̃^{45}
	金石桥	ie^{33}	ie^{312}	ie^{55}	fiɐ^{312}	fu^{55}	fu^{55}	fiɐ/pʰiɐ^{13}	fu^{55}	fu^{55}	liu^{312}
	小沙江	o^{33}	ie^{312}	ie^{55}	fiɐ^{312}	fu^{55}	fu^{55}	pʰiɐ^{13}	fu^{55}	fu^{55}	liu^{312}
	西洋江	ie^{55}	ie^{312}	ie^{55}	fiɐ^{312}	fu^{45}	fu^{45}	fiɐ/pʰiɐ^{13}	fu^{55}	fu^{55}	iə̃^{312}
	横板桥	ɐ^{55}	ie^{312}	ie^{55}	fiɐ^{312}	fu^{45}	fu^{45}	fiɐ/pʰiɐ$^{13˙}$	fu^{55}	fu^{55}	iə̃^{312}
	岩口	ie^{33}	iɐ^{312}	ie^{55}	fiɐ^{312}	fu^{55}	fu^{55}	fiɐ/pʰiɐ^{13}	fu^{55}	fu^{55}	liu^{312}
	罗洪	ie^{33}	ɐ^{312}	ie^{55}	fiɐ^{312}	fu^{55}	fu^{55}	pʰiɐ^{13}	fu^{55}	fu^{55}	liu^{312}
	高坪	ɐ^{33}	ie^{312}	ie^{312}	fiɐ^{312}	xu^{55}	xu^{55}	fiɐ^{13}	xu^{55}	xu^{55}	liu^{312}
洞口	石江	ie^{55}	ie^{312}	iɐ^{24}	fiɐ^{312}	fu^{24}	fu^{24}	fiɐ/pʰiɐ^{13}	fu^{55}	fu^{55}	liu^{312}
	江口	ie^{55}	ie^{312}	iɐ^{24}	fiɐ^{312}	fu^{24}	fu^{24}	pʰiɐ^{13}	fu^{55}	fu^{55}	li^{312}

续表

		欧	呕	沤	否	富	副	浮	妇	复	扭
		流开一平侯影	流开一上厚影	流开一去候影	流开三上有非	流开三去宥非	流开三去宥敷	流开三平尤奉	流开三上有奉	流开三去宥奉	流开三上有娘
洞口	长塘	ie⁵⁵	ie³¹²	ie⁵⁵	pʰie³¹²	pʰu²⁴	pʰu²⁴	pʰɐ¹³	fu⁵⁵	fu⁵⁵	li³¹²
	山门	ʒ⁵⁵	ʒ³¹²	ʒ⁵⁵	fie³¹²	fu⁴⁵	fu⁴⁵	fie/ɸɐ¹³	fu⁵⁵	fu⁵⁵	iʒ³¹²
	高沙	ɐ⁵⁵	e³¹²	e²⁴	fe³¹²	fu²⁴	fu²⁴	fe/pʰɐ¹³	fu²⁴	fu⁵⁵	liu³¹²
	花园	ie⁵⁵	ie³¹²	e³⁵	fe³¹²	fu³⁵	fu³⁵	fe/pʰɐ¹³	fu⁵⁵	fu⁵⁵	li³¹²
绥宁	金屋塘	ɐ⁵⁵	ie³¹²	ie²⁴	fie³¹²	fu²⁴	fu²⁴	fe/pʰɐ¹³	fu⁵⁵	fu⁵⁵	li³¹²
	梅坪	ɐ⁵⁵	ie³¹²	ie²⁴	fie³¹²	fu²⁴	fu²⁴	fe/pʰɐ¹³	fu⁵⁵	fu⁵⁵	li³¹²
	黄土矿	ə³³	ə³¹²	ə³⁵	fə³¹²	fu³⁵	fu³⁵	fe/pʰɐ⁵⁵	fu³³	fu³³	liu³¹²
	唐家坊	ŋə³³	ŋə³¹²	ŋə⁵⁵	fə³¹²	fu⁵⁵	fu⁵⁵	fe/pʰɐ¹³	fu⁵⁵	fu⁵⁵	liu³¹²
	瓦屋塘	ŋə³³	ŋə³¹²	ŋə³⁵	fə³¹²	fu³⁵	fu³⁵	fe/pʰɐ¹³	fu³³	fu³³	liu³¹²

		流	柳	溜	揪	酒	秋	就	修	锈	囚
		流开三平尤来	流开三上有来	流开三去宥来	流开三平尤精	流开三上有精	流开三平尤清	流开三去宥从	流开三平尤心	流开三去宥心	流开三平尤邪
隆回	荷香桥	liu¹³	liu³¹²	liu⁵⁵	tsiu³³	tsiu³¹²	tsʰiu³³	tsʰiu⁵⁵	siu³³	siu⁴⁵	tɕʰiu¹³
	六都寨	liu¹³	liu³¹²	liu⁵⁵	tsiu³³	tsiu³¹²	tsʰiu³³	tsʰiu⁵⁵	siu³³	siu⁵⁵	tɕʰiu¹³
	七江	liu¹³	liu³¹²	liu⁵⁵	tsiu³³	tsiu³¹²	tsʰiu³³	tsʰiu⁵⁵	siu³³	siu⁵⁵	tɕʰiu¹³
	司门前	liu¹³	liu³¹²	liu⁵⁵	tsiu³³	tsiu³¹²	tsʰiu³³	tsʰiu⁵⁵	siu³³	siu⁵⁵	tɕʰiu¹³
	金石桥	liu¹³	liu³¹²	liu⁵⁵	tsiu³³	tsiu³¹²	tsʰiu³³	tsʰiu⁵⁵	siu³³	siu⁵⁵	tɕʰiu¹³
	小沙江	liu¹³	liu³¹²	liu⁵⁵	tɕiu³³	tɕiu³¹²	tɕʰiu³³	tɕʰiu⁵⁵	ɕiu³³	ɕiɔ⁵⁵	tɕʰiu¹³
	西洋江	liu¹³	liu³¹²	liu⁵⁵	tsiu⁵⁵	tsiu³¹²	tsʰiu⁵⁵	tsʰiu⁵⁵	siu⁵⁵	siu⁴⁵	tɕʰiu¹³
	横板桥	liu¹³	liu³¹²	liu⁵⁵	tsiu⁵⁵	tsiu³¹²	tsʰiu⁵⁵	tsʰi⁵⁵	siu⁵⁵	siu⁴⁵	tɕʰiu¹³
	岩口	liu¹³	liu³¹²	liu³³	tsiu³³	tsiu³¹²	tsʰiu³³	tsʰiu⁵⁵	siu³³	siu⁴⁵	tɕʰiu¹³
	罗洪	liu¹³	liu³¹²	liu⁵⁵	tɕiu³³	tɕiu³¹²	tɕʰiu³³	tɕʰiu⁵⁵	ɕiu³³	ɕiu⁵⁵	tɕʰiu¹³
	高坪	liu¹³	liu³¹²	liu³³³	tɕiu³³	tɕiu³¹²	tɕʰiu³³	tɕʰiu⁵⁵	ɕiu³³	ɕiu⁵⁵	tɕʰiu¹³
洞口	石江	liu¹³	li³¹²	liu⁵⁵	tɕiu³³	tɕiu³¹²	tɕʰiu⁵⁵	tɕʰiu⁵⁵	ɕiu⁵⁵	ɕiu²⁴	tɕʰiu¹³
	江口	li¹³	li³¹²	li⁵⁵	tɕi⁵⁵	tɕi³¹²	tɕʰi⁵⁵	tɕʰi⁵⁵	ɕi⁵⁵	ɕi²⁴	tɕʰi¹³
	长塘	li¹³	li³¹²	li⁵⁵	tɕi⁵⁵	tɕi³¹²	tɕʰi⁵⁵	tɕʰi⁵⁵	ɕi⁵⁵	ɕi²⁴	tɕʰi¹³
	山门	liu¹³	liu³¹²	liu⁵⁵	tsiu⁵⁵	tsiu³¹²	tsʰiu⁵⁵	tsʰiu⁵⁵	siu⁵⁵	siu⁴⁵	tɕʰiu¹³
	高沙	liu¹³	liu³¹²	liu⁵⁵	tɕiu⁵⁵	tɕiu³¹²	tɕʰiu⁵⁵	tɕʰiu²⁴	ɕiu⁵⁵	ɕiu²⁴	tɕʰiu¹³
	花园	liu¹³	liu³¹²	liu⁵⁵	tsiu⁵⁵	tsiu³¹²	tsʰiu⁵⁵	tsʰiu⁵⁵	siu⁵⁵	siu³⁵	tɕʰiu¹³

		流	柳	溜	揪	酒	秋	就	修	锈	囚
		流开三 平尤来	流开三 上有来	流开三 去宥来	流开三 平尤精	流开三 上有精	流开三 平尤清	流开三 去宥从	流开三 平尤心	流开三 去宥心	流开三 平尤邪
绥宁	金屋塘	li¹³	li³¹²	li⁵⁵	tsi⁵⁵	tsi³¹²	tsʰi⁵⁵	tsʰi⁵⁵	si⁵⁵	si²⁴	tɕʰi¹³
	梅坪	li¹³	li³¹²	li⁵⁵	tsi⁵⁵	tsi³¹²	tsʰi⁵⁵	tsʰi⁵⁵	si⁵⁵	si²⁴	tɕʰi¹³
	黄土矿	liu⁵⁵	liu³¹²	liu³³	tɕiu³³	tɕiu³¹²	tɕʰiu³³	tɕʰiu³³	ɕiu³³	ɕiu³⁵	tɕʰiu⁵⁵
	唐家坊	liu¹³	liu³¹²	liu³³	tsiu³³	tsiu³¹²	tsʰiu³³	tsʰiu⁵⁵	siu³³	siu⁵⁵	tɕʰiu¹³
	瓦屋塘	liu¹³	liu³¹²	liu³³	tsiu³³	tsiu³¹²	tsʰiu³³	tsʰiu³³	siu³³	siu³⁵	tɕʰiu¹³

		袖	肘	昼	抽	丑	绸	纣	宙	邹	皱
		流开三 去宥邪	流开三 上有知	流开三 去宥知	流开三 平尤彻	流开三 上有彻	流开三 平尤澄	流开三 上有澄	流开三 去宥澄	流开三 平尤庄	流开三 去宥庄
隆回	荷香桥	siu⁵⁵	tɕiu³¹²	tɕiu⁴⁵	tɕʰiu³³	tɕʰiu³¹²	tɕʰiu¹³	tɕʰiu⁵⁵	tɕʰiu⁵⁵	tsie³³	tsie⁴⁵
	六都寨	siu⁵⁵	tɕiu³¹²	tɕiu⁴⁵	tɕʰiu³³	tɕʰiu³¹²	tɕʰiu¹³	tɕʰiu⁵⁵	tɕʰiu⁵⁵	tsie³³	tsie⁴⁵
	七江	siu⁵⁵	tɕiu³¹²	tɕiu⁵⁵	tɕʰiu³³	tɕʰiu¹³	tɕʰiu¹³	tɕʰiu⁵⁵	tɕʰiu⁵⁵	tsie³³	tsie⁵⁵
	司门前	siu⁵⁵	tɕiu³¹²	tɕiu⁵⁵	tɕʰiu³³	tɕʰiu¹³	tɕʰiu¹³	tɕʰiu⁵⁵	tɕʰiu⁵⁵	tsie³³	tsie⁴⁵
	金石桥	siu⁵⁵	tɕiu³¹²	tɕiu⁵⁵	tɕʰiu³³	tɕʰiu¹³	tɕʰiu¹³	tɕʰiu⁵⁵	tɕʰiu⁵⁵	tsie³³	tsie⁴⁵
	小沙江	siu⁵⁵	tɕiu³¹²	tɕiu⁵⁵	tɕʰiu³³	tɕʰiu¹³	tɕʰiu¹³	tɕʰiu⁵⁵	tɕiu⁵⁵	tɕie³³	tɕie¹³
	西洋江	ɕiu⁴⁵	tɕiu³¹²	tɕiu⁴⁵	tɕʰiu⁵⁵	tɕʰiu³¹²	tɕʰiu¹³	tɕʰiu⁴⁵	tɕʰiu⁵⁵	tsie⁵⁵	tsie⁵⁵
	横板桥	si⁴⁵	tɕiu³¹²	tɕiu⁴⁵	tɕʰiu⁵⁵	tɕʰiu³¹²	tɕʰiu¹³	tɕʰiu⁴⁵	tɕʰiu⁵⁵	tsie⁵⁵	tsie⁵⁵
	岩口	siu⁵⁵	tɕiu³¹²	tɕiu⁵⁵	tɕʰiu³³	tɕʰiu¹³	tɕʰiu¹³	tɕʰiu⁵⁵	tɕʰiu⁵⁵	tsie³³	tsie⁵⁵
	罗洪	ɕiu⁵⁵	tɕiu³¹²	tɕiu⁵⁵	tɕʰiu³³	tɕʰiu¹³	tɕʰiu¹³	tɕʰiu⁵⁵	tɕʰiu⁵⁵	tɕie³³	tɕie¹³
	高坪	ɕiu⁵⁵	tɕiu³¹²	tɕiu⁵⁵	tɕʰiu³³	tɕʰiu¹³	tɕʰiu¹³	tɕʰiu⁵⁵	tɕʰiu⁵⁵	tɕie³³	tɕie¹³
洞口	石江	ɕiu²⁴	tɕiu³¹²	tɕiu²⁴	tɕʰiu⁵⁵	tɕʰiu³¹²	tɕʰiu¹³	tɕʰiu⁵⁵	tɕʰiu⁵⁵	tɕie⁵⁵	tɕie⁵⁵
	江口	ɕi²⁴	tɕi³¹²	tɕi²⁴	tɕʰi⁵⁵	tɕʰi³¹²	tɕʰi¹³	tɕʰi⁵⁵	tɕʰi⁵⁵	tɕie⁵⁵	tɕie²⁴
	长塘	ɕi²⁴	tɕi³¹²	tɕi²⁴	tɕʰi⁵⁵	tɕʰi³¹²	tɕʰi¹³	tɕʰi⁵⁵	tɕʰi⁵⁵	tɕie⁵⁵	tɕie²⁴
	山门	ɕiu⁴⁵	tɕiu³¹²	tɕiu⁴⁵	tɕʰiu⁵⁵	tɕʰiu³¹²	tɕʰiu¹³	tɕʰiu⁴⁵	tɕʰiu⁵⁵	tsɿ⁵⁵	tsɿ/tsie⁵⁵
	高沙	ɕiu²⁴	tɕiu³¹²	tɕiu²⁴	tɕʰiu⁵⁵	tɕʰiu³¹²	tɕʰiu¹³	tɕʰiu²⁴	tɕʰiu²⁴	tse⁵⁵	tse⁵⁵
	花园	ɕiu⁵⁵	tɕiu³¹²	tɕiu³⁵	tɕʰiu⁵⁵	tɕʰiu³¹²	tɕʰiu¹³	tɕʰiu³⁵	tɕʰiu³⁵	tse⁵⁵	tse⁵⁵
绥宁	金屋塘	si²⁴	tɕi³¹²	tɕi²⁴	tɕʰi⁵⁵	tɕʰi³¹²	tɕʰi¹³	tɕʰi⁵⁵	tɕʰi⁵⁵	tsie⁵⁵	tsie⁵⁵
	梅坪	si²⁴	tɕi³¹²	tɕi²⁴	tɕʰi⁵⁵	tɕʰi³¹²	tɕʰi¹³	tɕʰi⁵⁵	tɕʰi⁵⁵	tsie⁵⁵	tsie²⁴
	黄土矿	ɕiu³³	tɕiu³¹²	tɕiu³⁵	tɕʰiu³³	tɕʰiu³¹²	tɕʰiu⁵⁵	tɕiu³⁵	tɕiu³³	tsə³³	tsə⁵⁵
	唐家坊	ɕiu⁵⁵	tɕiu³¹²	tɕiu⁵⁵	tɕʰiu³³	tɕʰiu³¹²	tɕʰiu¹³	tɕiu⁵⁵	tɕiu⁵⁵	tsø³³	tsø⁵⁵
	瓦屋塘	ɕiu³³	tɕiu³¹²	tɕiu³⁵	tɕʰiu³³	tɕʰiu³¹²	tɕʰiu¹³	tɕiu³⁵	tɕiu³³	tsə³³	tsə⁵⁵

		挕	愁	馊	瘦	周	帚	咒	醜	臭	收
		流开三 平尤初	流开三 平尤崇	流开三 平尤生	流开三 去宥生	流开三 平尤章	流开三 上有章	流开三 去宥章	流开三 上有昌	流开三 去宥昌	流开三 平尤书
隆回	荷香桥	tsʰiɛ³³	tsʰiɛ¹³	siɛ³³	siɛ⁴⁵	tɕiu³³	tɕiu³¹²	tɕiu⁴⁵	tɕʰiu³¹²	tɕʰiu⁴⁵	ɕiu³³
	六都寨	tsʰiɛ³³	tsʰiɛ¹³	siɛ³³	siɛ⁵⁵	tɕiu³³	tɕiu³¹²	tɕiu⁵⁵	tɕʰiu³¹²	tɕʰiu⁵⁵	ɕiu³³
	七江	tsʰiɛ³³	tsʰiɛ¹³	siɛ³³	siɛ⁵⁵	tɕiu³³	tɕiu³¹²	tɕiu⁵⁵	tɕʰiu³¹²	tɕʰiu⁵⁵	ɕiu³³
	司门前	tsʰiɛ³³	tsʰiɛ¹³	siɛ³³	siɛ⁵⁵	tɕiu³³	tɕiu³¹²	tɕiu⁵⁵	tɕʰiu³¹²	tɕʰiu⁵⁵	ɕiu³³
	金石桥	tsʰiɛ³³	tsʰiɛ¹³	siɛ³³	siɛ⁵⁵	tɕiu³³	tɕiu³¹²	tɕiu⁵⁵	tɕʰiu³¹²	tɕʰiu⁵⁵	ɕiu³³
	小沙江	tɕʰiɛ³³	tɕʰiɛ¹³	ɕiɛ³³	ɕiɛ⁵⁵	tɕiu³³	tɕiu³¹²	tɕiu⁵⁵	tɕʰiu³¹²	tɕʰiu⁵⁵	ɕiu³³
	西洋江	tsʰiɛ⁵⁵	tsʰiɛ¹³	siɛ⁵⁵	siɛ⁴⁵	tɕiu⁵⁵	tɕiu³¹²	tɕiu⁴⁵	tɕʰiu³¹²	tɕʰiu⁴⁵	ɕiu⁵⁵
	横板桥	tsʰiɛ⁵⁵	tsʰiɛ¹³	siɛ⁵⁵	siɛ⁴⁵	tɕiu⁵⁵	tɕiu³¹²	tɕiu⁴⁵	tɕʰiu³¹²	tɕʰiu⁴⁵	ɕiu⁵⁵
	岩口	tsʰiɛ³³	tsʰiɛ¹³	siɛ³³	siɛ⁵⁵	tɕiu³³	tɕiu³¹²	tɕiu⁵⁵	tɕʰiu³¹²	tɕʰiu⁵⁵	ɕiu³³
	罗洪	tɕʰiɛ³³	tɕʰiɛ¹³	ɕiɛ³³	ɕiɛ⁵⁵	tɕiu³³	tɕiu³¹²	tɕiu⁵⁵	tɕʰiu³¹²	tɕʰiu⁵⁵	ɕiu³³
	高坪	tɕʰiɛ³³	tɕʰiɛ¹³	ɕiɛ³³	ɕiɛ⁴⁵	tɕiu³³	tɕiu³¹²	tɕiu⁵⁵	tɕʰiu³¹²	tɕʰiu⁵⁵	ɕiu³³
洞口	石江	tɕʰiɛ⁵⁵	tɕʰiɛ¹³	ɕiɛ⁵⁵	ɕiɛ²⁴	tɕiu⁵⁵	tɕiu³¹²	tɕiu²⁴	tɕʰiu³¹²	tɕʰiu²⁴	ɕiu⁵⁵
	江口	tɕʰiɛ⁵⁵	tɕʰiɛ¹³	ɕiɛ⁵⁵	ɕiɛ²⁴	tɕi⁵⁵	tɕi³¹²	tɕi²⁴	tɕʰi³¹²	tɕʰi²⁴	ɕi⁵⁵
	长塘	tɕʰiɛ⁵⁵	tɕʰiɛ¹³	ɕiɛ⁵⁵	ɕiɛ²⁴	tɕi⁵⁵	tɕi³¹²	tɕi²⁴	tɕʰi³¹²	tɕʰi²⁴	ɕi⁵⁵
	山门	tsʰiɛ¹³	tsʰiɛ¹³	siɛ⁵⁵	siɛ⁴⁵	tɕiu⁵⁵	tɕiu³¹²	tɕiu⁴⁵	tɕʰiu³¹²	tɕʰiu⁴⁵	ɕiu⁵⁵
	高沙	tsʰe⁵⁵	tsʰe¹³	se⁵⁵	se²⁴	tɕiu⁵⁵	tɕiu³¹²	tɕiu²⁴	tɕʰiu³¹²	tɕʰiu²⁴	ɕiu⁵⁵
	花园	tsʰe⁵⁵	tsʰe¹³	se⁵⁵	se³⁵	tɕiu⁵⁵	tɕiu³¹²	tɕiu³⁵	tɕʰiu³¹²	tɕʰiu³⁵	ɕiu⁵⁵
绥宁	金屋塘	tsʰiɛ⁵⁵	tsʰiɛ¹³	siɛ⁵⁵	siɛ²⁴	tɕi⁵⁵	tɕi³¹²	tɕi²⁴	tɕʰi³¹²	tɕʰi²⁴	ɕi⁵⁵
	梅坪	tsʰiɛ⁵⁵	tsʰiɛ¹³	siɛ⁵⁵	siɛ²⁴	tɕi⁵⁵	tɕi³¹²	tɕi²⁴	tɕʰi³¹²	tɕʰi²⁴	ɕi⁵⁵
	黄土矿	tsʰə³³	tsʰə⁵⁵	sə³³	sə³⁵	tɕiu³³	tɕiu³¹²	tɕiu³⁵	tɕʰiu³¹²	tɕʰiu³⁵	ɕiu³³
	唐家坊	tsʰø³³	tsʰø¹³	sø³³	sø⁵⁵	tɕiu³³	tɕiu³¹²	tɕiu⁵⁵	tɕʰiu³¹²	tɕʰiu⁵⁵	ɕiu³³
	瓦屋塘	tsʰə³³	tsʰə³	sə³³	sə³⁵	tɕiu³³	tɕiu³¹²	tɕiu³⁵	tɕʰiu³¹²	tɕʰiu³⁵	ɕiu³³

		手	兽	仇	受	寿	揉	鸠	韭	救	丘
		流开三 上有书	流开三 去宥书	流开三 平尤禅	流开三 上有禅	流开三 去宥禅	流开三 平尤日	流开三 平尤见	流开三 上有见	流开三 去宥见	流开三 平尤溪
隆回	荷香桥	ɕiu³¹²	ɕiu⁴⁵	tɕʰiu¹³	ɕiu⁵⁵	ɕiu⁵⁵	lo¹³	tɕiu³³	tɕiu³¹²	tɕiu⁴⁵	tɕʰiu³³
	六都寨	ɕiu³¹²	ɕiu⁵⁵	tɕʰiu¹³	ɕiu⁵⁵	ɕiu⁵⁵	lo¹³	tɕiu³³	tɕiu³¹²	tɕiu⁵⁵	tɕʰiu³³
	七江	ɕiu³¹²	ɕiu⁵⁵	tɕʰiu¹³	ɕiu⁵⁵	ɕiu⁵⁵	iu¹³	tɕiu³³	tɕiu³¹²	tɕiu⁵⁵	tɕʰiu³³
	司门前	ɕiu³¹²	ɕiu⁵⁵	tɕʰiu¹³	ɕiu⁵⁵	ɕiu⁵⁵	lo¹³	tɕiu³³	tɕiu³¹²	tɕiu⁵⁵	tɕʰiu³³
	金石桥	ɕiu³¹²	ɕiu⁵⁵	tɕʰiu¹³	ɕiu⁵⁵	ɕiu⁵⁵	iu¹³	tɕiu³³	tɕiu³¹²	tɕiu⁵⁵	tɕʰiu³³

续表

		手	兽	仇	受	寿	揉	鸠	韭	救	丘
		流开三 上有书	流开三 去宥书	流开三 平尤禅	流开三 上有禅	流开三 去宥禅	流开三 平尤日	流开三 平尤见	流开三 上有见	流开三 去宥见	流开三 平尤溪
隆回	小沙江	ɕiu³¹²	ɕiu⁵⁵	tɕʰiu¹³	ɕiu⁵⁵	ɕiu⁵⁵	lo¹³	tɕiu³³	tɕiu³¹²	tɕiu⁵⁵	tɕʰiu³³
	西洋江	ɕiu³¹²	ɕiu⁴⁵	tɕʰiu¹³	ɕiu⁵⁵	ɕiu⁵⁵	iu¹³	tɕiu⁵⁵	tɕiu³¹²	tɕiu⁵⁵	tɕʰiu⁵⁵
	横板桥	ɕiu³¹²	ɕiu⁴⁵	tɕʰiu¹³	ɕiu⁵⁵	ɕiu⁵⁵	iu¹³	tɕiu⁵⁵	tɕiu³¹²	tɕiu⁴⁵	tɕʰiu⁵⁵
	岩口	ɕiu³¹²	ɕiu⁵⁵	tɕʰiu¹³	ɕiu⁵⁵	ɕiu⁵⁵	iu¹³	tɕiu²¹³	tɕiu³¹²	tɕiu⁵⁵	tɕʰiu³³
	罗洪	ɕiu³¹²	ɕiu⁵⁵	tɕʰiu¹³	ɕiu⁵⁵	ɕiu⁵⁵	iu¹³	tɕiu³³	tɕiu³¹²	tɕiu⁵⁵	tɕʰiu³³
	高坪	ɕiu³¹²	ɕiu⁵⁵	tɕʰiu¹³	ɕiu⁵⁵	ɕiu⁵⁵	iu¹³	tɕiu³³	tɕiu³¹²	tɕiu⁵⁵	tɕʰiu³³
洞口	石江	ɕiu³¹²	ɕiu²⁴	tɕʰiu¹³	ɕiu⁵⁵	ɕiu⁵⁵	iu¹³	tɕiu⁵⁵	tɕiu³¹²	tɕiu²⁴	tɕʰiu⁵⁵
	江口	ɕi³¹²	ɕi²⁴	tɕʰi¹³	ɕi⁵⁵	ɕi⁵⁵	i¹³	tɕi⁵⁵	tɕiu³¹²	tɕi²⁴	tɕʰi⁵⁵
	长塘	ɕi³¹²	ɕi²⁴	tɕʰi¹³	ɕi⁵⁵	ɕi⁵⁵	i¹³	tɕi⁵⁵	tɕiu³¹²	tɕi²⁴	tɕʰi⁵⁵
	山门	ɕiu³¹²	ɕiu⁴⁵	tɕʰiu¹³	ɕiu⁵⁵	ɕiu⁵⁵	iu¹³	tɕiu⁵⁵	tɕiu³¹²	tɕiu⁴⁵	tɕʰiu⁵⁵
	高沙	ɕiu³¹²	ɕiu²⁴	tɕʰiu¹³	ɕiu²⁴	ɕiu²⁴	iu¹³	tɕiu⁵⁵	tɕiu³¹²	tɕiu²⁴	tɕʰiu⁵⁵
	花园	ɕiu³¹²	ɕiu³⁵	tɕʰiu¹³	ɕiu⁵⁵	ɕiu⁵⁵	iu¹³	tɕiu⁵⁵	tɕiu³¹²	tɕiu³⁵	tɕʰiu⁵⁵
绥宁	金屋塘	ɕi³¹²	ɕi²⁴	tɕʰi¹³	ɕi⁵⁵	ɕi⁵⁵	i¹³	tɕi⁵⁵	tɕi³¹²	tɕi²⁴	tɕʰi⁵⁵
	梅坪	ɕi³¹²	ɕi²⁴	tɕʰi¹³	ɕi⁵⁵	ɕi⁵⁵	i¹³	tɕi⁵⁵	tɕi³¹²	tɕi²⁴	tɕʰi⁵⁵
	黄土矿	ɕiu³¹²	ɕiu³⁵	tɕʰiu⁵⁵	ɕiu³³	ɕiu³³	iu⁵⁵	tɕiu³³	tɕiu³¹²	tɕiu³⁵	tɕʰiu³³
	唐家坊	ɕiu³¹²	ɕiu⁵⁵	tɕʰiu¹³	ɕiu³³	ɕiu³³	iu¹³	tɕiu³³	tɕiu³¹²	tɕiu⁵⁵	tɕʰiu³³
	瓦屋塘	ɕiu³¹²	ɕiu³⁵	tɕʰiu¹³	ɕiu³³	ɕiu³³	iu¹³	tɕiu³³	tɕiu³¹²	tɕiu³⁵	tɕʰiu³³

		糗	求	舅	旧	牛	休	朽	嗅	优	尤
		流开三 上有昌	流开三 平尤群	流开三 上有群	流开三 去宥群	流开三 平尤疑	流开三 平尤晓	流开三 上有晓	流开三 去宥晓	流开三 平尤影	流开三 平尤于
隆回	荷香桥	tɕʰiu³¹²	tɕʰiu¹³	tɕʰiu⁵⁵	tɕʰiu⁵⁵	iə¹³	ɕiu³³	ɕiu³¹²	ɕiə⁴⁵	iu³³	iu¹³
	六都寨	tɕʰiu³¹²	tɕʰiu¹³	tɕʰiu³¹²	tɕʰiu⁵⁵	iə¹³	ɕiu³³	ɕiu³¹²	ɕiə⁵⁵	iu¹³	iu¹³
	七江	tɕʰiu³¹²	tɕʰiu¹³	tɕʰiu³¹²	tɕʰiu⁵⁵	iə¹³	ɕiu³³	ɕiu³¹²	ɕiə⁵⁵	iu³³	iu¹³
	司门前	tɕʰiu³¹²	tɕʰiu¹³	tɕʰiu³¹²	tɕʰiu⁵⁵	iə¹³	ɕiu³³	ɕiu³¹²	ɕiə⁵⁵	iu¹³	iu¹³
	金石桥	tɕʰiu³¹²	tɕʰiu¹³	tɕʰiu³¹²	tɕʰiu⁵⁵	iə¹³	ɕiu³³	ɕiu³¹²	ɕiə⁵⁵	iu³³	iu¹³
	小沙江	tɕʰiu³¹²	tɕʰiu¹³	tɕʰiu³¹²	tɕʰiu⁵⁵	iə¹³	ɕiu³³	ɕiu³¹²	ɕiə⁵⁵	iu³³	iu¹³
	西洋江	tɕʰiu³¹²	tɕʰiu¹³	tɕʰiu³¹²	tɕʰiu⁵⁵	iu¹³	ɕiu⁵⁵	ɕiu³¹²	ɕiə⁴⁵	iu⁵⁵	iu¹³
	横板桥	tɕʰiu³¹²	tɕʰiu¹³	tɕʰiu³¹²	tɕʰiu⁵⁵	iə¹³	ɕiu³³	ɕiu³¹²	ɕiə⁴⁵	iu⁵⁵	iu¹³
	岩口	tɕʰiu³¹²	tɕʰiu¹³	tɕʰiu³³	tɕʰiu⁵⁵	lə¹³	ɕiu³³	ɕiu³¹²	ɕiu⁵⁵	iu³³	iu¹³

		糇	求	舅	旧	牛	休	朽	嗅	优	尤
		流开三上有昌	流开三平尤群	流开三上有群	流开三去宥群	流开三平尤疑	流开三平尤晓	流开三上有晓	流开三去宥晓	流开三平尤影	流开三平尤于
隆回	罗洪	tɕʰiu^{312}	tɕʰiu^{13}	tɕʰiu^{312}	tɕʰiu^{55}	iə^{13}	ɕiu^{33}	ɕiu^{312}	ɕiə^{55}	iu^{33}	iu^{13}
	高坪	tɕʰiu^{312}	tɕʰiu^{13}	tɕʰiu^{312}	tɕʰiu^{55}	iẽ^{13}	ɕiu^{33}	ɕiu^{312}	ɕiə^{55}	iu^{33}	iu^{13}
洞口	石江	tɕʰiu^{312}	tɕʰiu^{13}	tɕʰiu^{312}	tɕʰiu^{55}	iu^{13}	ɕiu^{55}	ɕiu^{312}	ɕiə^{24}	iu^{55}	iu^{13}
	江口	tɕʰiu^{55}	tɕʰi^{13}	tɕʰi^{312}	tɕʰi^{55}	li^{13}	ɕi^{55}	tɕʰi^{55}	ɕiə^{24}	i^{55}	i^{13}
	长塘	tɕʰiu^{312}	tɕʰi^{13}	tɕʰi^{312}	tɕʰi^{55}	li^{13}	ɕi^{55}	ɕi^{312}	ɕiə^{24}	i^{55}	i^{13}
	山门	tɕʰiu^{312}	tɕʰiu^{13}	tɕʰiu^{45}	tɕʰiu^{55}	iu^{13}	ɕiu^{55}	ɕiu^{312}	ɕiə^{45}	i^{55}	i^{13}
	高沙	tɕʰiu^{312}	tɕʰiu^{13}	tɕʰiu^{24}	tɕiu^{24}	liu^{13}	ɕiu^{55}	ɕiu^{312}	ɕiə^{24}	iu^{55}	iu^{13}
	花园	tɕʰiu^{312}	tɕʰiu^{13}	tɕʰiu^{55}	tɕʰiu^{55}	liu^{13}	ɕiu^{55}	ɕiu^{312}	ɕiə^{35}	iu^{55}	iu^{13}
绥宁	金屋塘	tɕʰi^{55}	tɕʰi^{13}	tɕʰi^{312}	tɕʰi^{55}	i^{13}	ɕi^{55}	tɕʰi^{55}	ɕiə^{24}	i^{55}	i^{13}
	梅坪	tɕʰi^{55}	tɕʰi^{13}	tɕʰi^{312}	tɕʰi^{55}	i^{13}	ɕi^{55}	tɕʰi^{55}	ɕiə^{24}	i^{55}	i^{13}
	黄土矿	tɕʰiu^{312}	tɕʰiu^{55}	tɕʰiu^{312}	tɕʰiu^{33}	liə^{55}	ɕiu^{33}	ɕiu^{33}	ɕiə^{35}	iu^{33}	iu^{35}
	唐家坊	tɕʰiu^{312}	tɕʰiu^{13}	tɕʰiu^{55}	tɕʰiu^{55}	iə^{13}	ɕiu^{33}	ɕiu^{33}	ɕiə^{55}	iu^{33}	iu^{13}
	瓦屋塘	tɕʰiu^{312}	tɕʰiu^{13}	tɕʰiu^{33}	tɕʰiu^{33}	iə^{13}	ɕiu^{33}	ɕiu^{312}	ɕiə^{35}	iu^{33}	iu^{13}

		有	右	油	西	柚	彪	谬	丢	纠	幼
		流开三上有云	流开三去宥云	流开三平尤以	流开三上有以	流开三去宥以	流开三平幽帮	流开三去幼明	流开三平幽端	流开三上黝见	流开三去幼影
隆回	荷香桥	iu^{312}	iu^{55}	iu^{13}	iu^{312}	iu^{55}	piɐ^{33}	miɐ^{45}	tiu^{33}	tɕiu^{33}	iu^{55}
	六都寨	iu^{312}	iu^{55}	iu^{13}	iu^{312}	iu^{55}	piɐ^{33}	miɐ^{55}	tiu^{33}	tɕiu^{33}	iu^{55}
	七江	iu^{312}	iu^{55}	iu^{13}	iu^{312}	iu^{55}	piɐ^{33}	miɐ^{55}	tiu^{33}	tɕiu^{33}	iu^{55}
	司门前	iu^{312}	iu^{55}	iu^{13}	iu^{312}	iu^{55}	piɐ^{33}	miɐ^{55}	tiu^{33}	tɕiu^{33}	iu^{55}
	金石桥	iu^{312}	iu^{55}	iu^{13}	iu^{312}	iu^{55}	piɐ^{33}	miɐ^{55}	tiu^{33}	tɕiu^{33}	iu^{55}
	小沙江	iu^{312}	iu^{55}	iu^{13}	iu^{312}	iu^{55}	piɐ^{33}	miɐ^{55}	tiu^{33}	tɕiu^{33}	iu^{55}
	西洋江	iu^{312}	iu^{55}	iu^{13}	iu^{312}	iu^{45}	piɐ^{55}	miɐ^{45}	tiu^{33}	tɕiu^{55}	iu^{55}
	横板桥	iu^{312}	iu^{55}	iu^{13}	iu^{312}	iu^{45}	piɐ^{55}	miɐ^{45}	tiu^{55}	tɕiu^{55}	iu^{55}
	岩口	iu^{312}	iu^{55}	iu^{13}	iu^{312}	iu^{55}	piɐ^{33}	miɐ^{55}	tiu^{33}	tɕiu^{33}	iu^{55}
	罗洪	iu^{312}	iu^{55}	iu^{13}	iu^{312}	iu^{55}	piɐ^{33}	miɐ^{55}	tiu^{33}	tɕiu^{33}	iu^{55}
	高坪	iu^{312}	iu^{55}	iu^{13}	iu^{312}	iu^{55}	piɐ^{33}	miɐ^{55}	tiu^{33}	tɕiu^{33}	iu^{55}
洞口	石江	iu^{312}	iu^{55}	iu^{13}	iu^{312}	iə^{55}	piɐ^{55}	miɐ^{55}	tiu^{33}	tɕiu^{55}	iu^{55}
	江口	i^{312}	i^{55}	i^{13}	i^{312}	i^{55}	piɐ^{55}	miɐ^{24}	ti^{55}	tɕi^{55}	i^{55}

续表

		有	右	油	西	柚	彪	谬	丢	纠	幼
		流开三上有云	流开三去宥云	流开三平尤以	流开三上有以	流开三去宥以	流开三平幽帮	流开三去幼明	流开三平幽端	流开三上黝见	流开三去幼影
洞口	长塘	i³¹²	i⁵⁵	i¹³	i³¹²	i⁵⁵	piɛ⁵⁵	miɛ⁵⁵	ti⁵⁵	tɕi⁵⁵	i⁵⁵
	山门	iu³¹²	iu⁵⁵	iu¹³	iu³¹²	iu⁴⁵	piɛ⁵⁵	miɛ⁴⁵	tiu⁵⁵	tɕiu⁵⁵	iu⁵⁵
	高沙	iu³¹²	iu⁵⁵	iu¹³	iu³¹²	iu²⁴	piɛ⁵⁵	miɛ²⁴	tiu⁵⁵	tɕiu⁵⁵	iu²⁴
	花园	iu³¹²	iu⁵⁵	iu¹³	iu³¹²	iu³⁵	piɛ⁵⁵	miɛ³⁵	tiu⁵⁵	tɕiu⁵⁵	iu³⁵
绥宁	金屋塘	i³¹²	i⁵⁵	i¹³	i³¹²	i⁵⁵	piɛ⁵⁵	miɛ²⁴	ti⁵⁵	tɕi⁵⁵	i⁵⁵
	梅坪	i³¹²	i⁵⁵	i¹³	i³¹²	i⁵⁵	piɛ⁵⁵	miɛ²⁴	ti⁵⁵	tɕi⁵⁵	i⁵⁵
	黄土矿	iu³¹²	iu³³	iu⁵⁵	iu³¹²	iu³⁵	piɛ³³	miɛ³⁵	tiu³³	tɕiu³³	iu³³
	唐家坊	iu³¹²	iu⁵⁵	iu¹³	iu³¹²	iu⁵⁵	piɛ³³	miɛ⁵⁵	tiu³³	tɕiu³³	iu⁵⁵
	瓦屋塘	iu³¹²	iu³³	iu¹³	iu³¹²	iu³⁵	piɛ³³	miɛ³⁵	tiu³³	tɕiu³³	iu³³

		耽	贪	探	潭	男	婪	簪	参	惨	蚕
		咸开一平覃端	咸开一平覃透	咸开一去勘透	咸开一平覃定	咸开一平覃泥	咸开一上感来	咸开一平覃精	咸开一平覃清	咸开一上感清	咸开一平覃从
隆回	荷香桥	tã³³	xã³³	xã⁴⁵	xã¹³	lã¹³	lã³¹²	tsã³³	tsʰã³³	tsʰã³¹²	tsʰã¹³
	六都寨	tã³³	xɑ̃³³	xɑ̃⁵⁵	xɑ̃¹³	lɑ̃¹³	lɑ̃³¹²	tsɑ̃³³	tsʰɑ̃³³	tsʰɑ̃³¹²	tsʰɑ̃⁴⁵
	七江	tã³³	xã³³	xã⁵⁵	xã¹³	lã¹³	lã³¹²	tsã³³	tsʰã³³	tsʰã³¹²	tsʰã⁴⁵
	司门前	tã³³	xã³³	xã⁵⁵	xã¹³	lã¹³	lã³¹²	tsã³³	tsʰã³³	tsʰã³¹²	tsʰã⁴⁵
	金石桥	ta³³	xa³³	xa⁵⁵	xa¹³	la¹³	la³¹²	tsa³³	tsʰa³³	tsʰa³¹²	tsʰa⁴⁵
	小沙江	ta³³	tʰa³³	tʰa⁵⁵	tʰa¹³	la¹³	la³¹²	tsa³³	tsʰa³³	tsʰa³¹²	tsʰa⁴⁵
	西洋江	ta⁵⁵	xã⁵⁵	xã⁵⁵	xã¹³	lã¹³	lã³¹²	tsã⁵⁵	tsʰã⁵⁵	tsʰã³¹²	tsʰã⁴⁵
	横板桥	ta⁵⁵	xã⁵⁵	xã⁵⁵	xã¹³	lã¹³	lã³¹²	tsã⁵⁵	tsʰã⁵⁵	tsʰã³¹²	tsʰã⁴⁵
	岩口	tã³³	xã³³	xã⁵⁵	xã¹³	lã¹³	lã³¹²	tsã³³	tsʰã³³	tsʰã³¹²	tsʰã⁴⁵
	罗洪	tã³³	xã³³	xã⁵⁵	xã¹³	lã¹³	lã³¹²	tsã³³	tsʰã³³	tsʰã³¹²	tsʰã⁴⁵
	高坪	tã³³	xã³³	xã⁵⁵	xã¹³	lã¹³	lã³¹²	tsã³³	tsʰã³³	tsʰã³¹²	tsʰã⁴⁵
洞口	石江	tã⁵⁵	xã⁵⁵	xã⁵⁵	xã¹³	lã¹³	lã³¹²	tsã⁵⁵	tsʰã⁵⁵	tsʰã³¹²	tsʰã⁴⁵
	江口	tæ⁵⁵	tʰæ⁵⁵	tʰæ⁵⁵	tʰæ¹³	læ¹³	læ³¹²	tsæ⁵⁵	tsʰæ⁵⁵	tsʰæ³¹²	tsʰæ²⁴
	长塘	tã⁵⁵	xã⁵⁵	xã⁵⁵	xã¹³	lã¹³	lã³¹²	tsã⁵⁵	tsʰã⁵⁵	tsʰã³¹²	tsʰã²⁴
	山门	tã⁵⁵	xã⁵⁵	xã⁵⁵	xã¹³	lã¹³	lã³¹²	tsã⁵⁵	tsʰã⁵⁵	tsʰã³¹²	tsʰã⁴⁵
	高沙	tã⁵⁵	tʰã⁵⁵	tʰã⁵⁵	tʰã¹³	lã¹³	lã³¹²	tsã⁵⁵	tsʰã⁵⁵	tsʰã³¹²	tsʰã¹³
	花园	tã⁵⁵	tʰã⁵⁵	tʰã⁵⁵	tʰã¹³	lã¹³	lã³¹²	tsã⁵⁵	tsʰã⁵⁵	tsʰã³¹²	tsʰã⁴⁵

		耽	贪	探	潭	男	娄	簪	参	惨	蚕
		咸开一平覃端	咸开一平覃透	咸开一去勘透	咸开一平覃定	咸开一平覃泥	咸开一上感来	咸开一平覃精	咸开一平覃清	咸开一上感清	咸开一平覃从
绥宁	金屋塘	tã⁵⁵	xã⁵⁵	xã⁵⁵	xã¹³	lã¹³	lã³¹²	tsã⁵⁵	tsʰã⁵⁵	tsʰã³¹²	tsʰã¹³
	梅坪	tã⁵⁵	xã⁵⁵	xã⁵⁵	xã¹³	lã¹³	lã³¹²	tsã⁵⁵	tsʰã⁵⁵	tsʰã³¹²	tsʰã¹³
	黄土矿	tẽ³³	tʰẽ³³	tʰẽ³⁵	tʰẽ⁵⁵	lẽ⁵⁵	lẽ³¹²	tsẽ³³	tsʰẽ³³	tsʰẽ³¹²	tsʰã³⁵
	唐家坊	tẽ³³	tʰẽ³³	tʰe5⁵	tʰẽ¹³	lẽ¹³	lẽ³¹²	tsẽ³³	tsʰẽ³³	tsʰẽ³¹²	tsʰẽ³⁵
	瓦屋塘	tẽ³³	tʰẽ³³	tʰẽ³⁵	tʰẽ¹³	lẽ¹³	lẽ³¹²	tsẽ³³	tsʰẽ³³	tsʰẽ³¹²	tsʰẽ³⁵

		感	龛	砍	勘	含	撼	憾	庵	揞	暗
		咸开一上感见	咸开一平覃溪	咸开一上感溪	咸开一去勘溪	咸开一平覃匣	咸开一上感匣	咸开一去勘匣	咸开一平覃影	咸开一上感影	咸开一去勘影
隆回	荷香桥	kã³¹²	kʰã³³	kʰã³¹²	kʰã³³	xã¹³	xã⁵⁵	xã⁵⁵	ã³³	ã	ã⁴⁵
	六都寨	kɑ³¹²	kʰɑ³³	kʰɑ³¹²	kʰɑ⁵⁵	xɑ¹³	xɑ⁵⁵	xɑ⁵⁵	ɑ³³	ɑ³¹²	ɑ⁵⁵
	七江	kɑ³¹²	kʰɑ³³	kʰɑ³¹²	kʰɑ⁵⁵	xã¹³	xã⁵⁵	xã⁵⁵	ɑ³³	ɑ³¹²	ɑ⁵⁵
	司门前	kɑ³¹²	kʰɑ³³	kʰɑ³¹²	kʰɑ⁵⁵	xã¹³	xɑ⁵⁵	xã⁵⁵	ɑ³³	ɑ³¹²	ɑ⁵⁵
	金石桥	ka³¹²	kʰa³³	kʰa³¹²	kʰa⁵⁵	xa¹³	xa⁵⁵	xa⁵⁵	a³³	a³¹²	a⁵⁵
	小沙江	ka³¹²	xa³³	xa³¹²	xa⁵⁵	xE¹³	xa⁵⁵	xa⁵⁵	a³³	a³¹²	a⁵⁵
	西洋江	kã³¹²	kʰã⁵⁵	kʰã³¹²	kʰã⁵⁵	xã¹³	xã⁵⁵	xã⁵⁵	ã⁵⁵	ã³¹²	ã⁵⁵
	横板桥	kã³¹²	kʰã⁵⁵	kʰã³¹²	kʰã⁵⁵	xã¹³	xã⁵⁵	xã⁵⁵	ã⁵⁵	ã³¹²	ã⁵⁵
	岩口	kã³¹²	kʰã³³	kʰã³¹²	kʰã³³	xã¹³	xã⁵⁵	xã⁵⁵	ã³³	ã³¹²	ã⁵⁵
	罗洪	kã³¹²	xã³³	xã³¹²	xã³³	xã¹³	xã⁵⁵	xã⁵⁵	ã³³	ã³¹²	ã⁵⁵
	高坪	kã³¹²	kʰã³³	kʰã³¹²	kʰã³³	xã¹³	xã⁵⁵	xã⁵⁵	ã³³	ã⁵⁵	ã⁵⁵
洞口	石江	kã³¹²	kʰã⁵⁵	kʰã³¹²	kʰã⁵⁵	xã¹³	xã⁵⁵	xã⁵⁵	ã⁵⁵	ã³¹²	ã²⁴
	江口	kæ³¹²	kʰæ⁵⁵	kʰæ³¹²	kʰæ⁵⁵	xæ¹³	xæ⁵⁵	xæ̃	ŋæ̃⁵⁵	ŋã³¹²	ŋæ²⁴
	长塘	kã³¹²	kʰã⁵⁵	kʰã³¹²	kʰã⁵⁵	xã¹³	xã⁵⁵	xã⁵⁵	ŋã⁵⁵	ŋã³¹²	ŋã²⁴
	山门	kã³¹²	kʰã⁵⁵	kʰã³¹²	kʰã⁵⁵	xã¹³	xã⁵⁵	xã⁵⁵	ã⁵⁵	ã⁵⁵	ã⁵⁵
	高沙	kã³¹²	kʰã⁵⁵	kʰã³¹²	kʰã⁵⁵	xã¹³	xã⁵⁵	xã⁵⁵	ŋã⁵⁵	ã³¹²	ŋã²⁴
	花园	kã³¹²	kʰã⁵⁵	kʰã³¹²	kʰã⁵⁵	xã¹³	xã⁵⁵	xã⁵⁵	ã⁵⁵	ã³¹²	ã³⁵
绥宁	金屋塘	ka³¹²	kʰã⁵⁵	kʰã³¹²	kʰã⁵⁵	xã¹³	xã⁵⁵	xã⁵⁵	ã⁵⁵	ã³¹²	ã³⁵
	梅坪	kã³¹²	kʰã⁵⁵	kʰã³¹²	kʰã⁵⁵	xã¹³	xã⁵⁵	xã⁵⁵	ã⁵⁵	ã³¹²	ã³⁵
	黄土矿	ke³¹²	kʰe³³	kʰe³¹²	kʰe⁵⁵	xe¹³	xe⁵⁵	xe⁵⁵	ẽ³³	ẽ³¹²	a³⁵
	唐家坊	ke³¹²	kʰẽ³³	kʰẽ³¹²	kʰẽ³³	xã¹³	xẽ³³	xẽ³³	ẽ³³	ẽ³³	ie⁵⁵
	瓦屋塘	ke³¹²	kʰẽ³³	kʰẽ³¹²	kʰẽ³³	xã¹³	xẽ³³	xẽ³³	ẽ³³	ẽ³¹²	ie³⁵

145

		担	胆	坍	毯	痰	淡	蓝	揽	惭	鏨
		咸开一平谈端	咸开一上敢端	咸开一平谈透	咸开一上敢透	咸开一平谈定	咸开一上敢定	咸开一平谈来	咸开一上敢来	咸开一平谈从	咸开一去阚从
隆回	荷香桥	taã³³	taã³¹²	xaã³³	xaã³¹²	xaã¹³	xaã³¹²	laã¹³	laã³¹²	tsʰaã¹³	tsʰaã⁵⁵
	六都寨	taã³³	taã³¹²	xɑ̃³³	xɑ̃³¹²	xɑ̃¹³	xɑ̃³¹²	lɑ̃¹³	lɑ̃³¹²	tsʰɑ̃¹³	tsʰɑ̃⁵⁵
	七江	tɑ̃³³	tɑ̃³¹²	xɑ̃³³	xɑ̃³¹²	xɑ̃¹³	xɑ̃³¹²	lɑ̃¹³	lɑ̃³¹²	tsʰɑ̃¹³	tsʰɑ̃⁵⁵
	司门前	tɑ̃³³	tɑ̃³¹²	xɑ̃³³	xɑ̃³¹²	xɑ̃¹³	xɑ̃³¹²	lɑ̃¹³	lɑ̃³¹²	tsʰɑ̃¹³	tsʰɑ̃⁵⁵
	金石桥	ta³³	ta³¹²	xa³³	xa³¹²	xa¹³	xa³¹²	la¹³	la³¹²	tsʰa¹³	tsʰa⁵⁵
	小沙江	ta³³	ta³¹²	tʰa³³	tʰa³¹²	tʰa¹³	tʰa³¹²	la¹³	la³¹²	tsʰa¹³	tsʰa⁵⁵
	西洋江	taã⁵⁵	taã³¹²	xaã⁵⁵	xaã³¹²	xaã¹³	xaã³¹²	laã¹³	laã³¹²	tsʰaã¹³	tsʰaã⁵⁵
	横板桥	taã⁵⁵	taã³¹²	xaã⁵⁵	xaã³¹²	xaã¹³	xaã³¹²	laã¹³	laã³¹²	tsʰaã¹³	tsʰaã⁵⁵
	岩口	ta³³	taã³¹²	xa³³	xaã³¹²	xaã¹³	xaã³¹²ʼ³¹	laã¹³	laã³¹²	tsʰaã¹³	tsʰaã⁵⁵
	罗洪	ta³³	taã³¹²	xa³³	xaã³¹²	xaã¹³	xaã³¹²	laã¹³	laã³¹²	tsʰaã¹³	tsʰaã⁵⁵
	高坪	ta³³	taã³¹²	tʰa³³	tʰaã³¹²	tʰaã¹³	tʰaã³¹²	laã¹³	laã³¹²	tsʰaã¹³	tsʰaã⁵⁵
洞口	石江	taã⁵⁵	taã³¹²	xaã⁵⁵	xaã³¹²	xaã¹³	xaã³¹²	laã¹³	laã³¹²	tsʰaã¹³	tsʰaã⁵⁵
	江口	taã⁵⁵	taã³¹²	tʰaã⁵⁵	tʰaã³¹²	tʰaã¹³	tʰaã³¹²	laã¹³	laã³¹²	tsʰaã¹³	tsʰaã⁵⁵
	长塘	taã⁵⁵	taã³¹²	xaã⁵⁵	xaã³¹²	xaã¹³	xaã³¹²	laã¹³	laã³¹²	tsʰaã¹³	tsʰaã⁵⁵
	山门	taã⁵⁵	taã³¹²	xaã⁵⁵	xaã³¹²	xaã¹³	xaã³¹²	laã¹³	laã³¹²	tsʰaã¹³	tsʰaã⁵⁵
	高沙	taã⁵⁵	taã³¹²	tʰaã⁵⁵	tʰaã³¹²	tʰaã¹³	tʰaã³¹²	laã¹³	laã³¹²	tsʰaã¹³	tsʰaã²⁴
	花园	taã⁵⁵	taã³¹²	xaã⁵⁵	xaã³¹²	xaã¹³	xaã³¹²	laã¹³	laã³¹²	tsʰaã¹³	tsʰaã⁵⁵
绥宁	金屋塘	taã⁵⁵	taã³¹²	xaã⁵⁵	xaã³¹²	xaã¹³	xaã³¹²	laã¹³	laã³¹²	tsʰaã¹³	tsʰaã⁵⁵
	梅坪	taã⁵⁵	taã³¹²	xaã⁵⁵	xaã³¹²	xaã¹³	xaã³¹²	laã¹³	laã³¹²	tsʰaã¹³	tsʰaã⁵⁵
	黄土矿	ta³³	ta³¹²	tʰa³³	tʰe³¹²	tʰa⁵⁵	tʰa³¹²	la⁵⁵	la³¹²	tsʰe⁵⁵	tsʰa³³
	唐家坊	taã³³	taã³¹²	tʰaã³³	tʰeã³¹²	tʰaã⁵⁵	tʰaã³¹²	laã¹³	leã³¹²	tsʰeã¹³	tsʰaã⁵⁵
	瓦屋塘	taã³³	taã³¹²	tʰaã³³	tʰeã³¹²	tʰaã¹³	tʰaã³¹²	laã¹³	leã³¹²	tsʰeã¹³	tsʰaã⁵⁵

		三	柑	敢	憨	喊	酣	站	赚	斩	蘸
		咸开一平谈心	咸开一平谈见	咸开一上敢见	咸开一平谈晓	咸开一上敢晓	咸开一平谈匣	咸开二去陷知	咸开二去陷澄	咸开二上赚庄	咸开二去陷庄
隆回	荷香桥	saã³³	kaã³³	kaã³¹²	xaã³³	xaã³¹²	xaã⁵⁵	tsaã⁴⁵	tsʰaã⁵⁵	tsaã³¹²	tsaã⁴⁵
	六都寨	sɑ̃³³	kɑ̃³³	kɑ̃³¹²	xɑ̃³³	xɑ̃³¹²	xɑ̃³³	tsɑ̃⁵⁵	tsʰɑ̃⁵⁵	tsɑ̃³¹²	tsɑ̃⁵⁵
	七江	sɑ̃³³	kɑ̃³³	kɑ̃³¹²	xɑ̃³³	xɑ̃³¹²	xɑ̃³³	tsɑ̃⁵⁵	tsʰɑ̃⁵⁵	tsɑ̃³¹²	tsɑ̃⁵⁵
	司门前	sɑ̃³³	kɑ̃³³	kɑ̃³¹²	xɑ̃³³	xɑ̃³¹²	xɑ̃³³	tsɑ̃⁵⁵	tsʰɑ̃⁵⁵	tsɑ̃³¹²	tsɑ̃⁵⁵

续表

		三	柑	敢	憨	喊	酣	站	赚	斩	蘸
		咸开一	咸开一	咸开一	咸开一	咸开一	咸开一	咸开二	咸开二	咸开二	咸开二
		平谈心	平谈见	上敢见	平谈晓	上敢晓	平谈匣	去陷知	去陷澄	上赚庄	去陷庄
隆回	金石桥	sa^{33}	ka^{33}	ka^{312}	xa^{33}	xa^{312}	xa^{33}	tsa^{55}	tsʰa^{55}	tsa^{312}	tsa^{55}
	小沙江	sa^{33}	ka^{33}	ka^{312}	xa^{33}	xa^{312}	xa^{33}	tsa^{55}	tsʰa^{55}	tsa^{312}	tsa^{55}
	西洋江	sã^{55}	kã^{55}	kã^{312}	xã^{55}	xã^{312}	xã^{55}	tsã^{45}	tsʰã^{45}	tsã^{312}	tsã^{55}
	横板桥	sã^{55}	kuã^{55}	kuã^{312}	xã^{55}	xã^{312}	xã^{55}	tsã^{45}	tsʰuã^{45}	tsã^{312}	tsã^{55}
	岩口	sã^{33}	kã^{33}	kã^{312}	xã^{33}	xã^{312}	xã^{55}	tsã^{45}	tsʰuã^{55}	tsã^{312}	tsã^{55}
	罗洪	sã^{33}	kã^{33}	kã^{312}	xã^{33}	xã^{312}	xã^{55}	tsã^{55}	tɕyɛ̃^{55}	tsã^{312}	tsã^{55}
	高坪	sã^{33}	kã^{33}	kã^{312}	xã^{33}	xã^{312}	xã^{55}	tsã^{55}	tsʰã^{55}	tsã^{312}	tsã^{55}
洞口	石江	sã^{55}	kã^{55}	kã^{312}	xã^{55}	xã^{312}	xã^{55}	tsa^{24}	tsʰã^{55}	tsã^{312}	tsã^{55}
	江口	sã^{55}	kã^{55}	kã^{312}	xã^{55}	xã^{312}	xã^{55}	tsa^{24}	tsʰã^{55}	tsã^{312}	tsã^{55}
	长塘	sã^{55}	kã^{55}	kã^{312}	xã^{55}	xã^{312}	xã^{55}	tsa^{24}	tsʰã^{55}	tsã^{312}	tsã^{55}
	山门	sã^{55}	kã^{55}	kã^{312}	xã^{55}	xã^{312}	xã^{55}	tsã^{45}	tɕyɛ̃^{45}	tsã^{312}	tsã^{55}
	高沙	sã^{55}	kã^{55}	kã^{312}	xã^{55}	xã^{312}	xã^{55}	tsa^{24}	tɕyɛ̃^{24}	tsã^{312}	tsã^{55}
	花园	sã^{55}	kã^{55}	kã^{312}	xã^{55}	xã^{312}	xã^{55}	tsã3	tɕyĩ^{35}	tsã^{312}	tsã^{55}
绥宁	金屋塘	sã^{55}	kuɔ̃^{55}	kã^{312}	xã^{55}	xã^{312}	xã^{55}	tsa^{24}	tɕya^{24}	tsã^{312}	tsã^{55}
	梅坪	sã^{55}	kuɔ̃^{55}	kã^{312}	xã^{55}	xã^{312}	xã^{55}	tsa^{24}	tɕya^{24}	tsã^{312}	tsã^{55}
	黄土矿	sa^{33}	kẽ^{33}	kẽ^{312}	xẽ^{33}	xã^{312}	xẽ^{33}	tsẽ^{35}	tɕẽ^{35}	tsẽ^{312}	tɕẽ^{33}
	唐家坊	sã^{33}	kẽ^{33}	kẽ^{312}	xẽ^{33}	xã^{312}	xã^{33}	tsẽ^{55}	tɕẽ^{55}	tsã^{312}	tɕẽ^{33}
	瓦屋塘	sã^{33}	kẽ^{33}	kẽ^{312}	xẽ^{33}	xã^{312}	xã^{33}	tsẽ^{35}	tɕẽ^{35}	tsã^{312}	tɕẽ^{33}

		谗	杉	尴	减	咸	陷	搀	衫	监	嵌
		咸开二	咸开二	咸开二	咸开二	咸开二	咸开二	咸开二	咸开二	咸开二	咸开二
		平咸崇	平咸生	平咸见	上赚见	平咸匣	去陷匣	平衔初	平衔生	平衔见	平衔溪
隆回	荷香桥	tsʰã^{13}	sA^{33}	kã^{33}	kã^{312}	xã^{13}	xã^{55}	tsʰã^{33}	sA^{33}	kã^{45}	kʰã^{33}
	六都寨	tsʰɑ̃^{13}	sA^{33}	kɑ̃^{33}	kɑ̃^{312}	xɑ̃^{13}	xɑ̃^{13}	tsʰɑ̃^{33}	sA^{33}	kɑ̃^{33}	kʰɑ̃^{33}
	七江	tsʰɑ̃^{13}	sA^{33}	kɑ̃^{33}	kɑ̃^{33}	xɑ̃^{13}	xɑ̃^{13}	tsʰɑ̃^{33}	sA^{33}	kɑ̃^{33}	kʰɑ̃^{33}
	司门前	tsʰã^{13}	sA^{33}	kã^{33}	kã^{312}	xɑ̃^{13}	xã^{55}	tsʰã^{33}	sA^{33}	kã^{33}	kʰã^{33}
	金石桥	tsʰa^{13}	sA^{33}	ka^{33}	ka^{312}	xa^{13}	xa^{55}	tsʰa^{33}	sA^{33}	ka^{33}	kʰa^{33}
	小沙江	tsʰa^{13}	sA^{33}	ka^{33}	ka^{312}	xa^{13}	xa^{55}	tsʰa^{33}	sa^{33}	ka^{33}	kʰa^{33}
	西洋江	tsʰã^{13}	sA^{55}	kã^{55}	kã^{312}	xã^{13}	xã^{55}	tsʰã^{55}	sA^{55}	kã^{45}	kʰã^{55}
	横板桥	tsʰã^{13}	sA^{55}	kã^{55}	kã^{312}	xã^{13}	xã^{55}	tsʰã^{55}	sA^{55}	kã^{45}	kʰã^{55}
	岩口	tsʰã^{13}	sA^{33}	kã^{33}	kã^{312}	xã^{13}	çĩ^{55}	tsʰã^{33}	sã^{33}	kã^{55}	tɕʰĩ^{33}

147

续表

		谂	杉	尴	减	咸	陷	搀	衫	监	嵌
		咸开二平咸崇	咸开二平咸生	咸开二平咸见	咸开二上赚见	咸开二平咸匣	咸开二去陷匣	咸开二平衔初	咸开二平衔生	咸开二平衔见	咸开二平衔溪
隆回	罗洪	tsʰã^{13}	sA^{33}	kã^{33}	kã^{312}	xã^{13}	xã^{55}	tsʰã^{33}	sA^{33}	kã^{55}	xã^{33}
	高坪	tsʰã^{13}	sA^{33}	kã^{33}	kã^{312}	xã^{13}	xiẽ^{55}	tsʰã^{33}	sã^{33}	kã^{55}	xã^{33}
洞口	石江	tsʰã^{13}	sA^{55}	kã^{55}	kã^{312}	xã^{13}	xã^{55}	tsʰã^{55}	sã^{55}	kã^{45}	kʰã^{55}
	江口	tsʰã^{13}	sA^{55}	kã^{55}	kã^{312}	xã^{13}	xã^{55}	tsʰã^{55}	sã^{55}	kã^{55}	kʰã^{55}
	长塘	tsʰã^{13}	sA^{55}	kã^{55}	kã^{312}	xã^{13}	xã^{55}	tsʰã^{55}	sã^{55}	kã^{55}	kʰã^{55}
	山门	tsʰã^{13}	sA^{55}	kã^{55}	kã^{312}	xã^{13}	xã^{55}	tsʰã^{55}	sA^{55}	kã^{45}	kʰã^{55}
	高沙	tsʰã^{13}	sA^{55}	kã^{55}	kã^{312}	xã^{13}	xã^{55}	tsʰã^{55}	sA^{55}	kã^{24}	kʰã^{55}
	花园	tsʰã^{13}	sA^{55}	kã^{55}	kã^{312}	xã^{13}	xã^{55}	tsʰã^{55}	sA^{55}	kã^{35}	kʰã^{55}
绥宁	金屋塘	tsʰã^{13}	sA^{55}	kã^{55}	kã^{312}	xã^{13}	xã^{55}	tsʰã^{55}	sã^{55}	kã^{55}	kʰã^{55}
	梅坪	tsʰã^{13}	sA^{55}	kã^{55}	kã^{312}	xã^{13}	xã^{55}	tsʰã^{55}	sã^{55}	kã^{55}	kʰã^{55}
	黄土矿	tɕʰa^{55}	sA^{55}	kẽ^{33}	tɕẽ^{312}	xa^{55}	xẽ^{55}	tɕʰẽ^{33}	sa^{33}	tɕẽ^{35}	tɕʰẽ^{33}
	唐家坊	tɕʰẽ^{13}	sA^{55}	kẽ^{33}	kẽ^{312}	xã^{13}	xẽ^{55}	tɕʰẽ^{33}	sA^{33}	kẽ^{33}	kʰẽ^{33}
	瓦屋塘	tɕʰẽ^{13}	sA^{55}	kẽ^{33}	kẽ^{312}	xã^{13}	xẽ^{55}	tɕʰẽ^{33}	sA^{33}	kẽ^{35}	kʰẽ^{33}

		衔	舰	黏	镰	敛	殓	尖	签	潜	渐
		咸开二平衔匣	咸开二去槛匣	咸开三平盐娘	咸开三平盐来	咸开三上琰来	咸开三去艳来	咸开三平盐精	咸开三平盐清	咸开三平盐从	咸开三上琰从
隆回	荷香桥	xã^{13}	tɕĩ^{45}	iʌ/lĩ^{13}	lĩ^{13}	lĩ^{312}	lĩ^{312}	tsĩ^{33}	tsʰĩ^{33}	tsʰĩ^{13}	tsĩ^{13}
	六都寨	xã^{13}	tɕĩ^{55}	lĩ^{13}	lĩ^{13}	lĩ^{312}	lĩ^{55}	tsĩ^{33}	tsʰĩ^{33}	tsʰĩ^{13}	tsĩ^{55}
	七江	xã^{13}	tɕĩ^{55}	lĩ^{13}	lĩ^{13}	lĩ^{312}	lĩ^{55}	tsĩ^{33}	tsʰĩ^{33}	tsʰĩ^{13}	tsĩ^{55}
	司门前	xã^{13}	tɕĩ^{55}	lĩ^{13}	lĩ^{13}	lĩ^{312}	lĩ^{55}	tsĩ^{33}	tsʰĩ^{33}	tsʰĩ^{13}	tsĩ^{55}
	金石桥	xa^{13}	tɕɛ^{55}	liɛ^{13}	liɛ^{13}	liɛ^{312}	liɛ^{55}	tsiɛ^{33}	tsʰiɛ^{33}	tsʰiɛ^{13}	tsʰa^{13}
	小沙江	xa^{13}	tɕẽ^{55}	liɛ^{13}	liɛ^{13}	liɛ^{312}	liɛ^{55}	tɕɛ^{33}	tɕʰɛ^{33}	tɕʰɛ^{13}	tɕʰɛ^{55}
	西洋江	xã^{13}	kã^{45}	lĩ^{13}	lĩ^{13}	lĩ^{312}	lĩ^{45}	tsĩ^{55}	tsʰĩ^{33}	tsʰĩ^{13}	tsʰĩ^{55}
	横板桥	xã^{13}	kã^{45}	lĩ^{13}	lĩ^{13}	lĩ^{312}	lĩ^{45}	tsĩ^{55}	tsʰĩ^{33}	tsʰĩ^{13}	tsʰĩ^{55}
	岩口	xã^{13}	kã^{55}	liĩ^{13}	liĩ^{13}	liĩ^{312}	liĩ^{312}	tsiĩ^{55}	tsʰiĩ^{55}	tsʰiĩ^{13}	tsʰiĩ^{55}
	罗洪	xã^{13}	tɕɛ^{55}	liẽ^{13}	liẽ^{13}	liẽ^{312}	liẽ^{312}	tɕiẽ^{33}	tɕʰiẽ^{33}	tɕʰiẽ^{13}	tɕʰiẽ^{55}
	高坪	xã^{13}	kã^{55}	liẽ^{13}	liẽ^{13}	liẽ^{312}	liẽ^{312}	tɕiẽ^{33}	tɕʰiẽ^{33}	tɕʰiẽ^{13}	tɕʰiẽ^{55}
洞口	石江	xã^{13}	kã^{45}	liẽ^{13}	liẽ^{13}	liẽ^{312}	liẽ^{55}	tɕiẽ^{55}	tɕʰiẽ^{55}	tɕʰiẽ^{13}	tɕʰiẽ^{55}
	江口	xã^{13}	kã^{45}	liẽ^{13}	liẽ^{13}	liẽ^{312}	liẽ^{55}	tɕiẽ^{55}	tɕʰiẽ^{55}	tɕʰiẽ^{13}	tɕʰiẽ^{55}
	长塘	xã^{13}	kã^{45}	liẽ^{13}	liẽ^{13}	liẽ^{312}	liẽ^{55}	tɕiẽ^{55}	tɕʰiẽ^{55}	tɕʰiẽ^{13}	tɕʰiẽ^{55}

		衔	舰	黏	镰	敛	殓	尖	签	潜	渐
		咸开二平衔匣	咸开二去槛匣	咸开三平盐娘	咸开三平盐来	咸开三上琰来	咸开三去艳来	咸开三平盐精	咸开三平盐清	咸开三平盐从	咸开三上琰从
洞口	山门	xã^{13}	tɕĩ^{45}	lĩ^{13}	lĩ^{13}	lĩ^{312}	lĩ^{45}	tsĩ^{55}	tsʰĩ^{55}	tsʰĩ^{13}	tsʰĩ^{312}
	高沙	xiɛ̃/xã^{13}	tɕiɛ̃^{24}	liɛ̃^{13}	liɛ̃^{13}	liɛ̃^{312}	liɛ̃^{55}	tɕiɛ̃^{55}	tɕʰiɛ̃^{55}	tɕʰiɛ̃^{13}	tɕʰiɛ̃^{24}
	花园	xĩ^{13}	tɕĩ^{35}	lĩ^{13}	lĩ^{13}	lĩ^{312}	lĩ^{35}	tsĩ^{55}	tsʰĩ^{55}	tsʰĩ^{13}	tsʰĩ^{35}
绥宁	金屋塘	xã^{13}	tɕĩ^{24}	lĩ^{13}	lĩ^{13}	lĩ^{312}	lĩ^{24}	tsĩ^{55}	tsʰĩ^{55}	tsʰĩ^{13}	tsʰĩ^{24}
	梅坪	xã^{13}	tɕĩ^{24}	lĩ^{13}	lĩ^{13}	lĩ^{312}	lĩ^{24}	tsĩ^{55}	tsʰĩ^{55}	tsʰĩ^{13}	tsʰĩ^{24}
	黄土矿	xã^{55}	tɕẽ^{35}	liẽ^{55}	liẽ^{55}	liẽ^{312}	liẽ^{33}	tɕẽ^{33}	tɕʰẽ^{33}	tɕʰẽ^{55}	tɕʰẽ^{33}
	唐家坊	xã^{13}	tɕẽ^{35}	liẽ^{13}	liẽ^{13}	liẽ^{312}	liẽ^{55}	tsẽ^{33}	tsʰiẽ^{33}	tsʰiẽ^{13}	tsʰiẽ^{55}
	瓦屋塘	xã^{13}	tɕẽ^{35}	liẽ^{13}	liẽ^{13}	liẽ^{312}	liẽ^{35}	tɕẽ^{33}	tɕʰẽ^{33}	tɕʰẽ^{13}	tɕʰẽ^{33}

		沾	占	闪	蟾	染	检	钳	俭	验	险
		咸开三平盐知	咸开三去艳章	咸开三上琰书	咸开三平盐禅	咸开三上琰日	咸开三上琰见	咸开三平盐群	咸开三上琰群	咸开三去艳疑	咸开三上琰晓
隆回	荷香桥	tsã^{33}	tɕĩ^{45}	ɕĩ^{312}	tsʰã^{13}	ĩ^{312}	tɕĩ^{312}	tɕʰĩ^{13}	tɕʰĩ^{55}	ĩ^{55}	ɕĩ^{312}
	六都寨	tsɑ̃^{33}	tɕĩ^{55}	ɕĩ^{312}	tsʰɑ̃^{13}	ĩ^{312}	tɕĩ^{312}	tɕʰĩ^{13}	tɕĩ^{312}	ĩ^{55}	ɕĩ^{312}
	七江	tsĩ^{33}	tɕĩ^{55}	ɕĩ^{312}	ĩ^{13}	ĩ^{312}	tɕĩ^{312}	tɕʰĩ^{13}	tɕĩ^{312}	ĩ^{55}	ɕĩ^{312}
	司门前	tsĩ^{33}	tɕĩ^{55}	ɕĩ^{312}	tsʰã^{13}	ĩ^{312}	tɕĩ^{312}	tɕʰĩ^{13}	tɕʰĩ^{55}	ĩ^{55}	ɕĩ^{312}
	金石桥	tsa^{33}	tɕa^{55}	ɕiE^{312}	tsʰa^{13}	iE^{312}	tɕE^{312}	tɕʰE^{13}	tɕʰE^{55}	iE^{55}	ɕE^{312}
	小沙江	tsa^{33}	tɕa^{55}	ɕiE^{312}	tsʰa^{13}	iE^{312}	tɕE^{312}	tɕʰE^{13}	tɕʰE^{55}	iE^{55}	ɕE^{312}
	西洋江	tsã	tɕĩ^{45}	ɕĩ^{312}	tsʰã^{13}	ĩ^{312}	tɕĩ^{312}	tɕʰĩ^{13}	tɕʰĩ^{55}	ĩ^{55}	ɕĩ^{312}
	横板桥	tsã	tɕĩ^{45}	ɕĩ^{312}	tsʰã^{13}	ĩ^{312}	tɕĩ^{312}	tɕʰĩ^{13}	tɕʰĩ^{55}	ĩ^{55}	ɕĩ^{312}
	岩口	tsa^{33}	tsa^{55}	sa^{312}	tsʰã^{13}	ĩĩ^{312}	tɕĩĩ^{312}	tɕʰĩĩ^{13}	tɕĩĩ^{312}	ĩĩ^{55}	ɕĩĩ^{312}
	罗洪	tsiɛ̃^{33}	tɕiɛ̃^{55}	ɕiɛ̃^{312}	tsʰã^{13}	iɛ̃^{312}	tɕiɛ̃^{312}	tɕʰiɛ̃^{13}	tɕʰiɛ̃^{55}	iɛ̃^{55}	ɕiɛ̃^{312}
	高坪	tsiɛ̃^{33}	tɕiɛ̃^{55}	ɕiɛ̃^{312}	tsʰã^{13}	iɛ̃^{312}	tɕiɛ̃^{312}	tɕʰiɛ̃^{13}	tɕiɛ̃^{312}	iɛ̃^{55}	ɕiɛ̃^{312}
洞口	石江	tsã	tɕiɛ̃^{45}	ɕiɛ̃^{312}	tsʰã^{13}	iɛ̃^{312}	tɕiɛ̃^{312}	tɕʰiɛ̃^{13}	tɕʰiɛ̃^{55}	iɛ̃^{24}	ɕiɛ̃^{312}
	江口	tɕiɛ̃	tɕiɛ̃^{24}	ɕiɛ̃^{312}	tsʰã^{13}	liɛ̃^{312}	tɕiɛ̃^{312}	tɕʰiɛ̃^{13}	tɕʰiɛ̃^{55}	iɛ̃^{55}	ɕiɛ̃^{312}
	长塘	tɕiɛ̃	tɕie^{24}	ɕiɛ̃^{312}	tsʰã^{13}	liɛ̃^{312}	tɕiɛ̃^{312}	tɕʰiɛ̃^{13}	tɕʰiɛ̃^{55}	iɛ̃^{55}	ɕiɛ̃^{312}
	山门	tɕĩ^{55}	tɕĩ^{45}	ɕĩ^{312}	tsʰã^{13}	ĩ^{312}	tɕĩ^{312}	tɕʰĩ^{13}	tɕʰĩ^{55}	ĩ^{45}	ɕĩ^{312}
	高沙	tɕiɛ̃^{55}	tɕiɛ̃^{24}	ɕiɛ̃^{312}	tsʰã^{13}	iɛ̃^{312}	tɕiɛ̃^{312}	tɕʰiɛ̃^{13}	tɕʰiɛ̃^{55}	liɛ̃^{24}	ɕiɛ̃^{312}
	花园	tɕĩ^{55}	tɕĩ^{35}	ɕĩ^{312}	tsʰã^{13}	lĩ^{312}	tɕĩ^{312}	tɕʰĩ^{13}	tɕʰĩ^{55}	lĩ^{35}	ɕĩ^{312}

		沾	占	闪	蟾	染	检	钳	俭	验	险
		咸开三平盐知	咸开三去艳章	咸开三上琰书	咸开三平盐禅	咸开三上琰日	咸开三上琰见	咸开三平盐群	咸开三上琰群	咸开三去艳疑	咸开三上琰晓
绥宁	金屋塘	tçĩ⁵⁵	tçĩ²⁴	çĩ³¹²	tshã¹³	ĩ³¹²	tçĩ³¹²	tçʰĩ¹³	tçʰĩ⁵⁵	ĩ²⁴	çĩ³¹²
	梅坪	tçĩ⁵⁵	tçĩ²⁴	çĩ³¹²	tshã¹³	ĩ³¹²	tçĩ³¹²	tçʰĩ¹³	tçʰĩ⁵⁵	ĩ²⁴	çĩ³¹²
	黄土矿	tçẽ³³	tçẽ³⁵	çẽ³¹²	tçʰẽ⁵⁵	iẽ³¹²	tçẽ³¹²	tçʰẽ⁵⁵	tçʰẽ³¹²	iẽ³³	çẽ³¹²
	唐家坊	tçẽ³³	tçẽ⁵⁵	çẽ³¹²	tçʰẽ¹³	iẽ³¹²	tçẽ³¹²	tçʰẽ¹³	tçʰẽ³¹²	iẽ⁵⁵	çẽ³¹²
	瓦屋塘	tçẽ³³	tçẽ³⁵	çẽ³¹²	tçʰẽ¹³	iẽ³¹²	tçẽ³¹²	tçʰẽ¹³	tçʰẽ³¹²	iẽ²⁴	çiẽ³¹²

		阎	掩	厌	炎	盐	艳	剑	欠	严	酽
		咸开三平盐影	咸开三上琰影	咸开三去艳影	咸开三平盐云	咸开三平盐以	咸开三去艳以	咸开三去酽见	咸开三去酽溪	咸开三平严疑	咸开三去酽疑
隆回	荷香桥	ĩ³³	ĩ³¹²	ĩ⁵⁵	ĩ¹³	ĩ¹³	ĩ⁵⁵	tçĩ⁴⁵	tçʰĩ⁴⁵	ĩ¹³	ĩ³¹²
	六都寨	ĩ⁵⁵	ĩ³¹²	ĩ⁵⁵	ĩ¹³	ĩ¹³	ĩ⁵⁵	tçĩ⁵⁵	tçʰĩ⁵⁵	ĩ¹³	ĩ³¹²
	七江	ĩ⁵⁵	ĩ³¹²	ĩ⁵⁵	ĩ¹³	ĩ¹³	ĩ⁵⁵	tçĩ⁵⁵	tçʰĩ⁵⁵	ĩ¹³	ĩ³¹²
	司门前	ĩ⁵⁵	ĩ³¹²	ĩ⁵⁵	ĩ⁵⁵	ĩ¹³	ĩ⁵⁵	tçĩ⁵⁵	tçʰĩ⁵⁵	ĩ¹³	ĩ³¹²
	金石桥	çE⁵⁵	iE³¹²	iE⁵⁵	iE⁵⁵	iE¹³	iE⁵⁵	tçE⁵⁵	tçʰE⁵⁵	iE¹³	iE³¹²
	小沙江	çE⁵⁵	iE³¹²	iE⁵⁵	iE¹³	iE¹³	iE⁵⁵	tçE⁵⁵	tçʰE⁵⁵	iE¹³	iE³¹²
	西洋江	ĩ⁵⁵	ĩ³¹²	ĩ⁴⁵	ĩ¹³	ĩ¹³	ĩ⁴⁵/⁵⁵	tçĩ³¹²	tçʰĩ⁴⁵	ĩ¹³	ĩ³¹²
	横板桥	ĩ⁵⁵	ĩ³¹²	ĩ⁴⁵	ĩ¹³	ĩ¹³	ĩ⁴⁵/⁵⁵	tçĩ³¹²	tçʰĩ⁴⁵	ĩ¹³	ĩ³¹²
	岩口	ã³³	ĩĩ³¹²	ĩĩ⁵⁵	ĩĩ¹³	ĩĩ¹³	ĩĩ⁵⁵	tçĩĩ⁴⁵	tçʰĩĩ⁴⁵	ĩĩ¹³	ĩĩ³¹²
	罗洪	iẽ³³	iẽ³¹²	iẽ⁵⁵	iẽ¹³	iẽ¹³	iẽ⁵⁵	tçiẽ³¹²	tçʰiẽ⁴⁵	iẽ¹³	iẽ³¹²
	高坪	iẽ³³	iẽ³¹²	iẽ⁵⁵	iẽ¹³	iẽ¹³	iẽ⁵⁵	tçiẽ³¹²	tçʰiẽ³¹²	iẽ¹³	iẽ³¹²
洞口	石江	iẽ⁵⁵	iẽ³¹²	iẽ⁵⁵	iẽ¹³	iẽ¹³	iẽ⁵⁵	tçiẽ³¹²	tçʰiẽ²⁴	iẽ¹³	iẽ³¹²
	江口	iẽ⁵⁵	iẽ³¹²	iẽ²⁴	iẽ¹³	iẽ¹³	iẽ²⁴	tçiẽ²⁴	tçʰiẽ²⁴	iẽ¹³	iẽ³¹²
	长塘	iẽ⁵⁵	iẽ³¹²	iẽ²⁴	iẽ¹³	iẽ¹³	iẽ²⁴	tçiẽ³¹²	tçʰiẽ²⁴	iẽ¹³	iẽ³¹²
	山门	ĩ⁵⁵	ĩ³¹²	ĩ⁴⁵	ĩ¹³	ĩ¹³	ĩ⁴⁵	tçĩ⁴⁵	tçʰĩ⁴⁵	ĩ¹³	ĩ³¹²
	高沙	iẽ⁵⁵	iẽ³¹²	iẽ²⁴	iẽ¹³	iẽ¹³	iẽ²⁴	tçiẽ²⁴	tçʰiẽ¹³	iẽ¹³	iẽ³¹²
	花园	ĩ⁵⁵	ĩ³¹²	ĩ³⁵	ĩ¹³	ĩ¹³	ĩ³⁵	tçĩ³⁵	tçʰĩ³⁵	ĩ¹³	ĩ³¹²
绥宁	金屋塘	ĩ⁵⁵	ĩ³¹²	ĩ²⁴	ĩ¹³	ĩ¹³	ĩ²⁴	tçĩ²⁴	tçʰĩ²⁴	ĩ¹³	ĩ³¹²
	梅坪	ĩ⁵⁵	ĩ³¹²	ĩ²⁴	ĩ¹³	ĩ¹³	ĩ²⁴	tçĩ²⁴	tçʰĩ²⁴	ĩ¹³	ĩ³¹²
	黄土矿	iẽ³³	iẽ³¹²	iẽ³⁵	iẽ⁵⁵	iẽ⁵⁵	iẽ³⁵	tçẽ³⁵	tçʰẽ³⁵	iẽ⁵⁵	iẽ³¹²
	唐家坊	iẽ³³	iẽ³¹²	iẽ⁵⁵	iẽ¹³	iẽ¹³	iẽ⁵⁵	tçẽ⁵⁵	tçʰẽ⁵⁵	iẽ¹³	iẽ³¹²
	瓦屋塘	iẽ³³	iẽ³¹²	iẽ³⁵	iẽ¹³	iẽ¹³	iẽ³⁵	tçẽ³⁵	tçʰẽ³⁵	iẽ¹³	iẽ³¹²

续表

		醃	掂	点	店	添	舔	甜	鲇	念
		咸开三平严影	咸开四平添端	咸开四上忝端	咸开四去桥端	咸开四平添透	咸开四上忝透	咸开四平添定	咸开四平添泥	咸开四去桥泥
隆回	荷香桥	ĩ^{33}	tĩ^{33}	tĩ^{312}	tĩ^{45}	xĩ^{33}	xĩ^{312}	xĩ^{13}	lĩ^{13}	ĩ^{55}
	六都寨	ĩ^{33}	tĩ^{33}	tĩ^{312}	tĩ^{55}	xĩ^{33}	xĩ^{312}	xĩ^{13}	lĩ^{13}	ĩ^{55}
	七江	ĩ^{33}	tĩ^{33}	tĩ^{312}	tĩ^{55}	xĩ^{33}	xĩ^{312}	xĩ^{13}	lĩ^{13}	ĩ^{13}
	司门前	ĩ^{33}	tĩ^{33}	tĩ^{312}	tĩ^{55}	xĩ^{33}	xĩ^{312}	xĩ^{13}	lĩ^{13}	ĩ^{55}
	金石桥	ie^{33}	tie^{33}	tie^{312}	tie^{55}	xie^{33}	tʰie^{312}	tʰie^{13}	lie^{13}	ie^{55}
	小沙江	ie^{33}	tie^{33}	tie^{312}	tie^{55}	xie^{33}	tʰie^{312}	tʰie^{13}	lie^{13}	ie^{55}
	西洋江	ĩ^{55}	tĩ^{55}	tĩ^{312}	tĩ^{55}	xĩ^{55}	xĩ^{312}	xĩ^{13}	lĩ^{13}	ĩ^{55}
	横板桥	ĩ^{55}	tĩ^{55}	tĩ^{312}	tĩ^{55}	xĩ^{55}	xĩ^{312}	xĩ^{13}	lĩ^{13}	ĩ^{55}
	岩口	ã^{33}	tĩĩ^{33}	tĩĩ^{312}	tĩĩ^{45}	tʰĩĩ^{33}	tʰĩĩ^{312}	xĩĩ^{13}	lĩĩ^{13}	ĩĩ^{55}
	罗洪	iẽ^{33}	tiẽ^{33}	tiẽ^{312}	tiẽ^{55}	tʰiẽ^{33}	tʰiẽ^{312}	tʰiẽ^{13}	liẽ^{13}	iẽ^{55}
	高坪	ie^{33}	tie^{33}	tie^{312}	tie^{55}	tʰie^{33}	tʰie^{312}	tʰie^{13}	lie^{13}	ie^{55}
洞口	石江	iẽ^{55}	tiẽ^{55}	tiẽ^{312}	tiẽ^{55}	xiẽ^{55}	xiẽ^{312}	xiẽ^{13}	liẽ^{13}	iẽ^{55}
	江口	iẽ^{55}	tiẽ^{55}	tiẽ^{312}	tiẽ^{24}	tʰiẽ^{55}	tʰiẽ^{312}	tʰiẽ^{13}	liẽ^{13}	iẽ^{55}
	长塘	iẽ^{55}	tiẽ^{55}	tiẽ^{312}	tiẽ^{55}	tʰiẽ^{55}	tʰiẽ^{312}	tʰiẽ^{13}	liẽ^{13}	iẽ^{55}
	山门	ĩ^{55}	tĩ^{55}	tĩ^{312}	tĩ^{55}	xĩ^{55}	xĩ^{312}	xĩ^{13}	lĩ^{13}	ĩ^{55}
	高沙	iẽ^{55}	tiẽ^{55}	tiẽ^{312}	tiẽ^{55}	tʰiẽ^{55}	tʰiẽ^{312}	tʰiẽ^{13}	liẽ^{13}	liẽ^{55}
	花园	ĩ^{55}	tĩ^{55}	tĩ^{312}	tĩ^{55}	tʰĩ^{55}	tʰĩ^{312}	tʰĩ^{13}	lĩ^{13}	lĩ^{55}
绥宁	金屋塘	ĩ^{55}	tĩ^{55}	tĩ^{312}	tĩ^{55}	tʰĩ^{55}	tʰĩ^{312}	tʰĩ^{13}	lĩ^{13}	ĩ^{55}
	梅坪	ĩ^{55}	tĩ^{55}	tĩ^{312}	tĩ^{55}	tʰĩ^{55}	tʰĩ^{312}	tʰĩ^{13}	lĩ^{13}	ĩ^{55}
	黄土矿	ie^{33}	tie^{33}	tie^{312}	tie^{35}	tʰie^{33}	tʰie^{312}	tʰi^{55}	ie^{55}	ie^{33}
	唐家坊	ie^{33}	tie^{33}	tie^{312}	tie^{55}	tʰie^{33}	tʰie^{312}	tʰie^{13}	lie^{13}	ie^{55}
	瓦屋塘	ie^{33}	tie^{33}	tie^{312}	tie^{33}	tʰie^{33}	tʰie^{312}	tʰie^{13}	ie^{55}	ie^{33}

		兼	谦	歉	嫌	泛	凡	犯	单	掸	旦
		咸开四平添见	咸开四平添溪	咸开四去桥溪	咸开四平添匣	咸合三平梵敷	咸合三平凡奉	咸合三上范奉	山开一平寒端	山开一上旱端	山开一去翰端
隆回	荷香桥	tɕĩ^{33}	tɕʰĩ^{33}	tɕʰĩ^{45}	ɕĩ^{13}	fã^{45}	fã^{13}	fã^{55}	tã^{33}	tã^{312}	tã^{33}
	六都寨	tɕʰĩ^{33}	tɕĩ^{33}	tɕʰĩ^{55}	ɕĩ^{13}	fã^{55}	fã^{13}	fã^{55}	tã^{33}	tã^{312}	tã^{55}
	七江	tɕʰĩ^{33}	tɕʰĩ^{33}	tɕʰĩ^{55}	ɕĩ^{13}	fã^{55}	fã^{13}	fã^{55}	tã^{33}	tã^{312}	tã^{55}
	司门前	tɕʰĩ^{33}	tɕʰĩ^{33}	tɕʰĩ^{55}	ɕĩ^{13}	fã^{55}	fã^{13}	fã^{55}	tã^{33}	tã^{312}	tã^{45}

续表

		兼	谦	歉	嫌	泛	凡	犯	单	掸	旦
		咸开四	咸开四	咸开四	咸开四	咸合三	咸合三	咸合三	山开一	山开一	山开一
		平添见	平添溪	去桥溪	平添匣	平梵敷	平凡奉	上范奉	平寒端	上旱端	去翰端
隆回	金石桥	tɕʰE^{33}	tɕʰE^{33}	tɕʰE^{55}	ɕE^{13}	fa^{55}	fa^{13}	fa^{55}	ta^{33}	ta^{312}	ta^{55}
	小沙江	tɕʰE^{33}	tɕʰE^{33}	tɕʰE^{55}	ɕE^{13}	fa^{55}	fa^{13}	xua^{55}	ta^{33}	ta^{312}	ta^{55}
	西洋江	tɕʰĩ^{55}	tɕʰĩ^{55}	tɕʰĩ^{45}	ɕĩ^{13}	fã^{45}	fã^{13}	fã^{45}	tã^{55}	tã^{312}	tã$^{45/55}$
	横板桥	tɕʰĩ^{55}	tɕʰĩ^{55}	tɕʰĩ^{45}	ɕĩ^{13}	fã^{45}	fã^{13}	fã^{45}	tã^{55}	tã^{312}	tã$^{45/55}$
	岩口	tɕʰiĩ^{33}	tɕʰiĩ^{33}	tɕʰiĩ^{55}	ɕiĩ^{13}	fã^{55}	fã^{13}	fã^{55}	tã^{33}	tã^{312}	tã^{55}
	罗洪	tɕʰiẼ^{33}	tɕʰiẼ^{33}	tɕʰiẼ^{55}	ɕiẼ^{13}	fã^{45}	fã^{13}	fã^{55}	tã^{33}	tã^{312}	tã^{33}
	高坪	tɕʰiẼ^{33}	tɕʰiẼ^{33}	tɕʰiẼ^{55}	ɕiẼ^{13}	fã^{45}	xuã^{13}	xuã^{55}	tã^{33}	tã^{312}	tã^{33}
洞口	石江	tɕʰiẼ^{55}	tɕʰiẼ^{55}	tɕʰiẼ^{55}	ɕiẼ^{13}	fã^{24}	fã^{13}	fã^{55}	tã^{55}	tã^{312}	tã$^{45/55}$
	江口	tɕʰiẼ^{55}	tɕʰiẼ^{55}	tɕʰiẼ^{55}	ɕiẼ^{13}	fã^{24}	fã^{13}	fã^{55}	tã^{55}	tã^{312}	tã^{24}
	长塘	tɕʰiẼ^{55}	tɕʰiẼ^{55}	tɕʰiẼ^{55}	ɕiẼ^{13}	fã^{24}	fã^{13}	fã^{55}	tã^{55}	tã^{312}	tã^{24}
	山门	tɕʰĩ^{55}	tɕʰĩ^{55}	tɕʰĩ^{45}	ɕĩ^{13}	fã^{45}	fã^{13}	fã^{45}	tã^{55}	tã^{312}	tã^{55}
	高沙	tɕʰiẼ^{55}	tɕʰiẼ^{55}	tɕʰiẼ^{24}	ɕiẼ^{13}	xuã^{24}	xuã^{13}	xuã^{24}	tã^{55}	tã^{312}	tã^{55}
	花园	tɕʰĩ^{55}	tɕʰĩ^{55}	tɕʰĩ^{35}	ɕĩ^{13}	xuã^{35}	xuã^{13}	xuã^{35}	tã^{55}	tã^{312}	tã^{55}
绥宁	金屋塘	tɕʰĩ^{55}	tɕʰĩ^{55}	tɕʰĩ^{524}	ɕĩ^{13}	xuã^{24}	xuã^{13}	xuã^{24}	tã^{55}	tã^{312}	tã^{24}
	梅坪	tɕʰĩ^{55}	tɕʰĩ^{55}	tɕʰĩ^{524}	ɕĩ^{13}	xuã^{24}	xuã^{13}	xuã^{35}	tã^{55}	tã^{312}	tã^{24}
	黄土矿	tɕẼ^{33}	tɕʰẼ^{33}	tɕʰẼ^{35}	ɕẼ^{35}	fa^{35}	fa^{55}	fa3	ta^{33}	ta^{312}	ta^{33}
	唐家坊	tɕẼ^{33}	tɕʰẼ^{33}	tɕʰe^{55}	ɕẼ^{13}	fe5^{5}	fẼ^{13}	fẼ^{55}	tẼ^{33}	tẼ^{312}	tẼ^{55}
	瓦屋塘	tɕẼ^{33}	tɕʰẼ^{33}	tɕʰe^{35}	ɕẼ^{13}	fe^{35}	fẼ^{13}	fẼ^{33}	tẼ^{33}	tẼ^{312}	tẼ^{35}

		滩	坦	碳	弹	诞	蛋	但	难	拦	懒	烂
		山开一	山开一	山开一	山开一	山开一	山开一	山开一	山开一	山开一	山开一	山开一
		平寒透	上旱透	去翰透	平寒定	上旱定	去翰定	去翰定	平寒泥	平寒来	上旱来	去翰来
隆回	荷香桥	xã^{33}	xã^{312}	xã^{45}	xã^{13}	tã^{55}	xã^{55}	xã^{55}	lã^{13}	lã^{13}	lã^{312}	lã^{55}
	六都寨	xã^{33}	xã^{312}	xã^{55}	xã^{13}	tã^{55}	xã^{55}	xã^{55}	lã^{13}	lã^{13}	lã^{312}	lã^{55}
	七江	xã^{33}	xã^{312}	xã^{55}	xã^{13}	tã^{55}	xã^{55}	xã^{55}	lã^{13}	lã^{13}	lã^{312}	lã^{55}
	司门前	xã^{33}	xã^{312}	xã^{55}	xã^{13}	tã^{55}	xã^{55}	xã^{55}	lã^{13}	lã^{13}	lã^{312}	lã^{55}
	金石桥	xa^{33}	xa^{312}	xa^{55}	xa^{13}	ta^{55}	xa^{55}	xa^{55}	la^{13}	la^{13}	la^{312}	la^{55}
	小沙江	tʰa^{33}	tʰa^{312}	tʰa^{55}	tʰa^{13}	ta^{55}	tʰa^{55}	tʰa^{55}	la^{13}	la^{13}	la^{312}	la^{55}
	西洋江	xã^{55}	xã^{312}	xã^{55}	xã^{13}	tã^{45}	xã^{55}	xã^{55}	lã^{13}	lã^{13}	lã^{312}	lã^{55}
	横板桥	xã^{55}	xã^{312}	xã^{55}	xã^{13}	tã^{45}	xã^{55}	xã^{55}	lã^{13}	lã^{13}	lã^{312}	lã^{55}

续表

		滩	坦	碳	弹	诞	蛋	但	难	拦	懒	烂
		山开一	山开一	山开一	山开一	山开一	山开一	山开一	山开一	山开一	山开一	山开一
		平寒透	上旱透	去翰透	平寒定	上旱定	去翰定	去翰定	平寒泥	平寒来	上旱来	去翰来
隆回	岩口	xã33	xã312	xã45	xã13	tã55	tã55	tã55	lã13	lã13	lã312	lã55
	罗洪	xã33	xã312	xã55	xã13	tã55	xã55	xã55	lã13	lã13	lã312	lã55
	高坪	thã33	thã312	thã55	thã13	tã55	thã55	thã55	lã13	lã13	lã312	lã55
洞口	石江	xã55	xã312	xã24	xã13	tã45	xã55	xã55	lã13	lã13	lã312	lã55
	江口	thã55	thã312	thã24	thã13	tã45	thã55	thã55	lã13	lã13	lã312	lã55
	长塘	xã55	xã312	xã24	xã13	tã45	xã55	xã55	lã13	lã13	lã312	lã55
	山门	xã55	xã312	xã45	xa13	ta45	xã55	xã55	lã13	lã13	lã312	lã55
	高沙	thã55	thã312	thã24	thã13	tã24	tã24	tã24	lã13	lã13	lã312	lã55
	花园	thã55	thã312	thã35	thã13	tã35	thã55	thã55	lã13	lã13	lã312	lã55
绥宁	金屋塘	xã55	xã312	xã24	xã13	tã55	xã55	xã55	lã13	lã13	lã312	lã55
	梅坪	xã55	xã312	xã24	xã13	tã55	xã55	xã55	lã13	lã13	lã312	lã55
	黄土矿	thã33	thã312	thã55	thã55	tã35	tã35	tã35	lã55	lã55	lã312	lã33
	唐家坊	thẽ33	thẽ312	thẽ55	thẽ13	tẽ55	thẽ55	thẽ55	lã13	lã13	lã312	lã55
	瓦屋塘	thẽ33	thẽ312	thẽ35	thẽ13	tẽ35	thẽ33	thẽ33	lã13	lã13	lã312	lã33

		潸	餐	灿	残	伞	散	肝	杆	幹	看
		山开一	山开一	山开一	山开一	山开一	山开一	山开一	山开一	山开一	山开一
		去翰精	平寒清	去翰清	平寒从	上旱心	去翰心	平寒见	上旱见	去翰见	去翰溪
隆回	荷香桥	tsã45	tshã33	tshã45	tshã13	sã312	sã45	kuɔ33	kã312	kã55	khuɔ45
	六都寨	tsã55	tshã33	tshã55	tshã13	sã312	sã55	kuã33	kã312	kã55	khã55
	七江	tsã55	tshã33	tshã55	tshã13	sã312	sã55	kuã33	kã312	kã55	kuã55
	司门前	tsã55	tshã33	tshã55	tshã13	sã312	sã55	kuã33	kã312	kã55	khuã55
	金石桥	tsa55	tsha33	tsha55	tsha13	sa312	sa55	kua33	ka312	ka55	kua55
	小沙江	tsa55	tsha33	tsha55	tsha13	sa312	sa55	ka33	ka312	ka55	xa55
	西洋江	tsã45	tshã55	tshã45	tshã13	sã312	sã45	kã/kuã55	kã312	kã45	khã45
	横板桥	tsã45	tshã55	tshã45	tshã13	sã312	sã45	kã/kuã55	kã312	kã45	khã45
	岩口	tsã55	tshã33	tshã55	tshã13	sã312	sã55	kã33	kã312	kã55	khã55
	罗洪	tsã55	tshã33	tshã55	tshã13	sã312	sã55	kã33	kã312	kã55	xã55
	高坪	tsã55	tshã33	tshã55	tshã13	sã312	sã55	kã33	kã312	kã55	khã55
洞口	石江	tsã24	tshã55	tshã24	tshã13	sã312	sã24	kã55	kã312	ka24	khã24
	江口	tsã24	tshã55	tshã24	tshã13	sã312	sã24	kã55	kã312	ka24	khã24

		瀽	餐	灿	残	伞	散	肝	杆	幹	看
		山开一去翰精	山开一平寒清	山开一去翰清	山开一平寒从	山开一上旱心	山开一去翰心	山开一平寒见	山开一上旱见	山开一去翰见	山开一去翰溪
洞口	长塘	tsa̰²⁴	tsʰã⁵⁵	tsʰa̰²⁴	tsʰã¹³	sã³¹²	sã²⁴	kã⁵⁵	kã³¹²	ka̰²⁴	kʰa̰²⁴
	山门	tsã³⁵	tsʰã⁵⁵	tsʰã³⁵	tsʰã¹³	sã³¹²	sã³⁵	kã/kuã⁵⁵	kã³¹²	kã³⁵	kʰã³⁵
	高沙	tsa̰²⁴	tsʰã⁵⁵	tsʰa̰²⁴	tsʰã¹³	sã³¹²	sã²⁴	kã⁵⁵	kã³¹²	ka̰²⁴	kʰa̰²⁴
	花园	tsã³⁵	tsʰã⁵⁵	tsʰã³⁵	tsʰã¹³	sã³¹²	sã³⁵	kã⁵⁵	kã³¹²	kã³⁵	kʰã³⁵
绥宁	金屋塘	tsa̰²⁴	tsʰã⁵⁵	tsʰa̰²⁴	tsʰã¹³	sã³¹²	sã²⁴	kã⁵⁵	kã³¹²	ka̰²⁴	kʰa̰²⁴
	梅坪	tsa̰²⁴	tsʰã⁵⁵	tsʰa̰²⁴	tsʰã¹³	sã³¹²	sã²⁴	kã⁵⁵	kã³¹²	ka̰²⁴	kʰa̰²⁴
	黄土矿	tsã³⁵	tsʰã³³	tsʰã³⁵	tsʰẽ⁵⁵	sã³¹²	sã³⁵	kẽ³³	kẽ³¹²	kẽ³⁵	kʰẽ³⁵
	唐家坊	tsã⁵⁵	tsʰã³³	tsʰẽ⁵⁵	tsʰẽ¹³	sã³¹²	sã⁵⁵	kẽ³³	kẽ³¹²	kẽ⁵⁵	kʰẽ⁵⁵
	瓦屋塘	tsã³⁵	tsʰã³³	tsʰẽ³⁵	tsʰẽ¹³	sã³¹²	sã³⁵	kẽ³³	kẽ³¹²	kẽ³⁵	kʰẽ³⁵

		岸	鼾	罕	汉	韩	旱	汗	鞍	案	扮
		山开一去翰疑	山开一平寒晓	山开一上旱晓	山开一去翰晓	山开一平寒匣	山开一上旱匣	山开一去翰匣	山开一平寒影	山开一去翰影	山开二去裥帮
隆回	荷香桥	ã⁵⁵	xã³³	xa̰³¹²	xã⁴⁵	xa̰¹³	xa̰⁵⁵	xua̰⁴⁵	ã³³	ã⁴⁵	pã³³
	六都寨	ɑ̃⁵⁵	xɑ̃³³	xɑ̰³¹²	xɑ̃⁵⁵	xɑ̰¹³	xɑ̰⁵⁵	xuɑ̰⁵⁵	ɑ̃³³	ɑ̰⁵⁵	pɑ̃³³
	七江	ã⁵⁵	xã³³	xɑ̰³¹²	xã⁵⁵	xã¹³	xã⁵⁵	xuɑ̰⁵⁵	ã³³	ã⁵⁵	pã³³
	司门前	ɑ̃⁵⁵	xã³³	xɑ̰³¹²	xɑ̃⁵⁵	xɑ̰¹³	xɑ̰⁵⁵	xuɑ̰⁵⁵	ɑ̃³³	ɑ̰⁵⁵	pɑ̃³³
	金石桥	a⁵⁵	xa³³	xa³¹²	xa⁵⁵	xa¹³	xa⁵⁵	xua⁵⁵	a³³	a⁵⁵	pa³³
	小沙江	a⁵⁵	kʰa³³	kʰa³¹²	kʰa⁵⁵	kʰa¹³	kʰa⁵⁵	kʰa⁵⁵	a³³	a⁵⁵	pa³³
	西洋江	ã⁴⁵	xã⁵⁵	xa̰³¹²	xã⁴⁵	xã¹³	xã⁵⁵	xã⁵⁵	ã⁴⁵	ã⁴⁵	pã³³
	横板桥	ã⁴⁵	xã³³	xa̰³¹²	xã⁴⁵	xã¹³	xã⁵⁵	xuã⁵⁵	ã⁴⁵	ã⁴⁵	pã³³
	岩口	ã⁵⁵	xã³³	xa̰³¹²	xã⁴⁵	xã¹³	xã⁵⁵	xua̰⁴⁵	ã³³	ã⁵⁵	pã³³
	罗洪	ã⁵⁵	xã³³	xa̰³¹²	xã⁴⁵	xã¹³	xã⁵⁵	xã⁵⁵	ã³³	ã⁵⁵	pã³³
	高坪	ã⁵⁵	xã³³	xa̰³¹²	xã⁴⁵	xã¹³	xã⁵⁵	xã⁵⁵	ã³³	ã⁵⁵	pã³³
洞口	石江	ã⁵⁵	xã⁵⁵	xa̰³¹²	xã²⁴	xã¹³	xã⁵⁵	xã⁵⁵	ã⁴⁵	ã²⁴	pã⁵⁵
	江口	ŋã⁵⁵	xã⁵⁵	xa̰³¹²	xã²⁴	xã¹³	xã⁵⁵	xã⁵⁵	ŋã⁵⁵	ŋã²⁴	pã⁵⁵
	长塘	ŋã⁵⁵	xã⁵⁵	xa̰³¹²	xã²⁴	xã¹³	xã⁵⁵	xã⁵⁵	ŋã⁵⁵	ŋã²⁴	pã⁵⁵
	山门	ã⁴⁵	xã⁵⁵	xa̰³¹²	xã⁴⁵	xã¹³	xã⁵⁵	xã⁵⁵	ã⁴⁵	ã⁴⁵	pã⁵⁵
	高沙	ŋã²⁴	xã⁵⁵	xa̰³¹²	xã²⁴	xã¹³	xã⁵⁵	xã²⁴	ŋã²⁴	ŋã²⁴	pã⁵⁵
	花园	ŋã³⁵	xã⁵⁵	xa̰³¹²	xã³⁵	xã¹³	xã⁵⁵	xã⁵⁵	ŋã⁵⁵	ŋã³⁵	pã⁵⁵

		岸	舒	罕	汉	韩	旱	汗	鞍	案	扮
		山开一 去翰疑	山开一 平寒晓	山开一 上旱晓	山开一 去翰晓	山开一 平寒匣	山开一 上旱匣	山开一 去翰匣	山开一 平寒影	山开一 去翰影	山开二 去裥帮
绥宁	金屋塘	ŋã^{55}	xã^{55}	xã^{312}	xã^{24}	xã^{13}	xã^{55}	xã^{55}	ŋã^{55}	ŋã^{24}	pã^{55}
	梅坪	ŋã^{55}	xã^{55}	xã^{312}	xã^{24}	xã^{13}	xã^{55}	xã^{55}	ŋã^{55}	ŋã^{24}	pã^{55}
	黄土矿	ŋẽ^{35}	xẽ^{33}	xẽ^{312}	xẽ^{35}	xẽ^{55}	xẽ^{33}	xẽ/fe^{33}	ẽ^{33}	ẽ^{35}	pa^{33}
	唐家坊	ŋẽ^{55}	xẽ^{33}	xẽ^{312}	xẽ^{55}	xẽ^{13}	xẽ^{55}	xẽ/fe^{55}	ie^{33}	ie^{55}	pẽ^{33}
	瓦屋塘	ŋẽ^{35}	xẽ^{33}	xẽ^{312}	xẽ^{35}	xẽ^{13}	xẽ^{33}	xẽ/fe^{33}	ie^{33}	ie^{35}	pẽ^{33}

		盼	瓣	绽	盏	铲	山	产	间	简	眼
		山开二 去裥滂	山开二 去裥并	山开二 去裥澄	山开二 上产庄	山开二 上产初	山开二 平山生	山开二 上产山	山开二 平山见	山开二 上产见	山开二 上产疑
隆回	荷香桥	phã^{33}	mã^{13}	tsã^{13}	tsã^{312}	tshã^{312}	sã^{33}	tshã^{312}	kã^{33}	kã^{312}	ã^{312}
	六都寨	phã^{33}	mã^{13}	tsã^{13}	tsã^{312}	tshã^{312}	sã^{33}	tshã^{312}	kã^{33}	kã^{312}	ã^{312}
	七江	phã^{33}	mã^{13}	tsã^{13}	tsã^{312}	tshã^{312}	sã^{33}	tshã^{312}	kã^{33}	kã^{312}	ã^{312}
	司门前	phã^{33}	mã^{13}	tsã^{13}	tsã^{45}	tshã^{312}	sã^{33}	tshã^{312}	kã^{33}	kã^{312}	ã^{312}
	金石桥	pha^{33}	ma^{13}	tsa^{13}	tsa^{45}	tsha^{312}	sa^{33}	tsha^{312}	ka^{33}	ka^{312}	a^{312}
	小沙江	pha^{33}	ma^{13}	tsa^{13}	tsa^{45}	tsha^{312}	sa^{33}	tsha^{312}	ka^{33}	ka^{312}	a^{312}
	西洋江	phã^{55}	mã^{45}	tsã^{45}	tsã^{312}	tshã^{312}	sã^{55}	tshã^{312}	kã^{55}	kã^{312}	ã^{312}
	横板桥	phã^{55}	mã^{45}	tsã^{45}	tsã^{312}	tshã^{312}	sã^{55}	tshã^{312}	kã^{55}	kã^{312}	ã^{312}
	岩口	phã^{33}	pã^{55}	tsã^{13}	tsã^{33}	tshã^{312}	sã^{33}	tshã^{312}	kã^{33}	kã^{312}	ŋã^{312}
	罗洪	phã^{33}	mã^{13}	tsã^{13}	tsã^{312}	tshã^{312}	sã^{33}	tshã^{312}	kã^{33}	kã^{312}	ã^{312}
	高坪	phã^{33}	pã^{13}	tsã^{13}	tsã^{312}	tshã^{312}	sã^{33}	tshã^{312}	kã^{33}	kã^{312}	ã^{312}
洞口	石江	phã^{55}	mã^{45}	tsã^{13}	tsã^{312}	tshã^{312}	sã^{55}	tshã^{312}	kã^{55}	kã^{312}	ã^{312}
	江口	phã^{55}	mã^{45}	tsa^{45}	tsã^{312}	tshã^{312}	sã^{55}	tshã^{312}	kã^{55}	kã^{312}	ŋã^{312}
	长塘	phã^{55}	mã^{45}	tsã^{45}	tsã^{312}	tshã^{312}	sã^{55}	tshã^{312}	kã^{55}	kã^{312}	ŋã^{312}
	山门	ɸã^{55}	mã^{45}	tsã^{45}	tsã^{312}	tshã^{312}	sã^{55}	tshã^{312}	kã^{55}	kã^{312}	ã^{312}
	高沙	phã^{55}	mã^{24}	tsã^{24}	tsã^{312}	tshã^{312}	sã^{55}	tshã^{312}	kã^{55}	kã^{312}	ŋã^{312}
	花园	phã^{55}	mã^{35}	tsã^{35}	tsã^{312}	tshã^{312}	sã^{55}	tshã^{312}	kã^{55}	kã^{312}	ŋã^{312}
绥宁	金屋塘	phã^{55}	mã^{45}	tsã^{45}	tsã^{312}	tshã^{312}	sã^{55}	tshã^{312}	kã^{55}	kã^{312}	ŋã^{312}
	梅坪	phã^{55}	mã^{45}	tsa^{45}	tsã^{312}	tshã^{312}	sã^{55}	tshã^{312}	kã^{55}	kã^{312}	ŋã^{312}
	黄土矿	phã^{33}	ma^{35}	tsã^{35}	tsã^{312}	tshã^{312}	sa^{33}	tshã^{312}	kẽ^{33}	kẽ^{312}	iẽ^{312}
	唐家坊	phẽ^{33}	mã^{55}	tsã^{312}	tsã^{312}	tshẽ^{312}	sã^{33}	tshẽ^{312}	tɕẽ/kẽ^{33}	kẽ^{312}	ŋia^{312}
	瓦屋塘	phẽ^{33}	mã^{35}	tsã^{35}	tsã^{312}	tshẽ^{312}	sã^{33}	tshẽ^{312}	tɕẽ/kẽ^{33}	kẽ^{312}	ŋia^{312}

续表

		闲	限	苋	斑	板	攀	襻	蛮	慢	栈
		山开二平山匣	山开二上产匣	山开二去裥匣	山开二平删帮	山开二上潸帮	山开二平删滂	山开二去谏滂	山开二平删明	山开二去谏明	山开二去谏崇
隆回	荷香桥	xã/çĩ¹³	xã⁵⁵	xã⁵⁵	pã³³	pã³¹²	phã³³	phã⁴⁵	mã¹³	mã⁵⁵	tshã⁵⁵
	六都寨	xã/çĩ¹³	xã⁵⁵	xã⁵⁵	pã³³	pã⁴⁵	phã³³	phã⁵⁵	mã¹³	mã⁵⁵	tshã⁵⁵
	七江	xã/çĩ¹³	xã⁵⁵	xã⁵⁵	pã³³	pã⁴⁵	phã³³	phã⁵⁵	mã¹³	mã⁵⁵	tsã⁵⁵
	司门前	xã/çĩ¹³	xã⁵⁵	xã⁵⁵	pã³³	pã³¹²	phã³³	phã⁵⁵	mã¹³	mã⁵⁵	tshã⁵⁵
	金石桥	xa/çiE¹³	xa⁵⁵	xa⁵⁵	pa³³	pa³¹²	pha³³	pha⁵⁵	ma¹³	ma⁵⁵	tsha⁵⁵
	小沙江	kha/çiE¹³	kha⁵⁵	kha⁵⁵	pa³³	pa³¹²	pha³³	pha⁵⁵	ma¹³	ma⁵⁵	tsha⁵⁵
	西洋江	xã¹³	xã⁵⁵	xã⁵⁵	pã³³	pã³¹²	phã⁵⁵	phã⁵⁵	mã¹³	mã⁵⁵	tshã⁵⁵
	横板桥	xã¹³	xã⁵⁵	xã⁵⁵	pã³³	pã³¹²	phã³³	phã⁵⁵	mã¹³	mã⁵⁵	tshã⁵⁵
	岩口	xã/çĩ¹³	xã⁵⁵	xã⁵⁵	pã³³	pã³¹²	phã³³	phã⁵⁵	mã¹³	mã⁵⁵	tshã⁵⁵
	罗洪	xã/çĩ¹³	xã⁵⁵	xã⁵⁵	pã³³	pã³¹²	phã³³	phã⁵⁵	mã¹³	mã⁵⁵	tshã⁵⁵
	高坪	xã¹³	xã⁵⁵	xã⁵⁵	pã³³	pã³¹²	phã³³	phã⁴⁵	mã¹³	mã⁵⁵	tshã⁵⁵
洞口	石江	xã¹³	xã⁵⁵	xã⁵⁵	pã³³	pã³¹²	phã⁵⁵	phã²⁴	mã¹³	mã⁵⁵	tshã⁵⁵
	江口	xã¹³	xã⁵⁵	xã⁵⁵	pã³³	pã³¹²	phã⁵⁵	phã²⁴	mã¹³	mã⁵⁵	tshã⁵⁵
	长塘	xã¹³	xã⁵⁵	xã⁵⁵	pã³³	pã³¹²	phã⁵⁵	phã²⁴	mã¹³	mã⁵⁵	tshã⁵⁵
	山门	xã¹³	xã⁵⁵	xã⁵⁵	pã³³	pã³¹²	ɸã⁵⁵	ɸã⁵⁵	mã¹³	mã⁵⁵	tshã⁵⁵
	高沙	xã¹³	xa²⁴	xa²⁴	pã³³	pã³¹²	phã⁵⁵	phã²⁴	mã¹³	mã⁵⁵	tsã²⁴
	花园	xã¹³	xã⁵⁵	xã⁵⁵	pã³³	pã³¹²	phã⁵⁵	phã³⁵	mã¹³	mã⁵⁵	tshã⁵⁵
绥宁	金屋塘	xã¹³	xã⁵⁵	xã⁵⁵	pã³³	pã³¹²	phã⁵⁵	phã²⁴	mã¹³	mã⁵⁵	tshã⁵⁵
	梅坪	xã¹³	xã⁵⁵	xã⁵⁵	pã³³	pã³¹²	phã⁵⁵	phã²⁴	mã¹³	mã⁵⁵	tshã⁵⁵
	黄土矿	xẽ⁵⁵	çẽ⁵⁵	xẽ³³	pa³³	pa³¹²	phA³³	pha³⁵	ma⁵⁵	ma³³	tsha³³
	唐家坊	xẽ¹³	xẽ⁵⁵	xẽ⁵⁵	pã³³	pã³¹²	phã³³	phã⁵⁵	mã¹³	mã⁵⁵	tshã⁵⁵
	瓦屋塘	xẽ¹³	çẽ⁵⁵	xẽ³³	pã³³	pã³¹²	phã³³	phã³⁵	mã¹³	mã³³	tshã³³

		删	疝	奸	洞	颜	雁	晏	鞭	变	偏
		山开二平删生	山开二去谏生	山开二平删见	山开二去谏见	山开二平删疑	山开二去谏疑	山开二去谏影	山开三平仙帮	山开三去线帮	山开三平仙滂
隆回	荷香桥	sã³³	sã⁴⁵	kã³³	ka⁴⁵	ã¹³	ã⁴⁵	ã⁴⁵	pĩ³³	pĩ⁴⁵	phĩ³³
	六都寨	suã³³	sã⁵⁵	kã³³	kã⁵⁵	ã/ĩ¹³	ã⁵⁵	ã⁵⁵	pĩ³³	pĩ⁵⁵	phĩ³³
	七江	sã³³	sã⁵⁵	kã³³	kã⁵⁵	ã/ĩ¹³	ã⁵⁵	ã⁵⁵	pĩ³³	pĩ⁵⁵	phĩ³³
	司门前	sã³³	sã⁵⁵	kã³³	tçĩ⁵⁵	ã/ĩ¹³	ã⁵⁵	ã⁵⁵	pĩ³³	pĩ⁵⁵	phĩ³³

续表

		删	疝	奸	洞	颜	雁	晏	鞭	变	偏
		山开二	山开二	山开二	山开二	山开二	山开二	山开二	山开三	山开三	山开三
		平删生	去谏生	平删见	去谏见	平删疑	去谏疑	去谏影	平仙帮	去线帮	平仙滂
隆回	金石桥	sa³³	sa⁵⁵	ka³³	tɕɛ⁵⁵	a/iɛ¹³	a⁵⁵	a/iɛ⁵⁵	piɛ³³	piɛ⁵⁵	pʰiɛ³³
	小沙江	sa³³	sa⁵⁵	ka³³	tɕɛ⁵⁵	a/iɛ¹³	a⁵⁵	a/iɛ⁵⁵	piɛ³³	piɛ⁵⁵	pʰiɛ³³
	西洋江	sã⁵⁵	sã⁴⁵	kã⁵⁵	kã⁴⁵/⁵⁵	ã¹³	ã⁴⁵	ã⁴⁵	pĩ⁵⁵	pĩ⁴⁵	pʰĩ
	横板桥	sã⁵⁵	sã⁴⁵	kã⁵⁵	kã⁴⁵/⁵⁵	ã¹³	ã⁵⁵	ã⁴⁵	pĩ⁵⁵	pĩ⁴⁵	pʰĩ
	岩口	sa³³	sã⁵⁵	ka³³	ka⁵	ŋã¹³	ŋã⁵⁵	ŋã⁵⁵	piĩ³³	piĩ⁵⁵	pʰiĩ³³
	罗洪	sa³³	sã⁵⁵	ka³³	kã⁵⁵	ã¹³	ã⁵⁵	ã⁵⁵	piɛ³³	piɛ⁵⁵	pʰiɛ³³
	高坪	sã³³	sã⁵⁵	kã³³	tɕiɛ⁵⁵	ã¹³	a⁵⁵	ã⁵⁵	piɛ³³	piɛ⁵⁵	pʰiɛ³³
洞口	石江	sã⁵⁵	sã²⁴	kã⁵⁵	kã²⁴	ã¹³	ã²⁴	ã²⁴	piɛ⁵⁵	piɛ²⁴	pʰiɛ⁵⁵
	江口	sã⁵⁵	sã²⁴	kã⁵⁵	kã²⁴	ŋã¹³	ŋã²⁴	ŋã²⁴	piɛ⁵⁵	piɛ²⁴	pʰiɛ⁵⁵
	长塘	sã⁵⁵	sã²⁴	kã⁵⁵	kã²⁴	ŋã¹³	ŋã²⁴	ŋã²⁴	piɛ⁵⁵	piɛ²⁴	pʰiɛ⁵⁵
	山门	sã⁵⁵	sã⁴⁵	kã⁵⁵	kã⁴⁵	ã¹³	iã⁴⁵	ã⁴⁵	pĩ⁵⁵	pĩ⁴⁵	ɸĩ⁵⁵
	高沙	sã⁵⁵	sã²⁴	kã⁵⁵	kã²⁴	ŋã¹³	ŋã²⁴	ŋã²⁴	piɛ⁵⁵	piɛ²⁴	pʰiɛ⁵⁵
	花园	sã⁵⁵	sã³⁵	kã⁵⁵	kã³⁵	ŋã¹³	ŋã³⁵	ŋã³⁵	pĩ⁵⁵	pĩ³⁵	pʰĩ⁵⁵
绥宁	金屋塘	sã⁵⁵	sã²⁴	kã⁵⁵	kã²⁴	ŋã¹³	ŋã²⁴	ŋã²⁴	pĩ⁵⁵	pĩ²⁴	pʰĩ⁵⁵
	梅坪	sã⁵⁵	sã²⁴	kã⁵⁵	kã⁵⁵	ŋã¹³	ŋã²⁴	ŋã²⁴	pĩ⁵⁵	pĩ⁵⁵	pʰĩ⁵⁵
	黄土矿	sa³³	sa³⁵	kẽ/tɕ⁵⁵	kẽ/tɕ³⁵	iẽ/ŋẽ⁵⁵	ie/ŋẽ³³	iẽ/ŋẽ³³	piẽ³³	piẽ³⁵	pʰiẽ³³
	唐家坊	sã³³	sã⁵⁵	kẽ³³	kẽ⁵⁵	iẽ¹³	iẽ⁵⁵	iẽ⁵⁵	piẽ³³	piẽ⁵⁵	pʰiẽ³³
	瓦屋塘	sã³³	sã³⁵	kẽ³³	kẽ³⁵	iẽ/ŋẽ¹³	ie/ŋẽ³⁵	iẽ/ŋẽ³⁵	piẽ³³	piẽ³⁵	pʰiẽ³³

		骗	便	辩	便	棉	免	面	碾	连	煎
		山开三	山开三	山开三	山开三	山开三	山开三	山开三	山开三	山开三	山开三
		去线滂	平仙並	上狝並	去线並	平仙明	上狝明	去线明	上狝娘	平仙来	平仙精
隆回	荷香桥	pʰĩ⁴⁵	pʰĩ¹³	pʰĩ⁵⁵	pʰĩ⁵⁵	mĩ¹³	mĩ³¹²	mĩ⁵⁵	ĩ³¹²	lĩ¹³	tsĩ³³
	六都寨	pʰĩ⁵⁵	pʰĩ¹³	pʰĩ⁵⁵	pʰĩ⁵⁵	mĩ¹³	mĩ³¹²	mĩ⁵⁵	ĩ³¹²	lĩ¹³	tsĩ³³
	七江	pʰĩ⁵⁵	pʰĩ¹³	pʰĩ⁵⁵	pʰĩ⁵⁵	mĩ¹³	mĩ³¹²	mĩ⁵⁵	ĩ³¹²	lĩ¹³	tsĩ³³
	司门前	pʰĩ⁵⁵	pʰĩ¹³	pʰĩ⁵⁵	pʰĩ⁵⁵	mĩ¹³	mĩ³¹²	mĩ⁵⁵	ĩ³¹²	lĩ¹³	tsĩ³³
	金石桥	pʰiɛ⁵⁵	pʰiɛ¹³	pʰiɛ⁵⁵	pʰiɛ⁵⁵	miɛ¹³	miɛ³¹²	miɛ⁵⁵	iɛ³¹²	liɛ¹³	tsiɛ³³
	小沙江	pʰiɛ⁵⁵	pʰiɛ¹³	pʰiɛ⁵⁵	pʰiɛ⁵⁵	miɛ¹³	miɛ³¹²	miɛ⁵⁵	iɛ³¹²	liɛ¹³	tsiɛ³³
	西洋江	pʰĩ⁴⁵	pʰĩ¹³	pʰĩ⁵⁵	pʰĩ⁵⁵	mĩ¹³	mĩ³¹²	mĩ⁵⁵	ĩ³¹²	lĩ¹³	tsĩ⁵⁵
	横板桥	pʰĩ⁴⁵	pʰĩ¹³	pʰĩ⁵⁵	pʰĩ⁵⁵	mĩ¹³	mĩ³¹²	mĩ⁵⁵	ĩ³¹²	lĩ¹³	tsĩ⁵⁵

		骗	便	辩	便	棉	免	面	碾	连	煎
		山开三去线滂	山开三平仙并	山开三上狝并	山开三去线并	山开三平仙明	山开三上狝明	山开三去线明	山开三上狝娘	山开三平仙来	山开三平仙精
隆回	岩口	phⁱĩ⁵⁵	phⁱĩ¹³	phⁱĩ⁵⁵	phⁱĩ⁵⁵	mĩ¹³	mĩ³¹²	mĩ⁵⁵	ĩ³¹²	lĩ¹³	tsĩ³³
	罗洪	phⁱẽ⁴⁵	phⁱẽ¹³	phⁱẽ⁵⁵	phⁱẽ⁵⁵	mẽ¹³	mẽ³¹²	mẽ⁵⁵	ẽ³¹²	lẽ¹³	tsẽ³³
	高坪	phⁱẽ⁵⁵	phⁱẽ¹³	phⁱẽ⁵⁵	phⁱẽ⁵⁵	mẽ¹³	mẽ³¹²	mẽ⁵⁵	ẽ³¹²	lẽ¹³	tsẽ³³
洞口	石江	phⁱẽ²⁴	phⁱẽ¹³	phⁱẽ⁵⁵	phⁱẽ⁵⁵	mẽ¹³	mẽ³¹²	mẽ⁵⁵	ẽ³¹²	lẽ¹³	tɕⁱẽ⁵⁵
	江口	phⁱẽ²⁴	phⁱẽ¹³	phⁱẽ⁵⁵	phⁱẽ⁵⁵	mẽ¹³	mẽ³¹²	mẽ⁵⁵	lẽ³¹²	lẽ¹³	tɕⁱẽ⁵⁵
	长塘	phⁱẽ²⁴	phⁱẽ¹³	phⁱẽ⁵⁵	phⁱẽ⁵⁵	mẽ¹³	mẽ³¹²	mẽ⁵⁵	lẽ³¹²	lẽ¹³	tɕⁱẽ⁵⁵
	山门	ɸĩ⁴⁵	ɸĩ¹³	ɸĩ⁵⁵	ɸĩ⁵⁵	mĩ¹³	mĩ³¹²	mĩ⁵⁵	ĩ³¹²	lĩ¹³	tsĩ⁴⁵
	高沙	phⁱẽ²⁴	phⁱẽ¹³	phⁱẽ²⁴	phⁱẽ²⁴	mẽ¹³	mẽ³¹²	mẽ⁵⁵	lẽ³¹²	lẽ¹³	tɕⁱẽ⁵⁵
	花园	phⁱĩ³⁵	phⁱĩ¹³	phⁱĩ⁵⁵	phⁱĩ⁵⁵	mĩ¹³	mĩ³¹²	mĩ⁵⁵	lĩ³¹²	lĩ¹³	tsĩ³⁵
绥宁	金屋塘	phⁱĩ²⁴	phⁱĩ¹³	phⁱĩ⁵⁵	phⁱĩ⁵⁵	mĩ¹³	mĩ³¹²	mĩ⁵⁵	lĩ³¹²	lĩ¹³	tsĩ²⁴
	梅坪	phⁱĩ²⁴	phⁱĩ¹³	phⁱĩ⁵⁵	phⁱĩ⁵⁵	mĩ¹³	mĩ³¹²	mĩ⁵⁵	lĩ³¹²	lĩ¹³	tsĩ²⁴
	黄土矿	phⁱẽ³⁵	phⁱẽ⁵⁵	phⁱẽ³³	phⁱẽ³³	mẽ⁵⁵	mẽ³¹²	mẽ³³	ẽ³¹²	lẽ⁵⁵	tɕⁱẽ³³
	唐家坊	phⁱẽ⁵⁵	phⁱẽ¹³	phⁱẽ⁵⁵	phⁱẽ⁵⁵	mẽ¹³	mẽ³¹²	mẽ⁵⁵	ẽ³¹²	lẽ¹³	tsⁱẽ³³
	瓦屋塘	phⁱẽ³⁵	phⁱẽ¹³	phⁱẽ³³	phⁱẽ³³	mẽ¹³	mẽ³¹²	mẽ³³	ẽ³¹²	lẽ¹³	tsⁱẽ³³

		剪	箭	迁	浅	钱	践	贱	仙	癣	线
		山开三上狝精	山开三去线精	山开三平仙清	山开三上狝清	山开三平仙从	山开三上狝从	山开三去线从	山开三平仙心	山开三上狝心	山开三去线心
隆回	荷香桥	tsĩ³¹²	tsĩ⁴⁵	tshĩ³³	tshyĩ³¹²	tshĩ¹³	tshĩ³¹²	tshĩ⁵⁵	sĩ³³	syĩ³¹²	sĩ⁴⁵
	六都寨	tsĩ³¹²	tsĩ⁵⁵	tshĩ³³	tshyĩ³¹²	tshĩ¹³	tshĩ³¹²	tshĩ⁵⁵	sĩ³³	syĩ³¹²	sĩ⁵⁵
	七江	tsĩ³¹²	tsĩ⁵⁵	tshĩ³³	tshyĩ³¹²	tshĩ¹³	tshĩ³¹²	tshĩ⁵⁵	sĩ³³	syĩ³¹²	sĩ⁵⁵
	司门前	tsĩ³¹²	tsĩ⁵⁵	tshĩ³³	tshyĩ³¹²	tshĩ¹³	tshĩ³¹²	tshĩ⁵⁵	sĩ³³	syĩ³¹²	sĩ⁵⁵
	金石桥	tsiE³¹²	tsiE⁵⁵	tshiE³³	tshyE³¹²	tshiE¹³	tshiE³¹²	tshyE⁵⁵	siE³³	syE³¹²	siE⁵⁵
	小沙江	tɕE³¹²	tɕE⁵⁵	tɕhE³³	tɕhE³¹²	tɕhE¹³	tɕhE³¹²	tɕhE⁵⁵	ɕE³³	ɕE³¹²	ɕE⁵⁵
	西洋江	tsĩ³¹²	tsĩ⁴⁵/⁵⁵	tshĩ⁵⁵	tshyã³¹²	tshĩ¹³	tshĩ³¹²	tshĩ⁵⁵	sĩ⁵⁵	sĩ³¹²	sĩ⁴⁵
	横板桥	tsĩ³¹²	tsĩ⁴⁵/⁵⁵	tshĩ⁵⁵	tshyã³¹²	tshĩ¹³	tshĩ³¹²	tshĩ⁵⁵	sĩ⁵⁵	syã³¹²	sĩ⁴⁵
	岩口	tsiĩ³¹²	tsiĩ⁵⁵	tshiĩ³³	tshiĩ³¹²	tshiĩ¹³	tshiĩ³¹²	tshiĩ⁵⁵	siĩ³³	syĩ³¹²	siĩ⁵⁵
	罗洪	tɕⁱẽ³¹²	tɕⁱẽ⁵⁵	tɕhⁱẽ³³	tɕhyẽ³¹²	tɕhⁱẽ¹³	tɕhⁱẽ³¹²	tɕhⁱẽ⁵⁵	ɕⁱẽ³³	ɕyẽ³¹²	ɕⁱẽ⁴⁵
	高坪	tɕⁱẽ³¹²	tɕⁱẽ⁵⁵	tɕhⁱẽ³³	tɕhⁱẽ³¹²	tɕhⁱẽ¹³	tɕhⁱẽ³¹²	tɕhⁱẽ⁵⁵	ɕⁱẽ³³	ɕiẽ³¹²	ɕⁱẽ⁴⁵
洞口	石江	tɕⁱẽ³¹²	tɕⁱẽ²⁴	tɕhⁱẽ⁵⁵	tɕhyẽ³¹²	tɕhⁱẽ¹³	tɕhⁱẽ³¹²	tɕhⁱẽ⁵⁵	ɕⁱẽ⁵⁵	ɕⁱẽ³¹²	ɕⁱẽ²⁴
	江口	tɕⁱẽ³¹²	tɕⁱẽ²⁴	tɕhⁱẽ⁵⁵	tɕhⁱẽ³¹²	tɕhⁱẽ¹³	tɕhⁱẽ³¹²	tɕhⁱẽ⁵⁵	ɕⁱẽ⁵⁵	ɕyẽ³¹²	ɕⁱẽ²⁴

		剪	箭	迁	浅	钱	践	贱	仙	癣	线
		山开三 上狝精	山开三 去线精	山开三 平仙清	山开三 上狝清	山开三 平仙从	山开三 上狝从	山开三 去线从	山开三 平仙心	山开三 上狝心	山开三 去线心
洞口	长塘	tɕiɛ312	tɕiɛ24	tɕʰiɛ55	tɕʰyɛ312	tɕʰiɛ13	tɕʰiɛ312	tɕʰiɛ55	ɕiɛ55	ɕyɛ312	ɕiɛ24
	山门	tsɿ312	tsɿ45	tsʰɿ55	tsʰyã312	tsʰɿ13	tsʰɿ312	tsʰɿ55	sɿ55	syã312	sɿ45
	高沙	tɕiɛ312	tɕiɛ24	tɕʰiɛ55	tɕʰyɛ312	tɕʰiɛ13	tɕiɛ312	tɕiɛ24	ɕiɛ55	ɕyɛ312	ɕiɛ24
	花园	tsɿ312	tsɿ35	tsʰɿ55	tsʰyɿ312	tsʰɿ13	tsʰɿ312	tsʰyɿ55	sɿ55	syɿ312	sɿ35
绥宁	金屋塘	tsɿ312	tsɿ24	tsʰɿ55	tsʰɿ312	tsʰɿ13	tsʰɿ312	tsʰɿ55	sɿ55	sɿ312	sɿ24
	梅坪	tsɿ312	tsɿ24	tsʰɿ55	tsʰɿ312	tsʰɿ13	tsʰɿ312	tsʰɿ55	sɿ55	sɿ312	sɿ24
	黄土矿	tɕiɛ312	tɕiɛ35	tɕʰiɛ33	tɕʰø312	tɕʰiɛ55	tɕʰiɛ312	tɕʰiɛ33	ɕiɛ33	ɕiɛ312	ɕiɛ35
	唐家坊	tsiɛ312	tsiɛ55	tsʰiɛ33	tsʰyɿ312	tsʰiɛ13	tsʰiɛ312	tsʰyɿ55	siɛ33	siɛ312	siɛ55
	瓦屋塘	tsiɛ312	tsiɛ35	tsʰiɛ33	tsʰyɿ312	tsʰiɛ13	tsʰiɛ312	tsʰyɿ33	siɛ33	siɛ312	siɛ35

		涎	羡	展	缠	颤	羶	扇	蝉	善	膳
		山开三 平仙邪	山开三 去线邪	山开三 上狝知	山开三 平仙澄	山开三 去线章	山开三 平仙书	山开三 去线书	山开三 平仙禅	山开三 上狝禅	山开三 去线禅
隆回	荷香桥	sɿ13	sɿ45	tɕɿ312	tɕʰɿ13	tɕɿ45	ɕɿ33	ɕɿ45	ɕɿ13	ɕɿ55	ɕɿ55
	六都寨	sɿ13	sɿ55	tɕɿ312	tɕʰɿ13	tɕɿ55	ɕɿ33	ɕɿ55	ɕɿ13	ɕɿ55	ɕɿ55
	七江	sɿ13	sɿ55	tɕɿ312	tɕʰɿ13	tɕɿ55	ɕɿ33	ɕɿ55	ɕɿ13	ɕɿ55	ɕɿ55
	司门前	sɿ13	sɿ55	tɕɿ312	tɕʰɿ13	tɕɿ55	ɕɿ33	ɕɿ55	ɕɿ13	ɕɿ55	ɕɿ55
	金石桥	siE13	siE55	tɕE312	tɕʰE13	tɕE55	ɕE33	ɕE55	ɕE13	ɕE55	ɕE55
	小沙江	ɕE13	ɕE55	tɕE312	tɕʰE13	tɕE55	ɕE33	ɕE55	ɕE13	ɕE55	ɕE55
	西洋江	ɿ13	sɿ45	tɕɿ312	tɕʰiã13	tɕɿ45	ɕɿ55	ɕiã45	ɕiã13	ɕiã45	ɕiã55
	横板桥	ɿ13	sɿ45	tɕɿ312	tɕʰiã13	tɕiã45	ɕɿ55	ɕiã45	ɕiã13	ɕiã45	ɕiã55
	岩口	siɿ13	siɿ55	tsã312	tsʰã13	tsʰã55	ɕiɿ33	ɕiɿ55	tsʰã13	ɕiɿ55	ɕiɿ55
	罗洪	ɕiE13	ɕiE45	tɕiE312	tɕʰiE13	tɕiE55	ɕiE33	ɕiE55	ɕiE13	ɕiE55	ɕiE55
	高坪	ɕiɛ13	ɕiɛ55	tsã312	tɕʰyɛ13	tɕiɛ55	ɕiɛ33	ɕyɛ55	ɕiɛ13	ɕyɛ55	ɕyɛ55
洞口	石江	iɛ13	ɕiɛ55	tɕiɛ312	tɕʰiɛ13	tɕiɛ24	ɕiɛ55	ɕiɛ24	ɕiɛ13	ɕiɛ55	ɕiɛ55
	江口	iɛ13	ɕiɛ55	tɕiɛ312	tɕʰiɛ13	tɕiɛ24	ɕiɛ55	ɕiɛ24	ɕiɛ13	ɕiɛ55	ɕiɛ55
	长塘	iɛ13	ɕiɛ55	tɕiɛ312	tɕʰiɛ13	tɕiɛ55	ɕiɛ55	ɕiɛ24	ɕiɛ13	ɕiɛ55	ɕiɛ55
	山门	sɿ13	sɿ45	tɕɿ312	tɕʰɿ13	tɕɿ45	ɕɿ55	ɕiã45	ɕiã13	ɕiã45	ɕiã55
	高沙	iɛ13	ɕiɛ24	tɕiɛ312	tɕʰiɛ13	tɕiɛ24	ɕiɛ24	ɕiɛ24	ɕiɛ13	ɕiɛ24	ɕiɛ24
	花园	sɿ13	sɿ35	tɕɿ312	tɕʰɿ13	tɕɿ35	ɕɿ55	ɕɿ55	ɕɿ13	ɕɿ35	ɕɿ33

		涎	羡	展	缠	颤	羶	扇	蝉	善	膳
		山开三	山开三	山开三	山开三	山开三	山开三	山开三	山开三	山开三	山开三
		平仙邪	去线邪	上狝知	平仙澄	去线章	平仙书	去线书	平仙禅	上狝禅	去线禅
绥宁	金屋塘	sĩ¹³	sĩ³⁵	tɕĩ³¹²	tɕʰĩ¹³	tɕĩ³⁵	ɕĩ⁵⁵	ɕĩ³⁵	ɕĩ¹³	ɕĩ³⁵	ɕĩ³³
	梅坪	sĩ¹³	sĩ³⁵	tɕĩ³¹²	tɕʰĩ¹³	tɕĩ³⁵	ɕĩ⁵⁵	ɕĩ³⁵	ɕĩ¹³	ɕĩ³⁵	ɕĩ³³
	黄土矿	ɕiẽ⁵⁵	ɕiẽ³⁵	tɕẽ³¹²	tɕʰə̃⁵⁵	tɕẽ³⁵	ɕø̃⁵⁵	ɕẽ³⁵	tɕʰa⁵⁵	ɕẽ³³	ɕẽ³³
	唐家坊	siẽ¹³	siẽ⁵⁵	tɕẽ³¹²	tɕʰẽ¹³	tɕẽ⁵⁵	ɕẽ³³	ɕẽ³⁵	tɕʰẽ¹³	ɕẽ³¹²	ɕẽ⁵⁵
	瓦屋塘	siẽ¹³	siẽ³⁵	tɕẽ³¹²	tɕʰẽ¹³	tɕẽ³⁵	ɕẽ³³	ɕẽ³⁵	tɕʰẽ¹³	ɕẽ³¹²	ɕẽ³³

		燃	遣	乾	件	谚	蔫	焉	延	演	建
		山开三	山开三	山开三	山开三	山开三	山开三	山开三	山开三	山开三	山开三
		平仙日	上狝溪	平仙群	上狝群	去线疑	平仙影	平仙云	平仙以	上狝以	去愿见
隆回	荷香桥	ĩ¹³	tɕʰĩ³¹²	tɕʰĩ¹³	tɕĩ⁵⁵	ĩ⁴⁵	ĩ³³	ĩ³³	ĩ¹³	ĩ³¹²	tɕĩ⁴⁵
	六都寨	ĩ¹³	tɕʰĩ³¹²	tɕʰĩ¹³	tɕʰĩ⁵⁵	ĩ⁵⁵	ĩ³³	ĩ³³	ĩ¹³	ĩ³¹²	tɕĩ⁵⁵
	七江	ĩ¹³	tɕʰĩ³¹²	tɕʰĩ¹³	tɕʰĩ⁵⁵	ĩ⁵⁵	ĩ³³	ĩ³³	ĩ¹³	ĩ³¹²	tɕĩ⁵⁵
	司门前	ĩ¹³	tɕʰĩ³¹²	tɕʰĩ¹³	tɕʰĩ⁵⁵	ĩ⁵⁵	ĩ³³	ĩ³³	ĩ¹³	ĩ³¹²	tɕĩ⁵⁵
	金石桥	iE¹³	tɕʰE³¹²	tɕʰE¹³	tɕʰE⁵⁵	iE⁵⁵	iE³³	iE³³	iE¹³	iE³¹²	tɕE⁵⁵
	小沙江	iE¹³	tɕʰE³¹²	tɕʰE¹³	tɕʰE⁵⁵	iE⁵⁵	iE³³	iE³³	iE¹³	iE³¹²	tɕE⁵⁵
	西洋江	ĩ¹³	tɕʰia³¹²	tɕʰĩ¹³	tɕʰĩ⁵⁵	ĩ⁵⁵	ĩ⁵⁵	ĩ⁵⁵	ĩ¹³	ĩ³¹²	tɕĩ⁴⁵
	横板桥	ĩ¹³	tɕʰia³¹²	tɕʰĩ¹³	tɕʰĩ⁵⁵	ĩ⁵⁵	ĩ⁵⁵	ĩ⁵⁵	ĩ¹³	ĩ³¹²	tɕĩ⁴⁵
	岩口	iĩ¹³	tɕʰiĩ³¹²	tɕʰiĩ¹³	tɕʰiĩ⁵⁵	iĩ⁴⁵	iĩ³³	iĩ³³	iĩ¹³	iĩ³¹²	tɕiĩ⁵⁵
	罗洪	iẽ¹³	tɕʰiẽ³¹²	tɕʰiẽ¹³	tɕʰiẽ⁵⁵	iẽ⁴⁵	iẽ³³	iẽ³³	iẽ¹³	iẽ³¹²	tɕiẽ⁴⁵
	高坪	iẽ¹³	tɕʰiẽ³¹²	tɕʰiẽ¹³	tɕʰiẽ⁵⁵	iẽ³³	iẽ³³	iẽ³³	iẽ¹³	iẽ³¹²	tɕiẽ⁵⁵
洞口	石江	iɛ̃¹³	tɕʰiɛ̃³¹²	tɕʰiɛ̃¹³	tɕʰiɛ̃⁵⁵	iɛ̃⁵⁵	iɛ̃⁵⁵	iɛ̃⁵⁵	iɛ̃¹³	iɛ̃³¹²	tɕiɛ̃²⁴
	江口	liɛ̃¹³	tɕʰiɛ̃³¹²	tɕʰiɛ̃¹³	tɕʰiɛ̃³¹²	iɛ̃⁵⁵	iɛ̃⁵⁵	iɛ̃⁵⁵	iɛ̃¹³	iɛ̃³¹²	tɕiɛ̃²⁴
	长塘	liɛ̃¹³	tɕʰiɛ̃³¹²	tɕʰiɛ̃¹³	tɕʰiɛ̃⁵⁵	iɛ̃⁵⁵	iɛ̃⁵⁵	iɛ̃⁵⁵	iɛ̃¹³	iɛ̃³¹²	tɕiɛ̃²⁴
	山门	ĩ¹³	tɕʰia³¹²	tɕʰĩ¹³	tɕʰĩ⁵⁵	ĩ⁵⁵	ĩ⁵⁵	ĩ⁵⁵	ĩ¹³	ĩ³¹²	tɕĩ⁴⁵
	高沙	liɛ̃¹³	tɕʰiɛ̃³¹²	tɕʰiɛ̃¹³	tɕʰiɛ̃²⁴	iɛ̃²⁴	iɛ̃⁵⁵	iɛ̃⁵⁵	iɛ̃¹³	iɛ̃³¹²	tɕiɛ̃⁵⁵
	花园	ĩ¹³	tɕʰĩ³¹²	tɕʰĩ¹³	tɕʰĩ⁵⁵	ĩ⁵⁵	ĩ⁵⁵	ĩ⁵⁵	ĩ¹³	ĩ³¹²	tɕĩ³⁵
绥宁	金屋塘	ĩ¹³	tɕʰĩ³¹²	tɕʰĩ¹³	tɕʰĩ⁵⁵	ĩ⁵⁵	ĩ⁵⁵	ĩ⁵⁵	ĩ¹³	ĩ³¹²	tɕĩ²⁴
	梅坪	ĩ¹³	tɕʰĩ³¹²	tɕʰĩ¹³	tɕʰĩ⁵⁵	ĩ⁵⁵	ĩ⁵⁵	ĩ⁵⁵	ĩ¹³	ĩ³¹²	tɕĩ²⁴
	黄土矿	iẽ⁵⁵	tɕʰẽ³¹²	tɕʰẽ⁵⁵	tɕʰẽ³¹²	iẽ⁵⁵	iẽ³³	iẽ³³	iẽ¹³	iẽ³¹²	tɕẽ³⁵
	唐家坊	iẽ¹³	tɕʰẽ³¹²	tɕʰẽ¹³	tɕʰẽ⁵⁵	iẽ³³	iẽ³³	iẽ³³	iẽ¹³	iẽ³¹²	tɕẽ⁵⁵
	瓦屋塘	iẽ¹³	tɕʰẽ³¹²	tɕʰẽ¹³	tɕʰẽ³³	iẽ³³	iẽ³³	iẽ³³	iẽ¹³	iẽ³¹²	tɕẽ³⁵

续表

		键	健	言	掀	献	边	扁	遍	片	辫
		山开三	山开三	山开三	山开三	山开三	山开四	山开四	山开四	山开四	山开四
		上阮群	去愿群	平元疑	平元晓	去愿晓	平先帮	上铣帮	去霰帮	去霰滂	上铣並
隆回	荷香桥	tɕʰĩ55	tɕʰĩ55	ĩ13	ɕĩ33	ɕĩ45	pĩ33	pĩ312	pʰĩ55	pʰĩ45	pĩ33
	六都寨	tɕʰĩ55	tɕʰĩ55	ĩ13	ɕĩ33	ɕĩ55	pĩ33	pĩ45	pʰĩ55	pʰĩ55	pĩ33
	七江	tɕʰĩ55	tɕʰĩ55	ĩ13	ɕĩ33	ɕĩ55	pĩ33	pĩ45	pʰĩ55	pʰĩ55	pĩ33
	司门前	tɕʰĩ55	tɕʰĩ55	ĩ13	ɕĩ33	ɕĩ55	pĩ33	pĩ312	pʰĩ55	pʰĩ55	pĩ33
	金石桥	tɕʰE55	tɕʰE55	iE13	ɕE33	ɕE55	piE33	piE312	pʰiE55	pʰiE55	piE33
	小沙江	tɕʰE55	tɕʰE55	iE13	ɕE33	ɕE55	piE33	piE312	pʰiE55	pʰiE55	piE33
	西洋江	tɕʰĩ55	tɕʰĩ55	ĩ13	ɕĩ33	ɕĩ45/55	pĩ55	pĩ312	pʰĩ45	pʰĩ45	pĩ55
	横板桥	tɕʰĩ55	tɕʰĩ55	ĩ13	ɕĩ33	ɕĩ45/55	pĩ55	pĩ312	pʰĩ45	pʰĩ45	pĩ55
	岩口	tɕʰiĩ55	tɕʰiĩ55	iĩ13	ɕiĩ33	ɕiĩ45	piĩ33	piĩ312	pʰiĩ55	pʰiĩ55	piĩ33
	罗洪	tɕʰiẽ55	tɕʰiẽ55	iẽ13	ɕiẽ33	ɕiẽ55	piẽ33	piẽ312	pʰiẽ55	pʰiẽ55	piẽ33
	高坪	tɕʰiẽ55	tɕʰiẽ55	iẽ13	ɕiẽ33	ɕiẽ55	piẽ33	piẽ312	pʰiẽ55	pʰiẽ55	piẽ33
洞口	石江	tɕʰiẽ55	tɕʰiẽ55	iẽ13	ɕiẽ55	ɕiẽ24	piẽ55	piẽ312	pʰiẽ24	pʰiẽ24	piẽ55
	江口	tɕʰiẽ312	tɕʰiẽ55	iẽ13	ɕiẽ55	ɕiẽ55	piẽ55	piẽ312	pʰiẽ55	pʰiẽ24	piẽ55
	长塘	tɕʰiẽ55	tɕʰiẽ55	iẽ13	ɕiẽ55	ɕiẽ55	piẽ55	piẽ312	pʰiẽ55	pʰiẽ24	piẽ55
	山门	tɕʰĩ55	tɕʰĩ55	ĩ13	ɕĩ55	ɕĩ45/55	pĩ55	pĩ312	ɸĩ45	ɸĩ45	pĩ55
	高沙	tɕʰiẽ24	tɕʰiẽ24	iẽ13	ɕiẽ55	ɕiẽ55	piẽ55	piẽ312	pʰiẽ55	pʰiẽ24	piẽ55
	花园	tɕʰĩ55	tɕʰĩ55	ĩ13	ɕĩ55	ɕĩ35	pĩ55	pĩ312	pʰĩ35	pʰĩ35	pĩ55
绥宁	金屋塘	tɕʰĩ55	tɕʰĩ55	ĩ13	ɕĩ55	ɕĩ24	pĩ55	pĩ312	pʰĩ24	pʰĩ24	pĩ55
	梅坪	tɕʰĩ55	tɕʰĩ55	ĩ13	ɕĩ55	ɕĩ24	pĩ55	pĩ312	pʰĩ24	pʰĩ24	pĩ55
	黄土矿	tɕʰe33	tɕʰe33	ie13	ɕe33	ɕe35	pie33	pie312	pʰie35	pʰie33	pie33
	唐家坊	tɕʰe55	tɕʰe55	ie13	ɕe33	ɕe5	pie33	pie312	pʰie55	pʰie55	pie55
	瓦屋塘	tɕʰe33	tɕʰe33	ie13	ɕe33	ɕe35	pie33	pie312	pʰie35	pʰie35	pie33

		眠	麵	癲	典	天	睓	田	电	年	撚
		山开四	山开四	山开四	山开四	山开四	山开四	山开四	山开四	山开四	山开四
		平先明	去霰明	平先端	上铣端	平先透	上铣透	平先定	去霰定	平先泥	上铣泥
隆回	荷香桥	mẽ13	mĩ55	tĩ33	tĩ312	xĩ33	xĩ312	xĩ13	xĩ55	ĩ13	ĩ312
	六都寨	mẽ13	mĩ55	tĩ33	tĩ312	xĩ33	xĩ312	xĩ13	xĩ13	ĩ13	ĩ312
	七江	mĩ13	mĩ55	tĩ33	tĩ312	xĩ33	xĩ312	xĩ13	xĩ312	ĩ13	ĩ13
	司门前	mĩ13	mĩ55	tĩ33	tĩ312	xĩ33	xĩ312	xĩ13	xĩ55	ĩ13	ĩ312
	金石桥	miE13	miE55	tiE33	tiE312	xiE33	xiE312	xiE13	xiE55	iE13	iE312

		眠	麵	癲	典	天	脉	田	电	年	撚
		山开四平先明	山开四去霰明	山开四平先端	山开四上铣端	山开四平先透	山开四上铣透	山开四平先定	山开四去霰定	山开四平先泥	山开四上铣泥
隆回	小沙江	miE^{13}	miE^{55}	tiE^{33}	tiE^{312}	tʰiE^{33}	tʰiE^{312}	tʰiE^{13}	tʰiE^{55}	iE^{13}	iE^{312}
	西洋江	mẽ^{13}	mĩ^{55}	tĩ^{55}	tĩ^{312}	xĩ^{55}	xĩ^{312}	xĩ^{13}	xĩ^{55}	ĩ^{13}	ĩ^{312}
	横板桥	mẽ^{13}	mĩ^{55}	tĩ^{55}	tĩ^{312}	xĩ^{55}	xĩ^{312}	xĩ^{13}	xĩ^{55}	ĩ^{13}	ĩ^{312}
	岩口	miã^{13}	miĩ^{55}	tiĩ^{55}	tiĩ^{312}	xiĩ^{33}	xiĩ^{312}	xiĩ^{13}	xiĩ^{55}	iĩ^{13}	iĩ^{312}
	罗洪	miE^{13}	miE^{55}	tiE^{33}	tiE^{312}	tʰiE^{33}	tʰiE^{312}	tʰiE^{13}	tʰiE^{55}	iE^{13}	iE^{312}
	高坪	miE^{13}	miE^{55}	tiE^{33}	tiE^{312}	tʰiE^{33}	tʰiE^{312}	tʰiE^{13}	tʰiE^{55}	iE^{13}	iE^{312}
洞口	石江	miẽ^{13}	miẽ^{55}	tiẽ^{33}	tiẽ^{312}	xiẽ^{55}	xiẽ^{312}	xiẽ^{13}	xiẽ^{55}	iẽ^{13}	iẽ^{312}
	江口	miẽ^{13}	miẽ^{55}	tiẽ^{33}	tiẽ^{312}	tʰiẽ^{55}	tʰiẽ^{312}	tʰiẽ^{13}	tʰiẽ^{55}	liẽ^{13}	liẽ^{312}
	长塘	miẽ^{13}	miẽ^{55}	tiẽ^{33}	tiẽ^{312}	tʰiẽ^{55}	tʰiẽ^{312}	tʰiẽ^{13}	tʰiẽ^{55}	liẽ^{13}	liẽ^{312}
	山门	mĩ^{13}	mĩ^{55}	tĩ^{55}	tĩ^{312}	xĩ^{55}	xĩ^{312}	xĩ^{13}	xĩ^{55}	ĩ^{13}	ĩ^{312}
	高沙	miẽ^{13}	miẽ^{55}	tiẽ^{33}	tiẽ^{312}	tʰiẽ^{55}	tʰiẽ^{312}	tʰiẽ^{13}	tʰiẽ^{24}	liẽ^{13}	liẽ^{312}
	花园	mĩ^{13}	mĩ^{55}	tĩ^{55}	tĩ^{312}	tʰĩ^{55}	tʰĩ^{312}	tʰĩ^{13}	tʰĩ^{55}	lĩ^{13}	ĩ^{312}
绥宁	金屋塘	mĩ^{13}	mĩ^{55}	tĩ^{55}	tĩ^{312}	xĩ^{55}	xĩ^{312}	xĩ^{13}	xĩ^{55}	ĩ^{13}	ĩ^{312}
	梅坪	mĩ^{13}	mĩ^{55}	tĩ^{55}	tĩ^{312}	xĩ^{55}	xĩ^{312}	xĩ^{13}	xĩ^{55}	ĩ^{13}	ĩ^{312}
	黄土矿	miẽ^{55}	miẽ^{33}	tiẽ^{33}	tiẽ^{312}	tʰiẽ^{33}	tʰiẽ^{312}	tʰĩ^{55}	tiẽ^{35}	li^{55}	iẽ^{312}
	唐家坊	miẽ^{13}	miẽ^{55}	tiẽ^{33}	tiẽ^{312}	tʰiẽ^{33}	tʰiẽ^{312}	tʰĩ^{13}	tʰiẽ^{33}	iẽ^{13}	iẽ^{312}
	瓦屋塘	miẽ^{13}	miẽ^{33}	tiẽ^{33}	tiẽ^{312}	tʰiẽ^{33}	tʰiẽ^{312}	tʰĩ^{13}	tʰiẽ^{33}	iẽ^{13}	iẽ^{312}

		莲	炼	荐	千	前	先	肩	茧	见	牵
		山开四平先来	山开四去霰来	山开四去霰精	山开四平先清	山开四平先从	山开四平先心	山开四平先见	山开四上铣见	山开四去霰见	山开四平先溪
隆回	荷香桥	li^{13}	li^{45}	tsi^{33}	tsʰĩ^{33}	tsʰĩ^{13}	sĩ^{33}	kã^{33}	tɕĩ^{312}	tɕĩ^{45}	tɕʰĩ^{33}
	六都寨	li^{13}	li^{55}	tsi^{33}	tsʰĩ^{33}	tsʰĩ^{13}	sĩ^{33}	kã^{33}	tɕĩ^{312}	tɕĩ^{55}	tɕʰĩ^{33}
	七江	li^{13}	li^{55}	tsi^{33}	tsʰĩ^{33}	tsʰĩ^{13}	sĩ^{33}	kã^{33}	tɕĩ^{312}	tɕĩ^{55}	tɕʰĩ^{33}
	司门前	li^{13}	li^{55}	tsi^{33}	tsʰĩ^{33}	tsʰĩ^{13}	sĩ^{33}	kã^{33}	tɕĩ^{312}	tɕĩ^{55}	tɕʰĩ^{33}
	金石桥	lie^{13}	lie^{55}	tsie^{33}	tsʰie^{33}	tsʰie^{13}	sie^{33}	tɕE^{33}	tɕE^{312}	tɕE^{55}	tɕʰE^{33}
	小沙江	lie^{13}	lie^{55}	tɕie^{33}	tɕʰie^{33}	tɕʰie^{13}	ɕe^{33}	tɕE^{33}	tɕE^{312}	tɕE^{55}	tɕʰE^{33}
	西洋江	lĩ^{13}	lĩ^{55}	tsĩ^{33}	tsʰĩ^{33}	tsʰĩ^{13}	sĩ^{55}	kã^{55}	tɕĩ^{312}	tɕĩ$^{45/55}$	tɕʰĩ^{55}
	横板桥	lĩ^{13}	lĩ^{55}	tsĩ^{33}	tsʰĩ^{33}	tsʰĩ^{13}	sĩ^{55}	kã^{55}	tɕĩ^{312}	tɕĩ$^{45/55}$	tɕʰĩ^{55}
	岩口	liĩ^{13}	liĩ^{55}	tsiĩ^{33}	tsʰiĩ^{33}	tsʰiĩ^{13}	siĩ^{33}	kã^{33}	tɕiĩ^{312}	tɕiĩ^{55}	tɕʰiĩ^{55}

		莲	炼	荐	千	前	先	肩	茧	见	牵
		山开四平先来	山开四去霰来	山开四去霰精	山开四平先清	山开四平先从	山开四平先心	山开四平先见	山开四上铣见	山开四去霰见	山开四平先溪
隆回	罗洪	liɛ̃^{13}	liɛ̃^{55}	tɕiɛ̃^{33}	tɕʰiɛ̃^{33}	tɕʰiɛ̃^{13}	ɕiɛ̃^{33}	kã^{33}	tɕiɛ̃^{312}	tɕiɛ̃^{55}	tɕʰiɛ̃^{33}
	高坪	liɛ̃^{13}	liɛ̃^{55}	tɕiɛ̃^{33}	tɕʰiɛ̃^{33}	tɕʰiɛ̃^{3}	ɕiɛ̃^{33}	kã^{33}	tɕiɛ̃^{312}	tɕiɛ̃^{55}	tɕʰiɛ̃^{33}
洞口	石江	liɛ̃^{13}	liɛ̃^{55}	tɕiɛ̃^{55}	tɕʰiɛ̃^{55}	tɕʰiɛ̃^{13}	ɕiɛ̃^{55}	kã^{55}	tɕiɛ̃^{312}	tɕiɛ̃^{24}	tɕʰiɛ̃^{55}
	江口	liɛ̃^{13}	liɛ̃^{55}	tɕiɛ̃^{55}	tɕʰiɛ̃^{55}	tɕʰiɛ̃^{13}	ɕiɛ̃^{55}	kã^{55}	tɕiɛ̃^{312}	tɕiɛ̃^{24}	tɕʰiɛ̃^{55}
	长塘	liɛ̃^{13}	liɛ̃^{55}	tɕiɛ̃^{55}	tɕʰiɛ̃^{55}	tɕʰiɛ̃^{13}	ɕiɛ̃^{55}	kã^{55}	tɕiɛ̃^{312}	tɕiɛ̃^{24}	tɕʰiɛ̃^{55}
	山门	lĩ^{13}	lĩ^{55}	tsĩ^{55}	tsʰĩ^{55}	tsʰĩ^{13}	sĩ^{55}	kã^{55}	tɕĩ^{312}	tɕĩ^{24}	tɕʰĩ^{55}
	高沙	liɛ̃^{13}	liɛ̃^{24}	tɕiɛ̃^{24}	tɕʰiɛ̃^{55}	tɕʰiɛ̃^{13}	ɕiɛ̃^{55}	kã^{55}	tɕiɛ̃^{312}	tɕiɛ̃^{24}	tɕʰiɛ̃^{55}
	花园	lĩ^{13}	lĩ^{35}	tsĩ^{35}	tsʰĩ^{55}	tsʰĩ^{13}	sĩ^{55}	kã^{55}	tɕĩ^{312}	tɕĩ^{35}	tɕʰĩ^{55}
绥宁	金屋塘	lĩ^{13}	lĩ^{35}	tsĩ^{24}	tsʰĩ^{55}	tsʰĩ^{13}	sĩ^{55}	kã^{55}	tɕĩ^{312}	tɕĩ^{24}	tɕʰĩ^{55}
	梅坪	lĩ^{13}	lĩ^{35}	tsĩ^{24}	tsʰĩ^{55}	tsʰĩ^{13}	sĩ^{55}	kã^{55}	tɕĩ^{312}	tɕĩ^{24}	tɕʰĩ^{55}
	黄土矿	liɛ̃^{55}	liɛ̃^{33}	tɕiɛ̃^{35}	tɕʰiɛ̃^{33}	tɕʰiɛ̃1^{55}	ɕiɛ̃^{133}	kɛ̃^{33}	tɕɛ̃^{312}	tɕɛ̃^{55}	tɕʰɛ̃^{33}
	唐家坊	liɛ̃^{13}	liɛ̃^{55}	tsiɛ̃^{55}	tsʰiɛ̃^{33}	tsʰiɛ̃^{13}	siɛ̃^{33}	kɛ̃^{33}	tɕɛ̃^{312}	tɕɛ̃^{55}	tɕʰɛ̃^{33}
	瓦屋塘	liɛ̃^{13}	liɛ̃^{33}	tsiɛ̃^{35}	tsʰiɛ̃^{33}	tsʰiɛ̃1^{13}	siɛ̃^{133}	kɛ̃^{33}	tɕɛ̃^{312}	tɕɛ̃^{35}	tɕʰɛ̃^{33}

		研	砚	显	弦	现	烟	燕	搬	半	潘
		山开四平先疑	山开四去霰疑	山开四上铣晓	山开四平先匣	山开四去霰匣	山开四平先影	山开四去霰影	山合一平桓帮	山合一去换帮	山合一平桓滂
隆回	荷香桥	ĩ^{13}	ĩ^{45}	ɕĩ^{312}	ɕyĩ^{13}	ɕĩ^{55}	ĩ^{33}	ĩ^{45}	pɔ̃^{33}	pɔ̃^{45}	pʰɔ̃^{33}
	六都寨	ĩ^{13}	ĩ^{55}	ɕĩ^{312}	ɕĩ^{13}	ɕĩ^{55}	ĩ^{33}	ĩ^{55}	pɔ̃^{33}	pɔ̃^{55}	pʰɔ̃^{33}
	七江	ĩ^{13}	ĩ^{55}	ɕĩ^{312}	ɕyĩ^{13}	ɕĩ^{55}	ĩ^{33}	ĩ^{55}	pɔ̃^{33}	pɔ̃^{55}	pʰɔ̃^{33}
	司门前	ĩ^{13}	ĩ^{55}	ɕĩ^{312}	ɕyĩ^{13}	ɕĩ^{55}	ĩ^{33}	ĩ^{55}	pɔ̃^{33}	pɔ̃^{55}	pʰɔ̃^{33}
	金石桥	iE^{13}	iE^{55}	ɕE^{312}	ɕyE^{13}	ɕE^{55}	iE^{33}	iE^{55}	pɔ̃^{33}	pɔ̃^{55}	pʰɔ̃^{33}
	小沙江	iE^{13}	iE^{55}	ɕE^{312}	ɕE^{13}	ɕE^{55}	iE^{33}	iE^{55}	pɔ̃^{33}	pɔ̃^{55}	pʰa^{33}
	西洋江	ĩ^{13}	ĩ^{55}	ɕĩ^{312}	ɕĩ^{13}	ɕĩ^{55}	ĩ^{55}	ĩ^{45}	pɔ̃^{55}	pɔ̃^{45}	pʰa^{55}
	横板桥	ĩ^{13}	ĩ^{55}	ɕĩ^{312}	ɕĩ^{13}	ɕĩ^{55}	ĩ^{55}	ĩ^{45}	pɔ̃^{55}	pɔ̃^{45}	pʰa^{55}
	岩口	iĩ^{13}	iĩ^{55}	ɕiĩ^{312}	ɕyĩ^{13}	ɕiĩ^{55}	iĩ^{33}	iĩ^{55}	pã^{33}	pã^{55}	pʰã^{33}
	罗洪	iɛ̃^{13}	iɛ̃^{45}	ɕiɛ̃^{312}	ɕyE^{13}	ɕiɛ̃^{55}	iɛ̃^{33}	iɛ̃^{55}	pɔ̃^{33}	pɔ̃^{55}	pʰɔ̃^{33}
	高坪	iɛ̃^{13}	iɛ̃^{45}	ɕiɛ̃^{312}	ɕyE^{13}	ɕiɛ̃^{55}	iɛ̃^{33}	iɛ̃^{55}	pɔ̃^{33}	pɔ̃^{55}	pʰɔ̃^{33}
洞口	石江	iɛ̃^{13}	iɛ̃^{55}	ɕiɛ̃^{312}	ɕyɛ̃^{13}	ɕiɛ̃^{55}	iɛ̃^{55}	iɛ̃^{24}	pɔ̃^{55}	pɔ̃^{24}	pʰa^{55}
	江口	iɛ̃^{13}	iɛ̃^{55}	ɕiɛ̃^{312}	ɕiɛ̃^{13}	ɕiɛ̃^{55}	iɛ̃^{55}	iɛ̃^{24}	pɔ̃^{55}	pɔ̃^{24}	pʰɔ̃^{55}

		研	砚	显	弦	现	烟	燕	搬	半	潘
		山开四平先疑	山开四去霰疑	山开四上铣晓	山开四平先匣	山开四去霰匣	山开四平先影	山开四去霰影	山合一平桓帮	山合一去换帮	山合一平桓滂
洞口	长塘	iɛ̃^{13}	iɛ̃^{55}	ɕiɛ̃^{312}	ɕyɛ̃^{13}	ɕiɛ̃^{55}	iɛ̃^{55}	iɛ̃^{24}	pɔ̃^{55}	pɔ̃^{24}	pʰɔ̃^{55}
	山门	ĩ^{13}	ĩ^{55}	ɕĩ^{312}	ɕĩ^{13}	ɕĩ^{55}	ĩ^{55}	ĩ^{45}	pɔ̃^{55}	pɔ̃^{45}	ɸɔ̃^{55}
	高沙	iɛ̃^{13}	iɛ̃^{55}	ɕiɛ̃^{312}	ɕyɛ̃^{13}	ɕiɛ̃^{55}	iɛ̃^{55}	iɛ̃^{24}	pɔ̃^{55}	pɔ̃^{24}	pʰɔ̃^{55}
	花园	ĩ^{13}	ĩ^{55}	ɕĩ^{312}	ɕyĩ^{13}	ɕĩ^{55}	ĩ^{55}	ĩ^{35}	pɔ̃^{55}	pɔ̃^{35}	pʰɔ̃^{55}
绥宁	金屋塘	ĩ^{13}	ĩ^{55}	ɕĩ^{312}	ɕyã^{13}	ɕĩ^{55}	ĩ^{55}	ĩ^{24}	pɔ̃^{55}	pɔ̃^{24}	pʰɔ̃^{55}
	梅坪	ĩ^{13}	ĩ^{55}	ɕĩ^{312}	ɕyã^{13}	ɕĩ^{55}	ĩ^{55}	ĩ^{24}	pɔ̃^{55}	pɔ̃^{24}	pʰɔ̃^{55}
	黄土矿	iẽ^{55}	iẽ^{33}	ɕẽ^{312}	ɕẽ^{55}	ɕẽ^{35}	iẽ^{33}	iẽ^{35}	pẽ^{33}	pẽ^{35}	pʰẽ^{33}
	唐家坊	iɛ̃^{13}	iɛ̃^{55}	ɕɛ̃^{312}	ɕɛ̃^{13}	ɕɛ̃^{55}	iɛ̃^{55}	iɛ̃^{55}	pø̃^{33}	pø̃^{35}	pʰø̃^{33}
	瓦屋塘	iẽ^{13}	iẽ^{33}	ɕẽ^{312}	ɕẽ^{13}	ɕẽ^{35}	iẽ^{33}	iẽ^{35}	pẽ^{33}	pẽ^{35}	pʰẽ^{33}

		判	盘	伴	叛	瞒	满	漫	端	短	断
		山合一去换滂	山合一平桓並	山合一上缓並	山合一去换並	山合一平桓明	山合一上缓明	山合一去换明	山合一平桓端	山合一上缓端	山合一去换端
隆回	荷香桥	pʰɔ̃^{45}	pʰɔ̃^{13}	pʰɔ̃^{55}	pʰɔ̃^{45}	mɔ̃^{13}	mɔ̃^{312}	mã^{45}	tɔ̃^{33}	tɔ̃^{312}	tɔ̃^{45}
	六都寨	pʰɔ̃^{55}	pʰɔ̃^{13}	pʰɔ̃^{55}	pʰɔ̃^{45}	mɔ̃^{13}	mɔ̃^{312}	mã^{55}	tuɔ̃^{33}	tuɔ̃^{312}	tuɔ̃^{55}
	七江	pʰɔ̃^{55}	pʰɔ̃^{13}	pɔ̃^{55}	pʰɔ̃^{45}	mɔ̃^{13}	mɔ̃^{312}	mã^{55}	tuɔ̃^{33}	tuɔ̃^{312}	tuɔ̃^{55}
	司门前	pʰɔ̃^{55}	pʰɔ̃^{13}	xɔ̃^{55}	pʰɔ̃^{45}	mɔ̃^{13}	mɔ̃^{312}	mã^{55}	tuɔ̃^{33}	tuɔ̃^{312}	tuɔ̃^{55}
	金石桥	pʰɔ̃^{55}	pʰɔ̃^{13}	pʰɔ̃^{312}	pɔ̃^{55}	mɔ̃^{13}	mɔ̃^{312}	mã^{55}	tɔ̃^{33}	tɔ̃^{312}	tɔ̃^{55}
	小沙江	pʰɔ̃^{55}	pʰɔ̃^{13}	pʰɔ̃^{312}	pʰa^{55}	mɔ̃^{13}	mɔ̃^{312}	mã^{55}	tɔ̃^{33}	tɔ̃^{312}	tɔ̃^{55}
	西洋江	pʰɔ̃^{55}	pʰɔ̃^{13}	pɔ̃^{45}	pɔ̃^{55}	mɔ̃^{13}	mɔ̃^{312}	mã^{55}	tɔ̃^{55}	tɔ̃^{312}	tɔ̃^{45}
	横板桥	pʰɔ̃^{55}	pʰɔ̃^{13}	pɔ̃^{45}	pʰɔ̃^{45}	mɔ̃^{13}	mɔ̃^{312}	mã^{55}	tɔ̃^{55}	tɔ̃^{312}	tɔ̃^{45}
	岩口	pʰɔ̃^{55}	pʰɔ̃^{13}	pɔ̃^{55}	pʰɔ̃^{55}	mã^{13}	mã^{312}	mã^{55}	tuã^{33}	tuã^{312}	tuã^{55}
	罗洪	pʰɔ̃^{55}	pʰɔ̃^{13}	pɔ̃^{55}	pʰɔ̃^{55}	mɔ̃^{13}	mɔ̃^{312}	mã^{45}	tɔ̃^{33}	tɔ̃^{312}	tɔ̃^{45}
	高坪	pʰɔ̃^{55}	pʰɔ̃^{13}	pʰɔ̃^{55}	pʰɔ̃^{55}	mɔ̃^{13}	mɔ̃^{312}	mã^{55}	tɔ̃^{33}	tɔ̃^{312}	tɔ̃^{55}
洞口	石江	pʰɔ̃^{55}	pʰɔ̃^{13}	pʰɔ̃^{312}	pʰɔ̃^{55}	mɔ̃^{13}	mɔ̃^{312}	mã^{55}	tɔ̃^{55}	tɔ̃^{312}	tɔ̃^{24}
	江口	pʰɔ̃^{24}	pʰɔ̃^{13}	pʰɔ̃^{312}	pʰɔ̃^{24}	mɔ̃^{13}	mɔ̃^{312}	mã^{312}	tɔ̃^{55}	tɔ̃^{312}	tɔ̃^{24}
	长塘	pʰɔ̃^{24}	pʰɔ̃^{13}	pʰɔ̃^{312}	pʰɔ̃^{24}	mɔ̃^{13}	mɔ̃^{312}	mã^{55}	tɔ̃^{55}	tɔ̃^{312}	tɔ̃^{24}
	山门	ɸɔ̃^{55}	ɸɔ̃^{13}	ɸɔ̃^{45}	ɸɔ̃^{45}	mɔ̃^{13}	mɔ̃^{312}	mã^{55}	tɔ̃^{55}	tɔ̃^{312}	tɔ̃^{45}
	高沙	pʰɔ̃^{24}	pʰɔ̃^{13}	pʰɔ̃^{312}	pʰɔ̃^{24}	mɔ̃^{13}	mɔ̃^{312}	mã^{24}	tɔ̃^{55}	tɔ̃^{312}	tɔ̃^{24}
	花园	pʰɔ̃^{35}	pʰɔ̃^{13}	pʰɔ̃^{312}	pʰɔ̃^{35}	mɔ̃^{13}	mɔ̃^{312}	mã^{55}	tɔ̃^{55}	tɔ̃^{312}	tɔ̃^{35}

续表

		判	盘	伴	叛	瞒	满	漫	端	短	断
		山合一去换滂	山合一平桓並	山合一上缓並	山合一去换並	山合一平桓明	山合一上缓明	山合一去换明	山合一平桓端	山合一上缓端	山合一去换端
绥宁	金屋塘	pʰɔ²⁴	pʰɔ¹³	pʰɔ⁵⁵	pʰɔ²⁴	mɔ¹³	mɔ³¹²	mã⁵⁵	tɔ⁵⁵	tɔ³¹²	tɔ²⁴
	梅坪	pʰɔ²⁴	pʰɔ¹³	pʰɔ⁵⁵	pʰɔ²⁴	mɔ¹³	mɔ³¹²	mã⁵⁵	tɔ⁵⁵	tɔ³¹²	tɔ²⁴
	黄土矿	pʰẽ³⁵	pʰẽ⁵⁵	pʰẽ³³	pʰẽ³³	mẽ⁵⁵	mẽ³¹²	mẽ³³	tø³³	tø³¹²	tø³⁵
	唐家坊	pʰø⁵⁵	pʰø¹³	pʰø⁵⁵	pʰø⁵⁵	mø¹³	mø³¹²	mø³	tẽ⁵⁵	tø³¹²	tẽ⁵⁵
	瓦屋塘	pʰẽ³⁵	pʰẽ¹³	pʰẽ³³	pʰẽ³³	mẽ¹³	mẽ³¹²	mẽ³³	tẽ³³	tẽ³¹²	tẽ³⁵

		团	断	段	暖	弯	卵	乱	钻	攒	钻
		山合一平桓定	山合一上缓定	山合一去换定	山合一上缓泥	山合一平桓来	山合一上缓来	山合一去换来	山合一平桓精	山合一上缓精	山合一去换精
隆回	荷香桥	xɔ¹³	xɔ⁵⁵	xɔ⁵⁵	lɔ³¹²	lɔ¹³	lo³¹²	lɔ⁴⁵	tsɔ³³	tsɔ³¹²	tsɔ⁴⁵
	六都寨	xuɔ¹³	xuɑ³¹²	xuɔ⁵⁵	luɔ³¹²	luɔ¹³	luɔ³¹²	luɔ⁵⁵	tsuɔ³³	tsɑ³¹²	tsuɔ⁵⁵
	七江	xuɔ¹³	xuɑ³¹²	xuɔ⁵⁵	luɔ³¹²	luɔ¹³	lo³¹²	luɔ⁵⁵	tsuɔ³³	tsuɔ³¹²	tsuɔ⁵⁵
	司门前	xuɔ¹³	xuɔ³¹²	xuɔ⁵⁵	luɔ³¹²	luɔ¹³	lo³¹²	luɔ⁵⁵	tsuɔ³³	tsɑ³¹²	tsuɔ⁵⁵
	金石桥	xɔ¹³	xɔ³¹²	xɔ⁵⁵	lɔ³¹²	lɔ¹³	lo³¹²	lɔ⁵⁵	tsɔ³³	tsa³¹²	tsɔ⁵⁵
	小沙江	tʰɔ¹³	tʰɔ³¹²	tʰɔ⁵⁵	lɔ³¹²	lo¹³	lo³¹²	lɔ⁵⁵	tsɔ³³	tsa³¹²	tsɔ⁵⁵
	西洋江	xɔ¹³	xɔ³¹²	xɔ⁵⁵	lɔ³¹²	lɔ¹³	lo³¹²	lɔ⁴⁵	tsɔ⁵⁵	tsa³¹²	tsɔ⁴⁵
	横板桥	xɔ¹³	xɔ³¹²	xɔ⁵⁵	lɔ³¹²	lɔ¹³	lo³¹²	lɔ⁴⁵	tsɔ⁵⁵	tsa³¹²	tsɔ⁴⁵
	岩口	xuã¹³	xuã⁵⁵	xuã⁵⁵	luã³¹²	luã¹³	luã³¹²	luã⁵⁵	tsuã³³	tsʰuã¹³	tsuã⁵⁵
	罗洪	xɔ¹³	xɔ⁵⁵	xɔ⁵⁵	lɔ³¹²	lɔ¹³	lo³¹²	lɔ⁵⁵	tsɔ³³	tsa³¹²	tsɔ⁵⁵
	高坪	tʰɔ¹³	tʰɔ⁵⁵	tʰɔ⁵⁵	luɔ³¹²	luɔ¹³	luɔ³¹²	luɔ⁵⁵	tsɔ³³	tsɔ³¹²	tsɔ⁵⁵
洞口	石江	xɔ¹³	xɔ³¹²	xɔ⁵⁵	lɔ³¹²	lɔ¹³	lo³¹²	lɔ⁵⁵	tsɔ⁵⁵	tsa³¹²	tsɔ²⁴
	江口	tʰɔ¹³	tʰɔ³¹²	tʰɔ⁵⁵	lɔ³¹²	lɔ¹³	lo³¹²	lɔ⁵⁵	tsɔ³³	tsa³¹²	tsɔ²⁴
	长塘	xɔ¹³	xɔ³¹²	xɔ⁵⁵	lɔ³¹²	lɔ¹³	lo³¹²	lɔ⁵⁵	tsɔ³³	tsa³¹²	tsɔ²⁴
	山门	xɔ¹³	xɔ³¹²	xɔ⁵⁵	lɔ³¹²	lɔ¹³	lo³¹²	lɔ⁵⁵	tsɔ³³	tsa³¹²	tsɔ⁴⁵
	高沙	tʰɔ¹³	tʰɔ²⁴	tɔ²⁴	lo³¹²	lɔ¹³	lɔ³¹²	lɔ⁵⁵	tsɔ²⁴	tsa³¹²	tsɔ²⁴
	花园	tʰɔ¹³	tʰɔ³¹²	tʰɔ⁵⁵	lo³¹²	lɔ¹³	lɔ³¹²	lɔ⁵⁵	tsɔ³³	tsa³¹²	tsɔ³⁵
绥宁	金屋塘	tʰɔ¹³	tʰɔ³¹²	tʰɔ⁵⁵	lɔ³¹²	lɔ¹³	lɔ³¹²	lɔ⁵⁵	tsɔ⁵⁵	tsa³¹²	tsɔ²⁴
	梅坪	tʰɔ¹³	tʰɔ³¹²	tʰɔ⁵⁵	lɔ³¹²	lɔ¹³	lɔ³¹²	lɔ⁵⁵	tsɔ⁵⁵	tsa³¹²	tsɔ²⁴
	黄土矿	tʰø⁵⁵	tʰø³¹²	tʰø³³	lø³¹²	lø⁵⁵	lø³¹²	lø³³	tsẽ³³	tsø³¹²	tsø³⁵
	唐家坊	tʰẽ¹³	tʰẽ³¹²	tʰø⁵⁵	lø³¹²	lø¹³	lø³¹²	lø³³	tsø³³	tsø³¹²	tsø⁵⁵
	瓦屋塘	tʰẽ¹³	tʰẽ³¹²	tʰẽ³³	lø³¹²	lɔ¹³	lẽ³¹²	lẽ³³	tsẽ³³	tsẽ³¹²	tsẽ³⁵

续表

		余	寀	酸	算	棺	管	灌	宽	款	玩
		山合一平桓清	山合一去换清	山合一平桓心	山合一去换心	山合一平桓见	山合一上缓见	山合一去换见	山合一平桓溪	山合一上缓溪	山合一去换疑
隆回	荷香桥	tshɔ³³	tshɔ⁵⁵	sɔ³³	sɔ⁴⁵	kuɔ³³	kuɔ³¹²	kuɔ⁴⁵	khuɔ³³	khuɔ³¹²	uɔ¹³
	六都寨	tshuɔ³³	tshuɔ⁵⁵	suɔ³³	suɔ⁵⁵	kuɔ⁵⁵	kuɔ³¹²	kuɔ⁵⁵	khuɔ³³	khuɔ³¹²	uɔ¹³
	七江	tshuɔ³³	tshuɔ⁵⁵	suɔ³³	suɔ⁵⁵	kuɔ⁵⁵	kuɔ³¹²	kuɔ⁵⁵	khuɔ³³	khuɔ³¹²	uɔ¹³
	司门前	tshuɔ³³	tshuɔ⁵⁵	suɔ³³	suɔ⁵⁵	kuɔ⁵⁵	kuɔ³¹²	kuɔ⁵⁵	khuɔ³³	khuɔ³¹²	uɔ¹³
	金石桥	tshɔ³³	tshɔ⁵⁵	sɔ³³	sɔ⁵⁵	kuɔ⁵⁵	kuɔ³¹²	kuɔ⁵⁵	khuɔ³³	khuɔ³¹²	uɔ¹³
	小沙江	tshɔ³³	tshɔ⁵⁵	sɔ³³	sɔ⁵⁵	kua⁵⁵	kua³¹²	kua⁵⁵	khua³³	khua³¹²	ua¹³
	西洋江	tshɔ⁵⁵	tshɔ⁵⁵	sɔ⁵⁵	sɔ⁴⁵	kuã⁵⁵	kuã³¹²	kuã⁴⁵	khuã³³	khuã³¹²	uã¹³
	横板桥	tshɔ⁵⁵	tshɔ⁵⁵	sɔ⁵⁵	sɔ⁴⁵	kuã⁵⁵	kuã³¹²	kuã⁴⁵	khuã³³	khuã³¹²	uã¹³
	岩口	tshua³³	tshua⁵⁵	sua³³	sua⁵⁵	kua³³	kua³¹²	kua⁵⁵	khuã³³	khuã³¹²	uã¹³
	罗洪	tshɔ³³	tshɔ⁵⁵	sɔ³³	sɔ⁵⁵	kuɔ³³	kuɔ³¹²	kuɔ⁵⁵	khuã³³	khuã³¹²	uã¹³
	高坪	tshɔ³³	tshɔ⁵⁵	sɔ³³	sɔ⁵⁵	kuɔ³³	kuɔ³¹²	kuɔ⁵⁵	khuɔ³³	khuɔ³¹²	uã¹³
洞口	石江	tshɔ⁵⁵	tshɔ⁵⁵	sɔ⁵⁵	sɔ²⁴	kuã⁵⁵	kuã³¹²	kuã²⁴	khuã⁵⁵	khuã³¹²	uã¹³
	江口	tshɔ⁵⁵	tshɔ⁵⁵	sɔ⁵⁵	sɔ²⁴	kuæ⁵⁵	kuæ³¹²	kuæ²⁴	khuæ⁵⁵	khuæ³¹²	uæ¹³
	长塘	tshɔ⁵⁵	tshɔ⁵⁵	sɔ⁵⁵	sɔ²⁴	kɔ⁵⁵	kɔ³¹²	kɔ²⁴	khɔ⁵⁵	khɔ³¹²	uã¹³
	山门	tshɔ⁵⁵	tshɔ³¹²	sɔ⁵⁵	sɔ⁴⁵	kua⁵⁵	kua³¹²	kua⁴⁵	kua⁵⁵	khua³¹²	uã¹³
	高沙	tshɔ⁵⁵	tshɔ⁵⁵	sɔ⁵⁵	sɔ²⁴	kũ⁵⁵	kũ³¹²	kũ²⁴	khũ⁵⁵	khũ³¹²	uã¹³
	花园	tshɔ⁵⁵	tshɔ⁵⁵	sɔ⁵⁵	sɔ³⁵	kũ⁵⁵	kũ³¹²	kũ³⁵	khũ⁵⁵	khũ³¹²	uã¹³
绥宁	金屋塘	tshɔ⁵⁵	tshɔ⁵⁵	sɔ⁵⁵	sɔ²⁴	kuã⁵⁵	kuã³¹²	kuã²⁴	khuã⁵⁵	khuã³¹²	uã¹³
	梅坪	tshɔ⁵⁵	tshɔ⁵⁵	sɔ⁵⁵	sɔ²⁴	kuã⁵⁵	kuã³¹²	kuã²⁴	khuã⁵⁵	khuã³¹²	uã¹³
	黄土矿	tshø³³	tshø³³	sø³³	sø³⁵	kue³³	kue³¹²	kuẽ³⁵	khue³³	khue³¹²	ue⁵⁵
	唐家坊	tshø³³	tshø⁵⁵	sø³³	sø⁵⁵	kuã³³	kuã³¹²	kuã⁵⁵	khue³³	khuã³¹²	ue¹³
	瓦屋塘	tshẽ³³	tshẽ³³	sø³³	sẽ³⁵	kuẽ³³	kuẽ³¹²	kuẽ³³	khue³³	khue³¹²	ue⁵⁵

		欢	唤	完	缓	换	豌	碗	腕	顽	幻
		山合一平桓晓	山合一去唤晓	山合一平桓匣	山合一上缓匣	山合一去换匣	山合一平桓影	山合一上缓影	山合一去换影	山合二平山疑	山合二去裥匣
隆回	荷香桥	xuɔ³³	xuɔ⁴⁵	xuɔ¹³	xuɔ³¹²	uɔ⁵⁵	uɔ³³	uɔ³¹²	uɔ³¹²	uɔ¹³	xuɔ⁵⁵
	六都寨	xuɔ³³	xuɔ⁵⁵	uɔ¹³	xuɔ³¹²	uɔ⁵⁵	uɔ³³	uɔ³¹²	uɔ⁵⁵	uɔ¹³	xuɔ⁵⁵
	七江	xuɔ³³	xuɔ⁵⁵	uɔ¹³	xuɔ³¹²	uɔ⁵⁵	uɔ³³	uɔ³¹²	uɔ⁵⁵	uɔ¹³	xuɔ⁵⁵
	司门前	xuɔ³³	xuɔ⁵⁵	uɔ¹³	xuɔ³¹²	uɔ⁵⁵	uɔ³³	uɔ³¹²	uɔ⁵⁵	uɔ¹³	xuɔ⁵⁵

续表

		欢	唤	完	缓	换	豌	碗	腕	顽	幻
		山合一 平桓晓	山合一 去唤晓	山合一 平桓匣	山合一 上缓匣	山合一 去换匣	山合一 平桓影	山合一 上缓影	山合一 去换影	山合二 平山疑	山合二 去裥匣
隆回	金石桥	xuɔ^{33}	xuɔ^{55}	uɔ^{13}	xuɔ^{312}	uɔ^{55}	uɔ^{33}	uɔ^{312}	uɔ^{55}	uɔ^{13}	xuɔ^{55}
	小沙江	xua^{33}	xua^{55}	ua^{13}	xua^{312}	ua^{55}	ua^{33}	ua^{312}	ua^{55}	ua^{13}	xua^{55}
	西洋江	xuã^{55}	xuã^{45}	xuã^{13}	xuã^{312}	xuã^{45}	uã^{312}	uã^{312}	uã^{55}	uã^{13}	xua^{45}
	横板桥	xuã^{55}	xuã^{45}	uã^{13}	xuã^{312}	xuã^{45}	uã^{312}	uã^{312}	uã^{55}	uã^{13}	xua^{45}
	岩口	xua^{33}	xua^{55}	uã^{13}	xua^{312}	uã^{55}	uã^{33}	uã^{312}	uã^{312}	uã^{13}	xua^{55}
	罗洪	xuɔ^{33}	xuɔ^{45}	xuã^{13}	xuɔ^{312}	uɔ^{55}	uã^{33}	uã^{312}	uã^{312}	uã^{13}	uã^{55}
	高坪	xua^{33}	xua^{45}	xua^{13}	xuɔ^{312}	xuã^{55}	uã^{33}	uã^{312}	uã^{312}	uã^{13}	xɔ^{55}
洞口	石江	fɔ^{55}	fɔ^{24}	uã^{13}	fɔ^{312}	fɔ/uã^{55}	uã^{312}	uã^{312}	uã^{312}	uã^{13}	uã^{55}
	江口	xuæ^{55}	xuæ^{24}	uæ^{13}	xuæ^{312}	uæ^{55}	uæ^{312}	uæ^{312}	uæ^{55}	uã^{13}	xua^{55}
	长塘	xɔ^{55}	xɔ^{24}	uã^{13}	xɔ^{312}	uɔ^{55}	uɔ^{312}	uɔ^{312}	uɔ^{55}	uã^{13}	xua^{55}
	山门	xuã^{55}	xua^{45}	uã^{13}	xuã^{312}	uã^{55}	uã^{55}	uã^{312}	uã^{312}	uã^{13}	xua^{45}
	高沙	xũ^{55}	ũ^{24}	uã^{13}	xũ^{312}	ũ^{55}	uã^{55}	ũ^{312}	ũ^{312}	uã^{13}	xua^{24}
	花园	xũ^{55}	ũ^{35}	uã^{13}	xũ^{312}	ũ^{55}	ũ^{55}	ũ^{312}	ũ^{312}	uã^{13}	xua^{55}
绥宁	金屋塘	xuã^{55}	uã^{24}	uã^{13}	xuã^{312}	uã^{55}	uã^{55}	uã^{312}	uã^{55}	uã^{13}	xuã^{55}
	梅坪	xuã^{55}	uã^{24}	uã^{13}	xuã^{312}	uã^{55}	uã^{55}	uã^{312}	uã^{55}	uã^{13}	xuã^{55}
	黄土矿	fẽ^{33}	fẽ^{35}	uã^{55}	fẽ^{312}	fẽ^{33}	uẽ^{312}	uẽ^{312}	uẽ^{312}	uẽ^{13}	fẽ^{35}
	唐家坊	fẽ^{33}	fẽ^{55}	uẽ^{13}	fẽ^{312}	fẽ^{33}	uẽ^{312}	uẽ^{312}	uẽ^{312}	uẽ^{13}	fẽ^{55}
	瓦屋塘	fẽ^{33}	fẽ^{35}	uã^{13}	fẽ^{312}	fẽ^{33}	uẽ^{312}	uẽ^{312}	uẽ^{312}	uẽ^{13}	fẽ^{35}

		篡	闩	关	惯	环	患	弯	恋	全	宣
		山合二 去谏初	山合二 平删生	山合二 平删见	山合二 去谏见	山合二 平删匣	山合二 去谏匣	山合二 平删影	山合三 去线来	山合三 平仙从	山合三 平仙心
隆回	荷香桥	tsʰɔ^{45}	sɔ^{33}	kuɔ^{33}	kuɔ^{45}	xuɔ^{13}	xuɔ^{55}	uɔ^{33}	li^{45}	tsʰyi^{13}	syi^{33}
	六都寨	tsʰuɔ^{55}	suɔ^{33}	kuɔ^{33}	kuɔ^{33}	xuɔ^{13}	xuɔ^{55}	uɔ^{33}	li^{45}	tsʰyi^{13}	syi^{33}
	七江	tsʰuɔ^{55}	suɔ^{33}	kuɔ^{33}	kuɔ^{33}	xuɔ^{13}	xuɔ^{55}	uɔ^{33}	li^{45}	tsʰyi^{13}	syi^{33}
	司门前	tsʰuɔ^{55}	suɔ^{33}	kuɔ^{33}	kuɔ^{33}	xuɔ^{13}	xuɔ^{55}	uɔ^{33}	li^{55}	tsʰyi^{13}	syi^{33}
	金石桥	tsʰɔ^{55}	suɔ^{33}	kuɔ^{33}	kuɔ^{33}	uɔ^{13}	xuɔ^{55}	uɔ^{33}	liɛ^{55}	tsʰyɛ^{13}	syɛ^{33}
	小沙江	tsʰɔ^{55}	sɔ^{33}	kua^{33}	kua^{55}	ua^{13}	xua^{55}	ua^{33}	liɛ^{55}	tɕʰyɛ^{13}	ɕyɛ^{33}
	西洋江	tsʰuã^{45}	suã^{55}	kuã^{55}	kuã^{45}	xuã^{13}	xuã^{55}	uã^{33}	li^{45}	tsʰyã^{13}	syã^{33}
	横板桥	tsʰuã^{45}	suã^{55}	kuã^{55}	kuã^{45}	xuã^{13}	xuã^{55}	uã^{33}	li^{45}	tsʰyi^{13}	tsʰuã^{45}
	岩口	tsʰuã^{55}	suã^{33}	kuã^{33}	kuã^{55}	xuã^{13}	xuã^{55}	uã^{33}	lii^{55}	tsʰyi^{13}	syi^{33}

167

		篡	闩	关	惯	环	患	弯	恋	全	宣
		山合二 去谏初	山合二 平删生	山合二 平删见	山合二 去谏见	山合二 平删匣	山合二 去谏匣	山合二 平删影	山合三 去线来	山合三 平仙从	山合三 平仙心
隆回	罗洪	tsʰɔ^{45}	sɔ̃^{33}	kuã^{33}	kuã^{55}	xuã^{13}	xuã^{55}	uã^{33}	liɛ^{45}	tɕʰyɛ^{13}	ɕyɛ^{33}
	高坪	tsʰɔ^{55}	sɔ̃^{33}	kuã^{33}	kuã^{55}	xuã^{13}	xuã^{55}	uã^{33}	liɛ^{55}	tɕʰyɛ^{13}	ɕyɛ^{33}
洞口	石江	tsʰua^{55}	sua^{55}	kuã^{55}	kuã^{24}	fã^{13}	fã^{55}	uã^{55}	liɛ^{55}	tɕʰyɛ^{13}	ɕyɛ^{55}
	江口	tsʰɔ̃^{55}	sɔ̃^{55}	kuã^{55}	kuã^{24}	xuã^{13}	xuã^{55}	uã^{33}	liɛ^{55}	tɕʰyɛ^{13}	ɕyɛ^{55}
	长塘	tsʰua^{55}	sua^{55}	kuã^{55}	kuã^{24}	xuã^{13}	xuã^{55}	uã^{33}	liɛ^{55}	tɕʰyɛ^{13}	ɕyɛ^{55}
	山门	tsʰɔ^{45}	sɔ^{33}	kuã^{55}	kuã^{45}	xuã^{13}	xua^{55}	uã^{55}	li^{45}	tɕʰya^{13}	ɕya^{55}
	高沙	tsʰɔ^{24}	sɔ^{55}	kuã^{55}	kuã^{24}	xuã^{13}	xuã^{24}	uã^{55}	liɛ^{55}	tɕʰyɛ^{13}	ɕyɛ^{55}
	花园	tsʰɔ^{35}	sɔ̃^{55}	kuã^{55}	kuã^{35}	xuã^{13}	xuã^{55}	uã^{55}	li^{35}	tsʰĩ^{13}	sĩ^{55}
绥宁	金屋塘	tsʰua^{35}	sua^{55}	kuã^{55}	kuã^{35}	xuã^{13}	xuã^{55}	uã^{55}	li^{35}	tsʰĩ^{13}	sĩ^{55}
	梅坪	tsʰua^{35}	sua^{55}	kuã^{55}	kuã^{35}	xuã^{13}	xuã^{55}	uã^{55}	li^{35}	tsʰĩ^{13}	sĩ^{55}
	黄土矿	tsʰɵ^{35}	sɵ^{33}	kuã^{33}	kue^{35}	fẽ^{55}	fẽ^{33}	uã^{33}	le^{35}	tsʰẽ^{55}	ɕẽ^{33}
	唐家坊	tsʰɵ^{55}	sɵ^{33}	kuã^{33}	kue^{55}	fẽ^{13}	fẽ^{33}	uã^{33}	le^{55}	tsʰɵ^{13}	ɕɵ^{33}
	瓦屋塘	tsʰɵ^{35}	sɵ^{33}	kuã^{33}	kue^{35}	fẽ^{13}	fẽ^{33}	uã^{33}	le^{35}	tsʰẽ^{13}	ɕẽ^{33}

		选	旋	转	椽	传	砖	穿	喘	串	船
		山合三 上狝心	山合三 平仙邪	山合三 上狝知	山合三 平仙澄	山合三 去线澄	山合三 上仙章	山合三 平仙昌	山合三 上狝昌	山合三 去线昌	山合三 平仙船
隆回	荷香桥	syĩ^{312}	syĩ^{13}/tɕʰyĩ^{33}	tɕyĩ^{312}	ɕyĩ^{13}	tɕʰyĩ^{55}	tɕyĩ^{33}	tɕʰyĩ^{33}	tɕʰyĩ^{312}	tɕʰyĩ^{55}	tɕʰyĩ^{13}
	六都寨	syĩ^{312}	syĩ^{13}/tɕʰyĩ^{33}	tɕyĩ^{312}	ɕyĩ^{13}	tɕʰyĩ^{55}	tɕyĩ^{33}	tɕʰyĩ^{33}	tɕʰyĩ^{312}	tɕʰyĩ^{55}	tɕʰyĩ^{13}
	七江	syĩ^{312}	syĩ^{13}/tɕʰyĩ^{33}	tɕyĩ^{312}	ɕyĩ^{13}	tɕʰyĩ^{55}	tɕyĩ^{33}	tɕʰyĩ^{33}	tɕʰyĩ^{312}	tɕʰyĩ^{55}	tɕʰyĩ^{13}
	司门前	syĩ^{312}	tɕʰyĩ^{33}	tɕyĩ^{312}	ɕyĩ^{13}	tɕʰyĩ^{55}	tɕyĩ^{33}	tɕʰyĩ^{33}	tɕʰyĩ^{312}	tɕʰyĩ^{55}	tɕʰyĩ^{13}
	金石桥	syE^{312}	tɕʰyE^{33}	tɕyE^{312}	ɕyE^{13}	tɕʰyE^{55}	tɕyE^{33}	tɕʰyE^{33}	tɕʰyE^{312}	tɕʰyE^{55}	tɕʰyE^{13}
	小沙江	ɕyE^{312}	ɕyE^{13}	tɕyE^{312}	ɕyE^{13}	tɕʰyE^{55}	tɕyE^{33}	tɕʰyE^{33}	tɕʰyE^{312}	tɕʰyE^{55}	tɕʰyE^{13}
	西洋江	syã^{312}	syã^{13}/tɕʰyã^{55}	tɕyã^{312}	ɕyã^{13}	tɕʰyã	tɕyã^{55}	tɕʰyã^{55}	tɕʰyã^{312}	tɕʰyã^{45}	tɕʰyã^{13}
	横板桥	syã^{312}	syã^{13}/tɕʰyã^{55}	tɕyã^{312}	ɕyã^{13}	tɕʰyã	tɕyã^{55}	tɕʰyã^{55}	tɕʰyã^{312}	tɕʰyã^{45}	tɕʰyã^{13}
	岩口	syĩ^{312}	syĩ^{13}/tɕʰyĩ^{33}	tɕyĩ^{312}	ɕyĩ^{13}	tɕʰyĩ^{55}	tɕyĩ^{33}	tɕʰyĩ^{33}	tsʰua^{312}	tɕʰyĩ^{55}	tɕʰyĩ^{13}
	罗洪	ɕyE^{312}	ɕyẼ^{13}/tɕʰyẼ^{33}	tɕyẼ^{312}	ɕyE^{13}	tɕʰyE^{55}	tɕyE^{33}	tɕʰyE^{33}	tɕʰyE^{312}	tɕʰyE^{55}	tɕʰyE^{13}
	高坪	ɕiẽ^{312}	ɕyẽ^{13}/tɕʰyẽ^{33}	tɕyẽ^{312}	ɕyẽ^{13}	tɕʰyẽ	tɕyẽ^{33}	tɕʰyẽ^{33}	tɕʰyẽ^{312}	tɕʰyẽ^{55}	tɕʰyẽ^{13}
洞口	石江	ɕyẽ^{312}	ɕyẽ^{13}/tɕʰyẽ^{55}	tɕyẽ^{312}	yẽ^{13}	tɕʰyẽ^{55}	tɕyẽ^{55}	tɕʰyẽ^{55}	tɕʰyẽ^{312}	tɕʰyẽ^{24}	tɕʰyẽ^{13}
	江口	ɕyɛ^{312}	ɕyɛ^{13}/tɕʰyɛ^{55}	tɕyɛ^{312}	ɕyɛ^{13}	tɕʰyɛ^{55}	tɕyɛ^{55}	tɕʰyɛ^{55}	tɕʰyɛ^{312}	tɕʰyɛ^{55}	tɕʰyɛ^{13}

续表

		选	旋	转	椽	传	砖	穿	喘	串	船
		山合三 上狝心	山合三 平仙邪	山合三 上狝知	山合三 平仙澄	山合三 去线澄	山合三 上仙章	山合三 平仙昌	山合三 上狝昌	山合三 去线昌	山合三 平仙船
洞口	长塘	çyɛ̃^{312}	çyɛ̃^{13}/tɕʰyɛ̃^{55}	tɕyɛ̃^{312}	çyɛ̃^{13}	tɕʰyɛ̃^{55}	tɕyɛ̃^{55}	tɕʰyɛ̃^{55}	tɕʰyɛ̃^{312}	tɕʰyɛ̃^{24}	tɕʰyɛ̃^{13}
	山门	çyã^{312}	çyã^{13}/tɕʰyã^{55}	tɕyã^{312}	çyã^{13}	tɕʰyã	tɕyã^{55}	tɕʰyã^{55}	tɕʰyã^{312}	tɕʰyã^{55}	tɕʰyã^{13}
	高沙	çyɛ̃^{312}	çyɛ̃^{13}/tɕʰyɛ̃^{24}	tɕyɛ̃^{312}	çyɛ̃^{13}	tɕʰyɛ̃^{24}	tɕyɛ̃^{55}	tɕʰyɛ̃^{55}	tɕʰyɛ̃^{312}	tɕʰyɛ̃^{24}	tɕʰyɛ̃^{13}
	花园	sĩ^{312}	tsʰyĩ^{55}	tɕyĩ^{312}	çyĩ^{13}	tɕʰyĩ^{13}	tɕyĩ^{13}	tɕʰyĩ^{55}	tɕʰyĩ^{312}	tɕʰyĩ^{55}	tɕʰyĩ^{13}
绥宁	金屋塘	sĩ^{312}	tsʰĩ^{55}	tɕyã^{312}	çyã^{13}	tɕʰyã^{13}	tɕyã^{55}	tɕʰyã^{55}	tɕʰyã^{312}	tɕʰyã^{55}	tɕʰyã^{13}
	梅坪	sĩ^{312}	tsʰĩ^{55}	tɕyã^{312}	çyã^{13}	tɕʰyã^{13}	tɕyã^{55}	tɕʰyã^{55}	tɕʰyã^{312}	tɕʰyã^{55}	tɕʰyã^{13}
	黄土矿	çẽ^{312}	çẽ^{33}	tɕẽ^{312}	ie^{55}	tɕʰẽ^{55}	tɕẽ^{33}	tɕʰẽ^{33}	tɕʰẽ^{312}	tɕʰẽ^{35}	tɕʰẽ^{55}
	唐家坊	çø^{312}	çø^{55}	kø^{312}	ø^{13}	kʰø^{13}	tɕyã^{33}	tɕʰẽ^{33}	tɕʰẽ^{312}	tɕʰẽ^{55}	tɕʰẽ^{55}
	瓦屋塘	çẽ^{312}	çẽ^{33}	tɕẽ^{312}	ie^{13}	tɕʰẽ^{13}	tɕẽ^{33}	tɕʰẽ^{33}	tɕʰẽ^{312}	tɕʰẽ^{35}	tɕʰẽ^{55}

		软	卷	绢	圈	拳	圈	倦	圆	院	铅
		山合三 上狝日	山合三 上狝见	山合三 去线见	山合三 平仙溪	山合三 平仙群	山合三 上狝群	山合三 去线群	山合三 平仙云	山合三 去线云	山合三 平仙以
隆回	荷香桥	mĩĩ^{312}	tɕyĩ^{312}	tɕyĩ^{45}	tɕʰyĩ^{33}	tɕʰyĩ^{13}	tɕʰyĩ^{55}	tɕʰyĩ^{55}	mĩ^{13}	mĩ^{55}	tsʰĩ/mĩ^{55}
	六都寨	mĩĩ^{312}	tɕyĩ^{312}	tɕyĩ^{55}	tɕʰyĩ^{33}	tɕʰyĩ^{13}	tɕʰyĩ^{55}	tɕʰyĩ^{55}	mĩ^{13}	mĩ^{55}	tsʰĩ/mĩ^{13}
	七江	mĩĩ^{312}	tɕyĩ^{312}	tɕyĩ^{55}	tɕʰyĩ^{33}	tɕʰyĩ^{13}	tɕʰyĩ^{55}	tɕʰyĩ^{55}	mĩ^{13}	mĩ^{55}	tsʰĩ/mĩ^{13}
	司门前	mĩĩ^{312}	tɕyĩ^{312}	tɕyĩ^{55}	tɕʰyĩ^{33}	tɕʰyĩ^{13}	tɕʰyĩ^{55}	tɕʰyĩ^{55}	mĩ^{13}	mĩ^{55}	tsʰĩ/mĩ^{13}
	金石桥	yE^{312}	tɕyE^{312}	tɕyE^{55}	tɕʰyE^{33}	tɕʰyE^{13}	tɕʰyE^{55}	tɕʰyE^{55}	yE^{13}	yE^{55}	tsʰiE/yE^{13}
	小沙江	yE^{312}	tɕyE^{312}	tɕyE^{55}	tɕʰyE^{33}	tɕʰyE^{13}	tɕʰyE^{55}	tɕʰyE^{55}	yE^{13}	yE^{55}	tɕʰiE/yE^{13}
	西洋江	miã^{312}	tɕyã^{312}	tɕyã^{55}	tɕʰyã^{55}	tɕʰyã^{13}	tɕʰyã^{55}	tɕʰyã^{55}	miã^{13}	miã^{55}	miã^{13}
	横板桥	miã^{312}	tɕyã^{312}	tɕyã^{55}	tɕʰyã^{55}	tɕʰyã^{13}	tɕʰyã^{55}	tɕʰyã^{55}	miã^{13}	miã^{55}	tsʰĩ^{55}
	岩口	yĩ^{312}	kyĩ^{312}	tɕyĩ^{45}	tɕʰyĩ^{33}	tɕʰyĩ^{13}	tɕʰyĩ^{55}	tɕʰyĩ^{55}	yĩ^{13}	yĩ^{55}	tsʰĩĩ33
	罗洪	yE^{312}	tɕyE^{312}	tɕyE^{55}	tɕʰyE^{33}	tɕʰyE^{13}	tɕʰyE^{55}	tɕʰyE^{55}	yE^{13}	yE^{55}	tɕʰiE/yE^{13}
	高坪	ie^{312}	tɕyẽ^{312}	tɕyẽ^{55}	tɕʰyẽ^{55}	tɕʰyẽ^{13}	tɕʰyẽ^{55}	tɕʰyẽ^{55}	mie^{13}		tɕʰiẽ/yẽ^{13}
洞口	石江	yẽ^{312}	tɕyẽ^{312}	tɕyẽ^{55}	tɕʰyẽ^{55}	tɕʰyẽ^{13}	tɕʰyẽ^{55}	tɕʰyẽ^{55}	yẽ^{13}	yẽ^{55}	tɕʰiẽ^{55}
	江口	yẽ^{312}	tɕyẽ^{312}	tɕyẽ^{55}	tɕʰyẽ^{55}	tɕʰyẽ^{13}	tɕʰyẽ^{55}	tɕʰyẽ^{55}	yẽ^{13}	yẽ^{55}	tɕʰiẽ^{55}
	长塘	yẽ^{312}	tɕyẽ^{312}	tɕyẽ^{55}	tɕʰyẽ^{55}	tɕʰyẽ^{13}	tɕʰyẽ^{55}	tɕʰyẽ^{55}	yẽ^{13}	yẽ^{55}	tɕʰie^{55}
	山门	wiã^{312}	tɕyã^{312}	tɕyã^{55}	tɕʰyã^{55}	tɕʰyã^{13}	tɕʰyã^{55}	tɕʰyã^{55}	wiã^{13}	wiã^{55}	wiã^{13}
	高沙	yẽ^{312}	tɕyẽ^{312}	tɕyẽ^{55}	tɕʰyẽ^{55}	tɕʰyẽ^{13}	tɕʰyẽ^{55}	tɕʰyẽ^{24}	yẽ^{13}	yẽ^{55}	tɕʰyẽ^{55}
	花园	yĩ^{312}	tɕyĩ^{312}	tɕyĩ^{55}	tɕʰyĩ^{55}	tɕʰyĩ^{13}	tɕʰyĩ^{55}	tɕʰyĩ^{55}	yĩ^{13}	yĩ^{55}	yĩ^{13}

续表

		软	卷	绢	圈	拳	圈	倦	圆	院	铅
		山合三上狄日	山合三上狄见	山合三去线见	山合三平仙溪	山合三平仙群	山合三上狄群	山合三去线群	山合三平仙云	山合三去线云	山合三平仙以
绥宁	金屋塘	yã^{312}	tɕyã^{312}	tɕyã^{55}	tɕʰyã^{55}	tɕʰyã^{13}	tɕʰyã^{55}	tɕʰyã^{55}	yã^{13}	yã^{55}	tsʰ̩^{55}
	梅坪	yã^{312}	tɕyã^{312}	tɕyã^{55}	tɕʰyã^{55}	tɕʰyã^{13}	tɕʰyã^{55}	tɕʰyã^{55}	yã^{13}	yã^{55}	tsʰ̩^{55}
	黄土矿	lø^{312}	tɕẽ^{312}	tɕẽ^{33}	tɕʰẽ^{33}	tɕʰẽ^{55}	tɕʰẽ^{33}	tɕʰẽ^{33}	iẽ^{55}	iẽ^{33}	tɕʰẽ^{55}
	唐家坊	iẽ^{312}	kyẽ^{312}	kyẽ^{55}	tɕʰẽ^{33}	tɕʰẽ^{13}	tɕʰẽ^{33}	tɕʰẽ^{33}	iẽ^{13}	ø^{55}	tɕʰẽ^{13}
	瓦屋塘	iẽ^{312}	tɕẽ^{312}	tɕẽ^{33}	tɕʰẽ^{33}	tɕʰẽ^{13}	tɕʰẽ^{33}	tɕʰẽ^{33}	iẽ^{13}	iẽ^{33}	tɕʰẽ^{13}

		反	贩	翻	烦	饭	晚	万	劝	元	阮
		山合三上阮非	山合三去愿非	山合三平元敷	山合三平元奉	山合三去愿奉	山合三上阮微	山合三去愿微	山合三去愿溪	山合三平元疑	山合三上阮疑
隆回	荷香桥	fã^{312}	fã^{45}	fã^{33}	fã^{13}	fã^{55}	uã/mã^{312}	uã^{55}	tɕʰyĩ^{45}	mĩ^{13}	mĩ/yĩ^{312}
	六都寨	fã^{312}	fã^{55}	fã^{33}	fɑ̃^{13}	fɑ̃^{55}	uɔ̃/mã^{312}	uɔ̃^{55}	tɕʰyĩ^{55}	mĩ^{13}	mĩ/yĩ^{312}
	七江	fã^{312}	fã^{55}	fã^{33}	fɑ̃^{13}	fã^{55}	uɔ̃/mã^{312}	uɔ̃^{55}	tɕʰyĩ^{55}	mĩ^{13}	mĩ/yĩ^{312}
	司门前	fã^{312}	fã^{55}	fã^{33}	fɑ̃^{13}	fã^{55}	uɔ̃/mã^{312}	uɔ̃^{55}	tɕʰyĩ^{55}	mĩ^{13}	mĩ/yĩ^{312}
	金石桥	fa^{312}	fa^{55}	fa^{33}	fa^{13}	fa^{55}	ua/ma^{312}	ua^{55}	tɕʰyE^{55}	yE^{13}	yE^{312}
	小沙江	fa^{312}	fa^{55}	fa^{33}	fa^{13}	xua^{55}	ua/ma^{312}	ua^{55}	tɕʰyE^{55}	yE^{13}	yE^{312}
	西洋江	fã^{312}	fã^{55}	fã^{55}	fã^{13}	fã^{55}	uã^{312}	uã^{55}	tɕʰyã^{45}	miã^{13}	miã^{312}
	横板桥	fã^{312}	fã^{45}	fã^{55}	fã^{13}	fã^{55}	uã^{312}	uã^{55}	tɕʰyã^{45}	miã^{13}	miã^{312}
	岩口	fã^{312}	fã^{55}	fã^{33}	fã^{13}	fã^{55}	uã/mã^{312}	uã^{55}	kʰyĩ^{45}	yĩ^{13}	yĩ^{312}
	罗洪	fã^{312}	fã^{45}	fã^{33}	fã^{13}	fã^{55}	uã/mã^{312}	uã^{55}	tɕʰyE^{55}	yE^{13}	yE^{312}
	高坪	xuã^{312}	xuã^{45}	xuã^{33}	xuã^{13}	xuã^{55}	uã/mã^{312}	uã^{55}	tɕʰyE^{55}	miẽ^{13}	yẽ^{312}
洞口	石江	fã^{312}	fã^{24}	fã^{55}	fã^{13}	fã^{55}	uã/mã^{312}	uã^{55}	tɕʰyɛ^{24}	miɛ̃^{13}	miɛ̃^{312}
	江口	fã^{312}	fã^{24}	fã^{55}	fã^{13}	fã^{55}	uã/mã^{312}	uã^{55}	tɕʰyɛ^{24}	yɛ̃^{13}	yɛ̃^{312}
	长塘	fã^{312}	fã^{24}	fã^{55}	fã^{13}	fã^{55}	uã/mã^{312}	uã^{55}	tɕʰyɛ^{24}	yɛ̃^{13}	yɛ̃^{312}
	山门	fã^{312}	fã^{24}	fã^{45}	fã^{13}	fã^{55}	uã/mã^{312}	uã^{55}	tɕʰyã^{45}	wiã^{13}	wiã^{312}
	高沙	xuã^{312}	xuã^{24}	xuã^{55}	xuã^{13}	xuã^{24}	uã/mã^{312}	ua^{24}	tɕʰyɛ^{24}	yɛ̃^{13}	yɛ̃^{312}
	花园	xuã^{312}	xuã^{35}	xuã^{55}	xuã^{13}	xuã^{55}	uã/mã^{312}	uã^{55}	tɕʰyĩ^{35}	yĩ^{13}	yĩ^{312}
绥宁	金屋塘	xuã^{312}	xuã^{24}	xuã^{55}	xuã^{13}	xuã^{55}	uã/mã^{312}	uã^{55}	tɕʰyã^{24}	yã^{13}	yã^{312}
	梅坪	xuã^{312}	xuã^{24}	xuã^{55}	xuã^{13}	xuã^{55}	uã/mã^{312}	uã^{55}	tɕʰyã^{24}	yã^{13}	yã^{312}
	黄土矿	fã^{312}	fã^{35}	fã^{33}	fã^{13}	fã^{33}	uẽ/mã^{312}	uẽ^{55}	tɕʰẽ^{35}	iẽ^{55}	iẽ^{312}
	唐家坊	fẽ^{312}	fã^{35}	fã^{33}	fẽ^{13}	fã^{33}	uẽ/mã^{312}	uẽ^{55}	tɕʰẽ^{35}	iẽ^{13}	iẽ^{312}
	瓦屋塘	fẽ^{312}	fã^{35}	fã^{33}	fẽ^{13}	fã^{33}	uẽ/mã^{312}	uẽ^{33}	tɕʰẽ^{35}	iẽ^{13}	iẽ^{312}

续表

		愿 山合三 去愿疑	楦 山合三 去愿晓	冤 山合三 平元影	怨 山合三 去愿影	袁 山合三 平元云	远 山合三 上阮云	犬 山合四 上铣溪	悬 山合四 平先匣	县 山合四 去霰匣	渊 山合四 平先影
隆回	荷香桥	mĩ^{55}	ɕyĩ^{45}	mĩ^{33}	mĩ^{55}	mĩ^{13}	mĩ^{312}	tɕʰyĩ^{312}	ɕyĩ^{13}	ɕyĩ^{55}	mĩ^{33}
	六都寨	mĩ^{55}	ɕyĩ^{55}	mĩ^{33}	mĩ^{55}	mĩ^{13}	mĩ^{312}	tɕʰyĩ^{312}	ɕyĩ^{13}	ɕyĩ^{55}	mĩ^{33}
	七江	mĩ^{55}	ɕyĩ^{55}	mĩ^{33}	mĩ^{55}	mĩ^{13}	mĩ^{312}	tɕʰyĩ^{312}	ɕyĩ^{13}	ɕyĩ^{55}	mĩ^{33}
	司门前	mĩ^{55}	ɕyĩ^{55}	mĩ^{33}	mĩ^{55}	mĩ^{13}	mĩ^{312}	tɕʰyĩ^{312}	ɕyĩ^{13}	ɕyĩ^{55}	mĩ^{33}
	金石桥	yE^{55}	ɕyE^{55}	yE^{33}	yE^{55}	yE^{13}	yE^{312}	tɕʰyE^{312}	ɕyE^{13}	ɕyE^{55}	yE^{33}
	小沙江	yE^{55}	ɕyE^{55}	yE^{33}	yE^{55}	yE^{13}	yE^{312}	tɕʰyE^{312}	ɕyE^{13}	ɕyE^{55}	yE^{33}
	西洋江	miã^{55}	ɕyã^{55}	miã^{55}	miã^{55}	miã^{13}	miã^{312}	tɕʰyã^{312}	ɕyã^{13}	ɕyã^{55}	miã^{55}
	横板桥	miã^{55}	ɕyã^{55}	miã^{55}	miã^{55}	miã^{13}	miã^{312}	tɕʰyã^{312}	ɕyã^{13}	ɕyã^{55}	miã^{55}
	岩口	yĩ^{55}	ɕyĩ^{45}	mĩĩ^{33}	mĩĩ^{55}	mĩĩ^{13}	mĩĩ^{312}	kʰyĩ^{312}	ɕyĩ^{13}	ɕyĩ^{55}	mĩĩ^{33}
	罗洪	yẼ^{55}	ɕyẼ^{55}	yẼ^{33}	yẼ^{55}	yẼ^{13}	yẼ^{312}	tɕʰyẼ^{312}	ɕyẼ^{13}	ɕyẼ^{55}	yẼ^{33}
	高坪	miẽ^{55}	ɕyẽ^{55}	miẽ^{33}	miẽ^{55}	miẽ^{13}	miẽ^{312}	tɕʰyẽ^{312}	ɕyẽ^{13}	ɕyẽ^{55}	miẽ^{33}
洞口	石江	miẽ^{55}	ɕyẽ^{55}	miẽ^{33}	miẽ^{55}	miẽ^{13}	miẽ^{312}	tɕʰyẽ^{312}	ɕyẽ^{13}	ɕyẽ^{55}	miẽ^{55}
	江口	yẽ^{55}	ɕyẽ^{55}	yẽ^{55}	yẽ^{55}	yẽ^{13}	yẽ^{312}	tɕʰyẽ^{312}	ɕyẽ^{13}	ɕyẽ^{55}	yẽ^{55}
	长塘	yẽ^{55}	ɕyẽ^{55}	yẽ^{55}	yẽ^{55}	yẽ^{13}	yẽ^{312}	tɕʰyẽ^{312}	ɕyẽ^{13}	ɕyẽ^{55}	yẽ^{55}
	山门	wiã^{55}	ɕyã^{55}	wiã^{55}	wiã^{55}	wiã^{13}	wiã^{312}	tɕʰyã^{312}	ɕyã^{13}	ɕyã^{55}	wiã^{55}
	高沙	yẽ^{55}	ɕyẽ^{55}	yẽ^{55}	yẽ^{55}	yẽ^{13}	yẽ^{312}	tɕʰyẽ^{312}	ɕyẽ^{13}	ɕyẽ^{55}	yẽ^{55}
	花园	yĩ^{55}	ɕyĩ^{55}	yĩ^{55}	yĩ^{35}	yĩ^{13}	yĩ^{312}	tɕʰyĩ^{312}	ɕyĩ^{13}	ɕyĩ^{55}	yĩ^{55}
绥宁	金屋塘	ya^{55}	ɕyã^{55}	ya^{55}	yã^{24}	yã^{13}	yã^{312}	tɕʰyã^{312}	ɕyã^{13}	ɕyã^{55}	yã^{55}
	梅坪	ya^{55}	ɕyã^{55}	ya^{55}	yã^{24}	yã^{13}	yã^{312}	tɕʰyã^{312}	ɕyã^{13}	ɕyã^{55}	yã^{55}
	黄土矿	ie^{33}	ɕẽ^{33}	ie^{33}	ie^{35}	ie^{55}	ie^{312}	tɕʰe^{312}	ɕe^{55}	ɕẽ^{33}	ie^{33}
	唐家坊	ie^{55}	ɕẽ^{33}	ie^{33}	ie^{55}	ie^{13}	ø^{312}	tɕʰe^{312}	ɕẽ^{13}	ɕẽ^{55}	ie^{33}
	瓦屋塘	ie^{33}	ɕẽ^{33}	ie^{33}	ie^{35}	ie^{13}	ie^{312}	tɕʰe^{312}	ɕẽ^{13}	ɕe^{33}	ie^{33}

		源 山合四 平先影	禀 深开三 上寝帮	品 深开三 上寝滂	赁 深开三 去沁娘	淋 深开三 平侵来	浸 深开三 去沁精	侵 深开三 平侵清	寝 深开三 上寝清	心 深开三 平侵心	寻 深开三 平侵邪	碪 深开三 平侵知
隆回	荷香桥	mĩ^{13}	pẽ^{312}	pʰẽ^{312}	le^{45}	le^{13}	tsẽ^{45}	tsʰẽ^{33}	tsʰẽ^{312}	se^{33}	tsʰẽ^{33}	te^{33}
	六都寨	mĩ^{13}	pẽ^{312}	pʰẽ^{312}	le^{55}	le^{13}	tsẽ^{55}	tsʰẽ^{33}	tsʰẽ^{312}	se^{33}	ɕyẽ/tsʰẽ^{13}	te^{33}
	七江	mĩ^{13}	pẽ^{312}	pʰẽ^{312}	le^{55}	le^{13}	tsẽ^{55}	tsʰẽ^{33}	tsʰẽ^{312}	se^{33}	ɕyẽ/tsʰẽ^{13}	te^{33}
	司门前	mĩ^{13}	pẽ^{312}	pʰẽ^{312}	le^{55}	le^{13}	tsẽ^{55}	tsʰẽ^{33}	tsʰẽ^{312}	se^{33}	ɕyẽ/tsʰẽ^{13}	te^{33}

		源	禀	品	赁	淋	浸	侵	寝	心	寻	砧
		山合四平先影	深开三上寝帮	深开三上寝滂	深开三去寝娘	深开三平侵来	深开三去沁精	深开三平侵清	深开三上寝清	深开三平侵心	深开三平侵邪	深开三平侵知
隆回	金石桥	yE^{13}	pẽ^{312}	phẽ^{312}	lẽ^{55}	lẽ^{13}	tsẽ^{55}	tshẽ^{33}	tshẽ^{312}	sẽ^{33}	ɕyẽ/tshẽ^{13}	tẽ^{33}
	小沙江	yE^{13}	pẽ^{312}	phẽ^{312}	lẽ^{55}	lẽ^{13}	tɕẽ^{55}	tɕhẽ^{33}	tshẽ^{312}	ɕẽ^{33}	ɕyẽ/tɕhẽ^{13}	tẽ^{33}
	西洋江	miã^{13}	pẽ^{312}	phẽ^{312}	lẽ^{55}	lẽ^{13}	tsẽ^{45}	tshẽ^{55}	tshẽ^{312}	sẽ^{55}	ɕyẽ/tshẽ^{13}	tẽ^{55}
	横板桥	miã^{13}	pẽ^{312}	phẽ^{312}	lẽ^{55}	lẽ^{13}	tsẽ^{45}	tshẽ^{55}	tshẽ^{312}	sẽ^{55}	tshẽ^{13}	tẽ^{55}
	岩口	yĩ^{13}	piə̃^{312}	phiə̃^{312}	liə̃^{55}	liə̃^{13}	tsiə̃^{55}	tshiə̃^{33}	tshiə̃^{312}	siə̃^{33}	syə̃^{13}	tiə̃^{33}
	罗洪	yẽ^{13}	piə̃^{312}	phiə̃^{312}	liə̃^{45}	liə̃^{13}	tɕiə̃^{45}	tɕhiə̃^{33}	tɕhiə̃^{312}	ɕiə̃^{33}	ɕyə̃^{13}	tiə̃^{33}
	高坪	miẽ^{13}	piə̃^{312}	phiə̃^{312}	liə̃^{45}	liə̃^{13}	tɕiə̃^{45}	tɕhiə̃^{33}	tɕhiə̃^{312}	ɕiə̃^{33}	tɕhiə̃^{13}	tiə̃^{33}
洞口	石江	miẽ^{13}	pẽ^{312}	phẽ^{312}	lẽ^{55}	lẽ^{13}	tsẽ^{24}	tshẽ^{55}	tshẽ^{312}	sẽ^{55}	ɕyẽ/tshẽ^{13}	tẽ^{55}
	江口	yẽ^{13}	pẽ^{312}	phẽ^{312}	lẽ^{55}	lẽ^{13}	tsẽ^{24}	tshẽ^{55}	tshẽ^{312}	sẽ^{55}	tshẽ^{13}	tẽ^{55}
	长塘	yẽ^{13}	pẽ^{312}	phẽ^{312}	lẽ^{55}	lẽ^{13}	tsẽ^{24}	tshẽ^{55}	tshẽ^{312}	sẽ^{55}	tshẽ^{13}	tẽ^{55}
	山门	wiã^{13}	pẽ^{312}	ɸẽ^{312}	lẽ^{55}	lẽ^{13}	tsẽ^{45}	tshẽ^{55}	tshẽ^{312}	sẽ^{55}	ɕyẽ/tshẽ^{13}	tẽ^{55}
	高沙	yẽ^{13}	pĩ^{312}	phĩ^{312}	lĩ^{55}	lĩ^{13}	tɕĩ^{24}	tɕhĩ^{55}	tshĩ^{312}	ɕĩ^{55}	ɕyẽ/tshĩ^{13}	tĩ^{55}
	花园	yĩ^{13}	pĩ^{312}	phĩ^{312}	lĩ^{55}	lĩ^{13}	tsĩ^{35}	tshĩ^{55}	tshĩ^{312}	sĩ^{55}	ɕyẽ/tshĩ^{13}	tĩ^{55}
绥宁	金屋塘	yã^{13}	pẽ^{312}	phẽ^{312}	lẽ^{55}	lẽ^{13}	tsẽ^{24}	tshẽ^{55}	tshẽ^{312}	sẽ^{55}	tshẽ^{13}	tẽ^{55}
	梅坪	yã^{13}	pẽ^{312}	phẽ^{312}	lẽ^{55}	lẽ^{13}	tsẽ^{24}	tshẽ^{55}	tshẽ^{312}	sẽ^{55}	tshẽ^{13}	tẽ^{55}
	黄土矿	iẽ^{55}	pĩ^{312}	phĩ^{312}	lĩ^{33}	lɿ^{55}	tsɿ^{35}	tshĩ^{33}	tshĩ^{312}	sɿ^{33}	ɕĩ/tɕhĩ^{55}	tĩ^{33}
	唐家坊	iẽ^{13}	pĩ^{312}	phĩ^{312}	lĩ^{55}	lĩ^{13}	tsɿ^{35}	tshĩ^{33}	tshĩ^{312}	sɿ^{33}	ɕĩ/tɕĩ^{13}	tĩ^{33}
	瓦屋塘	iẽ^{13}	pĩ^{312}	phĩ^{312}	lĩ^{33}	lĩ^{13}	tsɿ^{35}	tshĩ^{33}	tshĩ^{312}	sɿ^{33}	ɕĩ/tɕhĩ^{13}	tĩ^{33}

		沉	簪	参	渗	针	枕	葚	深	婶	甚
		深开三平侵澄	深开三平侵庄	深开三平侵初	深开三去沁生	深开三平侵章	深开三上寝章	深开三上寝船	深开三平侵书	深开三上寝书	深开三上寝禅
隆回	荷香桥	tɕhẽ^{13}	tsã^{33}	sẽ^{33}	sẽ^{45}	tɕẽ^{33}	tɕẽ^{312}	ɕẽ^{55}	ɕẽ^{33}	ɕẽ^{312}	ɕẽ^{55}
	六都寨	tɕhẽ^{13}	tsã^{33}	sẽ^{33}	sẽ^{55}	tɕẽ^{33}	tɕẽ^{312}	ɕẽ^{55}	ɕẽ^{33}	ɕẽ^{312}	ɕẽ^{55}
	七江	tɕhẽ^{13}	tsã^{33}	sẽ^{33}	sẽ^{55}	tɕẽ^{33}	tɕẽ^{312}	ɕẽ^{55}	ɕẽ^{33}	ɕẽ^{312}	ɕẽ^{55}
	司门前	tɕhẽ^{13}	tsã^{33}	sẽ^{33}	sẽ^{55}	tɕẽ^{33}	tɕẽ^{312}	ɕẽ^{55}	ɕẽ^{33}	ɕẽ^{312}	ɕẽ^{55}
	金石桥	tɕhẽ^{13}	tsã^{33}	sẽ^{33}	ɕẽ^{55}	tɕẽ^{33}	tɕẽ^{312}	ɕẽ^{55}	ɕẽ^{33}	ɕẽ^{312}	ɕẽ^{55}
	小沙江	tɕhẽ^{13}	tsã^{33}	sẽ^{33}	ɕẽ^{55}	tɕẽ^{33}	tɕẽ^{312}	ɕẽ^{55}	ɕẽ^{33}	ɕẽ^{312}	ɕẽ^{55}
	西洋江	tɕhẽ^{13}	tsã	sẽ^{55}	sẽ^{45}	tɕẽ^{33}	tɕẽ^{312}	ɕẽ^{55}	ɕẽ^{33}	ɕẽ^{312}	ɕẽ^{55}
	横板桥	tɕhẽ^{13}	tsã	sẽ^{55}	sẽ^{45}	tɕẽ^{33}	tɕẽ^{312}	ɕẽ^{55}	ɕẽ^{55}	ɕẽ^{312}	ɕẽ^{55}
	岩口	tɕhiə̃^{13}	tsã^{33}	sə̃^{33}	sə̃^{45}	tɕiə̃^{33}	tɕiə̃^{312}	ɕiə̃^{55}	ɕiə̃^{33}	ɕiə̃^{312}	ɕiə̃^{55}

		沉	簪	参	渗	针	枕	甚	深	婶	甚
		深开三平侵澄	深开三平侵庄	深开三平侵初	深开三去沁生	深开三平侵章	深开三上寝章	深开三上寝船	深开三平侵书	深开三上寝书	深开三上寝禅
隆回	罗洪	tɕʰiɘ¹³	tsa³³	sɘ³³	sɘ⁴⁵	tɕiɘ³³	tɕiɘ³¹²	ɕiɘ⁵⁵	ɕiɘ³³	ɕiɘ³¹²	ɕiɘ⁵⁵
	高坪	tɕʰiɘ¹³	tsa³³	ɕie³³	ɕie⁵⁵	tɕiɘ³³	tɕiɘ³¹²	ɕiɘ⁵⁵	ɕiɘ³³	ɕiɘ³¹²	ɕiɘ⁵⁵
洞口	石江	tɕʰẽ¹³	tsã	sẽ⁵⁵	sẽ²⁴	tɕẽ⁵⁵	tɕẽ³¹²	ɕẽ⁵⁵	ɕẽ⁵⁵	ɕẽ³¹²	ɕẽ⁵⁵
	江口	tɕʰẽ¹³	tsã	sẽ⁵⁵	sẽ²⁴	tɕẽ⁵⁵	tɕẽ³¹²	ɕẽ⁵⁵	ɕẽ⁵⁵	ɕẽ³¹²	ɕẽ²⁴
	长塘	tɕʰẽ¹³	tsã	sẽ⁵⁵	sẽ²⁴	tɕẽ⁵⁵	tɕẽ³¹²	ɕẽ⁵⁵	ɕẽ⁵⁵	ɕẽ³¹²	ɕẽ⁵⁵
	山门	tɕʰẽ¹³	tsã	sẽ⁵⁵	sẽ⁴⁵	tɕẽ⁵⁵	tɕẽ³¹²	ɕẽ⁵⁵	ɕẽ⁵⁵	ɕẽ³¹²	ɕẽ⁴⁵
	高沙	tɕʰĩ¹³	tsa⁵⁵	sẽ⁵⁵	sẽ²⁴	tɕĩ⁵⁵	tɕĩ³¹²	ɕĩ²⁴	ɕĩ	ɕĩ³¹²	ɕĩ²⁴
	花园	tɕʰĩ¹³	tsa⁵⁵	sĩ⁵⁵	sĩ³⁵	tɕĩ⁵⁵	tɕĩ³¹²	ɕĩ⁵⁵	ɕĩ	ɕĩ³¹²	ɕĩ⁵⁵
绥宁	金屋塘	tɕʰẽ¹³	tsã	sẽ⁵⁵	sẽ²⁴	tɕẽ⁵⁵	tɕẽ³¹²	ɕẽ⁵⁵	ɕẽ⁵⁵	ɕẽ³¹²	ɕẽ²⁴
	梅坪	tɕʰẽ¹³	tsã	sẽ⁵⁵	sẽ²⁴	tɕẽ⁵⁵	tɕẽ³¹²	ɕẽ⁵⁵	ɕẽ⁵⁵	ɕẽ³¹²	ɕẽ²⁴
	黄土矿	tɕʰĩ⁵⁵	tsa³³	sĩ³³	sẽ³⁵	tɕĩ³³	tɕĩ³¹²	ɕĩ³³	ɕĩ³³	ɕĩ³¹²	ɕĩ³³
	唐家坊	tɕʰĩ¹³	tsa³³	sĩ³³	sẽ⁵⁵	tɕĩ³³	tɕĩ³¹²	ɕĩ⁵	ɕĩ³³	ɕĩ³¹²	ɕĩ⁵⁵
	瓦屋塘	tɕʰĩ¹³	tsa³³	sĩ³³	sẽ³⁵	tɕĩ³³	tɕĩ³¹²	ɕĩ³⁵	ɕĩ³³	ɕĩ³¹²	ɕĩ³⁵

		壬	纴	金	锦	禁	琴	吟	阴	饮	淫
		深开三平侵日	深开三去沁日	深开三平侵见	深开三上寝见	深开三去沁见	深开三平侵群	深开三平侵疑	深开三平侵影	深开三上寝影	深开三平侵以
隆回	荷香桥	iẽ¹³	iẽ⁵⁵	tɕẽ³³	tɕẽ³¹²	tɕẽ⁴⁵	tɕʰẽ¹³	iẽ¹³	iẽ³³	iẽ³¹²	iẽ¹³
	六都寨	iẽ¹³	iẽ⁵⁵	tɕẽ³³	tɕẽ³¹²	tɕẽ⁵⁵	tɕʰẽ¹³	iẽ¹³	iẽ³³	iẽ³¹²	iẽ¹³
	七江	iẽ¹³	iẽ⁵⁵	tɕẽ³³	tɕẽ³¹²	tɕẽ⁵⁵	tɕʰẽ¹³	iẽ¹³	iẽ³³	iẽ³¹²	iẽ¹³
	司门前	iẽ¹³	iẽ⁵⁵	tɕẽ³³	tɕẽ³¹²	tɕẽ⁵⁵	tɕʰẽ¹³	iẽ¹³	iẽ³³	iẽ³¹²	iẽ¹³
	金石桥	iẽ¹³	iẽ⁵⁵	tɕẽ³³	tɕẽ³¹²	tɕẽ⁵⁵	tɕʰẽ¹³	iẽ¹³	iẽ³³	iẽ³¹²	iẽ¹³
	小沙江	iẽ¹³	iẽ⁵⁵	tɕẽ⁵⁵	tɕẽ³¹²	tɕẽ⁵⁵	tɕʰẽ¹³	iẽ¹³	iẽ³³	iẽ³¹²	iẽ¹³
	西洋江	iẽ¹³	iẽ⁵⁵	tɕẽ⁵⁵	tɕẽ³¹²	tɕẽ⁴⁵	tɕʰẽ¹³	iẽ¹³	iẽ³³	iẽ³¹²	iẽ¹³
	横板桥	iẽ¹³	iẽ⁵⁵	tɕẽ³³	tɕẽ³¹²	tɕẽ⁴⁵	tɕʰẽ¹³	iẽ¹³	iẽ³³	iẽ³¹²	iẽ¹³
	岩口	iɘ¹³	iɘ⁵⁵	tɕiɘ³³	tɕiɘ³¹²	tɕiɘ⁵⁵	tɕʰiɘ¹³	iɘ¹³	iɘ³³	iɘ³¹²	iɘ¹³
	罗洪	iɘ¹³	iɘ⁵⁵	tɕiɘ³³	tɕiɘ³¹²	tɕiɘ³³	tɕʰiɘ¹³	iɘ¹³	iɘ³³	iɘ³¹²	iɘ¹³
	高坪	iɘ¹³	iɘ⁵⁵	tɕiɘ³³	tɕiɘ³¹²	tɕiɘ⁵⁵	tɕʰiɘ¹³	iɘ¹³	iɘ³³	iɘ³¹²	iɘ¹³
洞口	石江	iẽ¹³	iẽ⁵⁵	tɕẽ⁵⁵	tɕẽ³¹²	tɕẽ²⁴	tɕʰẽ¹³	iẽ¹³	iẽ⁵⁵	iẽ³¹²	iẽ¹³
	江口	iẽ¹³	iẽ⁵⁵	tɕẽ⁵⁵	tɕẽ³¹²	tɕẽ²⁴	tɕʰẽ¹³	iẽ¹³	iẽ⁵⁵	iẽ³¹²	iẽ¹³

		壬	纴	金	锦	禁	琴	吟	阴	饮	淫
		深开三平侵日	深开三去沁日	深开三平侵见	深开三上寝见	深开三去沁见	深开三平侵群	深开三平侵疑	深开三平侵影	深开三上寝影	深开三平侵以
洞口	长塘	iẽ^{13}	iẽ^{55}	tɕẽ^{55}	tɕẽ^{312}	tɕẽ^{24}	tɕʰẽ^{13}	iẽ^{13}	iẽ^{55}	iẽ^{312}	iẽ^{13}
	山门	iẽ^{13}	iẽ^{55}	tɕẽ^{55}	tɕẽ^{312}	tɕẽ^{45}	tɕʰẽ^{13}	iẽ^{13}	iẽ^{55}	iẽ^{312}	iẽ^{13}
	高沙	ĩ^{13}	ĩ^{24}	tɕĩ^{55}	tɕĩ^{312}	tɕĩ^{24}	tɕʰĩ^{13}	ĩ^{13}	ĩ^{55}	ĩ^{312}	ĩ^{13}
	花园	ĩ^{13}	ĩ^{55}	tɕĩ^{55}	tɕĩ^{312}	tɕĩ^{35}	tɕʰĩ^{13}	ĩ^{13}	ĩ^{55}	ĩ^{312}	ĩ^{13}
绥宁	金屋塘	iẽ^{13}	iẽ^{55}	tɕẽ^{55}	tɕẽ^{312}	tɕẽ^{24}	tɕʰẽ^{13}	iẽ^{13}	iẽ^{55}	iẽ^{312}	iẽ^{13}
	梅坪	iẽ^{13}	iẽ^{55}	tɕẽ^{55}	tɕẽ^{312}	tɕẽ^{24}	tɕʰẽ^{13}	iẽ^{13}	iẽ^{55}	iẽ^{312}	/
	黄土矿	ĩ^{55}	ĩ^{33}	tɕĩ^{33}	tɕĩ^{312}	tɕĩ^{35}	tɕʰĩ^{55}	ĩ^{55}	ĩ^{33}	ĩ^{312}	ĩ^{55}
	唐家坊	ĩ^{13}	ĩ^{55}	tɕĩ^{55}	tɕĩ^{312}	tɕĩ^{55}	tɕʰĩ^{13}	ĩ^{13}	ɪ^{55}	ĩ^{312}	ĩ^{13}
	瓦屋塘	ĩ^{13}	ĩ^{33}	tɕĩ^{33}	tɕĩ^{312}	tɕĩ^{35}	tɕʰĩ^{13}	ĩ^{13}	ɪ^{33}	ĩ^{312}	ĩ^{13}

		吞	根	龈	痕	很	恨	恩	槟	殡	贫
		臻开一平痕透	臻开一平痕见	臻开一上很溪	臻开一平痕匣	臻开一上很匣	臻开一去恨匣	臻开一平痕影	臻开三真帮	臻开三去震帮	臻开三平真并
隆回	荷香桥	pʰẽ^{33}	kẽ^{33}	iẽ^{13}	xẽ^{13}	xẽ^{312}	xẽ^{55}	ẽ^{33}	pẽ^{33}	pẽ^{55}	pʰẽ^{13}
	六都寨	xuẽ^{33}	kẽ^{33}	iẽ^{13}	xẽ^{13}	xẽ^{312}	xẽ^{55}	ẽ^{33}	pẽ^{33}	pẽ^{55}	pʰẽ^{13}
	七江	xuẽ^{33}	kẽ^{33}	iẽ^{13}	xẽ^{13}	xẽ^{312}	xẽ^{55}	ẽ^{33}	pẽ^{33}	pẽ^{55}	pʰẽ^{13}
	司门前	xuẽ^{33}	kẽ^{33}	iẽ^{13}	xẽ^{13}	xẽ^{312}	xẽ^{55}	ẽ^{33}	pẽ^{33}	pẽ^{55}	pʰẽ^{13}
	金石桥	xuẽ^{33}	kẽ^{33}	iẽ^{13}	xẽ^{13}	xẽ^{312}	xẽ^{55}	ẽ^{33}	pẽ^{33}	pẽ^{55}	pʰẽ^{13}
	小沙江	tʰẽ^{33}	kẽ^{33}	iẽ^{13}	xẽ^{13}	xẽ^{312}	kʰẽ^{55}	ẽ^{33}	pẽ^{33}	pẽ^{55}	pʰẽ^{13}
	西洋江	pʰẽ^{55}	kẽ^{55}	iẽ^{13}	xẽ^{13}	xẽ^{312}	ẽ^{55}	ẽ^{55}	pẽ^{55}	pẽ^{55}	pʰẽ^{13}
	横板桥	pʰẽ^{55}	kẽ^{55}	iẽ^{13}	xẽ^{13}	xẽ^{312}	ẽ^{55}	ẽ^{55}	pẽ^{55}	pẽ^{55}	pʰẽ^{13}
	岩口	pʰĩ^{33}	kĩ^{33}	ĩ^{13}	xĩ^{13}	xĩ^{312}	xĩ^{55}	ĩ^{33}	pẽ^{33}	pẽ^{55}	pʰiə̃^{13}
	罗洪	xə̃^{33}	kə̃^{33}	iə̃^{13}	xə̃^{13}	xə̃^{312}	xə̃^{55}	ə̃^{33}	piə̃^{33}	piə̃^{55}	pʰə̃^{13}
	高坪	tʰiə̃^{33}	kẽ^{33}	iə̃^{13}	xẽ^{13}	xẽ^{312}	xẽ^{55}	ẽ^{55}	piə̃^{33}	piə̃^{55}	pʰə̃^{13}
洞口	石江	xʰẽ^{55}	kẽ^{55}	iẽ^{13}	xẽ^{13}	xẽ^{312}	xẽ^{55}	ẽ^{55}	pẽ^{55}	pẽ^{24}	pʰẽ^{13}
	江口	tʰẽ^{55}	kẽ^{55}	iẽ^{13}	xẽ^{13}	xẽ^{312}	xẽ^{55}	ẽ^{55}	pẽ^{55}	pẽ^{24}	pʰẽ^{13}
	长塘	pʰẽ^{55}	kẽ^{55}	iẽ^{13}	xẽ^{13}	xẽ^{312}	xẽ^{55}	ẽ^{55}	pẽ^{55}	pẽ^{24}	pʰẽ^{13}
	山门	ɸẽ^{55}	kẽ^{55}	iẽ^{13}	xẽ^{13}	xẽ^{312}	xẽ^{55}	ẽ^{55}	pẽ^{55}	pẽ^{55}	ɸẽ^{13}
	高沙	tʰẽ^{55}	kẽ^{55}	iẽ^{13}	xẽ^{13}	xẽ^{312}	xẽ^{55}	ŋẽ^{55}	pĩ^{55}	pĩ^{55}	pʰĩ^{13}
	花园	tʰẽ^{55}	kẽ^{55}	iẽ^{13}	xẽ^{13}	xẽ^{312}	xẽ^{35}	ŋẽ^{55}	pĩ^{55}	pĩ^{35}	pʰĩ^{13}

续表

		吞	根	龈	痕	很	恨	恩	槟	殡	贫
		臻开一平痕透	臻开一平痕见	臻开一上很溪	臻开一平痕匣	臻开一上很匣	臻开一去恨匣	臻开一平痕影	臻开一真帮	臻开三去震帮	臻开三平真并
绥宁	金屋塘	t^{h}ẽ^{55}	kẽ^{55}	iẽ^{13}	xẽ^{13}	xẽ^{312}	xẽ^{55}	ẽ^{55}	pẽ^{55}	pẽ^{24}	p^{h}ẽ^{13}
	梅坪	t^{h}ẽ^{55}	kẽ^{55}	iẽ^{13}	xẽ^{13}	xẽ^{312}	xẽ^{55}	ẽ^{55}	pẽ^{55}	pẽ^{24}	p^{h}ẽ^{13}
	黄土矿	t^{h}ẽ^{33}	kẽ^{33}	ĩ^{312}	xẽ^{55}	xẽ^{312}	xẽ^{33}	ŋẽ^{33}	pɪ^{33}	pɪ^{35}	p^{h}ɪ^{55}
	唐家坊	t^{h}ẽ^{33}	kẽ^{33}	ĩ^{13}	xẽ^{13}	xẽ^{312}	xẽ^{55}	ŋẽ^{33}	pɪ^{33}	pɪ^{55}	p^{h}ĩ^{55}
	瓦屋塘	t^{h}ẽ^{55}	kẽ^{55}	ĩ^{13}	xẽ^{13}	xẽ^{312}	xẽ^{35}	ŋẽ^{33}	pɪ^{33}	pɪ^{35}	p^{h}ĩ^{13}

		民	悯	鳞	吝	津	侭	进	亲	秦	尽
		臻开三平真明	臻开一三上轸明	臻开三平真来	臻开三去震来	臻开三平真精	臻开三上轸精	臻开三去震精	臻开三平真清	臻开三平真从	臻开三上轸从
隆回	荷香桥	mẽ^{13}	mẽ^{312}	lẽ^{13}	lẽ^{45}	tsẽ^{33}	tsẽ^{312}	tsẽ^{55}	ts^{h}ẽ^{33}	ts^{h}ẽ^{13}	ts^{h}ẽ^{55}
	六都寨	mẽ^{13}	mẽ^{312}	lẽ^{13}	lẽ^{55}	tsẽ^{33}	tsẽ^{312}	tsẽ^{55}	ts^{h}ẽ^{33}	ts^{h}ẽ^{13}	ts^{h}ẽ^{55}
	七江	mẽ^{13}	mẽ^{312}	lẽ^{13}	lẽ^{55}	tsẽ^{33}	tsẽ^{312}	tsẽ^{55}	ts^{h}ẽ^{33}	ts^{h}ẽ^{13}	ts^{h}ẽ^{55}
	司门前	mẽ^{13}	mẽ^{312}	lẽ^{13}	lẽ^{55}	tsẽ^{33}	tsẽ^{312}	tsẽ^{55}	ts^{h}ẽ^{33}	ts^{h}ẽ^{13}	ts^{h}ẽ^{55}
	金石桥	mẽ^{13}	mẽ^{312}	lẽ^{13}	lẽ^{55}	tsẽ^{33}	tsẽ^{312}	tsẽ^{55}	ts^{h}ẽ^{33}	ts^{h}ẽ^{13}	ts^{h}ẽ^{55}
	小沙江	mẽ^{13}	mẽ^{312}	lẽ^{13}	lẽ^{55}	tɕẽ^{33}	tɕẽ^{312}	tɕẽ^{55}	tɕ^{h}ẽ^{33}	tɕ^{h}ẽ^{13}	tɕ^{h}ẽ^{55}
	西洋江	mẽ^{13}	mĩ^{312}	lẽ^{13}	lẽ^{55}	tsẽ^{55}	tsẽ^{312}	tsẽ^{45}	ts^{h}ẽ^{55}	ts^{h}ẽ^{13}	ts^{h}ẽ^{45}
	横板桥	mẽ^{13}	mĩ^{312}	lẽ^{13}	lẽ^{55}	tsẽ^{55}	tsẽ^{312}	tsẽ^{45}	ts^{h}ẽ^{55}	ts^{h}ẽ^{13}	ts^{h}ẽ^{45}
	岩口	miə̃^{13}	miə̃^{312}	liə̃^{13}	liə̃^{55}	tsiə̃^{33}	tsiə̃^{312}	tsiə̃^{55}	ts^{h}iə̃^{33}	ts^{h}iə̃^{13}	ts^{h}iə̃^{55}
	罗洪	miə̃^{13}	miə̃^{312}	liə̃^{13}	liə̃^{55}	tɕiə̃^{33}	tɕiə̃^{312}	tɕiə̃^{55}	tɕ^{h}iə̃^{33}	tɕ^{h}iə̃^{13}	tɕ^{h}iə̃^{55}
	高坪	miə̃^{13}	miə̃^{312}	liə̃^{13}	liə̃^{55}	tɕiə̃^{33}	tɕiə̃^{312}	tɕiə̃^{55}	tɕ^{h}iə̃^{33}	tɕ^{h}iə̃^{13}	tɕ^{h}iə̃^{55}
洞口	石江	mẽ^{13}	mẽ^{312}	lẽ^{13}	lẽ^{55}	tsẽ^{55}	tsẽ^{312}	tsẽ^{24}	ts^{h}ẽ^{55}	ts^{h}ẽ^{13}	ts^{h}ẽ^{55}
	江口	mẽ^{13}	mẽ^{312}	lẽ^{13}	lẽ^{55}	tsẽ^{55}	tsẽ^{312}	tsẽ^{24}	ts^{h}ẽ^{55}	ts^{h}ẽ^{13}	ts^{h}ẽ^{55}
	长塘	mẽ^{13}	mẽ^{312}	lẽ^{13}	lẽ^{55}	tsẽ^{55}	tsẽ^{312}	tsẽ^{24}	ts^{h}ẽ^{55}	ts^{h}ẽ^{13}	ts^{h}ẽ^{55}
	山门	mẽ^{13}	mĩ^{312}	lẽ^{13}	lẽ^{55}	tsẽ^{55}	tsẽ^{312}	tsẽ^{45}	ts^{h}ẽ^{55}	ts^{h}ẽ^{13}	ts^{h}ẽ^{45}
	高沙	mĩ^{13}	mĩ^{312}	lĩ^{13}	lĩ^{24}	tɕĩ^{55}	tɕĩ^{312}	tɕĩ^{24}	tɕ^{h}ĩ^{55}	tɕ^{h}ĩ^{13}	tɕ^{h}ĩ^{24}
	花园	mĩ^{13}	mĩ^{312}	lĩ^{13}	lĩ^{55}	tsĩ^{55}	tsĩ^{312}	tsĩ^{35}	ts^{h}ĩ^{55}	ts^{h}ĩ^{13}	ts^{h}ĩ^{55}
绥宁	金屋塘	mẽ^{13}	mẽ^{312}	lẽ^{13}	lẽ^{55}	tsẽ^{55}	tsẽ^{312}	tsẽ^{24}	ts^{h}ẽ^{55}	ts^{h}ẽ^{13}	ts^{h}ẽ^{55}
	梅坪	mẽ^{13}	mẽ^{312}	lẽ^{13}	lẽ^{55}	tsẽ^{55}	tsẽ^{312}	tsẽ^{24}	ts^{h}ẽ^{55}	ts^{h}ẽ^{13}	ts^{h}ẽ^{55}
	黄土矿	mĩ^{55}	mĩ^{312}	lĩ^{55}	lĩ^{33}	tɕĩ^{33}	tɕĩ^{312}	tɕĩ^{35}	tɕ^{h}ĩ^{33}	tɕ^{h}ĩ^{55}	tɕ^{h}ĩ^{55}
	唐家坊	mĩ^{13}	mĩ^{312}	lĩ^{13}	lĩ^{55}	tsĩ^{33}	tsĩ^{312}	tsĩ^{55}	ts^{h}ĩ^{33}	ts^{h}ĩ^{55}	ts^{h}ĩ^{55}
	瓦屋塘	mĩ^{13}	mĩ^{312}	lĩ^{13}	lĩ^{33}	tsĩ^{33}	tsĩ^{312}	tsĩ^{35}	ts^{h}ĩ^{33}	ts^{h}ĩ^{13}	ts^{h}ĩ^{33}

175

续表

		辛	信	珍	镇	趁	陈	阵	衬	真	疹
		臻开三平真心	臻开三去震心	臻开三平真知	臻开三去震知	臻开三去震澄	臻开三平真澄	臻开三去震澄	臻开三去震初	臻开三平真章	臻开三上轸章
隆回	荷香桥	sẽ³³	sẽ⁵⁵	tɕẽ³³	tɕẽ⁴⁵	tɕʰẽ⁵⁵	tɕʰẽ¹³	tɕʰẽ⁵⁵	tsʰẽ⁴⁵	tɕẽ³³	tɕẽ³¹²
	六都寨	sẽ³³	sẽ⁵⁵	tɕẽ³³	tɕẽ⁵⁵	tɕʰẽ⁵⁵	tɕʰẽ¹³	tɕʰẽ⁵⁵	tsʰẽ⁵⁵	tɕẽ³³	tɕẽ³¹²
	七江	sẽ³³	sẽ⁵⁵	tɕẽ³³	tɕẽ⁵⁵	tɕʰẽ⁵⁵	tɕʰẽ¹³	tɕʰẽ⁵⁵	tsʰẽ⁵⁵	tɕẽ³³	tɕẽ³¹²
	司门前	sẽ³³	sẽ⁵⁵	tɕẽ³³	tɕẽ⁵⁵	tɕʰẽ⁵⁵	tɕʰẽ¹³	tɕʰẽ⁵⁵	tsʰẽ⁵⁵	tɕẽ³³	tɕẽ³¹²
	金石桥	sẽ³³	sẽ⁵⁵	tɕẽ³³	tɕẽ⁵⁵	tɕʰẽ⁵⁵	tɕʰẽ¹³	tɕʰẽ⁵⁵	tsʰẽ⁵⁵	tɕẽ³³	tɕẽ³¹²
	小沙江	ɕẽ³³	ɕẽ⁵⁵	tɕẽ³³	tɕẽ⁵⁵	tɕʰẽ⁵⁵	tɕʰẽ¹³	tɕʰẽ⁵⁵	tsʰẽ⁵⁵	tɕẽ³³	tɕẽ³¹²
	西洋江	sẽ⁵⁵	sẽ⁴⁵	tɕẽ⁵⁵	tɕẽ⁴⁵	tɕʰẽ⁵⁵	tɕʰẽ¹³	tɕʰẽ⁵⁵	tsʰẽ⁴⁵	tɕẽ⁵⁵	tɕẽ³¹²
	横板桥	sẽ⁵⁵	sẽ⁴⁵	tɕẽ⁵⁵	tɕẽ⁴⁵	tɕʰẽ⁵⁵	tɕʰẽ¹³	tɕʰẽ⁵⁵	tsʰẽ⁴⁵	tɕẽ⁵⁵	tɕẽ³¹²
	岩口	siə³³	ɕiə⁵⁵	tɕiə³³	tɕiə⁵⁵	tɕʰiə⁵⁵	tɕʰiə¹³	tɕʰiə⁵⁵	tsʰiə⁵⁵	tɕiə³³	tɕiə³¹²
	罗洪	ɕiə³³	ɕiə⁵⁵	tɕiə³³	tɕiə⁵⁵	tɕʰiə⁵⁵	tɕʰiə¹³	tɕʰiə⁵⁵	tɕʰiə⁵⁵	tɕiə³³	tɕiə³¹²
	高坪	ɕiə³³	ɕiə⁵⁵	tɕiə³³	tɕiə⁵⁵	tɕʰiə⁵⁵	tɕʰiə¹³	tɕʰiə⁵⁵	tɕʰiə⁵⁵	tɕiə³³	tɕiə³¹²
洞口	石江	sẽ⁵⁵	sẽ²⁴	tɕẽ⁵⁵	tɕẽ²⁴	tɕʰẽ⁵⁵	tɕʰẽ¹³	tɕʰẽ⁵⁵	tsʰẽ²⁴	tɕẽ⁵⁵	tɕẽ³¹²
	江口	sẽ⁵⁵	sẽ²⁴	tɕẽ⁵⁵	tɕẽ²⁴	tɕʰẽ⁵⁵	tɕʰẽ¹³	tɕʰẽ⁵⁵	tsʰẽ²⁴	tɕẽ⁵⁵	tɕẽ³¹²
	长塘	sẽ⁵⁵	sẽ²⁴	tɕẽ⁵⁵	tɕẽ²⁴	tɕʰẽ⁵⁵	tɕʰẽ¹³	tɕʰẽ⁵⁵	tsʰẽ²⁴	tɕẽ⁵⁵	tɕẽ³¹²
	山门	sẽ⁵⁵	sẽ⁴⁵	tɕẽ⁵⁵	tɕẽ⁴⁵	tɕʰẽ⁵⁵	tɕʰẽ¹³	tɕʰẽ⁵⁵	tsʰẽ⁴⁵	tɕẽ⁵⁵	tɕẽ⁵⁵
	高沙	ɕĩ⁵⁵	ɕĩ²⁴	tɕĩ⁵⁵	tɕĩ²⁴	tɕʰĩ⁵⁵	tɕʰĩ¹³	tɕʰĩ⁵⁵	tsʰĩ²⁴	tɕĩ⁵⁵	tɕĩ⁵⁵
	花园	sĩ⁵⁵	sĩ²⁴	tɕĩ⁵⁵	tɕĩ²⁴	tɕʰĩ³⁵	tɕʰĩ¹³	tɕʰĩ⁵⁵	tsʰĩ³⁵	tɕĩ⁵⁵	tɕĩ⁵⁵
绥宁	金屋塘	sẽ⁵⁵	sẽ²⁴	tɕẽ⁵⁵	tɕẽ²⁴	tɕʰẽ⁵⁵	tɕʰẽ¹³	tɕʰẽ⁵⁵	tsʰẽ²⁴	tɕẽ⁵⁵	tɕẽ³¹²
	梅坪	sẽ⁵⁵	sẽ²⁴	tɕẽ⁵⁵	tɕẽ²⁴	tɕʰẽ⁵⁵	tɕʰẽ¹³	tɕʰẽ⁵⁵	tsʰẽ²⁴	tɕẽ⁵⁵	tɕẽ³¹²
	黄土矿	ɕĩ³³	ɕĩ³⁵	tɕĩ³³	tɕĩ³⁵	tɕʰĩ³³	tɕʰĩ⁵⁵	tɕʰĩ³³	tɕʰĩ³⁵	tɕĩ³³	tɕĩ³¹²
	唐家坊	sĩ³³	sĩ⁵⁵	tɕĩ³³	tɕĩ⁵⁵	tɕʰĩ⁵⁵	tɕʰĩ¹³	tɕʰĩ³³	tsʰĩ³⁵	tɕĩ³³	tɕĩ³¹²
	瓦屋塘	sĩ³³	sĩ³⁵	tɕĩ³³	tɕĩ³³	tɕʰĩ³⁵	tɕʰĩ¹³	tɕʰĩ³³	tsʰĩ³⁵	tɕĩ³³	tɕĩ³³

		震	神	身	辰	肾	慎	人	忍	认	巾
		臻开三去震章	臻开三平真船	臻开三平真书	臻开三平真禅	臻开三上轸禅	臻开三去震禅	臻开三平真日	臻开三上轸日	臻开三去震日	臻开三平真见
隆回	荷香桥	tɕẽ⁴⁵	ɕẽ¹³	ɕẽ³³	ɕẽ¹³	ɕẽ⁵⁵	ɕẽ⁵⁵	ŋ/iẽ¹³	iẽ³¹²	iẽ⁵⁵	tɕẽ³³
	六都寨	tɕẽ⁵⁵	ɕẽ¹³	ɕẽ³³	tɕʰẽ¹³	ɕẽ⁵⁵	ɕẽ⁵⁵	ŋ/iẽ¹³	iẽ³¹²	iẽ⁵⁵	tɕẽ³³
	七江	tɕẽ⁵⁵	ɕẽ¹³	ɕẽ³³	tɕʰẽ¹³	ɕẽ⁵⁵	ɕẽ⁵⁵	ŋ/iẽ¹³	iẽ³¹²	iẽ⁵⁵	tɕẽ³³
	司门前	tɕẽ⁵⁵	ɕẽ¹³	ɕẽ³³	tɕʰẽ¹³	ɕẽ⁵⁵	ɕẽ⁵⁵	ŋ/iẽ¹³	iẽ³¹²	iẽ⁵⁵	tɕẽ³³

		震	神	身	辰	肾	慎	人	忍	认	巾
		臻开三 去震章	臻开三 平真船	臻开三 平真书	臻开三 平真禅	臻开三 上轸禅	臻开三 去震禅	臻开三 平真日	臻开三 上轸日	臻开三 去震日	臻开三 平真见
隆回	金石桥	tɕẽ⁵⁵	ɕẽ¹³	ɕẽ³³	ɕʰẽ¹³	ɕẽ⁵⁵	ɕẽ⁵⁵	ŋ/iẽ¹³	iẽ³¹²	iẽ⁵⁵	tɕẽ³³
	小沙江	tɕẽ⁵⁵	ɕẽ¹³	ɕẽ³³	ɕʰẽ¹³	ɕẽ⁵⁵	ɕẽ⁵⁵	ŋ/iẽ¹³	iẽ³¹²	iẽ⁵⁵	tɕẽ³³
	西洋江	tɕẽ⁴⁵/⁵⁵	ɕẽ¹³	ɕẽ⁵⁵	ɕẽ¹³	ɕẽ⁴⁵	ɕẽ⁵⁵	ŋ/iẽ¹³	iẽ³¹²	iẽ⁵⁵	tɕẽ⁵⁵
	横板桥	tɕẽ⁴⁵/⁵⁵	ɕẽ¹³	ɕẽ⁵⁵	ɕẽ¹³	ɕẽ⁴⁵	ɕẽ⁵⁵	ŋ/iẽ¹³	iẽ³¹²	iẽ⁵⁵	tɕẽ⁵⁵
	岩口	tɕiə̃⁵⁵	ɕiə̃¹³	ɕiə̃³³	tɕʰiə̃¹³	ɕiə̃⁵⁵	ɕiə̃⁵⁵	ŋ/iə̃¹³	iə̃³¹²	iə̃⁵⁵	tɕiə̃³³
	罗洪	tɕiə̃⁵⁵	ɕiə̃¹³	ɕiə̃³³	tɕʰiə̃¹³	ɕiə̃⁵⁵	ɕiə̃⁵⁵	ŋ/iə̃¹³	iə̃³¹²	iə̃⁵⁵	tɕiə̃³³
	高坪	tɕiə̃⁵⁵	ɕiə̃¹³	ɕiə̃³³	ɕiə̃¹³	ɕiə̃⁵⁵	ɕiə̃⁵⁵	ŋ/iə̃¹³	iə̃³¹²	iə̃⁵⁵	tɕiə̃³³
洞口	石江	tɕẽ²⁴	ɕẽ¹³	ɕẽ⁵⁵	ɕẽ¹³	ɕẽ⁵⁵	ɕẽ⁵⁵	ŋ/iẽ¹³	iẽ³¹²	iẽ⁵⁵	tɕẽ⁵⁵
	江口	tɕẽ²⁴	ɕẽ¹³	ɕẽ⁵⁵	ɕẽ¹³	ɕẽ⁵⁵	ɕẽ⁵⁵	ŋ/iẽ¹³	iẽ³¹²	iẽ⁵⁵	tɕẽ⁵⁵
	长塘	tɕẽ²⁴	ɕẽ¹³	ɕẽ⁵⁵	ɕẽ¹³	ɕẽ⁵⁵	ɕẽ⁵⁵	ŋ/iẽ¹³	iẽ³¹²	iẽ⁵⁵	tɕẽ⁵⁵
	山门	tɕẽ³¹²	ɕẽ¹³	ɕẽ⁵⁵	ɕẽ¹³	ɕẽ⁴⁵	ɕẽ⁴⁵	ŋ/iẽ¹³	iẽ³¹²	iẽ⁵⁵	tɕẽ⁵⁵
	高沙	tɕĩ³¹²	ɕĩ¹³	ɕĩ⁵⁵	ɕĩ¹³	ɕĩ²⁴	ɕĩ²⁴	ŋ/ĩ¹³	ĩ³¹²	ĩ⁵⁵	tɕĩ⁵⁵
	花园	tɕĩ³¹²	ɕĩ¹³	ɕĩ⁵⁵	ɕĩ¹³	ɕĩ³⁵	ɕĩ³⁵	ŋ/ĩ¹³	ĩ³¹²	ĩ⁵⁵	tɕĩ⁵⁵
绥宁	金屋塘	tɕẽ²⁴	ɕẽ¹³	ɕẽ⁵⁵	tɕʰẽ¹³	ɕẽ⁵⁵	ɕẽ⁵⁵	ŋ/iẽ¹³	iẽ³¹²	iẽ⁵⁵	tɕẽ⁵⁵
	梅坪	tɕẽ²⁴	ɕẽ¹³	ɕẽ⁵⁵	tɕʰẽ¹³	ɕẽ⁵⁵	ɕẽ⁵⁵	ŋ/iẽ¹³	iẽ³¹²	iẽ⁵⁵	tɕẽ⁵⁵
	黄土矿	tɕĩ³⁵	ɕĩ⁵⁵	ɕĩ¹³	ɕĩ⁵⁵	ɕĩ³³	ɕĩ³³	ŋ/ĩ⁵⁵	ĩ³¹²	ĩ³³	tɕĩ³³
	唐家坊	tɕĩ⁵⁵	ɕĩ¹³	ɕĩ³³	ɕĩ¹³	ɕĩ⁵⁵	ɕĩ⁵⁵	ŋ/ĩ¹³	ĩ³¹²	ĩ⁵⁵	tɕĩ³³
	瓦屋塘	tɕĩ³⁵	ɕĩ¹³	ɕĩ¹³	ɕĩ¹³	ɕĩ³⁵	ɕĩ³⁵	ŋ/ĩ¹³	ĩ³¹²	ĩ³³	tɕĩ³³

		紧	仅	银	姻	印	寅	引	斤	谨	劲
		臻开三 上轸见	臻开三 去震群	臻开三 平真疑	臻开三 平真影	臻开三 去震影	臻开三 平真以	臻开三 上轸以	臻开三 平欣见	臻开三 上隐见	臻开三 去焮见
隆回	荷香桥	tɕẽ³¹²	tɕʰẽ⁵⁵	iẽ¹³	iẽ³³	iẽ⁵⁵	iẽ¹³	iẽ³¹²	tɕẽ³³	tɕẽ³¹²	tɕẽ⁴⁵
	六都寨	tɕẽ³¹²	tɕʰẽ⁵⁵	iẽ¹³	iẽ³³	iẽ⁵⁵	iẽ¹³	iẽ³¹²	tɕẽ³³	tɕẽ³¹²	tɕẽ⁵⁵
	七江	tɕẽ³¹²	tɕʰẽ⁵⁵	iẽ¹³	iẽ³³	iẽ⁵⁵	iẽ¹³	iẽ³¹²	tɕẽ³³	tɕẽ³¹²	tɕẽ⁵⁵
	司门前	tɕẽ³¹²	tɕʰẽ⁵⁵	iẽ¹³	iẽ³³	iẽ⁵⁵	iẽ¹³	iẽ³¹²	tɕẽ³³	tɕẽ³¹²	tɕẽ⁵⁵
	金石桥	tɕẽ³¹²	tɕʰẽ⁵⁵	iẽ¹³	iẽ³³	iẽ⁵⁵	iẽ¹³	iẽ³¹²	tɕẽ³³	tɕẽ³¹²	tɕẽ⁵⁵
	小沙江	tɕẽ³¹²	tɕʰẽ⁵⁵	iẽ/n̩¹³	iẽ³³	iẽ⁵⁵	iẽ¹³	iẽ³¹²	tɕẽ³³	tɕẽ³¹²	tɕẽ⁵⁵
	西洋江	tɕẽ³¹²	tɕʰẽ⁴⁵	iẽ/n̩¹³	iẽ⁵⁵	iẽ⁵⁵	iẽ¹³	iẽ³¹²	tɕẽ³³	tɕẽ³¹²	tɕẽ⁴⁵/⁵⁵
	横板桥	tɕẽ³¹²	tɕʰẽ⁴⁵	iẽ/n̩¹³	iẽ⁵⁵	iẽ⁵⁵	iẽ¹³	iẽ³¹²	tɕẽ⁵⁵	tɕẽ³¹²	tɕẽ⁴⁵/⁵⁵

		紧	仪	银	姻	印	寅	引	斤	谨	劲
		臻开三上轸见	臻开三去震群	臻开三平真疑	臻开三平真影	臻开三去震影	臻开三平真以	臻开三上轸以	臻开三平欣见	臻开三上隐见	臻开三去焮见
隆回	岩口	tɕiə³¹²	tɕʰiə⁵⁵	iə¹³	iə³³	iə⁵⁵	iə¹³	iə³¹²	tɕiə³³	tɕiə³¹²	tɕiə⁵⁵
	罗洪	tɕiə³¹²	tɕʰiə⁵⁵	iə/n̩¹³	ə³³	iə⁵⁵	ə¹³	ə³¹²	tɕiə³³	tɕiə³¹²	tɕiə⁵⁵
	高坪	tɕiə³¹²	tɕʰiə⁵⁵	iə/n̩¹³	ə³³	iə⁵⁵	iə¹³	iə³¹²	tɕiə³³	tɕiə³¹²	tɕiə⁵⁵
洞口	石江	tɕẽ³¹²	tɕʰẽ⁵⁵	iẽ¹³/n̩¹³	iẽ⁵⁵	iẽ⁵⁵	iẽ¹³	iẽ³¹²	tɕẽ⁵⁵	tɕẽ³¹²	tɕẽ²⁴
	江口	tɕẽ³¹²	tɕʰẽ⁵⁵	iẽ¹³/n̩¹³	iẽ⁵⁵	iẽ⁵⁵	iẽ¹³	iẽ³¹²	tɕẽ⁵⁵	tɕẽ³¹²	tɕẽ²⁴
	长塘	tɕẽ³¹²	tɕʰẽ⁵⁵	iẽ¹³/n̩¹³	iẽ⁵⁵	iẽ⁵⁵	iẽ¹³	iẽ³¹²	tɕẽ⁵⁵	tɕẽ³¹²	tɕẽ²⁴
	山门	tɕẽ³¹²	tɕʰẽ⁴⁵	iẽ¹³/n̩¹³	iẽ⁵⁵	iẽ⁴⁵	iẽ¹³	iẽ³¹²	tɕẽ⁵⁵	tɕẽ³¹²	tɕẽ⁴⁵
	高沙	tɕĩ³¹²	tɕʰĩ²⁴	ĩ³¹³/n̩¹³	ĩ⁵⁵	ĩ²⁴	ĩ¹³	ĩ³¹²	tɕĩ⁵⁵	tɕĩ³¹²	tɕĩ²⁴
	花园	tɕĩ³¹²	tɕʰĩ⁵⁵	ĩ³¹³/n̩¹³	ĩ⁵⁵	ĩ³⁵	ĩ¹³	ĩ³¹²	tɕĩ⁵⁵	tɕĩ³¹²	tɕĩ³⁵
绥宁	金屋塘	tɕẽ³¹²	tɕʰẽ⁵⁵	iẽ¹³/n̩¹³	iẽ⁵⁵	iẽ⁵⁵	iẽ¹³	iẽ³¹²	tɕẽ⁵⁵	tɕẽ³¹²	tɕẽ²⁴
	梅坪	tɕẽ³¹²	tɕʰẽ⁵⁵	iẽ¹³/n̩¹³	iẽ⁵⁵	iẽ⁵⁵	iẽ¹³	iẽ³¹²	tɕẽ⁵⁵	tɕẽ³¹²	tɕẽ²⁴
	黄土矿	tɕĩ³¹²	tɕʰĩ³³	ĩ/n̩⁵⁵	ĩ³³	ĩ³⁵	ĩ⁵⁵	ĩ³¹²	tɕĩ³³	tɕĩ³¹²	tɕĩ³⁵
	唐家坊	tɕĩ³¹²	tɕʰĩ³³	ĩ³¹³/n̩¹³	ĩ³³	ĩ³⁵	ĩ¹³	ĩ³¹²	tɕĩ³³	tɕĩ³¹²	tɕĩ³⁵
	瓦屋塘	tɕĩ³¹²	tɕʰĩ³³	ĩ³¹³/n̩¹³	ĩ³³	ĩ³⁵	ĩ¹³	ĩ³¹²	tɕĩ³³	tɕĩ³¹²	tɕĩ³⁵

		芹	近	欣	殷	隐	奔	本	喷	盆	笨
		臻开三平欣群	臻开三上隐群	臻开三平欣晓	臻开三平欣影	臻开三上隐影	臻合一平魂帮	臻合一上混帮	臻合一平魂滂	臻合一平魂並	臻合一上混並
隆回	荷香桥	tɕʰẽ¹³	tɕʰẽ⁵⁵	ɕẽ³³	iẽ³³	iẽ³¹²	pẽ³³	pẽ³¹²	fẽ³³	pʰẽ¹³	pẽ⁵⁵
	六都寨	tɕʰẽ¹³	tɕʰẽ⁵⁵	ɕẽ³³	iẽ³³	iẽ³¹²	pẽ³³	pẽ³¹²	fẽ³³	pʰẽ¹³	pẽ⁵⁵
	七江	tɕʰẽ¹³	tɕʰẽ³¹²	ɕẽ³³	iẽ³³	iẽ³¹²	pẽ³³	pẽ³¹²	fẽ³³	pʰẽ¹³	pẽ⁵⁵
	司门前	tɕʰẽ¹³	tɕʰẽ³¹²	ɕẽ³³	iẽ³³	iẽ³¹²	pẽ³³	pẽ³¹²	fẽ⁵⁵	pʰẽ¹³	pẽ⁵⁵
	金石桥	tɕʰẽ¹³	tɕʰẽ³¹²	ɕẽ³³	iẽ³³	iẽ³¹²	pẽ³³	pẽ³¹²	fẽ³³	pʰẽ¹³	pẽ⁵⁵
	小沙江	tɕʰẽ¹³	tɕʰẽ⁵⁵	ɕẽ³³	iẽ³³	iẽ³¹²	pẽ³³	pẽ³¹²	pʰẽ⁵⁵	pʰẽ¹³	pẽ⁵⁵
	西洋江	tɕʰẽ¹³	tɕʰẽ⁵⁵	ɕẽ³³	iẽ⁵⁵	iẽ³¹²	pẽ⁴⁵	pẽ³¹²	fẽ³³	pʰẽ¹³	pẽ³¹²
	横板桥	tɕʰẽ¹³	tɕʰẽ⁵⁵	ɕẽ⁵⁵	iẽ⁵⁵	iẽ³¹²	pẽ⁴⁵	pẽ³¹²	fẽ⁴⁵	pʰẽ¹³	pẽ³¹²
	岩口	tɕʰiə¹³	tɕʰiə⁵⁵	ɕiə³³	iə³³	iə³¹²	piə³³	piə³¹²	pʰiə⁵⁵	pʰiə¹³	piə⁵⁵
	罗洪	tɕʰiə¹³	tɕʰiə³¹²	ɕiə³³	iə³³	iə³¹²	piə³³	piə³¹²	pʰə⁵⁵	pʰə¹³	pə⁵⁵
	高坪	tɕʰiə¹³	tɕʰiə³¹²	ɕiə³³	iə³³	iə³¹²	piə³³	piə³¹²	pʰiə⁵⁵	pʰiə¹³	piə⁵⁵
洞口	石江	tɕʰẽ¹³	tɕʰẽ³¹²	ɕẽ⁵⁵	iẽ⁵⁵	iẽ³¹²	pe²⁴	pe³¹²	fe²⁴	pʰẽ¹³	pe³¹²
	江口	tɕʰẽ¹³	tɕʰẽ³¹²	ɕẽ⁵⁵	iẽ⁵⁵	iẽ³¹²	pe²⁴	pe³¹²	fe²⁴	pʰẽ¹³	pe³¹²

		芹	近	欣	殷	隐	奔	本	喷	盆	笨
		臻开三平欣群	臻开三上隐群	臻开三平欣晓	臻开三平欣影	臻开三上隐影	臻合一平魂帮	臻合一上混帮	臻合一平魂滂	臻合一平魂並	臻合一上混並
洞口	长塘	tɕʰẽ¹³	tɕʰẽ³¹²	çẽ⁵⁵	iẽ⁵⁵	iẽ³¹²	pẽ²⁴	pẽ³¹²	pʰẽ²⁴	pʰẽ¹³	pẽ³¹²
	山门	tɕʰẽ¹³	tɕʰẽ³¹²	çẽ⁵⁵	iẽ⁵⁵	iẽ³¹²	pẽ⁴⁵	pẽ³¹²	fẽ⁴⁵	pʰẽ¹³	pẽ³¹²
	高沙	tɕʰĩ¹³	tɕʰĩ³¹²⁽⁵⁵⁾	çĩ⁵⁵	ĩ⁵⁵	ĩ³¹²	pẽ²⁴	pẽ³¹²	pʰẽ²⁴	pʰẽ¹³	pẽ³¹²
	花园	tɕʰĩ¹³	tɕʰĩ³¹²⁽⁵⁵⁾	çĩ⁵⁵	ĩ⁵⁵	ĩ³¹²	pẽ³⁵	pẽ³¹²	pʰẽ³⁵	pʰẽ¹³	pẽ³¹²
绥宁	金屋塘	tɕʰẽ¹³	tɕʰẽ³¹²	çẽ⁵⁵	iẽ⁵⁵	iẽ³¹²	pẽ²⁴	pẽ³¹²	fẽ²⁴	pʰẽ¹³	pẽ³¹²
	梅坪	tɕʰẽ¹³	tɕʰẽ³¹²	çẽ⁵⁵	iẽ⁵⁵	iẽ³¹²	pẽ²⁴	pẽ³¹²	fẽ²⁴	pʰẽ¹³	pẽ³¹²
	黄土矿	tɕʰĩ⁵⁵	tɕʰĩ³¹²	çĩ³³	ĩ³³	ĩ³¹²	pẽ³³	pẽ³¹²	pʰẽ³³	pʰẽ⁵⁵	pẽ³¹²
	唐家坊	tɕʰĩ¹³	tɕʰĩ⁵⁵	çĩ³³	ĩ³³	ĩ³¹²	pẽ³³	pẽ³¹²	pʰẽ⁵⁵	pʰẽ¹³	pẽ³¹²
	瓦屋塘	tɕʰĩ¹³	tɕʰĩ³¹²⁽³³⁾	çĩ³³	ĩ³³	ĩ³¹²	pẽ³⁵	pẽ³¹²	pʰẽ³⁵	pʰẽ¹³	pẽ³¹²

		门	闷	墩	顿	饨	盾	钝	嫩	论	尊
		臻合一平魂明	臻合一去恩明	臻合一平魂端	臻合一去恩端	臻合一平魂定	臻合一上混定	臻合一去恩定	臻合一去恩泥	臻合一去恩来	臻合一平魂精
隆回	荷香桥	mẽ¹³	mẽ⁵⁵	tẽ³³	tẽ⁴⁵	tẽ³³	tẽ⁵⁵	tẽ⁵⁵	luẽ⁵⁵	lẽ⁵⁵	tsuẽ³³
	六都寨	mẽ¹³	mẽ⁵⁵	tuẽ³³	tuẽ⁵⁵	tuẽ³³	tuẽ⁵⁵	tuẽ⁵⁵	luẽ⁵⁵	luẽ⁵⁵	tsuẽ³³
	七江	mẽ¹³	mẽ⁵⁵	tuẽ³³	tuẽ⁵⁵	tuẽ³³	tuẽ⁵⁵	tuẽ⁵⁵	luẽ⁵⁵	luẽ⁵⁵	tsuẽ³³
	司门前	mẽ¹³	mẽ⁵⁵	tuẽ³³	tuẽ⁵⁵	tuẽ³³	tuẽ⁵⁵	xuẽ⁵⁵	luẽ⁵⁵	luẽ⁵⁵	tsuẽ³³
	金石桥	mẽ¹³	mẽ⁵⁵	tuẽ³³	tuẽ⁵⁵	tuẽ³³	tuẽ⁵⁵	tuẽ⁵⁵	luẽ⁵⁵	luẽ⁵⁵	tsuẽ³³
	小沙江	mẽ¹³	mẽ⁵⁵	tẽ³³	tẽ⁵⁵	tẽ³³	tẽ⁵⁵	tẽ⁵⁵	lẽ⁵⁵	lẽ⁵⁵	tsẽ³³
	西洋江	mẽ¹³	mẽ⁵⁵	tuẽ³³	tuẽ⁴⁵	tẽ⁵⁵	tuẽ⁵⁵	tẽ⁵⁵	luẽ⁵⁵	lẽ⁵⁵	tsuẽ³³
	横板桥	mẽ¹³	mẽ⁵⁵	tẽ⁵⁵	tẽ⁴⁵	tẽ⁵⁵	tuẽ⁵⁵	tẽ⁵⁵	lẽ⁵⁵	lẽ⁵⁵	tsẽ³³
	岩口	miə̃¹³	miə̃⁵⁵	tiə̃³³	tiə̃⁵⁵	tiə̃³³	tiə̃⁵⁵	tiə̃⁵⁵	liə̃⁵⁵	liə̃⁵⁵	tsiə̃³³
	罗洪	mə̃¹³	mə̃⁵⁵	tə̃³³	tə̃⁵⁵	tə̃³³	tə̃⁵⁵	tə̃⁵⁵	lə̃⁵⁵	lə̃⁵⁵	tsə̃³³
	高坪	miə̃¹³	miə̃⁵⁵	tiə̃³³	tiə̃⁵⁵	tiə̃³³	tiə̃⁵⁵	tiə̃⁵⁵	liə̃⁵⁵	liə̃⁵⁵	tsiə̃³³
洞口	石江	mẽ¹³	mẽ⁵⁵	tẽ⁵⁵	tẽ²⁴	tẽ⁵⁵	tẽ⁵⁵	tẽ⁵⁵	lẽ⁵⁵	lẽ⁵⁵	tsuẽ⁵⁵
	江口	mẽ¹³	mẽ⁵⁵	tẽ⁵⁵	tẽ²⁴	tẽ⁵⁵	tẽ⁵⁵	tẽ⁵⁵	lẽ⁵⁵	lẽ⁵⁵	tsuẽ⁵⁵
	长塘	mẽ¹³	mẽ⁵⁵	tẽ⁵⁵	tẽ²⁴	tẽ⁵⁵	tẽ⁵⁵	tẽ⁵⁵	lẽ⁵⁵	lẽ⁵⁵	tsuẽ⁵⁵
	山门	mẽ¹³	mẽ⁵⁵	tẽ⁵⁵	tẽ⁴⁵	tẽ⁵⁵	tẽ⁵⁵	tẽ⁵⁵	lẽ⁵⁵	lẽ⁵⁵	tsuẽ⁵⁵
	高沙	mi¹³	mẽ²⁴	tẽ⁵⁵	tẽ²⁴	tẽ²⁴	tẽ²⁴	tẽ²⁴	lẽ⁵⁵	lẽ⁵⁵	tɕyĩ⁵⁵
	花园	mẽ¹³	mẽ⁵⁵	tẽ⁵⁵	tẽ⁵⁵	tẽ⁵⁵	tẽ⁵⁵	tẽ⁵⁵	lẽ⁵⁵	lẽ⁵⁵	tsẽ⁵⁵

		门	闷	墩	顿	饨	盾	钝	嫩	论	尊
		臻合一平魂明	臻合一去恩明	臻合一平魂端	臻合一去恩端	臻合一平魂定	臻合一上混定	臻合一去恩定	臻合一去恩泥	臻合一去恩来	臻合一平魂精
绥宁	金屋塘	mẽ13	mẽ55	tẽ55	tẽ24	tẽ55	tẽ55	tẽ55	lẽ55	lẽ55	tsẽ55
	梅坪	mẽ13	mẽ55	tẽ55	tẽ24	tẽ55	tẽ55	tẽ55	lẽ55	lẽ55	tsẽ55
	黄土矿	mẽ55	me33	tĩ33	tĩ35	tĩ35	tĩ35	tĩ35	lĩ33	lĩ33	tɕĩ33
	唐家坊	mẽ13	me33	tĩ33	tĩ55	tĩ55	tĩ55	tĩ55	lĩ55	lĩ55	tsĩ33
	瓦屋塘	mẽ13	me33	tĩ33	tĩ35	tĩ35	tĩ35	tĩ35	lĩ33	lĩ33	tsĩ33

		村	寸	存	孙	损	逊	昆	滚	棍	坤
		臻合一平魂清	臻合一去恩清	臻合一平魂从	臻合一平魂心	臻合一上混心	臻合一去恩心	臻合一平魂见	臻合一上混见	臻合一去恩见	臻合一平魂溪
隆回	荷香桥	tsʰuẽ33	tsʰuẽ45	tsʰuẽ13	suẽ33	suẽ312	ɕyẽ55	kʰuẽ33	kuẽ312	kuẽ45	kʰuẽ33
	六都寨	tsʰuẽ33	tsʰuẽ55	tsʰuẽ13	suẽ33	suẽ312	ɕyẽ55	kʰuẽ33	kuẽ312	kuẽ55	kʰuẽ33
	七江	tsʰuẽ33	tsʰuẽ55	tsʰuẽ13	suẽ33	suẽ312	ɕuə55	kʰuẽ33	kuẽ312	kuẽ55	kʰuẽ33
	司门前	tsʰuẽ33	tsʰuẽ55	tsʰuẽ13	suẽ33	suẽ312	suẽ55	kʰuẽ33	kuẽ312	kuẽ55	kʰuẽ33
	金石桥	tsʰuẽ33	tsʰuẽ55	tsʰuẽ13	suẽ33	suẽ312	suẽ55	kʰuẽ33	kuẽ312	kuẽ55	kʰuẽ33
	小沙江	tsʰẽ33	tsʰẽ55	tsʰẽ13	sẽ33	sẽ312	sẽ55	kʰuẽ33	kuẽ312	kuẽ55	kʰuẽ33
	西洋江	tsʰuẽ55	tsʰuẽ45	tsʰuẽ13	suẽ55	suẽ312	suẽ45	kʰuẽ55	kuẽ312	kuẽ45	kʰuẽ55
	横板桥	tsʰẽ55	tsʰẽ45	tsʰẽ13	sẽ55	sẽ312	sẽ45	kʰuẽ55	kuẽ312	kuẽ45	kʰuẽ55
	岩口	tsʰiə33	tsʰiə55	tsʰiə13	siə33	siə312	siə55	kʰuə33	kuə312	kuə55	kʰuə33
	罗洪	tsʰuə33	tsʰuə55	tsʰuə13	suə33	suə312	suə55	kʰuə33	kuə312	kuə55	kʰuə33
	高坪	tsʰiə33	tsʰiə55	tsʰiə13	siə33	siə312	siə55	kʰuə33	kuə312	kuə55	kʰuə33
洞口	石江	tsʰẽ55	tsʰe24	tsʰẽ13	sẽ55	sẽ312	sẽ24	fẽ55	kuẽ312	kuẽ24	fẽ55
	江口	tsʰẽ55	tsʰe24	tsʰẽ13	sẽ55	sẽ312	sẽ24	kʰuẽ55	kuẽ312	kuẽ24	kʰẽ55
	长塘	tsʰẽ55	tsʰe24	tsʰẽ13	sẽ55	sẽ312	sẽ24	kʰuẽ55	kuẽ312	kuẽ24	kʰẽ55
	山门	tsʰuẽ55	tsʰuẽ45	tsʰuẽ13	suẽ55	suẽ312	suẽ45	kʰuẽ55	kuẽ312	kuẽ45	kʰuẽ55
	高沙	tɕʰyĩ24	tɕʰyĩ24	tɕʰyĩ13	ɕyĩ55	ɕyĩ312	ɕyĩ24	kʰuẽ55	kuẽ312	kuẽ24	kʰuẽ55
	花园	tsʰẽ55	tsʰẽ35	tsʰẽ13	sẽ55	sẽ312	sẽ35	kʰuẽ55	kuẽ312	kuẽ55	kʰuẽ55
绥宁	金屋塘	tsʰẽ55	tsʰe24	tsʰẽ13	sẽ55	sẽ312	sẽ24	kʰuẽ55	kuẽ312	kuẽ24	kʰẽ55
	梅坪	tsʰẽ55	tsʰe24	tsʰẽ13	sẽ55	sẽ312	sẽ24	kʰuẽ55	kuẽ312	kuẽ24	kʰẽ55
	黄土矿	tɕʰĩ35	tɕʰĩ35	tɕʰĩ13	ɕĩ33	ɕĩ312	ɕĩ35	kʰuẽ33	kuẽ312	kuẽ35	kʰuẽ33
	唐家坊	tsʰĩ55	tsʰĩ55	tsʰĩ13	sĩ33	sĩ312	sĩ55	kʰuĩ33	kuĩ312	kuĩ55	kʰuĩ33
	瓦屋塘	tsʰĩ35	tsʰĩ35	tsʰĩ13	sĩ33	sĩ312	sĩ55	kʰuẽ	kuẽ312	kuẽ35	kʰuẽ33

		捆	困	婚	魂	混	瘟	稳	轮	遵	俊
		臻合一上混溪	臻合一去恩溪	臻合一平魂晓	臻合一平魂匣	臻合一上混匣	臻合一平魂影	臻合一上混影	臻合三平谆来	臻合三平谆精	臻合三去稕精
隆回	荷香桥	kʰuẽ^{312}	kʰuẽ^{45}	xuẽ^{33}	xuẽ^{13}	xuẽ^{55}	uẽ^{33}	uẽ^{312}	lẽ^{13}	tsuẽ^{33}	tsuẽ^{45}
	六都寨	kʰuẽ^{312}	kʰuẽ^{55}	xuẽ^{33}	xuẽ^{13}	xuẽ^{55}	uẽ^{33}	uẽ^{312}	luẽ^{13}	tsuẽ^{33}	tsuẽ^{55}
	七江	kʰuẽ^{312}	kʰuẽ^{55}	xuẽ^{33}	xuẽ^{13}	xuẽ^{55}	uẽ^{33}	uẽ^{312}	luẽ^{13}	tsuẽ^{33}	tsuẽ^{55}
	司门前	kʰuẽ^{312}	kʰuẽ^{55}	xuẽ^{33}	xuẽ^{13}	xuẽ^{55}	uẽ^{33}	uẽ^{312}	luẽ^{13}	tsuẽ^{33}	tsuẽ^{55}
	金石桥	kʰuẽ^{312}	kʰuẽ^{55}	xuẽ^{33}	xuẽ^{13}	xuẽ^{55}	uẽ^{33}	uẽ^{312}	luẽ^{13}	tsuẽ^{33}	tsuẽ^{55}
	小沙江	kʰuẽ^{312}	kʰuẽ^{55}	xuẽ^{33}	xuẽ^{13}	xuẽ^{55}	uẽ^{33}	uẽ^{312}	lẽ^{13}	tsẽ^{33}	tsẽ^{55}
	西洋江	kʰuẽ^{312}	kʰuẽ^{45}	xuẽ^{55}	xuẽ^{13}	xuẽ^{45}	uẽ^{55}	uẽ^{312}	lẽ^{13}	tsẽ^{55}	tsẽ^{45}
	横板桥	kʰuẽ^{312}	kʰuẽ^{45}	xuẽ^{55}	xuẽ^{13}	xuẽ^{45}	uẽ^{55}	uẽ^{312}	lẽ^{13}	tsẽ^{55}	tsẽ^{45}
	岩口	kʰuə̃^{312}	kʰuə̃^{55}	xuə̃^{33}	xuə̃^{13}	xuə̃^{55}	uə̃^{33}	uə̃^{312}	liə̃^{13}	tsiə̃^{33}	tsiə̃^{55}
	罗洪	kʰuə̃^{312}	kʰuə̃^{55}	fɔ̃^{33}	fɔ̃^{13}	fɔ̃^{55}	uə̃^{33}	uə̃^{312}	lɔ̃^{13}	tsɔ̃^{33}	tsɔ̃^{55}
	高坪	kʰuə̃^{312}	kʰuə̃^{55}	xuə̃^{33}	xuə̃^{13}	xuə̃^{55}	uə̃^{33}	uə̃^{312}	liə̃^{13}	tɕyə̃^{33}	tɕyə̃^{55}
洞口	石江	kʰuẽ^{312}	kʰuẽ^{24}	fẽ^{55}	fẽ^{13}	fẽ^{55}	uẽ^{33}	uẽ^{312}	lẽ^{13}	tsẽ^{55}	tsẽ^{45}
	江口	kʰuẽ^{312}	kʰuẽ^{24}	xuẽ^{55}	xuẽ^{13}	xuẽ^{55}	uẽ^{33}	uẽ^{312}	lẽ^{13}	tsẽ^{55}	tsẽ^{45}
	长塘	kʰuẽ^{312}	kʰuẽ^{24}	xuẽ^{55}	xuẽ^{13}	xuẽ^{55}	uẽ^{33}	uẽ^{312}	lẽ^{13}	tsẽ^{55}	tsẽ^{45}
	山门	kʰuẽ^{312}	kʰuẽ^{45}	xuẽ^{55}	xuẽ^{13}	xuẽ^{312}	uẽ^{33}	uẽ^{312}	lẽ^{13}	tsuẽ^{55}	tsẽ^{45}
	高沙	kʰuẽ^{312}	kʰuẽ^{24}	xuẽ^{55}	xuẽ^{13}	xuẽ^{312}	uẽ^{33}	uẽ^{312}	lĩ^{13}	tɕyĩ^{55}	tɕyĩ^{24}
	花园	kʰuẽ^{312}	kʰuẽ^{35}	xuẽ^{55}	xuẽ^{13}	xuẽ^{312}	uẽ^{33}	uẽ^{312}	lẽ^{13}	tsɿ^{55}	tsɿ^{35}
绥宁	金屋塘	kʰuẽ^{312}	kʰuẽ^{24}	xuẽ^{55}	xuẽ^{13}	xuẽ^{55}	uẽ^{33}	uẽ^{312}	lẽ^{13}	tsẽ^{55}	tsẽ^{24}
	梅坪	kʰuẽ^{312}	kʰuẽ^{24}	xuẽ^{55}	xuẽ^{13}	xuẽ^{55}	uẽ^{33}	uẽ^{312}	lẽ^{13}	tsẽ^{55}	tsẽ^{24}
	黄土矿	kʰuẽ^{312}	kʰuẽ^{35}	fẽ^{33}	fẽ^{55}	fẽ^{312}	uẽ^{33}	uẽ^{312}	lĩ^{55}	tsɿ^{33}	tsɿ^{55}
	唐家坊	kʰuĩ^{312}	kʰuĩ^{55}	fẽ^{33}	fẽ^{13}	fẽ^{312}	uĩ^{33}	uĩ^{312}	lĩ^{13}	tsɿ^{33}	tsɿ^{55}
	瓦屋塘	kʰuẽ^{312}	kʰuẽ^{35}	fẽ^{33}	fẽ^{13}	fẽ^{312}	uẽ^{33}	uẽ^{312}	lĩ^{13}	tsɿ^{33}	tsɿ^{35}

		笋	迅	旬	殉	椿	肫	准	春	蠢	唇
		臻合三上准心	臻合三去稕心	臻合三平谆邪	臻合三去稕邪	臻合三平谆彻	臻合三平谆章	臻合三上准章	臻合三平谆昌	臻合三上准昌	臻合三平谆船
隆回	荷香桥	sẽ^{312}	sẽ^{45}	sẽ^{13}	sẽ^{13}	tɕʰyẽ^{55}	tɕʰẽ^{312}	tɕyẽ^{55}	tɕʰyẽ^{533}	tɕʰyẽ^{312}	ɕyẽ^{13}
	六都寨	suẽ^{312}	ɕuẽ^{55}	ɕuẽ^{13}	ɕuẽ^{13}	tɕʰuẽ^{33}	tɕʰẽ^{312}	tɕuẽ^{312}	tɕʰuẽ^{33}	tɕʰuẽ^{312}	tɕʰuẽ^{13}
	七江	suẽ^{312}	suẽ^{55}	suẽ^{13}	suẽ^{13}	tɕʰuẽ^{33}	tɕʰẽ^{312}	tɕuẽ^{312}	tɕʰuẽ^{33}	tɕʰuẽ^{312}	ɕuẽ^{13}
	司门前	suẽ^{312}	sẽ^{55}	suẽ^{13}	suẽ^{55}	tɕʰuẽ^{33}	tɕʰẽ^{55}	tɕuẽ^{312}	tɕʰuẽ^{33}	tɕʰuẽ^{312}	ɕuẽ^{13}
	金石桥	suẽ^{312}	sẽ^{55}	suẽ^{13}	suẽ^{55}	tɕʰyẽ^{33}	tɕʰẽ^{55}	tɕyẽ^{312}	tɕʰyẽ^{33}	tɕʰyẽ^{312}	tɕʰyẽ^{13}

		笋	迅	旬	殉	椿	肫	准	春	蠢	唇
		臻合三 上准心	臻合三 去稕心	臻合三 平谆邪	臻合三 去稕邪	臻合三 平谆彻	臻合三 平谆章	臻合三 上准章	臻合三 平谆昌	臻合三 上准昌	臻合三 平谆船
隆回	小沙江	sẽ312	sẽ55	çyẽ13	çyẽ55	tɕʰyẽ33	tɕʰẽ55	tɕyẽ312	tɕʰyẽ33	tɕʰyẽ312	çʰyẽ13
	西洋江	sẽ312	sẽ45	sẽ13	sẽ13	tɕʰyẽ55	tɕʰẽ312	tɕyẽ312	tɕʰyẽ55	tɕʰyẽ312	çyẽ13
	横板桥	sẽ312	sẽ45	sẽ13	sẽ13	tɕʰyẽ55	tɕʰẽ312	tɕyẽ312	tɕʰyẽ55	tɕʰyẽ312	çyẽ13
	岩口	siə̃312	syə̃55	syə̃13	syə̃55	kʰuə̃33	tɕʰẽ13	kuə̃312	kʰuə̃33	kʰuə̃312	tɕʰyə̃13
	罗洪	suə̃312	çyə̃55	çyə̃13	çyə̃55	tɕʰyə̃33	tɕʰə̃55	tɕyə̃312	tɕʰyə̃33	tɕʰyə̃312	çʰyə̃13
	高坪	çiə̃312	çyə̃55	çyə̃13	çyə̃55	tɕʰyə̃33	tɕʰẽ13	tɕə̃312	tɕʰə̃33	tɕʰə̃312	tɕʰə̃13
洞口	石江	suẽ312	suẽ24	suẽ13	suẽ13	tɕʰyẽ55	tɕʰẽ312	tɕyẽ312	tɕʰyẽ55	tɕʰyẽ312	çyẽ13
	江口	sẽ312	sẽ24	sẽ13	sẽ13	tɕʰyẽ55	tɕʰẽ312	tɕyẽ312	tɕʰyẽ55	tɕʰyẽ312	çyẽ13
	长塘	sẽ312	sẽ24	sẽ13	sẽ13	tɕʰyẽ55	tɕʰẽ312	tɕyẽ312	tɕʰyẽ55	tɕʰyẽ312	çyẽ13
	山门	suẽ312	suẽ45	suẽ13	suẽ13	tɕʰyẽ55	tɕʰe45	tɕyẽ312	tɕʰyẽ55	tɕʰyẽ312	çyẽ13
	高沙	çyĩ312	çyĩ24	çyĩ13	çyĩ13	tɕʰyĩ55	tɕʰẽ312	tɕyĩ312	tɕʰyĩ55	tɕʰyĩ312	çyĩ13
	花园	syĩ312	syĩ35	syĩ13	syĩ13	tɕʰyĩ55	tɕʰe35	tɕyĩ312	tɕʰyĩ55	tɕʰyĩ312	çyĩ13
绥宁	金屋塘	sẽ312	sẽ24	sẽ13	sẽ13	tɕʰyẽ55	tɕʰẽ312	tɕyẽ312	tɕʰyẽ55	tɕʰyẽ312	çyẽ13
	梅坪	sẽ312	sẽ24	sẽ13	sẽ13	tɕʰyẽ55	tɕʰẽ312	tɕyẽ312	tɕʰyẽ55	tɕʰyẽ312	çyẽ13
	黄土矿	çĩ312	çĩ35	çĩ55	çĩ33	tɕʰĩ33	tɕʰĩ35	tɕĩ312	tɕʰĩ33	tɕʰĩ312	çĩ55
	唐家坊	sĩ312	sĩ55	sĩ13	sĩ13	tɕʰĩ55	tɕʰĩ55	tɕĩ312	tɕʰĩ33	tɕʰĩ312	çĩ13
	瓦屋塘	sĩ312	sĩ35	sĩ13	sĩ13	tɕʰĩ55	tɕʰĩ35	tɕĩ312	tɕʰĩ33	tɕʰĩ312	çĩ13

		顺	舜	醇	润	均	菌	匀	允	分	粉
		臻合三 去稕船	臻合三 去稕书	臻合三 平谆禅	臻合三 去稕日	臻合三 平谆见	臻合三 上准群	臻合三 平谆以	臻合三 上准以	臻合三 平文非	臻合三 上吻非
隆回	荷香桥	çyẽ55	çyẽ45	çyẽ13	mẽ55	tɕyẽ33	tɕʰyẽ55	yẽ13	yẽ312	fẽ33	fẽ312
	六都寨	çuẽ55	çuẽ55	tɕʰuẽ13	mẽ55	tɕuẽ33	tɕʰuẽ312	yẽ13	iə̃312	fẽ33	fẽ312
	七江	çuẽ55	çuẽ55	çuẽ13	mẽ55	tɕuẽ33	tɕʰuẽ312	yẽ13	yə̃13	fẽ33	fẽ312
	司门前	çuẽ55	çuẽ55	tɕʰuẽ13	yẽ55	tɕuẽ33	tɕʰuẽ312	yẽ13	yə̃312	fẽ33	fẽ312
	金石桥	çyẽ55	çyẽ55	tɕʰyẽ13	yẽ55	tɕyẽ33	tɕʰyẽ312	yẽ13	yẽ312	fẽ33	fẽ312
	小沙江	çyẽ55	çyẽ55	çyẽ13	yẽ55	tɕyẽ33	tɕʰyẽ312	yẽ13	yẽ312	fẽ33	fẽ312
	西洋江	çyẽ45	çyẽ45	çyẽ13	mẽ55	tɕyẽ33	tɕʰyẽ312	mẽ13	mẽ312	fẽ33	fẽ312
	横板桥	çyẽ45	çyẽ45	çyẽ13	mẽ55	tɕyẽ55	tɕʰyẽ312	mẽ13	mẽ312	fẽ55	fẽ312
	岩口	çyə̃55	çyə̃55	kʰuə̃13	miə̃55	kuə̃33	kuə̃312	yə̃13	uə̃312	fiə̃33	fiə̃312

		顺	舜	醇	洞	均	菌	匀	允	分	粉
		臻合三	臻合三	臻合三	臻合三	臻合三	臻合三	臻合三	臻合三	臻合三	臻合三
		去稕船	去稕书	平谆禅	去稕日	平谆见	上准群	平谆以	上准以	平文非	上吻非
隆回	罗洪	ɕyə̃⁵⁵	ɕyə̃⁵⁵	ɕyə̃¹³	yə̃⁵⁵	tɕyə̃³³	tɕʰyə̃³¹²	yə̃¹³	yə̃³¹²	fə̃³³	fə̃³¹²
	高坪	ɕə̃⁵⁵	ɕə̃⁵⁵	tɕʰə̃¹³	miə̃⁵⁵	tɕə̃³³	tɕʰə̃³¹²	miə̃¹³	miə̃³¹²	fə̃³³	fə̃³¹²
洞口	石江	ɕyẽ⁵⁵	ɕyẽ²⁴	ɕyẽ¹³	mẽ⁵⁵	tɕyẽ⁵⁵	tɕʰyẽ³¹²	mẽ¹³	mẽ³¹²	fẽ⁵⁵	fẽ³¹²
	江口	ɕyẽ⁵⁵	ɕyẽ²⁴	ɕyẽ¹³	yẽ⁵⁵	tɕyẽ⁵⁵	tɕʰyẽ³¹²	yẽ¹³	yə̃³¹²	fẽ⁵⁵	fẽ³¹²
	长塘	ɕyẽ⁵⁵	ɕyẽ²⁴	ɕyẽ¹³	mẽ⁵⁵	tɕyẽ⁵⁵	tɕʰyẽ³¹²	yẽ¹³	yə̃³¹²	fẽ⁵⁵	fẽ³¹²
	山门	ɕyẽ⁴⁵	ɕyẽ⁴⁵	ɕyẽ¹³	wẽ⁵⁵	tɕyẽ⁵⁵	tɕʰyẽ³¹²	wẽ¹³	wẽ³¹²	fẽ⁵⁵	fẽ³¹²
	高沙	ɕyɪ̃²⁴	ɕyɪ̃²⁴	ɕyɪ̃¹³	yɪ̃²⁴	tɕyɪ̃⁵⁵	tɕʰyɪ̃³¹²	yɪ̃¹³	yɪ̃³¹²	fẽ⁵⁵	fẽ³¹²
	花园	ɕyɪ̃³⁵	ɕyɪ̃³⁵	ɕyɪ̃¹³	yɪ̃⁵⁵	tɕyɪ̃⁵⁵	tɕʰyɪ̃³¹²	yɪ̃¹³	yɪ̃³¹²	xuẽ⁵⁵	xuẽ³¹²
绥宁	金屋塘	ɕyẽ⁵⁵	ɕyẽ²⁴	ɕyẽ¹³	yẽ⁵⁵	tɕyẽ⁵⁵	tɕʰyẽ³¹²	yẽ¹³	yẽ³¹²	fẽ⁵⁵	fẽ³¹²
	梅坪	ɕyẽ⁵⁵	ɕyẽ²⁴	ɕyẽ¹³	yẽ⁵⁵	tɕyẽ⁵⁵	tɕʰyẽ³¹²	yẽ¹³	yẽ³¹²	fẽ⁵⁵	fẽ³¹²
	黄土矿	ɕĩ³³	ɕĩ³⁵	ɕĩ⁵⁵	ĩ³³	tɕĩ³³	tɕʰĩ³¹²	ĩ⁵⁵	ĩ³¹²	fẽ³³	fẽ³¹²
	唐家坊	ɕĩ⁵⁵	ɕĩ⁵⁵	ɕĩ¹³	ĩ⁵⁵	tɕĩ⁵⁵	tɕʰĩ³¹²	ĩ¹³	ĩ³¹²	fẽ³³	fẽ³¹²
	瓦屋塘	ɕĩ³³	ɕĩ³⁵	ɕĩ¹³	ĩ³³	tɕĩ³³	tɕʰĩ³¹²	ĩ⁵⁵	ĩ³¹²	fẽ³³	fẽ³¹²

		粪	纷	坟	愤	份	蚊	吻	问	军	裙
		臻合三	臻合三	臻合三	臻合三	臻合三	臻合三	臻合三	臻合三	臻合三	臻合三
		去问非	平文敷	平文奉	上吻奉	去问奉	平文微	上吻微	去问微	平文见	平文群
隆回	荷香桥	fẽ⁴⁵	fẽ³¹²	fẽ¹³	fẽ⁵⁵	fẽ⁵⁵	uẽ¹³/mẽ⁵⁵	uẽ¹³	uẽ⁴⁵	tɕuẽ³³	tɕʰuẽ¹³
	六都寨	fẽ⁵⁵	fẽ³¹²	fẽ¹³	fẽ⁵⁵	fẽ⁵⁵	uẽ¹³/mẽ⁵⁵	uẽ¹³	uẽ⁵⁵	tɕuẽ³³	tɕʰuẽ¹³
	七江	fẽ⁵⁵	fẽ³¹²	fẽ¹³	fẽ⁵⁵	fẽ⁵⁵	uẽ¹³/mẽ⁵⁵	uẽ¹³	uẽ⁵⁵	tɕuẽ³³	tɕʰuẽ¹³
	司门前	fẽ⁵⁵	fẽ³¹²	fẽ¹³	fẽ⁵⁵	fẽ⁵⁵	uẽ¹³/mẽ⁵⁵	uẽ¹³	uẽ⁵⁵	tɕuẽ³³	kʰuẽ¹³
	金石桥	fẽ⁵⁵	fẽ³¹²	fẽ¹³	fẽ⁵⁵	fẽ⁵⁵	uẽ¹³/mẽ⁵⁵	uẽ¹³	uẽ⁵⁵	tɕẽ³³	tɕʰẽ¹³
	小沙江	fẽ⁵⁵	fẽ³¹²	xuẽ¹³	fẽ⁵⁵	fẽ⁵⁵	uẽ¹³/mẽ⁵⁵	uẽ¹³	uẽ⁵⁵	tɕyẽ³³	tɕʰyẽ¹³
	西洋江	fẽ⁴⁵	fẽ³¹²	fẽ¹³	fẽ⁴⁵	fẽ⁵⁵	uẽ¹³/mẽ⁵⁵	u¹³	uẽ⁵⁵	tɕyẽ³³	tɕʰyẽ¹³
	横板桥	fẽ⁴⁵	fẽ³¹²	fẽ¹³	fẽ⁴⁵	fẽ⁵⁵	uẽ¹³/mẽ⁵⁵	u¹³	uẽ⁵⁵	tɕyẽ³³	tɕʰyẽ¹³
	岩口	fiə̃⁵⁵	fiə̃³¹²	fiə̃¹³	fiə̃⁵⁵	fiə̃⁵⁵	uə̃¹³	uə̃¹³	uə̃⁵⁵	kuə̃³³	kʰuə̃¹³
	罗洪	fə̃⁵⁵	fə̃³¹²	fə̃¹³	fə̃⁵⁵	fə̃⁵⁵	uə̃¹³/mə̃⁵⁵	uə̃¹³	uə̃⁵⁵	tɕyə̃³³	tɕʰyə̃¹³
	高坪	fə̃⁵⁵	fə̃³¹²	fə̃¹³	fə̃⁵⁵	fə̃⁵⁵	uə̃¹³/mə̃⁵⁵	uə̃¹³	uə̃⁵⁵	tɕyə̃³³	kʰuə̃¹³
洞口	石江	fẽ²⁴	fẽ³¹²	fẽ¹³	fẽ⁵⁵	fẽ⁵⁵	uẽ¹³/mẽ⁵⁵	u¹³	uẽ⁵⁵	tɕyẽ⁵⁵	tɕʰyẽ¹³
	江口	fẽ²⁴	fẽ³¹²	fẽ¹³	fẽ⁵⁵	fẽ⁵⁵	uẽ¹³/mẽ⁵⁵	uẽ³¹²	uẽ⁵⁵	tɕyẽ⁵⁵	tɕʰyẽ¹³
	长塘	fẽ²⁴	fẽ³¹²	fẽ¹³	fẽ⁵⁵	fẽ⁵⁵	uẽ¹³/mẽ⁵⁵	u¹³	uẽ⁵⁵	tɕyẽ⁵⁵	tɕʰyẽ¹³

		粪	纷	坟	愤	份	蚊	吻	问	军	裙
		臻合三	臻合三	臻合三	臻合三	臻合三	臻合三	臻合三	臻合三	臻合三	臻合三
		去问非	平文敷	平文奉	上吻奉	去问奉	平文微	上吻微	去问微	平文见	平文群
洞口	山门	fẽ^{45}	fẽ^{312}	fẽ^{13}	fẽ^{45}	fẽ^{55}	uẽ^{13}/mẽ^{55}	u^{13}	uẽ^{55}	tɕyẽ^{55}	tɕʰyẽ^{13}
	高沙	xuẽ^{24}	xuẽ^{312}	xuẽ^{13}	xuẽ^{24}	xuẽ^{55}	uẽ^{13}/mẽ^{55}	u^{13}	uẽ^{55}	tɕyĩ^{55}	tɕʰyĩ^{13}
	花园	fẽ^{35}	fẽ^{312}	fẽ^{13}	fẽ^{35}	fẽ^{35}	uẽ^{13}/mẽ^{55}	u^{13}	uẽ^{55}	tɕyĩ^{55}	tɕʰyĩ^{13}
绥宁	金屋塘	fẽ^{24}	fẽ^{55}	fẽ^{13}	fẽ^{55}	fẽ^{55}	uẽ^{13}/mẽ^{55}	uẽ^{312}	uẽ^{55}	tɕyẽ^{55}	tɕʰyẽ^{13}
	梅坪	fẽ^{24}	fẽ^{55}	fẽ^{13}	fẽ^{55}	fẽ^{55}	uẽ^{13}/mẽ^{55}	uẽ^{312}	uẽ^{55}	tɕyẽ^{55}	tɕʰyẽ^{13}
	黄土矿	fẽ^{35}	fẽ^{33}	fẽ^{13}	fe^{33}	fẽ^{33}	uẽ/me^{55}	uẽ^{55}	uẽ^{33}	tɕĩ	tɕʰĩ^{13}
	唐家坊	fẽ^{55}	fẽ^{312}	fẽ^{55}	fe^{35}	fẽ^{35}	uẽ^{13}/mẽ^{33}	uẽ^{55}	uẽ^{33}	tɕĩ	tɕʰĩ^{13}
	瓦屋塘	fẽ^{35}	fẽ^{312}	fe^{13}	fe^{35}	fẽ^{35}	uẽ^{13}/mẽ^{33}	uẽ^{13}	uẽ^{33}	tɕĩ^{33}	tɕʰĩ^{13}

		熏	训	熨	云	运	帮	榜	谤	滂	旁
		臻合三	臻合三	臻合三	臻合三	臻合三	宕开一	宕开一	宕开一	宕开一	宕开一
		平文晓	去问晓	去问影	平文于	去问于	平唐帮	上荡帮	去宕帮	平唐滂	平唐並
隆回	荷香桥	ɕuẽ^{33}	ɕuẽ^{45}	yẽ^{55}	yẽ^{13}	yẽ^{55}	pɔ̃^{33}	pɔ̃^{312}	pɔ̃^{312}	pʰɔ̃^{13}	pʰɔ̃^{13}
	六都寨	ɕuẽ^{33}	ɕuẽ^{45}	yẽ^{55}	yẽ^{13}	yẽ^{55}	pɔ̃^{33}	pɔ̃^{312}	pɔ̃^{312}	pʰɔ̃^{13}	pʰɔ̃^{13}
	七江	ɕuẽ^{33}	ɕuẽ^{55}	yẽ^{55}	yẽ^{13}	yẽ^{55}	pɔ̃^{33}	pɔ̃^{312}	pɔ̃^{33}	pʰɔ̃^{13}	pʰɔ̃^{13}
	司门前	ɕuẽ^{33}	ɕuẽ^{55}	yẽ^{55}	yẽ^{13}	yẽ^{55}	pɔ̃^{33}	pɔ̃^{312}	pɔ̃^{33}	pʰɔ̃^{13}	pʰɔ̃^{13}
	金石桥	ɕyẽ^{33}	ɕyẽ^{55}	uẽ^{55}	yẽ^{13}	yẽ^{55}	pɔ̃^{33}	pɔ̃^{312}	pɔ̃^{33}	pʰɔ̃^{13}	pʰɔ̃^{13}
	小沙江	ɕyẽ^{33}	ɕyẽ^{55}	uẽ^{55}	yẽ^{13}	yẽ^{55}	pɔ̃^{33}	pɔ̃^{312}	pɔ̃^{33}	pʰɔ̃^{13}	pʰɔ̃^{13}
	西洋江	ɕyẽ^{55}	ɕyẽ^{45}	mẽ^{55}	mẽ^{13}	mẽ^{55}	pɔ̃^{55}	pɔ̃^{312}	pʰɔ̃^{45}	pʰɔ̃^{13}	pʰɔ̃^{13}
	横板桥	ɕyẽ^{55}	ɕyẽ^{45}	mẽ^{55}	mẽ^{13}	mẽ^{55}	pɔ̃^{55}	pɔ̃^{312}	pʰɔ̃^{45}	pʰɔ̃^{13}	pʰɔ̃^{13}
	岩口	ɕyɔ̃^{33}	ɕyɔ̃^{45}	yɔ̃^{55}	yɔ̃^{13}	miɔ̃^{55}	pɔ̃^{33}	pɔ̃^{312}	pɔ̃^{312}	pʰɔ̃^{13}	pʰɔ̃^{13}
	罗洪	ɕyɔ̃^{33}	ɕyɔ̃^{45}	yɔ̃^{55}	yɔ̃^{13}	yɔ̃^{55}	pɔ̃^{33}	pɔ̃^{312}	pɔ̃^{312}	pʰɔ̃^{13}	pʰɔ̃^{13}
	高坪	ɕyɔ̃^{33}	ɕyɔ̃^{45}	yɔ̃^{55}	miɔ̃^{13}	miɔ̃^{55}	pɔ̃^{33}	pɔ̃^{312}	pɔ̃^{312}	pʰɔ̃^{13}	pʰɔ̃^{13}
洞口	石江	ɕyẽ^{55}	ɕyẽ^{24}	mẽ^{55}	mẽ^{13}	mẽ^{55}	pɔ̃^{55}	pɔ̃^{312}	pʰɔ̃^{24}	pʰɔ̃^{13}	pʰɔ̃^{13}
	江口	ɕyẽ^{55}	ɕyẽ^{24}	ỹẽ^{55}	yẽ^{13}	yẽ^{55}	pɔ̃^{55}	pɔ̃^{312}	pʰɔ̃^{24}	pʰɔ̃^{13}	pʰɔ̃^{13}
	长塘	ɕyẽ^{55}	ɕyẽ^{24}	ỹẽ^{55}	yẽ^{13}	mẽ^{55}	pɔ̃^{55}	pɔ̃^{312}	pʰɔ̃^{24}	pʰɔ̃^{13}	pʰɔ̃^{13}
	山门	ɕyẽ^{55}	ɕyẽ^{45}	wẽ^{55}	wẽ^{13}	wẽ^{55}	pɔ̃^{55}	pɔ̃^{312}	pɔ̃^{312}	ɸɔ̃^{55}	ɸɔ̃^{13}
	高沙	ɕyĩ^{55}	ɕyĩ^{24}	yĩ^{24}	yĩ^{13}	yĩ^{24}	pɔ̃^{55}	pɔ̃^{312}	pɔ̃^{312}	pʰɔ̃^{55}	pʰɔ̃^{13}
	黄桥	ɕyĩ^{55}	ɕyĩ^{24}	yĩ^{24}	yĩ^{13}	yĩ^{24}	pɔ̃^{55}	pɔ̃^{312}	pɔ̃^{312}	pʰɔ̃^{55}	pʰɔ̃^{13}
	花园	ɕyĩ^{55}	ɕyĩ^{35}	yĩ^{55}	yĩ^{13}	yĩ^{55}	pɔ̃^{55}	pɔ̃^{312}	pɔ̃^{312}	pʰɔ̃^{55}	pʰɔ̃^{13}

		熏	训	熨	云	运	帮	榜	谤	潒	旁
		臻合三	臻合三	臻合三	臻合三	臻合三	宕开一	宕开一	宕开一	宕开一	宕开一
		平文晓	去问晓	去问影	平文于	去问于	平唐帮	上荡帮	去宕帮	平唐滂	平唐並
绥宁	金屋塘	ɕyẽ^{55}	ɕyẽ^{24}	ỹẽ^{55}	yẽ^{13}	yẽ^{55}	pɔ^{55}	pɔ^{312}	pʰɔ^{24}	pʰɔ^{13}	pʰɔ^{13}
	梅坪	ɕyẽ^{55}	ɕyẽ^{24}	ỹẽ^{55}	yẽ^{13}	yẽ^{55}	pɔ^{55}	pɔ^{312}	pʰɔ^{24}	pʰɔ^{13}	pʰɔ^{13}
	黄土矿	ɕĩ^{33}	ɕĩ^{35}	ĩ^{33}	ĩ^{55}	ĩ^{35}	pɔ^{33}	pɔ^{312}	pɔ^{35}	pʰɔ^{33}	pʰɔ^{55}
	唐家坊	ɕĩ^{33}	ɕĩ^{55}	ĩ^{55}	ĩ^{13}	ĩ^{55}	pɔ^{33}	pɔ^{312}	pɔ^{55}	pʰɔ^{33}	pʰɔ^{13}
	瓦屋塘	ɕĩ^{33}	ɕĩ^{35}	ĩ^{55}	ĩ^{13}	ĩ^{55}	po^{33}	pɔ^{312}	pɔ^{35}	pʰɔ^{33}	pʰɔ^{13}

		忙	蟒	当	挡	当	汤	躺	烫	糖	荡
		宕开一	宕开一	宕开一	宕开一	宕开一	宕开一	宕开一	宕开一	宕开一	宕开一
		平唐明	上荡明	平唐端	上荡端	去宕端	平唐透	上荡透	去宕透	平唐定	上荡定
隆回	荷香桥	mɔ^{13}	mɔ^{312}	tɔ^{33}	tɔ^{312}	tɔ^{45}	xɔ^{33}	xɔ^{312}	xɔ^{45}	xɔ^{13}	xɔ^{312}
	六都寨	mɔ^{13}	mɔ^{312}	tɔ^{33}	tɔ^{312}	tɔ^{55}	xɔ^{33}	xɔ^{312}	xɔ^{55}	xɔ^{13}	xɔ^{55}
	七江	mɔ^{13}	mɔ^{312}	tɔ^{33}	tɔ^{312}	tɔ^{55}	xɔ^{33}	xɔ^{312}	xɔ^{55}	xɔ^{13}	xɔ^{55}
	司门前	mɔ^{13}	mɔ^{312}	tɔ^{33}	tɔ^{312}	tɔ^{55}	xɔ^{33}	xɔ^{312}	xɔ^{55}	xɔ^{13}	xɔ^{55}
	金石桥	mɔ^{13}	mɔ^{312}	tɔ^{33}	tɔ^{312}	tɔ^{55}	xɔ^{33}	xɔ^{312}	xɔ^{55}	xɔ^{13}	xɔ^{55}
	小沙江	mɔ^{13}	mɔ^{312}	tɔ^{33}	tɔ^{312}	tɔ^{55}	tʰɔ^{33}	tʰɔ^{312}	tʰɔ^{55}	tʰɔ^{13}	tʰɔ^{55}
	西洋江	mɔ^{13}	mɔ^{312}	tɔ̃^{55}	tɔ^{312}	tɔ^{45}	xɔ^{55}	xɔ^{312}	xɔ^{55}	xɔ^{13}	xɔ^{55}
	横板桥	mɔ^{13}	mɔ^{312}	tɔ̃^{55}	tɔ^{312}	tɔ^{45}	xɔ^{55}	xɔ^{312}	xɔ^{55}	xɔ^{13}	xɔ^{55}
	岩口	mɔ^{13}	mɔ^{312}	tɔ^{33}	tɔ^{312}	tɔ^{55}	xɔ^{33}	xɔ^{312}	xɔ^{55}	xɔ^{13}	xɔ^{55}
	罗洪	mɔ^{13}	mɔ^{312}	tɔ̃^{33}	tɔ^{312}	tɔ^{55}	xɔ^{33}	xɔ^{312}	xɔ^{55}	xɔ^{13}	xɔ^{312}
	高坪	mɔ^{13}	mɔ^{312}	tɔ^{33}	tɔ^{312}	tɔ^{55}	tʰɔ^{33}	tʰɔ^{312}	tʰɔ^{55}	tʰɔ^{13}	tʰɔ^{55}
洞口	石江	mɔ^{13}	mɔ^{312}	tɔ̃^{55}	tɔ^{312}	tɔ^{24}	xɔ^{55}	xɔ^{312}	xɔ^{24}	xɔ^{13}	xɔ^{312}
	江口	mɔ^{13}	mɔ^{312}	tɔ̃^{55}	tɔ^{312}	tɔ^{24}	tʰɔ^{55}	tʰɔ^{312}	tʰɔ^{24}	tʰɔ^{13}	tʰɔ^{312}
	长塘	mɔ^{13}	mɔ^{312}	tɔ̃^{55}	tɔ^{312}	tɔ^{24}	xɔ^{55}	xɔ^{312}	xɔ^{24}	xɔ^{13}	xɔ^{312}
	山门	mɔ^{13}	mɔ^{312}	tɔ̃^{55}	tɔ^{312}	tɔ^{45}	xɔ^{55}	xɔ^{312}	xɔ^{55}	xɔ^{13}	xɔ^{312}
	高沙	mɔ^{13}	mɔ^{312}	tɔ̃^{55}	tɔ^{312}	tɔ^{24}	tʰɔ^{55}	tʰɔ^{312}	tʰɔ^{24}	tʰɔ^{13}	tʰɔ^{312}
	花园	mɔ^{13}	mɔ^{312}	tɔ̃^{55}	tɔ^{312}	tɔ^{35}	tʰɔ^{55}	tʰɔ^{312}	tʰɔ^{35}	tʰɔ^{13}	tʰɔ^{312}
绥宁	金屋塘	mɔ^{13}	mɔ^{312}	tɔ̃^{55}	tɔ^{312}	tɔ^{24}	xɔ^{55}	xɔ^{312}	xɔ^{24}	xɔ^{13}	xɔ^{312}
	梅坪	mɔ^{13}	mɔ^{312}	tɔ̃^{55}	tɔ^{312}	tɔ^{24}	xɔ^{55}	xɔ^{312}	xɔ^{24}	xɔ^{13}	xɔ^{312}
	黄土矿	mɔ^{55}	mɔ^{312}	tɔ^{33}	tɔ^{312}	tɔ^{35}	tʰɔ^{33}	tʰɔ^{312}	tʰɔ^{35}	tʰɔ^{55}	tʰɔ^{312}
	唐家坊	mɔ^{13}	mɔ^{312}	tɔ^{33}	tɔ^{312}	tɔ^{55}	tʰɔ^{33}	tʰɔ^{312}	tʰɔ^{55}	tʰɔ^{13}	tʰɔ^{312}
	瓦屋塘	mɔ^{13}	mɔ^{312}	tɔ^{33}	tɔ^{312}	tɔ^{35}	tʰɔ^{33}	tʰɔ^{312}	tʰɔ^{35}	tʰɔ^{13}	tʰɔ^{312}

续表

		囊	狼	朗	浪	脏	葬	仓	藏	脏	桑
		宕开一平唐泥	宕开一平唐来	宕开一上荡来	宕开一去宕来	宕开一平唐精	宕开一去宕精	宕开一平唐清	宕开一平唐从	宕开一去宕从	宕开一平唐心
隆回	荷香桥	lɔ¹³	lɔ¹³	lɔ³¹²	lɔ⁵⁵	tsɔ³³	tsɔ⁴⁵	tsʰɔ³³	tsʰɔ¹³	tsʰɔ⁵⁵	sɔ³³
	六都寨	lɔ¹³	lɔ¹³	lɔ³¹²	lɔ⁵⁵	tsɔ³³	tsɔ⁵⁵	tsʰɔ³³	tsʰɔ¹³	tsɔ⁵⁵	sɔ³³
	七江	lɔ¹³	lɔ¹³	lɔ³¹²	lɔ⁵⁵	tsɔ³³	tsɔ⁵⁵	tsʰɔ³³	tsʰɔ¹³	tsʰɔ⁵⁵	sɔ³³
	司门前	lɔ¹³	lɔ¹³	lɔ³¹²	lɔ⁵⁵	tsɔ³³	tsuɔ⁵⁵	tsʰɔ³³	tsʰuɔ¹³	tsʰɔ⁵⁵	sɔ³³
	金石桥	lɔ¹³	lɔ¹³	lɔ³¹²	lɔ⁵⁵	tsɔ³³	tsuɔ⁵⁵	tsʰɔ³³	tsʰuɔ¹³	tsʰɔ⁵⁵	sɔ³³
	小沙江	lɔ¹³	lɔ¹³	lɔ³¹²	lɔ⁵⁵	tsɔ³³	tsɔ⁵⁵	tsʰɔ³³	tsʰɔ¹³	tsʰɔ⁵⁵	sɔ³³
	西洋江	lɔ¹³	lɔ¹³	lɔ³¹²	lɔ⁵⁵	tsɔ⁵⁵	tsɔ⁴⁵	tsʰɔ⁵⁵	tsʰɔ¹³	tsɔ⁵⁵	sɔ⁵⁵
	横板桥	lɔ¹³	lɔ¹³	lɔ³¹²	lɔ⁵⁵	tsɔ⁵⁵	tsɔ⁴⁵	tsʰɔ⁵⁵	tsʰɔ¹³	tsɔ⁵⁵	sɔ⁵⁵
	岩口	lɔ¹³	lɔ¹³	lɔ³¹²	lɔ⁵⁵	tsɔ³³	tsɔ⁴⁵	tsʰɔ⁵⁵	tsʰɔ¹³	tsʰɔ⁵⁵	sɔ³³
	罗洪	lɔ¹³	lɔ¹³	lɔ³¹²	lɔ⁵⁵	tsɔ³³	tsɔ⁵⁵	tsʰɔ³³	tsʰɔ¹³	tsʰɔ⁵⁵	sɔ³³
	高坪	lɔ¹³	lɔ¹³	lɔ³¹²	lɔ⁵⁵	tsɔ³³	tsɔ⁵⁵	tsʰɔ³³	tsʰɔ¹³	tsʰɔ⁵⁵	sɔ³³
洞口	石江	lɔ¹³	lɔ¹³	lɔ³¹²	lɔ⁵⁵	tsɔ⁵⁵	tsɔ²⁴	tsʰɔ⁵⁵	tsʰɔ¹³	tsɔ⁵⁵	sɔ⁵⁵
	江口	lɔ¹³	lɔ¹³	lɔ³¹²	lɔ⁵⁵	tsɔ⁵⁵	tsɔ²⁴	tsʰɔ⁵⁵	tsʰɔ¹³	tsɔ⁵⁵	sɔ⁵⁵
	长塘	lɔ¹³	lɔ¹³	lɔ³¹²	lɔ⁵⁵	tsɔ⁵⁵	tsɔ²⁴	tsʰɔ⁵⁵	tsʰɔ¹³	tsɔ⁵⁵	sɔ⁵⁵
	山门	lɔ¹³	lɔ¹³	lɔ³¹²	lɔ⁵⁵	tsɔ⁵⁵	tsɔ⁴⁵	tsʰɔ⁵⁵	tsʰɔ¹³	tsɔ⁵⁵	sɔ⁵⁵
	高沙	lɔ¹³	lɔ¹³	lɔ³¹²	lɔ⁵⁵	tsɔ⁵⁵	tsɔ²⁴	tsʰɔ⁵⁵	tsʰɔ¹³	tsʰɔ⁵⁵	sɔ⁵⁵
	花园	lɔ¹³	lɔ¹³	lɔ³¹²	lɔ⁵⁵	tsɔ⁵⁵	tsɔ³⁵	tsʰɔ⁵⁵	tsʰɔ¹³	tsɔ⁵⁵	sɔ⁵⁵
绥宁	金屋塘	lɔ¹³	lɔ¹³	lɔ³¹²	lɔ⁵⁵	tsɔ⁵⁵	tsɔ²⁴	tsʰɔ⁵⁵	tsʰɔ¹³	tsɔ⁵⁵	sɔ⁵⁵
	梅坪	lɔ¹³	lɔ¹³	lɔ³¹²	lɔ⁵⁵	tsɔ⁵⁵	tsɔ²⁴	tsʰɔ⁵⁵	tsʰɔ¹³	tsɔ⁵⁵	sɔ⁵⁵
	黄土矿	lɔ⁵⁵	lɔ⁵⁵	lɔ³¹²	lɔ³³	tsɔ³³	tsɔ³⁵	tsʰɔ³³	tsʰɔ⁵⁵	tsʰɔ⁵⁵	sɔ³³
	唐家坊	lɔ¹³	lɔ¹³	lɔ³¹²	lɔ⁵⁵	tsɔ³³	tsɔ⁵⁵	tsʰɔ³³	tsʰɔ¹³	tsʰɔ⁵⁵	sɔ³³
	瓦屋塘	lɔ¹³	lɔ¹³	lɔ³¹²	lɔ³³	tsɔ³³	tsɔ³⁵	tsʰɔ³³	tsʰɔ¹³	tsʰɔ⁵⁵	sɔ³³

		嗓	丧	缸	杠	糠	炕	昂	行	航	娘
		宕开一上荡心	宕开一去宕心	宕开一平唐见	宕开一去宕见	宕开一平唐溪	宕开一去宕溪	宕开一平唐疑	宕开一平唐匣	宕开一平唐影	宕开三平阳娘
隆回	荷香桥	sɔ³¹²	sɔ⁴⁵	kɔ³³	kɔ⁴⁵	kʰɔ⁴⁵	kʰɔ⁴⁵	ɐ¹³	xɔ¹³	ɔ³³	iɔ¹³
	六都寨	sɔ³¹²	sɔ⁵⁵	kɔ³³	kɔ⁵⁵	kʰɔ³³	kʰɔ⁵⁵	ɔ¹³	xɔ¹³	ɔ³³	iɔ¹³
	七江	sɔ³¹²	sɔ⁵⁵	kɔ³³	kɔ⁵⁵	kʰɔ³³	kʰɔ⁵⁵	ɔ¹³	xɔ¹³	ɔ³³	iɔ¹³
	司门前	suɔ³¹²	suɔ⁵⁵	kɔ³³	kɔ⁵⁵	kʰɔ³³	kʰɔ⁵⁵	ɐ¹³	xɔ¹³	ɔ³³	iɔ¹³
	金石桥	sɔ³¹²	sɔ⁵⁵	kɔ³³	kɔ⁵⁵	kʰɔ³³	kʰɔ⁵⁵	ɐ¹³	xɔ¹³	ɔ³³	iɔ¹³

续表

		嗓	丧	缸	杠	糠	炕	昂	行	航	娘
		宕开一 上荡心	宕开一 去宕心	宕开一 平唐见	宕开一 去宕见	宕开一 平唐溪	宕开一 去宕溪	宕开一 平唐疑	宕开一 平唐匣	宕开一 平唐影	宕开三 平阳娘
隆回	小沙江	sɔ³¹²	sɔ⁵⁵	kɔ³³	kɔ⁵⁵	kʰɔ³³	kʰɔ⁵⁵	ɐ¹³	xɔ¹³	ɔ³³	iɔ¹³
	西洋江	sɔ³¹²	sɔ⁴⁵	kɔ⁵⁵	kɔ⁵⁵	kʰɔ⁵⁵	kʰɔ⁴⁵	ɔ̃¹³	xɔ¹³	ɔ³³	liɔ¹³
	横板桥	sɔ³¹²	sɔ⁴⁵	kɔ⁵⁵	kɔ⁵⁵	kʰɔ⁵⁵	kʰɔ⁴⁵	ɔ̃¹³	xɔ¹³	ɔ⁵⁵	liɔ¹³
	岩口	sɔ³¹²	sɔ⁵⁵	kɔ³³	kɔ⁴⁵	kʰɔ³³	kʰɔ⁵⁵	ŋɐ¹³	xɔ¹³	ɔ³³	lɔ¹³
	罗洪	sɔ³¹²	sɔ⁵⁵	kɔ³³	kɔ⁵⁵	xɔ³³	xɔ⁵⁵	ɐ¹³	xɔ¹³	ɔ³³	iɔ¹³
	高坪	sɔ³¹²	sɔ⁵⁵	kɔ³³	kɔ⁵⁵	kʰɔ⁵⁵	kʰɔ⁵⁵	ɐ¹³	xɔ¹³	ɔ³³	iɔ¹³
洞口	石江	sɔ³¹²	sɔ²⁴	kɔ⁵⁵	kɔ⁵⁵	kʰɔ⁵⁵	kʰɔ²⁴	ɔ̃¹³	xɔ¹³	ɔ⁵⁵	liɔ¹³
	江口	sɔ³¹²	sɔ²⁴	kɔ⁵⁵	kɔ⁵⁵	kʰɔ⁵⁵	kʰɔ²⁴	ŋɐ¹³	xɔ¹³	ɔ³³	liɔ¹³
	长塘	sɔ³¹²	sɔ²⁴	kɔ⁵⁵	kɔ⁵⁵	kʰɔ⁵⁵	kʰɔ²⁴	ŋɐ¹³	xɔ¹³	ɔ⁵⁵	liɔ¹³
	山门	sɔ³¹²	sɔ⁴⁵	kɔ⁵⁵	kɔ⁴⁵	kʰɔ⁵⁵	kʰɔ⁴⁵	ɔ̃¹³	xɔ¹³	ɔ³³	iɔ¹³
	高沙	sɔ³¹²	sɔ²⁴	kɔ⁵⁵	kɔ²⁴	kʰɔ⁵⁵	kʰɔ²⁴	ŋɐ¹³	xɔ¹³	ŋɔ⁵⁵	iɔ¹³
	花园	sɔ³¹²	sɔ³⁵	kɔ⁵⁵	kɔ³⁵	kʰɔ⁵⁵	kʰɔ³⁵	ɐ¹³	xɔ¹³	ɔ³³	iɔ¹³
绥宁	金屋塘	sɔ³¹²	sɔ²⁴	kɔ⁵⁵	kɔ⁵⁵	kʰɔ⁵⁵	kʰɔ²⁴	mɔ¹³	xɔ¹³	ɔ⁵⁵	iɔ¹³
	梅坪	sɔ³¹²	sɔ²⁴	kɔ⁵⁵	kɔ⁵⁵	kʰɔ⁵⁵	kʰɔ²⁴	mɔ¹³	xɔ¹³	ɔ³³	iɔ¹³
	黄土矿	sɔ³¹²	sɔ³⁵	kɔ³³	kɔ⁵⁵	kʰɔ⁵⁵	kʰɔ³⁵	ɐ⁵⁵	xɔ¹³	ɔ³³	liɔ⁵⁵
	唐家坊	sɔ³¹²	sɔ⁵⁵	kɔ³³	kɔ⁵⁵	kʰɔ⁵⁵	kʰɔ⁵⁵	ɐ¹³	xɔ¹³	ɔ³³	liɔ¹³
	瓦屋塘	sɔ³¹²	sɔ³⁵	kɔ³³	kɔ³⁵	kʰɔ⁵⁵	kʰɔ³⁵	ɐ¹³	xɔ¹³	ɔ³³	liɔ⁵⁵

		酿	凉	两	亮	浆	桨	酱	枪	抢	墙
		宕开三 去漾娘	宕开三 平阳来	宕开三 上养来	宕开三 去漾来	宕开三 平阳精	宕开三 上养精	宕开三 去漾精	宕开三 平阳清	宕开三 上养清	宕开三 平阳从
隆回	荷香桥	iɔ⁵⁵	liɔ¹³	liɔ³¹²	liɔ⁴⁵	tsiɔ³³	tsiɔ³¹²	tɕiɔ⁴⁵	tsʰiɔ³³	tsʰiɔ³¹²	tsʰiɔ¹³
	六都寨	liɔ⁵⁵	liɔ¹³	liɔ³¹²	liɔ⁵⁵	tsiɔ³³	tsiɔ³¹²	tɕiɔ⁵⁵	tsʰiɔ³³	tsʰiɔ³¹²	tsʰiɔ¹³
	七江	liɔ⁵⁵	liɔ¹³	liɔ³¹²	liɔ⁵⁵	tsiɔ³³	tsiɔ³¹²	tɕiɔ⁵⁵	tsʰiɔ³³	tsʰiɔ³¹²	tsʰiɔ¹³
	司门前	liɔ⁵⁵	liɔ¹³	liɔ³¹²	liɔ⁵⁵	tsiɔ³³	tsiɔ³¹²	tɕiɔ⁵⁵	tsʰiɔ³³	tsʰiɔ³¹²	tsʰiɔ¹³
	金石桥	iɔ³¹²	liɔ¹³	liɔ³¹²	liɔ⁴⁵	tsiɔ³³	tsiɔ³¹²	tɕiɔ⁵⁵	tsʰiɔ³³	tsʰiɔ³¹²	tsʰiɔ¹³
	小沙江	iɔ³¹²	liɔ¹³	liɔ³¹²	liɔ⁴⁵	tɕiɔ³³	tɕiɔ³¹²	tɕiɔ⁵⁵	tɕʰiɔ³³	tɕʰiɔ³¹²	tɕʰiɔ¹³
	西洋江	liɔ⁵⁵	liɔ¹³	liɔ³¹²	liɔ⁵⁵	tsiɔ³³	tsiɔ³¹²	tɕiɔ⁵⁵	tsʰiɔ⁵⁵	tsʰiɔ³¹²	tsʰiɔ¹³
	横板桥	liɔ⁵⁵	liɔ¹³	liɔ³¹²	liɔ⁵⁵	tsiɔ⁵⁵	tsiɔ³¹²	tɕiɔ⁵⁵	tsʰiɔ⁵⁵	tsʰiɔ³¹²	tsʰiɔ¹³
	岩口	lɔ⁵⁵	liɔ¹³	liɔ³¹²	liɔ⁴⁵	tsiɔ³³	tsiɔ³¹²	tɕiɔ⁵⁵	tsʰiɔ³³	tsʰiɔ³¹²	tsʰiɔ¹³

续表

		酿	凉	两	亮	浆	桨	酱	枪	抢	墙
		宕开三去漾娘	宕开三平阳来	宕开三上养来	宕开三去漾来	宕开三平阳精	宕开三上养精	宕开三去漾精	宕开三平阳清	宕开三上养清	宕开三平阳从
隆回	罗洪	iɔ^{55}	liɔ^{13}	liɔ^{312}	liɔ^{55}	tɕiɔ^{33}	tɕiɔ^{312}	tɕiɔ^{55}	tɕʰiɔ^{33}	tɕʰiɔ^{312}	tɕʰiɔ^{13}
	高坪	iɔ^{55}	liɔ^{13}	liɔ^{312}	liɔ^{55}	tɕiɔ^{33}	tɕiɔ^{312}	tɕiɔ^{55}	tɕʰiɔ^{33}	tɕʰiɔ^{312}	tɕʰiɔ^{13}
洞口	石江	liɔ^{55}	liɔ^{13}	liɔ^{312}	liɔ^{55}	tɕɔ^{55}	tɕɔ^{312}	tɕɔ^{55}	tɕʰɔ^{55}	tɕʰɔ^{312}	tɕʰɔ^{13}
	江口	iɔ^{55}	liɔ^{13}	liɔ^{312}	liɔ^{55}	tɕiɔ^{55}	tɕiɔ^{312}	tɕɔɪ^{55}	tɕʰiɔ^{55}	tɕʰiɔ^{312}	tɕʰiɔ^{13}
	长塘	iɔ^{55}	liɔ^{13}	liɔ^{312}	liɔ^{55}	tɕiɔ^{55}	tɕiɔ^{312}	tɕɔɪ^{55}	tɕʰiɔ^{55}	tɕʰiɔ^{312}	tɕʰiɔ^{13}
	山门	iɔ^{55}	liɔ^{13}	liɔ^{312}	liɔ^{55}	tsiɔ^{55}	tsiɔ^{312}	tɕiɔ^{45}	tsʰiɔ^{55}	tsʰiɔ^{312}	tsʰiɔ^{13}
	高沙	iɔ^{55}	liɔ^{13}	liɔ^{312}	liɔ^{55}	tɕiɔ^{55}	tɕiɔ^{312}	tɕiɔ^{24}	tɕʰiɔ^{55}	tɕʰiɔ^{312}	tɕʰiɔ^{13}
	花园	iɔ^{55}	liɔ^{13}	liɔ^{312}	liɔ^{55}	tsiɔ^{55}	tsiɔ^{312}	tsiɔ^{35}	tsʰiɔ^{55}	tsʰiɔ^{312}	tsʰiɔ^{13}
绥宁	金屋塘	liɔ^{55}	liɔ^{13}	liɔ^{312}	liɔ^{55}	tsiɔ^{55}	tsiɔ^{312}	siɔ^{35}	tsʰiɔ^{55}	tsʰiɔ^{312}	tsʰiɔ^{13}
	梅坪	liɔ^{55}	liɔ^{13}	liɔ^{312}	liɔ^{55}	tsiɔ^{55}	tsiɔ^{312}	siɔ^{35}	tsʰiɔ^{55}	tsʰiɔ^{312}	tsʰiɔ^{13}
	黄土矿	liɔ^{33}	liɔ^{55}	liɔ^{312}	liɔ^{33}	tɕiɔ^{33}	tɕiɔ^{312}	tɕiɔ^{35}	tɕʰiɔ^{33}	tɕʰiɔ^{312}	tɕʰiɔ^{55}
	唐家坊	liɔ^{33}	liɔ^{13}	liɔ^{312}	liɔ^{55}	tsiɔ^{33}	tsiɔ^{312}	tsiɔ^{35}	tsʰiɔ^{33}	tsʰiɔ^{312}	tsʰiɔ^{13}
	瓦屋塘	liɔ^{33}	liɔ^{13}	liɔ^{312}	liɔ^{33}	tsiɔ^{33}	tsiɔ^{312}	tsiɔ^{35}	tsʰiɔ^{33}	tsʰiɔ^{312}	tsʰiɔ^{13}

		匠	箱	想	相	祥	像	张	长	账	畅
		宕开三去漾从	宕开三平阳心	宕开三上养心	宕开三去漾心	宕开三平阳邪	宕开三上养邪	宕开三平阳知	宕开三上养知	宕开三去漾知	宕开三去漾彻
隆回	荷香桥	tsʰiɔ^{55}	siɔ^{33}	siɔ^{312}	siɔ^{45}	tsʰiɔ^{13}	tsʰiɔ^{55}	tɕɔ^{33}	tɕɔ/tiɔ^{312}	tɕɔ^{45}	tɕʰɔ^{45}
	六都寨	tsʰiɔ^{55}	siɔ^{33}	siɔ^{312}	siɔ^{55}	tsʰiɔ^{13}	tsʰiɔ^{55}	tɕɔ^{33}	tiɔ^{312}	tɕɔ^{55}	tɕʰɔ^{55}
	七江	tsʰiɔ^{55}	siɔ^{33}	siɔ^{312}	siɔ^{55}	tsʰiɔ^{13}	tsʰiɔ^{55}	tɕɔ^{33}	tiɔ^{312}	tɕɔ^{55}	tɕʰɔ^{55}
	司门前	tsʰiɔ^{55}	siɔ^{33}	siɔ^{312}	siɔ^{55}	tsʰiɔ^{13}	tsʰiɔ^{55}	tɕɔ^{33}	tiɔ^{312}	tɕɔ^{55}	tɕʰɔ^{55}
	金石桥	tsʰiɔ^{55}	siɔ^{33}	siɔ^{312}	siɔ^{55}	tsʰiɔ^{13}	tsʰiɔ^{55}	tɕɔ^{33}	tiɔ^{312}	tɕɔ^{55}	tɕʰɔ^{55}
	小沙江	tɕʰiɔ^{55}	ɕiɔ^{33}	ɕiɔ^{312}	ɕiɔ^{55}	tɕʰiɔ^{13}	tɕʰiɔ^{55}	tɕɔ^{33}	tiɔ^{312}	tɕɔ^{55}	tɕʰɔ^{55}
	西洋江	tsʰiɔ^{55}	siɔ^{55}	siɔ^{312}	siɔ^{45}	tsʰiɔ^{13}	tsʰiɔ^{55}	tɕɔ^{55}	tɕɔ^{312}	tɕɔ^{45}	tɕʰɔ^{45}
	横板桥	tsʰiɔ^{55}	siɔ^{33}	siɔ^{312}	siɔ^{45}	tsʰiɔ^{13}	tsʰiɔ^{55}	tɕɔ^{55}	tɕɔ/tiɔ^{312}	tɕɔ^{45}	tɕʰɔ^{45}
	岩口	tsʰiɔ^{55}	siɔ^{33}	siɔ^{312}	siɔ^{55}	tsʰiɔ^{13}	siɔ^{55}	tɔ^{33}	tɕɔ/tiɔ^{312}	tɕɔ^{55}	tɕʰɔ^{55}
	罗洪	tɕʰiɔ^{55}	ɕiɔ^{33}	ɕiɔ^{312}	ɕiɔ^{55}	tɕʰiɔ^{13}	tɕʰiɔ^{55}	tɕɔ^{33}	tɕɔ/tiɔ^{312}	tɕɔ^{55}	tɕʰɔ^{55}
	高坪	tɕʰiɔ^{55}	ɕiɔ^{33}	ɕiɔ^{312}	ɕiɔ^{55}	tɕʰiɔ^{13}	tɕʰiɔ^{33}	tɕɔ^{33}	tɕɔ/tiɔ^{312}	tɕɔ^{55}	tɕʰɔ^{55}
洞口	石江	tɕʰɔ^{55}	ɕɔ^{55}	ɕɔ^{312}	ɕɔ^{24}	tɕʰɔ^{13}	tɕʰɔ^{55}	tɕɔ^{55}	tɕɔ/tiɔ^{312}	tɕɔ^{24}	tɕʰɔ^{24}
	江口	tɕʰiɔ^{55}	ɕiɔ^{55}	ɕiɔ^{312}	ɕiɔ^{24}	tɕʰiɔ^{13}	tɕʰiɔ^{55}	tɕɔ^{55}	tɕɔ/tiɔ^{312}	tɕɔ^{24}	tɕʰɔ^{24}

		匠	箱	想	相	祥	像	张	长	账	畅
		宕开三	宕开三	宕开三	宕开三	宕开三	宕开三	宕开三	宕开三	宕开三	宕开三
		去漾从	平阳心	上养心	去漾心	平阳邪	上养邪	平阳知	上养知	去漾知	去漾彻
洞口	长塘	tɕʰiɔ^{55}	ɕiɔ^{55}	ɕiɔ^{312}	ɕiɔ^{24}	tɕʰiɔ^{13}	tɕʰiɔ^{55}	tɕɔ^{55}	tɕɔ/tiɔ^{312}	tɕɔ^{24}	tɕʰɔ^{24}
	山门	tsʰiɔ^{55}	siɔ^{55}	siɔ^{312}	siɔ^{45}	tsʰiɔ^{13}	tsʰiɔ^{55}	tɕɔ^{55}	tɕɔ^{312}	tɕɔ^{45}	tɕʰɔ^{45}
	高沙	tɕʰiɔ^{24}	ɕiɔ^{55}	ɕiɔ^{312}	ɕiɔ^{24}	tɕʰiɔ^{13}	tɕʰiɔ^{24}	tɕɔ^{55}	tɕɔ/tiɔ^{312}	tɕɔ^{24}	tɕʰɔ^{24}
	花园	tsʰiɔ^{55}	siɔ^{55}	siɔ^{312}	siɔ^{35}	tsʰiɔ^{13}	tsʰiɔ^{55}	tɕɔ^{55}	tɕɔ/tiɔ^{312}	tɕɔ^{35}	tɕʰɔ^{35}
绥宁	金屋塘	tsʰiɔ^{55}	siɔ^{55}	siɔ^{312}	siɔ^{35}	tsʰiɔ^{13}	tsʰiɔ^{55}	tɕɔ^{55}	tɕɔ/tiɔ^{312}	tɕɔ^{24}	tɕʰɔ^{24}
	梅坪	tsʰiɔ^{55}	siɔ^{55}	siɔ^{312}	siɔ^{35}	tsʰiɔ^{13}	tsʰiɔ^{55}	tɕɔ^{55}	tɕɔ/tiɔ^{312}	tɕɔ^{24}	tɕʰɔ^{24}
	黄土矿	tsʰiɔ^{33}	siɔ^{33}	siɔ^{312}	siɔ^{35}	tsʰiɔ^{55}	siɔ^{33}	tɕɔ^{33}	tɕɔ/tiɔ^{312}	tɕɔ^{35}	tɕʰɔ^{35}
	唐家坊	tsʰiɔ^{55}	siɔ^{33}	siɔ^{312}	siɔ^{55}	tsʰiɔ^{13}	siɔ^{55}	tɕɔ^{55}	tɕɔ/tiɔ^{312}	tɕɔ^{55}	tɕʰɔ^{55}
	瓦屋塘	tsʰiɔ^{33}	siɔ^{33}	siɔ^{312}	siɔ^{35}	tsʰiɔ^{13}	siɔ^{33}	tɕɔ^{33}	tɕɔ/tiɔ^{312}	tɕɔ^{35}	tɕʰɔ^{35}

		肠	丈	仗	装	壮	疮	闯	创	床	霜	爽
		宕开三	宕开三	宕开三	宕开三	宕开三	宕开三	宕开三	宕开三	宕开三	宕开三	宕开三
		平阳澄	上养澄	上养澄	平阳庄	去漾庄	平阳初	上养初	去漾初	平阳床	平阳生	上养生
隆回	荷香桥	tɕʰɔ^{13}	tɕʰɔ^{312}	tɕɔ^{45}	tsɔ^{33}	tsɔ^{45}	tsʰɔ^{33}	tsʰɔ^{312}	tsʰɔ^{45}	tsʰɔ^{13}	sɔ^{33}	sɔ^{312}
	六都寨	tɕʰɔ^{45}	tɕʰɔ^{312}	tɕɔ^{55}	tsɔ^{33}	tsɔ^{45}	tsʰɔ^{33}	tsʰɔ^{312}	tsʰɔ^{55}	tsʰɔ^{13}	sɔ^{33}	sɔ^{312}
	七江	tɕʰɔ^{45}	tɕʰɔ^{312}	tɕɔ^{55}	tsɔ^{33}	tsɔ^{55}	tsʰɔ^{33}	tsʰɔ^{312}	tsʰɔ^{55}	tsʰɔ^{13}	sɔ^{33}	sɔ^{312}
	司门前	tɕʰɔ^{45}	tɕʰɔ^{312}	tɕɔ^{55}	tsɔ^{33}	tsɔ^{45}	tsʰɔ^{33}	tsʰɔ^{312}	tsʰɔ^{55}	tsʰɔ^{13}	sɔ^{33}	sɔ^{312}
	金石桥	tɕʰɔ^{13}	tɕʰɔ^{312}	tɕɔ^{55}	tsɔ^{33}	tsɔ^{45}	tsʰɔ^{33}	tsʰɔ^{312}	tsʰɔ^{55}	tsʰɔ^{13}	sɔ^{33}	sɔ^{312}
	小沙江	tɕʰɔ^{13}	tɕʰɔ^{312}	tɕɔ^{55}	tsɔ^{33}	tsɔ^{45}	tsʰɔ^{33}	tsʰɔ^{312}	tsʰɔ^{55}	tsʰɔ^{13}	sɔ^{33}	sɔ^{312}
	西洋江	tɕʰɔ^{13}	tɕʰɔ^{312}	tɕɔ^{45}	tsɔ^{55}	tsɔ^{45}	tsʰɔ^{55}	tsʰɔ^{55}	tsʰɔ^{55}	tsʰɔ^{13}	sɔ^{55}	sɔ^{312}
	横板桥	tɕʰɔ^{13}	tɕʰɔ^{312}	tɕɔ^{45}	tsɔ^{55}	tsɔ^{45}	tsʰɔ^{55}	tsʰɔ^{312}	tsʰɔ^{55}	tsʰɔ^{13}	sɔ^{55}	sɔ^{312}
	岩口	tɕʰɔ^{45}	tɕʰɔ^{312}	tɕɔ^{55}	tsɔ^{33}	tsɔ^{33}	tsʰɔ^{33}	tsʰɔ^{312}	tsʰɔ^{55}	tsʰɔ^{13}	sɔ^{33}	sɔ^{312}
	罗洪	tɕʰɔ^{13}	tɕʰɔ^{312}	tɕɔ^{55}	tsɔ^{33}	tsɔ^{44}	tsʰɔ^{33}	tsʰɔ^{312}	tsʰɔ^{55}	tsʰɔ^{13}	sɔ^{33}	sɔ^{312}
	高坪	tɕʰɔ^{13}	tɕʰɔ^{312}	tɕɔ^{55}	tsɔ^{33}	tsɔ^{44}	tsʰɔ^{33}	tsʰɔ^{312}	tsʰɔ^{55}	tsʰɔ^{13}	sɔ^{33}	sɔ^{312}
洞口	石江	tɕʰɔ^{13}	tɕʰɔ^{312}	tɕɔ^{55}	tsɔ^{55}	tsɔ^{24}	tsʰɔ^{33}	tsʰɔ^{312}	tsʰɔ^{24}	tsʰɔ^{13}	sɔ^{55}	sɔ^{312}
	江口	tɕʰɔ^{24}	tɕʰɔ^{312}	tɕɔ^{55}	tsɔ^{55}	tsɔ^{24}	tsʰɔ^{55}	tsʰɔ^{312}	tsʰɔ^{24}	tsʰɔ^{13}	sɔ^{55}	sɔ^{312}
	长塘	tɕʰɔ^{13}	tɕʰɔ^{312}	tɕɔ^{55}	tsɔ^{55}	tsɔ^{24}	tsʰɔ^{33}	tsʰɔ^{312}	tsʰɔ^{24}	tsʰɔ^{13}	sɔ^{55}	sɔ^{312}
	山门	tɕʰɔ^{13}	tɕʰɔ^{312}	tɕɔ^{45}	tsɔ^{55}	tsɔ^{45}	tsʰɔ^{55}	tsʰɔ^{312}	tsʰɔ^{45}	tsʰɔ^{13}	sɔ^{55}	sɔ^{312}
	高沙	tɕʰɔ^{24}	tɕʰɔ^{312}	ttɕɔ^{24}	tsɔ^{55}	tsɔ^{24}	tsʰɔ^{55}	tsʰɔ^{312}	tsʰɔ^{13}	tɕɔ^{55}	sɔ^{55}	sɔ^{312}
	花园	tɕʰɔ^{13}	tɕʰɔ^{312}	tɕɔ^{35}	tsɔ^{55}	tsɔ^{35}	tsʰɔ^{55}	tsʰɔ^{312}	tsʰɔ^{35}	tsʰɔ^{13}	sɔ^{55}	sɔ^{312}

		肠	丈	仗	装	壮	疮	闯	创	床	霜	爽
		宕开三 平阳澄	宕开三 上养澄	宕开三 上养澄	宕开三 平阳庄	宕开三 去漾庄	宕开三 平阳初	宕开三 上养初	宕开三 去漾初	宕开三 平阳床	宕开三 平阳生	宕开三 上养生
绥宁	金屋塘	tɕʰɔ^{24}	tɕʰɔ^{312}	tɕɔ^{55}	tsɔ^{55}	tsɔ^{24}	tsʰɔ^{55}	tsʰɔ^{312}	tsʰɔ^{24}	tsʰɔ^{13}	sɔ^{55}	sɔ^{312}
	梅坪	tɕʰɔ^{24}	tɕʰɔ^{312}	tɕɔ^{55}	tsɔ^{55}	tsɔ^{24}	tsʰɔ^{55}	tsʰɔ^{312}	tsʰɔ^{24}	tsʰɔ^{13}	sɔ^{55}	sɔ^{312}
	黄土矿	tɕʰɔ^{55}	tɕʰɔ^{312}	tɕɔ^{35}	tsɔ^{33}	tsɔ^{35}	tsʰɔ^{33}	tsʰɔ^{312}	tsʰɔ^{35}	tsʰɔ^{55}	sɔ^{33}	sɔ^{312}
	唐家坊	tɕʰɔ^{13}	tɕʰɔ^{312}	tɕɔ^{55}	tsɔ^{33}	tsɔ^{55}	tsʰɔ^{33}	tsʰɔ^{312}	tsʰɔ^{55}	tsʰɔ^{13}	sɔ^{33}	sɔ^{312}
	瓦屋塘	tɕʰɔ^{13}	tɕʰɔ^{312}	tɕɔ^{35}	tsɔ^{33}	tsɔ^{35}	tsʰɔ^{33}	tsʰɔ^{312}	tsʰɔ^{35}	tsʰɔ^{13}	sɔ^{33}	sɔ^{312}

		樟	掌	障	菖	厂	唱	伤	赏	饷	尝
		宕开三 平阳章	宕开三 上养章	宕开三 去漾章	宕开三 平阳昌	宕开三 上养昌	宕开三 去漾昌	宕开三 平阳书	宕开三 上养书	宕开三 去漾书	宕开三 平阳禅
隆回	荷香桥	tɕɔ^{33}	tɕɔ^{312}	tɕɔ^{45}	tɕʰɔ^{33}	tɕʰɔ^{312}	tɕʰɔ^{45}	ɕɔ^{33}	ɕɔ^{312}	ɕɔ^{312}	ɕɔ^{13}
	六都寨	tɕɔ^{33}	tɕɔ^{312}	tɕɔ^{55}	tɕʰɔ^{33}	tɕʰɔ^{312}	tɕʰɔ^{55}	ɕɔ^{33}	ɕɔ^{312}	ɕɔ^{312}	tɕʰɔ^{13}
	七江	tɕɔ^{33}	tɕɔ^{312}	tɕɔ^{55}	tɕʰɔ^{33}	tɕʰɔ^{312}	tɕʰɔ^{55}	ɕɔ^{33}	ɕɔ^{312}	ɕɔ^{312}	ɕɔ^{13}
	司门前	tɕɔ^{33}	tɕɔ^{312}	tɕɔ^{45}	tɕʰɔ^{33}	tɕʰɔ^{312}	tɕʰɔ^{55}	ɕɔ^{33}	ɕɔ^{312}	ɕɔ^{312}	ɕɔ^{13}
	金石桥	tɕɔ^{33}	tɕɔ^{312}	tɕɔ^{55}	tɕʰɔ^{33}	tɕʰɔ^{312}	tɕʰɔ^{55}	ɕɔ^{33}	ɕɔ^{312}	ɕɔ^{312}	ɕɔ^{13}
	小沙江	tɕɔ^{33}	tɕɔ^{312}	tɕɔ^{55}	tɕʰɔ^{33}	tɕʰɔ^{312}	tɕʰɔ^{55}	ɕɔ^{33}	ɕɔ^{312}	ɕɔ^{312}	ɕɔ^{13}
	西洋江	tɕɔ^{55}	tɕɔ^{312}	tɕɔ^{45}	tɕʰɔ^{55}	tɕʰɔ^{312}	tɕʰɔ^{45}	ɕɔ^{55}	ɕɔ^{312}	ɕɔ^{312}	ɕɔ^{13}
	横板桥	tɕɔ^{55}	tɕɔ^{312}	tɕɔ^{45}	tɕʰɔ^{55}	tɕʰɔ^{312}	tɕʰɔ^{45}	ɕɔ^{55}	ɕɔ^{312}	ɕɔ^{312}	ɕɔ^{13}
	岩口	tɕɔ^{33}	tɕɔ^{312}	tɕɔ^{55}	tɕʰɔ^{33}	tɕʰɔ^{312}	tɕʰɔ^{55}	sɔ^{33}	sɔ^{312}	sɔ^{312}	tɕʰɔ^{13}
	罗洪	tɕɔ^{33}	tɕɔ^{312}	tɕɔ^{55}	tɕʰɔ^{33}	tɕʰɔ^{312}	tɕʰɔ^{55}	ɕɔ^{33}	ɕɔ^{312}	ɕɔ^{312}	ɕɔ^{13}
	高坪	tɕɔ^{33}	tɕɔ^{312}	tɕɔ^{55}	tɕʰɔ^{33}	tɕʰɔ^{312}	tɕʰɔ^{55}	ɕɔ^{33}	ɕɔ^{312}	ɕɔ^{312}	ɕɔ^{13}
洞口	石江	tɕɔ^{55}	tɕɔ^{312}	tɕɔ^{24}	tɕʰɔ^{55}	tɕʰɔ^{312}	tɕʰɔ^{24}	ɕɔ^{55}	ɕɔ^{312}	ɕɔ^{312}	ɕɔ^{13}
	江口	tɕɔ^{55}	tɕɔ^{312}	tɕɔ^{24}	tɕʰɔ^{55}	tɕʰɔ^{312}	tɕʰɔ^{24}	ɕɔ^{55}	ɕɔ^{312}	ɕɔ^{312}	ɕɔ^{13}
	长塘	tɕɔ^{55}	tɕɔ^{312}	tɕɔ^{24}	tɕʰɔ^{55}	tɕʰɔ^{312}	tɕʰɔ^{24}	ɕɔ^{55}	ɕɔ^{312}	ɕɔ^{312}	ɕɔ^{13}
	山门	tɕɔ^{55}	tɕɔ^{312}	tɕɔ^{45}	tɕʰɔ^{55}	tɕʰɔ^{312}	tɕʰɔ^{45}	ɕɔ^{55}	ɕɔ^{312}	ɕɔ^{312}	ɕɔ^{13}
	高沙	tɕɔ^{55}	tɕɔ^{312}	tɕɔ^{24}	tɕʰɔ^{55}	tɕʰɔ^{312}	tɕʰɔ^{24}	ɕɔ^{55}	ɕɔ^{312}	ɕɔ^{312}	ɕɔ^{13}
	花园	tɕɔ^{55}	tɕɔ^{312}	tɕɔ^{35}	tɕʰɔ^{55}	tɕʰɔ^{312}	tɕʰɔ^{24}	ɕɔ^{55}	ɕɔ^{312}	ɕɔ^{312}	ɕɔ^{13}
绥宁	金屋塘	tɕɔ^{55}	tɕɔ^{312}	tɕɔ^{24}	tɕʰɔ^{55}	tɕʰɔ^{312}	tɕʰɔ^{24}	ɕɔ^{55}	ɕɔ^{312}	ɕɔ^{312}	ɕɔ^{13}
	梅坪	tɕɔ^{55}	tɕɔ^{312}	tɕɔ^{24}	tɕʰɔ^{55}	tɕʰɔ^{312}	tɕʰɔ^{24}	ɕɔ^{55}	ɕɔ^{312}	ɕɔ^{312}	ɕɔ^{13}
	黄土矿	tɕɔ^{33}	tɕɔ^{312}	tɕɔ^{35}	tɕʰɔ^{33}	tɕʰɔ^{312}	tɕʰɔ^{35}	ɕɔ^{33}	ɕɔ^{312}	ɕɔ^{312}	ɕɔ^{55}
	唐家坊	tɕɔ^{33}	tɕɔ^{312}	tɕɔ^{55}	tɕʰɔ^{33}	tɕʰɔ^{312}	tɕʰɔ^{55}	ɕɔ^{33}	ɕɔ^{312}	ɕɔ^{312}	ɕɔ^{13}
	瓦屋塘	tɕɔ^{33}	tɕɔ^{312}	tɕɔ^{35}	tɕʰɔ^{33}	tɕʰɔ^{312}	tɕʰɔ^{35}	ɕɔ^{33}	ɕɔ^{312}	ɕɔ^{312}	ɕɔ^{13}

续表

		上	尚	瓢	壤	让	姜	强	强	仰	香
		宕开三 上养禅	宕开三 去漾禅	宕开三 平阳日	宕开三 上养日	宕开三 去漾日	宕开三 平阳见	宕开三 平阳群	宕开三 上养群	宕开三 平阳疑	宕开三 平阳晓
隆回	荷香桥	ɕɔ^{55}	ɕɔ^{45}	iɔ̃^{13}	iɔ̃^{312}	iɔ̃^{55}	tɕɔ̃^{33}	tɕʰɔ̃^{13}	tɕʰɔ̃^{312}	iɔ̃^{13}	ɕɔ̃^{33}
	六都寨	ɕɔ^{55}	ɕɔ^{55}	iɔ̃^{13}	iɔ̃^{312}	iɔ̃^{55}	tɕɔ̃^{33}	tɕʰɔ̃^{13}	tɕʰɔ̃^{312}	iɔ̃^{13}	ɕɔ̃^{33}
	七江	ɕɔ^{55}	ɕɔ^{55}	iɔ̃^{13}	iɔ̃^{312}	iɔ̃^{55}	tɕɔ̃^{33}	tɕʰɔ̃^{13}	tɕʰɔ̃^{312}	iɔ̃^{13}	ɕɔ̃^{33}
	司门前	ɕɔ^{55}	ɕɔ^{55}	iɔ̃^{13}	iɔ̃^{55}	iɔ̃^{55}	tɕɔ̃^{33}	tɕʰɔ̃^{13}	tɕɔ̃^{45}	iɔ̃^{13}	ɕɔ̃^{33}
	金石桥	ɕɔ^{55}	ɕɔ^{55}	iɔ̃^{13}	iɔ̃^{55}	iɔ̃^{55}	tɕɔ̃^{33}	tɕʰɔ̃^{13}	tɕʰɔ̃^{312}	iɔ̃^{13}	ɕɔ̃^{33}
	小沙江	ɕɔ^{55}	ɕɔ^{55}	io^{13}	iɔ̃^{55}	iɔ̃^{55}	tɕɔ̃^{33}	tɕʰɔ̃^{13}	tɕʰɔ̃^{312}	io^{13}	ɕɔ̃^{33}
	西洋江	ɕɔ^{45}	ɕɔ^{55}	iɔ̃^{13}	iɔ̃^{312}	iɔ̃^{55}	tɕɔ̃^{55}	tɕʰɔ̃^{13}	tɕʰɔ̃^{312}	iɔ̃^{13}	ɕɔ̃^{55}
	横板桥	ɕɔ^{45}	ɕɔ^{55}	iɔ̃^{13}	iɔ̃^{312}	iɔ̃^{55}	tɕɔ̃^{33}	tɕʰɔ̃^{13}	tɕʰɔ̃^{312}	iɔ̃^{13}	ɕɔ̃^{55}
	岩口	sɔ^{55}	sɔ^{55}	iɔ̃^{13}	iɔ̃^{312}	iɔ̃^{55}	tɕɔ̃^{33}	tɕʰɔ̃^{13}	tɕʰɔ̃^{312}	iɔ̃^{13}	sɔ̃^{33}
	罗洪	ɕɔ^{55}	ɕɔ^{55}	iɔ̃^{13}	iɔ̃^{55}	iɔ̃^{55}	tɕɔ̃^{33}	tɕʰɔ̃^{13}	tɕʰɔ̃^{312}	iɔ̃^{13}	ɕɔ̃^{33}
	高坪	ɕɔ^{55}	ɕɔ^{55}	iɔ̃^{13}	iɔ̃^{55}	iɔ̃^{55}	tɕɔ̃^{33}	tɕʰɔ̃^{13}	tɕʰɔ̃^{312}	iɔ̃^{13}	ɕɔ̃^{33}
洞口	石江	ɕɔ^{55}	ɕɔ^{55}	iɔ̃^{13}	iɔ̃^{312}	iɔ̃^{55}	tɕɔ̃^{55}	tɕʰɔ̃^{13}	tɕʰɔ̃^{312}	iɔ̃^{13}	ɕɔ̃^{55}
	江口	ɕɔ^{24}	ɕɔ^{55}	iɔ̃^{13}	iɔ̃^{312}	iɔ̃^{55}	tɕɔ̃^{55}	tɕʰɔ̃^{13}	tɕʰɔ̃^{312}	iɔ̃^{13}	ɕɔ̃^{55}
	长塘	ɕɔ^{312}	ɕɔ^{55}	iɔ̃^{13}	iɔ̃^{312}	iɔ̃^{55}	tɕɔ̃^{55}	tɕʰɔ̃^{13}	tɕʰɔ̃^{312}	iɔ̃^{13}	ɕɔ̃^{55}
	山门	ɕɔ^{45}	ɕɔ^{55}	iɔ̃^{13}	iɔ̃^{312}	iɔ̃^{55}	tɕɔ̃^{55}	tɕʰɔ̃^{13}	tɕʰɔ̃^{312}	iɔ̃^{13}	ɕɔ̃^{55}
	高沙	ɕɔ^{24}	ɕɔ^{24}	iɔ̃^{13}	iɔ̃^{312}	iɔ̃^{55}	tɕɔ̃^{55}	tɕʰɔ̃^{13}	tɕʰɔ̃^{312}	iɔ̃^{13}	ɕɔ̃^{55}
	花园	ɕɔ^{35}	ɕɔ^{55}	iɔ̃^{13}	iɔ̃^{312}	iɔ̃^{55}	tɕɔ̃^{55}	tɕʰɔ̃^{13}	tɕʰɔ̃^{312}	iɔ̃^{13}	ɕɔ̃^{55}
绥宁	金屋塘	ɕɔ^{24}	ɕɔ^{55}	iɔ̃^{13}	iɔ̃^{312}	iɔ̃^{55}	tɕɔ̃^{55}	tɕʰɔ̃^{13}	tɕʰɔ̃^{312}	iɔ̃^{13}	ɕɔ̃^{55}
	梅坪	ɕɔ^{24}	ɕɔ^{55}	iɔ̃^{13}	iɔ̃^{312}	iɔ̃^{55}	tɕɔ̃^{55}	tɕʰɔ̃^{13}	tɕʰɔ̃^{312}	iɔ̃^{13}	ɕɔ̃^{55}
	黄土矿	ɕɔ^{33}	ɕɔ^{33}	iɔ̃^{55}	iɔ̃^{312}	iɔ̃^{33}	tɕɔ̃^{33}	tɕʰɔ̃^{13}	tɕʰɔ̃^{312}	iɔ̃^{55}	ɕɔ̃^{33}
	唐家坊	ɕɔ^{55}	ɕɔ^{33}	iɔ̃^{13}	iɔ̃^{312}	iɔ̃^{55}	tɕɔ̃^{33}	tɕʰɔ̃^{13}	tɕʰɔ̃^{312}	iɔ̃^{13}	ɕɔ̃^{33}
	瓦屋塘	ɕɔ^{33}	ɕɔ^{33}	iɔ̃^{13}	iɔ̃^{312}	iɔ̃^{33}	tɕɔ̃^{33}	tɕʰɔ̃^{13}	tɕʰɔ̃^{312}	iɔ̃^{13}	ɕɔ̃^{33}

		响	向	秧	羊	痒	样	光	广	旷	荒
		宕开三 上养晓	宕开三 去漾晓	宕开三 平阳影	宕开三 平阳以	宕开三 上养以	宕开三 去漾以	宕合一 平唐见	宕合一 上荡见	宕合一 去宕溪	宕合一 平唐晓
隆回	荷香桥	ɕɔ̃^{312}	ɕɔ̃^{45}	iɔ̃^{33}	iɔ̃^{13}	iɔ̃^{312}	iɔ̃^{55}	kuɔ̃^{33}	kuɔ̃^{312}	kʰuɔ̃^{55}	xuɔ̃^{33}
	六都寨	ɕɔ̃^{312}	ɕɔ̃^{55}	iɔ̃^{33}	iɔ̃^{13}	iɔ̃^{312}	iɔ̃^{55}	kuɔ̃^{33}	kuɔ̃^{312}	kʰuɔ̃^{55}	xuɔ̃^{33}
	七江	ɕɔ̃^{312}	ɕɔ̃^{55}	iɔ̃^{33}	iɔ̃^{13}	iɔ̃^{312}	iɔ̃^{55}	kuɔ̃^{33}	kuɔ̃^{312}	kʰuɔ̃^{55}	xuɔ̃^{33}
	司门前	ɕɔ̃^{312}	ɕɔ̃^{55}	iɔ̃^{33}	iɔ̃^{13}	iɔ̃^{312}	iɔ̃^{55}	kuɔ̃^{33}	kuɔ̃^{312}	kʰuɔ̃^{55}	xuɔ̃/xu^{33}

续表

		响	向	秧	羊	痒	样	光	广	旷	荒
		宕开三 上养晓	宕开三 去漾晓	宕开三 平阳影	宕开三 平阳以	宕开三 上养以	宕开三 去漾以	宕合一 平唐见	宕合一 上荡见	宕合一 去宕溪	宕合一 平唐晓
隆回	金石桥	ɕɔ^{312}	ɕɔ^{55}	iɔ^{33}	iɔ^{13}	iɔ^{312}	iɔ^{55}	kuɔ^{33}	kuɔ^{312}	kʰuɔ^{55}	xuɔ^{33}
	小沙江	ɕɔ^{312}	ɕɔ^{55}	iɔ^{33}	iɔ^{13}	iɔ^{312}	iɔ^{55}	kɔ^{33}	kɔ^{312}	kʰɔ^{55}	xɔ^{33}
	西洋江	ɕɔ^{312}	ɕɔ^{45}	iɔ^{55}	iɔ^{13}	iɔ^{312}	iɔ^{55}	kuɔ^{55}	kuɔ^{312}	kʰuɔ^{45}	xuɔ^{55}
	横板桥	ɕɔ^{312}	ɕɔ^{45}	iɔ^{55}	iɔ^{13}	iɔ^{312}	iɔ^{55}	kũ^{55}	kũ^{312}	kʰũ^{45}	xũ^{55}
	岩口	sɔ^{312}	ɕɔ^{55}	iɔ^{33}	iɔ^{13}	iɔ^{312}	iɔ^{55}	kuɔ^{33}	kuɔ^{312}	kʰuɔ^{55}	xuɔ^{33}
	罗洪	ɕɔ^{312}	ɕɔ^{55}	iɔ^{33}	iɔ^{13}	iɔ^{312}	iɔ^{55}	kuɔ^{33}	kuɔ^{312}		xuɔ^{33}
	高坪	ɕɔ^{312}	ɕɔ^{55}	iɔ^{33}	iɔ^{13}	iɔ^{312}	iɔ^{55}	kɔ^{33}	kɔ^{312}	kʰɔ^{55}	xuɔ^{33}
洞口	石江	ɕɔ^{312}	ɕɔ^{24}	iɔ^{55}	iɔ^{13}	iɔ^{312}	iɔ^{55}	kũ^{55}	kũ^{312}	kʰũ^{24}	xũ^{55}
	江口	ɕɔ^{312}	ɕɔ^{24}	iɔ^{55}	iɔ^{13}	iɔ^{312}	iɔ^{55}	kuɔ^{55}	kuɔ^{312}	kʰuɔ^{24}	xuɔ^{55}
	长塘	ɕɔ^{312}	ɕɔ^{24}	iɔ^{55}	iɔ^{13}	iɔ^{312}	iɔ^{55}	kũ^{55}	kũ^{312}	kʰũ^{24}	xũ^{55}
	山门	ɕɔ^{312}	ɕɔ^{45}	iɔ^{55}	iɔ^{13}	iɔ^{312}	iɔ^{55}	kuɔ^{55}	kuɔ^{312}	kʰuɔ^{45}	xuɔ^{55}
	高沙	ɕɔ^{312}	ɕɔ^{24}	iɔ^{55}	iɔ^{13}	iɔ^{312}	iɔ^{55}	kũ^{55}	kũ^{312}	kʰũ^{24}	xũ^{55}
	花园	ɕɔ^{312}	ɕɔ^{35}	iɔ^{55}	iɔ^{13}	iɔ^{312}	iɔ^{55}	kũ^{55}	kũ^{312}	kʰũ^{35}	xũ^{55}
绥宁	金屋塘	ɕɔ^{312}	ɕɔ^{24}	iɔ^{55}	iɔ^{13}	iɔ^{312}	iɔ^{55}	kũ^{55}	kũ^{312}	kʰũ^{35}	xũ^{55}
	梅坪	ɕɔ^{312}	ɕɔ^{24}	iɔ^{55}	iɔ^{13}	iɔ^{312}	iɔ^{55}	kũ^{55}	kũ^{312}	kʰũ^{35}	xũ^{55}
	黄土矿	ɕɔ^{312}	ɕɔ^{35}	iɔ^{33}	iɔ^{55}	iɔ^{312}	iɔ^{33}	kuɔ^{33}	kuɔ^{312}	kʰuɔ^{35}	fɔ^{33}
	唐家坊	ɕɔ^{312}	ɕɔ^{55}	iɔ^{33}	iɔ^{13}	iɔ^{312}	iɔ^{33}	kuɔ^{33}	kuɔ^{312}	kʰuɔ^{35}	fɔ^{33}
	瓦屋塘	ɕɔ^{312}	ɕɔ^{35}	iɔ^{33}	iɔ^{13}	iɔ^{312}	iɔ^{33}	kuɔ^{33}	kuɔ^{312}	kʰuɔ^{35}	fɔ^{33}

		谎	黄	晃	汪	方	放	芳	纺	访	房
		宕合一 上荡晓	宕合一 平唐匣	宕合一 上荡匣	宕合一 平唐影	宕合三 平阳非	宕合三 去漾非	宕合三 平阳敷	宕合三 上养敷	宕合三 去漾敷	宕合三 平阳奉
隆回	荷香桥	xuɔ^{312}	ũ^{13}	xuɔ^{312}	uɔ^{33}	fɔ^{33}	fɔ^{45}	fɔ^{33}	fɔ^{312}	fɔ^{312}	fɔ^{13}
	六都寨	xuɔ^{312}	ũ^{13}	xuɔ^{312}	uɔ^{33}	fɔ^{33}	fɔ^{55}	fɔ^{33}	fɔ^{312}	fɔ^{312}	fɔ^{13}
	七江	xuɔ^{312}	ũ^{13}	xuɔ^{312}	uɔ^{33}	fɔ^{33}	fɔ^{55}	fɔ^{33}	fɔ^{312}	fɔ^{312}	fɔ^{13}
	司门前	xũ^{312}	ũ^{13}	xuɔ^{312}	uɔ^{33}	fɔ^{33}	fɔ^{55}	fɔ^{33}	fɔ^{312}	fɔ^{312}	fɔ^{13}
	金石桥	xuɔ^{312}	uɔ^{13}	xuɔ^{312}	uɔ^{55}	fɔ^{33}	fɔ^{55}	fɔ^{55}	fɔ^{312}	fɔ^{312}	fɔ^{13}
	小沙江	xɔ^{312}	xɔ^{13}	xɔ^{312}	uɔ^{55}	xɔ^{55}	xɔ^{45}	xɔ^{55}	xɔ^{312}	xɔ^{312}	xɔ^{13}
	西洋江	xuɔ^{312}	xuɔ^{13}	xuɔ^{312}	uɔ^{55}	fɔ^{33}	fɔ^{55}	fɔ^{55}	fɔ^{312}	fɔ^{312}	fɔ^{13}
	横板桥	xũ^{312}	ũ^{13}	xũ^{312}	uɔ^{55}	fɔ^{55}	fɔ^{45}	fɔ^{55}	fɔ^{312}	fɔ^{312}	fɔ^{13}
	岩口	xuɔ^{312}	xuɔ^{13}	xuɔ^{312}	uɔ^{33}	fɔ^{33}	fɔ^{55}	fɔ^{55}	fɔ^{312}	fɔ^{312}	fɔ^{13}

续表

		谎	黄	晃	汪	方	放	芳	纺	访	房
		宕合一	宕合一	宕合一	宕合一	宕合三	宕合三	宕合三	宕合三	宕合三	宕合三
		上荡晓	平唐匣	上荡匣	平唐影	平阳非	去漾非	平阳敷	上养敷	去漾敷	平阳奉
隆回	罗洪	xuɔ³¹²	uɔ¹³	xuɔ³¹²	uɔ⁵⁵	xuɔ⁵⁵	xuɔ⁵⁵	xuɔ⁵⁵	xuɔ³¹²	xuɔ³¹²	xuɔ¹³
	高坪	xuɔ³¹²	xuɔ¹³	xuɔ³¹²	uɔ³³	xuɔ⁵⁵	xuɔ⁵⁵	xuɔ⁵⁵	xuɔ³¹²	xuɔ³¹²	xuɔ¹³
洞口	石江	xū³¹²	xū¹³	xū³¹²	ū⁵⁵	fɔ⁵⁵	fɔ²⁴	fɔ⁵⁵	fɔ³¹²	fɔ³¹²	fɔ¹³
	江口	xuɔ³¹²	uɔ¹³	xuɔ³¹²	uɔ⁵⁵	fɔ⁵⁵	fɔ²⁴	fɔ⁵⁵	fɔ³¹²	fɔ³¹²	fɔ¹³
	长塘	xū³¹²	ū¹³	xū³¹²	ū⁵⁵	xū⁵⁵	xū²⁴	xū⁵⁵	xū³¹²	xū³¹²	xū¹³
	山门	xuɔ³¹²	xuɔ¹³	xuɔ³¹²	uɔ⁵⁵	fɔ⁵⁵	fɔ⁴⁵	fɔ⁵⁵	fɔ³¹²	fɔ³¹²	fɔ¹³
	高沙	xū³¹²	xū¹³	xū³¹²	ū⁵⁵	xū⁵⁵	xū²⁴	xū⁵⁵	xū³¹²	xū³¹²	xū¹³
	花园	xū³¹²	xū¹³	xū³¹²	ū⁵⁵	xū⁵⁵	xū³⁵	xū⁵⁵	xū³¹²	xū³¹²	xū¹³
绥宁	金屋塘	xū³¹²	xū¹³	xū³¹²	uɔ⁵⁵	xū⁵⁵	xū²⁴	xū⁵⁵	xū³¹²	xū³¹²	xū¹³
	梅坪	xū³¹²	xū¹³	xū³¹²	uɔ⁵⁵	xū⁵⁵	xū²⁴	xū⁵⁵	xū³¹²	xū³¹²	xū¹³
	黄土矿	fɔ³¹²	fɔ⁵⁵	fɔ³¹²	uɔ³³	fɔ³³	fɔ³⁵	fɔ³³	fɔ³¹²	fɔ³¹²	fɔ⁵⁵
	唐家坊	fɔ³¹²	uɔ¹³	fɔ³¹²	uɔ³³	fɔ³³	fɔ⁵⁵	fɔ³³	fɔ³¹²	fɔ³¹²	fɔ¹³
	瓦屋塘	fɔ³¹²	fɔ¹³	fɔ³¹²	uɔ³³	fɔ³³	fɔ³⁵	fɔ³³	fɔ³¹²	fɔ³¹²	fɔ¹³

		网	忘	匡	狂	况	枉	王	往	旺	邦
		宕合三	宕合三	宕合三	宕合三	宕合三	宕合三	宕合三	宕合三	宕合三	江开二
		上养微	去漾微	平阳溪	平阳群	去漾晓	上养影	平阳以	上养以	去漾以	平江帮
隆回	荷香桥	uɔ/mɔ³¹²	uɔ/mɔ⁵⁵	tɕʰɔ/kʰuɔ³³	kʰuɔ¹³	kʰuɔ⁴⁵	uɔ³¹²	uɔ¹³	uɔ/mɔ³¹²	uɔ⁴⁵	pɔ³³
	六都寨	uɔ/mɔ³¹²	uɔ/mɔ⁵⁵	tɕʰɔ/kʰuɔ³³	kʰuɔ¹³	kʰuɔ⁵⁵	uɔ³¹²	uɔ¹³	uɔ/mɔ³¹²	uɔ⁵⁵	pɔ³³
	七江	uɔ/mɔ³¹²	uɔ/mɔ⁵⁵	tɕʰɔ/kʰuɔ³³	kʰuɔ¹³	kʰuɔ⁵⁵	uɔ³¹²	uɔ¹³	uɔ/mɔ³¹²	uɔ⁵⁵	pɔ³³
	司门前	uɔ/mɔ³¹²	uɔ/mo⁵⁵	tɕʰɔ/kʰuɔ³³	kʰuɔ¹³	kʰuɔ⁵⁵	uɔ³¹²	uɔ¹³	uɔ/mɔ³¹²	uɔ⁵⁵	pɔ³³
	金石桥	uɔ/mɔ³¹²	uɔ/mɔ⁵⁵	tɕʰɔ/kʰuɔ³³	kʰuɔ¹³	kʰuɔ⁵⁵	uɔ³¹²	uɔ¹³	uɔ³¹²	uɔ⁵⁵	pɔ³³
	小沙江	uɔ/mɔ³¹²	uɔ/mɔ⁵⁵	tɕʰɔ/kʰuɔ³³	kʰuɔ¹³	kʰuɔ⁵⁵	ɔ³¹²	ɔ¹³	ɔ³¹²	ɔ⁵⁵	pɔ³³
	西洋江	uɔ/mɔ³¹²	uɔ/mɔ⁵⁵	tɕʰɔ⁵⁵	kʰuɔ¹³	kuɔ⁴⁵	uɔ³¹²	uɔ¹³	uɔ³¹²	uɔ⁵⁵	pɔ⁵⁵
	横板桥	uɔ/mɔ³¹²	uɔ/mɔ⁵⁵	tɕʰɔ⁵⁵	kʰuɔ¹³	kuɔ⁴⁵	uɔ³¹²	uɔ¹³	uɔ³¹²	uɔ⁵⁵	pɔ⁵⁵
	岩口	ua³¹²	uɔ/mɔ⁵⁵	kʰua³³	kʰuɔ¹³	kʰuɔ⁵⁵	uɔ³¹²	uɔ¹³	uɔ³¹²	uɔ⁵⁵	pɔ³³
	罗洪	uɔ/mɔ³¹²	uɔ/mo⁵⁵	tɕʰɔ/kʰuɔ³³	kʰuɔ¹³	kʰuɔ⁵⁵	ua³¹²	uɔ¹³	uɔ³¹²	uɔ⁵⁵	pɔ³³
	高坪	uɔ/mɔ³¹²	uɔ/mɔ⁵⁵	tɕʰɔ/kʰuɔ³³	kʰuɔ¹³	kʰuɔ⁵⁵	ua³¹²	uɔ¹³	uɔ³¹²	uɔ⁵⁵	pɔ³³
洞口	石江	uɔ/mɔ³¹²	uɔ/mɔ⁵⁵	tɕʰɔ⁵⁵	kʰuɔ¹³	kʰuɔ²⁴	uɔ³¹²	uɔ¹³	uɔ³¹²	uɔ⁵⁵	pɔ⁵⁵
	江口	uɔ/mɔ³¹²	uɔ/mo⁵⁵	tɕʰɔ⁵⁵	kʰuɔ¹³	kʰuɔ²⁴	uɔ³¹²	uɔ¹³	uɔ³¹²	uɔ⁵⁵	pɔ⁵⁵

		网	忘	匡	狂	况	柱	王	往	旺	邦
		宕合三	宕合三	宕合三	宕合三	宕合三	宕合三	宕合三	宕合三	宕合三	江开二
		上养微	去漾微	平阳溪	平阳群	去漾晓	上养影	平阳以	上养以	去漾以	平江帮
洞口	长塘	uɔ̃/mɔ̃³¹²	uɔ̃/mɔ̃⁵⁵	tɕʰɔ̃⁵⁵	kʰuɔ̃¹³	kʰuɔ̃²⁴	uɔ̃³¹²	uɔ̃¹³	uɔ̃³¹²	uɔ̃⁵⁵	pɔ̃⁵⁵
	山门	uɔ̃/mɔ̃³¹²	uɔ̃/mɔ̃⁵⁵	tɕʰɔ̃/kʰuɔ̃⁵⁵	kʰuɔ̃¹³	kʰuɔ̃⁴⁵	uɔ̃³¹²	uɔ̃¹³	uɔ̃³¹²	uɔ̃⁵⁵	pɔ̃⁵⁵
	高沙	ũ/mɔ̃³¹²	ũ/mɔ̃⁵⁵	tɕʰɔ̃/kʰũ⁵⁵	kʰũ¹³	kʰũ³⁵	ũ³¹²	ũ¹³	u/mɔ̃³¹²	ũ⁵⁵	pɔ̃⁵⁵
	花园	ũ/mɔ̃³¹²	ũ/mɔ̃⁵⁵	tɕʰɔ̃/kʰũ⁵⁵	kʰũ¹³	kʰũ³⁵	ũ³¹²	ũ¹³	u/mɔ̃³¹²	ũ⁵⁵	pɔ̃⁵⁵
绥宁	金屋塘	uɔ̃/mɔ̃³¹²	uɔ̃/mɔ̃⁵⁵	tɕʰɔ̃⁵⁵	kʰuɔ̃¹³	kʰuɔ̃²⁴	uɔ̃³¹²	uɔ̃¹³	uɔ̃³¹²	uɔ̃⁵⁵	pɔ̃⁵⁵
	梅坪	uɔ̃/mɔ̃³¹²	uɔ̃/mɔ̃⁵⁵	tɕʰɔ̃⁵⁵	kʰuɔ̃¹³	kʰuɔ̃²⁴	uɔ̃³¹²	uɔ̃¹³	uɔ̃³¹²	uɔ̃⁵⁵	pɔ̃⁵⁵
	黄土矿	uɔ̃/mɔ̃³¹²	uɔ̃⁵⁵	tɕʰɔ̃/kʰuɔ̃³³	kʰuɔ̃⁵⁵	kʰuɔ̃³⁵	uɔ̃³¹²	uɔ̃⁵⁵	uɔ̃³¹²	uɔ̃³³	pɔ̃³³
	唐家坊	uɔ̃/mɔ̃³¹²	uɔ̃⁵⁵	tɕʰɔ̃/kʰuɔ̃³³	kʰuɔ̃⁵⁵	kʰuɔ̃⁵⁵	uɔ̃³¹²	uɔ̃¹³	uɔ̃³¹²	uɔ̃⁵⁵	pɔ̃³³
	瓦屋塘	uɔ̃/mɔ̃³¹²	uɔ̃⁵⁵	tɕʰɔ̃/kʰuɔ̃³³	kʰuɔ̃¹³	kʰuɔ̃³⁵	uɔ̃³¹²	uɔ̃¹³	uɔ̃³¹²	uɔ̃³³	pɔ̃³³

		绑	胖	庞	棒	桩	撞	窗	双	江
		江开二	江开二	江开二	江开二	江开二	江开二	江开二	江开二	江开二
		上讲帮	去绛滂	平江並	上讲並	平江知	去绛澄	平江初	平江生	平江见
隆回	荷香桥	pɔ̃³¹²	pʰɔ̃⁴⁵	pʰɔ̃¹³	pɔ̃⁵⁵	tsɔ̃³³	tsʰɔ̃³¹²	tsʰɔ̃³³	sɔ̃³³	tɕɔ̃/kɔ̃³³
	六都寨	pɔ̃³¹²	pʰɔ̃⁵⁵	pʰɔ̃¹³	pɔ̃⁵⁵	tsɔ̃³³	tsʰɔ̃³¹²	tsʰɔ̃³³	sɔ̃³³	tɕɔ̃/kɔ̃³³
	七江	pɔ̃³¹²	pʰɔ̃⁵⁵	pʰɔ̃¹³	pɔ̃⁵⁵	tsɔ̃³³	tsʰɔ̃³¹²	tsʰɔ̃³³	sɔ̃³³	tɕɔ̃/kɔ̃³³
	司门前	pɔ̃³¹²	pʰɔ̃⁵⁵	pʰɔ̃¹³	pɔ̃⁵⁵	tsɔ̃³³	tsʰɔ̃³¹²	tsʰɔ̃³³	sɔ̃³³	tɕɔ̃/kɔ̃³³
	金石桥	pɔ̃³¹²	pʰɔ̃⁵⁵	pʰɔ̃¹³	pɔ̃⁵⁵	tsɔ̃³³	tsʰɔ̃³¹²	tsʰɔ̃³³	sɔ̃³³	tɕɔ̃/kɔ̃³³
	小沙江	pɔ̃³¹²	pʰɔ̃⁵⁵	pʰɔ̃¹³	pɔ̃⁵⁵	tsɔ̃³³	tsʰɔ̃³¹²	tsʰɔ̃³³	sɔ̃³³	tɕɔ̃/kɔ̃³³
	西洋江	pɔ̃³¹²	pʰɔ̃⁴⁵	pʰɔ̃¹³	pɔ̃⁴⁵	tsɔ̃⁵⁵	tsʰɔ̃⁴⁵	tsʰɔ̃⁵⁵	sɔ̃⁵⁵	tɕɔ̃/kɔ̃⁵⁵
	横板桥	pɔ̃³¹²	pʰɔ̃⁴⁵	pʰɔ̃¹³	pɔ̃⁴⁵	tsɔ̃³³	tsʰɔ̃⁴⁵	tsʰɔ̃³³	sɔ̃³³	tɕɔ̃/kɔ̃³³
	岩口	pɔ̃³¹²	pʰɔ̃³³	pʰɔ̃¹³	pɔ̃⁵⁵	tsɔ̃³³	tsʰɔ̃³¹²	tsʰɔ̃³³	sɔ̃³³	tɔ̃³³
	罗洪	pɔ̃³¹²	pʰɔ̃⁵⁵	pʰɔ̃¹³	pɔ̃⁵⁵	tsɔ̃³³	tsʰɔ̃⁵⁵	tsʰɔ̃³³	sɔ̃³³	tɕɔ̃/kɔ̃³³
	高坪	pɔ̃³¹²	pʰɔ̃⁵⁵	pʰɔ̃¹³	pɔ̃⁵⁵	tsuɔ̃³³	tsʰuɔ̃³¹²	tsʰuɔ̃³³	suɔ̃³³	tɕiɔ̃/kɔ̃³³
洞口	石江	pɔ̃³¹²	pʰɔ̃²⁴	pʰɔ̃¹³	pɔ̃⁵⁵	tsɔ̃⁵⁵	tsʰɔ̃⁵⁵	tsʰɔ̃⁵⁵	sɔ̃⁵⁵	tɕɔ̃/kɔ̃⁵⁵
	江口	pɔ̃³¹²	pʰɔ̃²⁴	pʰɔ̃²⁴	pɔ̃⁵⁵	tsɔ̃⁵⁵	tsʰɔ̃⁵⁵	tsʰɔ̃⁵⁵	sɔ̃⁵⁵	tɕɔ̃/kɔ̃⁵⁵
	长塘	pɔ̃³¹²	pʰɔ̃²⁴	pʰɔ̃¹³	pɔ̃⁵⁵	tsɔ̃⁵⁵	tsʰɔ̃⁵⁵	tsʰɔ̃⁵⁵	sɔ̃⁵⁵	tɕɔ̃/kɔ̃⁵⁵
	山门	pɔ̃³¹²	ɸɔ̃⁴⁵	ɸɔ̃¹³	pɔ̃⁴⁵	tsɔ̃⁵⁵	tsʰɔ̃⁴⁵	tsʰɔ̃⁵⁵	sɔ̃⁵⁵	tɕɔ̃/kɔ̃⁵⁵
	高沙	pɔ̃³¹²	pʰɔ̃²⁴	pʰɔ̃¹³	pɔ̃²⁴	tsɔ̃⁵⁵	tsʰɔ̃⁵⁵	tsʰɔ̃⁵⁵	sɔ̃⁵⁵	tɕɔ̃/kɔ̃⁵⁵
	花园	pɔ̃³¹²	pʰɔ̃³⁵	pʰɔ̃¹³	pɔ̃³⁵	tsɔ̃⁵⁵	tsʰɔ̃⁵⁵	tsʰɔ̃⁵⁵	sɔ̃⁵⁵	tɕɔ̃/kɔ̃⁵⁵

		绑	胖	庞	棒	桩	撞	窗	双	江
		江开二上讲帮	江开二去绛滂	江开二平江並	江开二上讲並	江开二平江知	江开二去绛澄	江开二平江初	江开二平江生	江开二平江见
绥宁	金屋塘	pɔ³¹²	pʰɔ²⁴	pʰɔ¹³	pɔ²⁴	tsɔ⁵⁵	tsʰɔ⁵⁵	tsʰɔ⁵⁵	sɔ⁵⁵	tɕɔ/kɔ⁵⁵
	梅坪	pɔ³¹²	pʰɔ²⁴	pʰɔ¹³	pɔ²⁴	tsɔ⁵⁵	tsʰɔ⁵⁵	tsʰɔ⁵⁵	sɔ⁵⁵	tɕɔ/kɔ⁵⁵
	黄土矿	pɔ³¹²	pʰɔ³⁵	pʰɔ⁵⁵	pɔ³³	tsɔ³³	tsʰɔ³³	tsʰɔ³³	sɔ³³	tɕɔ/kɔ³³
	唐家坊	pɔ³¹²	pʰɔ⁵⁵	pʰɔ¹³	pɔ³⁵	tsɔ³³	tsʰɔ⁵⁵	tsʰɔ⁵⁵	sɔ⁵⁵	tɕɔ/kiɔ³³
	瓦屋塘	pɔ³¹²	pʰɔ³⁵	pʰɔ¹³	pɔ³⁵	tsɔ³³	tsʰɔ³³	tsʰɔ³³	sɔ³³	tɕɔ/kɔ³³

		讲	虹	腔	夯	降	项	巷	崩	朋	灯
		江开二上讲见	江开二去绛见	江开二平江溪	江开二平江晓	江开二平江匣	江开二上讲匣	江开二去绛匣	曾开一平登帮	曾开一登並	曾开一登端
隆回	荷香桥	tɕɔ/kɔ³¹²	kɔ⁴⁵	tɕʰɔ³³	xɔ³³	çɔ¹³	çɔ/xɔ⁵⁵	xɔ³¹²	pẽ³³	pʰɔ¹³	tẽ³³
	六都寨	tɕɔ/kɔ³¹²	kɔ⁵⁵	tɕʰɔ³³	xɔ³³	çɔ¹³	çɔ/xɔ⁵⁵	xɔ³¹²	pẽ³³	pʰɔ¹³	tẽ³³
	七江	tɕɔ/kɔ³¹²	kɔ⁵⁵	tɕʰɔ³³	xɔ³³	çɔ¹³	çɔ/xɔ⁵⁵	xɔ³¹²	pẽ³³	pʰɔ¹³	tẽ³³
	司门前	tɕɔ/kɔ³¹²	xuɔ³¹²	tɕʰɔ³³	xɔ³³	çɔ¹³	çɔ/xɔ⁵⁵	xɔ³¹²	pẽ³³	pʰɔ¹³	tẽ³³
	金石桥	tɕɔ/kɔ³¹²	xuɔ³¹²	tɕʰɔ³³	xɔ³³	çɔ¹³	çɔ/xɔ⁵⁵	xɔ³¹²	pẽ³³	pʰɔ¹³	tẽ³³
	小沙江	tɕɔ/kɔ³¹²	kɔ³¹²	tɕʰɔ³³	xɔ³³	çɔ¹³	çɔ/kʰɔ⁵⁵	kʰɔ³¹²	pẽ³³	pʰɔ¹³	tẽ³³
	西洋江	tɕɔ/kɔ³¹²	kɔ⁴⁵	tɕʰɔ³³	xɔ⁵⁵	çɔ¹³	çɔ/xɔ⁴⁵	kɔ³¹²	pẽ⁵⁵	pʰɔ¹³	tẽ⁵⁵
	横板桥	tɕɔ/kɔ³¹²	kɔ⁴⁵	tɕʰɔ³³	xɔ⁵⁵	çɔ¹³	çɔ/xɔ⁴⁵	kɔ³¹²	pẽ⁵⁵	pʰɔ¹³	tẽ⁵⁵
	岩口	tɕɔ/kɔ³¹²	kɔ⁵⁵	tɕʰɔ³³	xɔ³³	çɔ¹³	çɔ/xɔ⁵⁵	xɔ³³	pɔ³³	pʰɔ¹³	tii
	罗洪	tɕɔ/kɔ³¹²	kɔ⁵⁵	tɕʰɔ³³	xɔ³³	çɔ¹³	çɔ/xɔ⁵⁵	xɔ³¹²	pɔ³³	pʰɔ¹³	tɔ³³
	高坪	tɕiɔ/kɔ³¹²	kɔ⁵⁵	tɕʰiɔ³³	xɔ³³	çiɔ¹³	çiɔ/xɔ⁵⁵	xɔ³¹²	piɔ³³	pʰɔ¹³	tie³³
洞口	石江	tɕɔ/kɔ³¹²	kɔ²⁴	tɕʰɔ⁵⁵	xɔ⁵⁵	çɔ¹³	çɔ⁵⁵/xɔ³¹²	xɔ³¹²	pẽ⁵⁵	pʰɔ¹³	tẽ⁵⁵
	江口	tɕɔ/kɔ³¹²	kɔ²⁴	tɕʰɔ⁵⁵	xɔ⁵⁵	çɔ¹³	çɔ⁵⁵/xɔ³¹²	xɔ³¹²	pẽ⁵⁵	pʰɔ¹³	tẽ⁵⁵
	长塘	tɕɔ/kɔ³¹²	kɔ²⁴	tɕʰɔ⁵⁵	xɔ⁵⁵	çɔ¹³	çɔ⁵⁵/xɔ³¹²	xɔ³¹²	pẽ⁵⁵	pʰɔ¹³	tẽ⁵⁵
	山门	tɕɔ/kɔ³¹²	kɔ⁴⁵	tɕʰɔ⁵⁵	xɔ⁵⁵	çɔ¹³	çɔ/xɔ⁴⁵	xɔ³¹²	pẽ⁵⁵	ɸɔ¹³	tẽ⁵⁵
	高沙	tɕɔ/kɔ³¹²	kɔ²⁴	tɕʰɔ⁵⁵	xɔ⁵⁵	çɔ¹³	çɔ⁵⁵/xɔ³¹²	kɔ³¹²	pẽ⁵⁵	pʰɔ¹³	tẽ⁵⁵
	花园	tɕɔ/kɔ³¹²	kɔ³⁵	tɕʰɔ⁵⁵	xɔ⁵⁵	çɔ¹³	çɔ/xɔ³⁵	xɔ³¹²	pẽ⁵⁵	pʰɔ¹³	tẽ⁵⁵
绥宁	金屋塘	tɕɔ/kɔ³¹²	kɔ²⁴	tɕʰɔ⁵⁵	xɔ⁵⁵	çɔ¹³	çɔ⁵⁵/xɔ³¹²	xɔ³¹²	pẽ⁵⁵	pʰɔ¹³	tẽ⁵⁵
	梅坪	tɕɔ/kɔ³¹²	kɔ²⁴	tɕʰɔ¹³	xɔ⁵⁵	çɔ¹³	çɔ⁵⁵/xɔ³¹²	xɔ³¹²	pẽ⁵⁵	pʰɔ¹³	tẽ⁵⁵
	黄土矿	tɕɔ/kɔ³¹²	kɔ³⁵	tɕʰɔ¹³	xɔ³³	çɔ⁵⁵	çɔ/xɔ³¹²	xɔ³³	pẽ³³	pʰɔ¹³	tẽ³³
	唐家坊	tɕɔ/kɔ³¹²	kɔ⁵⁵	tɕʰɔ¹³	xɔ³³	çɔ¹³	çɔ/xɔ⁵⁵	xɔ³¹²	pẽ³³	pʰɔ¹³	tẽ³³
	瓦屋塘	tɕɔ/kɔ³¹²	kɔ³⁵	tɕʰɔ¹³	xɔ³³	çɔ¹³	çɔ/xɔ³⁵	xɔ³¹²	pẽ³³	pʰɔ¹³	tẽ³³

续表

		等	凳	藤	邓	能	曾	层	赠	僧	肯
		曾开一 上等端	曾开一 去嶝端	曾开一 平登定	曾开一 去嶝定	曾开一 平登泥	曾开一 平登精	曾开一 平登从	曾开一 去嶝从	曾开一 平登心	曾开一 上等溪
隆回	荷香桥	tẽ^{312}	tẽ^{45}	xẽ^{13}	xẽ^{55}	lẽ^{13}	tsẽ^{33}	tsʰẽ^{13}	tsʰẽ^{55}	sẽ^{33}	kʰẽ^{312}
	六都寨	tẽ^{312}	tẽ^{55}	xẽ^{13}	xẽ^{55}	lẽ^{13}	tsẽ^{33}	tsʰẽ^{13}	tsʰẽ^{55}	sẽ^{33}	kʰẽ^{312}
	七江	tẽ^{312}	tẽ^{55}	xẽ^{13}	xẽ^{55}	lẽ^{13}	tsẽ^{33}	tsʰẽ^{13}	tsʰẽ^{55}	sẽ^{33}	kʰẽ^{312}
	司门前	tẽ^{312}	tẽ^{55}	xẽ^{13}	xẽ^{55}	lẽ^{13}	tsẽ^{33}	tsʰẽ^{13}	tsʰẽ^{55}	sẽ^{33}	kʰẽ^{312}
	金石桥	tẽ^{312}	tẽ^{55}	xẽ^{13}	xẽ^{55}	lẽ^{13}	tsẽ^{33}	tsʰẽ^{13}	tsẽ^{55}	sẽ^{33}	kʰẽ^{312}
	小沙江	tiᴇ^{312}	tiᴇ^{55}	tʰiᴇ^{13}	tẽ^{55}	lẽ^{13}	tsiᴇ^{33}	tsʰẽ^{13}	tsʰẽ^{55}	sẽ^{33}	kʰiᴇ^{312}
	西洋江	tẽ^{312}	tẽ^{45}	xẽ^{13}	xẽ^{55}	lẽ^{13}	tsẽ^{55}	tsʰẽ^{13}	tsʰẽ^{55}	sẽ^{55}	kʰẽ^{312}
	横板桥	tẽ^{312}	tẽ^{45}	xẽ^{13}	xẽ^{55}	lẽ^{13}	tsẽ^{55}	tsʰẽ^{13}	tsʰẽ^{55}	sẽ^{55}	kʰẽ^{312}
	岩口	tĩ^{312}	tĩ^{45}	xĩ^{13}	xĩ^{55}	lĩ^{13}	tsĩ^{33}	tsʰĩ^{13}	tsʰĩ^{55}	sĩ^{33}	kʰĩ^{312}
	罗洪	tə̃^{312}	tə̃^{55}	xə̃^{13}	xə̃^{55}	lə̃^{13}	tsə̃^{33}	tsʰə̃^{13}	tsə̃^{55}	sə̃^{33}	xə̃^{312}
	高坪	tiɛ^{312}	tiɛ^{55}	tʰiɛ^{13}	tʰiɛ^{55}	lə̃^{13}	tɕiɛ^{33}	tɕʰiɛ^{13}	tɕʰiɛ^{55}	ɕiɛ^{33}	kʰẽ^{312}
洞口	石江	tẽ^{312}	tẽ^{24}	xẽ^{13}	xẽ^{55}	lẽ^{13}	tsẽ^{55}	tsʰẽ^{13}	tsʰẽ^{55}	sẽ^{55}	kʰẽ^{312}
	江口	tẽ^{312}	tẽ^{24}	tʰẽ^{13}	tʰẽ^{55}	lẽ^{13}	tsẽ^{55}	tsʰẽ^{13}	tsʰẽ^{55}	sẽ^{55}	kʰẽ^{312}
	长塘	tẽ^{312}	tẽ^{24}	xẽ^{13}	xẽ^{55}	lẽ^{13}	tsẽ^{55}	tsʰẽ^{13}	tsʰẽ^{55}	sẽ^{55}	kʰẽ^{312}
	山门	tẽ^{312}	tẽ^{45}	xẽ^{13}	xẽ^{55}	lẽ^{13}	tsẽ^{55}	tsʰẽ^{13}	tsʰẽ^{45}	sẽ^{55}	kʰẽ^{312}
	高沙	tẽ^{312}	tẽ^{24}	tʰẽ^{13}	tẽ^{24}	lẽ^{13}	tsẽ^{55}	tsʰẽ^{13}	tsʰẽ^{24}	sẽ^{55}	kʰẽ^{312}
	花园	tẽ^{312}	tẽ^{35}	xẽ^{13}	xẽ^{55}	lẽ^{13}	tsẽ^{55}	tsʰẽ^{13}	tsʰẽ^{55}	sẽ^{55}	kʰẽ^{312}
绥宁	金屋塘	tẽ^{312}	tẽ^{24}	xẽ^{13}	xẽ^{55}	lẽ^{13}	tsẽ^{55}	tsʰẽ^{13}	tsʰẽ^{55}	sẽ^{55}	kʰẽ^{312}
	梅坪	tẽ^{312}	tẽ^{24}	xẽ^{13}	xẽ^{55}	lẽ^{13}	tsẽ^{55}	tsʰẽ^{13}	tsʰẽ^{55}	sẽ^{55}	kʰẽ^{312}
	黄土矿	tẽ^{312}	tẽ^{35}	tʰẽ^{55}	tʰẽ^{55}	lẽ^{55}	tsẽ^{33}	tsʰẽ^{55}	tsʰẽ^{33}	sẽ^{33}	kʰẽ^{312}
	唐家坊	tẽ^{312}	tẽ^{35}	tʰẽ^{13}	tʰẽ^{55}	lẽ^{13}	tsẽ^{33}	tsʰẽ^{13}	tsʰẽ^{55}	sẽ^{33}	kʰẽ^{312}
	瓦屋塘	tẽ^{312}	tẽ^{35}	tʰẽ^{13}	tʰẽ^{55}	lẽ^{13}	tsẽ^{33}	tsʰẽ^{13}	tsʰẽ^{35}	sẽ^{33}	kʰẽ^{312}

		恒	冰	凭	菱	征	橙	瞪	蒸	拯	证
		曾开一 平登匣	曾开三 平蒸帮	曾开三 平蒸并	曾开三 平蒸来	曾开三 平蒸知	曾开三 平蒸澄	曾开三 去证澄	曾开三 平蒸章	曾开三 上拯章	曾开三 去证章
隆回	荷香桥	xẽ^{13}	pẽ^{55}	pʰẽ^{13}	lẽ^{13}	tɕẽ^{33}	tɕʰẽ^{13}	tẽ^{55}	tɕẽ^{33}	tɕẽ^{312}	tɕẽ^{45}
	六都寨	xẽ^{13}	pẽ^{55}	pʰẽ^{13}	lẽ^{13}	tɕẽ^{33}	tɕʰẽ^{13}	tẽ^{55}	tɕẽ^{33}	tɕẽ^{312}	tɕẽ^{55}
	七江	xẽ^{13}	pẽ^{55}	pʰẽ^{13}	lẽ^{13}	tɕẽ^{33}	tɕʰẽ^{13}	tẽ^{55}	tsẽ^{33}	tɕẽ^{312}	tɕẽ^{55}
	司门前	xẽ^{13}	pẽ^{55}	pʰẽ^{13}	lẽ^{13}	tɕẽ^{33}	tɕʰẽ^{13}	tẽ^{55}	tɕẽ^{33}	tɕẽ^{312}	tɕẽ^{55}

续表

		恒	冰	凭	菱	征	橙	瞪	蒸	拯	证
		曾开一 平登匣	曾开三 平蒸帮	曾开三 平蒸並	曾开三 平蒸来	曾开三 平蒸知	曾开三 平蒸澄	曾开三 去证澄	曾开三 平蒸章	曾开三 上拯章	曾开三 去证章
隆回	金石桥	xẽ13	pẽ55	phẽ13	lẽ13	tɕẽ33	tɕhẽ13	tẽ55	tɕẽ33	tɕẽ312	tɕẽ55
	小沙江	xẽ13	pẽ55	phẽ13	lẽ13	tɕẽ33	tɕhẽ13	tẽ55	tɕẽ33	tɕẽ312	tɕẽ55
	西洋江	xẽ13	pẽ55	phẽ13	lẽ13	tɕẽ55	tɕhẽ13	tẽ55	tɕẽ55	tɕẽ312	tɕẽ45
	横板桥	xẽ13	pẽ55	phẽ13	lẽ13	tɕẽ55	tɕhẽ13	tẽ55	tɕẽ55	tɕẽ312	tɕẽ45
	岩口	xiĩ13	piə̃55	phiə̃13	liə̃13	tɕiə̃33	tɕhiə̃13	tə̃55	tɕə̃33	tɕə̃312	tɕə̃55
	罗洪	xə̃13	piə̃55	phiə̃13	liə̃13	tɕiə̃33	tɕhiə̃13	tə̃55	tɕə̃33	tɕə̃312	tɕə̃55
	高坪	xẽ13	piə̃55	phiə̃13	liə̃13	tɕiə̃33	tɕhiə̃13	tə̃55	tɕiə̃33	tɕiə̃312	tɕiə̃33
洞口	石江	xẽ13	pẽ55	phẽ13	lẽ13	tɕẽ55	tɕhẽ13	tẽ55	tɕẽ55	tɕẽ312	tɕẽ24
	江口	xẽ13	pẽ55	phẽ13	lẽ13	tɕẽ55	tɕhẽ13	tẽ55	tɕẽ55	tɕẽ312	tɕẽ24
	长塘	xẽ13	pẽ55	phẽ13	lẽ13	tɕẽ55	tɕhẽ13	tẽ55	tɕẽ55	tɕẽ312	tɕẽ24
	山门	xẽ13	pẽ55	ɸẽ13	lẽ13	tɕẽ55	tɕhẽ13	tẽ55	tɕẽ55	tɕẽ312	tɕẽ45
	高沙	xẽ13	pĩ55	phĩ13	lĩ13	tɕĩ55	tɕhĩ13	tẽ55	tɕĩ55	tɕĩ312	tɕĩ24
	花园	xẽ13	pĩ55	phĩ13	lĩ13	tɕĩ55	tɕhĩ13	tẽ55	tɕĩ55	tɕĩ312	tɕĩ35
绥宁	金屋塘	xẽ13	pẽ55	phẽ13	lẽ13	tɕẽ55	tɕhẽ13	tẽ55	tɕẽ55	tɕẽ312	tɕẽ24
	梅坪	xẽ13	pẽ55	phẽ13	lẽ13	tɕẽ55	tɕhẽ13	tẽ55	tɕẽ55	tɕẽ312	tɕẽ24
	黄土矿	xẽ55	pĩ33	phĩ55	lĩ55	tɕĩ33	tɕhĩ55	tẽ33	tɕĩ33	tɕĩ312	tɕĩ35
	唐家坊	xẽ13	pĩ33	phĩ13	lĩ13	tɕĩ33	tɕhĩ13	tẽ33	tɕĩ33	tɕĩ312	tɕĩ55
	瓦屋塘	xẽ13	pĩ33	phĩ13	lĩ13	tɕĩ33	tɕhĩ13	tẽ33	tɕĩ33	tɕĩ312	tɕĩ35

		称	秤	绳	剩	升	胜	承	仍	凝	兴
		曾开三 平蒸昌	曾开三 去证昌	曾开三 平蒸船	曾开三 去证船	曾开三 平蒸书	曾开三 去证书	曾开三 平蒸禅	曾开三 平蒸日	曾开三 平蒸疑	曾开三 平蒸晓
隆回	荷香桥	tɕhẽ33	tɕhẽ45	ɕẽ13	ɕẽ55	ɕẽ33	ɕẽ45	tɕhẽ13	iẽ13	ŋ̍13	ɕẽ33
	六都寨	tɕhẽ33	tɕhẽ55	ɕẽ13	ɕẽ55	ɕẽ33	ɕẽ55	tɕhẽ13	iẽ13	lẽ13	ɕẽ33
	七江	tɕhẽ33	tɕhẽ55	ɕyẽ13	ɕẽ55	ɕẽ33	ɕẽ55	tɕhẽ13	iẽ13	lẽ/ŋ̍13	ɕẽ33
	司门前	tɕhẽ33	tɕhẽ55	ɕyẽ13	ɕẽ55	ɕẽ33	ɕẽ55	tɕhẽ13	tɕhẽ13	lẽ13	ɕẽ33
	金石桥	tɕhẽ33	tɕhẽ55	ɕyẽ13	ɕẽ55	ɕẽ33	ɕẽ55	tɕhẽ13	iẽ13	i13	ɕẽ33
	小沙江	tɕhẽ33	tɕhẽ55	ɕẽ13	ɕẽ55	ɕẽ33	ɕẽ55	tɕhẽ13	iẽ13	lẽ13	ɕẽ33
	西洋江	tɕhẽ55	tɕhẽ45	ɕyẽ13	ɕẽ55	ɕẽ55	ɕẽ45	tɕhẽ13	iẽ13	lĩ13	ɕẽ55
	横板桥	tɕhẽ55	tɕhẽ45	ɕyẽ13	ɕẽ55	ɕẽ55	ɕẽ45	tɕhẽ13	iẽ13	lĩ13	ɕẽ55

		称	秤	绳	剩	升	胜	承	仍	凝	兴
		曾开三平蒸昌	曾开三去证昌	曾开三平蒸船	曾开三去证船	曾开三平蒸书	曾开三去证书	曾开三平蒸禅	曾开三平蒸日	曾开三平蒸疑	曾开三平蒸晓
隆回	岩口	tɕʰiə^{33}	tɕʰiə^{55}	ɕiə^{13}	ɕiə^{55}	ɕiə^{33}	ɕiə^{55}	tɕʰiə^{13}	iə^{13}	iə^{13}	ɕiə^{33}
	罗洪	tɕʰə^{33}	tɕʰə^{55}	ɕə^{13}	ɕə^{55}	ɕə^{33}	ɕə^{55}	tɕʰə^{13}	iə^{13}	i^{13}	ɕə^{33}
	高坪	tɕʰiə^{33}	tɕʰiə^{55}	ɕyə^{13}	ɕiə^{55}	ɕiə^{33}	ɕiə^{55}	tɕʰiə^{13}	iə^{13}	iə^{13}	ɕiə^{33}
洞口	石江	tɕʰẽ^{55}	tɕʰẽ^{24}	ɕẽ^{13}	ɕẽ^{55}	ɕẽ^{55}	ɕẽ^{24}	tɕʰẽ^{13}	iẽ^{13}	n̩^{13}	ɕẽ^{55}
	江口	tɕʰẽ^{55}	tɕʰẽ^{24}	ɕẽ^{13}	ɕẽ^{55}	ɕẽ^{55}	ɕẽ^{24}	tɕʰẽ^{13}	iẽ^{13}	lẽ^{13}	ɕẽ^{55}
	长塘	tɕʰẽ^{55}	tɕʰẽ^{24}	ɕẽ^{13}	ɕẽ^{55}	ɕẽ^{55}	ɕẽ^{24}	tɕʰẽ^{13}	iẽ^{13}	n̩^{13}	ɕẽ^{55}
	山门	tɕʰẽ^{55}	tɕʰẽ^{45}	ɕyẽ^{13}	ɕẽ^{55}	ɕẽ^{55}	ɕẽ^{45}	tɕʰẽ^{13}	iẽ^{13}	i^{13}	ɕẽ^{55}
	高沙	tɕʰĩ^{55}	tɕʰĩ^{24}	ɕyĩ^{13}	ɕĩ^{24}	ɕĩ^{24}	ɕĩ^{24}	tɕʰĩ^{13}	ĩ^{13}	n̩^{13}	ɕĩ^{55}
	花园	tɕʰĩ^{55}	tɕʰĩ^{35}	ɕyĩ^{13}	ɕĩ^{55}	ɕĩ^{55}	ɕĩ^{35}	tɕʰĩ^{13}	ĩ^{13}	n̩^{13}	ɕĩ^{55}
绥宁	金屋塘	tɕʰẽ^{55}	tɕʰẽ^{24}	ɕẽ^{13}	ɕẽ^{55}	ɕẽ^{55}	ɕẽ^{24}	tɕʰẽ^{13}	iẽ^{13}	lẽ^{13}	ɕẽ^{55}
	梅坪	tɕʰẽ^{55}	tɕʰẽ^{24}	ɕẽ^{13}	ɕẽ^{55}	ɕẽ^{55}	ɕẽ^{24}	tɕʰẽ^{13}	iẽ^{13}	lẽ^{13}	ɕẽ^{55}
	黄土矿	tɕʰĩ^{33}	tɕʰĩ^{35}	ɕĩ^{55}	ɕĩ^{33}	ɕĩ^{33}	ɕĩ^{35}	tɕʰĩ^{55}	ĩ^{55}	n̩^{33}	ɕĩ^{55}
	唐家坊	tɕʰĩ^{33}	tɕʰĩ^{55}	ɕĩ^{13}	ɕĩ^{55}	ɕĩ^{33}	ɕĩ^{55}	tɕʰĩ^{13}	ĩ^{13}	n̩^{13}	ɕĩ^{33}
	瓦屋塘	tɕʰĩ^{33}	tɕʰĩ^{35}	ɕĩ^{13}	ɕĩ^{33}	ɕĩ^{33}	ɕĩ^{35}	tɕʰĩ^{13}	ĩ^{13}	n̩^{13}	ɕĩ^{33}

		兴	鹰	应	蝇	孕	弘	烹	彭	虹	猛
		曾开三去证晓	曾开三平蒸影	曾开三去证影	曾开三平蒸以	曾开三去证以	曾合一登匣	梗开二平庚滂	梗开二平庚并	梗开二平庚明	梗开二上梗明
隆回	荷香桥	ɕẽ^{55}	iẽ^{33}	iẽ^{45}	ɕyẽ^{13}	yẽ^{13}	xə̃^{13}	pʰẽ^{33}	pʰẽ^{13}	mẽ^{33}	mə̃^{312}
	六都寨	ɕẽ^{55}	iẽ^{33}	iẽ^{55}	yẽ^{13}	yẽ^{13}	xə̃^{13}	pʰẽ^{33}	pʰẽ^{13}	mẽ^{33}	mə̃^{312}
	七江	ɕẽ^{55}	iẽ^{33}	iẽ^{55}	ɕyẽ^{13}	iẽ^{13}	xə̃^{13}	pʰẽ^{33}	pʰẽ^{13}	mẽ^{33}	mə̃^{312}
	司门前	ɕẽ^{55}	iẽ^{33}	iẽ^{55}	ɕyẽ^{13}	iẽ^{13}	xə̃^{13}	pʰẽ^{33}	pʰẽ^{13}	mẽ^{33}	mə̃^{312}
	金石桥	ɕẽ^{55}	iẽ^{33}	iẽ^{55}	yẽ^{13}	iẽ^{13}	xə̃^{13}	pʰẽ^{33}	pʰẽ^{13}	mẽ^{33}	mə̃^{312}
	小沙江	ɕẽ^{55}	iẽ^{33}	iẽ^{55}	yẽ^{13}	yẽ^{13}	xə̃^{13}	pʰẽ^{33}	pʰẽ^{13}	mẽ^{33}	mə̃^{33}
	西洋江	ɕẽ^{45}	iẽ^{55}	iẽ^{45}	ɕyẽ^{13}	iẽ^{13}	xə̃^{13}	pʰẽ^{55}	pʰẽ^{13}	mẽ^{13}	mə̃^{312}
	横板桥	ɕẽ^{45}	iẽ^{55}	iẽ^{45}	ɕyẽ^{13}	iẽ^{13}	xə̃^{13}	pʰẽ^{55}	pʰẽ^{13}	mẽ^{13}	mə̃^{312}
	岩口	ɕiə^{55}	iə^{33}	iə^{33}	iə^{33}	iə^{13}	xə^{13}	pʰə^{33}	pʰiĩ^{13}	mə^{13}	mə^{312}
	罗洪	ɕə^{55}	iə^{33}	iə^{55}	yə^{13}	iə^{13}	xə^{13}	pʰə^{33}	pʰə^{13}	mə^{33}	mə^{312}
	高坪	ɕiə^{55}	iə^{33}	iə^{55}	iə^{13}	iə^{55}	xə^{13}	pʰə^{33}	pʰiə^{13}	mə^{13}	mə^{312}
洞口	石江	ɕẽ^{24}	iẽ^{55}	iẽ^{24}	ɕyẽ^{13}	iẽ^{13}	xə̃^{13}	pʰẽ^{55}	pʰẽ^{13}	mẽ^{13}	mə̃^{312}
	江口	ɕẽ^{24}	iẽ^{55}	iẽ^{24}	ɕyẽ^{13}	iẽ^{13}	xə̃^{13}	pʰẽ^{55}	pʰẽ^{13}	mẽ^{13}	mə̃^{312}

续表

		兴 曾开三 去证晓	鹰 曾开三 平蒸影	应 曾开三 去证影	蝇 曾开三 平蒸以	孕 曾开三 去证以	弘 曾合一 登匣	烹 梗开二 平庚滂	彭 梗开二 平庚并	虹 梗开二 平庚明	猛 梗开二 上梗明
洞口	长塘	çẽ^{24}	iẽ^{55}	ie^{24}	çyẽ^{13}	iẽ^{13}	xɔ̃^{13}	pʰẽ^{55}	pʰẽ^{13}	mẽ^{13}	mɔ̃^{312}
	山门	çẽ^{45}	iẽ^{55}	ie^{45}	çyẽ^{13}	iẽ^{13}	xɔ̃^{13}	ɸẽ^{55}	ɸẽ^{13}	mẽ^{13}	mɔ̃^{312}
	高沙	çĩ^{35}	ĩ^{55}	ĩ^{24}	çyĩ^{13}	ĩ^{13}	xɔ̃^{13}	pʰẽ^{55}	pʰẽ^{13}	mɔ̃^{13}	mɔ̃^{312}
	花园	çĩ^{35}	ĩ^{55}	ĩ^{35}	çyĩ^{13}	ĩ^{13}	xɔ̃^{13}	pʰẽ^{55}	pʰẽ^{13}	mɔ̃^{13}	mɔ̃^{312}
绥宁	金屋塘	çẽ^{24}	iẽ^{55}	ie^{24}	çyẽ^{13}	iẽ^{13}	xɔ̃^{13}	pʰẽ^{55}	pʰẽ^{13}	mẽ^{13}	mɔ̃^{312}
	梅坪	çẽ^{24}	iẽ^{55}	ie^{24}	çyẽ^{13}	iẽ^{13}	xɔ̃^{13}	pʰẽ^{55}	pʰẽ^{13}	mẽ^{13}	mɔ̃^{312}
	黄土矿	çĩ^{35}	ĩ^{33}	ĩ^{55}	ĩ^{55}	ĩ^{33}	xɔ̃^{55}	pʰẽ^{33}	pʰẽ^{55}	mɔ̃^{55}	mɔ̃^{312}
	唐家坊	çĩ^{55}	ĩ^{33}	ĩ^{55}	ĩ^{13}	ĩ^{13}	xɔ̃^{13}	pʰẽ^{33}	pʰẽ^{13}	mɔ̃^{13}	mɔ̃^{312}
	瓦屋塘	çĩ^{35}	ĩ^{33}	ĩ^{35}	ĩ^{13}	ĩ^{13}	xɔ̃^{13}	pʰẽ^{33}	pʰẽ^{13}	mɔ̃^{13}	mɔ̃^{312}

		孟 梗开二 去映明	打 梗开二 上梗端	撑 梗开二 平庚彻	掌 梗开二 去映彻	澄 梗开二 平庚澄	生 梗开二 平庚生	省 梗开二 上梗生	梗 梗开二 上梗见	埂 梗开二 上梗见
隆回	荷香桥	mɔ̃^{55}	ta^{312}	tsʰɔ̃^{33}	tsʰẽ^{55}	tɕʰẽ^{13}	sẽ/sɔ̃^{33}	sẽ/sɔ̃^{312}	kẽ/kɔ̃^{33}	kʰuɔ̃^{45}
	六都寨	mɔ̃^{55}	ta^{312}	tsʰɔ̃^{33}	tsʰẽ^{55}	tɕʰẽ^{13}	sẽ/sɔ̃^{33}	sẽ/sɔ̃^{312}	kẽ/kɔ̃^{33}	kʰuɔ̃^{55}
	七江	mɔ̃^{55}	ta^{312}	tsʰɔ̃^{33}	tsʰẽ^{55}	tɕʰẽ^{13}	sẽ/sɔ̃^{33}	sẽ/sɔ̃^{312}	kẽ/kɔ̃^{33}	kʰuɔ̃^{55}
	司门前	mɔ̃^{55}	ta^{312}	tsʰɔ̃^{33}	tsʰɔ̃^{55}	tɕʰẽ^{13}	sẽ/sɔ̃^{33}	sẽ/sɔ̃^{312}	kẽ/kɔ̃^{33}	kʰuɔ̃^{55}
	金石桥	mɔ̃^{55}	ta^{312}	tsʰɔ̃^{33}	tsʰɔ̃^{55}	tɕʰẽ^{13}	sẽ/sɔ̃^{33}	sẽ/sɔ̃^{312}	kẽ/kɔ̃^{33}	kʰuɔ̃^{55}
	小沙江	mɔ̃^{55}	ta^{312}	tsʰɔ̃^{33}	tsʰɔ̃^{55}	tɕʰẽ^{13}	sẽ/sɔ̃^{33}	sẽ/sɔ̃^{312}	kẽ/kɔ̃^{33}	kʰua^{55}
	西洋江	mɔ̃^{55}	ta^{312}	tsʰẽ^{55}	tsʰẽ^{45}	tɕʰẽ^{13}	sẽ/sɔ̃^{33}	sẽ/sɔ̃^{312}	kẽ/kɔ̃^{55}	kʰuɔ̃^{55}
	横板桥	mɔ̃^{55}	ta^{312}	tsʰẽ^{55}	tsʰẽ^{45}	tɕʰẽ^{13}	sẽ/sɔ̃^{33}	sẽ/sɔ̃^{312}	kẽ/kɔ̃^{55}	kʰua^{55}
	岩口	mɔ̃^{45}	ta^{312}	tsʰĩ^{33}	tsʰĩ^{55}	tɕʰẽ^{13}	sĩ/sɔ̃^{33}	sĩ/sɔ̃^{312}	kĩ	kĩ^{45}
	罗洪	mɔ̃^{55}	ta^{312}	tsʰɔ̃^{33}	tsʰɔ̃^{55}	tɕʰɔ̃^{13}	sɔ̃^{33}	çiɔ̃/sɔ̃^{312}	kɔ̃/kɔ̃^{33}	xuɔ̃^{55}
	高坪	mɔ̃^{55}	ta^{312}	tsʰɔ̃^{33}	tsʰɔ̃^{55}	tɕʰẽ^{13}	sɔ̃^{33}	çiẽ/sɔ̃^{312}	kẽ/kɔ̃^{33}	kʰɔ̃
洞口	石江	mɔ̃^{55}	ta^{312}	tsʰɔ̃^{33}	tsʰɔ̃^{24}	tɕʰẽ^{13}	sẽ/sɔ̃^{33}	sẽ/sɔ̃^{312}	kẽ/kɔ̃^{55}	kʰua^{55}
	江口	mɔ̃^{55}	ta^{312}	tsʰẽ^{55}	tsʰẽ^{24}	tɕʰẽ^{13}	sẽ/sɔ̃^{33}	sẽ/sɔ̃^{312}	kẽ/kɔ̃^{33}	kʰua^{55}
	长塘	mɔ̃^{55}	ta^{312}	tsʰɔ̃^{33}	tsʰɔ̃^{24}	tɕʰẽ^{13}	sẽ/sɔ̃^{33}	sẽ/sɔ̃^{312}	kẽ/kɔ̃^{55}	kʰua^{55}
	山门	mɔ̃^{55}	ta^{312}	tsʰẽ^{55}	tsʰẽ^{45}	tɕʰẽ^{13}	sẽ/sɔ̃^{33}	sẽ/sɔ̃^{312}	kẽ/kɔ̃^{55}	kẽ^{312}
	高沙	mɔ̃^{55}	ta^{312}	tsʰẽ^{55}	tsʰẽ^{24}	tɕʰẽ^{13}	sẽ/sɔ̃^{33}	sẽ/sɔ̃^{312}	kẽ/tɕie^{55}	tɕi^{55}
	花园	mɔ̃^{55}	ta^{312}	tsʰẽ^{55}	tsʰẽ^{35}	tɕʰẽ^{13}	sẽ/sɔ̃^{55}	sẽ/sɔ̃^{312}	tɕĩ^{55}	kʰua^{55}

续表

		孟	打	撑	掌	澄	生	省	梗	埂
		梗开二去映明	梗开二上梗端	梗开二平庚彻	梗开二去映彻	梗开二平庚澄	梗开二平庚生	梗开二上梗生	梗开二上梗见	梗开二上梗见
绥宁	金屋塘	maɔ̃^{55}	tA^{312}	tsʰẽ^{55}	tsʰẽ^{24}	tɕʰẽ^{13}	sẽ/sɔ̃^{55}	sẽ/sɔ̃^{312}	kẽ/tɕiɛ^{55}	kʰuã^{55}
	梅坪	maɔ̃^{55}	tA^{312}	tsʰẽ^{55}	tsʰẽ^{24}	tɕʰẽ^{13}	sẽ/sɔ̃^{55}	sẽ/sɔ̃^{312}	kẽ/tɕiɛ^{55}	kʰuã^{55}
	黄土矿	maɔ̃^{33}	tA^{312}	tsʰẽ^{33}	tsʰe^{35}	tɕʰe^{55}	sẽ/sɔ̃^{33}	sẽ/sɔ̃^{312}	tɕĩ^{33}	kʰẽ^{55}
	唐家坊	maɔ̃^{55}	tA^{312}	tsʰɔ̃^{33}	tsʰe^{55}	tɕʰẽ^{13}	sẽ/sɔ̃^{33}	sẽ/sɔ̃^{312}	tɕĩ^{33}	kʰẽ^{55}
	瓦屋塘	maɔ̃^{33}	tA^{312}	tsʰẽ^{33}	tsʰe^{35}	tɕʰẽ^{13}	sẽ/sɔ̃^{33}	sẽ/sɔ̃^{312}	tɕĩ^{33}	kʰẽ^{55}

		坑	硬	亨	行	杏	进	棚	蚌	萌	争
		梗开二平庚溪	梗开二去映疑	梗开二平庚晓	梗开二平庚匣	梗开二上梗匣	梗开二去诤帮	梗开二平耕並	梗开二上耿並	梗开二平耕明	梗开二平耕庄
隆回	荷香桥	kʰɔ̃^{33}	ẽ^{55}	xɔ̃^{33}	çẽ/xɔ̃^{13}	xẽ^{55}	pɔ̃^{55}	pʰɔ̃^{13}	pʰɔ̃^{55}	mẽ^{13}	tsẽ/tsɔ̃
	六都寨	kʰɔ̃^{33}	ẽ^{55}	xɔ̃^{33}	çẽ/xɔ̃^{13}	xẽ^{55}	pɔ̃^{55}	pʰɔ̃^{13}	pʰɔ̃^{55}	mẽ^{13}	tsẽ/tsɔ̃
	七江	kʰɔ̃^{33}	ẽ/ɔ̃^{55}	xɔ̃^{33}	çẽ/xɔ̃^{13}	xẽ^{55}	pɔ̃^{55}	pʰɔ̃^{13}	pʰɔ̃^{55}	mẽ^{13}	tsẽ/tsɔ̃
	司门前	kʰɔ̃^{33}	ẽ^{55}	xɔ̃^{33}	çẽ/xɔ̃^{13}	xẽ^{55}	pɔ̃^{55}	pʰɔ̃^{13}	pʰɔ̃^{55}	mẽ^{13}	tsẽ/tsɔ̃
	金石桥	kʰɔ̃^{33}	ẽ/ɔ̃^{55}	xɔ̃^{33}	çẽ/xɔ̃^{13}	xẽ^{55}	pɔ̃^{55}	pʰɔ̃^{13}	pʰɔ̃^{55}	mẽ^{13}	tsẽ/tsɔ̃
	小沙江	kʰɔ̃^{33}	ẽ/ɔ̃^{55}	xɔ̃^{33}	çẽ/xɔ^{13}	çẽ^{55}	pɔ̃^{55}	pʰɔ̃^{13}	pʰɔ̃^{55}	mẽ^{13}	tsẽ/tsɔ̃
	西洋江	kʰɔ̃^{55}	ɔ̃^{55}	xɔ̃^{33}	çẽ/xɔ̃^{13}	xẽ^{45}	pẽ^{45}	pʰɔ̃^{13}	pʰɔ̃^{45}	mɔ̃^{13}	tsẽ^{55}/tsɔ̃^{55}
	横板桥	kʰɔ̃^{55}	ɔ̃^{55}	xẽ^{55}	çẽ/xɔ̃^{13}	xẽ^{45}	pẽ^{45}	pʰɔ̃^{13}	pʰɔ̃^{45}	mɔ̃^{13}	tsẽ^{55}/tsɔ̃^{55}
	岩口	kʰɔ̃^{33}	ɔ̃^{55}	xɔ̃^{33}	çiɔ̃/xɔ̃^{13}	xĩ^{55}	pɔ̃^{55}	pʰɔ̃^{13}	pʰɔ̃^{55}	mĩ^{13}	tsɔ̃^{33}
	罗洪	xɔ̃^{33}	ɔ̃/ɔ̃^{55}	xɔ̃^{33}	çiɔ̃/xɔ̃^{13}	çiɔ̃^{55}	pɔ̃^{55}	pʰɔ̃^{13}	pʰɔ̃^{55}	mɔ̃^{13}	tɕiɔ̃/tsɔ̃^{33}
	高坪	kʰɔ̃^{33}	ẽ/ɔ̃^{55}	xẽ^{33}	çiɔ̃/xɔ̃^{13}	tʰie^{55}	piẽ^{55}	pʰɔ̃^{13}	pʰɔ̃^{55}	mɔ̃^{13}	tsɔ̃^{33}
洞口	石江	kʰɔ̃^{55}	ɔ̃^{55}	xẽ^{55}	çẽ/xɔ̃^{13}	xẽ^{55}	pe^{24}	pʰɔ̃^{13}	pʰɔ̃^{45}	mɔ̃^{13}	tsẽ^{55}/tsɔ̃^{55}
	江口	kʰɔ̃^{55}	ɔ̃^{55}	xẽ^{55}	çẽ/xɔ̃^{13}	xẽ^{55}	pe^{24}	pʰɔ̃^{13}	pʰɔ̃^{45}	mɔ̃^{13}	tsẽ^{55}/tsɔ̃^{55}
	长塘	kʰɔ̃^{55}	ɔ̃^{55}	xẽ^{55}	çẽ/xɔ̃^{13}	xẽ^{55}	pe^{24}	pʰɔ̃^{13}	pʰɔ̃^{45}	mɔ̃^{13}	tsẽ^{55}/tsɔ̃^{55}
	山门	kʰɔ̃^{55}	ŋɔ̃^{55}	xẽ^{55}	çẽ/xɔ̃^{13}	xẽ^{45}	pẽ^{45}	ɸɔ̃^{13}	ɸɔ̃^{55}	mɔ̃^{13}	tsẽ^{55}/tsɔ̃^{55}
	高沙	kʰɔ̃^{55}	ɔ̃^{55}	xẽ^{55}	çẽ/xɔ̃^{13}	xẽ^{24}	pẽ^{24}	pʰɔ̃^{13}	pʰɔ̃^{55}	mɔ̃^{13}	tsẽ/tsɔ̃^{55}
	花园	kʰɔ̃^{55}	ɔ̃^{55}	xẽ^{55}	çẽ/xɔ̃^{13}	xẽ^{35}	pẽ^{35}	pʰɔ̃^{13}	pʰɔ̃^{55}	mɔ̃^{13}	tsẽ/tsɔ̃^{55}
绥宁	金屋塘	kʰɔ̃^{55}	ɔ̃^{55}	xẽ^{55}	çẽ/xɔ̃^{13}	xẽ^{55}	pe^{24}	pʰɔ̃^{13}	pʰɔ̃^{55}	mẽ^{13}	tsẽ^{55}/tsɔ̃^{55}
	梅坪	kʰɔ̃^{55}	ɔ̃^{55}	xẽ^{55}	çẽ/xɔ̃^{13}	xẽ^{55}	pe^{24}	pʰɔ̃^{13}	pʰɔ̃^{45}	mẽ^{13}	tsẽ^{55}/tsɔ̃^{55}
	黄土矿	kʰɔ̃^{33}	ɳ/ŋɔ̃^{33}	xẽ^{33}	çẽ/xɔ̃^{13}	xĩ^{1}	pĩ^{35}	pʰɔ̃^{55}	pʰɔ̃^{55}	mɔ̃^{55}	tsẽ/tsɔ̃
	唐家坊	kʰɔ̃^{33}	ɳ/ŋɔ̃^{55}	xẽ^{55}	çẽ/xɔ̃^{13}	xĩ^{55}	pĩ^{55}	pʰɔ̃^{13}	pʰɔ̃^{55}	mɔ̃^{13}	tsẽ/tsɔ̃
	瓦屋塘	kʰɔ̃^{33}	ɳ/ŋɔ̃^{33}	xẽ^{33}	çẽ/xɔ̃^{13}	xĩ^{35}	pĩ^{35}	pʰɔ̃^{13}	pʰɔ̃^{33}	mɔ̃^{13}	tsẽ/tsɔ̃

		耕	耿	茎	幸	樱	兵	丙	柄	平	病
		梗开二平耕见	梗开二上耿见	梗开二平耕匣	梗开二上梗匣	梗开二平耕影	梗开三平庚帮	梗开三上梗帮	梗开三去映帮	梗开三平庚並	梗开三去映並
隆回	荷香桥	kẽ³³	kẽ³¹²	tɕẽ¹³	çẽ⁵⁵	iẽ³³	pẽ³³	pẽ³¹²	pẽ³¹²	pʰẽ/pʰiɔ̃¹³	pʰẽ/pʰiɔ̃⁵⁵
	六都寨	kẽ³³	kẽ³¹²	tɕẽ¹³	çẽ⁵⁵	iẽ³³	pẽ³³	pẽ³¹²	pẽ³¹²	pʰẽ/pʰiɔ̃¹³	pʰẽ/pʰiɔ̃⁵⁵
	七江	kẽ³³	kẽ³¹²	tɕẽ¹³	çẽ⁵⁵	iẽ³³	pẽ³³	pẽ³¹²	pẽ³¹²	pʰẽ/pʰiɔ̃¹³	pʰẽ/pʰiɔ̃⁵⁵
	司门前	kẽ³³	kẽ³¹²	tɕẽ¹³	çẽ⁵⁵	iẽ³³	pẽ³³	pẽ³¹²	pẽ³¹²	pʰẽ/pʰiɔ̃¹³	pʰẽ/pʰiɔ̃⁵⁵
	金石桥	kẽ³³	kẽ³¹²	tɕẽ¹³	çẽ⁵⁵	iẽ³³	pẽ³³	pẽ³¹²	pẽ³¹²	pʰẽ/pʰiɔ̃¹³	pʰẽ/pʰiɔ̃⁵⁵
	小沙江	kẽ³³	kẽ³¹²	tɕẽ¹³	çẽ⁵⁵	iẽ³³	pẽ³³	pẽ³¹²	pẽ³¹²	pʰẽ/pʰiɔ̃¹³	pʰẽ/pʰiɔ̃⁵⁵
	西洋江	kẽ⁵⁵	kẽ³¹²	tɕẽ¹³	çẽ⁴⁵	iẽ⁵⁵	pẽ³³	pẽ³¹²	pẽ³¹²	pʰẽ/pʰiɔ̃¹³	pʰẽ/pʰiɔ̃⁵⁵
	横板桥	kẽ⁵⁵	kẽ³¹²	tɕẽ¹³	çẽ⁴⁵	iẽ⁵⁵	pẽ³³	pẽ³¹²	pẽ³¹²	pʰẽ/pʰiɔ̃¹³	pʰẽ/pʰiɔ̃⁵⁵
	岩口	kĩ³³	kĩ³¹²	tɕiɔ̃¹³	çiɔ̃⁵⁵	iɔ̃³³	piɔ̃³³	piɔ̃³¹²	piɔ̃³¹²	pʰiɔ̃/pʰiɔ̃¹³	pʰiɔ̃/pʰiɔ̃⁵⁵
	罗洪	kɔ̃³³	kɔ̃³¹²	tɕɔ̃¹³	çɔ̃⁵⁵	iɔ̃³³	piɔ̃³³	piɔ̃³¹²	piɔ̃³¹²	pʰiɔ̃/pʰiɔ̃¹³	pʰiɔ̃/pʰiɔ̃⁵⁵
	高坪	kẽ³³	kẽ³¹²	kɔ̃¹³	çiɔ̃⁵⁵	iɔ̃³³	piɔ̃³³	piɔ̃³¹²	piɔ̃³¹²	pʰiɔ̃/pʰiɔ̃¹³	pʰiɔ̃/pʰiɔ̃⁵⁵
洞口	石江	kẽ⁵⁵	kẽ³¹²	tɕẽ¹³	çẽ⁵⁵	iẽ⁵⁵	pẽ³³	pẽ³¹²	pẽ³¹²	pʰẽ/pʰiɔ̃¹³	pʰẽ/pʰiɔ̃⁵⁵
	江口	kẽ⁵⁵	kẽ³¹²	tɕẽ¹³	çẽ⁵⁵	iẽ⁵⁵	pẽ³³	pẽ³¹²	pẽ³¹²	pʰẽ/pʰiɔ̃¹³	pʰẽ/pʰiɔ̃⁵⁵
	长塘	kẽ⁵⁵	kẽ³¹²	tɕẽ¹³	çẽ⁵⁵	iẽ⁵⁵	pẽ³³	pẽ³¹²	pẽ³¹²	pʰẽ/pʰiɔ̃¹³	pʰẽ/pʰiɔ̃⁵⁵
	山门	kẽ⁵⁵	kẽ³¹²	tɕẽ¹³	çẽ⁴⁵	iẽ⁵⁵	pẽ³³	pẽ³¹²	pẽ³¹²	ɸẽ/ɸiɔ̃¹³	ɸẽ/ɸiɔ̃⁵⁵
	高沙	tɕĩ⁵⁵	kẽ³¹²	tɕĩ⁵⁵	çĩ³⁵	ĩ⁵⁵	pĩ⁵⁵	pĩ³¹²	pĩ³¹²	pʰĩ/pʰiɔ̃¹³	pʰĩ/pʰiɔ̃²⁴
	花园	kẽ⁵⁵	kẽ³¹²	tɕĩ⁵⁵	çĩ³⁵	ĩ⁵⁵	pĩ⁵⁵	pĩ³¹²	pĩ³¹²	pʰĩ/pʰiɔ̃¹³	pʰĩ/pʰiɔ̃⁵⁵
绥宁	金屋塘	kẽ⁵⁵	kẽ³¹²	tɕẽ¹³	çẽ⁵⁵	iẽ⁵⁵	pẽ³³	pẽ³¹²	pẽ³¹²	pʰẽ/pʰiɔ̃¹³	pʰẽ/pʰiɔ̃⁵⁵
	梅坪	kẽ⁵⁵	kẽ³¹²	tɕẽ¹³	çẽ⁵⁵	iẽ⁵⁵	pẽ³³	pẽ³¹²	pẽ³¹²	pʰẽ/pʰiɔ̃¹³	pʰẽ/pʰiɔ̃⁵⁵
	黄土矿	kẽ³³	kẽ³¹²	tɕĩ³³	çĩ³³	ĩ³³	pĩ³³	pĩ³¹²	pĩ³¹²	pʰĩ/pʰiɔ̃⁵⁵	pʰĩ/pʰiɔ̃⁵⁵
	唐家坊	kẽ³³	kẽ³¹²	tɕĩ³³	çĩ⁵⁵	ĩ³³	pĩ³³	pĩ³¹²	pĩ³¹²	pʰĩ/pʰiɔ̃¹³	pʰĩ/pʰiɔ̃⁵⁵
	瓦屋塘	kẽ³³	kẽ³¹²	tɕĩ³³	çĩ³⁵	ĩ³³	pĩ³³	pĩ³¹²	pĩ³¹²	pʰĩ/pʰiɔ̃¹³	pʰĩ/pʰiɔ̃⁵⁵

		明	命	惊	警	镜	庆	擎	竞	英	影
		梗开三平庚明	梗开三去映明	梗开三平庚见	梗开三上梗见	梗开三去映见	梗开三去映溪	梗开三平庚群	梗开三去映群	梗开三平庚影	梗开三上梗影
隆回	荷香桥	mẽ/liɔ̃¹³	mẽ/miɔ̃⁵⁵	tɕẽ³³	tɕẽ³¹²	tɕẽ⁴⁵	tɕʰẽ⁴⁵	tɕʰẽ¹³	tɕẽ⁴⁵	iẽ³³	iẽ/iɔ̃³¹²
	六都寨	mẽ/liɔ̃¹³	mẽ/miɔ̃⁵⁵	tɕẽ³³	tɕẽ³¹²	tɕẽ⁵⁵	tɕʰẽ⁵⁵	tɕʰẽ¹³	tɕẽ⁵⁵	iẽ³³	iẽ³¹²
	七江	mẽ/liɔ̃¹³	mẽ/miɔ̃⁵⁵	tɕẽ³³	tɕẽ³¹²	tɕẽ⁵⁵	tɕʰẽ⁵⁵	tɕʰẽ¹³	tɕẽ⁵⁵	iẽ³³	iẽ/ɔ̃³¹²
	司门前	mẽ/liɔ̃¹³	mẽ/miɔ̃⁵⁵	tɕẽ³³	tɕẽ³¹²	tɕẽ⁵⁵	tɕʰẽ⁵⁵	tɕʰẽ¹³	tɕẽ⁵⁵	iẽ³³	iẽ/ɔ̃³¹²
	金石桥	mẽ/liɔ̃¹³	mẽ/miɔ̃⁵⁵	tɕẽ³³	tɕẽ³¹²	tɕẽ⁵⁵	tɕʰẽ⁵⁵	tɕʰẽ¹³	tɕẽ⁵⁵	iẽ³³	iẽ/ɔ̃³¹²

续表

		明	命	惊	警	镜	庆	擎	竞	英	影
		梗开三 平庚明	梗开三 去映明	梗开三 平庚见	梗开三 上梗见	梗开三 去映见	梗开三 去映溪	梗开三 平庚群	梗开三 去映群	梗开三 平庚影	梗开三 上梗影
隆回	小沙江	mẽ/liɔ¹³	mẽ/miɔ⁵⁵	tɕẽ³³	tɕẽ³¹²	tɕẽ⁵⁵	tɕʰẽ⁵⁵	tɕʰẽ¹³	tɕẽ⁵⁵	iẽ³³	iẽ/iɔ³¹²
	西洋江	mẽ/liɔ¹³	mẽ/miɔ⁵⁵	tɕẽ⁵⁵	tɕẽ³¹²	tɕẽ⁴⁵	tɕʰẽ⁴⁵	tɕʰẽ¹³	tɕẽ⁵⁵	iẽ⁵⁵	iẽ/ɔ³¹²
	横板桥	mẽ/liɔ¹³	mẽ/miɔ⁵⁵	tɕẽ⁵⁵	tɕẽ³¹²	tɕẽ⁴⁵	tɕʰẽ⁴⁵	tɕʰẽ¹³	tɕẽ⁵⁵	iẽ⁵⁵	iẽ/ɔ³¹²
	岩口	miɔ/miɔ¹³	miɔ/miɔ⁵⁵	tɕiɔ³³	tɕiɔ³¹²	tɕiɔ⁵⁵	tɕʰiɔ⁵⁵	tɕʰiɔ¹³	tɕiɔ⁵⁵	iɔ³³	iɔ/iɔ³¹²
	罗洪	miɔ/liɔ¹³	miɔ/miɔ⁵⁵	tɕiɔ³³	tɕiɔ³¹²	tɕiɔ⁵⁵	tɕʰiɔ⁵⁵	tɕʰiɔ¹³	tɕiɔ⁵⁵	iɔ³³	iɔ/iɔ³¹²
	高坪	miɔ/miɔ¹³	miɔ/miɔ⁵⁵	tɕiɔ³³	tɕiɔ³¹²	tɕiɔ⁵⁵	tɕʰiɔ⁵⁵	tɕʰiɔ¹³	tɕiɔ⁵⁵	iɔ³³	iɔ/iɔ³¹²
洞口	石江	mẽ/liɔ¹³	mẽ/miɔ⁵⁵	tɕẽ⁵⁵	tɕẽ³¹²	tɕẽ²⁴	tɕʰẽ²⁴	tɕʰẽ¹³	tɕẽ⁵⁵	iẽ⁵⁵	iẽ/ɔ³¹²
	江口	mẽ/liɔ¹³	mẽ/miɔ⁵⁵	tɕẽ⁵⁵	tɕẽ³¹²	tɕẽ	tɕʰẽ²⁴	tɕʰẽ¹³	tɕẽ⁵⁵	iẽ⁵⁵	iẽ³¹²
	长塘	mẽ/liɔ¹³	mẽ/miɔ⁵⁵	tɕẽ⁵⁵	tɕẽ³¹²	tɕẽ²⁴	tɕʰẽ²⁴	tɕʰẽ¹³	tɕẽ⁵⁵	iẽ⁵⁵	iẽ³¹²/ɔ²⁴
	山门	mẽ/liɔ¹³	mẽ/miɔ⁵⁵	tɕẽ⁵⁵	tɕẽ³¹²	tɕẽ⁴⁵	tɕʰẽ⁴⁵	tɕʰẽ¹³	tɕẽ⁵⁵	iẽ⁵⁵	iẽ/ɔ³¹²
	高沙	mĩ/liɔ¹³	mĩ²⁴/miɔ⁵⁵	tɕĩ⁵⁵	tɕĩ³¹²	tɕĩ²⁴	tɕʰĩ²⁴	tɕʰĩ¹³	tɕĩ⁵⁵	ĩ⁵⁵	ĩ³¹²
	花园	mĩ/liɔ¹³	mĩ/miɔ⁵⁵	tɕĩ⁵⁵	tɕĩ³¹²	tɕĩ³⁵	tɕʰĩ³⁵	tɕʰĩ¹³	tɕĩ⁵⁵	ĩ⁵⁵	ĩ/ɔ³¹²
绥宁	金屋塘	mẽ/liɔ¹³	mẽ/miɔ⁵⁵	tɕẽ⁵⁵	tɕẽ³¹²	tɕẽ²⁴	tɕʰe²⁴	tɕʰẽ¹³	tɕẽ⁵⁵	iẽ⁵⁵	iẽ³¹²
	梅坪	mẽ/liɔ¹³	mẽ/miɔ⁵⁵	tɕẽ⁵⁵	tɕẽ³¹²	tɕẽ²⁴	tɕʰẽ²⁴	tɕʰẽ¹³	tɕẽ⁵⁵	iẽ⁵⁵	iẽ³¹²
	黄土矿	mĩ/liɔ⁵⁵	mĩ/miɔ³³	tɕĩ³³	tɕĩ³¹²	tɕĩ³⁵	tɕʰĩ³⁵	tɕʰĩ⁵⁵	tɕĩ³³	ĩ³³	ĩ³¹²
	唐家坊	mɔ¹³	mĩ/miɔ⁵⁵	tɕĩ³³	tɕĩ³¹²	tɕĩ⁵⁵	tɕʰĩ⁵⁵	tɕʰĩ¹³	tɕĩ⁵⁵	ĩ³³	ĩ³¹²
	瓦屋塘	mĩ/liɔ¹³	mĩ/miɔ³³	tɕĩ³³	tɕĩ³¹²	tɕĩ³⁵	tɕʰĩ³⁵	tɕʰĩ¹³	tɕĩ³³	ĩ³³	ĩ³¹²

		映	饼	并	聘	名	岭	令	精	井	清
		梗开三 去映影	梗开三 上静帮	梗开三 去劲帮	梗开三 去劲滂	梗开三 平清明	梗开三 上静来	梗开三 去劲来	梗开三 平清精	梗开三 上静精	梗开三 清清
隆回	荷香桥	iẽ⁵⁵	pẽ/piɔ³¹²	pẽ⁵⁵	pʰẽ⁴⁵	mẽ/liɔ¹³	lẽ/liɔ³¹²	lẽ⁴⁵	tsẽ/tsiɔ³³	tsẽ/tsiɔ³¹²	tsʰẽ/tsʰiɔ³³
	六都寨	iẽ⁵⁵	pẽ³¹²	pẽ⁵⁵	pʰẽ⁴⁵	mẽ/liɔ¹³	lẽ/liɔ³¹²	lẽ⁵⁵	tsẽ/tsiɔ³³	tsẽ/tsiɔ³¹²	tsʰẽ/tsʰiɔ³³
	七江	iẽ⁵⁵	pẽ³¹²/piɔ⁴⁵	pẽ⁵⁵	pʰẽ⁴⁵	mẽ/liɔ¹³	lẽ/liɔ³¹²	lẽ⁵⁵	tsẽ/tsiɔ³³	tsẽ/tsiɔ³¹²	tsʰẽ/tsʰiɔ³³
	司门前	iẽ⁵⁵	pẽ/piɔ³¹²	pẽ⁵⁵	pʰẽ⁴⁵	mẽ/liɔ¹³	lẽ/liɔ³¹²	lẽ⁵⁵	tsẽ/tsiɔ³³	tsẽ/tsiɔ³¹²	tsʰẽ/tsʰiɔ³³
	金石桥	iẽ⁵⁵	pẽ/piɔ³¹²	pẽ⁵⁵	pʰẽ⁴⁵	mẽ/liɔ¹³	lẽ/liɔ³¹²	lẽ⁵⁵	tsẽ/tsiɔ³³	tsẽ/tsiɔ³¹²	tsʰẽ/tsʰiɔ³³
	小沙江	iẽ⁵⁵	pẽ/piɔ³¹²	pẽ⁵⁵	pʰẽ⁴⁵	mẽ/liɔ¹³	lẽ/liɔ³¹²	lẽ⁵⁵	tɕẽ/tɕiɔ³³	tɕẽ/tɕiɔ³¹²	tɕʰẽ/tɕʰiɔ³³
	西洋江	iẽ⁵⁵	pẽ/piɔ³¹²	pẽ⁴⁵	pʰẽ⁴⁵	mẽ/miɔ¹³	lẽ/liɔ³¹²	lẽ⁴⁵	tsẽ/tsiɔ³³	tsẽ/tsiɔ³¹²	tsʰẽ/tsʰiɔ³³
	横板桥	iẽ⁵⁵	pẽ³¹²/piɔ⁴⁵	pẽ⁴⁵	pʰẽ⁴⁵	mẽ/miɔ¹³	lẽ/liɔ³¹²	lẽ⁴⁵	tsẽ/tsiɔ⁵⁵	tsẽ/tsiɔ³¹²	tsʰẽ/tsʰiɔ³³
	岩口	iɔ⁵⁵	piɔ/piɔ⁴⁵	piɔ⁵⁵	pʰiɔ⁵⁵	miɔ/liɔ¹³	liɔ/liɔ³¹²	liɔ⁵⁵	tɕiɔ/tɕiɔ³³	tɕiɔ/tɕiɔ³¹²	tɕʰiɔ/tɕʰiɔ³³

		映	饼	并	聘	名	岭	令	精	井	清
		梗开三 去映影	梗开三 上静帮	梗开三 去劲帮	梗开三 去劲滂	梗开三 平清明	梗开三 上静来	梗开三 去劲来	梗开三 平清精	梗开三 上静精	梗开三 清清
隆回	罗洪	iã^{55}	piã/piɔ^{312}	piã^{55}	pʰiã^{55}	miã/liã^{13}	liã/liɔ^{13}	liã^{55}	tɕiã/tɕiɔ^{33}	tɕiã/tɕiɔ^{312}	tɕʰiã/tɕʰiɔ^{33}
	高坪	iã^{55}	piã/piɔ^{312}	piã^{55}	pʰiã^{55}	miã/liã^{13}	liã/liɔ^{13}	liã^{55}	tɕiã/tɕiɔ^{33}	tɕiã/tɕiɔ^{312}	tɕʰiã/tɕʰiɔ^{33}
洞口	石江	ie^{24}	pẽ/piɔ^{312}	pẽ^{24}	pʰẽ^{24}	mẽ/miɔ^{13}	lẽ^{312}	lẽ^{55}	tsẽ/tɕiɔ^{55}	tsẽ/tɕiɔ^{312}	tsʰẽ/tɕiɔ^{55}
	江口	iɔ^{24}	pẽ/piɔ^{312}	pẽ^{24}	pʰẽ^{24}	mẽ^{13}	lẽ^{312}	lẽ^{24}	tsẽ/tɕiɔ^{55}	tsẽ/tɕiɔ^{312}	tsʰẽ/tɕiɔ^{55}
	长塘	iɔ^{24}	pẽ/piɔ^{312}	pẽ^{24}	pʰẽ^{24}	mẽ/miɔ^{13}	lẽ^{312}	lẽ^{55}	tsẽ/tɕiɔ^{55}	tsẽ/tɕiɔ^{312}	tsʰẽ/tɕʰiɔ^{55}
	山门	ie^{55}	pẽ^{312}	pẽ^{45}	ɸẽ^{45}	mẽ^{13}	lẽ^{312}	lẽ^{45}	tsẽ/tsiɔ^{55}	tsẽ/tsiɔ^{312}	tsʰẽ/tsʰiɔ^{55}
	高沙	ĩ^{55}	pĩ/piɔ^{312}	pĩ^{24}	pʰĩ^{24}	mĩ^{13}	lĩ/liɔ^{13}	lĩ	tɕĩ/tɕiɔ^{55}	tɕĩ/tɕiɔ^{312}	tɕʰĩ/tɕʰiɔ^{55}
	花园	ĩ^{55}	pĩ/piɔ^{312}	pĩ^{5}	pʰĩ^{35}	mĩ^{13}	lĩ/liɔ^{13}	lĩ^{35}	tsĩ/tsiɔ^{55}	tsĩ/tsiɔ^{312}	tsʰĩ/tsʰiɔ^{55}
绥宁	金屋塘	iɔ^{24}	pẽ/piɔ^{312}	pẽ^{24}	pʰẽ^{24}	mẽ^{13}	lẽ^{312}	lẽ^{24}	tsẽ/tsiɔ^{55}	tsẽ/tsiɔ^{312}	tsʰẽ/tsʰiɔ^{55}
	梅坪	iɔ^{24}	pẽ/piɔ^{312}	pẽ^{24}	pʰẽ^{24}	mẽ^{13}	lẽ^{312}	lẽ^{24}	tsẽ/tsiɔ^{55}	tsẽ/tsiɔ^{312}	tsʰẽ/tsʰiɔ^{55}
	黄土矿	ĩ^{35}	pĩ/piɔ^{312}	pĩ^{35}	pʰĩ^{35}	mĩ/miɔ^{55}	lĩ/liɔ^{13}	lĩ	tɕĩ/tɕiɔ^{33}	tɕĩ/tɕiɔ^{312}	tɕʰĩ/tɕʰiɔ^{55}
	唐家坊	ĩ^{55}	pĩ/piɔ^{312}	pĩ^{55}	pʰĩ^{55}	mĩ/miɔ^{13}	lĩ/liɔ^{312}	lĩ^{35}	tsĩ/tsiɔ^{55}	tsĩ/tsiɔ^{312}	tsʰĩ/tsʰiɔ^{55}
	瓦屋塘	ĩ^{33}	pĩ/piɔ^{312}	pĩ^{35}	pʰĩ^{35}	mĩ/miɔ^{13}	lĩ/liɔ^{13}	lĩ^{35}	tsĩ/tsiɔ^{33}	tsĩ/tsiɔ^{312}	tsʰĩ/tsʰiɔ^{55}

		请	晴	静	净	省	姓	侦	逞	程	郑
		梗开三 上静清	梗开三 平清从	梗开三 上静从	梗开三 去劲从	梗开三 上静心	梗开三 去劲心	梗开三 平清彻	梗开三 上静彻	梗开三 平清澄	梗开三 去劲澄
隆回	荷香桥	tsʰẽ/tsʰiɔ^{312}	tsʰẽ/tsʰiɔ^{13}	tsʰẽ^{55}	tsʰẽ^{55}	sẽ/sɔ^{312}	sẽ^{55}	tɕẽ^{33}	tɕʰɔ^{312}	tɕʰẽ^{13}	tɕʰẽ^{55}
	六都寨	tsʰẽ/tsʰiɔ^{312}	tsʰẽ/tsʰiɔ^{13}	tsʰẽ^{55}	tsʰẽ^{55}	sẽ/sɔ^{312}	sẽ^{55}	tɕẽ^{33}	tɕʰɔ^{312}	tɕʰẽ^{13}	tɕʰẽ^{55}
	七江	tsʰẽ/tsʰiɔ^{312}	tsʰẽ/tsʰiɔ^{13}	tsʰẽ^{55}	tsʰẽ^{55}	sẽ/sɔ^{312}	sẽ^{55}	tɕẽ^{33}	tɕʰẽ^{312}	tɕʰẽ^{13}	tɕʰẽ^{55}
	司门前	tsʰẽ/tsʰiɔ^{312}	tsʰẽ/tsʰiɔ^{13}	tsʰẽ^{55}	tsʰẽ^{55}	sẽ/sɔ^{312}	sẽ^{55}	tɕẽ^{33}	tɕʰẽ^{312}	tɕʰẽ^{13}	tɕʰẽ^{55}
	金石桥	tsʰẽ/tsʰiɔ^{312}	tsʰẽ/tsʰiɔ^{13}	tsʰẽ^{55}	tsʰẽ^{55}	sẽ/sɔ^{312}	sẽ^{55}	tɕẽ^{33}	tɕʰẽ^{312}	tɕʰẽ^{13}	tɕʰẽ^{55}
	小沙江	tɕʰẽ/tɕʰiɔ^{312}	tsʰẽ/tɕʰiɔ^{13}	tɕʰẽ^{55}	tɕʰẽ^{55}	ɕẽ/ɕɔ^{312}	ɕẽ^{55}	tɕẽ^{33}	tɕʰẽ^{312}	tɕʰẽ^{13}	tɕʰẽ^{55}
	西洋江	tsʰẽ/tsʰiɔ^{312}	tsʰẽ/tsʰiɔ^{13}	tsʰẽ^{55}	tsʰẽ^{55}	sẽ/sɔ^{312}	sẽ^{45}	tɕẽ^{55}	tɕʰẽ^{312}	tɕʰẽ^{13}	tɕʰẽ^{45}
	横板桥	tsʰẽ/tsʰiɔ^{312}	tsʰẽ/tsʰiɔ^{13}	tsʰẽ^{55}	tsʰẽ^{55}	sẽ/sɔ^{312}	sẽ^{45}	tɕẽ^{55}	tɕʰẽ^{312}	tɕʰẽ^{13}	tɕʰẽ^{45}
	岩口	tɕʰiã/tɕʰiɔ^{312}	tɕʰiã/tɕʰiɔ^{13}	tɕʰiã^{55}	tɕʰiã^{55}	ɕiã/ɕiɔ^{312}	ɕiã^{55}	tɕiã^{33}	tɕʰiã^{312}	tɕʰiã^{13}	tɕʰiã^{55}
	罗洪	tɕʰiã/tɕʰiɔ^{312}	tɕʰiã/tɕʰiɔ^{13}	tɕʰiã^{55}	tɕʰiã^{55}	ɕiã/ɕiɔ^{312}	ɕiã^{55}	tɕiã^{33}	tɕʰɔ^{312}	tɕʰɔ^{13}	tɕʰɔ^{55}
	高坪	tɕʰiã/tɕʰiɔ^{312}	tɕʰiã/tɕʰiɔ^{13}	tɕʰiã^{55}	tɕʰiã^{55}	ɕiã/ɕiɔ^{312}	ɕiã^{55}	tɕiã^{33}	tɕʰiã^{312}	tɕʰiã^{13}	tɕʰiã^{55}
洞口	石江	tsʰẽ/tɕʰiɔ^{312}	tsʰẽ/tɕʰiɔ^{13}	tsʰẽ^{55}	tsʰẽ^{55}	sẽ/sɔ^{312}	sẽ^{45}	tɕẽ^{55}	tɕʰẽ^{312}	tɕʰẽ^{13}	tɕʰẽ^{24}
	江口	tsʰẽ/tɕʰiɔ^{312}	tsʰẽ/tɕʰiɔ^{13}	tsʰẽ^{55}	tsʰẽ^{55}	sẽ/sɔ^{312}	sẽ^{45}	tɕẽ^{55}	tɕʰẽ^{312}	tɕʰẽ^{13}	tɕʰẽ^{55}

		请	晴	静	净	省	姓	侦	逞	程	郑
		梗开三上静清	梗开三平静从	梗开三上静从	梗开三去劲从	梗开三上静心	梗开三去劲心	梗开三平清彻	梗开三上静彻	梗开三平清澄	梗开三去劲澄
洞口	长塘	tsʰẽ/tɕʰiɔ̃³¹²	tsʰẽ/tɕʰiɔ̃¹³	tsʰẽ⁵⁵	tsʰẽ⁵⁵	sẽ/sɔ̃³¹²	sẽ⁴⁵	tɕẽ⁵⁵	tɕʰẽ³¹²	tɕʰẽ¹³	tɕʰẽ²⁴
	山门	tsʰẽ/tsʰiɔ̃³¹²	tsʰẽ/tsʰiɔ̃¹³	tsʰẽ⁴⁵	tsʰẽ⁵⁵	sẽ/sɔ̃³¹²	sẽ⁴⁵	tɕẽ⁵⁵	tɕʰẽ³¹²	tɕʰẽ¹³	tɕʰẽ⁴⁵
	高沙	tɕʰĩ/tɕʰiɔ̃³¹²	tɕʰĩ/tɕʰiɔ̃¹³	tɕʰĩ²⁴	tɕʰi²⁴	ɕĩ/sɔ̃³¹²	ɕĩ²⁴	tɕĩ⁵⁵	tɕʰĩ³¹²	tɕʰĩ¹³	tɕʰi⁵⁵
	花园	tsʰĩ/tsʰiɔ̃³¹²	tsʰĩ/tsʰiɔ̃¹³	tsʰĩ⁵⁵	tsʰĩ⁵⁵	sĩ/sɔ̃³¹²	sĩ³⁵	tɕĩ⁵⁵	tɕʰĩ³¹²	tɕʰĩ¹³	tɕʰi³⁵
绥宁	金屋塘	tsʰẽ/tsʰiɔ̃³¹²	tsʰẽ/tsʰiɔ̃¹³	tsʰẽ⁵⁵	tsʰẽ⁵⁵	sẽ/sɔ̃³¹²	sẽ⁴⁵	tɕẽ⁵⁵	tɕʰẽ³¹²	tɕʰẽ¹³	tɕʰẽ⁵⁵
	梅坪	tsʰẽ/tsʰiɔ̃³¹²	tsʰẽ/tsʰiɔ̃¹³	tsʰẽ⁵⁵	tsʰẽ⁵⁵	sẽ/sɔ̃³¹²	sẽ⁴⁵	tɕẽ⁵⁵	tɕʰẽ³¹²	tɕʰẽ¹³	tɕʰẽ⁵⁵
	黄土矿	tɕʰĩ/tɕʰiɔ̃³¹²	tɕʰĩ/tɕʰiɔ̃⁵⁵	tɕʰĩ³³	tɕʰi³³	ɕĩ/sɔ̃³¹²	ɕĩ³⁵	tɕĩ³³	tɕʰĩ³¹²	tɕʰĩ⁵⁵	tɕʰĩ³³
	唐家坊	tɕʰĩ/tsʰiɔ̃³¹²	tsʰĩ/tsʰiɔ̃¹³	tsʰĩ⁵⁵	tsʰĩ⁵⁵	sĩ/sɔ̃³¹²	sĩ³⁵	tɕĩ³³	tɕʰĩ³¹²	tɕʰĩ¹³	tɕʰĩ⁵⁵
	瓦屋塘	tsʰĩ/tsʰiɔ̃³¹²	tsʰĩ/tsʰiɔ̃¹³	tsʰĩ³³	tsʰĩ³³	sĩ/sɔ̃³¹²	sĩ³⁵	tɕĩ³³	tɕʰĩ³¹²	tɕʰĩ¹³	tɕʰi³⁵

		正	整	政	声	圣	城	盛	颈	轻	缨
		梗开三平清章	梗开三静章	梗开三去劲章	梗开三平清书	梗开三去劲书	梗开三平清禅	梗开三去劲禅	梗开三上静见	梗开三平清溪	梗开三平清影
隆回	荷香桥	tɕẽ/tɕɔ̃³³	tɕẽ³¹²	tɕẽ⁴⁵	ɕẽ/ɕɔ̃³³	ɕẽ⁴⁵	tɕʰẽ¹³	ɕẽ⁵⁵	tɕẽ/tɕɔ̃³¹²	tɕʰẽ/tɕʰɔ̃³¹²	iẽ³³
	六都寨	tɕẽ⁵⁵	tɕẽ³¹²	tɕẽ⁵⁵	ɕẽ³³	ɕẽ⁵⁵	tɕʰẽ¹³	ɕẽ⁵⁵	tɕẽ/tɕɔ̃³¹²	tɕʰẽ/tɕʰɔ̃³³	iẽ³³
	七江	tɕẽ⁵⁵	tɕẽ³¹²	tɕẽ⁵⁵	ɕẽ/ɕɔ̃³³	ɕẽ⁵⁵	tɕʰẽ¹³	ɕẽ⁵⁵	tɕẽ/tɕɔ̃³¹²	tɕʰẽ/tɕʰɔ̃³³	iẽ³³
	司门前	tɕẽ⁵⁵	tɕẽ³¹²	tɕẽ⁵⁵	ɕẽ/ɕɔ̃³³	ɕẽ⁵⁵	tɕʰẽ¹³	ɕẽ⁵⁵	tɕẽ/tɕɔ̃³¹²	tɕʰẽ/tɕʰɔ̃³³	iẽ³³
	金石桥	tɕẽ/tɕɔ̃⁵⁵	tɕẽ³¹²	tɕẽ⁵⁵	ɕẽ/ɕɔ̃³³	ɕẽ⁵⁵	tɕʰẽ¹³	ɕẽ⁵⁵	tɕẽ/tɕɔ̃³¹²	tɕʰẽ/tɕʰɔ̃³³	iẽ³³
	小沙江	tɕẽ/tɕɔ̃⁵⁵	tɕẽ³¹²	tɕẽ⁵⁵	ɕẽ/ɕɔ̃³³	ɕẽ⁵⁵	tɕʰẽ¹³	ɕẽ⁵⁵	tɕẽ/tɕɔ̃³¹²	tɕʰẽ/tɕʰɔ̃³³	iẽ³³
	西洋江	tɕẽ/tɕɔ̃⁵⁵	tɕẽ³¹²	tɕẽ⁴⁵	ɕẽ/ɕɔ̃³³	ɕẽ⁴⁵	tɕʰẽ¹³	ɕẽ⁵⁵	tɕẽ/tɕɔ̃³¹²	tɕʰẽ/tɕʰɔ̃³³	iẽ⁵⁵
	横板桥	tɕẽ/tɕɔ̃⁵⁵	tɕẽ³¹²	tɕẽ⁴⁵	ɕẽ/ɕɔ̃⁵⁵	ɕẽ⁴⁵	tɕʰẽ¹³	ɕẽ⁵⁵	tɕẽ/tɕɔ̃³¹²	tɕʰẽ/tɕʰɔ̃³³	iẽ⁵⁵
	岩口	tɕiɔ̃/tɕiɔ̃⁵⁵	tɕiɔ̃³¹²	tɕiɔ̃⁵⁵	ɕiɔ̃/ɕiɔ̃³³	ɕiɔ̃⁵⁵	tɕʰiɔ̃¹³	ɕiɔ̃⁵⁵	tɕiɔ̃/tɕiɔ̃³¹²	tɕʰiɔ̃/tɕʰiɔ̃³³	iɔ̃³³
	罗洪	tɕẽ/tɕɔ̃⁵⁵	tɕɔ̃³¹²	tɕẽ⁵⁵	ɕɔ̃³³	ɕɔ̃⁵⁵	tɕʰɔ̃¹³	ɕɔ̃⁵⁵	tɕiɔ̃/tɕiɔ̃³¹²	tɕʰiɔ̃/tɕʰiɔ̃³³	iɔ̃³³
	高坪	tɕiɔ̃/tɕɔ̃⁵⁵	tɕiɔ̃³¹²	tɕiɔ̃⁵⁵	ɕiɔ̃/ɕiɔ̃³³	ɕiɔ̃⁵⁵	tɕʰiɔ̃¹³	ɕiɔ̃⁵⁵	tɕiɔ̃/tɕiɔ̃³¹²	tɕʰiɔ̃/tɕʰiɔ̃³³	iɔ̃³³
洞口	石江	tɕẽ/tɕɔ̃⁵⁵	tɕẽ³¹²	tɕẽ²⁴	ɕẽ/ɕɔ̃⁵⁵	ɕẽ²⁴	tɕʰẽ¹³	ɕẽ⁵⁵	tɕẽ/tɕɔ̃³¹²	tɕʰẽ/tɕʰɔ̃⁵⁵	iẽ⁵⁵
	江口	tɕẽ/tɕɔ̃⁵⁵	tɕẽ³¹²	tɕẽ²⁴	ɕẽ/ɕɔ̃⁵⁵	ɕẽ²⁴	tɕʰẽ¹³	ɕẽ⁵⁵	tɕẽ/tɕɔ̃³¹²	tɕʰẽ/tɕʰɔ̃⁵⁵	iẽ⁵⁵
	长塘	tɕẽ/tɕɔ̃⁵⁵	tɕẽ³¹²	tɕẽ²⁴	ɕẽ/ɕɔ̃⁵⁵	ɕẽ²⁴	tɕʰẽ¹³	ɕẽ⁵⁵	tɕẽ/tɕɔ̃³¹²	tɕʰẽ/tɕʰɔ̃⁵⁵	iẽ⁵⁵
	山门	tɕẽ/tɕɔ̃⁵⁵	tɕẽ³¹²	tɕẽ⁴⁵	ɕẽ/ɕɔ̃⁴⁵	ɕẽ⁴⁵	tɕʰẽ¹³	ɕẽ⁴⁵	tɕẽ/tɕɔ̃³¹²	tɕʰẽ/tɕʰɔ̃⁵⁵	iẽ⁵⁵
	高沙	tɕĩ/tɕɔ̃⁵⁵	tɕĩ³¹²	tɕĩ²⁴	ɕĩ/ɕɔ̃⁵⁵	ɕĩ²⁴	tɕʰĩ¹³	ɕĩ²⁴	tɕĩ/tɕɔ̃³¹²	tɕʰĩ/tɕʰɔ̃⁵⁵	ĩ⁵⁵
	花园	tɕĩ/tɕɔ̃⁵⁵	tɕĩ³¹²	tɕĩ³⁵	ɕĩ/ɕɔ̃⁵⁵	ɕĩ³⁵	tɕʰĩ¹³	ɕĩ³⁵	tɕĩ/tɕɔ̃³¹²	tɕʰĩ/tɕʰɔ̃⁵⁵	ĩ⁵⁵

		正	整	政	声	圣	城	盛	颈	轻	缨
		梗开三 平清章	梗开三 静章	梗开三 去劲章	梗开三 平清书	梗开三 去劲书	梗开三 平清禅	梗开三 去劲禅	梗开三 上静见	梗开三 平清溪	梗开三 平清影
绥宁	金屋塘	tɕẽ/tɕɔ̃^{55}	tɕẽ^{312}	tɕẽ^{24}	ɕẽ/ɕɔ̃^{55}	ɕẽ^{24}	tɕʰẽ^{13}	ɕẽ^{55}	tɕẽ/tɕɔ̃^{55}	tɕʰẽ/tɕʰɔ̃^{55}	iẽ^{55}
	梅坪	tɕẽ/tɕɔ̃^{55}	tɕẽ^{312}	tɕẽ^{24}	ɕẽ/ɕɔ̃^{55}	ɕẽ^{24}	tɕʰẽ^{13}	ɕẽ^{55}	tɕẽ/tɕɔ̃^{312}	tɕʰẽ/tɕʰɔ̃^{55}	iẽ^{55}
	黄土矿	tɕĩ/tɕɔ̃^{33}	tɕĩ^{312}	tɕĩ^{35}	ɕĩ/ɕɔ̃^{33}	ɕĩ^{35}	tɕʰĩ^{55}	ɕĩ^{35}	tɕĩ/tɕɔ̃^{33}	tɕʰĩ/tɕʰɔ̃^{33}	ĩ^{33}
	唐家坊	tɕĩ/tɕɔ̃^{33}	tɕĩ^{312}	tɕĩ^{55}	ɕĩ/ɕɔ̃^{33}	ɕĩ^{55}	tɕʰĩ^{13}	ɕĩ^{55}	tɕĩ/tɕɔ̃^{33}	tɕʰĩ/tɕʰɔ̃^{33}	ĩ^{33}
	瓦屋塘	tɕĩ/tɕɔ̃^{33}	tɕĩ^{312}	tɕĩ^{35}	ɕĩ/ɕɔ̃^{33}	ɕĩ^{35}	tɕʰĩ^{13}	ɕĩ^{35}	tɕĩ/tɕɔ̃^{312}	tɕʰĩ/tɕʰɔ̃^{33}	ĩ^{33}

		赢	拼	瓶	铭	钉	鼎	订	听	亭	艇
		梗开三 平清以	梗开四 平青滂	梗开四 平青并	梗开四 平青明	梗开四 平青端	梗开四 上迥端	梗开四 去径端	梗开四 平青透	梗开四 平青定	梗开四 上迥定
隆回	荷香桥	iẽ/iɔ̃^{13}	pʰẽ^{33}	pʰẽ^{13}	mẽ^{13}	tẽ/tiɔ̃^{33}	tẽ^{312}	tiɔ̃^{55}	xẽ/xã^{33}	xẽ^{13}	xẽ^{312}
	六都寨	iẽ^{13}	pʰẽ^{33}	pʰẽ^{13}	mẽ^{13}	tẽ/tiɔ̃^{33}	tẽ^{312}	tiɔ̃^{55}	xiɔ̃^{33}	xẽ^{13}	xẽ^{312}
	七江	iẽ/iɔ̃^{13}	pʰẽ^{33}	pʰẽ^{13}	mẽ^{13}	tẽ/tiɔ̃^{33}	tẽ^{312}/tiɔ̃^{45}	tiɔ̃^{55}	xiɔ̃^{33}	xẽ^{13}	xẽ^{312}
	司门前	iẽ/iɔ̃^{13}	pʰẽ^{33}	pʰẽ^{13}	mẽ^{13}	tẽ/tiɔ̃^{33}	tẽ^{312}/tiɔ̃^{45}	tiɔ̃^{55}	xiɔ̃^{33}	xẽ^{13}	xẽ^{312}
	金石桥	iẽ/iɔ̃^{13}	pʰẽ^{33}	pʰẽ^{13}	mẽ^{13}	tẽ/tiɔ̃^{33}	tẽ^{312}/tiɔ̃^{45}	tẽ/tiɔ̃^{55}	xẽ/xiɔ̃^{33}	xẽ^{13}	xẽ^{312}
	小沙江	iẽ/iɔ̃^{13}	pʰiɔ̃^{33}	pʰẽ^{13}	mẽ^{13}	tẽ/tiɔ̃^{33}	tẽ^{312}/tiɔ̃^{45}	tẽ/tiɔ̃^{55}	tʰẽ/tʰiɔ̃^{33}	tʰẽ^{13}	tʰẽ^{312}
	西洋江	iẽ/iɔ̃^{13}	pʰẽ^{55}	pʰẽ^{13}	mẽ^{13}	tẽ/tiɔ̃^{55}	tẽ/tiɔ̃^{45}	tẽ^{45}	xẽ^{55}/xã^{55}	xẽ^{13}	xẽ^{312}
	横板桥	iẽ/iɔ̃^{13}	pʰẽ^{55}	pʰẽ^{13}	mẽ^{13}	tẽ/tiɔ̃^{55}	tẽ/tiɔ̃^{45}	tẽ^{45}	xẽ^{55}/xã^{55}	xẽ^{13}	xẽ^{312}
	岩口	iɔ̃/iɔ̃^{13}	pʰiɔ̃^{33}	pʰiɔ̃^{13}	miɔ̃^{13}	tiɔ̃/tiɔ̃^{33}	tiɔ̃^{312}/tiɔ̃^{45}	tiɔ̃/tiɔ̃^{55}	tʰiɔ̃/xiɔ̃^{33}	tʰiɔ̃^{13}	tʰiɔ̃^{312}
	罗洪	iɔ̃/iɔ̃^{13}	pʰiɔ̃^{33}	pʰiɔ̃^{13}	miɔ̃^{13}	tiɔ̃/tiɔ̃^{33}	tiɔ̃^{312}/tiɔ̃^{45}	tiɔ̃/tiɔ̃^{55}	tʰiɔ̃/tʰiɔ̃^{33}	tʰiɔ̃^{13}	tʰiɔ̃^{312}
	高坪	iɔ̃/iɔ̃^{13}	pʰiɔ̃^{33}	pʰiɔ̃^{13}	miɔ̃^{13}	tiɔ̃/tiɔ̃^{33}	tiɔ̃^{312}/tiɔ̃^{45}	tiɔ̃/tiɔ̃^{55}	tʰiɔ̃/tʰiɔ̃^{33}	tʰiɔ̃^{13}	tʰiɔ̃^{312}
洞口	石江	iẽ/iɔ̃^{13}	pʰẽ^{55}	pʰẽ^{13}	mẽ^{13}	tẽ/tiɔ̃^{55}	tẽ/tiɔ̃^{45}	te^{24}	xẽ^{55}/xã^{55}	xẽ^{13}	xẽ^{312}
	江口	iẽ/iɔ̃^{13}	pʰẽ^{55}	pʰẽ^{13}	mẽ^{13}	tẽ/tiɔ̃^{55}	tẽ/tiɔ̃^{45}	te^{24}	tʰẽ/tʰiɔ̃^{24}	xẽ^{13}	xẽ^{312}
	长塘	iẽ/iɔ̃^{13}	pʰẽ^{55}	pʰẽ^{13}	mẽ^{13}	tẽ/tiɔ̃^{55}	tẽ/tiɔ̃^{45}	te^{24}	xẽ/xã^{55}	xẽ^{13}	xẽ^{312}
	山门	iẽ/iɔ̃^{13}	ɸẽ^{55}	ɸẽ^{13}	mẽ^{13}	tẽ/tiɔ̃^{55}	tẽ/tiɔ̃^{45}	te^{45}	xẽ/xã^{55}	xẽ^{13}	xẽ^{312}
	高沙	ĩ/iɔ̃^{13}	pʰĩ^{55}	pʰĩ^{13}	mĩ^{13}	tĩ/tiɔ̃^{55}	tĩ/tiɔ̃^{312}	tĩ^{24}	tʰĩ/tʰã^{55}	tʰĩ^{13}	tʰĩ^{312}
	花园	ĩ/iɔ̃^{13}	pʰĩ^{55}	pʰĩ^{13}	mĩ^{13}	tĩ/tiɔ̃^{55}	tĩ/tiɔ̃^{312}	tĩ^{35}	tʰĩ/tʰã^{55}	tʰĩ^{13}	tʰĩ^{312}
绥宁	金屋塘	iẽ/iɔ̃^{13}	pʰẽ^{55}	pʰẽ^{13}	mẽ^{13}	tẽ/tiɔ̃^{55}	tẽ/tiɔ̃^{45}	te^{24}	xẽ/tʰiɔ̃^{24}	xẽ^{13}	xẽ^{312}
	梅坪	iẽ/iɔ̃^{13}	pʰẽ^{55}	pʰẽ^{13}	mẽ^{13}	tẽ/tiɔ̃^{55}	tẽ/tiɔ̃^{45}	te^{24}	xẽ/tʰiɔ̃^{24}	xẽ^{13}	xẽ^{312}
	黄土矿	ĩ/iɔ̃^{55}	pʰĩ^{33}	pʰĩ^{55}	mĩ^{55}	tĩ/tiɔ̃^{55}	tĩ/tiɔ̃^{33}	tĩ^{35}	tʰĩ^{55}	tʰĩ^{55}	tʰĩ^{312}
	唐家坊	ĩ/iɔ̃^{13}	pʰĩ^{33}	pʰĩ^{13}	mĩ^{13}	tĩ/tiɔ̃^{33}	tĩ/tiɔ̃^{312}	tĩ^{312}	tʰĩ^{33}	tʰĩ^{13}	tʰĩ^{312}
	瓦屋塘	ĩ/iɔ̃^{13}	pʰĩ^{33}	pʰĩ^{13}	mĩ^{13}	tĩ/tiɔ̃^{33}	tĩ/tiɔ̃^{33}	tĩ^{35}	tʰĩ^{55}	tʰĩ^{13}	tʰĩ^{312}

		定	宁	灵	青	腥	醒	经	磬	馨	形
		梗开四	梗开四	梗开四	梗开四	梗开四	梗开四	梗开四	梗开四	梗开四	梗开四
		去径定	平青泥	平青来	平青清	平青心	上迥心	平青见	去劲溪	平青晓	平青匣
隆回	荷香桥	xẽ⁵⁵	lẽ/ŋ̍⁵⁵	lẽ¹³	tshẽ/tshiɔ³³	sẽ/siɔ³³	sẽ/siɔ³¹²	tɕẽ³³	tɕhẽ⁵⁵	çẽ³³	çẽ¹³
	六都寨	xẽ⁵⁵	ŋ̍⁵⁵	lẽ¹³	tshẽ/tshiɔ³³	sẽ/siɔ³³	sẽ/siɔ³¹²	tɕẽ³³	tɕhẽ⁵⁵	çẽ³³	çẽ¹³
	七江	xẽ⁵⁵	lẽ/ŋ̍⁵⁵	lẽ¹³	tshẽ/tshiɔ³³	sẽ/siɔ³³	sẽ/siɔ³¹²	tɕẽ³³	tɕhẽ⁵⁵	çẽ³³	çẽ¹³
	司门前	xẽ⁵⁵	lẽ/ŋ̍⁵⁵	lẽ¹³	tshẽ/tshiɔ³³	sẽ/siɔ³³	sẽ/siɔ³¹²	tɕẽ³³	tɕhẽ⁵⁵	çẽ³³	çẽ¹³
	金石桥	xẽ⁵⁵	lẽ/ŋ̍⁵⁵	lẽ¹³	tshẽ/tshiɔ³³	sẽ/siɔ³³	sẽ/siɔ³¹²	tɕẽ³³	tɕhẽ⁵⁵	çẽ³³	çẽ¹³
	小沙江	thẽ⁵⁵	lẽ/ŋ̍⁵⁵	lẽ¹³	tɕhẽ/tɕhiɔ³³	çẽ/çɔ³³	çẽ/çɔ³¹²	tɕẽ³³	tɕhẽ⁵⁵	çẽ³³	çẽ¹³
	西洋江	xẽ⁵⁵	ŋ̍⁴⁵	lẽ¹³	tshẽ/tshiɔ⁵⁵	sẽ/siɔ⁵⁵	sẽ/siɔ³¹²	tɕẽ⁵⁵	tɕhẽ⁴⁵	çẽ⁵⁵	çẽ¹³
	横板桥	xẽ⁵⁵	ŋ̍⁴⁵	lẽ¹³	tshẽ/tshiɔ⁵⁵	sẽ/siɔ⁵⁵	sẽ/siɔ³¹²	tɕẽ⁵⁵	tɕhẽ⁴⁵	çẽ⁵⁵	çẽ¹³
	岩口	tiɔ⁵⁵	liɔ⁵⁵	liɔ¹³	tshiɔ/tshiɔ³³	siɔ/siɔ³³	siɔ/siɔ³¹²	tɕiɔ³³	tɕhiɔ⁵⁵	çiɔ³³	çiɔ¹³
	罗洪	thiɔ⁵⁵	liɔ/ŋ̍⁵⁵	liɔ¹³	tɕhiɔ/tɕhiɔ³³	çiɔ/çiɔ³³	çiɔ/çiɔ³¹²	tɕiɔ³³	tɕhiɔ⁵⁵	çiɔ¹³	çiɔ¹³
	高坪	thiɔ⁵⁵	liɔ/ŋ̍⁵⁵	liɔ¹³	tɕhiɔ/tɕhiɔ³³	çiɔ/çiɔ³³	çiɔ/çiɔ³¹²	tɕiɔ³³	tɕhiɔ⁵⁵	çiɔ³³	çiɔ¹³
洞口	石江	xẽ⁵⁵	ŋ̍¹³	lẽ¹³	tshẽ/tɕhiɔ⁵⁵	sẽ/çɔ⁵⁵	sẽ/çɔ³¹²	tɕẽ⁵⁵	tɕhẽ²⁴	çẽ⁵⁵	çẽ¹³
	江口	thẽ⁵⁵	lẽ¹³	lẽ¹³	tshẽ/tɕhiɔ⁵⁵	sẽ/çɔ⁵⁵	sẽ/çɔ³¹²	tɕẽ⁵⁵	tɕhẽ²⁴	çẽ⁵⁵	çẽ¹³
	长塘	xẽ⁵⁵	lẽ¹³	lẽ¹³	tshẽ/tɕhiɔ⁵⁵	sẽ/çɔ⁵⁵	sẽ/çɔ³¹²	tɕẽ⁵⁵	tɕhẽ²⁴	çẽ⁵⁵	çẽ¹³
	山门	xẽ⁵⁵	ŋ̍⁴⁵	lẽ¹³	tshẽ/tɕhiɔ⁵⁵	sẽ/siɔ⁵⁵	sẽ/siɔ³¹²	tɕẽ⁵⁵	tɕhẽ⁴⁵	çẽ⁵⁵	çẽ¹³
	高沙	tĩ²⁴	lĩ¹³	lĩ¹³	tɕhĩ/tɕhiɔ⁵⁵	çĩ/çɔ⁵⁵	çĩ/çɔ³¹²	tɕĩ⁵⁵	tɕhĩ²⁴	çĩ⁵⁵	çĩ¹³
	花园	thĩ⁵⁵	ŋ̍¹³	lĩ¹³	tshĩ/tshiɔ⁵⁵	sĩ/siɔ⁵⁵	sĩ/siɔ³¹²	tɕĩ⁵⁵	tɕhi³⁵	çĩ⁵⁵	çĩ¹³
绥宁	金屋塘	xẽ⁵⁵	lẽ¹³	lẽ¹³	tshẽ/tshiɔ⁵⁵	sẽ/siɔ⁵⁵	sẽ/siɔ³¹²	tɕẽ⁵⁵	tɕhẽ²⁴	çẽ⁵⁵	çẽ¹³
	梅坪	xẽ⁵⁵	lẽ¹³	lẽ¹³	tshẽ/tshiɔ⁵⁵	sẽ/siɔ⁵⁵	sẽ/siɔ³¹²	tɕẽ⁵⁵	tɕhẽ²⁴	çẽ⁵⁵	çẽ¹³
	黄土矿	thĩ³³	ŋ̍⁵⁵	ŋ̍⁵⁵	tshĩ/tshiɔ³³	sĩ/siɔ³³	sĩ/siɔ³¹²	tɕĩ³³	tɕhi³⁵	çĩ³³	çĩ⁵⁵
	唐家坊	thĩ⁵⁵	lĩ¹³	lĩ¹³	tshĩ/tshiɔ³³	çĩ/çiɔ³³	çĩ/çiɔ³¹²	tɕĩ³³	tɕhi⁵⁵	çĩ³³	çĩ¹³
	瓦屋塘	thĩ³³	lĩ¹³	lĩ¹³	tshĩ/tshiɔ⁵⁵	çĩ/çiɔ³³	çĩ/çiɔ³¹²	tɕĩ³³	tɕhi³⁵	çĩ³³	çĩ¹³

		矿	横	轰	宏	兄	荣	永	倾	琼	营
		梗合二	梗合二	梗合二	梗合二	梗合三	梗合三	梗合三	梗合三	梗合三	梗合三
		上梗见	平庚匣	平耕晓	平耕匣	平庚晓	平庚于	平梗于	平清溪	平清群	平清以
隆回	荷香桥	khuɔ⁴⁵	xuẽ¹³/uɔ⁴⁵	xɔ³³	xɔ¹³	çɔ³³	yẽ¹³	yẽ³¹²	tɕhyẽ³³	tɕhyẽ³³	yẽ¹³
	六都寨	khuɔ⁵⁵	xuẽ¹³/uɔ⁴⁵	xɔ³³	xɔ¹³	çɔ³³	iɔ¹³	iɔ³¹²	tɕhẽ³³	tshuẽ³³	yẽ¹³
	七江	khuɔ⁵⁵	xuẽ¹³/uɔ⁴⁵	xɔ³³	xɔ¹³	çɔ³³	yɔ¹³	yɔ³¹²	tɕhyẽ³³	tshyẽ³³	yẽ¹³
	司门前	khuɔ⁵⁵	xuẽ¹³/uɔ⁴⁵	xɔ³³	xɔ¹³	çɔ³³	yẽ¹³	yẽ³¹²	tɕhyẽ³³	tshyẽ³³	yẽ¹³
	金石桥	khuɔ⁵⁵	xɔ¹³/uɔ⁴⁵	xɔ³³	xɔ¹³	çɔ³³	yẽ¹³	yẽ³¹²	tɕhyẽ³¹²	tɕhẽ¹³	yẽ¹³

续表

		矿	横	轰	宏	兄	荣	永	倾	琼	营
		梗合二上梗见	梗合二平庚匣	梗合二平耕晓	梗合二平耕匣	梗合三平庚晓	梗合三平庚于	梗合三平梗于	梗合三平清溪	梗合三平清群	梗合三平清以
隆回	小沙江	kʰɔ^{55}	xə^{13}/ɔ^{45}	xə^{33}	xə^{13}	çə^{33}	yə̃^{13}	yə̃^{312}	tɕʰyə̃^{13}	tɕʰẽ^{13}	yə̃^{13}
	西洋江	kʰuɔ^{45}	xue^{13}/uɔ^{45}	xə^{55}	xə^{13}	çə^{55}	mẽ^{13}	mẽ^{312}	tɕʰyẽ^{55}	tɕʰẽ^{13}	mẽ^{13}
	横板桥	kʰuɔ^{45}	xue^{13}/uɔ^{45}	xə^{55}	xə^{13}	çə^{55}	mẽ^{13}	mẽ^{312}	tɕʰyẽ^{55}	tɕʰẽ^{13}	mẽ^{13}
	岩口	kʰuɔ^{45}	xue^{13}	xə^{33}	xə^{13}	çiə̃^{33}	miə̃^{13}	miə̃^{312}	tɕʰiə̃^{33}	tɕʰiə̃^{13}	miə̃^{13}
	罗洪	xuɔ^{55}	xə^{13}/uɔ^{45}	xə^{33}	xə^{13}	çiə̃^{33}	yə̃^{13}	yə̃^{312}	tɕʰyə̃^{312}	tɕʰyə̃^{13}	yə̃^{13}
	高坪	kʰɔ̃^{55}	xuɔ^{13}	xə^{33}	xə^{13}	çyə̃^{33}	miə̃^{13}	miə̃^{312}	tɕʰyə̃^{312}	tɕʰyə̃^{13}	miə̃^{13}
洞口	石江	kʰuɔ^{45}	xue^{13}/uɔ^{55}	xə^{55}	xə^{13}	çə^{55}	mẽ^{13}	mẽ^{312}	tɕʰyẽ^{55}	tɕʰẽ^{13}	mẽ^{13}
	江口	kʰuɔ^{45}	xue^{13}	xə^{55}	xə^{13}	çə^{55}	yə̃^{13}	yə̃^{312}	tɕʰyẽ^{55}	tɕʰyẽ^{13}	yẽ^{13}
	长塘	kʰuɔ^{45}	xue^{13}	xə^{55}	xə^{13}	çə^{55}	mẽ^{13}	mẽ^{312}	tɕʰyẽ^{55}	tɕʰẽ^{13}	yẽ^{13}
	山门	kʰuɔ^{45}	xue^{13}/uɔ^{45}	xə^{55}	xə^{13}	çə^{55}	wẽ^{13}	wẽ^{312}	tɕʰẽ^{55}	tɕʰẽ^{13}	wẽ^{13}
	高沙	kũ^{24}	fẽ^{13}/uɔ^{24}	xə^{55}	xə^{13}	çə^{55}	yĩ^{13}	yĩ^{312}	tɕʰyĩ^{55}	tɕʰyĩ^{13}	yĩ^{13}
	花园	kũ^{35}	xue^{13}/uɔ^{35}	xə^{55}	xə^{13}	çə^{55}	yĩ^{13}	yĩ^{312}	tɕʰyĩ^{55}	tɕʰyĩ^{13}	yĩ^{13}
绥宁	金屋塘	kʰuɔ^{45}	xue^{13}	xə^{55}	xə^{13}	çə^{55}	yə̃^{13}	yə̃^{312}	tɕʰyẽ^{55}	tɕʰyẽ^{13}	yẽ^{13}
	梅坪	kʰuɔ^{45}	xue^{13}	xə^{55}	xə^{13}	çə^{55}	yə̃^{13}	yə̃^{312}	tɕʰyẽ^{55}	tɕʰyẽ^{13}	yẽ^{13}
	黄土矿	kuɔ^{55}	fẽ^{13}/uɔ^{55}	xə^{33}	xə^{55}	çə^{33}	iə̃^{55}	iə̃^{312}	tɕʰĩ^{33}	tɕʰĩ^{55}	iə̃^{55}
	唐家坊	kũ^{35}	fẽ^{13}/uɔ^{35}	xə^{33}	xə^{13}	çə^{33}	iə̃^{13}	iə̃^{312}	tɕʰĩ^{55}	tɕʰĩ^{13}	iə̃^{55}
	瓦屋塘	kũ^{35}	fẽ^{13}/uɔ^{35}	xə^{33}	xə^{13}	çə^{33}	iə̃^{13}	iə̃^{312}	tɕʰĩ^{55}	tɕʰĩ^{13}	iə̃^{13}

		蓬	蒙	懵	东	懂	冻	通	桶	痛	铜
		通合一平东并	通合一平东明	通合一上懵明	通合一平东端	通合一上董端	通合一上送端	通合一平东透	通合一上董透	通合一去送透	通合一平东定
隆回	荷香桥	pʰə̃^{13}	mə̃^{13}	mə̃^{312}	tə̃^{33}	tə̃^{312}	tə̃^{45}	xə̃^{33}	xə̃^{312}	xə̃^{45}	xə̃^{33}
	六都寨	pʰə̃^{13}	mə̃^{13}	mə̃^{312}	tə̃^{33}	tə̃^{312}	tə̃^{55}	xə̃^{33}	xə̃^{312}	xə̃^{45}	xə̃^{13}
	七江	pʰə̃^{13}	mə̃^{13}	mə̃^{312}	tə̃^{33}	tə̃^{312}	tə̃^{55}	xə̃^{33}	xə̃^{312}	xə̃^{45}	xə̃^{13}
	司门前	pʰə̃^{13}	mə̃^{13}	mə̃^{312}	tə̃^{33}	tə̃^{312}	tə̃^{55}	xə̃^{33}	xə̃^{312}	xə̃^{45}	xə̃^{13}
	金石桥	pʰə̃^{13}	mə̃^{13}	mə̃^{312}	tə̃^{33}	tə̃^{312}	tə̃^{55}	xə̃^{33}	xə̃^{312}	xə̃^{45}	xə̃^{13}
	小沙江	pʰə̃^{13}	mə̃^{13}	mə̃^{312}	tə̃^{33}	tə̃^{312}	tə̃^{55}	tʰə̃^{33}	tʰə̃^{312}	tʰə̃^{55}	tʰə̃^{13}
	西洋江	pʰə̃^{13}	mə̃^{13}	mə̃^{312}	tə̃^{55}	tə̃^{312}	tə̃^{45}	xə̃^{55}	xə̃^{312}	xə̃^{45}	xə̃^{13}
	横板桥	pʰə̃^{13}	mə̃^{13}	mə̃^{312}	tə̃^{55}	tə̃^{312}	tə̃^{45}	xə̃^{33}	xə̃^{312}	xə̃^{45}	xə̃^{13}
	岩口	pʰə̃^{13}	mə̃^{13}	mə̃^{312}	tə̃^{33}	tə̃^{312}	tə̃^{45}	xə̃^{33}	xə̃^{312}	xə̃^{45}	xə̃^{13}

续表

		蓬	蒙	懵	东	懂	冻	通	桶	痛	铜
		通合一平东并	通合一平东明	通合一上懂明	通合一平东端	通合一上懂端	通合一上送端	通合一平东透	通合一上董透	通合一去送透	通合一平东定
隆回	罗洪	p^hə^{13}	mə^{13}	mə^{312}	tə^{33}	tə^{312}	tə^{55}	xə^{33}	xə^{312}	xə^{55}	xə^{13}
	高坪	p^hə^{13}	mə^{13}	mə^{312}	tə^{33}	tə^{312}	tə^{55}	t^hə^{33}	t^hə^{312}	t^hə^{55}	t^hə^{13}
洞口	石江	p^hə^{13}	mə^{13}	mə^{312}	tə^{55}	tə^{312}	tə^{24}	xə^{55}	xə^{312}	xə^{24}	xə^{13}
	江口	p^hə^{13}	mə^{13}	mə^{312}	tə^{55}	tə^{312}	tə^{24}	t^hə^{55}	t^hə^{312}	t^hə^{24}	t^hə^{13}
	长塘	p^hə^{13}	mə^{13}	mə^{312}	tə^{55}	tə^{312}	tə^{24}	xə^{55}	xə^{312}	xə^{24}	xə^{13}
	山门	ɸə^{13}	mə^{13}	mə^{312}	tə^{55}	tə^{312}	tə^{45}	xə^{55}	xə^{312}	xə^{45}	xə^{13}
	高沙	p^hə^{13}	mə^{13}	mə^{312}	tə^{55}	tə^{312}	tə^{24}	t^hə^{55}	t^hə^{312}	t^hə^{24}	t^hə^{13}
	花园	p^hə^{13}	mə^{13}	mə^{312}	tə^{55}	tə^{312}	tə^{35}	t^hə^{55}	t^hə^{312}	t^hə^{35}	t^hə^{13}
绥宁	金屋塘	p^hə^{13}	mə^{13}	mə^{312}	tə^{55}	tə^{312}	tə^{24}	xə^{55}	xə^{312}	xə^{24}	xə^{13}
	梅坪	p^hə^{13}	mə^{13}	mə^{312}	tə^{55}	tə^{312}	tə^{24}	xə^{55}	xə^{312}	xə^{24}	xə^{13}
	黄土矿	p^hə^{55}	mə^{55}	mə^{55}	tə^{33}	tə^{312}	tə^{33}	t^hə^{33}	t^hə^{312}	t^hə^{35}	t^hə^{55}
	唐家坊	p^hə^{13}	mə^{13}	mə^{312}	tə^{33}	tə^{312}	tə^{33}	t^hə^{33}	t^hə^{312}	t^hə^{13}	t^hə^{13}
	瓦屋塘	p^hə^{13}	mə^{13}	mə^{312}	tə^{33}	tə^{312}	tə^{33}	t^hə^{33}	t^hə^{312}	t^hə^{35}	t^hə^{13}

		动	洞	髞	聋	拢	弄	鬃	总	棕	葱
		通合一上董定	通合一去送定	通合一去送泥	通合一平东来	通合一上董来	通合一去送来	通合一平东精	通合一上董精	通合一去送精	通合一平东清
隆回	荷香桥	xə^{312}	xə^{55}	lə^{55}	lə^{33}	lə^{312}	lə^{45}	tsə^{33}	tsə^{312}	tsə^{33}	ts^hə^{33}
	六都寨	xə^{55}	xə^{55}	lə^{55}	lə^{33}	lə^{312}	lə^{55}	tsə^{33}	tsə^{312}	tsə^{312}	ts^hə^{33}
	七江	xə^{55}	xə^{55}	lə^{55}	lə^{33}	lə^{312}	lə^{55}	tsə^{33}	tsə^{312}	tsə^{33}	ts^hə^{33}
	司门前	xə^{55}	xə^{55}	lə^{55}	lə^{33}	lə^{312}	lə^{55}	tsə^{33}	tsə^{312}	tsə^{33}	ts^hə^{33}
	金石桥	xə^{55}	xə^{55}	lə^{55}	lə^{55}	lə^{312}	lə^{55}	tsə^{33}	tsə^{312}	tsə^{33}	ts^hə^{33}
	小沙江	t^hə^{55}	t^hə^{55}	lə^{55}	lə^{55}	lə^{312}	lə^{55}	tsə^{33}	tsə^{312}	tsə^{33}	ts^hə^{33}
	西洋江	xə^{45}	xə^{55}	lə^{55}	lə^{55}	lə^{312}	lə^{55}	tsə^{33}	tsə^{312}	tsə^{55}	ts^hə^{55}
	横板桥	xə^{45}	xə^{55}	lə^{55}	lə^{55}	lə^{312}	lə^{55}	tsə^{33}	tsə^{312}	tsə^{55}	ts^hə^{55}
	岩口	xə^{312}	xə^{55}	lə^{55}	lə^{33}	lə^{312}	lə^{45}	tsə^{33}	tsə^{312}	tsə^{33}	ts^hə^{33}
	罗洪	xə^{55}	xə^{55}	lə^{55}	lə^{33}	lə^{312}	lə^{45}	tsə^{33}	tsə^{312}	tsə^{33}	ts^hə^{33}
	高坪	t^hə^{55}	t^hə^{55}	lə^{55}	lə^{33}	lə^{312}	lə^{55}	tsə^{33}	tsə^{312}	tsə^{33}	ts^hə^{33}
洞口	石江	xə^{312}	xə^{55}	lə^{55}	lə^{55}	lə^{312}	lə^{55}	tsə^{55}	tsə^{312}	tsə^{55}	ts^hə^{55}
	江口	t^hə^{312}	t^hə^{55}	lə^{55}	lə^{55}	lə^{312}	lə^{24}	tsə^{55}	tsə^{312}	tsə^{55}	ts^hə^{55}

续表

		动	洞	龓	聋	拢	弄	鬃	总	棕	葱
		通合一 上董定	通合一 去送定	通合一 去送泥	通合一 平东来	通合一 上董来	通合一 去送来	通合一 平东精	通合一 上董精	通合一 去送精	通合一 平东清
洞口	长塘	$xə^{312}$	$xə^{55}$	$lə^{55}$	$lə^{55}$	$lə^{312}$	$lə^{24}$	$tsə^{55}$	$tsə^{312}$	$tsə^{55}$	$tsʰə^{55}$
	山门	$xə^{45}$	$xə^{55}$	$lə^{55}$	$lə^{55}$	$lə^{312}$	$lə^{55}$	$tsə^{45}$	$tsə^{312}$	$tsə^{55}$	$tsʰə^{55}$
	高沙	$tʰə^{312}$	$tə^{24}$	$lə^{55}$	$lə^{55}$	$lə^{312}$	$lə^{55}$	$tsə^{24}$	$tsə^{312}$	$tsə^{55}$	$tsʰə^{55}$
	花园	$tʰə^{35}$	$tʰə^{55}$	$lə^{55}$	$lə^{55}$	$lə^{312}$	$lə^{55}$	$tsə^{35}$	$tsə^{312}$	$tsə^{55}$	$tsʰə^{55}$
绥宁	金屋塘	$xə^{312}$	$xə^{55}$	$ə^{24}$	$lə^{55}$	$lə^{312}$	$lə^{24}$	$tsə^{55}$	$tsə^{312}$	$tsə^{55}$	$tsʰə^{55}$
	梅坪	$xə^{312}$	$xə^{55}$	$ə^{24}$	$lə^{55}$	$lə^{312}$	$lə^{24}$	$tsə^{55}$	$tsə^{312}$	$tsə^{55}$	$tsʰə^{55}$
	黄土矿	$tʰə^{312}$	$tʰə^{33}$	$lə^{33}$	$lə^{55}$	$lə^{312}$	$lə^{33}$	$tsə^{55}$	$tsə^{312}$	$tsə^{33}$	$tsʰə^{33}$
	唐家坊	$tʰə^{312}$	$tʰə^{55}$	$lə^{55}$	$lə^{33}$	$lə^{312}$	$lə^{55}$	$tsə^{35}$	$tsə^{312}$	$tsə^{55}$	$tsʰə^{33}$
	瓦屋塘	$tʰə^{312}$	$tʰə^{33}$	$lə^{33}$	$lə^{33}$	$lə^{312}$	$lə^{55}$	$tsə^{35}$	$tsə^{312}$	$tsə^{33}$	$tsʰə^{33}$

		丛	送	公	贡	空	控	烘	红	閧	翁
		通合一 平东从	通合一 去送心	通合一 平东见	通合一 去送见	通合一 平东溪	通合一 去送溪	通合一 平东晓	通合一 平东匣	通合一 去送匣	通合一 平东影
隆回	荷香桥	$tsʰə^{13}$	$sə^{45}$	$kə^{33}$	$kə^{45}$	$kʰə^{33}$	$kʰə^{45}$	$xə^{33}$	$xə^{13}$	$xə^{55}$	$ə^{33}$
	六都寨	$tsʰə^{13}$	$sə^{55}$	$kə^{33}$	$kə^{55}$	$kʰə^{33}$	$kʰə^{55}$	$xə^{33}$	$xə^{13}$	$xə^{55}$	$ə^{33}$
	七江	$tsʰə^{13}$	$sə^{55}$	$kə^{33}$	$kə^{55}$	$kʰə^{33}$	$kʰə^{55}$	$xə^{33}$	$xə^{13}$	$xə^{55}$	$ə^{33}$
	司门前	$tsʰə^{13}$	$sə^{55}$	$kə^{33}$	$kə^{55}$	$kʰə^{33}$	$kʰə^{55}$	$xə^{33}$	$xə^{13}$	$xə^{55}$	$ə^{33}$
	金石桥	$tsʰə^{13}$	$sə^{55}$	$kə^{33}$	$kə^{55}$	$kʰə^{33}$	$kʰə^{55}$	$xə^{33}$	$xə^{13}$	$xə^{55}$	$ə^{33}$
	小沙江	$tsʰə^{13}$	$sə^{55}$	$kə^{33}$	$kə^{55}$	$kʰə^{33}$	$kʰə^{55}$	$kʰə^{33}$	$kʰə^{13}$	$kʰə^{55}$	$ə^{33}$
	西洋江	$tsʰə^{13}$	$sə^{55}$	$kə^{55}$	$kə^{45}$	$kʰə^{55}$	$kʰə^{45}$	$xə^{55}$	$xə^{13}$	$xə^{55}$	$ə^{55}$
	横板桥	$tsʰə^{13}$	$sə^{45}$	$kə^{55}$	$kə^{45}$	$kʰə^{55}$	$kʰə^{45}$	$xə^{55}$	$xə^{13}$	$xə^{55}$	$ə^{55}$
	岩口	$tsʰə^{13}$	$sə^{45}$	$kə^{33}$	$kə^{45}$	$kʰə^{33}$	$kʰə^{45}$	$xə^{33}$	$xə^{13}$	$xə^{55}$	$ə^{33}$
	罗洪	$tsʰə^{13}$	$sə^{55}$	$kə^{33}$	$kə^{55}$	$kʰə^{33}$	$kʰə^{55}$	$xə^{33}$	$xə^{13}$	$xə^{55}$	$uə^{33}$
	高坪	$tsʰə^{13}$	$sə^{55}$	$kə^{33}$	$kə^{55}$	$kʰə^{33}$	$kʰə^{55}$	$xə^{33}$	$xə^{13}$	$xə^{55}$	$uə^{33}$
洞口	石江	$tsʰə^{13}$	$sə^{24}$	$kə^{55}$	$kə^{24}$	$kʰə^{55}$	$kʰə^{24}$	$xə^{55}$	$xə^{13}$	$xə^{55}$	$ə^{55}$
	江口	$tsʰə^{13}$	$sə^{24}$	$kə^{55}$	$kə^{24}$	$kʰə^{55}$	$kʰə^{24}$	$xə^{55}$	$xə^{13}$	$xə^{55}$	$ə^{55}$
	长塘	$tsʰə^{13}$	$sə^{24}$	$kə^{55}$	$kə^{24}$	$kʰə^{55}$	$kʰə^{24}$	$xə^{55}$	$xə^{13}$	$xə^{55}$	$ə^{55}$
	山门	$tsʰə^{13}$	$sə^{45}$	$kə^{55}$	$kə^{45}$	$kʰə^{55}$	$kʰə^{45}$	$xə^{55}$	$xə^{13}$	$xə^{55}$	$ə^{55}$
	高沙	$tsʰə^{13}$	$sə^{24}$	$kə^{55}$	$kə^{24}$	$kʰə^{55}$	$kʰə^{24}$	$xə^{55}$	$xə^{13}$	$xə^{55}$	$ə^{55}$
	花园	$tsʰə^{13}$	$sə^{35}$	$kə^{55}$	$kə^{35}$	$kʰə^{55}$	$kʰə^{35}$	$xə^{55}$	$xə^{13}$	$xə^{55}$	$ə^{55}$

		丛	送	公	贡	空	控	烘	红	閗	翁
		通合一平东从	通合一去送心	通合一平东见	通合一去送见	通合一平东溪	通合一去送溪	通合一平东晓	通合一平东匣	通合一去送匣	通合一平东影
绥宁	金屋塘	tsʰə̃^{13}	sə̃^{24}	kə̃^{55}	kə̃^{24}	kʰə̃^{55}	kʰə̃^{24}	xə̃^{55}	xə̃^{13}	xə̃^{55}	ə̃^{55}
	梅坪	tsʰə̃^{13}	sə̃^{24}	kə̃^{55}	kə̃^{24}	kʰə̃^{55}	kʰə̃^{24}	xə̃^{55}	xə̃^{13}	xə̃^{55}	ə̃^{55}
	黄土矿	tsʰə̃^{55}	sə̃^{35}	kə̃^{33}	kə̃^{35}	kʰə̃^{33}	kʰə̃^{35}	xə̃^{55}	xə̃^{55}	xə̃^{33}	ə̃^{33}
	唐家坊	tsʰə̃^{13}	sə̃^{55}	kə̃^{33}	kə̃^{55}	kʰə̃^{33}	kʰə̃^{55}	xə̃^{33}	xə̃^{13}	xə̃^{55}	ə̃^{33}
	瓦屋塘	tsʰə̃^{13}	sə̃^{35}	kə̃^{33}	kə̃^{35}	kʰə̃^{33}	kʰə̃^{35}	xə̃^{13}	xə̃^{13}	xə̃^{33}	ə̃^{33}

		冬	统	农	宗	㹭	松	宋	风	讽	丰
		通合一平冬端	通合一去宋透	通合一平冬泥	通合一平冬精	通合一平宋精	通合一平冬心	通合一去宋心	通合三平东非	通合三去送非	通合三平东敷
隆回	荷香桥	tə̃^{33}	xə̃^{312}	lə̃^{13}	tsə̃^{33}	tsə̃^{45}	sə̃^{33}	sə̃^{45}	xə̃^{33}	fə̃^{312}	fə̃^{33}
	六都寨	tə̃^{33}	xə̃^{312}	lə̃^{13}	tsə̃^{33}	tsə̃^{55}	sə̃^{33}	sə̃^{55}	xə̃^{33}	fə̃^{312}	fə̃^{33}
	七江	tə̃^{33}	xə̃^{312}	lə̃^{13}	tsə̃^{33}	tsə̃^{55}	sə̃^{33}	sə̃^{55}	fə̃^{33}	fə̃^{312}	fə̃^{33}
	司门前	tə̃^{33}	xə̃^{312}	lə̃^{13}	tsə̃^{33}	tsə̃^{55}	sə̃^{33}	sə̃^{55}	fə̃^{33}	fə̃^{312}	fə̃^{33}
	金石桥	tə̃^{33}	xə̃^{312}	lə̃^{13}	tsə̃^{33}	tsə̃^{55}	sə̃^{33}	sə̃^{55}	fə̃^{33}	fə̃^{312}	fə̃^{33}
	小沙江	tə̃^{33}	tʰə̃^{312}	lə̃^{13}	tsə̃^{33}	tsə̃^{55}	sə̃^{33}	sə̃^{55}	fə̃^{33}	fə̃^{312}	fə̃^{33}
	西洋江	tə̃^{55}	xə̃^{312}	lə̃^{13}	tsə̃^{55}	tsə̃^{45}	sə̃^{55}	sə̃^{45}	xə̃^{55}	fə̃^{312}	fə̃^{55}
	横板桥	tə̃^{55}	xə̃^{312}	lə̃^{13}	tsə̃^{55}	tsə̃^{45}	sə̃^{55}	sə̃^{45}	xə̃^{55}	fə̃^{312}	fə̃^{55}
	岩口	tə̃^{33}	xə̃^{312}	lə̃^{13}	tsə̃^{33}	tsə̃^{45}	sə̃^{33}	sə̃^{45}	xə̃^{33}	fə̃^{312}	fə̃^{33}
	罗洪	tə̃^{33}	xə̃^{312}	lə̃^{13}	tsə̃^{33}	tsə̃^{55}	sə̃^{33}	sə̃^{55}	fə̃^{33}	fə̃^{312}	fə̃^{33}
	高坪	tə̃^{33}	tʰə̃^{312}	lə̃^{13}	tsə̃^{33}	tsə̃^{55}	sə̃^{33}	sə̃^{55}	xuə̃^{33}	xuə̃^{312}	xuə̃^{33}
洞口	石江	tə̃^{55}	xə̃^{312}	lə̃^{13}	tsə̃^{55}	tsə̃^{24}	sə̃^{55}	sə̃^{24}	xə̃^{55}	fə̃^{312}	fə̃^{55}
	江口	tə̃^{55}	tʰə̃^{312}	lə̃^{13}	tsə̃^{55}	tsə̃^{24}	sə̃^{55}	sə̃^{24}	fə̃^{55}	fə̃^{312}	fə̃^{55}
	长塘	tə̃^{55}	xə̃^{312}	lə̃^{13}	tsə̃^{55}	tsə̃^{55}	sə̃^{55}	sə̃^{55}	xə̃^{55}	xə̃^{312}	xə̃^{55}
	山门	tə̃^{55}	xə̃^{312}	lə̃^{13}	tsə̃^{55}	tsə̃^{45}	sə̃^{55}/tsʰə̃^{13}	sə̃^{45}	xə̃^{55}	fə̃^{312}	fə̃^{55}
	高沙	tə̃^{55}	tʰə̃^{312}	lə̃^{13}	tsə̃^{55}	tsə̃^{24}	sə̃^{55}/tsʰə̃^{13}	sə̃^{24}	xə̃^{55}	xə̃^{312}	xə̃^{55}
	花园	tə̃^{55}	tʰə̃^{312}	lə̃^{13}	tsə̃^{55}	tsə̃^{35}	sə̃^{55}/tsʰə̃^{13}	sə̃^{35}	xə̃^{55}	xə̃^{312}	xə̃^{55}
绥宁	金屋塘	tə̃^{55}	tʰə̃^{312}	lə̃^{13}	tsə̃^{55}	tsə̃^{24}	sə̃^{55}	sə̃^{24}	fə̃^{55}	fə̃^{312}	fə̃^{55}
	梅坪	tə̃^{55}	tʰə̃^{312}	lə̃^{13}	tsə̃^{55}	tsə̃^{24}	sə̃^{55}	sə̃^{24}	fə̃^{55}	fə̃^{312}	fə̃^{55}
	黄土矿	tə̃^{33}	tʰə̃^{312}	lə̃^{55}	tsə̃^{33}	tsə̃^{35}	sə̃^{33}/tsʰə̃^{13}	sə̃^{35}	xə̃^{33}	xə̃^{312}	xə̃^{33}
	唐家坊	tə̃^{33}	tʰə̃^{312}	lə̃^{55}	tsə̃^{33}	tsə̃^{55}	sə̃^{33}/tsʰə̃^{13}	sə̃^{55}	xə̃^{33}	xə̃^{312}	xə̃^{33}
	瓦屋塘	tə̃^{33}	tʰə̃^{312}	lə̃^{13}	tsə̃^{33}	tsə̃^{35}	sə̃^{33}/tsʰə̃^{13}	sə̃^{35}	xə̃^{312}	xə̃^{312}	xə̃^{33}

		凤	梦	隆	嵩	忠	中	虫	仲	崇	终
		通合三 去送奉	通合三 去送明	通合三 平东来	通合三 平东心	通合三 平东知	通合三 平东知	通合三 去送知	通合三 去送澄	通合三 平东崇	通合三 平东章
隆回	荷香桥	fɔ̃⁵⁵	mɔ̃⁵⁵	lɔ̃¹³	sɔ̃³³	tɕɔ̃³³	tɕɔ̃³³	tɕʰɔ̃⁴⁵	tɕʰɔ̃⁵⁵	tsʰɔ̃¹³	tɕɔ̃³³
	六都寨	fɔ̃³³	mɔ̃⁵⁵	lɔ̃¹³	sɔ̃³³	tɕɔ̃³³	tɕɔ̃³³	tɕʰɔ̃⁴⁵	tɕʰɔ̃⁵⁵	tsʰɔ̃¹³	tɕɔ̃³³
	七江	fɔ̃³³	mɔ̃⁵⁵	lɔ̃¹³	sɔ̃³³	tɕɔ̃³³	tɕɔ̃³³	tɕʰɔ̃⁴⁵	tɕʰɔ̃⁵⁵	tsʰɔ̃¹³	tɕɔ̃³³
	司门前	fɔ̃³³	mɔ̃⁵⁵	lɔ̃¹³	sɔ̃³³	tɕɔ̃³³	tɕɔ̃³³	tɕʰɔ̃⁴⁵	tɕʰɔ̃⁵⁵	tsʰɔ̃¹³	tɕɔ̃³³
	金石桥	fɔ̃³³	mɔ̃⁵⁵	lɔ̃¹³	sɔ̃³³	tɕɔ̃³³	tɕɔ̃³³	tɕʰɔ̃⁴⁵	tɕʰɔ̃⁵⁵	tsʰɔ̃¹³	tɕɔ̃³³
	小沙江	fɔ̃³³	mɔ̃⁵⁵	lɔ̃¹³	sɔ̃³³	tɕɔ̃³³	tɕɔ̃³³	tɕʰɔ̃⁴⁵	tɕʰɔ̃⁵⁵	tsʰɔ̃¹³	tɕɔ̃³³
	西洋江	fɔ̃⁵⁵	mɔ̃⁴⁵	lɔ̃¹³	sɔ̃⁵⁵	tɕɔ̃⁵⁵	tɕɔ̃⁵⁵	tɕʰɔ̃⁴⁵	tɕʰɔ̃⁵⁵	tsʰɔ̃¹³	tɕɔ̃⁵⁵
	横板桥	fɔ̃⁵⁵	mɔ̃⁴⁵	lɔ̃¹³	sɔ̃⁵⁵	tɕɔ̃⁵⁵	tɕɔ̃⁵⁵	tɕʰɔ̃⁴⁵	tɕʰɔ̃⁵⁵	tsʰɔ̃¹³	tɕɔ̃⁵⁵
	岩口	fɔ̃⁵⁵	mɔ̃⁵⁵	lɔ̃¹³	sɔ̃³³	tɔ̃³³	tɔ̃³³	tɕʰɔ̃⁴⁵	tɕʰɔ̃⁵⁵	tsʰɔ̃¹³	tɔ̃³³
	罗洪	fɔ̃³³	mɔ̃⁵⁵	lɔ̃¹³	sɔ̃³³	tɕuɔ̃³³	tɕuɔ̃³³	tɕʰuɔ̃⁴⁵	tɕʰuɔ̃⁵⁵	tɕʰuɔ̃¹³	tɕuɔ̃³³
	高坪	xuɔ̃⁵⁵	mɔ̃⁵⁵	lɔ̃¹³	sɔ̃³³	tɕuɔ̃³³	tɕuɔ̃³³	tɕʰɔ̃⁴⁵	tɕʰɔ̃⁵⁵	tsʰɔ̃¹³	tɕɔ̃³³
洞口	石江	fɔ̃⁵⁵	mɔ̃⁵⁵	lɔ̃¹³	sɔ̃⁵⁵	tɕɔ̃⁵⁵	tɕɔ̃⁵⁵	tɕʰɔ̃¹³	tɕʰɔ̃⁵⁵	tsʰɔ̃¹³	tɕɔ̃⁵⁵
	江口	fɔ̃⁵⁵	mɔ̃⁵⁵	lɔ̃¹³	sɔ̃⁵⁵	tɕɔ̃⁵⁵	tɕɔ̃⁵⁵	tɕʰɔ̃¹³	tɕʰɔ̃⁵⁵	tsʰɔ̃¹³	tɕɔ̃⁵⁵
	长塘	xɔ̃⁵⁵	mɔ̃⁵⁵	lɔ̃¹³	sɔ̃⁵⁵	tɕɔ̃⁵⁵	tɕɔ̃⁵⁵	tɕʰɔ̃¹³	tɕʰɔ̃⁵⁵	tsʰɔ̃¹³	tɕɔ̃⁵⁵
	山门	fɔ̃⁴⁵	mɔ̃⁵⁵	lɔ̃¹³	sɔ̃⁵⁵	tɕɔ̃⁵⁵	tɕɔ̃⁵⁵	tɕʰɔ̃⁴⁵	tɕʰɔ̃⁵⁵	tsʰɔ̃¹³	tɕɔ̃⁵⁵
	高沙	xɔ̃²⁴	mɔ̃²⁴	lɔ̃¹³	sɔ̃⁵⁵	tɕɔ̃⁵⁵	tɔ̃⁵⁵	tɕʰɔ̃²⁴	tɕʰɔ̃²⁴	tsʰɔ̃¹³	tɕɔ̃⁵⁵
	花园	fɔ̃³⁵	mɔ̃⁵⁵	lɔ̃¹³	sɔ̃⁵⁵	tɕɔ̃⁵⁵	tɔ̃⁵⁵	tɕʰɔ̃⁴⁵	tɕʰɔ̃⁵⁵	tsʰɔ̃¹³	tɕɔ̃⁵⁵
绥宁	金屋塘	fɔ̃⁵⁵	mɔ̃⁵⁵	lɔ̃¹³	sɔ̃⁵⁵	tɕɔ̃⁵⁵	tɕɔ̃⁵⁵	tɕʰɔ̃¹³	tɕʰɔ̃⁵⁵	tsʰɔ̃¹³	tɕɔ̃⁵⁵
	梅坪	fɔ̃⁵⁵	mɔ̃⁵⁵	lɔ̃¹³	sɔ̃⁵⁵	tɕɔ̃⁵⁵	tɕɔ̃⁵⁵	tɕʰɔ̃¹³	tɕʰɔ̃⁵⁵	tsʰɔ̃¹³	tɕɔ̃⁵⁵
	黄土矿	xɔ̃³⁵	mɔ̃³³	lɔ̃¹³	sɔ̃³³	tɕɔ̃³³	tɔ̃³³	tɕʰɔ̃³⁵	tɕʰɔ̃³³	tsʰɔ̃³³	tɕɔ̃³³
	唐家坊	xɔ̃⁵⁵	mɔ̃⁵⁵	lɔ̃¹³	sɔ̃³³	tɕɔ̃³³	tɔ̃³³	tɕʰɔ̃³⁵	tɕʰɔ̃⁵⁵	tsʰɔ̃¹³	tɕɔ̃³³
	瓦屋塘	xɔ̃³⁵	mɔ̃³³	lɔ̃¹³	sɔ̃³³	tɕɔ̃³³	tɔ̃³³	tɕʰɔ̃³⁵	tɕʰɔ̃³³	tsʰɔ̃¹³	tɕɔ̃³³

		众	充	铳	绒	躬	穷	嗅	雄	融	封
		通合三 去送章	通合三 平东昌	通合三 去送昌	通合三 平东日	通合三 平东见	通合三 平东群	通合三 去送晓	通合三 平东于	通合三 平东以	通合三 平钟非
隆回	荷香桥	tɕɔ̃⁴⁵	tɕʰɔ̃³³	tɕʰɔ̃³³	iɔ̃¹³	kɔ̃³³	tɕʰɔ̃¹³	çɔ̃⁴⁵	çɔ̃¹³	iɔ̃¹³	fɔ̃³³
	六都寨	tɕɔ̃⁵⁵	tɕʰɔ̃³³	tɕʰɔ̃³³	iɔ̃¹³	kɔ̃³³	tɕʰɔ̃¹³	çɔ̃⁴⁵	çɔ̃¹³	iɔ̃¹³	fɔ̃³³
	七江	tɕɔ̃⁵⁵	tɕʰɔ̃³³	tɕʰɔ̃³³	iɔ̃¹³	kɔ̃³³	tɕʰɔ̃¹³	çɔ̃⁵⁵	çɔ̃¹³	iɔ̃¹³	fɔ̃³³
	司门前	tɕɔ̃⁵⁵	tɕʰɔ̃³³	tɕʰɔ̃³³	iɔ̃¹³	kɔ̃³³	tɕʰɔ̃¹³	çɔ̃⁴⁵	çɔ̃¹³	iɔ̃¹³	fɔ̃³³

		众	充	铳	绒	躬	穷	嗅	雄	融	封
		通合三去送章	通合三平东昌	通合三去送昌	通合三平东日	通合三平东见	通合三平东群	通合三去送晓	通合三平东于	通合三平东以	通合三平钟非
隆回	金石桥	tɕɔ⁵⁵	tɕʰɔ³³	tɕʰɔ³³	iɔ¹³	kɔ³³	tɕʰɔ¹³	ɕɔ⁴⁵	ɕɔ¹³	iɔ¹³	fɔ³³
	小沙江	tɕɔ⁵⁵	tɕʰɔ³³	tɕʰɔ³³	iɔ¹³	kɔ³³	tɕʰɔ¹³	ɕɔ⁴⁵	ɕɔ¹³	iɔ¹³	fɔ³³
	西洋江	tɕɔ⁴⁵/⁵⁵	tɕʰɔ⁵⁵	tɕʰɔ⁴⁵/⁵⁵	iɔ¹³	kɔ⁵⁵	tɕʰɔ¹³	ɕɔ⁴⁵	ɕɔ¹³	iɔ¹³	fɔ⁵⁵
	横板桥	tɕɔ⁴⁵/⁵⁵	tɕʰɔ⁵⁵	tɕʰɔ⁴⁵/⁵⁵	iɔ¹³	kɔ⁵⁵	tɕʰɔ¹³	ɕɔ⁴⁵	ɕɔ¹³	iɔ¹³	fɔ⁵⁵
	岩口	tɕɔ⁴⁵	tʰɔ³³	tʰɔ⁵⁵	iɔ¹³	kɔ³³	tɕʰɔ¹³	ɕɔ⁴⁵	ɕiɔ¹³	iɔ¹³	fɔ³³
	罗洪	tɕuɔ⁵⁵	tɕʰuɔ³³	tɕʰuɔ³³	yɔ¹³	kɔ³³	tʰuɔ¹³	sɔ⁴⁵	ɕuɔ¹³	yɔ¹³	fɔ³³
	高坪	tɕɔ⁵⁵	tɕʰɔ³³	tɕʰɔ³³	yɔ¹³	kɔ³³	tɕʰɔ¹³	ɕɔ⁵⁵	ɕuɔ¹³	yɔ¹³	fɔ³³
洞口	石江	tɕɔ²⁴	tɕʰɔ⁵⁵	tɕʰɔ²⁴	iɔ¹³	kɔ⁵⁵	tɕʰɔ¹³	ɕɔ²⁴	ɕɔ¹³	iɔ¹³	fɔ⁵⁵
	江口	tɕɔ²⁴	tɕʰɔ⁵⁵	tɕʰɔ²⁴	iɔ¹³	kɔ⁵⁵	tɕʰɔ¹³	ɕɔ²⁴	ɕɔ¹³	iɔ¹³	xɔ⁵⁵
	长塘	tɕɔ²⁴	tɕʰɔ⁵⁵	tɕʰɔ²⁴	iɔ¹³	kɔ⁵⁵	tɕʰɔ¹³	ɕɔ²⁴	ɕɔ¹³	iɔ¹³	xɔ⁵⁵
	山门	tɕɔ⁴⁵	tɕʰɔ⁵⁵	tɕʰɔ⁴⁵	iɔ¹³	kɔ⁵⁵	tɕʰɔ¹³	ɕɔ⁴⁵	ɕɔ¹³	iɔ¹³	fɔ⁵⁵
	高沙	tɕɔ³⁵	tɕʰɔ⁵⁵	tɕʰɔ³⁵	iɔ¹³	kɔ⁵⁵	tɕʰɔ¹³	ɕɔ³⁵	ɕɔ¹³	iɔ¹³	xɔ⁵⁵
	花园	tɕɔ³⁵	tɕʰɔ⁵⁵	tɕʰɔ³⁵	iɔ¹³	kɔ⁵⁵	tɕʰɔ¹³	ɕɔ³⁵	ɕɔ¹³	iɔ¹³	xɔ⁵⁵
绥宁	金屋塘	tɕɔ²⁴	tɕʰɔ⁵⁵	tɕʰɔ²⁴	iɔ¹³	kɔ⁵⁵	tɕʰɔ¹³	ɕɔ²⁴	ɕɔ¹³	iɔ¹³	fɔ⁵⁵
	梅坪	tɕɔ²⁴	tɕʰɔ⁵⁵	tɕʰɔ²⁴	iɔ¹³	kɔ⁵⁵	tɕʰɔ¹³	ɕɔ²⁴	ɕɔ¹³	iɔ¹³	fɔ⁵⁵
	黄土矿	tɕɔ³⁵	tɕʰɔ³³	tɕʰɔ³⁵	iɔ⁵⁵	kɔ³³	tɕʰɔ¹³	ɕɔ³⁵	ɕɔ⁵⁵	iɔ⁵⁵	xɔ³³
	唐家坊	tɕɔ⁵⁵	tɕʰɔ³³	tɕʰɔ⁵⁵	iɔ¹³	kɔ³³	tɕʰɔ¹³	ɕɔ⁵⁵	ɕɔ¹³	iɔ¹³	xɔ³³
	瓦屋塘	tɕɔ³⁵	tɕʰɔ³³	tɕʰɔ³⁵	iɔ¹³	kɔ³³	tɕʰɔ¹³	ɕɔ³⁵	ɕɔ¹³	iɔ¹³	xɔ³³

		蜂	捧	缝	奉	缝	浓	龙	垅	踪	纵
		通合三平钟敷	通合三上肿敷	通合三平钟奉	通合三上肿奉	通合三去用奉	通合三平钟娘	通合三平钟来	通合三上肿来	通合三平钟精	通合三去用精
隆回	荷香桥	fɔ³³	pʰɔ³¹²	fɔ¹³	fɔ⁵⁵	pʰɔ³¹²	iɔ¹³	lɔ¹³	lɔ³¹²	tsɔ³³	tsɔ⁴⁵
	六都寨	fɔ³³	pʰɔ³¹²	fɔ¹³	fɔ⁵⁵	fɔ⁵⁵	iɔ¹³	lɔ¹³	lɔ³¹²	tsɔ³³	tsɔ⁵⁵
	七江	fɔ³³	pʰɔ³¹²	fɔ¹³	fɔ⁵⁵	pʰɔ³¹²	iɔ¹³	lɔ¹³	lɔ³¹²	tsɔ³³	tsɔ⁵⁵
	司门前	fɔ³³	pʰɔ³¹²	fɔ¹³	fɔ⁵⁵	pʰɔ³¹²	iɔ¹³	lɔ¹³	lɔ³¹²	tsɔ³³	tsɔ⁵⁵
	金石桥	fɔ³³	pʰɔ³¹²	fɔ¹³	fɔ⁵⁵	pʰɔ³¹²	iɔ¹³	lɔ¹³	lɔ³¹²	tsɔ³³	tsɔ⁵⁵
	小沙江	fɔ³³	pʰɔ³¹²	fɔ¹³	fɔ⁵⁵	pʰɔ⁵⁵	iɔ¹³	lɔ¹³	lɔ³¹²	tsɔ³³	tsɔ⁵⁵
	西洋江	fɔ⁵⁵	pʰɔ³¹²	fɔ¹³	fɔ⁴⁵	fɔ⁴⁵	iɔ¹³	lɔ¹³	lɔ³¹²	tsɔ⁵⁵	tsɔ⁴⁵
	横板桥	fɔ⁵⁵	pʰɔ³¹²	fɔ¹³	fɔ⁴⁵	fɔ⁴⁵	iɔ¹³	lɔ¹³	lɔ³¹²	tsɔ⁵⁵	tsɔ⁴⁵

		蜂	捧	缝	奉	缝	浓	龙	垅	踪	纵
		通合三 平钟敷	通合三 上肿敷	通合三 平钟奉	通合三 上肿奉	通合三 去用奉	通合三 平钟娘	通合三 平钟来	通合三 上肿来	通合三 平钟精	通合三 去用精
隆回	岩口	fɔ̃³³	pʰɔ̃³¹²	fɔ̃¹³	fɔ̃⁵⁵	pʰɔ̃³¹²	lɔ̃¹³	lɔ̃¹³	lɔ̃³¹²	tsɔ̃³³	tsɔ̃⁴⁵
	罗洪	fɔ̃³³	pʰɔ̃³¹²	fɔ̃¹³	fɔ̃⁵⁵	pʰɔ̃³¹²	yɔ̃¹³	lɔ̃¹³	lɔ̃³¹²	tsɔ̃³³	tsɔ̃⁵⁵
	高坪	fɔ̃³³	pʰɔ̃³¹²	fɔ̃¹³	fɔ̃⁵⁵	pʰɔ̃³¹²	yɔ̃¹³	lɔ̃¹³	lɔ̃³¹²	tsɔ̃³³	tsɔ̃⁵⁵
洞口	石江	fɔ̃⁵⁵	pʰɔ̃³¹²	fɔ̃¹³	fɔ̃⁵⁵	fɔ̃⁵⁵	iɔ̃¹³	lɔ̃¹³	lɔ̃³¹²	tsɔ̃⁵⁵	tsɔ̃²⁴
	江口	fɔ̃⁵⁵	pʰɔ̃³¹²	fɔ̃¹³	fɔ̃⁵⁵	fɔ̃⁵⁵	iɔ̃¹³	lɔ̃¹³	lɔ̃³¹²	tsɔ̃⁵⁵	tsɔ̃²⁴
	长塘	xɔ̃⁵⁵	pʰɔ̃³¹²	xɔ̃¹³	xɔ̃⁵⁵	xɔ̃⁵⁵	iɔ̃¹³	lɔ̃¹³	lɔ̃³¹²	tsɔ̃⁵⁵	tsɔ̃²⁴
	山门	fɔ̃⁵⁵	pɔ̃³¹²	fɔ̃¹³	fɔ̃⁴⁵	fɔ̃⁴⁵	iɔ̃¹³	lɔ̃¹³	lɔ̃³¹²	tsɔ̃⁵⁵	tsɔ̃⁴⁵
	高沙	xɔ̃⁵⁵	pɔ̃³¹²	xɔ̃¹³	xɔ̃³⁵	pʰɔ̃²⁴	iɔ̃¹³	lɔ̃¹³	lɔ̃³¹²	tsɔ̃⁵⁵	tsɔ̃²⁴
	花园	xɔ̃⁵⁵	pɔ̃³¹²	xɔ̃¹³	xɔ̃³⁵	xɔ̃³⁵	iɔ̃¹³	lɔ̃¹³	lɔ̃³¹²	tsɔ̃⁵⁵	tsɔ̃³⁵
绥宁	金屋塘	fɔ̃⁵⁵	pʰɔ̃³¹²	fɔ̃¹³	fɔ̃⁵⁵	fɔ̃⁵⁵	iɔ̃¹³	lɔ̃¹³	lɔ̃³¹²	tsɔ̃⁵⁵	tsɔ̃²⁴
	梅坪	fɔ̃⁵⁵	pʰɔ̃³¹²	fɔ̃¹³	fɔ̃⁵⁵	fɔ̃⁵⁵	iɔ̃¹³	lɔ̃¹³	lɔ̃³¹²	tsɔ̃⁵⁵	tsɔ̃²⁴
	黄土矿	xɔ̃³³	pɔ̃³¹²	xɔ̃⁵⁵	xɔ̃³³	xɔ̃³⁵	iɔ̃⁵⁵	lɔ̃⁵⁵	lɔ̃³¹²	tsɔ̃³⁵	tsɔ̃³⁵
	唐家坊	xɔ̃³³	pɔ̃³¹²	xɔ̃¹³	xɔ̃³³	xɔ̃⁵⁵	iɔ̃¹³	lɔ̃¹³	lɔ̃³¹²	tsɔ̃³³	tsɔ̃⁵⁵
	瓦屋塘	xɔ̃³³	pɔ̃³¹²	xɔ̃¹³	xɔ̃³³	xɔ̃³⁵	iɔ̃¹³	lɔ̃¹³	lɔ̃³¹²	tsɔ̃³³	tsɔ̃³⁵

		从	怂	松	诵	宠	重	重	钟	肿	种
		通合三 平钟从	通合三 上肿心	通合三 平钟邪	通合三 去用邪	通合三 上肿彻	通合三 平钟澄	通合三 上肿澄	通合三 平钟章	通合三 上肿章	通合三 去用章
隆回	荷香桥	tsʰɔ̃¹³	sɔ̃³¹²	tsʰɔ̃¹³	tsʰɔ̃⁵⁵	tɕʰɔ̃³¹²	tɕʰɔ̃¹³	tɕʰɔ̃⁵⁵	tɕɔ̃³³	tɕɔ̃³¹²	tɕɔ̃⁴⁵
	六都寨	tsʰɔ̃¹³	sɔ̃³¹²	tsʰɔ̃¹³	tsʰɔ̃⁵⁵	tɕʰɔ̃³¹²	tɕʰɔ̃¹³	tɕʰɔ̃⁵⁵	tɕɔ̃³³	tɕɔ̃³¹²	tɕɔ̃⁵⁵
	七江	tsʰɔ̃¹³	sɔ̃³¹²	tsʰɔ̃¹³	tsʰɔ̃⁵⁵	tɕʰɔ̃³¹²	tɕʰɔ̃¹³	tɕʰɔ̃³¹²	tɕɔ̃³³	tɕɔ̃³¹²	tɕɔ̃⁵⁵
	司门前	tsʰɔ̃¹³	sɔ̃³¹²	tsʰɔ̃¹³	tsʰɔ̃⁵⁵	tɕʰɔ̃³¹²	tɕʰɔ̃¹³	tɕʰɔ̃³¹²	tɕɔ̃³³	tɕɔ̃³¹²	tɕɔ̃⁵⁵
	金石桥	tsʰɔ̃¹³	sɔ̃³¹²	tsʰɔ̃¹³	tsʰɔ̃⁵⁵	tɕʰɔ̃³¹²	tɕʰɔ̃¹³	tɕʰɔ̃⁵⁵		tɕɔ̃³¹²	tɕɔ̃⁵⁵
	小沙江	tsʰɔ̃¹³	sɔ̃³¹²	tsʰɔ̃¹³	tsʰɔ̃⁵⁵	tɕʰɔ̃³¹²	tɕʰɔ̃¹³	tɕʰɔ̃⁵⁵	tɕɔ̃⁵⁵	tɕɔ̃³¹²	tɕɔ̃⁴⁵
	西洋江	tsʰɔ̃¹³	sɔ̃³¹²	tsʰɔ̃¹³	tsʰɔ̃⁴⁵	tɕʰɔ̃³¹²	tɕʰɔ̃¹³	tɕʰɔ̃⁴⁵	tɕɔ̃⁵⁵	tɕɔ̃³¹²	tɕɔ̃⁴⁵
	横板桥	tsʰɔ̃¹³	sɔ̃³¹²	tsʰɔ̃¹³	tsʰɔ̃⁴⁵	tɕʰɔ̃³¹²	tɕʰɔ̃¹³	tɕʰɔ̃⁴⁵	tɕɔ̃⁵⁵	tɕɔ̃³¹²	tɕɔ̃⁴⁵
	岩口	tsʰɔ̃¹³	sɔ̃³¹²	tsʰɔ̃¹³	tsʰɔ̃⁵⁵	tɕʰɔ̃³¹²	tɕʰɔ̃¹³	tɕʰɔ̃⁵⁵	tɕɔ̃¹³	tɕɔ̃³¹²	tɕɔ̃⁵⁵
	罗洪	tsʰɔ̃¹³	sɔ̃³¹²	tsʰɔ̃¹³	tsʰɔ̃⁵⁵	tɕʰuɔ̃³¹²	tɕʰuɔ̃¹³	tɕʰuɔ̃⁵⁵	tɕuɔ̃³³	tɕuɔ̃³¹²	tɕuɔ̃⁵⁵
	高坪	tsʰɔ̃¹³	sɔ̃³¹²	tsʰɔ̃¹³	tsʰɔ̃⁵⁵	tɕʰɔ̃³¹²	tɕʰɔ̃¹³	tɕʰɔ̃⁵⁵	tɕɔ̃³³	tɕɔ̃³¹²	tɕɔ̃⁵⁵
洞口	石江	tsʰɔ̃¹³	sɔ̃³¹²	tsʰɔ̃¹³	tsʰɔ̃⁵⁵	tɕʰɔ̃³¹²	tɕʰɔ̃¹³	tɕʰɔ̃³¹²	tɕɔ̃⁵⁵	tɕɔ̃³¹²	tɕɔ̃²⁴
	江口	tsʰɔ̃¹³	sɔ̃³¹²	tsʰɔ̃¹³	tsʰɔ̃⁵⁵	tɕʰɔ̃³¹²	tɕʰɔ̃¹³	tɕʰɔ̃³¹²	tɕɔ̃⁵⁵	tɕɔ̃³¹²	tɕɔ̃²⁴

续表

		从	丛	松	诵	宠	重	重	钟	肿	种
		通合三平钟从	通合三上肿心	通合三平钟邪	通合三去用邪	通合三上肿彻	通合三平钟澄	通合三上肿澄	通合三平钟章	通合三上肿章	通合三去用章
洞口	长塘	tsʰɘ̃^{13}	sɘ̃^{312}	tsʰɘ̃^{13}	tsʰɘ̃^{55}	tɕʰɘ̃^{312}	tɕʰɘ̃^{13}	tɕʰɘ̃^{312}	tɕɘ̃^{55}	tɕɘ̃^{312}	tɕɘ̃^{24}
	山门	tsʰɘ̃^{13}	sɘ̃^{312}	tsʰɘ̃^{13}	tsʰɘ̃^{45}	tɕʰɘ̃^{312}	tɕʰɘ̃^{13}	tɕʰɘ̃^{45}	tɕɘ̃^{55}	tɕɘ̃^{312}	tɕɘ̃^{45}
	高沙	tsʰɘ̃^{13}	sɘ̃^{312}	tsʰɘ̃^{13}	tsʰɘ̃^{24}	tɕʰɘ̃^{312}	tɕʰɘ̃^{13}	tɕʰɘ̃^{24}	tɕɘ̃^{55}	tɕɘ̃^{312}	tɕɘ̃^{24}
	花园	tsʰɘ̃^{13}	sɘ̃^{312}	tsʰɘ̃^{13}	tsʰɘ̃^{35}	tɕʰɘ̃^{312}	tɕʰɘ̃^{13}	tɕʰɘ̃^{35}	tɕɘ̃^{55}	tɕɘ̃^{312}	tɕɘ̃^{35}
绥宁	金屋塘	tsʰɘ̃^{13}	sɘ̃^{312}	tsʰɘ̃^{13}	tsʰɘ̃^{55}	tɕʰɘ̃^{312}	tɕʰɘ̃^{13}	tɕʰɘ̃^{312}	tɕɘ̃^{55}	tɕɘ̃^{312}	tɕɘ̃^{24}
	梅坪	tsʰɘ̃^{13}	sɘ̃^{312}	tsʰɘ̃^{13}	tsʰɘ̃^{55}	tɕʰɘ̃^{312}	tɕʰɘ̃^{13}	tɕʰɘ̃^{312}		tɕɘ̃^{312}	tɕɘ̃^{24}
	黄土矿	tsʰɘ̃^{55}	sɘ̃^{312}	tsʰɘ̃^{55}	sɘ̃^{35}	tɕʰɘ̃^{312}	tɕʰɘ̃^{55}	tɕʰɘ̃^{312}	tɕɘ̃^{33}	tɕɘ̃^{312}	tɕɘ̃^{35}
	唐家坊	tsʰɘ̃^{13}	sɘ̃^{312}	tsʰɘ̃^{13}	sɘ̃^{55}	tɕʰɘ̃^{312}	tɕʰɘ̃^{13}	tɕʰɘ̃^{55}	tɕɘ̃^{33}	tɕɘ̃^{312}	tɕɘ̃^{35}
	瓦屋塘	tsʰɘ̃^{13}	sɘ̃^{312}	tsʰɘ̃^{13}	sɘ̃^{35}	tɕʰɘ̃^{312}	tɕʰɘ̃^{13}	tɕʰɘ̃^{35}	tɕɘ̃^{33}	tɕɘ̃^{312}	tɕɘ̃^{35}

		冲	春	茸	恭	拱	供	恐	共	凶	雍
		通合三平钟昌	通合三平钟书	通合三平钟日	通合三平钟见	通合三平钟见	通合三去用见	通合三上肿溪	通合三去用群	通合三平钟晓	通合三平钟影
隆回	荷香桥	tɕʰɘ̃^{33}	tɕʰɘ̃^{33}	iɘ̃^{312}	kɘ̃^{33}	kɘ̃^{312}	kɘ̃^{45}	kʰɘ̃^{312}	kʰɘ̃^{55}	ɕɘ̃^{33}	iɘ̃^{33}
	六都寨	tɕʰɘ̃^{33}	tɕʰɘ̃^{33}	iɘ̃^{312}	kɘ̃^{33}	kɘ̃^{312}	kɘ̃^{55}	kʰɘ̃^{312}	kʰɘ̃^{55}	ɕɘ̃^{33}	iɘ̃^{33}
	七江	tɕʰɘ̃^{33}	tɕʰɘ̃^{33}	iɘ̃^{312}	kɘ̃^{33}	kɘ̃^{312}	kɘ̃^{55}	kʰɘ̃^{312}	kʰɘ̃^{55}	ɕɘ̃^{33}	iɘ̃^{33}
	司门前	tɕʰɘ̃^{33}	tɕʰɘ̃^{33}	iɘ̃^{312}	kɘ̃^{33}	kɘ̃^{312}	kɘ̃^{312}	kʰɘ̃^{312}	kʰɘ̃^{55}	ɕɘ̃^{33}	iɘ̃^{33}
	金石桥	tɕʰɘ̃^{33}	tɕʰɘ̃^{33}	iɘ̃^{312}	kɘ̃^{33}	kɘ̃^{312}	kɘ̃^{55}	kʰɘ̃^{312}	kʰɘ̃^{55}	ɕɘ̃^{33}	iɘ̃^{33}
	小沙江	tɕʰɘ̃^{33}	tɕʰɘ̃^{33}	iɘ̃^{312}	kɘ̃^{33}	kɘ̃^{312}	kɘ̃^{55}	xɘ̃^{312}	xɘ̃^{55}	ɕɘ̃^{33}	iɘ̃^{33}
	西洋江	tɕʰɘ̃^{55}	tɕʰɘ̃^{55}	iɘ̃^{312}	kɘ̃^{55}	kɘ̃^{312}	kɘ̃^{45}	kʰɘ̃^{312}	kʰɘ̃^{55}	ɕɘ̃^{55}	iɘ̃^{55}
	横板桥	tɕʰɘ̃^{55}	tɕʰɘ̃^{55}	iɘ̃^{312}	kɘ̃^{55}	kɘ̃^{312}	kɘ̃^{312}	kʰɘ̃^{312}	kʰɘ̃/tɕʰɘ̃^{55}	ɕɘ̃^{55}	iɘ̃^{55}
	岩口	tɕʰɘ̃^{33}	tɕʰɘ̃^{33}	iɘ̃^{312}	kɘ̃^{33}	kɘ̃^{312}	kɘ̃^{45}	kʰɘ̃^{312}	tɕʰɘ̃^{55}	ɕɘ̃^{33}	iɘ̃^{33}
	罗洪	tɕʰuɘ̃^{33}	tɕʰuɘ̃^{33}	yɘ̃^{312}	kɘ̃^{33}	kɘ̃^{312}	kɘ̃^{55}	xɘ̃^{312}	xɘ̃^{55}	ɕuɘ̃^{33}	yɘ̃^{33}
	高坪	tɕʰɘ̃^{33}	tɕʰɘ̃^{33}	yɘ̃^{312}	kɘ̃^{33}	kɘ̃^{312}	kɘ̃^{55}	xɘ̃^{312}	tɕʰɘ̃^{55}	ɕyɘ̃^{33}	yɘ̃^{33}
洞口	石江	tɕʰɘ̃^{55}	tɕʰɘ̃^{55}	iɘ̃^{312}	kɘ̃^{55}	kɘ̃^{312}	kɘ̃^{24}	kʰɘ̃^{312}	tɕʰɘ̃^{55}	ɕɘ̃^{55}	iɘ̃^{55}
	江口	tɕʰɘ̃^{55}	tɕʰɘ̃^{55}	iɘ̃^{312}	kɘ̃^{55}	kɘ̃^{312}	kɘ̃^{24}	kʰɘ̃^{312}	kʰɘ̃/tɕʰɘ̃^{55}	ɕɘ̃^{55}	iɘ̃^{55}
	长塘	tɕʰɘ̃^{55}	tɕʰɘ̃^{55}	iɘ̃^{312}	kɘ̃^{55}	kɘ̃^{312}	kɘ̃^{24}	kʰɘ̃^{312}	kʰɘ̃/tɕʰɘ̃^{55}	ɕɘ̃^{55}	iɘ̃^{55}
	山门	tɕʰɘ̃^{55}	tɕʰɘ̃^{55}	iɘ̃^{312}	kɘ̃^{55}	kɘ̃^{312}	kɘ̃^{45}	kʰɘ̃^{312}	kʰɘ̃^{55}	ɕɘ̃^{55}	iɘ̃^{55}
	高沙	tɕʰɘ̃^{55}	tɕʰɘ̃^{55}	iɘ̃^{312}	kɘ̃^{55}	kɘ̃^{312}	kɘ̃^{24}	kʰɘ̃^{312}	kɘ̃^{24}/tɕʰɘ̃^{55}	ɕɘ̃^{55}	iɘ̃^{55}
	花园	tɕʰɘ̃^{55}	tɕʰɘ̃^{55}	iɘ̃^{312}	kɘ̃^{55}	kɘ̃^{312}	kɘ̃^{35}	kʰɘ̃^{312}	kʰɘ̃/tɕʰɘ̃^{55}	ɕɘ̃^{55}	iɘ̃^{55}

		冲	春	茸	恭	拱	供	恐	共	凶	雍
		通合三 平钟昌	通合三 平钟书	通合三 平钟日	通合三 平钟见	通合三 平钟见	通合三 去用见	通合三 上肿溪	通合三 去用群	通合三 平钟晓	通合三 平钟影
绥宁	金屋塘	tɕʰɘ55	tɕʰɘ55	iɘ312	kɘ55	kɘ312	kɘ24	kʰɘ312	kʰɘ/tɕʰɘ55	çɘ55	iɘ55
	梅坪	tɕʰɘ55	tɕʰɘ55	iɘ312	kɘ55	kɘ312	kɘ24	kʰɘ312	kʰɘ/tɕʰɘ55	çɘ55	iɘ55
	黄土矿	tɕʰɘ33	tɕʰɘ33	.iɘ55	kɘ33	kɘ312	kɘ35	kʰɘ312	kʰɘ/tɕʰɘ33	çɘ33	iɘ33
	唐家坊	tɕʰɘ33	tɕʰɘ33	iɘ312	kɘ33	kɘ312	kɘ55	kʰɘ312	kʰɘ/tɕʰɘ33	çɘ33	iɘ33
	瓦屋塘	tɕʰɘ3	tɕʰɘ33	iɘ312	kɘ33	kɘ312	kɘ35	kʰɘ312	kʰɘ/tɕʰɘ33	çɘ33	iɘ33

		蓉	涌	用	搭	踏	沓	纳	拉	杂	鸽
		通合三 平钟以	通合三 上肿以	通合三 去用以	咸开一 入合端	咸开一 入合透	咸开一 入合定	咸开一 入合泥	咸开一 入合来	咸开一 入合从	咸开一 入合见
隆回	荷香桥	iɘ13	iɘ312	iɘ55	ta33	xA45	xA45	la45	la33	tsa45	ko33
	六都寨	iɘ13	iɘ312	iɘ55	ta33	xA45	xA45	la55	la33	tsa45	ko33
	七江	iɘ13	iɘ312	iɘ55	ta33	xA45	xA45	la55	la33	tsa45	ko33
	司门前	iɘ13	iɘ312	iɘ55	ta33	xA45	xA45	la45	la33	tsa45	ko33
	金石桥	iɘ13	iɘ312	iɘ55	ta55	xA45	xA45	la55	la33	tsa45	ko45
	小沙江	iɘ13	iɘ312	iɘ55	ta33	tʰA55	tʰA33	la55	la13	tsa13	ko33
	西洋江	iɘ13	iɘ312	iɘ55	ta55	xA45	xA45	la55	la33	tsa45	ko55
	横板桥	iɘ13	iɘ312	iɘ55	ta55	xA55	xA45	la55	la33	tsa45	ko55
	岩口	iɘ13	iɘ312	iɘ55	ta33	xA45	xA55	la55	la33	tsa13	ko33
	罗洪	yɘ13	yɘ312	yɘ55	ta33	xA45	xA45	la45	la33	tsa45	ko45
	高坪	yɘ13	yɘ312	yɘ55	ta33	tʰA55	tʰA55	la55	la13	tsa13	kɣ13
洞口	石江	iɘ13	iɘ312	iɘ55	ta55	xA55	xA24	la55	la33	tsa24	ko55
	江口	iɘ13	iɘ312	iɘ55	ta55	xA55	xA24	la24	la33	tsa24	ko55
	长塘	iɘ13	iɘ312	iɘ55	ta55	xA55	xA24	la55	la33	tsa24	ko55
	山门	iɘ13	iɘ312	iɘ55	ta55	tʰA55	tʰA35	la55	la33	tsa35	ko55
	高沙	iɘ13	iɘ312	iɘ55	ta55	tʰA55	tʰA24	la24	la33	tsa24	ko55
	花园	iɘ13	iɘ312	iɘ55	ta55	xA55	xA35	la55	la33	tsa35	ko55
绥宁	金屋塘	iɘ13	iɘ312	iɘ55	ta55	xA55	xA55	la55	la33	tsa24	ko55
	梅坪	iɘ13	iɘ312	iɘ55	ta55	xA55	xA55	la55	la33	tsa24	ko55
	黄土矿	iɘ55	iɘ312	iɘ55	ta33	tʰA55	tʰA55	la33	la33	tsa55	ko33
	唐家坊	iɘ55	iɘ312	iɘ55	ta33	tʰA33	tʰA55	la55	la33	tsa55	ko33
	瓦屋塘	iɘ13	iɘ312	iɘ55	ta33	tʰA55	tʰA35	la35	la33	tsa35	ko33

续表

		喝	盒	塌	蜡	磕	眨	插	炸	夹	掐
		咸开一入合晓	咸开一入合匣	咸开一入盍透	咸开一入盍来	咸开一入盍溪	咸开二入洽庄	咸开二入洽初	咸开二入洽崇	咸开二入洽见	咸开二入洽溪
隆回	荷香桥	xo33	xo45	xA13	la33	kho33	tsA33	tshA33	tsA45	kA33	khA33
	六都寨	xo33	xo55	xA33	la55	kho33	tsA33	tshA33	tsA55	kie33	khA33
	七江	xo33	xo45	xA33	la55	kho33	tsA33	tshA33	tsA55	kA33	khA33
	司门前	xo33	xo55	xA33	la55	kho33	tsA33	tshA33	tsA55	kie33	khA33
	金石桥	xo55	xo45	xA45	la55	kho45	tsA55	tshA45	tsA55	kiE/kA55	tɕhA/khA55
	小沙江	kho33	xo13	thA33	la33	kho33	tsA33	tshA33	tsA55	kiE/kA33	tɕhA/khA33
	西洋江	xo55	xo45	xA33	la45	kho55	tsA55	tshA55	tsA45/55	kA55	khA55
	横板桥	xo55	xo45	xA33	la55	kho55	tsA55	tshA55	tsA45/55	kA55	khA55
	岩口	xo33	xo13	thA55	la33	kho55	tsA33	tshA33	tsA55	kia33	tɕh33
	罗洪	xo33	xo45	xA45	la45	kho33	tsA33	tshA33	tsA45	kiE/kA33	tɕhiA/khA33
	高坪	xY33	xo13	thA55	la55	kho55	tsA33	tshA33	tsA55	kA33	khA33
洞口	石江	xo55	xo24	xA33	la33	kho55	tsA55	tshA55	tsA24	kA55	khA55
	江口	xo55	xo24	xA33	la33	kho55	tsA55	tshA55	tsA24	kA55	khA55
	长塘	xo55	xo24	xA33	la55	kho55	tsA55	tshA55	tsA24	kA55	khA55
	山门	xo55	xo45	xA55	la33	kho55	tsA55	tshA55	tsA55	kA55	khA55
	高沙	xo55	xo24	thA55	la33	kho55	tsA55	tshA55	tsA55	kA55	khA55
	花园	xo55	xo35	thA55	la33	kho55	tsA55	tshA55	tsA35	kA55	khA55
绥宁	金屋塘	xo55	xo24	xA55	la55	kho55	tsA55	tshA33	tsA55	kA55	khA55
	梅坪	xo55	xo24	xA55	la55	kho55	tsA55	tshA33	tsA24	kA55	khA55
	黄土矿	xo33	xo55	thA55	la55	kho33	tsA33	tshA33	tsA55	kA33	khA33
	唐家坊	xo33	xo55	thA33	la55	kho33	tsA33	tshA33	tsA55	kA33	khA33
	瓦屋塘	xo33	xo35	thA35	la35	kho33	tsA33	tshA33	tsA35	kA33	khA33

		峡	甲	匣	鸭	镊	猎	接	姜	捷	摺
		咸开二入洽匣	咸开二入狎见	咸开二入狎匣	咸开二入狎影	咸开三入叶娘	咸开三入叶来	咸开三入叶精	咸开三入叶清	咸开三入叶从	咸开三入叶章
隆回	荷香桥	ɕiA45	tɕiA33	ɕiA45	e33	ĩ45	le45	tsie33	tshie45	tshie45	tɕie33
	六都寨	ɕiA45	tɕiA45	ɕiA45	ie33	ĩ55	lie45	tsie33	tshie33	tshie45	tɕie33
	七江	ɕiA45	tɕiA45	ɕiA45	iA/A33	ĩ55	le45	tsi33	tshe33	tshie55	tɕie33
	司门前	ɕiA45	tɕiA45	ɕiA45	ie33	ĩ45	le45	tsi33	tshe33	tshe45	tɕie33
	金石桥	ɕA45	tɕA45	ɕA45	iA45/A55	ĩ45	lE45	tsE45	tshE55	tɕhE45	tɕi45

		峡	甲	匣	鸭	镊	猎	接	妾	捷	摺
		咸开二	咸开二	咸开二	咸开二	咸开三	咸开三	咸开三	咸开三	咸开三	咸开三
		入洽匣	入狎见	入狎匣	入狎影	入叶娘	入叶来	入叶精	入叶清	入叶从	入叶章
隆回	小沙江	çA¹³	tçA¹³	çA¹³	iA/A³³	ĩ³³	le¹³	tçe³³	tçʰe⁵⁵	tçʰe¹³	tçe³³
	西洋江	çA⁴⁵	tçA⁵⁵	çA⁴⁵	ie⁵⁵	ĩ⁵⁵	lie⁵⁵	tsie⁵⁵	tsʰie⁵⁵	tsʰie⁴⁵	tçe⁵⁵
	横板桥	çA⁴⁵	tçA⁵⁵	çA⁴⁵	e⁵⁵	ĩ⁵⁵	lie⁵⁵	tsie⁵⁵	tsʰie⁵⁵	tsʰie⁴⁵	tçe⁵⁵
	岩口	çiA⁵⁵	tçiA¹³	çiA¹³	iA³³	liĩ⁵⁵	le¹³	tsie³³	tsʰie⁵⁵	tsʰie¹³	tse⁵⁵
	罗洪	çiA⁴⁵	tçiA³³	çiA⁴⁵	iA/A³³	ie⁴⁵	lie⁴⁵	tçie³³	tçʰie³³	tçʰie⁴⁵	tçie³³
	高坪	çiA¹³	tçiA¹³	çiA¹³	A³³	ie⁴⁵	lie⁵⁵	tçie³³	tçʰie³³	tçʰie¹³	tçie³³
洞口	石江	çA²⁴	tçA⁵⁵	çA²⁴	ie⁵⁵	ĩ⁵⁵	lie⁵⁵	tçe⁵⁵	tçʰε⁵⁵	tçʰε²⁴	tçε⁵⁵
	江口	çA²⁴	tçA²⁴	çA²⁴	A⁵⁵	ĩ⁵⁵	lie⁵⁵	tçe⁵⁵	tçʰε⁵⁵	tçʰe²⁴	tçe⁵⁵
	长塘	çA²⁴	tçA⁵⁵	çA²⁴	A⁵⁵	ĩ⁵⁵	lA²⁴	tçe⁵⁵	tçʰε⁵⁵	tçʰe²⁴	tçe⁵⁵
	山门	çA⁴⁵	tçA⁵⁵	çA⁴⁵	ε⁵⁵	ie⁵⁵	lie⁵⁵	tsie⁵⁵	tsʰie⁵⁵	tsʰie⁴⁵	tçε⁵⁵
	高沙	çA²⁴	tçA⁵⁵	çA²⁴	ŋA⁵⁵	lie⁵⁵	lie²⁴	tçie⁵⁵	tçʰie⁵⁵	tçʰie²⁴	tçε⁵⁵
	花园	çA³⁵	tçA⁵⁵	çA³⁵	kA⁵⁵	lie⁵⁵	lie³⁵	tsie⁵⁵	tsʰie⁵⁵	tsʰie⁵⁵	tçe⁵⁵
绥宁	金屋塘	çA²⁴	tçA⁵⁵	çA²⁴	A⁵⁵	lie⁵⁵	lie²⁴	tsie⁵⁵	tsʰie⁵⁵	tsʰie⁵⁵	tçe⁵⁵
	梅坪	çA²⁴	tçA⁵⁵	çA²⁴	A⁵⁵	lie⁵⁵	lie²⁴	tsie⁵⁵	tsʰie⁵⁵	tsʰie⁵⁵	tçε⁵⁵
	黄土矿	çA⁵⁵	tçA³³	çA⁵⁵	ŋA³³	lie⁵⁵	lie⁵⁵	tçie³³	tçʰie³³	tçʰie³³	tçe³³
	唐家坊	çA³⁵	tçA³³	çA³⁵	ŋA³³	lie⁵⁵	lie⁵⁵	tsie³³	tsʰie³³	tsʰie³³	tçe³³
	瓦屋塘	çA³⁵	tçA³³	çA³⁵	ŋA³³	lie³⁵	lie³⁵	tsie³³	tsʰie³³	tsʰie³⁵	tçe³³

		摄	涉	叶	劫	怯	业	胁	跌	帖	碟
		咸开三	咸开三	咸开三	咸开三	咸开三	咸开三	咸开三	咸开四	咸开四	咸开四
		入叶书	入叶禅	入叶以	入业见	入业溪	入业疑	入业晓	入帖端	入帖透	入帖定
隆回	荷香桥	çie³³	çie³³	ie³³	tçie³³	tçʰie³³	ĩ⁴⁵	çie³³	te³³	xe³³	xe⁴⁵
	六都寨	çie³³	çie⁵⁵	ie⁵⁵	tçie³³	çie³³	ĩ⁴⁵	çie³³	tie³³	xie³³	xie⁵⁵
	七江	çie⁴⁵	çie⁵⁵	ie⁵⁵	tçie³³	çie⁴⁵	ĩ⁴⁵	çie³³	xe³³	xi³³	xe⁵⁵
	司门前	çie³³	çie⁵⁵	ie⁵⁵	tçie³³	tçʰie³³	ĩ⁴⁵	çie³³	tie³³	xie³³	xi⁵⁵
	金石桥	çE⁴⁵	çE⁴⁵	iE⁴⁵	tçE⁵⁵	tçʰE⁴⁵	iE⁴⁵	çE⁴⁵	te⁴⁵	xE⁵⁵	xE⁴⁵
	小沙江	çe³³	çe⁵⁵	ie⁵⁵	tçe⁵⁵	tçʰe⁵⁵	ie⁵⁵	çe⁵⁵	te¹³	tʰe³³	tʰe¹³
	西洋江	çe⁴⁵	çe⁴⁵	iε⁴⁵	tçe⁵⁵	tçʰe⁵⁵	ĩ⁵⁵	çe⁵⁵	xie⁵⁵	xie⁵⁵	xie⁴⁵
	横板桥	çe⁴⁵	çe⁵⁵	iε⁴⁵	tçe⁵⁵	tçʰe⁵⁵	ĩ⁵⁵	çe⁵⁵	xie⁵⁵	xie⁵⁵	xie⁴⁵
	岩口	se¹³	çie⁵⁵	ie⁵⁵	tçie¹³	tçʰie⁵⁵	iĩ⁵⁵	çie⁵⁵	te³³	xe³³	xe⁵⁵

		摄	涉	叶	劫	怯	业	胁	跌	帖	碟
		咸开三入叶书	咸开三入叶禅	咸开三入叶以	咸开三入业见	咸开三入业溪	咸开三入业疑	咸开三入业晓	咸开四入帖端	咸开四入帖透	咸开四入帖定
隆回	罗洪	ɕie⁴⁵	ɕie³³	ie⁵⁵	tɕie³³	tɕʰie³³	ie⁴⁵	ɕie⁴⁵	tie³³	xie³³	xie⁴⁵
	高坪	ɕie⁵⁵	ɕie⁵⁵	ie⁵⁵	tɕie¹³	tɕʰie⁵⁵	iẽ¹³	ɕie⁵⁵	tie¹³	tʰie¹³	tʰie¹³
洞口	石江	ɕɛ⁵⁵	ɕɛ²⁴	ie²⁴	tɕɛ⁵⁵	tɕʰɛ⁵⁵	ĩ⁵⁵	ɕɛ⁵⁵	xie⁵⁵	xie⁵⁵	xie²⁴
	江口	ɕɛ⁵⁵	ɕɛ⁵⁵	ie²⁴	tɕɛ⁵⁵	tɕʰɛ⁵⁵	ie⁵⁵	ɕɛ⁵⁵	tʰie⁵⁵	tʰie⁵⁵	tʰie²⁴
	长塘	ɕɛ⁵⁵	ɕɛ⁵⁵	ie²⁴	tɕɛ⁵⁵	tɕʰɛ⁵⁵	ie⁵⁵	ɕɛ⁵⁵	xie⁵⁵	xie⁵⁵	xie²⁴
	山门	ɕɛ⁴⁵	ɕɛ⁵⁵	ie⁴⁵	tɕɛ⁵⁵	tɕʰɛ⁵⁵	ĩ⁵⁵	ɕɛ⁵⁵	xie⁵⁵	xie⁵⁵	xie⁴⁵
	高沙	ɕɛ²⁴	ɕɛ²⁴	ie²⁴	tɕɛ⁵⁵	tɕʰɛ⁵⁵	liẽ⁵⁵	ɕɛ⁵⁵	tʰi⁵⁵	tʰi⁵⁵	tʰi²⁴
	花园	ɕɛ³⁵	ɕɛ³⁵	ie³⁵	tɕɛ⁵⁵	tɕʰɛ⁵⁵	iẽ³⁵	ɕɛ⁵⁵	tʰie⁵⁵	tʰie⁵⁵	tʰie³⁵
绥宁	金屋塘	ɕɛ⁵⁵	ɕɛ⁵⁵	ie⁵⁵	tɕɛ⁵⁵	tɕʰɛ⁵⁵	ie⁵⁵	ɕɛ⁵⁵	xie⁵⁵	xie⁵⁵	xie²⁴
	梅坪	ɕɛ⁵⁵	ɕɛ⁵⁵	ie⁵⁵	tɕɛ⁵⁵	tɕʰɛ⁵⁵	ie⁵⁵	ɕɛ⁵⁵	xie⁵⁵	xie⁵⁵	xie²⁴
	黄土矿	ɕɛ⁵⁵	ɕɛ⁵⁵	ie⁵⁵	tɕɛ⁵⁵	tɕʰɛ⁵⁵	iẽ⁵⁵	ɕɛ⁵⁵	tie⁵⁵	tʰie³³	tie⁵⁵
	唐家坊	ɕɛ⁵⁵	ɕɛ⁵⁵	ie⁵⁵	tɕɛ³⁵	tɕʰɛ³⁵	iẽ¹³	ɕɛ⁵⁵	tie³³	tʰie³³	tie⁵⁵
	瓦屋塘	ɕɛ³⁵	ɕɛ³⁵	ie³⁵	tɕɛ³⁵	tɕʰɛ³⁵	iẽ³⁵	ɕɛ³⁵	tie³⁵	tʰie³⁵	tie³⁵

		挟	协	法	乏	粒	缉	集	习	蛰	涩
		咸开四入帖见	咸开四入帖匣	咸合三入乏非	咸合三入乏奉	深开三入缉来	深开三入缉清	深开三入缉从	深开三入缉邪	深开三入缉澄	深开三入缉生
隆回	荷香桥	ɕie³³	ɕie⁴⁵	fA¹³	fA³³	li³³	tsi³³	tsi³³	si⁴⁵	tɕʰi³³	se³³
	六都寨	ɕie³³	ɕie⁴⁵	fA⁴⁵	fA⁴⁵	li⁵⁵	tsi⁴⁵	tsi⁴⁵	si⁴⁵	tɕʰie³³	sie³³
	七江	tɕiA⁴³	ɕie⁴⁵	fA³³	fA³³	li⁵⁵	tsi⁴⁵	tsi⁴⁵	si⁴⁵	tɕʰi³³	se³³
	司门前	ɕie³³	ɕie⁵⁵	fA⁴⁵	fÃ⁴⁵	li⁵⁵	tsi⁴⁵	tsi⁴⁵	si⁴⁵	tɕʰie³³	se³³
	金石桥	ɕE⁴⁵	ɕE⁴⁵	fA⁴⁵	fA⁴⁵	li⁵⁵	tsi⁴⁵	tshi⁴⁵	si⁴⁵	tɕi⁵⁵	ɕe⁵⁵
	小沙江	ɕe³³	ɕe¹³	fA³³	fA¹³	li⁵⁵	tɕi⁴⁵	tɕʰi¹³	ɕi¹³	tɕi⁵⁵	ɕe³³
	西洋江	tɕe⁵⁵	ɕe⁴⁵	fA⁵⁵	fA⁴⁵	li⁵⁵	tɕi⁴⁵	tɕi⁴⁵	si⁴⁵ᐟ⁵⁵	tɕʰi⁴⁵	sie⁵⁵
	横板桥	tɕe⁵⁵	ɕe⁴⁵	fA⁵⁵	fA⁴⁵	li⁵⁵	tɕi⁴⁵	tɕi⁴⁵	si⁴⁵ᐟ⁵⁵	tɕʰi⁵⁵	sie⁵⁵
	岩口	kiA³³	ɕie¹³	fA³¹²	fã⁵⁵	li³³	tsi⁵⁵	tsi¹³	si¹³	tɕʰi³³	se³³
	罗洪	ɕie⁴⁵	ɕie⁴⁵	fA³³	fA⁴⁵	li³³	tɕi⁴⁵	tɕʰi⁴⁵	ɕi⁴⁵	tɕi³³	ɕie⁵⁵
	高坪	tɕiA¹³	ɕie¹³	xuA¹³	fA¹³	li⁵⁵	tɕi¹³	tɕi¹³	ɕi¹³	tsʅ⁵⁵	se³³
洞口	石江	tɕe⁵⁵	ɕe²⁴	fA⁵⁵	fA²⁴	li⁵⁵	tɕi²⁴	tɕi²⁴	ɕi⁴⁵ᐟ⁵⁵	tɕʅ²⁴	ɕe⁵⁵
	江口	tiɕe⁵⁵	ɕie²⁴	fA²⁴	fA²⁴	li⁵⁵	tɕi⁵⁵	tɕi²⁴	ɕi²⁴	tɕʅ⁵⁵	se⁵⁵

续表

		挟	协	法	乏	粒	缉	集	习	蛰	涩
		咸开四	咸开四	咸合三	咸合三	深开三	深开三	深开三	深开三	深开三	深开三
		入帖见	入帖匣	入乏非	入乏奉	入缉来	入缉清	入缉从	入缉邪	入缉澄	入缉生
洞口	长塘	tiɕe⁵⁵	ɕie²⁴	fA⁵⁵	fA²⁴	li⁵⁵	tɕi²⁴	tɕi²⁴	ɕi²⁴	tɕʅ⁵⁵	ɕe⁵⁵
	山门	kA⁵⁵	ɕe⁴⁵	fA⁵⁵	fA⁴⁵	lie⁵⁵	tɕi⁴⁵	tsi⁴⁵	si⁵⁵	tɕe⁴⁵	sie⁵⁵
	高沙	kA⁵⁵	ɕe²⁴	fA²⁴	fA²⁴	li⁵⁵	tɕi⁵⁵	tɕi²⁴	ɕi²⁴	tɕʰʅ⁵⁵	se⁵⁵
	花园	kA⁵⁵	ɕe³⁵	fA⁵⁵	fA³⁵	li⁵⁵	tsi⁵⁵	tsi³⁵	si⁵⁵	tɕʰi⁵⁵	sie⁵⁵
绥宁	金屋塘	tiɕe⁵⁵	ɕie²⁴	xA⁵⁵	xA⁵⁵	li⁵⁵	tsi⁵⁵	tsi²⁴	si²⁴	tɕʅ⁵⁵	se⁵⁵
	梅坪	tiɕe⁵⁵	ɕie²⁴	xA⁵⁵	xA⁵⁵	li⁵⁵	tsi⁵⁵	tsi²⁴	si²⁴	tɕʅ⁵⁵	se⁵⁵
	黄土矿	tɕA³³	ɕe⁵⁵	fA⁵⁵	fA³³	li³³	tɕi⁵⁵	tɕi⁵⁵	ɕi⁵⁵	tɕʰi³³	se⁵⁵
	唐家坊	tɕA³³	ɕe¹³	fA³³	fA³³	li³³	tsi³³	tsi³³	si⁵⁵	tɕʰi⁵⁵	se³⁵
	瓦屋塘	tɕA³³	ɕe³⁵	fA³⁵	fA³³	li³³	tsi³⁵	tsi³⁵	si³⁵	tɕʰi³³	se³⁵

		汁	湿	十	入	急	泣	及	吸	揖
		深开三	深开三	深开三	深开三	深开三	深开三	深开三	深开三	深开三
		入缉章	入缉书	入缉禅	入缉日	入缉见	入缉溪	入缉群	入缉晓	入缉影
隆回	荷香桥	tɕi³³	ɕi³³	ɕi⁴⁵	y⁴⁵	tɕi³³	tɕʰi³³	tɕʰi⁴⁵	tɕi³³	i³³
	六都寨	tɕi³³	ɕi³³	ɕi⁵⁵	y⁵⁵	tɕi⁴⁵	tɕʰi³³	tɕʰi⁴⁵	tɕi³³	i³³
	七江	tɕi³³	ɕi³³	ɕi⁵⁵	u⁵⁵	tɕi⁴⁵	tɕʰi³³	tɕʰi⁴⁵	tɕi⁴⁵	i³³
	司门前	tɕi³³	ɕi³³	ɕi⁵⁵	u⁵⁵	tɕi⁴⁵	tɕʰi³³	tɕʰi⁵⁵	ɕi³³	i³³
	金石桥	tɕi⁵⁵	ɕi⁵⁵	ɕi⁵⁵	y⁴⁵	tɕi⁴⁵	tɕʰi⁵⁵	tɕʰi⁴⁵	ɕi⁴⁵	i⁴⁵
	小沙江	tɕi³³	ɕi³³	ɕi⁵⁵	y⁵⁵	tɕi¹³	tɕʰi⁵⁵	tɕʰi⁵⁵	ɕi³³	i³³
	西洋江	tɕʅ⁵⁵	ɕʅ⁵⁵	ɕʅ⁴⁵	ʅ⁴⁵	tɕi⁵⁵	tɕʰi⁵⁵	tɕʰe⁴⁵	tɕi⁵⁵	i⁵⁵
	横板桥	tɕʅ⁵⁵	ɕʅ⁵⁵	ɕʅ⁴⁵	ʅ⁴⁵	tɕi⁵⁵	tɕʰi⁵⁵	tɕʰe⁴⁵	tɕi⁵⁵	i⁵⁵
	岩口	tɕi³³	ɕi³³	ɕi⁵⁵	y⁵⁵	tɕi¹³	tɕʰi⁵⁵	tɕi¹³	ɕi³³	i³³
	罗洪	tɕi³³	ɕi³³	ɕi⁴⁵	y⁴⁵	tɕi³³	tɕʰi³³	tɕi⁴⁵	ɕi³³	i³³
	高坪	tɕi⁵⁵	ɕi³³	ɕi⁵⁵	i¹³	tɕi¹³	tɕʰi⁵⁵	tɕʰi⁵⁵	ɕi³³	i⁵⁵
洞口	石江	tɕi⁵⁵	ɕɛ⁵⁵	ɕɛ²⁴	ʅ²⁴	tɕi⁵⁵	tɕʰi⁵⁵	tɕʰi²⁴	tɕi⁵⁵	i⁵⁵
	江口	tɕʅ⁵⁵	ɕɛ⁵⁵	ɕɛ²⁴	ʅ²⁴	tɕʅ⁵⁵	tɕʰʅ⁵⁵	tɕʅ²⁴	tɕʅ⁵⁵	i⁵⁵
	长塘	tɕʅ²⁴	ɕɛ⁵⁵	ɕɛ²⁴	ʅ²⁴	tɕʅ⁵⁵	tɕʰʅ⁵⁵	tɕʅ²⁴	tɕʅ⁵⁵	i²⁴
	山门	tɕɛ⁵⁵	ɕɛ⁵⁵	ɕɛ⁴⁵	ʅ⁴⁵	tɕɛ⁵⁵	tɕʰɛ⁵⁵	tɕʰɛ⁴⁵	tɕi⁵⁵	i⁵⁵
	高沙	tɕʅ²⁴	ɕʅ⁵⁵	ɕʅ²⁴	ʅ²⁴	tɕʅ⁵⁵	tɕʰʅ²⁴	tɕʰʅ²⁴	tɕʅ⁵⁵	ʅ
	花园	tɕʅ⁵⁵	ɕʅ⁵⁵	ɕʅ³⁵	ʅ³⁵	tɕʅ⁵⁵	tɕʰʅ³⁵	tɕʰʅ³⁵	tɕʅ⁵⁵	ʅ

219

		汁	湿	十	入	急	泣	及	吸	揖
		深开三入缉章	深开三入缉书	深开三入缉禅	深开三入缉日	深开三入缉见	深开三入缉溪	深开三入缉群	深开三入缉晓	深开三入缉影
绥宁	金屋塘	tɕʅ⁵⁵	ɕʅ⁵⁵	ɕɛ²⁴	ʅ²⁴	tɕʅ²⁴	tɕʰʅ⁵⁵	tɕʰʅ²⁴	ɕʅ⁵⁵	i⁵⁵
	梅坪	tɕʅ⁵⁵	ɕʅ⁵⁵	ɕɛ²⁴	ʅ²⁴	tɕʅ²⁴	tɕʰʅ⁵⁵	tɕʰʅ²⁴	ɕʅ⁵⁵	i⁵⁵
	黄土矿	tɕi³³	ɕi³³	ɕi⁵⁵	y⁵⁵	tɕi⁵⁵	tɕʰi³³	tɕʰi⁵⁵	tɕi³³	i³³
	唐家坊	tɕi³³	ɕi³³	ɕi⁵⁵	y⁵⁵	tɕi¹³	tɕʰi³³	tɕʰi¹³	tɕi³³	i³³
	瓦屋塘	tɕi³³	ɕi³³	ɕi³⁵	y³⁵	tɕi³⁵	tɕʰi³³	tɕʰi³⁵	tɕi³³	i³³

		达	捺	辣	擦	萨	割	渴	喝	八	拔
		山开一入曷定	山开一入曷泥	山开一入曷来	山开一入曷清	山开一入曷心	山开一入曷见	山开一入曷溪	山开一入曷晓	山开二入黠帮	山开二入黠并
隆回	荷香桥	tA⁴⁵	lA⁴⁵	lie⁴⁵	tsʰA³³	sA³³	ko³³	ko⁴⁵	xo³³	pA³³	pʰA³³
	六都寨	tA⁴⁵	lA⁴⁵	lA⁵⁵	tsʰA³³	sA³³	ki⁵⁵	kua⁵⁵	xo³³	pA³³	pʰA⁴⁵
	七江	tA⁴⁵	lA⁴⁵	lie⁵⁵	tsʰA³³	sA³³	ko³³	pʰo³³	xo³³	pA³³	pʰA⁴⁵
	司门前	tA⁵⁵	lA⁵⁵	lie⁵⁵	tsʰA³³	sA³³	ki⁵⁵	kʰo⁴⁵	xo³³	pA³³	pʰA⁴⁵
	金石桥	tA⁴⁵	lA⁴⁵	lie⁵⁵	tsʰA⁴⁵	sA⁵⁵	ko⁴⁵	kʰo⁴⁵	xo⁵⁵	pA⁵⁵	pʰA⁴⁵
	小沙江	tA¹³	lA¹³	lie⁵⁵	tsʰA³³	sA³³	ko³³	kʰo³³	kʰo³³	pA³³	pʰA⁵⁵
	西洋江	tA⁴⁵	lA⁴⁵	lie⁴⁵	tsʰA⁵⁵	sA⁵⁵	sie⁵⁵	kua⁵⁵	xo⁵⁵	pA⁵⁵	pʰA⁴⁵
	横板桥	tA⁴⁵	lA⁴⁵	lie⁴⁵	tsʰA⁵⁵	sA⁵⁵	sie⁵⁵	kua⁵⁵	xo⁵⁵	pA⁵⁵	pʰA⁴⁵
	岩口	tA¹³	lA⁵⁵	lA⁵⁵	tsʰA³³	sA³³	ko³³	ko³¹²	xo³³	pA³³	pʰA³³
	罗洪	tA⁴⁵	lA⁵⁵	lA⁵⁵	tsʰA³³	sA³³	ko³³	xo⁴⁵	xo³³	pA³³	pʰA⁴⁵
	高坪	tA¹³	lA⁴⁵	lA⁵⁵	tsʰA³³	sA³³	ko³³	kʰo³¹²	xo³³	pA³³	pʰA⁵⁵
洞口	石江	tA²⁴	lA²⁴	lA²⁴	tsʰA⁵⁵	sA⁵⁵	sie⁵⁵	kua⁵⁵	xo⁵⁵	pA⁵⁵	pʰA²⁴
	江口	tA²⁴	lA²⁴	lA²⁴	tsʰA⁵⁵	sA⁵⁵	ko⁵⁵	kua⁵⁵	xo⁵⁵	pA⁵⁵	pʰA²⁴
	长塘	tA²⁴	lA²⁴	lie²⁴	tsʰA⁵⁵	sA⁵⁵	ko⁵⁵	kua⁵⁵	xo⁵⁵	pA⁵⁵	pʰA²⁴
	山门	tA⁴⁵	lA⁴⁵	lie⁴⁵	tsʰA⁵⁵	sA⁵⁵	ko/sie⁵⁵	ko⁵⁵	xo⁵⁵	pA⁵⁵	ɸA⁴⁵
	高沙	tA²⁴	lA²⁴	lA²⁴	tsʰA⁵⁵	sA⁵⁵	ko⁵⁵	ko²⁴	xo⁵⁵	pA⁵⁵	pʰA⁵⁵
	花园	tA³⁵	lA³⁵	lA³⁵	tsʰA⁵⁵	sA⁵⁵	ko⁵⁵	ko⁵⁵	xo⁵⁵	pA⁵⁵	pʰA⁵⁵
绥宁	金屋塘	tA²⁴	lA²⁴	lA²⁴	tsʰA⁵⁵	sA⁵⁵	ko⁵⁵	ko⁵⁵	xo⁵⁵	pA⁵⁵	pʰA²⁴
	梅坪	tA²⁴	lA⁵⁵	lA²⁴	tsʰA⁵⁵	sA⁵⁵	ko⁵⁵	ko⁵⁵	xo⁵⁵	pA⁵⁵	pʰA²⁴
	黄土矿	tA⁵⁵	lA⁵⁵	lA⁵⁵	tsʰA³³	sA³³	ko³³	ko³³	xo³³	pA³³	pʰA⁵⁵
	唐家坊	tA⁵⁵	lA⁵⁵	lA⁵⁵	tsʰA³³	sA³³	ko³³	ko³³	xo³³	pA³³	pʰA⁵⁵
	瓦屋塘	tA³⁵	lA³⁵	lA³⁵	tsʰA³³	sA³³	ko³⁵	ko³⁵	xo³³	pA³³	pʰA³⁵

220

续表

		抹	札	察	杀	轧	铡	瞎	辖	鳖	别
		山开二入黠明	山开二入黠庄	山开二入黠初	山开二入黠生	山开二入黠影	山开二入鎋崇	山开二入鎋晓	山开二入鎋匣	山开三入薛帮	山开三入薛並
隆回	荷香桥	mA³³	tsA³³	tsʰA⁴⁵	SA³³	iA³³	tsʰe⁴⁵	XA³³	ɕiA⁴⁵	pi³³	pʰe⁴⁵
	六都寨	ma⁵⁵	tsA³³	tsʰA³³	SA³³	iA³³	tsA⁴⁵	XA³³	ɕiA⁵⁵	pie³³	pʰie⁵⁵
	七江	ma⁵⁵	tsA³³	tsʰA³³	SA³³	ã³³	tsA⁴⁵	XA³³	ɕiA⁵⁵	pi³³	pʰe⁵⁵
	司门前	ma⁵⁵	tsA³³	tsʰA³³	SA³³	iA³³	tsA⁴⁵	XA³³	xe⁴⁵	pie³³	pʰe⁵⁵
	金石桥	mA⁵⁵	tsA⁴⁵	tsʰA⁴⁵	SA⁵⁵	iA⁴⁵	tse⁴⁵	ɕA/XA⁴⁵	XA⁴⁵	pE⁴⁵	pʰE⁴⁵
	小沙江	mA³³	tsA³³	tsʰA³³	SA³³	iA³³	tse¹³	ɕA/XA³³	XA¹³	pE³³	pʰE¹³
	西洋江	mA⁵⁵	tsA⁵⁵	tsʰA⁵⁵	SA⁵⁵	iA⁵⁵	tsie⁴⁵	XA⁵⁵	ɕA⁵⁵	pie⁵⁵	pʰiɛ⁵⁵
	横板桥	mA⁵⁵	tsA⁵⁵	tsʰA⁵⁵	SA⁵⁵	iA⁵⁵	tsie⁴⁵	XA⁵⁵	ɕA⁵⁵	pie⁵⁵	pʰiɛ⁵⁵
	岩口	mA³³	tsA³³	tsʰA¹³	SA³³	iA⁵⁵	tsA¹³	ɕiA/XA³³	ɕiA³³	pe³³	pʰe⁵⁵
	罗洪	mA⁵⁵	tsA⁵⁵	tsʰA⁵⁵	SA³³	iA⁵⁵	tse⁴⁵	ɕiA/XA³³	ɕiA⁴⁵	pi⁵⁵	pʰe⁴⁵
	高坪	mA³³	tsA³³	tsʰA³³	SA³³	iA⁵⁵	tsA¹³	XA⁵⁵	ɕiA³³	pie³³	pʰe⁵⁵
洞口	石江	mA⁵⁵	tsA⁵⁵	tsʰA⁵⁵	SA⁵⁵	iA⁵⁵	tɕɛ²⁴	XA⁵⁵	ɕA²⁴	pie⁵⁵	pʰiɛ²⁴
	江口	mA⁵⁵	tsA⁵⁵	tsʰA⁵⁵	SA⁵⁵	iA⁵⁵	tɕɛ²⁴	XA⁵⁵	ɕA²⁴	pie⁵⁵	pʰiɛ²⁴
	长塘	mA⁵⁵	tsA⁵⁵	tsʰA⁵⁵	SA⁵⁵	iA⁵⁵	tɕɛ²⁴	XA⁵⁵	ɕA²⁴	pie⁵⁵	pʰiɛ²⁴
	山门	mA⁵⁵	tsA⁵⁵	tsʰA⁵⁵	SA/sie⁵⁵	iA⁵⁵	tsie⁴⁵	XA⁵⁵	ɕA⁵⁵	pie⁵⁵	ɸiɛ⁵⁵
	高沙	mA⁵⁵	tsA⁵⁵	tsʰA⁵⁵	SA⁵⁵	ŋA⁵⁵	tɕiɛ²⁴	XA⁵⁵	ɕA²⁴	pi⁵⁵	pʰiɛ⁵⁵
	花园	mA⁵⁵	tsA⁵⁵	tsʰA⁵⁵	SA⁵⁵	kA⁵⁵	tsie³⁵	XA⁵⁵	ɕA³⁵	pi⁵⁵	pʰi1³⁵
绥宁	金屋塘	mA⁵⁵	tsA⁵⁵	tsʰA⁵⁵	SA⁵⁵	iA⁵⁵	tɕɛ²⁴	XA⁵⁵	ɕA⁵⁵	pie⁵⁵	pʰiɛ²⁴
	梅坪	mA⁵⁵	tsA⁵⁵	tsʰA⁵⁵	SA⁵⁵	iA⁵⁵	tɕɛ²⁴	XA⁵⁵	ɕA⁵⁵	pie⁵⁵	pʰiɛ²⁴
	黄土矿	mA³³	tsA³³	tsʰA⁵⁵	SA³³	iA³³	tse⁵⁵	XA³³	ɕA⁵⁵	pie³³	pʰe⁵⁵
	唐家坊	mA⁵⁵	tsA³³	tsʰA⁵⁵	SA³³	iA³³	tse⁵⁵	XA³³	ɕA⁵⁵	pie³³	pʰe⁵⁵
	瓦屋塘	mA³³	tsA³³	tsʰA³⁵	SA³³	iA³³	tse³⁵	XA³³	ɕA³⁵	pie³³	pʰe³⁵

		灭	烈	泄	哲	撤	辙	浙	舌	设	折
		山开三入薛明	山开三入薛来	山开三入薛心	山开三入薛知	山开三入薛彻	山开三入薛澄	山开三入薛章	山开三入薛船	山开三入薛书	山开三入薛禅
隆回	荷香桥	miɛ⁴⁵	liɛ³³	siɛ³³	tɕiɛ⁴⁵	tɕʰiɛ⁴⁵	tɕiɛ⁴⁵	tɕiɛ⁴⁵	ɕiɛ⁴⁵	ɕiɛ⁴⁵	ɕiɛ⁴⁵
	六都寨	miɛ⁵⁵	liɛ⁴⁵	siɛ³³	tɕiɛ⁴⁵	tɕʰiɛ¹³	tɕiɛ⁴⁵	tɕiɛ⁴⁵	ɕiɛ⁵⁵	ɕiɛ⁴⁵	ɕiɛ⁵⁵
	七江	miɛ⁵⁵	lɛ⁴⁵	sɛ⁴⁵	tɕɛ⁴⁵	tɕʰɛ³³	tɕʰɛ³³	tɕɛ⁴⁵	ɕɛ⁵⁵	ɕɛ⁴⁵	ɕɛ⁵⁵
	司门前	miɛ⁵⁵	lɛ⁴⁵	sɛ⁴⁵	tɕɛ⁴⁵	tɕʰɛ⁴⁵	tɕʰɛ⁴⁵	tɕɛ⁴⁵	ɕɛ⁵⁵	ɕɛ⁴⁵	ɕɛ⁵⁵

续表

		灭	烈	泄	哲	撤	辙	浙	舌	设	折
		山开三入薛明	山开三入薛来	山开三入薛心	山开三入薛知	山开三入薛彻	山开三入薛澄	山开三入薛章	山开三入薛船	山开三入薛书	山开三入薛禅
隆回	金石桥	mE⁴⁵	lE⁴⁵	çE⁴⁵	tçE⁴⁵	tçʰE⁴⁵	tçʰE⁴⁵	tçE⁴⁵	çE⁵⁵	çE⁴⁵	çE⁵⁵
	小沙江	me¹³	le¹³	çe⁵⁵	tçe³³	tçʰe¹³	tçʰe¹³	tçe¹³	çe⁵⁵	çe⁵⁵	çe⁵⁵
	西洋江	miε⁵⁵	liε⁴⁵	sie⁵⁵	tçe⁴⁵	tçʰe⁴⁵	tçʰe⁴⁵	tçe⁴⁵	çe⁴⁵	çe⁵⁵	tçe⁵⁵
	横板桥	miε⁵⁵	liε⁴⁵	sie⁵⁵	tçe⁴⁵	tçʰe⁴⁵	tçʰe⁴⁵	tçe⁴⁵	çe⁴⁵	çe⁵⁵	tçe⁵⁵
	岩口	me³³	le³³	se⁵⁵	tçie¹³	tçʰie⁵⁵	tçie¹³	tçie¹³	çie⁵⁵	çie⁵⁵	çie⁵⁵
	罗洪	me⁴⁵	le⁴⁵	çie⁴⁵	tçe³³	tçʰe³³	tçʰe³³	tçe⁴⁵	çe⁴⁵	çe³³	çe⁴⁵
	高坪	me¹³	le⁵⁵	çie⁵⁵	tçye¹³	tçʰye¹³	tçʰye¹³	tçye¹³	çye⁵⁵	çye⁵⁵	çye⁵⁵
洞口	石江	mie²⁴	lie²⁴	çe⁵⁵	tçe⁴⁵	tçʰe⁴⁵	tçʰe²⁴	tçe²⁴	çe²⁴	çe²⁴	tçe⁵⁵
	江口	mie²⁴	lie²⁴	çe⁵⁵	tçe²⁴	tçʰe²⁴	tçʰe²⁴	tçe²⁴	çe²⁴	çe²⁴	tçe²⁴
	长塘	mie²⁴	lie²⁴	çe⁵⁵	tçε4²⁴	tçʰε²⁴	tçʰe²⁴	tçe²⁴	çe²⁴	çe²⁴	tçe²⁴
	山门	mie⁵⁵	lie⁴⁵	sie⁵⁵	tçe⁴⁵	tçʰe⁴⁵	tçʰe⁴⁵	tçe⁴⁵	çe⁴⁵	çe⁵⁵	çe⁴⁵
	高沙	mie²⁴	lie²⁴	çie²⁴	tçe³⁵	tçʰe⁵⁵	tçʰe⁵⁵	tçe⁵⁵	çe³⁵	çe²⁴	çe²⁴
	花园	mie⁵⁵	lie³⁵	sie⁵⁵	tçe³⁵	tçʰe³⁵	tçʰe³⁵	tçe³⁵	çe³⁵	çe³⁵	çe³⁵
绥宁	金屋塘	mie²⁴	lie²⁴	sie⁵⁵	tçε²⁴	tçʰε⁵⁵	tçʰε²⁴	tçe²⁴	çe²⁴	çe²⁴	çe⁵⁵
	梅坪	mie²⁴	lie²⁴	sie⁵⁵	tçε²⁴	tçʰε²⁴	tçʰε²⁴	tçε²⁴	çe²⁴	çε²⁴	çε²⁴
	黄土矿	me⁵⁵	le⁵⁵	çie³³	tçe⁵⁵	tçʰe⁵⁵	tçe⁵⁵	tçe⁵⁵	çe⁵⁵	çe³³	çe³³
	唐家坊	me⁵⁵	le⁵⁵	se³³	tçe¹³	tçʰe³³	tçe¹³	tçe¹³	çe⁵⁵	çe⁵⁵	çe⁵⁵
	瓦屋塘	me³⁵	le³⁵	sie³³	tçe³⁵	tçʰe³⁵	tçe³⁵	tçe³⁵	çe³⁵	çe³³	çe³³

		热	杰	孽	揭	歇	憋	撇	篾	铁
		山开三入薛日	山开三入薛群	山开三入薛疑	山开三入月见	山开三入月晓	山开四入屑帮	山开四入屑滂	山开四入屑明	山开四入屑透
隆回	荷香桥	ie⁴⁵/ĭ⁵⁵	tçʰie⁴⁵	ĭ/lie⁵⁵	tçie³³	çie³³	pi³³	pʰe³³	mĭ⁴⁵	xe³³
	六都寨	iε/ĭ⁵⁵	tçie⁴⁵	ĭ/lie⁵⁵	tçie³³	çie³³	pie³³	pʰe³¹²	mĭ⁵⁵	xie³³
	七江	ie⁴⁵/ĭ⁵⁵	tçʰie⁴⁵	ĭ/lie⁵⁵	tçie³³	çie³³	pe³³	pʰe³¹²	mĭ⁵⁵	xi³³
	司门前	ie/ĭ⁵⁵	tçʰe⁴⁵	ĭ⁴⁵	tçe³³	çe³³	pe³³	pʰe³¹²	mĭ⁵⁵	xi³³
	金石桥	ie⁴⁵	tçʰE⁴⁵	iE⁴⁵	tçE³³	çE⁵⁵	pE⁴⁵	pʰE⁴⁵	mie⁴⁵	xE⁵⁵
	小沙江	ie⁵⁵	tçʰe¹³	ie⁵⁵	tçe³³	çe³³	pe³³	pʰe³¹²	me⁵⁵	tʰe⁵⁵
	西洋江	iε⁵⁵/ĭ⁴⁵	tçʰe⁴⁵	ĭ⁵⁵	tçe⁵⁵	çe⁵⁵	pie³³	pʰie³¹²	mĭ⁴⁵	xie⁵⁵
	横板桥	iε⁵⁵/ĭ⁴⁵	tçʰe⁵⁵	ĭ⁵⁵	tçe⁵⁵	çe⁵⁵	pie⁵⁵	pʰie³¹²	mie⁴⁵	xie⁵⁵
	岩口	ie¹³	tçʰie¹³	ĭ/lie⁵⁵	tçie³³	çie³³	pie³³	pʰie³³	mĭ⁴⁵	xe³³

续表

		热	杰	孽	揭	歇	憋	撇	篾	铁
		山开三入薛日	山开三入薛群	山开三入薛疑	山开三入月见	山开三入月晓	山开四入屑帮	山开四入屑滂	山开四入屑明	山开四入屑透
隆回	罗洪	ie⁵⁵	tɕʰie⁴⁵	ie⁴⁵	tɕie³³	çie³³	pie³³	pʰie³³	me⁴⁵	xe³³
	高坪	ie⁵⁵	tɕie¹³	ie⁵⁵	tɕie³³	çie³³	pie³³	pʰie¹³	mie⁵⁵	tʰe³³
洞口	石江	ie⁵⁵/ĩ²⁴	tɕʰɛ²⁴	ĩ⁵⁵	tɕɛ⁵⁵	çɛ⁵⁵	pie⁵⁵	pʰie³¹²	mĩe²⁴	xie⁵⁵
	江口	ie⁵⁵/ĩ²⁴	tɕʰie²⁴	ie⁵⁵	tɕie⁵⁵	çie⁵⁵	pie⁵⁵	pʰie³¹²	mĩe⁵⁵	tʰie⁵⁵
	长塘	ie⁵⁵/ĩ²⁴	tɕʰie²⁴	ie⁵⁵	tɕie⁵⁵	çie⁵⁵	pie⁵⁵	pʰi³¹²	mĩe²⁴	xie⁵⁵
	山门	ie⁵⁵/ĩ⁴⁵	tɕʰɛ⁴⁵	ĩ⁵⁵	tɕɛ⁵⁵	çɛ⁵⁵	pie⁵⁵	ɸie³¹²	mie⁴⁵	xie⁵⁵
	高沙	ie⁵⁵	tɕʰɛ²⁴	lie/lĩ⁵⁵	tɕʰɛ⁵⁵	çʰɛ⁵⁵	pi⁵⁵	pʰi⁵⁵	mi⁵⁵	tʰi⁵⁵
	花园	ie⁵⁵	tɕʰɛ³⁵	lie⁵⁵	tɕʰɛ⁵⁵	çʰɛ⁵⁵	pi⁵⁵	pʰi⁵⁵	mi⁵⁵	tʰi⁵⁵
绥宁	金屋塘	ie⁵⁵/ĩ²⁴	tɕʰie²⁴	liɛ⁵⁵	tɕie⁵⁵	çie⁵⁵	pie⁵⁵	pʰie⁵⁵	mĩe²⁴	xie⁵⁵
	梅坪	ie⁵⁵/ĩ²⁴	tɕʰie²⁴	liɛ⁵⁵	tɕie⁵⁵	çie⁵⁵	pie⁵⁵	pʰie⁵⁵	mĩe²⁴	xie⁵⁵
	黄土矿	lie³³	tɕʰɛ⁵⁵	lie³³	tɕʰe³³	çe³³	pie³³	pʰie⁵⁵	mie³³	tʰie³³
	唐家坊	lie⁵⁵	tɕʰɛ⁵⁵	lie⁵⁵	tɕʰe³³	çe³³	pe³³	pʰe⁵⁵	me³³	tʰe³³
	瓦屋塘	lie³³	tɕʰɛ³⁵	lie³³	tɕʰe³³	çe³³	pie³³	pʰie³⁵	mie⁵⁵	tʰie³³

		捏	节	切	截	屑	结	噎	钵	泼	钹
		山开四入屑泥	山开四入屑精	山开四入屑清	山开四入屑从	山开四入屑心	山开四入屑见	山开四入屑影	山合一入末帮	山合一入末滂	山合一入末并
隆回	荷香桥	le³³	tsie³³	tsʰie³³	tsʰie¹³	çie³³	ke³³	e³³	po³³	pʰo³³	po³³
	六都寨	lie⁵⁵	tsie⁴⁵	tsʰie³³	tsʰie³³	çie⁵⁵	tɕe³³	ie³³	po³³	pʰo³³	po⁵⁵
	七江	lie⁵⁵	tsi³³	tsʰe³³	tse³³	se³³	tɕe³³	ie/i³³	po³³	po³³	po³³
	司门前	lie⁵⁵	tse⁴⁵	tsʰi³³	tsʰe³³	se³³	tɕe³³	i³³	po³³	po³³	po⁴⁵
	金石桥	liɛ⁴⁵	tsɛ⁴⁵	tsʰɛ⁴⁵	tsʰɛ⁴⁵	sɛ⁵⁵	tɕɛ⁴⁵	iɛ⁵⁵	po⁴⁵	po⁴⁵	pʌ⁴⁵
	小沙江	lie³³	tse¹³	tsʰe³³	tsʰe³³	çe³³	tɕe³³	ie³³	po³³	po³³	po³³
	西洋江	lie⁵⁵	tsie⁵⁵	tsʰie⁵⁵	tsʰie⁴⁵	çie⁵⁵	tɕe⁵⁵	ie⁵⁵	po⁵⁵	pʰo⁵⁵	po⁵⁵
	横板桥	lie⁵⁵	tsie⁵⁵	tsʰie⁵⁵	tsʰie⁴⁵	çie⁵⁵	tɕe⁵⁵	ie⁵⁵	po⁵⁵	pʰo⁵⁵	po⁵⁵
	岩口	le³³	tsie¹³	tsʰie³³	tsʰie³³	sie⁵⁵	tɕie³³	ie³³	po¹³	pʰo³³	po³³
	罗洪	lie⁴⁵	tɕie³³	tɕʰie³³	tɕʰie⁴⁵	çie³³	tɕie³³	ie³³	po³³	pʰo³³	pʌ⁴⁵
	高坪	li³³	tɕie¹³	tɕʰie³³	tɕʰie³³	çie³³	tɕie³³	ie³³	po¹³	pʰo³³	po¹³
洞口	石江	lie⁵⁵	tɕɛ⁵⁵	tɕʰɛ⁵⁵	tɕʰɛ²⁴	çɛ⁵⁵	tɕɛ⁵⁵	ie⁵⁵	po⁵⁵	pʰo⁵⁵	po⁵⁵
	江口	lie⁵⁵	tɕie⁵⁵	tɕʰie⁵⁵	tɕie⁵⁵	çɛ⁵⁵	tɕie⁵⁵	ie⁵⁵	po⁵⁵	pʰo⁵⁵	po⁵⁵

续表

		捏	节	切	截	屑	结	噎	钵	泼	钹
		山开四入屑泥	山开四入屑精	山开四入屑清	山开四入屑从	山开四入屑心	山开四入屑见	山开四入屑影	山合一入末帮	山合一入末滂	山合一入末并
洞口	长塘	lie⁵⁵	tɕie⁵⁵	tɕʰie⁵⁵	tɕʰie²⁴	ɕɛ⁵⁵	kie⁵⁵	ie⁵⁵	po⁵⁵	pʰo⁵⁵	po⁵⁵
	山门	lie⁵⁵	tsie⁵⁵	tsʰie⁵⁵	tsie⁵⁵	ɕie⁵⁵	tɕe⁵⁵	ie⁵⁵	po⁵⁵	ɸo⁵⁵	po⁵⁵
	高沙	lie⁵⁵	tɕie⁵⁵	tɕʰie⁵⁵	tɕie⁵⁵	ɕie⁵⁵	tɕe⁵⁵	ie⁵⁵	po⁵⁵	pʰo⁵⁵	po⁵⁵
	花园	lie⁵⁵	tsie⁵⁵	tsʰie⁵⁵	tsie⁵⁵	sie⁵⁵	tɕe⁵⁵	ie⁵⁵	po⁵⁵	pʰo⁵⁵	po⁵⁵
绥宁	金屋塘	lie⁵⁵	tsie⁵⁵	tsʰie⁵⁵	tsie⁵⁵	sie⁵⁵	tɕie⁵⁵	ie⁵⁵	po⁵⁵	pʰo⁵⁵	po⁵⁵
	梅坪	lie⁵⁵	tsie⁵⁵	tsʰie⁵⁵	tsie⁵⁵	sie⁵⁵	tɕie⁵⁵	ie⁵⁵	po⁵⁵	pʰo⁵⁵	po⁵⁵
	黄土矿	lie³³	tsie³³	tsʰie³³	tsʰie³³	sie³³	tɕe³³	ie³³	po³³	pʰo³³	po³³
	唐家坊	le⁵⁵	tse³³	tsʰe³³	tsʰe¹³	se³³	tɕe³³	ie³³	po³³	pʰo³³	po³³
	瓦屋塘	lie³³	tsie³³	tsʰie³³	tsʰie³³	sie³³	tɕe³³	ie³³	po³³	pʰo³³	po³³

		沫	脱	夺	撮	聒	阔	豁	活
		山合一入末明	山合一入末透	山合一入末定	山合一入末清	山合一入末见	山合一入末溪	山合一入末晓	山合一入末匣
隆回	荷香桥	mo³³	xo³³	to⁴⁵	tsʰo³³	kuA³³	kʰo⁴⁵	xo³³	xo⁴⁵
	六都寨	mo⁵⁵	xo³³	to⁴⁵	tsʰo³³	kuA³³	kʰo³³	xo³³	xo⁴⁵
	七江	mo⁵⁵	xo³³	to⁴⁵	tsʰo³³	kuA³³	kʰo³³	xo³³	xo⁴⁵
	司门前	mo⁵⁵	xo³³	to⁴⁵	tsʰo³³	kuA³³	kʰo³³	xo⁴⁵	xo⁴⁵
	金石桥	mo⁴⁵	xo⁵⁵	to⁴⁵	tsʰo⁴⁵	kuA⁵⁵	kʰo⁴⁵	xo⁴⁵	xo⁴⁵
	小沙江	mo⁵⁵	tʰo³³	to¹³	tsʰo³³	kuA⁵⁵	kʰo⁵⁵	kʰo⁵⁵	kʰo¹³
	西洋江	mo⁵⁵	xo⁵⁵	to⁴⁵	tsʰo³³	ko⁴⁵	kʰo⁵⁵	xo⁵⁵	xo⁴⁵
	横板桥	mo⁵⁵	xo⁵⁵	to⁴⁵	tsʰo³³	ko⁴⁵	kʰo⁵⁵	xo⁵⁵	xo⁴⁵
	岩口	mo⁵⁵	xo³³	to¹³	tsʰo³³	kuA⁵⁵	kʰo⁵⁵	xo⁵⁵	xo¹³
	罗洪	mo³³	xo³³	to⁴⁵	tsʰo³³	kuA³³	xo³³	xo³³	xo⁴⁵
	高坪	mo⁵⁵	xo³³	to¹³	tsʰo³³	kuA³³	xo¹³	xo⁵⁵	xo¹³
洞口	石江	mo⁵⁵	xo⁵⁵	to²⁴	tsʰo⁵⁵	ko⁴⁵	kʰo⁵⁵	xo⁵⁵	xo²⁴
	江口	mo⁵⁵	xo⁵⁵	to²⁴	tsʰo⁵⁵	ko²⁴	kʰo²⁴	xo⁵⁵	xo²⁴
	长塘	mo⁵⁵	xo⁵⁵	to²⁴	tsʰo⁵⁵	ko²⁴	kʰo⁵⁵	xo⁵⁵	xo²⁴
	山门	mo⁵⁵	xo⁵⁵	to⁴⁵	tsʰo⁵⁵	ko⁴⁵	kʰo⁴⁵	xo⁴⁵	xo⁴⁵
	高沙	mo⁵⁵	tʰo⁵⁵	to²⁴	tsʰo⁵⁵	ko²⁴	kʰo²⁴	xo⁵⁵	xo²⁴
	花园	mo³⁵	tʰo⁵⁵	to³⁵	tsʰo⁵⁵	ko³⁵	kʰo³⁵	xo⁵⁵	xo³⁵

续表

		沫	脱	夺	撮	聒	阔	豁	活
		山合一 入末明	山合一 入末透	山合一 入末定	山合一 入末清	山合一 入末见	山合一 入末溪	山合一 入末晓	山合一 入末匣
绥 宁	金屋塘	mo⁵⁵	xo⁵⁵	to⁵⁵	tsʰo⁵⁵	ko²⁴	kʰo⁵⁵	xo⁵⁵	xo²⁴
	梅坪	mo⁵⁵	xo⁵⁵	to⁵⁵	tsʰo⁵⁵	ko²⁴	kʰo⁵⁵	xo⁵⁵	xo²⁴
	黄土矿	mo³³	tʰo³³	to⁵⁵	tsʰo³³	ko⁵⁵	kʰo⁵⁵	xo³³	xo³³
	唐家坊	mo⁵⁵	tʰo³³	to¹³	tsʰo³³	kuA⁵⁵	kʰo³³	xo³³	xo⁵⁵
	瓦屋塘	mo³³	tʰo³³	to³⁵	tsʰo³³	ko³⁵	kʰo³⁵	xo³³	xo³³

		滑	挖	刷	刮	劣	绝	雪	拙	说	阅
		山合二 入黠匣	山合二 入黠影	山合二 入辖生	山合二 入辖见	山合三 入薛来	山合三 入薛从	山合三 入薛心	山合三 入薛章	山合三 入薛书	山合三 入薛以
隆 回	荷香桥	uA/yɛ⁴⁵	yɛ/miɛ³³	sA³³	kuA³³	le⁴⁵	tsʰye⁴⁵	sye³³	tɕye³³	çye⁴⁵	ye⁴⁵
	六都寨	uA/yɛ⁵⁵	yɛ/miɛ³³	sA³³	kA³³	lie⁵⁵	tsʰye⁵⁵	sye³³	tɕye³³	çye³³	yɛ⁴⁵
	七江	uA/yɛ⁵⁵	yɛ/miɛ³³	suA³³	kuA³³	le⁵⁵	tsʰue⁵⁵	sye³³	tɕye³³	çye³³	me⁴⁵
	司门前	uA/me⁵⁵	yɛ/miɛ³³	suA³³	kuA³³	le⁴⁵	tsʰue⁵⁵	sue³³	tɕye³³	çye³³	me⁴⁵
	金石桥	uA⁴⁵	uA⁵⁵	suA⁵⁵	kuA⁴⁴	lE⁴⁵	tsʰue⁴⁵	sue⁵⁵	tɕyE⁴⁵	çyE⁴⁵	yE⁴⁵
	小沙江	uA¹³	uA³³	sA³³	kuA³³	le¹³	tɕʰye¹³	sue³³	tɕye³³	çye³³	ye¹³
	西洋江	uA/yɛ⁴⁵	uA⁵⁵	sA⁵⁵	ko⁵⁵	lie⁴⁵	tsʰye⁴⁵	syɛ³³	tɕye³³	çye³³	ye⁴⁵
	横板桥	miɛ⁴⁵	uA⁵⁵	sA⁵⁵	ko⁵⁵	lie⁴⁵	tsʰye⁵⁵	syɛ⁵⁵	tɕye⁵⁵	çye⁵⁵	ye⁴⁵
	岩口	uA¹³	uA⁵⁵	suA³³	kuA³³	le⁵⁵	tsʰye⁵⁵	sye³³	kye³³	so³³	ye⁵⁵
	罗洪	uA⁴⁵	uA³³	sA³³	kuA³³	le⁵⁵	tɕʰye⁵⁵	sue³³	tɕye³³	çye³³	ye⁴⁵
	高坪	uA¹³	uA³³	s u A³³	kuA³³	le⁵⁵	tɕʰie⁵⁵	çye³³	tɕye³³	çye³³	me¹³
洞 口	石江	uA/yɛ²⁴	uA⁵⁵	sA⁵⁵	ko⁵⁵	lie²⁴	tɕʰye²⁴	çye⁵⁵	tɕye⁵⁵	çye⁵⁵	ye²⁴
	江口	uA²⁴	uA⁵⁵	sA⁵⁵	kuA⁵⁵	lie²⁴	tɕʰye²⁴	çye⁵⁵	tɕye⁵⁵	çye⁵⁵	ye²⁴
	长塘	uA/yɛ²⁴	uA⁵⁵	sA⁵⁵	kuA⁵⁵	lie²⁴	tɕʰye²⁴	çye⁵⁵	tɕye⁵⁵	çye⁵⁵	ye²⁴
	山门	uA/lie⁴⁵	uA/lie⁵⁵	sA⁵⁵	ko/kyɛ⁵⁵	lie⁴⁵	tsʰye⁴⁵	sye⁵⁵	tɕyɛ⁵⁵	çye⁵⁵	ye⁴⁵
	高沙	uA²⁴	uA⁵⁵	sA⁵⁵	kuA⁵⁵	lie²⁴	tɕʰye²⁴	çye⁵⁵	tɕye⁵⁵	çye⁵⁵	ye²⁴
	花园	uA³⁵	uA⁵⁵	sA⁵⁵	kuA⁵⁵	lie³⁵	tsʰye⁵⁵	sye⁵⁵	tɕye⁵⁵	çye⁵⁵	ye³⁵
绥 宁	金屋塘	uA⁵⁵	uA⁵⁵	sA²⁴	kuA⁵⁵	lie⁵⁵	tsʰie⁵⁵	sie⁵⁵	tɕye⁵⁵	çye⁵⁵	ye²⁴
	梅坪	uA⁵⁵	uA⁵⁵	sA²⁴	kuA⁵⁵	lie²⁴	tsʰie⁵⁵	sie⁵⁵	tɕye⁵⁵	çye⁵⁵	ye²⁴
	黄土矿	uA⁵⁵	uA³³	sA³³	kuA³³	liə⁵⁵	tɕʰiə⁵⁵	çiə³³	tɕø³³	çø³³	ø⁵⁵
	唐家坊	uA⁵⁵	uA³³	sA⁵⁵	kuA³³	liə¹³	tsʰøe⁵⁵	søe³³	tɕøe³³	çøe³³	øe¹³
	瓦屋塘	uA³⁵	uA³³	sA³³	kuA³³	liə³⁵	tsʰiə³⁵	siə³³	tɕyə³³	çyə³³	yə³⁵

		发	罚	袜	悓	掘	月	越	决	缺
		山合三入月非	山合三入月奉	山合三入月微	山合三入月见	山合三入月群	山合三入月疑	山合三入月云	山合四入屑见	山合四入屑溪
隆回	荷香桥	fʌ^{45}	fʌ^{45}	uʌ^{45}	tɕye^{33}	tɕye^{33}	me^{45}	ye^{45}	tɕye^{45}	tɕʰye^{33}
	六都寨	fʌ^{33}	fʌ^{45}	uʌ^{45}	tɕye^{55}	tɕyɛ^{45}	me/mĩ^{55}	ye^{45}	tɕye^{33}	tɕʰye^{33}
	七江	fʌ^{33}	fʌ^{45}	uʌ^{45}	tɕye^{33}	tɕye^{45}	me/mĩ^{55}	me^{45}	tɕye^{45}	tɕʰye^{33}
	司门前	fʌ^{33}	fʌ^{45}	uʌ^{45}	tɕye^{55}	tɕye^{45}	ye/mĩ^{55}	me^{45}	tɕye^{45}	tɕʰye^{45}
	金石桥	fʌ^{45}	fʌ^{45}	uʌ^{45}	tɕyE^{55}	tɕyE^{45}	yE^{55}	yE^{45}	tɕyE^{45}	tɕʰyE^{45}
	小沙江	fʌ^{33}	xuʌ^{13}	uʌ^{13}	tɕye^{33}	tɕye^{13}	le^{55}	ye^{55}	tɕye^{13}	tɕʰye^{13}
	西洋江	fʌ^{55}	fʌ^{45}	uʌ^{55}	tɕye^{33}	tɕyɛ^{55}	me^{45}	me^{55}	tɕye^{55}	tɕʰye^{55}
	横板桥	fʌ^{55}	fʌ^{45}	uʌ^{55}	tɕye^{33}	tɕyɛ^{55}	me^{45}	me^{55}	tɕye^{55}	tɕʰye^{55}
	岩口	fʌ^{55}	fʌ^{13}	uʌ^{55}	tɕye^{33}	tɕye^{33}	mĩĩ^{45}	ye^{45}	tɕye^{13}	tɕʰye^{33}
	罗洪	fʌ^{33}	fʌ^{45}	uʌ^{45}	tɕye^{33}	tɕye^{45}	ye^{45}	ye^{45}	tɕye^{45}	tɕʰye^{33}
	高坪	xuʌ^{33}	xuʌ^{55}	uʌ^{13}	tɕye^{33}	tɕye^{33}	me^{45}	me^{55}	tɕye^{13}	tɕʰye^{33}
洞口	石江	fʌ^{55}	fʌ^{24}	uʌ^{24}	tɕye^{55}	tɕye^{55}	me^{24}	me^{55}	tɕye^{55}	tɕʰye^{55}
	江口	fʌ^{55}	fʌ^{24}	uʌ^{55}5	tɕye^{55}	tɕye^{55}	ye^{55}	ye^{55}	tɕye^{55}	tɕʰye^{55}
	长塘	fʌ^{55}	fʌ^{24}	uʌ^{24}	tɕye^{55}	tɕye^{55}	ye^{24}	ye^{55}	tɕye^{55}	tɕʰye^{55}
	山门	fʌ^{55}	fʌ^{45}	uʌ^{55}	tɕyɛ^{55}	tɕyɛ^{55}	we^{45}	we^{55}	tɕyɛ^{55}	tɕʰyɛ^{55}
	高沙	fʌ^{55}	fʌ^{24}	uʌ^{55}	tɕye^{55}	tɕye^{55}	ye^{24}	yɛ^{24}	tɕyɛ^{24}	tɕʰye^{55}
	花园	xuʌ^{55}	xuʌ^{35}	uʌ^{35}	tɕye^{55}	tɕyɛ^{55}	ye^{35}	ye^{35}	tɕyɛ^{35}	tɕʰye^{35}
绥宁	金屋塘	xuʌ^{55}	xuʌ^{24}	uʌ^{55}5	tɕye^{55}	tɕye^{55}	ye^{24}	ye^{24}	tɕyɛ^{24}	tɕʰye^{55}
	梅坪	xuʌ^{55}	xuʌ^{24}	uʌ^{55}5	tɕye^{55}	tɕye^{55}	yɛ^{24}	yɛ^{24}	tɕyɛ^{24}	tɕʰye^{55}
	黄土矿	fʌ^{33}	fʌ^{55}	uʌ^{33}	tɕç^{33}	tɕç^{55}	ø^{55}	ø^{55}	tɕø^{55}	tɕʰø^{33}
	唐家坊	fʌ^{33}	fʌ^{55}	uʌ^{33}	tɕøe^{33}	tɕøe^{55}	øe^{55}	øe^{55}	tɕøe^{33}	kʰøe^{33}
	瓦屋塘	fʌ^{33}	fʌ^{35}	uʌ^{33}	tɕyə^{33}	tɕyə^{35}	yə^{35}	yə^{35}	tɕyə^{35}	tɕʰyə^{33}

		血	穴	笔	匹	弼	蜜	栗	七	疾	膝
		山合四入屑晓	山合四入屑匣	臻开三入质帮	臻开三入质滂	臻开三入质並	臻开三入质明	臻开三入质来	臻开三入质清	臻开三入质从	臻开三入质心
隆回	荷香桥	çye^{33}	çye^{45}	pi^{45}	pʰi^{33}	pi^{45}	mẽ^{45}	le^{45}	tsʰi^{33}	tsi^{45}	tsʰi^{33}
	六都寨	çyɛ^{33}	çyɛ^{45}	pi^{45}	pʰi^{33}	pi^{55}	mẽ^{55}	li^{45}	tsʰi^{33}	tsi^{45}	tsʰi^{33}
	七江	çye^{33}	çye^{45}	pi^{45}	pʰi^{33}	pʰi^{55}	mẽ^{45}	li^{45}	tsʰi^{33}	tsi^{45}	tsʰi^{33}
	司门前	çye^{33}	çye^{45}	pi^{45}	pʰi^{33}	pi^{55}	mẽ^{45}	li^{55}	tsʰi^{33}	tsi^{45}	tsʰi^{45}
	金石桥	çyE^{45}	çyE^{45}	pi^{45}	pʰi^{55}	pi^{45}	mẽ^{45}	li^{55}	tsʰi^{55}	tsʰi^{45}	tɕʰi^{55}

		血	穴	笔	匹	弼	蜜	栗	七	疾	膝
		山合四入屑晓	山合四入屑匣	臻开三入质帮	臻开三入质滂	臻开三入质並	臻开三入质明	臻开三入质来	臻开三入质清	臻开三入质从	臻开三入质心
隆回	小沙江	ɕye^{33}	ɕye^{13}	pi^{13}	pʰi^{312}	pi^{55}	me^{55}	li^{55}	tɕʰi^{33}	tɕʰi^{13}	tɕʰi^{33}
	西洋江	ɕye^{55}	ɕye^{55}	pi^{45}	pʰi^{55}	pʰi^{55}	me^{45}	li^{55}	tsʰi^{55}	tsi^{45}	tsʰi^{55}
	横板桥	ɕye^{55}	ɕye^{55}	pi^{45}	pʰi^{55}	pʰi^{55}	me^{45}	li^{55}	tsʰi^{55}	tsi^{45}	tsʰi^{55}
	岩口	ɕye^{33}	ɕye^{33}	pi^{13}	pʰi^{33}	pi^{55}	mi^{55}	li^{33}	tsʰi^{33}	tsi^{13}	tsʰi^{33}
	罗洪	ɕye^{33}	ɕye^{45}	pi^{33}	pʰi^{33}	pi^{45}	me^{45}	li^{55}	tɕʰi^{33}	tɕʰi^{45}	tɕʰi^{33}
	高坪	ɕye^{312}	ɕie^{13}	pi^{312}	pʰi^{312}	pʰi^{55}	miə̃^{13}	li^{33}	tɕʰi^{33}	tɕʰi^{55}	tɕʰi^{33}
洞口	石江	ɕyɛ^{55}	ɕyɛ^{24}	pi^{55}	pʰi^{55}	pʰi^{24}	me^{24}	li^{55}	tɕʰi^{55}	tɕi^{24}	tɕʰi^{55}
	江口	ɕyɛ^{55}	ɕyɛ^{24}	pi^{55}	pʰi^{55}	pʰi^{24}	me^{24}	li^{55}	tɕʰi^{55}	tɕi^{24}	tɕʰi^{55}
	长塘	ɕyɛ^{55}	ɕyɛ^{24}	pi^{55}	pʰi^{55}	pʰi^{24}	me^{24}	li^{55}	tɕʰi^{55}	tɕi^{24}	tɕʰi^{55}
	山门	ɕyɛ^{55}	ɕyɛ^{55}	pi^{55}	ɸi^{55}	ɸi^{55}	me^{45}	liɛ^{55}	tsʰi^{55}	tsi^{45}	tsʰi^{55}
	高沙	ɕyɛ^{55}	ɕɛ^{55}	pi^{24}	pʰi^{24}	pi^{24}	mi^{24}	li^{55}	tɕʰi^{55}	tɕi^{24}	tɕʰi^{55}
	花园	ɕyɛ^{55}	ɕɛ^{55}	pi^{55}	pʰi^{35}	pi^{35}	mĩ^{35}	li^{55}	tsʰi^{55}	tsi^{35}	tsʰi^{55}
绥宁	金屋塘	ɕyɛ^{55}	ɕ1ɛ^{24}	pi^{55}	pʰi^{55}	pi^{55}	me^{24}	li^{55}	tsʰi^{55}	tsi^{55}	tsʰi^{55}
	梅坪	ɕyɛ^{55}	ɕ1ɛ^{24}	pi^{55}	pʰi^{55}	pi^{55}	me^{24}	li^{55}	tsʰi^{55}	tsi^{24}	tsʰi^{55}
	黄土矿	ɕø^{33}	ɕø^{55}	pi^{55}	pʰi^{33}	pi^{55}	mĩ^{55}	li^{33}	tsʰi^{33}	tɕi^{55}	tɕʰi^{33}
	唐家坊	ɕøe^{33}	ɕøe^{55}	pi^{33}	pʰi^{33}	pi^{55}	mĩ^{55}	li^{33}	tsʰi^{55}	tsi^{55}	tsʰi^{33}
	瓦屋塘	ɕyə^{33}	ɕyə^{35}	pi^{35}	pʰi^{33}	pi^{35}	mĩ^{35}	li^{33}	tsʰi^{33}	tsi^{35}	tsʰi^{33}

		姪	虱	质	实	室	日	吉	乙	逸	乞
		臻开三入质澄	臻开三入栉生	臻开三入质章	臻开三入质船	臻开三入质书	臻开三入质日	臻开三入质见	臻开三入质影	臻开三入质以	臻开三入迄溪
隆回	荷香桥	tɕʰi^{45}	se^{45}	tɕi^{45}	ɕi^{45}	ɕi^{33}	i^{45}/n̩^{55}	tɕi^{33}	e^{33}	i^{45}	tɕʰi^{33}
	六都寨	tɕʰi^{55}	sie^{33}	tɕʅ^{45}	ɕʅ^{45}/ɕe^{55}	ɕʅ^{33}	i^{45}/n̩^{55}	tɕi^{45}	e^{45}	i^{55}	tɕʰi^{55}
	七江	tɕʰi^{55}	se^{33}	tɕi^{45}	ɕi^{45}	ɕi^{33}	i^{45}/n̩^{55}	tɕi^{45}	iɛ^{55}	i^{55}	tɕʰi^{55}
	司门前	tɕʰi^{55}	sie^{33}	tɕi^{45}	ɕi^{45}	ɕi^{33}	i^{45}/n̩^{55}	tɕi^{45}	iɛ^{55}	i^{55}	tɕʰi^{33}
	金石桥	tɕʰi^{45}	sE^{55}	tɕi^{45}	ɕi^{45}	ɕi^{45}	i^{45}/n̩^{55}	tɕi^{45}	iɛ^{45}	i^{45}	tɕʰi^{45}
	小沙江	tɕʰi^{55}	ɕe^{33}	tɕi^{13}	ɕi^{13}	ɕi^{13}	i^{45}/n̩^{33}	tɕi^{13}	iɛ^{13}	i^{55}	tɕʰi^{55}
	西洋江	tɕʰʅ^{45}	sie^{55}	tɕʅ^{45}	ɕʅ^{45}/ɕe^{55}	ɕʅ^{55}	ɣ̍/n̩^{55}	tɕe^{55}	iɛ^{45}	i^{45}	tɕʰi^{45}
	横板桥	tɕʰʅ^{45}	sie^{55}	tɕʅ^{45}	ɕʅ^{45}/ɕe^{55}	ɕʅ^{55}	ɣ̍/n̩^{55}	tɕe^{55}	iɛ^{45}	i^{45}	tɕʰi^{45}
	岩口	tɕʰi^{13}	siA^{33}	tɕi^{55}	ɕi^{13}	ɕi^{55}	i/n̩^{55}	tɕi^{13}	iɛ^{13}	i^{55}	tɕʰi^{13}

		姪	虱	质	实	室	日	吉	乙	逸	乞
		臻开三 入质澄	臻开三 入栉生	臻开三 入质章	臻开三 入质船	臻开三 入质书	臻开三 入质日	臻开三 入质见	臻开三 入质影	臻开三 入质以	臻开三 入迄溪
隆回	罗洪	tɕʰi⁴⁵	ɕie³³	tɕi⁴⁵	ɕi⁴⁵	ɕi³³	i⁴⁵/ŋ⁵⁵	tɕi⁴⁵	ie⁴⁵	i⁴⁵	tɕʰi³³
	高坪	tɕʰi⁵⁵	se³³	tɕi¹³	ɕi¹³	ɕi¹³	i¹³/ŋ⁵⁵	tɕi¹³	ie¹³	i⁵⁵	tɕʰi³³
洞口	石江	tɕʰɿ²⁴	sɛ⁵⁵	tɕɿ²⁴	ɕɿ⁴⁵/ɕe⁵⁵	ɕɿ⁵⁵	ɿ²⁴/ŋ⁵⁵	tɕe	ie²⁴	i²⁴	tɕʰi⁵⁵
	江口	tɕʰɿ⁵⁵	sɛ⁵⁵	tɕɿ²⁴	ɕʅ/ɕe²⁴	ɕɿ⁵⁵	ʅ²⁴/ŋ⁵⁵	tɕe⁵⁵	ie²⁴	i²⁴	tɕʰɿ⁵⁵
	长塘	tɕʰɿ⁵⁵	sɛ⁵⁵	tɕɿ²⁴	ɕʅ/ɕe²⁴	ɕɿ⁵⁵	ʅ²⁴/ŋ⁵⁵	tɕe	ie²⁴	i²⁴	tɕʰɿ⁵⁵
	山门	tɕʰɛ⁴⁵	sie⁵⁵	tɕe⁴⁵	ɕe⁴⁵	ɕʅe⁵⁵	ɛ/ŋ⁵⁵	tɕe⁵⁵	ie⁴⁵	i⁴⁵	tɕʰɿ⁵⁵
	高沙	tɕʰɿ²⁴	se⁵⁵	tɕɿ	ɕɿ²⁴	ɕɿ²⁴	ʅ⁵⁵/ŋ²⁴	tɕe²⁴	ie²⁴	ie²⁴	tɕʰɿ⁵⁵
	花园	tɕʰɿ⁵⁵	se⁵⁵	tɕɿ³⁵	ɕʅ³⁵	ɕʅ⁵⁵	ʅ/ŋ⁵⁵	tɕe³⁵	ie³⁵	ʅ³⁵	tɕʰɿ⁵⁵
绥宁	金屋塘	tɕʅ²⁴	sɛ⁵⁵	tɕʅ²⁴	ɕʅ/ɕe²⁴	ɕʅ²⁴	ʅ²⁴/ŋ⁵⁵	tɕe²⁴	ie²⁴	i²⁴	tɕʰʅ⁵⁵
	梅坪	tɕʅ²⁴	sɛ⁵⁵	tɕʅ²⁴	ɕʅ/ɕe²⁴	ɕʅ²⁴	ʅ²⁴/ŋ⁵⁵	tɕe²⁴	ie²⁴	i²⁴	tɕʰʅ⁵⁵
	黄土矿	tɕʰi⁵⁵	se³³	tɕi⁵⁵	ɕi⁵⁵	ɕi⁵⁵	i/ŋ³³	tɕi⁵⁵	ie⁵⁵	i⁵⁵	tɕʰi⁵⁵
	唐家坊	tɕʰi⁵⁵	se³³	tɕi³³	ɕi⁵⁵	ɕi³³	i/ŋ³³	tɕi³³	ie¹³	i⁵⁵	tɕʰi³³
	瓦屋塘	tɕʰi³⁵	se³³	tɕi³⁵	ɕi³⁵	ɕi³⁵	i/ŋ³³	tɕi³⁵	ie³⁵	i³⁵	tɕʰi³⁵

		勃	没	突	卒	猝	骨	窟	忽	律
		臻合一 入没并	臻合一 入没明	臻合一 入没透	臻合一 入没精	臻合一 入没清	臻合一 入没见	臻合一 入没溪	臻合一 入没晓	臻合三 入术来
隆回	荷香桥	po⁴⁵	me⁴⁵	xu⁴⁵	tsʰu⁴⁵	tsʰu⁴⁵	kue³³	kʰu⁴⁵	xu³³	ly³³
	六都寨	po⁴⁵	mɛ⁴⁵	xu³³	tsʰu⁴⁵	tsʰu³³	kye³³	kʰu³³	xu³³	ly⁴⁵
	七江	po⁴⁵	mie⁵⁵	xu³³	tsʰiu⁴⁵	tsʰiu³³	kye³³	kʰu³³	xu³³	ly⁴⁵
	司门前	po⁴⁵	me⁵⁵	xu⁴⁵	tsʰu⁴⁵	tsʰui³³	kye³³	kʰu³³	xu³³	ly⁴⁵
	金石桥	po⁴⁵	mɛ⁴⁵	tʰu⁴⁵	tsʰu⁴⁵	tsʰue⁵⁵	kyɛ⁵⁵	kʰu⁴⁵	xu⁴⁵	ly⁵⁵
	小沙江	po¹³	me¹³	tʰu⁴⁵	tsʰu¹³	tsʰu⁵⁵	kue³³	kʰu³³	xu³³	ly⁵⁵
	西洋江	po⁴⁵	mie⁴⁵/me⁵⁵	xu⁴⁵	tsʰu⁴⁵	tsʰu⁵⁵	kye⁵⁵	kʰu⁴⁵	xu⁴⁵	ʅ⁴⁵
	横板桥	po⁴⁵	mie⁴⁵/me⁵⁵	xu⁴⁵	tsʰu⁴⁵	tsʰu⁵⁵	kye⁵⁵	kʰu⁴⁵	xu⁴⁵	ʅ⁴⁵
	岩口	po¹³	me⁵⁵	xu³³	tsʰu⁴⁵	tsʰu⁵⁵	kyʌ³³	kʰu³³	xu³³	ly⁵⁵
	罗洪	po⁴⁵	me⁵⁵	tʰu⁴⁵	tsʰu⁴⁵	tsʰue⁵⁵	kye³³	kʰu³³	xu⁴⁵	ly⁵⁵
	高坪	po¹³	me¹³	tʰu⁴⁵	tsu¹³	tsʰu⁵⁵	ku¹³	kʰu³³	xu¹³	ly⁵⁵
洞口	石江	po²⁴	mie²⁴/me⁵⁵	xu²⁴	tsʰu²⁴	tsʰu⁵⁵	kye⁵⁵	xu⁵⁵	xu⁵⁵	ʅ²⁴
	江口	po²⁴	mie²⁴/mɛ⁵⁵	tʰu²⁴	tsʰu²⁴	tsʰu⁵⁵	kue⁵⁵	kʰu⁵⁵	xu⁵⁵	ʅ²⁴

		勃	没	突	卒	猝	骨	窟	忽	律
		臻合一 入没並	臻合一 入没明	臻合一 入没透	臻合一 入没精	臻合一 入没清	臻合一 入没见	臻合一 入没溪	臻合一 入没晓	臻合三 入术来
洞口	长塘	po²⁴	miɛ²⁴/me⁵⁵	xu²⁴	tsʰu²⁴	tsʰu⁵⁵	kyɛ⁵⁵	xu⁵⁵	xu⁵⁵	ʅ²⁴
	山门	po⁴⁵	miɛ⁴⁵	xu⁴⁵	tsʰu⁴⁵	tsʰu⁵⁵	kyɛ⁵⁵	kʰu⁴⁵	xu⁴⁵	ʅ⁴⁵
	高沙	po²⁴	me²⁴	tʰu²⁴	tsʰu²⁴	tsʰu⁵⁵	kyɛ⁵⁵	kʰu²⁴⁵	xu²⁴	hʅ⁵⁵
	花园	po³⁵	me³⁵	tʰu³⁵	tsʰu³⁵	tsʰu⁵⁵	kyɛ⁵⁵	kʰu⁵⁵	xu⁵⁵	hʅ⁵⁵
绥宁	金屋塘	po²⁴	miɛ²⁴/me⁵⁵	tʰu⁵⁵	tsu²⁴	tsʰu⁵⁵	kuɛ⁵⁵	kʰu⁵⁵	xu⁵⁵	li⁵⁵
	梅坪	po²⁴	miɛ²⁴/me⁵⁵	tʰu⁵⁵	tsu²⁴	tsʰu⁵⁵	kuɛ⁵⁵	kʰu⁵⁵	xu⁵⁵	li⁵⁵
	黄土矿	pʰo⁵⁵	me⁵⁵	tʰu⁵⁵	tsʰu⁵⁵	tsʰu³³	kuɛ³³	kʰu⁵⁵	xu⁵⁵	ly³³
	唐家坊	pʰo¹³	me³⁵	tʰu³³	tsʰu¹³	tsʰu³³	kuɛ³³	kʰu³³	xu³³	ly³³
	瓦屋塘	pʰo³⁵	me³⁵	tʰu³⁵	tsʰu³⁵	tsʰu³³	kuɛ³³	kʰu³⁵	xu³⁵	ly³³
		黢	戌	术	蟀	出	術	橘	佛	物	屈
		臻合三 入术清	臻合三 入术心	臻合三 入术澄	臻合三 入质生	臻合三 入术昌	臻合三 入术船	臻合三 入术见	臻合三 入物奉	臻合三 入物微	臻合三 入物溪
隆回	荷香桥	tsʰy³³	sy³³	ɕy³³	sue³³	tɕʰy³³	ɕy⁴⁵	tɕy⁴⁵	fu⁴⁵	u⁴⁵	tɕʰy³³
	六都寨	tsʰy³³	sy³³	ɕy³³	sue⁵⁵	tɕʰy³³	ɕy³³	tɕy⁴⁵	fu⁴⁵	u⁴⁵	tɕʰy⁴⁵
	七江	tsʰiu³³	ɕiu³³	ɕiu³³	sue⁵⁵	tɕʰy³³	ɕy³³	tɕy⁴⁵	fu⁴⁵	u⁴⁵	tɕʰy⁴⁵
	司门前	tsʰy³³	ɕu³³	ɕu³³	sue⁵⁵	tɕʰu³³	ɕuɛ³³	tɕu⁴⁵	fu⁴⁵	u⁴⁵	tɕʰy⁴⁵
	金石桥	tɕʰiu⁵⁵	ɕuɛ⁴⁵	ɕuɛ⁴⁵	ɕuɛ⁴⁵	tɕʰy⁵⁵	ɕuɛ⁴⁵	tɕy⁴⁵	fu⁴⁵	u⁴⁵	tɕʰy⁴⁵
	小沙江	tɕʰiu³³	ɕy³³	ɕy³³	ɕuɛ⁵⁵	tɕʰy³³	ɕy⁵⁵	tɕy¹³	fu¹³	u¹³	tɕʰy¹³
	西洋江	tsʰʅ⁵⁵	sʅ⁵⁵	ɕʅ⁵⁵	sue⁵⁵	tɕʰʅ⁵⁵	ɕʅ⁴⁵	tɕʅ⁵⁵	fu⁴⁵	u⁴⁵	tɕʰʅ⁵⁵
	横板桥	tsʰʅ⁵⁵	sʅ⁵⁵	ɕʅ⁵⁵	sue⁵⁵	tɕʰʅ⁵⁵	ɕʅ⁴⁵	tɕʅ⁵⁵	fu⁴⁵	u⁴⁵	tɕʰʅ⁵⁵
	岩口	tsʰy³³	sy³³	ɕy³³	sua³³	tɕʰy³³	ɕy⁵⁵	tɕy¹³	fu¹³	u¹³	tɕʰy³³
	罗洪	tɕʰiu³³	ɕy³³	ɕy⁴⁵	ɕuɛ³³	tɕʰy³³	ɕy⁴⁵	tɕy⁴⁵	fu⁴⁵	u⁴⁵	tɕʰy⁴⁵
	高坪	tɕʰiu³³	ɕi¹³	ɕy⁵⁵	sua⁵⁵	tɕʰy³³	ɕy⁵⁵	tɕy¹³	xu¹³	u¹³	tɕʰy³³
洞口	石江	tɕʰʅ⁵⁵	ɕʅ⁵⁵	ɕʅ²⁴	sue⁵⁵	tɕʰʅ⁵⁵	ʅ²⁴	tɕʅ⁵⁵	fu²⁴	u²⁴	tɕʰʅ⁵⁵
	江口	tɕʰʅ⁵⁵	ɕʅ⁵⁵	ɕʅ²⁴	sue⁵⁵	tɕʰʅ⁵⁵	ʅ²⁴	tɕʅ²⁴	fu²⁴	u²⁴	tɕʰʅ⁵⁵
	长塘	tɕʰʅ⁵⁵	ɕʅ⁵⁵	ɕʅ²⁴	sue⁵⁵	tɕʰʅ⁵⁵	ʅ²⁴	tɕʅ⁵⁵	fu²⁴	u²⁴	tɕʰʅ⁵⁵
	山门	tsʰʅ⁵⁵	sʅ⁵⁵	ɕʅ²⁴	sue⁵⁵	tɕʰʅ⁵⁵	ʅ⁴⁵	tɕʅ⁵⁵	fu⁴⁵	u⁴⁵	tɕʰʅ⁵⁵
	高沙	tsʰʅ⁵⁵	ɕiu⁵⁵	ɕʅ²⁴⁵	sue⁵⁵	tɕʰʅ⁵⁵	ɕʅ⁵⁵	tɕɛ²⁴	fu²⁴	u²⁴	tɕʰʅ⁵⁵
	花园	tsʰʅ⁵⁵	siu⁵⁵	ɕʅ⁵⁵	sue⁵⁵	tɕʰʅ⁵⁵	ɕʅ⁵⁵	tɕʅ⁵⁵	fu⁵⁵	u³⁵	tɕʰʅ⁵⁵

		黢	戌	术	蜂	出	術	橘	佛	物	屈
		臻合三 入术清	臻合三 入术心	臻合三 入术澄	臻合三 入质生	臻合三 入术昌	臻合三 入术船	臻合三 入术见	臻合三 入物奉	臻合三 入物微	臻合三 入物溪
绥宁	金屋塘	tsʰi⁵⁵	ɕʅ⁵⁵	ɕʅ⁵⁵	sue⁵⁵	tɕʰʅ⁵⁵	ɕʅ⁵⁵	tɕʅ²⁴	fu²⁴	u²⁴	tɕʰʅ⁵⁵
	梅坪	tsʰi⁵⁵	ɕʅ⁵⁵	ɕʅ⁵⁵	sue⁵⁵	tɕʰʅ⁵⁵	ɕʅ⁵⁵	tɕʅ²⁴	fu²⁴	u²⁴	tɕʰʅ⁵⁵
	黄土矿	tɕʰi³³	ɕy³³	ɕy³³	sua³³	tɕʰy³³	ɕy³³	tɕy³³	fu⁵⁵	u⁵⁵	tɕʰy³³
	唐家坊	tsʰy³³	sy³³	ɕy³³	sua³³	tɕʰy³³	ɕy³³	tɕy¹³	fu¹³	u⁵⁵	tɕʰy³³
	瓦屋塘	tsʰi³³	sy³³	ɕy³³	sua³³	tɕʰy³³	ɕy³³	tɕy³³	fu³⁵	u³⁵	tɕʰy³³

		博	泊	薄	摸	托	铎	诺	落	作	错
		宕开一 入铎帮	宕开一 入铎滂	宕开一 入铎並	宕开一 入铎明	宕开一 入铎透	宕开一 入铎定	宕开一 入铎泥	宕开一 入铎来	宕开一 入铎精	宕开一 入铎清
隆回	荷香桥	po⁴⁵	po⁴⁵	pʰo⁴⁵	mo³³	xo³³	to⁴⁵	lo⁴⁵	lo⁴⁵	tso⁴⁵	tsʰo³³
	六都寨	po⁴⁵	po⁴⁵	pʰo⁵⁵	mɔ̃⁵⁵	xo³³	to⁴⁵	lo⁵⁵	lo⁵⁵	tso⁴⁵	tsʰɐ
	七江	po⁴⁵	po⁴⁵	pʰo⁵⁵	mɔ̃⁵⁵	xo³³	to⁴⁵	lo⁵⁵	lo⁵⁵	tso⁴⁵	tsʰo³³
	司门前	po⁴⁵	po⁴⁵	pʰo⁵⁵	mo⁵⁵	xo³³	to⁴⁵	lo⁵⁵	lo⁵⁵	tso⁴⁵	tsʰo⁴⁵
	金石桥	po⁴⁵	po⁴⁵	pʰo⁴⁵	mo⁵⁵	xo⁵⁵	to⁴⁵	lo⁵⁵	lo⁵⁵	tso⁴⁵	tsʰo⁴⁵
	小沙江	po¹³	po¹³	pʰo⁵⁵	mo³³	tʰo³³	to¹³	lo⁵⁵	lo⁵⁵	tso¹³	tsʰo¹³
	西洋江	po⁴⁵	po⁵⁵	pʰɐ⁵⁵	mo⁵⁵	xo⁵⁵	to⁴⁵	lo⁴⁵	lo⁴⁵	tso⁴⁵	tsʰo⁵⁵
	横板桥	po⁴⁵	po⁵⁵	pʰɐ⁵⁵	mo⁵⁵	xo⁵⁵	to⁴⁵	lo⁴⁵	lo⁴⁵	tso⁴⁵	tsʰo⁵⁵
	岩口	po¹³	po¹³	pʰo⁵⁵	mo³³	xo³³	to⁵⁵	lo⁵⁵	lo⁵⁵	tso⁵	tsʰo⁵⁵
	罗洪	po³³	po³³	pʰo⁵⁵	mo³³	tʰo³³	to¹³	lo⁵⁵	lo⁵⁵	tso³³	tsʰo⁴⁵
	高坪	po¹³	po¹³	pʰo⁵⁵	mo³³	xo³³	to⁴⁵	lo⁵⁵	lo⁵⁵	tso⁵⁵	tsʰo⁵⁵
洞口	石江	po²⁴	pxo⁵⁵	pʰx²⁴	mo⁵⁵	xo⁵⁵	to²⁴	lo²⁴	lo²⁴	tso⁵⁵	tsʰo⁵⁵
	江口	po²⁴	po⁵⁵	pʰo²⁴	mo⁵⁵	tʰo⁵⁵	to²⁴	lo²⁴	lo²⁴	tso⁵⁵	tsʰo⁵⁵
	长塘	po²⁴	po⁵⁵	pʰo²⁴	mo⁵⁵	xo⁵⁵	to²⁴	lo²⁴	lo²⁴	tso⁵⁵	tsʰo⁵⁵
	山门	po⁴⁵	ɸo⁵⁵	ɸɐ⁴⁵	mo⁵⁵	xo⁵⁵	to⁴⁵	lo⁴⁵	lo⁴⁵	tso⁴⁵	tsʰo⁵⁵
	高沙	po²⁴	pʰo⁵⁵	pʰɐ²⁴	mo⁵⁵	tʰo⁵⁵	to²⁴	lo²⁴	lo²⁴	tso²⁴	tsʰo⁵⁵
	花园	po³⁵	pʰo⁵⁵	pʰɐ³⁵	mo⁵⁵	tʰo³⁵	to³⁵	lo³⁵	lo³⁵	tso³⁵	tsʰo⁵⁵
绥宁	金屋塘	po²⁴	po⁵⁵	pʰo²⁴	mo⁵⁵	xo⁵⁵	to²⁴	lo²⁴	lo²⁴	tso⁵⁵	tsʰo⁵⁵
	梅坪	po²⁴	po⁵⁵	pʰo²⁴	mo⁵⁵	xo⁵⁵	to²⁴	lo²⁴	lo²⁴	tso⁵⁵	tsʰo⁵⁵
	黄土矿	po⁵⁵	pʰo³³	pʰɐ⁵⁵	mo³³	tʰo³³	to⁵⁵	lo⁵⁵	lo³³	tso⁵⁵	tsʰo³³
	唐家坊	po¹³	pʰo³³	pʰɐ⁵⁵	mo³³	tʰo³³	to⁵⁵	lo⁵⁵	lo³³	tso³³	tsʰo³³
	瓦屋塘	po³⁵	pʰo³³	pʰɐ³⁵	mo³³	tʰo³³	to³⁵	lo³⁵	lo³³	tso³⁵	tsʰo³³

		索	各	蠚	鹤	恶	略	雀	鹊	嚼
		宕开一入铎心	宕开一入铎见	宕开一入铎晓	宕开一入铎匣	宕开一入铎影	宕开三入药来	宕开三入药精	宕开三入药清	宕开三入药从
隆回	荷香桥	so⁴⁵	ko³³	xo³³	xo⁴⁵	o³³	lie⁴⁵	tɕʰie³³	tsʰie³³	tɕʰie⁴⁵
	六都寨	so³³	ko⁴⁵	xo³³	xo⁵⁵	o⁵⁵	lie⁵⁵	tɕʰie³³	tsʰie³³	tɕʰie⁵⁵
	七江	so³³	ko³³	xo³³	xo⁵⁵	o³³	lie⁵⁵	tɕʰie⁵⁵	tsʰie⁵⁵	tɕʰie⁵⁵
	司门前	so⁴⁵	ko⁴⁵	xo³³	xo⁴⁵	o⁴⁵	lie⁴⁵	tɕʰie⁴⁵	tsʰie³³	tɕʰie⁵⁵
	金石桥	so⁴⁵	ko⁴⁵	xo⁵⁵	xo⁴⁵	o⁴⁵	lie⁴⁵	tsʰie⁴⁵	tsʰie⁴⁵	tɕʰie⁴⁵
	小沙江	so¹³	ko¹³	kʰo³³	kʰo⁵⁵	o¹³	lie¹³	tɕʰie⁵⁵	tɕʰie⁵⁵	tɕʰie⁵⁵
	西洋江	so⁵⁵	ko⁵⁵	xo⁵⁵	xo⁵⁵	o⁵⁵	lie⁵⁵	tɕʰie⁵⁵	tɕʰie⁵⁵	tɕʰie⁵⁵
	横板桥	so⁵⁵	ko⁵⁵	xo⁵⁵	xo⁵⁵	o⁵⁵	lie⁵⁵	tsʰie⁵⁵	tsʰie⁵⁵	tsʰie⁵⁵
	岩口	so³¹²	ko⁵⁵	xo³³	xo⁵⁵	o⁵⁵	lie⁵⁵	tɕʰie⁵⁵	tɕʰie⁵⁵	tɕʰie⁵⁵
	罗洪	so³³	ko³³	xo³³	xo⁵⁵	o³³	lie⁵⁵	tɕʰie³³	tsʰie³³	tɕʰie⁵⁵
	高坪	so³¹²	kɤ¹³	xo³³	xo⁵⁵	o⁵⁵	lie⁵⁵	tɕʰie³³	tsʰie³³	tɕʰie⁵⁵
洞口	石江	so⁵⁵	ko⁵⁵	xo⁵⁵	xo⁵⁵	o⁵⁵	lie⁵⁵	tɕʰie⁵⁵	tɕʰie⁵⁵	tɕʰie²⁴
	江口	so⁵⁵	ko⁵⁵	xo⁵⁵	xo²⁴	o⁵⁵	lie⁵⁵	tɕʰie⁵⁵	tɕʰie⁵⁵	tɕʰie²⁴
	长塘	so⁵⁵	ko⁵⁵	xo⁵⁵	xo⁵⁵	o⁵⁵	lie⁵⁵	tɕʰie⁵⁵	tɕʰie⁵⁵	tɕʰie²⁴
	山门	so⁵⁵	ko⁵⁵	xo⁵⁵	xo⁵⁵	o⁵⁵	lie⁴⁵	tɕʰie⁵⁵	tɕʰie⁵⁵	tɕʰie⁴⁵
	高沙	so⁵⁵	ko⁵⁵	xo⁵⁵	xo⁵⁵	o⁵⁵	lie²⁴	tɕʰie⁵⁵	tɕʰie⁵⁵	tɕʰie⁵⁵
	花园	so⁵⁵	ko⁵⁵	xo⁵⁵	xo⁵⁵	o⁵⁵	lie³⁵	tɕʰie⁵⁵	tɕʰie⁵⁵	tɕʰie³⁵
绥宁	金屋塘	so⁵⁵	ko⁵⁵	xo⁵⁵	xo⁵⁵	o⁵⁵	lie⁵⁵	tsʰie³³	tsʰie⁵⁵	tsʰie²⁴
	梅坪	so⁵⁵	ko⁵⁵	xo⁵⁵	xo⁵⁵	o⁵⁵	lie⁵⁵	tsʰie⁵⁵	tsʰie⁵⁵	tsʰie²⁴
	黄土矿	so³³	ko³³	xo³³	xo⁵⁵	o³³	lie⁵⁵	tɕʰie³³	tɕʰie³³	tɕʰie⁵⁵
	唐家坊	so³³	ko³³	xo³³	xo⁵⁵	o³³	lio⁵⁵	tɕʰie⁵⁵	tɕʰie⁵⁵	tɕʰie⁵⁵
	瓦屋塘	so³³	ko³³	xo³³	xo³⁵	o³³	lie³⁵	tɕʰie³³	tɕʰie³³	tɕʰie⁵⁵

		削	着	酌	绰	勺	弱	脚	却	疟	约
		宕开三入药心	宕开三入药知	宕开三入药章	宕开三入药昌	宕开三入药禅	宕开三入药日	宕开三入药见	宕开三入药溪	宕开三入药疑	宕开三入药影
隆回	荷香桥	sie³³	tɕo⁴⁵	tɕo⁴⁵	tɕʰo³³	ɕo⁴⁵	iu⁴⁵	tɕo³³	tɕʰo⁴⁵	iu⁴⁵	iu³³
	六都寨	sie³³	tɕo⁴⁵	tɕo⁴⁵	tɕʰo³³	ɕo⁵⁵	iu⁴⁵	tɕo³³	tɕʰo³³	iu⁵⁵	iu³³
	七江	sie³³	tɕo⁴⁵	tɕo³³	tɕʰo³³	ɕo⁵⁵	iu⁴⁵	tɕo³³	tɕʰo⁴⁵	iu⁴⁵	iu⁴⁵
	司门前	sie³³	tɕo⁴⁵	tɕo⁴⁵	tɕʰo³³	ɕo⁵⁵	iu⁴⁵	tɕo³³	tɕʰo⁴⁵	iu⁴⁵	iu³³
	金石桥	sie⁵⁵	tɕo⁴⁵	tɕo⁴⁵	tɕʰo⁴⁵	ɕo⁵⁵	iu⁴⁵	tɕo⁵⁵	tɕʰo⁴⁵	iu⁴⁵	iu⁴⁵

		削	着	酌	绰	勺	弱	脚	却	疟	约
		宕开三 入药心	宕开三 入药知	宕开三 入药章	宕开三 入药昌	宕开三 入药禅	宕开三 入药日	宕开三 入药见	宕开三 入药溪	宕开三 入药疑	宕开三 入药影
隆回	小沙江	çie³³	tço¹³	tço¹³	tçʰo⁵⁵	ço⁵⁵	iu¹³	tço³³	tçʰye¹³	ye⁵⁵	iu³³
	西洋江	sie⁵⁵	tço⁴⁵	tço⁴⁵	tço⁴⁵	ço⁴⁵	iu⁵⁵	tço⁵⁵	tçʰo⁵⁵	iu⁵⁵	iu⁴⁵
	横板桥	sie⁵⁵	tço⁴⁵	tço⁴⁵	tço⁴⁵	ço⁴⁵	iu⁵⁵	tço⁵⁵	tçʰo⁵⁵	iu⁵⁵	iu⁴⁵
	岩口	sie³³	to¹³	tso⁵⁵	tsʰo⁵⁵	so⁵⁵	iu³³	to³³	tçʰio⁵⁵	iu⁵⁵	iu⁵⁵
	罗洪	çie³³	tço⁴⁵	tço³³	tçʰo³³	ço⁴⁵	iu⁵⁵	tçio³³	tçʰio³³	iu⁵⁵	iu⁵⁵
	高坪	çie³³	tço¹³	tço¹³	tçʰo⁵⁵	ço⁵⁵	iu⁵⁵	tçio⁵⁵	tçʰio⁵⁵	ye⁵⁵	iu⁵⁵
洞口	石江	çie⁵⁵	tço²⁴	tço²⁴	tço⁵⁵	ço²⁴	iu²⁴	tço⁵⁵	tçʰo⁵⁵	iu²⁴	iu²⁴
	江口	çie⁵⁵	tço²⁴	tço²⁴	tço⁵⁵	ço²⁴	iu²⁴	tço⁵⁵	tçʰo⁵⁵	io⁵⁵	io²⁴
	长塘	çie⁵⁵	tço²⁴	tço²⁴	tço⁵⁵	ço²⁴	iu²⁴	tço⁵⁵	tçʰo⁵⁵	io⁵⁵	io²⁴
	山门	sie⁵⁵	tço⁴⁵	tço⁴⁵	tço⁵⁵	ço⁴⁵	iu⁵⁵	tço⁵⁵	tçʰo⁵⁵	iu⁵⁵	iu⁵⁵
	高沙	çie⁵⁵	tço²⁴	tço⁵⁵	tçʰo⁵⁵	ço²⁴	iu⁵⁵	tço⁵⁵	tçʰo⁵⁵	iu⁵⁵	iu⁵⁵
	花园	sie⁵⁵	tço²⁴	tço²⁴	tço³⁵	ço³⁵	iu⁵⁵	tço⁵⁵	tçʰo⁵⁵	iu⁵⁵	iu⁵⁵
绥宁	金屋塘	sie⁵⁵	tço⁵⁵	tço⁵⁵	tso³⁵	ço³⁵	iu⁵⁵	tço⁵⁵	tçʰye⁵⁵	iu⁵⁵	iu⁵⁵
	梅坪	sie⁵⁵	tço⁵⁵	tço⁵⁵	tso³⁵	ço³⁵	iu⁵⁵	tço⁵⁵	tçʰye⁵⁵	iu⁵⁵	iu⁵⁵
	黄土矿	sie³³	tço³³	tço³³	tço⁵⁵	ço⁵⁵	io⁵⁵	tço⁵⁵	tçʰo⁵⁵	io³³	io³³
	唐家坊	sie³³	tço³³	tço³³	tço³³	ço³³	io⁵	tço⁵⁵	tçʰo⁵⁵	io³³	io³³
	瓦屋塘	sie³³	tço³³	tço³³	tço⁵⁵	ço³⁵	io³⁵	tço⁵⁵	tçʰo³⁵	io³³	io³³

		药	郭	廓	藿	镬	剥	朴	雹
		宕开三 入药以	宕合一 入铎见	宕合一 入铎溪	宕合一 入铎晓	宕合一 入铎匣	江开二 入觉帮	江开二 入觉滂	江开二 入觉並
隆回	荷香桥	iu⁴⁵	ko³³	kʰo³³	xo³³	xo⁴⁵	po³³	pʰu³³	pʰɐ⁴⁵
	六都寨	iu⁵⁵	ko³³	kʰo³³	xo³³	xo⁴⁵	po³³	pʰo³³	pʰɐ⁵⁵
	七江	iu⁵⁵	ko³³	kʰo³³	xo³³	xo⁴⁵	po³³	pʰu⁴⁵	pʰɐ⁵⁵
	司门前	iu⁵⁵	ko³³	kʰo³³	xo³³	xo⁴⁵	po³³	pʰo³³	pʰɐ⁵⁵
	金石桥	iu⁵⁵	ko⁴⁵	kʰo⁴⁵	xo⁴⁵	xo⁴⁵	po⁵⁵	pʰu⁴⁵	pʰɐ⁵⁵
	小沙江	iu⁵⁵	ko³³	kʰo⁵⁵	kʰo⁵⁵	kʰo⁵⁵	po³³	pʰu³³	pʰɐ³³
	西洋江	iu⁴⁵	ko⁵⁵	kʰo⁵⁵	xo⁴⁵	xo⁴⁵	po⁵⁵	pʰo⁵⁵	pʰɐ⁵⁵
	横板桥	iu⁴⁵	ko⁵⁵	kʰo⁵⁵	xo⁴⁵	xo⁴⁵	po⁵⁵	pʰo⁵⁵	pʰɐ⁵⁵
	岩口	iu⁵⁵	ko³³	kʰo⁵⁵	xo⁵⁵	xo⁵⁵	po³³	pʰu¹³	pʰɐ³³

续表

		药	郭	廍	藿	钁	剥	朴	雹
		宕开三 入药以	宕合一 入铎见	宕合一 入铎溪	宕合一 入铎晓	宕合一 入铎匣	江开二 入觉帮	江开二 入觉滂	江开二 入觉並
隆回	罗洪	iu⁵⁵	ko³³	kʰo³³	xo⁵⁵	xo⁵⁵	po³³	pʰu³³	pʰɐ⁵⁵
	高坪	iu⁵⁵	ko¹³	ko¹³	xo⁵⁵	xo⁵⁵	po³³	pʰu¹³	pʰɐ⁵⁵
洞口	石江	iu²⁴	ko⁵⁵	kʰo⁵⁵	xo²⁴	xo²⁴	po⁵⁵	pʰo⁵⁵	pʰɐ⁵⁵
	江口	io²⁴	ko⁵⁵	kʰo⁵⁵	xo⁵⁵	xo²⁴	po⁵⁵	pʰo⁵⁵	pʰɐ⁵⁵
	长塘	io²⁴	ko⁵⁵	kʰo⁵⁵	xo⁵⁵	xo²⁴	po⁵⁵	pʰo⁵⁵	pʰɐ⁵⁵
	山门	iu⁴⁵	ko⁵⁵	kʰo⁵⁵	xo⁴⁵	xo⁴⁵	po⁵⁵	ɸo⁵⁵	ɸɐ⁴⁵
	高沙	iu²⁴	ko⁵⁵	kʰo⁵⁵	xo⁵⁵	xo²⁴	po⁵⁵	pʰo⁵⁵	pʰɐ²⁴
	花园	iu³⁵	ko⁵⁵	kʰo⁵⁵	xo³⁵	xo³⁵	po⁵⁵	ɸo⁵⁵	pʰɐ³⁵
绥宁	金屋塘	iu²⁴	ko⁵⁵	kʰo⁵⁵	xo⁵⁵	xo²⁴	po⁵⁵	pʰo⁵⁵	pʰɐ⁵⁵
	梅坪	iu²⁴	ko⁵⁵	kʰo⁵⁵	xo⁵⁵	xo²⁴	po⁵⁵	pʰo⁵⁵	pʰɐ⁵⁵
	黄土矿	io⁵⁵	ko³³	kʰo³³	xo⁵⁵	xo⁵⁵	po³³	pʰo⁵⁵	pɐ⁵⁵
	唐家坊	io³⁵	ko³³	kʰo³³	xo⁵⁵	xo⁵⁵	po³³	pʰo³³	pɐ⁵⁵
	瓦屋塘	io³⁵	ko³³	kʰo³³	xo³⁵	xo⁵⁵	po³³	pʰo³⁵	pɐ³⁵

		桌	戳	浊	捉	镯	朔	觉	确	岳	学
		江开二 入觉知	江开二 入觉彻	江开二 入觉澄	江开二 入觉庄	江开二 入觉崇	江开二 入觉生	江开二 入觉见	江开二 入觉溪	江开二 入觉疑	江开二 入觉晓
隆回	荷香桥	tso³³	tsʰo³³	tsʰo⁴⁵	tso³³	tsʰo⁴⁵	so³³	tɕo/kɐ⁴⁵	kʰo⁴⁵	iu³³	ɕiu/xo⁴⁵
	六都寨	tso³³	tsʰo³³	tsʰo⁵⁵	tso³³	tsʰo⁵⁵	so³³	kɐ⁴⁵	kʰo³³	iu⁵⁵	ɕiu/xo⁴⁵
	七江	tso³³	tsʰo⁵⁵	tsʰo⁵⁵	tso³³	tsʰo⁵⁵	so⁴⁵	tɕo/kɐ³³	kʰo⁴⁵	iu⁵⁵	ɕiu/xo⁴⁵
	司门前	tso³³	tsʰo³³	tsʰo⁵⁵	tso³³	tsʰo⁵⁵	so³³	kɐ⁴⁵	kʰo⁴⁵	iu⁵⁵	ɕiu/xo⁴⁵
	金石桥	tso⁴⁵	tsʰo⁵⁵	tsʰo⁴⁵	tso⁴⁵	tsʰo⁴⁵	so⁴⁵	tɕo/kɐ⁴⁵	kʰo⁴⁵	iu⁴⁵	ɕiu/xo⁴⁵
	小沙江	tso³³	tsʰo¹³	tsʰo¹³	tso³³	tsʰo¹³	so¹³	tɕo/kɐ¹³	kʰo¹³	iu¹³	ɕiu/xo¹³
	西洋江	tso⁵⁵	tsʰo⁴⁵	tsʰo⁴⁵	tso⁵⁵	tsʰo⁴⁵	so⁵⁵	kɐ⁴⁵	kʰo⁴⁵	iu⁴⁵	ɕo/xo⁴⁵
	横板桥	tso⁵⁵	tsʰo⁴⁵	tsʰo⁴⁵	tso⁵⁵	tsʰo⁵⁵	so⁵⁵	kɐ⁴⁵	kʰo⁴⁵	iu⁴⁵	ɕo/xo⁴⁵
	岩口	tso³³	tsʰo⁴⁵	tsʰo⁴⁵	tso³³	tso¹³	so³³	tɕo/kɐ¹³	tɕʰo⁴⁵	iu³³	ɕiu/xo⁴⁵
	罗洪	tso³³	tsʰo³³	tsʰo⁴⁵	tso³³	tɕʰio⁴⁵	so³³	tɕo/kɐ⁴⁵	kʰo⁴⁵	iu⁵⁵	ɕiu/xo⁴⁵
	高坪	tso³³	tsʰo⁵⁵	tsʰo¹³	tso³³	tɕʰio¹³	so¹³	tɕo/kɐ⁴⁵	tɕʰo¹³	iu¹³	ɕiu/xo⁴⁵
洞口	石江	tso⁵⁵	tsʰo⁵⁵	tsʰo²⁴	tso⁵⁵	tsʰo²⁴	so²⁴	kɐ⁵⁵	kʰo⁵⁵	iu²⁴	ɕo/xo²⁴
	江口	tso⁵⁵	tsʰo²⁴	tsʰo²⁴	tso⁵⁵	tsʰo²⁴	so²⁴	kɐ⁵⁵	kʰo⁵⁵	io²⁴	ɕo/xo²⁴

		桌	戳	浊	捉	镯	朔	觉	确	岳	学
		江开二入觉知	江开二入觉彻	江开二入觉澄	江开二入觉庄	江开二入觉崇	江开二入觉生	江开二入觉见	江开二入觉溪	江开二入觉疑	江开二入觉晓
洞口	长塘	tso⁵⁵	tsʰo²⁴	tsʰo²⁴	tso⁵⁵	tsʰo²⁴	so⁵⁵	kɛ⁵⁵	kʰo⁵⁵	iu²⁴	ço/xo²⁴
	山门	tso⁵⁵	tsʰo⁴⁵	tsʰo⁴⁵	tso⁵⁵	tsʰo⁴⁵	so⁵⁵	kɛ⁴⁵	kʰo⁴⁵	iu⁴⁵	ço/xo⁴⁵
	高沙	tso⁵⁵	tsʰo²⁴	tsʰo²⁴	tso⁵⁵	tso⁵⁵	so²⁵	kɛ²⁴	kʰo²⁴	iu²⁴	ço/xo²⁴
	花园	tso⁵⁵	tsʰo³⁵	tsʰo³⁵	tso⁵⁵	tsʰo³⁵	so⁵⁵	kɛ³⁵	kʰo³⁵	iu³⁵	ço/xo³⁵
绥宁	金屋塘	tso⁵⁵	tsʰo⁵⁵	tsʰo⁵⁵	tso⁵⁵	tsʰo²⁴	so²⁴	kɛ²⁴	kʰo³⁵	iu²⁴	ço/xo²⁴
	梅坪	tso⁵⁵	tsʰo⁵⁵	tsʰo⁵⁵	tso⁵⁵	tsʰo²⁴	so²⁴	kɛ²⁴	kʰo³⁵	iu²⁴	ço/xo²⁴
	黄土矿	tso³³	tsʰo⁵⁵	tsʰo⁵⁵	tso³³	tsʰo⁵⁵	so⁵⁵	kɛ⁵⁵	kʰo⁵⁵	io³⁵	ço/xo⁵⁵
	唐家坊	tso³³	tsʰo⁵⁵	tsʰo⁵⁵	tso³³	tsʰo⁵⁵	so³³	kɛ³⁵	kʰo³³	io¹³	ço/xo⁵⁵
	瓦屋塘	tso³³	tsʰo³⁵	tsʰo³⁵	tso³³	tsʰo³⁵	so³⁵	kɛ³⁵	kʰo³⁵	io³⁵	ço/xo³⁵

		握	北	墨	德	特	勒	则	贼	塞	刻
		江开二入觉影	曾开一入德帮	曾开一入德明	曾开一入德端	曾开一入德定	曾开一入德来	曾开一入德精	曾开一入德从	曾开一入德心	曾开一入德溪
隆回	荷香桥	u³³	pe³³	me⁴⁵	te⁴⁵	xe⁴⁵	le⁴⁵	tse³³	tsʰe⁴⁵	se³³	kʰe³³
	六都寨	u³³	pe³³	me⁵⁵	te⁴⁵	xe⁴⁵	le⁵⁵	tse⁴⁵	tsʰe⁵⁵	se³³	kʰe⁴⁵
	七江	u⁴⁵	pie⁴⁵	mie⁵⁵	tie⁴⁵	xie⁴⁵	lie⁵⁵	tsie⁴⁵	tsʰiɛ⁵⁵	siɛ³³	kʰiɛ³³
	司门前	u⁴⁵	pie⁴⁵	mie⁵⁵	tie⁴⁵	xie⁴⁵	le⁴⁵	tsie⁴⁵	tsʰiɛ⁵⁵	siɛ³³	kʰiɛ⁴⁵
	金石桥	u⁴⁵	pe⁴⁵	me⁴⁵	te⁴⁵	tʰe⁴⁵	le⁴⁵	tse⁴⁵	tsʰe⁵⁵	se⁴⁵	kʰe⁴⁵
	小沙江	u⁵⁵	pe¹³	me¹³	te¹³	tʰe¹³	le⁵⁵	tse¹³	tɕʰe⁵⁵	sa³³	kʰe¹³
	西洋江	o⁵⁵	pie⁵⁵	mie⁵⁵	tie⁵⁵	xie⁴⁵	lie⁴⁵	tsie⁵⁵	tsʰiɛ⁵⁵	siɛ⁵⁵	kʰiɛ⁵⁵
	横板桥	o⁵⁵	pie⁵⁵	mie⁴⁵	tie⁵⁵	xie⁴⁵	lie⁵⁵	tsie⁵⁵	tsʰiɛ⁵⁵	siɛ⁵⁵	kʰiɛ⁵⁵
	岩口	u³³	pe¹³	me¹³	te¹³	xe¹³	le³³	tse¹³	tsʰiʌ⁵⁵	se³³	kʰe⁵⁵
	罗洪	u³³	pe¹³	me⁵⁵	te³³	tʰe⁴⁵	le⁵⁵	tse³³	tsʰe⁵⁵	se³³	xe³³
	高坪	o³³	pe¹³	me¹³	te¹³	xe¹³	le⁵⁵	tse⁵⁵	tsʰe⁵⁵	se³³	kʰe¹³
洞口	石江	o⁵⁵	pie⁵⁵	mie²⁴	tie⁵⁵	xie²⁴	lie²⁴	tsie⁵⁵	tsʰiɛ⁵⁵	siɛ⁵⁵	kʰiɛ⁵⁵
	江口	o⁵⁵	pe⁵⁵	me²⁴	te²⁴	tʰɛ²⁴	lie²⁴	tse⁵⁵	tsʰɛ²⁴	se⁵⁵	kʰɛ⁵⁵
	长塘	o⁵⁵	pie⁵⁵	mie²⁴	tie⁵⁵	xie²⁴	lie²⁴	tsie⁵⁵	tsʰiɛ⁵⁵	siɛ⁵⁵	kʰiɛ⁵⁵
	山门	o⁵⁵	pie⁵⁵	mie⁴⁵	tie⁵⁵	xie⁴⁵	lie⁴⁵	tsie⁵⁵	tsʰiɛ⁵⁵	siɛ⁵⁵	kʰiɛ⁵⁵
	高沙	o⁵⁵	pe⁵⁵	me²⁴	te⁵⁵	tʰi²⁴	le²⁴	tse⁵⁵	tsʰe²⁴	se⁵⁵	kʰe⁵⁵
	花园	o⁵⁵	pe⁵⁵	me³⁵	te⁵⁵	xe³⁵	le³⁵	tse³⁵	tsʰe³⁵	se⁵⁵	kʰe⁵⁵

续表

		握	北	墨	德	特	勒	则	贼	塞	刻
		江开二入觉影	曾开一入德帮	曾开一入德明	曾开一入德端	曾开一入德定	曾开一入德来	曾开一入德精	曾开一入德从	曾开一入德心	曾开一入德溪
绥宁	金屋塘	o^{55}	piɛ^{55}	miɛ^{24}	tiɛ^{55}	tʰiɛ^{24}	liɛ^{24}	tsiɛ^{55}	tsʰiɛ^{24}	siɛ^{55}	kʰiɛ^{55}
	梅坪	o^{55}	piɛ^{55}	miɛ^{24}	tiɛ^{55}	tʰiɛ^{24}	liɛ^{24}	tsiɛ^{55}	tsʰiɛ^{24}	siɛ^{55}	kʰiɛ^{55}
	黄土矿	o^{33}	pe^{33}	me^{55}	te^{33}	tʰe^{55}	le^{55}	tse^{33}	tsʰe^{55}	se^{33}	kʰe^{33}
	唐家坊	o^{33}	pe^{33}	me^{55}	te^{33}	tʰe^{55}	le^{55}	tse^{33}	tsʰe^{55}	se^{33}	kʰe^{33}
	瓦屋塘	o^{33}	pe^{33}	me^{35}	te^{33}	tʰe^{35}	le^{35}	tse^{33}	tsʰe^{35}	se^{33}	kʰe^{33}

		黑	力	鲫	熄	直	侧	测	色	织	食
		曾开一入德晓	曾开三入职来	曾开三入职精	曾开三入职心	曾开三入职澄	曾开三入职庄	曾开三入职初	曾开三入职生	曾开三入职章	曾开三入职船
隆回	荷香桥	xe^{33}	li^{45}	tse^{33}	si^{33}	tɕʰi^{45}	tsʰe^{33}	tsʰe^{33}	se^{33}	tɕi^{33}	ɕi^{45}
	六都寨	xe^{33}	li^{55}	tsi^{45}	si^{33}	tɕʰi^{55}	tsʰe^{45}	tsʰe^{45}	se^{45}	tɕi^{33}	ɕi^{45}
	七江	xie^{33}	li^{55}	tsi^{45}	si^{33}	tɕʰi^{55}	tsʰiɛ^{45}	tsʰiɛ^{45}	siɛ^{45}	tɕi^{33}	ɕi^{55}
	司门前	xie^{33}	li^{55}	tsi^{45}	si^{33}	tɕʰi^{55}	tsʰiɛ^{45}	tsʰiɛ^{45}	siɛ^{45}	tɕi^{33}	ɕi^{55}
	金石桥	xe^{55}	li^{55}	tsi^{45}	si^{55}	tɕʰi^{45}	tsʰe^{45}	tsʰe^{45}	se^{45}	tɕi^{45}	ɕi^{45}
	小沙江	kʰe^{33}	li^{55}	tɕi^{13}	ɕi^{33}	tɕʰi^{55}	tsʰe^{45}	tsʰe^{13}	se^{13}	tɕi^{33}	ɕi^{55}
	西洋江	xie^{55}	li^{45}	tsie^{55}	si^{55}	tɕʰʅ^{45}	tsiɛ^{45}	tsʰiɛ^{45}	siɛ^{55}	tɕʅ^{55}	ɕe^{45}
	横板桥	xie^{55}	li^{45}	tsie^{55}	si^{55}	tɕʰʅ^{45}	tsiɛ^{45}	tsʰiɛ^{45}	siɛ^{55}	tɕʅ^{55}	ɕe^{45}
	岩口	xiA^{33}	li^{55}	tsiA^{33}	si^{13}	tɕʰi^{55}	tsʰe^{13}	tsʰe^{55}	se^{13}	tɕi^{33}	ɕi^{13}
	罗洪	xe^{33}	li^{55}	tɕi^{45}	ɕi^{45}	tsʰʅ^{45}	tsʰe^{45}	tsʰe^{33}	se^{33}	tsʅ^{33}	sʅ^{45}
	高坪	xe^{13}	li^{55}	tɕi^{13}	ɕi^{13}	tɕʰi^{55}	tsʰe^{55}	tsʰe^{55}	se^{13}	tɕi^{33}	ɕi^{13}
洞口	石江	xie^{55}	li^{24}	tɕie^{55}	ɕi^{55}	tɕʰɛ^{24}	tɕʰɛ^{24}	tɕʰɛ^{24}	ɕɛ^{55}	tɕʅ^{55}	ɕʅ^{24}
	江口	xe^{55}	li^{24}	tɕie^{55}	ɕi^{55}	tɕʰe^{24}	tsʰe^{24}	tsʰe^{24}	ɕɛ^{55}	tɕʅ^{55}	ɕɛ^{24}
	长塘	xie^{55}	li^{24}	tɕi^{55}	ɕi^{55}	tɕʰe^{24}	tɕʰe^{24}	tɕʰe^{24}	ɕɛ^{55}	tɕʅ^{55}	ɕɛ^{24}
	山门	xie^{55}	li^{45}	tsie^{55}	si^{55}	tɕʰiɛ^{45}	tsʰiɛ^{45}	tsʰiɛ^{45}	siɛ^{55}	tɕɛ^{55}	ɕɛ^{45}
	高沙	xe^{55}	li^{24}	tɕi^{55}	ɕi^{55}	tɕʰʅ^{24}	tsʰe^{24}	tsʰe^{24}	se^{55}	tɕʅ^{55}	ɕʅ^{24}
	花园	xe^{55}	li^{35}	tse^{55}	si^{55}	tɕʰʅ^{35}	tsʰe^{35}	tsʰe^{35}	se^{55}	tɕʅ^{55}	ʅ^{35}
绥宁	金屋塘	xie^{55}	li^{24}	tɕi^{55}	ɕi^{55}	tɕʰɛ^{24}	tsʰiɛ^{24}	tsʰiɛ^{24}	siɛ^{55}	tɕʅ^{55}	ɕie^{24}
	梅坪	xie^{55}	li^{24}	tɕie^{55}	ɕi^{55}	tɕʰɛ^{24}	tsʰiɛ^{24}	tsʰiɛ^{24}	siɛ^{55}	tɕʅ^{55}	ɕie^{24}
	黄土矿	xe^{33}	li^{55}	tsi^{33}	si^{33}	tɕʰi^{55}	tsʰe^{55}	tsʰe^{55}	se^{33}	tɕi^{33}	ɕi^{55}
	唐家坊	xe^{33}	li^{55}	tse^{33}	si^{33}	tɕʰi^{35}	tsʰe^{33}	tsʰe^{33}	se^{33}	tɕi^{33}	ɕi^{55}
	瓦屋塘	xe^{33}	li^{35}	tsi^{33}	si^{33}	tɕʰi^{35}	tsʰe^{35}	tsʰe^{35}	se^{33}	tɕi^{33}	ɕi^{35}

续表

		识	植	极	亿	翼	国	或	域	百	拍
		曾开三入职书	曾开三入职禅	曾开三入职群	曾开三入职影	曾开三入职以	曾合一入德见	曾合一入德匣	曾合三入职云	梗开二入陌帮	梗开二入陌滂
隆回	荷香桥	ɕi³³	tɕʰi⁴⁵	tɕʰi⁴⁵	i³³	i/e⁴⁵	kue³³	xua⁴⁵	y⁴⁵	pe³³	pʰA³³
	六都寨	ɕi³³	tɕʰi⁵⁵	tɕʰi⁴⁵	i⁵⁵	i/e⁵⁵	kye⁴⁵	xue⁵⁵	y⁵⁵	pe³³	pʰA³³
	七江	ɕi³³	tɕʰi⁵⁵	tɕʰi⁴⁵	i⁵⁵	i/ie⁵⁵	kye⁴⁵	xuA⁴⁵	y⁵⁵	pie³³	pʰA³³
	司门前	ɕi³³	tɕʰi⁵⁵	tɕʰi⁴⁵	i⁵⁵	i/ie⁵⁵	kyɛ⁴⁵	xuA⁵⁵	u⁵⁵	pie³³	pʰA³³
	金石桥	ɕi⁴⁵	tɕʰi⁵⁵	tɕʰi⁴⁵	i⁵⁵	i/iɛ⁴⁵	kye⁴⁵	xua⁵⁵	y⁵⁵	pe⁴⁵	pʰe⁴⁵
	小沙江	ɕi⁵⁵	tɕʰi⁵⁵	tɕʰi¹³	i⁵⁵	i/iɛ⁵⁵	kua¹³	xua¹³	y⁵⁵	pe¹³	pʰe³³
	西洋江	ɕʅ⁵⁵	tɕʅ⁴⁵	tɕʰe⁴⁵	i⁴⁵	i/iɛ⁴⁵	kye⁵⁵	xyɛ⁴⁵	ʅ⁵⁵	pie⁵⁵	pʰA⁵⁵
	横板桥	ɕʅ⁵⁵	tɕʅ⁴⁵	tɕʰe⁴⁵	i⁴⁵	i/iɛ⁴⁵	kye⁵⁵	xyɛ⁴⁵	ʅ⁵⁵	pie⁵⁵	pʰA⁵⁵
	岩口	ɕi¹³	tɕʰi¹³	tɕi¹³	i⁵⁵	i/e⁵⁵	kue¹³	xua¹³	y⁵⁵	pe¹³	pʰA³³
	罗洪	sʅ⁴⁵	tsʅ⁴⁵	tɕʰi⁴⁵	i⁵⁵	i/iɛ	kye⁴⁵	xua⁵⁵	y⁵⁵	pe³³	pʰa³³
	高坪	ɕi¹³	tɕʰi⁵⁵	tɕʰi¹³	i⁵⁵	ie⁵⁵	kue¹³	xue¹³	y⁵⁵	pe¹³	pʰA³³
洞口	石江	ɕʅ⁵⁵	tɕʅ²⁴	tɕʰe²⁴	i²⁴	i/iɛ²⁴	kyɛ⁵⁵	xua²⁴	ʅ⁵⁵	pie⁵⁵	pʰA⁵⁵
	江口	ɕʅ⁵⁵	tɕʅ²⁴	tɕʰʅ²⁴	i²⁴	i/iɛ²⁴	kye⁵⁵	xua²⁴	ʅ⁵⁵	pie⁵⁵	pʰA⁵⁵
	长塘	ɕʅ⁵⁵	tɕʅ²⁴	tɕʰʅ²⁴	i²⁴	i/iɛ²⁴	kyɛ⁵⁵	xua²⁴	ʅ⁵⁵	pie⁵⁵	pʰA⁵⁵
	山门	ɕɛ⁵⁵	tɕɛ⁴⁵	tɕʰɛ⁴⁵	i⁴⁵	i/iɛ⁴⁵	kye⁵⁵	xyɛ⁴⁵	ʅ⁵⁵	pie⁵⁵	ɸɛ/ɸA⁵⁵
	高沙	ɕʅ²⁴	tɕʰʅ²⁴	tɕʰʅ²⁴	ʅ²⁴	i²⁴	kue⁵⁵	xue²⁴	ʅ⁵⁵	pe⁵⁵	pʰe/pʰA⁵⁵
	花园	ɕʅ⁵⁵	tɕʰʅ³⁵	tɕʰʅ³⁵	ʅ³⁵	ɣ/iɛ³⁵	kye⁵⁵	xue³⁵	ʅ⁵⁵	pe⁵⁵	pʰe/pʰA⁵⁵
绥宁	金屋塘	ɕʅ⁵⁵	tɕʅ²⁴	tɕʰʅ²⁴	i²⁴	i/iɛ²⁴	kyɛ²⁴	xua²⁴	ʅ⁵⁵	pie⁵⁵	pʰA⁵⁵
	梅坪	ɕʅ⁵⁵	tɕʅ²⁴	tɕʰʅ⁵⁵	i²⁴	i/iɛ²⁴	kye²⁴	xua²⁴	ʅ⁵⁵	pie⁵⁵	pʰA⁵⁵
	黄土矿	ɕi³³	tɕʰi⁵⁵	tɕʰi⁵⁵	i⁵⁵	i⁵⁵	kue³³	fe⁵⁵	y⁵⁵	pe³³	pʰe/pʰA³³
	唐家坊	ɕi³³	tɕʰi⁵⁵	tɕʰi⁵⁵	i⁵⁵	ie⁶⁵⁵	kue³³	fe⁵⁵	y⁵⁵	pe³³	pʰe/pʰA³³
	瓦屋塘	ɕi³³	tɕʰi³⁵	tɕʰi³⁵	i⁵⁵	i³⁵	kue³³	fe³⁵	y³⁵	pe³³	pʰe/pʰA³³

		白	拆	择	窄	格	客	额	嚇
		梗开二入陌並	梗开二入陌彻	梗开二入陌澄	梗开二入陌庄	梗开二入陌见	梗开二入陌溪	梗开二入陌疑	梗开二入陌晓
隆回	荷香桥	pʰA⁴⁵	tsʰA³³	tsʰe/tsʰA³³	tsa³³	ke³³	kʰe³³	ã³³	xA³³
	六都寨	pʰA⁵⁵	tsʰA³³	tsʰe/tsʰA⁵⁵	xe³³	ke³³	kʰe³³	ã⁵⁵	xA³³
	七江	pʰiɛ/pʰA⁵⁵	tsʰa³³	tsʰiɛ/tsʰA⁵⁵	xie⁴⁵	kie⁴⁵	kʰiɛ⁴⁵/kʰA⁵⁵	ã⁵⁵	xA³³
	司门前	pʰiɛ/pʰA⁵⁵	tsʰa³³	tsʰiɛ/tsʰA⁵⁵	xie³³	kie⁴⁵	kʰiɛ⁴⁵/kʰA⁵⁵	ã⁴⁵	xA³³

续表

		白	拆	择	窄	格	客	额	嚇
		梗开二入陌並	梗开二入陌彻	梗开二入陌澄	梗开二入陌庄	梗开二入陌见	梗开二入陌溪	梗开二入陌疑	梗开二入陌晓
隆回	金石桥	pʰe⁴⁵/pʰʌ⁵⁵	tsʰa⁵⁵	tsʰe/tsʰʌ⁴⁵	tsa³¹²	ke⁴⁵	kʰe⁴⁵/kʰʌ⁵⁵	ʌ⁴⁵	xʌ⁵⁵
	小沙江	pʰe¹³/pʰʌ⁵⁵	tsʰa⁵⁵	tsʰe¹³/tsʰʌ⁵⁵	kʰʌ⁵⁵	ke¹³	kʰe¹³/kʰʌ³³	ʌ³³	xʌ³³
	西洋江	pʰiɛ/pʰʌ⁴⁵	tsʰa⁵⁵	tsʰiɛ/tsʰʌ⁴⁵	xɛ⁵⁵	kiɛ⁴⁵/⁵⁵	kʰiɛ⁵⁵	ã⁵⁵	xʌ⁵⁵
	横板桥	pʰiɛ/pʰʌ⁴⁵	tsʰa⁵⁵	tsʰiɛ/tsʰʌ⁴⁵	xɛ⁵⁵	kiɛ⁴⁵/⁵⁵	kʰiɛ/kʰʌ⁵⁵	ã⁵⁵	xʌ⁵⁵
	岩口	pʰʌ⁵⁵	tsʰa³³	tsʰe/tsʰʌ⁵⁵	xiʌ⁵⁵	ke¹³	kʰʌ³³	ŋã³³	xʌ³³
	罗洪	pʰe⁴⁵/pʰʌ⁵⁵	tsʰa³³	tsʰe/tsʰʌ⁴⁵	tsa³¹²	ke³³	xʌ³³	ʌ³³	xʌ³³
	高坪	pʰʌ⁵⁵	tsʰa³³	tsʰe/tsʰʌ⁵⁵	xʌ⁵⁵	ke¹³	kʰʌ³³	ʌ³³	xʌ³³
洞口	石江	pʰiɛ/pʰʌ²⁴	tsʰa⁵⁵	tɕʰiɛ/tsʰʌ²⁴	xɛ⁵⁵	kiɛ⁵⁵	kʰiɛ/kʰʌ⁵⁵	ã⁵⁵	xʌ⁵⁵
	江口	pʰiɛ/pʰʌ²⁴	tsʰa⁵⁵	tɕʰiɛ/tsʰʌ²⁴	xɛ⁵⁵	kiɛ⁵⁵	kʰiɛ/kʰʌ⁵⁵	ŋã⁵⁵	xʌ⁵⁵
	长塘	pʰiɛ/pʰʌ²⁴	tsʰa⁵⁵	tɕʰiɛ/tsʰʌ²⁴	xɛ⁵⁵	kiɛ⁵⁵	kʰiɛ/kʰʌ⁵⁵	ŋã⁵⁵	xʌ⁵⁵
	山门	ɸiɛ/ɸʌ⁴⁵	tsʰa⁵⁵	tsʰiɛ/tsʰʌ⁴⁵	xɛ⁵⁵	kiɛ⁵⁵	kʰiɛ/kʌ⁵⁵	ɛ/ʌ⁵⁵	xʌ⁵⁵
	高沙	pʰe/pʰʌ²⁴	tsʰe⁵⁵	tsʰe/tsʰʌ²⁴	tse⁵⁵	ke⁵⁵	kʰe/kʌ⁵⁵	ŋe/ŋʌ⁵⁵	xʌ⁵⁵
	花园	pʰe/pʰʌ³⁵	tsʰa³⁵	tsʰe/tsʰʌ³⁵	tse³⁵	ke³⁵	kʰe/kʌ⁵⁵	ŋe/ʌ⁵⁵	xʌ⁵⁵
绥宁	金屋塘	pʰiɛ/pʰʌ⁵⁵	tsʰa⁵⁵	tsʰiɛ/tsʰʌ²⁴	xɛ⁵⁵	kiɛ⁵⁵	kʰiɛ/kʰʌ⁵⁵	ŋa⁵⁵	xʌ⁵⁵
	梅坪	pʰiɛ/pʰʌ⁵⁵	tsʰa⁵⁵	tsʰiɛ/tsʰʌ²⁴	xɛ⁵⁵	kiɛ⁵⁵	kʰiɛ/kʰʌ⁵⁵	ŋa⁵⁵	xʌ⁵⁵
	黄土矿	pʰe/pʰʌ⁵⁵	tsʰa⁵⁵	tsʰe/tsʰʌ⁵⁵	tse³³	ke³³	kʰe/kʌ³³	e/ʌ³³	xʌ³³
	唐家坊	pʰe/pʰʌ⁵⁵	tsʰa³³	tsʰe/tsʰʌ³⁵	xe³³	ke³³	kʰe/kʌ³³	e/ʌ³³	xʌ³³
	瓦屋塘	pʰe/pʰʌ³⁵	tsʰa³⁵	tsʰe/tsʰʌ³⁵	tse³³	ke³³	kʰe/kʌ³³	e/ʌ³³	xʌ³³

		麦	摘	责	策	隔	核	轭	剧
		梗开二入麦明	梗开二入麦知	梗开二入麦庄	梗开二入麦初	梗开二入麦见	梗开二入麦匣	梗开二入麦影	梗开三入陌群
隆回	荷香桥	mʌ⁴⁵	tsa³³	tse⁴⁵	tsʰe³³	ke³³	xe⁴⁵	ʌ³³	tɕy⁴⁵
	六都寨	mã⁵⁵	tsa³³	tse⁴⁵	tsʰe³³	ke³³	xe⁴⁵	ʌ³³	tɕi⁵⁵
	七江	mã⁵⁵	tsa³³	tsiɛ⁴⁵	tsʰiɛ⁴⁵	kiɛ⁴⁵	xiɛ⁴⁵	ã³³	tɕy⁵⁵
	司门前	mã⁵⁵	tsa³³	tsiɛ⁴⁵	tsʰiɛ⁴⁵	kiɛ⁴⁵	xiɛ⁴⁵	ã³³	tɕu⁴⁵
	金石桥	mʌ⁵⁵	tsa⁵⁵	tse⁴⁵	tsʰe⁴⁵	ke⁴⁵	xe⁴⁵	ʌ⁵⁵	tɕy⁴⁵
	小沙江	mʌ⁵⁵	tsa³³	tse¹³	tsʰe¹³	ke¹³	kʰe¹³	ʌ⁵⁵	tɕy⁵⁵
	西洋江	mʌ⁴⁵	tsa⁵⁵	tsiɛ⁵⁵	tsʰiɛ⁵⁵	kiɛ⁵⁵	xiɛ⁵⁵	ʌ⁵⁵	tɕʅ⁴⁵
	横板桥	mʌ⁴⁵	tsa⁵⁵	tsiɛ⁵⁵	tsʰiɛ⁵⁵	kiɛ⁵⁵	xiɛ⁴⁵	ʌ⁵⁵	tɕʅ⁴⁵

续表

		麦	摘	责	策	隔	核	轭	剧
		梗开二 入麦明	梗开二 入麦知	梗开二 入麦庄	梗开二 入麦初	梗开二 入麦见	梗开二 入麦匣	梗开二 入麦影	梗开三 入陌群
隆回	岩口	mA55	tsA33	tse13	tsʰe55	ke13	xe13	A33	tɕy55
	罗洪	mA55	tsA33	tse45	tsʰe55	ke33	xe45	A33	tɕy45
	高坪	mã55	tsA33	tse13	tsʰe55	ke13	xe13	A33	tɕy55
洞口	石江	mA24	tsA55	tsɛ55	tsʰɛ55	kie55	xie24	A55	tɕʅ24
	江口	mɛ/A24	tsA55	tsɛ55	tsʰɛ55	ke55	xa24	A55	tɕʅ24
	长塘	mA24	tsA55	tsɛ55	tsʰe55	kie55	xa24	A55	tɕʅ24
	山门	mA45	tsA55	tsie55	tsʰie55	kie55	xie45	A55	tɕʅ45
	高沙	me/me24	tse/tsA55	tse55	tsʰe55	ke55	xe24	ŋA55	tɕʅ24
	花园	me35	tsA55	tse55	tsʰe55	ke55	xe35	kA55	tɕʅ35
绥宁	金屋塘	mie24	tsA55	tsiɛ55	tsʰiɛ55	kie55	xie24	A55	tɕʅ24
	梅坪	mie24	tsA55	tsiɛ55	tsʰiɛ55	kie55	xie24	A55	tɕʅ24
	黄土矿	me55	tsA33	tse33	tsʰe33	ke33	xe55	ŋA33	tɕy55
	唐家坊	me55	tsA33	tse33	tsʰe33	kiA55	xe55	ŋA55	tɕy55
	瓦屋塘	me35	tsA33	tse33	tsʰe33	ke33	xe35	ŋA33	tɕy35

		璧	僻	脊	籍	惜	席	炙	尺	射
		梗开三 入昔帮	梗开三 入昔滂	梗开三 入昔精	梗开三 入昔从	梗开三 入昔心	梗开三 入昔邪	梗开三 入昔章	梗开三 入昔昌	梗开三 入昔船
隆回	荷香桥	pi33	pʰi33	tɕi33	tɕi45	si33	si45	tɕA33	tɕʰA33	çA45
	六都寨	pi33	pʰi33	tɕi33	tɕi45	si33	si45	tɕA33	tɕʰA33	çA55
	七江	pi33	pʰi33	tsiɛ33	tsi45	si33	si45	tɕA33	tɕʰA33	çA55
	司门前	pi33	pʰi33	tɕi33	tsi45	si33	si45	tɕA33	tɕʰA33	çA55
	金石桥	pi45	pʰi55	tɕi45	tsi45	si45	si45	tɕA55	tɕʰA55	çA55
	小沙江	pi33	pʰi55	tɕi33	tɕi13	çi/çA33	çi13	tɕA33	tɕʰA33	çA55
	西洋江	pi55	pʰi55	tɕi55	tɕi45	si55	si55	tɕA55	tɕʰA55	çA55
	横板桥	pi55	pʰi55	tɕi55	tɕi45	si55	si55	tɕA55	tɕʰA55	çA45
	岩口	pi55	pʰi55	tɕi312	tɕi13	si33	si13	tuA33	tʰuA33	çA45
	罗洪	pi33	pʰi33	tɕi33	tɕi45	çi33	çi45	tɕA33	tɕʰA33	çA55
	高坪	pi55	pʰi55	tɕi13	tɕi55	çi13	çi13	tɕA55	tɕʰA55	çA55
洞口	石江	pi55	pʰi55	tɕi55	tɕi24	çi55	çi55	tɕA55	tɕʰA55	çA24
	江口	pi55	pʰi55	tɕiɛ24	tɕi24	çi55	tɕʰiɛ24	tɕA55	tɕʰA55	çA55

续表

		壁	僻	脊	籍	惜	席	炙	尺	射
		梗开三入昔帮	梗开三入昔滂	梗开三入昔精	梗开三入昔从	梗开三入昔心	梗开三入昔邪	梗开三入昔章	梗开三入昔昌	梗开三入昔船
洞口	长塘	pi^{55}	p^hi^{55}	$tɕi^{24}$	$tɕi^{24}$	$ɕi^{55}$	$ɕi^{24}$	$tɕʌ^{55}$	$tɕ^hʌ^{55}$	$ɕʌ^{55}$
	山门	pie^{55}	$ɸi^{55}$	$tɕɛ^{55}$	$tɕi^{45}$	si^{55}	si^{55}	$tɕʌ^{55}$	$tɕ^hʌ^{55}$	$ɕʌ^{45}$
	高沙	pi^{24}	p^hi^{55}	$tɕiʌ^{55}$	$tɕi^{24}$	$ɕi^{55}$	$ɕi^{24}$	$tɕʌ^{55}$	$tɕ^hʌ^{55}$	$ɕʌ^{24}$
	花园	pi^{35}	p^hi^{55}	tsi^{55}	tsi^{35}	si^{55}	si^{55}	$tɕʌ^{55}$	$tɕ^hʌ^{55}$	$ɕʌ^{35}$
绥宁	金屋塘	pi^{55}	p^hi^{55}	tsi^{55}	tsi^{55}	si^{55}	Si^{55}	$tɕʌ^{55}$	$tɕ^hʌ^{55}$	$ɕʌ^{55}$
	梅坪	pi^{55}	p^hi^{55}	tsi^{55}	tsi^{55}	si^{55}	Si^{55}	$tɕʌ^{55}$	$tɕ^hʌ^{55}$	$ɕʌ^{55}$
	黄土矿	pi^{55}	p^hi^{33}	$tɕi^{33}$	$tɕi^{55}$	$ɕi^{33}$	$ɕi^{55}$	$tɕʌ^{33}$	$tɕ^hʌ^{33}$	$ɕʌ^{55}$
	唐家坊	pi^{33}	p^hi^{33}	$tsiʌ^{33}$	tsi^{55}	si^{33}	$ts^hiʌ^{55}$	$tɕʌ^{55}$	$tɕ^hʌ^{55}$	$ɕʌ^{35}$
	瓦屋塘	pi^{35}	p^hi^{33}	tsi^{33}	tsi^{35}	si^{33}	si^{35}	$tɕʌ^{33}$	$tɕ^hʌ^{33}$	$ɕʌ^{35}$

		释	石	益	易	壁	劈	觅	滴	踢	笛
		梗开三入昔书	梗开三入昔禅	梗开三入昔影	梗开三入昔以	梗开四入锡帮	梗开四入锡滂	梗开四入锡明	梗开四入锡端	梗开四入锡透	梗开四入锡定
隆回	荷香桥	$ɕi^{33}$	$ɕʌ^{45}$	i^{33}	i^{45}	pi/pe^{33}	p^he^{33}	mi^{45}	tia^{33}	p^he^{33}	xi^{45}
	六都寨	$ɕi^{33}$	$ɕʌ^{55}$	i^{33}	i^{55}	pi/pe^{33}	p^he^{33}	mi^{55}	te^{33}	xe^{33}	ti
	七江	$ɕi^{33}$	$ɕʌ^{55}$	i^{33}	i^{55}	pi/pie^{33}	p^hie^{33}	mi^{55}	tie^{33}	p^hie^{33}	xi^{45}
	司门前	$ɕi^{33}$	$ɕʌ^{55}$	i^{33}	i^{55}	pi/pie^{33}	p^hie^{33}	mi^{55}	tie^{33}	xie^{33}	xi^{45}
	金石桥	$ɕi^{45}$	$ɕʌ^{55}$	i^{45}	i^{55}	$pi/piɛ^{55}$	$p^hiɛ^{55}$	mi^{55}	tie^{45}	$xiɛ^{55}$	xi^{45}
	小沙江	$ɕi^{55}$	$ɕʌ^{55}$	i^{55}	i^{55}	$pi/piʌ^{55}$	$p^hiʌ^{55}$	mi^{55}	$tiʌ^{55}$	$t^hiʌ^{33}$	t^hi^{13}
	西洋江	$ɕe^{55}$	$ɕʌ^{45}$	i^{55}	i^{55}	pi/pie^{55}	p^hie^{55}	mi^{55}	tie^{55}	xie^{55}	xi^{45}
	横板桥	$ɕe^{55}$	$ɕʌ^{55}$	i^{55}	i^{55}	pi/pie^{55}	p^hie^{55}	mi^{55}	tie^{55}	xie^{55}	xi^{45}
	岩口	$ɕi^{13}$	$ɕʌ^{55}$	i^{55}	i^{55}	pi/pe^{33}	$p^hiʌ^{33}$	mi^{33}	$tiʌ^{55}$	$xiʌ^{33}$	t^hi^{13}
	罗洪	$ɕi^{33}$	$ɕʌ^{45}$	i^{55}	i^{55}	pi/pia^{33}	p^hia^{33}	mi^{55}	tia^{45}	t^hia^{33}	t^hi^{13}
	高坪	$ɕi^{13}$	$ɕʌ^{55}$	i^{13}	i^{55}	pi/pia^{33}	p^hia^{33}	mi^{13}	tia^{55}	t^hia^{33}	t^hi^{13}
洞口	石江	$ɕe^{55}$	$ɕʌ^{24}$	i^{55}	i^{55}	pi/pie^{55}	p^hie^{55}	mi^{55}	tie^{55}	p^hie^{55}	xi^{24}
	江口	$ɕʅ^{55}$	$ɕʌ^{24}$	i^{55}	i^{55}	$pi/piʌ^{55}$	$p^hiʌ^{55}$	mi^{55}	$tiʌ^{24}$	$t^hiʌ^{55}$	t^hi
	长塘	$ɕʅ^{55}$	$ɕʌ^{24}$	i^{55}	i^{55}	$pi/piʌ^{55}$	$p^hiʌ^{55}$	mi^{55}	$tiʌ^{55}$	$p^hiʌ^{55}$	xi^{24}
	山门	$ɕe^{55}$	$ɕʌ^{45}$	i^{55}	i^{55}	pi/pie^{55}	$ɸie^{55}$	mi^{55}	tie^{45}	xie^{55}	xi^{45}
	高沙	$ɕʅ^{55}$	$ɕʌ^{24}$	$ʅ^{24}$	$ʅ^{24}$	$pi/piʌ^{55}$	$p^hiʌ^{55}$	mi^{55}	$tiʌ^{24}$	$t^hiʌ^{55}$	t^hi^{24}
	花园	$ɕʅ^{55}$	$ɕʌ^{35}$	$ʅ^{55}$	$ʅ^{55}$	$pi/piʌ^{55}$	$p^hiʌ^{55}$	mi^{55}	$tiʌ^{35}$	$t^hiʌ^{55}$	t^hi^{35}

		释	石	益	易	壁	劈	觅	滴	踢	笛
		梗开三入昔书	梗开三入昔禅	梗开三入昔影	梗开三入昔以	梗开四入锡帮	梗开四入锡滂	梗开四入锡明	梗开四入锡端	梗开四入锡透	梗开四入锡定
绥宁	金屋塘	ɕɿ^{55}	ɕʌ^{24}	i^{55}	i^{55}	pi/piʌ^{55}	phiʌ^{55}	mi^{55}	tiʌ^{24}	xiʌ^{55}	xi^{24}
	梅坪	ɕɿ^{55}	ɕʌ^{24}	i^{55}	i^{55}	pi/piʌ^{55}	phiʌ^{55}	mi^{55}	tiʌ^{24}	xiʌ^{55}	xi^{24}
	黄土矿	ɕi^{55}	ɕʌ^{55}	i^{33}	i^{33}	pi^{33}	phi^{33}	mi^{33}	tiʌ^{55}	thiʌ^{33}	thi^{33}
	唐家坊	ɕi^{55}	ɕʌ^{55}	i^{33}	i^{55}	piʌ^{33}	phiʌ^{33}	mi^{33}	tiʌ^{33}	thiʌ^{33}	thi^{55}
	瓦屋塘	ɕi^{35}	ɕʌ^{35}	i^{33}	i^{33}	pi^{33}	phi^{33}	mi^{33}	tiʌ^{35}	thiʌ^{33}	thi^{35}

		溺	历	绩	戚	寂	锡	激	吃	划	疫
		梗开四入锡泥	梗开四入锡来	梗开四入锡精	梗开四入锡清	梗开四入锡从	梗开四入锡心	梗开四入锡见	梗开四入锡溪	梗合二入麦匣	梗合三入昔以
隆回	荷香桥	li^{45}	li^{45}	tsi^{33}	tshi^{33}	tshi^{45}	se^{33}	tɕi^{33}	tɕhʌ^{33}	xuʌ^{45}	y^{45}
	六都寨	li^{55}	li^{55}	tsi^{33}	tshi^{33}	tshi^{55}	si^{55}	tɕi^{45}	tɕhʌ^{33}	xuʌ^{33}	y^{55}
	七江	li^{55}	li^{55}	tsi^{33}	tshi^{33}	tshi^{55}	sie^{55}	tɕi^{45}	tɕhʌ^{33}	xuʌ^{45}	y^{55}
	司门前	li^{55}	li^{55}	tsi^{33}	tshi^{33}	tshi^{55}	sie^{55}	tɕi^{33}	tɕhʌ^{33}	xuʌ^{33}	u^{55}
	金石桥	li^{45}	li^{55}	tsi^{45}	tshi^{45}	tshi^{45}	siɛ^{45}	tɕi^{45}	tɕhʌ^{33}	xuʌ^{55}	y^{55}
	小沙江	li^{55}	li^{55}	tɕi^{13}	tɕhi^{33}	tɕhi^{55}	ɕa^{33}	tɕi^{33}	tɕhʌ^{33}	xuʌ^{55}	y^{55}
	西洋江	li^{45}	li^{45}	tsi^{55}	tshi^{55}	tshi^{45}	sie^{55}	tɕi^{55}	tɕhʌ^{55}	xuʌ^{55}	ɿ^{45}
	横板桥	li^{45}	li^{45}	tsi^{55}	tshi^{55}	tshi^{55}	sie^{55}	tɕi^{55}	tɕhʌ^{55}	xuʌ^{55}	ɿ^{45}
	岩口	li^{55}	li^{55}	tsi^{13}	tshi^{55}	tshi^{55}	siʌ^{33}	tɕi^{33}	tɕhʌ^{33}	xuʌ^{55}	y^{55}
	罗洪	li^{55}	li^{55}	tɕi^{33}	tɕhi^{33}	tɕhiʌ^{45}	ɕiʌ^{33}	tɕi^{33}	tɕhiʌ^{33}	xuʌ^{45}	y^{55}
	高坪	li^{55}	li^{55}	tɕi^{55}	tɕhi^{55}	tɕhiʌ^{45}	ɕiʌ^{33}	tɕi^{13}	tɕhiʌ^{33}	xuʌ^{55}	y^{55}
洞口	石江	li^{24}	li^{24}	tɕi^{55}	tɕhi^{55}	tɕh^{55}	ɕʌ^{55}	tɕi^{55}	tɕhʌ^{55}	xuʌ^{55}	ɿ^{24}
	江口	li^{24}	li^{24}	tɕi^{55}	tɕhi^{55}	tɕh^{24}	ɕʌ^{55}	tɕɿ^{55}	tɕhʌ^{55}	xuʌ^{55}	ɿ^{24}
	长塘	li^{24}	li^{24}	tɕi^{55}	tɕhi^{55}	tɕh^{24}	ɕʌ^{55}	tɕɿ^{55}	tɕhʌ^{55}	xuʌ^{55}	ɿ^{24}
	山门	li^{45}	li^{45}	tsi^{45}	tshi^{55}	tshi^{45}	sie^{55}	tɕɛ^{45}	tɕhʌ^{55}	xuʌ^{45}	ɿ^{55}
	高沙	li^{24}	li^{24}	tɕi^{24}	tɕhi^{55}	tɕi^{24}	ɕiʌ^{55}	tɕɿ^{24}	tɕhʌ^{55}	fʌ^{24}	ɿ^{55}
	花园	li^{35}	li^{55}	tsi^{35}	tshi^{55}	tshi^{35}	siʌ^{55}	tɕi^{35}	tɕhʌ^{55}	xuʌ^{35}	ɿ^{55}
绥宁	金屋塘	li^{55}	li^{55}	tsi^{55}	tshi^{55}	tsi^{24}	si^{55}	tɕɿ^{55}	tɕhʌ^{55}	xuʌ^{55}	ɿ^{55}
	梅坪	li^{55}	li^{55}	tsi^{55}	tshi^{55}	tsi^{24}	si^{55}	tɕɿ^{55}	tɕhʌ^{55}	xuʌ^{55}	ɿ^{55}
	黄土矿	li^{55}	li^{55}	tɕi^{55}	tɕhi^{33}	tɕhi^{55}	ɕi^{33}	tɕi^{55}	tɕhʌ^{33}	fʌ^{55}	y^{55}
	唐家坊	li^{55}	li^{55}	tsi^{33}	tshi^{33}	tshi^{55}	si^{33}	tɕi^{33}	tɕhʌ^{33}	fʌ^{55}	y^{55}
	瓦屋塘	li^{35}	li^{33}	tsi^{35}	tshi^{33}	tshi^{35}	si^{33}	tɕi^{35}	tɕhʌ^{33}	xuʌ^{35}	y^{35}

		卜	仆	曝	木	秃	读	鹿	族	速	谷
		通合一 入屋帮	通合一 入屋滂	通合一 入屋並	通合一 入屋明	通合一 入屋透	通合一 入屋定	通合一 入屋来	通合一 入屋从	通合一 入屋心	通合一 入屋见
隆回	荷香桥	pu³³	ɸu³¹²	ɸu⁵⁵	mə̃⁵⁵	xu³³	xu⁴⁵	lu³³	tsʰu⁴⁵	su⁴⁵	ku³³
	六都寨	pu³³	ɸu³³	ɸu⁵⁵	mə̃⁵⁵	xu³³	xu⁵⁵	lu⁵⁵	tsʰu⁵⁵	su⁴⁵	ku³³
	七江	pu³³	ɸu³³	ɸu⁵⁵	mə̃⁵⁵	xu³³	xu⁵⁵	lu⁵⁵	tsʰu⁵⁵	su⁴⁵	ku³³
	司门前	pu³³	ɸu³³	ɸu⁵⁵	mə̃⁴⁵	xu³³	xu⁵⁵	lu⁵⁵	tsʰu⁴⁵	su⁴⁵	ku³³
	金石桥	pu⁴⁵	ɸu⁴⁵	pe̱⁵⁵	mə̃⁵⁵	tʰu⁵³	tʰu⁵⁵	lu⁴⁵	tsʰu⁴⁵	su⁴⁵	ku⁵⁵
	小沙江	pu³³	ɸu³³	pʰe̱⁵⁵	mə̃³³	tʰu⁵³	tʰu⁵⁵	lu⁵⁵	tsʰu¹³	su¹³	ku³³
	西洋江	pu⁵⁵	ɸu⁵⁵	pʰe̱⁴⁵	mə̃⁵⁵	xu⁵⁵	xu⁴⁵	lu⁵⁵	tsʰu⁵⁵	su⁵⁵	ku⁵⁵
	横板桥	pu⁵⁵	ɸu⁵⁵	pʰe̱⁴⁵	mə̃⁵⁵	xu⁵⁵	xu⁴⁵	lu⁴⁵	tsʰu⁵⁵	su⁵⁵	ku⁵⁵
	岩口	pu³¹²	ɸu³³	pʰe̱⁵⁵	mə̃³³	tʰu³³	xu⁵⁵	lu³³	tsʰu¹³	su³³	ku³³
	罗洪	pu³³	pʰu³³	pʰe̱⁵⁵	mə̃³³	xu³³	tʰu⁴⁵	lu⁵⁵	tsʰu⁴⁵	su³³	ku³³
	高坪	pu¹³	pʰu¹³	pʰe̱⁵⁵	mə̃⁵⁵	tʰu¹³	tʰu⁵⁵	lu⁵⁵	tsʰu¹³	su¹³	ku³³
洞口	石江	pu⁵⁵	ɸu⁵⁵	pʰe̱²⁴	mə̃⁵⁵	xu⁵⁵	xu²⁴	lu⁵⁵	tsʰu⁵⁵	su⁵⁵	ku⁵⁵
	江口	pu⁵⁵	pʰu⁵⁵	pʰe̱²⁴	mə̃⁵⁵	tʰu⁵⁵	tʰu²⁴	lu⁵⁵	tsʰu⁵⁵	su⁵⁵	ku⁵⁵
	长塘	pu⁵⁵	ɸu⁵⁵	pʰe̱²⁴	mə̃⁵⁵	xu⁵⁵	xu²⁴	lu⁵⁵	tsʰu⁵⁵	su⁵⁵	ku⁵⁵
	山门	pu⁵⁵	ɸu⁵⁵	ɸe̱⁴⁵	mə̃⁵⁵	xu⁵⁵	xu⁴⁵	lu⁵⁵	tsʰu⁴⁵	su⁴⁵	ku⁵⁵
	高沙	pʰu⁵⁵	pʰu⁵⁵	pʰe̱²	mə̃⁵⁵	tʰu²⁴	tʰu²⁴	lu⁵⁵	tsʰu²⁴	su²⁴	ku⁵⁵
	花园	pʰu⁵⁵	pʰu⁵⁵	pʰe̱³⁵	mə̃⁵⁵	tʰu⁵⁵	tʰu³⁵	lu⁵⁵	tsʰu³⁵	su³⁵	ku⁵⁵
绥宁	金屋塘	pu⁵⁵	pʰu⁵⁵	pʰe̱²⁴	mə̃⁵⁵	tʰu⁵⁵	xu²⁴	lu⁵⁵	tsʰu⁵⁵	su²⁴	ku⁵⁵
	梅坪	pu⁵⁵	pʰu⁵⁵	pʰe̱²⁴	mə̃⁵⁵	tʰu⁵⁵	xu²⁴	lu⁵⁵	tsʰu⁵⁵	su²⁴	ku⁵⁵
	黄土矿	pʰu⁵⁵	pʰu⁵⁵	pʰe̱²⁴	mo⁵⁵	tʰu³³	tʰu⁵⁵	lu³³	tsʰu⁵⁵	su⁵⁵	ku³³
	唐家坊	pʰu³³	pʰu³³	pʰe̱⁵⁵	mo⁵⁵	tʰu³³	tʰu⁵⁵	lu⁵⁵	tsʰu⁵⁵	su³³	ku³³
	瓦屋塘	pʰu³⁵	pʰu³⁵	pʰe̱³⁵	mo³⁵	tʰu³³	tʰu³⁵	lu³³	tsʰu⁵⁵	su³⁵	ku³³

		哭	屋	督	毒	酷	沃	福	服	穆	六
		通合一 入屋溪	通合一 入屋影	通合一 入沃端	通合一 入沃定	通合一 入沃溪	通合一 入沃影	通合三 入屋非	通合三 入屋奉	通合三 入屋明	通合三 入屋来
隆回	荷香桥	kʰu³³	u³³	tu³³	tu⁴⁵	kʰu³³	u³³	fu³³	fu⁴⁵	mə̃⁴⁵	lu/liu⁴⁵
	六都寨	kʰu³³	u³³	tu³³	tu⁴⁵	kʰu⁵⁵	u⁵⁵	fu³³	fu⁴⁵	mə̃⁵⁵	lu/liu⁵⁵
	七江	kʰu³³	u³³	tu³³	tu⁴⁵	kʰu³³	u⁵⁵	fu⁵⁵	fu³³	mə̃⁵⁵	liu⁵⁵
	司门前	kʰu³³	u³³	tu⁴⁵	tu⁴⁵	kʰu⁴⁵	u⁵⁵	fu⁴⁵	fu⁴⁵	mə̃⁵⁵	lu/liu⁵⁵

		哭	屋	督	毒	酷	沃	福	服	穆	六
		通合一入屋溪	通合一入屋影	通合一入沃端	通合一入沃定	通合一入沃溪	通合一入沃影	通合三入屋非	通合三入屋奉	通合三入屋明	通合三入屋来
隆回	金石桥	kʰu⁵⁵	u⁵⁵	tu⁴⁵	tu⁴⁵	kʰu⁵⁵	u⁵⁵	fu⁴⁵	fu⁴⁵	mɔ̃⁴⁵	lu⁴⁵/liu⁵⁵
	小沙江	kʰu³³	u³³	tu³³	tu¹³	kʰu⁵⁵	u⁵⁵	fu¹³	fu¹³	mɔ̃¹³	lu/liu⁵⁵
	西洋江	kʰu⁵⁵	u⁵⁵	tu⁵⁵	tu⁴⁵	kʰu⁵⁵	o⁵⁵	fu⁴⁵	fu⁵⁵	mɔ̃⁴⁵	lu/liu⁵⁵
	横板桥	kʰu⁵⁵	u⁵⁵	tu⁵⁵	tu⁴⁵	kʰu⁵⁵	o⁵⁵	fu⁴⁵	fu⁵⁵	mɔ̃⁴⁵	lu/liu⁵⁵
	岩口	kʰu³³	u³³	tu³³	tu¹³	kʰu⁵⁵	u³³	fu¹³	fu¹³	mɔ̃⁵⁵	lu/liu⁵⁵
	罗洪	xu³³	u³³	tu³³	tu⁴⁵	xu³³	o⁵⁵	fu⁴⁵	fu⁴⁵	mɔ̃⁵⁵	lu⁴⁵/liu⁵⁵
	高坪	kʰu³³	u³³	tu⁵⁵	tu⁵⁵	kʰu⁵⁵	o⁵⁵	xu¹³	xu¹³	mɔ̃⁵⁵	liu⁵⁵
洞口	石江	kʰu⁵⁵	u⁵⁵	tu⁵⁵	tu²⁴	kʰu⁵⁵	o⁵⁵	fu²⁴	fu²⁴	mɔ̃²⁴	lu/liu²⁴
	江口	kʰu⁵⁵	u⁵⁵	tu⁵⁵	tu²⁴	kʰu⁵⁵	o⁵⁵	fu²⁴	fu²⁴	mɔ̃⁵⁵	li²⁴
	长塘	kʰu⁵⁵	u⁵⁵	tu⁵⁵	tu²⁴	kʰu⁵⁵	o⁵⁵	fu²⁴	fu²⁴	mɔ̃⁵⁵	lu/li²⁴
	山门	kʰu⁵⁵	u⁵⁵	tu⁵⁵	tu⁴⁵	kʰu⁵⁵	o⁵⁵	fu⁴⁵	fu⁴⁵	mu⁴⁵	liu⁴⁵
	高沙	kʰu⁵⁵	u⁵⁵	tu⁵⁵	tu²⁴	kʰu²⁴	o⁵⁵	fu²⁴	fu²⁴	mɔ̃²⁴	liu²⁴
	花园	kʰu⁵⁵	u⁵⁵	tu⁵⁵	tu³⁵	kʰu⁵⁵	o⁵⁵	fu³⁵	fu³⁵	mɔ̃³⁵	liu³⁵
绥宁	金屋塘	kʰu⁵⁵	u⁵⁵	tu⁵⁵	tu²⁴	kʰu⁵⁵	o⁵⁵	fu²⁴	fu⁵⁵	mɔ̃⁵⁵	li²⁴
	梅坪	kʰu⁵⁵	u⁵⁵	tu⁵⁵	tu²⁴	kʰu⁵⁵	o⁵⁵	fu²⁴	fu⁵⁵	mɔ̃⁵⁵	li²⁴
	黄土矿	kʰu³³	u³³	tu³³	tu⁵⁵	kʰu⁵⁵	ɤ³⁵⁵	fu⁵⁵	fu⁵⁵	mu⁵⁵	lio⁵⁵
	唐家坊	kʰu³³	u³³	tu³³	tu⁵⁵	kʰu³³	ɤ³³	fu³³	fu⁵⁵	mu⁵⁵	lio⁵⁵
	瓦屋塘	kʰu³³	u³³	tu³³	tu³⁵	kʰu³⁵	ɤ³⁵	fu³⁵	fu³⁵	mu³⁵	lio³⁵

		宿	竹	畜	轴	缩	粥	叔	熟	肉	菊
		通合三入屋心	通合三入屋知	通合三入屋彻	通合三入屋澄	通合三入屋生	通合三入屋章	通合三入屋书	通合三入屋禅	通合三入屋日	通合三入屋见
隆回	荷香桥	su³³	tsu/tiu³³	tɕʰy³³	tɕʰiu⁴⁵	su³³	tɕiu³³	su/ɕiu³³	ɕiu⁴⁵	iɔ̃⁴⁵	tɕy³³
	六都寨	su³³	tsu⁴⁵/tiu³³	tɕʰy⁴⁵	tɕʰiu⁴⁵	su³³	tɕiu³³	su³³	ɕiu⁵⁵	iɔ̃⁵⁵	tɕy⁴⁵
	七江	su⁴⁵	tsu⁴⁵/tiu³³	tɕʰiu⁴⁵	tɕʰiu⁴⁵	su³³	tɕiu³³	su³³/ɕiu³³	ɕiu⁵⁵	iɔ̃⁵⁵	tɕiu⁴⁵
	司门前	su⁴⁵	tsu⁴⁵/tiu³³	tɕʰiu⁴⁵	tɕʰiu⁴⁵	su⁴⁵	tɕiu³³	su⁴⁵/ɕiu⁵⁵	ɕiu⁵⁵	iɔ̃⁵⁵	tɕy⁴⁵
	金石桥	su⁴⁵	tsu⁴⁵/tiu⁵⁵	tɕʰiu⁴⁵	tɕʰiu⁴⁵	su⁴⁵	tɕiu⁵⁵	su⁴⁵/ɕiu⁵⁵	ɕiu⁴⁵	iɔ̃⁵⁵	tɕiu⁴⁵
	小沙江	su¹³	tsu¹³/tiu⁵⁵	ɕiu¹³	tɕʰiu¹³	su¹³	tɕiu³³	su³³/ɕiu³³	ɕiu⁵⁵	iɔ̃³³	tɕy¹³
	西洋江	su⁵⁵	tsu/tiu⁵⁵	tɕʰiu⁵⁵	tɕʰiu⁴⁵	su⁵⁵	tɕiu⁵⁵	su⁵⁵	ɕiu⁴⁵	iɔ̃/iu⁵⁵	tɕʅ⁵⁵
	横板桥	su⁵⁵	tsu/tiu⁵⁵	tɕʰiu⁵⁵	tɕʰiu⁴⁵	su⁵⁵	tɕiu⁵⁵	su⁵⁵	ɕiu⁴⁵	iɔ̃/iu⁵⁵	tɕʅ⁵⁵
	岩口	su⁵⁵	tsu/tiu³³	tsʰu⁵⁵	tɕʰiu¹³	so³³	tɕiu³³	su/ɕiu³³	ɕiu⁵⁵	lɔ̃³³	tɕy¹³

续表

		宿	竹	畜	轴	缩	粥	叔	熟	肉	菊
		通合三入屋心	通合三入屋知	通合三入屋彻	通合三入屋澄	通合三入屋生	通合三入屋章	通合三入屋书	通合三入屋禅	通合三入屋日	通合三入屋见
隆回	罗洪	su³³	tsu⁴⁵/tiu³³	tɕʰiu³³	tɕʰiu³³	su³³	tɕiu³³	su⁴⁵/ɕiu³³	ɕiu⁵⁵	iɔ⁵⁵	tɕiu⁴⁵
	高坪	su¹³	tiu³³	tɕʰiu¹³	tɕʰiu¹³	su³³	tɕiu³³	ɕiu³³	ɕiu¹³	iu¹³	tɕiu¹³
洞口	石江	su⁵⁵	tsu/tiu⁵⁵	tsʰu⁵⁵	tɕʰiu²⁴	su⁵⁵	tɕiu⁵⁵	su⁵⁵	ɕiu²⁴	iɔ/iu⁵⁵	tɕʐ⁵⁵
	江口	su⁵⁵	tsu/ti⁵⁵	tsʰu⁵⁵	tɕʰi⁵⁵	su⁵⁵	tɕi⁵⁵	su⁵⁵	ɕi²⁴	iɔ/li⁵⁵	tɕʐ⁵⁵
	长塘	su⁵⁵	tsu/ti⁵⁵	tsʰu⁵⁵	tɕʰi²⁴	su⁵⁵	tɕi⁵⁵	su⁵⁵	ɕi²⁴	iɔ/li⁵⁵	tɕʐ⁵⁵
	山门	su⁴⁵	tiu⁵⁵	tɕʰiu⁵⁵	tɕʰiu⁴⁵	su⁴⁵	tɕiu⁵⁵	su⁵⁵	ɕiu⁴⁵	iu⁵⁵	tɕʐ⁵⁵
	高沙	su⁵⁵	tiu⁵⁵	tsʰu⁵⁵	tɕʰiu⁵⁵	su⁵⁵	tɕiu⁵⁵	su⁵⁵	ɕiu²⁴	liu⁵⁵	tɕʐ⁵⁵
	花园	su³⁵	tiu⁵⁵	tɕʰiu⁵⁵	tɕʰiu⁵⁵	su³⁵	tɕiu⁵⁵	su⁵⁵	ɕiu³⁵	liu⁵⁵	tɕʐ³⁵
绥宁	金屋塘	su⁵⁵	tsu/ti⁵⁵	tɕʰi⁵⁵	tɕʰi⁵⁵	su⁵⁵	tɕi⁵⁵	su⁵⁵	ɕi²⁴	i⁵⁵	tɕʐ⁵⁵
	梅坪	su⁵⁵	tsu/ti⁵⁵	tɕʰi⁵⁵	tɕʰi⁵⁵	su⁵⁵	tɕi⁵⁵	su⁵⁵	ɕi²⁴	i⁵⁵	tɕʐ⁵⁵
	黄土矿	su⁵⁵	tiu³³	tɕʰiu³³	tɕʰiu³³	su⁵⁵	tɕiu³³	su³³	ɕiu⁵⁵	iu³³	tɕy³³
	唐家坊	su³³	tiu³³	tɕʰiu³³	tɕʰiu³³	su³³	tɕiu³³	su³³	ɕiu⁵⁵	iu³³	tɕy¹³
	瓦屋塘	su³⁵	tiu³³	tɕʰiu³³	tɕʰiu³³	su³⁵	tɕiu³³	su³³	ɕiu³⁵	iu³³	tɕy³⁵

		麹	蓄	郁	育	绿	足	促	粟	俗	烛
		通合三入屋溪	通合三入屋晓	通合三入屋影	通合三入屋以	通合三入烛来	通合三入烛精	通合三入烛清	通合三入烛心	通合三入烛邪	通合三入烛章
隆回	荷香桥	tɕʰy³³	ɕiu³³	iu³³	iu³³	liu³³	tɕiu³³	tsʰu³³	siu³³	su⁴⁵	tsu³³
	六都寨	tɕʰy³³	ɕy³³	iu³³	iu⁵⁵	liu⁵⁵	tɕiu³³	tsʰu³³	siu³³	su⁴⁵	tsu⁴⁵
	七江	tɕʰiu³³	ɕiu³³	iu³³	iu⁵⁵	lu⁴⁵	tsu⁴⁵	tsʰu⁴⁵	siu³³	su⁴⁵	tsu⁴⁵
	司门前	tɕʰy³³	ɕiu⁴⁵	iu³³	iu⁵⁵	lu⁴⁵	tsu⁴⁵	tsʰu⁴⁵	siu³³	su⁴⁵	tsu⁴⁵
	金石桥	tɕʰiu³³	ɕiu⁴⁵	iu⁵⁵	iu⁴⁵	lu⁴⁵/liu⁵⁵	tsu⁴⁵	tsʰu⁴⁵	siu⁵⁵	su⁵⁵	tsu⁴⁵
	小沙江	tɕʰy¹³	ɕiu³³	y⁵⁵	iu⁵⁵	lu/liu³³	tsu¹³⁵	tsʰu¹³	siu³³	su¹³	tsu¹³
	西洋江	tɕʰʐ⁵⁵	ɕʐ⁵⁵	iu⁵⁵	iu⁵⁵	liu⁵⁵	tɕiu⁵⁵	tsʰu⁵⁵	siu⁵⁵	su⁵⁵	tsu⁵⁵
	横板桥	tɕʰʐ⁵⁵	ɕʐ⁵⁵	iu⁵⁵	iu⁵⁵	liu⁵⁵	tɕiu⁵⁵	tsʰu⁵⁵	siu⁵⁵	su⁵⁵	tsu⁵⁵
	岩口	tɕʰy³³	ɕy⁵⁵	y⁵⁵	y⁵⁵	liu³³	tsu¹³	tsʰu¹³	siu³³	su¹³	tsu¹³
	罗洪	tɕʰiu³³	ɕiu³³	iu³³	iu⁵⁵	lu⁴⁵/liu⁵⁵	tsu¹³	tsʰu¹³	siu³³	su⁴⁵	tɕiu³³
	高坪	tɕʰiu¹³	ɕiu⁵⁵	y⁵⁵	iu¹³	liu⁵⁵	tɕiu³³	tsʰu¹³	siu³³	su¹³	tsu¹³
洞口	石江	tɕʰʐ⁵⁵	ɕʐ⁵⁵	iu⁵⁵	iu⁵⁵	lu⁵⁵	tɕiu⁵⁵	tsʰu⁵⁵	ɕiu⁵⁵	su⁵⁵	tsu⁵⁵
	江口	tɕʰʐ⁵⁵	ɕʐ⁵⁵	i⁵⁵	i⁵⁵	li⁵⁵	tɕio⁵⁵	tsʰu⁵⁵	ɕi⁵⁵	su⁵⁵	tsi⁵⁵
	长塘	tɕʰʐ⁵⁵	ɕʐ⁵⁵	i⁵⁵	i⁵⁵	li⁵⁵	tɕiu⁵⁵	tsʰu⁵⁵	ɕi⁵⁵	su⁵⁵	tsi⁵⁵

		魏	蓄	郁	育	绿	足	促	粟	俗	烛
		通合三入屋溪	通合三入屋晓	通合三入屋影	通合三入屋以	通合三入烛来	通合三入烛精	通合三入烛清	通合三入烛心	通合三入烛邪	通合三入烛章
洞口	山门	tɕʰʅ⁵⁵	ɕiu⁵⁵	iu⁵⁵	iu⁵⁵	liu⁵⁵	tɕiu⁵⁵	tsʰu⁵⁵	siu⁵⁵	su⁴⁵	tsu⁴⁵
	高沙	tɕʰʅ⁵⁵	ɕiu⁵⁵	iu⁵⁵	iu²⁴	liu⁵⁵	tɕiu⁵⁵	tsʰu⁵⁵	ɕiu⁵⁵	su²⁴	tsu⁵⁵
	花园	tɕʰʅ⁵⁵	ɕiu⁵⁵	iu⁵⁵	iu⁵⁵	liu⁵⁵	tɕiu⁵⁵	tsʰu⁵⁵	siu⁵⁵	su³⁵	tsu⁵⁵
绥宁	金屋塘	tɕʰi⁵⁵	ȵ̩⁵⁵	i⁵⁵	i⁵⁵	li⁵⁵	tɕo⁵⁵	tsʰu⁵⁵	si⁵⁵	su⁵⁵	tɕi⁵⁵
	梅坪	tɕʰi⁵⁵	ȵ̩⁵⁵	i⁵⁵	i⁵⁵	li⁵⁵	tɕo⁵⁵	tsʰu⁵⁵	si⁵⁵	su⁵⁵	tɕi⁵⁵
	黄土矿	tɕʰy³³	ɕiu³³	y³³	iu³³	liu⁵⁵	tɕiu³³	tsʰu³³	ɕiu³³	su⁵⁵	tɕiu³³
	唐家坊	tɕʰy³³	ɕiu³³	y³³	iu³³	liu⁵⁵	tɕiu³³	tsʰu³³	siu³³	su⁵⁵	tɕiu³³
	瓦屋塘	tɕʰy³³	ɕiu³³	y³³	iu³³	liu³³	tɕiu³³	tsʰu³³	siu³³	su³⁵	tɕiu³³

		触	赎	束	属	辱	曲	局	玉	欲
		通合三入烛昌	通合三入烛船	通合三入烛书	通合三入烛禅	通合三入烛日	通合三入烛溪	通合三入烛群	通合三入烛疑	通合三入烛以
隆回	荷香桥	tsʰu³³	ɕiu⁴⁵	tsʰu³³	su³³	tsʰu⁵⁵	tɕʰiu³³	tɕy⁴⁵	y⁴⁵	y⁴⁵
	六都寨	tsʰu³³	ɕiu⁵⁵	su³³	su⁴⁵	y⁵⁵	tɕʰy³³	tɕy⁵⁵	y⁵⁵	y⁵⁵
	七江	tsʰu⁴⁵	ɕiu⁵⁵	tsʰu³³	su⁴⁵	u³¹²	tɕʰiu³³	tɕu⁴⁵	u⁵⁵	u/y⁵⁵
	司门前	tsʰu⁴⁵	ɕiu⁵⁵	tsʰu⁵⁵	su⁴⁵	iu⁵⁵	tɕʰu³³	tɕu⁴⁵	u⁵⁵	u⁵⁵
	金石桥	tsʰu⁴⁵	su⁴⁵/ɕiu⁵⁵	tsʰu⁴⁵	su⁴⁵	iu⁵⁵	tɕʰiu⁴⁵	tɕy⁵⁵	y⁵⁵	y⁵⁵
	小沙江	tsʰu⁵⁵	su¹³/ɕiu⁵⁵	tsʰu⁵⁵	su¹³	y³³	tɕʰy³³	tɕy¹³	y⁵⁵	y⁵⁵
	西洋江	tsʰu⁵⁵	ɕiu⁴⁵	tsʰu⁵⁵	su⁴⁵	ʅ⁵⁵	tsʰu⁵⁵	tɕʅ⁴⁵	ʅ⁴⁵	ʅ⁴⁵
	横板桥	tsʰu⁵⁵	ɕiu⁴⁵	tsʰu⁵⁵	su⁴⁵	ʅ⁵⁵	tsʰu⁵⁵	tɕʅ⁴⁵	ʅ⁴⁵	ʅ⁴⁵
	岩口	tsʰu⁵⁵	su¹³	su⁵⁵	su³¹²	iu³¹²	tɕʰy³¹²	tɕy⁴⁵	y⁵⁵	y⁵⁵
	罗洪	tsʰu³³	su⁴⁵/ɕiu⁵⁵	tsʰu³³	ɕiu⁴⁵	iu⁵⁵	tɕʰy³³	tɕy⁴⁵	y⁵⁵	y⁵⁵
	高坪	tsʰu¹³	ɕiu⁵⁵	su¹³	ɕiu¹³	iu⁵⁵	tɕʰiu¹³	tɕy¹³	y⁵⁵	iu¹³
洞口	石江	tsʰu⁵⁵	ɕiu²⁴	tsʰu⁵⁵	su²⁴	ʅ²⁴	tɕʰu⁵⁵	tɕʅ²⁴	ʅ²⁴	ʅ²⁴
	江口	tsʰu⁵⁵	ɕi²⁴	tsʰu⁵⁵	ɕʅ²⁴	ʅ²⁴	tɕʰu⁵⁵	tɕʅ²⁴	ʅ²⁴	ʅ²⁴
	长塘	tsʰu⁵⁵	ɕi²⁴	tsʰu⁵⁵	ɕʅ²⁴	ʅ²⁴	tɕʰu⁵⁵	tɕʅ²⁴	ʅ²⁴	ʅ²⁴
	山门	tsʰu⁵⁵	ɕiu⁴⁵	tsʰu⁵⁵	su⁴⁵	ʅ⁴⁵	tsʰu⁴⁵	tɕʅ⁴⁵	ʅ⁴⁵	iu⁴⁵
	高沙	tsʰu²⁴	ɕiu²⁴	tsʰu⁵⁵	su²⁴	ʅ²⁴	tsʰu⁵⁵	tɕʅ²⁴	ʅ²⁴	ʅ²⁴
	花园	tsʰu⁵⁵	ɕiu³⁵	tsʰu⁵⁵	su³⁵	ʅ³⁵	tsʰu³⁵	tɕʅ³⁵	ʅ³⁵	ʅ³⁵
绥宁	金屋塘	tsʰu⁵⁵	ɕi⁵⁵	tsʰu⁵⁵	su²⁴	ʅ³¹²	tɕʰu⁵⁵	tɕʅ²⁴	ʅ²⁴	ʅ²⁴
	梅坪	tsʰu⁵⁵	ɕi⁵⁵	tsʰu⁵⁵	su²⁴	ʅ³¹²	tɕʰu⁵⁵	tɕʅ²⁴	ʅ²⁴	ʅ²⁴

		触	赎	束	属	辱	曲	局	玉	欲
		通合三 入烛昌	通合三 入烛船	通合三 入烛书	通合三 入烛禅	通合三 入烛日	通合三 入烛溪	通合三 入烛群	通合三 入烛疑	通合三 入烛以
绥宁	黄土矿	tɕʰiu³³	ɕiu⁵⁵	tɕʰiu⁵⁵	ɕiu⁵⁵	iu³³	tɕʰiu⁵⁵	tɕy⁵⁵	y⁵⁵	y⁵⁵
	唐家坊	tɕʰiu³³	ɕiu³⁵	tɕʰiu³³	ɕiu⁵⁵	iu³³	tɕʰiu³³	tɕy¹³	y⁵⁵	iu⁵⁵
	瓦屋塘	tɕʰiu³³	ɕiu³⁵	tɕʰiu³⁵	ɕiu³⁵	iu³³	tɕʰiu³⁵	tɕy³⁵	y³⁵	y³⁵

第四章

洞绥片赣方言语音特征分析

第一节　洞绥片赣方言的声母特征

1. 全浊声母清化现象

　　全浊声母的读音在赣方言内部有不同的差异。万波《赣语声母的历史层次研究》称，赣语古全浊声母今读塞音、塞擦音的类型分为五种：①与相应的次清声母合流读送气清音；②与相应的次清声母合流读送气浊音；③与相应的次清声母合流读不送气浊音；④与相应的全清和次清声母分立，读不送气浊音；⑤与相应的全清声母合流读不送气清音（万波，2009：72）。其中第一种情况，即"全浊声母清化，读塞音塞擦音者与送气清声母合流"，在赣方言中分布最广，也是赣方言的标志性特征之一。在我们所调查的洞绥片赣方言区 22 个代表点中，无一不具备这一特征。不过，部分仄声全浊声母字在洞绥片赣方言中并不读送气清声母，而是读不送气清声母。洞绥片赣方言今读不送气塞音、塞擦音的仄声全浊声母字如表 4-1 所示。

表 4-1　洞绥片赣方言仄声全浊声母字今读不送气塞音、塞擦音现象

	肚	箸	住	载	罢	弊	剂	队	兑	稚	痔
	遇合一 上姥定	遇合三 去御澄	遇合三 去遇澄	蟹开一 去代从	蟹开二 上蟹并	蟹开三 去祭并	蟹开四 去霁从	蟹合一 去队定	蟹合一 去泰定	止开三 去至澄	止开三 上止澄
荷香桥	tu³¹²	tɕy⁵⁵	tɕʰy⁵⁵	tsa⁵⁵	pʰa⁵⁵	pi⁴⁵	tsi⁴⁵	tue⁵⁵	tue⁵⁵	tsɿ⁵⁵	tsɿ⁴⁵
六都寨	tu³¹²	tɕy⁵⁵	tɕy⁵⁵	tsa⁵⁵	pʰa⁵⁵	pi⁴⁵	tsi⁴⁵	tue⁵⁵	tue⁵⁵	tsɿ⁵⁵	tsɿ⁵⁵
七江	tu³¹²	tɕy⁵⁵	tɕʰy⁵⁵	tsa⁵⁵	pʰa⁵⁵	pi⁴⁵	tsi⁵⁵	tue⁵⁵	tue⁵⁵	tsɿ⁵⁵	tsɿ⁵⁵

续表

	肚	箸	住	载	罢	弊	剂	队	兑	稚	痔
	遇合一 上姥定	遇合三 去御澄	遇合三 去遇澄	蟹开一 去代从	蟹开二 上蟹并	蟹开三 去祭并	蟹开四 去霁从	蟹合一 去队定	蟹合一 去泰定	止开三 去至澄	止开三 上止澄
司门前	tu³¹²	tɕu⁵⁵	tɕu⁵⁵	tsa⁵⁵	pʰa⁵⁵	pʰi⁵⁵	tsi⁴⁵	tue⁵⁵	tue⁵⁵	tsʅ⁵⁵	tsʅ⁵⁵
金石桥	tu³¹²	tɕy⁵⁵	tɕʰy⁵⁵	tsa⁵⁵	pʰA⁵⁵	pi⁵⁵	tsi⁴⁵	tue⁵⁵	tue⁵⁵	tsʅ⁵⁵	tsʰʅ⁵⁵
小沙江	tu³¹²	tɕy⁵⁵	tɕʰy⁵⁵	tsa⁵⁵	pʰA⁵⁵	pi⁵⁵	tɕi⁴⁵	te⁵⁵	te⁵⁵	tsʅ⁵⁵	tsʅ⁵⁵
西洋江	tu³¹²	tɕʅ⁴⁵	tɕʅ⁴⁵	tsa⁴⁵	pa⁴⁵	pi⁴⁵	tsi⁴⁵	tue⁵⁵	te⁴⁵	tɕʅ⁴⁵	tsʅ⁴⁵
横板桥	tu³¹²	tɕʅ⁴⁵	tɕʅ⁴⁵	tsa⁴⁵	pa⁴⁵	pi⁴⁵	tsi⁴⁵	te⁵⁵	te⁵⁵	tɕʅ⁴⁵	tsʅ⁴⁵
岩口	tu³¹²	tɕy⁵⁵	tɕʰy⁵⁵	tsa⁵⁵	pA⁵⁵	pi⁵⁵	tsi⁵⁵	tue⁵⁵	tue⁵⁵	tsʅ⁵⁵	tsʅ⁵⁵
罗洪	tu³¹²	tɕy⁵⁵	tɕʰy⁵⁵	tsa⁵⁵	pʰA⁵⁵	pi⁵⁵	tɕi⁵⁵	te⁵⁵	te⁵⁵	tsʅ⁵⁵	tsʅ⁵⁵
高坪	tu³¹²	tɕy⁵⁵	tɕʰy⁵⁵	tsa⁴⁵	pʰA⁵⁵	pi⁵⁵	tɕi⁵⁵	tʰe⁵⁵	te⁵⁵	tsʅ⁵⁵	tsʅ⁵⁵
石江	tu³¹²	tɕʅ⁵⁵	tɕʅ⁵⁵	tsa²⁴	pʰa⁵⁵	pi²⁴	tɕi⁵⁵	te⁵⁵	te⁵⁵	tɕʅ⁵⁵	tsʅ⁵⁵
江口	tu³¹²	tɕʅ⁵⁵	tɕʅ⁵⁵	tsa²⁴	pʰa⁵⁵	pi²⁴	tɕʅ⁵⁵	tE⁵⁵	tE⁵⁵	tɕʅ⁵⁵	tsʅ²⁴
长塘	tu³¹²	tɕʅ⁵⁵	tɕʅ⁵⁵	tsa²⁴	pʰa⁵⁵	pi²⁴	tɕi⁵⁵	te⁵⁵	tE⁵⁵	tɕʅ⁵⁵	tsʅ⁵⁵
山门	tu³¹²	tɕʅ⁴⁵	tɕʅ⁴⁵	tsa⁴⁵	pa⁴⁵	pi⁴⁵	tsi⁴⁵	te⁵⁵	te⁴⁵	/	tsʅ⁴⁵
高沙	tu³¹²	tɕʅ²⁴	tɕʅ²⁴	tsa²⁴	pʰa⁵⁵	pi²⁴	tɕi³¹²	te⁵⁵	te²⁴	/	tsʅ⁵⁵
花园	tu³¹²	tɕʅ³⁵	tɕʅ³⁵	tsa³⁵	pa³⁵	pi³⁵	tsi³⁵	te⁵⁵	te³⁵	/	tsʅ²⁴
金屋塘	tu³¹²	tɕʅ⁵⁵	tɕʅ³⁵	tsa²⁴	pʰa⁵⁵	pi²⁴	tsi⁵⁵	te⁵⁵	te³⁵	tɕʅ⁵⁵	tsʅ²⁴
梅坪	tu³¹²	tɕʅ⁵⁵	tɕʅ⁵⁵	tsa²⁴	pʰa⁵⁵	pi²⁴	tɕi⁵⁵	te⁵⁵	te⁵⁵	tɕʅ⁵⁵	tsʅ²⁴
黄土矿	tu³¹²	tɕy³⁵	tɕy³³	tsa³⁵	pʰa³³	pi³³	ty³³	te³⁵	tʰe³³	tsʅ³³	tsʅ²⁴
唐家坊	tu³¹²	tɕy³⁵	tɕy³⁵	tsa³⁵	pa³³	pi³⁵	tsi³⁵	te³⁵	te³⁵	/	tsʅ²⁴
瓦屋塘	tu³¹²	tɕy³⁵	tɕy³⁵	tsa³⁵	pa³³	pi³⁵	tsi³⁵	te³⁵	te³⁵	/	tsʅ²⁴

	绽	辫	笨	饨	盾	钝	棒	瞪	竞	杂	炸
	山开去 去裥澄	山开四 上铣并	臻合一 上混并	臻合一 平魂定	臻合一 上混定	臻合一 去慁定	江开二 上讲并	曾开三 去证澄	梗开三 去映群	咸开一 入合从	咸开二 入洽崇
荷香桥	tsã¹³	pĩ³³	pẽ⁵⁵	tẽ³³	tẽ⁵⁵	tẽ⁵⁵	pɔ̃⁵⁵	tẽ⁵⁵	tɕẽ⁴⁵	tsA⁴⁵	tsA⁴⁵
六都寨	tsã¹³	pĩ³³	pẽ⁵⁵	tue³³	tue⁵⁵	tue⁵⁵	pɔ̃⁵⁵	tẽ⁵⁵	tɕẽ⁵⁵	tsA⁴⁵	tsA⁵⁵
七江	tsã¹³	pĩ³³	pẽ⁵⁵	tue³³	tue⁵⁵	tue⁵⁵	pɔ̃⁵⁵	tẽ⁵⁵	tɕẽ⁵⁵	tsA⁴⁵	tsA⁵⁵
司门前	tsã¹³	pĩ³³	pẽ⁵⁵	tue³³	tue⁵⁵	xue⁵⁵	pɔ̃⁵⁵	tẽ⁵⁵	tɕẽ⁵⁵	tsA⁴⁵	tsA⁵⁵
金石桥	tsã¹³	piɛ³³	pẽ⁵⁵	tue³³	tue⁵⁵	tue⁵⁵	pɔ̃⁵⁵	tẽ⁵⁵	tɕẽ⁵⁵	tsA⁴⁵	tsA⁵⁵
小沙江	tsã¹³	piɛ³³	pẽ⁵⁵	tẽ³³	tẽ⁵⁵	tẽ⁵⁵	pɔ̃⁵⁵	tẽ⁵⁵	tɕẽ⁵⁵	tsA¹³	tsA⁵⁵
西洋江	tsã⁴⁵	pĩ⁵⁵	pẽ³¹²	tẽ⁵⁵	tue⁵⁵	tẽ⁵⁵	pɔ̃⁴⁵	tẽ⁵⁵	tɕẽ⁵⁵	tsA⁴⁵	tsA⁴⁵/⁵⁵
横板桥	tsã⁴⁵	pĩ⁵⁵	pẽ³¹²	tẽ⁵⁵	tue⁵⁵	tẽ⁵⁵	pɔ̃⁴⁵	tẽ⁵⁵	tɕẽ⁵⁵	tsA⁴⁵	tsA⁴⁵/⁵⁵
岩口	tsã¹³	piĩ³³	piə̃⁵⁵	tiə̃⁵⁵	tiə̃⁵⁵	tiə̃⁵⁵	pɔ̃⁵⁵	tə̃⁵⁵	tɕiə̃⁵⁵	tsA¹³	tsA⁵⁵

	绽	辫	笨	饨	盾	钝	棒	瞪	竞	杂	炸
	山开去 去裥澄	山开四 上铣並	臻合一 上混並	臻合一 上混定	臻合一 平魂定	臻合一 上混定	江开二 去恩定	曾开三 去证澄	梗开三 去映群	咸开一 入合从	咸开二 入洽崇
罗洪	tsã¹³	piɛ³³	pə̃⁵⁵	tə̃³³	tə̃⁵⁵	tə̃⁵⁵	pɔ̃⁵⁵	tə̃⁵⁵	tɕiə̃⁵⁵	tsA⁴⁵	tsA⁴⁵
高坪	tsã¹³	piɛ³³	piə̃⁵⁵	tiə̃⁵⁵	tiə̃⁵⁵	tiə̃⁵⁵	pɔ̃⁵⁵	tə̃⁵⁵	tɕiə̃⁵⁵	tsA¹³	tsA⁵⁵
石江	tsã¹³	piɛ⁵⁵	pẽ³¹²	tẽ⁵⁵	tẽ⁵⁵	tẽ⁵⁵	pɔ̃⁵⁵	tẽ⁵⁵	tɕẽ⁵⁵	tsA²⁴	tsA²⁴
江口	tsã⁴⁵	piɛ⁵⁵	pẽ³¹²	tẽ⁵⁵	tẽ⁵⁵	tẽ⁵⁵	pɔ̃²⁴	tẽ⁵⁵	tɕẽ⁵⁵	tsA²⁴	tsA²⁴
长塘	tsã⁴⁵	piɛ⁵⁵	pẽ³¹²	tẽ⁵⁵	tẽ⁵⁵	tẽ⁵⁵	pɔ̃⁵⁵	tẽ⁵⁵	tɕẽ⁵⁵	tsA²⁴	tsA²⁴
山门	tsã⁴⁵	pi⁵⁵	pẽ³¹²	tẽ⁵⁵	tẽ⁵⁵	tẽ⁵⁵	pɔ̃⁴⁵	tẽ⁵⁵	tɕẽ⁵⁵	tsA³⁵	tsA⁵⁵
高沙	tsã²⁴	piɛ⁵⁵	pẽ³¹²	tẽ²⁴	tẽ²⁴	tẽ²⁴	pɔ̃²⁴	tẽ⁵⁵	tɕĩ⁵⁵	tsA²⁴	tsA²⁴
花园	tsã³⁵	pi⁵⁵	pẽ³¹²	tẽ⁵⁵	tẽ⁵⁵	tẽ⁵⁵	pɔ̃³⁵	tẽ⁵⁵	tɕĩ⁵⁵	tsA³⁵	tsA³⁵
金屋塘	tsã⁴⁵	pi⁵⁵	pẽ³¹²	tẽ⁵⁵	tẽ⁵⁵	tẽ⁵⁵	pɔ̃²⁴	tẽ⁵⁵	tɕẽ⁵⁵	tsA⁵⁵	tsA²⁴
梅坪	tsã⁴⁵	pi⁵⁵	pẽ³¹²	tẽ⁵⁵	tẽ⁵⁵	tẽ⁵⁵	pɔ̃²⁴	tẽ⁵⁵	tɕẽ⁵⁵	tsA²⁴	tsA²⁴
黄土矿	tsã³⁵	piɛ³³	pẽ³¹²	tĩ³⁵	tĩ³⁵	tĩ³⁵	pɔ̃³³	tẽ³³	tɕĩ³³	tsA⁵⁵	tsA⁵⁵
唐家坊	tsã³⁵	piɛ³³	pẽ³¹²	tĩ³⁵	tĩ³⁵	tĩ³⁵	pɔ̃³⁵	tẽ³³	tɕĩ³³	tsA³⁵	tsA³⁵
瓦屋塘	tsã³⁵	piɛ³³	pẽ³¹²	tĩ³⁵	tĩ³⁵	tĩ³⁵	pɔ̃³⁵	tẽ³³	tɕĩ³³	tsA³⁵	tsA³⁵

	集	达	铡	铍	夺	弼	疾	勃	铎	籍	局
	深开三 入缉从	山开一 入曷定	山开二 入鎋崇	山合一 入末並	山合一 入末定	臻开三 入质並	臻开三 入质从	臻合一 入没並	宕开一 入铎定	梗开三 入昔从	通合三 入烛群
荷香桥	tsi⁴⁵	tA⁴⁵	tsʰe⁴⁵	po³³	to⁴⁵	pi⁴⁵	tsi⁴⁵	po⁴⁵	to⁴⁵	tɕi⁴⁵	tɕy⁴⁵
六都寨	tsi⁴⁵	tA⁴⁵	tsA⁴⁵	po⁵⁵	to⁴⁵	pi⁵⁵	tsi⁴⁵	po⁴⁵	to⁴⁵	tɕi⁴⁵	tɕy⁴⁵
七江	tsi⁴⁵	tA⁵⁵	tsA⁴⁵	po³³	to⁴⁵	pʰi⁵⁵	tsi⁴⁵	po⁴⁵	to⁴⁵	tsi⁴⁵	tɕu⁴⁵
司门前	tsi⁴⁵	tA⁵⁵	tsA⁴⁵	po⁴⁵	to⁴⁵	pi⁵⁵	tsi⁴⁵	po⁴⁵	to⁴⁵	tɕi⁴⁵	tɕu⁴⁵
金石桥	tsʰi⁴⁵	tA⁴⁵	tse⁴⁵	pA⁴⁵	to⁴⁵	pi⁴⁵	tsʰi⁴⁵	po⁴⁵	to⁴⁵	tsi⁴⁵	tɕy⁴⁵
小沙江	tɕʰi¹³	tA¹³	tse¹³	po³³	to¹³	pi⁵⁵	tɕʰi¹³	po¹³	to¹³	tɕi¹³	tɕy¹³
西洋江	tɕi⁴⁵	tA⁴⁵	tsiɛ⁴⁵	po⁵⁵	to⁴⁵	pʰi⁵⁵	tsi⁴⁵	po⁴⁵	to⁴⁵	tɕi⁴⁵	tɕʐ⁴⁵
横板桥	tɕi⁴⁵	tA⁴⁵	tsiɛ⁴⁵	po⁵⁵	to⁴⁵	pʰi⁵⁵	tsi⁴⁵	po⁴⁵	to⁴⁵	tɕi⁴⁵	tɕʐ⁴⁵
岩口	tsi¹³	tA¹³	tsA⁴⁵	po³³	to¹³	pi⁵⁵	tsi¹³	po¹³	to⁵⁵	tɕi¹³	tɕy⁴⁵
罗洪	tɕʰi⁴⁵	tA⁴⁵	tse⁴⁵	pA⁴⁵	to⁴⁵	pi⁴⁵	tsʰi⁴⁵	po⁴⁵	to⁴⁵	tɕi⁴⁵	tɕy⁴⁵
高坪	tɕi¹³	tA¹³	tsA¹³	po¹³	to¹³	pʰi⁵⁵	tɕʰi⁵⁵	po¹³	to⁵⁵	tɕi⁵⁵	tɕy¹³
石江	tɕi²⁴	tA²⁴	tɕɛ²⁴	po⁵⁵	to²⁴	pʰi²⁴	tɕi²⁴	po²⁴	to²⁴	tɕi²⁴	tɕʐ²⁴
江口	tɕi²⁴	tA²⁴	tɕɛ²⁴	po⁵⁵	to²⁴	pʰi²⁴	tɕi²⁴	po²⁴	to²⁴	tɕi²⁴	tɕʐ²⁴
长塘	tɕi²⁴	tA²⁴	tɕɛ²⁴	po⁵⁵	to²⁴	pʰi²⁴	tɕi²⁴	po²⁴	to²⁴	tɕi²⁴	tɕʐ²⁴
山门	tsi⁴⁵	tA⁴⁵	tsiɛ⁴⁵	po⁵⁵	to⁴⁵	ɸi⁴⁵	tsi⁴⁵	po⁴⁵	to⁴⁵	tɕi⁴⁵	tɕʐ⁴⁵

续表

	集	达	铡	钹	夺	弼	疾	勃	铎	籍	局
	深开三 入缉从	山开一 入曷定	山开二 入错崇	山合一 入末並	山合一 入末定	臻开三 入质並	臻开三 入质从	臻合一 入没並	宕开一 入铎定	梗开三 入昔从	通合三 入烛群
高沙	tɕi²⁴	tA²⁴	tɕie²⁴	po⁵⁵	to²⁴	pi⁵⁵	tɕi²⁴	po²⁴	to²⁴	tɕi²⁴	tɕʅ²⁴
花园	tsi³⁵	tA³⁵	tsie³⁵	po⁵⁵	to³⁵	pi³⁵	tsi³⁵	po³⁵	to³⁵	tsi³⁵	tɕʅ³⁵
金屋塘	tsi²⁴	tA²⁴	tɕɛ²⁴	po⁵⁵	to⁵⁵	pi⁵⁵	tsi²⁴	po²⁴	to²⁴	tsi⁵⁵	tɕʅ²⁴
梅坪	tsi²⁴	tA²⁴	tɕɛ²⁴	po⁵⁵	to⁵⁵	pi⁵⁵	tsi²⁴	po²⁴	to²⁴	tsi⁵⁵	tɕʅ²⁴
黄土矿	tɕi⁵⁵	tA⁵⁵	tse⁵⁵	po³³	to⁵⁵	pi⁵⁵	tɕi⁵⁵	pʰo⁵⁵	to⁵⁵	tɕi⁵⁵	tɕy⁵⁵
唐家坊	tsi³⁵	tA³⁵	tse³⁵	po³³	to³⁵	pi³⁵	tsi³⁵	pʰo³⁵	to³⁵	tsi³⁵	tɕy³⁵
瓦屋塘	tsi³⁵	tA³⁵	tse³⁵	po³³	to³⁵	pi³⁵	tsi³⁵	pʰo³⁵	to³⁵	tsi³⁵	tɕy³⁵

　　以上仄声全浊声母字读不送塞音、塞擦音的现象共计33例，其中阴声韵11例，阳声韵9例，入声韵13例。从这些字的使用频率来看，有常用字"住""肚"等，但大多数并不是生活中经常使用的字。并且与所调查的读送气清声母的全浊声母字相比，这些字更是为数有限。这些仄声全浊声母字读不送气塞音、塞擦音的现象，只能看作例外现象。洞绥片赣方言仄声全浊声母清化读送气清音的现象反映的是其基本语音特征。

　　值得注意的是，有些仄声全浊声母字，因为使用频率开始降低，其声母送气特征逐渐被不送气特征替代，与现代汉语读音特征趋同。如"惊蛰"一词，作为二十四节气之一，曾经广泛应用于农村社会生活中。"蛰"为深摄开口三等入声缉韵澄母字，根据语音演变规律，在现代洞绥片赣方言中，当读送气清声母。但在所调查的22个方言代表点中，读送气清声母与读不送气清声母的各12处。读送气清声母的有：荷香桥 tɕʰi³³，六都寨 tɕʰiɛ³³，司门前 tɕʰiɛ³³，西洋江 tɕʰi⁴⁵，横板桥 tɕʰi⁵⁵，七江 tɕʰi³³，岩口 tɕʰi³³，高沙 tɕʰʅ⁵⁵，花园 tɕʰi⁵⁵，黄土矿 tɕʰi³³，唐家坊 tɕʰi³³，瓦屋塘 tɕʰi³³。读不送气清声母的有：金石桥 tɕi⁵⁵，小沙江 tɕi⁵⁵，罗洪 tɕi³³，石江 tɕʅ²⁴，江口 tɕʅ⁵⁵，长塘 tɕʅ⁵⁵，山门 tɕɛ⁴⁵，金屋塘 tɕʅ⁵⁵，梅坪 tɕʅ⁵⁵。其分布没有规律，不过与被调查人的年龄、职业有一定的关系。老年人、农民等对传统生活中的节气比较熟知的发音人，一般读送气音。对节气不了解的年轻人或受普通话影响比较大的农村教师一般读不送气音，与书面读音的声母特征逐渐一致。

2. 古透、定母字今读擦音 [x] 声母的现象

鲍厚星、颜森《湖南方言的分区》一文，将洞绥片赣方言的特征归纳为"古透定母字今白读 [h] 声母，文读 [tʰ] 声母"（1986：274）。中国社会科学院、澳大利亚人文科学院合编的《中国语言地图集》B11 图"江西省与湖南省的汉语方言"中，对湖南洞绥片赣方言特征的说明也是采纳这一说法。从调查情况来看，古透、定母字今读擦音 [x] 声母的现象确实存在于洞绥片赣方言中，但不是普遍现象。并且同一方言点古透、定母字今读擦音 [x] 声母的现象也不是整齐划一的，部分方言点存在根据韵母条件不同而有不同读音的现象。表 4-2 为我们以古韵摄为单位，列出的各方言点透、定母字声母的今读情况。

表 4-2　洞绥片赣方言古透、定母字声母的今读情况 *

	通	遇	蟹开	蟹合	臻	山	效	果	宕	曾	咸	流	蟹	山	效	梗	咸
	一等												四等				
荷香桥	x	x	x	pʰ	pʰ	x	x	x	x	x	x	x	x	x	x	x	x
六都寨	x	x	x	φ	x	x	x	x	x	x	x	x	x	x	x	x	x
七江	x	x	x	x	x	x	x	x	x	x	x	x	x	x	x	x	x
司门前	x	x	x	φ	x	x	x	x	x	x	x	x	x	x	x	x	x
金石桥	x	tʰ	x	tʰ	x	x	tʰ	tʰ	tʰ	tʰ	tʰ	tʰ	x	x	x	x	tʰ/x
小沙江	tʰ	tʰ	tʰ	tʰ	tʰ	tʰ	tʰ	tʰ	tʰ	tʰ	tʰ	tʰ	tʰ	tʰ	tʰ	tʰ	tʰ/x
西洋江	x	x	x	pʰ	pʰ	x	x	x	x	x	x	x	x	x	x	x	x
横板桥	x	x	x	pʰ	pʰ	x	x	x	x	x	x	x	x	x	x	x	x
岩口		x	x	tʰ	pʰ	x	x	x	x	x	x	x	tʰ	tʰ	tʰ	tʰ	x
罗洪	x	x	x	x	x	x	x	x	x	tʰ	x	x	tʰ	tʰ	tʰ	tʰ	tʰ
高坪		tʰ	tʰ/x少	tʰ	tʰ	x	tʰ	tʰ	tʰ	tʰ	tʰ	tʰ	tʰ	tʰ	tʰ	tʰ	tʰ
石江	x	x	x	pʰ	x	x	x	x	x	x	x	x	x	x	x	x	x
江口	tʰ	x	tʰ/x	tʰ	x	tʰ	tʰ	tʰ	tʰ	tʰ	tʰ	tʰ	tʰ	tʰ	tʰ	tʰ	tʰ
长塘	x	x	x	pʰ	pʰ	x	x	x	x	x	x	x	x	x	x	x	x
山门	x	x	x	φ	φ	x	x	x	x	x	x	x	x	x	x	x	x
高沙	tʰ	tʰ	tʰ	tʰ	tʰ	tʰ	tʰ	tʰ	tʰ	tʰ	tʰ	tʰ	tʰ	tʰ	tʰ	tʰ	tʰ
花园	x	x	x	pʰ	x	x	x	x	x	x	x	x	x	x	x	x	x
金屋塘	x	x	tʰ/x	tʰ	x开/tʰ合	x	x	x	x	x	x	x	x	x	x	x	x
梅坪	x	x	tʰ	tʰ	x开/tʰ合	x	x	x	x	x	x	x	x	x	x	x	x
黄土矿	tʰ	tʰ	tʰ	tʰ	tʰ	tʰ	tʰ	tʰ	tʰ	tʰ	tʰ	tʰ	tʰ	tʰ	tʰ	tʰ	tʰ

续表

	通	遇	蟹开	蟹合	臻	山	效	果	宕	曾	咸	流	蟹	山	效	梗	咸
	一等												四等				
唐家坊	tʰ	tʰ	tʰ	tʰ	tʰ	tʰ	tʰ	tʰ	tʰ	tʰ	tʰ	tʰ	tʰ	tʰ	tʰ	tʰ	tʰ
瓦屋塘	tʰ	tʰ	tʰ	tʰ	tʰ	tʰ	tʰ	tʰ	tʰ	tʰ	tʰ	tʰ	tʰ	tʰ	tʰ	tʰ	tʰ

　　* 有文白两读的只列其白读音。臻摄合口一等定母字在洞绥片各方言点多读不送气音声母 [t]，故未列，臻摄下所列字实仅为开口一等透母字"吞"。

　　洞绥片赣方言古透、定母字声母的今读类型大致可以分为四种：①不分中古韵摄来源与等呼差异，均读擦音声母 [x]。这种类型分布最广，所调查的 22 个点中，有 9 个点具备这一特征，分别为：荷香桥、六都寨、司门前、金石桥（只有遇摄、蟹摄一等，咸摄四等部分字读 [tʰ]）、西洋江、横板桥、七江、石江、山门（其中蟹摄合口一等与臻摄开口一等字"吞"读 [pʰ][ɸ] 的现象暂不考虑，第三种类型同此。见下文讨论）。②不分中古韵摄来源与等呼差异，均读送气清塞音声母 [tʰ]。这种类型分布在 8 个方言点中，主要集中在绥宁县北部以及隆回、洞口部分方言点。具体分布为：小沙江、高坪、江口、花园、高沙、黄土矿、唐家坊、瓦屋塘。③根据韵母洪细不同，洪音读 [x]，细音读 [tʰ]，主要分布在隆回的罗洪与洞口的长塘。这两个方言点中，来源于古四等韵，韵母今读细音的古透定母字声母读 [tʰ]，与来源于古一等韵的透定母字声母 [x] 有别。其中流摄一等在这两方言中韵母均读齐齿呼，所以透定母字声母也读 [tʰ]。隆回岩口四等透定母多读 [tʰ]，与一等有别，只有咸摄和效摄读 [x]。④根据中古来源不同，分别读 [x] 或 [tʰ]，并且同一摄中，有 [x] 或 [tʰ] 两种异读，主要分布在绥宁的金屋塘与梅坪。

　　从古透、定母字声母的今读类型来看，洞绥片赣方言读擦音声母 [x] 的现象虽然是主流，但内部还是存在一些差异，有不同的读音类型。因此，将透、定母字声母今读擦音 [x] 作为洞绥片赣方言的主要特征，可能并不十分恰当。

　　透、定母字声母今读擦音 [x] 的现象也普遍存在于江西赣方言中，二者的关系及其读音产生的原因，我们将在下文讨论。

　　3. 古透、定母字声母今读唇音 [pʰ][ɸ] 的现象

　　从表 4-2 透、定母字声母今读特征的举例情况来看，古透、定母字在洞

绥片赣方言中除具有声母读擦音 [x] 的特征之外，还存在一种比较特殊的读音，即声母读唇音 [pʰ][ɸ] 的现象。这种现象发生的主要条件是韵母为合口呼，但少数韵母为齐齿呼的古透、定母字，也有类似读音特征。我们将洞绥片赣方言中声母读唇音 [pʰ][ɸ] 的古透、定母字列举如下。

（1）蟹摄合口一等

推：六都寨 ɸue³³，司门前 ɸue³³，横板桥 pʰue⁵⁵，山门 ɸe⁵⁵；

腿：荷香桥 pʰe³¹²，六都寨 ɸue³¹²，司门前 ɸue³¹²，西洋江 pʰe³¹²，横板桥 pʰe³¹²，石江 pʰe³¹²，长塘 pʰE³¹²，山门 ɸe³¹²，花园 pʰe³¹²；

退：六都寨 ɸue⁵⁵，司门前 ɸue⁵⁵，西洋江 pʰe⁴⁵，横板桥 pʰe⁴⁵，石江 pʰe²⁴，长塘 pʰE²⁴，山门 ɸe⁴⁵。

（2）臻摄开口一等

吞：荷香桥 pʰẽ³³，西洋江 pʰẽ⁵⁵，横板桥 pʰẽ⁵⁵，岩口 pʰĩ³³，长塘 pʰẽ⁵⁵，山门 ɸẽ⁵⁵。

（3）梗摄开口四等

踢：荷香桥 pʰe³³，七江 pʰie³³，石江 pʰiɛ⁵⁵，长塘 pʰiA⁵⁵。

其中唇擦音 [ɸ] 发音时，双唇聚拢，有较强的气流摩擦而出。

端组声母古为舌音之舌头音，在汉语语音史上与唇音声母无涉。洞绥片赣方言古透、定母字读唇音的现象自然与古音无涉，也与民族语音无关，而是其自身语音特征发展演变的结果。从这些透、定母字在洞绥片赣方言中的读音来看，声母读唇音的，都出现在古透、定母读擦音 [x] 的方言点，即上文我们归纳的透、定母读音为第一种类型的方言点，以及第三种类型的方言点（韵母为洪音的透、定母字声母读擦音 [x]）。以上方言点如果透、定母字不读唇音声母，韵母也一般读合口呼。如：

推：金石桥 tʰue³³，七江 xue³³；

腿：金石桥 tʰue³¹²，七江 xue³¹²；

退：金石桥 tʰue⁵⁵，七江 xue⁵⁵；

吞：六都寨 xuẽ³³，司门前 xuẽ³³，金石桥 xuẽ³³，七江 xuẽ³³。

而透、定母读音为第二种类型的地区，以上透、定母字韵母一般读开口呼，如：

小沙江：推 tʰe³³，腿 tʰe³¹²，退 tʰe⁵⁵，吞 tʰẽ³³；

高沙：推 tʰe⁵⁵，腿 tʰe³¹²，退 tʰe²⁴，吞 tʰẽ⁵⁵；

黄土矿：推 te³³，腿 tʰe³¹²，退 tʰe³³，吞 tʰe³³；

瓦屋塘：推 te³³，腿 tʰe³¹²，退 tʰe³⁵，吞 tʰẽ⁵⁵。

根据以上古透、定母字在洞绥片赣方言中的读音差异，我们认为：以上各方言点透、定母字读唇音 [pʰ][ɸ] 的现象，应当是透、定母在这些地区读擦音 [x] 以后，声母受合口介音 u 的影响，发音部位前移，发生唇化现象，读擦音 [ɸ]，唇化作用进一步加强，则读 [pʰ]。"吞"虽然是古开口一等韵字，但读合口呼的现象由来已久（明梅膺祚《字汇》："吞，他昆切"），现代官话地区多读合口呼，因此也发生了声母受 u 介音影响进一步唇化的现象。

4. 滂、并母字声母今读擦音 [ɸ][x] 的现象

滂母是古重唇音送气声母，在现代汉语方言中一般读双唇送气清塞音。并母是全浊声母，洞绥片赣方言读送气音，与滂母读音合流。但在部分洞绥片赣方言中，当韵母为合口呼，特别是韵母为 u 时，滂、并母字不读送气声母 [pʰ]，而是读唇擦音 [ɸ] 或舌根音 [x]。举例如表 4-3 所示。

表 4-3　滂、并母声母字今读擦音的现象

		铺 _动	普	铺 _名	菩	簿	步	仆
		遇合一 平模滂	遇合一 上姥滂	遇合一 去暮滂	遇合一 平模並	遇合一 上姥並	遇合一 去暮並	通合一 入屋滂
隆回	荷香桥	ɸu³³	ɸu³¹²	ɸu⁴⁵	ɸu¹³	ɸu³¹²	ɸu⁵⁵	ɸu³¹²
	六都寨	ɸu³³	ɸu³¹²	ɸu⁵⁵	ɸu¹³	ɸu⁵⁵	ɸu⁵⁵	ɸu³³
	七江	xu³³	xu³¹²	xu⁵⁵	xu¹³	xu³¹²	xu⁵⁵	xu³³
	司门前	ɸu³³	ɸu³¹²	ɸu⁵⁵	ɸu¹³	ɸu³¹²	ɸu⁵⁵	ɸu³³
	金石桥	ɸu³³	ɸu³¹²	ɸu⁵⁵	ɸu¹³	ɸu³¹²	ɸu⁵⁵	ɸu⁴⁵
	西洋江	ɸu⁵⁵	ɸu³¹²	ɸu⁴⁵	ɸu¹³	ɸu³¹²	ɸu⁵⁵	ɸu⁵⁵
	横板桥	ɸu³³	ɸu³¹²	ɸu⁴⁵	ɸu¹³	ɸu³¹²	ɸu⁵⁵	ɸu⁵⁵
	岩口	ɸu³³	pʰu³¹²	ɸu⁵⁵	pʰu¹³	ɸu⁵⁵	ɸu⁵⁵	ɸu³³
洞口	石江	ɸu⁵⁵	ɸu³¹²	ɸu⁴⁵	ɸu¹³	ɸu³¹²	ɸu⁵⁵	ɸu⁵⁵
	长塘	ɸu⁵⁵	ɸu³¹²	ɸu²⁴	ɸu¹³	ɸu³¹²	ɸu⁵⁵	ɸu⁵⁵
	城关	ɸu⁵⁵	ɸu³¹²	ɸu²⁴	ɸu¹³	ɸu³¹²	ɸu⁵⁵	ɸu⁵⁵
	竹市	ɸu⁵⁵	ɸu³¹²	ɸu⁴⁵	ɸu¹³	ɸu³¹²	ɸu⁵⁵	ɸu⁵⁵
	山门	ɸu⁵⁵	ɸu³¹²	ɸu⁵⁵	ɸu¹³	ɸu³¹²	ɸu⁵⁵	ɸu⁵⁵

滂、并母今读擦音 [ɸ] 或 [x] 的现象主要发生在韵母为合口呼 u 的音节中

（洞绥片赣方言唇音声母 p、pʰ、m 除与 u 相拼外，一般不与合口呼相拼）。这一语音现象产生的原因也当与合口呼 u 的发音特征有关。唇音声母 pʰ 与合口呼韵母 u 都有唇化作用，出于省力原则，唇音声母 pʰ 的双唇阻塞成分减弱，韵母的唇化作用得到加强，因此声母由 pʰ 演变为 [ɸ]，进一步弱化则演变为 [x]。

值得注意的是，出现滂、并母字声母今读 [ɸ][x] 的方言点，一般也存在古透、定母字声母今读唇音 [pʰ][ɸ] 的现象。这两种语音现象产生的条件相似，都是受合口呼介音（或韵母）u 的影响。这些音变现象都是洞绥片赣方言语音自身发展演变的结果。

除以上比较普遍的滂、并母字在韵母读合口呼 [u] 的情况下，声母读唇擦音 [ɸ] 或舌根擦音 [x] 的现象外，洞口县山门镇方言中，滂母与并母字则无论韵母开合洪细，大多数情况下声母都读擦音 [ɸ]。列举如下（各韵摄各举一代表字）：

婆 ɸo¹³、怕 ɸA⁴⁵、牌 ɸa¹³、批 ɸi⁵⁵、配 ɸe⁴⁵、被 ɸi³¹²、抱 ɸɐ⁵⁵、剖 ɸo⁴⁵、攀 ɸã⁵⁵、片 ɸĩ⁴⁵、潘 ɸɔ̃⁵⁵、品 ɸẽ³¹²、贫 ɸẽ¹³、旁 ɸɔ̃¹³、胖 ɸɔ̃⁴⁵、凭 ɸẽ¹³、彭 ɸẽ¹³、拔 ɸA⁴⁵、别 ɸiɛ⁵⁵、泼 ɸo⁵⁵、匹 ɸi⁵⁵、泊 ɸo⁵⁵、雹 ɸɐ⁴⁵、拍 ɸɛʔɸA⁵⁵、劈 ɸiɛ⁵⁵

这种语音特征产生的原因同样是省力原则，是滂、并母字在合口呼 u 韵母音节中声母读擦音 [ɸ] 语音特征的进一步扩散。pʰ 声母字在读音过程中，弱化了唇音声母的阻塞成分，不论韵母的洪细开合，声母都读唇擦音声母 [ɸ]。

5. 影、喻、疑、日母以及微母合口三四等字声母今读双唇鼻音声母 m 的现象

影、喻、疑母在现代汉语中一般合流为零声母。这些声母的合口、三四等韵字，按照语音演变的一般规律，韵母当读撮口呼。日母合口三等字在现代汉语中，一般读声母为卷舌音 [z] 的合口呼，微母字一般读零声母合口呼。不过，现代洞绥片赣方言中，以上声母合口三、四等字声母不读零声母，而读双唇鼻音声母 m；韵母不读撮口呼，而是大部分情况下读齐齿呼。现将具备这一语音特征的方言点及代表字读音列举如下，详见表 4-4。

表4-4 影、喻、疑、日、微母读 m 声母的现象

	卫	微	尾	味	威	胃	软	圆	院	铅	元	阮	愿
	蟹	止	止	止	止	止	山	山	山	山	山	山	山
	合三	合三	合三	合三	合三	合三	合三	合三	合三	合三	合三	合三	合三
	去	平	上	去	平	去	上	平	去	平	平	上	去
	祭云	微微	尾微	未微	微影	未云	狝日	仙云	线云	仙以	元疑	阮疑	愿疑
荷香桥	ui^{45}	ui^{33}	ui^{312}	ui^{55}	ui^{33}	ui^{55}	mĩĩ^{312}	mĩ^{13}	mĩ^{55}	tsʰĩ/mĩ^{13}	mĩ^{13}	mĩ/yĩ^{312}	mĩ^{55}
六都寨	ui^{55}	ui^{33}	ui^{312}	ui^{55}	ui^{33}	ui^{55}	mĩĩ^{312}	mĩ^{13}	mĩ^{55}	tsʰĩ/mĩ^{13}	mĩ^{13}	mĩ/yĩ^{312}	mĩ^{55}
七江	ui^{55}	ui^{13}	ui/le^{312}	ui^{55}	ui^{33}	mĩ^{55}	mĩ^{312}	mĩ^{13}	mĩ^{55}	tsʰĩ/mĩ^{13}	mĩ^{13}	mĩ/yĩ^{312}	mĩ^{55}
司门前	mi^{55}	mi^{33}	mi^{312}	mi^{55}	mi^{33}	mi^{55}	mĩĩ^{312}	mĩ^{13}	mĩ^{55}	tsʰĩ/mĩ^{13}	mĩ^{13}	mĩ/yĩ^{312}	mĩ^{55}
西洋江	mi^{45}	ui^{13}	e^{312}	mi^{55}	mi^{55}	ui^{13}	mĩa^{312}	mĩa^{13}	mĩa^{55}	mĩa^{13}	mĩa^{13}	mĩa^{312}	mĩa^{55}
横板桥	mi^{45}	ui^{13}	e^{312}	mi^{55}	mi^{55}	ui^{45}	mĩa^{312}	mĩa^{13}	mĩa^{55}	tsʰĩ^{55}	mĩa^{13}	mĩa^{312}	mĩa^{55}
岩口	ue^{55}	ui^{33}	ŋ^{33}	ui^{55}	ui^{33}	ui^{55}	yĩ^{312}	yĩ^{13}	yĩ^{55}	tsʰĩi^{13}	yĩ^{13}	yĩ^{13}	yĩ^{55}
高坪	ue^{55}	ue^{13}	ue^{312}	ue^{55}	ue^{33}	ue^{55}	ie^{312}	yẽ^{13}	mie^{55}	tɕʰie^{33}/yẽ^{13}	mie^{13}	yẽ^{312}	mie^{55}
石江	mi^{55}	ui^{13}	ui^{312}	mi^{55}	mi^{55}	ui^{55}	yɛ̃^{312}	yɛ̃^{13}	yɛ̃^{55}	tɕʰiɛ^{55}	miɛ̃^{13}	miɛ̃^{312}	miɛ̃^{55}
长塘	ui^{55}	ui^{33}	uE^{312}	mi^{55}	mi^{55}	ui^{55}	yɛ̃^{312}	yɛ̃^{13}	yɛ̃^{55}	tɕʰiɛ^{55}	yɛ̃^{13}	yɛ̃^{312}	yɛ̃^{55}
山门	mi^{45}	ui^{33}	ɛ^{312}	ui^{55}	ui^{55}	ui^{45}	wĩa^{312}	wĩa^{13}	wĩa^{55}	wĩa^{13}	wĩa^{13}	wĩa^{312}	wĩa^{55}

	冤	怨	袁	远	渊	源	润	匀	允	熨	云	运
	山	山	山	山	山	山	臻	臻	臻	臻	臻	臻
	合三	合三	合三	合三	合四	合三	合三	合三	合三	合三	合三	合三
	平	去	平	上	平	平	去	平	上	去	平	去
	元影	愿影	元云	阮云	先影	元疑	稕日	谆以	准以	问影	文于	问于
荷香桥	mĩ^{33}	mĩ^{55}	mĩ^{13}	mĩ^{312}	mĩ^{33}	mĩ^{13}	mẽ^{55}	yẽ^{13}	yẽ^{312}	yẽ^{55}	yẽ^{55}	yẽ^{55}
六都寨	mĩ^{33}	mĩ^{55}	mĩ^{13}	mĩ^{312}	mĩ^{33}	mĩ^{13}	mẽ^{55}	yẽ^{13}	iə^{312}	yẽ^{55}	yẽ^{55}	yẽ^{55}
七江	mĩ^{33}	mĩ^{55}	mĩ^{13}	mĩ^{312}	mĩ^{33}	mĩ^{13}	mẽ^{55}	yẽ^{13}	yẽ^{312}	yẽ^{55}	yẽ^{55}	yẽ^{55}
司门前	mĩ^{33}	mĩ^{55}	mĩ^{13}	mĩ^{312}	mĩ^{33}	mĩ^{13}	yẽ^{55}	yẽ^{13}	yə^{312}	yẽ^{55}	yẽ^{55}	yẽ^{55}
西洋江	mĩa^{55}	mĩa^{55}	mĩa^{13}	mĩa^{312}	mĩa^{13}	mĩa^{13}	mẽ^{55}	mẽ^{13}	mẽ^{312}	mẽ^{55}	mẽ^{13}	mẽ^{55}
横板桥	mĩa^{55}	mĩa^{55}	mĩa^{13}	mĩa^{312}	mĩa^{13}	mĩa^{13}	mẽ^{55}	mẽ^{13}	mẽ^{312}	mẽ^{55}	mẽ^{13}	mẽ^{55}
岩口	mĩi^{33}	mĩi^{55}	mĩi^{13}	mĩi^{312}	mĩi^{33}	yĩ^{13}	miə^{55}	yə^{13}	uə^{312}	yə^{55}	yə^{55}	miə^{55}
高坪	mie^{33}	mie^{55}	mie^{13}	mie^{312}	mie^{13}	mie^{13}	mẽ^{55}	mia^{13}	mia^{312}	mẽ^{55}	mia^{13}	mia^{55}
石江	miɛ̃^{55}	miɛ̃^{55}	miɛ̃^{13}	miɛ̃^{312}	miɛ̃^{13}	miɛ̃^{13}	mẽ^{55}	mẽ^{13}	mẽ^{312}	mẽ^{55}	mẽ^{13}	mẽ^{55}
长塘	yɛ̃^{55}	yɛ̃^{55}	yɛ̃^{13}	yɛ̃^{312}	yɛ̃^{55}	yɛ̃^{13}	mẽ^{55}	yə^{13}	yə^{312}	yẽ^{55}	yẽ^{13}	mẽ^{55}
山门	wĩa^{55}	wĩa^{55}	wĩa^{13}	wĩa^{312}	wĩa^{55}	wĩa^{13}	wẽ^{55}	wẽ^{13}	wẽ^{312}	wẽ^{55}	wẽ^{13}	wẽ^{55}

	往	荣	永	营	阅	月	越	晚	蚊	网	忘
	宕合三上养以	梗合三平庚于	梗合三上梗于	梗合三平清以	山合三入薛以	山合三入月疑	山合三入月云	山合三上阮微	臻合三平文微	宕合三上养微	宕合三去漾微
荷香桥	uɔ̃/mɔ̃³¹²	yẽ¹³	yẽ³¹²	yẽ¹³	ye⁴⁵	me⁴⁵	ye⁴⁵	uã/mã³¹²	uẽ¹³/mẽ⁵⁵	uɔ̃/mɔ̃³¹²	uɔ̃/mɔ̃⁵⁵
六都寨	uɔ̃/mɔ̃³¹²	iə̃¹³	iə̃³¹²	yẽ¹³	yɛ⁴⁵	mɛ/mĩ⁵⁵	yɛ⁵⁵	uɔ̃/mã³¹²	uẽ¹³/mẽ⁵⁵	uɔ̃/mɔ̃³¹²	uɔ̃/mɔ̃⁵⁵
七江	uɔ̃/mɔ̃³¹²	yə̃¹³	yə̃³¹²	yẽ¹³	me⁴⁵	me/mĩ⁵⁵	me⁴⁵	uɔ̃/mã³¹²	uẽ¹³/mẽ⁵⁵	uɔ̃/mɔ̃³¹²	uɔ̃/mɔ̃⁵⁵
司门前	uɔ̃/mɔ̃³¹²	yẽ¹³	yẽ³¹²	yẽ¹³	me⁴⁵	me/mĩ⁵⁵	me⁴⁵	uɔ̃/mã³¹²	uẽ¹³/mẽ⁵⁵	uɔ̃/mɔ̃³¹²	uɔ̃/mɔ̃⁵⁵
西洋江	uɔ̃³¹²	mẽ¹³	mẽ³¹²	mẽ³¹²	ye⁴⁵	me⁴⁵	me⁵⁵	uã³¹²	uẽ¹³/mẽ⁵⁵	uɔ̃³¹²	uɔ̃³¹²
横板桥	uɔ̃³¹²	mẽ¹³	mẽ³¹²	mẽ¹³	ye⁴⁵	me⁴⁵	me⁵⁵	uã³¹²	uẽ¹³/mẽ⁵⁵	uɔ̃³¹²	uɔ̃³¹²
岩口	uɔ̃³¹²	miə̃¹³	miə̃³¹²	miə̃¹³	ye⁵⁵	mĩ⁴⁵	ye⁴⁵	uã/mã³¹²	uə̃¹³	uã³¹²	uɔ̃³¹²
高坪	uɔ̃³¹²	miə̃¹³	miə̃³¹²	miə̃¹³	me¹³	me⁵⁵	me⁴⁵	uã/mã³¹²	uẽ¹³/mẽ⁵⁵	uɔ̃/mɔ̃³¹²	uɔ̃/mɔ̃⁵⁵
石江	uɔ̃³¹²	mẽ¹³	mẽ³¹²	mẽ³¹²	me²⁴	me²⁴	me⁵⁵	uã/mã³¹²	uẽ¹³/mẽ⁵⁵	uɔ̃/mɔ̃³¹²	uɔ̃/mɔ̃⁵⁵
江口	uɔ̃³¹²	yə̃¹³	yə̃³¹²	yẽ¹³	ye²⁴	ye⁵⁵	ye⁵⁵	uã/mã³¹²	uẽ¹³/mẽ⁵⁵	uɔ̃/mɔ̃³¹²	uɔ̃/mɔ̃⁵⁵
长塘	uɔ̃³¹²	mẽ¹³	mẽ³¹²	yẽ¹³	ye²⁴	ye⁵⁵	ye⁵⁵	uã/mã³¹²	uẽ¹³/mẽ⁵⁵	uɔ̃/mɔ̃³¹²	uɔ̃/mɔ̃⁵⁵
山门	uɔ̃³¹²	wẽ¹³	wẽ³¹²	wẽ¹³	ye⁵⁵	we⁴⁵	we⁵⁵	uã/mã³¹²	uẽ¹³/mẽ⁵⁵	uɔ̃/mɔ̃³¹²	uɔ̃/mɔ̃⁵⁵

表 4-4 中的语音现象以喻母与影母字居多，疑母字次之，日母字只有两个字，微母字虽然较多，但情况特殊，需要分别讨论。

从分布情况来看，这些读音同样多出现在透、定母字声母今读 x 的方言点。不过以上声母字在这些方言点中读唇音 m 的现象并不是整齐划一的，而且部分字有文白两读：文读零声母合口呼或撮口呼，白读 m 声母开口呼或齐齿呼。

这种影、喻、疑、日母合口三、四等字声母读 m 的现象在江西赣方言区并不多见。洞绥片赣方言这种语音现象产生的途径可能有两种。

（1）止蟹摄合口三、四等影、喻母字声母读 m，是通过 u 介音的唇化方式实现的。洞绥片赣方言止蟹摄合口三、四等字读合口洪音 ui 以后，介音 u 在主元音前高元音 i 的影响下，唇化作用得到加强，并进一步辅音化读 m。

（2）其他韵摄的影、喻、疑、日母合口三、四等字声母读 m，则是通过前高圆唇元音 y 介音的唇化方式实现的。以上合口三、四等字合流为撮口呼零声母以后（日母在洞绥片赣方言中多读零声母），由于撮口呼 y 介音前、高、圆唇的特征，促使零声母音节发生了介音 y 的唇化现象。如果韵母主元音为低元音，则其音节中的介音前、高元音的特征以新衍生的 i 介音保留，如部分方言点的山摄合口三、四等字。如果韵母主元音为 i 以外的高元音，则不衍生 i 介音，由撮口呼演变为开口呼，如多数方言点的臻、梗摄字。

洞口山门话影、喻、疑、日母合口三、四等字的读音反映了这一语音演变的临界状态。山门话中，止蟹摄影、喻母合口三等字声母大多数并没有辅音化，多读零声母合口呼，而其他影、喻、疑、日母合口三、四等字声母多读辅音性质的双唇无擦通音 [w]。这正反映了介音 y 向唇音 m 演变的中间状态。山门话中，y 介音因为是前、高、圆唇元音，所以首先有发生唇化现象的趋势。u 介音因为是后高元音，所以暂时还没有发生唇化现象。

洞绥片赣方言部分微母字声母今读双唇鼻音 m，这种现象需要进一步分析，区别对待。南方方言中多存在"古无轻唇音"的残留。洞绥片赣方言微母字今读 m 声母的有一部分确实属于这一情况，如"晚""文""网""忘"等字。我们之所以肯定这些字的读音反映的是"古无轻唇音"的特点，原因有二：①这些字在洞绥片赣方言中多有文白两读，文读零声母合口呼，白读 m 声母开口呼；②这种文白异读现象在洞绥片赣方言分布非常广泛，除表 4-4 所列方言点外，其他方言点都有类似现象，甚至相邻的湘方言区也存在相同的读音现象。

但并不是所有声母读 m 的古微母字读音反映的都是"古无轻唇音"的特点。相反，部分微母字声母读 m 的现象只是一种后起的语音演变特征，与影、喻、疑、日母合口三、四等字声母读 m 的性质一致。如止蟹摄古微母字"微""尾""味"，这三个字在部分洞绥片赣方言中，如在隆回司门前方言中，虽然也读 m 声母，但并不是"古无轻唇音"的反映，而是后起音变。我们之所以认为这三个字的读音性质与影、喻、疑、日母合口三、四等字声母读 m 的性质一致，原因有四个：①这几个字在洞绥片赣方言中一般只有一种读音，没有文白两读；②这几个字的读音现象分布不广，只在少数方言点存在；③这几个微母字读 m 声母有一定的条件限制，均来源于古止蟹摄合口三等，与中古来源的影、喻母字读 m 声母产生的条件一致；④这些微母字在读 m 声母的方言点中，韵母都读齐齿呼，而同一方言点中，保留"古无轻唇音"特征的微母字，韵母都读开口呼。

6. 非组声母（不含微母）与晓、匣母相混现象

非组声母与晓、匣母相混现象主要表现在同摄或读音相同的韵摄中，非组声母与晓、匣母合口洪音声母同读 f 或 x。这种现象在洞绥片赣方言中分布不一，表现形式也不相同。下面我们以韵摄为单位将非组声母字与晓、匣母合口洪音字读音分组对比，详见表 4-5。

表4-5　非、晓组声母字读音情况

方言点	遇 虎(姥晓)	遇 斧(麌非)	假 花(麻晓)	山 刮(麦匣)	咸 法(乏非)	蟹 晦(队晓)	蟹 废(废非)	止 毁(纸晓)	止 飞(微非)	山 患(谏匣)	咸 饭(愿奉)	咸 犯(范奉)	臻 婚(魂晓)	臻 分(文非)	宕 荒(唐晓)	宕 方(阳非)	通 红(东匣)	通 缝(钟奉)
荷香桥	xu^{312}	fu^{312}	xua^{33}	xua^{45}	fA^{13}	xue^{45}	fi^{45}	xui^{312}	fi^{33}	xuɔ^{55}	fa^{55}	fa^{55}	xue^{33}	fe^{33}	xuɔ^{33}	fɔ^{33}	xɔ^{13}	fɔ^{13}
六都寨	xu^{312}	fu^{312}	xua^{33}	xua^{33}	fA^{45}	xue^{55}	fi^{55}	xui^{312}	fi^{33}	xuɔ^{55}	fa^{55}	fa^{55}	xue^{33}	fe^{33}	xuɔ^{33}	fɔ^{33}	xɔ^{13}	fɔ^{13}
七江	xu^{312}	fu^{312}	xua^{33}	xua^{45}	fA^{33}	xue^{55}	fi^{55}	xui^{312}	fi^{33}	xuɔ^{55}	fa^{55}	fa^{55}	xue^{33}	fe^{33}	xuɔ^{33}	fɔ^{33}	xɔ^{13}	fɔ^{13}
司门前	xu^{312}	fu^{312}	xua^{33}	xua^{33}	fA^{45}	xue^{55}	fi^{55}	xui^{312}	fi^{33}	xuɔ^{55}	fa^{55}	fa^{55}	xue^{33}	fe^{33}	xuɔ^{33}	fɔ^{33}	xɔ^{13}	fɔ^{13}
金石桥	xu^{312}	fu^{312}	xua^{33}	xua^{55}	fA^{45}	xue^{55}	fi^{55}	xue^{312}	fi^{33}	xuɔ^{55}	fa^{55}	fa^{55}	xue^{33}	fe^{33}	xɔ^{33}	xɔ^{55}	xɔ^{13}	fɔ^{13}
小沙江	xu^{312}	xu^{312}	xua^{33}	xua^{55}	fA^{33}	xue^{55}	fi^{55}	xue^{312}	fi^{33}	xua^{55}	xua^{55}	xua^{55}	xue^{33}	fe^{33}	xuɔ^{55}	fɔ^{55}	kʰɔ^{13}	fɔ^{13}
西洋江	xu^{312}	fu^{312}	xua^{55}	xua^{55}	fA^{55}	xue^{45}	fi^{45}	xui^{312}	fi^{55}	xua^{55}	fa^{55}	fa^{45}	xue^{55}	fe^{55}	xuɔ^{55}	fɔ^{55}	xɔ^{13}	fɔ^{13}
横板桥	xu^{312}	fu^{312}	xua^{55}	xua^{55}	fA^{55}	xue^{45}	fi^{45}	xue^{312}	fi^{55}	xua^{55}	fa^{55}	fa^{55}	xue^{55}	fe^{55}	xuɔ^{33}	fɔ^{33}	xɔ^{13}	fɔ^{13}
岩口	xu^{312}	fu^{312}	xua^{33}	xua^{13}	fA^{312}	xue^{55}	fi^{55}	xue^{312}	fi^{33}	xua^{55}	fa^{55}	fa^{55}	fɔ^{33}	fɔ^{33}	xuɔ^{55}	xuɔ^{33}	xɔ^{13}	fɔ^{13}
罗洪	xu^{312}	fu^{312}	xua^{33}	xua^{45}	xuA^{13}	xue^{55}	xe^{55}	xue^{312}	xue^{33}	xua^{55}	fa^{55}	fa^{55}	xue^{33}	fɔ^{33}	xuɔ^{55}	xuɔ^{33}	xɔ^{13}	fɔ^{13}
高坪	xu^{312}	fu^{312}	xua^{33}	xua^{55}	xuA^{13}	xue^{55}	xe^{55}	xue^{312}	fi^{33}	xua^{24}	fa^{55}	fa^{55}	fe^{55}	fe^{33}	xuɔ^{55}	fɔ^{55}	xɔ^{13}	fɔ^{13}
石江	fu^{312}	fu^{312}	fa^{55}	xua^{55}	fA^{55}	fe^{24}	fe^{24}	xui^{312}	fi^{55}	fa^{55}	xua^{55}	xua^{55}	xue^{55}	fe^{55}	xuɔ^{55}	fɔ^{55}	xɔ^{13}	fɔ^{13}
江口	fu^{312}	fu^{312}	xua^{55}	xua^{55}	fA^{24}	xuE^{24}	fi^{24}	xui^{312}	pʰi^{55}	xua^{24}	fa^{55}	fa^{55}	xue^{55}	fe^{55}	xuɔ^{55}	xuɔ^{55}	xɔ^{13}	fɔ^{13}
长塘	fu^{312}	fu^{312}	xua^{55}	fa^{24}	fA^{55}	fe^{24}	fi^{24}	xui^{312}	fi^{55}	xua^{24}	fa^{45}	fa^{45}	xue^{55}	fe^{55}	xuɔ^{55}	fɔ^{55}	xɔ^{13}	xɔ^{13}
山门	fu^{312}	fu^{312}	fa^{55}	xua^{45}	fA^{55}	xue^{45}	fi^{45}	xui^{312}	fi^{55}	xua^{24}	fa^{55}	fa^{55}	xue^{55}	fe^{55}	xuɔ^{55}	fɔ^{55}	xɔ^{13}	fɔ^{13}
高沙	xu^{312}	fu^{312}	xua^{55}	xua^{24}	fA^{24}	fe^{24}	fe^{24}	xue^{312}	xue^{33}	xua^{24}	xua^{24}	xua^{24}	fe^{33}	xue^{55}	xuɔ^{55}	xuɔ^{55}	xɔ^{13}	fɔ^{13}
花园	fu^{312}	fu^{312}	xuaa^{55}	xua^{35}	fA^{55}	xue^{35}	fe^{35}	xue^{312}	xue^{33}	xua^{24}	fa^{55}	xua^{35}	fe^{33}	fe^{33}	xuɔ^{55}	xuɔ^{55}	xɔ^{13}	xɔ^{23}
金屋塘	fu^{312}	fu^{312}	xua^{33}	xua^{55}	xA^{55}	xue^{35}	fi^{35}	fe^{312}	fi^{33}	xua^{35}	fa^{55}	xua^{35}	fe^{33}	fe^{33}	xuɔ^{55}	xuɔ^{55}	xɔ^{13}	fɔ^{13}
梅坪	fu^{312}	fu^{312}	fa^{33}	fa^{55}	xA^{55}	fe^{35}	fi^{35}	fe^{312}	fi^{33}	fe^{33}	fa^{33}	fa^{33}	fe^{33}	fe^{33}	fɔ^{33}	fɔ^{33}	xɔ^{13}	fɔ^{13}
黄土矿	fu^{312}	fu^{312}	xua^{33}	xua^{35}	fA^{35}	fe^{35}	fe^{33}	fe^{312}	fe^{33}	fe^{33}	fe^{33}	fe^{33}	fe^{33}	fe^{33}	fɔ^{33}	fɔ^{33}	xɔ^{55}	xɔ^{55}
唐家坊	fu^{312}	fu^{312}	xua^{33}	xua^{35}	fA^{35}	fe^{35}	fe^{33}	fe^{312}	fe^{33}	fe^{33}	fe^{33}	fe^{33}	fe^{33}	fe^{33}	fɔ^{33}	fɔ^{33}	xɔ^{13}	xɔ^{13}
瓦屋塘	fu^{312}	fu^{312}	xua^{33}	xua^{35}	fA^{35}	fe^{35}	fe^{33}	fe^{312}	fe^{33}	fe^{33}	fe^{33}	fe^{33}	fe^{33}	fe^{33}	fɔ^{33}	fɔ^{33}	xɔ^{13}	xɔ^{13}

非组声母与晓、匣母相混在洞绥片赣方言中分布并不广泛。主要分布在洞口与绥宁等赣方言区，隆回只有罗洪、高坪与小沙江有部分相混现象。相混的特征也各不相同，主要有非组声母与晓、匣母同读 [f] 或同读 [x] 两种类型。而且这两种类型在同一方言点不同韵摄中也有不同的表现。

从方言点的分布来看，绥宁的黄土矿、瓦屋塘，洞口花园等地相混范围最广。黄土矿多数相混，瓦屋塘与花园则除假摄合口二等晓、匣母与山咸摄入声非组不混外，均已相混。从韵摄来看，遇摄（13 个方言点）与宕摄（11 个方言点）分布最广，其次为山咸摄 10 个，蟹摄 8 个，止摄 7 个，臻、通摄各 6 个。从相混类型看，遇摄属声母同读 [f] 的类型，通摄为声母同读 [x] 的类型，其他韵摄相混类型不一。

因此，洞绥片赣方言非组声母与晓、匣母相混现象并不是整齐划一的，不仅有分布范围上的差异，相混的类型也因韵摄不同而存在差异。

7. 泥、来母洪细相混及"洪混细分"特征的残留

泥母（含娘母）古读鼻音声母，来母读边音。洞绥片赣方言中，泥、来母不分洪细，均有合流为 l 声母的特征。其中，洪音韵母中，泥、来母相混的特征比较整齐，但细音韵母中，部分泥、娘母或读零声母，或读声化韵 ŋ̍，从而与同韵摄的来母相区别，部分保留了泥（娘）、来母"洪混细分"的特征。读零声母以及声化韵 ŋ̍ 的泥、娘母字在各方言中的读音情况如表 4-6 所示。

表 4-6　各方言点泥娘母字读零声母或声化韵 ŋ̍ 的现象

	女	泥	尼	你	尿	念	碾
	语娘	齐泥	脂娘	止娘	啸泥	桥泥	狄娘
荷香桥	y³¹²	ŋ̍/le¹³	n¹³	ŋ̍³¹²	iɛ⁴⁵	ĩ⁵⁵	ĩ³¹²
六都寨	ye³¹²	ŋ̍/le¹³	ni¹³	ŋ̍³¹²	iɛ⁴⁵	ĩ⁵⁵	ĩ³¹²
七江	yi³¹²	ŋ̍/le¹³	i¹³	ŋ̍³¹²	iɛ⁵⁵	ĩ⁵⁵	ĩ³¹²
司门前	yi³¹²	le¹³	i¹³	ŋ̍³¹²	iɛ⁴⁵	ĩ⁵⁵	ĩ³¹²
金石桥	y³¹²	le¹³	i¹³	ŋ̍³¹²	iɛ⁵⁵	iE⁵⁵	iE³¹²
小沙江	y³¹²	le¹³	i¹³	ŋ̍³¹²	iɛ⁵⁵	iE⁵⁵	iE³¹²
西洋江	ɿ³¹²	ŋ̍/le¹³	ŋ̍¹³	ŋ̍³¹²	əi⁵⁵	ĩ⁵⁵	ĩ³¹²
横板桥	ɿ³¹²	ŋ̍/le¹³	n¹³	ŋ̍³¹²	iɛ⁵⁵	ĩ⁵⁵	ĩ³¹²

	女	泥	尼	你	尿	念	碾
	语娘	齐泥	脂娘	止娘	啸泥	桥泥	狝娘
岩口	y^{312}	ŋ/liɔ̃^{13}	liɔ̃^{13}	ŋ̩^{312}	ie^{55}	ĩ^{55}	ĩ^{312}
罗洪	y^{312}	n/lẽ^{13}	i^{13}	ŋ̩^{312}	ie^{55}	iɛ^{55}	iɛ^{312}
高坪	y^{312}	liɔ̃^{13}	li^{13}	ŋ̩^{312}	ie^{55}	ie^{55}	ie^{312}
石江	ʐ̩^{312}	n/le^{13}	ŋ̩^{13}	ŋ̩^{312}	ie^{55}	ie^{55}	ie^{312}
江口	ʐ̩^{312}	n/le^{13}	ŋ̩^{13}	ŋ̩^{312}	ie^{55}	ie^{55}	liɛ^{312}
长塘	ʐ̩^{312}	n/le^{13}	ŋ̩^{13}	ŋ̩^{312}	ie^{55}	ie^{55}	liɛ^{312}
山门	ʐ̩^{312}	n/le^{13}	ŋ̩^{13}	ŋ̩^{312}	ie^{55}	ĩ^{55}	ĩ^{312}
高沙	ʐ̩^{312}	ŋ/le^{13}	ŋ̩^{13}	ŋ̩^{312}	lie^{55}	lie^{55}	liɛ^{312}
花园	ʐ̩^{312}	n/le^{13}	ŋ̩^{13}	ŋ̩^{312}	lie^{55}	li^{55}	lĩ^{312}
金屋塘	ʐ̩^{312}	n/le^{13}	lẽ^{13}	ŋ̩^{312}	ie^{55}	ĩ^{55}	lĩ^{312}
梅坪	ʐ̩^{312}	n/le^{13}	lẽ^{13}	ŋ̩^{312}	ie^{55}	ĩ^{55}	lĩ^{312}
黄土矿	ŋ̩^{312}	n/lẽ^{55}	n^{55}	ŋ̩^{312}	ie^{33}	ie^{33}	ie^{312}
唐家坊	ŋ̩^{312}	n/lẽ^{13}	ŋ̩^{13}	ŋ̩^{312}	lie^{33}	ie^{33}	ie^{312}
瓦屋塘	ŋ̩^{312}	n/lẽ^{13}	ŋ̩^{13}	ŋ̩^{312}	lie^{33}	ie^{33}	ie^{312}

	年	撚	娘	酿	宁	浓	镊
	先泥	铣泥	阳娘	漾娘	青泥	钟娘	叶娘
荷香桥	ĩ^{13}	ĩ^{312}	iɔ̃^{13}	iɔ̃^{55}	lẽ^{55}	iɔ̃^{13}	ĩ^{45}
六都寨	ĩ^{13}	ĩ^{312}	iɔ̃^{13}	liɔ̃^{55}	ŋ̩^{55}	iɔ̃^{13}	ĩ^{55}
七江	ĩ^{13}	ĩ^{312}	iɔ̃^{13}	liɔ̃^{55}	lẽ/ŋ̩^{55}	iɔ̃^{13}	ĩ^{55}
司门前	ĩ^{13}	ĩ^{312}	iɔ̃^{13}	liɔ̃^{55}	lẽ/ŋ̩^{55}	iɔ̃^{13}	ĩ^{45}
金石桥	iɛ^{13}	iɛ^{312}	iɔ̃^{13}	iɔ̃^{312}	lẽ/ŋ̩^{55}	iɔ̃^{13}	ĩ^{45}
小沙江	iɛ^{13}	iɛ^{312}	iɔ̃^{13}	iɔ̃^{312}	lẽ/ŋ̩^{55}	iɔ̃^{13}	ĩ^{33}
西洋江	ĩ^{13}	ĩ^{312}	liɔ̃^{13}	liɔ̃^{55}	ŋ̩^{45}	iɔ̃^{13}	ĩ^{55}
横板桥	ĩ^{13}	ĩ^{312}	liɔ̃^{13}	liɔ̃^{55}	ŋ̩^{45}	iɔ̃^{13}	ĩ^{55}
岩口	iĩ^{13}	iĩ^{312}	lɔ̃^{13}	lɔ̃^{55}	liɔ̃^{55}	lɔ̃^{13}	liĩ^{55}
罗洪	iɛ̃^{13}	iɛ̃^{312}	iɔ̃^{13}	iɔ̃^{55}	liɔ̃/ŋ̩^{55}	iuɔ̃^{13}	ie^{45}
高坪	ie^{13}	ie^{312}	iɔ̃^{13}	iɔ̃^{55}	liɔ̃/ŋ̩^{55}	iɔ̃^{13}	ie^{45}
石江	iɛ̃^{13}	iɛ̃^{312}	liɔ̃^{13}	liɔ̃^{13}	ŋ̩^{13}	iɔ̃^{13}	ĩ^{55}
江口	liɛ̃^{13}	liɛ̃^{312}	liɔ̃^{13}	iɔ̃^{55}	lẽ^{13}	iɔ̃^{13}	ĩ^{55}
长塘	liɛ̃^{13}	liɛ̃^{312}	liɔ̃^{13}	iɔ̃^{55}	lẽ^{13}	iɔ̃^{13}	ĩ^{55}
山门	ĩ^{13}	ĩ^{312}	iɔ̃^{13}	iɔ̃^{55}	ŋ̩^{45}	iɔ̃^{13}	ie^{55}

续表

	年	撚	娘	酿	宁	浓	镊
	先泥	铣泥	阳娘	漾娘	青泥	钟娘	叶娘
高沙	liɛ̃¹³	liɛ̃³¹²	iɔ̃¹³	iɔ̃⁵⁵	lĩ¹³	iɔ̃¹³	lie⁵⁵
花园	lĩ¹³	ĩ³¹²	iɔ̃¹³	iɔ̃⁵⁵	n̩¹³	iɔ̃¹³	lie⁵⁵
金屋塘	ĩ¹³	ĩ³¹²	iɔ̃¹³	liɔ̃⁵⁵	le¹³	iɔ̃¹³	lie⁵⁵
梅坪	ĩ¹³	ĩ³¹²	iɔ̃¹³	liɔ̃⁵⁵	le¹³	iɔ̃¹³	lie⁵⁵
黄土矿	li¹³⁵⁵	ie³¹²	liɔ̃⁵⁵	liɔ̃³³	ŋ̍⁵⁵	iɔ̃⁵⁵	lie⁵⁵
唐家坊	ie¹³	ie³¹²	liɔ̃¹³	liɔ̃³³	lĩ¹³	iɔ̃¹³	lie³⁵
瓦屋塘	ie¹³	ie³¹²	liɔ̃¹³	liɔ̃³³	lĩ¹³	iɔ̃¹³	lie³⁵

表 4-6 中读零声母或声化韵 ŋ̍ 的泥、娘母字均来源于古三、四等字，其中部分泥、娘母有读声化韵 ŋ̍ 或读 l 声母的文白两读现象。读声化韵 ŋ̍ 的现象应该是一种更早层次的读音，读零声母的现象也同样是一种早期的读音，而读 l 声母则是后起的、受权威方言影响而产生的新的读音。泥、娘母三、四等字在权威方言中读 n 声母，而洞绥片赣方言 n、l 不分，因此权威语音的 n 声母在洞绥片赣方言的文读音中就读成了 l，从而在泥、来母洪音相混的基础上，进一步出现了泥、来母细音相混的特征。

部分来母字在洞绥片赣方言中也存在读零声母的现象，不过字数有限，分布也不广，主要出现在所调查的"吕""滤"两个字的读音上，如：

吕：西洋江 ʅ³¹²，横板桥 ʅ³¹²，石江 ʅ³¹²，长塘 ʅ³¹²，山门 ʅ³¹²；

滤：西洋江 ʅ⁵⁵，横板桥 ʅ⁵⁵，石江 ʅ⁵⁵，长塘 ʅ⁵⁵，山门 ʅ⁵⁵。

8. 尖、团相混现象

古精组三、四等字在现代汉语中，声母多腭化，读舌面音，从而和古见系三、四等字读音相同，一般称为尖团音相混。但在部分方言中，精组声母并没有发生腭化现象，而是读舌尖音，从而和读舌面音的古见系声母三、四等字读音相别。洞绥片赣方言中，尖团音对立与相混的现象同时存在，有些方言点甚至因为文白读不同，存在相混与对立两种现象。我们以古韵摄为单位，列出精组三、四等字在各方言点的声母读音情况（其中止摄开口三等精组字韵母读舌尖元音，声母读舌尖音，故只列合口三等字；果摄与江摄无精组三、四等字，不列。以阴声韵与阳声韵为例，阳声韵没有的，列相承的入声韵），详见表 4-7。

表 4-7 洞绥片赣方言精组三、四等字读音举例

	止 醉 至精	遇 姐 鱼清	蟹 妻 齐清	效 焦 宵精	假 姐 马精	流 酒 有精	臻 亲 真清	深 侵 侵清	咸 尖 盐精	山 钱 仙从	梗 精 清精	曾 卿 职精	通 松 钟邪	岩 枪 阳清
荷香桥	tsui⁵⁵	tsʰy³³	tsʰi³³	tsie³³	tsie³¹²	tsiu³¹²	tsʰe²³³	tsʰe²³³	tsi³³	tsʰʅ³¹	tsẽ/tsiõ²³³	tse³³	tsʰɔ̃¹³	tsʰiõ³³
六都寨	tsiu⁵⁵	tsʰiu⁵⁵	tsʰi³³	tsie³³	tsie³¹²	tsiu³¹²	tsʰe²³³	tsʰe²³³	tsi³³	tsʰi¹³	tsẽ/tsiõ²³³	tsi⁴⁵	tsʰɔ̃⁵¹	tsʰiõ³³
七江	tsiu⁵⁵	tsʰiu⁵⁵	tsʰi³³	tsie³³	tsie³¹²	tsiu³¹²	tsʰe²³³	tsʰe²³³	tsi³³	tsʰi¹³	tse/tsiõ²³³	tsi⁴⁵	tsʰɔ̃¹³	tsʰiõ³³
司门前	tsui⁵⁵	tsʰiu⁵⁵	tsʰi³³	tsie³³	tsie³¹²	tsiu³¹²	tsʰe²³³	tsʰe³³	tsi³³	tsʰiɛ¹³	tse/tsiõ²³³	tsi⁴⁵	tsʰɔ̃¹³	tsʰiõ³³
金石桥	tsue⁵⁵	tsʰiu⁵⁵	tsʰi³³	tsie³³	tsiɛ³¹²	tsiu³¹²	tsʰe²³³	tsʰe³³	tsiɛ³³	tsʰiɛ¹³	tsẽ/tsiõ²³³	tsi¹³	tsʰe²³³	tsʰiõ³³
小沙江	tɕiu⁵⁵	tɕʰiu⁵⁵	tɕʰi³³	tɕie³³	tɕA³¹²	tɕiu³¹²	tɕʰe²³³	tɕʰe³³	tɕɛ³³	tɕʰɛ¹³	tɕẽ/tɕiõ²³³	tɕi¹³	tsʰɔ̃¹³	tɕʰiõ³³
西洋江	tɕʰʅ⁴⁵	tɕʰʅ⁵⁵	tɕʰʅ⁵⁵	tɕie⁵⁵	tɕie³¹²	tɕiu³¹²	tɕʰe⁵⁵	tɕʰe⁵⁵	tsi⁵⁵	tsʰi¹³	tsẽ/tsiõ²⁵⁵	tsie⁵⁵	tsʰɔ̃¹³	tɕʰiõ⁵⁵
横板桥	tɕʰʅ⁴⁵	tɕʰʅ⁵⁵	tɕʰʅ³³	tɕie⁵⁵	tɕiA²⁴	tɕiu³¹²	tɕʰe⁵⁵	tɕʰe⁵⁵	tsi⁵⁵	tsʰi¹³	tɕiɛ⁵⁵/tɕiõ²⁵⁵	tɕiA³³	tsʰɔ̃³³	tsʰiõ⁵⁵
岩口	tsʅ⁵⁵	tsʰy³³	tɕʰi³³	tsie³³	tsiA³¹²	tɕiu³¹²	tsʰiõ³³	tsʰiõ³³	tsiõ³³	tsʰʅ¹³	tɕiõ²³³	tɕi³³	tsʰɔ̃³³	tsʰiõ³³
罗洪	tɕiu⁵⁵	tsʰy³³	tɕʰʅ³³	tɕie³³	tɕie/tɕiA³¹²	tɕiu³¹²	tɕʰiõ³³	tɕʰiõ³³	tɕiɛ³³	tɕʰiɛ¹³	tɕẽ/tɕiõ³³	tɕi³³	tsʰɔ̃³³	tɕʰiõ³³
高坪	tɕʰʅ⁴⁵	tsʰy³³	tɕʰi³³	tɕie³³	tsiA³¹²	tɕiu³¹²	tsʰiõ³³	tɕʰiõ³³	tsi³³	tsʰʅ¹³	tɕiõ²³³/tɕiõ³³	tɕi³³	tsʰɔ̃³³	tɕʰiõ³³
石江	tɕʰʅ²⁴	tɕʰi⁵⁵	tɕʰʅ⁵⁵	tɕie⁵⁵	tɕie⁵⁵	tɕi³¹²	tɕʰe⁵⁵	tɕʰe²³³	tɕiɛ⁵⁵	tɕʰiɛ¹³	tsẽ/tɕ⁵⁵	tɕie⁵⁵	tsʰɔ̃³³	tɕʰɔ̃⁵⁵
江口	tɕʅ²⁴	tɕʰʅ⁵⁵	tɕʰʅ⁵⁵	tɕie⁵⁵	tɕiA³¹²	tɕi³¹²	tɕʰe⁵⁵	tɕʰe⁵⁵	tɕiɛ⁵⁵	tɕʰiɛ¹³	tɕẽ/tɕiõ²⁵⁵	tɕi⁵⁵	tsʰɔ̃¹³	tɕʰiõ⁵⁵
长塘	tɕi²⁴	tɕʰi⁵⁵	tɕʰʅ³³	tɕie⁵⁵	tɕiA³¹²	tɕi³¹²	tɕʰe⁵⁵	tɕʰe⁵⁵	tɕiɛ⁵⁵	tɕʰiɛ¹³	tsẽ/tɕiõ²⁵⁵	tɕie⁵⁵	tsʰɔ̃³³	tɕʰiõ⁵⁵
山门	tɕʅ⁴⁵	tɕʰʅ⁵⁵	tɕʰi³³	tsie³³	tsiɛ³¹²	tsiu³¹²	tɕʰe⁵⁵	tɕʰe⁵⁵	tɕiɛ⁵⁵	tɕʰiɛ¹³	tɕẽ/tɕiõ²⁵⁵	tɕiɛ⁵⁵	tsʰɔ̃¹³	tɕʰiõ⁵⁵
高沙	tɕiu²⁴	tɕʰiu⁵⁵	tɕʰi⁵⁵	tɕie⁵⁵	tɕie/tɕiA³¹²	tɕiu³¹²	tɕʰʅ⁵⁵	tɕʰʅ⁵⁵	tɕiɛ⁵⁵	tɕʰi¹³	tɕẽ/tɕiõ²⁵⁵	tɕi³³	tsʰɔ̃¹³	tɕʰiõ⁵⁵
花园	tsiu²⁴	tsʰiu⁵⁵	tsʰi³³	tsie³³	tsie/tsiA³¹²	tsiu³¹²	tsʰʅ⁵⁵	tsʰʅ⁵⁵	tsi³³	tsʰʅ¹³	tɕʅ/tɕiõ²⁵⁵	tse⁵⁵	tsʰɔ̃¹³	tsʰiõ⁵⁵
金屋塘	tsi²⁴	tsʰi⁵⁵	tsʰi³³	tsie³³	tsiA³¹²	tɕi³¹²	tsʰe²³³	tsʰe²³³	tsi⁵⁵	tsʰi⁵⁵	tse/tsiõ²⁵⁵	tɕiɛ⁵⁵	tsʰɔ̃³³	tsʰiõ⁵⁵
梅坪	tɕy³⁵	tɕʰy³³	tɕʰi³³	tɕe³³	tɕiA³⁵	tɕiu³¹²	tsʰʅ³³	tɕʰe³³	tɕɛ³³	tsʰiɛ¹³	tsẽ/tɕiõ³³	tɕiɛ³³	tsʰe²⁵⁵	tsʰiõ⁵⁵
黄土矿	tsy³⁵	tsʰy³³	tsʰi³³	tsie³³	tsiA³⁵	tsiu³¹²	tsʰʅ³³	tsʰʅ³³	tsɛ⁵⁵	tsʰʅ¹³	tɕʅ/tsiõ³³	tsi³³	tsʰiõ³³	tsʰiõ⁵⁵
唐家坊	tsy³⁵	tsʰy³³	tsʰi³³	tsie³³	tsiA³¹²	tsi³¹²	tsʰʅ³³	tsʰʅ³³	tsɛ³³	tsʰʅ¹³	tsʅ/tsiõ³³	tsi³³	tsʰiõ¹³	tsʰiõ⁵⁵
瓦屋塘	tsy³⁵	tsʰy³³	tsʰi³³	tsie³³	tsiA³¹²	tsiu³¹²	tsʰʅ³³	tsʰʅ³³	tsɛ³³	tsʰiɛ³³	tsʅ/tsiõ³³	tsi³³	tsʰiõ¹³	tsʰiõ³³

　　尖团是否合流在洞绥片方言中大致分为四种类型。①尖团对立。主要分布在隆回的荷香桥、六都寨、司门前、七江、金石桥、岩口，洞口的花园，绥宁的瓦屋塘、金屋塘。②除止摄、遇摄合口三等精组字声母腭化读舌面音，与见系细音合流外，其他韵摄精组三、四等字仍读舌尖音，与见系细音保持对立。这种情况主要分布在隆回的西洋江、横板桥，洞口的山门。③除臻、深、梗、通摄外，尖团音合流。主要分布在洞口的石江、江口、长塘。其中梗摄精组三、四等字文读舌尖音，白读舌面音。④除通摄合口三等精组字声母读舌尖音外，其他韵摄尖团音完全合流。主要分布在隆回的小沙江、罗洪、高坪，洞口的高沙，绥宁的黄土矿。

　　第三种类型与第四种类型实际上并没有本质区别。因为这两种类型中，精组字声母读舌尖音，是因为韵母读洪音，所以没有发生腭化现象。如第三、四种类型方言点的通摄三等精组字韵母都读 ɔ̃，第三种类型方言点的臻、深、梗（文读）摄精组三、四等字韵母都读 ɛ̃。如果这几个韵摄的精组三、四等字韵母读细音，声母一样读舌面音。如第三种类型方言点的梗摄三、四等精组文读音韵母读细音，相应的声母就读舌面音。

　　因此，尖团合流现象在洞绥片赣方言中的发展是不平衡的，分布情况呈现地域性差异。其中第一种类型主要分布在隆回大部分赣方言区，第二种类型主要分布在洞口与隆回交界地区，第三、四种类型主要分布在洞口其他地区。

　　9. 见系开口二等字普遍具有文白两读现象，文读声母为舌面音，韵母读细音；白读声母为舌根音，韵母读洪音（其中影母开口二等字一般白读开口呼零声母，文读齐齿呼零声母）

　　见系开口二等字在洞绥片赣方言中声母读舌根音，韵母读洪音的白读现象非常普遍，并且这种白读现象普遍出现在日常生活的交际语音中，只有读书音中声母读舌面音，韵母读细音（但大多数方言点文读仍读开口呼，这是洞绥片赣方言一种非常普遍的现象，见下文声母与韵母拼合特征的讨论）。不过部分字在洞绥片赣方言中，只有文读音，没有白读音。这些开口二等见系字分韵摄举例见表 4-8。

表 4-8　声母读舌面音的开口二等见系字

	假			效			江		梗		
	假	亚	夏	巧	淆	效	腔	降	茎	幸	樱
	马见	祃影	祃匣	巧溪	肴匣	效匣	江溪	江匣	耕匣	梗匣	耕影
荷香桥	tɕA³¹²	iA⁵⁵	ɕA⁵⁵	tɕʰiɐ³¹²	ɕiɐ³¹²	ɕiɐ⁴⁵	tɕʰɔ³³	ɕɔ¹³	tɕẽ¹³	ɕe⁵⁵	iɐ³³
六都寨	tɕA³¹²	iA⁵⁵	ɕA⁵⁵	tɕʰiɐ³¹²	ɕiɐ³¹²	ɕiɐ⁵⁵	tɕʰɔ³³	ɕɔ¹³	tɕẽ¹³	ɕe⁵⁵	iɐ³³
七江	tɕA³¹²	iA⁵⁵	ɕA⁵⁵	tɕʰiɐ³¹²	ɕiɐ³¹²	ɕiɐ⁵⁵	tɕʰɔ³³	ɕɔ¹³	tɕẽ¹³	ɕe⁵⁵	iɐ³³
司门前	tɕA³¹²	iA⁵⁵	ɕA⁵⁵	tɕʰiɐ³¹²	ɕiɐ³¹²	ɕiɐ⁵⁵	tɕʰɔ³³	ɕɔ¹³	tɕẽ¹³	ɕe⁵⁵	iɐ³³
金石桥	tɕA³¹²	iA⁵⁵	ɕA⁵⁵	tɕʰiɐ³¹²	ɕiɐ³¹²	ɕiɐ⁵⁵	tɕʰɔ³³	ɕɔ¹³	tɕẽ¹³	ɕe⁵⁵	iɐ³³
小沙江	tɕA³¹²	iA⁵⁵	ɕA⁵⁵	tɕʰiɐ³¹²	ɕiɐ³¹²	ɕiɐ⁵⁵	tɕʰɔ³³	ɕɔ¹³	tɕẽ¹³	ɕe⁵⁵	iɐ³³
西洋江	tɕA³¹²	iA⁴⁵	ɕA⁵⁵	tɕʰɐ³¹²	ɕɐ³¹²	ɕe⁴⁵	tɕʰɔ⁵⁵	ɕɔ¹³	tɕẽ¹³	ɕe⁴⁵	iɐ⁵⁵
横板桥	tɕA³¹²	iA⁴⁵	ɕA⁵⁵	tɕʰɐ³¹²	ɕɐ³¹²	ɕe⁴⁵	tɕʰɔ⁵⁵	ɕɔ¹³	tɕẽ¹³	ɕe⁴⁵	iɐ⁵⁵
岩口	tɕA³¹²	iA⁵⁵	ɕA⁵⁵	tɕʰiɐ³¹²	ɕiɐ³¹²	ɕiɐ⁵⁵	tɕɔ³³	ɕɔ¹³	tɕiɔ̃¹³	ɕiɔ⁵⁵	iɔ⁵⁵
罗洪	tɕA³¹²	iA⁵⁵	ɕA⁵⁵	tɕʰiɐ³¹²	ɕiɐ³¹²	ɕiɐ⁵⁵	tɕʰɔ³³	ɕɔ¹³	tɕɔ̃¹³	ɕə⁵⁵	iə³³
高坪	tɕiA³¹²	iA⁵⁵	ɕiA⁵⁵	tɕʰiɐ³¹²	ɕiɐ³¹²	ɕiɐ⁵⁵	tɕʰiɔ̃³³	ɕiɔ¹³	kɔ̃¹³	ɕiɔ⁵⁵	iɔ⁵⁵
石江	tɕA³¹²	iA²⁴	ɕA⁵⁵	tɕʰiɐ³¹²	ɕiɐ¹³	ɕiɐ⁵⁵	tɕʰɔ⁵⁵	ɕɔ¹³	tɕẽ¹³	ɕe⁵⁵	iɐ⁵⁵
江口	tɕA³¹²	iA²⁴	ɕA⁵⁵	tɕʰiɐ³¹²	iɐ¹³	ɕiɐ⁵⁵	tɕʰɔ⁵⁵	ɕɔ¹³	tɕẽ¹³	ɕe⁵⁵	iɐ⁵⁵
长塘	tɕA³¹²	iA²⁴	ɕA⁵⁵	tɕʰiɐ³¹²	iɐ¹³	ɕiɐ⁵⁵	tɕʰɔ⁵⁵	ɕɔ¹³	tɕẽ¹³	ɕe⁵⁵	iɐ⁵⁵
山门	tɕiA³¹²	iA⁵⁵	ɕiA⁵⁵	tɕʰɐ³¹²	ɕɐ³¹²	ɕe⁴⁵	tɕʰɔ⁵⁵	ɕɔ¹³	tɕẽ¹³	ɕe⁴⁵	iɐ⁵⁵
高沙	tɕA³¹²	iA⁵⁵	ɕA⁵⁵	tɕʰiɐ³¹²	iɐ³¹²	ɕiɐ²⁴	tɕʰɔ⁵⁵	ɕɔ¹³	tɕɿ⁵⁵	ɕɿ³⁵	ɿ̃⁵⁵
花园	tɕiA³¹²	iA⁵⁵	ɕiA⁵⁵	tɕʰiɐ³¹²	ɕiɐ³¹²	ɕiɐ³⁵	tɕʰɔ⁵⁵	ɕɔ¹³	tɕɿ⁵⁵	ɕɿ³⁵	ɿ̃
金屋塘	tɕA³¹²	iA²⁴	ɕA⁵⁵	tɕʰiɐ³¹²	iɐ¹³	ɕiɐ³⁵	tɕʰɔ⁵⁵	ɕɔ¹³	tɕẽ¹³	ɕe⁵⁵	iɐ⁵⁵
梅坪	tɕA³¹²	iA²⁴	ɕA⁵⁵	tɕʰiɐ³¹²	iɐ¹³	ɕiɐ⁵⁵	tɕʰɔ⁵⁵	ɕɔ¹³	tɕẽ¹³	ɕe⁵⁵	iɐ⁵⁵
黄土矿	tɕiA³¹²	iA³⁵	ɕiA³³	tɕʰiɐ³¹²	ɕiɐ³¹²	ɕiɐ³³	tɕʰɔ³³	ɕɔ⁵⁵	tɕɿ³³	ɕɿ³³	ɿ̃³³
唐家坊	tɕiA³¹²	iA³³	ɕiA³³	tɕʰiɐ³¹²	ɕiɐ³¹²	ɕiɐ³³	tɕʰɔ³³	ɕɔ¹³	tɕɿ³³	ɕɿ³⁵	ɿ̃³³
瓦屋塘	tɕiA³¹²	iA³³	ɕiA³³	tɕʰiɐ³¹²	ɕiɐ³¹²	ɕiɐ³³	tɕʰɔ³³	ɕɔ¹³	tɕɿ	ɕɿ³⁵	ɿ̃³³

以上古开口二等见系字多为文读色彩比较浓的词，从声母特点来看，以古晓匣母与影母居多。其中梗摄开口二等见系字声母是否腭化与现代汉语比较一致，但"行""杏"等常用字在洞绥片赣方言中一般读舌根音，与现代汉语不同。

10. 知庄章组声母的分化合流关系

洞绥片赣方言中，庄组与知组二等声母多已合流，其中在尖团对立的方言点中与精组声母读音相同，在尖团合流的方言点则与精组洪音读音相同，读舌尖音 ts、tsʰ、s。知三章组声母多与见系细音声母读音合流，读舌面音 tɕ、tɕʰ、ɕ。表 4-9 以韵摄为单位，列出各方言点知庄章组声母的读音（以 ts、tɕ 分别代表舌尖音与舌面音）。

表 4-9 洞绥片赣方言知庄章组声母读音

	假		遇		蟹		止			效		流		咸	
	知二庄	知三章	庄	知章	庄二	知三章	知开	章庄开	知章合	庄二	知三章	庄	知章	知二庄	知三章
荷香桥	ts	tɕ	ts	tɕ	ts	ts	ts/tɕ	ts	ts/tɕ	ts	tɕ	ts	tɕ	ts	tɕ
六都寨	ts	tɕ	ts	tɕ	ts	ts	ts/tɕ	ts	ts/tɕ	ts	tɕ	ts	tɕ	ts	tɕ
七江	ts	tɕ	ts	tɕ	ts	ts	ts/tɕ	ts	ts/tɕ	ts	tɕ	ts	tɕ	ts	tɕ
司门前	ts	tɕ	ts	tɕ	ts	ts	ts/tɕ	ts	ts/tɕ	ts	tɕ	ts	tɕ	ts	tɕ
金石桥	ts	tɕ	ts	tɕ	ts	ts	ts/tɕ	ts	ts/tɕ	ts	tɕ	ts	tɕ	ts	tɕ
小沙江	ts	tɕ	ts	tɕ	ts	ts	ts/tɕ	ts	ts/tɕ	ts	tɕ	ts	tɕ	ts	tɕ
西洋江	ts	tɕ	ts	tɕ	ts	ts	ts/tɕ	ts	ts/tɕ	ts	tɕ	ts	tɕ	ts	tɕ
横板桥	ts	tɕ	ts	tɕ	ts	ts	ts/tɕ	ts	ts/tɕ	ts	tɕ	ts	tɕ	ts	tɕ
岩口	ts	ts	ts	tɕ	ts	ts	ts/tɕ		tɕ/ts		tɕ/kʰ	ts	tɕ	ts	ts
罗洪	ts	ts	ts	tɕ	ts	ts	ts		tɕ		tɕ	tɕ	tɕ	tɕ	tɕ
高坪	ts	tɕ	ts	tɕ	ts	ts	ts		tɕ/ts		tɕ	tɕ	tɕ	tɕ	tɕ
石江	ts	tɕ	ts	tɕ	ts	ts	ts/tɕ	ts	ts/tɕ	ts	tɕ	ts	tɕ	ts	tɕ
江口	ts	tɕ	ts	tɕ	ts	ts	ts/tɕ	ts	ts/tɕ	ts	tɕ	ts	tɕ	ts	tɕ
长塘	ts	tɕ	ts	tɕ	ts	ts	ts/tɕ	ts	ts/tɕ	ts	tɕ	ts	tɕ	ts	tɕ
山门	ts	tɕ	ts*	tɕ	ts	ts	ts/tɕ	ts	ts/tɕ	ts	tɕ	ts	tɕ	ts	tɕ
高沙	ts	tɕ	ts	tɕ	ts	ts	ts/tɕ	ts	ts/tɕ	ts	tɕ	ts	tɕ	ts	tɕ
花园	ts	tɕ	ts	tɕ	ts	ts	ts/tɕ	ts	ts/tɕ	ts	tɕ	ts	tɕ	ts	tɕ
金屋塘	ts	tɕ	ts	tɕ	ts	ts	ts/tɕ	ts	ts/tɕ	ts	tɕ	ts	tɕ	ts	tɕ
梅坪	ts	tɕ	ts	tɕ	ts	ts	ts/tɕ	ts	ts/tɕ	ts	tɕ	ts	tɕ	ts	tɕ
黄土矿	ts	tɕ	ts*	tɕ	ts	ts	ts/tɕ	ts	ts/tɕ	ts	tɕ	ts	tɕ	ts/tɕ	tɕ
唐家坊	ts	tɕ	ts	tɕ	ts	ts	ts/tɕ	ts	ts/tɕ	ts	tɕ	ts	tɕ	ts/tɕ	tɕ
瓦屋塘	ts	tɕ	ts	tɕ	ts	ts	ts/tɕ	ts	ts/tɕ	ts	tɕ	ts	tɕ	ts/tɕ	tɕ

	山		深		臻		宕		江	曾		梗		通	
	知二庄	知三章	庄	知章	庄	知章	庄	知章	知庄	庄	知章	知二庄	知三章	庄	知章
荷香桥	ts	tɕ	ts	tɕ	ts	tɕ	ts	tɕ	ts	ts	tɕ	ts	tɕ	ts	tɕ
六都寨	ts	tɕ	ts	tɕ	ts	tɕ	ts	tɕ	ts	ts	tɕ	ts	tɕ	ts	tɕ
七江	ts	tɕ	ts	tɕ	ts	tɕ	ts	tɕ	ts	ts	tɕ	ts	tɕ	ts	tɕ
司门前	ts	tɕ	ts	tɕ	ts	tɕ	ts	tɕ	ts	ts	tɕ	ts	tɕ	ts	tɕ
金石桥	ts	tɕ	ts	tɕ	ts	tɕ	ts	tɕ	ts	ts	tɕ	ts	tɕ	ts	tɕ
小沙江	ts	tɕ	ts	tɕ	ts	tɕ	ts	tɕ	tɕ	ts	tɕ	ts	tɕ	ts	tɕ
西洋江	ts	tɕ	ts	tɕ	ts	tɕ	ts	tɕ	ts	ts	tɕ	ts	tɕ	ts	tɕ
横板桥	ts	tɕ	ts	tɕ	ts	tɕ	ts	tɕ	ts	ts	tɕ	ts	tɕ	ts	tɕ
岩口	ts	ts	ts	tɕ	ts	tɕ	ts	tɕ	ts	ts	tɕ	ts	tɕ	ts	tɕ
罗洪	ts	tɕ	ts	tɕ	tɕ	ts	tɕ	tɕ	tɕ	ts	tɕ	ts	tɕ	tɕ	tɕ

续表

	山		深		臻		宕		江	曾		梗		通	
	知二庄	知三章	庄	知章	庄	知章	庄	知章	知庄	庄	知章	知二庄	知三章	庄	知章
高坪	ts	tɕ	ts	tɕ	ts	tɕ	ts	tɕ	ts	ts	tɕ	ts	tɕ	ts	tɕ
石江	ts	tɕ	ts	tɕ	ts	tɕ	ts	tɕ	ts	ts	tɕ	ts	tɕ	ts	tɕ
江口	ts	tɕ	ts	tɕ	ts	tɕ	ts	tɕ	ts	ts	tɕ	ts	tɕ	ts	tɕ
长塘	ts	tɕ	ts	tɕ	ts	tɕ	ts	tɕ	ts	ts	tɕ	ts	tɕ	ts	tɕ
山门	ts	tɕ	ts	tɕ	ts	tɕ	ts	tɕ	ts	ts	tɕ	ts	tɕ	ts	tɕ
高沙	ts	tɕ	ts	tɕ	ts	tɕ	ts	tɕ	ts	ts	tɕ	ts	tɕ	ts	tɕ
花园	ts	tɕ	ts	tɕ	ts	tɕ	ts	tɕ	ts	ts	tɕ	ts	tɕ	ts	tɕ
金屋塘	ts	tɕ	ts	tɕ	ts	tɕ	ts	tɕ	ts	ts	tɕ	ts	tɕ	ts	tɕ
梅坪	ts	tɕ	ts	tɕ	ts	tɕ	ts	tɕ	ts	ts	tɕ	ts	tɕ	ts	tɕ
黄土矿	ts	tɕ	ts	tɕ	ts	tɕ	ts	tɕ	ts	ts	tɕ	ts	tɕ	ts	tɕ
唐家坊	ts	tɕ	ts	tɕ	ts	tɕ	ts	tɕ	ts	ts	tɕ	ts	tɕ	ts	tɕ
瓦屋塘	ts	tɕ	ts	tɕ	ts	tɕ	ts	tɕ	ts	ts	tɕ	ts	tɕ	ts	tɕ

说明：

① 假摄开口三等声母字"厦"（大厦）的声母在洞绥片赣方言中都读 [ɕ]，依据的是其匣母的文读音（《广韵》胡雅切）。

② 部分遇摄三等庄组字在洞口山门等地声母读舌面音，如"阻""锄""梳"。绥宁黄土矿等地，"锄"字声母也读舌面音。

③ 咸摄开口二等知组声母字"赚"在隆回罗洪，洞口山门、高沙、花园，绥宁等地读舌面音，韵母读撮口呼。

④ 梗摄开口二等知组字"澄""橙"在各方言点中声母多读舌面音。

知二庄组声母与精组洪音声母合流，知三章组声母与见系细音声母合流，是洞绥片赣方言的普遍特征。除表 4-9 说明部分所指出的部分字存在特殊读音外，还有部分方言点的知庄章组声母存在特殊读音现象。

（1）知二庄组声母在洞绥片赣方言中与精组洪音声母合流，读舌尖音 ts、tsʰ、s，这是洞绥片赣方言的早期读音层次。少数方言点中部分韵摄知二庄组字读舌面音 tɕ、tɕʰ、ɕ，则是后起的语音演变的结果。

知二庄组字声母读舌面音主要出现在流摄三等庄组字中，主要分布在隆回的罗洪、高坪，洞口的石江、江口、长塘。如：

搊：罗洪 tɕʰie^{33}，高坪 tɕʰie^{33}，石江 tɕʰie^{55}，江口 tɕʰie^{55}，长塘 tɕʰie^{55}；

愁：罗洪 tɕʰie^{13}，高坪 tɕʰie^{13}，石江 tɕʰie^{13}，江口 tɕʰie^{13}，长塘 tɕʰie^{13}；

馊：罗洪 ɕie^{33}，高坪 ɕie^{33}，石江 ɕie^{55}，江口 ɕie^{55}，长塘 ɕie^{55}；

瘦：罗洪 ɕie^{55}，高坪 ɕie^{55}，石江 ɕie^{24}，江口 ɕie^{24}，长塘 ɕie^{24}。

以上读音都分布在具有尖团合流特征的方言点。根据庄组声母的读音特征，一般是与精组洪音合流，也就是庄组三等字韵母一般读开口呼，声母读舌尖音。而流摄比较特殊，这一韵摄庄组三等字虽然与精组一等字读音相同，但韵母都读齐齿呼。并且声母读舌面音的特征不仅发生庄组字中，而且发生在精组一等字中，如：

走：罗洪 tɕie³¹²，高坪 tɕie³¹²，石江 tɕie³¹²，江口 tɕie³¹²，长塘 tɕie³¹²；

揍：罗洪 tɕie⁵⁵，高坪 tɕie⁵⁵，石江 tɕie²⁴，江口 tɕie²⁴，长塘 tɕie²⁴；

凑：罗洪 tɕʰie⁵⁵，高坪 tɕʰie⁵⁵，石江 tɕʰie²⁴，江口 tɕʰie²⁴，长塘 tɕʰie²⁴；

叟：罗洪 ɕie³¹²，高坪 ɕie³¹²，石江 ɕie³¹²，江口 ɕie³¹²，长塘 ɕie³¹²。

根据流摄精组一等与庄组三等的语音特征，我们不难推测，最初流摄庄组三等与精组一等是同音的，并且都读舌尖洪音。后来流摄一等字，包括与一等合流的三等庄组字都衍生了 i 介音。在精组细音腭化的语音演变进程中，流摄一等精组字、三等庄组字与其他精组细音一起，声母腭化，读舌面音。因此，这些地区的庄组三等字虽然读舌面音，仍然具备与精组一等声母合流的特征。

流摄一等精组与庄组三等字读舌面细音的现象，也可以进一步证明这些地区见系细音声母的腭化时间远早于精组声母的腭化。以上方言点中，流摄一等见系字韵母也产生了 i 介音，如：

沟：罗洪 kie³³，高坪 kie³³，石江 kie⁵⁵，江口 kie⁵⁵，长塘 kie⁵⁵；

口：罗洪 kie³¹²，高坪 kʰie³¹²，石江 kie³¹²，江口 kie³¹²，长塘 kie³¹²。

但这些方言点的见系字并没有像精组一等字一样声母腭化，说明见系细音的腭化现象在这些地区早已完成，因此不具备演变的时间条件。

（2）知三章组声母在洞绥片赣方言中合流以后一般读舌面音，与见系细音声母读音相同，但在止、蟹摄中，读音有所不同。其中蟹摄开口三等知章组字声母都读舌尖音，韵母读相应的舌尖元音。止摄开口三等韵中，知组字部分读舌尖音，韵母读舌尖元音，与庄章组字读音合流；但有很大一部分知组开口三等字声母读舌面音，韵母读舌面元音 i，与庄章组字读音有别。后一种读音基本上与《中原音韵》所反映的止摄开口三等知组与庄章组字读音不同的语音特征一致。《中原音韵》中，止摄开口三等知组字入"齐微"部，韵母读 i，止摄开口三等精庄章组字入"支思"部，韵母读 ɿ（杨耐思，1981：88~97）。止摄合口三等韵中，知组字的读音具有同样的特点，部分与庄章组读音合流，声母读舌尖音，韵母读合口呼；部分声母读舌面音，韵母读 ʅ 或 y。止摄知庄章组字的读音，反映了洞绥片赣方言一方面保留了知组字与庄章组字读音有别的早期语音层次，另一方面知组字开始逐渐向与庄章组字读音合流的方向发展。

11. 疑母、影母和日母的读音特征

疑母、影母和日母除上文所讨论的合口三、四等字声母读鼻音 m 的现象外，在不同方言点还有不同的语音特征，这里一并讨论。

（1）疑母与影母洪音

疑母与影母合口洪音在洞绥片赣方言中读音一致，合流为零声母。疑母与影母在开口呼音节中大部分读零声母，但部分方言点有读舌根鼻音 ŋ 与塞音 k 的现象。疑、影母开口洪音读零声母或舌根鼻音 ŋ 以及塞音 k 的分布情况（各韵摄疑、影母开口一、二等字各举一例，无则阙如）见表4-10。

表4-10　疑、影母开口洪音字读音举例

	果		假		蟹		效		咸	山		臻	宕	梗
	我	阿	芽	哑	磑	挨	熬	妖	暗	岸	晏	恩	昂	硬
	哿疑	歌影	麻疑	马影	哈疑	皆影	豪疑	晧影	勘影	翰疑	谏影	痕影	唐疑	映疑
荷香桥	o^{312}	o^{33}	ɔ̃^{13}	A^{312}	a^{13}	a^{13}	ɐ^{13}	ɐ^{13}	ã^{45}	ã^{55}	ã^{45}	ẽ^{33}	ɐ^{13}	ẽ^{55}
六都寨	u^{312}	o^{33}	ã^{13}	A^{312}	a^{13}	a^{13}	ɐ^{13}	ɐ^{312}	ã^{55}	ã^{55}	ã^{55}	ẽ^{33}	ɔ^{13}	ẽ^{55}
七江	õ^{312}	o^{33}	ã^{13}	A^{312}	a^{13}	a^{13}	ɐ^{13}	ɐ^{312}	ã^{55}	ã^{55}	ã^{55}	ẽ^{33}	ɔ^{13}	ẽ/ɔ̃^{55}
司门前	o^{312}	o^{33}	ɑ̃^{13}	A^{312}	a^{13}	a^{13}	ɐ^{13}	ɐ^{312}	ɑ̃^{55}	ɑ̃^{55}	ɑ̃^{55}	ẽ^{33}	ɔ^{13}	ẽ^{55}
金石桥	o^{45}	o^{33}	a^{13}	A^{312}	a^{13}	a^{33}	ɐ^{13}	ɐ^{312}	a^{55}	a/iɛ^{55}		ẽ^{33}	ɐ^{13}	ẽ/ɔ̃^{55}
小沙江	o^{45}	o^{33}	A^{13}	iA^{312}	a^{13}	a^{33}	ɐ^{13}	ɐ^{312}	a^{55}	a/iɛ^{55}		ẽ^{33}	ɐ^{13}	ẽ/ɔ̃^{55}
西洋江	o^{312}	o^{55}	iA^{13}	A^{312}	a^{13}	a^{13}	ɐ^{13}	ɐ^{312}	a^{45}	a^{45}		ẽ^{55}	ɔ^{13}	ɔ̃^{55}
横板桥	o^{312}	o^{33}	ŋA^{13}	ŋA^{312}	a^{13}	a^{13}	ɐ^{13}	ɐ^{312}	ã^{45}	ã^{45}	ã^{45}		ɔ^{13}	ɔ̃^{55}
岩口	u^{33}	o^{33}	ŋA̠^{13}	A^{312}	a^{13}	a^{55}	ŋɐ^{13}	ɐ^{312}	ã^{55}	ã^{55}	ŋã^{55}	ĩ^{33}	ŋɔ^{13}	ɔ̃^{55}
罗洪	o^{312}	o^{33}	A^{13}	A^{312}	a^{13}	a^{13}	ɐ^{13}	ɐ^{312}	ã^{55}	ã^{55}	ã^{55}	ẽ^{33}	ɐ^{13}	ɔ̃/ɔ^{55}
高坪	o^{312}	A^{33}	ŋA^{13}	A^{312}	a^{13}	a^{13}	ɐ^{13}	ɐ^{312}	ã^{55}	ã^{55}	ã^{55}	ẽ^{33}	ɐ^{13}	ẽ/ɔ̃^{55}
石江	o^{312}	o^{55}	A^{13}	A^{312}	a^{13}	a^{13}	ɐ^{13}	ɐ^{312}	ã^{24}	ã^{55}	ã^{24}	ẽ^{33}	ɔ^{13}	ɔ̃^{55}
江口	o^{312}	o^{55}	ŋa^{13}	ŋA^{312}	ŋa^{13}	ŋa^{13}	ŋɐ^{13}	ŋɐ^{312}	ŋɐ^{24}	ŋã^{55}	ŋã^{24}	ẽ^{55}	ŋɐ^{13}	ɔ̃^{55}
长塘	o^{312}	o^{55}	ŋA^{13}	A^{312}	a^{13}	ŋa^{13}	ɐ^{13}	ŋɐ^{312}	ŋã^{24}	ŋã^{55}	ŋã^{24}	ẽ^{33}	ŋɐ^{13}	ɔ̃^{55}

	果		假		蟹		效		咸	山		臻	宕	梗
	我	阿	芽	哑	磑	挨	熬	祅	暗	岸	晏	恩	昂	硬
	哿疑	歌影	麻疑	马影	哈疑	皆影	豪疑	晧影	勘影	翰疑	谏影	痕影	唐疑	映疑
山门	o^{312}	o^{55}	ᴀ^{13}	ᴀ^{312}	a^{13}	a^{13}	ɐ^{13}	ɐ^{312}	ã^{55}	ã^{45}	ã^{45}	ẽ^{55}	ɔ̃^{13}	ŋɔ̃^{55}
高沙	ko^{312}	o^{55}	kᴀ^{13}	kᴀ^{312}	ka^{13}	ŋa^{13}	kɐ^{13}	ŋɐ^{312}	ŋa^{24}	ŋã^{24}	ŋã^{24}	ŋẽ^{55}	ŋɐ^{13}	ɔ̃^{55}
花园	ko^{312}	o^{55}	kᴀ^{13}	ᴀ^{312}	ka^{13}	ka^{13}	kɐ^{13}	kɐ^{312}	ã^{35}	ŋã^{35}	ŋã^{35}	ŋẽ^{55}	ɐ^{13}	ɔ̃^{55}
金屋塘	ŋo^{312}	ᴀ^{55}	ŋᴀ^{13}	ŋᴀ^{312}	ŋa^{13}	ŋa^{55}	ŋɐ^{13}	ŋɐ^{312}	ã^{24}	ŋa^{55}	ŋa^{24}	ẽ^{55}	mɔ^{13}	ɔ̃^{55}
梅坪	ŋo^{312}	ᴀ^{55}	ŋᴀ^{13}	ŋᴀ^{312}	ŋa^{13}	ŋa^{55}	ŋɐ^{13}	ŋɐ^{312}	ã^{35}	ŋa^{55}	ŋa^{24}	ẽ^{55}	mɔ^{13}	ɔ̃^{55}
黄土矿	ŋo^{312}	ᴀ/o^{33}	ŋᴀ^{55}	ŋᴀ^{312}	ŋa^{55}	ŋa^{33}	ŋɐ^{55}	ŋɐ^{312}	a^{35}	ŋɐ^{35}	iẽ/ŋẽ^{33}	ŋẽ^{33}	ɐ^{55}	ŋ/ŋɔ̃^{33}
唐家坊	ŋo^{312}	o^{33}	ŋᴀ^{55}	ŋᴀ^{312}	ŋa^{55}	ŋa^{33}	ŋɐ^{55}	ŋɐ^{312}	ie^{35}	ŋɐ^{35}	iẽ/ŋẽ^{33}	ŋẽ^{33}	ɐ^{13}	ŋ/ŋɔ̃^{33}
瓦屋塘	ŋo^{312}	o^{33}	ŋᴀ^{55}	ŋᴀ^{312}	ŋa^{13}	ŋa^{33}	ŋɐ^{13}	ŋɐ^{312}	ie^{35}	ŋẽ^{35}	iẽ/ŋẽ^{33}	ŋẽ^{33}	ɐ^{13}	ŋ/ŋɔ̃^{33}

从疑、影母开口一、二等声母在洞绥片赣方言的读音来看，读零声母的大部分分布在隆回各赣方言点，以及地域上接近隆回的洞口石江、山门等地。这些方言点只有少数字声母读舌根鼻音，如隆回横板桥"芽"音 [ŋᴀ^{13}]、"哑"音 [ŋᴀ^{312}]，洞口山门"硬"音 [ŋɔ̃^{55}]。

疑母和影母开口一、二等读舌根鼻音 ŋ，主要分布在洞口的高沙、花园以及绥宁各方言点。影、疑母开口一、二等字在这些方言点基本上都合流为舌根鼻音声母，但是在洞口的花园、高沙两地，影、疑母开口一、二等阴声韵字声母大都读舌根塞音 k。这一特征和与之毗邻的老湘语特征非常相似，见下文讨论。

（2）疑母细音

疑母合口三等字声母部分读 m，上文我们已经进行了介绍。这里主要讨论疑母三、四等读 m 声母以外的现象。

疑母合口三、四等字除读 m 声母以外，一般读零声母，与影、喻母读音特征一致。疑母开口三、四等则主要有三种读音现象：①读零声母；②读声化韵；③读 l，与泥、来母合流。表4-11以韵摄为单位，各举一代表例字读音。

表4-11　疑母开口三、四等字读音举例

	蟹	止	流	咸	山		深	臻	宕		曾
	艺	宜	牛	严	谚	业	吟	银	仰	疟	疑
	祭疑	支疑	尤疑	严疑	线疑	业疑	侵疑	真疑	阳疑	药疑	蒸疑
荷香桥	ŋ̩^{45}	ŋ̩^{13}	iə^{13}	ĩ^{13}	ĩ^{45}	ĩ^{13}	iẽ^{13}	iẽ^{13}	iɔ̃^{13}	iu^{45}	ŋ̩^{13}
六都寨	i^{45}	ŋ̩^{13}	iə^{13}	ĩ^{13}	ĩ^{55}	ĩ^{13}	iẽ^{13}	iẽ^{13}	iɔ̃^{13}	iu^{55}	lẽ^{13}
七江	ŋ̩^{45}	ŋ̩^{13}	iə^{13}	ĩ^{13}	ĩ^{55}	ĩ^{13}	iẽ^{13}	iẽ^{13}	iɔ̃^{13}	iu^{55}	lẽ/ŋ̩^{13}
司门前	ŋ̩^{45}	ŋ̩^{13}	iə^{13}	ĩ^{13}	ĩ^{55}	ĩ^{45}	iẽ^{13}	iẽ^{13}	iɔ̃^{13}	iu^{45}	lẽ^{13}
金石桥	ŋ̩^{45}/i^{55}	ŋ̩^{13}	iə^{13}	iE^{13}	iE^{55}	iE^{45}	iẽ^{13}	iẽ^{13}	iɔ̃^{13}	iu^{45}	i^{13}

	蟹	止	流	咸	山		深	臻	宕		曾
	艺	宜	牛	严	谚	业	吟	银	仰	疟	凝
	祭疑	支疑	尤疑	严疑	线疑	业疑	侵疑	真疑	阳疑	药疑	蒸疑
小沙江	i⁵⁵	ŋ̍¹³	iə¹³	iE¹³	iE⁵⁵	ie⁵⁵	iE¹³	iẽ/n̩¹³	iɔ¹³	ye⁵⁵	lẽ¹³
西洋江	n̩⁴⁵	ŋ̍¹³	iu¹³	ĩ¹³	ĩ⁵⁵	ĩ⁵⁵	ie¹³	iẽ/ŋ̍¹³	iɔ¹³	iu⁵⁵	lĩ¹³
横板桥	n̩⁴⁵	ŋ̍¹³	iə¹³	ĩ¹³	ĩ⁵⁵	ĩ⁵⁵	ie¹³	iẽ/ŋ̍¹³	iɔ¹³	iu⁵⁵	lĩ¹³
岩口	i⁵⁵	i¹³	iə¹³	ĩĩ¹³	ĩĩ⁴⁵	ĩĩ¹³	iə¹³	iə¹³	iɔ¹³	iu⁵⁵	iə¹³
罗洪	i⁵⁵	i¹³	iə¹³	iẼ¹³	iE⁴⁵	ie⁴⁵	iə¹³	iə/n¹³	iɔ¹³	iu⁵⁵	i¹³
高坪	i⁵⁵	iẽ¹³	iẽ¹³	iẽ¹³	iẽ¹³	iẽ¹³	iə¹³	iə¹³	iɔ¹³	ye⁵⁵	iə¹³
石江	ŋ̍⁵⁵	ŋ̍¹³	iu¹³	iẽ¹³	iẽ⁵⁵	ĩ¹³	iẽ¹³	iẽ/ŋ̍¹³	iɔ¹³	iu²⁴	ŋ̍¹³
江口	ŋ̍²⁴	ŋ̍¹³	li¹³	iẽ¹³	iẽ⁵⁵	1ẽ⁵⁵	iẽ¹³	iẽ/ŋ̍¹³	iɔ¹³	io¹³	lẽ¹³
长塘	ŋ̍²⁴	ŋ̍¹³	li¹³	iẽ¹³	iẽ⁵⁵	1ẽ⁵⁵	iẽ¹³	iẽ/ŋ̍¹³	iɔ¹³	io⁵⁵	ŋ̍¹³
山门	ŋ̍⁴⁵	ŋ̍¹³	iu¹³	ĩ¹³	ĩ⁵⁵	ĩ⁵⁵	iẽ¹³	iẽ/ŋ̍¹³	iɔ¹³	iu⁵⁵	ĩ¹³
高沙	ŋ̍²⁴	ŋ̍¹³	liu¹³	iẽ¹³	iẽ²⁴	1iẽ⁵⁵	ĩ¹³	ĩ³¹³/ŋ̍¹³	iɔ¹³	iu⁵⁵	ŋ̍¹³
花园	ŋ̍³⁵	ŋ̍¹³	liu¹³	ĩ¹³	ĩ⁵⁵	iẽ⁵⁵	ĩ¹³	ĩ³¹³/ŋ̍¹³	iɔ¹³	iu⁵⁵	ŋ̍¹³
金屋塘	i/ŋ̍²⁴	ŋ̍¹³	i¹³	ĩ¹³	ĩ⁵⁵	iẽ⁵⁵	iẽ¹³	iẽ/ŋ̍¹³	iɔ¹³	iu⁵⁵	lẽ¹³
梅坪	i/ŋ̍²⁴	ŋ̍¹³	i¹³	ĩ¹³	ĩ⁵⁵	iẽ⁵⁵	iẽ¹³	iẽ/ŋ̍¹³	iɔ¹³	iu⁵⁵	lẽ¹³
黄土矿	i/ŋ̍³³	ŋ̍⁵⁵	1iə⁵⁵	iẽ⁵⁵	iẽ⁵⁵	iẽ⁵⁵	ĩ⁵⁵	ĩ/ŋ̍⁵⁵	iɔ⁵⁵	io⁵⁵	ŋ̍³³
唐家坊	ŋ̍³⁵	ŋ̍¹³	iə¹³	iẽ¹³	iẽ³³	iẽ³³	ĩ¹³	ĩ³¹³/ŋ̍¹³	iɔ¹³	io³³	ŋ̍¹³
瓦屋塘	ŋ̍³⁵	ŋ̍¹³	iə¹³	iẽ¹³	iẽ³³	1ẽ³³	ĩ¹³	ĩ³¹³/ŋ̍¹³	iɔ¹³	io³³	ŋ̍¹³

疑母开口三、四等字的三种读音中,读声化韵的应当是一种早期形式。从出现的条件来看,读声化韵的疑母开口三、四等字都出现在止蟹摄、臻摄、梗摄等弇音韵摄中。这些韵摄的疑母开口三、四等字在读声化韵之前,仍当读舌根鼻音。当这些韵摄的疑母字还处于读舌根鼻音阶段的时候,其他韵摄的疑母开口三、四等已经读零声母。由于这些韵摄的介音或主元音发音部位较高,因此疑母字进一步产生了声化韵现象。

现代洞绥片赣方言中,部分韵摄的疑母开口三、四等读零声母或边音 l,少部分还有读声化韵与零声母的两读现象,这应当是比较早期的文白异读形式。疑母开口三、四等读边音 l 的现象则应当是后起的。因为这些韵摄的疑母字在现代汉语中一般读 n 声母,而洞绥片赣方言 n、l 不分,均读边音 l,受现代汉语影响,这些疑母三、四等字产生了读边音声母 l 的现象。

（3）日母

日母除合口三等与影、喻、疑母一样读鼻音 m 之外,也有零声母、边音 l、声化韵等三种读音,各韵摄日母三等字读音举例见表 4-12。

表 4-12　日母字读音举例

点	假 惹 (马日)	遇 如 (鱼日)	止 二 (至日)	止 惢 (纸日)	效 绕 (小日)	流 揉 (尤日)	咸 染 (琰日)	山 燃 (仙日)	山 热 (薛日)	深 红 (沁日)	深 人 (缉日)	臻 人 (真日)	臻 日 (质日)	宕 让 (漾日)	宕 弱 (药日)	曾 仍 (蒸日)	通 绒 (东日)	通 肉 (屋日)
荷香桥	iA^{312}	y^{13}	e^{55}	lui^{312}	ie^{312}	lo^{13}	ĩ^{312}	ĩ^{13}	ie^{45}/ȵ^{55}	ie^{55}	y^{45}	ȵ/ie^{13}	i^{45}/ȵ^{55}	iɔ^{55}	iu^{45}	ie^{13}	iɔ^{13}	iɔ^{45}
六都寨	iɔ^{312}	y^{13}	e^{55}	le^{312}	ie^{55}	lo^{13}	ĩ^{312}	ĩ^{13}	ie^{45}/ȵ^{55}	ie^{55}	y^{55}	ȵ/ie^{13}	i^{45}/ȵ^{55}	iɔ^{55}	iu^{55}	ie^{13}	iɔ^{13}	iɔ^{55}
七江	iɔ^{312}	u^{13}	e^{55}	y^{312}	ie^{55}	lo^{13}	ĩ^{312}	ĩ^{13}	ie^{45}/ȵ^{55}	ie^{55}	u^{55}	ȵ/ie^{13}	i^{45}/ȵ^{55}	iɔ^{55}	iu^{45}	ie^{55}/e^{13}	iɔ^{13}	iɔ^{55}
司门前	iɔ^{312}	u^{13}	e^{55}	u^{312}	ie^{55}	lo^{13}	ĩ^{312}	ĩ^{13}	ie/ʔ^{55}	ie^{55}	u^{55}	ȵ/ie^{13}	i^{45}/ȵ^{55}	iɔ^{55}	iu^{45}	tɕʰe^{13}	iɔ^{13}	iɔ^{55}
金石桥	iA^{312}	y^{13}	e^{55}	y^{312}	ie^{312}	iu^{13}	ie^{312}	iE^{13}	ie^{45}	ie^{55}	y^{45}	ȵ/ie^{13}	i^{45}/ȵ^{55}	iɔ^{55}	iu^{45}	ie^{13}	iɔ^{13}	iɔ^{55}
小沙江	iA^{312}	y^{13}	e^{55}	y^{312}	ie^{13}	lo^{13}	ie^{312}	iE^{13}	ie^{55}	ie^{55}	y^{55}	ȵ/iɔ^{13}	i^{45}/ȵ^{33}	iɔ^{55}	iu^{45}	ie^{13}	iɔ^{13}	iɔ^{33}
西洋江	iA^{312}	ʮ^{13}	e^{55}	/	ɕɐ^{312}	lo^{13}	ĩ^{312}	ĩ^{13}	ie^{55}/ȵ^{45}	ie^{55}	i^{45}	ȵ/iɔ^{13}	ʔ/ȵ^{33}	iɔ^{55}	iu^{55}	ie^{13}	iɔ^{13}	iɔ/iu^{55}
横板桥	iA^{312}	ʮ^{13}	e^{55}	le^{312}	ɕɐ^{312}	iu^{13}	ĩ^{312}	ĩ^{13}	ie^{55}/ȵ^{45}	ie^{55}	i^{45}	ȵ/iɔ^{13}	ʔ/ȵ^{55}	iɔ^{55}	iu^{55}	ie^{13}	iɔ^{13}	iɔ/iu^{55}
岩口	iA^{312}	ʮ^{13}	e^{55}	le^{312}	ie^{312}	iu^{13}	ĩ^{312}	ĩ^{13}	ie^{13}	ie^{55}	i^{55}	ȵ/ie^{13}	i/ȵ^{55}	iɔ^{55}	iu^{33}	ie^{13}	iɔ^{13}	lɔ^{33}
罗洪	iA^{312}	y^{13}	e^{55}	le^{312}	ie^{312}	iu^{13}	ie^{312}	ie^{13}	ie^{55}	ie^{55}	y^{45}	ȵ/ie^{13}	i^{45}/ȵ^{55}	iɔ^{55}	iu^{55}	ie^{13}	iɔ^{13}	iu^{55}
高坪	iA^{312}	y^{13}	e^{55}	y^{312}	ie^{312}	iu^{13}	ie^{312}	ie^{13}	ie^{55}	ie^{55}	y^{55}	ȵ/iɔ^{13}	i^{13}/ȵ^{55}	iɔ^{55}	iu^{24}	ie^{13}	yɔ^{13}	iu^{13}
石江	iA^{312}	ʮ^{13}	æ^{55}	lui^{312}	ie^{312}	iu^{13}	ie^{312}	ie^{13}	ie^{55}	ie^{55}	y^{45}	ȵ/iɔ^{13}	i^{24}/ȵ^{55}	iɔ^{55}	iu^{24}	ie^{13}	yɔ^{13}	iɔ/iu^{55}
江口	iA^{312}	y^{13}	e^{55}	lue^{312}	ɕiɐ^{312}	i^{13}	ie^{312}	lie^{13}	ie^{55}/ȵ^{24}	ie^{55}	i^{13}	ȵ/ie^{13}	i^{24}/ȵ^{55}	iɔ^{55}	iu^{24}	ie^{13}	iɔ^{13}	iɔ/iu^{55}
长塘	iA^{312}	ʮ^{13}	æ^{55}	le^{312}	ie^{312}	iu^{13}	lie^{312}	lie^{13}	ie^{55}/ȵ^{24}	ie^{55}	i^{24}	ȵ/ie^{13}	i^{24}/ȵ^{55}	iɔ^{55}	iu^{24}	ie^{13}	iɔ^{13}	iɔ/li^{55}
山门	e^{312}	ʮ^{13}	æ^{55}	le^{312}	ie^{13}	iu^{13}	lie^{312}	lie^{13}	ie^{55}	ie^{55}	i^{24}	ȵ/iɔ^{13}	ɵ/ȵ^{24}	iɔ^{55}	iu^{24}	ɿ^{13}	iɔ^{13}	iɔ/li^{55}
高沙	ie^{312}	ʮ^{13}	æ^{55}	le^{312}	ie^{312}	i^{13}	lĩ^{312}	ɿ^{13}	ie^{55}	ie^{55}	y^{55}	ȵ/ɿ^{13}	ʔ/ȵ^{55}	iɔ^{55}	iu^{55}	ɿ^{13}	iɔ^{13}	liu^{55}
花园	ie^{312}	y^{55}	æ^{55}	le^{312}	ie^{33}	i^{13}	Ĩ^{312}	ɿ^{13}	ie^{55}/ȵ^{24}	ie^{55}	y^{35}	ȵ/ɿ^{13}	ʔ/ȵ^{55}	iɔ^{33}	io^{33}	ɿ^{13}	iɔ^{13}	ɿ^{55}
金屋塘	iA^{312}	ʮ^{13}	æ^{55}	le^{312}	ie^{312}	iu^{13}	ie^{312}	ie^{13}	ie^{55}/ȵ^{24}	ie^{55}	y^{24}	ȵ/ie^{13}	i^{55}/ȵ^{24}	iɔ^{33}	io^{33}	ie^{13}	iɔ^{13}	ɿ^{55}
梅坪	iA^{312}	y^{55}	æ^{55}	le^{312}	ie^{33}	i^{13}	ɿ^{312}	ɿ^{13}	ie^{55}/ȵ^{24}	ɿ^{24}	y^{35}	ȵ/ɿ^{13}	ʔ/ȵ^{55}	iɔ^{33}	io^{33}	ɿ^{13}	iɔ^{13}	ɿ^{55}
黄土矿	iA/io^{312}	y^{55}	ɤ^{33}	le^{312}	ie^{33}	iu^{55}	ɿ^{312}	ie^{55}	lie^{33}	ɿ^{33}	y^{55}	ȵ/iɿ^{55}	i^{24}/ȵ^{33}	iɔ^{33}	io^{35}	ɿ^{13}	iɔ^{13}	iu^{33}
唐家坊	iA^{312}	y^{13}	ɤ^{33}	le^{312}	ie^{33}	iu^{13}	ɿ^{312}	ɿ^{13}	lie^{33}	ɿ^{33}	y^{35}	ȵ/ɿ^{13}	i/ȵ^{33}	iɔ^{33}	io^{33}	ɿ^{13}	iɔ^{13}	iu^{33}
瓦屋塘	iA^{312}	y^{13}	ɤ^{33}	le^{312}	ie^{33}	iu^{13}	ɿ^{312}	ɿ^{13}	lie^{33}	ɿ^{55}	y^{35}	ȵ/ɿ^{13}	i/ȵ^{33}	iɔ^{33}	io^{33}	ɿ^{13}	iɔ^{13}	iu^{33}

日母的三种读音现象反映了洞绥片赣方言日母字最早的读音形式应当是鼻音声母。日母在汉语语音史上与泥、娘母关系密切，章太炎曾提出过"娘日二母归泥"的说法。王力的《汉语音韵》同样认为"《白虎通德论》和《释名》都说'男，任也'，男属泥母，任在日母"，反映了日母与泥、娘母的关系密切（王力，2003：187）。洞绥片赣方言历史上，日母读同泥、娘母的现象应当比较普遍。如山摄三等日母入声字"热"与通摄三等日母入声字"肉"，在现代洞绥片中多读零声母鼻化韵，与阳声韵读音相同。而读鼻化韵的原因当是这些字早期声母读鼻音 n_z，从而产生逆同化的影响。从使用情况来看，这两个字都是常用字，更可能保留早期读音特征。更明显的证据则是"人"与"日"两个字，这两个字文读零声母，白读声化韵，反映了这两个字早期都读 n 或 n_z 声母，受韵母主元音弇音的影响，产生了声化韵现象。

而日母读边音 l 声母与疑母读 l 声母一样，都是受权威方言的影响。日母在权威方言中读 z_z，而洞绥片赣方言中没有同样的声母，日母也不存在读鼻音 n_z 的现象，多读零声母，少数读声化韵。因此权威方言的 z_z 声母在洞绥片赣方言中多读为次浊边音 l。

12. "古无舌上音"与"古无轻唇音"的残留现象

自清代学者钱大昕提出了"古无舌上音""古无轻唇音"的观点，并被学术界普遍接受以后，方言学界对方言中所保留的这两种语音特征的残留现象都非常留意。这两种古音特征的遗留现象在南方方言中反映较多，洞绥片赣方言也有少数字的白读现象，反映了"古无轻唇音"与"古无舌上音"的残留现象。这些字的数量虽不多，但分布范围比较广泛，详见表4-13。

表4-13　洞绥赣方言"古无舌上音""古无轻唇音"的残留现象

	止	流	宕		深	宕	通
	痱	浮	网	忘	砧	长	竹
	未非	尤奉	养微	漾微	侵知	养知	屋知
荷香桥	p^hi^{45}	fie/p^he^{13}	$u\tilde{ɔ}/m\tilde{ɔ}^{312}$	$u\tilde{ɔ}/m\tilde{ɔ}^{55}$	$t\tilde{e}^{33}$	$tɕ\tilde{ɔ}/ti\tilde{ɔ}^{312}$	tsu/tiu^{33}
六都寨	p^hi^{55}	fie/p^he^{13}	$u\tilde{ɔ}/m\tilde{ɔ}^{312}$	$u\tilde{ɔ}/m\tilde{ɔ}^{55}$	$t\tilde{e}^{33}$	$ti\tilde{ɔ}^{312}$	tsu^{45}/tiu^{33}
七江	p^hi^{55}	fie/p^he^{13}	$u\tilde{ɔ}/m\tilde{ɔ}^{312}$	$u\tilde{ɔ}/m\tilde{ɔ}^{55}$	$t\tilde{e}^{33}$	$ti\tilde{ɔ}^{312}$	tsu^{45}/tiu^{33}
司门前	p^hi^{55}	fie/p^he^{13}	$u\tilde{ɔ}/m\tilde{ɔ}^{312}$	$u\tilde{ɔ}/mo^{55}$	$t\tilde{e}^{33}$	$ti\tilde{ɔ}^{312}$	tsu^{45}/tiu^{33}
金石桥	pi^{55}	fie/p^he^{13}	$u\tilde{ɔ}/m\tilde{ɔ}^{312}$	$u\tilde{ɔ}/m\tilde{ɔ}^{55}$	$t\tilde{e}^{33}$	$ti\tilde{ɔ}^{312}$	tsu^{45}/tiu^{55}
小沙江	p^hi^{55}	p^he^{13}	$uɔ/m\tilde{ɔ}^{312}$	$uɔ/mɔ^{55}$	$t\tilde{e}^{33}$	$ti\tilde{ɔ}^{312}$	tsu^{13}/tiu^{55}
西洋江	fi^{55}	fie/p^he^{13}	$u\tilde{ɔ}/m\tilde{ɔ}^{312}$	$u\tilde{ɔ}/m\tilde{ɔ}^{55}$	$t\tilde{e}^{55}$	$tɕ\tilde{ɔ}^{312}$	tsu/tiu^{55}

续表

	止	流	宕		深	宕	通
	痱	浮	网	忘	砧	长	竹
	未非	尤奉	养微	漾微	侵知	养知	屋知
横板桥	pʰi⁵⁵	fiɐ/pʰɐ¹³	uɔ/mɔ³¹²	uɔ/mɔ⁵⁵	tɛ⁵⁵	tɕɔ/tiɔ³¹²	tsu/tiu⁵⁵
岩口	ɸi⁵⁵	fiɐ/pʰɐ¹³	uɔ³¹²	uɔ/mo⁵⁵	tiɔ³³	tɕɔ/tiɔ³¹²	tsu/tiu³³
罗洪	pʰi⁵⁵	pʰɐ¹³	uɔ/mɔ³¹²	uɔ/mo⁵⁵	tɔ³³	tɕɔ/tiɔ³¹²	tsu⁴⁵/tiu³³
高坪	pʰi⁵⁵	fiɐ¹³	uɔ/mɔ³¹²	uɔ/mo⁵⁵	tiɔ⁵⁵	tɕɔ/tiɔ³¹²	tiu³³
石江	fi⁵⁵	fiɐ/pʰɐ¹³	uɔ/mɔ³¹²	uɔ/mɔ⁵⁵	tɛ⁵⁵	tɕɔ/tiɔ³¹²	tsu/tiu⁵⁵
江口	fi⁵⁵	pʰɐ¹³	uɔ/mɔ³¹²	uɔ/mo⁵⁵	tɛ⁵⁵	tɕɔ/tiɔ³¹²	tsu/ti⁵⁵
长塘	pʰi⁵⁵	pʰɐ¹³	uɔ/mɔ³¹²	uɔ/mɔ⁵⁵	tɛ⁵⁵	tɕɔ/tiɔ³¹²	tsu/ti⁵⁵
山门	fi⁵⁵	fiɐ/ɸɐ¹³	uɔ/mɔ³¹²	uɔ/mɔ⁵⁵	tɛ⁵⁵	tɕɔ³¹²	tiu⁵⁵
高沙	xue⁵⁵	fe/pʰɐ¹³	ũ/mɔ³¹²	ũ/mɔ⁵⁵	tĩ⁵⁵	tɕɔ/tiɔ³¹²	tiu⁵⁵
花园	xue⁵⁵	fe/pʰɐ¹³	ũ/mɔ³¹²	ũ/mɔ⁵⁵	tĩ⁵⁵	tɕɔ/tiɔ³¹²	tiu⁵⁵
金屋塘	fi⁵⁵	pʰɐ¹³	uɔ/mɔ³¹²	uɔ/mo⁵⁵	tɛ⁵⁵	tɕɔ/tiɔ³¹²	tsu/ti⁵⁵
梅坪	fi⁵⁵	pʰɐ¹³	uɔ/mɔ³¹²	uɔ/mo⁵⁵	tɛ⁵⁵	tɕɔ/tiɔ³¹²	tsu/ti⁵⁵
黄土矿	fe³³	fe/pʰɐ⁵⁵	uɔ/mɔ³¹²	uɔ⁵⁵	tĩ³³	tɕɔ/tiɔ³¹²	tiu³³
唐家坊	fe³³	fe/pʰɐ¹³	uɔ/mɔ³¹²	uɔ⁵⁵	tĩ³³	tɕɔ/tiɔ³¹²	tiu³³
瓦屋塘	fe³³	fe/pʰɐ¹³	uɔ/mɔ³¹²	uɔ⁵⁵	tĩ³³	tɕɔ/tiɔ³¹²	tiu³³

　　以上例字都是日常生活中的常用字，有些字是老百姓只知其音义，而不知其形的非常见字，如"痱""砧"等字。有些常用常见字则有文白两读，白读音都保留着"古无舌上音"与"古无轻唇音"的特点。

　　13. 其他个别读音特征

　　（1）各方言点共有的个别读音特征

　　匣母合口一、二等字读零声母的现象

　　部分古匣母合口一、二等字在洞绥片赣方言中有读零声母的现象。此外，果摄合口一等见母字"锅"在洞绥片赣方言中也有读零声母的现象。见表4-14。

表4-14　晓、匣母合口一、二等以及合口一等字"锅"读零声母的现象

	滑	禾	回	话	换	黄	锅
	黠匣	戈匣	灰匣	夬匣	换匣	唐匣	戈见
荷香桥	uʌ/ye⁴⁵	u¹³	ue¹³	uʌ⁵⁵	uɔ⁵⁵	ũ¹³	o⁴⁵
六都寨	uʌ/yɛ⁵⁵	o¹³	ue¹³	uʌ⁵⁵	uɔ⁵⁵	ũ¹³	o³³

七江	uA/yɛ⁵⁵	o¹³	ue¹³	uA⁵⁵	uɔ⁵⁵	ũ¹³	o³³
司门前	uA/me⁵⁵	o¹³	ue¹³	uA⁵⁵	uɔ⁵⁵	ũ¹³	o³³
金石桥	uA⁴⁵	o¹³	ue¹³	uA⁵⁵	uɔ⁵⁵	uɔ¹³	o³³
小沙江	uA¹³	o¹³	xue¹³	uA⁵⁵	ua⁵⁵	xɔ¹³	o³³
西洋江	uA/yɛ⁴⁵	o¹³	xue¹³	uA⁵⁵	xua⁴⁵	xuɔ¹³	o⁵⁵
横板桥	miɛ⁴⁵	o¹³	xue¹³	uA⁵⁵	xua⁴⁵	ũ¹³	o⁴⁵
岩口	uA¹³	o¹³	ue¹³	uA⁵⁵	uã⁵⁵	xuɔ¹³	o³³
罗洪	uA⁴⁵	u¹³	ue¹³	uA⁵⁵	uɔ⁵⁵	uɔ¹³	o⁵⁵
高坪	uA¹³	o¹³	xue¹³	uA⁵⁵	xuã⁵⁵	xuɔ¹³	o⁵⁵
石江	uA/yɛ²⁴	o¹³	fe¹³	uA⁵⁵	fɔ/uã⁵⁵	xũ¹³	o⁵⁵
江口	uA²⁴	o¹³	uE¹³	uA⁵⁵	uæ⁵⁵	uɔ¹³	o⁵⁵
长塘	uA/yɛ²⁴	o¹³	xuE¹³	uA⁵⁵	uɔ⁵⁵	ũ¹³	o⁵⁵
山门	uA/liɛ⁴⁵	o¹³	xue¹³	uA⁵⁵	uã⁵⁵	xuɔ¹³	ko/o⁵⁵
高沙	uA²⁴	o¹³	ue¹³	uA⁵⁵	ũ⁵⁵	xũ¹³	ko/o⁵⁵
花园	uA³⁵	o¹³	ue¹³	uA⁵⁵	ũ⁵⁵	xũ¹³	ko/o⁵⁵
金屋塘	uA⁵⁵	o¹³	ue¹³	uA⁵⁵	uã⁵⁵	xũ¹³	ko⁵⁵
梅坪	uA⁵⁵	o¹³	ue¹³	uA⁵⁵	uã⁵⁵	xũ¹³	ko⁵⁵
黄土矿	uA⁵⁵	o/u⁵⁵	fe⁵⁵	uA³³	fẽ³³	fɔ⁵⁵	ko³³
唐家坊	uA³⁵	o/u¹³	ue⁵⁵	uA³³	fẽ³³	fɔ¹³	ko³³
瓦屋塘	uA³⁵	o/u¹³	ue⁵⁵	uA³³	fẽ³³	fɔ¹³	ko³³

其中，"锅"读零声母的现象主要分布在隆回及洞口各方言点，绥宁各方言点不具备这一读音特征。

（2）部分方言点溪、群母洪音字读擦音 x 的现象

洞绥片赣方言点除透、定母读擦音 x 之外，部分方言点还存在溪母、群母洪音字声母读 x 的现象。主要分布在隆回小沙江、罗洪，洞口石江、长塘等地。举例如下：

小沙江：可 xo³¹²，概见 xa⁵⁵，开 xe³³，慨 xa⁵⁵，揩 xa³³，楷 xa³¹²，烤 xɐ³¹²，靠 xɐ⁵⁵，敲 xɐ³³，龛 xa³³，砍 xa³¹²，勘 xa⁵⁵，看 xa⁵⁵，恐 xə³¹²，共 xə̃⁵⁵；

罗洪：可 xo³¹²，窠 xo³³，颗 xo³¹²，课 xo⁵⁵，搭 xA⁵⁵，枯 xu³³，苦 xu³¹²，裤 xu⁵⁵，概 xa⁵⁵，开 xe³³，揩 xa³³，楷 xa³¹²，烤 xɐ³¹²，靠 xɐ⁵⁵，敲 xɐ³³，龛 xã³³，砍 xã³¹²，勘 xa³³，嵌 xã³³，看 xã⁵⁵，糠 xɔ³³，炕 xɔ⁵⁵，旷

xuɔ⁵⁵，肯 xɔ̃³¹²，坑 xɔ̃³³，矿 xuɔ̃⁵⁵，恐 xɔ̃³¹²，共 xɔ̃⁵⁵，渴 xo⁴⁴，阔 xo³³，刻 xɤ³³，客 xʌ³³，哭 xu³³；

七江：可 xo³¹²；

石江：概 xa⁵⁵，开 xa⁵⁵，慨 xa⁵⁵，揩 xa⁵⁵，楷 xa⁵⁵，敲 xɤ⁵⁵，昆 fẽ⁵⁵，坤 fẽ⁵⁵；

江口：敲 xɤ⁵⁵；

长塘：概 xa⁵⁵，开 xa⁵⁵，敲 xɤ⁵⁵。

除遇摄字外，所有溪、群母字读 x 的韵母都读开口洪音。洞口石江、长塘等地遇摄一等溪母字声母不读 x，而读 f：

石江：枯 fu³³，苦 fu³¹²，裤 fu²⁴；

长塘：枯 fu³³，苦 fu³¹²，裤 fu²⁴。

这应当是溪、群母字读 x 以后，受晓、匣母合口洪音与非组声母相混的影响，进一步演变的结果。由此可见，溪、群母字合口洪音读擦音 x 的现象，应当发生在非组声母与晓、匣母相混之前。

（3）晓匣母洪音读送气塞音 kʰ 的现象

隆回小沙江方言还有一个非常独特的方言现象：部分晓、匣母洪音字读送气塞音 kʰ。列举如下：

鼾 kʰa³³，罕 kʰa³¹²，汉 kʰa⁵⁵，韩 kʰa¹³，旱 kʰa⁵⁵，汗 kʰa⁵⁵，闲 kʰaʔɕiɛ¹³，限 kʰa⁵⁵，苋 kʰa⁵⁵，恨 kʰe⁵⁵，项 ɕɔʔkʰɔ⁵⁵，烘 kʰɔ̃³³，红 kʰɔ̃¹³，閧 kʰɔ̃⁵⁵，喝 kʰo³³，蠚 kʰo³³，鹤 kʰo⁵⁵，藿 kʰo⁵⁵，黑 kʰe³³，核 kʰe¹³。

第二节　洞绥片赣方言的韵母特征

一　古阳声韵鼻化现象以及阳声韵读阴声韵的现象

古阳声韵在洞绥片赣方言中多读鼻化韵，而在洞口的金石桥、小沙江以及绥宁的黄土矿等方言中，部分阳声韵则进一步失去了鼻音尾的特征，而读阴声韵。下面我们以韵摄为单位，将阳声韵开合口洪细音（开合口洪音指开合口一、二等字，开合口细音指开合口三、四等字）见系字韵母（有文白两读的只列文读音韵母）列表对照，详见表4-15。

表4-15　洞绥片赣方言阳声韵韵母读音情况

	通		宕江				臻深曾梗				山咸			
	合洪	合细	开洪	开细	合洪	合细	开洪	开细	合洪	合细	开洪	开细	合洪	合细
荷香桥	ɔ̃	iɔ̃	ɔ̃	iɔ̃	uɔ̃	uɔ̃	ẽ	iẽ	uẽ	yẽ	ã	ĩ	uɔ̃	yĩ
六都寨	ɔ̃	iɔ̃	ɔ̃	iɔ̃	kuɔ̃	uɔ̃	ẽ	iẽ	uẽ	uẽ	ã	ĩ	uɔ̃	yĩ
七江	ɔ̃	iɔ̃	ɔ̃	iɔ̃	uɔ̃	uɔ̃	ẽ	iẽ	uẽ	uẽ	ã	ĩ	uɔ̃	yĩ
司门前	ɔ̃	iɔ̃	ɔ̃	iɔ̃	uɔ̃	uɔ̃	ẽ	iẽ	uẽ	uẽ	ã	ĩ	uɔ̃	yĩ
金石桥	ɔ̃	iɔ̃	ɔ̃	iɔ̃	uɔ̃	uɔ̃	ẽ	iẽ	uẽ	yẽ	a	iE	uɔ̃	yE
小沙江	ɔ̃	iɔ̃	ɔ	iɔ	ɔ	ɔ	ẽ	iẽ	uẽ	yẽ	a	E	ua	yE
西洋江	ɔ̃	iɔ̃	ɔ̃	iɔ̃	uɔ̃	uɔ̃	ẽ	iẽ	uẽ	yẽ	ã	ĩ	uã	yã
横板桥	ɔ̃	iɔ̃	ɔ̃	iɔ̃	ũ	ũ	ẽ	iẽ	uẽ	yẽ	ã	ĩ	uã	yã
岩口	ɔ̃	iɔ̃	ɔ̃	iɔ̃	uɔ̃	uɔ̃	ĩĩ	iɔ̃	uɔ̃	iɔ̃/yɔ̃	ã	ĩĩ	uã	yĩ
罗洪	ɔ̃	iɔ̃	ɔ̃	iɔ̃	uɔ̃	uɔ̃	ẽ	iẽ	uẽ	yẽ	ã	iẼ	uã	yẼ
高坪	ɔ̃	yɔ̃	ɔ̃	iɔ̃	uɔ̃	uɔ̃	ẽ	iẽ	uɔ̃	yɔ̃	ã	iẽ	uɔ̃/uã	yẽ
石江	ɔ̃	iɔ̃	ɔ̃	iɔ̃	ũ	uɔ̃	ẽ	iẽ	uẽ	yẽ	ã	iẽ	uã	yẽ
江口	ɔ̃	iɔ̃	ɔ̃	iɔ̃	uɔ̃	uɔ̃	ẽ	iẽ	uẽ	yẽ	æ̃	iẽ	uæ̃/uã	yẽ
长塘	ɔ̃	iɔ̃	ɔ̃	iɔ̃	ũ	uɔ̃	ẽ	iẽ	uẽ	yẽ	ã	iẽ	uɔ̃/uã	yẽ
山门	ɔ̃	iɔ̃	ɔ̃	iɔ̃	ɔ̃	ɔ̃	ẽ	iẽ	uẽ	yẽ	ã	ĩ	uã	yã
高沙	ɔ̃	iɔ̃	ɔ̃	iɔ̃	ũ	ũ	ŋẽ	ĩ	uẽ	yĩ	ã	iẽ	ũ/uã	yẽ
花园	ɔ̃	iɔ̃	ɔ̃	iɔ̃	ũ	ũ	ẽ	ĩ	uẽ	yĩ	ã	ĩ	ũ/uã	yĩ
金屋塘	ɔ̃	iɔ̃	ɔ̃	iɔ̃	ũ	uɔ̃	ẽ	iẽ	uẽ	yẽ	ã	ĩ	uã	yã
梅坪	ɔ̃	iɔ̃	ɔ̃	iɔ̃	ũ	uɔ̃	ẽ	iẽ	uẽ	yẽ	ã	ĩ	uã	yã
黄土矿	ɔ̃	iɔ̃	ɔ̃	iɔ̃	uɔ̃	uɔ̃	ẽ	ĩ	uẽ	ĩ	ẽ	ẽ	ue	ẽ
唐家坊	ɔ̃	iɔ̃	ɔ̃	iɔ̃	uɔ̃	uɔ̃	ẽ	ĩ	uẽ	ĩ	ẽ	ẽ	uẽ	ẽ
瓦屋塘	ɔ̃	iɔ̃	ɔ̃	iɔ̃	uɔ̃	uɔ̃	ẽ	ĩ	uẽ	ĩ	ẽ	ẽ	uẽ	ẽ

　　阳声韵鼻化在洞绥片赣方言中是一种非常普遍的现象。从语音表现来看，鼻音特征仍比较明显，但与韵母主元音的发音并不是处于先后状态，没有动态变化过程。只不过随着主元音不同鼻腔共鸣的位置有所区别变化，给人有鼻音尾的错觉。

　　而在隆回小沙江方言中，宕、山摄阳声韵的鼻音特征已经消失，全部读阴声韵。隆回的金石桥与绥宁的黄土矿两地方言中，山、咸摄部分阳声韵字根据开合等呼与声母条件不同，韵母读阴声韵。表4-16将金石桥、黄土矿两地方言中山、咸摄阳声韵字韵母读音按开合等呼与声母条件进行了对比。

表4-16　金石桥、黄土矿山、咸摄阳声韵字韵母读音

| | 开口 | | | | | | | 合口 | | | | | | |
| | 一、二 | | | 三、四 | | | | 一、二 | | | | 三、四 | | |
	帮	见晓	端	知庄	帮	见晓	端精	知章	帮	见晓	端	知庄	非	见晓	端精	知章
金石桥	a	a	a	a	iE	iE/E	iE	iE/E	õ	uõ	õ	õ	a	yE	yE	yE
黄土矿	a/ẽ	a/ẽ	a/ẽ	a/ẽ	iẽ	ẽ/iẽ	iẽ	ẽ/iẽ	ẽ	ue/ẽ	ø	ø	a	ẽ/iẽ	ẽ	ẽ

　　金石桥与黄土矿山、咸摄阳声韵都有读阴声韵的现象，但读阴声韵的条件不同。金石桥以韵母的等呼为条件：开口韵全部读阴声韵；合口韵一、二等读鼻化韵，三、四等读阴声韵。

　　黄土矿阳声韵读阴声韵的情况首先以等呼为条件，一、二等存在读阴声韵的现象，三、四等则不存在读阴声韵的现象。一、二等韵是否读阴声韵则进一步以韵母发音部位高低与介音为条件：①开口一、二等韵中，主元音为低元音 a 的读阴声韵，主元音为半高元音 e 的读鼻化韵（这种读音存在于重韵与一、二等韵的区别中，也存在于同一韵同一组声母的不同字的读音上面，重韵与一、二等韵韵母的区别见下文讨论）；②合口一、二等韵中，方言中读开口呼，主元音为低元音 a、不圆唇元音 ø 的，韵母读阴声韵，主元音为半高元音 e 的，韵母读鼻化韵；韵母读合口呼的，韵母也读阴声韵。

二　古一等重韵以及开、合口一、二等韵主元音对立特征的保留

　　一等重韵主要指通摄的东、冬韵，蟹摄灰韵、咍韵与泰韵，咸摄覃、谈韵等同摄同等同开合的韵。洞绥片赣方言中，这些重韵韵母主元音部分还保留主元音或韵母读音的差异。此外山摄的寒、桓韵《切韵》不以开合分韵，说明主元音相同，《广韵》以开、合分韵，主元音应当有所不同。洞绥片赣方言中，部分保留寒、桓韵主元音有别的特征。这里一并进行讨论。

根据语音演变的一般规律，同摄开、合口一、二等韵分别合流为开口呼韵母与合口呼韵母，一、二等韵之间主元音的区别特征在现代汉语中一般不再保留。但洞绥片赣方言中，部分韵摄一、二等韵之间还保留主元音或读音的区别。

现代汉语古蟹摄合口一等灰韵与止、蟹摄合口三、四等韵合流，这一特征在元代《中原音韵》中就有明确记录。而在洞绥片赣方言中，灰韵与止、蟹摄合口三、四等韵仍保留主元音的对立。这里也一并予以讨论。

1. 洞绥片赣方言咸摄一等重韵以及山摄开、合口一等主元音对立特征保留的情况

洞绥片赣方言一等重韵的对立主要表现在咸摄覃、谈韵韵母主元音在部分方言点存在差异，山摄开口一等寒韵与合口一等桓韵也部分保留对立特征。其中咸摄一等重韵只保留在绥宁黄土矿、瓦屋塘等地。山摄开口一等与合口一等主元音的对立则比较普遍。

（1）绥宁黄土矿等方言点咸摄一等重韵主元音的对立

绥宁黄土矿等方言点咸摄开口一等重韵覃韵与谈韵的读音情况对比如表4-17所示。

表4-17　绥宁赣方言咸摄开口一等重韵读音比较

	覃				谈			
	牙	喉	舌	齿	牙	喉	舌	齿
黄土矿	ē	ē	ē	ē	ē	a/ē	a	a
唐家坊	ē	ē	ē	ē	ē	ē	ā	ā
瓦屋塘	ē	ē	ē	ē	ē	ē	ā	ā

从绥宁黄土矿等方言点咸摄一等重韵的对立情况来看，主要表现在舌齿音字主元音不同，牙喉音字主元音已经基本一致（个别喉音字读音与舌齿音没有对立，不排除受现代汉语的影响）。

（2）洞绥片赣方言山摄开、合口一等韵主元音的对立

山摄开口一等与合口一等韵主元音的对立在洞绥片赣方言中比较普遍。表4-18将各方言点山摄开口一等寒韵与合口一等桓韵字韵母读音进行了对比。

表 4-18　洞绥片赣方言寒、桓韵读音比较

	寒				桓				
	牙	喉	舌	齿	唇	牙	喉	舌	齿
荷香桥	ã	ã	ã	ã	ɔ̃	uɔ̃	uɔ̃	ɔ̃	ɔ̃
六都寨	ɑ̃	ɑ̃	ɑ̃	ɑ̃	ɔ̃	uɔ̃	uɔ̃	uɔ̃	uɔ̃
七江	ɑ̃	ɑ̃	ɑ̃	ɑ̃	ɔ̃	uɔ̃	uɔ̃	uɔ̃	uɔ̃
司门前	ã	ã	ã	ã	ɔ̃	uɔ̃	uɔ̃	uɔ̃	uɔ̃
金石桥	a	a	a	a	ɔ̃	uɔ̃	uɔ̃	ɔ̃	ɔ̃
小沙江	a	a	a	a	ɔ	ua	ua	ɔ	ɔ
西洋江	ã	ã	ã	ã	ɔ̃	uã	uã	ɔ̃	ɔ̃
横板桥	ã	ã	ã	ã	ɔ̃	uã	uã	ɔ̃	ɔ̃
岩口	ã	ã	ã	ã	ã	uã	uã	uã	uã
罗洪	ã	ã	ã	ã	ɔ̃	uã	uã	ɔ̃	ɔ̃
高坪	ã	ã	ã	ã	ɔ̃	ɔ̃	ɔ̃	uã	uã
石江	ã	ã	ã	ã	ɔ̃	uã	uã	ɔ̃	ɔ̃
江口	ã	ã	ã	ã	ɔ̃	uæ̃	uæ̃	ɔ̃	ɔ̃
长塘	ã	ã	ã	ã	ɔ̃	uã	uã	ɔ̃	ɔ̃
山门	ã	ã	ã	ã	ɔ̃	uã	uã	ɔ̃	ɔ̃
高沙	ã	ã	ã	ã	ɔ̃	uã	uã	ɔ̃	ɔ̃
花园	ã	ã	ã	ã	ɔ̃	uã	uã	ɔ̃	ɔ̃
金屋塘	ã	ã	ã	ã	ɔ̃	uã	uã	ɔ̃	ɔ̃
梅坪	ã	ã	ã	ã	ɔ̃	uã	uã	ɔ̃	ɔ̃
黄土矿	ẽ	ẽ	a	a	ẽ	uẽ	uẽ	ø	ø
唐家坊	ẽ	ẽ	ẽ	ẽ	ẽ	uẽ	uẽ	ẽ	ẽ
瓦屋塘	ẽ	ẽ	ẽ	ẽ	ẽ	uẽ	uẽ	ẽ	ẽ

　　洞绥片赣方言寒、桓韵主元音的读音大致有以下三种情况。①完全对立。主要分布在隆回的荷香桥、六都寨、司门前、金石桥、七江，洞口的江口等地；其中江口桓韵内部又有差异，牙喉音主元音不仅与开口一等不同，也与同韵唇音、舌齿音主元音有别。②寒、桓韵以声母为条件，部分保留主元音的对立。主要分布在隆回的横板桥、西洋江、罗洪、高坪，洞口除江口以外的其他方言点，绥宁的金屋塘、黄土矿等地，分布最广。主要特征是合口一

等桓韵与开口一等寒韵牙喉音主元音相同，唇音、舌齿音主元音保留区别。其中，黄土矿开口一等寒韵与合口一等桓音唇牙喉音主元音相同，舌齿音主元音保留对立。③山摄开、合口一等主元音相同，不保留主元音对立特征。主要分布在绥宁瓦屋塘等方言点，这些方言点除个别字外，山摄开、合口一等主元音基本上同为高元音 e。

2.一、二等韵主元音的对立

洞绥片赣方言一、二等韵主元音的对立主要保留在蟹摄、山摄、咸摄中，蟹摄合口一、二等的对立在现代汉语中普遍存在，洞绥片赣方言中同样存在，这里略去不予讨论。

山、咸摄开口一、二等韵主元音的对立同样只存在于绥宁黄土矿、瓦屋塘等地。表 4-19 列出绥宁赣方言山、咸摄开口一、二等字韵母读音的对立。

表 4-19　绥宁赣方言山、咸摄开口一、二等主元音的对立

	一等						二等									
	覃		谈		寒		咸		衔		山			删		
	牙喉	舌齿	牙喉	舌齿	牙喉	舌齿	牙喉	舌齿	牙喉	舌齿	唇	牙喉	舌齿	唇	牙喉	舌齿
黄土矿	ẽ	ẽ	ẽ/a	a	ẽ	a	ẽ	ẽ	ẽ	ẽ	a	ẽ	a	a	ẽ	a
唐家坊	ẽ	ẽ	ẽ	ã	ẽ	ẽ	ẽ	ẽ	ẽ	ẽ	ẽ	ẽ	ẽ	ã	ẽ	ã
瓦屋塘	ẽ	ẽ	ẽ	ã	ẽ	ẽ	ẽ	ẽ	ẽ	ẽ	ẽ	ẽ	ẽ	ã	ẽ	ã

其中，黄土矿一、二等韵主元音的对立主要表现在咸摄一等谈韵与二等咸、衔韵舌齿音主元音不同。瓦屋塘一、二等韵主元音的对立主要表现在山摄一等寒韵与二等删韵舌齿音主元音不同。

其他洞绥片赣方言古山、咸摄开口一、二等主元音虽然没有区别，但在读音上却有不同，保留了一、二等韵主元音对立的迹象。表现在部分山咸摄一等见系字韵母读合口呼，与二等见系字韵母读开口呼有别。举例如下：

咸摄

柑：横板桥 kuã⁵⁵，金屋塘 kuɔ⁵⁵；

敢：横板桥 kuã³¹²。

山摄

肝：荷香桥 kuɔ³³，六都寨 kuɔ³³，司门前 kuã³³，金石桥 kua³³，西洋

江 kã/kuã⁵⁵，横板桥 kã/kuã⁵⁵，七江 kuã³³，山门 kuã⁵⁵；

看：荷香桥 kʰuɔ⁴⁵，司门前 kʰuã⁵⁵，金石桥 kʰua⁵⁵，七江 kuã⁵⁵；

汗：荷香桥 xuɑ⁴⁵，六都寨 xuɑ⁵⁵，司门前 xuɑ⁵⁵，金石桥 xua⁵⁵，横板桥 xuã⁵⁵，七江 xuɑ⁵⁵。

"汗"字在绥宁黄土矿与瓦屋塘方言中文读 xẽ³³，白读 fẽ³³，白读反映了此字读音经历了读合口呼的阶段。

山摄合口一、二等韵主元音的对立在洞绥片赣方言中相对比较普遍，表4-20为各方言点山摄合口一、二等代表字读音的对比。

表 4-20　洞绥片赣方言山摄合口一、二等字读音比较（附山摄二等唇音字）

	半	短	算	棺	碗	斑	闩	关	弯
	山合一去换帮	山合一上缓端	山合一去换心	山合一平桓见	山合一上缓影	山开二平删帮	山合一二平删生	山合二平删见	山合二平删影
荷香桥	pɔ⁴⁵	tɔ³¹²	sɔ⁴⁵	kuɔ³³	uɔ³¹²	pã³³	sɔ³³	kuɔ³³	uɔ³³
六都寨	pɔ⁵⁵	tuɔ³¹²	suɔ⁵⁵	kuɔ⁵⁵	uɔ³¹²	pɑ³³	suɔ³³	kuɔ³³	uɔ³³
七江	pɔ⁵⁵	tuɔ³¹²	suɔ⁵⁵	kuɔ⁵⁵	uɔ³¹²	pɑ³³	suɔ³³	kuɔ³³	uɔ³³
司门前	pɔ⁵⁵	tuɔ³¹²	suɔ⁵⁵	kuɔ⁵⁵	uɔ³¹²	pɑ³³	suɔ³³	kuɔ³³	uɔ³³
金石桥	pɔ⁵⁵	tɔ³¹²	sɔ⁵⁵	kuɔ⁵⁵	uɔ³¹²	pa³³	suɔ³³	kuɔ³³	uɔ³³
小沙江	pɔ⁵⁵	tɔ³¹²	sɔ⁵⁵	kua⁵⁵	ua³¹²	pa³³	sɔ³³	kua³³	ua³³
西洋江	pɔ⁴⁵	tɔ³¹²	sɔ⁴⁵	kua⁵⁵	uã³¹²	pã⁵⁵	sua⁵⁵	kua⁵⁵	uã³³
横板桥	pɔ⁴⁵	tɔ³¹²	sɔ⁴⁵	kuã⁵⁵	uã³¹²	pã⁵⁵	suã⁵⁵	kuã⁵⁵	uã³³
岩口	pã⁵⁵	tuã³¹²	suã⁵⁵	kuã³³	uã³¹²	pã³³	uã³³	kuã³³	uã³³
罗洪	pɔ⁵⁵	tɔ³¹²	sɔ⁵⁵	kuɔ⁵⁵	uã³¹²	pã³³	sɔ³³	kuã³³	uã³³
高坪	pɔ⁵⁵	tɔ³¹²	sɔ⁵⁵	kuɔ⁵⁵	uã³¹²	pã³³	sɔ³³	kuã³³	uã³³
石江	pɔ²⁴	tɔ³¹²	sɔ²⁴	kuã⁵⁵	uã³¹²	pã⁵⁵	suã⁵⁵	kuã⁵⁵	uã³³
江口	pɔ²⁴	tɔ³¹²	sɔ²⁴	kuæ⁵⁵	uæ³¹²	pã⁵⁵	suã⁵⁵	kuã⁵⁵	uã³³
长塘	pɔ²⁴	tɔ³¹²	sɔ²⁴	kɔ⁵⁵	uɔ³¹²	pã⁵⁵	suã⁵⁵	kuã⁵⁵	uã³³
山门	pɔ⁴⁵	tɔ³¹²	sɔ⁴⁵	kuã⁵⁵	uã³¹²	pã⁵⁵	sɔ⁵⁵	kuã⁵⁵	uã⁵⁵
高沙	pɔ²⁴	tɔ³¹²	sɔ²⁴	kũ⁵⁵	ũ³¹²	pã⁵⁵	sɔ⁵⁵	kuã⁵⁵	uã⁵⁵
花园	pɔ³⁵	tɔ³¹²	sɔ³⁵	kũ⁵⁵	ũ³¹²	pã⁵⁵	sɔ⁵⁵	kuã⁵⁵	uã⁵⁵
金屋塘	pɔ²⁴	tɔ³¹²	sɔ²⁴	kuã⁵⁵	uã³¹²	pã⁵⁵	suã⁵⁵	kuã⁵⁵	uã⁵⁵
梅坪	pɔ²⁴	tɔ³¹²	sɔ²⁴	kuã⁵⁵	uã³¹²	pã⁵⁵	suã⁵⁵	kuã⁵⁵	uã⁵⁵

续表

	半	短	算	棺	碗	斑	闩	关	弯
	山合一 去换帮	山合一 上缓端	山合一 去换心	山合一 平桓见	山合一 上缓影	山开二 平删帮	山合一二 平删生	山合二 平删见	山合二 平删影
黄土矿	pẽ³⁵	tø³¹²	sø³⁵	kuẽ³³	uẽ³¹²	pã³³	sø³³	kua³³	ua³³
唐家坊	pẽ³⁵	tẽ³¹²	sẽ³⁵	kuẽ³³	uẽ³¹²	pã³³	sø³³	kuã³³	uã³³
瓦屋塘	pẽ³⁵	tẽ³¹²	sẽ³⁵	kuẽ³³	uẽ³¹²	pã³³	sø³³	kuã³³	uã³³

　　山摄一、二等唇音字在各方言点虽都读开口呼，但主元音普遍有别，这有可能是由古代开、合口条件不同造成的，这里不予讨论。除此之外，山摄合口一、二等韵在洞绥片赣方言中的读音情况基本上可以分为五种类型。

　　①一、二等韵主元音没有区别。主要分布在隆回荷香桥、六都寨、司门前、金石桥、七江、岩口等地。②合口一、二等韵完全保留主元音的对立，主要分布在洞口的长塘与绥宁的瓦屋塘。其中长塘合口一、二等内部主元音相同，而瓦屋塘合口一、二等分别以声母为条件，主元音有别。③合口一、二等韵以声母为条件，舌齿音与牙喉音主元音有别。主要分布在隆回的小沙江、罗洪（部分牙音与舌齿音读音相同）、高坪，洞口的山门。④合口一、二等内部以声母为条件，舌齿音主元音相同，牙喉音主元音有别，主要分布在洞口的江口、高沙、花园，绥宁的黄土矿。⑤合口一等韵以声母为条件，韵母主元音不同，二等韵主元音相同；其中合口一、二等舌齿音主元音有别，牙喉音主元音相同。主要分布在隆回的横板桥、西洋江，洞口的石江，绥宁的金屋塘。

　　3. 蟹摄合口一等韵与止、蟹摄合口三、四等韵主元音的对立

　　早在元代的《中原音韵》中就明确记载，蟹摄合口一等灰韵与止、蟹摄合口三、四等韵读音合流，同声母字在"齐微部"列同一小韵。而在洞绥片赣方言部分方言点中，蟹摄合口一等灰韵与止、蟹摄合口三、四等韵字韵母并不相同，仍然保留对立。表4-21以声母为条件，将洞绥片赣方言蟹摄合口一等韵与止蟹摄合口三、四等韵代表字读音进行了对比。

表 4-21　蟹摄合口一等韵与止、蟹摄合口三、四等韵字读音举例

	杯	堆	碎	魁	灰	挥	桂	嘴	水	肥
	蟹合一平灰帮	蟹合一平灰端	蟹合一去队心	蟹合一平灰溪	蟹合一平灰晓	止合三平微晓	蟹合四去霁见	止合三上纸精	止合三上旨书	止合三平微奉
荷香桥	pe³³	tue³³	sue⁵⁵	kʰui³³	xue³³	xui³³	kui⁴⁵	tɕy³¹²	ɕy³¹²	fi¹³
六都寨	pe³³	tue³³	sue⁵⁵	kʰui³³	xue³³	xui³³	kui⁵⁵	tsui³¹²	ɕy³¹²	fi¹³
七江	pe³³	tue³³	sue⁵⁵	kʰui³³	xue³³	xui³³	kui⁵⁵	tsui³¹²	ɕy³¹²	fi¹³
司门前	pe³³	tue³³	sue⁵⁵	kʰui³³	xue³³	xue³³	kui⁵⁵	tsui³¹²	ɕu³¹²	fi¹³
金石桥	pe³³	tue³³	sue⁵⁵	kʰue³³	xue³³	xue³³	kue⁵⁵	tsue³¹²	ɕy³¹²	fi¹³
小沙江	pe³³	te³³	se⁵⁵	kʰue³³	xue³³	xue³³	kue⁵⁵	tɕiu³¹²	ɕy³¹²	fi¹³
西洋江	pe⁵⁵	te⁵⁵	sue⁴⁵	kʰue⁵⁵	xue⁵⁵	xui⁵⁵	kui⁴⁵	tɕʅ³¹²	ɕʅ³¹²	fi¹³
横板桥	pe⁵⁵	te⁵⁵	sue⁴⁵	kʰue⁵⁵	xue⁵⁵	xui⁵⁵	kui⁵⁵	tɕʅ³¹²	ɕʅ³¹²	fi¹³
岩口	pe³³	te³³	sue⁵⁵	kui¹³	xue³³	xui³³	kui⁵⁵	tɕy³¹²	ɕy³¹²	fi¹³
罗洪	pe³³	te³³	sue⁵⁵	kʰui³³	fe³³	fe³³	kue⁵⁵	tɕiu³¹²	ɕy³¹²	fi¹³
高坪	pe³³	te³³	se⁵⁵	kue³³	xue³³	xue³³	kue⁵⁵	tɕi³¹²	ɕy³¹²	fe¹³
石江	pe⁵⁵	te⁵⁵	se²⁴	kʰue⁵⁵	fe⁵⁵	fi⁵⁵	kui²⁴	tse³¹²	ɕʅ³¹²	fi¹³
江口	pɛ⁵⁵	tɛ⁵⁵	sɛ²⁴	kʰuɛ⁵⁵	xuɛ⁵⁵	xui⁵⁵	kui⁵⁵	tɕi³¹²	ɕʅ³¹²	fi¹³
长塘	pɛ⁵⁵	tɛ⁵⁵	sɛ²⁴	kʰuɛ⁵⁵	xuɛ⁵⁵	xui⁵⁵	kui²⁴	tɕi³¹²	ʅ³¹²	pʰi¹³
山门	pe⁵⁵	te⁵⁵	sue⁴⁵	kʰue⁵⁵	xue⁵⁵	xui⁵⁵	kui⁴⁵	tɕʅ³¹²	ɕʅ³¹²	fi¹³
高沙	pe⁵⁵	te⁵⁵	se²⁴	kʰue⁵⁵	fe⁵⁵	xue³³	kue²⁴	tɕiu³¹²	ɕʅ³¹²	xue¹³
花园	pe⁵⁵	te⁵⁵	se³⁵	kʰue⁵⁵	xue⁵⁵	xue³³	kue³⁵	tsiu³¹²	ɕʅ³¹²	xue¹³
金屋塘	pe⁵⁵	te⁵⁵	se²⁴	kʰue⁵⁵	xue⁵⁵	fe⁵⁵	kui²⁴	tsi³¹²	ɕʅ³¹²	fi¹³
梅坪	pe⁵⁵	te⁵⁵	se²⁴	kʰue⁵⁵	xue⁵⁵	fe⁵⁵	kui²⁴	tsi³¹²	ɕy³¹²	fi¹³
黄土矿	pe³³	te³³	se³⁵	kʰue³⁵	fe³³	fe³³	kue³⁵	tɕy³¹²	fy³¹²	fi⁵⁵
唐家坊	pe³³	te³³	se³⁵	kʰue³⁵	fe³³	fe³³	kui³⁵	tsy³¹²	ɕy³¹²	fe⁵⁵
瓦屋塘	pe³³	te³³	se³⁵	kʰue³⁵	fe³³	fe³³	kui³⁵	tsy³¹²	ɕy³¹²	fe⁵⁵

从读音对比情况来看，洞绥片赣方言各方言点均存在蟹摄合口一等韵与止、蟹摄合口三、四等韵韵母主元音有别的现象。其中蟹摄合口一等韵与止、蟹摄合口三、四等韵母主元音完全对立的有隆回荷香桥、六都寨、西洋江、横板桥、罗洪、七江、岩口，洞口石江、长塘、山门、江口，绥宁黄土矿。其他方言点蟹摄合口一等韵与止、蟹摄合口三、四等韵韵母主元音除牙喉音读音相同外，舌齿音一般还保留主元音的区别。

蟹摄合口一等韵与止、蟹摄合口三、四等韵主元音的对立，说明蟹摄合口一

等韵还保留比较早期的语音层次。《切韵》音系中，蟹摄一等灰、咍同韵，主元音应当相同，现代洞绥片赣方言中，虽然大部分蟹摄开口一等字读音与开口二等字读音相同，但部分咍、泰韵字读音还保留与灰韵韵母主元音相同的特点。如：

袋：六都寨 xe^{312}，司门前 xue^{312}，金石桥 xe^{312}，罗洪 xe^{312}，七江 xue^{312}，高坪 t^{h}e^{312}；

来：除石江、长塘外，所调查方言点均读 le；

栽：六都寨 tsue^{33}，司门前 tsue^{33}，金石桥 tsue^{33}，罗洪 tse^{33}，七江 tsue^{33}，金屋塘 tse^{55}；

菜：六都寨 ts^{h}ue^{55}，司门前 ts^{h}ue^{55}，金石桥 ts^{h}ue^{55}，小沙江 ts^{h}e^{55}，罗洪 ts^{h}e^{55}，七江 ts^{h}ue^{55}；

在：荷香桥 ts^{h}e^{312}，六都寨 ts^{h}e^{312}，司门前 ts^{h}e^{312}，金石桥 ts^{h}e^{312}，西洋江 ts^{h}e^{312}，横板桥 ts^{h}e^{312}，罗洪 ts^{h}e^{312}，七江 ts^{h}e^{312}，江口 ts^{h}e^{312}，金屋塘 ts^{h}e^{312}，黄土矿 ts^{h}e^{312}；

鳃：荷香桥 sue^{33}，司门前 sue^{33}，金石桥 sue^{33}，小沙江 se^{33}，西洋江 se^{55}，横板桥 se^{55}，罗洪 se^{33}，七江 sue^{33}，高坪 se^{33}，高沙 sue^{55}；

开：荷香桥 k^{h}e^{33}，六都寨 k^{h}e^{33}，司门前 k^{h}e^{33}，金石桥 k^{h}a^{33}，小沙江 xe^{33}，西洋江 k^{h}e^{55}，横板桥 k^{h}e^{55}，罗洪 xe^{33}，七江 k^{h}e^{33}；

盖：荷香桥 ke^{45}，六都寨 ke^{55}，金石桥 ke^{55}，西洋江 ke^{45}，横板桥 ke^{45}，罗洪 ke^{55}，七江 ke^{55}，高坪 ke^{55}。

蟹摄开口一等与合口一等主元音相同的情况一般分布在灰韵与止、蟹摄合口三、四等完全对立的方言点，除"开""盖"两个字外，均为舌齿音字。从某种意义上说，这种现象也反映了蟹摄开口一、二等韵保留主元音对立的特征。

三 一、二等韵读细音的现象

从语音演变的一般规律来看，除多数韵摄的见系开口二等韵外，开合口一、二等韵在现代汉语中均演变为洪音，即开口呼与合口呼。现代汉语方言中，一等韵没有例外，一般均读洪音。但在汉语方言中，一等韵有读细音的现象。洞绥片赣方言就存在开口一等韵读齐齿呼的现象。这一语音现象主要出现在流摄一等韵以及曾梗摄开口一、二等入声韵中。其中洞绥片赣方言梗摄开口二等阳声韵见系声母字与现代汉语一样，声母没有发生腭化现象，韵母均读开口呼。但梗摄开口二等入声唇牙喉音字并没有与相应的舒声韵一样读开口呼，而是读齐齿呼，声母同样没有发生腭化现象。将洞绥片赣方言中以上韵摄开口一、二等韵字的读音，各举一声母代表字如表 4-22 所示。

表 4-22　洞绥片赣方言开口一、二等韵读细音现象举例

	庙	斗	走	狗	皱	北	特	贼	黑	百	责	客
	流	流	流	流	流	曾	曾	曾	曾	梗	梗	梗
	开一	开一	开一	开一	开三	开一	开一	开一	开一	开二	开二	开二
	上	去	上	上	去	入	入	入	入	入	入	入
	厚明	候端	厚精	厚见	宥庄	德帮	德定	德从	德晓	陌帮	麦庄	陌溪
荷香桥	miɛ^{312}	tiɛ^{312}	tsiɛ^{312}	tɕiɛ^{312}	tsiɛ^{45}	pe^{33}	xe^{45}	tsʰe^{45}	xe^{33}	pe^{33}	tse^{45}	kʰe^{33}
六都寨	miɛ^{312}	tiɛ^{312}	tsiɛ^{312}	kiɛ^{312}	tsiɛ^{45}	pe^{33}	xe^{45}	tsʰe^{55}	xe^{33}	pe^{33}	tse^{45}	kʰe^{33}
七江	miɛ^{312}	tiɛ^{312}	tsiɛ^{312}	kiɛ^{312}	tsiɛ^{55}	pie^{45}	xie^{45}	tsʰie^{55}	xie^{33}	pie^{33}	tsie^{45}	kʰie^{33}
司门前	miɛ^{312}	tiɛ^{312}	tsiɛ^{312}	kiɛ^{312}	tsiɛ^{45}	pie^{45}	xie^{45}	tsʰie^{55}	xie^{33}	pie^{33}	tsie^{45}	kʰie^{45}
金石桥	miɛ^{312}	tiɛ^{312}	tsiɛ^{312}	kiɛ^{312}	tsiɛ^{45}	pe^{45}	tʰe^{45}	tsʰe^{55}	xe^{55}	pe^{45}	tse^{45}	kʰe^{33}
小沙江	miɛ^{312}	tiɛ^{312}	tɕiɛ^{312}	kiɛ^{312}	tɕiɛ^{13}	pe^{13}	tʰe^{13}	tɕʰe^{55}	kʰe^{33}	pe^{13}	tse^{13}	kʰe^{13}
西洋江	miɛ^{312}	tiɛ^{312}	tsiɛ^{312}	kiɛ^{312}	tsiɛ^{55}	pie^{55}	xie^{45}	tsʰie^{55}	xie^{55}	pie^{55}	tsie^{55}	kʰie^{55}
横板桥	miɛ^{312}	tiɛ^{312}	tsiɛ^{312}	tɕiɛ^{312}	tsiɛ^{45}	pie^{55}	xie^{45}	tsʰie^{55}	xie^{55}	pie^{55}	tsie^{55}	kʰie^{55}
岩口	miɛ^{312}	tiɛ^{312}	tsiɛ^{312}	kiɛ^{312}	tsiɛ^{55}	pe^{13}	xe^{13}	tsʰiA^{55}	xiA^{33}	pe^{13}	tse^{13}	kʰA^{33}
罗洪	miɛ^{312}	tiɛ^{312}	tɕiɛ^{312}	kiɛ^{312}	tɕiɛ^{13}	pe^{33}	tʰe^{45}	tsʰe^{55}	xe^{33}	pe^{33}	tse^{45}	xA^{33}
高坪	miɛ^{312}	tiɛ^{312}	tɕiɛ^{312}	kiɛ^{312}	tɕiɛ^{13}	pe^{33}	xe^{13}	tsʰe^{55}	xe^{33}	pe^{13}	tse^{13}	kʰA^{33}
石江	miɛ^{312}	tiɛ^{312}	tɕiɛ^{312}	kiɛ^{312}	tɕiɛ^{55}	pie^{55}	xie^{24}	tsʰie^{55}	xie^{24}	pie^{55}	tse^{55}	kʰie^{55}
江口	miɛ^{312}	tiɛ^{312}	tɕiɛ^{312}	kiɛ^{312}	tɕiɛ^{24}	pe^{55}	tʰɛ^{24}	tsʰe^{24}	xe^{55}	pie^{55}	tse^{55}	kʰie^{55}
长塘	miɛ^{312}	tiɛ^{312}	tɕiɛ^{312}	kiɛ^{312}	tɕiɛ^{24}	pie^{55}	xie^{24}	tsʰie^{55}	xie^{55}	pie^{55}	tse^{55}	kʰie^{55}
山门	miɛ^{312}	tiɛ^{312}	tsiɛ^{312}	tɕiɛ^{312}	tsiɛ^{55}	pie^{55}	xie^{45}	tsʰie^{45}	xie^{55}	pie^{55}	tsie^{55}	kʰie^{55}
高沙	miɛ^{312}	te^{312}	tse^{312}	kiɛ^{312}	tse^{55}	pe^{55}	tʰi^{24}	tsʰe^{24}	xe^{55}	pe^{55}	tse^{55}	kʰe^{55}
花园	miɛ^{312}	te^{312}	tse^{312}	ke^{312}	tse^{55}	pe^{55}	xe^{35}	tsʰe^{35}	xe^{55}	pe^{55}	tse^{55}	kʰe^{55}
金屋塘	miɛ^{312}	tiɛ^{312}	tɕiɛ^{312}	kiɛ^{312}	tsiɛ^{24}	pie^{24}	tʰie^{24}	tsʰie^{24}	xie^{55}	pie^{55}	tsie^{55}	kʰie^{55}
梅坪	miɛ^{312}	tiɛ^{312}	tɕiɛ^{312}	kiɛ^{312}	tɕiɛ^{24}	pie^{55}	tʰie^{24}	tsʰie^{24}	xie^{55}	pie^{55}	tsie^{55}	kʰie^{55}
黄土矿	miɛ^{312}	tə^{312}	tsə^{312}	tɕiɑ^{312}	tsɔ^{35}	pe^{33}	tʰe^{55}	tsʰe^{55}	xe^{33}	pe^{33}	tse^{33}	kʰe^{33}
唐家坊	miɛ^{312}	tə^{312}	tsə^{312}	kiɔ^{312}		pe^{33}	tʰe^{35}	tsʰe^{35}	xe^{33}	pe^{33}	tse^{33}	kʰe^{33}
瓦屋塘	miɛ^{312}	tə^{312}	tsə^{312}	kiɑ^{312}	tsɔ^{55}	pe^{33}	tʰe^{35}	tsʰe^{35}	xe^{33}	pe^{33}	tse^{33}	kʰe^{33}

　　其中流摄一等侯韵读齐齿呼的现象在洞绥片赣方言中非常普遍，除洞口的高沙、花园，绥宁的黄土矿、瓦屋塘之外，洞绥片赣方言普遍存在这一特点。

　　曾、梗摄开口一、二等入声韵读齐齿呼的现象相对没有流摄一等侯韵读齐齿呼的现象普遍，只分布在隆回的司门前、西洋江、横板桥、七江，洞口的石江、长塘、山门，绥宁的金屋塘等地。

　　流摄一等侯韵字与曾、梗摄开口一、二等入声读齐齿呼的现象，应当发生在部分方言点精组声母由尖音演变为团音之前，因为小沙江、罗洪、石江等方言点的精组一等侯韵与庄组三等尤韵字声母也读舌面音。这应当是韵母读细音以后，受尖团合流的影响，与精组三、四等字一起，声母由舌尖音演变为舌面音的缘故。其上限应当在古见系三、四等字在这些方言点由舌根音腭化为舌面音之后。因为流摄一等侯韵字虽然读细音，但声母没有腭化，仍读舌根音，而不是读舌面音。

　　与曾摄开口一等入声韵字读细音齐齿呼一样，部分曾摄合口一等入声韵字在洞绥片赣方言中也读细音撮口呼，主要有"国""或"二字，列举如下：

　　　　国：六都寨 kye⁴⁵，司门前 kye⁴⁵，金石桥 kye⁴⁵，西洋江 kyɛ⁵⁵，横板桥 kyɛ⁵⁵，罗洪 kye⁴⁵，七江 kye⁴⁵，石江 kyɛ⁵⁵，江口 kyɛ⁵⁵，长塘 kyɛ⁵⁵，山门 kyɛ⁵⁵，花园 kyɛ⁵⁵；

　　　　或：西洋江 xyɛ⁴⁵，横板桥 xyɛ⁴⁵，山门 xyɛ⁴⁵，金屋塘 kyɛ²⁴。

　　与此相似，臻摄合口一等入声字也有部分读细音的现象，其中一等唇音字"没"多读齐齿呼，匣母字"滑"多读撮口呼。列举如下：

　　　　没：西洋江 miɛ⁴⁵，横板桥 miɛ⁴⁵，七江 miɛ⁵⁵，石江 miɛ²⁴，江口 miɛ²⁴，长塘 miɛ²⁴，山门 miɛ⁴⁵，金屋塘 miɛ²⁴；

　　　　滑：六都寨 kye³³，司门前 kye³³，金石桥 kyɛ⁵⁵，西洋江 kyɛ⁵⁵，横板桥 kyɛ⁵⁵，罗洪 kye³³，七江 kye³³，石江 kyɛ⁵⁵，长塘 kyɛ⁵⁵，山门 kyɛ⁵⁵，高沙 kyɛ⁵⁵，花园 kyɛ⁵⁵。

四　洞绥片赣方言韵母特征分韵摄讨论

1. 果摄开、合口一等读音合流，三等与假摄字读音合流

果摄包括开、合一等歌、戈韵以及开、合口三等戈韵。现代汉语中，开、合口一等相混，舌齿音多读合口呼，唇牙喉音多读开口呼（戈韵部分牙喉音读合口呼，保留开合对立特征）。洞绥片赣方言中，果摄开、合口一等韵也已经合流，但不以声母分韵，也不保留开合对立特征，除少数例外，韵母均读后圆唇元音 o。开、合口三等字读音与假摄合流（见假摄讨论部分）。

与现代汉语一样，部分果摄一等字与其他果摄字韵母不同，读不圆唇元音 a 或 ʌ，主要有"大""哪""那"三字以及"跛"字，"跛"在洞绥片赣方言中，除声调差异外，无一例外读 pa。

合口一等字"锅"本见母字，在洞绥片赣方言中，除绥宁县各方言点外，均读零声母 o。

2. 假摄二、三等多不分韵

假摄包括开、合口二等以及开口三等。《中原音韵》将假摄开合口二等字列家麻部，将开口三等字列车遮部，说明假摄二、三等主元音有别。这一特征由来已久，南宋毛晃、毛居正父子《增修互注礼部韵略》微韵下注曰："所谓一韵当析为二者，如麻韵字自'奢'以下，马字自'写'以下，祃字自'藉'以下，皆当别为二韵。"洞绥片赣方言中，除少数字外，麻韵二、三等主元音多同为 ʌ。少数开口三等字文读主元音为 ɛ 或 e，与二等韵主元音不同，但白读音一致。麻韵开口三等字读音举例（含果摄三等字）如表 4-23 所示。

表 4-23　麻韵开口三等字读音举例（含果摄三等字）

	姐	斜	写	者	扯	蛇	捨	社	惹	爷	茄	靴
	假	假	假	假	假	假	假	假	假	假	果	果
	开三	开三	开三	开三	开三	开三	开三	开三	开三	开三	开三	合三
	上	平	上	上	上	平	上	上	上	上	平	平
	马精	麻邪	马心	马章	马昌	麻船	马书	马禅	马日	麻以	戈群	戈晓
荷香桥	tsie³¹²	tsʰie¹³	sie³¹²	tɕe³¹²	tɕʰʌ³¹²	ɕʌ¹³	ɕʌ³¹²	ɕe⁵⁵	iʌ³¹²	iʌ¹³	tɕʰʌ¹³	ɕiʌ/ɕye³³
六都寨	tsie³¹²	tsʰie¹³	sie³¹²	tɕe³¹²	tɕʰʌ³¹²	ɕʌ¹³	ɕʌ³¹²	ɕe⁵⁵	iɔ³¹²	iʌ¹³	tɕʰʌ¹³	ɕie³³
七江	tsie³¹²	tsʰie¹³	sie³¹²	tɕe³¹²	tɕʰʌ³¹²	ɕʌ¹³	ɕʌ³¹²	ɕe/ɕʌ⁵⁵	iɔ³¹²	iʌ¹³	tɕʰʌ¹³	ɕie³³

续表

	姐	斜	写	者	扯	蛇	捨	社	惹	爷	茄	靴
	假	假	假	假	假	假	假	假	假	假	果	果
	开三	开三	开三	开三	开三	开三	开三	开三	开三	开三	开三	合三
	上	平	上	上	上	平	上	上	上	上	平	平
	马精	麻邪	马心	马章	马昌	麻船	马书	马禅	马日	麻以	戈群	戈晓
司门前	tsie³¹²	tsʰiɛ¹³	siɔ³¹²	tɕe³¹²	tɕʰʌ³¹²	ɕʌ¹³	ɕʌ³¹²	ɕʌ³¹²	iɔ³¹²	iʌ¹³	tɕʰʌ¹³	ɕie³³
金石桥	tsie³¹²	tsʰiɛ¹³	siɛ³¹²	tɕe³¹²	tɕʰʌ³¹²	ɕʌ¹³	ɕʌ³¹²	ɕʌ⁵⁵	iʌ³¹²	iʌ¹³	tɕʰʌ¹³	ɕɛ³³
小沙江	tɕʌ³¹²	tɕʰʌ¹³	ɕʌ³¹²	tɕe³¹²	tɕʰʌ³¹²	ɕʌ¹³	ɕʌ³¹²	ɕe⁵⁵	iʌ³¹²	iʌ¹³	tɕʰʌ¹³	ɕʌ³³
西洋江	tsie³¹²	tsʰiɛ¹³	siɛ³¹²	tɕe³¹²	tɕʰʌ³¹²	ɕʌ¹³	ɕʌ³¹²	ɕe⁴⁵	iʌ³¹²	ie¹³	tɕʰʌ⁴⁵	ɕye⁵⁵
横板桥	tsie³¹²	tsʰiɛ¹³	siɛ³¹²	tɕe³¹²	tɕʰʌ³¹²	ɕʌ¹³	ɕʌ³¹²	ɕɛ⁴⁵	iʌ³¹²	ie¹³	tɕʰʌ⁴⁵	ɕye⁵⁵
岩口	tsiʌ³¹²	tsʰiʌ¹³	siʌ³¹²	tse³¹²	tɕʰuʌ³¹²	suʌ¹³	suʌ³¹²	se⁵⁵	iʌ̃³¹²	iʌ¹³	tɕʰiʌ¹³	ɕiʌ³³
罗洪	tɕiʌ¹²	tɕʰiʌ¹³	ɕiʌ¹³	tɕe³¹²	tɕʰʌ¹³	ɕʌ¹³		ɕe⁵⁵	iʌ³¹²	iʌ¹³	tɕʰʌ¹³	ɕiʌ/ɕye³³
高坪	tɕiʌ³¹²	tɕʰiʌ¹³	siʌ³¹²	tɕe³¹²	tɕʰuʌ³¹²	ɕuʌ¹³	ɕye³¹²	ɕye⁵⁵	iʌ³¹²	iʌ¹³	tɕʰiʌ¹³	ɕiʌ³³
石江	tɕie/tɕiʌ³¹²	tɕʰiɛ¹³	ɕie/ɕiʌ³¹²	tɕe³¹²	tɕʰʌ³¹²	ɕʌ¹³	ɕʌ³¹²	ɕe³¹²	iʌ³¹²	iʌ¹³	tɕʰʌ²⁴	ɕye⁵⁵
江口	tɕiʌ³¹²	tɕʰiʌ¹³	ɕiʌ³¹²	tɕe³¹²	tɕʰʌ³¹²	ɕʌ¹³	ɕʌ³¹²	ɕe³¹²	lʌ³¹²	iʌ¹³	tɕʰʌ²⁴	ɕʌ⁵⁵
长塘	tɕiʌ³¹²	ɕiʌ¹³	ɕiʌ³¹²	tɕe³¹²	tɕʰʌ³¹²	ɕʌ¹³	ɕʌ³¹²	ɕe³¹²	iʌ³¹²	iʌ¹³	tɕʰʌ²⁴	ɕʌ⁵⁵
山门	tsie³¹²	tsʰiɛ¹³	siɛ³¹²	tɕe³¹²	tɕʰʌ³¹²	ɕʌ¹³	ɕʌ³¹²	ɕɛ/ɕʌ⁴⁵	e³¹²	iʌ¹³	tɕʰiʌ⁵⁵	ɕye⁵⁵
高沙	tɕie/tɕiʌ²⁴	tɕʰiʌ¹³	ɕiʌ³¹²	tɕe³¹²	tɕʰʌ³¹²	ɕʌ¹³	ɕʌ³¹²	ɕɛ²⁴	ie³¹²	iʌ¹³	tɕʰʌ¹³	ɕye⁵⁵
花园	tsie/tsiʌ³¹²	tsʰiʌ¹³	siʌ³¹²	tɕe³¹²	tɕʰʌ³¹²	ɕʌ¹³	ɕʌ³¹²	ɕɛ3⁵	ie³¹²	iʌ¹³	tɕʰʌ¹³	ɕye⁵⁵
金屋塘	tsiʌ³¹²	tsʰiʌ¹³	siʌ³¹²	tɕe³¹²	tɕʰʌ³¹²	ɕʌ¹³	ɕʌ³¹²	ɕe³¹²	lʌ³¹²	iʌ¹³	tɕʰʌ²⁴	ɕʌ⁵⁵
梅坪	tsiʌ³¹²	tsʰiʌ¹³	siʌ³¹²	tɕe³¹²	tɕʰʌ³¹²	ɕʌ¹³	ɕʌ³¹²	ɕɛ³¹²	lʌ³¹²	iʌ¹³	tɕʰʌ²⁴	ɕʌ⁵⁵
黄土矿	tɕiʌ³⁵	tɕʰiʌ⁵⁵	ɕiʌ³¹²	tɕe³¹²	tɕʰʌ³¹²	ɕʌ⁵⁵	ɕʌ³¹²	ɕe³¹²	iʌ/iɔ³¹²	iʌ⁵⁵	tɕʰʌ⁵⁵	ɕyə³³
唐家坊	tsiʌ³⁵	tsʰiʌ¹³	siʌ³¹²	tɕe³¹²	tɕʰʌ³¹²	ɕʌ¹³	ɕʌ³¹²	ɕe³¹²	iʌ³¹²	iʌ¹³	tɕʰʌ²⁴	ɕyə³³
瓦屋塘	tsiʌ³⁵	tsʰiʌ¹³	siʌ³¹²	tɕe³¹²	tɕʰʌ³¹²	ɕʌ¹³	ɕʌ³¹²	ɕe³¹²	iʌ³¹²	iʌ¹³	tɕʰʌ¹³	ɕyə³³

从声母情况来看，精组三等麻韵字与麻韵二等字不同主元音的现象较多；从使用频率来看，书面语色彩比较浓，日常交际使用频率不高的字一般与二等字主元音有别，如"社""者"等字。

果摄三等字读音与假摄字读音合流的现象也出现得比较早。金代韩道昭《五音集韵》说："戈韵第三等开合共有明头八字……今韩道昭移于此麻韵中收之，与'车遮蛇舌'同为一类。"洞绥片赣方言果摄三等字我们调查了两个字，"茄"为常用字，各方言点主元音均读 ʌ；"靴"不常用，白读与二等主元音同，文读主元音为 ɛ，且以文读音居多。

3. 蟹摄三、四等与止摄字韵母读音特征

止摄开口三等精庄章组字在《中原音韵》中主元音已经分化，读舌尖元音，列支思部；其他止摄三等与蟹摄三、四等合流，列齐微部。洞绥片赣方言中，止摄开口三等精庄章组字韵母读舌尖前音 ɿ，知组字韵母多与精庄章组有别，读舌面元音 i 或舌叶元音 ʅ。只有少数知组字韵母与精庄章组字一样读舌尖元音 ʅ。止摄开口三等精庄章组字与知组字韵母读音的对立现象基本上与《中原音韵》一致。蟹摄开口三等章组字较少，但韵母一般与止摄开口三等精庄章组字同为舌尖元音 ʅ。洞绥片赣方言止摄开口三等知组字读音情况如表 4-24 所示。

表 4-24　洞绥片赣方言止摄开口三等知组字读音情况

	知	智	池	迟	稚	置	痴	耻	持	痔	治
	止开三 平支知	止开三 去真知	止开三 平支澄	止开三 平脂澄	止开三 去至澄	止开三 去志知	止开三 平之彻	止开三 上止彻	止开三 平之澄	止开三 上止澄	止开三 去志澄
荷香桥	tɕi^{33}	tɕi^{45}	tsʰʅ^{13}	tsʰʅ^{13}	tsʅ^{55}	tsʅ^{45}	tsʰʅ^{33}	tsʰʅ^{312}	tɕʰi^{13}	tsʅ^{45}	tɕʰi^{55}
六都寨	tɕi^{33}	tɕi^{45}	tɕʰi^{13}	tsʰʅ^{13}	tsʅ^{55}	tsʅ^{55}	tsʰʅ^{33}	tsʰʅ^{312}	tsʰʅ^{13}	tsʅ^{55}	tɕʰi^{55}
七江	tɕi^{33}	tɕi^{45}	tɕʰi^{13}	tsʰʅ^{13}	tsʅ^{55}	tsʅ^{55}	tsʰʅ^{33}	tsʰʅ^{312}	tɕʰi^{13}	tsʅ^{55}	tɕʰi^{55}
司门前	tɕi^{33}	tɕi^{45}	tɕʰi^{13}	tsʰʅ^{13}	tsʅ^{55}	tsʅ^{55}	tsʰʅ^{33}	tsʰʅ^{312}	tɕʰi^{13}	tsʅ^{55}	tɕʰi^{55}
金石桥	tɕi^{33}	tɕi^{45}	tɕʰi^{13}	tsʰʅ^{13}	tsʅ^{55}	tsʅ^{55}	tsʰʅ^{33}	tsʰʅ^{312}	tɕʰi^{13}	tsʰʅ^{55}	tɕʰi^{55}
小沙江	tɕi^{33}	tɕi^{55}	tsʰʅ^{13}	tsʰʅ^{13}	tsʅ^{55}	tsʅ^{55}	tsʰʅ^{33}	tsʰʅ^{312}	tɕʰi^{13}	tsʅ^{55}	tɕʰi^{55}
西洋江	tɕʅ^{55}	tɕʅ^{45}	tɕʰʅ^{13}	tsʰʅ^{13}	tɕʅ^{55}	tsʅ^{45}	tɕʰʅ^{55}	tsʰʅ^{312}	tsʰʅ^{13}	tsʅ^{55}	tɕʰi^{55}
横板桥	tɕʅ^{55}	tɕʅ^{45}	tɕʰʅ^{13}	tsʰʅ^{13}	tɕʅ^{55}	tsʅ^{45}	tɕʰʅ^{55}	tsʰʅ^{312}	tsʰʅ^{13}	tsʅ^{55}	tɕʰi^{55}
岩口	tɕi^{33}	tɕi^{55}	tɕʰʅ^{13}	tsʰʅ^{13}	tsʅ^{55}	tsʅ^{55}	tsʰʅ^{33}	tsʰʅ^{312}	tɕʰi^{13}	tsʅ^{55}	tɕʰi^{55}
罗洪	tsʅ^{33}	tsʅ^{55}	tsʰʅ^{13}	tsʰʅ^{13}	tsʅ^{55}	tsʅ^{45}	tsʰʅ^{55}	tsʰʅ^{312}	tɕʰi^{13}	tsʅ^{55}	tsʰʅ^{55}
高坪	tɕi^{33}	tɕi^{55}	tsʰʅ^{13}	tsʰʅ^{13}	tsʅ^{55}	tsʅ^{55}	tsʰʅ^{33}	tsʰʅ^{312}	tsʰʅ^{13}	tsʅ^{55}	tɕʰi^{55}
石江	tɕʅ^{55}	tɕʅ^{24}	tɕʰʅ^{13}	tsʰʅ^{13}	tɕʅ^{55}	tsʅ^{24}	tɕʰʅ^{55}	tsʰʅ^{312}	tɕʰʅ^{13}	tsʅ^{55}	tɕʰʅ^{55}
江口	tɕʅ^{55}	tɕʅ^{24}	tsʰʅ^{13}	tsʰʅ^{13}	tɕʅ^{55}	tsʅ^{24}	tsʰʅ^{55}	tsʰʅ^{312}	tsʰʅ^{13}	tsʅ^{24}	tsʰʅ^{55}
长塘	tɕʅ^{55}	tɕʅ^{24}	tɕʰʅ^{13}	tsʰʅ^{13}	tɕʅ^{55}	tsʅ^{24}	tɕʰʅ^{55}	tsʰʅ^{312}	tɕʰʅ^{13}	tsʅ^{55}	tɕʰʅ^{55}
山门	tɕɛ^{55}	tɕɛ^{45}	tsʰʅ^{13}	tsʰʅ^{13}	/	tsʅ^{45}	tɕʰʅ^{55}	tsʰʅ^{312}	tsʰʅ^{13}	tsʅ^{45}	tɕʰɛ^{55}
高沙	tɕʅ^{55}	tɕʅ^{24}	tɕʰʅ^{13}	tsʰʅ^{13}	/	tsʅ^{24}	tɕʰʅ^{55}	tsʰʅ^{312}	tsʰʅ^{13}	tsʅ^{55}	tɕʰʅ^{55}
花园	tɕʅ^{55}	tɕʅ^{35}	tɕʰʅ^{13}	tsʰʅ^{13}	/	tsʅ^{35}	tɕʰʅ^{55}	tsʰʅ^{312}	tsʰʅ^{13}	tsʅ^{24}	tɕʰʅ^{35}
金屋塘	tɕʅ^{55}	tɕʅ^{24}	tɕʰʅ^{13}	tsʰʅ^{13}	tɕʅ^{55}	tsʅ^{24}	tɕʰʅ^{55}	tsʰʅ^{312}	tsʰʅ^{13}	tsʅ^{55}	tsʰʅ^{55}
梅坪	tɕʅ^{55}	tɕʅ^{24}	tsʰʅ^{13}	tsʰʅ^{13}	tɕʅ^{55}	tsʅ^{24}	tsʰʅ^{55}	tsʰʅ^{312}	tsʰʅ^{13}	tsʅ^{24}	tsʰʅ^{55}

	知	智	池	迟	稚	置	痴	耻	持	痔	治
	止开三 平支知	止开三 去寘知	止开三 平支澄	止开三 平脂澄	止开三 去至澄	止开三 去志知	止开三 平之彻	止开三 上止彻	止开三 平之澄	止开三 上止澄	止开三 去志澄
黄土矿	tɕi³³	tsʅ³⁵	tsʰʅ⁵⁵	tsʰʅ⁵⁵	tsʅ³³	tsʅ³⁵	tsʰi³³	tsʰʅ³¹²	tsʰʅ⁵⁵	tsʅ²⁴	tsʰʅ³³
唐家坊	tɕi³³	tɕi³⁵	tsʰʅ¹³	tsʰʅ⁵⁵	/	tsʅ³⁵	tsʰi³³	tsʰʅ³¹²	tsʰʅ¹³	tsʅ²⁴	tsʰʅ³³
瓦屋塘	tɕi³³	tɕi³⁵	tsʰʅ¹³	tsʰʅ⁵⁵	/	tsʅ³⁵	tsʰi³³	tsʰʅ³¹²	tsʰʅ¹³	tsʅ²⁴	tsʰʅ³³

以上止摄开口三等知组字韵母读舌尖元音一般是方言中的文读音，如"迟"，方言一般说"晏"，"稚""耻""痔"等字很少在口语中出现。

止摄开口三等知组字韵母部分读舌叶元音ʅ，则有两种不同的来源与性质：①止摄开口三等知组字韵母读舌叶元音ʅ，是受现代汉语影响，韵母向舌尖元音读音靠拢而产生的读音。②止摄开口三等知组字韵母读舌叶元音ʅ，是在舌面元音 i 的基础上，受声母影响而发生的规律性语音演变现象。主要表现在：

受现代汉语影响而产生的止摄开口三等知组字韵母读舌叶元音ʅ的方言中，同摄开口三等见系字韵母一般仍读舌面元音 i，而不读ʅ，如横板桥、西洋江、石江等地。而江口、长塘、高沙、花园、金屋塘等地，虽然止摄开口三等知组字韵母同样读ʅ，反映的却是止摄开口三等知组与精庄章组字读音有别的情况。因为在这几个方言点中，止摄开口三等字韵母读ʅ的不仅有知组字，还有见系字。同韵摄见系字与知三章组字读音相同的现象是洞绥片赣方言的普遍特征，止摄开口三等知组字与见系字韵母同读ʅ，应当是止摄开口三等知组字与止蟹摄开口三、四等见系字读音合流以后，受声母舌面音（实际上为舌叶音）的影响，韵母由舌面元音逐渐向舌叶元音演变，而发生的规律性语音演变的结果。

止蟹摄开口、三四等见系字韵母读ʅ的现象主要分布在洞口以及与洞口接壤的绥宁金屋塘等地。这些方言中，声母读舌面音的止蟹摄开口三、四等见系字韵母一般读ʅ，今读零声母的影喻母字韵母一般读 i；但在洞口高沙、花园等地，今读零声母的止蟹摄开口三、四等影喻母字韵母也读ʅ。这些方言中止蟹摄开口三、四等见系代表字（止摄以支韵为例）读音如表4-25所示。

表 4-25　洞绥片赣方言止蟹摄开口三、四等见系代表字读音举例

	鸡	溪	契	寄	企	骑	宜	牺	椅	移
	齐见	齐溪	霁溪	寘见	纸溪	支群	支疑	支晓	纸影	支以
江口	tɕʅ^{24}	tɕʰʅ^{312}	ɕʅ^{55}	tɕʅ^{24}	tɕʰʅ^{45}	tɕʰʅ^{13}	ŋʅ^{13}	ɕʅ^{55}	iʅ^{312}	iʅ^{13}
长塘	tɕʅ^{24}	tɕʰʅ^{312}	ɕʅ^{55}	tɕʅ^{24}	tɕʰʅ^{45}	tɕʰʅ^{13}	ŋʅ^{13}	ɕʅ^{55}	iʅ^{312}	iʅ^{13}
山门	tɕi^{45}	tɕʰi^{312}	ɕi^{45}	tɕi^{45}	tɕʰi^{45}	tɕʰi^{13}	ŋi^{13}	ɕi^{55}	i^{312}	i^{13}
高沙	tɕʅ^{24}	tɕʰʅ^{312}	ɕʅ^{24}	tɕʅ^{24}	tɕʰʅ^{312}	tɕʰʅ^{13}	ŋ̍^{13}	ɕʅ^{55}	ʅ^{312}	ʅ^{13}
花园	tɕʅ^{55}	tɕʰʅ^{312}	ɕʅ^{35}	tɕʅ^{35}	tɕʰʅ^{312}	tɕʰʅ^{13}	ŋ̍^{13}	ɕʅ^{55}	ʅ^{312}	ʅ^{13}
金屋塘	tɕʅ^{55}	tɕʰʅ^{312}	ɕʅ^{24}	tɕʅ^{24}	tɕʰʅ^{312}	tɕʰʅ^{13}	ŋ̍^{13}	ɕʅ^{55}	i^{312}	i^{13}
梅坪	tɕʅ^{55}	tɕʰʅ^{312}	ɕʅ^{24}	tɕʅ^{24}	tɕʰʅ^{312}	tɕʰʅ^{13}	ŋ̍^{13}	ɕʅ^{55}	i^{312}	i^{13}
黄土矿	tɕy^{33}	tɕʰi^{33}	ɕi^{33}	tɕy^{35}	tɕʰy^{312}	tɕʰy^{55}	ŋ^{55}	ɕy^{33}	i^{312}	i^{55}

　　除疑母字在以上方言点均读声化韵外，其他见系字声母读舌面音的韵母多读 ʅ，而在绥宁黄土矿方言中则部分读 y，y 与 ʅ 听感上比较接近，不排除是受临近方言的影响。

　　高沙、花园影、喻母零声母字读 ʅ，也许是受高元音的影响，与同韵见系声母字一起发生了变化。

　　4. 蟹摄、流摄、效摄不保留韵尾，开口洪音多单元音化

　　蟹摄合口一等，以及三、四等字读音已在上文讨论，这里主要讨论开口一、二等、合口二等的读音。

　　蟹摄、流摄与效摄在汉语语音史上都有韵尾，其中蟹摄韵尾为 -i，流摄与效摄韵尾为 -u。在现代汉语中，这些韵摄字大部分保留韵尾。但在洞绥片赣方言中，这些韵摄基本上不保留韵尾，开口洪音字多读单元音，流摄字尽管保留 u，但已经演变为主元音。

　　洞绥片赣方言蟹摄、流摄、效摄字韵母对比见表 4-26。

表 4-26　洞绥片赣方言蟹摄、流摄、效摄字韵母读音

	蟹			效				流			
	一二开		二合	一、二		三、四		一		三	
	唇牙喉	舌齿	牙喉	唇牙喉	舌齿	唇牙喉	舌齿	唇牙喉	舌齿	唇牙喉	舌齿
荷香桥	a	a	ua/uʌ　ʌu/ʌ	ɐ〈牙喉二等〉　ʌ	ɐ	ɐi	ɐi/ʌ	ɐi	ɐi	u 唇 /iu	iɐi 庄 /iu 知章
六都寨	a	a	ua/uʌ　ʌu/ʌ	ɐi/ʌ	ɐ	ɐi	ɐi/ʌ	ɐi	ɐi	u 唇 /iu	iɐi 庄 /iu 知章

	蟹			效				流			
	一、二开		二合	一、二		三、四		一		三	
	唇牙喉	舌齿	牙喉	唇牙喉	舌齿	唇牙	齿	唇牙喉	舌齿	唇牙喉	舌齿
七江	a	a	ua/uA	ɐi/ɐ	ɐ	iɐ	iɐ/ɐ	ɐi	ɐi	u唇/iu	iɐ庄/iu知章
司门前	a	a	ua/uA	ɐi/ɐ	ɐ	iɐ	iɐ/ɐ	ɐi	ɐi	u唇/iu	iɐ庄/iu知章
金石桥	a	a	uA	ɐi/ɐ	ɐ	iɐ	iɐ/ɐ	ɐi	ɐi	u唇/iu	iɐ庄/iu知章
小沙江	a	a	ua/uA	ɐi/ɐ	ɐ	iɐ	iɐ/ɐ	ɐi	ɐi	u唇/iu	iɐ庄/iu知章
西洋江	a	a	uA	ɐ	ɐ	ɐ	iɐ	ɐi	ɐi	u唇/iu	iɐ庄/iu知章
横板桥	a	a	ua/uA	ɐ	ɐ	ɐ	iɐ	ɐi	ɐi	u唇/iu	iɐ庄/iu知章
岩口	a	a	ua/uA	ɐi/ɐ	ɐ	iɐ	iɐ/ɐ	ɐi	ɐi	u唇/iu	iɐ庄/iu知章
罗洪	a	a	ua/uA	ɐi/ɐ	ɐ	iɐ	iɐ/ɐ	ɐi	ɐi	u唇/iu	iɐ庄/iu知章
高坪	a	a	ua/uA	ɐi/ɐ	ɐ	iɐ	iɐ/ɐ	ɐi	ɐi	uɐ唇/iu	iɐ庄/iu知章
石江	a	a	ua/uA	ɐi/ɐ	ɐ	iɐ	iɐ/ɐ	ɐi	ɐi	u唇/iu	iɐ庄/iu知章
江口	a	a	ua/uA	ɐi/ɐ	ɐ	iɐ	iɐ/ɐ	ɐi	ɐi	u唇/i	iɐ庄/i知章
长塘	a	a	ua/uA	ɐi/ɐ	ɐ	iɐ	iɐ/ɐ	ɐi	ɐi	u唇/i	iɐ庄/i知章
山门	a	a	ua/uA	ɐ	ɐ	iɐ	ɐ	ɐi	ɐi	u唇/iu	iɐ庄/iu知章
高沙	a	a	ua/uA	ɐi/ɐ	ɐ	iɐ	iɐ/ɐ	iɐ/e	e	u唇/iu	e庄/iu知章
花园	a	a	ua/uA	ɐi/ɐ	ɐ	e	e	iɐ/ɐ	e	e	u唇/iu	e庄/iu知章
金屋塘	a	a	ua/uA	ɐi/ɐ	ɐ	iɐ	iɐ/ɐ	ɐi	ɐi	u唇/i	iɐ庄/i知章
梅坪	a	a	ua/uA	ɐi/ɐ	ɐ	iɐ	iɐ/ɐ	ɐi	ɐi	u唇/i	iɐ庄/i知章
黄土矿	a	a	ua/uA	ɐi/ɐ	ɐ	iɐ	iɐ/ɐ	eɪ	ə	u唇/iu	ə庄/iu知章
唐家坊	a	a	ua/uA	ɐi/ɐ	ɐ	iɐ	iɐ/ɐ	eɪ	ə	u唇/iu	ə庄/iu知章
瓦屋塘	a	a	ua/uA	ɐi/ɐ	ɐ	iɐ	iɐ/ɐ	eɪ	ə	u唇/iu	ə庄/iu知章

　　蟹摄一、二等韵在洞绥片赣方言中的读音比较一致，除合口二等有 u 介音外，韵母或韵母主元音多为 a。其中开口一等除上文所讨论的与合口一等字韵母同为 e 之外，还有部分开口二等字韵母读 A，部分合口二等字韵母读 uA，与假摄字读音合流。这些字主要有：钗 tsʰA，卦 kuA，画 xuA（fA），蛙 uA，话 uA。这种现象与《中原音韵》部分蟹摄一、二等字归入家麻部的特征一致。

　　效摄字在洞绥片赣方言中的韵母读音基本一致，除了洪细之别外，韵母

或韵母主元音都是 ɐ。与蟹摄开口二等不同的是，效摄开口二等牙喉音都有文白读，文读音产生了 i 介音。

流摄在洞绥片赣方言中的读音没有蟹摄与效摄那么一致，但基本特征相同，即韵母丢失了韵尾，韵母或韵母主元音为 u/ə/ɐ/e/i。其中流摄一等与三等庄组字韵母在洞口高沙、花园方言中读 e（高沙一等唇牙音读 iɐ，喉音读 e）；绥宁黄土矿、瓦屋塘等方言中，流摄一等舌齿音与三等庄组字韵母读 ə，一等唇牙喉音韵母读 iə。其他洞绥片赣方言中，流摄一等与三等庄组字韵母读音比较一致，均读细音 iɐ。

一般情况下，流摄三等字除部分唇音字以及庄组字韵母读 u 之外，其他声母字韵母多读 iu，u 在这些方言的音节中不是韵尾，而是韵母主元音。此外，洞口江口、长塘，绥宁金屋塘等地，流摄三等除庄组与唇音声母字外，韵母都读单元音 i。

因此，在洞绥片赣方言中，效摄与流摄具有以下语音特征。

（1）宵（萧）侯（含尤韵庄组）同韵。从语音特征来看，古人将效摄与流摄分别归之于侈音与弇音。从等呼来看，宵（萧）是三、四等韵，侯是一等韵。而在洞绥片赣方言中，大部分方言点效摄三、四等宵、萧韵与流摄一等侯韵以及三等尤韵庄组字韵母相同。

（2）支尤同韵。止、蟹摄开口三、四等（以"支"表示）除精庄章组以及部分知组读舌尖元音外，其他声母字多读 i。而在洞口江口、长塘，绥宁金屋塘等地，见系、知组字韵母多读 ʅ，只有唇音以及见系零声母字韵母读 i。而这些方言中的流摄三等字（不包括庄组字，以"尤"表示）则多读单元音 i，从而与部分止、蟹摄开口三、四等字韵母读音相同。

5. 支、鱼同韵，鱼、尤同韵现象

遇摄在洞绥片赣方言中的韵母读音除合口一等与三等庄组、非组字比较整齐，均读 u 之外，三等鱼、虞韵的读音在各方言点都有所不同，并且同一方言点也存在声母条件不同而韵母读音有别的现象。各方言点遇摄三等鱼、虞韵精组、见系与知章组字韵母读音比较见表 4-27。

表 4-27　洞绥片赣方言遇摄三等鱼、虞韵精组、见系与知章组字韵母读音

	鱼				虞			
	精组	知章	见	晓	精组	知章	见	晓
荷香桥	y	y	y	y	y	y	y	y
六都寨	y/iu	y	y	y	y	y	y	y
七江	u/iu/y	u	y	u	iu	y	y	u
司门前	u/iu/y	u	u	u	iu	u	u	u
金石桥	u/iu/y	y	y	y	y/ui/ue	y	y	y
小沙江	iu/y	y	y	y	y	y	y	y
西洋江	ʅ	ʅ	ʅ	ʅ	ʅ	ʅ	ʅ	ʅ
横板桥	ʅ	ʅ	ʅ	ʅ	ʅ	ʅ	ʅ	ʅ
岩口	y	y	y	y	y	y	y	y
罗洪	y	y	y	y	y/iu	y	y	y
高坪	i	y	y	y	i	y	y	y
石江	ʅ	ʅ	ʅ	ʅ	ʅ	ʅ	ʅ	ʅ
江口	i/ʅ	ʅ	ʅ	ʅ	i	ʅ	ʅ	ʅ
长塘	ʅ/i	ʅ	ʅ	ʅ	i	ʅ	ʅ	ʅ
山门	ʅ	ʅ	ʅ	ʅ	ʅ	ʅ	ʅ	ʅ
高沙	iu/u	ʅ	ʅ	ʅ	iu	ʅ	ʅ	ʅ
花园	iu/u	ʅ	ʅ	ʅ	iu	ʅ	ʅ	ʅ
金屋塘	i	ʅ	ʅ	ʅ	i	ʅ	ʅ	ʅ
梅坪	i	ʅ	ʅ	ʅ	i	ʅ	ʅ	ʅ
黄土矿	y	y	y	y	y	y	y	y
唐家坊	y	y	y	y	y	y	y	y
瓦屋塘	y	y	y	y	y	y	y	y

　　遇摄三等（除庄组、非组外，下同）在洞绥片赣方言中大致以读 ʅ、y、u（iu）三种情况为主。其中全部读 ʅ 的方言点有：隆回横板桥、西洋江，洞口石江、山门。全部读 y 的有隆回荷香桥、六都寨（除个别精组字外）、罗洪（除个别精组字外）、岩口，绥宁黄土矿、唐家坊、瓦屋塘。其他方言点鱼虞韵除知章组、见系字读音比较一致外，精组字读音均存在不同读音。如洞口江口、长塘、高沙、花园，绥宁金屋塘，鱼虞韵知章组、见系字韵母读 ʅ，但精组字韵母在江口、长塘、金屋塘读 i，在高沙、花园读 iu。鱼虞韵精组字韵

母读 iu 的现象在洞绥片赣方言中分布比较广，其他方言点鱼虞韵精组字韵母读 iu 的还有隆回金石桥、小沙江等，这些方言点的鱼虞韵知章组字韵母则均读 y；隆回司门前鱼虞韵精组字韵母同样读 iu，知章组字韵母则和一等韵一样读 u。

遇摄三等读音的多样性也造成了洞绥片赣方言出现了支（代表止、蟹摄三、四等读音）、鱼（代表遇摄三等）同韵，鱼、尤（代表流摄三等）同韵的现象。即鱼虞韵读 i、ɿ 的与止、蟹摄开、合口三、四等同韵（止、蟹摄开口三、四等读 i、ɿ，见上文讨论），鱼虞韵精组读 iu 的与流摄三等尤、幽韵同韵。洞绥片赣方言支鱼同韵、鱼尤同韵现象分布如下。

（1）支、鱼同韵

韵母同读 y 的方言点（各方言点括号内只注明止摄读 y 的情况）：荷香桥（止摄合口精、知、章组），岩口（止摄合口精、知章组部分），六都寨（部分止摄合口知、章组），金石桥（部分止摄合口知、章组），小沙江（部分止摄合口知、章组），罗洪（部分止摄合口知、章组），七江（部分止摄合口知、章组），黄土矿（止摄开口见系及合口精、知、章组），瓦屋塘（止摄开口见系及合口精知章组）。

韵母同读 ɿ 的方言点：西洋江、横板桥（以上部分止摄开口三等知组，止摄合口三等精、知、章组），石江、江口、长塘、高沙、花园、金屋塘（以上部分止摄开口三等知组、止摄开口三等见系、部分止摄合口三等精知组）。

韵母同读 i 的方言点：主要分布在遇摄精组韵母读 i，从而与止摄合口三等精组字同韵母的方言点，如江口、长塘、金屋塘。这些方言点止摄开口三等见系字韵母读 ɿ，与遇摄精组字韵母有别。

（2）鱼、尤同韵

鱼、尤同韵主要出现在六都寨、司门前、小沙江、罗洪、七江、高沙、花园，这些方言点遇摄精组字与流摄三等字韵母同读 iu。

以上方言点韵母读 iu 的除了遇摄与流摄外，部分止摄合口三等精组字韵母也读 iu，因此还出现了支、尤、鱼同韵的现象，如小沙江、罗洪、高沙、花园。

6.臻、深、曾、梗摄（文读）读音合流，部分三、四等字韵母读单元音鼻化韵，与一、二等韵读音相同的现象

臻、深、曾、梗摄在洞绥片各方言点中读音合流，韵母读单元音鼻化韵，韵母主元音为高圆音 e、i 或 ə。除零声母外，臻、深、曾、梗摄主元音为 e 的方言点，开口三、四等与同摄开口一、二等韵韵母相同，同读洪音。这种开口三、四等韵读洪音的现象在洞绥片赣方言中分布较广，其中隆回除罗洪、岩口、高坪外，都具备这种特征。洞口除高沙与花园外，也都具备这种特征，绥宁则只有最北角的金屋塘、梅坪具有这种特征。隆回的岩口臻、曾、梗摄开口一、二等读齐齿呼，与山摄开口三、四等读章相同；高坪臻曾梗摄开口一、二等读齐齿呼，与同韵摄三、四等字读音相同。臻深曾梗摄开口三、四等字在罗洪方言中韵母读 iɜ，在高沙、花园、黄土矿、瓦屋塘等方言中读 ĩ。洞绥片赣方言各代表点臻深曾梗摄开口一、二、三、四等帮组、精组字读音对比如表 4-28 所示。

表 4-28　洞绥片赣方言各代表点臻深曾梗摄开口一、二、三、四等帮组、精组字读音举例

	盆	彭	平	贫	能	鳞	灵	曾	争	精	津
	魂並	庚並	庚並	真並	登泥	真来	青来	登精	耕庄	清精	真精
荷香桥	pʰẽ^{13}	pʰẽ^{13}	pʰẽ^{13}	pʰẽ^{13}	lẽ^{13}	lẽ^{13}	lẽ^{13}	tsẽ^{33}	tsẽ^{33}	tsẽ^{33}	tsẽ^{33}
六都寨	pʰẽ^{13}	pʰẽ^{13}	pʰẽ^{13}	pʰẽ^{13}	lẽ^{13}	lẽ^{13}	lẽ^{13}	tsẽ^{33}	tsẽ^{33}	tsẽ^{33}	tsẽ^{33}
七江	pʰẽ^{13}	pʰĩ^{13}	pʰẽ^{13}	pʰẽ^{13}	lẽ^{13}	lẽ^{13}	lẽ^{13}	tsẽ^{33}	tsẽ^{33}	tsẽ^{33}	tsẽ^{33}
司门前	pʰẽ^{13}	pʰẽ^{13}	pʰẽ^{13}	pʰẽ^{13}	lẽ^{13}	lẽ^{13}	lẽ^{13}	tsẽ^{33}	tsẽ^{33}	tsẽ^{33}	tsẽ^{33}
金石桥	pʰẽ^{13}	pʰẽ^{13}	pʰẽ^{13}	pʰẽ^{13}	lẽ^{13}	lẽ^{13}	lẽ^{13}	tsẽ^{33}	tsẽ^{33}	tsẽ^{33}	tsẽ^{33}
小沙江	pʰẽ^{13}	pʰẽ^{13}	pʰẽ^{13}	pʰẽ^{13}	lẽ^{13}	lẽ^{13}	lẽ^{13}	tsiɛ^{33}	tsẽ^{33}	tɕẽ^{33}	tɕẽ^{33}
西洋江	pʰẽ^{13}	pʰẽ^{13}	pʰẽ^{13}	pʰẽ^{13}	lẽ^{13}	lẽ^{13}	lẽ^{13}	tsẽ^{55}	tsẽ^{55}	tsẽ^{55}	tsẽ^{55}
横板桥	pʰẽ^{13}	pʰẽ^{13}	pʰẽ^{13}	pʰẽ^{13}	lẽ^{13}	lẽ^{13}	lẽ^{13}	tsẽ^{55}	tsẽ^{55}	tsẽ^{55}	tsẽ^{55}
岩口	pʰiɜ^{13}	pʰĩ^{13}	pʰiɜ^{13}/pʰiɜ^{13}	pʰiɜ^{13}	liĩ^{13}	liɜ^{13}	liɜ^{13}	tsiĩ^{33}	tsɜ^{33}	tɕiɜ^{33}/tɕiɜ^{33}	tsiɜ^{33}
罗洪	pʰɜ^{13}	pʰĩ^{13}	pʰiɜ^{13}/pʰiɜ^{13}	pʰɜ^{13}	lĩ^{13}	liɜ^{13}	liɜ^{13}	tsɜ^{33}	tɕiɜ^{33}	tɕiɜ^{33}	tɕiɜ^{33}
高坪	pʰiɜ^{13}	pʰiɜ^{13}	piɜ^{13}/pʰiɜ^{13}	pʰɜ^{13}	lĩ^{13}	liɜ^{13}	liɜ^{13}	tɕiɛ^{33}	tsɜ^{33}	tɕiɜ^{33}/tɕiɜ^{33}	tɕiɜ^{33}
石江	pʰẽ^{13}	pʰẽ^{13}	pʰẽ^{13}	pʰẽ^{13}	lẽ^{13}	lẽ^{13}	lẽ^{13}	tsẽ^{55}	tsẽ^{55}	tsẽ^{55}	tsẽ^{55}
江口	pʰẽ^{13}	pʰẽ^{13}	pʰẽ^{13}	pʰẽ^{13}	lẽ^{13}	lẽ^{13}	lẽ^{13}	tsẽ^{55}	tsẽ^{55}	tsẽ^{55}	tsẽ^{55}
长塘	pʰẽ^{13}	pʰẽ^{13}	pʰẽ^{13}	pʰẽ^{13}	lẽ^{13}	lẽ^{13}	lẽ^{13}	tsẽ^{55}	tsẽ^{55}	tsẽ^{55}	tsẽ^{55}
山门	pʰẽ^{13}	ɸẽ^{13}	ɸẽ^{13}	ɸẽ^{13}	lẽ^{13}	lẽ^{13}	lẽ^{13}	tsẽ^{55}	tsẽ^{55}	tsẽ^{55}	tsẽ^{55}

续表

	盆	彭	平	贫	能	鳞	灵	曾	争	精	津
	魂并	庚并	庚并	真并	登泥	真来	青来	登精	耕庄	清精	真精
高沙	pʰẽ¹³	pʰẽ¹³	pʰĩ¹³	pʰĩ¹³	lẽ¹³	lĩ¹³	lĩ¹³	tsẽ⁵⁵	tsẽ⁵⁵	tɕĩ⁵⁵	tɕĩ⁵⁵
花园	pʰẽ¹³	pʰẽ¹³	pʰĩ¹³	pʰĩ¹³	lẽ¹³	lĩ¹³	lĩ¹³	tsẽ⁵⁵	tsẽ⁵⁵	tsĩ⁵⁵	tsĩ⁵⁵
金屋塘	pʰẽ¹³	pʰẽ¹³	pʰẽ¹³	pʰẽ¹³	lẽ¹³	lẽ¹³	lẽ¹³	tsẽ⁵⁵	tsẽ⁵⁵	tsẽ⁵⁵	tsẽ⁵⁵
梅坪	pʰẽ¹³	pʰẽ¹³	pʰẽ¹³	pʰẽ¹³	lẽ¹³	lẽ¹³	lẽ¹³	tsẽ⁵⁵	tsẽ⁵⁵	tsẽ⁵⁵	tsẽ⁵⁵
黄土矿	pʰẽ⁵⁵	pʰẽ⁵⁵	pʰĩ	pʰĩ⁵⁵	lẽ⁵⁵	lĩ⁵⁵	ŋ̍⁵⁵	tsẽ³³	tsẽ³³	tɕĩ³³	tɕĩ³³
唐家坊	pʰẽ¹³	pʰẽ¹³	pʰĩ¹³	pʰĩ¹³	lẽ¹³	lĩ¹³	lĩ¹³	tsẽ³³	tsẽ³³	tsĩ³³	tsĩ³³
瓦屋塘	pʰẽ¹³	pʰẽ¹³	pʰĩ¹³	pʰĩ¹³	lẽ¹³	lĩ¹³	lĩ¹³	tsẽ³³	tsẽ³³	tsĩ³³	tsĩ³³

其中，臻、深、曾、梗摄帮组一、二、三、四等字各方言点均同音（曾、梗摄有部分与通摄帮组读音相同）。除罗洪、高沙、花园、黄土矿、瓦屋塘之外，其他方言点臻深曾梗摄一、二、三、四等各组声母字韵母读音均相同。

这种开口三、四等字与一、二等字同韵母的现象当与臻、深、曾、梗摄为"弇音"韵摄的特征有关。所谓"弇音"是指曾、梗、臻、深摄韵母主元音具有舌位前、高的特点。曾、梗、臻、深摄开口三、四等字本有 i 介音，与韵母主元音舌位相近，韵母鼻化过程中，介音与主元音合二为一，韵母单元音化，读 e 或 i。只有声母读零声母的音节中，开口三、四等介音仍然保留。而隆回岩口、高坪等方言中曾、梗摄一、二等主元音则在高化过程中衍生出 i 介音，从而与三、四等韵字读音一致。而在罗洪方言中，韵母主元音为央元音 ə，与介音 i 的舌位差异较大，因此鼻化过程中，没有发生类似变化，开口三、四等字仍保留 i 介音，韵母读细音。

7. 山、咸摄开口三、四等字韵母读单元音鼻化韵，以及山、咸摄与深、臻、曾、梗摄弇侈同韵的现象

与臻、深、曾、梗摄开口三、四等介音 i 与韵母主元音合一，韵母读单元音鼻化韵的特征相似，洞绥片赣方言部分方言点山、咸摄开口三、四等字韵母读音也发生了类似的读单元音鼻化韵的现象。一般情况下，韵母读主元音为 i 的鼻化韵。具有这一语音特征的洞绥片赣方言点山、咸摄开口三、四等字读音举例见表4-29。

表 4-29　洞绥片赣方言山、咸摄开口三、四等字读音举例

	鞭	煎	扇	件	演	天	甜	炎	欠	闪	尖
	山开三平仙帮	山开三平仙精	山开三去线书	山开三上狝群	山开三上狝以	山开四平先透	咸开四平添定	咸开三平盐云	咸开三去酽溪	咸开三上琰书	咸开三平盐精
荷香桥	pĩ³³	tsĩ³³	çĩ⁴⁵	tɕʰĩ⁵⁵	ĩ³¹²	xĩ³³	xĩ¹³	ĩ¹³	tɕʰĩ⁴⁵	çĩ³¹²	tsĩ³³
六都寨	pĩ³³	tsĩ³³	çĩ⁵⁵	tɕʰĩ⁵⁵	ĩ³¹²	xĩ³³	xĩ¹³	ĩ¹³	tɕʰĩ⁵⁵	çĩ³¹²	tsĩ³³
七江	pĩ³³	tsĩ³³	çĩ⁵⁵	tɕʰĩ⁵⁵	ĩ³¹²	xĩ³³	xĩ¹³	ĩ¹³	tɕʰĩ⁵⁵	çĩ³¹²	tsĩ³³
司门前	pĩ³³	tsĩ³³	çĩ⁵⁵	tɕʰĩ⁵⁵	ĩ³¹²	xĩ³³	xĩ⁵⁵	ĩ⁵⁵	tɕʰĩ⁵⁵	çĩ³¹²	tsĩ³³
西洋江	pĩ⁵⁵	tsĩ⁵⁵	çiã⁴⁵	tɕʰĩ⁵⁵	ĩ³¹²	xĩ⁵⁵	xĩ¹³	ĩ¹³	tɕʰĩ⁴⁵	çĩ³¹²	tsĩ⁵⁵
横板桥	pĩ⁵⁵	tsĩ⁵⁵	çiã⁴⁵	tɕʰĩ⁵⁵	ĩ³¹²	xĩ⁵⁵	xĩ¹³	ĩ¹³	tɕʰĩ⁴⁵	çĩ³¹²	tsĩ⁵⁵
山门	pĩ⁵⁵	tsĩ⁴⁵	çiã⁴⁵	tɕʰĩ⁵⁵	ĩ³¹²	xĩ⁵⁵	xĩ¹³	ĩ¹³	tɕʰĩ⁴⁵	çĩ³¹²	tsĩ⁵⁵
花园	pĩ⁵⁵	tsĩ³⁵	çĩ³⁵	tɕʰĩ⁵⁵	ĩ³¹²	tʰĩ⁵⁵	tʰĩ¹³	ĩ¹³	tɕʰĩ³⁵	çĩ³¹²	tsĩ⁵⁵
金屋塘	pĩ⁵⁵	tsĩ²⁴	çĩ³⁵	tɕʰĩ⁵⁵	ĩ³¹²	tʰĩ⁵⁵	tʰĩ¹³	ĩ¹³	tɕʰĩ²⁴	çĩ³¹²	tsĩ⁵⁵
梅坪	pĩ⁵⁵	tsĩ²⁴	çĩ³⁵	tɕʰĩ⁵⁵	ĩ³¹²	xĩ⁵⁵	tʰĩ¹³	ĩ¹³	tɕʰĩ²⁴	çĩ³¹²	tsĩ⁵⁵

除西洋江、横板桥、山门部分山摄知章组字韵母读 iã 之外，以上方言点山、咸摄开口三、四等字韵母均读单元音 i 的鼻化韵。这一读音现象产生的原因与臻、深、曾、梗摄开口三、四等字韵母读单元音 e 的鼻化韵有相似之处。

其中，洞口花园还出现了臻深曾梗摄开口三、四等与山、咸摄开口三、四等字韵母同为 ĩ 的现象，如精 = 尖 tsĩ⁵⁵，停 = 甜 tʰĩ¹³，琴 = 钳 tɕʰĩ¹³。

其他方言点山咸摄开口三、四等字韵母不读单元音鼻化韵的，韵母多读齐齿呼（声母为舌面音 tɕ、tɕʰ、ç 的，部分读相应的开口呼，见下文讨论），主元音为 ɛ、ɛ 或 e，其中金石桥、小沙江、罗洪主元音为 ɛ，石江、江口、长塘、高沙主元音为 ɛ，高坪、黄土矿、瓦屋塘主元音为 e。岩口山、咸摄开口三、四主元音虽然为 i 的鼻化韵，但舌位稍低，前有 i 介音，与臻曾梗摄开口一、二等读音相同。

尽管绥宁黄土矿、瓦屋塘等地山、咸摄开口三、四等与臻、深、曾、梗摄开口三、四等字韵母主元音不同，但与臻、深、曾、梗摄开口一、二等字韵母主元音相同，同样具有舝（臻、深、曾、梗摄）侈（山、咸摄）同韵的特征。

8. 梗摄白读与宕、江摄读音合流

梗摄开口韵字在洞绥片赣方言中大多有文白两读，文读与臻深曾摄主元

音相同，白读与宕、江摄主元音一致。梗摄白读现象在洞绥片赣方言中非常普遍，虽然并不是每一个梗摄字都有文白两读，但具有文白两读的字在各方言点基本一致。这些具有文白两读的梗摄字主要有：生、省、梗、坑、硬、行、争、平、病、明、命、影、饼、明、岭、精、井、清、请、晴、省、正（正月）、声、颈、轻、赢、钉、鼎、订、听、青、腥、醒。合口韵字只有"横"一字，大多数方言点白读音 u $\tilde{\mathrm{o}}$。

宕摄庄组三等与江摄知庄组字韵母在现代汉语中读合口呼，洞绥片赣方言中这些字与其他韵摄知二庄组字一样，均读开口呼，韵母读 $\tilde{\mathrm{o}}$ 或 ɔ（隆回小沙江），如床音 tsʰ $\tilde{\mathrm{o}}$（小沙江音 tsʰɔ），撞音 tsʰ $\tilde{\mathrm{o}}$（小沙江音 tsʰɔ），霜、双音 s $\tilde{\mathrm{o}}$（小沙江音 sɔ）。

9. 部分曾、梗摄一、二等帮组字、合口韵字与通摄字韵母主元音相同

曾、梗摄一、二等帮组字与合口韵字韵母主元音一般为 e，但部分字韵母主元音为 ə，与通摄主元音相同。这些字主要有：朋、弘、猛、孟、轰、宏、兄。这些字都是一些文读色彩比较浓的字，因此更容易受官话或现代汉语普通话的影响。

10. 声化韵的分布与特征

声化韵在洞绥片赣方言中一般表现为前鼻辅音 n 的韵化现象，这种现象在洞绥片赣方言中出现得比较普遍，常见字如表 4-30 所示。

表 4-30　洞绥片赣方言的声化韵举例

	女	艺	泥	宜	蚁	议	尼	你	疑
	遇合三	蟹开四	蟹开四	止开三	止开三	止开三	止开三	止开三	止开三
	上语娘	去祭疑	平齐泥	平支疑	上纸疑	去寘疑	平脂娘	上止娘	平之疑
荷香桥	y^{312}	ŋ̍^{45}	n̩/le^{13}	ŋ̍^{13}	ŋ̍^{55}	ŋ̍^{55}	n̩^{13}	ŋ̍^{312}	n̩^{13}
六都寨	ye̠^{312}	i^{45}	n̩/le^{13}	ŋ̍^{13}	ŋ̍^{55}	ŋ̍^{55}	ni^{13}	ŋ̍^{312}	i^{13}
七江	yi^{312}	ŋ̍^{45}	n̩/le^{13}	ŋ̍^{13}	ŋ̍^{55}	ŋ̍^{55}	i^{13}	ŋ̍^{312}	i/ŋ̍^{13}
司门前	yi^{312}	ŋ̍^{45}	le^{13}	ŋ̍^{13}	ŋ̍^{55}	ŋ̍^{55}	i^{13}	ŋ̍^{312}	i/ŋ̍^{13}
金石桥	y^{312}	ŋ̍^{45}/i^{55}	le̠^{13}	ŋ̍^{13}	ŋ̍^{55}	ŋ̍^{55}	i^{13}	ŋ̍^{312}	i/ŋ̍^{13}
小沙江	y^{312}	i^{55}	le̠^{13}	ŋ̍^{13}	ŋ̍^{55}	ŋ̍^{55}	i^{13}	ŋ̍^{312}	i^{13}
西洋江	ɻ̍^{312}	n^{45}	n̩/le^{13}	ŋ̍^{13}	ŋ̍^{55}	ŋ̍^{13}	ŋ̍^{13}	ŋ̍^{312}	i/ŋ̍^{13}
横板桥	ɻ̍^{312}	n^{45}	n̩/le^{13}	ŋ̍^{13}	ŋ̍^{45}	ŋ̍^{55}	i^{13}	ŋ̍^{312}	i/ŋ̍^{13}
岩口	y^{312}	i^{55}	n̩/liə̠^{13}	i^{33}	ŋ̍^{55}	i^{55}	liə̠^{13}	ŋ̍^{312}	i^{33}

续表

	女	艺	泥	宜	蚁	议	尼	你	疑
	遇合三	蟹开四	蟹开四	止开三	止开三	止开三	止开三	止开三	止开三
	上语娘	去祭疑	平齐泥	平支疑	上纸疑	去寘疑	平脂娘	上止娘	平之疑
罗洪	y^{312}	i^{55}	$ŋ/lẽ^{13}$	i^{13}	i^{55}	i^{55}	i^{13}	$ŋ̍^{312}$	i^{13}
高坪	y^{312}	i^{55}	$liɔ̃^{13}$	$iẽ^{13}$	i^{55}	$ŋ̍^{55}$	li^{13}	$ŋ̍^{312}$	$iẽ^{13}$
石江	$ɿ^{312}$	$ŋ̍^{55}$	n/le^{13}	$ŋ̍^{13}$	$ŋ̍^{55}$	$ŋ̍^{55}$	$ŋ̍^{13}$	$ŋ̍^{312}$	$i/ŋ̍^{13}$
江口	$ɿ^{312}$	$ŋ̍^{24}$	n/le^{13}	$ŋ̍^{13}$	$ŋ̍^{55}$	$ŋ̍^{24}$	$ŋ̍^{13}$	$ŋ̍^{312}$	$i/ŋ̍^{13}$
长塘	$ɿ^{312}$	$ŋ̍^{24}$	n/le^{13}	$ŋ̍^{13}$	$ŋ̍^{55}$	$ŋ̍^{55}$	$ŋ̍^{13}$	$ŋ̍^{312}$	$i/ŋ̍^{13}$
山门	$ɿ^{312}$	$ŋ̍^{45}$	$ŋ/le^{13}$	$ŋ̍^{13}$	$ŋ̍^{45}$	$ŋ̍^{45}$	$ŋ̍^{13}$	$ŋ̍^{312}$	$ŋ^{13}$
高沙	$ɿ^{312}$	$ŋ̍^{24}$	$ŋ/le^{13}$	$ŋ̍^{13}$	$ŋ̍^{24}$	$ŋ̍^{24}$	$ŋ̍^{13}$	$ŋ̍^{312}$	$i/ŋ̍^{13}$
花园	$ɿ^{312}$	$ŋ̍^{35}$	n/le^{13}	$ŋ̍^{13}$	$ŋ̍^{35}$	$ŋ̍^{55}$	$ŋ̍^{13}$	$ŋ̍^{312}$	$i/ŋ̍^{13}$
金屋塘	$ɿ^{312}$	$i/ŋ̍^{24}$	n/le^{13}	$ŋ̍^{13}$	$ŋ̍^{55}$	$ŋ̍^{24}$	$lẽ^{13}$	$ŋ̍^{312}$	$i/ŋ̍^{13}$
梅坪	$ɿ^{312}$	$i/ŋ̍^{24}$	n/le^{13}	$ŋ̍^{13}$	$ŋ̍^{55}$	$ŋ̍^{24}$	$lẽ^{13}$	$ŋ̍^{312}$	$i/ŋ̍^{13}$
黄土矿	$ŋ̍^{312}$	$i/ŋ̍^{33}$	$ŋ/lẽ^{55}$	$ŋ̍^{55}$	$ŋ̍^{312}$	$ŋ̍^{33}$	n^{55}	$ŋ̍^{312}$	$i/ŋ̍^{55}$
唐家坊	$ŋ̍^{312}$	$ŋ̍^{35}$	$n/lẽ^{13}$	$ŋ̍^{13}$	$ŋ̍^{35}$	$ŋ̍^{33}$	$ŋ̍^{13}$	$ŋ̍^{312}$	$i/ŋ̍^{13}$
瓦屋塘	$ŋ̍^{312}$	$ŋ̍^{35}$	n/le^{13}	$ŋ̍^{13}$	$ŋ̍^{35}$	$ŋ̍^{33}$	$ŋ̍^{13}$	$ŋ̍^{312}$	$i/ŋ̍^{13}$

	毅	人	银	凝	硬	宁	日
	止开三	臻开三	臻开三	曾开三	梗开二	梗开四	臻开三
	去未疑	平真日	平真疑	平蒸疑	去映疑	平青泥	入质日
荷香桥	n^{55}	$ŋ̍/iẽ^{13}$	$iẽ^{13}$	$ŋ̍^{13}$	$ẽ^{55}$	$lẽ/ŋ̍^{55}$	$i^{45}/ŋ̍^{55}$
六都寨	i^{55}	$ŋ̍/iẽ^{13}$	$iẽ^{13}$	$lẽ^{13}$	$ẽ^{55}$	$ŋ̍^{55}$	$i^{45}/ŋ̍^{55}$
七江	i^{55}	$ŋ̍/iẽ^{13}$	$iẽ^{13}$	$lẽ/ŋ̍^{13}$	$ẽ/ɔ̃^{55}$	$lẽ/ŋ̍^{55}$	$i^{45}/ŋ̍^{55}$
司门前	$i/ŋ̍^{45}$	$ŋ̍/iẽ^{13}$	$iẽ^{13}$	$lẽ^{13}$	$ẽ^{55}$	$lẽ/ŋ̍^{55}$	$i^{45}/ŋ̍^{55}$
金石桥	$i/ŋ̍^{55}$	$ŋ̍/iẽ^{13}$	$iẽ^{13}$	i^{13}	$ẽ/ɔ̃^{55}$	$lẽ/ŋ̍^{55}$	$i^{45}/ŋ̍^{55}$
小沙江	$i/ŋ̍^{55}$	$ŋ̍/iẽ^{13}$	$iẽ/n^{13}$	$lẽ^{13}$	$ẽ/ɔ̃^{55}$	$lẽ/ŋ̍^{55}$	$i^{45}/ŋ̍^{33}$
西洋江	$ŋ̍^{45}$	$ŋ̍/iẽ^{13}$	$iẽ/ŋ̍^{13}$	$lĩ^{13}$	$ɔ̃^{55}$	$ŋ̍^{45}$	$ʮ/ŋ̍^{55}$
横板桥	$ŋ̍^{45}$	$ŋ̍/iẽ^{13}$	$iẽ/ŋ̍^{13}$	$lĩ^{13}$	$ɔ̃^{55}$	$ŋ̍^{45}$	$ʮ/ŋ̍^{55}$
岩口	i^{55}	$ŋ̍/iɔ̃^{13}$	$iɔ̃^{13}$	$iɔ̃^{13}$	$ɔ̃^{55}$	$liɔ̃^{55}$	$i/ŋ̍^{55}$
罗洪	i^{55}	$ŋ̍/iɔ̃^{13}$	$iɔ̃/n^{13}$	i^{13}	$ɔ̃/ɔ̃^{55}$	$liɔ̃/ŋ̍^{55}$	$i^{45}/ŋ̍^{55}$
高坪	i^{55}	$ŋ̍/iɔ̃^{13}$	$ŋ̍^{13}$	$iɔ̃^{13}$	$ẽ^{55}/ɔ̃^{55}$	$liɔ̃/ŋ̍^{55}$	$i^{13}/ŋ̍^{55}$
石江	n^{45}	$ŋ̍/iẽ^{13}$	$iẽ/ŋ̍^{13}$	$ŋ̍^{13}$	$ɔ̃^{55}$	$ŋ̍^{13}$	$ɿ^{24}/ŋ̍^{55}$
江口	n^{24}	$ŋ̍/iẽ^{13}$	$iẽ/ŋ̍^{13}$	$lẽ^{13}$	$ɔ̃^{55}$	$lẽ^{13}$	$ɿ^{24}/ŋ̍^{55}$

续表

	毅	人	银	凝	硬	宁	日
	止开三 去未疑	臻开三 平真日	臻开三 平真疑	曾开三 平蒸疑	梗开二 去映疑	梗开四 平青泥	臻开三 入质日
长塘	n̩²⁴	ŋ̩/iẽ¹³	iẽ/ŋ̩¹³	ŋ̩¹³	ɔ⁵⁵	lẽ¹³	ʅ²⁴/ŋ̩⁵⁵
山门	ŋ̩⁴⁵	ŋ̩/iẽ¹³	iẽ/ŋ̩¹³	i¹³	ŋɔ⁵⁵	ŋ̩⁴⁵	ɛ/ŋ̩⁵⁵
高沙	n̩²⁴	ŋ̩/ɿ¹³	ɿ³¹³/ŋ̩¹³	ŋ̩¹³	ɔ⁵⁵	lɿ¹³	ʅ⁵⁵/ŋ̩²⁴
花园	n̩³⁵	ŋ̩/ɿ¹³	ɿ³¹³/ŋ̩¹³	ŋ̩¹³	ɔ⁵⁵	n̩¹³	√/ŋ̩⁵⁵
金屋塘	n̩²⁴	ŋ̩/iẽ¹³	iẽ/ŋ̩¹³	lẽ¹³	ɔ⁵⁵	lẽ¹³	ʅ²⁴/ŋ̩⁵⁵
梅坪	n̩²⁴	ŋ̩/iẽ¹³	iẽ/ŋ̩¹³	lẽ¹³	ɔ⁵⁵	lẽ¹³	ʅ²⁴/ŋ̩⁵⁵
黄土矿	i/ŋ̩³⁵	ŋ̩/ɿ⁵⁵	ɿ̃/ŋ̩⁵⁵	ŋ̩³³	n/ŋɔ³³	ŋ̩⁵⁵	i/ŋ̩³³
唐家坊	ŋ̩³⁵	ŋ̩/ɿ¹³	ɿ³¹³/ŋ̩¹³	ŋ̩¹³	n/ŋɔ³³	lɿ¹³	i/ŋ̩³³
瓦屋塘	ŋ̩³⁵	ŋ̩/ɿ¹³	ɿ³¹³/ŋ̩¹³	ŋ̩¹³	n/ŋɔ³³	lɿ¹³	i/ŋ̩³³

　　从以上洞绥片赣方言声化韵字的分布看，除"女"与"硬"只分布在洞口、绥宁外，其余字在洞绥片赣方言区都有分布。以上字在日常口语中部分有文白两读，文读声母一般读 l 或零声母。从声母来源看，以上读声化韵的字均为古泥、疑、娘母及少数日母字；从韵母来源看，有来自古阴声韵的止、蟹摄三、四等字，也有来自古阳声韵的臻、曾、梗摄三、四等字，还有来自古臻摄三等的入声韵字。除"女""硬"两个字外，均为古开口三、四等韵字。

　　古泥母、疑母与日母都是鼻音声母或带有鼻音特征的声母（日母），而臻、深、曾、梗摄都是古舁音韵摄。洞绥片赣方言中，这些韵摄字韵母主元音多为高元音 i 或半高元音 e，止、蟹摄开口三、四等在洞绥片赣方言中，韵母也多合流为高元音 i。因此，洞绥片赣方言声化韵的产生与这些字声母具有鼻音特征、韵母或韵母主元音具有高元音特征有着非常密切的关系。并且这些声化韵多发生在开口韵中，读声化韵后，自然多读前鼻音，很少读后鼻音（只有少数疑母字读后鼻音声化韵）。

　　11. 入声韵的读音特点

　　洞绥片赣方言入声韵作为韵类已经不再独立存在，只是在少数方言中作为一个调类存在。大多数方言中，入声韵已经与阴声韵合流，分别读阴平、阳平、上声、阴去、阳去。其声调分化特点，我们将在下文讨论，这里只讨论入声韵的读音特征以及与阴声韵合流的关系。

洞绥片赣方言入声韵读音比较一致的特点表现在以下几个方面。

（1）山、咸摄开口一等入声牙喉音、合口一等入声韵与宕、江摄开合口一、二等入声、宕摄开口三等入声知庄章见组字韵母合流，同读 o，与果摄一等读音合流。

山摄开口二等入声舌齿音与梗摄入声白读韵母主元音同读 ᴀ，与假摄韵母主元音读音合流。

宕摄开口三等入声精组字韵母读 iɐ，与效摄细音韵母读音合流。

值得注意的是，梗摄阳声韵白读与宕江摄相同，入声韵与宕、江摄有别。

（2）臻摄合口一等入声韵与通摄合口一等入声韵韵母主元音同读 u，与遇摄合口一等韵读音合流。

臻摄合口三等入声韵读 y、u 或 ʮ，与相应的遇摄三等韵母读音合流。

通摄三等入声大多读 iu、i，与流摄三等韵母读音合流；少部分读 u（知章组）或 y/ʮ，应当是受现代汉语的影响。

（3）臻、深、曾、梗（文读）摄阳声韵开口一、二等与三、四等多同韵母，读开口呼；而在入声韵中，臻、深、曾、梗摄开口一、二等与三、四等多不同韵。一、二等主元音多为 ɛ 或 e，与山、咸摄三、四等入声韵主元音合流；三、四等主元音多为 i 或 ʮ，与止、蟹摄开口三、四等见系、知组字韵母读音合流。

（4）夅佟同韵现象。夅佟同韵现象主要指夅音韵摄臻、深、曾、梗摄一、二等入声韵字韵母以及庄组三等入声韵字韵母主元音，与佟音韵摄山、咸摄开口三、四等入声韵字韵母主元音相同。

洞绥片赣方言中，知二、庄组字一般与同韵摄精组一等字读音合流，韵母一般读洪音。臻、深、曾、梗摄入声三等庄组字从读音特征来看，也与臻、曾、梗摄一等精组、二等知庄组字读音合流，但在洞绥片赣方言中，曾摄一等入声多读齐齿呼，因此，与曾摄一等精组读音相同的知二、庄组入声也读齐齿呼，韵母主元音均与山摄三、四等（除庄组外）入声相同。

我们以韵摄为单位，各入声韵的读音详见表 4–31。

表 4-31　洞绥片赣方言入声韵读音

	开				合			
	一	二	三	四	一	二	三	四
臻深曾梗	iɛ、e、ɛ/ʌ		i、ɣ/iʌ、ʌ、iɛ、e 庄组		yɛ、ue、uʌ	uʌ	y、ʅ、iu 金石桥、小沙江、七江等部分精组字	
咸山	o 牙喉、ʌ 舌齿	ʌ	iɛ、ie、iɛ、ɛ、e、E		o	ʌ、uʌ	yɛ、yE、ye、yə 瓦屋塘、ø 黄土矿；iə、iɛ、ue 部分精组	
宕江	o	o	o、io 零声母、iɐ 精组		o			
通					u		iu、i 江口、长塘、金屋塘、u、y、ʅ	

说明："/"左为文读音，右为白读音。

第三节　洞绥片赣方言的声调特征

洞绥片赣方言的声调特征大致可以归纳为以下几点。

（1）平声、去声分阴阳，上声多不分阴阳，全浊上声多不归去。

（2）多数方言去声与阴平合流。

（3）入声的分化既与声母清浊有关系，也受现代汉语声调影响较大。

洞绥片各方言点声调情况见表 4-32。

表 4-32　洞绥片赣方言声调情况

	平		上			去			入		
	清	浊	清	次浊	全浊	全浊	次浊	清	清	次浊	全浊
荷香桥	33	13	312			55		45	33	45	45
六都寨	33	13	312			55			33	45	45
七江	33	13	312			55			33/45	55/45	55/45
司门前	33	13	312			55			33	45	45
金石桥	33	13	312			55			55 /45	45/ 55	45/ 55
小沙江	33	13	312			55			13/33/55	13/33/55	13/33/55
西洋江	55	13	312			55		45	55/45	45/55	45/55
横板桥	55	13	312			55		45	55/45	45/55	45/55
岩口	33	13	312			55			33/55	33/55	13/45
罗洪	33	13	312			55			33	55/45	55/45

续表

	平		上			去			入		
	清	浊	清	次浊	全浊	全浊	次浊	清	清	次浊	全浊
高坪	33	13	312			55			33/55/45	55	55/13/45
石江	55	13	312			55		24	55	24	24
江口	55	13	312			55		24	55	24	24
长塘	55	13	312			55		24	55	24	24
山门	55	13	312			55		45	55	55/45	45
高沙	55	13	312		55	24	55	24	55	55/24	24
花园	55	13	312		35	55		35	55	55/35	35
金屋塘	55	13	312			55		24	55	24/55	24
梅坪	55	13	312			55		24	55	24/55	24
黄土矿	33	55	312		35	33		35	33	33/55	55
唐家坊	33	13	312		35	33		35	33	35/33	35
瓦屋塘	33	13	312		35	33		35	33	35/33	35

洞绥片赣方言中，平声均以声母清浊为条件分为阴阳两调，阴平一般为高平或中平调，阳平为低中升调。比较特殊的是黄土矿，阴平为中平调，阳平为高平调。

全浊上声字部分读去声，并且大部分与全浊去声合流，只有花园、黄土矿、瓦屋塘等地与全清去声合流。

洞绥片赣方言中还有一部分全浊去声并不与去声合流，仍读上声。这些不变去声的全浊声母上声字大部分是一些口语常用字，且在各方言点比较一致，详见表4-33。

表4-33　洞绥片赣方言点全浊上不变去声举例

	坐	下	簿	肚	苧	腐	柱	竖	袋	在	背
	果合一 上果从	假开二 上马匣	遇合一 上姥并	遇合一 上姥定	遇合三 上语澄	遇合三 上麌奉	遇合三 上麌澄	遇合三 上麌禅	蟹开一 上代定	蟹开一 上海从	蟹合一 上贿并
荷香桥	ts^{h}o^{312}	ɕA^{55}/xA^{312}	ɸu^{312}	tu^{312}	tɕ^{h}y^{312}	fu^{312}	tɕ^{h}y^{312}	tɕ^{h}y/ɕy^{55}	xa^{312}	ts^{h}e^{312}	p^{h}e^{312}
六都寨	ts^{h}o^{312}	ɕA/xA^{312}	ɸu^{55}	tu^{312}	tɕ^{h}y^{312}	fu^{312}	tɕ^{h}y^{312}	tɕ^{h}y/ɕy^{55}	xa/xe^{312}	ts^{h}e^{312}	p^{h}e^{312}
七江	ts^{h}o^{312}	ɕA/xA^{312}	xu^{312}	tu^{312}	tɕ^{h}y^{312}	fu^{312}	tɕ^{h}y^{312}	ɕy^{312}	xa/xue^{312}	ts^{h}e^{312}	p^{h}e^{312}
司门前	ts^{h}o^{312}	ɕA/xA^{312}	ɸu^{312}	tu^{312}	tɕ^{h}y^{312}	fu^{312}	tɕ^{h}u^{312}	ɕu^{55}	xa/xue^{312}	ts^{h}e^{312}	p^{h}e^{312}

续表

	坐	下	簿	肚	苎	腐	柱	竖	袋	在	背
	果合一	假开二	遇合一	遇合一	遇合三	遇合三	遇合三	遇合三	蟹开一	蟹开一	蟹合一
	上果从	上马匣	上姥並	上姥定	上语澄	上麌奉	上麌澄	上麌禅	上代定	上海从	上贿並
金石桥	tsʰo^{312}	ɕʌ/xʌ^{312}	ɸu^{312}	tu^{312}	tɕʰy^{312}	fu^{312}	tɕʰy^{312}	tɕʰy/ɕy^{45}	xa/xe^{312}	tsʰe^{312}	pʰe^{312}
小沙江	tsʰo^{312}	ɕʌ/xʌ^{312}	pʰu^{312}	tu^{312}	tɕʰʅ^{312}	fu^{312}	tɕʰy^{312}	tɕʰy/ɕy^{45}	tʰa^{55}	tsʰa^{55}	pʰe^{312}
西洋江	tsʰo^{312}	ɕʌ^{45}/xʌ^{312}	ɸu^{312}	tu^{312}	tɕʰʅ^{312}	fu^{312}	tɕʰʅ^{312}	tɕʰʅ/ɕʅ^{312}	xa^{312}	tsʰe^{312}	pʰe^{312}
横板桥	tsʰo^{312}	ɕʌ^{45}/xʌ^{312}	ɸu^{312}	tu^{312}	tɕʰʅ^{312}	fu^{312}	tɕʰʅ^{312}	tɕʰʅ/ɕʅ^{312}	xa^{312}	tsʰe^{312}	pʰe^{312}
岩口	tsʰo^{33}	ɕʌ/xʌ^{312}	ɸu^{55}	tu^{312}	tɕʰy^{312}	fu^{312}	ɕy^{33}	ɕy^{55}	xa^{55}	tsʰa^{55}	pʰe^{33}
罗洪	tsʰo^{312}	ɕʌ^{55}/xʌ^{312}	pʰu^{312}	xu^{312}	tɕʰy^{312}	fu^{312}	tɕʰy^{312}	tɕʰy/ɕy^{312}	xe^{312}	tsʰe^{312}	pʰe^{312}
高坪	tsʰo^{55}	ɕiʌ^{55}/xʌ^{312}	pʰu^{312}	tu^{312}	tɕʰʅ^{312}	xu^{312}	ɕy^{312}	ɕy^{55}	tʰa^{312}	tsʰa^{312}	pʰe^{312}
石江	tsʰo^{312}	ɕʌ^{45}/xʌ^{312}	ɸu^{312}	tu^{312}	tɕʰʅ^{312}	fu^{312}	tɕʰʅ^{312}	tɕʰʅ/ɕʅ^{312}	xa^{312}	tsʰa^{312}	pʰe^{312}
江口	tsʰo^{312}	ɕʌ^{55}/xʌ^{312}	pʰu^{312}	tu^{312}	tɕʰʅ^{312}	fu^{312}	tɕʰʅ^{312}	tɕʰʅ/ɕʅ^{312}	tʰa^{312}	tsʰe^{312}/tsʰa^{55}	pʰɛ^{312}
长塘	tsʰo^{312}	ɕʌ^{55}/xʌ^{312}	ɸu^{312}	tu^{312}	tɕʰʅ^{312}	fu^{312}	tɕʰʅ^{312}	tɕʰʅ/ɕʅ^{312}	xa^{312}	tsʰa^{55}	pʰɛ^{312}
山门	tsʰo^{312}	xʌ^{312}	ɸu^{312}	tu^{312}	tɕʰʅ^{312}	fu^{312}	tɕʰʅ^{13}	ɕʅ^{312}	xa^{312}	tsʰa^{45}	ɸe^{312}
高沙	tsʰo^{312}	xʌ^{312}	pʰu^{312}	tu^{312}	tɕʰʅ^{312}	fu^{312}	tɕʰʅ^{312}	ɕʅ^{312}	tʰa^{312}	tsʰa^{24}	pʰe^{312}
花园	tsʰo^{312}	xʌ^{312}	pʰu^{312}	tu^{312}	tɕʰʅ^{312}	fu^{312}	tɕʰʅ^{312}	ɕʅ^{312}	tʰa^{312}	tsʰa^{35}	pʰe^{312}
金屋塘	tsʰo^{312}	ɕʌ^{55}/xʌ^{312}	pʰu^{312}	tu^{312}	tɕʰʅ^{312}	fu^{312}	tɕʰʅ^{312}	tɕʰʅ/ɕʅ^{312}	xa^{312}	tsʰe^{312}/tsʰa^{55}	pʰe^{312}
梅坪	tsʰo^{312}	ɕʌ^{55}/xʌ^{312}	pʰu^{312}	tu^{312}	tɕʰʅ^{312}	fu^{312}	tɕʰʅ^{312}	tɕʰʅ/ɕʅ^{312}	xa^{312}	tsʰe^{312}/tsʰa^{55}	pʰe^{312}
黄土矿	tsʰo^{312}	xʌ^{312}	pʰu^{312}	tu^{312}	tɕʰy^{312}	fu^{33}	tɕʰy^{312}	ɕy^{35}	tʰa^{312}	tsʰe^{312}	pʰe^{312}
唐家坊	tsʰo^{312}	xʌ^{312}	pʰu^{312}	tu^{312}	tɕʰy^{312}	fu^{312}	tɕʰy^{312}	ɕy^{35}	tʰa^{33}	tsʰa^{312}	pʰe^{312}
瓦屋塘	tsʰo^{312}	xʌ^{312}	pʰu^{312}	tu^{312}	tɕʰy^{312}	fu^{312}	tɕʰy^{312}	ɕy^{35}	tʰa^{33}	tsʰa^{312}	pʰe^{312}

	被	是	徛	鳔	豆	舅	淡	践	断	缓	很	笨
	止开三	止开三	止开三	效开三	流开一	流开三	咸开一	山开三	山合一	山合一	臻开一	臻合一
	上纸並	上纸禅	上纸群	上小並	上候定	上有群	上敢定	上狝从	上缓定	上缓匣	上很匣	上混並
荷香桥	pʰi^{312}	tsʰe^{312}	tɕʰi^{312}	pʰiɛ^{312}	xie^{55}	tɕʰiu^{55}	xã^{312}	tsʰʅ^{312}	xɔ^{55}	xuɔ^{312}	xẽ^{312}	pẽ^{55}
六都寨	pʰi^{312}	tsʰe^{312}	tɕʰi^{312}	pʰe^{312}	xie^{312}	tɕʰiu^{312}	xɑ̃^{312}	tsʰʅ^{312}	xuɑ^{312}	xuɔ^{312}	xẽ^{312}	pẽ^{55}
七江	pʰi^{312}	tsʰe^{312}	tɕʰi^{312}	pʰe^{312}	xie^{312}	tɕʰiu^{312}	xã^{312}	tsʰʅ^{312}	xuɑ^{312}	xuɔ^{312}	xẽ^{312}	pẽ^{55}
司门前	pʰi^{312}	tsʰe^{312}	tɕʰi^{312}	pʰe^{312}	xiɛ^{312}	tɕʰiu^{312}	xɑ^{312}	tsʰʅ^{312}	xuɔ^{312}	xuɔ^{312}	xẽ^{312}	pẽ^{55}
金石桥	pʰi^{312}	tsʰe^{312}	tɕʰi^{312}	pʰe^{312}	xie^{312}	tɕʰiu^{312}	xa^{312}	tsʰiɛ^{312}	xɔ^{312}	xuɔ^{312}	xẽ^{312}	pẽ^{55}
小沙江	pʰi^{312}	sʅ^{55}	tɕʰi^{312}	pʰe^{312}	tʰie^{55}	tɕʰiu^{312}	tʰa^{312}	tɕʰʅE	tʰɔ^{312}	xua^{312}	xẽ^{312}	pẽ^{55}
西洋江	pʰi^{312}	sʅ^{312}	tɕʰi^{312}	pʰiɐ^{55}	xie^{312}	tɕʰiu^{312}	xã^{312}	tsʰʅ^{312}	xɔ^{312}	xuã^{312}	xẽ^{312}	pẽ^{312}
横板桥	pʰi^{312}	sʅ^{312}	tɕʰi^{312}	pʰe^{312}	xie^{312}	tɕʰiu^{312}	xã^{312}	tsʰʅ^{312}	xɔ^{312}	xuã^{312}	xẽ^{312}	pẽ^{312}
岩口	pʰi^{33}	sʅ^{55}	tɕʰi^{312}	pʰe^{33}	xiɐ^{55}	tɕʰiu^{33}	xã^{312}	tsʰii̯^{55}	xuã^{55}	xuã^{312}	xʅ^{312}	piã^{55}

续表

	被	是	倚	鳔	豆	舅	淡	践	断	缓	很	笨
	止开三 上纸並	止开三 上纸禅	止开三 上纸群	效开三 上小並	流开一 上候定	流开三 上有群	咸开一 上敢定	山开三 上狝从	山合一 上缓定	山合一 上缓匣	臻开一 上很匣	臻合一 上混並
罗洪	pʰi³¹²	sɿ³¹²	tɕʰi³¹²	pʰɐ³¹²	tʰie⁵⁵	tɕʰiu³¹²	xã³¹²	tɕʰiɛ³¹²	xɔ⁵⁵	xuɔ³¹²	xə̃³¹²	pə̃⁵⁵
高坪	pʰi³¹²	sɿ⁵⁵	tɕʰi³¹²	pʰɐ³¹²	tʰie⁵⁵	tɕʰiu⁵⁵	tʰã³¹²	tɕʰiɛ³¹²	tʰɔ⁵⁵	xuɔ³¹²	xẽ³¹²	piɛ̃⁵⁵
石江	pʰi³¹²	sɿ⁵⁵	tɕʰi³¹²	pʰɐ³¹²	xie⁵⁵	tɕʰiu³¹²	xã³¹²	tɕʰiɛ³¹²	xɔ³¹²	fɔ³¹²	xẽ³¹²	pẽ³¹²
江口	pʰi³¹²	sɿ⁵⁵	tɕʰʅ³¹²	pʰɐ³¹²	tʰie³¹²	tɕʰʅ³¹²	tʰã³¹²	tɕʰiɛ³¹²	tʰɔ³¹²	xuæ³¹²	xẽ³¹²	pẽ³¹²
长塘	pʰi³¹²	sɿ⁵⁵	tɕʰʅ³¹²	pʰɐ³¹²	tʰie⁵⁵	tɕʰʅ³¹²	xã³¹²	tɕʰiɛ³¹²	xɔ³¹²	xɔ³¹²	xẽ³¹²	pẽ³¹²
山门	ɸi³¹²	sɿ⁵⁵	tɕʰi³¹²	ɸɐ³¹²	xiɛ³¹²	tɕʰiu⁴⁵	xã³¹²	tsʅ³¹²	xɔ²⁴	xua³¹²	xẽ³¹²	pẽ³¹²
高沙	pʰi³¹²	sɿ⁵⁵	tɕʰʅ³¹²	pʰɐ³¹²	te²⁴	tɕʰiu²⁴	tʰã³¹²	tɕiɛ³¹²	tʰɔ²⁴	xu³¹²	xẽ³¹²	pẽ³¹²
花园	pʰi³¹²	tɕʰʅ³¹²	tɕʰʅ³¹²	pʰɐ³¹²	tʰe⁵⁵	tɕʰiu⁵⁵	tʰã³¹²	tsʅ³¹²	tʰɔ³¹²	xu³¹²	xẽ³¹²	pẽ³¹²
金屋塘	pʰi³¹²	sɿ³¹²	tɕʰʅ³¹²	pʰɐ³¹²	xiɛ³¹²	tɕʰʅ³¹²	xã³¹²	tsʅ³¹²	tʰɔ³¹²	xua³¹²	xẽ³¹²	pẽ³¹²
梅坪	pʰi³¹²	sɿ³¹²	tɕʰʅ³¹²	pʰɐ³¹²	xiɛ³¹²	tɕʰʅ³¹²	xã³¹²	tsʅ³¹²	tʰɔ³¹²	xua³¹²	xẽ³¹²	pẽ³¹²
黄土矿	pʰi³¹²	sɿ³¹²	tɕʰy³¹²	pʰɐ³³	/	tɕʰiu³¹²	tʰã³¹²	tɕʰiɛ³¹²	tʰɔ³¹²	fẽ³¹²	xẽ³¹²	pẽ³¹²
唐家坊	pʰi³¹²	tsʰʅ³¹²	tɕʰi³¹²	pʰɐ³¹²	tʰə³³	tɕʰiu³³	tʰã³¹²	tsʰiɛ³¹²	tʰẽ³¹²	fẽ³¹²	xẽ³¹²	pẽ³¹²
瓦屋塘	pʰi³¹²	tsʰʅ³¹²	tɕʰi³¹²	pʰɐ³¹²	tʰə³³	tɕʰiu³³	tʰã³¹²	tsʰiɛ³¹²	tʰẽ³¹²	fẽ³¹²	xẽ³¹²	pẽ³¹²

	菌	荡	丈	强	谎	晃	艇	动	重
	臻合三 上准群	宕开一 上荡定	宕开三 上养澄	宕开三 上养群	宕开一 上荡晓	宕开一 上荡匣	梗开四 上迥定	通合一 上董定	通合三 上肿澄
荷香桥	tɕʰyẽ⁵⁵	xɔ³¹²	tɕʰɔ³¹²	tɕʰɔ³¹²	xuɔ³¹²	xuɔ³¹²	xẽ³¹²	xə³¹²	tɕʰə⁵⁵
六都寨	tɕʰuẽ³¹²	xɔ⁵⁵	tɕʰɔ³¹²	tɕʰɔ³¹²	xuɔ³¹²	xuɔ³¹²	xẽ³¹²	xɔ⁵⁵	tɕʰɔ⁵⁵
七江	tɕʰuẽ³¹²	xɔ⁵⁵	tɕʰɔ³¹²	tɕʰɔ³¹²	xuɔ³¹²	xuɔ³¹²	xẽ³¹²	xɔ⁵⁵	tɕʰɔ³¹²
司门前	tɕʰuẽ³¹²	xɔ⁵⁵	tɕʰɔ³¹²	tɕɔ⁴⁵	xu³¹²	xuɔ³¹²	xẽ³¹²	xɔ³¹²	tɕʰɔ³¹²
金石桥	tɕʰyẽ³¹²	xɔ⁵⁵	tɕʰɔ³¹²	tɕʰɔ³¹²	xuɔ³¹²	xuɔ³¹²	xẽ³¹²	xɔ⁵⁵	tɕʰɔ⁵⁵
小沙江	tɕʰyẽ³¹²	tʰɔ⁵⁵	tɕʰɔ³¹²	tɕʰɔ³¹²	xɔ³¹²	xɔ³¹²	tʰẽ³¹²	tʰɔ⁵⁵	tɕʰɔ³¹²
西洋江	tɕʰyẽ³¹²	xɔ⁵⁵	tɕʰɔ³¹²	tɕʰɔ³¹²	xuɔ³¹²	xuɔ³¹²	xẽ³¹²	xɔ⁴⁵	tɕʰɔ⁴⁵
横板桥	tɕʰyẽ³¹²	xɔ⁵⁵	tɕʰɔ³¹²	tɕʰɔ³¹²	xu³¹²	xu³¹²	xẽ³¹²	xɔ⁴⁵	tɕʰɔ⁴⁵
岩口	kuɔ³¹²	xɔ⁵⁵	tɕʰɔ³¹²	tɕʰɔ³¹²	xuɔ³¹²	xuɔ³¹²	tʰiə³¹²	xə³¹²	tɕʰɔ⁵⁵
罗洪	tɕʰyɔ³¹²	xɔ³¹²	tɕʰɔ³¹²	tɕʰɔ³¹²	xuɔ³¹²	xuɔ³¹²	tʰiə³¹²	xə⁵⁵	tɕʰuə³¹²
高坪	tɕʰɔ³¹²	tʰɔ⁵⁵	tɕʰɔ³¹²	tɕʰɔ³¹²	xuɔ³¹²	xuɔ³¹²	tʰiə³¹²	tʰə⁵⁵	tɕʰɔ⁵⁵
石江	tɕʰyẽ³¹²	xɔ³¹²	tɕʰɔ³¹²	tɕʰɔ³¹²	xu³¹²	xu³¹²	xẽ³¹²	xə³¹²	tɕʰɔ⁵⁵
江口	tɕʰyẽ³¹²	tʰɔ³¹²	tɕʰɔ³¹²	tɕʰɔ³¹²	xuɔ³¹²	xuɔ³¹²	xẽ³¹²	tʰɔ³¹²	tɕʰɔ³¹²

续表

	菌	荡	丈	强	谎	晃	艇	动	重
	臻合三 上准群	宕开一 上荡定	宕开三 上养澄	宕开三 上养群	宕开一 上荡晓	宕开一 上荡匣	梗开四 上迥定	通合一 上董定	通合三 上肿澄
长塘	tɕʰye³¹²	xɔ³¹²	tɕʰɔ³¹²	tɕʰɔ³¹²	xu³¹²	xu³¹²	xe³¹²	xɔ³¹²	tɕʰɔ³¹²
山门	tɕʰye³¹²	xɔ³¹²	tɕʰɔ³¹²	tɕʰɔ³¹²	xuɔ³¹²	xuɔ³¹²	xe³¹²	xɔ⁴⁵	tɕʰɔ⁴⁵
高沙	tɕʰyĩ³¹²	tʰɔ³¹²	tɕʰɔ³¹²	tɕʰɔ³¹²	xu³¹²	xu³¹²	tʰĩ³¹²	tʰɔ³¹²	tɕʰə²⁴
花园	tɕʰyĩ³¹²	tʰɔ³¹²	tɕʰɔ³¹²	tɕʰɔ³¹²	xu³¹²	xu³¹²	tʰĩ³¹²	tʰɔ³⁵	tɕʰə³⁵
金屋塘	tɕʰye³¹²	xɔ³¹²	tɕʰɔ³¹²	tɕʰɔ³¹²	xu³¹²	xu³¹²	xe³¹²	xɔ³¹²	tɕʰɔ³¹²
梅坪	tɕʰye³¹²	xɔ³¹²	tɕʰɔ³¹²	tɕʰɔ³¹²	xu³¹²	xu³¹²	xe³¹²	xɔ³¹²	tɕʰɔ³¹²
黄土矿	tɕʰĩ³¹²	tʰɔ³¹²	tɕʰɔ³¹²	tɕʰɔ³¹²	fɔ³¹²	fɔ³¹²	tʰĩ³¹²	tʰɔ³¹²	tɕʰə³¹²
唐家坊	tɕʰĩ³¹²	tʰɔ³¹²	tɕʰɔ³¹²	tɕʰɔ³¹²	fɔ³¹²	fɔ³¹²	/	tʰɔ³¹²	tɕʰə³⁵
瓦屋塘	tɕʰĩ³¹²	tʰɔ³¹²	tɕʰɔ³¹²	tɕʰɔ³¹²	fɔ³¹²	fɔ³¹²	/	tʰɔ³¹²	tɕʰə³⁵

　　以上全浊声母字，有现代汉语中同样读上声的"腐、缓、很、谎、艇"等字，但大多数字在现代汉语中读去声。这些字在洞绥片赣方言中读上声的分布比较广泛，只有少数字在部分方言点有读去声的情况，如"动、重"等；有些则文读去声，白读上声，如"下"等字。这些读上声的全浊声母字，声母为塞音、塞擦音时都读送气音，说明全浊上归去的语音特征，在洞绥片赣方言中发生在浊音清化之后。

　　全浊上声变去声以后，一般与全浊去声合流，只有隆回岩口、洞口高沙方言与阴平合流（高沙部分次浊去声也与阴平合流，但与清去声、全浊声母去声有别）；洞口花园，绥宁黄土矿、瓦屋塘、唐家坊与清声母去声合流。而全浊声母上声与全浊声母去声（含部分次浊声母去声）合流的，调值一般与阴平相同。只有隆回的荷香桥、六都寨、司门前、金石桥、小沙江、罗洪、七江、高坪等地，全浊上声虽然与浊去声合流，但并不与阴平合流，而是独立为一个高平调，与阴平中平调对立。

　　清声母去声在洞绥片赣方言点中一般为高升或中升调，与阳平低升调对立。但比较特殊的情况是，多数方言点有部分浊声母平声字不读低升调，而读高升调，主要有"虫、蚕"两字。其中"虫"字除洞口江口与绥宁金屋塘、梅坪外都读45调或35调，"蚕"字除荷香桥、横板桥、高沙、金屋塘外，也都读高升调。

在去声不分阴阳的方言点如隆回司门前、六都寨、金石桥等地，入声往往在单字调中读高平调，而在词组中读高升调。

入声在洞绥片赣方言中调类的分化大致可以归纳为：清声母入声归阴平，浊声母入声归阳去。如果去声不分阴阳，则浊声母入声一般独立为一调类，如隆回司门前、六都寨、罗洪、七江等地。金石桥方言点入声字虽不以清浊分调，但部分入声独立为一调，另一部分入声与去声合流。在洞绥片赣方言中，次浊入声或随清声母入声同归一类，或随浊声母入声同归一类，没有明显的规律。

第四节　洞绥片赣方言的声韵拼合特征

洞绥片赣方言有一些特殊的声母与韵母的拼合规则，主要表现在唇音声母、古知庄章母声母、见系细音声母，端组、精组来母的拼合关系等方面。大体来看，洞绥片赣方言韵母系统与古开合四等对应关系比较整齐，即古开口一、二等读开口呼，开口三、四等读齐齿呼；合口一、二等读合口呼，合口三、四等读撮口呼。但在与以上声母拼合的音节中，对应关系却并不那么整齐。下面我们以韵摄为单位，来讨论洞绥片赣方言以上声母与韵母的拼合特征。

1. 唇音声母的拼合规则

唇音声母这里只讨论今读 p、pʰ、m 的古帮组声母的拼合关系。古非组声母的拼合关系见上文声母讨论部分。洞绥片赣方言各韵摄帮组字韵母读音比较见表 4-34。

表 4-34　洞绥片赣方言各韵摄帮组字韵母读音

	果	假	遇	蟹		止蟹	效		流		咸山			臻深曾梗		宕江	通	
	一	二	一	一	二	三四	一二	三	一	三	一	二	三四	一二	三四	一二	一	三
荷香桥	o	A、ɔ̃	u	e	a	i、e	ɚ	iɐi	ɐi	ɐi	ɔ̃	ã	ĩ	ẽ、ɔ̃	ẽ	ɔ̃	ɔ̃	ɔ̃
六都寨	o	A	u	e	a	i、e	ɚ	iɐi	ɐi	ɐi	ɔ̃	ã	ɯ̃	ẽ、ɔ̃	ẽ	ɔ̃	ɔ̃	ɔ̃
七江	o	A、ã	u	e	a	i、e	ɚ	iɐi	ɐi	ɐi	ɔ̃	ɑ̃	ĩ	ẽ、ɔ̃	ẽ	ɔ̃	ɔ̃	ɔ̃
司门前	o	A、ã	u	e	a	i、e	ɚ	iɐi	ɐi	ɐi	ɔ̃	ɑ̃	ĩ	ẽ、ɔ̃	ẽ	ɔ̃	ɔ̃	ɔ̃
金石桥	o	A	u	e	a	i、e	ɚ	iɐi	ɐi	ɐi	ɔ̃	a	iE	ẽ、ɔ̃	ẽ	ɔ̃	ɔ̃	ɔ̃

续表

	果		假	遇	蟹		止蟹	效		流		咸山			臻深曾梗		宕江	通	
	一	二	一	一	一	二	三四	一二	三	一	三	一	二	三四	一二	三四	一二	一	三
小沙江	o	A		u	e	a	i、e	ɤ		sɿ	sɿ	ɔ	a	ʌi	ẽ、ɔ̃	ɔ̃	ɔ	ɔ̃	ɔ̃
西洋江	o	A		u	e	a	i、e	ɤ		sɿ	sɿ	ɔ̃	a	ĩ	ẽ、ɔ̃	ɔ̃	ɔ̃	ɔ̃	ɔ̃
横板桥	o	A		u	e	a	i、e	ɤ		sɿ	sɿ	ɔ̃	ã	ĩ	ẽ、ɔ̃	ɔ̃	ɔ̃	ɔ̃	ɔ̃
岩口	o	A		u	e	a	i、e	ɤ		sɿ	sɿ	ɔ̃	ã	iĩ	ĩ、iɔ̃	iɔ̃	ɔ̃	ɔ̃	ɔ̃
罗洪	o	A		u	e	a	i、e	ɤ		sɿ	sɿ	ɔ̃	a	ẽi	ẽ、ɔ̃	ɔ̃	ɔ̃	ɔ̃	ɔ̃
高坪	o	A		u	e	a	i、e	ɤ		sɿ	sɿ	ɔ̃	ã	iẽ	iɔ̃	ɔ̃	ɔ̃	ɔ̃	ɔ̃
石江	o	A		u	a、e	a	i、e	ɤ		sɿ	sɿ	ɔ̃	ã	iẽ	ẽ、ɔ̃	ɔ̃	ɔ̃	ɔ̃	ɔ̃
江口	o	A		u	a、E	a	i、E	ɤ		sɿ	sɿ	ɔ̃	ã	iẽ	ẽ、ɔ̃	ɔ̃	ɔ̃	ɔ̃	ɔ̃
长塘	o	A		u	a、E	a	i、E	ɤ		sɿ	sɿ	ɔ̃	ã	iẽ	ẽ、ɔ̃	ɔ̃	ɔ̃	ɔ̃	ɔ̃
山门	o	A		u	e	a	i、e	ɤ		sɿ	sɿ	ɔ̃	ã	ĩ	ẽ、ɔ̃	ɔ̃	ɔ̃	ɔ̃	ɔ̃
高沙	o	A		u	e	a	i、e	ɤ		sɿ	sɿ	ɔ̃	ã	iẽ	ẽ、ɔ̃	ɔ̃	ĩ	ɔ̃	ɔ̃
花园	o	A		u	e	a	i、e	ɤ		sɿ	sɿ	ɔ̃	ã	ĩ	ẽ、ɔ̃	ɔ̃	ĩ	ɔ̃	ɔ̃
金屋塘	o	A		u	e	a	i、e	ɤ		sɿ	sɿ	ɔ̃	ã	ẽ	ẽ、ɔ̃	ɔ̃	ɔ̃	ɔ̃	ɔ̃
梅坪	o	A		u	e	a	i、e	ɤ		sɿ	sɿ	ɔ̃	ã	ĩ	ẽ、ɔ̃	ɔ̃	ɔ̃	ɔ̃	ɔ̃
黄土矿	o	A		u	e	a	i、e	ɤ		sɿ	sɿ	ẽ	a	iẽ	ẽ、ɔ̃	ɔ̃	ĩ	ɔ̃	ɔ̃
唐家坊	o	A		u	e	a	i、e	ɤ		sɿ	sɿ	ẽ	ã	ĩ	ẽ、ɔ̃	ɔ̃	ĩ	ɔ̃	ɔ̃
瓦屋塘	o	A		u	e	a	i、e	ɤ		sɿ	sɿ	ẽ	ã	iẽ	ẽ、ɔ̃	ɔ̃	ĩ	ɔ̃	ɔ̃

　　从古帮组声母的拼合特点看，除遇摄外，唇音声母在洞绥片赣方言中只与开口呼、齐齿呼相拼，这与现代汉语的拼合特征是一致的。

　　其中蟹摄、山摄一、二等唇音主元音保留对立，曾、梗摄一、二等唇音部分与通摄唇音字读音合流。

　　2. 古知三章组声母的拼合规则

　　古知二庄组声母在洞绥片赣方言中一般拼开口呼、合口呼，与同韵摄精组一等字读音合流。但在部分方言中，流摄庄组字也读细音，这是因为流摄一等精组字也读细音（见声母讨论部分）。这里只讨论知三章组声母的拼合关系。知三章组字在洞绥片赣方言中部分读齐齿呼、撮口呼，但大部分读开口呼、合口呼。各方言点知三章组声母拼合情况比较见表4-35。

表 4-35　洞绥片赣方言各韵摄知三章组字韵母读音

	开									合				
	假	蟹	止知	止章	效	流	咸山	臻深曾梗	宕	遇	止蟹	山	臻深曾梗	通
荷香桥	A、e	ʅ	i	ʅ	iɐ	iu	ĩ	ẽ	ɔ̃	y	ui	yĩ	yẽ	ɔ̃
六都寨	A、ɛ	ʅ	i	ʅ	iɐ	iu	ĩ	ẽ	ɔ̃	y	y	yĩ	ɔ̃ũ	ɔ̃
七江	A、e	ʅ	i	ʅ	iɐ	iu	ĩ	ẽ	ɔ̃	u	y	yĩ	uẽ	ɔ̃
司门前	A、ɛ	ʅ	i	ʅ	iɐ	iu	ĩ	ẽ	ɔ̃	u	u	yĩ	ɔ̃ũ	ɔ̃
金石桥	A、E	ʅ	i	ʅ	iɐ	iu	E	ɛ̃	ɔ̃	y	ue	yE	yẽ	ɔ̃
小沙江	A、e	ʅ	i	ʅ	iɐ	iu	E	ẽ	ɔ	y	yE	yẽ		ɔ̃
西洋江	A、ɛ	ʅ	ɿ	ʅ	ɐ	iu	iã	ẽ	ɔ̃	ʅ	ʅ	yã		ɔ̃
横板桥	A、ɛ	ʅ	ɿ	ʅ	ɐ	iu	iã	ẽ	ɔ̃	ʅ	ʅ	yã		ɔ̃
岩口	uA、e	ʅ	i、ɿ	ʅ	ɐ	iu	ã、ĩ	iɔ̃	ɔ̃	y	y、ui	yĩ	yɔ̃	ɔ̃
罗洪	A、e	ʅ	ʅ	ʅ	iɐ	iu	iẽ	ẽ	ɔ̃	y	ui	yẽ	yɔ̃	uɔ̃
高坪	uA、ye	ʅ	i、ɿ	ʅ	ɐ	iu	yẽ、iẽ	iɔ̃	ɔ̃	y	y、ue、i	yẽ	ɔ̃	ɔ̃
石江	A、ɛ	ʅ	ʅ	ʅ	ɐ	i	iẽ	ẽ	ɔ̃		ʅ	yẽ	yẽ	ɔ̃
长塘	A、ɛ	ʅ	ʅ	ʅ	ɐ	i	iẽ	ẽ	ɔ̃		ʅ	yẽ	yẽ	ɔ̃
山门	A	ʅ	ɛ	ʅ	ɐ	iu	iã	ẽ	ɔ̃		ʅ	yã	yẽ	ɔ̃
高沙	A、ɛ	ʅ	ʅ	ʅ	ɐ	iu	iẽ	ĩ	ɔ̃		ʅ	yẽ	yĩ	ɔ̃
花园	A、ɛ	ʅ	ʅ	ʅ	ɐ	iu	ĩ	ĩ	ɔ̃		ʅ	yĩ	yĩ	ɔ̃
金屋塘	A、ɛ	ʅ	ʅ	ʅ	iɐ	i	ĩ	ẽ	ɔ̃		ʅ	yã	yẽ	ɔ̃
梅坪	A、ɛ	ʅ	ʅ	ʅ	iɐ	i	ĩ	ẽ	ɔ̃		ʅ	yã	yẽ	ɔ̃
黄土矿	A、e	ʅ	i	ʅ	ɐ	iu	ẽ	ĩ	ɔ̃	y	y	ẽ	ĩ	ɔ̃
唐家坊	A、e	ʅ	i	ʅ	ɐ	iu	ẽ	ĩ	ɔ̃	y	yi	ẽ	uẽ	ɔ̃
瓦屋塘	A、ɛ	ʅ	i	ʅ	ɐ	iu	ẽ	ĩ	ɔ̃	y	yi	ẽ	uẽ	ɔ̃

　　其中，效摄知三章组字 i 介音在各方言点不甚明显。从知三章组声母的拼合关系看，开口韵中，除止摄（知组）、效摄、流摄、咸山摄外，知三章组声母都拼开口呼。合口韵中，除通摄各方言点均拼开口呼外，其他各韵摄拼开口呼、合口呼、撮口呼不一。

　　知三章组声母在洞绥片赣方言中多读舌面音 tɕ、tɕʰ、ɕ，但从这组声母的拼合关系看，虽然部分保留与齐齿呼、撮口呼相拼的特点，大部分开始只拼开口呼与合口呼。

　　3.古见系三、四等声母的拼合规则

　　古精组、见系三、四等声母在洞绥片赣方言部分方言点中尖团音合流，但拼合关系有别。精组三、四等声母一般拼细音（部分拼洪音，见下文讨论）；见系三、四等声母拼洪细音不一，与知三章组声母的拼合关系基本一致。各韵摄见系三、四等声母的拼合关系比较见表4-36。

表4-36　洞绥片赣方言各韵摄见系三、四等字韵母读音

	开						合					
	蟹止	效	流	咸山	臻深曾梗	宕	遇	止蟹	山	臻深曾梗	宕	通
荷香桥	i	iɐ	iu	ĩ	ẽ	ɔ̃	y	ui	yĩ	yẽ	uɔ̃	ɔ̃
六都寨	i	iɐ	iu	ĩ	ẽ	ɔ̃	y	ui	yĩ	uẽ	uɔ̃	ɔ̃
七江	i	iɐ	iu	ĩ	ẽ	ɔ̃	y	ui	yĩ	uẽ	uɔ̃	ɔ̃
司门前	i	iɐ	iu	ĩ	ẽ	ɔ̃	y	ui	yĩ	uẽ	uɔ̃	ɔ̃
金石桥	i	iɐ	iu	E	ẽ	ɔ̃	ue	yE	yẽ	uɔ̃	ɔ̃	
小沙江	i	iɐ	iu	E	ẽ	ɔ	y	ue	yE	yẽ	ɔ	ɔ̃
西洋江	i	ɐ	iu	ĩ、iã	ẽ	ɔ̃	ʅ	ui	yã	yẽ	uɔ̃	ɔ̃
横板桥	i	ɐ	iu	ĩ、iã	ẽ	ɔ̃	ʅ	ui	yã	yẽ	uɔ̃	ɔ̃
岩口	i	ẽ	iu	ĩi	iɔ̃	ɔ̃	y		yĩ	uɔ̃、iɔ̃	uɔ̃	ɔ̃、iɔ̃
罗洪	i	ẽ	iu	iẼ	iɔ̃	ɔ̃	y	ue	yẼ	yɔ̃	uɔ̃	uɔ̃
高坪	i	iɐ	iu	iẽ	iɔ̃	ɔ̃	y		yẽ	ɔ̃、yɔ̃	uɔ̃	ɔ̃、yɔ̃
石江	i	ɐ̃	iu	iẽ	ẽ	ɔ̃	ʅ	ui	yẽ	yẽ	uɔ̃	ɔ̃
江口	ʅ	iɐ	i	iẽ	ẽ	ɔ̃	ʅ	ui	yẽ	yẽ	uɔ̃	ɔ̃
长塘	ʅ	ɐ̃	i	iẽ	ẽ	ɔ̃	ʅ	ui	yẽ	yẽ	uɔ̃	ɔ̃
山门	i	ɐ	iu	ĩ、iã	ẽ	ɔ̃	ʅ		yã	yẽ	uɔ̃	ɔ̃
高沙	ʅ	ɐ	iu	iẽ	ĩ	ɔ̃	ʅ	ue	yẽ	yĩ	ũ	ɔ̃
花园	ʅ	ɐ	iu	ĩ	ĩ	ɔ̃	ʅ	ue	yĩ	yĩ	ũ	ɔ̃
金屋塘	ʅ	ɐ̃	i	ĩ	ẽ	ɔ̃	ʅ	ui	yã	yẽ	uɔ̃	ɔ̃
梅坪	ʅ	iɐ	i	ĩ	ẽ	ɔ̃	ʅ	ui	yã	yẽ	uɔ̃	ɔ̃
黄土矿	y	ɐ	iu	ẽ	ĩ	ɔ̃	y	ue	ẽ	ĩ	uɔ̃	ɔ̃
唐家坊	i	ɐ	iu	ẽ	ĩ	ɔ̃	y		ẽ	ĩ	uɔ̃	ɔ̃
瓦屋塘	i	ɐ	iu	ẽ	ĩ	ɔ̃	y	ui	ẽ	ĩ	uɔ̃	ɔ̃

从古见系三、四等声母的拼合关系看，见系三、四等声母与知三章组声母的拼合关系基本一致，只是在止蟹摄合口三、四等韵中，见系声母一律拼合口呼，而知三章组声母则有部分拼撮口呼的现象。

知三章组与见系三、四等声母拼合关系的一致性说明，这几组声母合流的时间比较早，而知三章组声母读舌面音比见系三、四等声母更早，所以与止摄的拼合关系存在一些差异。

而精组三、四等声母虽然在部分方言点中已经腭化，与见系三、四等声母读音合流，但在以上见系三、四等声母与洪音相拼的韵摄中，精组三、四等字多数情况下仍然读相应的细音韵母，反映了这些方言中尖团合流比知三章组、见系三、四等字韵母读洪音的历史要短。

4.端组、精组与来母声母的拼合规则

洞绥片赣方言中，端组、精组、来母一等的拼合规律一致。其中部分方言点合口一等端组、精组、来母字韵母往往不遵循一般的演变规律读合口呼，而是读相应的开口呼。合口三等精组与来母字同样不读撮口呼，而是读相应的齐齿呼或开口呼。各韵摄端组、精组、来母与合口韵的拼合关系比较见表 4-37。

表 4-37　洞绥片赣方言合口韵端组、精组、来母字韵母读音

	果	遇		蟹	止蟹	山		臻		通	
	一	一	三	一	三	一	三	一	三	一	三
荷香桥	o	u	y	ue	ui	ɔ̃	yĩ	ẽ	ẽ	ɔ̃	ɔ̃
六都寨	o	u	y	ue	iu	uɔ̃	yĩ	uẽ	uẽ	ɔ̃	ɔ̃
七江	o	u	iu	ue	iu	uɔ̃	yĩ	uẽ	uẽ	ɔ̃	ɔ̃
司门前	o	u	iu	ue	ui	uɔ̃	yĩ	uẽ	ẽ	ɔ̃	ɔ̃
金石桥	o	u	ui	ue	ue	ɔ̃	yɛ	uẽ	ẽ	ɔ̃	ɔ̃
小沙江	o	u	y	e	iu	ɔ	yɛ	ẽ	ẽ	ɔ̃	ɔ̃
西洋江	o	u	ʮ	ue	ʮ	ɔ̃	yã	uẽ	ẽ	ɔ̃	ɔ̃
横板桥	o	u	ʮ	e	ʮ	ɔ̃	yã	ẽ	ẽ	ɔ̃	ɔ̃
岩口	o	u	i	ue	y	ɔ̃	yĩ	iɔ̃	iɔ̃	ɔ̃	ɔ̃
罗洪	o	u	y	e	iu	ɔ̃	yɛ̃	ɔ̃	yɔ̃	ɔ̃	ɔ̃
高坪	o	u	i	e	i	ɔ̃	yẽ	iɔ̃	yɔ̃	ɔ̃	ɔ̃
石江	o	u	ʮ	e	ʮ	ɔ̃	yɛ̃	ẽ	uẽ	ɔ̃	ɔ̃

续表

	果	遇		蟹	止蟹	山		臻		通	
	一	一	三	一	三	一	三	一	三	一	三
江口	o	u	i	ɛ	i	õ	yẽ	ẽ	ẽ	õ	õ
长塘	o	u	i	ɛ	i	õ	yẽ	ẽ	ẽ	õ	õ
山门	o	ʅ、u	ʅ	e	ʅ	õ	yã	ẽ	uẽ	õ	õ
高沙	o	u	iu	e	iu	õ	yẽ	ẽ	yĩ	õ	õ
花园	o	ʅ、u	iu	e	iu	õ	ĩ	ẽ	yĩ	õ	õ
金屋塘	o	u	i	e	i	õ	ĩ	ẽ	e	õ	õ
梅坪	o	u	i	e	i	õ	ĩ	ẽ	e	õ	õ
黄土矿	o	u	y	e	y	ø	ẽ	ĩ	ĩ	õ	õ
唐家坊	o	u	y	e	y	ẽ	ẽ	ĩ	ĩ	õ	õ
瓦屋塘	o	u	y	e	y	ẽ	ẽ	ĩ	ĩ	õ	õ

其中除山摄合口三等精组来母字韵母大部分方言点读撮口呼，遇摄一等端组、精组、来母字大多数情况下读合口呼外，其他合口一等端组、精组、来母字多读开口呼，合口三等精组、来母字多读齐齿呼、合口呼或开口呼。也就是说，洞绥片赣方言合口韵中的大部分端组、精组、来母字有合口介音失落的特点，只有隆回的司门前、六都寨、七江等方言点，合口韵介音基本保留，因此合口一、三等韵读合口呼或撮口呼的情况比较多。

第五章

洞绥片赣方言的语音特征分布与内部差异

从洞绥片赣方言语音的调查情况来看，洞绥片赣方言具有赣方言的基本特征，即全浊塞音、塞擦音声母清化，无论平仄一律送气。但方言内部仍存在一定的差异，如学术界所认可的洞绥片赣方言的标志性特征"古透定母读同晓匣母"，在该方言区分布得并不广泛。洞绥片赣方言内部各方言点之间也存在一定的差异，这些差异的形成不外乎三个方面的原因：地理分布的不同，来源不同，接触的方言不同而产生的语音演变的方式不同。分析洞绥片赣方言的内部差异，对我们探讨洞绥片赣方言语音特征的形成问题，与周边湘方言的接触问题具有一定的启发意义。下文我们首先分别从声母、韵母、声调三个方面对洞绥片赣方言的语音特征进行归纳，然后对这些语音特征在洞绥片赣方言内部的分布差异情况进行分析。

第一节　洞绥片赣方言声母特征的分布与差异

我们将上文所分析的洞绥片赣方言声母特征归纳为 15 条，这 15 条声母特征的分布情况见表 5–1。

表 5-1　洞绥片赣方言声母特征的分布与比较

	司门前	七江	六都寨	金石桥	小沙江	岩口	罗洪	高坪	荷香桥	横板桥	西洋江	山门	石江	长塘	高沙	花园	江口	金屋塘	梅坪	黄土矿	瓦屋塘	唐家坊
全浊声母清化送气	+	+	+	+	+	+	+	+	+	+	+	+	+	+	+	+	+	+	+	+	+	+
透定母读擦音 x	+	+	+	+	-	+	±	+	+	+	±	-	+	-	-	-	-	-	-	±	±	-
部分透定母读唇音 pʰ、φ	+	-	+	-	-	-	-	-	+	+	+	-	+	-	-	-	-	-	-	-	-	-
滂並母读擦音 φ、x	+	+	+	+	-	+	-	+	+	+	+	-	+	-	-	-	-	-	-	-	-	-
影喻疑母读 m	+	+	+	-	±	+	±	+	+	+	+	+	+	±	-	-	-	-	-	-	-	-
非晓组相混	-	-	-	-	±	-	±	-	-	-	-	±	+	+	+	-	+	-	-	-	-	-
泥来母相混	+	+	+	+	+	+	+	+	+	+	+	+	+	+	+	+	+	+	+	+	+	+
区分尖团	+	+	+	+	-	+	+	+	+	+	+	-	-	-	+	+	+	+	+	+	+	+
开口二等见系文白两读	+	+	+	+	+	+	+	+	+	+	+	+	+	+	+	+	+	+	+	+	+	+
知二庄与精组洪音合流	+	+	+	+	+	+	+	+	+	+	+	+	+	+	+	+	+	+	+	+	+	+
知三章与见系细音合流	+	+	+	+	+	+	+	+	+	+	+	+	+	+	+	+	+	+	+	+	+	+
疑影母开口洪音读 ŋ 或 k	-									±	-	±	-	+	+							
部分疑日母文读 l	+	+	+	+	+	+	+	+	+	+	+	+	+	+	+	+	+	+	+	+	+	+

续表

	司门前	七江	六都寨	金石桥	小沙江	岩口	罗洪	高坪	荷香桥	横板桥	西洋江	山门	石江	长塘	高沙	花园	江口	金屋塘	梅坪	黄土矿	瓦屋塘	唐家坊
部分匣母合口读零声母	+	+	+	+	+	+	+		+	+	+	+	+	+	+	+	+	+	+	+	+	+
"锅"读零声母	+	+	+	+	+	+	+		+	+	+	+	+	+	+	+	+	+	-	-	-	-

说明：洞绥片赣方言区还存在部分方言点溪母洪音读 x，以及晓匣母洪音读 k 的特点，前者只分布在隆回小沙江与罗洪两地，后者只分布在隆回小沙江。因此不再单独列出。

"+"表示具有所列特征，"-"表示不具备相应特征，"±"表示部分具备某一特征，下文同。

从以上归纳的洞绥片赣方言 15 条声母特征的分布来看，各方言点都具备的有 7 条：①全浊声母清化送气；②泥来母相混；③开口二等见系文白两读；④知二庄组与精组洪音合流；⑤知三章组与见系细音合流；⑥部分疑日母文读 1；⑦部分匣母合口洪音读零声母。

从各方言点内部特征的差异来看，主要体现在"透定母读擦音 x"这一语音特征分布的范围不一。其中具备这一特征的有隆回荷香桥、六都寨、司门前、金石桥、岩口、七江、横板桥、西洋江，洞口山门、石江。只有部分韵摄具有这一特征的有隆回罗洪，洞口长塘，绥宁金屋塘、梅坪。而其他洞绥片赣方言点基本不具备这一特征。根据透定母是否读擦音 x，大致可以区分为三个区域。①隆回小沙江、高坪，洞口高沙、花园、江口，绥宁黄土矿、瓦屋塘、唐家坊属于透定母不读擦音 x 型。②隆回罗洪，洞口长塘，绥宁金屋塘、梅坪属于透定母半读擦音 x 型。③隆回荷香桥、六都寨、司门前、金石桥、岩口、七江、横板桥、西洋江，洞口山门、石江属于透定母全读擦音 x 型。

这些区域内部，又可以根据是否具备其他相同的特征进一步区分。其中透定母读擦音 x 的方言中，小沙江、罗洪以不具备滂并母读擦音 ɸ、x 的特征而与其他方言有别；绥宁金屋塘、梅坪等以不具备疑母、影母、喻母合口三等读唇音 m 与其他方言有别；隆回小沙江、罗洪、岩口、洞口石江、长塘、高沙、江口，绥宁黄土矿又以不区分尖团与其他方言有别。

从声母特征来看，洞绥片赣方言各方言点有较多的一致性，也有各自内部的语音特征。学术界认可的"透定母读擦音 x"并不能成为洞绥片赣方言的主要特征。而洞绥片赣方言点所共同具备的方言特征除全浊声母清化送气以及"锅"读零声母外，也普遍存在于相邻的湘方言中，并不属于洞绥片赣方言的独有特征。

第二节　洞绥片赣方言韵母特征的分布与差异

洞绥片赣方言的韵母特征，我们归纳为 22 条，这些特征在洞绥片赣方言中的分布也不一致。洞绥片赣方言韵母特征的分布与比较（入声韵的语音特点暂不讨论）见表 5-2。

表 5-2　洞绥片赣方言韵母特征的分布与比较

	司门前	七江	六都寨	金石桥	小沙江	岩口	罗洪	高坪	荷香桥	横板桥	西洋江	山门	石江	长塘	高沙	花园	江口	金屋塘	梅坪	黄土矿	瓦屋塘	唐家坊
鼻化韵	+	+	+	+	+	+	+	+	+	+	+	+	+	+	+	+	+	+	+	+	+	+
阴阳对转	-	-	-	+	+	-	-	-	-	-	-	-	-	-	-	-	-	-	-	+	-	-
咸摄一等重韵对立[1]	-	-	-	-	-	-	-	-	-	-	-	-	-	-	-	-	-	-	-	+	+	+
山摄开合口一等主元音对立[2]	+	+	+	+	+	-	+	+	+	+	+	±	+	+	±	±	+	±	±	±	-	-
山、咸摄开口一、二等主元音对立[3]	-	-	-	-	-	-	-	-	-	-	-	-	-	-	-	-	-	-	-	+	+	+

	司门前	七江	六都寨	金石桥	小沙江	岩口	罗洪	高坪	荷香桥	横板桥	西洋江	山门	石江	长塘	高沙	花园	江口	金屋塘	梅坪	黄土矿	瓦屋塘	唐家坊
部分山摄开口一等字读合口	+	+	+	+	-	-	+	-	+	+	+	+	-	-	-	-	-	+	-	-	-	-
山摄合口一、二等主元音对立[4]	-	-	-	-	±1	-	±1	+	-	±3	±3	±1	±3	+	±2	±2	±2	±3	±2	±2	+	+
止、蟹摄合口一、三、四等有别	+	+	+	±	±	+	±	-	+	+	+	+	+	+	+	±	±	+	+	±	+	+
流摄开口一等读齐齿呼	+	+	+	+	+	+	+	+	+	+	+	+	+	+	+	-	-	-	-	-	-	-
曾、梗摄开口一、二等入声读齐齿呼	+	+	-	-	-	-	-	-	-	-	+	+	+	+	-	-	-	+	+	-	-	-
曾、臻摄合口一等入声读撮口呼	+	+	+	+	-	-	+	-	-	+	+	+	+	+	+	-	-	-	-	-	-	-
假摄二、三等不分韵	+	+	+	+	+	+	+	+	+	+	+	+	+	+	+	+	+	+	+	+	+	+

续表

	司门前	七江	六都寨	金石桥	小沙江	岩口	罗洪	高坪	荷香桥	横板桥	西洋江	山门	石江	长塘	高沙	花园	江口	金屋塘	梅坪	黄土矿	瓦屋塘	唐家坊
止摄开三知、章有别	+	+	+	+	+	+	-	+	+	+	+	+	+	+	+	+	+	+	+	+	+	+
蟹摄、流摄、效摄韵尾丢失	+	+	+	+	+	+	+	+	+	+	+	+	+	+	+	+	+	+	+	+	+	+
宵侯同韵	+	+	+	+	+	+	+	+	+	+	+	+	+	+	+	+	+	+	+	-	-	-
支尤同韵[5]	-	-	-	-	-	-	-	-	-	-	-	-	-	+	-	+	+	+	+	-	-	-
支鱼同韵[6]	-	+1	+1	+1	+1	+2	+1	+2	+1	+2	+2	-	+2	+2	+2	+2	+2	+2	+2	+1	+1	+1
鱼尤同韵[7]	+	+	+	-	+	-	+	-	-	-	-	-	-	-	-	+	+	-	-	-	-	-
臻、梗、曾、深摄同韵母	+	+	+	+	+	-	-	-	-	-	-	-	-	-	-	+	-	+	+	+	-	-
弇侈同韵	-	-	-	-	-	-	-	-	-	-	-	-	-	-	-	+	-	-	-	+	+	+
梗摄白读与宕江同韵	+	+	+	+	+	+	+	+	+	+	+	+	+	+	+	+	+	+	+	+	+	+
声化韵	+	+	+	+	+	+	+	+	+	+	+	+	+	+	+	+	+	+	+	+	+	+

说明：

1. 咸摄一等重韵主元音对立只出现在绥宁黄土矿、瓦屋塘、唐家坊等地，并且这种对立只表现为舌齿音主元音有别。

2. 山摄开合口一等主元音对立在山门（±）等地只表现为舌齿音有别。

3. 山咸摄开口一、二等主元音对立在黄土矿方言中表现为咸摄一、二等舌齿音有别，瓦屋塘等地表现为山摄一、二等舌齿音有别。

4. "±1"的对立情况为"舌齿一、二等：牙喉一、二等"，"±2"的对立情况为"舌齿一、二等：牙喉一等：牙喉二等"，"±3"的对立情况为"牙喉一、二等：舌齿一等：舌齿二等"。

5. 支尤同韵指流摄三等读 i 的现象。

6. "+1"指主元音同为 i 或 ʅ 的现象，"+2"指主元音同为 y 的现象。

7. 鱼尤同韵指韵母同为 iu 的现象。

以上韵母特征在洞绥片赣方言分布比较一致的有：①阳声韵鼻化；②蟹摄合口一等与止、蟹摄合口三、四等有别；③假摄二、三等不分韵；④蟹摄、流摄、效摄韵尾丢失；⑤梗摄白读与宕江同韵；⑥存在声化韵。

分布相对广泛的有：①山摄开合口一等主元音对立；②山摄合口一、二等主元音对立；③曾梗摄开口一、二等入声，流摄开口一等读齐齿呼；④曾、臻摄合口一等入声读撮口；⑤宵侯、支鱼同韵。

而弇侈同韵，支尤同韵，鱼尤同韵，咸摄一等重韵对立，山、咸摄开口一等主元音对立等特征在洞绥片赣方言的分布相对较少。

从韵母特征来看，绥宁黄土矿、瓦屋塘、唐家坊的语音特征基本一致，除具备上述六点共同特征外，在弇侈同韵、咸摄一等重韵对立，山、咸摄开口一、二等主元音对立方面特征一致，与其他方言有别。隆回金石桥、小沙江则在阳声韵读阴声韵这一特征方面与其他方言有别。隆回横板桥、西洋江在山摄合口一、二等主元音对立，曾、梗摄开口一、二等入声韵读齐齿呼，支鱼同韵等方面与毗邻的洞口石江等地比较一致，而与同县的其他方言有别。

第三节　洞绥片赣方言声调特征的分布及内部差异

洞绥片赣方言声调特点我们从以下几方面进行比较：①平分阴阳；②次浊上与阴上合流；③全浊上与浊去合流；④去声分阴阳；⑤全浊去声归阴平；⑥入声分阴阳；⑦清入归阴平；⑧浊入归阳声；⑨次浊入分属阴阳平。详见表5-3。

表 5-3　洞绥片赣方言声调特征的分布与比较

	司门前	七江	六都寨	金石桥	小沙江	岩口	罗洪	高坪	荷香桥	横板桥	西洋江	山门	石江	长塘	高沙	花园	江口	金屋塘	梅坪	黄土矿	瓦屋塘	唐家坊
平分阴阳	+	+	+	+	+	+	+	+	+	+	+	+	+	+	+	+	+	+	+	+	+	+
次浊上与阴上合流	+	+	+	+	+	+	+	+	+	+	+	+	+	+	+	+	+	+	+	+	+	+
全浊上与浊去合流	-	-	-	-	-	+	-	+	-	+	+	+	+	+	-	+	+	+	-	-	-	-
去声分阴阳																						
全浊去声归阴平	-	-	-	-	-	-	-	-	-	+	+	+	+	+	-	+	+	+	+	+	+	+
入声分阴阳	+	+	+	-	-	-	-	+	+	-	-	±	+	+	±	+	+	+	+	±	+	±
清入归阴平	+	-	+	-	-	+	+	+	+	+	+	+	+	+	+	+	+	+	+	+	+	+
浊入归阳声	-	-	-	-	-	-	-	-	-	-	-	-	-	+	+	-	-	-	-	-	-	-
次浊入分属阴阳平	-	+	-	+	-	+	+	+	-	+	+	+	+	-	-	+	+	+	+	+	+	+

洞绥片赣方言声调方面比较一致的特征主要有：平声分阴阳、次浊上与阴上合流。其他特征则存在一定的差异。

（1）在去声是否分阴阳的特征方面，隆回六都寨、司门前、金石桥、小沙江、岩口、罗洪、高坪、七江以及洞口高沙去声不分阴阳，而其他方言点去声都分阴阳。

（2）在全浊上与浊去合流方面，六都寨、司门前、金石桥、小沙江、罗洪、七江因为去声不分阴阳，所以全浊声母上声与去声合流。而洞口的花园，绥宁的黄土矿、瓦屋塘、唐家坊等地，去声以阴阳分调，但不像其他方言区一样，全浊上声与浊声母去声合流，而是与清声母去声合流。

（3）在全浊去声归阴平方面，洞绥片赣方言点分布比较广泛，但隆回六都寨、司门前、金石桥、小沙江、岩口、罗洪、高坪、七江、荷香桥以及洞口高沙去声与阴平不混。

（4）浊入归阳声特征则只分布在洞口的石江、长塘与江口。

从声母、韵母与声调特征的分布与内部差异来看，洞绥片赣方言内部语音特征相同之处较多，主要的区别特征并不十分明显。不过各方言点之间的差异性特征对我们了解洞绥片赣方言之间的关系及其历史层次具有重要意义。根据以上洞绥片赣方言语音特征的分布与差异，我们大致可以将洞绥片赣方言区分为六个小片：①荷香桥、六都寨、司门前、七江、罗洪、岩口、高坪；②西洋江、横板桥、山门；③石江、长塘、江口、金屋塘、梅坪；④高沙、花园；⑤黄土矿、瓦屋塘、唐家坊；⑥小沙江、金石桥。

第六章

洞绥片赣方言与江西赣方言语音特征比较

洞绥片赣方言是由江西移民形成的一个处于湘方言包围圈的方言岛。这一方言岛由于人口数量多，居住集中，地理环境特殊，在几百年的发展过程中一直保留着自己独特的方言特征。这些方言特征与其源出地江西赣方言有多大程度的相似性？有哪些共同特征与差异？探讨二者之间的共同特征，可以为我们了解洞绥片赣方言与江西赣方言语音的历史层次提供佐证。而探讨它们之间的差异，则可以为我们了解赣方言内部的发展规律提供一定的线索。从洞绥片赣方言区的移民来源看，以江西吉安居多。江西吉安今属赣方言昌吉片（亦称吉安片），因此在比较过程中，我们既侧重于对洞绥片赣方言与吉安地区方言语音特征的比较，也兼顾与其他赣方言区语音特征的比较。

第一节　洞绥片赣方言与江西赣方言声母特征比较

1. 全浊声母清化送气特征的比较

"全浊声母清化，无论平仄皆送气"是洞绥片赣方言语音最显著的特征，这一特征普遍分布于所调查的洞绥片赣方言每一个方言点。这也是赣方言的标志性特征。不过全浊声母的语音特征在现代赣方言区也有不同的表现，上文曾引述万波（2009）的观点，指出现代赣方言全浊声母读音共有五种类型。而江西省境内，全浊声母的读音也有两种不同的情况，孙宜志等（2001）指出，江西赣方言全浊声母清化除读送气音声母外，"在湖口、星子、修水、永修、都昌等点与次清声母合流为全浊声母"（孙宜志，2001：122）。据陈昌仪《赣方言概要》（1991），湖口、星子、永修、都昌属于江西赣方言南昌片都昌小片，其主要特点就是"古全浊声母与次清声母今读全浊声母或清音浊流声母"（陈昌仪，1991：25）。修水方言虽然属于南昌片靖安小片，但"在古全浊声母与次清声母今读全浊声母上与都昌小片相同"（陈昌仪，1991：25）。

　　除南昌片赣方言的部分地区外，江西赣方言的其他地区，如余干片、吉安片、抚州片、宜春片，全浊声母清化都是与次清声母合流，读送气清声母的。

　　上文在分析洞绥片赣方言全浊声母清化送气特征的时候指出，洞绥片赣方言还有部分仄声全浊声母字不读送气音清声母，而是读不送气清声母的现象。这些读不送气清声母的全浊声母字有：肚定姥箸澄御住澄遇载从代罢并蟹弊并祭剂从霁队定队兑定泰稚澄至痔澄止绽澄襉辫并铣笨并混饨定魂盾定混钝定愿棒并讲瞪澄证竞群映杂从合炸崇洽集从缉达定曷铡崇错钹并末夺定末弼并质疾从质勃并没铎定铎籍从昔局群烛。陈昌仪《江西省方言志》（2005）记录了其中14字在江西赣方言中的读音详见表6-1。

表6-1　洞绥片部分全浊声母字不读送气音例字在江西赣方言中的读音

	姥定	遇澄	队定	止澄	混并	混定	证澄	映群	合从	缉从	曷定	锗崇	末透	烛群
	肚	住	队	痔	笨	盾	瞪	竞	杂	集	达	铡	夺	局
星子	du²	dʒu²	ti²	dʒ1²	pən²	dən²	təŋ²	꜀tɕin	tsaʔ˨	dzi²	da²	tsaʔ˨	do²	dʑiu²
都昌	꜀lu	꜀dzʅ	ti²	z1²	꜁bən	꜁tən	꜁təŋ	iŋ²	tsal꜄	dzil꜄	lal꜄	tsal꜄	lɔl꜄	dzuk꜄
武宁	꜀tu	dzy²	ty²	dz1²	bən²	dən²	꜀tən	tɕin²	dzæʔ˨	tɕiʔ˨	dæʔ˨	tsæʔ˨	dœʔ˨	dʑiuʔ˨
安义	꜀tu	tʰu²	ti²	tsʰə²	pʰən²	tʰən²	꜀tɛŋ	tɕiŋ²	tsʰoʔ˨	tɕʰiʔ˨	tʰaʔ˨	tsʰaʔ˨	tʰoʔ˨	tɕʰiuʔ˨
新建	tʰu²	tsʰu²	ti²	ts1²	pʰən²	tun²	꜁tən	tɕin²	tsʰat꜄	tɕʰit꜄	tʰat꜄	tsʰat꜄	tʰoʔ꜄	tɕʰiuʔ꜄
南昌	꜀tu	tɕʰy²	ti²	ts1²	pʰin²	tin²	꜁ten	tɕin²	tsat꜄	tɕʰit꜄	tat꜄	tsat꜄	tʰot꜄	tɕʰiuʔ꜄
彭泽	꜀tu	tɕʰy²	tɛi²	tsʰ1²	pən²	tʰən²	꜀tsʰən	tɕin²	tsa²	tɕʰi²	tʰa²	tsa²	tʰo²	tɕʰieu²
波阳（今鄱阳）	꜀tʰu	꜀tɕʰy	tei²	tsʰ1²	꜁pʰən	tʰən²	tən²	tɕin²	tsɔ²	tɕʰi²	tʰɔ²	tsɔ²	tʰo²	tɕʰy²
乐平	tʰu²	kʰu²	tei²	tsʰ1²	pɛn²	tʰən²	꜀tɛŋ	tɕin²	tsaʔ˨	tɕʰiʔ˨	tʰaʔ˨	tsaʔ˨	tʰeʔ˨	tɕʰiuʔ˨
万年	tʰu²	tʰu²	tɛi²	ts1²	pʰen²	tʰen²	꜀tɛŋ	tɕin²	tsʰaʔ˨	tɕik	taʔ˨	tsaʔ˨	tʰoʔ˨	tɕʰukʔ˨
余干	tʰu²	tʃʰu²	ti²	tʃʰo²	pʰen²	tʰen²	꜀tɛŋ	tɕʰiŋ²	tsʰot-n꜄	tsʰɔt-n꜄	tʰat-n꜄	tsʰat-n꜄	tʰot-n꜄	tʃʰuk-n꜄
横峰	꜀tʰu	tɕʰy²	tui²	ts1²	pʰen²	tʰen²	tʰen²	tɕin²	tsʰaʔ	tɕiʔ	tʰaʔ	tsaʔ	toʔ	tɕʰy²
铅山	꜀tʰu	tɕʰy²	toi²	ts1²	pʰen²	tʰen²	ten²	tɕin²	tsʰaʔ˨	tɕʰieʔ˨	tʰaʔ˨	tsaʔ˨	tʰoʔ˨	tʃʰəuʔ˨

续表

	姥定	遇澄	队定	止澄	混並	混定	证澄	映群	合从	缉从	曷定	镨崇	末透	烛群
	肚	住	队	痔	笨	盾	瞪	竞	杂	集	达	铡	夺	局
贵溪	tu⁻	tʰu⁻	tei⁻	tsʰi⁻	pen⁻	tʰen⁻	₌ten	tɕin⁻	tsʰaʔ₂	tɕiʔ₂	tʰaʔ₂	tsaʔ₂	tʰoʔ₂	tɕiuʔ₂
余江	꜀tu	tʰu⁻	toi⁻	tʰe²	pin⁻	tʰin²	₌ten	tɕin⁻	tsʰaʔ₂	tɕiʔ₂	tʰaʔ₂	tsaʔ₂	tʰoʔ₂	tɕiuʔ₂
进贤	₌tu	tʰu⁻	ti⁻	tsʰɿ⁻	pən⁻	tən⁻	tɛŋ⁻	tɕin⁻	tsæt₂	tɕit₂	tʰat₂	tsat₂	tʰɔt₂	tɕiuʔ₂
东乡	꜀tu	tʰu⁻	ti⁻	tsʰɿ⁻	pən⁻	tun²	tɛn⁻	tɕin⁻	tsʰap₂	tɕip₂	hait₂	tsʰait₂	hoit₂	tɕiuʔ₂
临川	tʰu⁻	tʰu⁻	tuoi⁻	tʰi⁻	pun⁻	tʰun²	ten⁻	tɕin⁻	tʰap₂	tɕip₂	tʰat₂	sat₂	tʰuɔt₂	tɕiuʔ₂
金溪	tʰu⁻	tʰu⁻	tuɛi⁻	tsʰɿ⁻	pən⁻	tun²	ten⁻	tɕin⁻	tsʰat₂	tɕit₂	tʰat₂	tsat₂	hɔt₂	tɕiuʔ₂
崇仁	꜀fu	tɕʰy²	ty⁻	₌tɕi	pən⁻	tən⁻	tɛn⁻	tɕin⁻	tʰap⁻	tɕip₂	hat₂	sat₂	hɔt⁻	tɕiuʔ₂
宜黄	꜀tu	tʰu⁻	tei⁻	tɕʰi⁻	pən⁻	tʰən²	tɛŋ⁻	tɕin⁻	tʰap₂	tɕip₂	tʰat₂	tsat₂	hɔit₂	tɕiuʔ₂
乐安	꜀tu	tʰu⁻	tuɛi⁻	tsɿ⁻	pən⁻	tun²	ten⁻	tɕin⁻	tʰat₂	tɕit₂	tʰat₂	tʰat₂	tʰɔt₂	tɕiuʔ₂
南城	꜀fu	tɕʰy²	tøi⁻	tɕʰi⁻	pen⁻	tʰyn²	ten⁻	tɕin⁻	tʰaiʔ₂	tɕʰiʔ₂	haiʔ₂	tsaiʔ₂	høiʔ₂	tɕiuʔ₂
黎川	꜀hu	tɕʰy²	toi⁻	tɕʰi²	pən⁻	tun²	tɛŋ⁻	kiŋ⁻	tʰap₂	tɕip₂	haiʔ₂	tʰaiʔ₂	hoiʔ₂	kʰiuʔ₂
南丰	꜀hu	tɕʰy²	ty⁻	tsʰe²	pien⁻	tʰun²	₌tien	tɕʰiŋ⁻	tʰap₂	tɕip₂	hap₂	sat₂	hot₂	tɕʰyʔ⁻
广昌	hu⁻	tsʰoi⁻	hoi⁻	tɕʰi²	pən⁻	hən⁻	ten⁻	tɕin⁻	tʰap⁻	tɕip₂	hat₂	tsat₂	hɔt⁻	—
永丰	tʰɤ⁻	kʰv²	₌tʰui	tsʰɿ⁻	pæ̃⁻	tun↗	₌tæ̃	tɕin	tsʰæ	tɕi	tʰæ	tsæ	tʰuæ	tɕʰiɤ
吉安	tʰu⁻	tɕy²	₌tui	tʰə⁻	pʰen⁻	₌tʰun	tʰin²	tɕin⁻	tsʰɛ²	tɕʰiɛ²	tʰɛ²	₌tsa	tʰθ²	tɕʰio²
泰和	꜀tu	tɕʰy²	tui⁻	tsʰɿ⁻	pẽ⁻	tuĩŋ²	₌tẽ	₌tɕĩ	tsʰa²	tɕi	ta	tsa	tʰɤ²	tɕʰiɤ²
安福	꜀tʰu	tʰy²	tei⁻	tʰə⁻	pẽn⁻	tẽn²	₌tẽŋ	₌tɕin	tsʰɛ²	tɕʰiɛ²	tʰɛ²	tsa²	tʰo²	tɕʰio²
永新	₌tʰu	tɕʰy²	tœ⁻	tsʰə⁻	pẽ⁻	tẽ²	tẽ²	tɕĩ²	tsʰa²	tɕʰiɛ²	tʰa²	tsʰa²	tʰo²	tɕʰio²
莲花	꜀hu	tɕʰy²	tœ⁻	tø⁻	pẽ⁻	tẽ²	₌tʰẽ	tɕĩ²	tsʰa²	tɕʰiɛ²	tʰa²	tsa²	tʰo²	₌tɕʰio
遂川	꜀tʰu	tɕʰy²	tui⁻	tsɿ²	₌pʰẽn	tũn²	₌tẽn	tɕʰɿ²	tsa²	tɕʰiɛ²	tʰa²	tsa²	tʰo²	tɕʰio²
万安	tʰu⁻	tɕʰy²	tʰui⁻	tsɿ²	pʰẽn⁻	tũn²	₌tẽn	kʰiãŋ⁻	tsa²	tɕie²	ta²	tsa²	tʰo²	tɕʰio²
靖安	꜀tu	tʰe²	ti⁻	tʰe²	pʰən⁻	tʰən²		tɕiŋ⁻	tsʰot₂	tɕip₂	tʰat₂	tʰat₂	tʰot₂	tɕiuʔ₂
奉新	tʰu⁻	tʰu⁻	ti⁻	tʰu²	pʰən⁻	tʰən²	₌ten	tɕʰin²	tʰol₂	tɕʰil₂	tʰal₂	tʰal₂	tʰol₂	tɕʰiuʔ₂
高安	꜀tu	tsʰe²	tui⁻	tʰe²	pʰən⁻	tʰun²	hən²	tɕin⁻	tsʰat₂	tsʰit₂	tʰat₂	tsʰat₂	tʰot₂	ɕiuk₂
宜丰	tʰu⁻	tʰu⁻	ti↗	tʰə⁻	pən⁻	təm²	₌təm	tɕʰin²	tsʰot	tɕit	tʰat	tsat	top	ɕiuʔ
上高	tʰu⁻	tʰu⁻	toi↗	tʰθ⁻	₌pən	tʰən²	ten⁻	₌tɕin	tsʰat	tɕit₂	tʰat₂	tsʰat₂	tʰot₂	ɕiuʔ₂
万载	tʰu⁻	tʰu⁻	₌tui	tsʰɿ⁻	pʰən⁻	tʰun²	ten⁻	ɕin⁻	tsʰauʔ₂	tɕiuʔ₂	tʰaiʔ₂	tsʰaiʔ₂	tʰoiʔ₂	ɕiuʔ₂
丰城	tʰu⁻	tsʰɿ²	tɛi⁻	tsʰɿ⁻	pʰm²	tum²	₌tɕin	tɕin⁻	tsʰaʔ₂	tɕiʔ₂	tʰaʔ₂	tsaʔ₂	tʰuθʔ₂	tɕiuʔ₂
樟树	tʰu⁻	tʃʰu⁻	tui⁻	tʃʰɿ⁻	pʰən⁻	tʰun²	₌ten	tɕin⁻	tsai⁻	tɕit₂	tʰat₂	tsʰai⁻	tʰɔi⁻	tɕʰiu₂
新干	tʰu⁻	tʃʰu⁻	tui⁻	tsʰɿ⁻	pin⁻	tun²	₌ten	tɕin⁻	tsat₂	tɕiʔ₂	tʰai⁻	tsat₂	tʰot₂	tɕiuʔ₂
峡江	tʰu⁻	tʰy²	₌tui	ʐɿ⁻	pʰɛn⁻	₌tun	₌ten	₌tɕin	₌tsʰɛ	tɕʰi	₌tʰɛ	₌tsʰɛ	tʰθ	₌tɕʰiu

续表

	姥定	遇澄	队定	止澄	混并	混定	证澄	映群	合从	缉从	曷定	镯崇	末透	烛群
	肚	住	队	痔	笨	盾	瞪	竞	杂	集	达	铡	夺	局
新余	tʰu⁻	tɕʰy⁻	tui⁻	tsʅ⁻	pun⁻	tun⁻	₌tɛn	tɕin⁻	₌tsʰat	tɕʰɔt₋	tʰat₋	tsat⁻	tʰot₋	₌tɕʰiu
分宜	⁻tu	tɕʰy⁻	tʰuɛ⁻	tsʅ⁻	pən⁻	⁻tʰun	₌tɛn	₌tɕin	₌tsʰai	₌tɕʰi	tʰai⁻	—	⁻tʰɔi	₌tɕʰiu
宜春	tʰu⁻	tɕʰy⁻	⁻ty	tʃʰʅ⁻	pm⁻	⁻tun	₌tɛn	₌tʃm	tsʰaiʔ₋	tsʰiʔ₋	tʰaiʔ₋	tsaʔ⁻	tʰoiʔ₋	tʃʰyʔ₋
萍乡	tʰu⁻	tɕʰy⁻	ti⁻	tʃʅ⁻	pẽŋ⁻	tʰəŋ⁻	—	tɕĩŋ⁻	tsʰa⁻	tɕʰi⁻	tʰa⁻	₌tsa	tʰo⁻	₌tɕy

以上 14 个全浊声母字，除"笨、瞪、竞、铡"大多数方言点读不送气清声母外，其他 10 个字多数方言点读送气清声母，只有少部分方言点读不送气清声母。从这些字的使用情况来看，"笨、瞪、竞、铡"等字日常使用频率并不高，其他字则相对常用。从不送气现象的分布地区来看，以泰和居多，14个字中有 9 个字读不送气清声母。

洞绥片赣方言全浊声母字读不送气声母的现象不仅数量多，而且分布广，内部特征非常统一。这些字读不送气声母的现象，不应当是其本身的特征，而是受周边方言以及官话影响的结果。

2. 透定母读擦音 [x] 的特征

据刘纶鑫《客赣方言比较研究》（1999b），江西中部地区部分方言点透定二母读 [h]，并有以下几种情况。

（1）透定二母不论洪细都读 [h]，如南丰、黎川、广丰、泰和。

（2）透定二母洪音字读 [h]，细音字读舌面前擦音 [ɕ]，如宜黄、资溪。

（3）透定二母洪音字读 [h]，细音字读 [tʰ]，如临川、南城、崇仁、乐安、进贤、东乡、高安、新余、樟树、峡江、吉水、吉安市河东片、永丰、莲花。（刘纶鑫，1999b：281）

洞绥片赣方言透定母读擦音 [x] 与江西赣方言读擦音 [h] 并没有本质区别。洞绥片赣方言透定母读擦音 [x] 的表现与江西赣方言的第一种情况相当，即"透定二母不论洪细都读 x"。但这一特征在洞绥片赣方言中并不普遍，隆回小沙江，洞口高沙、花园，绥宁黄土矿、瓦屋塘、唐家坊并不具备这一特征。而洞口长塘，绥宁金屋塘、梅坪，隆回罗洪只是部分存在这一特征，不过表现的特征仍然是一致的。

这一现象反映了洞绥片赣方言透定母读擦音 [x] 的语音特征渊源有自。部分保留这一特征的洞绥片赣方言地区，应当是受周边方言或官话语音影响的结果。

关于这一语音特征形成的原因，学术界有不同的看法，有百越民族底层说（陈立中，1996）、上古音遗留说（刘纶鑫，1999b），也有后起音变说（大岛广美，1996）。我们倾向于后起音变说，即这一特征的产生只是语言交际省力原则的一种体现而已。这一特征产生的年代当在赣方言主要特征，即"全浊声母清化送气"特征形成以后。联系洞绥片赣方言的形成历史来看，至迟元明时代，赣方言这一语音特征就已经非常普遍。这一特征也应当属于赣方言比较早期的语音特征之一。江西赣方言透定母读擦音的第二种表现，应当是细音字受见系声母腭化影响进一步演变的结果。而第三种情况只不过是透定母读擦音的另一种表现形式，即以韵母洪细为条件擦音化。洞绥片赣方言透定母读擦音 x 的表现形式，反映了湖南洞绥片赣方言与江西泰和等赣中地区赣方言关系密切。这也可以和洞绥片赣方言区的移民来源互相印证。

3. 泥、来母相混现象

江西赣方言"泥、来洪细皆分的点有湖口、德安、景德镇、南城、吉安、南丰、广昌、东乡、波阳（今鄱阳）、乐平、星子、都昌、德安、武宁、黎川、资溪、铅山、鹰潭、贵溪、弋阳、横峰等 21 点"（孙宜志，2001：123）。这些方言点占江西赣方言的1/3 左右，且均分布在江西赣方言边缘地区。其余赣方言点则基本上具备洪混细分的特点，可以说泥、来母洪混细分是赣方言一个相对显著的方言特征。

泥、来母洪音相混在江西赣方言中由来已久，元江西高安人周德清《中原音韵》"中原音韵正语作词起例""鱼模部"有"橹有弩"一条。"橹""弩"二字同为一等模韵字，声母则"橹"为来母，"弩"为泥母，中原音不混，而作为江西赣方言区的周德清，他自己的方言可能已经相混，因而他认为有必要加以辨正。

江西赣方言洪混细分的特征与洞绥片赣方言稍有不同，洞绥片赣方言泥、来母的特征是不论洪细皆已相混。不过，这一特征只是泥、来母语音特征的表面现象，在洞绥片赣方言的深层语音中还保留着泥、来母细音有别的特征。这一特征的表现形式就是洞绥片赣方言大量存在的声化韵现象。这些声化韵很大一部分来自古泥、娘母细音，反映了古泥、娘母细音以另一种形式保留了与来母细音的区别。而这种声化韵的现象，在江西赣方言中相对较少。

4. 非、晓组声母相混现象

晓、匣母合口洪音与非组声母相混的现象在南方方言中分布得比较广泛，洞绥片赣方言部分地区也存在这一特征。主要表现形式为晓匣母合口洪音与非组声母同读唇音 φ 或 f。

不过洞绥片赣方言晓匣母合口洪音与非组声母相混的表现与江西赣方言有所不同。首先，范围不同。"江西境内赣方言晓、匣母合口字和非组读 f 声母的确是一个覆盖面很大的语音特点。根据初步的调查，晓、匣母合口字和非组字基本上相混，不混的点只有湖口县一点"（孙宜志，2001：122~123）。洞绥片赣方言中，普遍存在这一特点的只有绥宁黄土矿、瓦屋塘以及唐家坊等地，其他方言点只是部分韵摄存在相混现象，而隆回除小沙江与罗洪外，均不存在相混的现象。其次，相混的特征不一致。洞绥片赣方言只有普遍存在晓、匣母合口洪音与非组声母相混的绥宁黄土矿、瓦屋塘、唐家坊与江西赣方言相混特征一致，即晓、匣母合口洪音读唇齿音 f。其他洞绥片赣方言晓、匣母与非组声母相混的方言点除遇摄一等晓匣母普遍读 f 之外，其他则以韵摄为单位具有不同的相混方式，或同读擦音 x，或读唇齿音 f。

洞绥片赣方言晓、匣母合口洪音与非组声母相混的特征的差异，反映了江西赣方言这一特征的历史并不长。据明代奉新人（一说新建人）张位《问奇集·〈好雨诗〉切字例》，以晓母合口字作非母的助纽字："发，方越切，方兄喧发"，"风，方中切，方兄喧风"。张位以晓母字"兄""喧"作非组字"发""风"的助纽字，说明其方言中存在晓组与非组声母相混的特点。不过与现代赣方言不同，"兄""喧"并非晓组合口洪音，而是合口细音，可能非组与晓组相混的形式与洞绥片赣方言相似，处于合流为唇擦音 φ 的阶段。不过这完全可以看成非组声母与晓匣母相混的滥觞。

从这一语音特征形成的原因来看，现代江西赣方言以及洞绥片赣方言晓、匣母合口洪音读唇音 f 或 φ 的现象，只是这些方言内部比较普遍的声母受主元音或介音 u 的影响而产生的唇化作用。

5. 开口二等见系字文白两读，白读舌根洪音，文读舌面细音现象

这一特征在洞绥片赣方言与江西赣方言中同样比较普遍。从分布范围与读音形式来看，江西赣方言更彻底，一般只有读舌根洪音的读音，很少有文

读舌面细音的现象。

不过，洞绥片赣方言还有少数开口二等见系字只读舌面细音的现象。这类字有：假马见亚祃影夏祃匣巧巧溪淆肴匣效效匣腔江溪降江匣茎耕匣幸梗耿匣樱耕影。《江西省方言志》记载了其中 5 个字的读音，这 5 个字在江西赣方言中的读音情况如表 6-2 所示。

表 6-2　洞绥片部分只有文读音的开口二等见系字在江西赣方言中的读音

	假开二 上马见 假	假开二 去祃匣 夏	江开二 平江溪 腔	江开二 平江匣 降	梗开二 上耿匣 幸
星子	꜀ka	ha꜄	꜀dzioŋ	꜁çioŋ	çin꜄
都昌	꜀ka	hia꜄	꜁ioŋ	꜁ hoŋ	çin꜄
武宁	꜀ka	ha꜄	꜁tçʰioŋ	꜁çioŋ	çin꜄
安义	꜀ka	ha꜄	꜁tçʰioŋ	꜁hoŋ	çin꜄
新建	꜀ka	ha꜄	꜁tçʰioŋ	꜁çioŋ	çin꜄
南昌	꜀ka	ha꜄	꜁tçʰioŋ	koŋ꜄	çin꜄
彭泽	꜀tçia	çia꜄	꜁tçʰioŋ	꜁çioŋ	çin꜄
波阳（今鄱阳）	꜀kɔ	꜁cɔ	꜁tçʰioŋ	koŋ꜄	çin꜄
乐平	꜀ka	ha꜄	꜁tçʰioŋ	koŋ꜄	çin꜄
万年	꜀ka	ha꜄	꜁tçʰioŋ	꜁hoŋ	çin꜄
余干	꜀ka	ha꜄	꜁tʃʰoŋ	꜁hoŋ	hɛŋ꜄
横峰	꜀ka	ha꜄	꜁tçʰiãŋ	꜁çiãŋ	çin꜄
铅山	꜀ka	ha꜄	꜁tçʰiãŋ	꜁hoŋ	çin꜄
贵溪	꜀ka	xa꜄	꜁tçʰiɑŋ	꜁xɑŋ	çin꜄
余江	꜀ka	xa꜄	꜁tçʰion	kon꜄	çin꜄
进贤	꜀ka	ha꜄	꜁tçʰioŋ	꜁çioŋ	çin꜄
东乡	꜀ka	ha꜄	꜁tçʰioŋ	꜁çioŋ	çin꜄
临川	꜀ka	ha꜄	꜁tçʰioŋ	꜁hoŋ	hen꜄
金溪	꜀ka	ha꜄	꜁tçʰioŋ	꜁hoŋ	çin꜄
崇仁	꜀ka	ha꜄	꜁tçʰioŋ	꜁hoŋ	çin꜄
宜黄	꜀ka	ha꜄	꜁tçʰioŋ	꜁çioŋ	hɛn꜄
乐安	꜀ka	ha꜄	꜁tçʰioŋ	꜁hoŋ	çin꜄
南城	꜀ka	ha꜄	꜁tʰoŋ	꜁hoŋ	꜁hen
黎川	꜀ka	ha꜄	꜁kʰioŋ	꜁çioŋ	hiŋ꜄
南丰	꜀ka	ha꜄	꜁tçʰioŋ	꜁ hoŋ	hieŋ꜄

续表

	假开二 上马见	假开二 去祃匣	江开二 平江溪	江开二 平江匣	梗开二 上耿匣
	假	夏	腔	降	幸
广昌	ˉka	haˀ	ᶜtɕʰioŋ	ᵉɕioŋ	ɕinˀ
永丰	ᵉka	haˀ	ᶜtɕʰioŋ	ᵉɕioŋ	ɕinˀ
吉安	ˉka	haˀ	ᶜtɕʰioŋ	ᵉhoŋ	henˀ
泰和	ˉka	haˀ	ᵉtɕʰiõŋ	ᵉɕiõŋ	ɕĩˀ
安福	ˉka	haˀ	ᶜtɕʰiõŋ	ᵉɕiõŋ	ɕĩnˀ
永新	ˉka	haˀ	ᵉtɕʰiõ	ᵉhõ	ɕĩˀ
莲花	ˉka	haˀ	ᶜtɕʰiõ	ᵉɕiõ	ɕĩˀ
遂川	ˉka	haˀ	ᶜtɕʰiõ	ᵉɕiõ	ᵉɕĩ
万安	ˉka	haˀ	ᶜtɕʰiõŋ	ᵉɕiõŋ	ɕinˀ
靖安	ˉka	haˀ	ᶜtɕʰioŋ	ᵉɕioŋ	ɕinˀ
奉新	ˉka	haˀ	ᶜtɕʰioŋ	ᵉɕioŋ	inˀ
高安	ˉka	haˀ	ᶜtɕʰioŋ	ᵉɕioŋ	ɕinˀ
宜丰	ˉka	ɕiaˀ	ᶜtɕʰiom	ᵉɕiom	ɕinˀ
上高	ˉka	haˀ	ᶜtɕʰioŋ	ᵉkoŋ	ɕinˀ
万载	ˉka	haˀ	ᵉɕioŋ	ᵉhoŋ	ɕinˀ
丰城	ˉka	haˀ	ᶜtɕʰioŋ	ᵉɕioŋ	ɕinˀ
樟树	ˉka	haˀ	ᶜtɕʰioŋ	ᵉɕioŋ	ɕinˀ
新干	ˉka	haˀ	ᶜtɕʰioŋ	ᵉɕioŋ	ɕinˀ
峡江	ˉka	haˀ	ᶜtɕʰioŋ	ᵉkoŋ	ɕinˀ
新余	ˉka	haˀ	ᶜtɕʰioŋ	ᵉsoŋ	ɕinˀ
分宜	ˉka	haˀ	ᶜtɕʰioŋ	ᵉkoŋ	ɕinˀ
宜春	ˉka	haˀ	ᶜtʃʰoŋ	ᵉhoŋ	henˀ
萍乡	ˉka	haˀ	ᶜtɕʰiõŋ	ᵉɕiõŋ	ɕĩˀ

其中"假、夏"在江西赣方言中都读舌根洪音，而"腔、幸"多读舌面细音，"降"只有部分方言点读舌根洪音，大部分读舌面细音。

6. 知二庄组与精组一等声母合流，知三章组与见系三、四等合流

洞绥片赣方言中，知二庄组与精组一等合流，读舌尖音 ts、tsʰ、s，在部分流摄一等精组字读舌面齐齿呼的方言中，庄组三等同样读舌面齐齿呼。这说明知二庄组与精组一等合流的特征是一致的。

　　洞绥片赣方言中，见系三、四等除止、蟹摄合口三、四等之外，普遍读舌面音 tɕ、tɕʰ、ɕ，知三章组则除止、蟹摄开口三等，部分合口三等读舌尖音 ts、tsʰ、s 外，一般也都读舌面音，与见系三、四等读音合流。

　　以上特征，可以从三个方面与江西赣方言进行比较：①知二庄组与精组洪音声母的合流；②见系三、四等读舌面音；③知三章组与见系三、四等声母合流。

　　（1）知二庄组与精组洪音声母的合流

　　知二庄组与精组洪音合流读舌尖音 ts、tsʰ、s，在江西赣方言中分布比较广泛。据孙宜志《江西赣方言中古精庄知章组声母的今读研究》（2002），古精庄知章组声母在江西赣方言中共有五种类型，其特征与分布情况如下。

　　第一种类型精庄知二组合流，不论韵母洪细、声母送气与否都读 ts、tsʰ、s，这一特征主要分布在江西的都昌、星子、武宁、余干、宜春等地。

　　第二种类型的今读仅仅取决于后接韵母的洪细，精庄知二组在今洪音前读 ts、tsʰ、s，在今细音前读 tɕ、tɕʰ、ɕ，这一特征分布非常广泛。具备这一特征的方言点有：湖口、德安、修水、永修、彭泽、景德镇、乐平、安义、南昌市、南昌、新建、上高、宜丰、万载、高安、丰城、分宜、樟树、新干、万安、泰和、永新、莲花、宁冈、萍乡、吉安市、吉安、吉水、遂川、安福、临川市（今临川区）、临川、乐安、东乡、进贤、资溪、金溪、铅山、万年、弋阳、贵溪、鹰潭、余江、横峰。

　　第三种类型取决于后接韵母的洪细，在具体读法上与第一种类型存在差异，在今洪音前读 t、tʰ、s，在今细音前读 tɕ、tɕʰ、ɕ，主要分布在峡江、宜黄、南丰。

　　第四种类型精庄知二组不论韵母的洪细，也不论声母的送气与否都读塞音 t、tʰ，读擦音时逢洪音韵母读 s，逢细音韵母读 ɕ，主要分布在崇仁、广昌。

　　第五种类型不仅取决于后接今韵母的洪细，也取决于今声母的送气与否，在今细音前精庄知二组不论今声母送气与否都读 tɕ、tɕʰ、ɕ，在今洪音韵母前送气的声母读 tʰ，不送气的声母读 ts，擦音读 s，主要分布在黎川、南城、永丰、奉新、靖安、新余等地（孙宜志，2002：20~21）。

　　湖南洞绥片赣方言知二庄组与精组声母的读音类型则大致只分为两种类

型：①区分尖团的方言点与江西赣方言知二庄精组声母读音的第一种类型相同；②尖团合流的方言点大致与江西赣方言知二庄精组声母读音的第二种类型相同。洞绥片赣方言点知二庄组声母读舌面音只限于古流摄三等庄组字以及部分咸摄二等知庄组字中，分布范围比较小，只出现在尖团合流的罗洪、高坪、石江、江口、长塘（流摄三等庄组）以及绥宁的黄土矿、瓦屋塘、唐家坊（咸摄二等知庄组）当中。上文曾分析指出，第二种类型实际上与第一种类型并没有本质的区别，只不过是精庄知二组声母合流以后产生的同一种类型的变化。

不过，江西赣方言知二庄精组声母读音的第二种类型中，读舌面音的实际上只限于精组声母细音字，知二庄组声母字并没有读舌面音的现象。知二庄组声母读舌面音只出现于第三、四种类型，并且只出现擦音读舌面音的现象。

因此，洞绥片赣方言知二庄组声母与精组声母合流的特征与江西赣方言基本一致，尤其与广泛分布于江西赣方言区的第一、第二种类型基本一致。但流摄与咸摄知二庄组声母读舌面音则是其独有的特点。

赣方言庄组声母与精组洪音声母合流的特征也由来已久。周德清《中原音韵·正语作词起例》中有28组用以正音的字，就是专门为区别精组洪音字与庄组字而设的。如江阳部"桑有双"，支思部"丝有师"，鱼模部"祖有阻"，皆来部"才有柴"，寒山部"残有潺"，尤侯部"奏有皱"。

（2）见系三、四等读舌面音

洞绥片赣方言古见系声母字除止、蟹摄合口三、四等外，声母均已腭化，读舌面音。这一特征在洞绥片赣方言中没有例外，江西赣方言中除少数字在各地有特殊的音变现象外，也非常普遍。例外的情况出现在万载、星子、鹰潭、余江、铅山等地，古合口三、四等韵母由于元音的移位而成为合口洪音韵母，见系三、四等声母因此没有产生腭化现象（孙宜志，2001：123）。如"君"星子音 ₌kuin，万载音 ₌kun，余干音 ₌kun，贵溪音 ₌kuiŋ，宜黄音 ₌kuin。至于江西黎川等地，见系三、四等也有部分没有腭化的现象，如黎川 ʮ今 ʮ音 ₌kim，ʮ巾 ʮ音 ₌kin，ʮ坚 ʮ音 ₌kiɛn 等，但为数较少。可以说见系三、四等腭化也是洞绥片赣方言与江西赣方言比较一致的特征之一。

（3）知三章组声母与见系三、四等声母合流

洞绥片赣方言除止、蟹摄开口三等以及合口三等部分字外，知三章组声母无一例外与见系三、四等声母合流，读舌面音 tɕ、tɕʰ、ɕ。

江西赣方言知三章组声母的读音类型非常复杂，孙宜志区分为三种类型，即开合不分型、开合分化型、按韵摄分化型。而开合不分型又分为五个小类，其中一类就是知三章组声母都读舌面音 tɕ、tɕʰ、ɕ，但分布范围非常小，仅出现在崇仁、广昌等地（孙宜志，2002：22~23）。

江西赣方言知三章组声母分布最广的应当是知三章组声母读 t、tʰ 的读音。陈昌仪（1997）调查研究将知章组声母的读音类型分为五类，其中第一类为读 t、tʰ 型，第二类为部分读 t、tʰ 型。从分布范围来看，"第一种类型今读为 t、tʰ（d），共 33 个方言点，31 个县。其中抚州南城片和吉安永新片各 8 个县市，南昌都昌片和宜春清江片各 6 个县，余干贵溪片最少，也有 3 个县。第二种类型，部分今读为 t、tʰ，分布在抚州南城片，吉安永新片和南昌都昌片，共 6 个县市。把第一种和第二种类型联系起来，从数量和地域分布看有两点值得重视。其一是面广，各大片都有分布；其二是数量多，比例大，分布的县市占江西境内赣语 3/5 弱"（陈昌仪，1997：54）。

对这一语音特征的历史层次问题，学术界有不同看法，刘纶鑫（1999b）、陈昌仪（1997）等认为是上古音的遗留，何大安（1987）认为是受闽语的影响，大岛广美（1996）则认为是后起音变，孙宜志（2002）认同最后一种观点，并联系精庄组声母读 t、tʰ 的现象进行了综合考证。

从洞绥片赣方言知三章组声母读音的情况来看，除极少数古知组字声母在洞绥片赣方言中读 t、tʰ（我们认为这是"古无舌上音"的残留现象）外，知三章组声母并不存在读 t、tʰ 的语音现象。从移民情况来看，洞绥片赣方言与共同具有知三章组声母读舌面音 tɕ、tɕʰ、ɕ 特征的崇仁、广昌并无多大关系，而与洞绥片赣方言移民来源关系密切的吉安片则广泛存在知三章组声母今读 t、tʰ 的现象。联系江西赣方言知三章组声母字的读音特征（孙宜志，2002）与洞绥片赣方言知三章组声母语音特征的比较，我们认为江西赣方言知三章组声母读 t、tʰ 应当是一种后起的语音变化。如果江西赣方言知三章组声母读 t、tʰ 保留的是上古音的特点，作为元末明初的江西移民后代用语，洞绥片赣方言不可能完全没有保留这一语音特征。

7. 疑影母开口洪音读 ŋ 或 k

影母在现代汉语中一般读零声母，而在江西赣方言中，开口一、二等影母读音往往与疑母开口一、二等合流，读舌根鼻音 ŋ，鲍厚星、颜森（1986）将这一特点列为江西赣方言的语音特征之一。据刘纶鑫《客赣方言比较研究》（1999b），江西赣方言疑影母开口一、二等不读舌根鼻音 ŋ 的只有莲花一地，黎川有部分不读舌根鼻音 ŋ。泰和疑母开口一、二等一般读舌根鼻音 ŋ，影母开口一、二等只有少数不读舌根鼻音 ŋ。

洞绥片赣方言影母与疑母同读舌根鼻音的方言点分布并不十分广泛，只出现在洞口长塘、高沙、花园、江口，绥宁金屋塘、梅坪、黄土矿、瓦屋塘、唐家坊。隆回横板桥以及洞口山门则只在部分韵摄中出现。

影疑母开口一、二等读舌根鼻音 ŋ 的现象可以看作洞绥片赣方言与江西赣方言的共同特征之一，不具备这一特征的洞绥片赣方言点应当与现代汉语的演变趋势一样，鼻音声母逐渐丢失，与江西赣方言的莲花方言具有共同的演变趋势。不过洞口的花园等地，影母与疑母开口一、二等还有部分读舌根塞音 k 的现象，这又是江西赣方言所不具备的，应当是洞绥片赣方言与江西赣方言的区别性特征之一。

8. 部分匣母合口一、二等读零声母以及见母字"锅"读零声母的现象

部分匣母合口一、二等字在洞绥片赣方言中读零声母，这些字有"滑、禾、回、话、换、黄"等。据《江西省方言志》所调查的 48 处赣方言，除"换"字没有调查外，只有"回"字不读零声母（鄱阳、永丰、奉新三地读零声母），其余几个字在大多数江西赣方言区（约 3/4 地区）读零声母，其中"禾"字除星子外，都读零声母。可见，匣母合口一、二等读零声母也应当是江西赣方言与洞绥片赣方言共有的语音特征之一。

匣母合口一、二等读零声母在江西赣方言文献中也有记录。清乾隆年间临江饶应召所著方言字书《辨字摘要》，匣母字"禾"就与"和穌_{古匣戈}""河何荷_{匣歌}柯_{见歌}"小韵对立，说明"禾"字已经读零声母（李军，2009a：279）。

"锅"本见母字，但在洞绥片赣方言中，多读零声母。这一特征也普遍存在于江西赣方言中，据《江西省方言志》，共 28 个方言点具有这一读音特征，并且大部分分布在赣北、赣中与赣西地区，即赣方言南昌片、吉安片、宜春片。江西临江方言字书《辨字摘要》中，"锅_{见戈}"与"窝莴倭矮_{影戈}"同小韵，

与"戈呙_{见戈}"小韵对立（李军，2009a：279），说明"锅"读零声母在赣方言中由来已久。

9. 溪群母洪音读擦音 x 及其晓、匣母洪音读塞音 k 的现象

洞绥片赣方言少数方言点存在溪、群母洪音读擦音 x 的现象，主要分布在隆回小沙江与罗洪，洞口石江、长塘等地也有部分字具有这一特征。虽然数量不多，但特征比较显著。部分方言点则受晓、匣母合口洪音读 f 的影响，溪、群母合口洪音还进一步读 f 声母，如石江：枯 fu³³、苦 fu³¹²、裤 fu²⁴；长塘：枯 fu³³、苦 fu³¹²、裤 fu²⁴。

这一特征在江西赣方言中比较少见，只有奉新大多数溪母洪音读擦音 h。不过在江西赣方言吉安片，溪母字"裤"的读音，反映了这一地区应当也存在过溪母洪音读擦音的现象，与洞绥片赣方言石江、长塘一样，这一方言片的安福、永新、莲花、遂川等地，"裤"都读 fu（陈昌仪，2006）。

10. 日母、疑母、影母、喻母合口三、四等读鼻音 m 的现象

日母、疑母、影母、喻母合口三、四等读鼻音 m 是洞绥片赣方言比较特殊的语音特征之一，从分布范围来看，主要存在于这一方言片的中心地带，边缘地区均没有这一特征。

从江西赣方言的调查情况来看，这一特征并没有出现，除日母外，疑母、影母与喻母合口三、四等在江西赣方言区一般读零声母，有合口呼，有齐齿呼，而在吉安片中一般读撮口呼。可以说日母、疑母、影母、喻母合口三、四等读鼻音 m 的现象，也是洞绥片赣方言独有的标志性特征之一。

11. 日母读音

日母在洞绥片赣方言中除合口韵部分读 m 声母外，以读零声母为主，其中"日、人"二字白读音中读声化韵。少部分字还有 l 声母的读音。

江西赣方言的共同语音特征之一是"日母读 ȵ 或有 ȵ 的白读，与泥母在细音前的今读相同"（孙宜志，2007：27；孙宜志，2001：125 日母读音记为 ȵ）。洞绥片赣方言日母与泥母的共同特征之一是读声化韵或 l 声母，但都没有 ȵ 或有 ȵ 的白读音。不过"日母读 ȵ 或有 ȵ 的白读"并不是江西赣方言的普遍特征，日母在现代江西赣方言部分地区也有读零声母的。如吉安片永新、莲花等地，日母字多数读零声母，少数读 l 声母。

第二节 洞绥片赣方言与江西赣方言韵母特征比较

关于洞绥片赣方言韵母特征与江西赣方言的比较，除以上所归纳的洞绥片赣方言的主要特征之外，也应参照赣方言学者所归纳的江西赣方言的共同语音特征进行比较。

1. 阳声韵尾特征的比较

古阳声韵 m、n、ŋ 尾的对立在洞绥片赣方言中已经完全消失，阳声韵尾也不单独存在，而是以鼻化韵的方式出现，少部分方言点甚至以韵摄为条件转化为阴声韵。因为鼻音尾对立的消失并演变为鼻化韵，古代不同韵尾的阳声韵摄以主元音相同的原则读音合流，"兵""宾"不分，"桓""黄"不分，"搬""帮"同音的现象在洞绥片赣方言中非常普遍。

江西赣方言则除宕摄、通摄大部分保留舌根鼻音尾外，"高元音、前元音后面前鼻音尾和后鼻音尾往往不分，ŋ 尾混入 n 尾"（詹伯慧，1991）。不过这一特征并不能概括江西赣方言阳声韵的全部特征，据孙宜志研究，"修水、余干、新建、萍乡、崇仁、南丰、黎川、都昌、星子等点高元音、前元音后面前鼻音尾和后鼻音尾仍然分立，安福、铅山、鹰潭、贵溪等点只有 ŋ 尾，弋阳、宜丰上高等点只有 n 尾，吉水、泰和、莲花、萍乡、遂川、万安、永丰、永新、井冈山、宁冈等点高元音、前元音后面前鼻音尾鼻化"（孙宜志，2001：124）。

吉安片吉水、泰和等地，不仅前高、前元音后面的鼻音尾鼻化，并且宕、江二摄也没有鼻音尾，主元音鼻化。据陈昌仪调查，江西赣方言吉安片韵母最主要的特征之一，就是"有丰富的鼻化韵母，这是此片区别于其他各片的重要特色。除吉安市、吉安县城，峡江县三个代表点无鼻化韵母之外，其余各代表点，包括吉安县广大农村，都有丰富的鼻化韵母。其中横江、万安县、高陂、永新县、莲花县、坊楼、宁冈、井冈山八个代表点是除通摄阳声韵有 [ɔ̃ŋ、iɔ̃ŋ、uɔ̃ŋ] 以外，其余的阳声韵都读为单纯的鼻化韵母"（陈昌仪，1991：44）。

可见，洞绥片赣方言阳声韵普遍读鼻化韵的特征与江西赣方言吉安片非常一致。不过，阳声韵鼻音化并不是洞绥片赣方言独有的语音特征，周边湘方言也都存在这一特征。因此，洞绥片赣方言阳声韵的鼻化特征与吉安片方言特征的一致性，是否反映了二者源出性共有语音特征，还不能完全肯定。

2. 山摄开、合口一等主元音的对立

山摄开口一等寒韵与合口一等桓韵主元音对立特征在洞绥片赣方言中分布比较广泛，除绥宁瓦屋塘、唐家坊之外，都存在这种特征。对立的方式有两种。一种是山摄开合口一等主元音完全对立，开口一等主元音为 a 或 ɑ，合口一等主元音为 ɔ。主要分布在隆回荷香桥、六都寨、司门前、金石桥、七江、高坪等地。另一种是部分保留对立，即牙喉音主元音相同（开合口一等主元音同为 a），舌齿音主元音有别（开口一等主元音为 a，合口一等为 ɔ）。除绥宁瓦屋塘、唐家坊，以及第一种对立情况分布的范围外，其他洞绥片赣方言都存在这一语音特征。

江西赣方言永丰、泰和等地，山摄开合口一等主元音不对立，其他大部分地区山摄开合口一等主元音对立，对立方式也以牙喉音主元音相同（同为 o），舌齿音对立（开口一等主元音为 a，合口一等为 o）为主。对立方式与洞绥片赣方言山摄开合口一等部分有别的方言点一致，但读音情况不尽相同。

江西赣方言也有部分方言点无论舌齿牙喉音均保留对立，主要分布在横峰、铅山以及吉安片的吉安、安福、永新、莲花等地。这些方言点开口一等以及合口一等舌齿音读音与其他方言点并无差别，但合口一等见系字韵母主元音与开口一等舌齿音字韵母主元音同为 a，与其他方言点韵母主元音读 o 有所不同。这种一、二等完全对立的格局与隆回荷香桥等地是一致的，虽然读音上存在差异。

3. 山咸摄开、合口一二等主元音的对立

（1）咸摄一等重韵以及山、咸摄开口一、二等主元音的对立

咸摄一等重韵覃、谈韵主元音对立只保留在洞绥片赣方言的绥宁黄土矿、瓦屋塘、唐家坊等地，主要以声母为条件保留在舌齿音中。绥宁黄土矿、瓦屋塘、唐家坊等地覃、谈两韵的读音情况为：

$$覃_{舌齿}\tilde{ɛ}：谈_{舌齿}\tilde{a}：覃谈_{牙喉}\tilde{ɛ}$$

洞绥片赣方言山、咸摄开口一、二等主元音的对立同样只存在于绥宁黄

土矿、瓦屋塘、唐家坊等地。对立格局如下：

寒谈山删_{牙喉} ɛ̃：寒谈山删_{舌齿} ã：覃咸衔 ɛ̃

也就是说，山、咸摄开口一、二等的对立只存在于咸摄一等谈韵与二等咸衔韵的舌齿音中。

江西赣方言咸摄一等重韵的对立只保留在赣北地区，赣中方言不存在这一特征。从赣北星子、都昌、安义、南昌、鄱阳等地谈、覃韵的对立情况来看，主要表现形式为覃_{舌齿}on：谈_{舌齿}an，只有新建为覃_{舌齿}ən：谈_{舌齿}an，音值表现不同，但对立的格局与洞绥片黄土矿、瓦屋塘、唐家坊一致。

山、咸摄一、二等主元音的对立在江西赣方言中主要表现为见系字韵母的对立，这和洞绥片赣方言绥宁等地山、咸摄一、二等对立的特征不符。不过这一特征也并不十分普遍，赣中地区吉安片永新、泰和等地，就不存在山、咸摄一、二等主元音的对立。其中永丰山、咸摄一、二等主元音都为 æ，泰和山、咸摄开口一、二等主元音都为 a。

洞绥片咸摄一等重韵以及山、咸摄一、二等不存在对立关系的方言中，存在部分山、咸摄开口一等见系字在日常语中读合口呼的现象，如"柑、敢、肝、看、汗"字。江西赣中地区永丰、泰和方言中，山、咸摄开口一等见系字同样存在读合口呼的现象，如永丰：感 kuæn，含 huæn，甘 kuæn，敢 kuæn，干 kuæn，看 kʰuæn，旱 huæn，汗 huæn；泰和：感 kuãn，含 huãn，甘 kuãn，敢 kuan，干 kuãn，看 kʰuãn，旱 huãn，汗 huãn。

从山、咸摄一、二等韵的语音特征来看，洞绥片赣方言大多数方言点与永丰、泰和等地基本一致。这反映了洞绥片赣方言与江西吉安片方言有很深的渊源，这应当是洞绥片赣方言与江西吉安片赣方言共有的源出性语音特征之一。

（2）山摄合口一、二等主元音的对立

山摄合口一、二等主元音在洞绥片赣方言中存在不对立、部分对立以及完全对立三种情况。部分对立又分为三种情况。①舌齿一、二等：牙喉一、二等。②舌齿一、二等：牙喉一等：牙喉二等。③牙喉一、二等：舌齿一等：舌齿二等。

江西赣方言山摄合口一、二等一般存在主元音对立的特征，合口一等为后元音 o 或 ɔ，合口二等主元音为前元音 a。不过部分江西赣方言中，山摄合口一、二等并不存在对立，如永丰山摄合口一、二等字韵母均为 uæ̃，泰和均为 uã，吉安除少数字外，韵母也均为 uã。

因此，从山、咸摄一、二等韵的读音情况来看，洞绥片赣方言大部分方言点，尤其是中心地区的方言点，语音特征与江西赣方言泰和、永丰等地有非常大的一致性。

4. 蟹摄合口一等与止、蟹摄合口三、四等韵对立关系的比较

洞绥片赣方言大部分保留蟹摄合口一等与止、蟹摄合口三、四等主元音的对立特征。大部分以完全对立为主，少部分则牙喉音合流，舌齿音保留对立。这是洞绥片赣方言比较重要的特征之一。

据《江西省方言志》，江西赣方言蟹摄合口一等与止、蟹摄三、四等有别的，只有 12 个方言点：贵溪、余江、宜黄、乐安、永丰、吉安、安福、永新、宜丰、上高、万载、丰城——以赣西宜春片与赣中吉安片为主。这些蟹摄合口一等与止、蟹摄合口三、四等有别的方言点，蟹摄合口一等主元音大多数与蟹摄开口一等相同，如宜丰（同为 e）、上高、万载（同为 o）、丰城（同为 ɛ），吉安片则稍有差别。

5. 止摄开口三等精庄章组与知组字读音的区别

洞绥片赣方言止摄开口三等精庄章组字与蟹摄开口三等章组字读音合流，声母读舌尖前 ts、tsʰ、s，韵母读舌尖前元音 ɿ。而止摄开口三等知组字一般与精庄章组字读音有别，声母一般读舌面音 tɕ、tɕʰ、ɕ，韵母读舌面音元音 i 或舌叶化的元音 ʅ。

江西赣方言止摄开口三等读音类型最多的是"知章：精庄"型，即止摄开口三等精庄组字一般读舌尖元音 ɿ，知章组一般读舌面元音或舌叶化的元音 ʅ，共计 28 个点，精庄知章合流的只有 11 个点。与洞绥片赣方言相类似的"知：精庄章"型，则没有发现。

洞绥片赣方言止摄开口三等精庄知章组的读音类型大致与《中原音韵》所记载的类型一致，这也应当是洞绥片赣方言独有的特征之一。

6. 流摄一等读齐齿与效摄同主元音的现象

洞绥片赣方言除洞口高沙、花园，绥宁黄土矿、瓦屋塘、唐家坊之外，其他方言点都普遍存在流摄一等侯韵以及三等尤韵庄组字韵母读 iɐ，与效摄韵母主元音相同的特征。

江西赣方言流摄一等读齐齿呼的只有横峰、铅山、南城、南丰、广丰、万安、宜丰、泰和等 8 个方言点。而主元音与效摄三、四等相同的有星子、新建、南昌、乐平、万年、余干、临川、崇仁、安福、高安、万载、丰城、樟树、分宜、新余、宜春等 16 个方言点，韵母主元音大多为 ɛ。武宁、安义、贵溪、余江、永丰 5 个方言点则流摄一等与效摄四等韵母主元音均相同，同为 a 或 ɔ（永丰）。

流摄、效摄、蟹摄三种古代同为元音韵尾的韵摄，在洞绥片赣方言中大多数元音韵尾丢失。而江西赣方言中"'流摄字多数读为 ɛu/iɛu 或相近的复合元音韵母'……这一条的例外并不多，可以看成赣方言的共同特点"（孙宜志，2001：124）。洞绥片赣方言流摄字虽然在有无韵尾方面与江西赣方言有一定的区别，读齐齿呼也与大多数江西赣方言不同，但主元音与效摄相同的特点则是一致的。这种拿侈同韵的特点反映了二者之间语音关系非常密切。

在江西赣方言历史语音中，这种效摄与流摄同韵的现象由来已久，宋代诗词文用韵中，屡有流摄与效摄通押的现象。其中，宋元江西词人用韵中，共有 35 例"尤、宵同韵"现象（鲁国尧，1992a）；北宋江西诗人用韵中，共有 18 例（杜爱英，1998）；南宋江西诗人用韵中较少，仅发现 3 例（章江艳，2012）；《全宋文》江西文人用韵较多，共计 48 次，其中北宋时期 31 次，南宋时期 17 次（陈昌芳，2010）；元代诗文用韵中共发现了 22 例（李军，2015）。

因此，流摄与效摄同韵母主元音的现象，也是洞绥片赣方言与江西赣方言比较显著的同源性共有语音特征之一。

7. 曾、梗摄一、二等入声韵读细音的现象

在洞绥片赣方言地区如隆回西洋江、横板桥，洞口大部分地区，绥宁的金屋塘等地，曾、梗摄开口一、二等入声韵母多读齐齿呼，曾摄合口一等入声韵多读撮口呼。这一特征在江西赣方言区只有极少数地方出现，并且只有曾摄开口一等入声读齐齿呼，分别出现在武宁与南丰两地。如武宁："得"音 tiɛʔ。、"特"音 tʰiɛʔ。、"贼"音 dziɛʔ。、"塞"音 ɕiɛʔ。、"黑"音 hiɛʔ，南丰：ŋ 得"音 tiɛʔ。、"特"音 hiɛʔ。、"贼"音 tɕʰiɛʔ。、"塞"音 ɕiɛʔ。、"黑"音 hiɛʔ。曾摄合口一等读撮口呼的现象在江西赣方言中没有出现。

8.臻、深、曾、梗摄读音特征比较

（1）臻、深、曾、梗摄读音合流，四等同韵母的特征

洞绥片赣方言臻、深、曾、梗（文读）摄读音合流，除罗洪、高沙、花园、黄土矿、瓦屋塘之外，四韵摄字无四等之别，开口呼均读鼻化韵 ɛ̃，因此出现了"邓、定"同音，"崩、奔、斌、冰、彬"同音的现象。这一特征也可以看作洞绥片赣方言的普遍特征。江西赣方言除臻深曾摄与梗摄文读韵尾相同这一特征之外，这四韵摄所含各韵读音并不相同，大致以等呼区分韵母。

（2）梗摄白读的差异

洞绥片赣方言普遍存在梗摄字的白读现象，但阳声韵与入声韵白读韵母主元音并不一致。其中阳声韵白读与宕、江摄合流，韵母主元音同为 ɔ̃；入声韵白读与假摄同主元音，同为 ʌ，部分读 a 或 ɛ。

江西赣方言宕、江摄合流特征与洞绥片赣方言一致，但梗摄白读并不与宕、江摄同主元音。宕、江摄主元音与韵尾为 ɔŋ，梗摄主元音与韵尾为 aŋ。但入声韵的白读与洞绥片赣方言一致，韵母主元音与假摄字同为 a。

9.假摄二、三等不分韵

洞绥片赣方言除少数三等字受现代汉语影响，韵母主元音与二等韵有别外，大多数方言点二、三等韵母主元音均为 ʌ。也就是说，洞绥片赣方言不存在麻、遮分韵的特点。

这一特点在江西赣方言中同样普遍存在。除万年、余干、奉新（韵母主元音为 ɛ），横峰、铅山、靖安（韵母主元音为 e）外，其他江西赣方言麻韵二、三等韵母均为 a。

10.支鱼同韵、鱼尤同韵以及支尤同韵现象

（1）支鱼同韵现象

遇摄三等字在洞绥片赣方言中除庄组与非组外，大多数读撮口呼 y，而止摄合口三等精知章组字，在洞绥片赣方言中也存在部分读撮口呼 y 的现象，如"吹、水、睡、槌"等字，因此出现了支鱼同韵现象。不过这些字为数较少，分布也不广泛，主要出现在隆回以及绥宁两地。

支鱼同韵的另一种情况的分布则相对较广，覆盖的字也比较多。其主要特点是：遇摄三等与止、蟹摄开口三、四等见系字韵母同为舌叶化的元音 ʅ，这一特征分布在洞口以及绥宁的金屋塘。

前一种情况在江西赣方言中出现得比较多，如武宁、横峰、铅山、崇仁、南城、黎川、南丰、永新、莲花、遂川、万安、分宜、宜春、萍乡等地，止摄合口三等精组、知章组字都有读 y 韵母的现象。至于后一种现象，在江西赣方言中并不存在。

因此，遇摄三等与止、蟹摄开口三、四等见系字韵母同为舌叶化的元音 ʅ 的特征，可以看作洞绥片赣方言比较独特的语音特征之一。

（2）鱼尤同韵以及支尤同韵

洞绥片赣方言部分遇摄三等精组字与其他声母字不同，韵母不读撮口呼 y，而是读齐齿呼 iu。如"蛆、絮、序、趋、娶、趣、续"等字，在隆回中部赣方言区以及洞口高沙、花园等地韵母均读 iu。这样，就和流摄三等字韵母相同，出现了鱼尤同韵现象。

相对于鱼尤同韵，支尤同韵只出现在洞口长塘、江口等靠近雪峰山腹地的方言点，这些方言点的流摄三等字韵母除非组与庄组外都读 i，这样就与止、蟹摄开口三等字出现了同韵母的现象。

前一种情况，在江西赣方言中极少出现，只有莲花"取""蛆"二字韵母读 iu，从而具备了鱼尤同韵的特征。不过这一特征在江西客家方言区的兴国、宁都、瑞金则普遍存在。后一种情况，江西境内无论是赣方言区还是客家方言区都没有出现，应当是洞绥片赣方言独有的特征之一。

11. 声化韵特征的比较

洞绥片赣方言普遍存在止、蟹摄开口三、四等，曾、梗、臻摄开口三、四等疑母、泥娘母、日母读声化韵 ŋ̩ 的现象。这一特征在江西赣方言中不存在，江西赣方言比较普遍的声化韵是疑母字"五"，读舌根鼻音声化韵 ŋ̩。洞绥片赣方言"五"均读零声母。

洞绥片赣方言中读声化韵的泥娘母字，江西赣方言多读 n 声母，与泥娘母洪音读 l 有别，因而江西赣方言具备泥来母洪混细分的特征。疑母三、四等与日母三等则多读 n̠ 或零声母。

可以说，声化韵也是洞绥片赣方言与江西赣方言的区别性特征之一。不过如前文所述，这一特征与江西赣方言泥、来母洪混细分的特征也有一定的联系。洞绥片赣方言虽然没有保留泥、来母洪混细分的特征，但声化韵特征的存在，说明洞绥片赣方言泥、来母也存在过洪混细分的阶段，这一特征以声化韵的形式保留下来。从读声化韵的条件来看，都是韵母主元音为高元音的止、蟹摄开口三、四等字，或曾、梗摄开口三、四等字，声母都是具有鼻音特征的泥母、娘母、疑母与日母。而具有相同韵母特征却不具备相同声母特征的来母则不存在这一读音。所以说，洞绥片赣方言声化韵的特征虽然与江西赣方言有别，但所反映的历史渊源则是一致的。

第三节　洞绥片赣方言与江西赣方言声调特征比较

江西赣方言的声调特点，詹伯慧（1991）归纳为"声调大都为6~7类，去声多分阴阳，入声有的分阴阳，有的不分"。但这一特点并不是江西赣方言的普遍特征。孙宜志（2001：124）指出："这一条例外很多。泰和片各点的赣方言声调一般只有4类，井冈山、宁冈、吉安县北源乡等点声调只有3类。上高、丰城、景德镇、乐平、贵溪、余江、铅山、鹰潭、分宜、樟树、新干、安福、吉水、莲花、萍乡、永新、乐安、南丰、广昌等点去声不分阴阳。"

洞绥片赣方言入声韵作为韵母不复存在，一般与其他声调阴声韵合流。只有部分方言点少数入声韵字因为调值独立为一调类。从入声韵的特征来看，与江西赣方言吉安片（孙宜志所说的泰和片）入声韵与阴声韵合流的特征基本一致。

洞绥片赣方言平分阴阳、部分方言区入声分阴阳的特点也与吉安片一致。主要区别在于去声与平声的分化合流关系、入声的分派问题以及上声的分化方面，二者存在差异。

洞绥片赣方言除部分全浊上声字外，大多数全浊上声不归去声，仍与清声母上声以及次浊声母上声同为上声调。江西泰和片赣方言部分方言点上声以清浊分调，部分次浊上声不与清上声同调，而是与全浊上声同调。据刘纶鑫《客赣方言比较研究》（1999b）"声调比较部分"，"吉安片"莲花与宁冈方言部分次浊上声与全浊上声同为35调，与清声母上声有别，莲花方言也与去声对立，宁冈方言则与浊去合流。

根据洞绥片赣方言与江西赣方言的声调特点，我们将洞绥片赣方言的声调特征与吉安片方言中次浊上声与清声母上声合流的方言点进行比较。根据刘纶鑫《客赣方言比较研究》（1999b）"声调比较及与《广韵》的对照表"，我们列出吉安片安福、吉安、河东、永丰、泰和、峡江等6个方言点的声调分化情况，以进一步与洞绥片赣方言比较（数字表示调类），详见表6-3。

表6-3　吉安片部分方言点调类分化合流情况

	平		上		去		入	
	清	浊	清	浊	清	浊	清	浊
安福	1	2	3	5	4	5	1	4
吉安	1	2	3	4	1	4	1	4
河东	1	2	3	4	1	4	1	4
永丰	1	2	3	4			5	
泰和	1	2	3	4	2	4	1	4
峡江	1	2	3		4	2	4	1

　　以上吉安片各方言点声调的主要特点有：①全浊上与浊去合流。这一特征与洞绥片赣方言的隆回荷香桥、西洋江，洞口大部分地区（除高沙、花园外）以及绥宁金屋塘、梅坪一致。②去声分阴阳，这一特征同样存在于洞绥片上述方言点中。而去声不分阴阳并与全浊上声合流的特点则与洞绥片其他方言点的特征基本一致。③吉安与河东清去声与阴平合流，泰和、峡江清去与阳平合流。洞绥片赣方言中，凡去声分阴阳的，清去声一般与阴平合流，没有与阳平合流的现象。而浊去声不与阴平、阳平合流这一特点，洞绥片赣方言与江西赣方言吉安片一致。④入声分阴阳、清入归阴平、浊入归阳去。这是吉安片方言比较一致的特征之一。洞绥片赣方言清声母入声与阴平合流的特征非常普遍，几乎每一个方言点都具备这一特征，只有西洋江、横板桥等地入声不以清浊为条件分化为两类，但其中一类也是与阴平调合流的。浊声母入声与浊去声合流的特征，除西洋江以及横板桥所具备的特征外，在去声分阴阳的方言点中，都具备这一特点。例外的是绥宁黄土矿，浊声母入声不是与浊声母去声合流，而是与阳平合流。

　　至于江西赣方言普遍存在的"次浊入声字一般有两个走向，部分随清，部分随浊"（孙宜志，2001：215）的特征，则在洞绥片赣方言中普遍存在。

　　因此，从声调特点来看，除调值方面不尽一致外，洞绥片赣方言声调变化特征与江西赣方吉安片是基本一致的。

第四节　洞绥片赣方言与江西赣方言声韵拼合关系比较

上文我们归纳了洞绥片赣方言声母与韵母拼合关系的三点特征。①唇音声母除 u 韵母之外，只与齐齿呼、开口呼相拼，不与合口呼、撮口呼相拼。②精组、端组、来母与古合口韵相拼多读开口呼或齐齿呼。③开口三等知章组与见系细音声母合流读舌面音，且多与开口呼相拼。

1.洞绥片赣方言与江西赣方言帮组、非组声母拼合关系的比较

洞绥片赣方言唇音声母的拼合关系与现代汉语一致。江西赣方言鼻音声母的拼合关系据《江西省方言志》归纳如下。

（1）开口韵中帮组声母一般只与齐齿呼、开口呼相拼。

（2）合口韵中帮组声母与非组声母的拼合关系在江西赣方言中表现稍有不同，江西赣方言合口韵帮组与非组字的读音比较（其中部分方言点曾梗摄一、二等帮组读音与通摄一致，也一并比较如下）见表6-4。

表6-4　江西赣方言合口韵帮组声母与非组声母的拼合关系

| | 帮组一、二等 | | | | | | 非组（不含微） | | | | | | |
	果	遇	蟹	山	臻	曾梗	通	止蟹	流	咸	山	臻	宕	通
星子	o	u	i	on	ən	əŋ	əŋ	ui	u	uan	uan	ən	uɔŋ	əŋ
都昌	ɔ	u	i	ɔn	ən	uŋ	uŋ	ui	u	uan	uan	un	uɔŋ	uŋ
武宁	o	u	i	on	ən	oŋ	əŋ	i	u	an	an	ən	oŋ	əŋ
安义	ɔ	u	i	on	ən	əŋ	əŋ	i	u	an	an	ən	ɔŋ	ŋ̍
新建	o	u	i	on	ən	uŋ	uŋ	ui	u	uan	uan	un	uɔŋ	ŋ̍
南昌	o	u	i	on	in	əŋ	uŋ	ii	u	an	an	in	ɔŋ	uŋ
彭泽	o	u	ei	ən	ən	əŋ	əŋ	i	u	an	an	ən	ɔŋ	oŋ
波阳（今鄱阳）	o	u	ei	on	ən	əŋ	əŋ	i	u	an	an	ən	an	əŋ
乐平	o	u	ei	ɛn	ən	oŋ	oŋ	ei	u	an	an	ən	oŋ	oŋ
万年	o	u	ei	pen										
余干	o	u	oi	on	ən	ɛŋ	uŋ	ui	u	uan	uan	un	uoŋ	ŋ̍
横峰	o	u	oi	on	ən	əŋ	əŋ	i	u	an	an	ən	oŋ	əŋ
铅山	o	u	oi	oŋ	en	en	əŋ	i	u	ãn	ãn	ən	oŋ	əŋ
贵溪	o	u	ei	oŋ	en	eŋ	əŋ	i	u	an	aŋ	ən	əŋ	əŋ

	帮组一、二等							非组（不含微）						
	果	遇	蟹	山	臻	曾梗	通	止蟹	流	咸	山	臻	宕	通
余江	o	u	oi	on	in	ən	ən	i	u	an	an	in	on	ən
进贤	ɔ	u	i	on	ən	əŋ	uŋ	ɛi	u	an	an	ən	əŋ	uŋ
东乡	ɔ	u	ai	ɔn	ən	uŋ	uŋ	i	u	am	an	ən	əŋ	uŋ
临川	ɔ	u	i	on	un	uŋ	uŋ	i	u	an	an	un	əŋ	uŋ
金溪	pɔ	u	ɔi	ɔn	ən	uŋ	uŋ	ɛi	u	an	an	ən	əŋ	uŋ
崇仁	ɔ	u	ɛi	ɔn	ən	uŋ	uŋ	i	u	am	an	ən	əŋ	uŋ
宜黄	ɔ	u	ɛi	ɔn	ən	uŋ	uŋ	i	u	am	an	ən	əŋ	uŋ
乐安	ɔ	u	ɛi	ɔn	ən	uŋ	uŋ	ɛi	u	am	an	ən	əŋ	uŋ
南城	ɔ	u	ɛi	ɔn	ɛn	en	uŋ	i	u	an	an	ən	əŋ	uŋ
黎川	ɔ	u	ɔi	ɔn	ən	uŋ	uŋ	i	u	an	an	ən	əŋ	uŋ
南丰	o	u	oi	on	iɛn	iɛŋ	uŋ	i	u	am	an	iɛn	oŋ	uŋ
广昌	ɔ	u	ɔi	ɔn	ən	uŋ	uŋ	ɛi	u	fam	an	ən	əŋ	uŋ
永丰	u	u	i	uæ̃	æ̃	əŋ	əŋ	ɛ	u	æ	æ	ən	əŋ	əŋ
吉安	o	u	ei	on	ɛn	uŋ	uŋ	ei	u	an	an	ɛn	əŋ	uŋ
泰和	ɤ	u	ɛ	uãn	ɛ̃	ɔ̃ŋ	ɔ̃ŋ	i	u	an	an	ɛ̃	õŋ	õŋ
安福	o	u	i	õŋ	ẽn	ɔ̃ŋ	ɔ̃ŋ	ei	u	ãŋ	ãŋ	ẽn	õŋ	ɔ̃ŋ
永新	o	u	e	ɔ̃	ɛ̃	ɔ̃	əŋ	i	u	ã	ã	ɛ̃	ɔ̃	əŋ
莲花	o	u	œ	on	ẽ	ẽ	əŋ	y	u	ã	ã	ẽ	õ	əŋ
遂川	o	u	ei	ɛn	ẽn	ɔ̃	ɔ̃	ei	u	an	an	ẽn	õ	ɔ̃
万安	o	u	ei	ɛn	ẽn	ɔ̃ŋ	ɔ̃ŋ	i	u	an	an	ẽn	õŋ	ɔ̃ŋ
靖安	o	u	i	on	ən	əŋ	əŋ	i	u	an	an	ən	əŋ	ŋ
奉新	o	u	i	ɛn	ən	oŋ	oŋ	ui	u	uan	uan	un	uɔn	ŋ
高安	o	u	ɛi	on	in	uŋ	uŋ	i	u	an	an	ən	oŋ	uŋ
宜丰	o	u	i	am	ən	əm	əm	i	u	am	ɑm	əm	om	əm
上高	o	u	i	ɛn	ən	uŋ	uŋ	i	u	an	an	ən	oŋ	uŋ
万载	o	u	ei	on	ən	əŋ	əŋ	i	u	an	an	ən	əŋ	əŋ
丰城	o	u	ɛi	ɛn	ɯn	uŋ	uŋ	i	u	an	an	ɯn	əŋ	uŋ
樟树	o	u	i	ɛn	ən	oŋ	oŋ	ei	u	an	an	ən	uɔn	oŋ
新干	o	u	i	en	in	oŋ	oŋ	i	u	an	an	in	əŋ	oŋ
峡江	o	u	i	on	ɛn	əŋ	uŋ	ei	u	an	an	ɛn	oŋ	uŋ
新余	o	u	i	on	un	uŋ	uŋ	i	u	an	an	un	əŋ	uŋ

续表

	帮组一、二等						非组（不含微）						
	果	遇	蟹	山	臻	曾梗	通	止蟹	流	咸	山	臻	宕	通
分宜	o	u	i	ɔn	ən	əŋ	uŋ	i	u	an	an	ən	uɔŋ	əŋ
宜春	o	u	i	on	ɪn	əŋ	əŋ	i	u	an	an	ən	oŋ	əŋ
萍乡	o	u	i	õŋ	˜ɪŋ	õŋ	ẽŋ	i	u	ãŋ	ãŋ	ɛŋ	õŋ	ɔŋ

江西赣方言帮组声母与合口韵相拼时，除遇摄一等、部分方言点的通摄以及曾、梗摄一、二等之外，基本上只与开口呼相拼。例外的只有临川臻、曾、通、摄一等，永丰果摄一等、山摄一等、泰和山摄一等拼合口呼。可以说帮组合口一等读开口呼，是大多数赣方言的特征。

洞绥片赣方言中，曾、梗摄一、二等帮组字与通摄字读音合流，但一般读开口呼，韵母为央元音。这一特征与江西赣方言吉安片大部分地区读音基本一致。

非组声母除与晓、匣母合口一、二等合流，声母读唇擦音 ɸ，韵母读合口呼外，江西赣方言非组字基本上也都读开口呼，例外情况与帮组声母一样，也只有通摄合口三等字韵母读合口呼 uŋ，但在吉安片方言中读开口呼，韵母读 əŋ。

从帮非组声母的拼合关系看，洞绥片赣方言与江西赣方言基本一致，尤其与吉安片赣方言大体一致。

2. 洞绥片赣方言与江西赣方言端精组来母与韵母拼合关系的比较

端组与精组声母古代分属舌、齿音，现代汉语发音部位基本一致，阻塞部位同为舌尖与齿。因此在拼合关系上也有一定的相似之处，如都不与撮口呼相拼。洞绥片赣方言中，合口韵端精组来母字读音往往与同韵摄其他声母字读音有别。如合口一等韵中，除遇摄一等外，端精组声母字韵母往往读开口呼，其他声母字韵母读合口呼。合口三等韵中，精组来母字韵母读齐齿呼或开口呼，其他声母字读撮口呼。

江西赣方言端精组来母的拼合关系很少受到关注。我们根据《江西省方言志》将各韵摄合口韵中端精组来母字韵母归纳进行比较，见表 6-5。

表6-5　江西赣方言端组精组来母与韵母的拼合关系

方言点	一等 端组 果	端组 遇	端组 蟹	端组 山	端组 臻	端组 通	一等 精组 果一	精组 遇	精组 蟹	精组 山	精组 臻	精组 通	三等 精组 遇三	精组 止	精组 山	精组 臻	精组 通	来母 遇三	来母 止三	来母 通三
星子	o	u	i	on	ən	əŋ	o	u	i	on	ən	əŋ	i	i	ien	in	əŋ	i	i	əŋ
都昌	ɔ	u	i	on	ən	uŋ	ɔ	u	i	ɔn	ən	uŋ	i	i	iɔn	in	uŋ	i	i	iuŋ
武宁	o	u	y	on	ən	əŋ	o	u	y	ɔn	ən	əŋ	y	y	yon	yn	ɔŋ	y	y	əŋ
安义	ɔ	u	y	ɔn	ən	ɐe	ɔ	u	y	ɔn	in	ɐe	y	y	yon	yn	ɐe	y	y	əŋ
新建	o	u	i	on	in	uŋ	o	u	i	on	ən	uŋ	i	i	ien	in	uŋ	i	i	uŋ
南昌	o	u	i	on	ən	əŋ	o	u	ui	on	in	əŋ	y	y	yon	in	ɔŋ	y	i	oŋ
彭泽	o	u	ei	on	ən	oŋ	o	u	ui	on	ən	oŋ	i	i	ian	in	əŋ	i	i	iŋ
波阳（今鄱阳）	o	u	ei	uan	ən	oŋ	o	u	ɛi	uan	ən	oŋ	i	ei	yen	yn	yaŋ	i	ei	oŋ
乐平	o	u	ei	on	ən	uŋ	o	u	ei	ɔn	ən	uŋ	i	i	ien	ən	oŋ	i	i	uŋ
万年	o	ʅ	ɛi	ɐn	əm	əŋ	o	ʅ	ei	ɛn	ɐm	əŋ	i	i	ien	ən	oŋ	i	i	əŋ
余干	o	u	oi	on	in	əŋ	o	u	ɛi	on	un	əŋ	i	i	ian	yn	uŋ	i	i	əŋ
横峰	o	ʅ	ei	on	ən	əŋ	o	ʅ	i	on	en	əŋ	i	i	yen	yen	əŋ	i	i	əŋ
铅山	o	u	oi	on	in	əŋ	o	u	ui	on	un	əŋ	i	i	ien	in	iən	i	i	əŋ
贵溪	o	u	ei	on	ən	əŋ	o	u	ui	on	ən	əŋ	i	i	iɛi	in	əŋ	i	oi	iəŋ
余江	o	u	oi	on	ən	əŋ	o	u	oi	on	in	in	i	i	ian	yn	ən	i	i	əŋ
进贤	ɔ	u	ɛi	uɔn	un	əŋ	ɔ	u	i	uɔn	ən	əŋ	ie	i	yen	yn	iən	i	i	uŋ
东乡	ɔ	u	ai	uɔn	un	uŋ	ɔ	u	i	on	un	uŋ	u	i	ien	in	uŋ	y	ɛi	uŋ

续表

方言点	一等 端组 果	端组 遇	端组 蟹	端组 山	端组 臻	端组 通	精组 果一	精组 遇	精组 蟹	精组 山	精组 臻	精组 通	来母 果	来母 遇	来母 山一	来母 臻一	来母 通一	三等 精组 遇三	精组 止	精组 山	精组 臻	精组 通	来母 遇三	来母 止三	来母 通三
临川	ɔ	u	uoi	ɔn	un	uŋ	ɔ	u	ui	ɔn	un	uŋ	ɔ	u	ɔn	un	uŋ	e	i	yɔn	yn	iuŋ	i	ui	uŋ
金溪	ɔ	u	uei	ɔn	un	uŋ	ɔ	u	uei	ɔn	un	uŋ	ɔ	u	ɔn	un	uŋ	ɛ	o	iɛn	in	uŋ	i	ɛi	uŋ
崇仁	ɔ	u	uoi	uɔn	ən	uŋ	ɔ	u	y	uɔn	ən	uŋ	ɔ	u	uɔn	ən	uŋ	ie	y	yɛn	yn	uŋ	y	y	uŋ
宜黄	ɔ	u	ɛi	ɔn	ən	uŋ	ɔ	u	ɛi	ɔn	ən	uŋ	ɔ	u	ɔn	ən	uŋ	ə	i	iɛn	ən	iuŋ	i	ɛi	uŋ
乐安	ɔ	u	uei	ɔn	un	uŋ	ɔ	u	uei	ɔn	un	uŋ	ɔ	u	ɔn	yn	uŋ	i	i	iɛn	in	uŋ	i	uei	uŋ
南城	ɔ	u	ɵi	ɔn	un	uŋ	ɔ	u	y	ɔn	un	əŋ	ɔ	u	ɔn	un	əŋ	ɛ	y	iɛn	yn	əŋ	y	øi	əŋ
黎川	ɔ	u	ɔi	on	un	ŋ̍	ɔ	u	y	ɔn	un	əŋ	ɔ	u	ɔn	un	əŋ	ie	y	ien	yn	iəŋ	y	y	əŋ
南丰	ɔ	u	ɔi	ɔn	un	uŋ	ɔ	u	y	on	un	əŋ	ɔ	u	ɔn	un	əŋ	ie	i	iɛn	in	iuŋ	ie	y	əŋ
广昌	ɔ	ɤ	y	uɛ̃	un	ɤe	ɔ	ɤ	ɔi	ɔn	un	ɤe	ɤ	ɤ	ɔn	un	ɤe	ei	i	ien	yn	əŋ	ei	ɔ	ɤe
永丰	u	u	ui	uan	uĩn	əŋ	u	u	ui	uɛ̃	uĩn	əŋ	u	u	uɛ̃	ɛn	əŋ	y	ui	yɛ̃	yn	əŋ	ui	ui	əŋ
吉安	o	u	uoi	uãn	ɛn	ɤŋ	o	u	y	uan	ɛn	ɤŋ	o	ɤ	uan	ɛn	ɤŋ	ɤ	y	iɛ	iɛn	iɛn	ɤ	ui	iəŋ
泰和	ɤ	u	ui	õŋ	uĩn	əŋ	ɤ	u	y	õŋ	uĩn	əŋ	ɤ	u	õŋ	ɛ̃n	əŋ	y	ɿ	yɛn	yn	əŋ	y	i	əŋ
安福	o	u	ei	ɔ̃	ɛ̃n	əŋ	o	u	y	ɔ̃	ɛn	əŋ	o	u	ɔ̃	ɛ̃	əŋ	ɿ	ɿ	yɛ̃n	ĩn	iəŋ	ʮ	i	iəŋ
永新	o	u	œ	õ	ɛ̃	ẽ	o	u	ɔi	õ	ẽ	ẽ	o	u	õ	õ	ẽ	iu	œ	iɛ	ɛ̃	ẽ	iu	œ	ẽ
莲花	o	u	œ	õ	õ	õ	o	u	ui	õ	õ	õ	o	u	õ	õ	õ	y	ye	iɛ	yɛ̃	iõ	y	ei	iõ
遂川	o	u	ui	uõn	ũn	ɔ̃	o	u	y	uõn	ũn	ɔ̃	o	u	uõn	ũn	ɔ̃	y	y	yõn	ỹn	iɔ̃	y	i	iɔ̃
万安	o	u	ui	uõn	ũn	əŋ	o	u	y	uõn	ũn	əŋ	o	u	uõn	ũn	əŋ	y	y	yõn	ỹn	iəŋ	y	i	iəŋ

续表

方言	一等																	三等							
	端组						精组						来母					精组					来母		
	果	遇	蟹	山	臻	通	果一	遇	蟹	山	臻	通	果	遇	山一	臻一	通一	遇三	止	山	臻	通	遇三	止三	通三
靖安	o	u	i	on	ən	əŋ	o	u	i	on	ən	əŋ	o	u	on	ən	əŋ	i	i	ien	in	iəŋ	i	i	əŋ
奉新	o	u	ei	on	ən	əŋ	o	u	i	on	un	əŋ	o	u	on	ən	əŋ	y	i	ien	in	oŋ	ei	i	oŋ
高安	o	u	ui	on	un	uŋ	o	u	i	on	un	uŋ	o	u	on	un	uŋ	y	i	ion	en	uŋ	y	i	uŋ
宜丰	o	u	i	om	əm	um	o	u	i	om	əm	um	o	u	om	əm	um	i	i	iem	in	əm	i	i	um
上高	o	u	oi	uon	ən	əŋ	o	u	oi	uon	ən	əŋ	o	u	uon	ən	əŋ	i	i	iən	in	iəŋ	i	i	əŋ
万载	o	u	ui	uon	un	əŋ	o	u	ui	uon	un	əŋ	o	u	uon	un	əŋ	y	i	iən	un	iuŋ	ui	i	əŋ
丰城	o	u	ɛi	en	uŋ	uŋ	o	u	ɛi	en	uŋ	uŋ	o	u	ɛn	uŋ	uŋ	y	y	yen	ŋ̩	əŋ	i	i	uŋ
樟树	o	u	ui	uen	un	fo	o	u	ui	uen	un	fo	o	u	uen	un	fo	ỹ	y	ien	yn	oŋ	i	i	fo
新干	o	u	ui	uon	un	uŋ	o	u	ui	uon	un	uŋ	o	u	uon	un	uŋ	ỹ	y	yon	in	yŋ	oi	i	oŋ
峡江	o	u	ui	on	un	fuŋ	o	u	ui	on	un	fuŋ	o	u	on	un	fuŋ	y	y	on	yn	yŋ	i	i	fuŋ
新余	uo	u	ui	ucn	un	uŋ	o	u	ui	ucn	un	uŋ	uo	u	ucn	un	uŋ	u	y	yon	un	iuŋ	i	i	uŋ
分宜	o	u	oi	on	uŋ	fe	o	u	y	on	uŋ	fe	o	u	on	uŋ	fe	i	y	ian	un	əŋ	y	i	fe
宜春	o	u	i	ŋ̍	ŋ̍	ŋ̍	o	u	i	ŋ̍	ŋ̍	ŋ̍	o	u	ŋ̍	ŋ̍	ŋ̍	i	i	iẽ	ŋ̍	əŋ	i	i	ŋ̍
洋乡	o	u	i	on	ən	əŋ	o	u	i	on	ən	əŋ	o	u	on	ən	əŋ	i	i	iẽ	ən	əŋ	i	i	əŋ

从合口韵端精组来母语音特点来看，赣北的星子、都昌、武宁、安义，乐平、靖安、奉新、万年、余干、铅山、贵溪、余江、宜黄，赣中的安福、永新、莲花，除遇摄、通摄一等主元音或韵母为 u 之外，均读开口呼，三等韵除通摄外，也一般读齐齿呼。

洞绥片赣方言合口韵端精组来母字的韵母特征与江西赣方言的特征基本一致，可以说，端精组来母与合口韵相拼读开口呼或齐齿呼，也是江西赣方言与洞绥片赣方言共有的同源性语音特征之一。

3. 知三章组声母与见晓组细音声母合流读舌面音，与开口韵相拼读开口呼的特征

洞绥片赣方言知三章组与见晓组三、四等声母合流，读舌面音。除止摄（知组）、效摄、流摄、咸山摄外，与开口韵相拼时，韵母多读开口呼。

江西赣方言知三章组声母有多种读音，虽然有部分方言，如武宁、崇仁、万安等地知三章组声母多读舌面音，但这些方言开口韵中的知三章组字一般读齐齿呼，并且与之声母相同的见晓组声母也没有读开口呼的现象。其他方言知三章组声母因为读音不同，韵母性质亦不相同。如读 t、t^h 与舌尖音的知三章组字，韵母一般读开口呼；读舌面音的知三章组字，韵母一般读齐齿呼。而见晓组三等字读齐齿呼，则是江西赣方言比较普遍的特征。

由此可见，知三章组与见晓组三四等声母合流，与开口韵相拼时韵母读开口呼的特征，也是洞绥片赣方言与江西赣方言的区别性特征之一。

第七章

洞绥片赣方言与湘方言的接触问题

洞绥片赣方言与江西赣方言的比较反映了二者之间语音特征具有非常大的相似性。二者语音特征的相似性反映了洞绥片赣方言与江西赣方言的源流关系，而不同的语音特征则可能有两个方面的来源：①洞绥片赣方言独立发展的结果；②洞绥片赣方言在几百年的发展过程中，与周边湘方言相互接触而发生接触性语音演变。要了解洞绥片赣方言与江西赣方言的同源性共有成分以及与周边湘方言的接触性共有成分，就必须将三者的语音特征一并进行比较。

赣方言洞绥片周边方言分别属于湘方言娄邵片的武邵小片（与洞绥片赣方言接壤的有隆回南部，洞口黄桥镇、杨林乡，武冈市），新化小片（与隆回北部赣方言接壤的新化县），绥会小片（与绥宁北部赣方言接壤的绥宁县）（鲍厚星，2006）。因此在比较语音特征时，我们主要将洞绥片赣方言语音特征与隆回湘语（笔者母语）、洞口黄桥方言（参考唐作藩，1960；笔者的实地调查）、武冈方言（杨时逢，1974）、新化方言（杨时逢，1974；刘道锋，2003）、绥宁湘语（龙薇娜，2004）进行比较。

第一节　洞绥片赣方言与江西赣方言的差异
及其与周边湘方言接触性共有语音特征的关系

一　洞绥片赣方言与江西赣方言的同源性共有语音特征

洞绥片赣方言是源出江西的方言，这一点毋庸置疑。洞绥片赣方言与江西赣方言共同的语音特征，一般说来应当是二者共有的同源性语音特征。不过，洞绥片赣方言与江西赣方言以及周边湘方言也存在部分共同语音特征，如开口二等见系文白两读，文读舌面细音，白读舌根洪音；假摄开口二、三等不分韵；梗摄文白两读等。这些语音特征是分布比较广泛的南方方言语音特征，自然不能看作洞绥片赣方言与江西赣方言共有的同源性语音特征。

因此，只有洞绥片赣方言与江西赣方言共同具有，而周边湘方言不具备的特征，方可视为洞绥片赣方言与江西赣方言的同源性共有语音特征。结合上文的比较，我们把洞绥片赣方言与江西赣方言的同源性共有语音特征归纳为以下几个方面。

1. 声母方面

（1）全浊声母清化送气特征。全浊声母清化平仄皆送气的特征普遍存在于中原官话部分地区、江淮官话通泰方言片，同时这也是客家方言的基本特征之一。这一特征虽然不是江西赣方言的独有特征，但与周边的吴湘闽粤方言相比也应当算作赣方言的标志性特征，江西赣方言的形成与这一特征的出现应当是密不可分的。

洞绥片赣方言在全浊声母清化送气这一特征方面与江西赣方言一致。这完全可以说明，江西赣方言这一语音特征在元明江西移民大举迁徙至洞绥片赣方言地区时就已经存在。关于江西赣方言的形成年代，学术界有不同的看法。如刘纶鑫（1999a）认为江西"古客赣方言"起源于汉代，是唐宋乃至现代客赣方言的直接源头。法国学者沙加尔（Laurent Sagart，1988）认为，唐朝初年，中国北方移民涌入鄱阳湖平原地区，带来了一种接近早期中古汉语的语言，这种语言与唐朝前期原居民所说的南方方言进行融合，形成了今赣北方言的祖先语言——前赣北语。周振鹤、游汝杰的《方言与中国文化》认为，赣、客语的形成最晚。中唐以后北方移民大量进入江西，客赣语基本形成。两宋之际发生的由北而南的第三次移民浪潮，使客家话最终形成（周振鹤、游汝杰，1986：39~42）。因此，赣方言的正式形成也当在宋元之际。

我们认为，赣方言的形成最晚当在晚唐五代。"全浊声母清化送气"的特征，早在北宋时期的江西文人音注中就已经屡次出现（孙建元，1997），南宋时期则已经非常普遍（李无未、李红，2008）。宋元诗、词、文用韵反映现代江西赣方言韵母系统的显著特征，在宋代江西文人诗、词、文用韵中已经屡见不鲜（鲁国尧，1992；杜爱英，1998 等相关论文）。元代江西文人用韵所反映的入声韵的演变格局已经与现代江西赣方言大体一致（李军，2010）。

洞绥片赣方言具备的全浊声母清化送气的特征充分说明，元明之际，江西赣方言已经是一种具有鲜明语音特征的非常成熟的汉语方言。因此洞绥片赣方言才能在与其源出方言江西赣方言分离几百年后还完整地保留这一显著特征。洞绥片赣方言全浊声母清化送气应当是其源出江西赣方言的最主要的特征之一，也是洞绥片赣方言与周边湘方言语音特征差异最主要的方面之一。

（2）透定母读擦音 x。这一特征学术界一般视为洞绥片赣方言的标志性特征，不过这一方言特征只在洞绥片赣方言中部地区保留得比较完整，边缘地区已经很少保留或基本上不具备这一特征。这一特征在江西赣方言中分布还比较广泛，甚至部分地区与洞绥片赣方言一致，不分洪细均读擦音。更多的则以洪细为条件，洪音读擦音，细音读送气塞音。

洞绥片赣方言这一语音特征应当由来已久，或者说也是源出江西赣方言的语音特征之一。这一特征的形成原因还有争议，但我们认为应当是一种后起的音变现象。这一特征在洞绥片赣方言中本来应当分布非常广泛，但由于受权威方言以及周边方言的共同影响，凡处于边缘地带的洞绥片赣方言地区逐渐失去这一特征，重新读送气声母 tʰ。而处于中心地带的赣方言因影响相对较小，所以比较完整地保留了这一与江西赣方言共有的同源性语音特征。

（3）部分匣母合口一、二等字如"滑、禾、回、话、换、黄"等读零声母，以及见母字"锅"读零声母。这些特征在现代江西赣方言中比较普遍，在洞绥片周边方言中并不多见。如新化"黄、换"音 hɔ（杨时逢，1974：544），隆回"禾"音 xo¹³，"回"音 xue¹³，"换"音 xũ²⁴。但"滑""话"等字一般也读零声母，如隆回"滑"音 yɛ²⁴，"话"音 uA⁵⁵。不过，"锅"读零声母在周边湘方言中很少见，这应当是洞绥片赣方言与江西赣方言共有的同源性语音特征之一。

2. 韵母方面

（1）山、咸摄开口一等见系字韵母读合口呼。这一特征与江西赣方言吉安片一致，而洞绥片周边湘方言目前没有发现这一语音特征。

（2）蟹摄合口一等与止、蟹摄合口三、四等有别。江西赣方言存在这一方言特征的方言点比较多，而洞绥片赣方言周边湘方言地区存在这一特征的并不多。如武冈湘方言蟹摄合口一等与止、蟹摄合口三等字韵母同为 uei（杨时逢，1974：501），隆回湘方言同为 ue。只有与隆回北部赣方言接壤的新化方言，蟹摄合口一等与止、蟹摄合口三、四等有别，如蟹摄合口一等见系韵母为 ue，止、蟹摄合口三、四等见系韵母为 ui（杨时逢，1974：537）。但这不能看成洞绥片赣方言蟹摄合口一等与止、蟹摄合口三等有别是受新化方言的影响，因为远离新化而与隆回、武冈接壤且关系更为密切的赣方言也具备这一特征。新化是江西移民向洞绥片赣方言区移民的中转站之一，与洞绥片赣方言有着密切关系。新化与安化宋代号称"梅山蛮"，梅山纳土在熙宁，开发早于邵阳。元代以后，宝庆府邵阳县始逐渐开发（谭其骧，1987：331），江西移民多经由新化再迁至洞绥片赣方言区。今隆回北部赣方言地区的民间族谱多记载其祖先由江西迁移至新化，而后复迁徙至此的经历。因此，洞绥片赣方言的这一特征，完全可以看作与江西赣方言共有的同源性语音特征之一。

（3）流摄一等读齐齿呼与效摄三、四等同韵的特征。隆回、武冈湘方言中，流摄一等一般读开口，如武冈流摄一等韵母读 əɯ，隆回流摄一等韵母读 e，均与效摄三、四等韵读 iʌɣ 或 iɐ 有别。只有新化方言流摄一等读音与洞绥片赣方言具有共同的特点，流摄一等与效摄三、四等字韵母同为 iɣ（杨时逢，1974：536）。不过同上一条韵母特征一样，这也不能看作新化方言对洞绥片赣方言的影响，而是有共同的来源。现代江西赣方言具有这一特征的还有相当一部分地区。并且江西赣方言的共同特征之一就是"流摄字多数读为 ɛu/iɛu 或相近的复合元音韵母"，主元音为高元音，很容易衍生出 i 介音，并在韵尾丢失的过程中，主元音央化，从而与效摄三、四等字韵母读音相同。

江西赣方言部分地区流摄一等与效摄三、四等韵母主元音有别也有可能是受权威语音进一步影响的结果。在江西历史方言中，流摄一等与效摄的语音关系是非常密切的。宋元江西词人用韵中，"尤侯部"（古流摄尤侯幽三韵）与"萧豪部"（古效摄豪肴宵萧韵）通押共有 35 例（鲁国尧，1992a），北宋江西诗人用韵中，"尤侯部"与"萧豪部"通押共有 18 例（杜爱英，1998）；《全宋文》江西文人用韵较多，"尤侯部"与"萧豪部"通押共计 48 次，其中北宋时期 31 次，南宋时期 17 次（陈昌芳，2010）；元代诗文用韵中共发现了 22 例（李军，2015）。

3. 声调方面

去声分阴阳，以及清去与阴平或阳平合流的特征也可以看作洞绥片赣方言与江西赣方言共有的同源性语音特征。洞绥片周边的武冈、隆回、洞口湘方言都保留全浊声母读音，武冈去声不分阴阳，隆回、洞口则以声母清浊以及送气与否分为阴阳两调，但均与阴、阳平有别。新化方言去声也不分阴阳，但去声与阴平同为平调，阴平为中平调，去声为高平调，这一特征与隆回北部赣方言区基本一致。但其他赣方言阴去或阳去与平声调一致的特征分布广泛，这种内部不一致的现象，只是源出同一方言后不断发展的结果。

二 洞绥片赣方言与周边湘方言的接触性共有语音特征

洞绥片赣方言与周边湘方言的接触性共有特征的鉴定原则，应当以洞绥片赣方言与江西赣方言语音特征不同为前提，以洞绥片赣方言与邻近方言区语音特征一致为原则。但部分语音特征不仅洞绥片赣方言与江西赣方言具备，相邻的湘方言也具备，则要区别对待。我们将洞绥片赣方言、江西赣方言都具备（以 * 标示），以及江西赣方言不具备，而在洞绥片赣方言中出现的语音特征与隆回湘方言、武冈方言、新化方言以及绥宁方言列表对比，见表 7-1。

表 7-1 洞绥片赣方言与江西赣方言、周边湘方言语音特征比较

洞绥片赣方言特征	隆回	洞口黄桥	武冈	绥宁	新化
古透、定母读 pʰ、ϕ	-	-	-	-	-
滂、并母读 ϕ、x	-	-	-	-	-
疑、影、喻、日母合口三、四等读 m	-	-	-	-	-
区分尖团 *	+	+	-	-	-
疑、影母开口一、二等读 ŋ*	+	+	+	+	+
疑、影母开口一、二等读 k	+	+	-	-	-
疑、泥娘、日母开口三、四等弇音读声化韵	+	+			
溪母洪音读 x	-	-	-	-	+
晓匣母洪音读 kʰ	-	-	-	-	-
阳声韵多读鼻化韵 *	+	+	+		
止摄开口三等知、章组有别	+	+			
山摄开、合口一等主元音对立 *	+	+	+	-	+

续表

洞绥片赣方言特征	隆回	洞口黄桥	武冈	绥宁	新化
山摄合口一、二等主元音对立 *	-	-	-	-	+
山摄合口一等与宕摄同韵	+	+	+	-	+
效摄、流摄、蟹摄元音韵尾丢失	+	+	-	-	+
曾、梗、臻、深摄四等同读洪音	+	+	-	-	-
梗摄阳声韵白读与宕摄相同	+	+	-	-	+*
曾、梗摄开口一、二等入声读齐齿呼 *、合口一、二等读撮口呼	+	+	-	-	-
小计　　　　　　18	11	11	4	1	8

以上 18 条语音特征，虽不完全是洞绥片赣方言各方言点的共同特征，但从这些特征的分布以及与周边方言的一致性，可以发现洞绥片赣方言语音特征的形成与周边方言的影响有很大的内在联系。从以上语音特征的比较来看，洞绥片赣方言与周边湘方言的语音关系具有以下特点。

（1）语音特征的相似性与地缘的接触性关系非常密切。其中接触程度最高的是隆回湘方言、洞口黄桥湘方言、新化湘方言，这三地的方言无论在地理位置的接近程度，还是历史渊源都远胜过武冈、绥宁。

（2）洞绥片赣方言中分布越广泛的语音特征，与周边方言的相似性程度越高。

通过与周边湘方言语音特征的比较，以上洞绥片赣方言的语音特征大致可以分为四种类型。

（1）洞绥片赣方言的共有特征：①疑影母开口一、二等读 ŋ；②阳声韵多读鼻化韵；③山摄开、合口一等主元音对立；④山摄合口一等与宕摄同韵；⑤梗摄阳声韵白读与宕摄相同；⑥效摄、流摄、蟹摄单元音化。

这些特征普遍分布于洞绥片赣方言各方言点，也大多存在于与之接壤的隆回、黄桥、新化等湘方言地区。其中前三点语音特征在江西赣方言中同样存在。

（2）洞绥片赣方言分布广泛，但与新化、绥宁接壤的部分方言点不具备其他方言点具备的特征：①疑、泥娘、日母开口三、四等鼻音读声化韵；②止摄开口三等知、章组有别；③曾、梗、臻、深摄四等同读洪音；④曾、梗摄开口一、二等入声读齐齿呼、合口一、二等读撮口呼；⑤区分尖团。

（3）洞绥片赣方言个别方言点受周边方言影响而产生的特征：①疑、影母开口一、二等读 k；②溪母洪音读 x。

（4）洞绥片赣方言独有，江西赣方言以及接壤的湘方言言不具备的特征主要有：①古透、定母读 pʰ、ɸ；②滂、并母读 ɸ、x；③疑、影、喻、日母合口三、四等读 m。

如果排除与江西赣方言共同具备的特征，那么洞绥片赣方言与湘方言的接触性共有成分可以归纳为以下几点。

（1）山摄合口一等与宕摄同韵；

（2）梗摄阳声韵白读与宕摄相同；

（3）效摄、流摄、蟹摄元音韵尾丢失；

（4）疑、泥娘、日母开口三四等弇音读声化韵；

（5）止摄开口三等知、章组有别；

（6）曾、梗、臻、深摄四等同读洪音；

（7）疑、影母开口一、二等读 k；

（8）溪母洪音读 x。

第二节　洞绥片赣方言与湘方言接触的方式与演变规律

洞绥片赣方言与周边湘方言、江西赣方言语音特征的比较，反映了洞绥片赣方言几百年来语音发展演变的一些基本特征与演变规律。

1. 内部语音特征的一致性非常强

洞绥片赣方言虽然分布于三个不同的县，但都具备共同的语音特征，尤其在标志性的语音特征"全浊声母清化送气"以及声调方面具有很大程度的一致性，因此，洞绥片赣方言各方言点之间具有很大程度的认同性。尽管在去声是否分化以及是否与阴平、阳平合流方面有一定的区别，但平声、上声与去声的调型大体一致。如平声一般为中平或高平调，上声都为中降低升调，去声不分阴阳则为高平调，分阴阳则阳去一般为高升调。因此，很容易从声调或所谓的"腔调"方面，将洞绥片赣方言与湘方言区分开来，尤其是洞口与隆回两地。

2. 区域性共同语音特征的保留更稳固

关于山摄开、合口一等主元音的对立，从汉语语音的发展历史来看，官话方言中，至迟明代就已经不再保留区别，《文韵考衷》山摄开、合口一等同列"元"部，《篇韵便览》山摄开、合口一等同归"山"韵。而在湘方言与江西赣方言中，山摄开、合口一等均保留对立。洞绥片赣方言区的居民迁徙至湘方言腹地以后，因为对立特征的一致性，这一特征得以保留。

从语音表现形式上看，山摄开、合口一等读音洞绥片赣方言与周边湘方言有一定的区别。周边湘方言山摄合口一等韵母为单元音 u 的鼻化韵 ũ，洞绥片赣方言山摄合口一等韵母读主元音为 ɔ 的合口呼鼻化韵 uɔ̃，在语音形式和主元音方面仍与江西赣方言保持一致。

3. 共同的语音特征在历史语音发展与语音接触过程中更容易保持一致性

洞绥片赣方言的止摄开口三等知、章组韵母有别，这一特征与江西赣方言不同。江西赣方言止摄开口三等精庄知章组韵母的对立方式以"精庄：知章"型为主。而洞绥片是"精庄章：知"型。洞绥片赣方言周边方言与之共同具有这一特征的有新化方言、隆回方言与黄桥方言，而武冈方言则止摄开口三等精庄章组字韵母均读舌尖元音。

不过从江西赣方言历史语音的表现来看，18 世纪的江西临江方言韵书《辨字摘要》以及南昌童蒙字书《类字蒙求》直音反映，18 世纪的江西临江方言与南昌方言中止摄开口三等读舌尖元音的只有精组与庄组字（李军，2009a、2009b）。洞绥片赣方言止蟹摄开口三等"知：精庄章"型既具备赣方言早期的读音形式，又部分受权威方言及周边湘方言的影响而发生演变。与周边湘方言既具有共同的特征，又有所区别。如止摄开口三等知组字韵母在洞绥片赣方言中多读舌面音 i，只有少数方言点止摄开口三等知组与见系字一起，韵母读舌叶音性质的元音 ɿ，而周边隆回、黄桥湘方言受普通话影响多读舌叶音性质的元音 ɿ。

4. 简化的语音结构特征，更容易对被接触的方言语音结构产生影响

上文所归纳的洞绥片赣方言与周边湘方言的接触性共有成分中，属于语音系统结构简化的有四点：①山摄合口一等与宕摄同韵；②梗摄阳声韵白读与宕摄相同；③效摄、流摄、蟹摄丢失元音韵尾；④曾、梗、臻、深摄四等同读洪音。

（1）山摄合口一等与宕摄在江西赣方言中主元音相同，但韵尾不同；吉安片方言部分地区虽然均读鼻化韵，但主元音不同。洞绥片周边湘方言隆回、黄桥等地阳声韵均读鼻化韵，受其影响，洞绥片赣方言阳声韵也多鼻化。因此，本来存在区别的洞绥片赣方言山摄合口一等与宕摄字韵母读音混同。但洞绥片赣方言仍然部分保留自己的读音特征，韵母主元音读鼻化韵 ɔ̃，而周边湘方言山摄合口一等仅与宕摄合口一等字韵母同读鼻化韵 ũ，与宕摄开口韵字韵母读主元音为 ɔ 的鼻化韵不同。并且，洞绥片赣方言还大多保留山摄合口一、二等的区别，周边湘方言合口一、二等无差别。从而使两种方言仍保留区别性特征。

（2）洞绥片赣方言梗摄阳声韵白读与宕摄无差别，入声韵白读与麻韵主元音合流。这种阳声韵与入声韵白读韵母主元音不同的特征与江西赣方言有一定的区别。江西赣方言梗摄阳声韵与入声韵白读主元音都为 a，与假摄主元音相同。这种不同无疑也是受湘方言梗摄阳声韵白读与宕摄合流特征的影响。如隆回湘方言与黄桥方言梗摄白读与宕摄合流，韵母同读主元音为 ɔ 的鼻化韵。这种合流现象是语音系统简化的必然趋势，符合言语交际的极简性原则。

但与洞绥片赣方言一样，周边湘方言梗摄入声韵字白读与宕摄入声韵字并不一致，而是同样与假摄主元音相同。洞绥片赣方言与周边湘方言梗摄字的白读现象反映了二者都经历了梗摄白读由与宕摄不同发展到混同的阶段。这可能是二者共同的语音演变的结果，也很可能是洞绥片赣方言与湘方言接触而产生的语音演变现象。

（3）效摄、流摄、蟹摄在中古音以及现代汉语中，都有元音韵尾（现代汉语除蟹摄开口三、四等外）。而洞绥片赣方言中这几韵摄字的元音韵尾失落，这一特点与周边湘方言一致。效摄、流摄、蟹摄丢失元音韵尾在吴方言（钱乃荣，1992）、湘方言（陈晖，2004）中非常普遍，而江西赣方言中很少见到类似现象。吴湘方言效摄、蟹摄、流摄丢失元音韵尾始于何时，学术界有不同说法。如陈立中认为"从主要元音的读音与上古拟音接近的程度来看，我们可以推断，吴语和湘语蟹摄字韵尾（即上古微部和脂部的 [*-i] 韵尾，月部的 [*-t] 韵尾）的脱失应当发生在相当接近上古的年代"（陈立中，2004：68）。"古效摄字曾经在许多地方经历了主要元音后化、韵尾受韵腹影响低化并与其融合，导致韵尾最终消失的变化过程。这种变化发生的年代也许相当早"（陈立中，2004：77）。而有的学者则进一步认为，吴湘语中效摄、流摄、蟹摄丢失元音韵尾可能是苗瑶语的底层。桥本万太郎（1979）推测："瑶语（布努方言）有十一个复合元音韵母和一个三合元音韵母，不过差不多都是汉语借词的专韵。'布努话原有的绝大多数是单元音韵母，这是它的语音特点之一'（《瑶族语言概况》）。这很容易使我们设想吴语有苗瑶语的底层。"并进一步指出"我们认为古代吴语区的人民说过像现代苗瑶语那样的语言，后来他们接受中原文化与语言，才开始说汉语。那么，我们很容易想象吴语的复合元音、三合元音韵母为什么简化"。这两种说法都是推测性的，元音简化有可能是横向影响的结果，也有可能是语言交际过程中语音系统简约化的结果，与少数民族语言的关系并不大。很难想象，瑶语有专韵借用汉语词汇及语音，最终却没有被汉语同化为复元音的语音系统，而吴湘语没有借用多少瑶语词汇，语音系统却被苗瑶语影响由复合元音简化为单元音。

我们认为洞绥片赣方言效、蟹、流摄由复合元音向单元音化演变，是受湘方言的影响，其内在原因是简化的语音结构特征更容易对所接触的语音结构产生影响。这和我们认为吴湘语不一定是受苗瑶语影响的观点并不矛盾。因为苗瑶语与汉语语音性质不同，很难产生系统的影响，而赣方言与湘方言是同一语言的地方变体，具有严整的语音对应规律，相互接触，相互影响也在情理之中。

（4）曾、梗、臻、深摄四等同读洪音的特征在洞绥片赣方言中分布非常广泛，只有绥宁的黄土矿、瓦屋塘、唐家坊，隆回的罗洪等地不具备这一特征，因为与之毗邻的绥宁、新化方言中，曾、梗、臻、深摄四等洪细有别。而曾、梗、臻、深四摄开口四等韵同读洪音韵母 ɛ̃ 的特征，是洞绥片周边隆回方言与黄桥方言的显著特征之一。

曾、梗、臻、深摄四等同读洪音的特征在现代江西赣方言中并不多见。根据《江西省方言志》的调查，只有余干、安福两地曾、梗、臻、深摄部分声母字读洪音。其中安福三、四等帮组、精组、知章组字韵母读 ɛ̃n，余干三、四等帮知章组字韵母读 ən，而见系字韵母两地都读细音 ĩn 或 in。这种以声母为条件的分化现象，显然不能代表其早期的读音形式。江西赣方言曾、梗、臻、深摄开口四等有别是其基本特征之一，三、四等读洪音只是后起的语音变化。瞿建慧《湘赣方言深臻曾梗摄舒声开口三（四）等韵读同一等韵现象考察》一文，根据江西赣方言余干与安福等地曾、梗、臻、深摄开口三、四等读同一等的现象，认为"湖南境内深臻曾梗摄舒声开口三四等字读同一等韵现象是受到了江西移民的影响"（瞿建慧，2010：128~133）。其依据就是余干、安福等地有少数类似现象，并引布龙菲尔德的观点进行证明，"有些语言特征，现在只保留在残余形式里，从前却分布在广阔的领域，方言地理学提供了这样的证据。特别是，一个特征只出现在零散地方，被一片说着占上风的新形式的连绵区域所隔开，那么，这幅地图通常能够这样解释这些分散地点曾经是一片完整领域的组成部分"（布龙菲尔德，1997：424），这一理论依据有一定的道理，但忽略了两个事实。①洞绥片赣方言相邻的隆回湘方言、黄桥方言读音特征与洞绥片一致，语音表现与余干、安福完全不同，并且这一特征在湘方言中分布十分广泛。②余干、安福等地臻、深、曾、梗摄开口三、四等读同一等韵的现象不是残留形式，相反，是后起的语音形式。所以，洞绥片赣方言臻、深、曾、梗摄开口四等同读开口洪音的现象，是受周边湘方言的影响，而不是相反。这同样是简单的语音结构的方言对被接触的语音系统产生影响的结果。

5. 接触性共有语音特征的分布范围与所接触方言的影响及其语音特征的分布范围密切相关

洞绥片赣方言与湘方言接触性共有语音特征，在分布范围方面具有一定的差异，如以上所归纳的"疑、影母开口一、二等读 k"以及"溪母洪音读x"的特征，只分别存在于洞口花园方言以及隆回罗洪方言中。

洞绥片赣方言古疑、影母开口一、二等大多数情况下读舌根鼻音 ŋ，但在花园方言中部分读清塞音 k。这一特征是与花园接壤的武冈弯头桥方言的基本特征之一，隆回方言也有少数字具有这一特征，如"我"音 ko³¹，"矮"音ga³¹。但多数疑影母开口一、二等字在花园方言中并不读塞音 k，而是读舌根鼻音 ŋ。由于花园地处洞口边缘地区，与武冈湘方言关系密切，因而逐渐具备这一特征，但毕竟所接触的语音特征只是个别方言点的特征，与湘、赣方言的共同特征有一定的差异，因此不可能对其他洞绥片赣方言产生影响。

溪母一、二等读擦音 x 的现象是新化方言的特征之一，这一特征的产生符合语言交际的省力原则，与透、定母读 x 的音变现象应当具有相同的内在规律。不过这一特征只对其所接触的罗洪方言产生影响，对其他洞绥片赣方言影响甚少（小沙江方言也有此特点，但产生的原因不同）。新化虽然在历史上与洞绥片赣方言有一定的关系，但赣方言进入洞绥片以后，新化方言的影响远不及隆回与武冈方言，因此，这一特征只对其接壤地区产生影响，而不可能扩散开来。这种差异与所接触的方言的影响密切相关。

6. 方言之间的接触是洞绥片赣方言独特的语音特征产生的主要原因之一，但自身内部的发展演变也是形成与其源出方言以及所接触的方言不同语音特征的根本原因之一

判断某一方言特征是否为洞绥片赣方言独有的语音特征，主要是通过比较的方法。如果某一特征在洞绥片赣方言中分布比较广泛，同时既没有出现在相邻的方言中，也与其源出的江西赣方言没有源流关系，那么我们就可以判断这一语音特征是洞绥片赣方言独具的、自身发展演变而形成的方言特征。可以确定洞绥片赣方言独有的语音特征主要有三条：①古透、定母读 pʰ、ɸ；②滂、并母读 ɸ、x；③疑、影、喻、日母合口三、四等读 m。

以上三条特征的共同点是：不同发音部位的声母发生了转移。其中，疑母、日母、泥娘母读 m 的现象，在其他方言中也偶有出现。如合肥"泥"音 ₌mŋ，建瓯"尼"音 miˊ、"日"音 mi₌，苏州"蚁"音 miˊ，温州"蛾"音 ₌mai 等。王福堂认为，汉语方言中鼻音声母发音部位转移而发音方法不变是相当常见的现象。以上各字声母的例外，都是由泥、日、疑母等鼻音声母的发音部位转移而造成的（王福堂，2005：9）。

不过，洞绥片赣方言这三种语音特征不仅出现了声母发音部位的转移，也发生了发音方法的改变。虽然也有疑、日母读 m 的现象，但洞绥片赣方言与王福堂先生所举例中的音变原因有本质的不同。

洞绥片赣方言这三条特征都与合口呼介音 u 或撮口呼介音 y，以及声母的唇化作用的加强或减弱有很大关系。古透、定母在洞绥片赣方言中本读擦音 x，而擦音在 u 介音或韵母 u 唇化作用的影响下，加强了唇的成阻作用，从而由擦音 x 读成了 ɸ 或 pʰ。因为洞绥片赣方言中心地区语音特征的一致性，这一特征也成了分布比较广泛的方言特征之一。与之相反，滂、并母本读送气的 pʰ，出于发音的省力原则，山门方言中弱化了唇的作用，从而由双唇送气塞音读成了唇擦音 ɸ，甚至摩擦部位靠后，读成了舌根擦音 x。

至于第三条特征，同样与圆唇介音有一定关系。这一特征与王福堂先生

所举例表面上类似，本质上有很大区别。其他方言中疑、日、泥母读 m 确实是相同发音方法的声母发生部位转移。但洞绥片疑、影、喻、日母合口三、四等读 m 与鼻音声母转移并无关系。疑、影、喻、日母三、四等在洞绥片赣方言中多读零声母，其中疑、影、喻、日母合口三、四等字韵母根据语音演变规律当读撮口呼。撮口呼 y 介音或韵母是前高圆唇元音，与以上两条特征一样，y 介音或韵母前高圆唇元音的特点使音节的唇化作用得到加强，从而使本来读零声母的音节读成了闭口的唇音声母音节。

由零声母读同明母 m 的除了疑、影、喻、日母外，还有微母。微母读零声母一般认为是古无轻唇音的保留，但洞绥片赣方言并非完全如此。读 m 的微母字一般出现在韵母为高元音 i 的音节中。微母字在洞绥片赣方言中本多读合口呼零声母，当主元音为高元音 i 时，主元音 i 舌位前、高与介音 u 圆唇的特点，促使介音的唇化作用得到强化，于是与疑、影、喻、日母合口三、四等字声母一样读同 m 母。

洞绥片赣方言与江西赣方言以及周边湘方言语音特征的比较，充分说明了洞绥片赣方言是一种源出江西赣方言，既与周边湘方言互相接触，相互影响，产生接触性共有语音特征，又在其源出方言江西赣方言语音特征的基础上不断发展演变的方言。正因为如此，洞绥片赣方言既具备赣方言的基本特征，又与周边湘方言语音特征有一定程度的相似性，同时还具有自己鲜明的语音特征，从而成为处于湘方言包围圈的一座独具特色的赣方言岛。这一独具特色的赣方言岛的语音特征，为我们了解赣方言的内部发展规律，了解方言之间的相互接触提供了活生生的材料与依据。本课题只是对这一独具特色的方言岛语音特征的初步调查与分析，更多的语言事实，尤其是其词汇与语法方面的特征，还值得我们进一步深入发掘与研究。这也将是我们下一步研究工作的主要任务。

参考文献

［宋］毛晃、毛居正，1986，《增修互注礼部韵略》，景印文渊阁《四库全书》第 237 册，台湾商务印书馆。

［金］韩道昭，1986，《五音集韵》，景印文渊阁《四库全书》第 238 册，台湾商务印书馆。

［元］周德清，1980，《中原音韵》，载《中国古典戏曲论著集成》，中国戏剧出版社。

［明］梅膺祚，1985，《字汇》，《续修四库全书》第 232 册，上海古籍出版社。

［明］张位，1985，《问奇集》，《续修四库全书》第 255 册，上海古籍出版社。

［明］桑绍良，1995，《文韵考衷六声会编》，《续修四库全书》第 255 册，上海古籍出版社。

鲍厚星，2006，《湘方言概要》，湖南师范大学出版社。

鲍厚星、颜森，1986，《湖南方言的分区》，《方言》第 4 期。

陈昌芳，2010，《〈全宋文〉江西文人用韵研究》，硕士学位论文，南昌大学。

陈昌仪，1991，《赣方言概要》，江西教育出版社。

陈昌仪，1997，《赣语止摄开口韵知章组字今读的历史层次》，《南昌大学学报》（人文社会科学版）第 2 期。

陈昌仪主编，2006，《江西省方言志》，方志出版社。

陈晖，2004，《湘语语音研究》，博士学位论文，中国社会科学院研究生院。

陈立中，1996，《古透定纽擦音化现象与百越民族》，《湘潭大学社会科学学报》第 3 期。

陈立中，2004，《湘语与吴语音韵比较研究》，中国社会科学出版社。

杜爱英，1998，《北宋江西诗人用韵研究》，博士学位论文，南京大学。

耿振生，1991，《〈青郊杂著〉音系简析》，《中国语文》第 5 期。

何大安，1987，《论赣方言》，《汉学研究》第 5 卷第 1 期。又载《规律与方向——变迁中的音韵结构》，北京大学出版社，2004。

胡萍，2002，《绥宁曾家湾话音韵考察——兼论湘语、赣语过渡地带的语音特征》，硕士学位论文，湖南师范大学。

胡茜，2007，《湖南洞口方言语音研究》，硕士学位论文，湖南师范大学。

胡松柏，2008，《赣东北方言接触研究》，江西人民出版社。

湖南师范学院，1960，《湖南省汉语方言普查总结报告》，长沙石印本。

李冬香，2005，《湖南赣语语音研究》，博士学位论文，暨南大学。

李军，2009a，《〈辨字摘要〉的音系特点及其归属》，载《民俗典籍文字研究》第 6 辑，商务印书馆。

李军，2009b，《两百年前南昌话精庄知章组字的读音及其演变》，《语言科学》第 5 期。

李军，2010，《元代江西文人诗文用韵所反映的入声韵演变及其分布特征》，《语言科学》第 4 期。

李军，2015，《江西赣方言历史文献与历史方音研究》，商务印书馆。

李无未、李红，2008，《宋元吉安方音研究》，中华书局。

刘道锋，2003，《隆回高坪话和新化白溪话的比较研究》，湖南师范大学，硕士学位论文。

刘纶鑫，1999a，《客赣方言史简论》，《南昌大学学报》（人文社会科学版）第 3 期。

刘纶鑫，1999b，《客赣方言比较研究》，中国社会科学出版社。

龙海燕，2006，《洞口赣方言语音研究》，博士学位论文，中央民族大学。

龙薇娜，2004，《绥宁湘语语音研究》，硕士学位论文，湖南师范大学

鲁国尧，1988，《〈南村辍耕录〉与元代吴方言》，《中国语言学报》第 3 期。

鲁国尧，1992a，《宋元江西词人用韵考》，载《近代汉语研究》，商务印书馆。

鲁国尧，1992b，《客、赣、通泰方言源于南朝通语说》，《鲁国尧自选集》，河南教育出版社。

罗昕如，1998，《新化方言研究》，湖南教育出版社。

钱乃荣，1992，《当代吴语研究》，上海教育出版社。

瞿建慧，2010，《湘赣方言深臻曾梗摄舒声开口三（四）等韵读同一等韵现象考察》，《中南大学学报》（社会科学版）第 1 期。

孙建元，1997，《宋人音释研究》，博士学位论文，南京大学。

孙宜志，2002，《江西赣方言中古精庄知章组声母的今读研究》，《语言研究》第 2 期。

孙宜志，2007，《江西赣方言语音研究》，语文出版社。

孙宜志、陈昌仪、徐阳春，2001，《江西赣方言语音的特点》，《南昌大学学报》（人文社会科学版）第 4 期。

谭其骧，1987，《湖南人由来考》，载《长水集》，人民出版社。

唐作藩，1960，《湖南洞口县黄桥镇方言》，《语言学论丛》第 4 辑，上海教育出版社。

万波，2009，《赣语声母的历史层次研究》，商务印书馆。

王福堂，2005，《汉语方言语音的演变和层次》，语文出版社。

王力，2003，《汉语音韵》，中华书局。

颜森，1986，《江西方言的分区（稿）》，《方言》第 1 期。

杨耐思，1981，《中原音韵音系》，中国社会科学出版社。

杨时逢，1974，《湖南方言调查报告》，"中央研究院"历史语言研究所专刊之六十六。

尹喜清，2005，《湖南洞口赣语音韵研究》，硕士学位论文，华南师范大学。

詹伯慧，1991，《汉语方言及方言调查》，湖北教育出版社。

张蓓蓓，2005，《隆回桃洪镇话和六都寨话的语音比较研究》，硕士学位论文，湖南师范大学。

章江艳，2012，《南宋江西诗人用韵考》，硕士学位论文，南昌大学。

中国社会科学院、澳大利亚人文科学院，1987，《中国语言地图集》，香港朗文（远东）出版有限公司。

周本良，1997，《新化方言同音字汇》，《广西教育学院学报》第 3 期。

周赛华，2005，《合并字学篇韵便览研究》，湖北人民出版社。

周依萱，2007，《湖南洞口县石江话语音研究》，硕士学位论文，中南大学。

周振鹤、游汝杰，1986，《方言与中国文化》，上海人民出版社。

〔美〕布龙菲尔德，1997，《语言论》，商务印书馆。

〔日〕大岛广美，1996，《赣语知三、章组声母》，《中国语学》第 243 号抽印本。

〔法〕Laurent Sagart，1988，《论赣语与客家话》，《清华学报》第 1 期。

〔日〕桥本万太郎，1979，《现代吴语的类型学》，《方言》第 3 期。

作者简介

　　李军，男，1971年生，湖南隆回人。文学博士，南昌大学中文系教授，博士生导师。主要从事汉语音韵学、方言及方言语音史研究。入选江西省百千万人才工程，江西省高校中青年学科带头人。国家社科基金重大项目首席专家，江西省高校人文社科重点研究基地主任。主持或完成国家社科基金四项（含重大一项），教育部项目三项，省级项目多项，在中华书局、商务印书馆出版专著两部，在语言学专业核心刊物发表论文30余篇。

图书在版编目（CIP）数据

湖南洞绥片赣方言语音调查研究／李军著. —— 北京：
社会科学文献出版社，2021.2
　（致远学术文丛）
　ISBN 978 - 7 - 5201 - 7831 - 0

　Ⅰ.①湖…　Ⅱ.①李…　Ⅲ.①赣语 - 语音 - 方言研究
- 洞口县　Ⅳ.①H175

中国版本图书馆 CIP 数据核字（2021）第 016592 号

·致远学术文丛·
湖南洞绥片赣方言语音调查研究

著　　者／李　军

出 版 人／王利民
责任编辑／仇　扬
文稿编辑／张金木

出　　版／社会科学文献出版社·当代世界出版分社（010）59367004
　　　　　地址：北京市北三环中路甲29号院华龙大厦　邮编：100029
　　　　　网址：www. ssap. com. cn
发　　行／市场营销中心（010）59367081　　59367083
印　　装／三河市东方印刷有限公司

规　　格／开本：787mm×1092mm　1/16
　　　　　印　张：23.25　字　数：382千字
版　　次／2021年2月第1版　2021年2月第1次印刷
书　　号／ISBN 978 - 7 - 5201 - 7831 - 0
定　　价／128.00元

本书如有印装质量问题，请与读者服务中心（010 - 59367028）联系